吉林市社会经济统计年鉴

JILIN CITY ECONOMIC AND SOCIAL STATISTICAL YEARBOOK

2012

（总第14期 No.14）

吉林市社会经济统计年鉴编委会 编

乙烯装置

中国石油天然气 吉林石化

丙烯腈装置

中国石油天然气股份有限公司吉林石化分公司的前身是吉林化学工业公司（简称“吉化”），是国家“一五”期间兴建的以“三大化”为标志的第一个大型化学工业基地。1954年开工建设，1957年建成投产，1998年上划中国石油天然气集团公司，1999年重组为中国石油吉林石化公司、吉化集团公司，2000年吉化集团公司与吉林石化公司正式分立运行，2007年吉林石化公司与吉化集团公司整合为中国石油吉林石化公司，2010年中国石油授权吉林石化对吉林燃料乙醇有限公司实施一体化管理。

吉林石化作为新中国化学工业的长子，新中国的第一桶染料、第一袋化肥、第一炉电石就诞生在这里。近60年来，吉林石化先后为全国各地输送和培养各类人才6万多人，累计向国家上缴利税近600亿元，取得科研成果700多项，获得国家级荣誉100多项，为我国化学工业和国民经济的发展做出了突出贡献。

“十一五”以来，特别是2007年吉化两大公司重组整合后，吉林石化深入贯彻落实党中央、国务院、中国石油党组的一系列部署，克服国际金融危机持续蔓延、石油化工市场剧烈动荡带来的不利影响，有效应对企业发展面临的颠覆性风险，围绕“打造千亿元产业基地，建设现代化管理企业”的目标，坚持“解放思想、解决问题”等先进管理理念，按照整合年、发展年、管理年、建设年、创新年工作部署，企业发展跃上了新台阶，公司面貌发生了新的历史性变化。截至2011年末，公司原油加工能力由750万吨增加到1000万吨，主营业务收入由380亿元增加到724亿元，总资产达到360亿元，规模实力大幅攀升，经营管理更加规范，管理基础更加牢固，队伍士气更加高涨，广大职工群众共享了改革发展

常减压装置

股份有限公司分公司

成果。党和国家领导人吴邦国、温家宝、贾庆林、李长春、习近平、李克强等先后到公司视察，对吉化事业给予了高度评价。

今后一个时期，吉林石化将按照国家和中国石油总体要求，以科学发展为主题，以加快转变发展方式为主线，以打造千亿元产业基地为目标，把握稳中求进，注重质量效益，统筹做好“四加一”（千万吨炼油能力，百万吨乙烯规模，国家碳纤维研发生产中心，中国石油东北地区碳四碳五资源集聚加工基地，以及建设燃料乙醇新业务板块）发展文章，坚持走“两高两化”（高举高打，高端化、差别化）发展之路，构建“一核两翼三支撑”（以炼化业务为核心，以“燃料乙醇、集体企业”为两翼，以创新体系、人才体系、矿区服务体系为发展重要支撑）发展格局，筑牢发展根基，推进文化强企，力争经济总量和员工人均收入再翻一番，安全稳定形势根本好转，完成第五发展阶段任务，建设现代化管理企业，跻身国内炼化行业前列。

污水处理厂

炼油厂东部中控室

吉林市中冶京冶房地产有限公司

北京电视中心【EPC工程】

鸟巢【焊接技术服务】

中国的中冶　世界的品牌

世博会印度馆【EPC工程】

浦东机场【EPC工程】

特立尼达和多巴哥共和国西班牙港国家表演艺术中心钢结构工程

中国冶金科工集团有限公司（中文简称中冶集团，英文简称MCC）隶属于冶金工业部，是国务院国资委监管的特大型企业集团，是中国冶金工业的开拓者和建设者。中冶集团以技术创新及其产业化为核心竞争力，以强大的冶金工程实力为依托，以工程承包、资源开发、装备制造及房地产开发为主业的多专业、跨行业、跨国经营的特大型企业集团，其足迹遍布祖国和世界各地。

2011年，在《财富》杂志评选的世界企业500强中，排名上升至第296位，在中国企业500强排名第13位。2011年8月29日，中国冶金科工集团入选中国建筑施工企业联合会评选的中国建筑500强，排名第6位。同时获得“中国25家最具影响力国际承包商”和“中国25家建筑承包商管理进步特别大奖”。

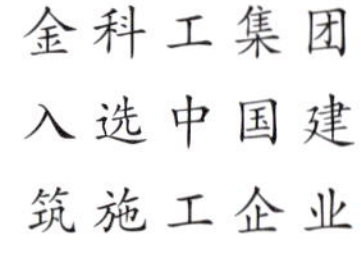

新加坡圣淘沙名胜世界

夜景

沿水

江山如画　山水名盘

由中冶集团投资，其全资子公司吉林市中冶京冶房地产有限公司开发建设的中冶·江山如画以其浓郁的中国韵味，在吉林这片土地上刮起了一道水墨中国风，背倚国家2A级国家森林公园龙潭山，比邻松花江畔，地处双龙相拥、水口重重的城市“左青龙”龙脉之上，吉林市稀缺的真山真水，在4.8万平方米的土地之上规划了7栋景观高层和2栋多层带电梯“叠墅”，寓意“龙生九子”。项目的景观规划设计由享誉全球的英国阿特金斯公司秉承“移山水以入画”的园林设计理念精心雕琢。

项目总建筑面积约27万平方米，40%的绿化覆盖率。建筑采用阻燃、保温、降噪的环保安全材料——岩棉保温板，外立面大面积采用铝塑板，高标准的投入背后体现出国家企业更多的人文关怀。

2011年9月，中冶江山如画一期已经入住，现房实景兑现了所有的承诺，她以别墅的风景，文化的园林，公寓的品质，酒店的服务，住宅的价格等独特魅力势必成为江城建筑史上一朵最亮丽的奇葩。

亲山亲水醉美一江风景，如诗如画定义江畔名宅，山水大盘、文化大盘—中冶·江山如画名与实副。

投资商：中国冶金科工集团公司
开发商：吉林市中冶京冶房地产有限公司
承建商：中国京冶工程技术有限公司
规划设计：中国京冶建筑设计研究院
物业公司：中冶建研物业服务有限公司
景观规划：英国阿特金斯
项目地址：吉林市滨江东路7777号
（雾凇宾馆南侧、山水之间）
贵宾热线：0432-62606666/7777

秋

夏

科学发展中的吉林

吉林石化矿区服务事业部是吉林石化矿区服务业务的管理机构，成立于2007年8月5日，分公司建制。

吉林石化矿区服务事业部主要为中国石油吉林石化公司等5家驻矿单位提供物业及公用事业、社会公益性事业、离退休管理及医疗卫生服务等三大类服务，服务总人口70多万人，其中，驻矿人口30万人。

中油吉林石化副总经理兼矿区服务事业部
主任、党委书记 周海峰

中国石油吉林石化矿区服务事业部机关办公楼

吉林石化矿区服务事业部在中国石油天然气集团公司和吉林石化公司的正确领导下，以“献至诚服务，建和谐矿区”为宗旨，牢固树立“产业化不等于扩大规模，提升服务质量不等于加大投资力度，事业部不等于事业单位，和谐不等于福利化”的发展理念，全员践行“尽职尽责比什么都重要”的工作理念，按照“矿区服务业务=核心业务+服务外包业务+平稳退出业务”的业务定位，优化资源配置，全面落实“保障生产，服务生活，维护稳定”三项职责，全力推进科学发展进程。

“十一五”期间，是吉林石化创建50多年来，矿区建设惠民举措最集中、投资力度最大，矿区服务业务发展速度最快、保障能力最强，员工群众受益最多、满意度最高的时期。吉林石化公司不折不扣地贯彻落实中国石油天然气集团公司党组的决策部署，高度重视、全力推进矿区服务系统改革与发展。矿区服务系统与主业一道，充满希望、充满活力地踏上科学发展、构建和谐的伟大征程。

回首豪情满怀、硕果累累的“十一五”，吉林石化组建了矿区服务事业部，构建了“三分开、三统一”新格局，矿区改革实现了历史突破。全面落实《矿区调整改造“十一五”专项规划》，共完成惠民工程4200余项，矿区面貌发生了根本改变。完善制度体系，推进信息化体系建设，建成并有效运行全面预算管理体系、HSE管理体系和内部控制管理体系，矿区管理达到了规范有效。深入开展“心系万家”主题工程，康万家、暖万家、惠万家、便万家、乐万家竞展风采，合同化员工、市场化员工、再就业员

石化矿区服务事业部

吉林石化松花湖疗养院“感恩式”服务

矿区员工住宅小区

丰富多彩的离退休职工生活

翻建一新的吉化总医院

工争做贡献，矿区服务打造了特色品牌。

实践证明，矿区不仅成为将改革发展成果惠及广大员工的平台，成为偿还矿区建设历史欠账的载体、安置再就业人员和解决后勤业务历史遗留问题的主要渠道，更重要的是成为矿区服务业务市场化、社会化的主要推手。广大员工群众对美好生活的新期待，是矿区发展的动力；集团公司及地区公司领导坚定的惠民主张，是矿区发展的根本；矿区建设保证必要的资金投入，是矿区发展的关键；油气、炼化等主营业务强势快速崛起，是矿区发展的靠山。

2011年，吉林石化矿区服务事业部坚持科学发展不动摇、构建和谐不懈怠、规范管理不停滞，实现了调结构、精管理、惠民生、优服务、强党建等五方面40项举措。实现总收入同比增加1.1亿元，对外收入同比增加1.1亿元，对外收入成本比同比增长3.4个百分点。努力消化刚性增支因素，完成了集团公司下达的32个投资项目和各项经济指标，完成了61个检维修项目，实现了安全环保无事故；巩固了和谐稳定大局。全面完成了“十二五”开局起步阶段的各项目标任务，矿区服务业务科学发展势头稳健。

2012年是实施“十二五”规划承上启下的重要一年。“稳中求进”的国家宏观政策，使矿区服务事业仍然处于重要战略机遇期。吉林石化矿区服务事业部“十二五”发展规划，在实践中已经显现并将继续发挥重要引领作用。吉林石化矿区服务正满载着“十一五”建设的丰硕成果打造更加辉煌的“十二五”，创建具有吉林石化特色的中国石油和谐示范矿区。

东方商厦喜获影响吉林百姓生活十大企业称号

吉林東方商厦

JILIN EAST BUSINESS MANSION

公司董事长高国山在市人代会上建言献策

2011年10月3日，市委书记张晓霈等领导到公司调研

近日，由吉林省工商联联合吉林日报等省内五家主流媒体主办的首届“吉林影响力”2011荣誉盛典活动中，吉林东方商厦股份有限公司在激烈的竞争中脱颖而出，喜获影响吉林百姓生活十大企业称号。

“吉林影响力”评选主要是为了表彰对吉林百姓生活产生重要影响，能够全心全意为百姓提供优质服务的企业、经济人物和品牌。经过社会推荐、专家评选、公开投票三个阶段的选拔和评比产生的。

开展员工岗位知识培训，提升服务技能

邀请理论界人士为公司管理人员辅导

时尚的品牌，优美的环境

吉林东方商厦股份有限公司已经成立63年，60多年来始终秉承全心全意为消费者提供优质服务、优质商品的理念，并以此赢得消费者的赞誉。特别是1990年以来，在总经理高国山的带领下，公司进行了升级扩建改造，所经营的商品品牌也进行了多次升级调整。如今的东方商厦已经从过去的百货商店转变成集购物、娱乐、餐饮、超市等多功能服务于一体的时尚百货商场，不仅引领江城商业的时尚潮流，商品品质和服务在省内也是屈指可数。

2012年，吉林东方商厦股份有限公司按照市十二次党代会和十四届五次人代会的会议精神，不断提升经营理念，丰富经营内涵，增加经营门类，优化商品结构，美化购物环境，更好地满足消费者需求，为吉林市的“科学发展、富民强市”再立新功。

巾帼文明岗员工热情为顾客服务

公司不定期对员工进行消防安全知识培训

员工拔河比赛

在松江中路举行的员工长跑比赛

积极履行社会责任

中油吉林化建

公司“心手相牵”文化小分队
走进施工现场慰问员工

中油吉林化建工程有限公司组建于1950年，是中国最早从事化工、石油化工建设的大型综合类总承包企业，被誉为“中国化工建设第一军”。2003年7月，“中油化建”股票在上海首发上市,成为“中国化工石油建设第一股”。2007年，公司划归中石油东北炼化工程有限公司，成为其全资子公司，之后成功退市。

公司注册资本金3亿元，年工程总承包能力50亿元，拥有以国内化工石油工程施工总承包特级资质和3个壹级施工总承包资质为代表的资质优势，成为国内化工石油建设行业中拥有资质最高、类别最多、综合实力最强的企业之一。

公司拥有专门科研开发机构和职工培训基地。自有员工8600多人，一次可动员人力资源16000余人。拥有各类大型机械设备3529台（套），业绩遍及国内近30个省、市、自治区和国外十几个国家和地区，相继建成化工、石油化工、煤化工、炼油、电力、环保等行业领域大中型生产装置及建筑工程1000多项。

公司先后荣获中国建筑工程鲁班奖4项，国家优质工程奖13项、省部级优质工程奖97项，两项工程获得新中国成立60周年百项经典暨精品工程奖，创造了12项中国企业新纪录。拥有大型储罐、大型吊装等实用新型专利技术11项，强大的技术支持成就了独特的品牌优势。公

公司隆重举行青年集体婚礼

公司球罐整体搬迁荣获第十四批中国企业新纪录

公司获得的四项鲁班奖之一：阿尔及利亚阿德拉尔炼油厂项目荣获国家首批境外工程鲁班奖

工程有限公司

司承建乙烯建设工程约占国内总量的近三分之一，被誉为“乙烯建设专家型企业”。参与国内外大批石化企业千万吨炼油基地的建设，在炼油装置建设领域享有盛誉。

公司先后获得全国优秀施工企业、全国化工工程建设优秀企业、全国用户满意企业、中国诚信单位、中国建筑业领先企业、全国工程建设信用AAA企业，获得全国现场星级评价五星级现场最高荣誉以及全国五一劳动奖状等多项国家级殊荣。

公司在同行业中最早取得国家质量管理奖，首批获得ISO9000质量体系标准认证，取得了QHSE管理体系认证，率先推行卓越绩效管理模式，最先导入国内建筑业星级评价体系。使项目建设进度、质量、成本、HSE各管理系统始终处于持续优化状态。

公司本着为世界建造最具价值的化工石油工程艺术品的企业使命，向着致力于成为“‘国际知名、国内一流、中油站排头’的化工石油工程施工总承包企业”的宏伟愿景，戮力同心，和谐共进，努力实现把公司打造成中国化工石油建设领域最具竞争力企业的美好目标。

公司通过多项公益活动彰显企业社会责任

公司承建的亚洲单体生产能力最大制氢装置——大连石化20万立每时制氢装置

吉林化建公司总部大楼

公司获新中国成立60周年百项经典暨精品工程奖之一：中海壳牌广东惠州乙烯装置。

北华大学 第一临床医学院 附属医院

领导班子

北华大学附属医院暨北华大学第一临床医学院，创建于1958年，是一所集医疗、教学、科研、预防保健等功能为一体的综合性三级甲等医院。医院以雄厚的技术实力、先进的医疗设备、优良的服务水平享誉省内外。

医院建筑面积5.2万平方米，医院总床位数1270张，开放床位1185张，抢救室床位85张；现有临床科室36个，医技科室9个；年门诊量达60万人次，年收治病人3万余人次。医院现有职工总数1308人，具有高级专业技术人员258人，中级专业技术人员394人，硕士研究生学历232人，博士研究生学历28人。享受国务院颁发的政府特殊津贴3人，吉林省高级专家1人，吉林省有突出贡献的中青年专业技术人才2人；吉林省拔尖创新人才3人，吉林省卫生系统有突出贡献中青年专业技术人才8人，吉林市有突出贡献中青年专业技术人才7人。

医院有吉林省重点专科4个：心血管病内科、检验科、心胸外科、肝病科；吉林省卫生厅重点实验室5个：吉林省心血管病重点实验室、吉林省神经病学重点实验室、吉林省整形外科重点实验室、吉林省医学影像重点实验室、吉林省临床检验重点实验室；心血管内科被省卫生厅批准为吉林市心脏介入诊治中心。校级科研平台3个：肝病研究所、脑血管病研究所、心血管病研究所；市级研究所2个：吉林市手外科研究所、吉林市护理研究所；吉林市重点专科13个：心血管病内科、神经内科、肝病科、手显微外科、皮肤科、妇科、普外科、脑外科、检验科、CT科、电诊科、临床护理、临床免疫。院级科研平台4个：临床检验与实验诊断研究所、颅内肿瘤研究所、医学影像研究所、临床放射医学研究所；院内研究室7个：肾病风湿病研究室、血液病研究室、呼吸病研究室、糖尿病与代谢骨病研究室、手显微外科研究室、医学真菌研究室、临床免疫研究室。

医院坚持与时俱进，加快发展，先后购置了高新的医疗仪器设备，综合实力不断增强。现已拥有美国GE公司产Innova3100型大平板全数字多功能血管造影机（DSA）、日本东芝大型多功能数字减影血管造影系统（DSA）、计算机X线摄影机（CR）、X线数字摄影装置（DR）、遥控

数字胃肠机、全自动生化分析仪、医用直线加速器、智能型乳腺摄影机、四维螺旋128层CT机、螺旋CT机、1.5T磁共振机、X线数字胃肠透视摄影机等，形成了较为完备的规模体系，为病人提供先进的检查和治疗手段，提高了医院的综合诊治能力。医院还建立了院内微机管理网络系统、远程会诊系统，综合实力不断提升。

医院坚持“以病人为中心，以品牌求发展，人才兴院，质量立院，科技强院”的办院理念，将“大医无疆，厚德致远”作为医院的精神支柱和动力源泉，瞄准国内外先进技术，积极开展科技攻关，在诊治疑难病症、高新医疗技术方面跃上了新台阶，救治大批危重病人，树立了良好的社会形象。医院开展了心脏射频消融术、冠状动脉造影及冠脉支架植入术、二尖瓣及肺动脉瓣狭窄球囊扩张术、人工心脏起搏器安装、断指（趾）肢再植技术，断指延迟再植功能重建手术、臂丛神经损伤治疗及各种带血管的组织瓣移植、肾移植等高难度手术、经皮经肝胆道穿刺引流术、B超、CT导向下的肝细胞组织活检、经皮肾脏穿刺活检术、心脏直视手术、心脏换瓣手术、右腋下微创切口心脏直视手术，开展了首例视网膜玻切手术和电视野、电生理诊查技术、白内障超声乳化治疗技术和人工晶体植入技术、颅咽管瘤的显微外科治疗、肿瘤的放射治疗、超声监测胃半固体排空试验、内镜下组织胶注射治疗胃底静脉曲张破裂出血、颞下颌关节人工关节置换术等新技术，并加入吉林大学第一医院集团医院，实现了强强联合，使医疗技术与国际接轨，部分科室的技术水平达到了国内领先、省内知名、地区权威的水平。

TOSHIBA DFP2000型血管造影成像系统

为国家培养了大批精粹的医学人才。北华大学的临床医学和医学影像专业设在我院。

近五年，获得国家科技进步二等奖1项，教育部科技进步二等奖1项，吉林省科技进步奖13项，吉林市科技进步奖102项，发表论文1200余篇，其中核心以上期刊300余篇。

医院对外交往和技术交流不断扩大，先后与美国、俄罗斯、日本、韩国等一些高等学校建立了友好往来关系，经常互派学者访问、研修，并进行了多次学术交流，提高和扩大了我院的学术地位及影响。

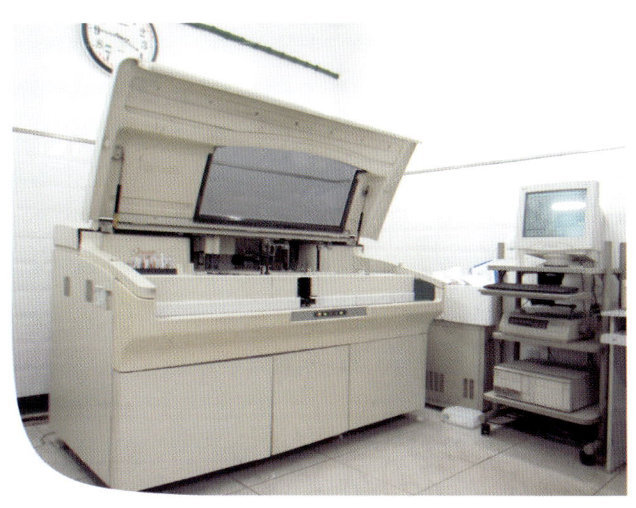

Abbott AEROSET2000

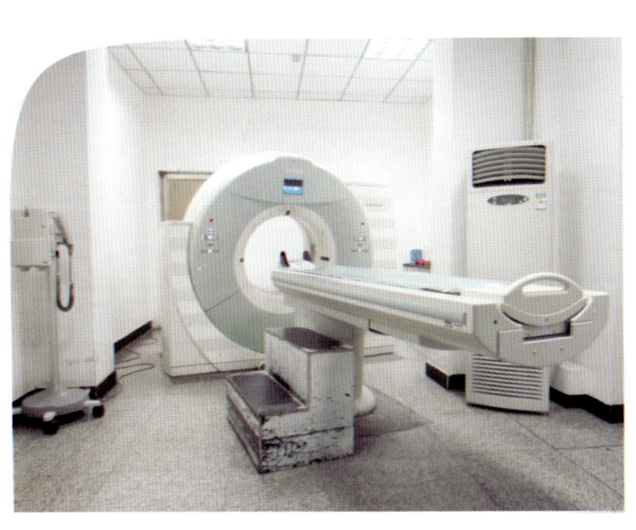

SIEMENS 128层螺旋CT

中国石油吉林石化公司合成树脂厂

合成树脂厂正门全景

合成树脂厂厂区全景

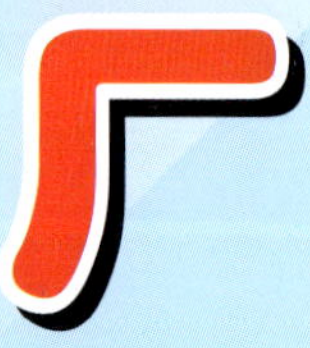
合成树脂厂鸟瞰图

中国石油吉林石化公司合成树脂厂位于吉林市龙潭区，其前身是吉化试剂厂，始建于1964年，1996年更名为吉化集团公司合成树脂厂。2000年3月，按照中国石油天然气集团公司重组改制的要求，工厂划归吉林石化公司统一管理。

截止2012年4月，合成树脂厂有员工760人，其中博士1人、硕士11人、本科生204人、专科生226人、高级职称23人、中级职称123人、初级职称93人；工厂占地面积40.8万平米（含新建项目面积），拥有ABS、SAN两套生产装置和一套在建项目，固定资产38.6亿元（含新建项目投资）。机关设综合办公室、生产科、机动科、安全环保科、人力资源科、企业文化科等6个科室，下辖第一ABS、第二ABS、SAN、公用工程、电气、仪表、分析等7个生产及辅助车间。

从建厂至80年代中期，合成树脂厂生产国防化工高科技产品，为我国核能和航空航天事业做出了突出贡献。80年代中期至2000年，工厂转型为以民用产品生产为主的化工企业，建有双氧水、过氧碳酸钠、二氧化硫脲、碳纤维等装置。2000年9月，双氧水、过氧碳酸钠、二氧化硫脲三套装置剥离实行民营。2003年，碳纤维装置划归吉林石化研究院。

1994年，工厂从日本合成橡胶公司（JSR）引进专利技术，筹备年产10万吨/年ABS项目，该项目是吉化30万吨/年乙烯工程的重点配套项目。1996年破土动工，1997年10月建成投产并实现一次开车成功，2001年达产达标。2002年、2003年先后两次对ABS装置进行了较大的技术攻关和扩能改造，使ABS装置生产规模达到了18.3万吨/年，是目前中国石油生产规模最大、生产工艺最先进的ABS树脂生产装置。

ABS装置可生产高抗冲和高硬度型、高流动型、耐热型、高耐热型、阻燃型、挤出型、金属电镀型、抗静电型、超高光泽型共9个品级25个牌号的ABS树脂。通用型牌号ABS 0215A产品质量已达到国内领先水平，2005年9月，被国家检验检疫总局授予“中国名牌”产品称号，是中国石油天然气股份有限公司化工业务中第一个获此殊荣的产品。

建厂以来，工厂多次荣获国家、省、市、公司级“先进企业”、“先进单位”、“先进党委”和“无事故工厂”等数十种荣誉称号。

目前，合成树脂厂已开始40万吨/年ABS项目建设，项目建成后ABS总产量将达到60万吨/年，年销售额达100亿元，届时工厂将成为中国大陆最大的ABS生产企业。

ABS装置挤出机

ABS产品应用

ABS树脂产品包装线

ABS装置图片

ABS名牌产品样料

吉林北都大酒店是国家旅游局评定的三星级酒店，位于吉林市龙潭区繁华商业区，位置优越，交通便利，是区政府重点招商引资项目，酒店装修别致，气派高雅，酒店营业总面积近7000余平方米，一层是宽敞明亮的餐饮大厅，是目前我市面积较大的婚礼场所之一，宽敞明亮、设施高档、雅致、格调清晰、独特多功能大厅。具备接待各种宴会、晚会、文艺演出等功能。可同时容纳350余人就餐，独特的12平米LED大屏幕可以播放电视节目和KTV演唱，为您的宴会增添独有的特色，令您足不出市便能领略异国饮食文化。二层是设计精美、风格各异的豪华餐饮包房，除推出特色菜之外，还备有多种丰盛菜肴，味道独树一帜。

安静、雅致的客房为您提供免费上网、独立空调、是休息、洽谈的理想场所，72余间客房满足商住的需求。让消费者尽享休闲中的温馨与娱乐。

大堂总台服务区

套间房效果图

小豪华接待室

大豪华卧室

客房标准间

套房卧室

套间房卫生间

电梯间走廊

值班经理办公区

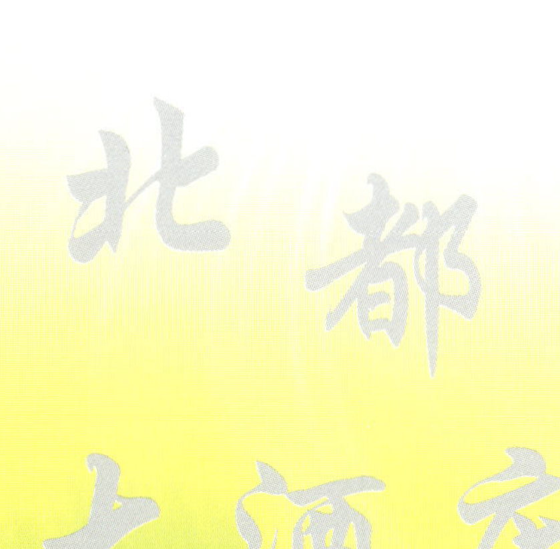

店

吉林市人民检察院

党组开会研讨重要案情

【综述】2011年，全市检察机关在市委和上级院的正确领导下，坚持以科学发展观为指导，始终突出“强化法律监督，维护公平正义”的检察主题，牢牢把握“发展是第一要务、民生是第一目标、稳定是第一责任”的工作要求，紧紧围绕全市工作大局，忠实履行宪法和法律赋予的职责，各项检察工作取得新的进展，为推动全市经济社会科学发展作出了应有贡献。

【打击刑事犯罪和维护稳定工作】全面落实宽严相济的刑事司法政策，努力做到“严到位，宽适度”。与公安、法院密切配合，突出打击严重暴力犯罪、多发性侵财犯罪和涉众型经济犯罪，积极参与社会治安综合治理，配合有关部门加强对高危人群、复杂场所、重点区域的打防管控，市院继续保持了市综治工作标兵单位的称号。

【查办和预防职务犯罪】以治理商业贿赂、工程建设领域突出问题、国土资源领域腐败问题专项治理为重点，共查办各类职务犯罪301人，其中贪污贿赂犯罪200人，渎职侵权犯罪101人；抓捕在逃职务犯罪嫌疑人50人。突出查办重点，严厉打击以权谋私、以权谋利案件，正确把握办案数量、质量、效果之间的关系，强化对下指导，案件侦结率、起诉率和有罪判决率均稳步提升。

市院院领导合影

【诉讼监督工作】着力解决执法不严、裁判不公等群众反映强烈的突出问题。加强刑事诉讼监督。监督纠正侦查机关立案不当86件、有案不立67件，决定追捕54人，追诉146人。加强民事行政诉讼监督。对认为确有错误的民事行政裁判，依法抗诉97件，发再审检察建议82件，法院已改判、调解或发回重审30件。积极构建多元化的监督机制，充分运用纠正违法、检察建议、督促起诉等手段，纠正执行不当177件，办理公益诉讼598件。

市院举办红歌演唱会

【服务经济发展工作】结合推动经济结构战略性调整，密切关注违法犯罪新动向，积极参与打击侵犯知识产权和制售假冒伪劣商品、食品药品安全等专项整治活动，查办严重影响发展的各类犯罪116人，为振兴吉林注入了强有力的法治力量。围绕市委“三化”建设、“三动”战略、“五项攻坚”部署，开展了“服务科学发展，推动五项攻坚”活动，两级院包保服务企业、项目154个，市院成立了综合协调、法制宣传、合同审查、惩治预防、治安整治、信访接待6个服务组，提供法律咨询服务485次、行贿犯罪档案查询2077次，为区域发展提供了倾力服务。

谢茂田检察长在船营区委和搜登站镇政府领导的陪同下，到搜登站镇走访，并听取镇领导对检察机关开展“双促”活动的意见和建议

【保障民生民利工作】完善下访巡防、联合接访等制度，实行窗口人性化设计、态度人格化尊重、办理人权化保障，体现了检察的人文关怀。在“三帮双促”活动中，两级院第一时间走访，竭尽全力帮扶，共走城乡居民6079户、工商业户887户，企业129户，征集意见2354条，捐赠款物67.23万元，协调资金300余万元，帮助修建基层村部3个，解决住房7户，新建桥涵9座、水泥道路913米、疏通河道8890米，解决各类群众问题112个，所修建道路桥涵当地群众称为“双促路”、“连心桥”。有效增进了检察人员与群众的血肉联系，广大检察干部的群众工作能力明显提升。

谢茂田检察长带队走进军营

【社会管理创新工作】坚持在发挥职能中促进和完善社会管理体系。健全社会矛盾调处机制，探索建立控申疏解、刑事和解、民行调解、侦防消解、社区融解“五解”机制，切实把化解社会矛盾贯穿于执法办案始终。建立执法办案风险评估预警机制，强化了对不稳定不确定因素的预警防范。加强与有关基层组织的协作联动，努力实现矛盾联调、工作联动、平安联创，使其成为检察工作的重要平台，有效扭转了基层执法监督长期缺位局面。

【标准化检察院建设工作】根据省院统一部署，以“目标更明确、标准更清晰、程序更规范、奖惩更有据”为目标，扎实开展了标准化建设工作。出台了《标准化建设工作实施办法》，提出了“两年任务一年完成”的要求，确立了“1加3”标准化建设模式，提炼推广了“六步工作法”，有力地提升了检察机关执法规范化、队伍专业化、保障现代化、管理科学化水平，夯实了基层基础。

【队伍素质和检察文化建设工作】深入开展“坚定职业信念，促进执法为民”主题教育实践活动，提高了坚持党的领导的坚定性和自觉性。认真贯彻市委决策战略，严格执行请示报告制度，坚决落实政法委、纪委等党委部门的安排部署，全力争取党委及党委部门的首肯。以“检察形象建设年”为载体，不断深化“创先争优”活动，切实以履职尽责、推动发展的“有为”求得“有位”。

吉林市总工会

6月3日，市人大副主任、总工会主席吴立疆在吉林市就业援助行动暨民营企业用工洽谈会上讲话

一年来，全市各级工会在市委和省总的正确领导下，深入贯彻落实科学发展观，紧紧围绕中心、服务大局，认真履行工会职能，广泛开展"五项攻坚"立功竞赛活动，扎实推进"两个普遍"，积极构建和谐劳动关系，努力做好新形势下职工群众工作，不断推进工会工作科学化水平，为实现"十二五"规划良好开局发挥了重要作用。

（一）"转方式促发展、振兴江城"立功竞赛活动成效显著

紧紧围绕"五项攻坚"目标任务，组织开展了"转方式促发展、振兴江城"、"我为节能减排做贡献"、创建"工人先锋号"、"建造魅力江城"、"女职工建功立业"、合理化建议、技术创新、发明创造等群众性的立功竞赛和经济技术创新活动。举办全市职工职业技能大赛，在非公企业开展"五比五赛"活动，推广吉化"五型班组"经验，市总及基层的工作经验，在全国职工技术创新工作会议和非公企业班组建设工作会议上做了交流。一年来，全市开展劳动竞赛的企事业单位覆盖面达78%，职工参与率达76%，评选表彰"工人先锋号"50个，"创新标兵"、"创新能手"100名，首席技师100名，职工职业技能大赛39个工种第一名获得者，授予市五一劳动奖章。职工合理化建议5.2万项，经济技术创新成果200项，节创价值4.2亿元。市总获中华全国总工会"当好主力军、建功'十一五'、和谐奔小康"劳动竞赛先进组织单位荣誉称号。

大力弘扬新时代劳模精神。在全社会营造"学习劳模、崇尚劳模、关爱劳模、争当劳模"的浓厚氛围。隆重召开全市劳动模范表彰大会，评选表彰了29名市特等劳动模范、379名市劳动模范、149个市模范集体。24人获全国和省五一劳动奖章，4个单位获全国和省五一劳动奖状，10个班组获全国和省"工人先锋号"，1个班组获省经济技术"创新团队"。开展劳动模范生活状况大调研活动，提出困难劳模"三金"补助方案，为市委、市政府出台《关于对生活困难劳模给予"三金"补助的决定》提供了依据，制定《关于对生活困难劳模发放"三金"补助的暂行管理办法》。春节前夕，为2177人次发放困难劳模"三金"补助715万元。市委市政府这一创新举措，赢得全社会的广泛赞誉，激励广大职工爱岗敬业、拼搏争先，为振兴发展凝聚了强大力量。

全市劳动模范表彰大会现场

加快推进职工素质建设工程。广泛开展"创建学习型组织、争做知识型职工"活动，评选表彰10个创建学习型组织示范单位、24个先进单位、27个先进班组、10名知识型职工标兵、16名知识型职工，同时对学习型组织示范单位授予市五一劳动奖状，对知识型职工标兵授予市五一劳动奖章。组织开展"当好主力军、建功'十二五'"形势任务主题教育宣讲活动。市总投入15万元，新建职工书屋30个，目前，全市有国家级职工书屋16个，市级职工书屋83个。开展纪念建党90周年系列文化体育活动，隆重举办了"咱们工人心向党"大型红歌演唱会。市总获"学党史、唱红歌"优秀组织奖和全市纪念建党90周年系列文化活动"突出贡献集体"荣誉称号。

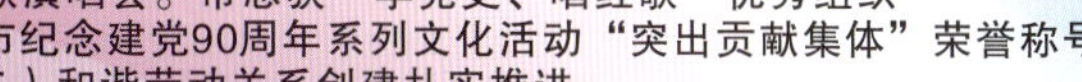

8月18日，在2011年全市"金秋助学"启动仪式上，市委书记张晓霈为受资助学生代表发放助学金

（二）和谐劳动关系创建扎实推进

工资集体协商推进年工作全面完成。制定《全市企业工资集体协商工作三年规划》、《全市企业开展工资集体协商专项活动工作方案》、《全市企业工资集体协商指导员培训三年计划》和《全市企业工资集体协商工作督导检查方案》。市总投入50万元作为开展工资集体协商工作基金，通过发挥三方机制作用、争取党政支持、建立目标责任和奖惩机制、推行工资集体协商代理制度、发挥指导员队伍作用、集中开展要约行动等措施，有力地推动了工资集体协商工作的全面开展。一年来，在全会的共同努力下，我市企业单独签订工资专项集体合同4361份，区域性行业性工资集体合同258份，覆盖企业8225个，工资集体协商建制率达91%，女职工专项集体合同签订率达92%，超额完成省总下达的目标任务。

厂务公开民主管理工作稳步推进。深入实施《吉林省企业事业单位民主管理条例》，组织企事业单位开展自检自查和监督检查活动，加强职代会标准化、厂务公开规范化建设，职代会建制率和厂务公开实行率分别达到90%。市总被评为全省推动厂务公开民主管理工作先进单位。进一步畅通职工诉求表达渠道，确保职工有诉求不出企业，有困难不出工会。

劳动保护和法律服务工作进一步加强。广泛开展"安康杯"竞赛活动，加大工会劳动保护监督检查力度，积极协助政府相关部门开展劳动安全事故调查处理工作，查出安全隐患819条，整改率达97%，促进企业改善劳动安全卫生条件。市总工会连续8年被全总评为"安康杯"竞赛优秀组织单位。

1月24日，召开吉林市总工会十七届四次全委会议

（三）工会帮扶救助力度进一步加大

扎实做好"送温暖"、"金秋助学"工作。2011年全市筹集两节送温暖资金2000万元，走访慰问困难职工5.8万户，发放劳模救济款物93.93万元。筹集"金秋助学"资金600万元，对6000多名困难职工、农民工子女进行资助。市总帮扶中心直接帮扶生活困难、患大病、意外灾害等职工3800多人次,基层工会以各种方式帮扶困难职工7500多人次。开展了困难女职工"关爱行动"，投入资金26万元，对338名患大病、单亲特困女职工进行医疗和生活救助，对265名女农民工、困难女职工进行"两癌"筛查体检。积极做好职工互助互济保障工作，2011年参加职工互助保障活动38.7万人，有12602人受益，发放互助保障金1050万元。我市被评为全国职工互助互济保障工作先进单位。

深入开展创业促就业活动。举办"吉林市就业援助行动暨民营企业招聘洽谈会"，开展"家政服务工程"、"万名农民工援助行动"、"1+1群"帮扶创业促就业活动和"阳光就业行动"。举办农民工培训、就业再就业培训和专业技能培训班60期，培训各类人员3800人次，为1.5万名农民工提供职业介绍,为2.6万名下岗失业人员提供就业服务，为300名贫困大学生提供家教服务岗位。

扎实开展"三帮双促"活动。按照市委部署，开展"下基层、进企业、走家庭、访群众"大走访活动，走访9户企业、93户工商户和910户家庭。机关干部与困难群众、困难党员、薄弱基层党组织结成帮扶对子，为14户包保对象送去慰问金、助学金及米面油等3万余元，为3个社区改善办公环境，购买办公设施，并积极协调相关部门解决基层和职工存在的实际问题。市总被评为全市"三帮双促"活动先进单位。

（四）基层工会组织建设进一步夯实

基层工会组建工作有新突破。按照"两个普遍"工作要求，制定《建会和发展会员工作三年规划》、《建会和发展会员工作考核奖励办法》，落实目标责任，加快组建步伐，大力开展"广普查、深组建、全覆盖"集中建会行动。全市新建企业工会4186个，会员净增长5.5万人。省总在我市召开"两个普遍"现场推进会，推广我市建会工作经验。我市建会工作连续8年被省总评为一等奖。

深入开展党工共建创先争优活动。召开全市工会系统党工共建创先争优工作推进会，推广5个基层典型经验，激励全市各级工会干部履职尽责、创先争优，有19个基层工会获省创先争优先进工会，1个单位获全国模范职工之家荣誉称号，4人获全国模范工会干部荣誉称号，市总被评为全市机关建设标兵单位。

加强工会干部队伍建设。全市各级工会举办培训班22期，培训工会干部1290人次。参加全总、省总培训、调训78人次。市总被省总评为工会干部培训工作先进单位。加大工会干部的协管力度，结合县（市）区换届，配齐配强各级工会领导干部，目前，我市各县（市）区工会主席全部按照同级副职配备，为工会开展工作提供组织保障。

吉林市龙潭区人民政府

龙潭区位于吉林市城区北部，辖区面积1208.9平方公里，人口51.9万，下辖12个街道、6个乡（镇）及省级开发区吉林化学工业循环经济示范园区、市级开发区金珠工业区。这里物产资源丰富，工业基础雄厚，交通物流便捷，基础设施完备，人才技术力量强大，政务人文环境优越，是内地最适宜开设工厂的城市工业区之一。

近年来，在各级领导的关心支持下，在龙潭区委、区政府的正确领导下，龙潭区经济社会及各项事业蓬勃发展。2011年，全区生产总值实现392.3亿元；全口径财政收入实现94.4亿元，地方级财政收入实现11.1亿元；全社会固定资产投资完成207.7亿元；招商引资到位资金59.1亿元；规模工业总产值实现883.7亿元，规模工业增加值实现212.4亿元；社会消费品零售总额实现76.7亿元。城市居民人均可支配收入、农村居民人均纯收入分别实现19300元和7414元。重点围绕丙烯产业链，与林德、德固赛和亨斯迈3家跨国公司签订制氢、双氧水和基础聚醚等6个项目，总投资53.2亿元，迈出了国际化招商坚实的一步。围绕产业升级、功能园区等重点领域，加大扶持服务力度，全力组织实施重点项目建设。全年新开工3000万元以上项目48个，其中，化工园区新开工卓尔科技公司泡沫金属、吉化北方公司发泡聚苯乙烯等项目30个，续建中油吉化公司ABS项目、苯乙烯等项目29个，吉林钢铁特种钢、中油吉化公司烃重组等22个项目竣工投产。投入资金1412万元，新建株洲街、南宁西路道路2条，维修小街小巷道路11条。新增绿地10公顷，栽植乔灌木10万株、攀沿植物2万株、花卉15万株，栽植草坪8公顷。对江北公园进行整体改造，免费开放。规范露天市场10个，拆除违章建筑796个。全面开展“千村示范，万村提升”工程，哈什蚂等13个村成为省级示范村。充分发挥科技支撑作用，申报省级科技项目6项、市级科技项目15项。顺利通过全省科普示范区验收，化工园区大学科技园被省科技厅命名省级大学科技园。合理实施教育布局调整，乌拉街镇、江密峰镇及江北乡等乡镇村小的布局调整顺利实施。校安工程项目稳步推进，接送学生车辆规范化

2011年6月，省委书记孙政才、省委副书记、省长王儒林等领导一行，就推进“三动”战略落实情况在吉林化学工业循环经济示范园区规划展览馆参观考察。

2011年4月，市委书记张晓霈到龙潭调研项目建设情况。2011年，龙潭区新开工3000万元以上项目48个，其中，化工园区新开工卓尔科技泡沫金属、吉化北方公司发泡聚苯乙烯等项目30个，续建中油吉化公司ABS项目、苯乙烯等项目29个，吉林钢铁特种钢、中油吉化公司烃重组等22个项目竣工投产。

2011年5月，市委副书记、市长赵静波到龙潭调研“五项攻坚”工作进展情况。2011年，龙潭区经济社会实现平稳较快发展，地区生产总值实现392.3亿元，全口径财政收入实现94.4亿元，地方级财政收入实现11.1亿元。

2011年6月，在德国埃森举行的吉林市化工产业投资环境说明会暨项目签约仪式上，吉林化工园区与林德、德固赛和亨斯迈3家跨国公司签订了总投资53.2亿元的制氢、双氧水和基础聚醚等6个项目，国际化招商迈出了坚实的一步。

2011年7月，龙潭区乌拉街阿拉底民俗村正式投入运营，区几大班子领导为民俗村剪彩。落成后的民俗村将成为朝鲜族文化旅游及社会主义新农村建设的一道靓丽风景线。

管理工作不断深入。组织各类文体活动16项，开展送戏下乡14场次、社区演出16场次。推动医疗卫生事业健康发展，积极稳妥推进医药卫生机制改革，铁东社区卫生服务中心、大口钦卫生院等建设项目稳步推进。将原有52个社区调整为36个，实施网格化管理，社会稳定与平安建设扎实深入。扎实开展安全隐患排查治理工作，整改隐患220处，安全生产形势保持平稳。软环境整治和建设力度加大，扎实开展“三帮双促”活动，着力排企忧、解民困，共梳理问题4640件，其中答复解决4531件，办复率达97.7%，政行风建设进一步加强。一个经济繁荣、社会稳定、环境优美、人居和谐的新龙潭，正在以崭新的姿态展现在世人面前。

随着吉林化学工业循环经济示范园区的快速发展和金珠工业区的设立，龙潭区将进一步实施“三动”战略，深入推进“三化”统筹，坚持突出工业、全面发展，加快推进“五型城区”建设，以功能区建设为重点，全力抓好城市建设、新农村建设，保障改善民生，促进社会稳定和谐，为建设全市现代化工业核心区，为推进经济社会又好又快发展而努力奋斗。

2011年9月，投资130亿元的建龙吉林钢铁达到300万吨精品钢生产能力，龙潭区钢铁产业基础优势不断夯实。图为吉林钢铁轧钢生产线初轧工序现场。

2011年12月，在“温情进万家 真情暖龙潭”市区两级联动、走访慰问活动仪式上，区委书记魏连章做动员讲话。在“三帮双促”活动中，全区走访慰问贫困户13000余户，为困难群众送去慰问金和慰问品400余万元。

2011年12月，区委副书记、区长孙维国走访慰问新安街道南宁社区低保户杨秀珍。

吉林高新技术产业开发区管理委员会

20年前，现代工业文明的火种在这里播种，20年后，科技的火炬在这里闪耀；

20年前，这里一片荒芜，杂草丛生，20年后，这里厂房林立，园区纵横；

20年的艰辛与汗水，20年的探索与实践，20年的改革与创新，一座座各具特色的厂房，一幢幢拔地而起的高楼，一张张锦绣宏伟的科技蓝图，无疑都印证着一件事，一座现代化科技新城已然屹立在松花江畔。

一、基本情况

吉林高新技术产业开发区（简称吉林高新区）于1992年11月由国务院批准成立，几经调整，现由22.08平方公里的江南新建区和吉林市汽车产业工业园区（以下简称吉林高新南区）、3平方公里的江北精细化工试验区（国务院批准的政策区）及108平方公里吉林高新区北部新区暨吉林市战略新兴产业聚集区（以下简称吉林高新北区）组成，江南新建区地区生产总值、规模工业企业户数、财政收入、可用财力分别从2005年的34亿元、48户、5.8亿元、1.66亿元增长到2011年的161.6亿元、102户、27亿元、16亿元，年均增长均在30%左右。

截至2011年底，全区总人口15万人，共有注册企业3180户，实现总收入1250亿元，工业总产值完成1200亿元。

二、主要成就

（一）产业建设成绩辉煌

经过近二十年的建设，吉林高新区得到了长足发展，尤其在“十一五”期间，吉林高新区经济总量迅速增大，产业基础日趋完善，发展态势进入良性轨道，已经形成了六大主导产业，奠定了两个千亿级和四个百亿级特色产业集群的发展基础。

1. 以特色产业园区为载体，聚集产业发展要素，发展特色产业。打造六个特色产业基地暨汽车及零部件产业基地、精细化工产业园区、装备制造产业基地、电子信息产业基地、生物医药产业基地、现代服务业产业基地。2011年汇集在六个产业园区的规模工业总产值占全市规模工业总产值的44.6%，并形成了高成长性科技企业群体和特色产业集群。

2. 以强化区域间经济技术合作为纽带，优化产业结构。通过引进德国巴斯夫、荷兰飞利浦、上海凯赛集团、等一批国内外知名企业，使吉林高新区在风电、水电、核电设备制造以及生物医药制剂、新能源等产业从无到有；汽车及零部件制造、电力电子分立器件等产业从弱到强，形成了一定的特色主导产业基础。

3. 以实施名牌产品战略为途径，提升主导产业竞争力。通过组织企业申报产品专利、商标注册等，形成了区域性品牌效应。截至目前，吉林高新区拥有各类商标共265个，其中包括华微、永大两个中国驰名商标；大仝数码、康乃尔、吉尔吉等20个吉林省著名商标。

（二）科技创新硕果累累

1. 实行“点”式运作，引导企业成为自主研发的主体。依托与中国科学院长春分院、北华大学、东北电力大学等研究院校，建立了大学科技园和研发中心，对在研的项目优中选优，中国科学院力学所的“激光毛化设备”项目、中国科大“863”计划“基因重组纤维素酶”项目均已建成投产。扶持光大电力设备公司硅酸根检测表等890多个自主知识产权产品，通过建厂扩产，实现其快速扩张。

2. 实行“线”式孵化，提高产业链创新能力和竞争能力。强化孵化器和企业技术中心建设，提供一流的科技型中小企业孵化基地，建立项目研发、试产、投产一条龙的深层次项目孵化模式。建成总建筑面积达17万平方米的孵化基地，形成了创业中心（国家级）、大学科技园、留学生创业园、软件园（国家级）、民营科技园等“一心多园”的孵化格局。

3. 建立研发、测试“面”式平台，为企业提供科技支撑。目前，吉林高新区电子信息企业拥有软件著作权226项，经营的主要产品有270余种，包括大功率晶体管、通信管

吉林高新区软件园

理软件、电力企业管理软件、硅酸根检测表等，并建立国家电力信息化技术服务联盟，联合产品互补型电力电子企业，共享信息与市场资源，围绕“数字化电力系统”，为其提供安全、高效、节能、环保系列配套产品。

同时，以“长吉图”开发开放、“长吉一体化”战略为契机，积极推进区内企业与长春产业联盟开展合作，共同开展课题研究、关键技术突破、共性技术攻关、新产品试制等科技创新活动，分享国家和省科技主管部门给予联盟的科技资金支持；人才保障体系得到进一步健全，完善了人才保障相关政策措施，营造发现人才、尊重人才、培养人才、激励人才和储备人才的良好环境。

（三）服务体系健全多元

吉林高新区积极营造了小政府、大服务、高效率、相对独立的良好运行环境，走出了一条依靠体制机制创新激活本地科技和经济资源，吸引企业、技术、资金、人才、项目等要素聚集并合力开发建设的崭新道路。

三、新时期展望

未来的5-20年，高新区要肩负起长吉一体化吉林领军区，吉林市战略新兴产业聚集区，吉林市快速发展的重要增长区的历史使命，要大力提升南区形象，加快推进北区建设，突出“大、高、新”理念，要大手笔（规划）、大产业（支撑、集群）、大框架（发展），高起点（谋划、站位）、高效能（推进）、高科技（引领）和新思维（创业精神、高新文化、发展内涵）、新机制（用人、招商、建设）、新体制（国际化视野、市场化运行、企业化经营、公司化管理）。在产业布局上，以汽车及零部件产业为主导，以电力电子产业为特色，以高端装备制造、生物医药、新材料、现代服务业、休闲旅游等产业为支撑，国际化、集群式、园区型发展，以“一年一个样、三年大变样、五年创辉煌”为目标，力争到2015年实现工业总产值2000亿元，到2030年实现工业总产值6000亿元。

如今，吉林高新区已经站在一个新的历史起点，在夯实基础的同时，紧紧抓住长吉图开发开放、长吉一体化和振兴老东北工业基地的有利契机，以“优化提升江南新区，高标准建设北部新区”为主线，以科技进步和人才开发为支撑，不断提高自主创新能力，大力发展战略新兴产业集群，做大做强特色、支柱产业集群，经济和社会发展将迈上一个新台阶，力争成为具有国际化标准的创新之城、产业高地、黄金商圈、生态之都，富有生机活力、富有广阔发展前景的新型工业区和现代化科技新城。

吉林高新区创业服务中心

2011年3月3日，国家科技部副部长曹健林（前中）在吉林高新区永大集团考察。

2011年6月18日，常务副省长竺延风（前中）在吉林高新区调研

2011年8月18日，市委书记张晓霈在高新区吉林龙山集团调研。

2011年5月2日，市人大主任曲国良（前左二）在高新区调研

舒兰市人民政府

中共舒兰市委书记 王书东

舒兰市市长 李富民

【概述】 舒兰市幅员面积4557平方公里，辖10个镇、5个乡、5个街道办事处，1个省级经济开发区。总人口66万人，其中农业人口46万人。现有耕地面积139414公顷，其中水田45679公顷，盛产水稻、玉米、大豆。森林覆盖率为41.9%，木材蓄积量117.5万立方米。有积水面积20平方公里以上河流57条、大中小型水库439座。主要矿藏有褐煤、粘土、硅石、泥炭、玄武岩及红、白花岗岩、钼矿石等。

2011年，实现地区生产总值161.6亿元，同比增长26.2%；全口径财政收入6.87亿元，同比增长34.1%，其中地方级财政收入4.82亿元，同比增长45.1%；固定资产投资累计完成113.4亿元，同比增长28.9%；城镇居民人均可支配收入和农民人均纯收入达到14348元和7500元，分别增加3748元和1068元。三次产业比重由32.7：26.9：40.4调整为30.1：28.8：41.1。

吉林大润德公司投资建设集“产、加、销”为一体的高档肉牛养殖屠宰及深加工项目

【招商引资和项目建设】 招商引资到位资金47亿元，同比增长41.6%，其中工业项目到位资金39亿元，同比增长41.3%。开工建设3000万元以上重点项目97项，其中亿元以上项目42项。11个项目纳入吉林市百项重点项目。开发区承载能力进一步增强，全年入区亿元以上工业大项目4项，区内企业达到21户。

吉林省省长助理赵振起来舒兰调研

【工业经济】 投资7.4亿元，实施20项技术改造和新产品开发，其中通博公司万吨乳化炸药生产、永丰公司15万吨水稻加工等6项技术改造项目竣工投产，农喜公司玉米收割机、通机公司L330汽车配件等6个新产品投放市场。万吨高粱酒、2万吨豆浆粉等15个项目达产达效。新增规模工业企业25户，全市规模工业达到98户。预计实现规模工业总产值106亿元，同比增长53.9%；增加值28亿元，同比增长58.2%。

【农业农村】 粮食产量达到113万吨。发放各类惠农资金2.7亿元。落实“创建粮油高产万亩示范片”12个，新建农业科技示范园区18个。建设标准化牧业园区68个，培育专业养殖大户1500户，被确定为国家生猪调出大县。“全国小型农田水利重点县”项目全面实施。完成集体林权制度主体改革；连续30年无一般森林火灾。新农村建设扎实推进，改造农村泥草房898户，新建农村安全饮水工程61处、沼气池2200处、水泥路51公里，绿化乡村道路440公里、村屯67个。

【城乡建设】 房地产开发开工41.5万平方米，竣工32.8万平方米。新建市府大街南段等12条道路；启动建设舒南路公铁立交桥，完成市府大街顺水河桥等3座桥梁建设工程。省道舒太公路朝白线开工建设。完成正阳、嘉盈和吉舒日升集中供热中心改造工程，新增集中供热面积100万平方米；完成外墙保温和热计量改造

50万平方米。完成文化广场基础工程，黄泥河治理、顺水河带状游园建设和全民文化体育活动中心续建工程全面完工。开展以清脏治乱、市场规范为重点的专项整治工作，城市更加干净、整洁、有序。完成城区出口及6条街路的绿化和亮化工程，新增绿化面积5万平方米，安装路灯414基杆。

【社会事业】 投资6500万元，完成第十六中学、金马中心校等19所学校校舍新建和改扩建工程；高考重点率、本科率居地区五县（市）前列。完成市医院、平安中心卫生院、吉舒第一社区卫生服务中心改扩建和北城社区卫生服务中心建设工程；医药卫生体制改革进展顺利，国家基本药物在乡镇卫生院和社区卫生服务中心实现零差率销售。申报省级以上科技项目13项，争取科技创新扶持资金300万元，被评为国家科技进步先进市。建设农家书屋70个、文化大院36个。保持适度低生育水平，人口出生率、自然增长率分别控制在7‰和3‰以下。广电、民族宗教、侨务外事、档案、老龄、残疾人等社会事业都取得了新成绩。

【社会保障】 深入开展安全生产隐患排查治理，严厉打击违法犯罪行为，“平安舒兰”建设成效显著。保障性住房开工33.8万平方米，竣工24.4万平方米。城镇新增就业9700人，城镇登记失业率控制在3.2%以下，保持“零就业”家庭动态为零；转移农村剩余劳动力17.9万人次，实现劳务收入25亿元。启动城乡居民养老保险试点工作，失业、医疗、工伤、生育、新农合等保险覆盖面进一步扩大。累计发放社会化救助资金1.5亿元。

城市建设

舒兰永和食品有限公司豆浆粉生产车间（振动液化库）

舒兰市滨河小区

桦甸市人民政府

步入会场

场区

地球卫士新材料有限公司投产暨32个重点项目集中开工仪式

奥贝球铁生产车间

夹皮沟公司井下刚采出的矿石

建设中的物流中心站

桦甸市位于吉林省东南部，地处长白山余脉,松花江上游。东临敦化，南接靖宇、抚松、辉南，西界磐石，北与永吉、蛟河毗邻。幅员6626平方公里，地貌特征为“八山一水一分田”。1908年设县，1988年撤县设市。全市共辖3乡、6镇、5个街道办事处、1个省级经济开发区、19个社区、156个行政村，总人口45万人。桦甸市有着极为丰富的能源、矿产、长白山绿色特产、旅游等自然资源，是吉林省乃至全国不多见的资源大市。近年来，桦甸以综合经济实力“地区站排头、省内进三强”为目标，按照“工业主导、项目支撑、商旅活市、创业富民”的基本思路，坚持“三化”统筹，实施“三动”战略，加快发展方式转变，相继开展了“奋战三年，总量翻番”、“经济总量再翻番”、“五项攻坚”等系列活动，推动了经济社会的又好又快发展。

经济实力大幅提升

桦甸市依托得天独厚的资源优势和良好的投资环境，坚持以项目建设为支撑，以招商引资、全民创业为主要手段，着力扩充经济总量、调整产业结构、转变发展方式、提升发展质量，保持了经济快速发展的良好势头。五年来，累计开工亿元以上项目65个、3000万元至亿元项目150个，成大弘晟油页岩干馏厂、36万吨环保纸、15万吨还原铁、鑫源800吨全泥氰化、中华第一铅笔等一批资源精深加工项目相继建成投产，武汉凯迪生物质发电、海外制药、龙升绿色食品、江东金铜矿1200吨选矿等一批重点项目快速推进，填补了桦甸高新技术产业、上市公司和资源精深加工企业的空白。同时，白山发电厂、夹皮沟金矿、通钢矿业、建龙矿业、汇源矿业等骨干企业不断发展壮大，开发区产业聚集效应进一步显现。2011年，全市实现生产总值231.53亿元，同比增长23.2%；全口径财政收入16.06亿元，同比增长51.3%；固定资产投资130.3亿元，同比增长27.7%；招商引资到位资金51.2亿元，同比增长45.5%；城镇居民人均可支配收入和农民人均纯收入达到17600元和7560元，分别增长19.8%和14.6%，实现了综合经济实力“地区站排头、省内进三强”目标。

城乡面貌焕然一新

近年来，桦甸市为加快破解城市发展空间过小这一制约瓶颈，在2001—2020年城市总体规划的基础上，进一步提出了拉大城市框架、拓展城市空间的战略构想，实施了桦甸大街东延、辉发河大桥、新客运站、职教园区等一批拓展城市空间工程，辐射带动道路及项目周边区域的整体开发，城市建成区面积达到18平方公里。累计投入资金4.5亿元，新改扩建城市街路52条、26公里，形成了六横七纵路网布局，市民交通出行更加便捷。实施了天然气利用、垃圾处理厂和污水处理厂建设、关门砬子水源地治理等工程，铺设污水管网71公里，城区居民基本实现了24小时供水，市政功能进一步完善。金城广场建设和清水绿堤广场扩建竣工投入使用，新增城市绿地34.2万平方米，城市形象品位进一步提升。榆江线、桦辉线、五桦线、辉发河大桥建设及吉桦线改造工程竣工通车，实现

成大弘晟厂区图

了与吉林市一级路连接，与蛟河、靖宇、辉南二级路连接。投入资金4.12亿元，建成农村水泥路851公里，农村公路总里程达到1479公里，大大改善了农村生产生活环境。深入开展了以市容环境整治和社区管理为主要内容的“我爱我家”文明城市建设活动，推动了城市环境和整体形象的提质升级。

社会事业全面进步

近年来，桦甸市在综合经济实力全面跃升的同时，更加注重对社会事业领域的投入和扶持力度，推动了科教文卫等各项事业的全面进步。科技工作成绩斐然。落实农业科技项目15项，农业先进技术覆盖面达到90%，玉米超高产田亩产连片连续四年创全国玉米高产纪录。引进国家和省市科技项目16个，开发出具有自主知识产权的万向传动半轴、模压复合橱柜门等新产品10项，申请专利132件，授权专利118件。教育事业硕果累累。投资1.12亿元新改扩建校舍117所、27.7万平方米，创国家级示范校2所、省级示范校4所，化解“普九”债务3667万元。文化产业亮点纷呈。歌舞团连续13年走进春晚，由桦甸协拍的《关东金王》、《静静的白桦林》在央视热播。苏密古城遗址保护项目顺利启动，文化馆、图书馆、档案馆晋升为国家一级馆，建成省内一流的文体中心、体育场、体育馆，群众体育工作获国家表彰，被命名为全国科技进步先进市、科普示范市、中国现代民间绘画之乡。卫生工作迈上新台阶。新改扩建医疗卫生基础设施3.5万平方米，第三人民医院、中医院、苏密沟卫生院建成投入使用。整合农村社区卫生服务站33个，乡镇卫生院和社区服务机构实现了药品零差价销售，新型农村合作医疗覆盖面达到99.5%，医疗卫生服务达到省内县市先进水平。

辉发河大桥

民生保障更加有力

桦甸市自2006年在全省县级市率先启动城市棚户区改造工程以来，紧紧抓住国家和省支持棚户区改造的有利契机，累计投入资金近6亿元，改造城市棚户区27万平方米、泥草房4478户，建设廉租房2.7万平方米，累计为1.9万户生活困难家庭发放住房租赁补贴2100余万元，改造“暖房子”工程25万平方米，受益家庭2700余户，城乡居民生活居住条件得到极大改善和提高。就业是民生之本。桦甸市坚持以“阳光工程”、“春风行动”等为载体，切实加大劳动者培训力度，五年累计开发城镇就业岗位8万余个，1.3万余名下岗失业人员实现再就业，扶持2000余名下岗失业人员自主创业，“零就业”家庭就业比率达到100%，城镇登记失业率连续五年保持在4%以内。社会保障和救助体系不断完善。农村低保和城市低保补助标准达到1660元/年和260元/月，分别为2006年的2.5倍和2倍。医疗救助最高标准达到15000元，为2006年的3倍。启动了“新农保”和“城居保”业务。社保服务中心、光荣院、社会福利服务中心、残疾人康复训练中心建成投入使用。城镇居民人均可支配收入和农民人均纯收入达到17600元和7560元，年均分别增长19.8%和14.6%。

元宵节秧歌队

金城春潮涌，风劲好扬帆。站在新的起点上，桦甸正按照好中求快、快中领先的基本思路，加快转变发展方式，积极落实“三化”、“三动”战略，乘势攻坚，奋力跨越，坚定不移地向着经济繁荣、民生改善、生态宜居、社会和谐的中等城市建设目标大步前进！

日处理能力4000吨的尾矿低品位资源合作开发利用项目（夹皮沟公司尾矿回收厂）

桦甸城区图

磐石市人民政府

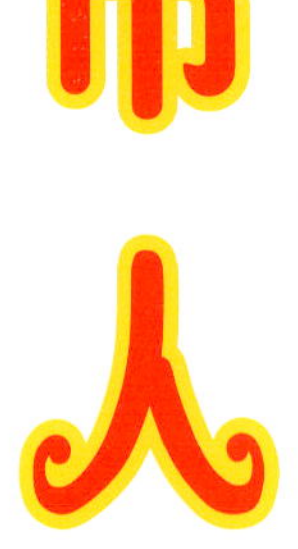

省委书记孙政才一行在西点药业调研

一、基本情况

磐石市位于吉林省中南部、吉林市南部，地处松辽平原向长白山的过渡地带，属丘陵半山区。幅员面积3960平方公里，辖14个乡镇、3个街道办事处、2个省级经济开发区和1个有色金属高新技术产业园区，户籍人口54万。

地理区位优越。雄踞长吉侧翼，位于长吉1小时经济圈，沈哈3小时经济圈中心地带。202国道、沈吉铁路、沈吉和营松高速公路、铁路复线纵贯全境，客货物流发达。**矿产资源丰富**。矿产资源种类多、分布广、品位高、储量大。已发现各类矿产资源61种，其中金属矿种15种，非金属矿种44种，已查明资源储量28种，发现矿床46处。镍矿石和隐晶质石墨储量居全国第2位，是全国最大的镍盐生产基地、第二大镍金属生产基地和三大石墨产地之一，中国十大非金属矿业开发基地之一和吉林省非金属矿产品开发基地。硅灰石储量占全国储量的四分之一，质量为世界之首。**水资源充沛**。境内水系主要由辉发河、挡石河、饮马河、玻璃河等水系组成，共有大小河流181条，流域总面积1557平方公里，各类蓄水工程794座，总库容2.3亿立方米。人均占有水资源量为1653立方米，为全国人均占有水资源量2304立方米的72%。**森林资源富足**。全市有林地面积18万公顷，占全市总幅员面积的47.3%。森林覆盖率44.5%，林木绿化率44.62%。森林活立木蓄积量为1170万立方米。**旅游资源独特**。境内旅游资源得天独厚，已发现古文化遗址10余处，保留抗日战争革命遗址20余处，现已初步形成了以"一洞（官马溶洞）、两山（仙人洞山、莲花山）、四库（黄河水库、亚吉水库、柳杨水库、官马水库）"为主的独具地方特色的旅游格局。域内有国家级旅游景区莲花山原始森林公园和全省最大的地表熔岩洞官马溶洞。

二、经济社会发展情况

近年来，磐石市紧紧抓住省委、省政府实施"三动"促"三化"战略的契机，加快改善民生民利事业，推动了县域经济社会的平稳较快发展。

百年东来广场

2011年，全市地区生产总值实现284.5亿元，增长17.1%，其中一、二、三产业增加值分别实现42.5亿元、152亿元和89.9亿元；财政收入实现14.51亿元，增长30.1%；地方级财政收入实现10.08亿元，增长36.2%；固定资产投资实现147亿元；招商引资到位资金实现80亿元；规模工业总产值和增加值分别实现358.3亿元和122.1亿元，分别增长21%和17.6%。社会消费品零售总额实现57.4亿元，增长16.7%。城镇居民人均可支配收入和农民人均纯收入实现15506元和7500元，分别增长23.8%和14%。在吉林市"五项攻坚"立功竞赛表彰大会上，磐石市被吉林市委、市政府评为县区综合奖和投资与项目建设单项奖。

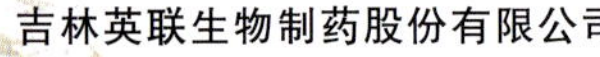

吉林英联生物制药股份有限公司

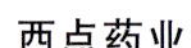

西点药业

磐石亮化夜景

亚泰全景

吉恩镍业1.5万吨厂区一角

坚如磐石

SOLID AS A ROCK

吉林（中国—新加坡）食品区管理委员会

县委书记李长山（右二）陪同新加坡淡马锡集团总裁科尔（中）考察食品区

吉林（中国-新加坡）食品区原为“吉林永吉岔路河特色农业经济开发区”，是2002年11月经吉林省人民政府（吉政函[2002]126号）批准成立的省级开发区。2010年6月，经省政府批准（吉政函[2010]107号文件），将岔路河特色农业经济开发区更名为“吉林（中国-新加坡）食品区”。

吉林（中国—新加坡）食品区是中国和新加坡两国政府旨在农业和食品领域的战略性合作项目，项目建设将突出食品“质量和安全”这个主题，意在打造继苏州工业园和天津生态城之后中新两国间又一个重要的合作项目。

食品区位于吉林省吉林市永吉县，分为核心区和控制区，向外形成辐射区域。核心区即岔路河中新食品城，位于吉林省吉林市永吉县岔路河镇所在地周围的57平方公里范围内。岔路河中新食品城规划由国际一流的设计单位新加坡裕廊顾问公司编制。共规划为六大功能区：食品加工区（12平方公里）、仓储物流区（1.5平方公里）、商住区（14平方公里）、行政办公及科教文卫区（6平方公里）、休闲度假区（7.5平方公里）、景观绿地区（16平方公里），其中规划建设用地36平方公里。围绕核心区，由河流、山川、湿地等自然屏障，形成1450平方公里的控制区，在此与新加坡农粮兽医局合作建设无规定疫病区。重点建设无规定疫病养殖示范园区，开展现代农业的试验示范工程。在控制区以外形成辐射区域，包括吉林、辽宁、黑龙江三省和内蒙古自治区部分地区。按照食品区的质量控制标准，建立食品区原料生产基地，为食品区的可持续发展提供充足的加工原料。

食品区按照“政府推动、企业主体、产业支撑、国际标准、质量追溯、健康安全”的理念进行发展建设，重点发展种养殖业、食品（保健品）加工、科技研发、现代物流、教育培训、休闲旅游、总部经济、商务会展、金融保险等产业。打造成为国际一流的安全健康食品生产示范区、现代农业发展示范区、“三化统筹”示范区（工业化、城镇化和农业现代化）、长吉图开发开放战略先行先试示范区，最终建成产值超过1000亿元人民币和拥有30万人口的山水宜居生态城市。

吉林哈达湾经济开发区

时任吉林市市长张晓霈同志到开发区视察

副市长房立群视察恒茂源

哈达湾经济开发区是省政府批准成立的省级工业开发区(工业集中区)，是吉林市四个产业集中区之一，前身是吉林经济技术开发区虹园托管区。一九九九年四月被吉林市人民政府列为第二批新兴小城镇建设试点单位，于同年十二月十日被市政府批准为市级经济开发区。二〇〇五年九月二十四日升位省级工业集中区，二〇一一年七月通过省级开发区验收，二〇一二年二月经吉林省政府批准成为省级开发区，正式更名为吉林哈达湾经济开发区。

开发区办公楼

开发区位于吉林市西北部城乡结合处，区域面积14.9平方公里。南起炮台山，北至昌邑区农场，东至哈龙桥，西连吉长零公里。以和平路为界，分为南区和北区，南区2.18平方公里，定位为商贸、住宅、物流园区；北区12.72平方公里，定位为现代工业及商业物流园区。

吉林哈达湾经济开发区成立以来，在昌邑区委、区政府的正确领导下，克服了重重困难，立足于快发展、大发展的理念，创新体制、抢抓机遇，积极引导和促进生产要素向开发区集聚，投入了大量资金和精力，打造了开发区基础设施硬环境和外部形象。开发区基础设施配套日臻完善，产业特色日益凸显，区域综合经济实力和竞争力逐步增强。

随着吉林市城市化进程的不断加快，哈达湾经济开发区已成为城中开发区。吉林市火车站、公路客运总站、长吉城际铁路吉林市换乘中心均在5公里范围之内。新建成使用的雾凇客运站位于开发区内；长吉高速公路、吉林市绕城高速与全国高速公路网相连；长吉、吉图、沈吉、吉哈四

区委、区政府领导为开发区谋划企业布局

深入包保的桦皮厂镇庆祥村

条铁路线在此交汇，未来的交通优势将会更加明显。

优越的投资环境吸引各类企业纷至沓来，经过几年的发展，开发区内初步形成了以中钢吉铁、中钢吉炭为主的冶金产业；以达兴铝业、恒茂源公司为主的新型建筑材料产业；以森东电力为主的机电设备制造产业；以双嘉环保能源利用有限公司为主的清洁能源产业等为主导的经济发展格局，并朝着高科技含量的产业方向发展。目前，开发区域内人口5万人，拥有企业114户，从业人员17929人，其中：规模工业企业32户。重点企业有中钢集团吉林铁合金股份有限公司、吉林炭素股份有限公司、吉林市亿兴木业有限公司、吉林泷鑫电气设备有限公司、吉林市森东电力设备有限公司、吉林双嘉环保能源利用有限公司、吉林市松花江实业有限公司等。

近年来，开发区凭借其优越的自然环境，雄厚的工业基础，完善的基础设施，准确的发展战略，奉献的创业队伍等诸多优势，冲锋在省市经济发展的最前沿，展现出强劲的发展态势，财政收入、固定资产、工业产值等主要经济指标保持高位增长。2011年完成固定资产投资21.8 亿元；完成规模工业产值114.81亿元；完成地方级财政收入37472万元。

如今，吉林哈达湾经济开发区已进入快速发展期，在新一轮创业中，开发区将努力建设成为一个集工业、商贸、物流为一体的，环境优美、经济繁荣、功能完善的宜居、宜业的创业新城区，成为昌邑区新的经济增长点，相信在不久的将来，一个崭新的充满生机和活力开发区将出现在江城人的面前。

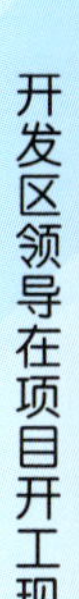

开发区领导在项目开工现场

区领导调研开发区发展情况

区政府领导与开发区干部研讨未来发展方向

晋升省级开发区考核工作会议现场

马少红走访

吉林北大壶体育

吉林北大壶体育旅游经济开发区是2003年4月经吉林省人民政府批准成立的，是全国唯一以体育旅游为主导的省级开发区，开发区规划控制面积126平方公里。开发区位于吉林市西南40公里，毗邻长春和吉林两大城市，与松花湖国家自然风景区接壤。公路交通便利，吉桦一级公路直通北大壶，并连接长吉、吉草高速公路。长春龙嘉国际机场距北大壶仅有一个半小时车程。

北大壶具有得天独厚的自然资源和气候条件。四季变幻，特色鲜明。冬季最冷月为每年的1月份，10年日平均气温-15.4℃，夏季最热月为7月份，10年日平均气温为18.6℃。北大壶冬季雪量足、雪期长、雪质好、气候宜人，有“滑雪天堂”之美誉。区域内群峰连绵，山势奇特，海拔超1200米的山峰有9座，其中，主峰南楼山海拔1404.8米，是长白山脉向松嫩平原过渡带最高峰；植被覆盖率高，动植物资源丰富，素有“天然氧仓”之称；区内蕴藏着丰富的地下温泉资源；高山雾凇享有较高的声誉。北大壶是冬季滑雪、夏季避暑的理想去处。

清康熙、乾隆皇帝都曾巡幸至北大壶。史料记载乾隆十九年（1754年）八月，乾隆皇帝巡行吉林，御驾亲临南楼山之北时自咏道：“三面环山，行若壶尊；圣泉甘露，盛于其中，此乃天造地设北大壶！”并亲笔御赐“北大壶”，北大壶由此得名。

区内北大壶滑雪场始建于1993年，是国家首批AAAA级风景区之一，具有世界一流的滑雪旅游资源。北大壶滑雪场是目前国内自然资源最好、规模最大、设施最先进、功能最完善，能够承办各种国际性大型赛事的滑雪场。曾成功承办了第八、九届、十二届全国冬运会、第六届亚洲冬季运动会。北大壶是国家旅游局确定的首个全国冬季旅游休闲度假示范区，是国家体育总局确定的国家滑雪训练基地、国家登山滑雪训练基地、国家拓展训练基地。

2011年全口径财政收入完成32286万元，完成计划的117%，同比增长75%；地方级财政收入完成20754万元，完成计划的142%，同比增长112%；招商引资完成4.08亿元，完成计划的102%，同比增长30%；固定资产投资完成5.34亿元，完成计划的105%，同比增长11%。。

为把北大壶建设成为中国北方国际旅居休闲度假区，开发区聘请美国WATG公司对126平方公里区域编制了总体规划，规划了北大壶风情小镇、多元文化区、温泉安康区、休闲农业区和户外运动区（冬奥村）等五个特色鲜明的文化旅游体育产业发展区域。

北大壶风情小镇

规划理念是建设一座以康体医疗保健、娱乐消遣、游客服务和住宅为主的小城镇，遵循城镇化发展思路，最终形成传统经典与现代时尚完美结合的山地度假小镇。开发建设康健体检医疗中心、游客服务中心、轻轨站、娱乐和商业中心、酒店、住宅区等项目，为游客带来最精彩、最贴心、最温暖的旅游体验。功能区规划面积3平方公里。

多元文化区

地处山谷平原地带，两面依山，中间宽阔平坦。规划理念是塑造出一个别具一格的文化旅游区，以现代文化（包括水上和空中运动文化）、民俗文化和传统文化为灵魂、产业为支撑、景观为基础、功能为核心的多元文化体验区。开发建设通用机场、航空产业园和航空小镇、寺庙小岛、戏剧院、酒店等项目，使之成为融汇民族、民俗与传统文化体验的动感地带和心灵家园。功能区规划面积10平方公里。

温泉安康区

地处山谷和溪流的交汇处，是天然温泉所在地。这里山清水秀，环境如画般优美，是五个功能区中最无可媲美的静谧峡谷区。如此丰厚的自然景观，界定了这片区域的规划性质和规划意向。规划理念是以寻找心灵平衡、调养、养老和身体锻炼为基点，综合生态环境、社会、经济三方面总体效益，挖掘温泉和自然环境资源的潜力，打造一个集温泉娱乐、养生保健、强身健体的最佳静谧度假区。开发建设温泉主题公园、温泉小镇、酒店、养老村等项目。以创新

旅游经济开发区

的模式，把温泉与休闲娱乐、康复疗养、健身强体有机融合，产生极大的市场吸引力，延长游客滞留时间，提高人均消费。功能区规划面积3平方公里。

休闲农业区

这里自然环境良好，水源多，土壤肥沃，农作物丰富，农庄文化浓郁。是体验农业旅游和亲近自然的最佳区域，将成为总体规划区内重要的绿地缓冲区。规划理念是坚持因地制宜和突出地域特色，深入挖掘广博的东北农耕文化，开发富有浓郁地方特色的农业休闲观光旅游产品，打造农业观光与自然体验于一体，成为游客回归自然、感悟生灵的乡村田园，满足消费者求新、求异、求知的心理诉求。开发建设葡萄酒庄园、果园、农场、野营地、农贸市场、动植物标本馆、野生动物世界、植物园、私人园艺等项目。使游客远离城市的喧嚣，回归自然。功能区规划面积3平方公里。

户外运动区（冬奥村）

地处北大壶滑雪场和周边连绵山谷围合的地段，是北大壶度假区的核心区域。大自然造化出这个区域奇绝的扇形地势，巨扇般三面环抱的连绵山峦遮风避寒，造就了这里雪量足、雪期长、雪质佳和气温宜人的绝佳自然景观，中国的滑雪胜地——北大壶滑雪场就坐落在这里。基于其得天独厚的气候条件和举世无双的山地滑雪资源优势，构成了其独有的滑雪旅游强势诱惑。规划理念是以举办冬奥会为目标，以雪上运动、休闲度假、会议培训为核心功能，带动整个北大壶的开发建设，成为北大壶最具核心竞争力的区域。开发建设滑雪场、度假别墅、雪具大厅、高山雾凇景区、酒店、洞穴酒店、会议中心、商业街、外伤医院、水上乐园、轻轨站、度假公寓等项目。使之成为春踏青、夏避暑、秋赏叶、冬滑雪，四季皆宜的以户外运动为突出特点的高端休闲度假区。功能区规划面积7平方公里。

北大壶体育旅游经济开发区以户外运动为突出特点，以滑雪、温泉为核心竞争力产品，以国际一流的“中国北方国际旅居休闲度假区”为终极目标，北大壶将成为以大城市为依托的长吉图发展战略中新的经济增长极。通过总体规划的实施，到2030年，北大壶将实现累计投资400亿元；区域接待床位达到6万张，年接待游客230万人次，旅游年收入60亿元，带动旅游相关收入600亿元。届时北大壶将成为中国北方国际旅居休闲度假区、成为我国申办冬奥会的承办地。

吉林市质量技术监督局

局长 沙建立

吉林市质量技术监督局负责吉林地区质量、计量、标准化、食品和特种设备安全的监督管理工作并行使执法监督职能，拥有先进的实验室和雄厚的检验检测技术能力。

近几年，吉林市质量技术监督局在国家局、省局和市委、市政府的领导下，真抓实干，开拓创新，扶持企业规范管理，全面提高产品质量，帮助企业创造品牌效应，为地方经济发展做出了突出的贡献。一批名牌产品诞生，一批企业采用了国际标准和国外先进标准，一批企业通过了质量体系认证，一批农业标准化示范区建成，一批假冒伪劣窝点被铲除。

几年来，吉林市质监局在食品安全监管和特种设备安全监管上狠下功夫，紧紧围绕关系广大人民群众切身利益、群众反映强烈、对社会危害严重的突出问题进行集中整治和专项治理。在食品安全监管方面，先后开展了瘦肉精、地沟油、乳制品、食品添加剂、葡萄酒等重点产品的专项整治。特种设备监管方面，重点检查了热力公司、洗浴、酒店、宾馆、商场等人员密集场所及大型游乐园、气体充装站的锅炉和电梯，滑雪场索道、气瓶等特种设备。有力的举措，严厉打击了违法者的不法行为，为全市人民创造了一个安全、和谐的生活和消费环境。

多年来，吉林市质监局在打假工作中成效卓著，在对苏丹红、三鹿问题奶粉、“两节”、农资、建材、化工产品等专项整治行动中，很好地履行了质监职责，打击了违法行为，保障了产品质量和市场的公平性。

吉林市质监局大力加强检验检测机构建设，建设了现代化实验室，购置先进的检验检测仪器，引进高技术人才，加强队伍建设和人才培养，全面提升了质监检验检测能力。目前，全系统共有特种设备检验中心、产品质量检验院、计量测试技术研究院等技术机构7家，拥有中高级科技人才200余名，先进的检验检测设备500多台（件），可以开展1900多种产品质量检验，111项计量检定、校准和检测，40类400多项特种设备检验检测，36项能源检验检测等。雄厚的技术力量和人才队伍，公平的竞争秩序，为吉林市企业成长创造了良好的发展环境。

扎实有效的工作，赢得了领导和百姓的充分肯定。我局先后被国家局评为全国质量监督检验检疫工作先进单位、全国锅炉压力容器压力管道特种设备普查整治先进单位，多次获得省市先进、表彰。去年4次代表我省接受国家食品安全检查，均以满分通过，得到全国人大副委员长桑国卫同志高度肯定。

在今后的工作中，吉林市质监局将紧紧围绕统筹“三化”和实施“三动”战略工作要求，坚持“抓质量、保安全、促发展、强质检”的工作方针，充分发挥质监职能，坚持从源头抓质量，为提升企业产品质量和竞争力，促进我市经济发展和社会进步作出新的更大的贡献！

局长沙建立深入企业指导生产

吉林市质监局积极开展“干部下基层”立功竞赛活动，局长沙建立深入基层进行调研

吉林市计量院省局实验室：音速喷嘴气体流量检定实验室

“发展上水平 干部下基层”立功竞赛活动中吉林市质监局为包保贫困户送来春耕化肥

2010年吉林市发生百年不遇的洪水，吉林市质监局积极响应市委、市政府号召，向灾区运送救灾物资

吉林市

市长赵静波陪同深圳市客商在第七届东北亚博览会上

2011年，吉林市商务局积极响应市委、市政府号召，创新思维，攻坚克难，积极投身全市“五项攻坚”和“三帮双促”等重点活动，全力组织开展服务业和商贸领域攻坚，商务经济稳步发展，各项工作迈上新台阶。社会消费品零售总额实现804亿元，增长17.5%；外贸进出口总额实现12.7亿美元，增长50.2%。市商务局被市委、市政府评为“三帮双促”活动先进单位、全市依法行政优秀单位；被省商务厅评为全省商务工作先进单位一等奖。

商贸大项目建设成效明显。以引进新兴业态和高端百货为重点，强力开展商贸领域招商引资工作。沃尔玛、乐天玛特、欧亚商都等国内外知名企业纷纷入驻江城，运营状况良好。全年确定总建筑面积283万平方米，总投资205.1亿元的30个重点商贸大项目按计划有序推进。

城乡消费市场繁荣活跃。举办“雾凇冰雪节吉菜美食嘉年华·满汉全席推广月”、“松花湖开江鱼美食节松花湖鱼宴大赛”等地方特色餐饮活动，全年举办购物嘉年华、美食嘉年华等大型促销活动780余场次，引导和拉动消费增长。2011年社会消费品零售总额增幅位居全省前列。商贸企业不断壮大，限额以上企业发展到804户，同比净增239户，占社会消费品零售总额比重提高6.9个百分点。充分运用国家政策，家电下乡销售备案网点达到391户，销售家电下乡产品14.2万台（件），销售额3.23亿元，发放补贴金额3717.8万元；回收家电17.7万台，回收金额397.8万元，销售金额6.32亿元；办理老旧汽车报废更新车辆137台，发放补贴资金199.9万元；“万村千乡市场工程”农家店建设和信息化改造扎实进行，490户新建农家店通过验收，改造配送中心5个，855户“金土地店店通”农家店进行信息化改造。推荐13户餐饮企业申报“吉林老字号”。加快星级宾馆建设速度，旅游商务接待水平进一步提高。

市商务局局长孙全仁带领吉林市经贸代表团与越南化工总公司进行经贸交流

市场监测监管措施得力。加强重要商品储备和应急预案工作，保障节假日和特殊时期平抑市场。节庆期间设立19个平价蔬菜直销点，对8大主要蔬菜品种补贴，解决了蔬菜零售市场价高难题；投放储备生猪4000头，稳价惠民。加大食盐生产供应，平息食盐抢购风波。制定预案，确保了十二届冬运会期间肉、菜、蛋、食糖市场供应。商务综合执法工作力度不断加大，畜禽定点屠宰、酒类等流通市场管理进一步强化。加强二手车市场、拍卖、典当等监管，特种行业健康发展。

市商务局局长孙全仁在吉林农特优产品上海对接会

市商务局局长孙全仁在越南国际机械展展会上

市商务局局长孙全仁在越南机械展与外商进行洽谈

商　务　局

对外经济贸易稳步回升。大力培育和扶持骨干外贸企业，全市新备案登记外贸企业43户，有进出口权企业达到806户；成立省级产品出口基地建设服务中心和吉林市化工产品出口基地企业协会，为21户外贸企业争取到扶持政策。化纤、吉化、镍业、鹰皇果仁等企业外贸形势良好，全市进出口增幅超过50%。全年对外承包劳务合作营业额实现8386万美元，增长10.1%；累计外派人员2738人。吉林市外派劳务服务基地成立，舒兰市、磐石市、蛟河市服务平台均已建立。

市委书记张晓霈在第七届东北亚博览会与外商会谈

东博会参会成就喜人。超前谋划，细致安排，统筹协调，全面部署，第七届东北亚博览会实现了“一届好于一届”的目标，邀请境内外客商1245人，完成任务指标的126%；签约项目40个，投资总额691亿元；实现全口径贸易综合成交额75098.1万元，其中：对外贸易成交额8380.7万美元，国内贸易成交额21646.8万元，全省排名第二。形象展位设计新颖独特，开展的54项经贸交流活动取得显著成效。

贸促工作纵深开展。加强县级贸促机构建设，指导舒兰市、蛟河市、龙潭区等地成立贸促会，建立健全贸促工作协调联动机制。组织企业赴厦门、泉州、长春等地开展经贸洽谈和项目对接，宣传推介我市的投资环境、产业优势和重点招商项目，邀请南美及加勒比地区9个国家商协会组织代表来我市考察、交流。

市委书记张晓霈参加国家商务部在吉林市召开家庭服务业现场经验交流会

2011年电子商务、家庭服务业等现代服务方式蓬勃发展。吉林市家庭服务网络中心业务不断拓展，商务部推进家庭服务业发展现场经验交流会在我市召开，申报成功国家电子商务示范城市。

思想政治建设得到加强。认真学习科学发展观及胡锦涛“七一”重要讲话等理论知识，组织开展“创建基层先进党组织，争做优秀共产党员”、纪念建党90周年主题教育以及“三帮双促”等活动，思想政治水平和业务素质不断提高，凝聚力和战斗力得到加强。强化商务系统软环境和政行风建设，扎实开展“惩防体系制度建设创新年”活动，提高服务意识，按时办结率达到100%，群众满意率达到100%。

欧亚商都吉林市江南店开业庆典

中东新生活购物乐园开业庆典

吉林市教育局

吉林市教育局党委书记、局长陈雁在全市教育工作会议上讲话

近年来，在市委、市政府的正确领导下，吉林市广大教育工作者深入贯彻落实科学发展观，紧紧围绕实施科教兴市和人才兴业战略，大力解放思想，着力夯实基础，努力优化布局，全力提升内涵，教育体制改革不断深化，教育投入逐年增加，教育基础更加稳固，办学条件明显改善，教师队伍建设得到加强，教育质量持续提高，现代教育体系日益完善，为加快我市经济社会发展做出了突出贡献。

教育均衡发展加快推进。几年来，全市共调整中小学校120多所，教育布局更趋合理。全面启动了义务教育均衡发展行动计划，在全市建立了11个优质教育资源共享区，实施了100多所学校参加的“对口帮扶”行动，选派大批优秀教师到农村任教、选拔农村教师到城市研培以及组织大规模的“送教下乡”等活动，加大了优质高中“指标生”向农村和薄弱学校的分配比例，促进了全市学校的普遍提质，缩小了城乡间、校际间的教育差距。

办学条件全面改善。实施了薄弱学校改造工程，完成了75所学校89个新建改建项目和校舍安全工程加固项目。全面推进了中小学危房改造、中小学标准化建设和学校操场塑胶化进程，确保了全市中小学校舍安全。先后实施四期“多媒体进班级”工程建设，高质量完成了农村远程教育工程，实现了教学方式的根本性变革。率先实施接送中小学生车辆安全工程，为低保家庭学生提供免费午餐补助，为全体中小学生提供安全桶装饮用水，学生学习条件得到根本性改善。

教学管理示范校展示日活动

基础教育质量领先。先后出台了《吉林市中小学校教学管理规范》和《吉林市中小学校教学管理评估细则》，连续开展了“质量十一五”和“教育教学管理年”、“课堂教学效率年”等活动，教育教学质量持续提升。2006年和2010年全省高考文理科“双状元”均出现在吉林市。2011年，吉林市高考成绩再创佳绩，文理科录取比率居全省前列，文理科高分段人数更加集中。至此，吉林市高考理科超600分率、进重点线率已连续8年列全省第一，文科

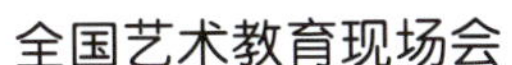
全国艺术教育现场会

教学校长交流日活动

教学管理专题日活动

进重点线率连续7年列全省第一。吉林市特教高考录取人数连续12年居东三省第一名。

素质教育成绩斐然。吉林市以加强学生德育为内容的“成长驿站”工作经验在全国宣传推广，“道德早餐”教育活动、“露一手”系列活动成为全国先进典型，阳光体育运动蓬勃开展。“课前歌声”活动在全市中小学校推广，“百灵鸟”、“太阳花”、“小云雀”等一批校级合唱团在国家级展演中频频获奖。昌邑区童声合唱团应邀参加了“2010年维也纳世界和平合唱节”，其中5名团员入选世界和平合唱团，赴世界各地参加著名的重大文化艺术活动，参加了上海世博会闭幕式演出。2010年吉林市成功承办了“全省中小学校艺术教育工作现场会”和“全国学校艺术教育工作经验交流会”，吉林市艺术教育工作经验在全国推介。

职业教育创新发展。坚持职业教育专业立校、专业强校的办学理念，率先开展职业教育办学模式、教学模式和德育模式三项改革，促进了职业学校内涵建设。全市职业教育基本实现了“订单”办学，职校毕业生一次性就业率达到98%以上，每年为社会培养2万多名高素质技能型紧缺人才。在全省和全国职校技能大赛上，吉林市获奖项目和数量连续3年居全省第一。省教育厅将我市确定为全省职教技能大赛基地。坚持实施“上岗技能无偿援助计划”，全市近50所职业学校（含成人技校）连续5年自筹资金760多万元，利用寒暑假免费培训下岗职工、城市贫困人口和农村富余劳动力1.3万多人。

特 教

教师素质整体提高。以“教师专业发展促进工程”为依托，建设了100多个教师专业发展基地校，坚持开展教师“每人一绝”大练教学基本功活动，组织“学苑杯”教育教学竞赛，录制名师“精品课”，为教师专业发展创造了优越条件。连续举办6期校长“北师大高级研修班”，使500多名教育干部师从国内知名教育专家，掌握了先进的教育理念，提升了领导学校发展的能力。坚持开展校本科研，先后承办了“全国新教育实验与教师专业化成长研讨会”和“全国基础教育信息资源优化与共享研讨会”，教师教育理念得到更新，科研能力不断加强。全市现有全国模范教师、优秀教师37名，省特级教师98名，省首批教书育人楷模4名，市级以上优秀教师3700多名，一支德教双馨的教师队伍已经形成。

吉林市第二十三中学新建塑胶操场

通过全市广大教育工作者的努力，吉林市办人民满意教育进程不断加快，为全市人民带来了实实在在的福祉，已成为吉林市一张新的城市名片。

团结进取拼搏向上的领导班子集体

齐心协力谋跨越 从严监管保安全

过去的五年，市安监局在市委、市政府的正确领导下，在省安监局的指导和帮助下，在相关部门的紧密配合下，深入贯彻落实科学发展观，坚持科学发展、安全发展，认真研究总结安全生产的客观规律和监管经验，不断探索创新安全生产监管方式、方法，全市安全生产工作取得了明显成效，实现事故总量和死亡人数逐年下降，2008年、2009年、2011年获得省政府安全生产目标责任制考核一等奖。

未来五年，市安监局将牢固树立以人为本、安全发展的理念，坚持“安全第一、预防为主、综合治理”方针，以事故预防为主攻方向，以隐患排查和专项整治为重点，以安全生产标准化为保障，加强责任落实，加强依法监管，加强基础建设，全面推进安全生产各项工作，确保全市安全生产形势稳定，为实现我市第十二次党代会提出的“加快推进科学发展 未来5年实现五大新跨越”的思路目标提供坚实的安全保障。

着重做好以下工作：

一、强化综合协调

按照市委、市政府要求，充分发挥安委办的协调作用，积极协调开展安全大检查和重点行业领域专项整治行动，进一步完善奖惩机制，建立健全隐患、事故举报奖励制度。加强社会监督、舆论监督和群众监督，建立政府统一领导、部门依法监管、企业全面负责、群众参与监督、全社会广泛支持的安全生产工作格局，形成各方面齐抓共管的合力。

二、强化责任落实

督促企业严格落实安全生产主体责任，企业主要负责人、安全管理人员、特种作业人员一律经培训，严格考核合格后，持证上岗，企业职工必须全部经培训合格后上岗。认真履行部门安全生产管理和监督责任，强化安全生产监管部门对安全生产的综合监管，全面落实行业主管部门的专业监管、行业管理和指导职责。

陪同副市长朱天舒参加2009年安全生产咨询日活动

三、强化安全监管

认真执行安全生产许可制度，严格安全生产准入条件。按照“隐患排查治理体系建设年”的总体工作要求，严格隐患排查治理。结合不同行业（领域）安全生产特点，严格专项整治。在工矿商贸和交通运输行业领域普遍开展岗位达标、专业达标和企业达标建设，推进安全生产标准化建设。严格贯彻执行《职业病防治法》，切实加强职业病危害防治工作。

四、强化应急救援

完善安全生产应急预案，加强动态修订，定期开展应急预案演练，切实提高事故救援实战能力。建立安全预警、事故预防和应急处置联动机制。依托中油吉林石化公司、舒兰矿业集团、中金集团夹皮沟矿业公司、化建公司、市消防支队等，加强危险化学品、煤矿、非煤矿山、建筑施工及突发公共事件等专业应急救援队伍支持和建设力度，不断提高应急处置能力。

五、强化宣传教育

积极推进安全文化建设，充分利用电视、互联网、报纸、广播等多种形式和手段普及安全常识，增强全社会科学发展、安全发展的思想意识。逐年提高《江城安全专刊》的办刊水平。深入开展安全生产、应急避险和职业健康知识进企业、进学校、进乡村、进社区、进家庭活动，努力提升从业人员的安全生产素质和公众自救互救能力。积极创建安全文化示范企业和安全发展示范社区。

六、强化队伍建设

加快建设专业化的安全监管监察队伍，建立以岗位职责为基础的能力评价体系，加强在岗人员业务培训，提高执法水平。进一步充实基层监管力量，改善监管监察装备和条件，创新安全监管监察机制，切实做到严格、公正、廉洁、文明执法。

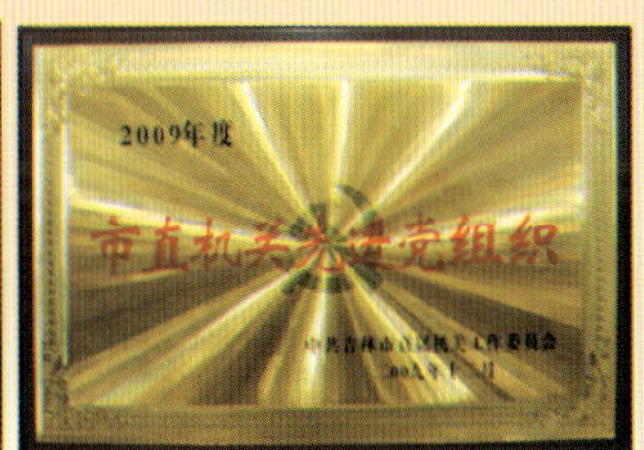

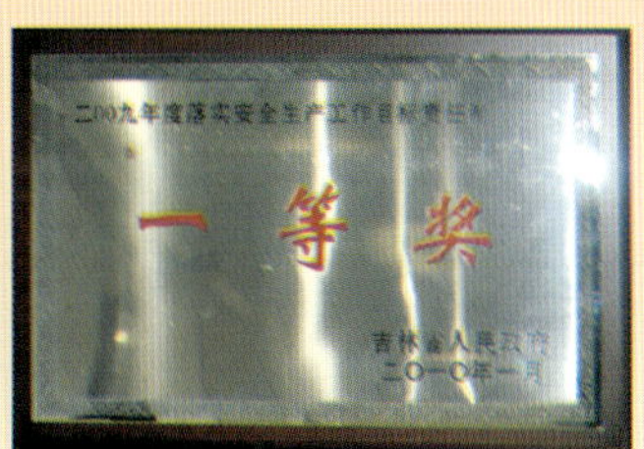

张晓霈书记去口前灾后重建

2010年8月12日朱淳副市长到建委抗洪救灾现场慰问干部职工

2012年3月14日孙壮主任下和龙社区走访

吉林市城乡建设委员会

2011年，市建委在市委、市政府的正确领导下，以“五项攻坚”任务为核心，凝心聚力，克难攻坚，全面推进各项任务落实。“五项攻坚”各项任务指标均超额完成任务，得到市检查考评组高度评价。建委被评为“五项攻坚”优秀单位、“三帮双促”优秀单位、全国住房和城乡建设系统文明单位、省依法行政工作先进单位。

【工作指标超额完成】建筑业产值215亿元，超计划10.3%,同比增长36.3%；完成建筑业增加值186亿元,超计划6.3%，同比增长43.7%。房地产业增加值90亿元，超攻坚任务4.7%，同比增长37.7%；招商引资到位资金5.6亿元，超计划12%，境外招商引资到位资金500万美元，超计划25%。

2012年春节晚会

【三帮双促工作成效明显】“三帮双促”活动，领导带头，全员上阵，在双促中，走访调研630农户、6户企业、64个工商户，共700户，完成91件承办事项。在三帮中，帮扶困难群众和困难党员解决实际问题26件，为居民、工商户解决问题95件次，为企业解决难题9件。在完成规定的任务基础上，主动拓展帮扶工作。

【民生工作成效显著】把帮扶活动与服务、信访、民生工作相结合，提出了“帮上访群众化解困难，促和谐；帮困难企业走出困境，促稳定；帮问题单位解决难题，促发展；促工作作风转变，促工作能力提升”的工作思路。

【征收补偿新体制建立】制定出台了《吉林市国有土地上房屋征收与补偿暂行办法》，共同研究解决好征收补偿过程中的各种问题，获得较好效果。

【建管服务效果明显】一是六个协调组深入现场强化了对各城区、开发区、建设单位的项目对接服务，有力促进了全市工程项目建设快速推进。二是通过强化施工许可证制度、招投标管理、建筑节能工程质量管理、工程质量监督、安全监管等，有力地保障了工程建设合法、有序、安全进行。三是开展房地产市场专项治理。四是强化企业资质动态管理。五是结合吉林市实际，投入扶持资金100万元，扶持新型墙材企业发展。

2012年3月13日金副主任去舒兰法特下基层

2011年5月17日吉林市城乡建设委员会羽毛球队荣获市直机关羽毛球团体赛冠军

吉林市住房公积金管理中心

焦利主任向管委会报告工作

住房公积金归集和提取：2011年归集住房公积金24.02亿元，同比增长36.4%。2011年为缴存职工计付住房公积金利息1.45亿元，同比增长104.7%。截止2011年末,已累计归集住房公积金117.8亿元,住房公积金归集余额为72.4亿元。

2011年为51928名职工提取住房公积金11.7亿元，占当年归集额的48.7%。其中，住房消费类提取9.01亿元，占全年支取额的77%；退休支取1.92亿元，占全年支取额的16.4%；其他支取0.77亿元，占全年支取额的6.6%。截止2011年末，已累计为336444人次提取住房公积金45.4亿元。

2012年3月6日住建部涉险资金专项检查组来中心检查工作

住房公积金贷款：2011年共为8427户职工家庭发放个人住房公积金贷款16.94亿元，同比增长25.7%。截止2011年末，已累计为47,479户职工发放个人住房贷款58.33亿元，个贷余额为42.43亿元，占归集余额的58.6%（个贷率）。住房公积金贷款规模扩大的同时，资金风险控制良好。

中心领导在年度工作总结大会上

住房公积金增值收益及分配：2011年实现增值收益1.27亿元，同比增长15.7%，提取贷款风险准备金0.43亿元，提取本年度城市廉租住房建设补充资金 0.35亿元。截止2011年末，累计提取城市廉租住房建设补充资金1.12亿元。住房公积金管理安全使用率达100%。

“十二五”规划预期目标是：通过努力，至2015年末住房公积金覆盖率要提升至95%以上，累计归集将达到225亿元；住房公积金使用率提升至75%以上，累计个贷达到120亿元，个贷余额达80亿元；廉租住房补充资金累计提取3.4亿元，成为住房保障金融支撑主渠道；风险准备金累计提取4.1亿元，为防范风险强化保障；增值收益累计实现10.5亿元，住房公积金管理安全使用率达100%。

2012年3月6日住建部涉险资金专项检查组来中心检查工作

2009年12月2日住房和城乡建设部陈大卫副部长到中心调研

吉林市旅游局

第十六届中国吉林国际雾松冰雪节开幕式

2011年，市旅游局加快推进旅游产业发展，不断提升旅游服务品质，旅游行业继续保持迅猛的发展势头，超额完成了省政府下达的205.36亿元的任务指标。旅游总收入实现216.58亿元，同比增长31.83%，完成任务的105.46%；接待游客突破2050.1万人次，同比增长16.32%，旅游业发展实现了“十二五”规划的良好开局。

科学指导，规划先行，旅游规划体系建设日趋完善。

高标准编制了吉林市、磐石市和桦甸市等一批旅游发展总体规划，编制了松花湖、北大壶等一批重点景区总体规划和控制性详细规划，完成了吉林万科松花湖国际旅游度假区、朱雀山森林公园、雾凇岛等一批一流景区总体规划的编制。初步形成市、县（市）区和景区旅游总体规划及专项规划相配套的全市旅游规划体系。

合理分配，紧密推进，旅游投资与项目建设步伐加快。

编制了《吉林市旅游招商项目册》，确定了全市10大板块22个重点招商项目，全年签约额达433.5亿元。其中，万科松花湖国际旅游度假区项目签约额400亿元，2012年首期项目计划将投入26亿元，有效破解了旅游项目建设资金瓶颈问题。

全年共开工建设旅游项目55个，完成投资26.8亿元。其中，重点建设项目22个，总投资125.9亿元，当年计划投资16.8亿元，实际完成投资18.5亿元，占全年任务的110.1%。世贸白金五星级酒店、国贸假日酒店等9家高星级酒店建设正在积极推进，部分已建成或投入运营。桦甸市投资1.45亿元，建设了柳树河子、南楼山和红石国家森林公园旅游综合项目。舒兰市“301”森林公园海慧寺建成，接待游客达16万人次。磐石仙人洞、莲花山等项目落地开工。总投资3.8亿元的蛟河市额赫岛旅游观光小镇等项目已经开工。大项目建设推动我市旅游产业加速步入了转型升级的快车道。

第六届中国松花湖开江鱼美食节开幕式

广泛合作，扩大交流，旅游宣传推广成效明显。

旅游市场推广以跨省、跨区域的大合作、大交流为方向，以媒体、展会、赛事为依托，以创新和完善产品为手段，取得了明显成效。

制作完成了宣传海报、风光片。更新了龙嘉机场引线、长吉高速16公里处和长吉高速出口处广告牌。编制和完善了四季精品旅游线路、开江鱼美食节踏青品鱼线路；推出“冬季动感一日游、快乐二日游、深度三日游、经典五日游”以及温泉休闲度假游、乡村体验游等特色旅游产品。组织县（市）区旅游局、旅游企业和新闻媒体参加各类展会。在央视四套《快乐汉语》、《远方的家》、《走遍中国》栏目组播出“吉林市专集”，央视新闻频道播出吉林市旅游宣传片，人民网、《中国自驾游》等媒体开辟吉林市旅游专版。深度开发了窝集口、插树岭等乡村旅游和关东第一漂等村（镇）特色旅游产品，东福神农庄园和圣德泉荣获吉林省“高端乡村游示范点”称号，扩大了我市旅游业影响。

松花湖风景区总体规划修编会议

精心设计，创新手段，节庆赛事活动迸射城市魅力。

举办了第十六届雾凇冰雪节，旅游收入和接待人数均创历年新高。第六届松花湖开江鱼美食节，开展了开江鱼头鱼拍卖、江水炖江鱼等七项活动，

俄罗斯边疆近海省旅游宣传促销活动现场，省委书记孙政才在吉林市展台视察

市旅游局在深圳举办吉林市冬季旅游推介会

开江鱼成为我市乃至全省春季主打品牌。松花湖休闲度假旅游节期间，举办了徒步大会、激情夏日漂流节、摄影采风展等系列活动，较好宣传了松花湖旅游资源。在世纪广场和圣德泉美食广场举办的国际旅游风味美食展，历时10天，近120户餐饮企业参展，170多种国内外美食亮相江城，呈现出参与范围广、参展企业多、美食品种全、展会设计新等四大亮点。蛟河的红叶旅游节，桦甸的白桦节，较好的宣传和展现了区域特色旅游资源和文化内涵。

依托资源，深入发掘，旅游商品开发渐入佳境。

成立了吉林市松花湖旅游产品有限责任公司，研发具有地方特色的“厂平壹两”高仿系列金银币、红瓷工艺盘、茶杯、笔筒和茶具等旅游商品。组织旅游商品企业参加义乌国际旅游商品博览会和全省旅游商品博览会暨旅游商品大赛。其中，磐石长白山密灵茶产品获得金奖，蛟河人参壁挂获得银奖，龙潭区乌拉草布艺制品和舒兰椴木木艺脸谱和鸳鸯获得铜奖；蛟河市天骄土特产超市被评为“吉林省旅游局推荐的旅游商品购物店”，市旅游局荣获“2011吉林省旅游商品大赛优秀组织单位”。桦甸市木艺、根艺、奇石、玉米叶草编和舒兰市高粱酒、工艺品系列，蛟河市长白山红酒系列、绿色食品系列、特色工艺品系列受到了旅游者、消费者和社会各界的青睐和好评。

多措并举，依法管理，旅游监管工作不断强化。

完成了年度旅行社责任险统保工作，参加统保旅行社达到95%以上，在全省排名第一。开展了为期2个月的旅行社挂靠承包等违规经营专项整治行动，出动执法人员200余人（次），到访旅行社及分支机构达到100%，提出整改意见和建议100余条（次）。历时5个月，对全市一级列管单位和各类宾馆酒店进行了旅游安全隐患大排查大整治专项行动、特殊时段安全防范等监管工作。共检查企业200多家（次），约谈企业法人30余人次，向企业负责人短信群呼20余次2000余人次，推动了安全管理制度的落实。以市政府令发布和实施了《吉林市旅游奖励办法》，有效促进了我市旅游业发展。

组织审计干部学习《新国家审计准则》

吉林市审计局职工为灾区捐款

桦甸市常山镇常兴村重建13户房屋

吉林市审计局

创优争先谋发展　全面提升谱新篇

局领导班子

近年来，吉林市审计局在市委、市政府和省审计厅的正确领导下，以科学发展观为指导，以创先争优为契机，认真判断形势，突出中心工作，围绕“树科学审计理念，创一流工作业绩，凝廉洁勤政氛围，建和谐向上队伍，全面履行监督职责，服务经济发展大局”目标，着眼转型，狠抓管理，充分发挥审计机关服务作用和在国家治理中的“免疫系统”功能，全力服务地方经济社会事业的又好又快发展。

2010年，吉林市审计局完成审计项目120个，上缴财政国库1222万元，其中新增地方可用财力1011万元。移送司法机关、纪检监察部门处理事项2件，建议有关部门处理4件。2011年完成95个审计项目，上缴财政国库1亿多，其中新增地方可用财力5000多万元，是近年平均水平的5倍，审计收缴额为历史最高。向检察部门移送违法案件2起，其中一人已被判刑12年，一人正在立案侦查中。

2010年该局被吉林省公务员局和省审计厅评为“先进单位”，《吉林市水务集团资产负债效益审计》项目被审计署评为优秀审计项目。2011年5月，该局党组书记、局长王松同志被评为“吉林市劳动模范”荣誉称号。局机关先后被省人民政府授予“吉林省行政执法先进单位”、“吉林省‘五五’普法依法治理先进集体”和审计署全国地方性债务审计公务员先进集体。

桦甸市常山镇常兴村为吉林市审计局送来锦旗和感谢信

吉林市审计局全体党员在杨靖宇将军纪念碑前重温入党誓词

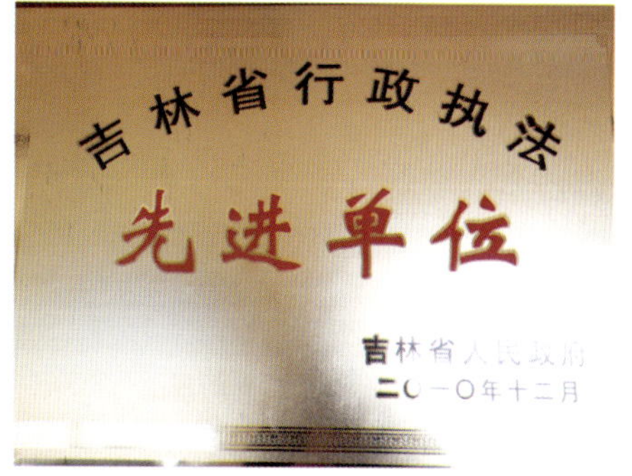

吉林市审计局获吉林省首届行政执法先进单位

吉林市城市管理行政执法局

朱市长带队每天坚持市容三检

市政府召开专题工作会议部署2012年"野广告"治理工作

我市召开"城市管理提升年"活动动员大会。赵静波、谢忠岩、朱淳、吴立疆、陈东等市领导出席会议。

加强宣传工作，增强市民认识提高执法形象。

吉林市是经国务院法制办批复的，开展城市管理相对集中行政处罚权试点城市。吉林市城管行政执法局是根据《中华人民共和国行政处罚法》和《国务院办公厅关于继续做好相对集中行政处罚权试点工作的通知》精神，于2001年12月25日成立的，根据吉林市编委《关于城市管理行政执法局加挂市市容局和市政府广告管理办公室牌子的批复》精神，2002年10月，市城市管理行政执法局加挂市市容管理局和市政府广告管理办公室牌子。现有7个职能处(室)，12个直属大队(中心、办)，1个市公安局城市管理治安警察支队，1个基础设施开发经营有限责任公司。

2012年为强化城市管理，提升城市形象，争创全国文明城市，按照科学发展、富民强市的要求，市委、市政府决定开展"城市管理提升年"活动，主要完成以下工作任务。

1.城市环境建设工程

（1）科学实施规划管理。

（2）强化建设项目管理。

（3）加强生态环境建设。

（4）提升城市亮化标准。

（5）实施建筑装饰美化。

（6）整治城市架空缆线。

（7）维护改造道路桥梁。

（8）完善垃圾场建设与管理。

（9）加快城管网络系统建设。

2.市容环境整治工程

（1）生活垃圾的管理与保洁。

（2）加强散流体源头管理。

（3）开展春季爱国卫生运动。

（4）高标准组织冬季清雪。

（5）深化"野广告"治理。

（6）优化全市校园周边环境。

（7）规范牌匾广告设置。

（8）严格露天占道市场管理。

（9）持续开展占道行为整治。

（10）清理各类私搭乱建行为。

（11）加强道路挖掘治理。

（12）推进住宅小区物业标准化管理。

3.交通环境创优工程

（1）提高道路通行能力。

（2）治理交通乱点。

（3）规范管理残疾人三轮车。

（4）规范静态交通秩序。

4.管理机制创新工程

（1）建立和完备管理责任体系。

（2）实行领导干部包保重点任务制度。

（3）坚持建管并重。

（4）营造良好工作氛围。

（5）加强监督检查，严格奖惩规定。

城管执法部门深入开展"干部下基层"活动，推行市容徒步巡查新举措。

依法拆除违章建筑保障国有土地收储

吉林市邮政局

吉林市邮政局成立于1998年邮电分营后，隶属于吉林省邮政公司，为中央国有企业。

吉林省邮政公司领导和吉林市委、市政府领导为吉林市第十三届邮展开幕剪彩

吉林市《胜迹旧事》老吉林明信片卡册首发式吉林市邮政局冯立新局长致辞

吉林市邮政局作为百年国企，现有邮政支局179处；有汽车110辆；全区邮路总长7千余公里，其中国家二级干线邮路吉林至宁波的火车邮路单程2880公里；全区城市投递段道187条，农村投递段道190条，投递人员394人；全区95%以上的乡（镇）已实现摩托化投递；吉林市住宅楼房信报箱总体安装率已达60%。吉林市邮政局所辖的二级单位邮区中心局每年处理平信1.2千万件、平刷1百万件、挂号40万件、包裹20万件、挂刷4.5万件、国际信函4万件，可以为全市人民提供安全、方便、快捷的邮政服务。

邮政积极服务三农，开展农资连锁配送业务

吉林市邮政局主要经营范围包括：邮政基础业务（函件、包件、汇款、发行等业务）、邮政增值业务（电子商务等业务）、邮政储蓄业务（代理金融业务，如代理邮政储蓄、代理保险、代售基金、代售理财产品等业务，以及代发养老金、代发低保金、代发粮食直补款等便民服务项目）、邮政附属业务（代售各通信运营商号卡、充值卡业务）、邮票、邮政备品零售、邮品零售、广告设计、制作、发布、代理等。为了落实中央一号文件关于“支持邮政等企业向农村延伸服务，建设日用消费品、农产品、生产资料等经营网点”，以及张德江副总理关于“充分发挥邮政优势，积极服务三农”的指示精神，近几年还开办了农资配送服务。

吉林市局组织干部职工为永吉灾区群众捐款

多年来，吉林市邮政局干群一心，上下合力，开拓市场抓经营，改革创新抓管理，开源节流抓效益，各项工作指标都显著提高，2011年全区收入同比增长14.7%，全面完成了收支差额计划和通信服务质量指标，员工平均收益增长达到19.7%。

吉林市邮政局先后被评为“全国创建文明行业先进单位”、“全国用户满意企业”，2008年被吉林省委省政府授予“吉林省五一劳动奖状”，连续多年保持了“省文明单位“称号，全局60%的服务窗口被评为省、市的“文明窗口”，五县（市）邮政局都跨入了省级文明单位行列。船营分局被评为“全国精神文明建设示范点”，还荣获了“全国杰出青年文明号”、“全国青年文明号十年成就奖”、“全国巾帼文明示范窗口”等近百项荣誉。

庆祝建党九十周年职工大合唱

吉林市邮政局一直秉承“人民邮政为人民”的服务理念，经过积极探索和努力实践，一个“人与人和谐共处、人与企业共同进步、企业与环境协调发展”的格局正在逐步形成。吉林市邮政局以为江城各界广大用户提供优质、高效、方便、快捷的服务为宗旨，努力向服务最优、信誉最高、效益最好、管理有序的现代化邮政企业的目标奋力迈进。

吉林市科技局

省委书记孙政才专题调研吉林市碳纤维产业

2011年，吉林市科技局紧紧围绕全市重大战略部署，以强科技管理、抓科技计划、重科技创新、推产业发展、促科技进步为目标，不断解放思想，开拓创新，圆满地完成了全年各项工作任务，多项工作取得了新突破，实现了“十二五”良好开局。2011年，市科技局被评为“五项攻坚”立功竞赛活动优秀单位，“三帮双促”活动先进单位；在省科技厅开展的科技工作考核中，市科技局被评为全省科技管理系统标兵单位。更难能可贵的是我市荣获“全国科技进步考核先进市”称号。

一、战略性新兴产业发展迅速。2011年年初，制定出台了《科技创新促进战略性新兴产业发展的意见》，编制完成了《战略性新兴产业企业及产品名录》，下发了《关于加快培育和发展战略性新兴产业的实施意见》等政策性文件，为战略性新兴产业发展提供了有力的工作指导和政策保障。一年来，通过跟踪企业生产运行、抓好在建项目建设、推动战略性新兴产业科技创新等措施，战略性新兴产业实现快速发展。2011年，全市战略性新兴产业实现产值569亿元，实现新增产值168亿元，同比增速达到了42%，成为我市工业经济发展重要增长极。

市委副书记谢忠岩带队调研战略性新兴产业企业

二、碳纤维产业发展取得重大突破。2011年，制定出台了《碳纤维产业推进工作方案》和《吉林市碳纤维百名高端人才引进培养计划实施方案》，进一步推进企业产能提高、新项目与人才引进、新产品开发等工作。目前，重点支持的11个碳纤维项目取得明显进展，多个项目实现科技成果转化，吉林化纤5000吨原丝、吉研高科8万辆碳纤维自行车等重点项目进入产业化阶段。碳纤维产业作为全市战略性新兴产业发展的重点和亮点2011年取得了质的飞跃，碳纤维原丝、碳纤维和碳纤维制品年生产能力分别达到了5400吨、818吨和150吨，继续保持国内领先优势。

三、重点领域自主创新成果显著。2011年，全市共实施市级以上科技计划项目180项，投入资金9150万元。重大科技专项攻关、重点科技成果转化等五大创新工程取得重大进展；组织实施了高效特色农业科技创新计划和科技型农业产业化龙头企业培育计划，以专家大院、星火科技信息网等为骨干的新型农业科技服务体系得到不断完善和加强；围绕节能减排、环境保护等领域组织开展科研攻关，组织实施和推广了一批改善与提高民生的新技术、新成果，促进了民生事业的发展。

市科技局领导班子带队走访帮扶困难群众

四、厅市会商工作扎实推进。吉林化工园区大学科技园被认定为省级大学科技园，填补了我市省级大学科技园建设空白；省科技厅支持我市新建了技术转移与产权交易公共服务系统等3个科技服务平台，极大地提升了我市科技公共服务体系的整体水平；在全省率先开通了科技项目和科技成果网上申报评审系统，提高了项目申报和评审工作的社会透明度和公信力。

吉林市政府与吉林大学积极开展科技成果转化项目对接

五、科技创新环境日益优化。培育认定了22个企业技术中心和45个科技创新团队；全年共登记技术合同150份，合同成交额达到4623万元； 2011年全市专利申请量达到1018件，授权量达到 702件；组织金融机构与企业开展科技型中小企业和知识产权质押融资合作，全年为企业融资3.8亿元，有效缓解了中小企业融资难、知识产权转化实施难的问题。

在全市科技工作会议上重点奖励科技研发突出贡献者

六、县(市)区科技工作整体水平不断提升。2011年，全市共有8个县（市）区通过了国家科技进步考核，磐石市、龙潭区等5个县（市）区被评为全国科技进步先进县（市）区。舒兰市被评为“全国知识产权强县工程”试点县，2011年共列入国家和省科技计划10项，争取资金405万元，在全省名列前茅。

吉林市气象局

局党组合影

吉林市气象局成立于1958年7月，现机构规格为正局级，属中直单位。主要承担大气综合监测、天气预报、公共气象服务、气象灾害应急管理、应对气候变化、气候资源保护与开发利用、农业与生态、人工影响天气、雷电防护管理、气象科技服务等基本业务和政府部门行政职能工作。机关内设11个处室，下设7个直属事业单位，全市有气象局（台、站）8个、自动监测站137个。

近年来，吉林市气象局在市委市政府和省气象局的共同领导下，以科学发展为主题，以转变气象事业发展方式、实现“二次飞跃”为主线，紧紧围绕地方政府中心工作，开拓进取，勇于创新，团结拼搏，真抓实干，在气象防灾减灾、公共气象服务、农业“两个体系”建设、应对气候变化、重大社会活动气象服务保障、精神文明创建等方面取得了显著成效，气象依法行政和防雷安全管理能力水平明显提升，为吉林市经济建设、社会发展做出了积极贡献。被中央文明委评为“全国文明单位”，被国家人社部和中国局联合表彰为“全国气象系统先进集体”，被中国气象局评为“全国重大气象服务先进集体”、“全国气象部门文明台站标兵”和“全国气象部门廉政文化示范点”（全国29家单位），被第十二届全国冬运会组委会评为“先进集体”，被省政府授予“第六届亚冬会气象服务三等功”、“全省防汛抗洪抢险救灾先进集体”、“全省廉政文化进机关示范点”（全市2家单位），多次被市委市政府评为“抗洪抢险”、“森林防火”、“雾凇冰雪节”、“雪花啤酒节”、“新农村建设帮扶”、“旅游工作”、“安全生产”、“三帮双促”等先进单位，获得全省“2006-2010年度气象服务先进集体”等称号，在全省气象系统工作目标考核中，连续7年荣获特别优秀达标单位。

新一代天气雷达塔楼

国家局纪检组长到我局视察工作

世界气象日新闻发布会

2011年全市气象工作会议

开展突发事件应急演练

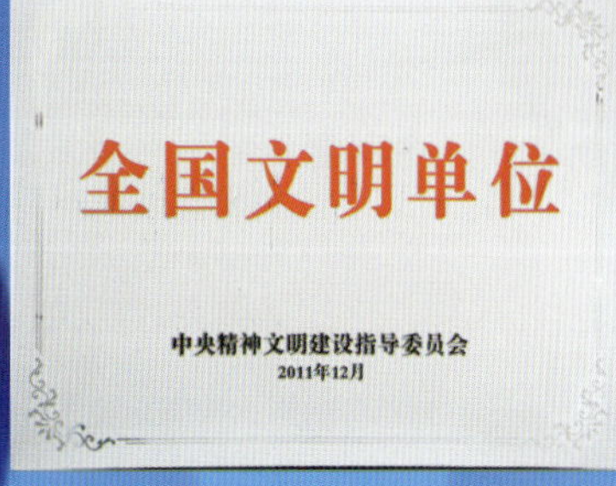

全国文明单位

吉林市卫生局

党委书记、局长聂景山同志在全市卫生工作会议上作工作报告。

2011年，在市委、市政府的领导下，市卫生局结合卫生实际，埋头苦干，扎实工作，全市卫生工作取得显著成效，并连续三年获全省卫生工作目标考核第一名的好成绩。

一、卫生基本情况

2011年，全市各级各类医疗卫生机构3823所，全市千人口卫生技术人员5.72人，千人口执业医师及执业助理医师2.35人，千人口注册护士2.10人，全市拥有医疗床位21313张，千人口床位数是4.92张。

二、主要成绩

（一）全市医药卫生体制改革成效显著

一是新农合医疗保障制度更加完善。二是国家基本药物制度稳步推进。三是基层医疗卫生服务体系建设进展顺利。四是基本公共卫生服务逐步均等化工作成效显著。五是公立医院改革试点稳步推进。分配制度、绩效管理制度等方面进行了探索，取得了一定成效。六是基层医疗卫生机构综合改革工作全面完成。

近年来，我市结核病防治工作本着一切为了人民健康、为经济发展保驾护航的精神，各项工作质量和工作水平有了很大的提高，积极应对三大挑战，深化我市结核病防治工作，深入研究探索结核病临床救治与科研攻关，力争在“十二五”中走在全省的前列，为保证全市人民群众的身体健康，为国民经济和社会发展做出应有的贡献。

（二）疾病防控、卫生应急处置能力明显提高

我市在全省率先实施了由疾控、监督、医政、妇社、农卫、爱卫等部门共同参与的传染病综合防控工作模式，有力提升了全市传染病防控工作水平。加大卫生执法监督和食品安全综合监管力度，全年无较大以上聚集性食（水）源性事件发生。

（三）妇幼保健和基层卫生成绩明显

加强社区卫生人才培养，为社区卫生服务机构培训专业技术人员。乡村卫生服务一体化管理工作位居全省前列，昌邑区乡村卫生服务一体化、规范化管理工作经验得到了省卫生厅的认可，并在省电视台等多家主流媒体宣传推广。

吉林市卫生局在“三帮双促”活动中，为北大壶镇小山村新建村党支部办公室和村卫生室，图为小山村向市卫生局赠送锦旗。

聂景山局长在全市卫生工作会议为获奖单位颁奖。

（四）医院建设、医疗服务与管理不断加强

两年来，我们积极向上争取资金，大力发展全市医疗卫生事业。深入开展优质护理服务示范工程，通过投入与建设，极大地改善了群众就医环境，提升了技术装备水平，有效缓解了群众看病难看病贵问题，为全市卫生事业的快速发展提供了重要支撑。

（五）卫生科技教育工作成果显著

全力推进卫生人才培养和梯队建设工作进程，开展不同层次卫生人才培训工作，切实从深层次上解决全市百姓的看病就医问题。据初步推测，一年可减少因转诊支付等费用1亿多元。

（六）“三好一满意”、“三帮双促”活动效果明显

积极开展三好一满意”活动和“三帮双促”活动，并与卫生发展和改善民生有机结合起来，积极主动为百姓排忧解难，受到社会各界的广泛好评。

2011年12月28日，在市中心医院启动“远程医疗中心”，开展预约诊疗，电子病历、临床路径、优质护理，疾病分组管理，加强与省内外、国内外顶尖医院的技术合作。

处 长 刘 辉

处领导班子

吉林市公路管理处

吉林市公路管理处担负着全市公路规划管理、公路养护管理、公路建设管理、公路路政管理、公路收费管理五项职能。辖5县（市）及城区共6个公路管理段。到十一五末期，全市公路总里程增加到14247.4公里，二级以上公路增加到1816.6公里。以吉林市为中心，到外县（市）全部实现了一级以上公路连接，外县（市）之间全部实现了二级公路连接，一小时经济圈全面形成。为我市经济发展提供了优质公路交通环境支撑。几年来，在市交通运输局的正确领导下，他们坚持从吉林市公路行业的实际出发，认真履行行业职能，坚持“强基层转职能、抓管理上水平”的思路，积极探索适应吉林地区公路管理工作发展的新路子，逐步建立了权责分明、运转高效的公路管理机制，呈现出“风正、气顺、路畅、人和”的发展态势。

迎宾大道施工现场

中 连 线

榆 江 线

2008年以来，他们不断探索公路养护市场化管养机制，树立“服务、生态、精品”的养护理念，不断推进公路养护的科学发展、营造舒适的公路通行环境。特别是“十一五”期间，通过科学规划，合理布局，对公路沿线进行生态化养护，实现了乔、灌、花、草有机结合，建成了以国家级文明样板路202线、市主要出口迎宾大道等为代表的一批生态化养护精品路。同时，大力推进养护机械化，几年来，全区8家公路养护企业，投入资金1650万元，自发购置除雪车、清扫车、综合养护车等机械设备276台（套）机械设备。大力实施科技兴路战略。引入了路面管理系统和桥梁管理系统，自主研制的低温混合料技术解决了北方冬季无法修补路面坑槽这一难题。碳纤维桥梁加固、现场再生等一批养

榆三线服务区

2011“九·一五”员工节全市公路行业运动会处全体职工合影

护新技术得到推广应用，形成了低成本、低消耗、高效率、高质量的公路养护态势，推动了公路养护现代化步伐。

防患未然，做好应急保障工作。制定了公路抢险、公路雨雪冰冻及暴风雪灾害的防范等应急预案，圆满完成了2009年连续大雪，2011年冬运会道路保畅等应急保障任务，保证了干线公路的安全畅通。2010年7月28日，我市发生罕见的特大洪水。大灾大难面前，处领导班子成员带领一线技术人员分赴各处，第一时间抢通公路，把保障灾区交通畅通做为义不容辞的责任，为后续的救援工作的顺利开展打通了“生命线”。经过一天一夜的连续奋战，干线公路除长天线损毁严重，不具备施工条件外，其余被中断的干线公路全部恢复通行。连续奋战3昼夜，完成了饮马河大堤防护、打通重灾区旺起镇交通紧急抢险任务，并按市委、市政府的要求，完成了打通战备路倒木河桥、吉桦线、北大湖公路等一系列抢险任务。我处被市委、市政府评为抗洪抢险救灾先进集体。刘辉等5名同志分别被省委、市委表彰。

吉丰东线

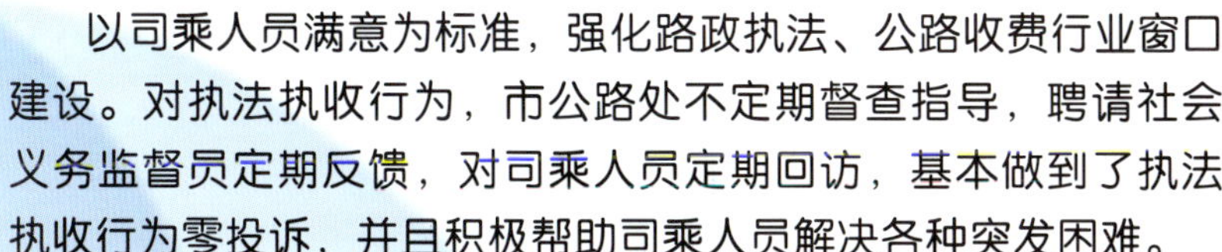

以司乘人员满意为标准，强化路政执法、公路收费行业窗口建设。对执法执收行为，市公路处不定期督查指导，聘请社会义务监督员定期反馈，对司乘人员定期回访，基本做到了执法执收行为零投诉，并且积极帮助司乘人员解决各种突发困难。

在大力推进公路管养等中心工作同时，该处还紧抓行业文明建设工作不放松。目前，我市公路管理行业10个单位中，获得国家级荣誉称号3个，省级荣誉称号8个，有多名职工获得省、市级表彰。

2011新购置养护综合车在作业

迎宾大道洒水车

吉桦线抢险现场

打通旺起照片，群众隔河相望

中国建设银行股份

党委书记、行长　孟　冰

中国建设银行股份有限公司吉林市分行始终以真拼实干，奋勇争先，创区域最好银行为目标，长期坚持“以客户为中心”的经营理念，秉承“诚实、公正、稳健、创造”的核心价值观，不断创新，追求卓越，努力为广大客户提供文明优质和高效服务。在全面参与地方建设，推进吉林市经济总量翻番进程中，较好履行了企业社会责任，实现了全行各项业务飞速发展。

吉林市建行领导班子

坚持稳健经营，促进经济发展。建设银行吉林市分行认真执行国家宏观经济政策，在全力保障重点行业和重点项目的同时，加大对全市中小企业和“三农”领域信贷支持，始终伴随着企业茁壮成长。从2008年至今，建设银行吉林市分行全口径存款由95.8亿猛增到168.8亿元，各项贷款余额从30.86亿一路飙升到目前106.47亿元，实现帐面利润4.44亿元，贷款存量和增速均居同业之首，盈利能力和经营业绩得到大幅度提升。

环境优雅的私人银行大厅

保障重点，加大对重点企业和重点项目的支持力度。几年来，建设银行克服了国家宏观调控政策压力，不断调整信贷结构，采取有保有压的方针，全力保障重点行业和重点项目，在服务“提前实现总量翻番”和“振兴东北老工业基地”过程中，投放各类贷款70亿元，重点支持了化纤集团、吉恩镍业、吉化集团、华微电子、通钢集团等近三十个重点企业、重点项目和农业

建行为农民送去希望的种子

“庆七一，迎国庆”书法比赛

有限公司吉林市分行

产业化项目，并已发展成为集公司理财、贸易融资、国际结算等为一体的全方位金融服务。积极推进战略转型，在对企业的金融服务领域，率先开展了代理出口卖方信贷业务、国内保理业务、法人账户透支业务、电子银行业务、资金托管业务。建设银行吉林市分行为了全方位支持全市中小企业发展，雄厚资金重点支持了粮食收储、化学原料及化学制品制造、交通运输设备制造、电气机械及器材制造、专用设备制造等行业，共为全市中小企业贷款69户，余额达14.4亿元。

银企对接会（种粮食）

履行企业责任，努力回报社会。建设银行吉林市分行坚持以人为本，努力培养勤奋严谨，求真务实的高效能员工，并以敬业、诚信、廉洁的职业操守和健康快乐的阳光心态，塑造出了一支朝气蓬勃和奋发有为的过硬团队。吉林市分行始终坚持“善建者行”，用企业责任积极回报社会。在“建设未来成长计划”中，连续6年帮扶吉林市一高中贫困学生达180人次，累计资助27万元。在吉林地区特大洪灾面前，通过不同渠道和多种途径共捐款70余万元。

与客户同发展，与社会共繁荣。通过帮扶并与全市大中小企业深度合作，不仅履行了建设银行吉林市分行崇高企业社会责任，实现了各项业务超常规发展，同时，也为吉林市企业做大做强锦上添花，插上腾飞的翅膀!

银企对接会

向“百名中心城市行”进军登山赛

丰富多彩的文化生活

中国工商银行股份

与电信公司签定战略合作协议，强强联合拓展市场

工商银行不断提升网点建设水平，增强零售网点综合竞争力

做为大型国有股份制商业银行在吉林市的分支机构，中国工商银行吉林市分行多年来始终将自身的业务经营同地区经济建设紧密结合，努力发挥商业银行的筹资、融资、金融服务功能，不断深化改革，大胆实践，完善管理，努力谋求经营效益和社会效益，经营规模、社会形象、服务质量、管理水平不断提高。面对近年来日趋激烈的银行业竞争和信息技术时代的挑战，工商银行吉林市分行坚持与时俱进，适应吉林市经济快速发展态势，提出了以发展为主题，以管理为基础，以结构调整为主线，以改革创新为动力，以提高资产质量和效益为目标的经营发展战略，加快了集约化发展步伐。

2011年，工行吉林市分行积极贯彻市委、市政府制定的“三化、三动”发展战略，围绕我市重点行业和主要建设项目，持续加快信贷投放，创新服务方式，坚持改革创新，助推全市产业结构调整、重点产业发展、重大基础设施和民生工程建设，在吉林市经济社会发展过程中发挥着越来越重要的作用。

一是在加速转型过程中，业务发展取得了积极进展

工商银行大楼

2011年，全行实现拨备前利润25580万元，较上年增加10281万元，增长67.2%。实现经济增加值（EVA）14711万元，同比增长6117万元，增长71%。各

有限公司吉林市分行

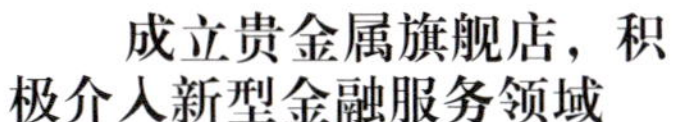
成立贵金属旗舰店，积极介入新型金融服务领域

积极支持地方经济建设，与开发区政府签定全面合作协议

与我市重点民营企业保持良好合作关系

项存款余额219.2亿元，较年初增长28.5亿元，增长15%。各项贷款余额75.75亿元，较年初增长23.26亿元，增长44.3%。实现中间业务收入16303万元，较上年增长7770万元，增长91%。

二是在改革创新过程中，管理水平和风险防范能力得到显著提升

2011年，吉林市分行通过推行全面的体制机制改革措施，实施人力资源结构专项调整，开展信贷经营体制改革、推广矩阵式营销，使全行经营质量和效率得到显著提升。2011年，该行用27.5%的信用资本增长带动利息收入增长80.8%，资产业务带动的中间业务收入增长91.3%；用22.2%的费用增长实现营业净收入增长39.5%。2011年我行资产质量创16年来历史最好水平，年末不良贷款余额为3057万元，较年初下降9951万元，不良贷款率为0.4%，较年初下降2.08个百分点。继续保持零案件和无重大责任事故的成绩，内控管理水平持续提升。

三是在不断的理念引领中，锻造了高效的执行文化

在抓好经营工作的同时，该行在全行推行执行力文化建设工作。不但要求管理人员要当好带头人，更进一步要求全行每个经营单元都要充满活力，发挥出自身的能动性和创造力，形成全行奋发向上的合力，把工商银行吉林市分行打造成不可复制的“动车组”。通过持续不断的理念传导和执行力建设，增强了全员奋发图强的责任意识，激发了干部员工的士气和斗志。

四是在服务客户过程中，精心打造了新的社会形象

服务能力建设进一步加强。实施了人力资源结构专项调整工程，压缩后台和二线人员，充实到营销岗位和一线，新增、迁建和改造网点6个，调整充实到前台营销岗位和一线岗位人员90人，一线人员占比从年初的22%提升到26%，增长了4个百分点。社会影响力不断增强，在全市金融机构综合评比中排名大幅提升，支持吉林市经济建设的积极努力得到了各级政府、监管部门的肯定，获得新闻媒体的支持和客户的好评，树立了良好的社会形象。

为青年员工提供良好发展机遇，打造优秀金融人才队伍

行 长　刘继良

中行吉林市分行领导班子成员

2011年度民主生活会

中国银行股份有限公司吉林市分行

【基本情况】

2011年，分行各项存款108.33亿元，较年初上升8.43亿元，升幅8.44%；

各类放款（含贴现与融资）50.16亿元，较年初上升1.02亿元，升幅2.08%。

全年实现账面利润10487万元，同比增长8097万元，增幅338.79%；实现拨备前利润12554万元，同比增加7030万元，增幅127.23%；

资产净利润率（ROA）1.06%，同比上升0.78个百分点；成本收入比为48.07%，同比节约15.27个百分点。

企业文化--职工文艺汇演

中行吉林市分行营业大厅

【业务拓展情况】

2011年，“发展、创新、改革、建设”八字方针在分行得到了积极贯彻。

大力拓展资产业务。2011年面对客户基础薄弱，贷款规模受到控制等实际困难，分行进一步加大了对存量优质大客户的维护力度，加快优化授信结构，积极寻找新的业务增长点。根据省行“提升网点营销能力”的工作要求，分行全面推进中小企业授信工作，以此来完善和构建我行客户基础。2011年，我行中小企业授信中间业务收入既已达到204万元，完成计划指标163.10%，也切实改善了我行过去授信风险集中度过高的状况，为我行公司业务健康发展做出了贡献。

努力发展负债业务。2011年全行上下群策群力，加大营销力度。一方面公司条线走出去。利用网点破冰契机，将触角向下延伸，对医保、住房公积金、烟草等行业和单位进行重点攻坚，发扬“行”文化特点，全力抢占市场。另一方面个金条线动起来。通过提升网点服务、销售能力，加快自助渠道建设、狠抓批量业务等方法，千方百计稳定存款业务。并通过代发工资、代发拆迁补偿金、代发学生补助金、代收电费等一系列代收付业务，带动了个人网银、手机银行等客户类业务呈爆发式增长，指标完成进度始终领先于时间进度。

业务学习

全力巩固中间业务市场。国际结算基础客户群是我行稳定中间业务收入的蓄力池，唯有壮大和坚实客户群，才有中间业务持续发展的后劲。2011年我行继续稳定并加强与老客户的合作，保持其结算量占到我行全部结算量的50%左右，同时还利用产品创新，实现国际结算业务快速发展。在创新思路的带动下，分行以他行国内信用证为融资标的物的业务创全国首例，这标志着我行投行理财业务创新思路仍在不断拓宽、创新能力得到了有效提升。

2011年业务表彰大会

【内控建设情况】

2011年，按照省行党风廉政建设及内控体系建设的总体要求和工作部署，分行以“努力弘扬合规文化，确保业务平安运行”为主题，坚持业务发展与内控管理并举的经营策略，积极构建内控三级管理体系，通过有力的措施和扎实的工作，确保了各项业务的健康发展。

2011年10月总行监察部对分行现行内控管理模式进行调研，通过听取汇报与座谈，高度评价了分行“三级内控防线”管理，有意向在全系统内推广。

2011年分行认真落实上级行风险管理政策，不断提升风险管控能力，为全行授信业务的创新发展打下了坚实基础。全年新增授信主要投向风险分类为正常、信用等级在BB（含BB-）以上的客户。截至2011年末，我行关注类贷款余额比年初减少29893万元，风险管理专业化水平不断提高。

企业文化—职工滑雪

【机制与企业文化建设情况】

2011年分行领导班子审时度势，一切从实际出发制定了《中国银行吉林市分行2011-2013年发展规划纲要》。在此基础上，从加强队伍建设、作风建设、机构网点建设、企业文化建设入手，扎实推进，使全行风气焕然一新。2011年分行根据省行战略绩效考核机制要求，在充分征求各层面意见的基础上，制定并出台了吉林市分行千分制绩效考核办法。其中心思想就是要掌握多劳多得，倾斜一线的原则，实行全产品定价，使一线员工真正得到实惠。办法实施以来，取得了实效，达到了管理自觉，真正调动并提高了员工的积极性及网点竞争力。

2011年，我行还通过实施“百人下网点”计划、“网点破冰行动”等管理方式的改变、营销理念的落实，基本实现了各网点由操作型向营销型的转变，全面提升了网点竞争力，为分行整体发展做出了贡献。

中国农业发展银行吉林市分行

行 长　李建平

近年来，农发行吉林分行努力践行科学发展观，认真贯彻落实党和国家关于“三农”发展的各项方针政策，全面落实市委、市政府及农发行省行的安排部署，以“建设新农村的银行”和“打造经营强行”为目标，始终坚持“至诚服务、有效发展、以人为本、构建和谐”的治行理念，逐步拓展支农领域，大力支持灾后重建，注重风险管控，强化经营管理，努力提高服务质量，积极引导社会资金回流农业农村，不断强化支农功能，“十一五”末，全行各项贷款余额93.6亿元，比2005年末增加24.4亿元，信贷支农贷款年均增速为7%，在农村金融中起到了骨干和支柱作用。

一、围绕以粮油收储、加工、流通为重点的粮油全产业链信贷业务，切实履行支农基本职责

农发行吉林市分行认真贯彻执行国家粮食宏观调控政策，积极为全地区粮食收购提供资金支持。五年间，全行累计投放粮油购销储贷款197.7亿元。在粮油收购市场全面放开的形势下，每年支持收购粮食数量占当年商品量的60%左右，通过严格执行国家收购政策，及时足额供应收购资金,鼓励引导粮食产销衔接，促进了粮食产业的均衡发展，没有出现一时一地的卖粮难和“打白条”现象，实现了政府、农民、企业和银行“四满意”。在支持粮食企业购销经营的基础上，我行业务范围进一步延伸，以支持粮油产业化龙头企业为切入点，支持企业发挥带动、辐射作用，积极促进农民增收。累计投放农业产业化龙头企业和加工企业贷款5.9亿元，合同收购贷款1.8亿元，农业生产资料贷款2200万元。通过支持企业产业化经营，增加了农民收入，也增加了地方政府的税收，更加速了建设社会主义新农村的步伐，使当地村民提前步入了小康生活。

吉林市分行2010年职代会

二、围绕着力打造支持社会主义新农村建设的主导银行品牌，积极开展新农村建设贷款业务

我行在做好粮食收购资金供应与管理的同时，牢牢把握“建设新农村的银行”这个中心，紧紧围绕市委、市政府新农村建设的战略部署，为加快新农村建设步伐提供了强有力的资金支持，在推进我市传统农业向现代农业的转变中起到了积极的促进作用。近年来累计投放农业农村基础设施中长期贷款 9.5亿元，农村流通体系建设贷款1.2亿元，支持修建农村道路64公里，新建农村电网2公里，解决了4.2万农民的饮水问题，新增绿地80亩，新建农产品批发市场2处，交易额达到15亿元，带动6000余农户增收。2010年7月下旬吉林地区发生的特大自然洪涝灾害，灾后我行立即开启了贷款绿色通道，及时发放了1亿元县域城镇建设贷款，新建楼房1万平方米，解决了1700户灾民的入住问题。

践行科学发展观

丰富多彩的职工活动

吉林市农发行办公楼

民生银行吉林分行

吉林市赵静波市长、吉林银监局赵俊廷副局长和民生银行总行机构建设部赵卫华副总经理为民生银行吉林分行揭匾

民生银行吉林分行于2012年3月5日对外试营业，于2012年5月8日正式对外营业并在吉林松花湖吉化疗养院举行了隆重的开业庆典。

民生银行虽然进入吉林时间不长，但对吉林市的支持力度很大，截止目前，民生银行吉林分行已在我市投放信贷资金共计19.3亿元，其中向大企业发放9.3亿元，向600余户小微企业发放10亿元。计划在未来3年内支持吉林市的大公司、中小企业150户，支持小微企业与个体工商户2000户，计划投放信贷资金100亿元。民生银行积极参与吉林市的经济发展和项目建设，为我市的各项事业发展提供更多的金融支持，为地方民营企业与个体工商户提供更加全面的金融服务，并以先进的技术创新、金融理念创新带动民生银行在全省的发展。

民生银行吉林分行将秉承“以客为尊”的服务理念，潜心于倾听客户的声音，以其富有人性化的站立服务、微笑服务，广泛优秀的客户基础，畅通高效的服务渠道，便捷温馨的服务设施，内涵深远的服务文化，树立起民生银行在金融服务领域的强势品牌形象；秉承民生思想，做民营企业的银行、小微企业的银行、高端客户的银行，向资产托管、债券分销、交易融资、金融管家服务、票据业务为主体的多元化发展模式迈进，为吉林经济发展不断注入鲜红的血液和强大的催动力；秉承民生银行“开动脑筋办银行、扎扎实实办银行、规规矩矩办银行”的指导思想，充分利用吉林市经济快速发展的有利时机，为客户提供更加全面优质的金融服务，为社会承担更多责任，在“二次腾飞”的民生航程中阔步前进。

民生银行吉林分行隆重开业

民生银行小微金融产品

吉林市农村信用社

一、基本情况

吉林市农村信用社下辖1个农商行、5个县级联社。一个农商行，下设22个支行、7个分理处；5个县（市、区）级联社下辖88个信用社、31个信用分社、94个储蓄所，在编员工3005人，营业网点遍及全市城乡。

截至2011年12月31日，全市农村信用社资产总额190.7亿元，较年初增加25.3亿元，增长15.3%；负债总额183.7亿元，较年初增加22.6亿元，增长14%。各项存款177.7亿元，市场份额占12.2%，在全市金融机构列第4位，较年初增加20.3亿元，增长12.9%；各项贷款113亿元（其中，农业贷款79.4亿元、占比70.3%），市场份额占15.2%，在全市金融机构列第2位，较年初增加12.2亿元，增长12.2%。各项贷款累投81.7亿元，其中"三农"贷款投放量59.3亿元，占全市金融机构农业贷款投放总额的70%以上。

二、支持地方经济发展情况

努力壮大支农资金实力。

突出支农资金组织的基础性地位，千方百计筹措支农资金，努力解决制约"三农"发展的资金瓶颈问题。牢固树立"存款立社"的经营思想，主攻城区、大集镇等重点区域，形成城市资金倒流农村机制；发挥高管人员带头作用，实行全员营销存款；充分挖掘公共资源，组织对公存款；美化服务环境，提高服务水平。截至2011年末，全市农村信用社各项存款实现177.7亿元，比年初增加20.3亿元，存款增量居全市金融机构第4位。

积极支持传统农业发展。

抓住吉林地区传统农业生产特点，以支持水稻和玉米种植为重点、以黄豆和小米等为辅的粮食生产，全力支持农户备春耕生产，确保全市粮食稳产、增产。今年累计发放农业生产贷款30.53亿元，全市约有37万农户得到了农村信用社的贷款支持，农户贷款面达到62.1%，比上年提高了2个百分点。在农村信用社的支持下，吉林市已经成为全国重要的商品粮基地，水稻、玉米等农作物在满足域内需求的情况下，远销国内外。

积极推动特色产业发展。

依托吉林市丰富的林业、水力资源，按照"一乡一业、一村一品"的发展规划，推动特色产业发展，实现农村产业结构调整，加快农民增收致富步伐。重点扶持黄牛育肥、生猪饲养、奶牛基地等牧业小区建设；蛋鸡、肉鸡和白鹅等禽类养殖发展；葡萄、苹果等林果业发展；食用菌、柞蚕等特色产业发展；有机水稻、大棚蔬菜等高效农业发展。通过农村信用社的支持，全市形成了蛟河市黄松甸镇食用菌生产、永吉县西阳镇山黑猪养殖、桦甸市桦郊乡和永吉县皓月乡肉牛饲养、永吉县北大湖镇金红苹果和南国梨种植、昌邑区孤店子镇和永吉县万昌镇绿色有机稻米种植等一大批特色产业发展基地。多种经营生产收入已经成为农民除粮食生产收入以外的一项重要收入，全市农民长期收入渠道单一、收入低的问题初步得以解决。

信贷激活农村商贸流通。

利用农村商贸流通网络，加大对农村乡（镇）个体工商业发展的支持力度，进一步激活农村商业和贸易流通。重点支持"六小"发展，即支持小超市、小日杂、小百货、小作坊、小加工和小运输业发展。市农村信用社累计发放农村工商业贷款19.5亿元。舒兰市平安镇和永吉县万昌、岔路河镇的稻米加工产业初具规模。

积极推进县域经济突破。

立足县域发展，结合县情，围绕支柱型中小企业发展，增加县域税收和财政收入，推进县域经济突破步伐。成立专门机构，各县级联社均成立"公司业务部"，选拔优秀信贷营销员，依托县城和大集镇，积极开拓城区信贷市场，重点支持商贸、服务、餐饮等行业发展；充分利用吉林地区工业基础好，围绕大中型企业产品的配套产业，提供资金支持，重点支持了吉林通钢的汽车用钢项目、吉恩镍业有限公司的钼加工项目；开发矿产资源，支持了桦甸市陶瓷产业发展、蛟河市天岗石材产业发展。累计发放小微企业贷款13.8亿元。同时，积极支持小城镇建设和城区改造，向蛟河市采煤沉陷区改造贷款4500万元。

不断创新支农服务方式。

坚持以客户为中心，不断创新服务方式，满足客户日益丰富的金融需求，实现"三转变、四个一"。三转变，即在支农领域上由单一的支持粮食生产向全方位的支持"大三农"转变，在贷款方式上由传统的春贷秋收向常放常收转变，在贷款约期上由传统的当年约期向按照农业生产加销售周期的合理约期转变。四个一，即一公开，实行公开办贷，公开信贷政策、原则、程序和利率，阳光操作；一提高，提高授信额度，小额信用贷款和联保贷款由1万元提高到3万元；一创新，创新业务品种，针对不同行业、层次和客户需求，结合实际，相继推出了"保石捷"、"菌农乐"、"贷吉利"、"商贷通"等20余个贷款品牌；一帮扶，帮扶贫困户脱贫致富，对确因灾、因病致贫但还款意愿积极的贫困户予以扶持；同时支持农村妇女开展"双学双比"活动，发展庭院经济，累计提供贷款3.2亿元。

三、积极承担社会责任

积极落实"直补保"惠农政策，快速推进直补保贷款的发放进度，主动降低利率，让利于农，全年累计发放直补保贷款3363笔，金额5866万元，为农民减轻利息支出420万元；积极响应政府"双日捐"号召，全市员工共捐款32万元。

努力完善城乡服务功能。

加强电子化建设步伐，积极进行综合业务系统建设，今年对综合业务系统进行了系列升级，办理业务功能更加完善，坚持省内通存通兑、省内异地存取款不收手续费，每年为客户节省手续费200万元，减轻了客户负担；累计发行"吉卡"43万张，卡内余额19亿元，活卡率93.7%；布设ATM机52台，特约商户签约428户；拓宽结算渠道，开通大小额支付系统，跨行和异地汇划业务实现即时到账，解决汇款难的问题；依托点多面广的网络覆盖优势，在县、乡级区域内全面开办代收代办业务，代发农民粮食直补，代发直补金 0.45亿元；协助各县（市）政府推进政务公开，累计投资4600万元，在各县（市）筹建政务大厅5个；进一步整合网点资源，合理布局，集中资源优势，提高服务覆盖面。

积极打造诚信社会建设。

全面推进信用工程建设，打造诚信环境。目前，全市已评定信用户28万户，占农户总数的51%；深入开展信用村（镇）建设，已创建信用村24个、信用乡（镇）3个；并对符合条件的乡镇、村社，公开挂牌，年内信用村将达到10%、信用户将达到60 %、信用乡（镇）达到15个；全面普及金融知识，在农村开展"送知识进农个"活动，共出动1500人（次）、出动宣传车42台、发放宣传单25万张、设置宣传台21个，向广大农民普及金融知识，在城区开展"送金融知识进万个"活动，向广大市民、商户宣传金融政策、推介金融产品；常年开展"反假币、反洗钱"宣传活动，帮助广大群众了解人民币基本知识，提高群众主动识别金融犯罪的能力，今年全市农村信用社共培训人员23万人次，收缴假币2.1万元，进一步维护了金融秩序的稳定。

赞助单位（排名不分先后）

舒兰矿业集团有限责任公司

国家广播电影电视总局九五三台

国家广电总局七六三台

吉林省广播电影电视局三三一台

吉林铁路分局广厦建筑工程公司

吉林市华天房地产开发有限责任公司

吉林市华泰房地产开发经营有限责任公司

吉林市丰电房地产开发有限公司

吉林省筑居房地产开发有限公司

吉林市吉东木业有限公司

东北工业集团有限公司吉林江机公司

中国石油集团东北炼化工程有限公司吉林设计院

吉林市玛莉亚妇科医院

吉林市欧亚生殖医学医院

磐石市闽星炭素有限责任公司

吉林市龙宽工贸有限责任公司

吉林市庆满化纤纺织有限公司

吉林松花江实业有限公司

《吉林市社会经济统计年鉴——2012》
编辑委员会成员名单

编辑部名单

电脑制作及印刷：吉林市龙电集团龙图彩印有限公司

特邀编委（排名不分先后）

编辑说明

一、《吉林市社会经济统计年鉴—2012》是吉林市人民政府决定出版的一部全面反映吉林市国民经济和社会发展情况的资料性统计年刊。该年鉴由1952年起的《1949—1952吉林市国民经济统计提要》逐年演进，1985年更名为《吉林市统计年鉴》，1999年经吉林市人民政府同意改为现名，由中国统计出版社出版，公开发行。本书收录了吉林市及所辖市、县、区2011年经济和社会发展各方面大量的统计数据。

二、2012年版《吉林市社会经济统计年鉴》增添了"跨越发展的江城"图片宣传专栏，全面展示吉林市城市风貌、企业风采。欢迎各界有识之士到吉林市投资、居住和旅游。

三、《吉林市社会经济统计年鉴—2012》共设以下类目：工作报告、综合、国民经济核算、人口、从业人员和职工工资、固定资产投资、能源消费、财政金融保险证券、物价、人民生活、城市公用事业、农业、工业、建筑业、交通运输和邮电通讯业、批发零售贸易和餐饮业、对外贸易和旅游业、教育、科技和文化事业、体育、卫生和其他事业、县区基本情况、城市社会经济、企业调查。

四、本年鉴采用的稿件资料均由各有关部门和行业专人撰写，并经本部门领导审阅。年鉴中的统计资料，统一由市统计局提供，具有准确性和权威性。

五、《吉林市社会经济统计年鉴》编纂出版工作，凝聚了广大编写人员的辛勤劳动，得到了中共吉林市委、市政府领导的关心和指导，以及全市各部门、各县（市）区、中央、省驻吉林市单位协作配合，在此谨致谢忱。并恳祈各界人士继续给年鉴工作以更多的支持和帮助，对书中错漏之处给予批评指正，以期年年有所长进。

（京）新登字041号

图书在版编目（CIP）数据

吉林市社会经济统计年鉴. 2012 / 吉林市社会经济统计年鉴编委会编. -- 北京 : 中国统计出版社, 2012.9
ISBN 978-7-5037-6683-1/C.2744

Ⅰ. ①吉… Ⅱ. ①吉… Ⅲ. ①社会经济统计－统计资料－吉林市－2012－年鉴 Ⅳ. ①C832.341-54

中国版本图书馆CIP数据核字(2012)第209403号

吉林市社会经济统计年鉴—2012

作　　者/ 吉林市社会经济统计年鉴编委会
责任编辑/ 陈越月
出版发行/ 中国统计出版社
通信地址/ 北京市西城区月坛南街57号　邮编 100826
办公地址/ 北京市丰台区西三环南路甲6号
电　　话/ (010)63376907
网　　址/ http://csp.stats.gov.cn
印　　刷/ 吉林市龙电集团龙图彩印有限公司
经　　销/ 新华书店
开　　本/ 890×1240 毫米　1/16
字　　数/ 845千字
印　　张/ 33印张
版　　别/ 2012 年9月第 1 版
版　　次/ 2012 年9月第 1 次印刷
书　　号/ ISBN 978-7-5037-6683-1/C.2744
定　　价/ 240 元

目　录

一、2011年社会经济发展综述

工作报告

吉林市人民政府工作报告 …… 3
关于吉林市2011年国民经济和社会发展计划执行情况与2012年计划(草案)的报告 …… 9
关于吉林市2011年预算执行情况和2012年预算草案的报告 …… 12
吉林市2011年国民经济和社会发展统计公报 …… 15

农业农村经济

农业农村经济综述 …… 20

工业经济

工业经济综述 …… 21

交通·邮电

交　通 …… 22
邮　政 …… 23
新联通 …… 24
供　电 …… 24

城市建设　环境保护

城市建设 …… 26
市政公用事业 …… 27
国土资源管理 …… 28
房地产管理 …… 28
城市规划 …… 29
环境保护 …… 30

内外贸易

商务经济 …… 31
供销合作社 …… 33
经济技术合作 …… 34

金融服务

金融服务 …… 34

旅　游

旅　游 …… 35

政府法制

政府法制 …… 36
公　安 …… 37
检　察 …… 40
法　院 …… 42
司　法 …… 43

税　务

国家税务 …… 44
地方税务 …… 45

金融·保险

中国人民银行吉林市中心支行 …… 46
中国银行股份有限公司吉林市分行 …… 47
中国农业银行吉林市分行 …… 48
交通银行股份有限公司吉林分行 …… 49
中国建设银行股份有限公司吉林市分行 …… 50
中国工商银行吉林市分行 …… 50
吉林银行吉林分行 …… 51
中国人民财产保险股份有限公司吉林市分公司 …… 52
中国人寿保险股份有限公司吉林市分公司 …… 54

经济管理与监督

工商管理 …… 55
统　　计 …… 56
审　　计 …… 58
技术监督 …… 59
食品药品监督 …… 60
城市执法 …… 64
安全生产 …… 65

人力资源和社会保障

人力资源和社会保障 …… 66

教育科技

教　　育 …… 68
科　　技 …… 69

卫生·体育

卫生事业 …… 69
体　　育 …… 71

文化艺术　广播电视

文化艺术 …… 72
广播电视 …… 72
新闻出版 …… 74
气　　象 …… 75

外事及民族事务

外　　事 …… 76
民族事务 …… 77

社会团体

总工会 …… 78
团市委 …… 79
妇　联 …… 80
老龄工作 …… 81
残　联 …… 83

其　　它

民　　政 …… 84
人民防空 …… 85
计划生育 …… 86

区·县社会经济发展概况

船营区 …… 86
龙潭区 …… 88
丰满区 …… 89
昌邑区 …… 89
高新区 …… 90
经济技术开发区 …… 91
永吉县 …… 93
舒兰市 …… 94
磐石市 …… 95
蛟河市 …… 96
桦甸市 …… 97

二、2011年统计年鉴

综　　合

1—1　行政区划(2011) …… 101
1—2　土地面积与人口密度(2011) …… 101
1—3　社会经济主要指标(1986—2011) …… 102
1—4　国民经济主要比例关系(2003—2011) …… 114
1—5　平均每天主要社会经济活动(2003—2011) …… 115
1—6　主要指标占全国全省比重(2011) …… 116

国民经济核算

2—1　主要年份全市生产总值 …… 119
2—2　主要年份全市生产总值构成 …… 120
2—3　主要年份全市生产总值指数(上年=100) …… 121
2—4　第三产业增加值构成(2007—2011) …… 122
2—5　第三产业增加值指数(2007—2011) …… 122
2—6　三次产业增量贡献率 …… 123
2—7　三次产业拉动率 …… 123
2—8　总产出 …… 124
2—9　全市生产总值构成项目(2011) …… 125
2—10　按支出法计算的全市生产总值 …… 126
2—11　按行业划分的资本形成总额(2010—2011) …… 126
2—12　最终消费 …… 127
2—13　居民消费水平 …… 128
2—14　各县(市)生产总值主要指标(2011) …… 129

人　　口

3—1　主要年份全市总人口数 …… 133
3—2　主要年份全市户数、人口数、人口密度 …… 134
3—3　主要年份人口自然变动 …… 135
3—4　分县(市)区户数与人口(2011) …… 136
3—5　分县(市)区人口出生率、死亡率、自然增长率(2011) …… 136
3—6　分县(市)区人口机械变动情况(2011) …… 137

3—7 计划生育情况(2011) …… 137

从业人员和职工工资

4—1 主要年份从业人数及构成 …… 141
4—2 主要年份分三次产业的从业人数及构成 …… 143
4—3 主要年份市区从业人数及构成 …… 145
4—4 主要年份职工人数 …… 147
4—5 按经济类型分各行业从业人员数(2011) …… 148
4—6 各县(市)全部从业人员数(2011) …… 148
4—7 按县(市)分国有经济全部在岗职工年末人数(2011) …… 149
4—8 国民经济各行业女性从业人员(2011) …… 150
4—9 城镇失业人数及失业率(2003—2011) …… 151
4—10 城镇登记失业人数、失业率(2005—2011) …… 151
4—11 离休、退休及退职人数(2011) …… 151
4—12 主要年份职工工资总额 …… 152
4—13 主要年份职工年平均工资 …… 153
4—14 在岗职工工资总额(2011) …… 154
4—15 在岗职工年平均工资(2011) …… 155
4—16 分县(市)区职工工资总额(2011) …… 156
4—17 分县(市)区职工年平均工资(2011) …… 156

固定资产投资

5—1 主要年份固定资产投资 …… 159
5—2 市区主要年份固定资产投资 …… 162
5—3 全社会固定资产投资主要指标 …… 163
5—4 全社会固定资产投资完成情况(2011) …… 164
5—5 重点项目一览表(2011) …… 166
5—6 新增生产能力(2011) …… 169
5—7 房地产投资与销售情况(2006—2011) …… 170
5—8 按市县分固定资产投资主要指标(2011) …… 170

能源购进、消费与库存

6—1 规模工业能源购进、消费及库存(2011) …… 173
6—2 规模工业能源购进、消费及库存补充资料(2011) …… 175
6—3 属地规模工业能源购进、消费及库存补充资料(2011) …… 176
6—4 规模工业分行业综合能源消费(2011) …… 177

财政、金融、保险、证券

7—1 地区财政收支 …… 181
7—2 主要年份金融机构存贷款 …… 182
7—3 金融机构人民币信贷收入 …… 183
7—4 金融机构人民币信贷支出 …… 184
7—5 财险业务情况(2011) …… 185
7—6 寿险业务情况(2011) …… 185
7—7 证券期货市场基本情况(2005—2011) …… 186
7—8 企业股票股本构成情况(2011) …… 186
7—9 股票发行情况一览表(2011) …… 187
7—10 国税税收情况(2011) …… 187
7—11 全市地税税收完成情况 …… 188

7—12　市区地税税收完成情况 …… 188

物　价

8—1　主要年份物价指数(上年=100) …… 193
8—2　主要年份物价指数(1950=100) …… 194
8—3　消费价格类指数(2011) …… 195
8—4　零售价格类指数(2011) …… 196
8—5　工业品出厂价格指数(2005—2011) …… 197

人民生活

9—1　人民物质文化生活提高情况(2005—2011) …… 201
9—2　城市居民、农民家庭生活基本情况(2005—2011) …… 202
9—3　城市居民每百户家庭主要耐用品拥有量(2005—2011) …… 203
9—4　农村住户每百户家庭主要耐用品拥有量(2005—2011) …… 204
9—5　城市居民家庭基本情况(2005—2011) …… 205
9—6　城市居民不同收入层次家庭基本情况(2011) …… 206
9—7　城市居民家庭年人均现金收支情况(2011) …… 207
9—8　城市居民家庭年人均消费支出(2011) …… 210
9—9　城市民居家庭年人均购买主要商品(2011) …… 217
9—10　城市居民家庭消费构成(2009—2011) …… 219
9—11　城市居民居住情况(2011) …… 220
9—12　每百户城市居民家庭年末耐用品拥有量(2011) …… 221
9—13　农村住户基本情况(2005—2011) …… 222
9—14　农村住户人均总收入(2011) …… 224
9—15　农村住户人均纯收入(2011) …… 225
9—16　农村住户人均总支出(2011) …… 226
9—17　农村住户人均现金收入(2011) …… 227
9—18　农村住户人均现金支出(2011) …… 228
9—19　农村住户人均生活消费现金支出(2011) …… 229
9—20　农村住户购买消费品情况(2009—2011) …… 230
9—21　农村住户平均每百户购买生产资料和生活资料(2009—2011) …… 231
9—22　农村住户人均主要食品消费量(2005—2011) …… 232
9—23　分县(市)区农民人均纯收入情况(2005—2011) …… 233

城市公用事业

10—1　主要年份城市建设和公用事业 …… 237
10—2　全年供电(2006—2011) …… 241
10—3　城市住宅 …… 241
10—4　城市供水 …… 242
10—5　城市公共交通 …… 242
10—6　城市供气(2006—2011) …… 243
10—7　城市环境卫生 …… 243
10—8　城市道路、下水道及绿化 …… 244
10—9　环境质量状况 …… 244
10—10　工业“三废”排放情况 …… 245
10—11　分县(市)区工业“三废”排放情况(2011) …… 246

农　业

11—1　农村基本情况(2005—2011) …… 249

11—2 农村劳动力(1988—2011) …… 250
11—3 主要年份耕地面积 …… 251
11—4 农林牧渔业分项产值(2011) …… 252
11—5 农林牧渔业总产值、中间消耗及增加值(2005—2011) …… 253
11—6 农林牧渔业总产值、中间消耗及增加值构成(2005—2011) …… 253
11—7 主要年份农作物播种面积 …… 254
11—8 主要农作物播种面积和产量 …… 256
11—9 主要年份主要农产品产量 …… 257
11—10 蚕桑、水果生产情况(2005—2011) …… 258
11—11 林业生产情况(2005—2011) …… 258
11—12 畜牧业生产情况(2005—2011) …… 259
11—13 农业现代化情况(2005—2011) …… 260
11—14 主要农业机械拥有量(2005—2011) …… 261
11—15 农林牧渔业主要经济效益指标(2005—2011) …… 261
11—16 分县(市)区农林牧渔业总产值(2011) …… 262
11—17 分县(市)区农林牧渔业增加值(2011) …… 262
11—18 分县(市)区乡镇、村个数及乡村户数、人口情况(2011) …… 263
11—19 分县(市)区乡村从业人员(2011) …… 264
11—20 分县(市)区用电量、化肥、薄膜、柴油、农药使用情况(2011) …… 265
11—21 分县(市)区耕地面积(2011) …… 266
11—22 分县(市)区主要农作物播种面积(2011) …… 267
11—23 分县(市)区主要农产品产量(2011) …… 268
11—24 分县(市)区畜牧业生产情况(2011) …… 269

工　业

12—1 工业企业单位数(2005—2011) …… 273
12—2 分县(市)区工业企业单位数(2011) …… 275
12—3 主要年份工业总产值 …… 276
12—4 分行业工业总产值(2006—2011) …… 277
12—5 分县(市)区全部工业总产值(2011) …… 279
12—6 规模以上工业企业主要经济指标(2011) …… 280
12—7 规模以上国有及国有控股工业企业主要经济指标(2011) …… 316
12—8 规模以上集体工业企业主要经济指标(2011) …… 328
12—9 规模以上“三资”工业企业主要经济指标(2011) …… 340
12—10 规模工业企业主要经济效益指标(1998—2011) …… 352
12—11 主要年份主要工业产品产量 …… 353
12—12 主要工业产品产量(2011) …… 357
12—13 大中型企业基本情况(2011) …… 358

建 筑 业

13—1 建筑业企业生产情况(1986—2011) …… 371
13—2 建筑业企业生产情况(2011) …… 373
13—3 建筑业企业财务状况(2011) …… 374
13—4 建筑业企业主要经济效益指标(2011) …… 374

交通运输和邮电通讯业

14—1 交通运输情况(2005—2011) …… 377
14—2 邮电通讯情况(2005—2011) …… 379

批发零售贸易和餐饮业

15—1 主要年份社会消费品零售总额 …… 383
15—2 限额以上批发零售法人企业商品购进、销售、库存总额(2011) …… 384
15—3 星级住宿业和限额以上餐饮业法人企业经营情况(2011) …… 387
15—4 限额以上批发零售贸易法人企业财务状况(2011) …… 389
15—5 限额以上住宿和餐饮业法人企业财务状况(2011) …… 416

对外贸易和旅游业

16—1 对外经济情况(2005—2011) …… 435
16—2 对外贸易主要经济指标情况 …… 435
16—3 外贸出口商品构成 …… 436
16—4 主要出口商品总值 …… 436
16—5 旅游总收入和星级饭店国际旅游接待人数(2005—2011) …… 437
16—6 国内旅游情况(2007—2011) …… 437

教育、科技和文化事业

17—1 科技、科研、广播、电视、电影事业基本情况 …… 441
17—2 文化事业基本情况(2011) …… 442
17—3 新闻出版事业基本情况(2007—2011) …… 443
17—4 教育事业基本情况(2011) …… 444

体育、卫生和其他事业

18—1 体育事业基本情况 …… 449
18—2 卫生事业基本情况(不含诊所等)(2011) …… 450
18—3 社会救济、优抚对象及殡葬情况(2006—2011) …… 452
18—4 优抚事业单位及社会福利事业单位基本情况 …… 453

县区基本情况

19—1 主要年份生产总值 …… 457
19—2 主要年份生产总值指数 …… 458
19—3 主要年份总人口 …… 459
19—4 主要年份农业人口 …… 460
19—5 主要年份人口出生率 …… 461
19—6 主要年份人口自然增长率 …… 462
19—7 主要年份从业人员 …… 463
19—8 主要年份职工人数 …… 464
19—9 主要年份乡村劳动者 …… 465
19—10 主要年份全社会固定资产投资 …… 466
19—11 主要年份财政收入 …… 467
19—12 主要年份财政支出 …… 468
19—13 主要年份耕地面积 …… 469
19—14 主要年份农业机械总动力 …… 470
19—15 主要年份农林牧渔业总产值 …… 471
19—16 主要年份农林牧渔业总产值指数 …… 472
19—17 主要年份粮食产量 …… 473
19—18 主要年份玉米产量 …… 474
19—19 主要年份水稻产量 …… 475
19—20 主要年份大豆产量 …… 476

19—21　主要年份肉类总产量 …… 477
19—22　主要年份工业产品销售收入 …… 478
19—23　主要年份工业利税总额 …… 479
19—24　主要年份邮电业务总量 …… 480
19—25　主要年份年末电话用户 …… 481
19—26　主要年份社会消费品零售总额 …… 482
19—27　主要年份实际利用外资 …… 483
19—28　主要年份金融机构存款余额 …… 484
19—29　主要年份金融机构贷款余额 …… 485
19—30　主要年份各类专业技术人员 …… 486
19—31　主要年份普通中学在校学生 …… 487
19—32　主要年份小学在校学生 …… 488
19—33　主要年份卫生机构数 …… 489
19—34　主要年份卫生技术人员 …… 490
19—35　主要年份医院床位数 …… 491
19—36　主要年份职工平均工资 …… 492
19—37　主要年份城乡居民储蓄存款余额 …… 493
19—38　主要年份农民人均纯收入 …… 494
19—39　主要年份农民人均生活消费支出 …… 495
19—40　四城区和二开发区社会经济主要指标(2011) …… 496

企业调查

20—1　企业景气指数(2011) …… 501
20—2　企业家信心指数(2011) …… 502

城市社会经济主要指标

21—1　城市社会经济主要指标(2011) …… 505

工作报告

Gong zuo bao gao

政府工作报告

——2012年1月11日在吉林市第十四届
人民代表大会第五次会议上

代市长　　赵静波

各位代表：

现在，我代表市政府向大会报告工作，请予审议，并请政协委员提出意见。

一、2011年工作回顾

去年是"十二五"开局之年。我们在省委省政府和市委的正确领导下，在市人大、市政协的大力支持下，按照科学发展、富民强市的总要求，坚持"三化"统筹，实施"三动"战略，全面开展"五项攻坚"、奋战三季度和决战四季度等系列活动，圆满完成了市十四届人大四次会议确定的各项任务，是我市重点工作成效突出、发展成绩尤为显著的一年。预计全市地区生产总值达到2278亿元，同比增长26.5%；全口径财政收入245.1亿元，增长27.5%；地方级财政收入101.9亿元，增长39.3%；城镇居民人均可支配收入19300元，农村居民人均纯收入7649元，分别增长14%和16%。

——产业结构调整步伐加大。三次产业比重调整为9.6:50.4:40。汽车、冶金、农产品加工等支柱优势产业升级改造进程加快，以碳纤维为主的新材料等战略性新兴产业科技创新和发展能力较大增强。农业和农村经济发展态势良好。粮食产量迈上100亿斤历史新台阶；畜牧、园艺特产、林业产值分别增长16%、20%和20%。长白山食品等20个重点产业化项目竣工投产，市级以上龙头企业达到185户。实施农田水利建设658项，灾后恢复重建任务基本完成。县域生产总值、地方级财政收入分别增长27.6%和45.9%。现代服务业发展水平较快提升。实现社会消费品零售总额841.3亿元，增长23%。财富广场等9个大型商贸项目投入运营，限额以上企业发展到789户；外贸进出口总额增长45.4%。内陆港联检大楼建成使用。光大银行分行正式运营，永大集团成功上市。特色旅游精品线路及生态游、民俗游等新产品积极拓展，雾凇冰雪节、首届松花江彩灯文化节等大型节庆活动对外影响力明显扩大，旅游总收入增长30%。

——社会事业实现新发展。实施市级以上重大科技成果转化和重点科技攻关项目180项，国家碳纤维产业基地建设取得较大进展，荣获全国科技进步先进市称号。完成75所中小学校舍重建改造，素质教育、职业教育保持全省先进水平，高等教育健康发展。基层医疗卫生机构综合改革全面完成，基本药物零加价实施范围扩大，重大传染病防控和卫生监管有效加强，医疗保障能力和服务水平得到有力提升。市歌舞团等文化品牌效应增强，"北山揽胜"彩灯组创吉尼斯世界纪录，农家书屋覆盖所有行政村，高质量完成第十二届全国冬运会雪上赛事筹备工作，纪念建党90周年等各类文体活动持续开展，广泛营造了健康、和谐、向上的社会氛围。

——民主法制建设进一步加强。主动接受人大、政协监督，定期向人大报告、政协通报工作；认真办理人大代表建议、政协提案，并积极纳入政府工作思路和决策之中。"六五普法"规划启动实施，制定地方性法规和政府规章15部，科学民主决策机制日趋完善，法治政府建设进程继续加快。深化政府信息公开，健全"一站式"服务平台，行政审批权相对集中改革成果不断扩大。强化监管服务机制，软环境得到新的优化。"三帮双促"和"我能为企业做些什么、能给群众带来些什么"等活动深入开展，政府的服务理念、工作效能和整体形象发生了积极变化。昌邑区社会管理创新试点经验在全市推广。强化消防、生产、交通、食品药品等专项排查整治，安全生产防控和应急救援体系有效健全。落实领导包案和信访接待日制度，731件信访积案得到妥善解决。严厉打击各种犯罪活动，社会安全感进一步提升。双拥共建活动深入开展，军政军民团结更加巩固。

过去一年，我们之所以从年初全省靠后排位迈入先进行列，主要是通过组织实施"五项攻坚"和"三帮双促"活动，用重点工作的率先突破强力带动了全局跃升。

（一）全力实施项目建设攻坚，固定资产投资拉动作用明显加大

新建续建投资3000万元以上重点项目876项，完成全社会固定资产投资1553亿元，增长31.5%。重点项目大力推进，32万吨苯乙烯、中钢2000吨碳纤维、华润雪花啤酒异地迁建等220项纳入责任推进体系的重大工程快速建设，建龙精品钢、吉林碳谷5000吨碳纤维原丝等170个工业项目建成投产。投资结构进一步优化，社会民生、城市基础设施、能源交通领域项目成效明显；现代服务业项目比重提升；战略性新兴产业、产业链延伸项目进一步增多，工业项目投资保持全部投资的60%以上。项目布局更加合理，新开工项目更多集中在各类开发区、重要功能区和重点节点镇，产业园区化、集聚化特征日趋鲜明。

（二）强力实施招商引资攻坚，"外引"、"上争"成果显著扩大

创新招商方式，强化责任推进机制，定点招商、产业招商、专业招商及第七届东博会、京沪浙、东南亚、德法荷等一系列境内外招商活动

取得重大成效,招商引资到位资金590亿元。美国亨斯迈、德国赢创、日本住友、马来西亚完美等世界500强和跨国公司,恒天、中粮、万科等国内知名企业落户我市,松花湖国际旅游度假区、中油数据中心、生物质能源等一批规模大、质量好、拉动力强的重大项目签约落地,全年新开工3000万元以上招商项目368项;实际利用外资4.9亿美元。加大"上争"力度,成为全国节能减排财政政策综合示范城市和国家电子商务示范城市,争取国家和省各类财政资金109.5亿元。

(三)大力实施提速增效攻坚,工业经济发展水平持续提高

努力克服生产成本加大等不利因素影响,强化服务和政策扶持,工业发展速度加快、效益提高,整体实力得到新的增强。完成规模工业总产值2800亿元、增加值810亿元,分别增长38%和33%;工业贷款增长29.2%,高于全市平均水平17.1个百分点。昊融有色金属、康乃尔化工等骨干企业产出能力较大提升,百户重点企业完成产值1510亿元。中小企业成长步伐加快,实现民营经济主营业务收入3300亿元,实缴税金87亿元,分别增长35%和42%。大黑山钼矿扩产等130个建成项目达产达效率达到87.7%。超额完成省下达的节能减排任务。

(四)努力实施城市建设与管理攻坚,城镇化发展进程有效加快

完成城建投资260亿元;房地产业和建筑业增加值分别增长34.7%和43.7%,创历史最高水平。坚持规划先行,长吉一体化、哈达湾区域搬迁改造等重大规划编制完成,"一核、两线、十大功能区"的城市发展战略思路进一步明晰,可持续发展的产业布局和现代化大城市框架有效构建。开工江城大桥、雾凇大桥及高架桥等城建重点工程136项,解放西路、温德桥续建等74项竣工使用。吉沈高速公路通车,建成各级各类公路721公里。黄旗街等4条供水管线、滨江东路等5条污水管线完工,截流污水吐口7处;铺设天然气网线54公里。房地产业健康发展,开发面积852万平方米,竣工609万平方米。完成清水绿带恢复重建,新增绿地72.3公顷,城市空气质量、水质得到新的改善。深入开展城市管理创优年活动,占道经营、渣土管理等综合整治成效明显,城市的整体形象和市容市貌得到进一步改观。县级城市的发展水平和公共服务能力快速提升,孤店子等5个"三化"统筹试点镇建设速度加快,新农村建设走在全省前列。

(五)着力实施民生改善与提高攻坚,民生事业取得较大成绩

在年初落实十大民生任务的基础上,将民生和社会事业项目拓展到100项,总投入达到135.5亿元,是近年来民生投入最大、范围最广、群众得实惠最多的一年。就业工作有效加强,开发城镇就业岗位13.6万个,新增就业9.3万人,劳务输出64万人次。社会保障体系进一步完善,"五七家属工"参加养老保险工作基本完成,在全省率先实现城乡养老保险制度全覆盖;将7.6万名并轨和改制国企退休人员免费纳入基本医疗保险,城镇居民医保报销比例和支付限额提高。健全社会救助机制,城市低保标准提高到每人每月300元,农村低保标准提高到每人每年1650元;城乡低保补助与物价水平联动机制形成;社会救助"一站式"服务全面实现。困难劳模补助制度建立。养老援助计划稳步实施。棚户区和危旧楼改造建设回迁房屋144万平方米,1.8万户居民住房得到根本改善;建设廉租住房和公租房27万平方米,为3.7万户居民发放廉租住房租赁补贴;完成6485户农村居民泥草房改造。暖房子工程改造热网415公里,并网827万平方米,集中供热率达到80.6%;完成居住建筑节能改造593万平方米,8.3万户、24.3万城镇居民受益。出行环境得到优化,维修改造滨江北路等32项路桥工程,更新公交车100台。菜篮子工程新建温室大棚4200栋,新增蔬菜生产能力1亿斤。推行农户科学储粮仓2.5万套,建设农村户用沼气池4500座,又解决19.6万农村人口安全饮水问题。同时,"三帮双促"活动解决各类问题近2万件,扎扎实实地取得了知民情、解民忧、暖民心的良好社会效应。

各位代表,在复杂的外部环境下取得这些成绩,是省委省政府和市委正确领导的结果,是市人大、市政协大力支持的结果,是全市上下共同努力的结果。广大干部群众以高度的热情积极投身到各项工作中,戮力同心,开拓进取,充分凝聚了加快发展的整体合力,有效营造了埋头苦干抓落实、奋力争先促发展的社会氛围。在此,我代表市人民政府,向全市各族人民,向辛勤工作在各条战线的广大建设者,向各级人大代表、政协委员、各民主党派、工商联和社会各界人士,向中省直单位、驻吉部队指战员和武警官兵,以及始终关心支持吉林市发展的海内外朋友,表示诚挚的感谢和崇高的敬意!

回顾过去的一年,我们也清醒地认识到,发展中既面临着总量不大、结构不优、综合实力不强的根本性矛盾制约,也存在着一些急需破解的现实问题:中小企业融资难比较突出,部分骨干企业对经济的持续贡献能力亟待提升,开发区引领带动作用需要进一步发挥,改善民生还需加大工作力度。对于这些矛盾和问题,我们一定高度重视,认真加以解决。

二、2012年工作安排

今后一个时期,是我市加快转变发展方式、全面建设小康社会的关键时期。市十二次党代会在深刻把握宏观环境变化的基础上,对未来五年发展做出全面部署,提出了实现经济总量、产业结构、民生改善、城市形象、文化发展五大新跨越的宏伟目标。完成这一目标,今年是极为关键的一年。我们一定按照科学发展、富民强市的总要求,牢牢抓住发展和民生两个关键,统筹"三化"建设,落实"三动"战略,突出重点,突破难点,以"发展上水平、干部下基层"为主旋律,以十大功能区建设和县域经济发展为核心,全力实施"十项攻坚战",切实开拓经济社会又好又快发展的新局面,努力让城乡广大居民生活得更加美好。

主要预期目标:地区生产总值达到2690亿元,同比增长18%;规模工业增加值970亿元,增长20%;社会消费品零售总额1010亿元,增长20%;全口径财政收入增长20%;地方级财政收入增长25%;城镇居民人均可支配收入和农村居民人均纯收入增长16%。节能减排完成省下达任务。

(一)突出空间布局优化,全面推进十大功能区领先突破

规划建设十大功能区,是市委市政府为优化生产力布局、拓展发展空间、完备城市功能、促进产业集聚升级做出的重大战略决策。作为未来发展的产业核心区域和支撑所在,要举全市之力加快开发建设,带动经济的快速发展和城市功能的不断提升。

科学编制完善相关规划。高标准完成高新北区、金珠工业区、南部

新城、松花湖旅游区等功能区专项规划和相关区域控制性规划编制，启动经济开发区新一轮规划修编，科学明晰各功能区基本定位和发展目标。中心城市建成区面积力争扩大10平方公里以上。

统筹推进基础设施建设。按照总体规划、适度超前、创新方式、多元投资、分步开发的原则，加大土地征收整理力度，实施供水、供电、供热、供气、道路等80项基础设施工程，完成投资60亿元以上。

有效加速产业集聚步伐。实施产业项目160项，总投资1100亿元以上，其中，10亿元以上项目25项，亿元以上项目106项。高新南区，围绕建设百万辆整车生产基地，组织实施一汽吉林40万辆整车、新湖通田50万辆整车及零部件配套等一批重点项目。高新北区，立足打造战略性新兴产业聚集区，积极探索实行市场化运作、公司化管理模式，启动30平方公里起步区建设，开工万丰产业园、长久改装车等一批产业项目。经济开发区，以精细化工、新材料、生物三大产业为重点，推进碳纤维产业化体系建设，加大12万吨环氧乙烷、1.5万吨聚酰亚胺树脂等项目实施力度。化工循环经济示范园区，按照产业发展链式化要求，深化与亨斯迈、赢创、林德等跨国公司的合作，加速形成产业集群发展新优势。金珠工业区，积极承接哈达湾区域产业转移，开工100万吨冷轧钢、50万吨大口径焊管等一批重点项目。哈达湾服务业集中区，有序推动冀东水泥搬迁和棚户区征收，着手启动晨鸣纸业搬迁工作。南部新城，加强基础设施建设，配套完善商贸、旅游、文化、教育、医疗等功能，快速打造以居住休闲、高端服务业为主的新城区。松花湖旅游区，有效整合区域旅游资源，规划建设万科松花湖国际旅游度假区、朱雀山开发等重点项目。北大壶体育旅游开发区，以承办第十二届全国冬运会雪上赛事为契机，强力打造北大壶品牌，建设国际一流的赛事基地和休闲旅游度假区。中新吉林食品区，以推进中新合作进程为核心，加快起步区建设步伐，规范管理无规定疫病区，积极引进新加坡淡马锡、吉宝和中信、中粮等战略合作伙伴，实施珍宝中成药保健品等农产品加工项目，为构建国际一流的安全健康食品生产示范区、现代农业发展示范区、"三化"统筹示范区和长吉图开发开放战略先行先试示范区奠定基础。

(二)深入实施"三动"战略，全面增强科学发展的动力支撑

切实加大固定资产投资和项目建设力度。大力开展"项目建设年"活动，开工投资3000万元以上重点项目900项，其中亿元以上项目420项；建成投产350项。完成全社会固定资产投资2000亿元以上，增长30%。以滚动实施50项投资10亿元以上重大产业工程和200项投资亿元以上重点项目为主要支撑，全面加快各领域项目建设步伐，在保持工业投资比重的同时，将服务业投资比重提升到30%以上。围绕工业强市建设，组织实施丙烯产业链、整车制造及零部件、碳纤维系列产品等一批工业重点项目；围绕现代服务业跃升发展，加快建设商业综合体、星级酒店、数据处理中心等一批服务业重点项目；围绕城乡承载能力有效增强，着力抓好城市道路桥梁、市政工程等一批基础设施重点项目；围绕社会民生事业持续发展，快速推进教育、医疗、文化等一批社会民生重点项目。

大力抓好招商引资工作。新开工投资3000万元以上重点招商项目超过350项；招商引资到位资金770亿元，增长30%。一是加强招商项目谋划。准确把握市场形势和产业、资源特色，包装和推介一批重大的拟招商项目，年内储备亿元以上项目200个。二是强化园区和产业招商优势。发挥十大功能区招商主力军作用，突出主导产业和骨干企业，下力气引进延伸产业链条、扩大配套加工项目，推动招商引资向招商"选"资的有效转变。三是明确主攻方向。瞄准具有产业转移趋势的发达国家和先进地区，着力引进一批有实力、有信誉的战略投资者，在落地项目数量和质量上取得重大突破。

努力加快创新步伐。强化政策引导，加大投入力度，健全以企业为主体、市场为导向、产学研相结合的科技创新体系。鼓励技术创新和专利申请，组织实施高性能纤维、镍氢动力电池等一批重大科技成果转化和重点科技攻关项目；深化与省科技厅工作会商制度，积极推进东北电力大学、北华大学、化工学院等高校建设科技园；强化与吉林大学、中科院等高校和科研院所的产学研合作，培育引进一批金融、经营管理等高层次人才、紧缺人才和适用性人才。充分利用长吉一体化先行先试的契机，按照国际化、市场化、企业化建设模式，有效探索功能区实施公司化经营的管理体制；努力创新投融资、人才引进、建管市场化运作、收入合理分配等新机制，为经济社会发展提供有力的体制机制保障。

积极争取政策性资源。拓宽各领域信息渠道，准确把握政策资金取向，强化对上衔接沟通，更大程度获得国家和省的支持。围绕建设节能减排财政政策综合示范城市，着力做好方案报批和项目谋划、包装、申报等前期工作，组织实施公共机构节能、化工园区循环化改造、松花湖生态整治等一批重点示范工程。抓住国家编制老工业基地调整改造规划的机遇，争取把哈达湾老工业区列入优先启动示范区，并努力将我市重点产业、重大项目等更多内容纳入国家的整体规划。

(三)推进产业协调发展，全面提高经济增长质量效益

着力增强工业竞争实力。以壮大骨干企业和培育中小企业为重点，做大做强支柱优势产业，大力发展战略性新兴产业，加速工业经济的转型升级进程。一是实施百户重点企业跃升计划。通过上新项目、技改扩能等途径，进一步提升百户企业市场竞争力和综合发展实力，销售收入50亿元以上、5-50亿元企业分别发展到5户和35户；百户重点企业实现产值1740亿元。二是实施中小企业成长壮大工程。加大政策支持力度，强化创业服务体系和综合服务平台建设，全面营造中小企业发展的服务环境；完善治理结构，拓宽多元融资渠道，有效提升中小企业管理和资金瓶颈化解能力；依托骨干企业和重大项目，引导中小企业发展精深加工和协作配套，推进民营经济新一轮腾飞。新增规模工业企业100户以上，纳税超千万元企业增加到60户。三是实施战略性新兴产业发展计划。搭建碳纤维公共技术创新平台，加强碳纤维下游制品研发，加快国家碳纤维产业基地建设；突出抓好100项投资3000万元以上战略性新兴产业项目，组织推进50种新产品规模化生产，战略性新兴产业比重比去年提高1.5个百分点。四是抓好建成项目达产达效。推进去年以来建成投产的重点项目达产达效，达产达效率力争达到80%。五是深入开展企业优质服务年活动。健全工业生产调度和协调服务平台，积极创新产需衔接、银企对接、要素保障等服务举措，有力保证企业生产经营的顺利进行。

加大县域经济突破步伐。五县(市)生产总值、地方级财政收入分别增长20%和25%以上。一是推进县域工业化。加快经济结构战略性调整,积极探索发展新兴替代产业,促进舒兰、磐石、蛟河、桦甸资源型城市有效转型;突出县域工业集中区发展,强化规划引导,加大基础设施建设,推动更多项目入区发展;依托产业资源特色,建设凯迪生物质汽柴油等一批县域工业重点项目,加速形成县域特色化、集群式的产业发展优势。二是推进县域城镇化。发挥5座县(市)城的区域次级中心功能,加强城市建设管理,协调发展服务业和社会事业,切实增强综合承载功能和辐射吸纳能力。着力抓好节点城镇发展,优先建设长吉南北轴线节点城镇,提升岔路河等5个试点镇建设水平,有序推动夹皮沟、烟筒山、天岗、吉舒等一批区位较好、产业带动功能较强的特色重点镇、中心镇发展,快速构建梯次分明的现代城镇体系;深入实施“千村示范、万村提升”工程,着力抓好“三化”统筹示范村建设,壮大村级集体经济,进一步加快新农村建设进程。三是推进农业现代化。建设63个粮油高产示范基地,粮食产量保持100亿斤阶段水平;新建扩建200个标准化养殖场,壮大蛟河黑木耳等特产业园区规模;发展生态林业,推进实施第二个十年绿化美化吉林大地规划;建设一批重点农业产业化项目,年销售收入亿元以上农产品加工企业发展到30户。加强农业科技创新与新技术推广,提升农业机械化、信息化水平,组织实施病险水库除险加固、中小河流治理、大中型灌区节水改造等水利基础设施416项,切实增强农业综合生产能力。深化乡村债务化解、土地流转等各项改革,进一步激发县域经济发展的活力。

加快服务业跃升发展。修订完善服务业发展规划,出台落实扶持政策,进一步提高服务业对经济发展的贡献度。一是大力发展文化旅游产业。用文化提升旅游品质、旅游彰显文化内涵,推进文化与旅游产业融合发展。深度挖掘自然、民俗、历史、人文等文化内涵,打造四季各具特色的文化旅游产品,形成更加完整的文化旅游产业链条;重点开发以历史文化为主题的龙潭山、以自然生态文化为主题的朱雀山、以休闲娱乐文化为主题的松花湖、百里清水绿带等一批精品景区;加快旅游配套设施建设,提高旅游服务接待能力;高水平举办好雾凇冰雪节等大型节庆活动,强化宣传推介力度,深度拓展境内外客源市场,促进文化旅游资源优势向经济优势的快速转化。实现文化旅游总收入273亿元。二是加快发展商贸流通业。科学规划商业网点,优化商业布局,抓好欧亚城市商业综合体等一批重点项目建设,着力打造各具特色的区域商贸中心。积极引进国内外大型商贸企业,大力发展新型、高端商贸业态,培育销售额10亿元以上企业3户、5亿元以上5户、亿元以上15户,限额以上企业力争突破1000户。支持外贸企业发展,加快化工、电子等外贸出口基地建设。三是快速推进现代物流业。完善内陆港、统泰、越北等重点物流中心功能,规划建设城区西南部大型综合物流园区,壮大一批物流骨干企业,构建科学完备的现代物流网络。四是积极发展金融业。引进2户以上外埠银行来吉开办业务,新发展3户小额贷款公司和2户担保公司;推进昊宇电气、英联生物、科龙建筑等企业尽早上市;加快农村商业银行建设步伐;深化政府投融资体系改革,引进股权投资基金,支持都邦公司实施股权改革,切实提高金融对经济发展的支撑能力。

(四)加强城市建设管理,全面提升城市综合承载功能和整体形象

大力抓好城市基础设施建设。规划实施城建重点项目180项,完成城建投资249亿元。加强规划编制工作,做好控制性详细规划,有效发挥规划的导控功能。完备道路交通体系,启动长吉北线改造、秀水大桥、沙河子立交桥,续建吉图珲客运专线、绕城高速公路、金珠大桥、吉钢大路,完成江城大桥、雾凇大桥、中东南路、苏合街等工程建设。加快功能性城市设施建设,实施人民剧院、人民医院二期、中小学艺术活动中心等重点项目;新建3条污水管线,启动污水处理厂二期扩建;推进房地产健康持续发展,开发810万平方米,竣工550万平方米。

全面开展“城市管理提升年”活动。规范城市资源开发利用,严格基本建设审批程序和监管,保障建设项目依法合规。加强生态环境建设,移植大树7000株进城,栽植花卉200万株,新增绿地40公顷;对越山路、解放大路、吉林大街中南段等重点街路建筑物装饰美化;高品位提升一江两岸、临江大桥等主要景观路和桥体的亮化水准,完成龙潭山等山体的美化亮化;强化城区卫生保洁;加大公用设施管护力度。科学调整交通流量、整顿交通秩序、深挖管理潜力,下大力气改善主街路、重要节点的交通状况。积极构筑数字化、精细化、动态化城市管理网络系统,努力推进市容管理常态化、标准化;针对违章建筑、广告牌匾等重点问题,全面开展市容综合整治行动;完善松江路等5条景观路,改造辽北路等9条街路为标准化街路,明显提升城市的整体形象,进一步优化人民群众的生产生活环境。

(五)加大改善民生力度,全面扩大民生事业发展成果

进一步增大民生投入,组织实施十个方面130项改善民生事项。

第一,就业增收方面。开发城镇就业岗位11.5万个,新增就业9万人,其中有针对性开发1万个适应性就业岗位,安置万名困难家庭成员就业。培训农村劳动力、城镇失业人员2.6万人。发放小额担保贷款1.2亿元,扶持创业者2100人;帮扶千户有创业愿望、具备创业能力的困难家庭创业。将没有参加其他各类养老保险的60周岁以上城乡居民和城乡低保对象、丧失劳动能力的重度残疾人、城镇困难居民家庭成员,免费纳入新型农村社会养老保险和城镇居民社会养老保险。

第二,安居保障方面。加大棚户区和危旧楼改造力度,建设回迁住房1.39万套、95.9万平方米;建设廉租房和公租房24.6万平方米,为3.4万户居民发放廉租住房租赁补贴。继续实施“暖房子”工程,建造热网295公里,完成居住建筑节能改造1142万平方米,使16.3万户家庭受益。建设燃气管网10公里,发展天然气用户1.2万户。

第三,医疗惠民方面。在全市基层医疗卫生机构实施510种基本药物零加价。城镇居民医疗保险、新农合年度报销最高额度分别提高到5.5万元和8万元;新增单病种结算病种10个以上。建设远程医学中心,降低群众域外就医成本,推动全市医疗技术水平进一步提升。组织两次以上支援农村、走进社区大型义诊活动,免费为城乡群众送医送药。

第四,困难救助方面。城市低保标准提高到每人每月330元以上,农村低保标准提高到每人每年1800元以上。提升医疗救助标准和“一站式”服务水平,将低保对象、城镇困难居民家庭患者在规定病种封顶

线内的自付医疗费用比例降低到25%以内。低保家庭成员就医，享受市直三甲医院基本药物零加价、大型设备检查费减免50%和市直属医疗机构住院床位费减免50%的政策。深入开展慈善救助活动，及时救助特殊困难群众1万人次和贫困患者1千人次以上。

第五，教育助学方面。对低保、城镇困难居民家庭学生给予一定资助：普通高中品学兼优学生每人每年资助1500元，中等职业学校一二年级学生每人每年免除学费2000元，新入学大学生分类资助5000元或3000元，初中毕业女学生免费提供职业技术教育培训。对低保家庭中小学生免费提供在校午餐。

第六，文体生活方面。开展公益免费电影放映活动，进社区、广场放映1000场，进乡镇村屯放映4200场。免费公演经典童话剧50场。新建16处标准化体育健身场地，为10个标准化社区和20个行政村安装健身器材。增设"江城百姓"讲坛等民生专题栏目，反映市民心声，服务百姓生活。

第七，便民畅通方面。维修改造延安路等10条主街路和100条小街小巷；农村水泥路"村村通"率达到96%以上。完善小街小巷和居民小区路灯设置。优化整合市区25条公交线路，延长公交线路和营运时间，再更新100台公交车辆，方便市民出行。

第八，环境整治方面。开展春秋季城市环境卫生综合整治，在60条街路实施水冲洗和洒水降尘作业。以整治流动摊点、交通秩序等为重点，大力净化校园周边环境。环境空气质量好于二级标准天数超过320天，城市饮用水水质达标率达到100%。新建农村户用沼气池4000座。

第九，平安创建方面。健全制度机制，实施综合治理，切实保障接送学生车辆安全。加大食品质量监管力度和监测频次，及时向社会发布检测结果，确保群众吃上放心食品。新建农村饮水安全工程266处，再解决16万农村人口安全饮水问题。

第十，公共服务方面。继续实施"菜篮子"工程，新建2000栋温室大棚，新增蔬菜生产能力5000万斤；建设市粮食批发市场交易大厅和35个平价副食品商店，发挥平抑市场价格、保障居民正常生活供应的功能。新建社区居家养老服务站57个，实现城区社区居家养老服务站全覆盖。建立居民诉求绿色通道，快速办理群众反映的民生问题。

（六）深化改革进程，全面推进社会事业协调发展

努力推动文化大发展大繁荣。以高度的文化自觉和文化自信，坚持文化事业和文化产业两手抓，深挖文化内涵，展示文化亮点，提升文化品位，最大限度地满足人民群众日益增长的精神文化需求。建设全民健身中心、传媒中心等一批重点文化设施，做好历史文化遗址保护和本体展示工作。加强县（市）图书馆、文化馆和博物馆建设，推进县（市）级公共文化设施逐步免费开放。创新形式、扩大规模，高标准举办好第二届松花江彩灯文化节；以松花江之夏广场文化周、国际冬泳邀请赛等品牌活动为引领，广泛开展好各类群众性文化活动和全民健身活动。突出山水文化、地域文化和现代文化，做大做强演艺娱乐、出版发行等传统文化产业，扶持文化创意、动漫游戏等新兴文化产业，培育壮大一批在全省有分量、在全国有影响的骨干文化企业，推动文化产业向特色化、品牌化、规模化发展。加强精神文明建设，进一步提升城市文明程度和市民文明素质。

进一步提高城乡教育发展水平。整合教育资源，加强学校标准化建设，促进义务教育均衡发展；突出学生德育和实践教育活动，狠抓教师队伍建设和教学质量管理，不断深化素质教育发展进程；结合产业发展趋势和功能区建设，推进职业教育市场化改革，打造职教集团和职教园区；扩大学前教育资源，积极发展学前教育；加强工作扶持，提升高等学校办学质量。

加快发展医疗卫生事业。推进医药卫生体制改革，巩固基层医疗卫生机构综合改革成果，抓好以县级医院为重点的公立医院改革。完善城乡医疗保障体系，提升区域医疗中心和社区卫生服务中心服务质量，加强农村三级网络规范化建设；认真做好各种传染病防控，强化医疗药品市场监管，进一步完善公共卫生服务体系。保持人口和计划生育工作全省先进水平。

（七）强化社会管理创新，全面开拓和谐社会发展新局面

加强基层社会管理。推行社区网格化管理，建立社区社情民意调查、公开服务承诺、反馈督办等制度，加强社区工作队伍建设，完善社区运行管理机制。突出流动人口服务管理、弱势群体帮扶、"两新"组织建设等重点方面，抓好社区管理任务落实。开展领导干部定期深入社区活动，积极帮助社区解决用房不足等实际问题。组织开展100个行政村社区化管理试点，不断扩大农村基层组织建设的工作成效。

扎实抓好安全生产。严格落实各级各类安全生产目标责任和奖惩机制，强化长效监管和应急救援体系建设。高度重视生产安全、消防安全、交通安全和食品药品安全，加大集中检查和专项整治力度，及时消除各种安全隐患，不断提高保障公共安全和处置突发事件的能力水平。

认真做好社会稳定工作。健全矛盾纠纷排查调处机制，完善领导干部联系群众和信访接待日制度，有计划、有步骤地化解企业改制、土地征收等重点信访问题。强化社会治安综合治理，提升公安信息化、科技化水平，严厉打击各种刑事犯罪、经济犯罪和"法轮功"等邪教组织；加大治安防控体系建设力度，全面开展社会管理大巡防工作，进一步提升人民群众的安全感和社会满意度。

支持国防和军队建设。加强国防教育，增强全民国防意识。提高民兵和预备役部队建设水平，支持驻吉解放军和武警、消防、森警部队建设。深入开展双拥共建活动，认真落实优抚安置政策，努力解决驻吉部队军官家属就业、子女入学等实际困难，巩固军政军民团结，不断拓宽军民融合式发展领域。

三、切实加强政府自身建设

新的形势、新的任务，对政府工作提出了新的更高要求。我们一定强化政府自身建设，牢记使命，依法行政，勤勉尽责，努力建设为民、务实、高效、清廉的人民满意政府。

着力加强民主法制建设。把依法行政贯穿于政府工作的全过程，严格按照法定权限和程序履行职责。有效健全科学民主决策机制，凡事关全局重大项目和民生重要事项，都坚决执行公众参与、专家论证、合法性审查和集体决策制度，使政府决策更加科学、经得起历史检验。加大"六五"普法力度，增强全社会的法律意识；提高政府立法质量，加

强和改进政府制度建设。理顺行政执法机制，规范行政执法行为，严格执法监督和责任追究。自觉接受人大及其常委会法律监督、工作监督和政协的民主监督，高度重视司法监督、舆论监督和社会公众监督，加强政府内部层级监督，使政府各项工作真正在依法行政的轨道上有效运行。

着力加强行政效能建设。进一步优化投资创业环境。继续清理行政审批事项，推进部门审批职能向审批办集中，审批办向政务大厅集中，审批权限向服务窗口集中；规范各级政务服务中心及分中心运行管理，加快建设网上申报审批试点。大力推行即办制和重大项目全程领办代办制，全面推广一次性告知、一站式办理服务模式，努力为投资者和广大群众提供零距离、无障碍、低成本服务。适时推进事业单位分类改革，不断提高公益服务水平。进一步创造便民利民条件。深入推进政务公开，所有面向社会服务的政府部门和公共企事业单位，都要全面推行办事公开制度，充分保障人民群众的知情权、参与权和监督权；加强政府网站、市长公开电话、市长电子邮箱、媒体市民热线、110、120等公共服务平台建设，快速处理群众诉求，及时解决群众切身利益问题。进一步完善绩效评估体系。严格实施绩效管理调度督查考核办法，将十项攻坚等重点工作全部纳入责任推进范畴，把考核结果作为班子评定、干部升迁、绩效奖励的主要依据，消除不想作为、不会作为现象，形成以实际成果评议广大干部的激励机制。

着力加强勤政廉政建设。围绕发展上水平、干部下基层，深入开展“三帮双促”活动，促进机关作风的进一步转变。大兴务实重行之风，督导各级干部履职尽责，真正把精力集中到推动发展上，把心思发挥到狠抓落实上，始终保持脚踏实地、只争朝夕的精神状态和工作劲头。大兴开拓创新之风，以开放的视野，改革的魄力，积极探索改进工作、解决问题、提高效率的新思路、新举措和新办法，不断增强创新发展的素质和本领。大兴为民谋利之风，从群众最关心的事情抓起，从群众最困难的事情帮起，从群众最期望的事情做起，更大程度地解决人民群众反映强烈的突出问题。大兴勤俭廉洁之风，严格预算约束，加强财政监督，降低行政运行成本，有效促进节约型机关建设；深入落实党风廉政建设责任，加大行政执法监察力度，严厉查处违法违纪案件。

各位代表，吉林市正处在加快发展的关键时期。形势催人奋进，任务艰巨繁重，未来充满希望。让我们在省委省政府和市委的正确领导下，在市人大、市政协的大力支持下，更加紧密地团结起来，以昂扬向上的激情斗志、一往无前的拼搏干劲，锐意进取，奋力跨越，全面开创科学发展、富民强市的崭新局面！

关于吉林市2011年 国民经济和社会发展计划执行情况与 2012年计划(草案)的报告

——2012年1月11日在吉林市第十四届
人民代表大会第五次会议上

市发展和改革委员会主任　冷　杰

各位代表:

我受市人民政府委托，向大会报告我市2011年国民经济和社会发展计划执行情况与2012年计划(草案),请予审议,并请政协委员提出意见。

一、2011年计划执行情况

去年以来,面对复杂严峻的外部发展环境,我市认真贯彻落实中央和省一系列重大决策部署,自加压力,埋头苦干,全力组织开展"五项攻坚"立功竞赛活动,努力化解各方面矛盾制约,全市经济社会继续保持良好发展态势,圆满完成了年初确定的各项目标任务。

(一)整体经济在高位平台快速发展,经济运行质量显著提高。全市地区生产总值预计达到2278亿元(以下均为预计数),完成年初计划目标的105%,按现价比上年增长26.5%,明显高于全省和全国增长速度。其中,第一产业、第二产业、第三产业分别增长18.3%、28.1%、26.7%。全口径财政收入完成245.1亿元,增长27.5%,占GDP比重达到10.8%；地方级财政收入突破百亿元大关，达到101.9亿元，增长39.3%。节能减排超额完成省下达任务,经过努力争取,我市已入选国家8个节能减排财政政策综合示范城市。城乡居民收入保持较快增长,城市居民人均可支配收入达到19300元,农村居民人均纯收入达到7649元,分别增长14%和16%。

(二)重点项目开工数量明显增多,投资结构进一步优化。全社会固定资产投资完成1553亿元,同比增长31.5%。全市开工3000万元以上重点项目876项,比上年增加36项,完成投资1050亿元;产业链延伸项目、现代服务业和战略性新兴产业项目明显增加。32万吨苯乙烯、中钢2000吨碳纤维等重大产业工程进展顺利,吉林碳谷5000吨碳纤维原丝、明阳大通风电叶片、冀东水泥搬迁改造等170个工业项目建成投产。吉沈高速公路全面建成通车,吉珲客运专线、江城大桥、雾凇大桥及高架桥等重大交通项目顺利推进。房地产开发规模创历史新高,开发面积达到852万平方米。

(三)工业经济保持强劲增长,重点骨干企业支撑带动作用增强。规模工业总产值实现2800亿元,同比增长38%;规模工业增加值实现810亿元，增长33%，百户重点工业企业实现产值1510亿元，增长30.2%,吉林石化、昊融有色、吉林化纤等重点企业生产均实现大幅增长,石化、冶金、农产品加工、装备制造等重点行业增速均在40%以上,县区工业继续保持快速增长。康乃尔10万吨硝酸、大黑山钼矿等130个建成项目达产达效率达到87.7%。大力实施中小企业成长工程,新增规模工业企业20户。工业经济效益稳步提高，规模工业实现利润60亿元,同比增长20%。

(四)粮食生产喜获丰收,农业和农村经济发展势头强劲。全面落实各项支农惠农政策,全市发放各项农业补贴资金9.33亿元,粮食产量达到100亿斤,再创历史新高。牧业经济持续稳步发展,新扩建规模养殖场492个,肉蛋奶产量同比分别增长12.6%、19.7%、18.5%。新建棚膜蔬菜基地温室4200栋,食用菌、中药材、果品等种植规模不断扩大。市级以上产业化龙头企业达到185户,舒兰长白山食品等20个重点农业产业化项目竣工投产。昌邑孤店子、舒兰平安粮食加工转化示范乡镇建设扎实推进。水利建设投入力度加大,实施水利基础设施项目658项,完成投资13.7亿元。

(五)城乡消费市场持续活跃,现代服务业发展步伐加快。社会消费品零售总额实现841.3亿元,增长23%;居民消费价格总水平上涨4.7%,低于全国和全省平均水平。财富广场、欧亚商都解放大路店等9个大型商贸项目投入运营,限额以上商贸企业发展到789户,"万村千乡"市场工程深入推进。我市已被确定为国家电子商务试点城市,化工园区列入首批省级服务业综合试点。内陆港联检大楼建成投入使用,通关功能逐步完善。成功举办首届松花江彩灯节、雾凇冰雪节等大型节庆活动,北大壶、松花湖、朱雀山等精品旅游景区建设进程加快,旅游业总收入实现214亿元,增长30%。光大银行分支机构正式营业,永大集团成功上市。

(六)积极推进开放合作,十大功能区建设框架进一步明晰。全力组织开展第七届东博会、赴京沪浙及境外系列经贸交流活动,全市招商引资到位资金590亿元。美国亨斯曼、德国赢创、伍德、韩国乐天玛特等世界500强企业和跨国公司落户我市。积极推进长吉一体化,岔路河、搜登站、孤店子等五个节点试点建设全面展开。结合城市空间布局调整,进一步确立了十大功能区建设思路,高新区、经开区、化工园区、金珠工业园区产业聚集效应不断增强,哈达湾工业区整体搬迁改造有序启动,南部新城建设逐步展开,高新北区建设前期准备基本就绪，中新食品区3平方公里启动区已完成“七通一平”，北大壶开发区总体规划通过省级论证，万科松花湖国际旅游度假区正式签约。

（七）改善民生百件实事全部完成，各项社会事业协调发展。开发城镇就业岗位13.6万个，新增就业9.3万人。全面完成“五七”家属工参保工作，率先在全省实现新型农村养老保险试点和城镇居民社会养老保险制度全覆盖，社会救助体系不断完善。积极推进科技创新，我市荣获国家“全国科技进步先进市”称号。加快实施校舍安全工程，完成75所中小学校舍重建改造。扎实推进卫生医药体制改革，公共卫生服务能力不断加强。棚户区及危旧房改造建设回迁房屋144万平方米，建设廉租房、公租房27万平方米，“暖房子”工程全面完成年度任务。剩余6485户农村泥草房改造任务全部完成。解决19.6万人农村安全饮水问题。深入开展“城市管理创优年”活动，城市环境质量和整体形象全面提升。城乡基层社会管理创新稳步推进。市中西医结合医院扩建、磐石教育园区等社会事业项目进展顺利。

二、2012年主要预期目标和重点任务

展望2012年，我市面临的外部发展环境依然严峻。从国际上看，世界经济增长放缓，国际贸易增速回落，国际金融市场剧烈动荡，大宗商品价格波动加剧，各类风险明显增多。从国内看，虽然我国经济增速保持在合理较快的增长区间，但经济发展中不平衡、不协调、不可持续的问题仍很突出，经济下行和物价上涨压力并存，经济金融等领域还存在一些潜在的风险。尽管外部环境复杂，困难较多，但从我市自身发展基础看，在争取国家政策支持、拓展内生发展潜力等方面仍面临许多机遇。

2012年是实施 “十二五”规划承上启下的关键一年，继续保持加快发展有比较充分的支撑条件。我市要按照省委提出的“立足当前、着眼长远、统筹兼顾、注重协调、稳中求进、好中求快”的方针，继续深入贯彻落实科学发展观，加快转变经济发展方式，紧紧抓住发展和民生两个关键，统筹推进“三化”，实施“三动”战略，以十大功能区建设和县域经济突破为重点，全力组织开展“十项攻坚”，进一步扩大经济总量，全面提升发展水平，努力促进经济社会又好又快发展。2012年国民经济和社会发展计划的主要预期目标是：

（1）地区生产总值达到2690亿元，按现价比上年增长18%，其中，一、二、三产业分别增长7%、19%和20%。

（2）一般预算全口径财政收入达到300亿元，增长20%，地方级财政收入达到127.4亿元，增长25%。

（3）全社会固定资产投资达到2000亿元，比上年增长30%。

（4）招商引资到位资金达到770亿元，增长30%。

（5）规模工业增加值达到970亿元，增长20%。

（6）社会消费品零售总额达到1010亿元，增长20%。

（7）居民消费价格总水平控制在国家要求的幅度内。

（8）城镇新增就业人数9万人。

（9）城市居民人均可支配收入达到22400元，增长16%，农村居民人均纯收入达到8870元，增长16%。

（10）节能减排完成省下达指标任务。

围绕实现上述预期发展目标，全市要统筹推进以下重点工作任务：

第一，深入落实“三动”战略，继续保持投资适度较快增长。一是突出重大项目建设。全力组织实施 “项目建设年”，全年力争开工投资3000万元以上重点项目900项，其中，亿元以上项目420项。继续强化责任机制，突出推进实施50项投资10亿元以上重大项目、200项亿元以上重点项目，开工建设丰满大坝重建、30万吨环氧丙烷等一批重大产业项目。二是促进投资结构优化。积极引导各类项目向十大功能区及开发区、重要节点镇集聚，重点加大产业升级、现代服务业、节能减排、改善民生和社会事业等领域投资建设力度，服务业投资比重提升到30%以上。三是全面加快城市基础设施建设。加快江城大桥、雾凇大桥、金珠大桥等城市重点工程建设，开工建设十大功能区路网及配套工程，启动秀水大桥、沙河子广场立交桥工程。四是加强项目谋划储备。以十大功能区建设为方向，突出谋划推进一批规模较大、技术先进、支撑带动作用强的产业链项目，全市谋划亿元以上项目200项。五是进一步提升招商引资水平。加大世界500强、国内500强、重点上市公司和大型民营企业攻关，加快引进一批战略投资者，积极创造条件促进签约重点项目尽快落地建设。

第二，深入实施长吉一体化战略，全面加快十大功能区建设。一是继续编制完善各功能区相关规划。启动编制经开区新一轮总体规划、金珠工业区总体规划、万科松花湖国际旅游度假区规划，高标准完成高新北区30平方公里起步区控制性规划、10平方公里启动区详细规划，着手制定哈达湾区域整体改造实施方案。二是统筹推进基础设施建设。2012年，十大功能区建设基础设施项目80项，当年完成投资60亿元，中心城市建成区面积力争扩大10平方公里。重点推进南部新城、金珠工业区、高新北区路网及配套设施建设，加快建设松江北路、松江南路、高新大道，全面启动哈达湾工业区棚户区拆迁改造。三是加快推进功能区产业集聚。结合功能定位，重点推进千吨级碳纤维、新湖50万辆整车、50万吨大口径焊管、银鹭百万吨食品加工等160个产业项目，快速形成产业集群优势。四是全面推进长吉图先导区建设和长吉一体化战略。加快推进吉珲客运专线、“气化吉林”等工程建设，争取开工吉长北线、吉哈高速公路，加快吉长南线前期工作。继续加强长吉区域5个节点镇试点建设，2012年实施基础设施、产业发展和社会事业项目60项，积极推动土地、户籍、社会保障改革创新和先行先试。

第三，统筹推进“三化”建设，促进县域经济发展实现新突破。一是着力提升县域工业化水平。以县域开发区、工业集中区建设为载体，突出发展矿产资源开发、农产品深加工产业，推进资源型城市转型，大力发展优势特色产业和为城市大工业配套的加工制造业，积极培育战略新兴产业，加快推进凯迪生物质汽柴油、1万吨钼酸铵、北药研发等一批重点项目，进一步形成特色化、集群式产业发展态势，县域工业占GDP比重提高到39%。二是加快建设完善城镇体系。全面加大5座县级城市基础设施建设，适度扩大发展空间，不断增强承载能力。加快推进烟筒山、新站、红石等一批重点镇、特色镇发展，积极培育各具特色的主导产业，县域城镇化率提高0.5个百分点。进一步加强新农村建设，深入实施“千村示范、万村提升”工程，突出抓好20个样板村、30个示范村建设，积极有序推进农村集中新居建设。三是积极推进农业现代化。加快标准粮田建设，全面加大水利设施投入，全市粮食产量保持100亿斤以上阶段水平。大力发展畜牧业和园艺特产业，新建扩建标准化牧业小区200个。加快推进园艺特产业规模化、标准化，全力抓好二道甸子野山参、黄松甸黑木耳等国家级标准化示范园区建设，新建棚膜蔬菜基地温室大棚2000栋。加快桦甸龙升绿色食品、龙潭玉米食品加工等一批产业化项目建设，积极推进常山镇玉米、江密峰镇大米加工转化示范乡镇建设。

第四，深入推进产业结构调整升级，着力提高工业经济运行质量。一是大力培育战略性新兴产业。重点围绕新材料、装备制造、电子信息、节能环保、新能源和可再生能源等领域，加快推进 100个战略性新兴产业项目，战略性新兴产业产值占规模工业产值比重力争再提高1.5个百分点。二是实施“百户重点企业跃升计划”。加快推进在建项目投产和建成项目达产达效，以增量投入带动存量调整，围绕炼油、乙烯、整车、精品钢的新增产能，抓好区域内产业链配套衔接，加快培育新的增长点。年内销售收入5亿元以上企业发展到40户，百户重点企业产值实现1740亿元。三是实施“中小企业成长壮大工程”。落实国家对小微型企业信贷支持和税收扶持政策，加大市场开拓，新增规模工业企业100户。四是健全工业生产调度服务体系。加强工业运行调控，对重点企业实施重点调度、重点监测；结合开展“干部下基层”活动，强化对企业跟踪服务，加强生产要素协调保障、银企对接和产需衔接，保持工业经济平稳运行。

第五，大力发展现代服务业，全面提高第三产业发展水平。一是全面提升商贸流通业。着力完善河南街、东市中心商业区，有重点地培育区域性商业中心，加快推进红星美凯龙家居购物广场、森鼎建材市场改造等重点项目，限额以上商贸企业力争发展到1000户。二是加快发展现代物流业。建设完善统泰物流、越北航空物流等物流园区，培育壮大万森燃气、亚奇汽车物流等骨干企业，规划建设大型综合物流园区。三是发展壮大文化旅游业。整合文化旅游资源，加快推进龙潭山、朱雀山等文化旅游项目建设，继续高水平办好一批旅游节庆活动，文化旅游总收入力争实现273亿元，增长21.2%。四是引导房地产业健康发展。适度加大房地产市场供给，突出加强保障性住房建设，全市房地产计划开发面积810万平方米。研究出台有针对性的配套支持政策，进一步扩大房屋销售。五是拓展信息服务业。加快推进意邦智控、软银国际数据处理中心、中油数据处理中心等项目建设，强力打造区域云计算平台基地，大力发展软件开发和服务外包产业。六是加快发展金融业。提升各类银行对地方经济的支持能力，争取再引进2家外埠金融机构，积极发展小额贷款公司和担保公司，支持推动英联生物、昊宇电气等中小企业上市。七是培育完善租赁和商务服务业。积极发展汽车租赁、设备租赁、融资租赁等租赁服务业，发展壮大管理咨询及各类中介服务业。

第六，全面启动建设节能减排财政政策综合示范城市，积极推进发展方式转变。一是细化完善试点建设工作方案，明确阶段性工作目标和重点，重点推进产业结构调整，进一步淘汰落后产能。二是加快启动示范项目建设。2012年计划开工建设重点节能减排示范项目158项，当年完成投资145亿元。三是加强综合保障。扎实推进项目前期工作，协调落实各项建设条件，最大程度争取国家、省资金和政策支持，加快建立企业自筹、银行贷款和对外融资等多渠道资金筹措体系。四是全面加强节能减排各项基础工作。建立完善相关统计指标体系，建立健全节能减排目标责任分解落实、评价考核和执法监督体系。

第七，认真落实改善民生各项实事，促进各项社会事业协调发展。全力组织实施改善民生十大工程，继续办好各项实事。加强创业促就业，2012年培训农村劳动力和城镇失业人员2.6万人，扶持1000户具备条件的困难家庭实现创业。建设回迁住房95.9万平方米，建设廉租房、公租房24.6万平方米，完成“暖房子”工程建筑节能改造1142万平方米，新建改造热网295公里。免费为城乡低保人员和城镇丧失劳动能力的重度残疾人缴纳医疗保险，城镇居民医疗保险、新农合年度报销最高额度分别提高到5.5万元和8万元。加强标准体育健身场地、标准化社区建设，深入实施广播电视“村村通”工程。维修改造延安路等10条街路和100条小街小巷。新建农村安全饮水工程266处，再解决16万农村人口饮水安全问题。加快建设人民医院二期、人民剧院、传媒中心、全民健身中心等社会事业项目。深入开展“城市管理提升年”活动，实施交通秩序、小区管理、广告牌匾等专项整治，大力改善生产生活环境。加强社会管理创新，巩固深化“三帮双促”活动成果，深入基层开展服务。严格落实安全生产责任制，扎实推进“平安吉林”创建活动。

各位代表，当前，我市正处在加快转型、加速赶超的关键时期，加快发展的任务十分繁重。我们要在市委的领导下，坚定信心，克难求进，奋力攻坚，全面完成国民经济和社会发展各项目标任务，努力开创经济社会又好又快发展新局面。

关于吉林市2011年预算执行情况和2012年预算草案的报告

——2012年1月11日在吉林市第十四届人民代表大会第五次会议上

吉林市财政局局长　常　贵

一、2011年预算执行情况

2011年，面对复杂的经济环境影响及减收增支因素较多的实际困难，全市财税部门在市委、市政府的正确领导下，坚定信心，迎难而上，认真落实"五项攻坚"工作任务，大力推进增收节支工作，加强收入征管，优化支出结构，加快改革步伐，全市财政预算执行情况良好，圆满完成了市十四届人大四次会议批准的预算任务，为促进全市经济建设、事业发展、民生改善和社会稳定做出了积极的贡献。

(一)财政收入情况

2011年，全市一般预算地方级财政收入完成101.9亿元，为预算的115.9%，比上年增长39.3%。加上上划中央和省的收入后，全市一般预算全口径财政收入完成245.1亿元，为预算的101.8%，比上年增长27.5%。

2011年，市区一般预算地方级财政收入完成654048万元，为预算的113.3%，比上年增长35.8%。加上上划中央和省的收入后，市区一般预算全口径财政收入完成1917892万元，为预算的98.8%，比上年增长24.3%。

(二)财政支出情况

2011年，全市一般预算财政支出完成251.6亿元，比上年增加37.8亿元，增长17.7%。

市十四届人大四次会议批准的市区2011年支出预算为772026万元，在执行中，省又陆续追加一些专项支出指标，调整后的2011年市区支出预算为1375529万元。2011年，市区一般预算财政支出完成1403324万元，为预算的102%，比上年增长23.2%。

(三)市本级财政收支情况

2011年，市本级一般预算地方级财政收入完成379194万元，为预算的106.1%，比上年增长25.9%。市本级一般预算财政支出完成928307万元，为预算的102.4%，比上年增长21.4%。

(四)平衡情况

按照现行分税制财政体制和省有关政策规定计算，2011年，市本级一般预算地方级财政收入加上中央税收返还和省各项补助收入后的各项收入总计，与市本级一般预算财政支出加上上解省支出后的各项支出总计相抵，市本级实现了当年收支平衡。

2011年市区预算执行及财政工作的主要情况是：

(一)完善税源监控体系，确保财政收入较快增长。为有效推进增收节支工作，财政部门成立了13个专项工作推进组，重点推进和督导各县(市)区税源包保工作。首次开展了地方级税收收入计划按行业分解包保工作，进一步完善了税源监控网络。监控百户重点税源企业，并按产业、分行业统计分析税收增减变化情况，为加强税收征管提供服务。开展了房产税、城镇土地使用税和耕地占用税的专项检查，对市辖区工矿区内工业和矿业企业开征房产税和城镇土地使用税。进一步加强了房地产一体化征管，依托存量房批量课税估价技术，加强对存量房交易税收的征管，着力解决当前存量房交易税收流失问题。加强对县(市)区组织财政收入工作的督导和考核，把地方级财政收入的增长作为考核县(市)区发展的首要指标，为确保完成百亿目标提供保障。

(二)支持产业结构调整，促进经济发展方式转变。加强对农田水利基础设施建设、病险水库除险加固、改造中低产田、农产品精深加工、农业科技推广及棚膜蔬菜基地建设等方面的投入，稳步提高农业综合生产能力。继续贯彻落实国家各项税收优惠政策，有效促进了企业技术更新和扩大项目投资。扶持老工业基地调整改造、科技型中小企业技术创新、创业项目贷款贴息等项目，提高企业自主创新能力，着力培育多元化财源结构。发挥财政政策和资金的引导作用，吸引银行资金和民间资本向功能区集聚，支持"十大功能区"的基础设施建设和招商引资活动，改善了经济结构和产业布局，有效促进了长吉一体化。

(三)加大财政保障力度，推动民生改善和事业发展。及时拨付粮食直补、农资综合直补、良种补贴、农机具购置补贴资金，并开展了以直补资金担保为农民提供信贷支持试点工作，对购买一汽集团自主品牌产品的农民也实行了惠农补贴。大力支持就业和再就业工作，提高了企业退休人员基本养老金、城乡居民最低生活保障补助、城镇居民基本医疗保险、新型农村合作医疗和基本公共卫生服务财政补助标准，建立了社会救助和保障标准与物价上涨挂钩联动机制，切实保障人民群众的基本生活需求。支持医药卫生体制改革，在重大疾病预防控制、重大传染病救治、妇幼保健、医疗急救等方面加大财政投入。支持加强和创新社区管理，在社区工作经费和人员补贴、改善社区办公条件、信息化装备建设及奖励经费等方面加大保障力度，切实提高社区管理和服务水平。完成了松花江"一江两岸"水毁防洪设施和亮化设施的修复和改造升级。支持教育文化等事业发展，加快中小学校舍安全工程建设，支持第十二届全国冬季运动会雪上赛事、吉林市首届松花江彩灯文化节等大型活动的开展。

(四)推进财政改革创新，健全财政监管新机制。继续深化部门预算改革。开展基本支出情况专题调研，对定额标准根据我市经济社会发展水平及财力增长情况及时调整，逐步提高年初预算到位率。财政国库集中支付制度改革实现跨越式推进，市本级累计上线率达到80%，上线户数居全省九个地区首位，增强了财政调控资金的能力。不断扩大政府采购规模。在完善“聚零为整”的采购方法，加强部门集中采购管理的基础上，创新工作思路，采取招标和评审相结合的办法，扩大政府采购范围，并积极探索编制政府采购预算的途径和方法。全年市区政府采购规模达到11亿元，比上年增长59%，节约率8.1%。试编国有资本经营预算，全面掌握国有企业及单位的经营状况、效益情况及收益分配情况，规范国有资本经营和收益管理，进一步支持企业改革和发展。

(五)坚持依法理财，提高财政资金使用绩效。市国资委、文化局、卫生局、人力资源和社会保障局及规划局等五个部门2011年部门预算上报市人大财经委审查，自觉接受市人大常委会的审查监督。全面完成治理“小金库”督导抽查及整改验收工作，开展会计信息质量及专项资金检查，并加强了财政监督的基础工作。创新财政投资评审机制，扩大政府投资项目委托评审专业队伍，全年评审政府投资项目396项，审减率15%。全面开展了行政事业单位出租出借资产情况专项检查，进一步规范资产出租出借行为，确保资产经营收益及时全额上缴财政。进一步做好党政机关厉行节约工作，按照“六项严控”措施，加大经费减支力度，切实把有限的资金和资源更多地用在发展经济、改善民生上。深入推进廉政风险预警防控体系建设，开展廉政风险点复核复查工作，实现对财政资金的动态防控管理，积极构建有财政特色的惩防体系。

2011年，市区财政运行中还存在一些矛盾和问题，主要表现在：税收总量增长不快，特别是工业税收增幅较低，与工业在全市产业结构中的地位不协调，制约了税收收入的增长；全市地方级财政收入结构不够优化，可支配财力增长有限，财政收支紧张的矛盾仍很突出；政府性债务负担较重，防范和化解财政风险任务十分艰巨。这些困难和问题，我们高度重视，在今后的工作中认真研究，努力加以解决。

二、2012年预算草案

综合分析今年的财政经济形势，2012年财政仍将面临诸多困难和压力。对此，我们既要充分看到有利条件和积极因素，增强信心，又要做好克服各种困难的准备，牢牢把握工作的主动权。2012年预算编制和财政工作的指导思想是：认真贯彻党的十七届六中全会、省委九届十二次全会和市十二次党代会精神，以科学发展观为指导，围绕统筹“三化”建设和实施“三动”战略，全面落实“十项攻坚”任务，突出“发展”和“民生”两个关键，发挥财政职能作用，支持经济结构和产业布局调整，促进经济发展方式转变；强化税源监控措施，促进税收与经济发展协调增长，提高财政收入质量；优化财政支出结构，加大对“三农”、教育、科技、社会保障和就业、医疗卫生、保障性住房、节能减排、社区管理等的保障力度，切实改善民生；进一步推进财政管理改革，完善财政监管机制，提高财政资金绩效；坚持统筹兼顾、突出重点的原则，从严控制一般性支出，降低行政运行成本，为开拓我市经济社会又好又快发展新局面提供财力保障。根据这一指导思想，编制了2012年财政预算草案。

(一)财政收入

2012年，全市一般预算地方级财政收入预算为127.4亿元，比上年增长25%。加上上划中央和省的收入后，全市一般预算全口径财政收入预算为300亿元，比上年增长20%。

2012年，市区一般预算地方级财政收入预算为815884万元，比上年增长24.7%。加上上划中央和省的收入后，市区一般预算全口径财政收入预算为2326134万元，比上年增长21.3%。

(二)财政支出

按照“收支平衡”的原则，2012年市区财政支出预算安排1189040万元，可比口径比上年增长15.5%。

(三)市本级财政收支

2012年，市本级一般预算地方级收入预算为471460万元，比上年增长24.3%。按照“收支平衡”的原则，2012年市本级财政支出预算相应安排771986万元，可比口径增长14.3%。

三、坚定信心，迎难而上，确保完成2012年预算任务

按照2012年政府工作的总体要求，为确保完成今年预算，将重点抓好以下工作：

第一，加强财源建设，促进经济发展。进一步巩固农业的经济基础地位，增加对水利基础设施建设及大中型水库除险加固治理的投入，提高防汛抗旱能力；农业综合开发重点投向农业产业化项目贷款贴息及扶持农民专业合作社发展，为加快发展现代农业提供重要的产业支撑。结合节能减排财政政策综合示范城市试点工作，争取专项资金重点支持化工、冶金、汽车等传统产业的扩能改造及国家级碳纤维高新技术产业化基地建设，加快产业结构调整步伐。争取中小企业发展专项资金，在项目补助、贷款贴息、自主创新、市场开拓等方面加大财政扶持力度，促进中小企业提高自主创新能力。结合招商引资、项目推进及“十大功能区”建设，强化市区财政体制职能作用，充分调动各城区和开发区发展经济的积极性，促进产业合理布局和协调发展。

第二，依法组织收入，提高收入质量。坚持“依法征税、应收尽收、坚决不收过头税，坚决防止和制止越权减免税”的组织收入原则，依法组织财政收入，切实维护好税收秩序。继续深化社会综合治税工作，强化存量房交易税收征管措施，加强国地税联合稽查，着力解决税收征管中的难点和薄弱环节，严厉打击涉税违法行为。进一步加强纳税评估，发现问题及时解决，保证税源监控切实有效，涉嫌偷税的，及时移交稽查部门严肃处理。加强对重点税源的监控，监控分析影响百户重点税源企业实现税收的增减因素，不断完善税源监控体系。以加强国有资源(资产)监管为核心，加大对资产处置收入的监控力度，提高非税收入的财力贡献水平，促进地方级财政收入质量稳步提升。

第三，深化财政改革，健全运行机制。要进一步规范部门预算“两上两下”的编制程序，并提前编制下一年度部门预算；加大项目预算改革力度，引入重大项目支出预算事前评审机制，将项目预算做实做细，提高财政预算管理的科学化精细化水平。全面推行国库集中支付制度改革，确保市本级第三批试点单位上线运行，实现市本级集中支付改革全覆盖的工作目标。继续深化政府采购制度改革，试编市本级政府采购预算，提高政府采购的规模效益和效率，进一步扩大政府采购规模。建立预算绩效管理制度，开展预算绩效管理试点，并将评价结果与安排预算相挂钩，进一步提高财政资金的使用效益。

第四，优化支出结构，保障民生改善。继续落实好各项惠农补贴政策，完善补贴发放机制，确保粮食直补、农资综合直补、良种补贴、农机具购置补贴等及时发放到农民手中。支持开展职业技能培训，大力开发公益性就业岗位，加大对就业困难家庭人员和零就业家庭的就业援助力度。多渠道筹集社会保障资金，保证企业退休人员基本养老金、城乡最低生活保障补助及优抚对象抚恤和生活补助金的及时发放，切实维护好困难群众的基本生活。支持医药卫生体制改革，加大城乡医疗救助力度，健全城乡基本公共卫生服务经费保障机制，推动实施重大公共卫生服务项目。继续推进廉租住房等保障性住房建设，支持解决城市低收入住房困难家庭的住房问题。积极支持文化体制改革，在构建公共文化服务体系和完善政策保障机制等方面，加大文化产业的扶持力度，着力培育文化产业优势，满足人民群众的基本文化需求。

第五，强化财政监督，提高理财水平。建立部门预算文本报送市人大财经委审查的长效机制，主动接受市人大常委会的审查监督。结合部门决算编审和批复工作，加强对财务人员的培训，提高财务人员的业务素质。切实发挥财政监督职能，加大对预算单位支出的检查力度，提高会计信息质量，规范预算单位收支行为，防止截留、挪用财政资金问题的发生。结合开展“六五”普法宣传教育工作，提高财政干部的法制观念和法律素质，依法维护财政资金的安全。加强政府性债务管理，严控债务规模，切实防范和化解财政风险。坚持厉行节约、勤俭办一切事业的方针，严控一般性支出，努力降低行政运行成本。

吉林市 2011 年
国民经济和社会发展统计公报

2011 年,面对各种复杂严峻的困难和挑战,在市委市政府的正确领导下,全市上下牢牢把握主题主线,坚持"三化"统筹、实施"三动"战略,以全面开展"五项攻坚"为核心任务,破难题、转方式、促发展、惠民生,全市经济社会发展呈现"增长较快、转型加速、优势提升、民生改善"的积极态势,实现了"十二五"发展的良好开局。

一、国民经济

经济总量

国民经济继续保持平稳增长。全年实现地区生产总值 2208 亿元,增长 14.3%(此数据为省认定的年度快报数据,增长速度为不变价,现价增长 22.7%)。其中,第一产业增加值 220.3 亿元,增长 5.1%;第二产业增加值 1116.5 亿元,增长 17.8%;第三产业增加值 871.2 亿元,增长 12.4%。三次产业结构进一步得到优化,产业结构的比例关系由上年的 10.8:49.8:39.4 调整为 10:50.5:39.5。全市人均生产总值达到 50913 元,按现行汇率折算为 8079.9 美元。

地区生产总值

表 1: 单位:亿元

	2011 年	增长%
地区生产总值	2208	14.3
第一产业	220.3	5.1
第二产业	1116.5	17.8
工业	958.4	18.6
建筑业	158.1	12.7
第三产业	871.2	12.4
交通运输、仓储和邮政业	166.9	14.2
批发和零售业	156.1	13.6
住宿和餐饮业	48.3	9.8
金融业	10.1	0.1
房地产业	86.7	18.8
其他服务业	364.1	11.0

财政收支

财政收入实现稳定增长。全市一般预算全口径财政收入完成 245.1 亿元,增长 27.5%;全市一般预算地方级收入完成 101.9 亿元,增长 39.3%。全市面对减收增支的双重压力,不断优化支出结构,积极向上争取资金,各项重点支出得到了有力保障,全市一般预算财政支出完成 251.5 亿元,增长 17.7%。

民营经济

2011 年,吉林市民营经济发展进步显著,超额完成省新一轮民营经济腾飞计划,连续第五年荣获省民营经济腾飞竞赛先进市称号。全市民营经济主营业务收入实现 3326.2 亿元,同比增长 35.9%;实缴税金 92.1 亿元,同比增长 50.5%,民营经济实缴税金已占全市一般预算全口径财政收入的 37.6%,比上年提高 5.8 个百分点。全市民营经济实现增加值 1047.5 亿元,占全市地区生产总值比重为 47.4%。全市私营企业达到 18587 户,同比增长 17.4%;个体工商业户达到 22.4 万户,同比增长 11.2%;民营经济从业人员达 96.4 万人,同比增长 11.2%;规模以上工业、资质以上建筑业、限额以上批发零售、住宿餐饮业、房地产业企业户数达到 2049 户,增长 19.8%。

市场价格

2011 年,我市居民消费价格总指数为 104.8,其中食品类上涨 8.2%,烟酒类上涨 6.1%,衣着类上涨 5.8%,居住类上涨 5.7%,家庭设备用品及维修服务类上涨 5.1%,医疗保健和个人用品类上涨 3.8%,交通和通信类上涨 0.5%;娱乐教育文化用品及服务类下降 0.6%。

居民消费价格指数

表 2: 单位:%

	2010 年	2011 年
居民消费价格总指数	103.5	104.8
服务项目价格指数	100.7	103.2
消费品价格指数	104.6	105.4
食品	107.7	108.2
烟酒	103.2	106.1
衣着	102.7	105.8
家庭设备用品及维修服务	100.0	105.1
医疗保健和个人用品	102.4	103.8
交通和通信	99.3	100.5
娱乐教育文化用品及服务	100.7	99.4
居住	102.8	105.7
商品零售价格指数	104.0	105.3

2011 年工业品出厂价格指数为 105.4,其中:生产资料价格比上年上涨 5.8%;生活资料出厂价格上涨 3.9%。生产资料三大构成中,采掘工业类价格上涨 6.6%;原料工业类价格上涨 8.7%;加工工业类价格上涨 2.1%。

农　业

2011 年,全市上下积极贯彻落实国家强农惠农富农政策,农业生产保持良好发展态势,全市粮食生产喜获丰收,按市原口径统计粮食总产量突破 500 万吨,创历史最好水平,按省认定数粮食总产量为 365.4 万吨,比上年增长 9.2%。

农林牧渔业总产值 385.2 亿元,增长 12.4%(按可比价计算,下同)。种植业结构有所调整,粮食播种面积增长 1%,其中:玉米播种面积增长 7.7%;大豆播种面积降低 26.5%。

全年实现农业产值 181.5 亿元,增长 20.4%。粮食总产量 365.4 万吨,比上年增长 9.2%。其中:玉米 247 万吨,增长 10%;大豆 17 万吨,降低 19%。

全年实现牧业产值 169.1 亿元,增长 3.2%。各类规模饲养户(场)

达到 7.37 万户，比上年增长 1.9%。

全年渔业产值完成 11.2 亿元，增长 11.9%。水产品总产量达到 3.82 万吨，增长 3.2%。

全年林业产值完成 8.8 亿元，增长 27.7%。完成荒山、荒地造林面积 1114 公顷；有林地造林面积 10817 公顷；更新造林面积 1303 公顷；全年四旁植树 151 万株。

农产品加工业发展势头强劲，全市农产品加工业销售收入达到 365 亿元，增长 56.7%。

农机装备总量持续增长，结构进一步改善，全市农业机械总动力达到 306.5 万千瓦，比上年增长 9.3%。

工　　业

工业经济快速增长，运行质量稳步提高。2011 年，全市规模工业完成工业总产值 2780.1 亿元，同比增长 37.9%。全年规模工业实现主营业务收入 2808.3 亿元，增长 39.6%。工业产品销售率 97.9%，比上年上升 0.1 个百分点。全年实现出口交货值 26.8 亿元，增长 8.2%。

2011 年，全市规模工业企业完成工业增加值 802.1 亿元，增长 20.5%（可比价，下同）。其中：化工行业完成 254 亿元，增长 21.9%；冶金行业完成 83.9 亿元，增长 23.2%；农副食品加工业完成 71.1 亿元，增长 32.3%；非金属矿物制品业完成 55 亿元，增长 24.6%；化纤行业完成 16.4 亿元，增长 6.9%；食品行业完成15.2 亿元，增长 27.6%。

全市规模工业综合经济效益指数为 293.2，同比提高 34.8 个百分点。总资产贡献率 14.2%，提高 2.1 个百分点；资本保值增值率 141.1%，提高 27.6 个百分点；资产负债率 53.7%，下降 1.5 个百分点；流动资产周转率 3.8 次 / 年，提高 0.1 次 / 年；成本费用利润率 2.4%，下降 0.3 个百分点；全员劳动生产率 291275 元 / 人，同比增加 44596 元 / 人。

主要工业产品产量

表 3：

产品	单位	2011 年	增长%
汽车	万辆	12	-20.33
液化石油气	吨	324085	93.59
发电量	亿千瓦时	142.0	-2.58
水泥	万吨	663.1	28.96
原煤	万吨	677.1	18.07
钢材	万吨	263	52.35
铁合金	万吨	49.0	19.15
生铁	万吨	252.4	122.7
石墨及碳素制品	万吨	21.8	16.88
化学纤维	万吨	26.1	5.79
原油加工量	万吨	914.1	26.19
汽油	万吨	159.0	23.68
柴油	万吨	380.1	31.86
乙烯	万吨	80.5	-3.42
合成氨	万吨	27.8	6.09

建筑业

全年资质以上建筑业企业完成总产值 213.3 亿元，增长 34.1%，建筑企业房屋建筑施工面积 851.9 万平方米，竣工面积 585.2 万平方米。

固定资产投资

全市实现全社会固定资产投资 1498.7 亿元，增长 26.9%。其中：城镇投资完成 1342.5 亿元，增长 22.3%；农村投资完成 156.2 亿元，增长 86.8%。在城镇投资中，房地产开发完成投资 206.2 亿元，增长 47.8%。

房屋施工面积 2838.5 万平方米，其中：住宅施工面积 1477.2 万平方米；房屋竣工面积 835.7 万平方米，其中：住宅竣工面积 262.2 万平方米。

在建项目 3119 项。全年建成投产项目 2592 项，新增固定资产 1244.8 亿元。国电吉林江南热电有限公司计划总投资 25.2 亿元，投资建设的江南热电火电一期工程，累计完成投资 20.9 亿元，本年完成 6 亿元；吉林市博海生化有限公司计划总投资 8.7 亿元，投资建设的年产 6 万吨环氧乙烷项目，累计完成投资 8.05 亿元，本年完成 2.85 亿元；吉林昊宇电气股份有限公司计划总投资 15 亿元，投资建设的核电主管道大型锻件项目，累计完成投资 15 亿元，本年完成 3.35 亿元；吉林成大弘晟能源有限公司计划总投资 57 亿元，投资建设的油页岩综合开发项目，累计完成投资 30 亿元，本年完成 3.1 亿元；吉林市万科滨江房地产开发有限公司滨江新区一期计划总投资 16 亿元，本年完成 16 亿元。

2011 年固定资产投资能力表

表 4：

指标名称	计量单位	建设规模	本年施工规模	本年新开工	累计生产能力（或效益）	本年新增
原煤开采	万吨/年	30	30			
新建铁路里程	公里	20	20	20	20	20
轿车制造	辆/年	100000	100000			
水泥	万吨/年	162	162	100	62	62
润滑油（综合能力）	万吨/年	0.1	0.1	0.1	0.1	0.1
水力发电	万千瓦	9.88	9.88	4.8	5.18	5.18
火力发电	万千瓦	33	33			
其他发电	万千瓦	3	3	3	3	3
铅锌采矿（原矿）	万吨/年	10	10	10	10	10
（1）处理原矿	万吨/年	10	10	10	10	10
（2）铅含量	吨/年	4900	4900	4900	4900	4900
（3）锌含量	吨/年	4900	4900	4900	4900	4900
氮肥	吨/年	1000	1000	1000	1000	1000
塑料树脂及共聚物	万吨/年	20.83	20.83	0.83	0.83	0.83
新建高速铁路里程	公里	114	114	114		
新建公路	公里	163.5	163.5	163.5	163.5	163.5
其中：高速公路	公里	163.5	163.5	163.5	163.5	163.5

招商引资

强力实施招商引资攻坚，“上争”成果显著扩大。2011 年，全市招商引资实际到位资金 590 亿元，其中工业项目到位资金 399.2 亿元。全市当年开工 3000 万元以上项目 368 项。2011 年全市利用外资 6.1 亿美元，完成全年计划的 125.1%，同比增长 40.1%。加大“上争”力度，成为全国节能减排财政政策综合示范城市和国家电子商务示范城市，争取国家和省各类财政资金 109.5 亿元。

国内贸易

2011 年，吉林市消费品市场整体保持了平稳发展的态势，大型商业集聚消费效应强势放大。实现社会消费品零售总额 803.9 亿元，同比增长 17.5%。分地域看，城镇实现社会消费品零售总额 729.4 亿元，比上年同期增长 17.0%；乡村实现社会消费品零售总额 74.5 亿元，比上年同期增长 22.8%。分行业看，批发业实现零售额 153.1 亿元，同比增长 18.3%；零售业实现零售额 577.2 亿元，增长 16.2%；住宿业实现零售额 7.1 亿元，增长 34%；餐饮业实现零售额 66.5 亿元，增长 25.3%。

对外经济贸易

对外经济贸易态势良好。2011 年全市有进出口业绩企业达到 195

家，进出口商品达到840多种，与96个国家（地区）有经贸往来。全市外贸进出口总额实现127031万美元，增长50.2%。其中出口57407万美元，增长4%。对外承包劳务合作营业额实现8386万美元，增长10.1%。

开发区建设

开发区建设取得新成果。吉林高新技术产业开发区完成地区生产总值157.8亿元，增长23.3%；规模工业增加值完成77.6亿元，增长29.7%；全口径财政收入27.4亿元，增长44.8%；固定资产投资完成137.8亿元，增长27.8 %；招商引资到位资金72.3亿元，增长53.8%；其中外资到位5532.9万美元。吉林经济技术开发区完成地区生产总值82.3亿元，同比增长28.3%；规模工业增加值完成55.8亿元，同比增长33.7%；全口径财政收入完成10.1 亿元，同比增长37.1%，固定资产投资完成138亿元，同比增长28.9%；招商引资实际到位资金70.7亿元，增长54.5%，实际利用外资5670万美元。

交通运输和邮电

交通运输业平稳发展。全年货物运输量6792万吨，增长20.1%。货物周转量①1636726万吨公里，增长20.1%。全年旅客发送量10629万人次，增长2.9%。旅客发送周转量463665万人公里，增长4.9%。其中，公路461602万人公里，增长4.8%；水运2063万人公里，增长33.4%。

年末全市民用汽车拥有量达到76.2万辆（包括三轮汽车和低速货车），比上年末增长8.4%，其中私人汽车拥有量25.4万辆，增长17.2%。民用轿车拥有量14万辆，其中私人轿车12.3万辆。

邮电通信业继续发展。全年邮政业务总量2.35亿元（按2010年价格计算），同比增长23.8%；电信业务总量28.2亿元（按2010年价格计算），增长2.1%。长途电话业务电路0.54万路；年末移动电话用户546.2万户，增长5.8%；年末本地电话用户94.8万户，其中：城市电话用户74.5万户，乡村电话用户20.3万户；年末住宅电话用户72.2万户；年末长途电话交换机容量0.22万路端；局用电话交换机容量达到79.5万路端；长途光缆线路长度2091.1公里；互联网用户51.2万户。

旅游业

加快旅游项目建设，催生旅游产业换代升级。2011年全市旅游在建项目55个，完成投资26.8亿元，其中，北大壶旅游度假区、吉林乌喇大型山水实景灯光演绎广场、佛手山文化公园、圣德泉亲水度假花园养老新城等文化和生态旅游项目建设进展顺利；依托我市丰富的旅游资源，编制和完善特色旅游精品线路及生态游、民俗游等新产品。2011年先后推出了开江鱼美食节踏青品鱼线路；冬季温泉休闲度假游；乡村体验游、文化探索游等特色旅游产品；搭建节庆平台，展示四季特色旅游精品。雾松冰雪节、松花湖休闲度假旅游节、吉林国际美食节等节庆活动拉动经济效果突出。2011年末，全市共接待国内游客2050.1万人次，同比增长16.3%；实现旅游收入216.6亿元，同比增长31.9%。接待入境旅游者7.6万人次，同比增长20.2%，创汇2431.8万美元，同比增长28.3%。

金融保险业

金融运行平稳，有效保障了经济发展。年末全市金融机构本外币各项存款余额1496.2亿元，比年初增加147.1亿元。其中：本外币单位存款余额466.1亿元，比年初增加34.4亿元；本外币个人存款985.7亿元，比年初增加92.5亿元。年末全市金融机构本外币贷款余额为841.1亿元，比年初增加130.6亿元；人民币各项贷款余额为832.8亿元，比年初增加133.5亿元。其中：短期贷款余额476.7亿元，中长期贷款余额330.8亿元。

保险事业蓬勃发展。全市共有财、寿险公司22家，其中财产险公司9家，寿险公司13家。全年保费收入40.4亿元，其中：财产险保费收入8.6亿元，寿险保费收入31.8亿元；财险赔款金额3.9亿元，寿险给付金额3.6亿元。

二、社会发展

科　技

2011年，吉林市被国家科技部评为全国科技进步考核先进市；战略性新兴产业发展迅速，实现产值569亿元，新增产值168亿元，同比增长达到42%；国家碳纤维高新技术产业化基地建设快速推进，重点支持的11个碳纤维项目取得明显进展，多个项目实现科技成果转化进入产业化阶段，碳纤维原丝、碳纤维和碳纤维制品年生产能力分别达到了5400吨、818吨和150吨，继续保持国内领先优势；全市共列入国家和省各类科技计划项目180项，获得资金支持9150万元；共有32 项科研成果获得省科技进步奖；共授予市级科技进步奖114项；吉林市青年科技创新创业人才“253”培养扶助项目人选新增81人；专利申请量达到1018件，授权量达到702件；知识产权质押融资额达到3.8亿元，受益企业21户。

2011年，质检部门对全市727户食品生产企业共开展了5个专项整治和2个专项排查工作，4次代表我省接受国家食品安全检查，均已满分通过。全市已获得长白山人参等5种地理标志保护产品、5户使用地理标志产品保护专用标志企业。2011年，完成了33类产品的检查工作，共计抽查578个批次，合格563个批次，平均抽样合格率为97.4%。

教　育

2011年，继续深化教育布局调整和资源整合，由市教育局接收江北教育处所属学校15所，撤并农村中小学校25所。深入实施校舍新建续建、校舍安全等工程，学校基础设施条件得到进一步改善。落实各项助学政策，全面接收进城务工农民随迁子女入学，将重点高中指标生比例提高到65%。深入开展“课堂教学效率深化年”活动。2011年，吉林市高考文、理科600分以上率均列全省第一。职业教育发展进一步加快，吉林女子学校和省城市建设学校被批准为国家级职教示范校第二批立项建设学校。在全国职业院校技能大赛上，我市获奖牌数占全省奖牌总数的70%。继续实施“上岗技能无偿援助计划”，免费培训退伍士兵、下岗职工、贫困人口和农村富余劳动力5100多人。

目前，全市共有独立设置幼儿园658所，小学附设幼儿班300所（不计校数）、幼儿教师6800名、在园儿童90066名；小学730所、小学教师21026名、小学生223664名；初中151所、初中教师13762名、初中生122503名；高中39所、高中教师7086名、高中生77576名；中等职业学校36所（含成人中专、职高、进修学校）、职校教师4467名、职校生58110名；特教学校10所、特教教师394名、特教学生1300名；驻吉高校8所、高校教师8162名、大学生(研究生、普通本专科、成人本专科)133534名。

文　化

全年创排大型舞台动漫剧《水姑娘》等精品剧目23个。市歌舞团参加了以中央电视台春节联欢晚会和中宣部、文化部等部门联合主办的庆祝建党90周年文艺晚会《我们的旗帜》为代表的11台国家级大型演出。市歌舞团、市话剧团、戏曲剧团共完成各类演出542场。

全年组织开展6大类91场群众性文化活动，重点举办了中国吉林市首届松花江彩灯文化节、第十三届松花江之夏和松花江金秋两个广场文化活动周以及大型广场舞蹈表演等活动。“北山揽胜”彩灯组创吉尼斯世界纪录。全年举办松花江文化讲坛公益讲座51期。为全市儿童免费演出世界经典童话剧50场，为少年儿童免费放映电影50场，举办阳光公益数字影院活动50场。在全地区新建29个乡镇综合文化站，完成送戏下乡129场。市博物馆等市直4家博物馆全部免费开放。

2011年新闻出版部门全面履行政府监管和促进发展职能。“农家书屋”建设连续3年走在全省前列，全年共完成361个“农家书屋”建设任务，已全部覆盖全市1384个村。组织开展了“百日安全”活动，净化了校园周边环境，并联合工商、公安等部门组织了七次“扫黄打非”专项行动。2011年新闻出版业累计完成产值4.9亿元。

全市现有地市级广播电台1座、电视台1座，县(市)级广播电视台5座；电视转播发射台9座，中波转播发射台2座，调频转播发射台7座；城市电影院4个，农村数字电影放映队17个；广播、电视节目套数各9套。截止2011年底，广播电视节目综合覆盖率分别为98.03%和96.73%，年播出时间分别为57892小时和65652小时。

2011年，全市广播影视事业发展迅速，全年共策划组织大型活动百余场，拍摄长篇电视连续剧1部，组织城乡免费公益电影放映5236场，为偏远地区农村居民安装广播电视直播卫星接收设施517套。

卫　生

全市卫生事业不断进步。社区卫生服务体系不断完善，覆盖人口183.5万，社区卫生服务人口覆盖率达到100%；农村卫生事业快速发展，全面推行新型农村合作医疗制度，全市共有196.1万人参加新农合，参合率为99.34%，年度筹资总额为4.5亿元，共有177.8万人次受益。

2011年，全市各级各类医疗卫生机构3823所，其中：医院135所，包括三级甲等医院6所，三级丙等医院1所，二级甲等12所，二级乙等医院28所。疗养院2所，卫生院99所，门诊部95所，急救中心1所，采供血机构2所，专科疾病防治院(所、站)11所，妇幼保健机构12所，疾病预防控制中心12所，卫生监督所2所，医学科学研究机构3所，诊所1179所，卫生所(医务室)170所，社区卫生服务中心(站)354所，村卫生室1691所，护理站54所，其他机构1所。全市千人口卫生技术人员5.72人，千人口执业医师及执业助理医师2.35人，千人口注册护士2.10人，全市拥有医疗床位21313张，千人口床位数是4.92张。

体　育

深入开展大型群众体育活动。组织开展“国字号”活动8项次，开展全国老将田径锦标赛、全国第十二届冬季运动会圣火采集暨吉林赛区火炬传递活动、2011年中国吉林市“吉昊麟杯”公路碳纤维自行车大奖赛等活动，并开展风筝、象棋、围棋、网球、羽毛球、乒乓球、长跑、健身秧歌、冬泳、武术等赛事活动130余项次，直接参与活动人数约10万多人次。

竞技体育水平得到大力提高。我市运动员参加国际赛事获金牌6枚，银牌4枚，铜牌2枚。特别是在第7届亚冬会上我市冬季两项运动员王春丽获短距离7.5公里第一名，短道速滑运动员宋伟龙获得1000米冠军；国家级赛事获金牌13枚，银牌2枚。田径运动员王清林在七城会中勇夺3000米障碍金牌，取得我市金牌“零”的突破，并有多名队员参加了射击(射箭)、举重比赛，武术项目水平在全省名列前茅；向国家女子曲棍球队培养输送的主力队员5名；高标准、高质量地完成了全国十二冬会雪上赛区各项筹备工作。

体育产业不断壮大。2011年体育彩票销售2.6亿元，为体育事业发展提供了有力支撑。

城市建设和市政公用事业

新建供水管线37公里，对33栋住宅楼的二次供水设施进行了改造。自来水供水总量10271万立方米，其中销售量为6961万立方米。污水处理厂稳定运行，全年处理10828万立方米，全年COD削减量2.42万吨。

完成了源源热电厂四期扩建和亿斯特能源有限公司扩建工程建设并投入使用，新增供热能力350万平方米；改造供热管线292公里；取缔37座分散供热锅炉房，并网面积530万平方米；完成热计量改造面积382万平方米；供热总量2367万吉焦，其中：热水2330万吉焦，蒸汽37万吉焦。城区集中供热面积4918万平方米(含区域锅炉房供热面积)。

铺设天然气中低压管线、庭院管线87公里。新发展天然气用户22466户，解决遗留问题2537户。液化气供气总量4.5万吨，天然气供气总量10644万立方米。家庭用液化气用户17万户。

更新公交车辆100台。市区共有公共汽车线路72条，运营线路网长1023(单程)公里，运营车辆数915台，客运总量2.2亿人次。年末实有出租汽车数4998辆。

三、人民生活

人口与计划生育

2011年末，户籍总人口433.3万人，其中，男性人口219.1万人，女性人口214.2万人。农业人口222.9万人，非农业人口210.4万人。全市人口自然增长率为2.03‰，比上年减少0.08个千分点。出生人口3.31万人，死亡人口2.43万人，人口出生率7.64‰，死亡率5.61‰。全市计划生育率达96.22%，提高0.23个百分点；一胎率达83.06%，提高1.37个百分点。

就　业

全市实现城镇新增就业9.3万人，农村劳动力转移就业69.6万人次，城镇登记失业率为3.92%，“零就业”家庭保持动态为零。开展农村劳动力技能培训1.96万人，培训城镇失业人员1.26万人。开展创业培训 9700 人,发放小额担保贷款 19200 万元,扶持 3538 名创业者,带动就业 2.87 万人,加强创业市场管理和服务,全市 14 个创业市场,共扶持 2312 名就业困难人员成功创业,带动再就业 1.1 万人,使我市就业工作实现了从生存性民生向发展性民生的跨越。省人社厅、省政府分别在我市召开就业工作现场会和全民创业带动就业工作现场会,创业市场扶持就业困难人员创业的经验做法在全省进行推广,国家、省主流新闻媒体分别进行了宣传报道。

生活与保障

人民生活水平继续改善。据城市抽样调查统计:全年城市居民人均可支配收入 19559.62 元,增长 15.5%;人均消费支出 13506.18 元,增长 2.1%。城市恩格尔系数 31.32%。城市居民每百户拥有彩电 116.67 台,电冰箱 96.33 台,洗衣机 94.67 台,家用电脑、移动电话分别为 63.67 台和 191 部。据农村抽样调查资料统计,2011 年农民人均纯收入上报数据为 7980 元,增长 21%②。2011 年底,城市人均住宅建筑面积 26.64 平方米,增加 1.12 平方米;人均住宅使用面积 18.65 平方米,增加 1.04 平方米。全市有 17985 户享受到了廉租住房补贴政策,有 698 户家庭住上了新分配的廉租住房。

截止 2011 年末,全市养老保险参保人数为 60.3 万人,其中非公经济组织参保 43.2 万人,扩面新增 3.5 万人。实际缴费人员 57 万人,其中个人续保 28.8 万人。失业保险参保人数为 39.8 万人。

征缴养老保险费 37.5 亿元,其中清收欠费 10.3 亿元,续保人员征缴养老保险费 13 亿元。征缴失业保险费 2.6 亿元,其中清欠金额为 3260 万元。

离退休人数为 39.3 万人,新增退休 5.4 万人,退休人员社区管理率 97.4%,离退休人员实际支付 55.3 亿元,当期拨付率 100%。领取失业保险金人数 6042 人,失业保险金发放率 100%。

2011 年,全市基本医疗保险参保人数为 233.79 万人,比上年增长 0.7%,工伤保险参保人数 61.65 万人,比上年增长 12%;生育保险参保人数 50.81 万人,比上年增长 5.8%。

说明:①交通运输客货运量数据中不含铁路。

②为上报数,未经省统计局认定。

③本公报发表的数据为年度快报统计数。

社会福利事业持续发展,全市各类收养性社会福利事业单位 94 个。全市城镇社区服务设施 2431 个,全市各类社会福利企业 143 户,安置 2004 名城镇残疾人就业,全年销售社会福利彩票 3.8 亿元,接受社会捐赠 2481.9 万元。

全市有 308719 人享受到最低生活保障补助,其中:城镇有 164061 人享受到最低生活保障,农村有 126667 人享受到最低生活保障,有 17991 人享受到农村五保救助,低保保障资金达 64594 万元,其中:城镇低保支出 46924 万元,农村低保支出 17670 万元;保障抚恤补助优抚对象 21742 人;安置退役士兵和复员干部 1659 人,保障离退休、退职人员 1127 人,其中:本年接收军队离退休干部、职工 62 人。登记管理社会团体 664 个,民办非企业 432 个,本年登记结婚 33339 对,离婚 13053 对,救助 5796 人次。

资源和环境

2011 年,全市总体环境质量明显改善,环境空气质量好于 2 级以上天数达到 346 天,比 2010 年增加 10 天,环境空气质量持续好转。松花江流域综合治理工程及松花湖污染防治工作成效显著,城市集中式饮用水源地水质达标率达到 100%,松花江吉林出境断面水质继续保持国家要求的三类水体标准。同时圆满完成了省政府下达给我市的化学需氧量、二氧化硫、氨氮、氮氧化物 4 项主要污染物削减指导性计划指标。

初步核算,全年综合能源消费量 2310 万吨标准煤,比上年增长 9.8%。其中规模工业煤炭消费量增长 5.1%;原油消费量增长 28.8%;电力消费量增长 15.5%。万元地区生产总值能耗下降 3.98%。

四、主要问题

2011 年,全市经济实现了平稳较快增长的目标,但在经济发展过程中仍然存在总量不足、结构不优的双重矛盾制约,部分骨干企业对经济的持续贡献能力亟待提升,改善民生的压力还很大,实现更好更快发展面临的任务依然非常繁重。

农业农村经济

【农业农村经济综述】　2011年是全市农业农村工作历尽艰辛、全面丰收的一年，也是实现“十二五”良好开局的一年。一年来，在市委、市政府的正确领导下，全市上下按照“科学发展、加快振兴、富民强市”的要求，坚持“三化”统筹，实施“三动”战略，全力开展攻坚活动，推进了传统农业向现代农业转变，全市农业农村发展在新的起点上取得新突破、跃上新台阶。全市一产增加值达到230亿元，增长18.6%；农产品加工业销售收入达到365亿元，增长56.7%，位居全省第二位；农村居民人均纯收入达到7980元，增长21%。

农村经济发展实现新突破。通过转变农业发展方式，调整农业种植结构，引导农民适度规模经营，深入开展54个国家级“万亩高产示范片”、9个市级“百亩高产攻关示范田”　粮油高产创建活动，全市粮食生产喜获丰收，粮食总产突破100亿斤，创历史最好水平，舒兰市被国务院评为全国粮食生产先进单位，龙潭区大口钦镇赵志伟、蛟河市新站镇黄金太被国务院评为全国种粮、售粮大户。畜牧业发展速度加快。实现了三年攻坚目标，市政府被省政府评为全省畜牧业加快发展三年攻坚战先进单位。德生牧业、奇成养殖等一批高标准养殖小区竣工投产，全市畜禽养殖标准化示范点达到49个，新改扩建标准化规模养殖场（小区）达到492个，牧业产值增长16%；永吉无疫区建设进展顺利，正处于国家农业部验收阶段。特色产业快速提升。桦甸野山参、蛟河黑木耳等5个特产业示范园区建设加快推进，蔬菜、中药材、食用菌等产业规模不断扩大，效益不断提高，全市特产业产值增长20%。林业产业加速发展。完成工程造林1.6万公顷，林都木业、泰信达林蛙油系列产品开发等一批重点项目扎实推进，森盈木业、富邦木业等一批木制品精深加工项目成功达产，消除了各国有林场（圃）产业项目空白点，全市林业产值增长20%；积极应对春秋防火期较为干旱的严峻形势，狠抓各项管控措施，实现了连续32年无重大森林火灾的目标。渔业经济稳步增长。松花湖渔港等渔业基础设施建设进一步加快，以湖库为重点，积极发展名、优、新、特鱼产品，增殖放流鱼苗1530万尾，商品鱼产量达到3.8万吨。农产品加工业势头强劲。新增国家级和省级龙头企业17户，全市市级以上龙头企业达到185户；重点项目建设进展顺利，舒兰长白山食品等20个重点农业产业化项目全部竣工投产，吉林市大丰粮油10万吨稻米加工等44个技改项目加快推进，完成投资36.6亿元。休闲农业和乡村旅游成为新“亮点”。市神农庄园有限公司等8户企业被评为国家和省级休闲旅游农业企业星级单位，占全省星级单位的三分之一；朱雀山国家森林公园开发建设顺利推进，12项重点配套工程建设已经完工。

农业基础建设实现新提升。水利工程建设力度加大。全市实施水毁水利设施修复重建、病险水库除险加固、大中型灌区节水改造和中小河流治理等各类水利工程建设658项，完成投资13.7亿元。全面强化各项防汛措施，确保了全市安全度汛。农业科技推广工作得到加强。重点推广了35项农业新技术，实施重点推广项目56项，落实推广面积50万公顷；全市层层举办各类科技培训班，共培训农民61万人次。农业机械化程度进一步提高。争取和落实国家农机购置补贴资金9110万元，全市农机总动力发展到307万千瓦，农机化综合作业水平达到66%。农村信息化取得新发展。省内外多个农业产业化企业和农民专业合作社加入吉林市农网电子商务展销平台，全年发布供求信息5000余条。“新网工程”建设扎实推进。新建农资仓储物流配送中心1个，开工建设农村社区综合服务中心4个，新发展农资连锁配送网点48个。农业保险参保率持续提升。参保面积达到35.5万公顷，占二轮土地承包面积的81.7%。人工影响天气、防控自然灾害能力明显增强，为粮食增产做出了贡献。

县域经济实现新发展。县域项目建设速度明显加快，工业集中区效益逐渐突显，综合经济实力不断增强。县域生产总值达到990.7亿元，增长27.6%；地方级财政收入实现36.5亿元，增长45.9%；全地区有4个县（市）地方级财政收入超5亿，位列全省前15名。

新农村建设实现新跨越。完成了磐石市呼兰镇错草村等10个样板村和龙潭区大口钦镇富屯村等50个示范村的年度建设任务；沿“三线一环”选择了蛟河市新农街道南荒地村等360个提升村开展以“四清四改二化”为主要内容的村容镇貌集中整治活动。全市147个新农村示范村建设各类项目586个，总投资24.5亿元。昌邑区大荒地村、龙潭区九座村、丰满区建华村、桦甸市莲花村、永吉县马鞍山村等一批新农村样板村，基本实现了产业园区化、农民合作化、居住社区化、管理民主化、土地集约化，在全省起到了示范引领作用。高质量地承办了全省新农村建设现场会，充分展示了我市新农村建设的丰硕成果。

农村改革取得新成果。农村土地流转规模扩大，形式多样，流转面积达5万公顷，占全市承包土地面积的10.4%。集体林权制度主体改革基本完成，明晰产权、承包到户林地面积268万亩，占集体林地面积的98%；签订和规范合同11.2万份；近90万人承包到林地或通过均利得到实惠，所有县（市）区均通过省、市联合检查验收，考核评分在全省名列前茅，市政府被省委、省政府评为全省集体林权制度改革先进单位。深入开展普九化债工作，化解农村义务教育剩余债务9762.42万元。认真落实“一事一议”财政奖补，申报村级公益事业项目2201项，落实奖补资金4969万元。农民组织化程度不断提高，新增农民专业合作社330个，全市累计发展到1030个，基本实现行业全覆盖。

农村民生工程建设取得新成绩。全市新建棚膜4200栋（其中市级棚膜蔬菜基地园区1303栋），完成投资4.1亿元，新增蔬菜生产能力1亿斤。顺利完成了第一个十年绿化美化吉林大地规划任务并通过省政府验收，受到国家和省表彰；启动实施了第二个十年绿化美化吉林大地规划，完成义务植树390万株，绿化村屯402个，绿化乡村路1560公里。超额完成农村安全饮水工程建设任务，新建水源工程343处，完成投资1.2亿元，解决饮水安全人口19.6万，超计划30%，多惠及人口4.6万。开展农村能源建设，新增农村户用沼气池4536座。新改造农村泥草房6485户；改造林业棚户区和国有垦区棚户区1170户，面积4.32万平方米。完成农户科学储粮仓建设2.5万套，新增农户科学储粮能力4亿斤。深入开展农产品安全整治行动，加强对相关环节的监督检查，保障了农产品的质量安全。严格执行保供稳价政策，落实成品粮油动态储备，加强粮油监测和应急供应网点建设，使粮油价格总体保持平稳。

（付志岩　高喜文）

工业经济

【工业经济综述】　2011年，全市工信系统在市委、市政府的领导下，扎实工作、创新举措，全力推进"工业提速增效攻坚"和"三帮双促"等主要活动的开展，突出项目建设、自主创新、节能降耗、信息化建设、民营经济发展等工作，工业经济总量快速增长、经济运行效益和质量稳步提升，协调服务有序、有力开展，全市工业经济实现了快速健康平稳发展。

一、迅速启动工业提速增效攻坚，加强经济运行调控

一是召开了全市工业经济首季开门红动员大会，出台了《2011年促进工业经济快速发展的若干意见》等系列文件，从政策层面进一步扶持企业快速发展。制定了《工业提速增效攻坚活动实施方案》，下达了全市工业提速增效目标。二是完善工业经济运行指标直报系统，强化对各县(市)区、百户重点工业企业、20户骨干企业、50家耗能大户、50种主要工业品出厂价格、100种重点产品产量的调度。三是按月召开各县(市)区运行分析会和重点企业座谈会，准确掌握全市工业经济运行情况，切实提高对工业经济运行趋势的预见能力。四是进一步完善了生产要素协调保障机制，及时掌握企业煤炭的订货、消耗、库存等情况，帮助企业解决煤炭供需问题。帮助吉林热电、松花江热电等企业解决冬季供热煤炭紧张问题。积极与铁路部门进行沟通，帮助企业解决运输难题。进一步完善煤、电、油、天然气的应急协调预案，保障企业在紧急状况下对煤炭、电力、成品油等能源的需求。五是组织危化品及民爆企业认真开展安全隐患排查整治，各民爆生产、销售企业一般隐患整改率达到100%，无重大隐患。

2011年，全市规模工业完成产值2780亿元，同比增长37.9%；完成增加值802.1亿元，同比增长37.7%；实现利润64.2亿元，同比增长28.7%。

二、全力推动工业项目建设，形成新的经济增长点

一是125个亿元以上的重点工业项目开工建设；重点推进2010年建成投产的130个重点项目达产达效，达产率为87.7%，实现产值113.9亿元，税金5.7亿元。二是以项目建设为中心，推进石化汽车两大产业融合平台建设，引导整车企业和零部件企业配套合作。目前11个汽车石化协作配套项目开工建设，进展顺利。全市汽车专用料和车用化学品企业实现销售收入达到16亿元，基本形成规模。三是组织22户企业参加世界产业领袖大会。组织9户企业参加欧盟—中国(吉林)2011投资贸易洽谈会。2011年，全市累计完成工业投资937.7亿元，比上年同期增长23.37%，占全市全社会固定资产投资的63.3%。

三、努力提升企业自主创新能力，加快产业竞争力的提高

一是重点组织实施的"四个技术创新工程"和"双百企业技术创新计划"完成情况良好。列入全省重大新产品的5000吨聚丙烯腈基碳纤维原丝、聚硫醚酰亚胺树脂等28个产品投产，22个产品实现规模化生产，其中一汽吉林汽车有限公司森雅S80等5个新产品单品种产值超过亿元。二是组建了吉林省电力电子产业公共技术研发中心，被认定为省级产业公共技术研发中心。全市省级以上企业技术中心达到27户，其中国家级6户，省级21户，国家级企业技术中心数量位居全省第一。重点企业技术中心实施新产品、新技术、新工艺开发项目571项，专利申请数达到90件。2011年，全市规模工业新产品产值完成255亿元，同比增长58%，新产品产值率9.2%。企业首次投产新产品完成134种，同比增长1.5%。

四、认真落实民营经济腾飞计划，积极扶持民营经济发展

一是启动新一轮民营经济腾飞计划，制定了《工作实施方案》和《考核评比办法》。二是结合"三走进，三服务"活动，与市委组织部共同向53户中小企业下派58名机关干部，对企业进行帮扶。三是突出成长、集聚、配套等环节，加强对列入梯次培育目标企业的日常统计监测和扶持服务。四是积极引导企业加强对外交流合作，组织8户企业参加第八届中国中小企业博览会；组织3户企业参加首届中国—亚欧博览会；组织73户小微型企业申请阿里巴巴"诚信通"和"出口通"两类电子商务产品。五是组织民营企业参加"吉林省政府绩效管理考核2011年度省百强民营企业"的评选，有24户企业荣获省百强称号。吉林市荣获吉林省政府绩效管理考核2011年度全省新一轮民营经济腾飞竞赛活动先进市(州)优胜奖。

2011年全市民营经济实现主营业务收入3326亿元，完成年计划116%，同比增长35.9%；实缴税金92.1亿元，完成年计划126.5%，同比增长50.5%。

五、加大招商引资工作力度，协调服务工作取得新突破

一是开通工业咨询服务热线，全年共受理解决2178户企业反映的各类问题。二是积极推进银企保合作。帮助206户工业企业协调金融部门为企业解决贷款41亿元，占全部工业新增贷款总额的76%。三是重点组织了"地方建材企业与重点基础工程项目对接大会"等产需衔接活动；四是组建吉林市企业管理创新咨询服务平台，先后为22户企业提供了咨询服务。组织各类培训、交流7次，培训人员500余人次。五是积极开展对外招商引资。吉林—深圳产业合作示范区落地企业13户，项目14项。我局招商引资实际完成内资1亿元，外资420万美元。在定点招商工作中，成功引进吉林市信息化建设股份有限公司总投资1.2亿元吉林市"一卡通"项目和深圳市亚塑科技有限公司总投资1.5亿元汽车改性材料项目。以上均超额完成市委、市政府下达的招商引资目标任务。

六、深入推进信息化建设，促进两化融合发展

一是完成国家电子商务城市试点信息网络基础规划、中新食品园区通信网络规划和城市一卡通项目规划。"无线城市"、数字社区、教育网、吉化数据中心、工程建设领域信息公开等信息化项目已开通运营。二是组织4户企业申报省物联网产业示范工程项目；5户企业共获得了380万元的电子发展基金扶持。三是开展打击侵权盗版保护知识产权专项行动，查缴各种盗版软件光盘245件；开展市、县(市)区两级政府主要网站专项网络安全检查工作，对有隐患的部门及时下达了整改通知。四是普查了吉林地区1163个移动通信基站，完成了全年重大活动的无线电通信安全保障工作。2011年，全市信息服务业完成增加值

67亿元,同比增长31.2%。

七、深入推进工业节能降耗,实现清洁、绿色生产

一是下发了《2011年吉林市工业节能工作实施方案》等文件,对各县(市)区和重点企业年度节能攻坚目标进行了分解落实。二是组织实施17个重点节能项目,年可实现节能 5.78万吨标准煤,综合利用废渣175万吨,减排二氧化碳5.55万吨。对5个工业节能项目进行了节能评估和审查,从源头上杜绝了能源浪费。三是对重点企业进行了能源审计和节能专项检查。在省节能监察专项检查工作中,我市受检的4户企业达到优秀等级。开展10户重点企业能耗对标达标,吉林炭素公司等8户企业的产品能耗指标达到国内先进水平。四是扎实开展落后产能淘汰工作。2011年,我市完成淘汰落后水泥产能68万吨,淘汰落后粘胶短纤产能1.5万吨。五是先后举办了全市重点企业节能和清洁生产培训班5次,培训人数达160多人。开展了全市工业企业节能宣传周活动。

2011年,全市规模工业万元增加值能耗2.31吨标准煤,同比下降6.5%,圆满完成省政府下达的下降4.2%的节能目标和市政府下达的节能攻坚目标。

八、做好企业改革稳定和信访接待工作,切实维护职工的实际利益

一是抓好企业改制遗留问题的处理工作。妥善解决了我市国企改制过程中的企业破产、资产过户和职工安置等问题。做好厂办集体企业改制的前期准备工作。二是认真落实国家对改制企业及职工优惠政策。先后为改制企业退休职工办理了医疗保险、为未参保集体企业退休职工办理养老保险。三是做好信访接待工作。全年接待单人访400人次,集体访150批次。完成各类群众来信、来访的解答处理。发放了第三批信访稳定资金。

(刘　辉)

交通·邮电

【交　　通】 **——主要指标超额完成。**完成全口径交通运输固定资产投资20.38亿元。新建、改建各级各类公路789.73公里。农村公路建设质量优良率同比提高10个百分点。引进内资5107万元、外资315万美元,超额完成市政府下达任务指标,定点招商任务提前完成。完成交通运输业增加值133.27亿元,同比增长29.9%。完成客运量1.06亿人次、客运周转量46.12亿人公里、货运量6792万吨、货物周转量163.67亿吨公里,同比分别增长3.5%、4.8%、20.1%、20.1%。

——重点项目推进。吉草高速公路主线段征地拆迁任务全部完成,9月29日正式通车;绕城段提前10天完成设计内征地拆迁任务。建成水毁农村公路桥梁211座共6562延长米,修复水毁农村公路245.2公里,超计划165.8公里。长吉北线改建项目可研报告、初步设计已经省发改委批复,国土测绘、林业设计提前展开,征地拆迁和项目建设机构已经建立,设立收费站已经省政府批准。长吉南线改建项目可研报告上报省发改委,前期工作已经展开。配合长春市完成了长春经济圈环线高速公路吉林市段初步设计验收工作。牵头负责船营区搜登站镇特色城镇化试点建设,配合完成《船营区搜登站镇经济社会发展规划(2011——2020年)》和《船营区观光农业旅游园区旅游发展规划(2011——2020年)》,并完成圣德泉道路扩建任务。

——养护绿化。顺利通过交通运输部对国道黑大线吉林市段公路国检。完成61座危险桥涵改造任务。完成黑大线红旗至口前7.1公里、五桦线45.35公里、长白线10.82公里、珲乌线吉林市东出口12.4公里养护工程和吉林绕城公路二道河大桥水毁修复工程。新增养护机械设备100余台,养护机械化水平位居全省首位。迎宾大路沿线进行冬季绿美化,养护保洁达到城市主干线水平。栽植树木27万株,全面完成"十年美化吉林大地"年度任务目标。

——交通运输管理与整治。调集115名执法人员,依托金珠、口前、西阳三个超限运输检测站昼夜开展治超专项整治行动,共查出超限车辆3650台次,卸载、转运货物9340吨,收缴罚款10.26万元,收缴赔(补)偿费91.27万元,超限运输车辆数量大幅下降。同时,规范月票管理,完善审批程序,实行计重收费,开展了收费站远程监控及智能收费系统前期准备工作。

——安全管理。以"安全生产年"和"双基建设年"、"道路运输市场监管年"活动为载体,加大监管力度,加强基础建设,全面排查治理安全隐患,落实安全生产责任,全年未发生安全生产责任事故。及时修订和完善道路运输、水上运输、公路损毁、消防安全、防汛抗旱、寒冷低温等专项应急预案。市公交集团坚持开展技术安全联合大检查活动,安全事故同比大幅下降。落实县、乡政府和船舶经营者主体责任,水上运输安全五级管理体系进一步完善。对超长途连续运行卧铺客车强制执行凌晨2时至5时限时停车休息制度。市公路客运总站严格执行"三不进站、五不发车"规定,严格"三品"管理,落实"四防"安全包保责任,安全生产成果显著。市交通运输局连续5年被市政府评为安全生产标兵单位。

——三帮双促。走访企业7户、个体工商户68户、城乡居民697户,群众提出的142条意见和建议全部做到有落实、有回音、有实效。完成民生承办事项182件,主动办理30件。投资1165.2万元,改造永吉县务本村、舒兰市小城镇保合村等6个村屯乡村公路。筹集、协调资金92.2万元,新建保合村村部,改建舒兰市新安乡联合村卫生所,为10户贫困群众办理低保,为2户贫困村民建了新房,为1户贫困党员送去了电视机。解决群众反映公交等方面问题15个。市交通运输局被市委、市政府评为"三帮双促"活动先进单位。

——精神文明和行风建设。打造"江城的士现象"已形成品牌,"公交服务,天天进步"优质服务活动赢得社会好评,公路客运总站打造"空港式服务"初见成效,"松花湖文明水运"活动反响良好。吉林市被省政府评为普通公路建设与养护管理先进市,永吉县、磐石市被评为高速公路建设和交通运输发展先进县(市),蛟河市被评为运输管理先进市。吉林市交通运输局被市委、市政府评为"五项攻坚"立功竞赛活动先进集体。加强行风建设,进一步简化审批环节,审批项目办理时间压缩50%以上。建立治理公路"三乱"例会制度和公路"三乱"查处快速反应机制,强化执法培训,定期组织明察暗访,继续保持全市公路基本无"三乱"。

——存在问题。一是普通公路改建资金难以落实;二是乡村公路养护管理还很薄弱,养护管理体制和机制有待于进一步完善;三是公交历史欠账较多,公交服务与群众需求还有很大差距;四是交通运输工作创新不够,面对新形势还没有找到解决关键问题的好办法。

【邮 政】 ——基本情况。

2011年是"十二五"的开局之年。吉林市局干部职工全力贯彻省公司的各项方针政策,开拓市场抓经营,改革创新抓管理,开源节流抓效益,各项工作指标都有显著提高,全年总收入同比增长14.7%,高于全省平均增幅0.2个百分点。其中市局实现收入同比增长16.2%,高于全省平均增幅3.5个百分点,增幅在全省排名第三;全面完成了省公司下达的收支差额计划和通信服务质量指标;员工平均收益增长达到19.7%,高于收入的增长幅度。舒兰、桦甸、永吉三个县(市)局和市局的集邮、函件两个专业领军人物受到表彰。在全省市局争先进位评比中,吉林市局总分全年保持排名第一。

——经营工作较快发展,重点业务发展增速。

一是代理金融业务拉动了整体收入增长。突出重视"吃饭"业务发展,"抓网点建设、抓竞赛组织、抓服务提升、抓项目营销"等多措并举,强力推进,狠抓落实。代理金融业务收入同比增长14.8%,增幅与全省平均增幅一致;市局收入同比增长18.6%,高于全省平均增幅7个百分点,增幅全省第三。全年平均余额增长9亿元,代理保险保额连续三年全省第一,理财产品销售完成年计划的236%。

二是邮务类业务实现稳步发展。函件专业在加快发展的同时,注重结构调整,通过强化数据库商函营销、组织"日常函件营销季"活动等措施,全年收入同比增长0.5%,其中日常函件收入同比增长41.3%。2012年贺卡战役取得可喜成绩,收入完成省公司计划的105.6%,同比增长15.4%。报刊专业突出发展行业报刊、形象期刊等高效业务,深入拓展校园市场,2011年日常收订流转额创历史新高。报刊业务全年收入同比增长20.0%,增幅在全省排名第三。2012年一次性收订流传额同比增长5.6%,畅销报刊收订荣获了"全省畅销报刊增幅奖"第三名;形象期刊定制业务量全省第一;校园报刊收订流转额同比增长了23.86%。集邮专业围绕不同季节、不同主题和各类节庆活动开展主题营销,重点开发高端市场和高端客户,积极拓展农村市场,取得了良好业绩,全年收入超计划500多万元,同比增长34.6%,获得了全省集邮专业领军人物排名第一名。电子商务专业全年收入同比下降0.1%;包裹业务收入同比增长 37.7%,校园包裹揽收实现收入为历年最高。机要通信连续54年无差错运行。

三是分销与代理速递业务实现转型发展。分销业务收入同比增长36.7%,高于全省28.4个百分点。代理速递成功组织了"思乡月"项目,销售月饼收入创造了历史最好水平,全年代理速递完成收入691万元。

四是收入结构进一步优化。大力发展代理金融、数据库商函等高效业务,优化收入结构,代理金融业务收入占总收入比重达到60.8%,同比提高了8.3个百分点。2011年,全区有效收入占总收入的72.2%,高于全省平均水平1.6个百分点。

五是营销体系建设实现效能提升。实行了"专业专职+营销团队"的营销体系模式,组建专职团队10个,专职客户经理61人;组建兼职营销团队21个,吸纳队员171人。开展了"营销创百优"竞赛活动,全年专职客户经理实现营销业绩1155万元,人均业绩19.6万元;营销团队实现营销业绩1358万元,占邮政业务总收入比重的5.7%。重视专职营销团队建设,2011年选拔的经理部门助理全部从事过营销工作,并且从B类工新招录到A类工的两名同志都是专业特级客户经理,营造了"干营销光荣,干营销有前途"的氛围,也保证了这支队伍能够不断发展壮大。

——科学管理卓有成效,运行质量不断提高。

企业成本支出得到较好控制。制定了一系列的成本管控办法,对代办费、印制费、修理费严格控制,对单项大额支出实行了预算及审批制度,业务开发做到收入、支出、效益核算准确,提高了支出的收效。发挥审计职能,全年审计各类工程项目135项,审减工程费用225万元。对车辆实行了集中管理,在提高了车辆使用率的同时降低了运行成本。积极开展资产盘活工作,对闲置资产进行了公开拍卖,回笼资金421万元。

人力资源管理水平实现提升。完善了干部选拔、考核、管理体系,加大了市县干部的交流力度,全年交流干部7人,并经过公开选拔组成了科级干部后备梯队。加大了人力资源盘活力度,通过精简组织机构、优化作业流程等途径,全局减少机构12个,盘活人力资源65人,直接减少用工50人,节省人工成本近百万元。对B类和劳务工岗位薪酬实行改革,优秀的客户经理同A类工同工同酬,投递岗位和营业岗位按业务量计酬,内部处理岗位按处理件数计发效益工资,薪酬改革很大程度地调动了员工的积极性。用工管理方面严格遵守省公司的相关规定,合同签订率达到100%。

服务水平不断提升。开展了"服务提升年"活动,加大了服务方面的教育培训力度和视察检查力度。创新工作机制,组织机关人员对网点开展了明察暗访活动,对检查发现的问题进行分类整理,有针对性进行了整改提高。下半年按照集团公司党组要求,开展了"为民服务创先争优"活动,扎实开展窗口单位"三亮三比三评"活动,较好地完成了活动阶段性目标任务。

企业安全平稳无事故。深入开展了创建"平安邮政"活动,从人防、技防两方面入手,狠抓安防设施改善和安全制度落实,并通过开展应急演练和教育培训,增强了全员的安全防范意识。车辆安全也常抓不懈,保证了全年未发生重大交通事故。

——加强核心能力建设,企业的竞争实力进一步增强。

基础投资进一步加大。争取到省公司1330万元资金购置了网点三处,预购了一处;自筹1000万元改造金融网点和农村支局60余处;为网点安装排队机5台、ATM机24台,更新各种终端、打印机92台,网点的用邮环境和硬件设施明显改观。

营投平台进一步完善。全面开展了营投平台达标建设活动,在营业窗口开展了"规范服务达标"竞赛活动,在投递开展了"投递服务质量年"活动。信报箱建设在积极争取地方政府支持的同时,深入建设开发单位落实安装工作,城市新建楼房上箱率达到了100%。全年发展便民服务站67家,进一步延伸了邮政服务与经营的触角。

信息支撑能力进一步提高。全年完成各类信息工程建设项目6项，并完成了市局安排的市内金融网点光纤扩容改造工程。提高主动维护意识，变被动维修为主动巡视，提早发现问题，及时维修处置，降低了故障发生频次，全年核心设备无故障率99.97%，核心生产网络系统无故障率99.82%。名址库建设工作扎实推进，全年为客户建库50家，为商函业务发展奠定了基础。

中心局内部处理流程进一步优化。合并了中心局的函件班和包件班，按不同邮件的传递时限和投递频次要求，实行跨工种、跨台席的"大班组交叉作业"，在提高了工作效率的同时，也使得人力资源使用更为科学高效。

——企业和谐进取，发展氛围浓厚。

一是员工职业技能得到提高。在全省率先开办了周末大讲堂，全年组织集中培训76期，累计培训人数2847人；组织远程培训6个，累计参加人数2322人；组织参加职鉴考试通过率达到69.2%，为历年最高；组织参加集团公司组织的"网上学习竞赛活动"，我局的注册率和积分均排名全省第一。

二是企业发展成果惠及员工。年初，对B类、劳务工薪酬进行了改革，四季度投递员工资比去年同期翻了一番。营业员工资也有较大提高，高于地方同类岗位的薪酬标准。改善了职工的生产生活条件，为部分网点安装了空调，为所有支局配备了热饭和饮水设备，让员工切实分享到了企业发展带来的成果。

三是精神文明建设成绩斐然。在企业重大事项上充分听取各方面意见，民主决策，公开透明。在工程建设、大额采购、资产处置等问题上，采取定额、招标、竞聘、公开选拔等方式；在职工奖惩、人员岗位调整、干部任职上以业绩为衡量主要依据，做到公平、公正。重视领导干部作风建设，各级领导干部在当好指挥员的同时积极开拓市场，在日常营销和几大战役中成为了市场的营销主力，企业执行力明显提高。2011年，吉林市邮政局被吉林市政府授予了"模范集体"称号，还有一批先进单位和先进个人分别获得了"省五一劳动奖章"、市"特等劳动模范"、"青年文明号"、"巾帼文明岗"等荣誉称号，纪检监察被省公司评为"纪检监察先进集体"。

（冀　红）

【新联通】 2011年是吉林市联通分公司实施"十二五"规划的开局年，也是广大员工克难攻坚、拼搏奋进的一年。一年来，公司上下深入贯彻落实科学发展观，严格按照集团公司"经营要有新突破、服务要上新台阶、管理要上新水平、队伍要有新活力"的总体要求，加快发展速度，扩大业务规模，提高经营质量，提升盈利水平，总体保持了平稳发展的态势，各项工作均取得了新的成效，企业的综合实力和竞争能力不断增强。全年累计完成通信业务收入98276万元，实现利润总额5706万元，全年宽带用户累计到达35.18万户，固定电话用户累计到达62.08万户，移动出帐用户到达117.86万户。

——通信业务。以3G和宽带为引领，经营发展实现新突破。以打造联通沃·文化3G品牌，全面提升客户感知，扩大销售能力。2011年分公司通过结合"存费送费"、"购手机入网送话费"和"入门机、明星机合约计划"等终端政策，有效地拉动了3G业务的大幅增长。通过开展"精彩沃体验"、流量竞赛等活动，使3G手机户均流量大幅提升。宽带业务继续保持稳步增长，以融合与提速增收为主要抓手，发挥组合业务优势，结合宽带包多年优惠、沃家庭共享套餐、乡情网、农科在线等活动，确保城市新建、农村、校园的宽带增量市场。集团客户和行业应用取得显著成效，本着"盯住一批、发展一批、落地一批"的原则，以创新差异化的服务提升客户体验和价值，积极为政府、企业、行业客户提供全方位的信息化解决方案，树立了一批具有推广价值的行业应用标杆项目，实现了3G业务的快速发展，产生了良好的经济效益和社会效益。

——网络建设。以移动网络工程和宽带升级提速工程为重点，继续加大移动网络建设，全力扩大3G覆盖量，驻地网市场占比率逐年提高，新建小区进线率为100%，网络支撑能力大幅提升。全面开展运行维护3A达标工作，落实两项服务承诺，持续开展移动网络优化。在全省率先完成集团客户网管系统的上线应用，用户感知明显提升。持续开展技术业务培训和竞赛，提高末梢维护人员的维护服务技能，在省公司的末梢维护大赛中取得团体冠军，包揽个人前三的好成绩。2011年3A达标等运维基础管理检查得分全省名列第一。

——服务工作。以宽带"一日通"、宽带维修及时率、营业窗口服务质量、客户投诉率为突破口，以满足客户需求与企业发展需要为主线，以3G、宽带业务为重点，有效提高客户满意度，提升服务竞争力。通过客户经理日常回访、短信宣传、代办业务等形式进一步提高3G专属服务能力。全年多次开展"沃"讲堂培训班，特色俱乐部、软件下载等活动。

——企业管理。以绩效杠杆为导向，机制体制上进行了新探索。制定部门绩效考核体系、中层人员考核体系和员工绩效考核体系，通过各部门、各类人员考核体系的完善，发挥绩效考核对部门工作目标、员工绩效目标的督促和激励作用。持续优化人员队伍结构，推进以岗位价值为核心的人岗匹配，完善了员工职业发展机制。2011年分公司正式实施全新的"网格化营销管理体制"。通过一年的打造，在市场快速响应能力、销售和服务能力、员工素质和经营业绩等各方面均取得了明显的效果。特别是通过新绩效体系的推行，极大地调动了一线员工的营销积极性，完成了从"要我干"到"我要干"的转变，促进了各项业务的快速发展。

——精神文明建设。以庆祝建党90周年为契机，深入推进创先争优活动，落实党风廉政建设责任制，组织开展"职务犯罪预防警示教育"活动；深化职工之家建设，努力构建和谐企业；加强各类人员和重点业务培训力度，组织了接入网、营销维护人员岗位技能、专业人才、3G业务营销体验等培训内容；组织各类劳动竞赛、岗位练兵和技术比武活动。2011年度企业先后荣获"全国五一劳动奖状"和"全国文明单位"荣誉称号。

（张　弘）

【供　电】 吉林供电公司（吉林电业局）是吉林省电力有限公司所属国家大型一类供电企业。主要承担吉林市区及磐石、桦甸、舒兰、蛟河、永吉5个市（县、区）的工业、农业、商业、机关、部队、居民生活的供电任务。全社会共有用电户153万户，用电设备总容量

7314877千瓦。公司还担负着向黑龙江省和辽宁省输送部分电力的任务，是东北电网中的重要枢纽之一。

2011年是“十二五”发展的开局之年。公司认真贯彻省公司和市委、市政府各项工作部署，团结带领广大干部职工，加强内质外形建设，主动承担政治责任、经济责任和社会责任，以卓越的服务品质和极高的信誉度，满意度在社会树立起“国家电网”品牌形象，各项工作取得了长足的进展和喜人的成绩。安全生产保持稳定态势，实现了第七个安全年；经营业绩显著提升，售电量和利润等主要指标呈两位数增长，在省公司系统位居前列；电网建设进展顺利，圆满地完成了年度电网建设和农网升级改造工程任务；公司发展环境进一步优化，精神文明建设成果丰硕，实现“全国文明单位”三连冠；荣获“全国用户满意企业”、“全国电力行业优秀企业”、“国家电网公司文明单位”称号。获得省公司2011年度“文明单位标兵”，领导班子被评为“四好”领导班子。公司各项工作再创历史最好水平，实现了“十二五”工作的良好开局。

2011年，公司完成固定资产投资7.1亿元，其中电网建设投资完成6.1亿元。售电量完成120.7亿千瓦时，同比增长13.5%。利润完成47.9亿元，同比增长17·5%。售电平均电价完成560.2元/千千瓦时，比计划提高5.3元/千千瓦时。线损完成2.2%，比计划降低0.08个百分点。当年电费全额回收，连续实现“无欠费供电公司”目标。城网综合电压合格率完成99.746%，比计划提高0.356个百分点。供电可靠率完成99.933%，比年度计划提高0.013个百分点。行风和廉正建设实现“双零”目标。

一、安全生产保持稳定态势

公司始终把安全生产放在首要位置，深入开展“两抓一建”安全风险管控活动。加强技术监督，严格执行状态评估，保质保量地完成春秋检工作。在落实各级人员安全责任，深入现场，加强安全培训和考核、奖罚的同时，进一步切实加强生产管理，吉林市核心地区配电自动化建设工程计划通过国家电网公司审核。扎实推进事故隐患排查治理，上报国家电网公司29件隐患全部的到整改。深化电力设施周边环境的安全宣传和治理，并自筹资金改造办公大楼的消防系统。启动应急中心建设和应急预案编制工作。加强“十二冬运会”保电工作，制定保电方案，细化应急措施，圆满完成了保电工作。公司连续七年获得全国“安康杯”竞赛优胜企业、吉林市安全生产标兵单位”等荣誉。

二、电网发展取得显著成效

公司积极推动电网建设，与5个外市(县)政府签定电网“十二五”发展协议。超前完成2012年25项电网建设项目的可研编制，顺利通过了国家电网公司审查。克服困难，按期完成了省公司下达的68项电网建设项目的前期准备工作。积极与政府沟通，500千伏吉林东输变电工程前期工作进展顺利。全面控制工程的安全、质量、进度，加强工作调配和物资保障，年度15项重点工程按期投产。农网升级工程全部如期竣工。

三、经营工作取得重大突破

深入挖掘市场潜力，配合省公司推动自备电厂自发自用电量统购统销，全年实现替代电量近1亿千瓦时。大力推广能源替代工程，新增使用电采暖和地源热泵659户。加强故障修理速度，开展联合检修和带电作业，推行不停电催费，增加售电量844万千瓦时。密切跟踪服务北部新区、南部新城等19个重点项目供电工程，保证项目及早用电，促进了售电量增长。同时，加强企业自备电厂管理，对8家自备电厂的自发自用电量征收政府性基金1827万元。成功解决了吉化106厂基本电费和系统备用费的收取问题，提高了售电单价。推进客户用电信息采集系统建设，更换智能表13万只，改造高损台区2万多户。落实台区管理三级包保责任制，积极开展防窃电改造，高损台区同比减少84个。

四、企业管理不断完善提升

全面开展“学习年活动”，举办各类学习班99期。在省公司举办的各类竞赛中，均取得了优异成绩。深化同业对标管理，签定责任书，分析指标参数，设立目标植，细化指标控制，实现了“保三争二”目标，综合排名列省公司系统A段，被省公司评为“综合管理进步优秀单位”。深化财务、资金和预算管理，加大应收款回收力度，实现损失转回1096万元，被省公司评为预算、资金管理两个方面的“对标管理典型经验最佳实践单位”。深入开展绩效管理，制定考核办法和考核细则，坚持月考核、月通报，提高了管理成效。科技工作取得明显成效，4个省公司科技项目全部进入研发阶段，申报省公司科技项目全部进入研发阶段，申报国家专利8项，吉林省科技成果奖2项。

五、农电、多经和集体企业规范管理取得新成绩

加强农电管理，深入推进管理融合，农电系统安全生产和经营管理取得了新成效。认真开展县级供电企业突出矛盾排查治理工作，启动农调查摸底，进一步规范农维费管理。深化创一流同业对标和标准化建设，磐石烟筒山和蛟河矿区供电所通过国家电网公司标准化示范供电所检查验收。加快新农村建设步伐，完成了1个电气化县、14个电气化乡镇、111个电气化村的验收工作。稳步推进多经改制，公司成立了综合产业监督管理委员会，明确了多经、集体企业的管理职责，将农电多经企业纳入综合产业管理范畴，副科级及以上干部在多经企业股权全部清退。开展了广泛调查，制定了改制方案，各项改制工作就绪。吉电集团围绕年度经营指标，坚强了重点工程项目的组织协调和施工管理工作，营业收入有所增长，集体企业保持了稳定。

六、党建及精神文明建设协调发展

深化党建工作和“创先争优”活动，中宣部领导在公司调研期间给予充分肯定和高度评价。认真开展班子民主生活会，听取和解答基层提出的意见和建议。举办丰富多彩的庆祝建党90周年和“抗洪抢险一周年”活动。结合“为民服务创先争优”活动，深入推进劳模复制工程，成立“吕清森”共产党员服务队，建设吕清森先进事迹暨“创先争优”活动展室，以图文并茂的形式展示劳模培树工程的丰硕成果，系统内外430人参观学习。公司吕清森先进事迹报告团先后受国务院国资委、国家电监会、吉林省委和吉林市委宣传部等邀请，举行事迹报告会17场，受众达4万余人。全面开展依法从严治企突出问题集中清理工作，对存在的问题加大力度逐项落实整改。圆满完成国务院监事会和国家电监会的专项检查并得到上级的充分肯定。加强党风和廉正建设，落实“一岗双责”，开发党风和廉正建设考核测评系统，完成27个关键岗位、4类一线服务人员防控矩阵编制工作。深化行风建设和优质服务，认真受理客户咨询,强化故障抢修管理,荣获“全国用户满意企业”。

(周晶岐)

城市建设 环境保护

【城市建设】 2011年,市建委在市委、市政府的正确领导下,以“五项攻坚”任务为核心,凝心聚力,克难攻坚,全面推进各项任务落实。“五项攻坚”各项任务指标均超额完成任务,得到市检查考评组高度评价。建委被评为“五项攻坚”优秀单位、“三帮双促”优秀单位、全国住房和城乡建设系统文明单位、省依法行政工作先进单位。

——**工作指标超额完成。**建筑业产值215亿元,超计划10.3%,同比增长36.3%;完成建筑业增加值186亿元,超计划6.3%,同比增长43.7%。房地产业增加值90亿元,超攻坚任务4.7%,同比增长37.7%;招商引资到位资金5.6亿元,超计划12%,境外招商引资到位资金500万美元, 超计划25%。全市实现房地产地方级税收约26亿元,实现建筑业地方级税收约14亿元,两项税收占全市税收总额的44.9%。其中,市区实现房地产地方级税收19.7亿元,实现建筑业地方级税收9.2亿元,两项税收占市区税收总额的47.4%。由建委牵头组织协调推进“城市建设和管理攻坚”活动,全年开工建设500万元以上基础设施项目130项,超计划18.2%,完成投资116亿元,超计划3.6%,吉草高速、吉丰西线、温德桥重建等74项工程竣工投入使用,超计划23.3%。

——**重点工程建设。**全市完成城建投资260亿元,开工建设江城大桥、金珠大桥、雾凇大桥及高架桥等城建重点工程136项,解放西路、长春西路、吉林市艺术中心等74项竣工使用,工业集中区的基础设施配套日益完善,城市基础设施承载能力不断增强,初步构建起了现代大城市框架。

——**房地产和棚户区(危旧房)改造工程。**积极推进房地产(棚户区)项目建设,全市开发面积852万平方米,竣工609万平方米。其中,城区开工万科滨江新区、林家沟棚户区改造、越秀棚户区改造等102个项目,开工687万平方米,竣工480万平方米,完成投资140亿元。

——**三帮双促工作成效明显。**“三帮双促”活动,领导带头,全员上阵,29个处室和单位,465人次,先后投入资金397.8万元,既帮扶了群众,也考验了干部、锻炼了队伍。在双促中,走访调研630农户、6户企业、64个工商户,共700户,完成91件承办事项。在三帮中,帮扶困难群众和困难党员解决实际问题26件,为居民、工商户解决问题95件次,为企业解决难题9件。在完成规定的任务基础上,主动拓展帮扶工作。一是筹集240万元为永吉县河东社区建成498平方米办公用房;二是筹集50万元为口前镇务本村建100栋大棚;三是筹集7万元为蛟河市庆岭镇葡萄沟村续建村委会办公用房。

——**民生工作成效显著。**把帮扶活动与服务、信访、民生工作相结合,提出了“帮上访群众化解困难,促和谐;帮困难企业走出困境,促稳定;帮问题单位解决难题,促发展;促工作作风转变,促工作能力提升”的工作思路。一是六个服务组深入各城区、开发区、项目现场开展对接服务,为企业解决实际问题182项,促进了项目建设。二是信访维稳促和谐。开展信访攻坚活动,以困难企业、上访群众为帮扶对象,认真解决征收补偿、企业改制、拖欠工程款等问题。加大解决信访遗留问题工作的力度,委领导主动下访29次400余人次,35件历史遗留案件得到妥善解决。机关处长带队组成6个改制企业专题攻坚组,逐户研究企业改制遗留问题。加大了双清欠工作力度,通过积极协调,解决拖欠农民工工资上访事件28起。三是实施棚户区和危旧房改造,全年实现征收建筑面积52万平方米,年内3500户居民喜迁新居。积极开展“慈善救助双日捐”活动,建委系统和开发企业捐款190万元,超计划任务3倍。

——**征收补偿新体制建立。**制定出台了《吉林市国有土地上房屋征收与补偿暂行办法》,成为房屋征收与补偿条例施行后,全国首部地方配套规章。认真破解强制执行难的问题,通过与中级法院、监察局、公安局、法制办、执法局等部门反复沟通协调,联合制定了《吉林市国有土地上房屋征收有关问题的实施意见》和《吉林市国有土地上房屋征收强制执行工作规程》。大力开展征收补偿工作试点,提出“三结合”工作思路,充分发挥项目所在地社区、街道、派出所等积极作用,组成联合工作组,定期开展联席会议,共同研究解决好征收补偿过程中的各种问题,获得较好效果。

——**建管服务效果明显。**一是六个协调组深入现场强化了对各城区、开发区、建设单位的项目对接服务,全年主动为企业解决实际问题182项,办理开工许可200余项,有力促进了全市工程项目建设快速推进。二是通过强化施工许可证制度、招投标管理、建筑节能工程质量管理、工程质量监督、安全监管等,有力地保障了工程建设合法、有序、安全进行。应招标公开招投标率、工程质量监督率和竣工备案率、施工阶段建筑节能标准执行率、节能工程质量合格率、隐患排查覆盖率、重大安全隐患整改率均达到100%。三是开展房地产市场专项治理。本着加强监管、兼顾发展的原则,对全市在建房地产项目排查跟踪,联合国土、规划、消防等部门,对手续不全开工的项目进行了分类处理,主动服务督促这些企业限期办理相关手续。四是强化企业资质动态管理。开展了建筑业企业资质核查备案工作,并根据核查信息,分类提出处理意见。规范外埠企业管理,办理外埠施工企业入吉备案13项,办理投标备案156项,办理续期备案43项。分3批次组织980人参加了外墙保温培训。五是结合吉林市实际,投入扶持资金100万元,扶持新型墙材企业发展。

——**其他各项工作。**一是统筹推进城镇化。加快了我市的村(镇)规划的编制工作,“千村示范,万村提升”工程新农村建设规划编制工作有序快速推进。完成了乌拉街满族镇文物保护规划评审和缸窑镇、江密峰镇总体规划报批。全力推进小康新村建设,农房砖瓦化率达到95%。二是建设经济管理得到加强。制定了《吉林市建设工程造价管理办法》,拟通过政府规章形式出台。组织对1700名造价员进行了培训。发布工程造价信息10期,公布材料价格品种增至2000余项。三是推进建设领域节能减排,大力推广太阳能、地热能等再生能源,完成了41项节能产品认定,征收新型墙材专项基金4885万元,同比增长116.2%,散装水泥发放量达到180万吨,同比增长142%。四是城建档案管理进一步加强。审核明确了工程归档范围,下发了《关于进一步加强建设工程竣工档案管理的通知》,接收入库档案3155卷,清理档案

1486卷，著录档案3500卷，扫描图纸5016张，组织从业人员培训七期、743人次。五是完成了大中型水库移民直补工作和各类移民规划的编制工作，丰满江东移民小区部分道路竣工投入使用。六是加快"数字吉林市"建设，更新了吉林市卫星遥感地图，扩大了遥感范围，更新了吉林市城建信息网，网站发布信息776条，访问量达6万多人次。七是干部队伍建设得到加强。开展了"履职尽责、创先争优"主题实践活动，按程序对部分中层干部岗位进行了调整，切实加强党风廉政建设，分六个阶段建立完善了廉政风险防控体系，干部队伍的争创意识、凝聚力、战斗力明显增强。

【市政公用事业】 2011年，按照吉林市委、市政府的工作部署，紧密结合行业实际和五项攻坚确定的任务指标，动员和组织全局干部职工克服时间紧、任务重、资金短缺等实际困难，在政府新追加大量建设任务的情况下，群策群力，合力攻坚，圆满并超额完成了五项攻坚和市委、市政府确定的各项工作任务。

超额完成了各项重点工程建设任务。年初安排项目42项，全年实际开工项目64项，超额完成了年度计划，累计完成投资近10亿元。

超额完成了道路维修改造任务。年初计划的滨江北路、南山街、东昌街、平山街、遵义西路、绥化路、兴旺胡同等9条街路和后追加的中兴街、华丹大街等15条主次街路维修改造任务全部完成，城区道路完好率有了进一步提高。

超额完成了桥梁专项维修任务。年初计划的临江门大桥、郑州路小桥、联化小桥、清源桥和后追加的温德桥续建、松江桥以及致和门立交桥和热管桥专项维护全部按期完成，桥梁安全得到有效保障。

超额完成了绿化美化建设任务。组织完成了清水绿带灾后重建、主要景观路、广场绿化美化、绿地新建改建工程建设，城区移植大型乔木7520株，种植美人蕉、串红等花卉203万株，新增绿地72.3公顷；同时完成了温德桥南北引线等9项路灯新建改建项目，北山公园免费向市民开放，绿化亮化美化水平得到进一步提升。

超额完成了暖房子工程建设任务。完成了源源热电四期扩建续建工程和亿斯特能源有限公司改扩建工程，启动了源源热力、珲春、越北3个调峰锅炉房建设，新增供热能力1760万平方米；取缔分散供热小锅炉37座，实现集中供热；实施热源热网互联工程，城区主要热源实现了互连互补；改造老旧供热管网292公里，完成既有建筑热计量面积407万平方米，为做好今冬供热提供了重要保障。

全面完成了供排水设施建设任务。黄旗街、深东路、环山街、东山街4条供水管线和滨江东路、滨江北路、龙潭大街、瑷大公路、吉长高速引线5条污水管线全部按期完成，新建3座污水提升泵站，截流7处污水吐口，启动了污水处理厂二期扩建和再生回用水工程，城市污水处理能力有了明显提高。

超额完成天然气工程建设任务。累计铺设天然气中低压管网87公里，发展天然气用户22466户，解决天然气集资遗留户2537户。

圆满完成了招商引资任务指标。经招商部门认定，全年引进外资830万美元，内资5008万元；定点招商任务按期完成，总投资4000万元、年产40吨塑料袋项目已在经开区完成工商注册，目前正在进行设备安装。

认真抓好环境卫生和冬季清雪工作。组织开展了春秋季环卫综合整治活动，对城区601条主次街路、胡同、巷道路和307个居民小区的环境卫生进行了集中整治，整改问题225个；组织开展环卫优质管理竞赛，加强日常检查考核，提高了环保作业质量；对全市60条主次街路、20个居民小区和22个早、夜占道市场采取机械和人工相结合的方式进行了水冲洗作业；同时高标准完成了冬季清雪任务，总计出动各种车辆5000余台次，人员10余万人次，清除主次街路及小区冰雪约120万立方米，城区环境卫生质量有了明显提高。

全力做好公用服务保障工作。认真组织供热企业做好夏季设备检修和冬季生产运行工作，特别是在供热期间，在全市范围内实行了供热责任包保，每天调度供热生产服务情况；各级领导深入一线检查指导，协调热源，组织抢修，受理投诉；广大一线员工精心维护供热管网设施，深入用户家中逐项处理投诉问题，对群众反映的每一件供热问题都做到了处理有结果、有反馈，直至用户满意，保证了冬季供热工作的平稳运行。组织协调供水和燃气企业加强生产运行管理，保障市政供水供气，发现问题及时处理解决，满足了广大市民的日常生活需要。

切实加强市政设施管理维护。在春秋两季组织对城区道路进行了全面维护，维护范围由主次街路扩展至区管街路和部分巷路，总数达到365条，共计补坑近10万米，灌缝15.9万延长米，翻浆处理1653平方米，保证了城市道路质量，提高了道路完好率。严格道路挖掘审批，特别是针对今年供热管网改造量大、破路多的实际情况，组织供热企业和道路维护部门紧密协调，合理安排工期进度，努力做到即破即复，保证了道路畅通。加强桥梁、路牌、江堤栏杆以及绿地设施的巡查维护，保证了设施健全完好。组织开展了排水设施专项整治活动，共清掏雨水井、检查井3万余座次，疏通排水管线140余公里，更换雨水井、检查井盖1471套。同时对401个弃管小区排水设施进行了维修维护，保证了排水畅通。

加强安全生产管理。认真落实安全生产责任制，强化安全消防检查，及时整改各类隐患，做到一般性隐患即查即治，重大隐患限时整改。特别对燃气等高危行业，在开展经常性的安全检查、隐患排查和专项整治活动的同时，年内先后开展了三次专项整治行动，监督企业严格执行燃气行业各项规范，杜绝违章经营和违章操作；同时深入开展燃气安全进万家宣传活动，采取多种形式向广大市民宣传正常使用燃气和防范燃气事故的相关知识，保证安全用气。

认真做好信访服务工作。认真受理、及时解决群众反映的热点难点问题。特别是在上个供热期，由于热源厂运行不稳定影响到供热质量，对由此引发的各类供热投诉，组织相关部门和供热企业认真受理，或采取保温措施，或按规定予以退费，千方百计维护用户利益，确保了全市供热形势平稳，没有出现大面积的集体访问题。一年来，局"110"指挥中心共受理群众投诉3983件，办结率100%，群众满意率达到95%以上。组织局属9个基层单位深入到乐园二区等社区主动征求意见和建议，处理解决实际问题。活动中共发生服务宣传单和便民服务卡650余份，受理群众反映的各类问题150件，均得到妥善处理。在各窗口服务单位全面推行办事公开，提高了办事效率，方便了群众办事；办理各类审批及许可项目1023件，出现场2046次，办结率和服务满意率均达到 100%。

（王立新）

【国土资源管理】 2011 年，吉林市国土资源局在市委、市政府和省国土资源厅的正确领导下，紧紧围绕服务于全市经济社会发展的"五项攻坚"目标任务，以保障发展为主线，以保护资源为重点，以保障和改善民生为根本，积极主动服务，严格规范管理，各项工作取得丰硕成果，为全市经济社会发展实现"十二五"良好开局做出了积极贡献。在 1 月 30 日召开的全省国土资源工作会议上，我局被省国土资源厅评为 2011 年度全省国土资源管理目标责任制优胜单位，实现了"四连冠"。据此，《中国国土资源报》和国土资源部网站报道了我局的工作业绩。

一、攻坚克难，支持地方经济社会发展卓有成效

紧跟中心，服务大局，切实把保发展、保民生作为工作的重中之重，千方百计搞好对上协调，全力做好各类建设用地的服务保障工作。一年来，全市共审批供应国有建设用地 475 宗，面积 1454.89 公顷，其中，招拍挂出让 311 宗，面积 1070.28 公顷；保障性安居工程用地 220 公顷。全市土地出让总价款近 70 亿元，政府土地净收益近 28 亿元，净收益比上年增加了 6.81 亿元，同比增长了 33%。积极做好协税工作，全年协税达到 6.32 亿元，其中契税 3.60 亿元，耕地占用税 2.72 亿元，为地方财税收入增加做出了重要贡献。全市获得批准的征地项目有 138 个，面积 2312 公顷。切实保障了吉图珲铁路、中新食品区、高新汽车园区等重大项目用地，为我市经济社会发展提供了有力支撑。我局被市委、市政府评为"五项攻坚"立功竞赛活动先进单位。

二、狠抓落实，耕地保护工作卓有成效

大力推进农村土地整治工作，全年共组织实施土地整治项目 5 个。全省农村土地整治示范建设推进会于 2011 年 4 月 11 日在永吉县召开，我市的做法为全省加快推进土地整治工作提供了宝贵经验。按照省国土资源厅要求，在 2011 年春耕前完成了水毁耕地恢复整治工作任务。船营分局筹措资金 1000 万元，积极推进了搜登站镇新菜田项目建设。2011 年 9 月，我市顺利通过了国家"五部局"耕地保护责任目标履行情况的检查，受到了国家检查组的好评。

三、严格执法，国土资源监察工作卓有成效

严肃查处各类国土资源违法案件，全年共立案查处违法案件 206 件，其中：丰满分局强制拆除违法建筑 9 处，龙潭分局炸毁填埋非法小煤窑矿井 10 处，有力打击了国土资源违法违规行为。成立了市公安局国土资源专案大队，强化了执法监察长效机制建设，执法成效明显。认真开展了 2010 年度土地矿产卫片执法检查工作，全市违法用地比例已降至 2.24%。举全局之力，较好完成了沈阳督察局来我市开展土地例行督察的各项迎检工作，并对沈阳督察局提出的问题，加大力度，切实整改，达到了预期效果。2011 年 11 月上旬，我市代表吉林省顺利通过了济南督察局的土地例行督察交叉验收。

四、夯实基础，规划、地籍、土地利用等工作卓有成效

全面完成了市、县、乡三级土地利用总体规划修编和市县两级矿产资源规划编制工作，为今后全市国土资源管理工作奠定了坚实基础。积极推进全市农村土地确权登记发证工作。市城区建制镇地籍调查工作全部完成。克服了时间紧、任务新、参与部门多、组织难度大等诸多实际困难，及时完成 2011 年度全市土地变更调查工作。土地节约集约利用工作得到进一步加强。制定出台了《吉林市土地储备管理办法》和《吉林市招标拍卖挂牌出让国有建设用地使用权办法》。我局被沈阳督察局评为土地利用和管理观测点形势分析工作先进单位。依法行政工作取得佳绩，我局被国土资源部评为全国国土资源管理系统推进依法行政先进单位。信息化建设扎实推进。年内组织省内专家对我市金土工程一期建设工作进行了全面验收。积极做好信访工作，全年共接待来信来访 614 件次、1393 人次，均予以妥善处理，有力维护了社会的和谐稳定。

五、注重规范，矿政管理工作卓有成效

全市共出让采矿权 168 个，收取采矿权价款 1335.26 万元，存储矿山生态环境治理备用金 1195.55 万元。较好地完成涉及 11 个矿种、123 个核查区、262 个矿山的矿产资源利用现状调查工作。大力推进矿产资源节约与综合利用，桦甸市油页岩矿被国家列为示范基地。高质量完成矿业权实地核查工作，326 个探矿权、640 个采矿权档案全部通过验收，我局被国土资源部评为全国矿业权实地核查先进单位。切实加强矿产资源整合，全市 7 个矿区的资源整合工作全部完成，磐石市代表全省接受了国家矿产资源整合检查验收并获好评。认真做好汛期地质灾害防治工作，全年未发生地质灾害引发的人员伤亡事件。在舒兰市举行了突发性地质灾害现场应急演练，为今后快速有效应对突发性地质灾害积累了经验。

六、多措并举，全系统干部队伍建设卓有成效

成功举办了第 21 个全国"土地日"主题宣传日大型广场演出活动、庆祝建党 90 周年全系统文艺汇演和第二届全系统篮球比赛。通过积极搭建平台，在开展系列活动中既锻炼了队伍，又丰富了机关文体生活，同时在社会上扩大了我局的知名度和影响力。去年 7 月，我局被市委、市政府评为全市纪念建党 90 周年系列活动先进集体。对我局开展的大型活动，《中国国土资源报》、国土资源部网站以及本市主流媒体均予以报道。党风廉政建设取得新成效，在 2011 年 9 月 21 日召开的全市加强廉政风险防控、规范权力运行工作会议上，我局介绍了工作经验。昌邑分局廉政风险防控工作受到了省电视台"廉政之声"栏目组的采访。局机关干部深入蛟河市前进乡、乌林乡扎实开展"三帮双促"活动，取得良好效果，被市委、市政府评为全市"三帮双促"活动优秀单位。软环境和政行风建设实现新突破，2011 年 10 月，在全省国土资源系统软环境建设测评活动中，荣获市(州)局第一名。

（于　萌）

【房地产管理】 2011 年，在市委、市政府的正确领导下，市房产局深入贯彻落实科学发展观，以"房地产业健康发展"为目标，以"五项攻坚"任务为重点，统一思想，开拓创新，真抓实干，合力攻坚，各项工作全面完成，主要指标创历史新高，为改善全市人民的居住环境、促进全市社会经济发展做出了积极的贡献。

一、全面完成市委、市政府部署的"五项攻坚"工作任务

——廉租房和公租房建设进展顺利。2011 年我市下达的廉租房和公租房建设任务为 15 万平方米，其中廉租房 10 万平方米，公租房

5万平方米。全年实际开工18.36万平方米，超年初计划指标22.4%，全面完成了国家及省规定的“1/3主体完工，1/3主体施工，1/3基础施工”的工作目标，累计完成投资2亿元。

——廉租住房补贴发放有序开展。2011年我市计划发放廉租住房租赁补贴1.78万户。全年实际发放租赁补贴17985户，符合条件的住房困难家庭实现了应保尽保。全年对具备入住条件的698套廉租住房进行分配，进一步改善低保无房家庭的居住条件。

——超额完成“暖房子”工程改造任务。年初省建设厅下达给我市计划指标为120万平方米。我市从实际出发，将供暖不达标、房屋破损严重的小区和群众反映集中的部分单体楼房也列入了改造范围，要求完成300万平方米以上的任务。全年实际完成407万平方米，涉及52个住宅区、610栋住宅楼，总投资6亿元，超额完成省、市的计划任务。改造后楼房室内温度平均提高3—5摄氏度，居民冬季室内生活环境得到了根本改善，受益居民达6万余户。

——推进住宅小区标准化管理。制定出台了一系列相关政策为物业服务标准化工作提供支持和保障。在全市29个住宅小区开展了标准化试点工作，试点小区物业管理工作得到规范，物业服务标准得到提升，解决了相关物业管理问题，取得了阶段性成果。全年有13个小区通过了国家和省建设厅的考评，是我市历年来数量最多的一次，其中试点小区1个通过了国家示范小区的考评，2个通过了省建设厅的考评。

——对全市住宅区环境进行维修维护。为巩固三年来住宅区环境整治成果，全年投入3300万元对186个整治住宅区的环境进行了维修维护，老旧小区的居住环境得到了有效的巩固，得到百姓的广泛赞誉。

二、房地产二、三级市场平稳健康发展

2011年，我局以适应房产新政要求、加强房地产市场监管为重点，以完善商品住房预售制度、维护消费者合法权益为导向，以争创全国房地产权属交易与登记规范化管理达标先进单位为契机，加强房地产二、三级市场建设，保证了房地产市场的平稳、健康、有序发展。

一是继续开展无籍房屋处理工作。共办理无籍房屋产权1858件、32万平方米，解决了大量历史形成的无籍房屋产权不清等问题。

二是进一步完善全市房地产信息系统建设。完成了商品房网上售房系统（外网）、乡镇房地产信息系统与房地产交易中心两大系统的对接。成功开发了权属与交易登记档案数字化扫描软件系统，与房地产市场信息系统实现了无缝连接。全面启动了吉林市与外五县市的个人住房信息系统联网工作，并对物业维修资金系统进行了前期调研和系统分析设计工作。

三是强化机制创新，突出服务理念，推动房地产二、三级市场的规范化管理。充分利用争创全国房地产交易与登记规范化管理先进单位达标的有利契机，提升服务质量、优化服务环境、简化工作流程、整治交易秩序，最终建设部检查组的总体评价为“吉林市代表了北方城市房地产交易与登记工作的最高水平”，被评为全国先进单位。

四是严格整治和规范房地产市场交易秩序。加强商品房预售管理，严把市场准入关，去年共审批发放商品房预售许可证584件，494万平方米、44067套，监管预售款85亿元。全年实现代征租赁税4557万元，均创历史最好水平。开展房地产市场秩序专项整治活动，严格整治违法违规行为，累计检查119家开发公司143个项目，对违规的8家房地产开发企业予以行政处罚。

2011年，全市商品房实际成交面积154万平方米，同比增长37.5%，成交金额47.66亿元，同比增长49.5%；存量房交易面积109万平方米，同比减少19.9%，交易总额23.19亿元，同比减少5.1%；房地产抵押面积432万平方米，同比增长8.3%，抵押金额181.46亿元，同比增长23.4%。全市各类房地产交易总额首次突破250亿元，达到252.31亿元，市场继续保持平稳健康的发展态势。

——住房制度改革工作稳步推进

2011年住房制度改革工作突出解决了大企业房改售房和集资建房确权遗留问题。全年共审核房改售房3307户，19万平方米；为376户集资建房进行了确权；审核确认178名职工享受住房货币补贴93万元。

——房屋安全管理工作成效显著

积极参加“安全生产月”活动，采取多种形式宣传贯彻《吉林市城市房屋安全管理条例》，营造全社会关注房屋安全的舆论氛围。进一步深化房屋安全隐患排查治理工作，针对季节变化和气候特点组织开展安全隐患排查治理，组织全市物业服务行业深入开展安全隐患大排查、大整治，及时发现和消除各类房屋安全隐患。全年共组织180多家物业服务企业进行自查整改，对229栋高层住宅进行安全检查，发现并治理隐患143项。全市城区内没有发生较大以上房屋安全事故。

（王春雨）

【城市规划】 2011年，我们紧紧围绕“五项攻坚”目标，突出一个“早”字，强化一个“快”字，狠抓一个“实”字，扎扎实实地开展了各项规划编制、设计和相关服务工作。截至年底，我局共完成规划审批项目277个。其中，核发《建设用地规划许可证》171件，1468.32公顷；核发《建设工程规划许可证》（副本）116件，656.02万平方米；核发《建设项目选址意见书》111件，488.35公顷。强化规划监管，共查处违法建设33处，面积4.97万平方米

——规划编制。

编制完成了长吉一体化吉林市发展研究、长吉一体化吉林市西南区域发展研究、长吉一体化框架下5个节点镇中我局负责的大荒地村和金珠乡总体规划、长吉一体化吉林市西部区域 -- 欢喜新城的概念性规划。

编制完成了吉林市松花江两岸控制性详细规划和南部新城控制性详细规划及高新区扩区选址专题研究工作。

编制完成了《吉林市近期建设规划》（《吉林市“十二五”基础设施规划》）、全市控制性详细规划、哈达湾地区控制性详细规划、金珠区域总体规划、化工园区大框架基础设施规划方案、汽车园区周边道路设施规划方案。

协调中规院和南京轨道交通所编制完成了综合交通规划和轨道交通专项规划的方案。

配合新加坡裕廊国际公司，完成了中新食品园区57平方公里区

域的总体规划和7平方公里起步区控制性详细规划的编制工作。

——规划设计。

按时保质地完成了全市城市建设十大民生工程的规划方案和施工图设计。市文化艺术中心项目、市城建博物馆工程、松花江取水户头美化工程均于7月1日全部完工。

内陆港建设项目,道路、联检大楼等均已全部完工。

解放西路贯通、长春西路延伸工程按计划顺利完工。

按计划高质量完成了丰满区二道乡灾后重建规划的编制工作。

配合有关部门,较好地完成了全市重点基础设施建设项目的规划前期工作。四水厂扩建、六水厂选址等工作均已结束。

配合有关部门,完成了"暖房子"工程的规划前期工作,还编制完成了年度规划及其三年规划。

配合有关部门,编制完成了全市旧城区改造方案。

配合有关部门,积极开展了小白山和东山地区等全市重点项目招商引资的规划前期工作。

——规划监管。

深入贯彻执行《城乡规划法》,进一步完善和规范了全市的规划管理工作。大力推进阳光规划,按照吉林市规划局政务公开的各项承诺办理审批业务。根据新的形势和任务的需要,将修订后的部门、处室及分局的职能以公示板的形式予以公布,方便群众办事。同时,建立了网站,将审批情况及时予以公示,便于社会监督。此外,对于重大规划项目通过《江城日报》等媒体向全社会公示,征求各界意见,提高规划审批的透明度。

编制完成了《吉林市城乡规划管理条例》,待经市人大常委会审议批准后正式颁布实施。

配合即将出台的《吉林市城乡规划管理条例》,编制《吉林市城乡规划技术管理规定》。

以政府文件的形式制定并下发了《关于对违法建设、违规变更规划、调整容积率问题的若干规定》,遏制规划变更和容积率调整的随意性。

——测绘管理。

按计划完成了城区1/1000地形图的补测和城区测量标志的维护工作。

开展了城区平面和水准控制网扩建的准备及控制网普查工作。

——招商引资。

2011年,市政府下达的年度招商引资任务为0.5亿元,年底前已完成0.9亿元,超额完成0.4亿元;完成定点招商落地项目一个--四川街东西两侧改造工程,建筑面积21万平方米,预计总投资8亿元。

——信访工作。

年初以来,我局共受理各类信访案件94件。其中,接待群众来访33件211人次,市人大、市政府办公厅、市信访局批转的群众来信和其他来信16封,市长电话室转办单42件,新案结案率达到100%。

——主要做法。

(一)抓好两个结合,推动各项工作全面协调开展。一是抓好内外线结合。外线工作由局主要领导亲自挂帅,局内日常业务工作由分管副局长负责主持,遇有重大问题领导班子集体讨论决定。二是抓好党政结合。局党委班子成员按照"一岗双责"的要求积极组织开展"三帮双促"活动。先后为两户困难农民新建了60余平方米的砖瓦房,为1户困难农民新建了35平方米的彩板房,逢年过节走访慰问不断线。"三帮双促"期间,我局实际投入资金15.12万元。我局被市委、市政府评委"三帮双促"先进单位,三个处室分别被评委先进集体,6名同志被评为先进个人。此外,我们还接到相关群众和村委会以及乡镇政府送来的感谢信3封,锦旗3面。

(二)抓好协调配合,形成部门间团结协作的良好局面。按照市政府的安排,牵头抓好全市十大城建工程项目。

南部新城建设进展顺利:南部新城控制性详细规划和沿江带状公园规划已经编制完成;北大星光地产、欧亚综合体地产、两江会馆地产、公安局、卫校、市传媒中心等十余个重点项目顺利落地,一些项目已经开工建设,十大城建重点工程项目也按计划要求顺利进行。

(三)抓好调度督导,促进体内良性循环。在抓好外部协调配合的同时,我们还十分注重局内工作的的调度和指挥。每周三都利用召开局长办公会的机会,对各项工作的进展情况进度调度,发现问题及时解决。对重点建设项目和招商引资项目的审批实行绿色通道制度,特事特办、最大限度地缩短办理时间。

(四)完善服务,努力营造事业大发展、为民办实事的良好氛围。一是为"五项攻坚"提供精准的规划服务。2011年,在我局的大力支持和配合下,香港吉祥集团和深圳万科集团合作开发的松花湖旅游休闲区项目等十余个重大招商引资项目顺利落地。二是为各项重点工程建设做好前期规划服务。项目一经确定,我们就变过去坐等开发单位上门为主动服务,登门与他们共同研究尽早开工的对策,在法律法规和政策允许的情况下,以最短的时间最高的效率,为他们办理完相应的规划审批手续。三是做好各项工程建设过程中的跟踪服务。积极开展全程跟踪服务,及时帮助开发建设单位解决在工程建设过程中遇到的困难和问题。四是积极开展以"三帮双促"为主线的党建工作,广大干部职工群众意识、群众观念进一步增强,工作作风明显转变。同时,在全局开展了强化廉政建设,规范从政行为主题教育活动,增强了机关干部的廉洁从政意识。这些活动反过来又促进了各项业务工作的顺利开展。

(徐国军)

【环境保护】 今年以来,我市的环境保护工作在国家和省环保部门的指导帮助下,围绕吉林市委、市政府的中心工作,特别是"五项攻坚"立功竞赛活动任务,加强组织领导,强化工作措施,从目前看完全能够较好完成年度工作任务。

一、今年重点工作完成情况

(一)环境质量明显改善。环境空气质量方面,2011年我市城区好于二级天数达到了346天,比去年增加10天,环境空气质量较2010年有一定程度的好转。水环境质量保持稳定,城市饮用水水质达标率100%,出境断面水质达到国家要求的三类水质标准。

(二)全面完成了国家对我市"十一五"松花江流域污染防治项目考核验收的检查工作。我市列入《松花江流域"十一五"污染防治规划》

的重点工程共24个,规划概算总投资15.98亿元,已全部完成建设内容,通过了验收审核。

2011年以来按照上级的有关要求,我局积极做好"十二五"期间的松花江流域水污染防治规划工作,截止目前我市针对松花江流域的污染治理范围和治理目标,共拟定流域治理项目21个,总投资约17.2亿元,其中工业污染防治项目5个,总投资1.7亿元;城镇污水处理及配套设施建设项目12个,总投资14.5亿元;饮用水水源地污染防治项目1个,总投资0.4亿元;畜禽养殖污染防治项目2个,总投资0.18亿元;区域水环境综合整治项目1个,总投资0.4亿元。目前已经上报国家审核,待国家审核完成后,我们将按照国家的要求,组织相关企业和部门认真做好项目的可行性研究及环境影响评价等各项前期工作。

(三)采取有效措施,较好的完成了主要污染物总量减排工作。市委、市政府高度重视污染减排工作,2011年,我市安排重点减排项目37个,其中化学需氧量减排项目13个,氨氮减排项目4个,二氧化硫减排项目16个,氮氧化物减排项目4个。2011年省下达给我市的指导性计划任务为减排4142吨,经省里初步核查2011年我市实际完成减排量为5490.8吨,完成比例为132.3%;二是主要污染物减排中的二氧化硫(SO2)减排量,2011年省下达我市的指导性计划任务为减排8311吨,经省里初步核查2011年我市实际完成减排量为10787.07吨,完成比例为130%。

同时国家在全国确定了8个节能减排财政政策综合示范城市,其中地市级城市两个,吉林市为其中的一个。根据上级的相关政策要求,目前我市已完成主要污染物减量化实施方案的编制,共确定项目39项,预计总投资30.8亿元。其中,城镇污水处理设施项目7项,投资21.5亿元;生活垃圾无害化处理项目3项,投资2亿元;畜禽养殖污染防治项目19项,投资2亿元;脱硫脱硝技术改造项目5项,投资3亿元;松花湖水污染防治项目5项,投资2.3亿元。

(四)较好的完成了松花湖生态环境保护试点的前期工作。按照省环保厅和市政府工作安排,我局组织开展了松花湖申报国家湖泊生态环境保护试点工作,组织编制了松花湖生态环境保护试点总体实施方案和2011年实施方案,方案第一稿于今年8月末编制完成,9月初通过省环保厅、省财政厅组织的专家论证,9月20日报环保部审查,目前总体方案正在修改完善。

2011年实施方案所拟定的项目共6项,总投资2.26亿元,实施时间为2011—2013年。拟申报国家专项资金4项:旺起湖滨人工湿地建设项目1项,湖区旺起生态环境整治项目1项,前期工作1项,松花湖生态系统健康评估项目1项,总投资估算1.048亿元;地方配套项目松花湖湖区旺起镇生态恢复项目1项,蛟河市饮用水水源地(拉法河)生态保护项目1项,总投资1.212亿元。省财政厅已于9月末将2011年国家投资1亿元拨到市财政。

(五)较好的完成了吉林省危险废物处置中心项目建设工作。2008年7月项目建设以来,吉林省危险废物处理中心项目已完成投资约1.7亿元,建设项目已经全部完成,具备试生产条件。拆迁工作完成50%,回迁房屋已全部落实,在11月下旬有12000平方米房屋具备接纳回迁居民条件。

(六)较好的完成了环境整治和环境监管工作。一是全面完成了农村环境综合整治的准备工作。针对农村生活污水、生活垃圾、畜禽养殖污染等突出环境问题,按照上级的有关要求,完成了农村环境连片整治试点村主体工程建设,制定了农村环境综合整治的工作规划,为明年全面开展农村环境综合整治工作打下坚实的基础。二是全面开展了重点行业环境污染治理。对火电行业全部建成并投运二氧化硫减排工程,氮氧化物减排工程也进入了全面实施阶段;城镇污水处理行业进一步推进建设,重点是配套管网建设。三是按照国务院统一部署,为切实加强重金属污染企业的环境监管,维护群众的环境权益,确保环境安全,我们集中对全市重金属行业开展了污染专项整治。四是按照上级的指示精神,我局采用污染带扩散分析模型及动态模拟系统、多媒体演示和影音同期声等多种技术手段。圆满完成松花江流域突发水环境事件应急演练,得到了省政府应急办、省环保厅和吉林市政府领导较高评价。

(七)全力做好"三帮双促"活动的开展,帮助群众解决实际问题。按照市委、市政府部署,我局负责帮扶了6户困难群众,3户困难党员,一个薄弱基层村支部。自活动开展以来,我能够带领全局各部门,全力做好帮扶工作。全局走访城镇居民522户,走访个体工商户59户,走访企事业单位6户,全市环保系统直接参加活动的干部职工就有350多人,走访中共征集民生事项310件,接受承办事项149件,全部办结。

内外贸易

【商务经济】 2011年,全市商务系统在市委、市政府和省商务厅的正确领导和支持下,创新思维,攻坚克难,积极投身全市"五项攻坚"和"三帮双促"等重点活动,全力组织开展服务业和商贸领域攻坚,限上企业不断壮大,市场运行充足平稳,依法监管成效显著,为江城百姓创造了安全的消费环境,较好地完成了省政府和市委、市政府下达的各项重点指标任务,全市商务经济呈现健康快速发展的良好态势。市商务局被市委、市政府评为"三帮双促"活动先进单位、全市依法行政优秀单位;被省商务厅评为全省商务工作先进单位一等奖。

一、2011年主要经济指标完成情况

全年社会消费品零售总额实现803.9亿元,增长17.5%。批发零售业增加值实现156.1亿元,增长25.6%;住宿和餐饮业增加值实现48.3亿元,增长20.3%。外贸进出口总额实现12.7亿美元,增长50.2%;其中,出口实现5.7亿美元,增长4%。

二、重点商务工作完成情况

(一)组织开展服务业攻坚,三产发展取得良好开局。

1至8月份,市商务局作为服务业攻坚牵头部门,早动员、早部署,及时成立了以主管市长为组长的领导小组,研究制定了《吉林市服务业发展"五项攻坚"立功竞赛活动方案》,各县(市)区也结合当地实际,制定子方案,层层细化分解指标。坚持工作月调度例会制度,根据调度结果分析解决工作中遇到的问题,局班子成员分片包保县(市)区指导工作,想方设法,合力攻坚。把第三产业增加值和社会消费品零售总额的核定当作攻坚难点,密切与统计部门合作,确保了指标准确真实，强化服务业综合治税。召开全市商务经济统计知识培训大会，交流各地的经验做法，市、县两级联动推进服务业攻坚工作。上半年，第三产业增加值增幅全省排名第一；社会消费品零售总额的增幅跃升至全省第三。

(二)狠抓商贸大项目建设，商贸服务功能加速提升。

全年重点推进30个商贸大项目，总建筑面积283万平方米，总投资205.1亿元；其中，中京城综合商贸开发、紫光苑酒店等13个项目被列入全市220项重点调度项目中。欧亚商都解放大路店、乐天玛特超市、财富广场沃尔玛超市等9个项目已经投入运营；珲春街改造、中京城综合商贸开发、世贸中心白金酒店等12个项目在积极建设；欧亚购物广场、百脑汇数码广场等9个项目在完善前期手续。口岸建设取得新进展，内陆港联检大楼竣工投入使用。全局完成内资2亿元、外资500万美元的招商引资任务。

(三)推进商贸物流发展，现代流通方式得到优化。

规范物流企业管理，打造物流企业品牌。指导东北亚物流、内陆港货运有限公司、铁松集团、吉林陆港物流、大鹏物流五户企业参加“国家A级物流企业评估”，并顺利获得通过。推荐亚奇物流、九天储运、东北亚物流、内陆港货运等企业申报“物流税收试点企业”，推进物流业快速发展。

(四)大力培植限上企业，商贸业水平明显提高。

把培育、发展、壮大限额以上商贸企业当作一项重点工作，倾力在做大规模，提高质量上下功夫。全年限额以上商贸企业发展到789户，比上年555户增加了234户，全年限上商贸企业实现零售额218.7亿元，增长47%，实现较大幅度增长，占社会消费品零售总额的比重达到27.2%，比重提高了6.9个百分点。

(五)积极开展促销活动，城乡消费繁荣活跃。

组织大中型商贸企业积极利用各种节假日举办购物嘉年华、美食嘉年华等促销活动780余场次，引导和拉动消费。全市家电下乡销售备案网点达到391户，销售家电下乡产品14.2万台(件)，销售额达3.23亿元；回收家电数量17.7万台，销售金额6.32亿元；办理老旧汽车报废更新车辆137台，发放补贴资金199.9万元。新建并验收490户农家店，改造配送中心5个，对855户“金土地店店通”农家店进行了信息化改造。推荐北苑酒店、东方商厦、萃宝轩工艺礼品商行等13户企业申报“吉林老字号”。

(六)突出抓好市场监测监管，营造安全消费环境。

“春节”、“十一”期间，启动城市生活必需品及重点流通企业监测日报制度和价格调节机制，在全市设立19个平价蔬菜直销点，对8大主要蔬菜品种进行补贴。投放生猪储备4000头，确保市场供应充足、价格稳定。在食盐抢购风波期间，及时启动食盐日供应监测，组织有关单位扩大食盐供应，平息食盐抢购风波。完善应急预案和措施，确保了节日和日常市场供应稳定。加大商务综合执法工作力度，严格执行溯源体系和随附单制度；开展“大检查、大排查、大整改”肉食品专项整治行动，全市畜禽屠宰压缩厂点工作逐步展开，为百姓营造安全放心的消费环境。加强二手车市场、报废汽车、拍卖、典当等特种行业监管，促进行业健康发展。贯彻落实市安委会工作部署，将安全生产纳入全局重点工作，制定方案，成立组织机构，在全市商贸系统开展安全生产和消防安全隐患排查整治专项行动。

(七)加强家政服务体系建设，家庭服务业快速发展。

升级改造吉林市家庭服务网络中心，从2010年7月开通至今，核心业务签约加盟企业已达到3200家，安置就业5万余人次，累计促进交易额3.6亿元；家庭服务网络中心热线电话95081日平均呼叫量超过千次，中心网站日点击率突破50万。国家商务部在我市召开了推进家庭服务业发展现场经验交流会，学习推荐我市典型经验，我市的做法得到国家和外地的赞赏和推广。

(八)大力扶持骨干外贸企业，对外经济贸易稳步回升。

采取市县两级联动包保推进工作机制，对外贸企业分类指导，实施一企一策的帮扶办法，推进对外经济贸易增长。全市新增备案登记外贸进出口企业43户，成为新的外贸增长点，有外贸进出口权企业达到806户。成立省级产品出口基地建设服务中心和吉林市化工产品出口基地企业协会，组织申报吉林化纤、吉恩镍业等省级企业型出口基地，扩大出口基地规模。为21户外贸企业上报出口品牌、国际体系认证和商标注册等情况，争取享受国家、省的扶持政策。积极组织企业“走出去”拓宽销售渠道。吉化、鹰皇果仁、晨鸣纸业等重点企业出口继续保持较大幅度增长。对外经济合作不断好转，成立吉林市外派劳务服务基地，舒兰市、磐石市、蛟河市服务平台通过省商务厅考核验收，我市对外劳务合作进一步规范。全年，对外承包劳务合作营业额实现8386万美元，同比增长10.1%；累计外派人员2738人。

(九)精心组织参加东博会，参会成效明显好于往届。

按照市委、市政府和省执委会的总体要求，本着“一届好于一届”的原则，超前谋划，细致安排，统筹协调，全面部署。全市邀请参会境内外客商1245人。签约项目40个，投资总额达到691亿元；实现全口径贸易综合成交额75098.1万元，全省排名均第二。吉林市形象展位设计新颖独特，中油吉林石化分公司等重点企业均以特装展位参展。组织开展了吉林(中国—新加坡)食品区投资环境说明会暨项目签约仪式等54项经贸交流活动，成效显著。

(十)不断强化贸促工作，国际经贸交流向纵深推进。

加强县级贸促机构建设，指导舒兰、蛟河、龙潭等县(市)区建立地方贸促会和国际商会，建立健全贸促工作协调联动机制。借助有关展会平台，宣传推介我市的投资环境、产业优势和重点招商项目。组织我市企业赴厦门、泉州、长春等地开展经贸洽谈和项目对接。邀请南美及加勒比地区9个国家商协会组织的代表前来我市考察和交流。

(十一)积极向上争取政策资金，“上争”成果显著扩大。

今年以来，商务局围绕上级政策资金取向，加大“上争”力度，提早做好谋划、包装、申报等前期工作，有针对性地攻关，最大程度地争取国家和省的支持。申报成功国家电子商务示范城市。全年争取扶持资金2146.74万元；到位家电下乡、以旧换新，老旧汽车报废更新等国家政策性补贴资金6951.74万元。

(十二)高度重视维稳工作，信访问题得到有效解决。

一是妥善处理改制遗留问题。协调解决了江南商厦与东方资产公司113万元、交通银行30万元债权债务纠纷；完成江南商厦、糖酒公司等改制企业职工内欠工资和遗留问题的解决。为2304名国有改制退休人员代缴了大额补充医疗保险。二是妥善处理外派劳务纠纷。协调处理了28名蛟河籍劳务人员到我驻安哥拉使馆静坐示威事件、斯里兰卡劳务纠纷、韩国渔工劳务纠纷、新加坡、俄罗斯等境外劳务纠纷事件，接待上访人员10多件数十人次。三是妥善处理来信来访。全年接待群众集体上访89批次，4000多人次；个访95批次（不包括重复上访），其中局领导接待25批次；处理市长电话室转办单9件、市人大转办1件；处理网上信访2件。所有信件主要领导都有批示，件件都有处理结果，办结率100%。

（十三）加强思想政治建设，引领商务经济发展能力得到增强。

全局干部认真学习科学发展观及胡锦涛"七一"重要讲话等理论知识，思想政治水平和业务素质不断提高。组织开展"创建基层先进党组织，争做优秀共产党员"、纪念建党90周年主题教育等活动，邀请邹铁军部长作"七一"讲话专题辅导，积极参加唱红歌活动，凝聚力和战斗力得到加强。组织开展"三帮双促"活动，全面完成永吉县912户城乡居民、统泰新物华等93户个体工商户、巨能新型炭材料有限公司等9户企业走访任务以及困难群众、困难党员帮扶工作。完善各项制度，组织编写了《吉林市商务局规章制度汇编》，全局管理步入规范化、制度化、程序化和法制化的轨道。按照"一岗双责"要求，扎实开展"惩防体系制度建设创新年"活动，强化商务系统软环境和政行风建设，提高服务意识，进一步减少审批环节、缩短审批时限，提高审批效率，按时办结率达到100%；业务办理和咨询接待的群众满意率达到100%。

【供销合作社】 2011年，在市委、市政府的正确领导下，在省供销社的指导下，全市各级供销社以科学发展观为统领，深入贯彻国家、省、市关于加快供销社改革发展的文件精神，坚持为农服务宗旨，克难求进，奋力拼搏，全力推进供销合作事业改革发展，全面完成了市委、市政府及省供销社部署的各项工作任务，为实现"十二五"规划目标及今后的发展奠定了坚实的基础。

一、全面完成主要经济指标，全市供销社的经济实力明显增强。商品销售总额完成23亿元，同比增长32%；农副产品市场交易额完成5.98亿元，同比增长49%；再生资源收购总额完成1.04亿元，同比增长40%；社有资产总额达到34.6亿元，同比增长90%；所有者权益完成6.27亿元，同比增长7%；利润总额完成2836万元，同比增长1.3%。在全省供销系统综合业绩评比中，我市供销社位居第一名。

二、积极参加"五项攻坚"活动，服从服务于全市中心工作的能力明显提高。在现代农业攻坚中，各级供销社及农资经销企业充分发挥了农资供应主渠道作用，共销售化肥39.5万标吨，占全社会总销售量的70%以上，为全市粮食生产突破百亿斤提供了重要保障。在服务业攻坚中，列入攻坚计划的5个投资额在3000万元以上的重点项目有3个已全部完工，另2个项目已完成年度形象进度计划。在全市开展的"三帮双促"活动中，市供销社办实事、解难题，践行宗旨，爱民惠民，取得了良好的实效，被市委评为先进单位。

三、加快推进"新网工程"建设，农村现代流通服务水平明显提升。新建县级农资配送中心1个，农资连锁经营网点48个，在5个县（市）基本形成了县有配送中心、乡有农资销售网店的格局。新建30个"万村千乡市场工程"日用品连锁店，日用消费品连锁销售额突破了亿元大关。在不断完善吉林市城区再生资源回收网络体系建设的同时，积极推动各县（市）再生资源回收网络体系建设，桦甸市再生资源市场主体工程已完工，回收网络体系正在建立。全市新建、扩建农业产业化龙头企业3户，改造升级了3个农产品批发市场和集贸市场。

四、加大项目建设和招商引资力度，社有企业明显壮大。通过加强社有企业管理，进一步明晰产权关系，加大招商引资和项目建设力度，巩固发展了原有企业，生成了一批新企业。据不完全统计，去年共投融资4亿元，新建、扩建了9个具有一定规模的重点企业。永吉县农资连锁物流配送中心、磐石市商贸城改扩建、桦甸市福源商城等均已完成主体工程建设。这些企业和项目建设的竣工投产进一步提升了社有企业的实力和竞争力，为供销社的发展和服务"三农"提供了有力的经济支撑。

五、大力发展农村合作经济组织，农业社会化服务体系建设进程明显加快。各级供销社新发展专业合作社21个，累计达到105个，其中有5个专业合作社的品牌获得有机产品认证，有2个专业合作社被全国总社评为专业合作社示范社。通过大力发展粘玉米、苏产品、食用菌三大主导产业，为农民增加收入8000多万元。全年共举办实用技术培训班15期，培训农民2800人次。通过举办科普大集、开办庄稼医院、跟踪服务、现场授训等形式，接受咨询2万人次，发放各类宣传单13000余份。

六、加快基层社建设步伐，供销社的发展基础明显巩固。进一步加大了基层社开发改造力度。多渠道筹措资金近亿元，对12个基层社实施了开发改造，开工建筑面积2.4万平方米，社有资产增值1200万元。加快推进基层社与专业社一体化经营。有2个基层社与专业社实现了一体化经营，一体化经营的总数达到23个。进一步拓展经营领域。永吉县一拉溪供销社苏叶加工项目经过扩能改造，加工能力已达1000多吨；桦甸市公吉供销社扩建了玉米烘干加工项目；舒兰市平安供销社新上了2500吨泡菜及干鲜野菜加工项目。

七、加强各方面协调工作，发展环境明显改善。经过积极协调，各县（市）供销社机关工作人员已正式过渡为参公管理，城区供销社机关工作人员已全部纳入区级财政开支，从根本上解除了后顾之忧。各县（市）区供销社、市直企业共争取国家和省级专项资金908万元，缓解了一些项目因缺资金而无法开工建设的突出问题。经过积极协调和艰苦努力，市供销社着力解决了市果品公司住宅楼拆迁还建的棘手问题，40户居民将在年内搬进新居。各级供销社在党委、政府的关心和支持下，逐步解决了原企业职工的医保、社保及一些历史遗留问题，摆脱了终日忙于信访接待的束缚，为集中精力谋发展赢得了良好的环境。

八、强化对重大事项的监督，监事会工作明显加强。各级监事会加强了对"三重一大"等重大事项的监督，促进了重点工作目标任务的落实。加强对市供销社制定的三个《管理办法》落实情况的监督，促进了市供销社理事会资产的有效运行和保值增值。开展了"新网工程"、专业合作社等财政扶持资金使用情况的调研和监督，促进了专项资金的合理使用和投资效果的发挥。我市供销社监事会被评为全省供销社监事会工作先进单位。

（赵　旭）

【经济技术合作】　**一、指标完成情况**

2011年，全市实现招商引资到位资金590亿元，完成年攻坚目标的102%。其中，新建项目实现301.6亿元，占51.1%；续建项目实现288.4亿元，占48.9%。新开工3000万元以上招商项目368个，完成年攻坚目标的105%。其中，1至5亿元143个，占39%；5至10亿元21个，占5.7%；10亿元以上18个，占4.9%。

其中，全口径利用外资6.13亿美元，完成全年目标任务的125.12%。其中，直接利用外资1.6亿美元，完成全年目标任务的110.68%。

二、主要工作成效

1. *大型招商活动效果明显。*年初以来，我市共组织由市领导带队开展的全国"两会"、汽车供应商会、东博会招商，赴新加坡、德法荷、印菲马、京沪浙赣闽等经贸交流活动17次，举办投资环境说明会、座谈会、联谊会等招商会议30余场，新联络一大批客商，新洽谈一批项目。全国"两会"期间与中油集团、中国恒天集团等10户央企，就化工、碳纤维制品等项目进行洽谈。德法荷招商与欧美4个跨国公司成功签署了总投资超百亿元的8个化工大项目，一期投资53.2亿元，占全省签约额的70%，成为全省亮点，得到儒林省长的充分肯定，省招商领导小组办公室发文专门通报表扬了我市。东南亚经贸活动共签约总投资240亿元的7个项目，实现了我市在马印菲三国招商项目零的突破，又占全省签约总额的70%，政才书记多次对我市的做法和成效予以肯定。第七届东博会期间举办5项规模大、档次高的重点招商活动，吉深产业合作对接会及签约仪式签署总投资691亿元的40个合作项目，达成45个项目合作意向；吉林万科松花湖国际旅游度假区项目签约仪式成为本届东博会期间唯一有省委、省政府主要领导参加的市州活动。同时，先后组织接待了深圳市经贸代表团、马来西亚完美公司等大批国内外来吉考察客商，11月末，仅以我局为主接待的经贸考察团组达66个，共500多人次，其中境外团组31个，客商来访数量和质量明显提升。

2. *重点园区和重点产业招商成果丰硕。*一是化工园区围绕化工产业链延伸，瞄准国内外知名化工企业开展招商，新开工年产1万吨无卤阻燃剂、年产4万吨硫酸钾生产线、年产60万吨钢管生产线等35个项目，总投资49.3亿元。二是汽车园区在加快两大整车项目建设的同时，着力抓好汽车零部件招商，全市新开工年产10万套汽车车桥总成和16万吨汽车配件生产、年产4万套汽车内饰件、年产3万套汽车转向总成等22个项目，总投资46.8亿元。三是经开区借助晋升国家级开发区的有利时机加大招商力度，新开工30万吨稻米深加工、LED绿色照明（东北）产业基地、年产3万吨三乙醇胺等41个项目，总投资66.8亿元。四是中新食品区招商进度明显加快，东博会期间，紫苏深加工、中成药、保健品制造等12个项目签约，总投资28.2亿元。五是全市4个省级工业集中区年底有3个将晋升为省级开发区。

3. *服务业招商工作进展顺利。*一年来，我市依托自身条件和优势，着力招引国内外服务企业。目前，已有乐天玛特超市、吉林国贸假日酒店、北大星光五星级酒店及商业地产综合开发、珲春街综合改造、万科集团松花湖旅游度假区、红星美凯龙精品家私城等一批服务业招商项目落户我市。全年实现服务业招商引资额165.4亿元，占已到位引资额的28%。

4. *与国内外大企业合作取得新突破。*一是着力引进跨国公司。德国德固赛、林德、伍德、美国亨斯迈、台湾蓝天、马来西亚完美等10个跨国企业与我市实现项目合作，其中6个世界500强企业。二是继续实施主攻央企战略。中石油、国药集团等央企继续加大在我市的项目布局和投资；中国恒天集团、中粮集团等央企首次与我市合作的项目相继开工。三是推进与国内知名企业的合作。武汉凯迪公司投资的生物体液体燃料生产、厦门朗星公司投资的LED照明灯具制造等一些新兴产业项目，相继签约落地。

5. *定点招商引资成效初显。*指定全市93个市直部门分别到65个城市（城区）开展招商引资活动。举办了定点招商工作培训班，对招商人员进行业务培训。市委、市政府3次召开调度会，对定点招商工作进行调度和督导。目前，部分责任部门已进入办理工商注册手续及申报招商结果阶段，各部门的定点招商工作进展顺利。

6. *网络招商工作实现突破。*市经合局通过电脑网络收集整理国内外化工、食品、汽车、碳纤维等行业的知名企业358家，以发邮件、寄资料等方式进行联络，80多家企业进行了信息反馈。对30多家重点企业进行了强力攻关，10余家企业来吉考察。目前，通过网络招商，马来西亚完美公司与吉林吉福参公司合作的人参深加工产品生产基地项目资金已到位，我市与马来西亚常青集团已签署合作协议，与印尼金光集团、菲律宾SM集团等企业的合作正在进行中。

7. *项目策划包装力度不断加大。*立足我市发展定位、资源优势、主要功能区等条件，围绕十大工业产业、战略新兴产业、服务业等业态，组织各县（市）区、开发区及市直相关部门先后3次策划包装重点招商项目500多个，并印制成册对外推介。同时，为省里提供70个对外宣传推介的重点项目。

8. *监督考核工作进一步加强。*市经合局联合市委组织部、两办督查室等部门，采取月调度、季督查、半年考核、年终总评的方式，对县（市）区、开发区及市直部门的招商任务完成情况进行督导考评。特别是开展招商攻坚活动后，每月对全市新开工项目进行一次考核认定，加大督导考评力度，在媒体上通报考核结果。同时，把考评工作纳入部门绩效评估和领导班子考核的重要内容。

（郇凤吉）

金融服务

【金融服务】　**一、综述**

2011年，吉林市中小企业发展局（市金融办）在市委、市政府的正确领导下，以科学发展观为指导，开创了金融服务、企业上市、融资担保、创业服务工作新局面，为我市经济发展做出了新的贡献，截止2011年末，全市银行业金融机构本外币存款余额1472.24亿元，同比增加12.77%，本外币各项贷款841亿元，同比增加18.64%；全市注册各类信用担保机构34家，注册资金13.7亿元，累计担保总额105亿元，为全市11486户中小企业和个体工商户提供了担保；全市创业基地在孵企业已达750户，入孵率达到70%，全年开展各类培训20个班次，共培训2400多人。

二、发展情况

2011年，我局认真贯彻市委、市政府的决策部署，全面推进重点工作，较好地完成了全年工作任务。

金融服务工作：1户域外股份制银行（光大银行）开业，新发展小额贷款公司9户。

（一）落实考核奖励措施，加大银行业对我市经济发展的支持力度。根据《吉林市人民政府关于印发吉林市银行业金融机构考核奖励办法（试行）的通知》要求，会同市人民银行、银监分局对全市银行业金融机构信贷投放情况进行了考核并奖励。

（二）继续推进小额贷款公司试点工作及规范管理。翰银隆、冠宇小贷公司开业，9户获批筹建。目前全市批准开业的小额贷款公司已达到21家，注册资本金总额8.83亿元，累计投放贷款20.63亿元。

企业上市工作：永大集团于10月18日在深圳证券交易所中小企业板成功发行上市，募集资金7.6亿元；昊宇电气、英联生物完成股份制改造，并分别向吉林证监局报送了辅导备案材料，均已进入辅导程序。

（一）建立和完善"拟上市企业"资源库。我们严格按照中小板和创业板"两高六新"的标准筛选出财务状况基本符合上市条件、企业具有可持续发展能力、上市意愿强烈、公司治理基本合规的24户企业进入省、市政府"拟上市企业"资源库。

（二）落实扶持政策，帮助企业解决上市难题。按照省、市政府有关扶持企业上市文件精神，采取"一企一策、一事一议、特事特办"的原则，帮助拟上市企业解决遗留问题10余件。同时，为永大集团、红土创投、英联生物等企业申请扶持及奖励资金900万元，部分资金已落实，剩余资金正进入待批程序。

（三）大力引进股权投资基金，助推企业上市进程。今年，红土创投和诺金创投这两家基金总部，实现增资12000万元。我们与农天鉴业、上海农鑫、普鸿谷禧、青岛藏尔等国内外知名投融资机构接触，为康乃尔化工实现第二轮股权融资13亿元，资金已全部到位。为争取引进更多的股权投资基金总部，在借鉴其他发达省市经验基础上，起草了《吉林市政府关于发展股权类投资基金总部的意见（讨论稿）》，现待政府审议通过。

（四）推动我市上市公司的规范发展和再融资。我们积极支持上市公司通过增发新股、配股和发行债券等方式进行再融资。吉林化纤、吉恩镍业均计划通过增发，分别募集资金约13.35亿元和60亿元。目前，我们正协助两家公司做好定向增发事宜的申报审批工作。

（五）联合吉林高新开发区共同做好申报国家级"代办股份转让系统"试点的基础工作。为做实监管要求，发展地方控股的金融中介机构，拟对吉林市股权登记托管中心进行并购重组，为区域资本市场发展夯实基础。

融资担保工作：新设立担保公司2家（鲁兴担保公司注册资本5000万元、金诺牧业担保公司注册资本1000万元）。

（一）全面开展信用担保行业规范整顿。按照省工信厅要求，指导全市34家担保机构按规定进行完善整改，目前已有30家担保公司完成省厅备案，27家担保公司申领了经营许可证。

（二）继续做好担保机构设立工作。我们按照成熟一户、成立一户的原则，重点加强对担保公司设立环节的指导和初审。今年，新设立担保机构2户，辅导2户进入备案程序。

（三）建立企业融资需求动态管理库，搭建银、企、保对接平台，保证对接及时有效，为5户企业取得贷款合计2.1亿元，并有60户企业纳入银行跟踪服务系统。

（四）成立了全市信用担保行业协会。为了行业自律和规范发展，于9月23日召开了全市担保行业协会成立大会，这标志着我市担保行业进入了新的发展阶段，目前全市注册各类信用担保机构34家，注册资金13.7亿元，累计担保总额105亿元。

（五）搭建农民与金融机构的信贷平台。我们积极探索农民贷款渠道创新，在以农民直补资金作为抵押贷款试点工作获得成功的基础上，还积极探索农民土地承包权质押贷款方式和其他贷款担保方式，有效扩展了农民贷款渠道。

创业服务工作：全年创业培训2400人。

（一）大力开展"创办小企业、开发新岗位、促进多就业"活动。全年开展各类培训20个班次，合计2400多人。

（二）大力推进我市创业孵化基地建设。积极协调为吉林省精细化工创业孵化园、丰满区创业孵化基地二期工程改扩建项目、吉林市船营区都市工业孵化基地等6个创业孵化基地项目申报了2011年省专项扶持资金。

（三）做好中小企业储备项目和中小企业发展专项资金项目的申报工作。根据《关于做好2011年中小企业发展专项资金申报工作通知》精神，申报了结构调整、节能减排等九大类共计20个项目作为中小企业储备项目，其中吉林九天储运有限公司、吉林市江南化工有限公司等4个项目申报了2011年国家中小企业发展专项资金，将得到国家专项资金的支持。

（四）扎实开展中小企业职称申报评审工作，为中小企业做强做大提供人才支撑。今年，我市中小企业员工近900人参加了各类各级别的职称申报评审。

旅　游

【旅　　游】　2011年，市旅游局加快推进旅游产业发展，不断提升旅游服务品质，旅游行业继续保持迅猛的发展势头，超额完成了省政府下达的205.36亿元的任务指标。旅游总收入实现216.58亿元，同比增长31.83%，完成任务的105.46%；接待游客突破2050.1万人次，同比增长16.32%，旅游业发展实现了"十二五"规划的良好开局。

科学指导，规划先行，旅游规划体系建设日趋完善。

高标准编制了吉林市、磐石市和桦甸市等一批旅游发展总体规划，编制了松花湖、北大壶等一批重点景区总体规划和控制性详细规划，完成了吉林万科松花湖国际旅游度假区、朱雀山森林公园、雾松岛等一批一流景区总体规划的编制。初步形成市、县(市)区和景区旅游总体规划及专项规划相配套的全市旅游规划体系。

合理分配,紧密推进,旅游投资与项目建设步伐加快。

编制了《吉林市旅游招商项目册》,确定了全市10大板块22个重点招商项目,全年签约额达433.5亿元。其中,万科松花湖国际旅游度假区项目签约额400亿元,2012年首期项目计划将投入26亿元,有效破解了旅游项目建设资金瓶颈问题。

全年共开工建设旅游项目55个,完成投资26.8亿元。其中,重点建设项目22个,总投资125.9亿元,当年计划投资16.8亿元,实际完成投资18.5亿元,占全年任务的110.1%。世贸白金五星级酒店、国贸假日酒店等9家高星级酒店建设正在积极推进,部分已建成或投入运营。桦甸市投资1.45亿元,建设了柳树河子、南楼山和红石国家森林公园旅游综合项目。舒兰市"301"森林公园海慧寺建成,接待旅游达16万人次。磐石仙人洞、莲花山等项目落地开工。总投资3.8亿元的蛟河市额赫岛旅游观光小镇等项目已经开工。大项目建设推动我市旅游产业加速步入了转型升级的快车道。

广泛合作,扩大交流,旅游宣传推广成效明显。

旅游市场推广以跨省、跨区域的大合作、大交流为方向,以媒体、展会、赛事为依托,以创新和完善产品为手段,取得了明显成效。

制作完成了宣传海报、风光片。更新了龙嘉机场引线、长吉高速16公里处和长吉高速出口处广告牌。编制和完善了四季精品旅游线路、开江鱼美食节踏青品鱼线路;推出"冬季动感一日游、快乐二日游、深度三日游、经典五日游"以及温泉休闲度假游、乡村体验游等特色旅游产品。组织县(市)区旅游局、旅游企业和新闻媒体参加各类展会。在央视四套《快乐汉语》、《远方的家》、《走遍中国》栏目组播出"吉林市专集",央视新闻频道播出吉林市旅游宣传片,人民网、《中国自驾游》、等媒体开辟吉林市旅游专版。深度开发了窝集口、插树岭等乡村旅游和关东第一漂等村(镇)特色旅游产品,东福神农庄园和圣德泉荣获吉林省"高端乡村游示范点"称号,扩大了我市旅游业影响。

精心设计,创新手段,节庆赛事活动迸射城市魅力。

举办了第十六届雾凇冰雪节,旅游收入和接待人数均创历年新高。第六届松花湖开江鱼美食节,开展了开江鱼头鱼拍卖、江水炖江鱼等七项活动,开江鱼成为我市乃至全省春季主打品牌。松花湖休闲度假旅游节,举办了徒步大会、激情夏日漂流节、摄影采风展等系列活动,较好宣传了松花湖旅游资源。在世纪广场和圣德泉美食广场举办的国际旅游风味美食展,历时10天,近120户餐饮企业参展,170多种国内外美食亮相江城,呈现出参与范围广、参展企业多、美食品种全、展会设计新等四大亮点。蛟河的红叶旅游节,桦甸的白桦节,较好的宣传和展现了区域特色旅游资源和文化内涵。

依托资源,深入发掘,旅游商品开发渐入佳境。

成立了吉林市松花湖旅游产品有限责任公司,研发具有地方特色的"厂平壹两"高仿系列金银币、红瓷工艺盘、茶杯、笔筒和茶具等旅游商品。组织旅游商品企业参加义乌国际旅游商品博览会和全省旅游商品博览会暨旅游商品大赛。其中,磐石长白山密灵茶获得产品获得金奖,蛟河人参壁挂获得银奖,龙潭区乌拉草布艺制品和舒兰椴木木艺脸谱和鸳鸯获得铜奖;蛟河市天骄土特产超市被评为"吉林省旅游局推荐的旅游商品购物店",市旅游局荣获"2011吉林省旅游商品大赛优秀组织单位"。桦甸市木艺、根艺、奇石、玉米叶草编和舒兰市高粱酒、工艺品系列,蛟河市长白山红酒系列、绿色食品系列、特色工艺品系列受到了旅游者、消费者和社会各界的青睐和好评。

多措并举,依法管理,旅游监管工作不断强化。

完成了年度旅行社责任险统保工作,参加统保旅行社达到95%以上,在全省排名第一。开展了为期2个月的旅行社挂靠承包等违规经营专项整治行动,出动执法人员200余人(次),到访旅行社及分支机构达到100%, 提出整改意见和建议100余条(次)。历时5个月,对全市一级列管单位和各类宾馆酒店进行了旅游安全隐患大排查大整治专项行动、特殊时段安全防范等监管工作。共检查企业200多家(次),约谈企业法人30余人次,向企业负责人短信群呼20余次2000余人次,推动了安全管理制度的落实。以市政府令发布和实施了《吉林市旅游奖励办法》,有效促进了我市旅游业发展。

(邓建伟)

政府法制

【政府法制】 2011年,在市委、市政府的领导下,在上级主管部门的指导下,我办坚持以有中国特色的社会主义理论为指导,按照"五项攻坚"的总体目标要求,紧紧围绕市委、市政府的中心工作,以继续实施国务院《纲要》、《决定》和《关于加强法治政府建设的意见》为着力点,扎实推进我市依法行政建设法治政府进程,充分发挥了市政府领导参谋助手及法律顾问的作用,为我市富民强市振兴吉林目标的实现提供了有力的法制保障。全年主要完成以下几项工作:

一、加强组织领导,深入推进全市依法行政

召开全市依法行政工作会议。2011年7月,我办组织召开了全市依法行政工作会议。各县(市)区政府及各执法部门主要领导、分管领导和法制机构负责人参加了会议。会上宣读了我市"十一五"期间全市依法行政先进单位和先进个人的表彰决定,进行了表彰,并对依法行政的先进经验进行了交流。市长赵静波同志亲自做重要讲话。赵市长的讲话鼓舞了士气,对我市依法行政工作的顺利开展起到了极好的推动作用。

做好法法治政府示范县活动指导调研工作。2011年,我办对"推进依法行政建设法治政府"示范县情况进行了指导调研,对十个方面工作情况进行了重点检查,对各项建设工作存在的具体问题及下一步推进措施等情况给予指导并通报。指导调研活动掌握了示范县活动的基本情况,总结了好的经验和做法,督促了后进,有利地推动了我市示范县活动的开展。

坚持向市人大党委会报告我市政府依法行政加强法治政府建设情况。2011年,我办两次代市政府起草了本届政府依法行政加强法治政府建设情况,并代市政府向市人大常委会进行了汇报。

二、扎实开展政府法律事务工作,充分发挥参谋助手和法律顾问作用

2011年,我办本着提供高质量法律服务的宗旨,完善了重大决策法制参与制度,在为领导决策提供法律意见、受政府委托处理法律事务等方面发挥了积极的作用。办主要领导列席政府每一次市政府常务会议,为政府重大行政决策提供法律意见和合理性建议。全年共审查《关于招商引资合作建设吉林市东广场地下工程的报告》、《政府法律顾问团法律意见书》、《吉林市政府网站升级改造合作协议》、经济社会管理政策性文件、重大法律事务等几十项,提出法律意见200余条。合法性审查把关工作避免了政府重大行为的法律风险,为解决我市的焦点、难点问题出谋献策,得到市领导好评。

三、加强地方立法定规工作,制度建设质量明显提高

发挥立法优势,为全市经济和社会发展服务。2011年,我办围绕全市发展、稳定工作的需要,从提高行政立法质量入手,不断改进立法程序,增强立法透明度,较好地完成了全年立法任务。2011年共完成《吉林市房地产交易市场管理条例(草案)》、《吉林市无规定动物疫病区建设管理条例(草案)》、《吉林市市政设施管理条例(草案)》等3部地方性法规的制定送审工作;完成《吉林市城市国有土地上房屋征收与补偿暂行办法》等11部政府规章。完成立法调研25件。在全国率先出台《吉林市城市国有土地上房屋征收与补偿暂行办法》,人民日报、法制日报、吉林日报、人民网、法制网、新浪网等各大媒体纷纷对该《办法》所体现的惠民便民的原则,以及详细的内容规定、较强的操作性和前瞻性,从客观的角度给予了高度评价,外地立法学习考察团多次来我市学习调研。

严格遵守"法制统一"的原则,做好规范性文件备案审查工作。2011年,我办共向上次部门备案政府规章15部,补充备案2部。全年共备案审查市政府(办公厅)、市政府部门、县(市)区政府规范性文件70件,重大行政决策20件,纠正违法条款100余条,修改不合理规定200余处,提出合理建议40余项,全部被市政府和有关部门采纳。

完成了有关拆迁征地方面的规章及规范性文件的清理工作。按照省政府要求,我办结合实际,与相关部门联合下发了《关于做好有关征地拆迁的规章和规范性文件专项清理工作的通知》。经清理,决定废止规章7部,废止规范性文件14件,修改规范性文件1件,清理结果以市政府文件形式公布。

开展了规范性文件备案审查示范点建设工作。在全市设立了4个示范点,即永吉县政府、龙潭区政府、市财政局和市工商局,积极探索了规范性文件备案审查的新方法新手段,为全市法治政府建设发挥了典型示范作用。

四、强化行政执法指导工作,加强对行政执法队伍的管理

强化行政执法指导工作,处理执法争议。2011年,我办积极协助政府处理行政执法方面的疑难问题。根据申请,我办对市计生委开展的"全市人口和计生基层文明执法破解执法难题"活动提出意见和建议;依据相关法律法规,修改建设部门执法程序和执法文书;对《吉林市商务局行政执法委托书》进行修改完善。对吉林市地方海事局《关于松花湖旅游船舶实施统一营运问题》提出意见和建议;完成了对《吉林市卫生局确定行政处罚案件管辖权的请示》的批复。行政指导工作化解了行政争议,提高了执法效率。

加强对执法队伍的管理,提高队伍素质。2011年,我办建立了行政执法人员主体资格制度,加强了对行政执法证件的管理,完善执法人员数据库,探索建立了执法人员执法档案,全年为县(市)区和市直各单位近2万名执法人员换发了省政府行政执法证。换证与统计工作强化了对执法队伍的管理,提高了队伍素质。

五、围绕推进依法行政,积极完善行政复议制度建设

今年,我办不断完善行政复议制度,认真审理复议案件,切实维护和监督行政执法机关依法行使职权,纠正和制止违法或不当的具体行政行为。全年共办理行政复议案件51件,代表市政府出庭应诉1次。全年接待上访群众的法律咨询共600余人次。在复议工作中,我办建立了重大案件专家咨询制度,吸纳专家学者参与重大疑难案件的咨询和把关,提高了复议案件结论的合法性与合理性。复议工作提高了政府行为公信力,为维护社会稳定,建议"和谐吉林"做出了贡献。

六、认真办理仲裁案件,积极拓展仲裁影响力

2011年,仲裁办共受理仲裁案件822件,涉案标的额1亿3千2百多万元。其中交通事故损害赔偿案件751件,经济合同案件71件。已审结809件,未结13件。已审结案件中,裁决24件,占3%;调解778件,占96%;决定8件,占1%;撤请6件。申请执行16件,目前没有一起案件被人民法院撤销或不予执行。法定期限内案件结案率98%,调解和解率96%,自动履行率98%。2011年,仲裁办先后走访全市保险公司及保险行业协会、建筑领域、金融领域,就推行仲裁法律制度进行沟通,同时与市电台合作制作专题节目,宣传交通事故仲裁,扩大了仲裁影响力。目前,中保、太平洋、安邦等保险公司均已在保险合同中约定了仲裁条款。

七、着眼于提高能力、营造氛围,不断加强依法行政宣传工作

2011年,我办组织全市行政机关干部、行政执法人员参加"法治杯"依法行政建设法治政府知识竞赛书面答题。 全市共有15000余人参加了答题活动,答题人数在全省九个市地州名列前茅,影响较大。2011年6月,我办派员参加了省举办的市县政府依法行政理论研讨会,进行了研讨交流。《推进依法行政加快法治政府建设的几点思考》等7篇论文荣获优秀论文奖,获奖比例较高。

一年来,我办的依法行政工作取得了较大成绩,但仍存在着差距与不足。法制工作人员少,力量薄弱,无法承担日益繁重的依法行政工作任务。行政执法队伍的素质亟待提高,尚不能完全适应新形势发展的需要。这些问题,我们会在今后工作中认真加以解决。

【公　安】 2011年,全市公安机关紧紧依靠市委、市政府和上级公安机关的正确领导,主动服务第一要务,认真履行第一责任,在困难和挑战中磨砺,在机遇和改革中探索,在拼搏和奋斗中进取,公安工作和队伍建设在原有基础上实现了新的突破,依法维护稳定、以队伍建设促进执法规范化建设等多项工作经验被公安部、省公安厅予以肯定并在全国、全省范围内推广。市公安局被省公安厅荣记集体二等功。

一、以加强党建工作为突破口,队伍正规化建设迈出新步伐

队伍建设是根本,更是保障。一年来,全市公安机关以加强党建工作为突破口,全面加强队伍正规化建设。一是积极推进党建工作。市局制定出台《关于进一步加强全市公安机关党建工作的意见》，全面加强和规范党建工作，强化“三会一课”制度，全面启动“周五工作学习讲评会”活动，在党内、团内大力开展创先争优活动，在青年和妇女中开展立功竞赛，全局上下以党建带局兴，激发了内在活力，争先创优氛围浓厚。二是积极推进精细化管理考评工作。市局制定出台《吉林市公安局关于建立精细化管理工作机制的意见》，坚持以岗定人，从遵守党纪国法、遵守工作纪律、工作完成情况三个方面入手，以“日清、月评、季结、年考”的考评方式，对各单位、各部门和每名民警的工作完成情况进行量化考核，有效解决“干与不干、干好干坏、干多干少一个样”问题，充分调动民警工作积极性。三是积极推进人才队伍建设。大力实施人才强警战略，成立了市公安局人才管理委员会，制定出台《吉林市公安机关专业人才管理规定》，组建了法制、管理、科技、维稳等七个方面、145人的专业人才队伍，为全市公安工作的可持续发展提供人才储备。在2011年正处级干部竞争上岗过程中，选拔任用专业人才9人，占选拔任用干部总数的47.6%，形成了尊重人才、重视人才、重用人才的浓厚氛围。市局人才队伍建设经验被省厅予以充分肯定。四是积极推进干部队伍建设。在市委、市政府的大力支持下，市局有3名同志走上正县(局)级领导岗位、2名同志解决了调研员非领导职务。组织完成了正处级干部竞争上岗工作，选拔任用正处级领导干部19人。经过对此次竞争上岗工作的无记名问卷调查，对竞争上岗方案整体满意率为90.8%，对竞争程序和组织工作满意率为83.8%，对提拔任用干部认可数达到91%，选人用人合理度得到提升。积极推进处、科级领导班子和领导干部考核调整工作，调整交流处级干部113人，科级干部99人，占干部队伍总数的16.28%。通过调整交流，使各级班子的年龄结构、知识结构趋于合理，增强班子合力，调动了大部分想事干事人的积极性，营造了“以素质立身、以能力竞争、以业绩攀登”的良性用人导向。五是积极推进表彰奖励工作。市局将民警奖励工作作为全局重要工作来思考和谋划，制定出台《关于进一步加强和改进表彰奖励工作的意见》，确立了民警奖励工作围绕中心、服务大局，最大限度向基层一线、向艰苦岗位、向重要工作倾斜的总体原则。年内，丰满分局民警辛德臣被公安部授予“全国公安战线二级英雄模范”荣誉称号，丰满分局王洪海同志被公安部评为“全国公安机关爱民模范”，6名同志被评为吉林市劳动模范，569名同志分别荣立个人一、二、三等功。六是积极推进教育训练工作。市局在政治部专门设立教育处，出台市局《关于加强和改进教育训练工作的意见》。市局共开展警衔晋升培训班13期1189人，组织“轮训轮值、战训合一”培训班4期465人。七是积极推进警营文化建设。成功举办庆祝建党90周年“金盾颂歌”大型演唱会，成立了市局警官艺术中心，恢复了市局前卫体协，组织参加市直机关松花湖徒步大赛、省厅纪念建党90周年长跑接力比赛等文体活动，展示了全市公安民警良好的政治素质和精神风貌。八是积极推进从严治警工作。切实加强党风廉政建设和惩防体系建设，狠抓“五条禁令”、“五个严禁”等规章制度的贯彻执行，共查处民警违法违纪案件21起、35人，其中行政警告15人、行政记过9人、行政记大过8人、行政撤职1人、行政开除2人。

二、以指挥体系建设为基础，各项公安工作取得健康快速发展

指挥系统是全局工作的枢纽和神经中枢系统。一是明确目标，服务领导决策，以高水平的文字综合材料有力支撑公安工作。围绕全市“五项攻坚”、“三帮双促”、严打整治、创建文明城市、制度建设等中心工作，全局阶段性工作总结谋划、绩效考核、“五项建设”、综合业务大楼筹建、综合治理、大型活动安保等重点工作以及“清网行动”、“社会管理大巡防”、交通消防百日攻坚战等专项工作，组织起草、审核把关各类方案、意见、总结、谋划和局领导讲话等重要综合材料，有效推动了各项工作的扎实开展。同时，组织完成了市局《规范性文件汇编》、《经验材料汇编》、《精品案件经验汇编》、《调研文集》等四个书籍的编写工作，为领导科学决策和部署提供了准确的理论依据。发挥调研工作的全局性、引领性和实效性，围绕调研攻坚、组织协调和业务指导三个环节，共撰写、汇总调研文章345篇，上报公安部、省厅58篇，超额完成53篇，被公安部刊发2篇、省厅刊发10篇，位列全省前列。及时发布信息稳步推动公安工作。通过市局公安网站全年刊发各类信息7万余条，图片5万余张，并完成了市局互联网站改建工作。二是明确思路，发挥全局业务和神经中枢作用，统筹协调各项工作。组织制定了《吉林市公安局重大警务活动指挥系统工作预案》，积极协助市局领导指挥调度，圆满完成了“1.17”燃气爆炸事故善后处置、全国“两会”安保、“海天”案件返款救助、“1109”案件查缉等全局性工作。科学组织、周密部警，确保中央领导来吉视察活动的绝对安全。维护政治稳定，先后组织开展4次不稳定因素大排查，查明现有不稳定因素194件，从中确认重点群访隐患31件，逐一敦促落实了“四个一”的工作措施。协助现场指挥，妥善处置群体性上访事件612批次，对维护我市社会稳定发挥了重要作用。110报警服务工作进一步巩固提高。接听受理同比去年增加8.89%，处置有效报警同比去年增加20.49%。特别是与经广都市110电台合办专栏节目，专门讲解各类安全防范知识，在提高群众自防自救、参与社会治安联防等方面发挥了积极作用。建立系列规范化、长效型统计分析制度，高质量地完成《重大矛盾纠纷排查汇总表》、《重特大事故隐患汇总表》等统计报表工作，全年向省厅报表10大类600余份，向市委、市政府报表204份，均做到了准确、及时、无差错。三是明确任务，规范政工文秘工作。做到文书机要规范到位、会议组织筹备到位、公务接待细致到位，进一步完善了文书档卡簿册，规范了文书工作程序。从效果入手，规范政务督察工作。建立督办工作流程、明确办结时限、严密反馈渠道，使得政务督察工作逐步步入正规化发展轨道。从科技入手，规范档案管理工作。四是以构建公安档案资源体系、服务体系和安全体系为目标，扎实推进档案管理工作。明确重点，结合当前社会治安形势，以基础信息采集为基础，以积分预警和重大事件预警工作为中心，以情报导侦为重点，求创新、谋突破，全力推动各项情报工作的全面发展。五是明确导向，围绕全局性中心工作，不断提高公安宣传工作的整体水平，努力为公安工作和队伍建设提供强大的精神动力和舆论支持。全年在国家级媒体发稿件169篇，省级媒体刊发1368篇，市级3244篇。在中央电视台播发新闻4条，省级新闻129条，播出《警示一刻》电视专栏节目155期。开展了以向建党90周年献礼的主题文艺晚会“金盾颂歌”为代表的系列警营文化活动。成立警媒关系促进会，完善对外宣传工作机制，召开新闻发布会12场，在中央及省市各级媒体共刊发稿件、图片、电视专题片近500篇(幅)。将网上宣传和网络舆情引导工作作为重点,利用微博、博客广泛宣传我市公安英烈事迹,互动直播公安部"建党90周年纪念大会"、全国特警汇报演练等活动,树立了人们公安的良好形象。六是明确责任,在抓好业务工作的同时,着力提高队伍凝聚力和向心力。严格执行精细化管理规定,认真贯彻落实"五条禁令"。

三、以优先保障基层为重点,后勤保障建设取得新成果

后勤保障建设是公安事业发展的物质基础。一年来,全市公安机关坚持经费向基层倾斜,装备优先保障基层,全力推进后勤保障建设。一是提高经费保障能力。按照"统一管理、科学管理、开源节流"的原则,广开渠道,保障资金投入。年内,全市公安机关总经费预算达到8.2亿元,增加预算外拨款1.6亿元,实现罚没、收费等非税收入2.3亿元。注重提高运用法律手段追缴犯罪资金的能力,通过办理涉黑案件追缴资金568万元;通过侦办非法占有他人财物案件追缴资金3400万元;通过办理非法传销案件追缴资金2700万元;通过办理其他传销案件收缴资金860万元,初步扭转了保障不力的被动局面,为公安工作的长远发展打下了坚实基础。二是切实加大保障投入。市局首次直接为基层所队拨付经费1100万元,用于解决车辆燃油、食堂补贴和报销旅差费,解决了基层的实际困难;购置专业设备投入资金601万元,增加了专用技术设备,提升了办案科技水平;筹措资金采购了119台警用车辆,配发给基层一线单位;请拨基层所队营房建设经费290万元,为基层基础建设欠款解决了实际困难;积极争取"清网行动"专项经费1000万元,确保"清网行动"顺利推进。三是积极开展大项目建设。市局综合业务楼建设项目已完成前期筹备工作。此外,城区四个分局办公楼和交管支队部分办公楼等基建项目也在稳步推进中。四是加大从优待警工作力度。成立了市公安民警优抚基金会,落实了民警人身伤害保险制度,建立民警体检、休假以及功模民警疗养制度,与全市8家医院及急救中心、红十字中心血站建立了因公负伤民警救治"绿色通道"。为全局6000余名民警进行了体检,极大调动了民警工作积极性。

四、以执法规范化为核心,公安工作规范化建设取得新提高

全市公安机关借助市局荣获"全国公安机关执法示范单位"的强劲东风,在新的起点上谋划和推进执法规范化建设。在公安部"全国公安机关执法示范单位"省际互检中,我局获得满分100分的优异成绩。一是创新执法机制。制定出台市局《关于执法管理工作的意见》,明确提出队伍建设与执法管理相结合,政工、法制部门领导交叉任职,赋予法制部门队伍管理权限。市局以队伍建设手段促进执法规范化的经验在公安部执法规范化建设泉州会议上予以推广。二是改进执法模式。市局不断改革完善执法质量考评制度,制定出台新的执法质量考评办法,将日常考评、阶段性考评和年终考评相结合,并坚持既考评执法质量,也考核执法办案的数量,既激励民警"办好案",又鼓励民警"多办案"。探索实行"说理式"执法,在兼顾各方利益的基础上,落实标准化执法模式,规范了市局执法勤务机构办案工作,有效避免了执法工作"灯下黑"现象的发生。三是加强执法安全管理。深入落实公安部《关于加强办案安全防范工作防止涉案人员非正常死亡的通知》的精神,新建符合标准的讯(询)问室210个。四是完善执法制度。以市局《关于加强执法规范化建设的意见》为框架,继续组织各部门完善岗位标准、行为标准、裁量标准、监督标准、奖惩标准、后勤保障标准等六大标准体系,初步实现了"用制度管权、按制度办事、靠制度管人"的工作目标。同时,强力推进制度建设的执行,对每项制度的学习、执行情况,由纪检、监察、督察、法制等部门进行督导检查,保证了制度的贯彻落实。五是强化执法主体建设。加大法律知识培训力度,举办各类执法骨干培训班18期,培训民警4000余人。组织全市6416名民警参加基本级执法资格考试。网上执法办案工作在基层全面开展,初步实现了报案网上受理、执法证据网上记录、网上审批、网上结案、网上考核。

五、以"清网行动"为龙头,"平安吉林"建设取得新进步

平安吉林建设是人民群众衡量公安工作成效的重要标尺。全市公安机关全面深化打防管控等各项措施,全面推进平安吉林建设。据省统计局数据显示,我市人民群众社会治安安全感满意度为92.90%,位列全省前列。一是全力维护国家安全。始终保持对邪教组织的严打高压态势。组织开展专项战役,破获案件252起,打处131人,同比分别上升104.88%和23.66%,打掉团伙10个,摧毁窝点19处,查获违法宣传品13万余份,收缴作案工具261台(件),有效摧毁了我市邪教组织体系,确保了各个敏感时期全市治安大局的持续稳定。二是妥善处置群体性事件。组织开展不稳定因素大排查,确认群体访隐患194件,其中重点群访隐患31件。协助党委、政府妥善处置各类群体性事件664批次,27790人次,其中"三堵"群体性事件196批次,12373人次,同比分别上升2.62%和12.33%。三是保持严打刑事犯罪高压态势。进一步加大严打工作力度,共立刑事案件17005起、同比上升5.29%,发生命案80起、同比下降16.67%,破案5230起,现行案件破案率为30.76%;破获命案79起,命案破获率为98.75%,同比上升3.05%。深入开展打黑除恶工作,共打掉恶势力团伙组织12个,抓获涉案成员75名。深入开展禁毒严打整治专项行动,破获毒品刑事案件280起,抓获犯罪嫌疑人276人,收缴各类毒品21.6公斤,毒资80余万元,破获毒品案件起数、抓获犯罪嫌疑人人数、收缴毒品数量,同比分别上升184.6%、188%和177.1%。深入开展打击侵犯知识产权和制售伪劣商品犯罪行动、打击银行卡犯罪行动和打击整治发票犯罪等三个专项行动,共立、破涉假案件58起,其中部、厅督办案件3起,捣毁制售窝点99个。共受理各类经济案件107起,立案59起,查结52起,扣押、冻结涉案财物数千万元。四是强力推进"清网行动"。在公安部、省公安厅的统一部署下,按照"全警动、全民动、全市动"的要求,倾全局之力,强力推进"清网行动"。全市撤网率突破90%,提前完成省公安厅下达的目标。行动期间,共抓获各类网上逃犯1489人,其中抓获在库逃犯1051人,故意杀人逃犯109人,历年逃犯681人,撤网率达95.96%。市局被省公安厅荣立集体二等功。五是全面加强社会治安大巡防工作。市局出台《关于加强全市社会治安大巡防工作的意见》,把社会治安大巡防工作作为一项重要的常态化工作,每晚出动千余名警力在全市开展全方位、立体化的社会治安巡防工作,提高了见警率,最大限度地挤压了犯罪空间,全市可防性案件呈明显下降趋势。六是全面加强治安管理。共受理治安案件53310起,查结53232起,查处违法人员61886人,同比分别上升8.2%、8.6%和13.8%;检查涉枪、涉爆、放射、剧毒化学品单位812家，发现并整改安全隐患83起；收缴枪支31支，子弹30423发，炸药1572.6公斤，雷管11474枚，索类爆炸物品1631延长米，剧毒化学危险品80公斤，及时消除了安全隐患。全面深化道路交通安全整治行动，查处各类交通违法行为110万起，同比上升276%。组织开展38次打击酒驾统一行动，查处酒后驾驶违法行为492起，其中醉酒驾驶144起。严重影响群众生命安全的"三超一驾一疲劳"交通顽症得到有效解决。全市共发生交通事故342起，死亡185人，受伤307人，直接经济损失151.16万元，事故起数、受伤人数和直接经济损失数同比分别下降11.40%、27.59%和13.51%。深入开展火灾隐患整治百日攻坚等专项行动，检查消防单位205235家次，发现并整改火灾隐患13844处，查封单位或危险部位1940处，责令"三停"单位649家。全市共发生火灾事故10075起，直接经济损失310.8万元，无死亡和伤人，火灾起数和直接经济损失数同比分别下降14.88%和26.82%。七是全面推进社会管理创新。全面推行社区警务战略，推动建立由民警牵头负责的社区警务室、综治办和治保会，整合资源、合署办公、联合作战，新型社区管理工作机制不断完善，开创了预防和打击违法犯罪新格局。八是全面强化大型活动安全保卫和警卫工作。从强化方案制定、执法执勤、维稳处突等环节入手，先后投入警力20余万人次，圆满完成了"雾凇冰雪节"、庆"七一"焰火燃放、"首届松花江彩灯文化节开幕式"等21项大型活动安保工作，向中外来宾和广大群众集中展示了全市公安民警良好的职业素养和精神风貌。

六、以"大走访"开门评警为突破口，和谐警民关系建设取得新进展

实现群众满意是公安工作的出发点和落脚点，和谐警民关系建设是密切警民鱼水深情的重要渠道和有效平台。全市公安机关扎实推进和谐警民关系建设，有效搭建警民沟通平台。2011年，据省社情民意调查中心电话调查显示，我市人民群众对公安工作的满意度为90.9%，居全省第四位。一是深入开展主题实践活动。按照公安部、省公安厅的统一部署，集中开展"大走访"开门评警活动，全市公安民警走进公司企业、深入田间地头走访、慰问社会各界群众5.4万余人次，征集、整理各类合理化意见(建议)177条，并逐一落实了整改措施。在市委、市政府部署的"三帮双促"活动中，全市公安民警共走访居民3万余户、个体工商户3千余户、大型企业371家，走访量占全市总量的37%。征求群众意见(建议)11856条，帮助群众解决实际困难7984件，帮扶困难群众370余人次，落办各类民生事项589件，推出了13项便民利民服务举措。通过开展系列主题活动使广大民警坚定了理想信念，树立了公仆意识，升华了朴素情感，实现了民警受教育、百姓得实惠、经济促发展、警民关系和谐的工作目标。二是全面加强公安宣传和典型培树工作。围绕全局中心工作，不断提高公安宣传工作的立体水平。全年在国家级媒体刊发稿件169篇，省级媒体刊发稿件1368篇，实际媒体刊发稿件3244篇，在中央电视台播发新闻4条，吉林电视台播发新闻12条，《警视一刻》专栏收视率稳步提升，为公安工作队伍建设提供了强大的精神动力和舆论支持。三是加强和改进控申(信访)工作。通过领导接访、源头治访、阳光办访等方式，接待群众来信来访520件，受理413件，查结373件，息访320件，查结率为90.31%，息访率为77.48%。由领导带头全警参与息访，使我局信访案件存量由过去的500多件下降至目前的63件，没有发生新的涉警有理访案件，初步扭转了信访工作的被动局面。牢固树立依法治访理念，对闹访、缠访、无理访等违法上访行为，予以坚决打击，共依法刑事拘留违法上访人员24人，逮捕20人，移送起诉26人，使一大批疑难信访案件得到解决。四是搭建警民沟通平台。成立了吉林市警民关系促进会和市警察协会，创办了市公安局互联网门户网站，在公安机关与群众之间搭建起了交流和理解的平台。积极探索短信提示公共服务功能，在全市窗口和一线单位积极推行微笑服务、敬礼执法，"四难"现象明显好转。

【检　察】 2011年，全市检察机关在市委和上级院的正确领导下，坚持以科学发展观为指导，始终突出"强化法律监督，维护公平正义"的检察主题，牢牢把握"发展是第一要务、民生是第一目标、稳定是第一责任"的工作要求，紧紧围绕全市工作大局，忠实履行宪法和法律赋予的职责，各项检察工作取得新的进展，为推动全市经济社会科学发展作出了应有贡献。

——打击刑事犯罪和维护稳定工作。全面落实宽严相济的刑事司法政策，努力做到"严到位，宽适度"。与公安、法院密切配合，突出打击严重暴力犯罪、多发性侵财犯罪和涉众型经济犯罪，共批准逮捕2151人，提起公诉3939人，从快办理了"4.14"爆炸案、孙继东强奸猥亵16名儿童案等一批造成社会恐慌的恶性案件，推动了平安吉林建设。强化国家与政权安全意识，积极参与防范和打击"三种组织"专项行动，严厉查处境内外敌对势力的渗透、颠覆、破坏活动。继续开展"打黑除恶"专项斗争，依法对长期欺压百姓的孙保国涉黑团伙16名被告人提起公诉，主犯孙保国被判处死刑；7名"12.17"涉黑案件专案组成员被省政法委分授一、二、三等功。吉林市院公诉一处、龙潭区院、丰满区院被吉林市政法委授予"全市打击刑事犯罪先进单位"。认真落实中央"两扩大、两减少"的要求，对初犯、偶犯、过失犯、未成年犯、老年犯以及"民转刑"案件，坚持全面把握、区别对待，共不批捕478人，不起诉327人，减少了不和谐因素。积极参与社会治安综合治理，配合有关部门加强对高危人群、复杂场所、重点区域的打防管控，市院继续保持了市综治工作标兵单位的称号。

——查办和预防职务犯罪。以治理商业贿赂、工程建设领域突出问题、国土资源领域腐败问题专项治理为重点，共查办各类职务犯罪301人，其中贪污贿赂犯罪200人，渎职侵权犯罪101人；抓捕在逃职务犯罪嫌疑人50人。所立案件中，大案要案284人，占总数的94.4%。查处了原吉林市远东纺织工业公司现任留守处主任吕景新等6人、原吉林铝业公司福利处长张成喜等5人贪污贿赂窝串案，消解了职工的怨气，防止了群体上访事件的发生，确保了"两会"期间我市的稳定大局。突出查办重点，严厉打击以权谋私、以权谋利案件，立案查办国家机关工作人员犯罪108人、司法人员犯罪12人，占总数的39.9%，促进了依法行政和公正司法。正确把握办案数量、质量、效果之间的关系，强化对下指导，案件侦结率、起诉率和有罪判决率均稳步提升。注重源头治理。通过预防调查、犯罪分析、检察建议，深入开展个案预防和系统预防，与教育系统共同开展了职务犯罪风险警示工作，向其所属单位发放检察建议75份，实现了预防关口前移。《关于预防农村公路建设中职务犯罪的建议》，被高检院评为全省唯一的优秀检察建议；向市委提交的《关于查办农机补贴领域系列职务犯罪案件情况的调查报告》，得到了市委高度重视，市委书记张晓霈给予批示肯定。加强法制宣传和警示教育，承办了“全国惩治和预防渎职侵权犯罪展览”吉林市巡展活动，全市有186个单位近3000人参观，张晓霈、李向东、朱淳、仇福华、崔振吉等市领导在参观结束后纷纷题词。制作展览专辑画册和光盘各1000册发放给有关单位，《江城日报》和《市电视台》均在头版、头条对巡展情况予以全方位报道，为推进党风廉政建设营造了良好氛围。扎实开展市预防职务犯罪协会工作，推进了党委领导下的大预防工作格局。探索实施预防职务犯罪白皮书制度，强化对犯罪态势的宏观研究，向市委呈报了《职务犯罪年度综合报告》，为科学决策提供了有益参考。在两级党校普遍建立了教育基地，检察长谢茂田亲自为全市后备干部上法制教育课。开设了职务犯罪预防警示课程，强化了对党员干部的廉政勤政教育，推动了社会惩防体系建设。《检察日报》头版进行了报道，高检院在全国予以推广。

——诉讼监督工作。着力解决执法不严、裁判不公等群众反映强烈的突出问题。加强刑事诉讼监督。监督纠正侦查机关立案不当86件、有案不立67件，其中39人被判处三年以上有期徒刑。决定追捕54人，追诉146人。成功追诉的李成“涉恶”案11名被告人均被作出有罪判决。对认为确有错误的刑事裁判，依法抗诉50件70人，法院已改判或发回重审37件54人。如被告人崔彦超合同诈骗案，经抗诉由一审有期徒刑6年改判为有期徒刑11年；被告人任凤芹诈骗案，一审判处有期徒刑2年缓刑2年，经抗诉改判有期徒刑8年，有效地维护了法律的公正。强化量刑监督，对公诉案件普遍提出量刑建议，保证了案件质量。加强刑罚执行和监管活动监督。深入开展“清理纠正久押不决案件”和“看守所违法使用械具”专项检查，严厉打击“牢头狱霸”，依法纠正在审批减刑、假释、暂予监外执行中存在的违法问题32件次，全省派驻检察经验交流现场会在我市召开。加强技术审查、检验工作。以科技强检为依托，提高检察工作的科技含量，全省检察机关法医工作现场会在桦甸市院召开，1人被评为“全国检察技术信息工作先进个人”。加强民事行政诉讼监督。对认为确有错误的民事行政裁判，依法抗诉97件，发再审检察建议82件，法院已改判、调解或发回重审30件。积极构建多元化的监督机制，充分运用纠正违法、检察建议、督促起诉等手段，纠正执行不当177件，办理公益诉讼598件。如督促市农行东大支行及时主张诉权，避免贷款损失428万元。全省民行部门推进“三项重点工作”现场会在我市召开。

——服务经济发展工作。结合推动经济结构战略性调整，密切关注违法犯罪新动向，积极参与打击侵犯知识产权和制售假冒伪劣商品、食品药品安全等专项整治活动，查办严重影响发展的各类犯罪116人，为振兴吉林注入了强有力的法治力量。针对我市总量不大、结构不优的发展实际，坚持政策引导执法，出台了《切实保障经济发展方式转变的工作意见》。按照“不把人心查散、不把关系查断、不把秩序查乱”的执法要求，严格区分罪与非罪的界限，对涉案的企业技术骨干和关键岗位人员，暂缓立案或变更强制措施22人，保护了企业的正常生产经营。全省反贪部门“运用反贪职能，服务发展大局”现场会在我市召开。围绕市委“三化”建设、“三动”战略、“五项攻坚”部署，开展了“服务科学发展，推动五项攻坚”活动，两级院包保服务企业、项目154个，市院成立了综合协调、法制宣传、合同审查、惩治预防、治安整治、信访接待6个服务组，提供法律咨询服务485次、行贿犯罪档案查询2077次，为区域发展提供了倾力服务。高新区院从保护知识产权出发，为辖区高新企业拟制了格式统一的专利保密和竞业限制协议电子模板，受到了企业欢迎。市院积极派员奔赴北京、厦门、长春等地开展招商引资工作，引进总投资达13亿元的项目2个。市院在全省检察机关软环境建设工作会议上介绍了经验。

——保障民生民利工作。完善下访巡防、联合接访等制度，共受理群众控告、申诉、举报1532件，其中检察长接待186件次；办结涉检信访积案22件、刑事赔偿案件19件，妥善解决了群众合理诉求。坚持群众信访有理推定，实行窗口人性化设计、态度人格化尊重、办理人权化保障，体现了检察的人文关怀。市院、龙潭区院被评为全国文明接待示范窗口，舒兰市院等6个基层院被评为全国文明接待室。从保障惠民政策落实出发，开展了查办危害民生民利职务犯罪专项工作，查办征地拆迁、社保就业、环境保护、补贴发放等民生领域职务犯罪134人。集中查办了农机补贴领域贪污贿赂犯罪17人，渎职侵权犯罪31人，涉案金额超过2000万元。加强对弱势群体的司法保护，对8名刑事被害人进行了司法救助，协调救助资金19.4万元。积极延伸工作触角，依托检察工作服务站，实施了“走进农村、走进社区、走进企业、走进基层”活动常态化建设，拓宽了走进机关、学校、军营等新领域，吉林市人大视察组来我院视察“四走进”工作，并给予了高度的评价，张金锁检察长对吉林市人大视察组的评议意见进行重要批示。在“三帮双促”活动中，两级院第一时间走访，竭尽全力帮扶，共走城乡居民6079户、工商业户887户，企业129户，征集意见2354条，捐赠款物67.23万元，协调资金300余万元，帮助修建基层村部3个，解决住房7户，新建桥涵9座、水泥道路913米、疏通河道8890米，解决各类群众问题112个，所修建道路桥涵当地群众称为“双促路”、“连心桥”。有效增进了检察人员与群众的血肉联系，广大检察干部的群众工作能力明显提升。市委书记张晓霈要求市直机关工委和市委宣传部在全市推广市检察院的做法，并专门批示：检察院在“双促”工作当中，领导带头，全员参加，深入群众当中，想群众所想，急群众所急，做群众所需，受到了广大人民群众的高度赞扬，取得了很好的效果。《检察日报》和我市媒体进行了广泛报道。

——社会管理创新工作。坚持在发挥职能中促进和完善社会管理体系。健全社会矛盾调处机制，探索建立控申疏解、刑事和解、民行调解、侦防消解、社区融解“五解”机制，切实把化解社会矛盾贯穿于执法办案始终。建立执法办案风险评估预警机制，强化了对不稳定不确定因素的预警防范。普遍成立检调对接办公室，对轻微刑事案件、涉检信访案件，积极依托社会调解组织开展公开听证、先行调解，通过刑事和解不批捕181人、不起诉199人，有效预防和减少了矛盾冲突。加强对特殊人群的帮教管理，积极开展社区矫正及未成年人犯罪帮教工作。省关工委在桦甸市院召开了青少年维权工作现场会。积极下沉检力，在全市设立乡镇检察服务站44个，加强与有关基层组织的协作联动，努力实现矛盾联调、工作联动、平安联创,使其成为检察工作的重要平台,有效扭转了基层执法监督长期缺位局面。积极推动“两新组织”培育壮大,与吉林卓尔科技公司和4个社区组织开展了党务帮扶共建工作,进一步拓宽了服务管理的工作领域。重视新形势下的情报信息工作,开展了行政执法与刑事司法衔接专项工作,与公安、工商等部门建立了信息通报制度,市院成立了情报信息处,提升了对违法犯罪的快速反应能力。

——**标准化检察院建设工作**。根据省院统一部署,以“目标更明确、标准更清晰、程序更规范、奖惩更有据”为目标,扎实开展了标准化建设工作。出台了《标准化建设工作实施办法》,提出了“两年任务一年完成”的要求,确立了“1加3”标准化建设模式,提炼推广了“六步工作法”。采取党组会议决策、深入基层摸底、专题学习培训、定期协调督导等方式,组织基层院和市院各处室对照省院标准化管理指导手册,对现行制度规范进行了“废、改、立”清理完善工作,6月底全面完成了制度建设任务,初步形成了标准化管理体系。8月,全省政法机关推广检察机关标准化建设经验工作会议在我市召开。目前,已完成了对各基层院、派出院的标准化建设验收工作。标准化建设工作的有序开展,有力地提升了检察机关执法规范化、队伍专业化、保障现代化、管理科学化水平,夯实了基层基础。

——**队伍素质和检察文化建设工作**。深入开展“坚定职业信念,促进执法为民”主题教育实践活动,提高了坚持党的领导的坚定性和自觉性。认真贯彻市委决策战略,严格执行请示报告制度,坚决落实政法委、纪委等党委部门的安排部署,全力争取党委及党委部门的首肯。以“检察形象建设年”为载体,不断深化“创先争优”活动,切实以履职尽责、推动发展的“有为”求得“有位”。准确把握检察机关的宪法定位,更加主动地接受人大及其常委会的监督。共向两级人大常委会报告专项工作11次,接受各级人大执法检查、工作视察21次。市院接受了省人大调查组关于“加强法律监督,促进公正执法”情况的视察。加强服务和联络人大代表工作。共邀请人大代表参加重大活动57次、列席检察委员会36次、参与评议各类案件118件,办结代表交办案件29件,与人大代表开展座谈73次,走访人大代表所在企业26户,并采取定期通报工作、定期征求意见、定期网上交流等方式,加强了与代表的日常联络。主动接受社会各界监督。全面推行人民监督员制度,市院统一选任人民监督员59人,完善了监督范围和监督程序,提升了群众的司法参与度。积极扩大检务公开,出台了深化检务公开的“二十条意见”和“十项便民措施”,举办了检察开放日活动,拓宽了群众监督渠道,提升了开放、透明、信息化条件下的检察公信力和群众满意度。以打造“诚信检察”为核心,深入创建“检察文化特色院”,大力弘扬忠诚为民公正廉洁的政法干警核心价值观,牢固树立推动发展、促进和谐的大局观,理性平和文明规范的执法观,监督者更要自觉接受监督的权力观。加强素质能力建设,始终把教育培训作为检察文化建设的重要内容,选派132名业务专家、业务尖子参加在北京大学等举办的高端人才培训,邀请中国人民大学法学院副院长陈卫东等专家学者来院讲学,组织岗位练兵、专题辅导、专家讲学、案例评学、学习考察32期,培训检察人员2300余人次,提升了队伍整体素质。加强文化载体建设,结合革命传统教育,组织市院170余名同志分5批先后前往韶山、井冈山、重庆等革命圣地进行实地考察。结合特色道路教育,开展了纪念建党90周年和人民检察创建80周年红歌演唱会和书画摄影展等活动,其中有8幅书画作品被《检察日报》发表,1幅篆刻作品被高检院确定为“中国检察官文学艺术协会”会徽。大力加强检察宣传,在江城日报设立了《检察周刊》栏目,积极宣传检察成果、回应社会关切、展示干部风采,树立了良好检察形象。

【法　院】　2011年,全市共有两级11个法院。包括吉林中院、永吉县法院、磐石市法院、桦甸市法院、舒兰市法院、蛟河市法院、昌邑区法院、船营区法院、龙潭区法院、丰满区法院、高新区法院。中院本级内设机构25个,包括办公室、研究室、监察室、干部处、宣教处、机关党委、法官协会、刑事一庭、刑事二庭、民事一庭、民事二庭、民事三庭、行政庭、审监一庭、审监二庭、立案一庭、立案二庭、案件执行处、案件综合处、案件监督处、案件复议处、技术鉴定处、司法警察支队、行政装备处、审判管理室。两级法院共有法官及其他工作人员1059人,其中中院本级共有法官和其他工作人员248人。中院目前有院级领导11人,院长张德友,副院长:刘文生、张云江、李光华、周文君、王峰,副院长兼执行局局长冯其胜、纪检组长唐善荣、党组成员杨晶,审判委员会专职委员:王伟、宋为民。

2011年,市中级人民法院以科学发展观为指导,在市委坚强领导、人大及其常委会有力监督、政府强力支持和政协民主监督下,严格履行宪法和法律赋予的职责,大力弘扬“求新、求实、自省、自强”的吉林市法院精神,围绕全市中心工作,能动应对和解决各种挑战与困难,倾力推进全市法院工作呈现新气象,较好地履行了“为大局服务,为人民司法”的神圣职责。全市法院共受理各类案件39566件,审(执、办)结36772件,结案标的102.3亿元,同比分别上升10.1%、12.3%和101%。

——**服务保障工作**。强化能动司法,服务经济发展方式转变。制定出台6章54条《关于全市法院服务“五项攻坚”立功竞赛活动的指导意见》,依法支持加快发展方式转变的市场行为和经济活动,确保裁判的法律效果、社会效果、政治效果有机统一。坚持民生司法,保护人民群众合法权益。积极倡导流动审判方式,深入地域偏远,在老百姓的村头、地头、炕头定纷止争。大力推行和谐司法,确保案结、事了、人和。案件调撤率、和解履行率分别为62.13%和36.6%,分别高于全省5.4和3.2个百分点。昌邑法院和中院在全省政法机关推广法院系统“调解优先、调判结合”经验工作会议上介绍和交流了经验。全力担当保障和谐稳定政治责任。共审结各类刑事犯罪案件3671件5120人,其中判处5年以上有期徒刑、无期徒刑和死刑574人,商业大厦重大火灾事故7名责任人分别被判处3至4年6个月不等有期徒刑。中院刑事审判工作被省高院荣记集体一等功。

——**涉诉信访工作**。按照“五个一批”结案方式,精心组织集中化解涉诉信访系列攻坚会战,建立“四位一体”、“四定一包”责任体系,制定并落实督导调度、督办通报、访随人走、离职息访、责任倒查、捆绑担责等刚性制度。强力推进信访案件评议、评查、甄别和化解,着力化解旧访、坚决防止新的有理访。全市法院历年沉积的276件旧访案件停访92.8%,其中彻底息访82%。中院首次退出全国中级法院涉诉信访排名前50位,基层法院全部退出全国排名前100位,中院立案信访窗口被评为全国法院系统先进集体。

——司法改革工作。深入推进审判机制改革。在巩固中院自身成果的同时,针对基层法院特点制定下发了6章318条审判管理制度,并通过制度解读、组织考试和案件评查、排名通报、末位约谈、限期整改等方式,对审判权和审判管理权运行情况进行多维监督指导,基层法院案件审理周期同比缩短25天,上诉(抗诉)案件仅占结案总数的6.3%。强化案件评查和错案责任追究,中院对5起案件15名法官实施了问责。积极创新执行工作机制。在全国首创实施财产查寻、执行操作、执行监督分权制约和时间、行为节点监控新机制,提高了执行效率。与公安、国土、房产、金融等22个部门联合下发规范性文件,大力推进执行联动机制,营造合力破解执行难的新格局。案件综合执结率同比提高25个百分点,涉案标的实际到位率提高35个百分点,中院在全省法院执行工作会议上介绍了经验。

——反腐倡廉工作。根据法院特点,精准确定立案、审判、执行等8项权力,评估设定3个廉政风险等级,核定法官70个廉政风险点,构筑了"8370"预警防控新机制,强化对热点部门、重点岗位不廉风险的监督与防范。建立提醒谈话、责令检查、上下级连坐问责等系列制度,对4名法官进行了提醒谈话。在全省法院系统率先开展司法巡查活动,监督指导基层法院队伍、业务和廉政建设。中纪委和最高法院专程来我院调研并给予充分肯定,中院在全国法院"加强廉政风险防控、规范司法权力运行"现场会上介绍了经验。

——党的建设工作。开展"院上有党旗、庭上有堡垒、岗上有先锋"主题教育活动,增强党员意识、发挥党员作用、树立党员新形象。强化法官班内业外行为监督,整肃工作作风、严明审判纪律、规范司法礼仪,树立机关良好形象。大力开展司法信息宣传,弘扬公平正义主旋律。中院和10个基层法院全部被评为全省法院系统思想宣传工作先进单位。认真开展"三帮双促"活动,为有关企业解决涉法问题278件次,为困难群众解决住房、就医和低保等难题56件,提供生活必需品价值23万元,为贫困党员捐款48.4万元,为5户群众实现脱贫协调创业项目和资金。中院在全市"双促"工作会议上介绍了经验,并被评为优秀等次。

——司法权监督工作。坚决服从党对审判工作的绝对领导,坚决贯彻党委决议、决定,坚决落实党委政法委工作要求部署,及时请示审判工作中遇到的重大问题,汇报司法服务过程中的重大事项,确保法院工作正确的政治方向。自觉接受人大及其常委会监督。完善人大代表关注案件和建议、意见交办、督办、反馈机制,按时限报告处理结果。邀请代表观察庭审、听证和列席审委会207人次,就地组织座谈、现场接受监督。走访人大代表279人次,寄发征求意见函1230份,发送有关审判工作、社会广泛关注案件裁判结果等短信信息7380多条次,针对代表反映的问题和提出的建议意见,认真进行了整改。虚心接受政协民主监督和社会各界监督。从政协委员、各民主党派、专家学者、律师、基层群众中聘请执法监督员24人,从电视、广播、报刊、网络等媒体聘请舆情监督员12人,虚心听取意见建议,参照改进法院工作。

(张　铁)

【司　　法】　2011年,市司法局党委在市委、市政府和市委政法委及省司法厅的正确领导下,全面贯彻落实科学发展观,紧紧围绕党委政府的中心工作及"十二五"发展目标任务,团结和带领全系统广大干警,充分发挥法律保障、法律服务和法制宣传的职能作用,立足新起点,谋求新发展,扎实推进各项业务工作,有效提升了司法行政各项工作水平,为全市经济社会又好又快发展、服务"五项攻坚"做出了应有的贡献。

——法律服务工作成效显著。紧紧围绕推进"三化"统筹、实施"三动"战略和加快富民强市进程,不断创新服务大局思路,组织开展了"百名优秀律师挂职百户企业"、"公证质量提升年"、"司法鉴定服务质量双十佳"和"同心律师服务团"专项法律服务活动,积极推进全市重大项目和重点工程建设。律师担任企业法律顾问679家,出具分析报告、风险提示和法律建议365份,起草、审查合同1079份,代理企业诉讼案件2695件,避免及挽回经济损失4.12亿元。为吉林建龙钢铁集团等30个重大项目提供法律服务,参与招商引资项目27个,引资5亿元。建立市县乡三级政府法律顾问团148个,列席各级政府会议1099次,出具法律意见书　376份,为政府代理案件14件,挽回直接经济损失2.3亿元;公证机构为都帮保险、吉珲铁路、化纤集团贷款等办理相关公证468件,减免公证费590万元。开展了"反担保公证助推民营经济发展"活动,帮助中小企业融资6亿元,减免公证费52.3万元;司法鉴定机构为重点工程办理资产评估51件,减免费用30余万元。

——法律援助业务不断拓展。围绕保障和改善民生,组织开展了"我为民生办实事"、"幸福·尊严"法律援助应援尽援活动,全面完成了市委、市政府确定的"民生百件实事"工程任务,建立了潜在受援人数据库和法律援助应急机制,开通了吉林市法律援助网站和"12348"法律咨询服务热线,启动了"法律援助公示牌进千村"工程。全年办理法律援助案件2000余件,全市法律服务机构办理民生实事20880件。

——监狱劳教工作有新突破。不断创新监狱劳教工作思路,深入开展"监狱劳教规范化管理年"活动和"百日安全排查整治"活动,积极探索教育改造工作有效方法和途径,不断完善监管安全长效机制,确保了监狱劳教场所持续安全稳定。江城监狱坚持"两手抓"原则,实现了"六个零"工作目标,狱内生产收入700万元,创历史新高;劳教所全面加强内部安全管理和监督,完善管理机制,实现了"四无"工作目标,在全省绩效考评中取得了第二名的好成绩。

——特殊人群管理帮教措施得力。不断强化社会管理创新,全面落实了"18个针对"和"18个创新"工作措施,社区矫正工作规范有序推进,建立健全了管理、监督、教育、矫正、考核五位一体工作机制,在9个县(市)区开通了社区服刑人员移动信息监控平台。全市累计接收社区服刑人员3339人,解除矫正1695　人,无脱管漏管,无重新违法犯罪;全面推进安置帮教"三衔接,两结合"工作模式,形成了衔接、安置、帮扶三位一体工作格局,接收刑释解教人员1807人,安置1589人,建立安置基地28个,安置率87.9%。

——矛盾纠纷调解工作亮点频现。充分发挥司法行政机关维护社会稳定的职能作用，积极整合资源，构建"三调联动"格局。在基层法院建立人民调解室15个，建立行业性人民调解组织72个，成立了全市医疗纠纷人民调解中心；全面实施了"人民调解防护网工程"，调处矛盾纠纷3.5万件，成功率达到98%以上。防止民转刑案件336件，防止群体性上访372件。省司法厅总结推广了舒兰市建立"百姓说事点"的经验，目前全市已建立"百姓说事点"2243个。由律师组成的全省首家信访法律事务服务中心，接待上访群众代表1000余人次，受理信访案件141件，化解涉法涉诉信访案件90件，签订息访协议35件，息访群众3900余人。7月29日，省委政法委在我市召开现场会，推广此经验。

——普法依法治理工作创新发展。高规格启动了"六五"普法工作，高标准开展"法治江城"创建活动，高站位推进"法治文化"建设。市委、市政府对"五五"普法工作进行了总结表彰，并印发了《"六五"普法规划》和《关于开展"法治江城"创建活动的决定》，全面部署了"六五"普法工作。围绕加强和创新社会管理，大力宣传相关法律法规，深入开展了"法律六进"活动，扎实推进区域法治创建工作。法治县(市)区创建面达到了100%，法治乡镇创建面达到了30%，民主法治示范村和示范社区创建面分别达到55%和50%；在68个乡镇初步建立了法律辅导站，80%的行政村建立了法律图书角、法制宣传栏，开办了法治农家院，培养法律明白人1万余人。组织开展了法制文艺作品征集、乡镇法治文艺大赛、"12.4"全国法制宣传日等大型宣传活动，取得了良好的社会效果。

——基层基础建设全面夯实。着眼夯实司法行政发展根基，始终坚持把强基固本作为第一准则，司法行政基础建设进一步加强，基层职能作用得到充分发挥。逐步解决了司法业务用房、办公条件差等遗留问题，永吉、舒兰、龙潭司法业务用房即将投入使用。江城监狱移址重建和劳教所改扩建申报审批工作取得积极进展。我市上报的16个省级规范化司法所和"五化达标所"全部通过省司法厅验收。司法行政工作信息化、现代化水平明显提升，新开发的吉林市司法行政网站建成并投入使用。

——司法行政队伍建设长足进步。积极开展"发扬传统、坚定信念、执法为民"主题教育实践活动。开展了建党九十周年纪念活动，举办了"党在我心中"，"我为司法行政工作添光彩"主题演讲比赛，组织监狱民警参加了市直机关工委举办的"红歌"大合唱，获得了优秀组织奖。积极开展"三帮双促"活动，收到了良好效果。开展岗位大练兵、执业大培训活动，提高了司法行政队伍的执法执业素质。加强了各级班子建设，对机关和监狱劳教系统部分中层干部进行了轮岗交流和竞争上岗。加强了机关后勤保障，改善了办公条件，极大地调动了干部工作积极性。

2011年，在省司法厅绩效考核中，市司法局被评为全省优秀司法局，各项工作得到了上级领导的充分肯定；成立信访法律事务服务中心、化解疑难涉法涉诉信访案件的做法，得到了中央政法委、司法部、省政府及省委政法委的高度评价，被《中央政法动态》采用，并报中央政治局常委、中央政法委书记周永康；"五五"普法工作成效显著，我市被中宣部、司法部评为全国"五五"普法先进城市；律师党建工作水平不断提高，市律师党委被省委评为先进基层党组织；舒兰市司法局"百姓说事点"的做法在全省推广，省政府以专报形式上报国办，中央电视台、《人民日报》、《光明日报》、《法制日报》、《吉林日报》相继进行了报道；省委常委、政法委书记金振吉、市委书记张晓霈对我市的安置帮教工作给予了充分肯定；桦甸市司法局被司法部评为全国司法行政系统先进集体；舒兰市司法局被省委政法委评为模范政法单位，省司法厅为舒兰市司法局荣记了集体二等功；桦甸市司法局"村民说事制度"、市江城监狱"组织服刑人员参加新农合，探索解决服刑人员医疗费不足问题"的做法，省政府以专报形式上报国办；我市推进社会管理创新，化解社会矛盾的做法，省电视台进行了专题报道；在江城监狱的大力支持下，全面完成了2011年招商引资任务；"三帮双促"工作被市委、市政府评为先进单位；局机关建设首次被评为全市标兵单位；社会治安综合治理工作被市委、市政府评为标兵单位；修保律师被评为全国道德模范提名奖，恒正达律师事务所被评为全国优秀律师事务所，蛟河市司法局白石山司法所被司法部评为全国模范司法所，舒兰市司法局水曲柳司法所被司法部评为全国先进司法所，桦甸市司法局桦郊司法所所长秦贵新被司法部评为全国模范司法所长，修保律师被评为全国优秀律师，何宇坤、于耀武被评为全国律师行业优秀党员标兵。

（王 洋）

税 务

【国家税务】 2011年，全市国税系统认真贯彻落实省局和市委、市政府工作部署，秉承"以服从地方党政领导、服务地方经济发展为己任"的理念，按照"六个坚持"工作思路，一手抓收入，一手抓管理，较好地完成了各项工作任务。

一、坚持依法征税，税收总量稳定增长

全市各级国税机关严格落实组织收入原则，深入开展经济税源和收入预测分析，加强重点行业、重点企业、重点项目、重点税种监控，大力实施挖潜增收，税收总量有了新的突破，税收质量有了新的提高。2011年完成全口径收入122.89亿元，同比增加18.21亿元，增长17.4%。省级以下地方级收入完成16.86亿元，同比增加2.08亿元，增长14.1%；市级以下地方级收入完成9.76亿元(扣除成品油上划中央级收入9821万元)，同比增加1.37亿元，增长16.4%。收入任务的较好完成，为平衡全市财政收支、促进经济社会发展提供了有力的财力保障。

二、推进依法治税，税收环境不断改善

认真落实国家出台的结构性减税措施和各项产业税收优惠政策，全年形成税式支出6.1亿元。严格执行税收执法行政处罚和税务行政复议制度，规范税收执法行为。积极开展纳税评估，全年评估10437户，入库税款9312.48万元。开展普通发票专项检查，打击发票违法犯罪，查处违规使用发票103户次、违章发票619份，入库税款120.58万元。加强社会综合治税，实现税收1.18亿元。加大税务稽查力度，全年查补入库税款1.2亿元，较好地发挥了打击震慑和以查促管职能。

三、加大管理力度，征管质量稳步提高

积极推进税源专业化管理，组织实施昌邑区局、经开区局和桦甸市局的税源专业化管理试点工作，在调查审批、专业评估和风险管理等方面取得成效。全面推进个体税收分级、分类管理，2011 年个体税收完成 1.84 亿元，增长 39.6%。加快信息管税进程，推进网络开票、集中开票和税控开票等系统。集中调整电力、烟草等行业增值税预征率，开展大型商贸企业和热力产品生产经营企业税收专项检查，促进行业税收管理水平提高。认真开展企业所得税汇算清缴、企业所得税核定征收，实现企业所得税收入 12.6 亿元，增长 37.13%。规范非居民税收管理，反避税工作取得突出成效，大企业税收管理质量显著提高。加强出口货物退（免）税管理，税收专业化、精细化管理水平进一步提高。

四、创新服务手段，服务效能显著增强

积极开展网上办税服务厅建设，完成了网上税务文书审批业务需求框架的编写及相关准备工作。推进办税服务厅标准化建设，加强办税服务厅监督管理，规范工作人员服务行为。积极响应纳税人合理需求，完善税企 QQ 群、博客、邮箱等税企交流平台，畅通服务渠道。加强税收宣传，围绕“税收·发展·民生”主题，开展税法“进机关、进企业、进校园、进社区、进乡镇”活动，取得良好效果。

五、加强队伍建设，干部素质明显提升

加强各级领导班子建设，细化分解领导干部“德能勤绩廉”考核内容，完善领导班子议事机制和决策机制，发挥领导班子整体功能。加强干部培养管理，建立后备干部个人档案，进一步完善选人用人机制。以岗位需求和干部自身兴趣为导向，有针对性地开展综合素质、专业基础和岗位能力培训，形成“两级管理、三级负责”的培训工作格局。全年共组织各类培训班 58 期，培训干部 3700 人次。在省局对市局机关和基层测试中，参考人员全部达标。认真开展创先争优、纪念建党 90 周年、“七个一”系列活动。帮扶工作获得市“三帮双促标兵单位”称号。深入开展精神文明创建活动，市局保持“全国文明单位”称号，全市国税系统 15 个基层单位获得 224 项市级以上集体和个人荣誉称号。

六、健全内控机制，反腐倡廉工作扎实推进

围绕“六个加强”党风廉政建设责任目标，完善党风廉政建设责任体系。加强廉政教育，落实领导干部述职述廉、廉政承诺、责任追究制度。学习贯彻《廉政准则》及配套文件，建立领导班子及班子成员廉政风险预警防控机制，规范权力运行流程。组织廉政征文、书画作品展和文艺演出等活动，廉政文化建设取得丰硕成果。总结“回头看、回头查”工作，编印《风险防范汇编》。深化政行风国地税“共建共评”和软环境内部评议，政行风建设成果不断巩固。

同时，机关政务事务管理、财务管理、票证管理等工作进一步加强，离退休干部管理、税务学会、工会等工作取得显著成效。

【地方税务】 2011 年是“十二五”开局之年，我们在省局和市委、市政府的正确领导下，始终坚持以组织收入为中心，认真落实“五项攻坚”目标任务，深入开展“双提高”主题实践活动和“我与税收服务”大讨论活动，全力推进“学习型机关建设和服务型队伍建设”，全系统干部职工团结拼搏、锐意进取，圆满完成了各项工作任务，为全市经济社会发展作出了积极贡献。

在组织收入上，我们在税收任务增长幅度大、减收因素较多、现有税源不足、新增税源不明显的情况下，坚持“依法征收，努力做到应收尽收，减收也要经得起检查，违法必究”的基本要求，全体干部迎难而上，团结拼搏，锐意进取，确保了收入目标任务的完成。全年共组织全口径税收收入 970843 万元，同比增长 41.71%。无论是收入规模，还是收入增幅，都创造了建局以来的历史新高，为促进经济发展，保增长、保民生、保稳定做出了突出贡献。

在征收管理上，我们征管工作的思路理念在不断创新发展，征管工作的方式方法在不断完善健全。坚持创新征管理念，把握根本抓基础管理，突出重点抓规范管理，注重实际抓质量管理。以省局综合征管信息系统为核心，以改进和完善“图示户籍管理系统”为基础，以“重点区域重点管理”为示范，以纳税评估检查为重点，以社会综合治税为平台，以提高税收信息化管理为支撑，加强专业化管理、委托代征管理、户籍管理、定额管理，全面推广财税库银联网和网上报税工作，实现了征管工作的新突破，受到国家局和省局的高度认可。同时我们负责征收的“三金一费”收入全面完成年度计划，收入增长 19%，得到了有关部门的高度评价。通过加大企业所得税政策辅导力度，认真落实各项税收优惠政策，提高了税种管理水平。通过分税种管理模式，在车船税管理上合理布局，做到小税种，大税收，连续四年超千万元增长，得到了省领导的高度肯定和赞赏。通过健全发票管理、发票知识普及，开创了发票控管的新局面。通过做好存量房评估试点工作，探索了“政府领导、财政组织、中介估价、税务实施”的模式，建立了覆盖全市所有类别存量房的房源信息数据库，开发了《存量房交易税收征管系统》，该系统在去年 12 月 1 日成功上线运行，已经具备了向全省推广的条件。

在依法治税上，我们坚持“依法管理、按章管理、规范管理、科学管理”的工作理念，以防范和降低税收执法风险，以强化税收执法监督为切入点，全面加强税收法制建设，提高了一线工作人员的法律意识和风险防范意识。通过制定税收规范性文件、重大税务案件审理暂行办法、对外涉税文件的严格把关，维护了税法的统一性和严肃性。通过加强稽查基础性工作，加大了对重点大案要案的查处，确保了国家税款及时足额入库，全年查补税款 11211 万元，达到了以查促收、以查促管、查管结合的目的。通过开展税收执法检查和督察，采取自查、互查、抽查相结合的方法，全年组织了三次集中性的税收执法大检查，取得了显著成效。

在税收服务上，认真开展“双提高”和“我与税收服务”大讨论。通过开展“三走进一征集”等活动，优化了纳税服务工作，为提高税收工作效率奠定了坚实的基础。通过开展“纳税服务规范年”活动，设立“温馨 23 度服务示范岗”，以先进典型带动纳税服务水平全面提升。通过明查暗访，督促窗口人员进一步提升服务水平、强化服务意识。通过税收宣传活动，普及了新个人所得税法和新车船税法等税法知识，取得了良好的社会效应。认真开展“大课堂”学习，提升了广大干部职工的综合素质。在省局去年税收征管、纳税服务和税务稽查岗位练兵业务竞赛中，我局获得集体三等奖。在省局企业所得税业务考试中，我系统取得全省集体第二名的好成绩。在国家局组织的企业所得税考试中，我地区取得全省集体成绩第一名，并包揽个人前三名。我们在清华大学和国家税务总局长沙培训中心举办了两期领导干部研修班，实现了我局干部培训工作的新突破和新发展。

在干部队伍建设上，我们从优化班子结构和锻炼提高领导能力入手，结合工作实际需要，调整了12名领导干部。提拔使用了7名正科级领导干部和7名副科级领导干部，在机关任职6人，其余8人全部充实到基层，为基层班子提供了新鲜血液。我们还组织了登山、徒步、唱红歌等多种活动；在东北电力大学举办了地税系统第二届职工运动会；与吉林市歌舞团合作举办了10场"相亲相爱税与民"大型文艺演出。这些活动，活跃和丰富了文化生活，推动了地税文化建设，展示了吉林市地税近年来的工作成果。

在党风廉政建设上，我们按照"定位要高，安排要细，落实要狠，面貌要新"的工作要求，坚持标本兼治、综合治理，坚持正面典型与反面教育相结合、教育防范与违规查处相结合、内部监督与外部监督相结合的工作思路，促进了党风廉政建设任务的落实。深入学习了《廉政准则》，开展了以"修身、勤学、敬业、自律"为主题的大讨论，组织观看廉政教育警示片、廉政教育讲座、刊发纪检监察之声等活动，有力推动了全系统的党风廉政建设。

金融·保险

【中国人民银行吉林市中心支行】 2011年是国际国内经济形势极为复杂严峻的一年。一年来，吉林市中心支行党委认真领会总分行及长春中心支行工作重点，正确理解和把握各项金融工作方针的内涵及背景，结合本行工作实际，提出"夯实基础、积极进取、扭转薄弱、谋求突破"总体工作思路，切实加强对全行工作的组织和领导，各项工作不断取得新进展，基本实现了年初既定工作目标。

一、贯彻执行稳健货币政策，支持地方经济平稳较快发展

加强对执行稳健货币政策的宣传和引导。充分利用金融机构季度例会、全市经济形势分析会和银企对接会等向地方政府、金融机构和企业宣传稳健货币政策的内涵，准确把握稳健货币政策的核心内容，为政策的顺畅落实创造良好的外部环境；贯彻落实总行《关于落实稳健货币政策，加强货币信贷调控的通知》精神，对法人金融机构实施贷款规划管理（全年贷款规划13.88亿元）；结合吉林市"十二五"规划，研究制定了《深入贯彻落实稳健货币政策 支持吉林市经济平稳较快发展的意见》；积极配合市政府组织召开了全市2011年金融工作座谈会，就如何加大对我市经济建设的金融支持提出了八项措施和建议。

通过加大窗口指导力度，引导辖区金融机构尤其是地方法人金融机构，均衡把握了全年贷款投放的重点和节奏，2011年全市金融机构本外币各项贷款余额为841.1亿元，较年初增加130.6亿元，增长18%，有力支持了地方实体经济发展。

据统计，2011年工业贷款增长29.2%，涉农贷款增长6.8%，小企业贷款增长16.9%，累计发放小额担保贷款7.73亿元，直接支持16498人实现了创业和再就业；累计办理民贸企业贷款贴息2626万元。

加快推进跨境贸易人民币结算试点工作，根据上级行工作部署，就试点政策、业务流程等内容组织各家金融机构对进出口企业和社会公众开展业务宣传与解答。全年我市跨境贸易人民币结算收入25笔，金额5.78亿元，支付25笔，金额4.9亿元，试点工作取得初步进展。

加强风险管理与防范，维护辖区金融稳定。积极推进农行"三农金融事业部改革"试点工作，总行金融稳定局在《三农事业部改革试点检查评估工作动态》（第5期）中对吉林中支在检查评估过程中，创新工作方法，有效推动工作开展给予了赞扬。

二、切实加强外汇管理，支持涉外企业发展

积极支持涉外企业，提高外汇服务水平。继续支持吉恩镍业投资境外矿产开发，截止目前，吉恩镍业及其母公司吉林昊融集团已在境外实际投资达4.6亿美元，比上年增加1.5亿美元。积极配合地方政府做好中新食品区、吉林化工循环示范园区的招商引资工作，目前两园区已吸引外资5家，实际到位外资规模已达5000多万美元。

不断强化外汇监管和指导，创新工作思路，顺利完成贸易信贷抽样调查等三项新系统上线运行工作；积极落实总局"五个转变"的工作思路，将外汇管理工作重点由注重事前审批和行为管理向注重事后检查和主体管理转变，加大对银行、企业等涉外主体的检查力度，打击热钱流入。充分利用外汇业务系统，提取异常线索，全年共发现异常线索26起、立案4起、处罚1起，金额2万元，规范了吉林市外汇市场秩序。

三、扭转薄弱、谋求突破，创造性的开展工作

调研工作一直是我行发展的瓶颈，为推动调研工作的开展，成立了调研课题工作领导小组、信息工作领导小组；多次召开专题会议，研究明确各部门的调研任务；建立激励机制，把调研工作与绩效考核相结合，努力营造良好的调研氛围。通过采取一系列措施，调研工作初见成效，全年共编辑《吉林市金融信息》214期，被上级行采用56篇，在分行辖区位列15名，比上年有所提升；全年申报重点课题3篇、沈阳分行优秀调研成果26篇。在国家刊物发表15篇，省级以上刊物发表文章91篇，上级行领导签批4篇，调研文章数量上、质量上与去年自身相比进步明显。

大力开展"两管理、两综合"工作。根据沈阳分行、长春中支部署，中支系统及时制定和转发了相关文件；成立了工作领导小组、明确了部门分工和职责；修改和完善了各专业的考核办法；经过精心筹备，8月24日召开辖区依法履职工作会议，人民银行市县两级行、辖区各金融机构"一把手"及办公室主任共60余人参会。我代表吉林中支对"两管理、两综合"工作进行了全面部署，并对做好下半年工作提出五点要求；这次会议的召开使各金融机构领导对"两管理、两综合"工作统一了思想、提高了认识，明确了内容，为在辖区这项工作的纵深开展奠定了基础。

四、增强服务意识，切实提高金融服务水平

夯实金融统计工作基础，充分发挥调查统计的服务功能。认真组织、宣传和推进金融统计标准化工作；继续做好宏观经济金融分析工作，为上级行及地方政府制定相关政策提供了确凿、详尽的参考依据；积极开展储蓄问卷、银行家问卷和人民币汇率改革专题调查，做好物价、货币、工业景气及"三农"监测和动态反映，为上级决策提供真实可靠的数据支持。

切实推进征信管理工作。积极推动农村信用体系建设,选取桦甸作为吉林市农村信用体系建设工作试点行,截止12月末,共采集农户信息46393户,占全部农户的77%;电子模板录入43296户,占全部农户的71%,采集和录入模板数量居全省前列。积极开展以"加强信用体系建设,推动地方经济发展"为主题的征信知识宣传活动,努力营造诚实守信的良好社会氛围。

加强发行基金管理及反假人民币工作。科学组织发行基金调拨,从总量和结构两方面确保合理的现金供应,2011年全辖货币投放224.79亿元,货币回笼166.73亿元,净投放58.06亿元,较好地满足了辖区金融机构及社会对各券别人民币的需求。巩固反假货币成果,2011年分三批对辖内金融机构380多名储蓄、出纳人员组织了业务培训。9月开展了反假货币宣传月活动,通过深入企业、营业网点,走进校园等方式和途径,大力开展反假宣传,营造了全社会共同反假的良好氛围。

强化国库服务保障能力,继续扩大财税库银横向联网范围,实现税款直达。认真做好各级预算收入的收纳、划分报解、库款支拨、退付等基础核算工作。2011年全辖共办理各项收入431.85亿元,办理各项支出391.87亿元,实现了业务无差错;加强集中支付监管,确保集中支付改革取得实效,3月份吉林市中心支库从代理银行资格认证等四个方面入手,对代理行集中支付业务进行全面检查,解决集中核算工作出现的新问题,提高财政资金使用效益,防范和化解了资金风险。

五、强化内部管理,提高规范化管理水平

加强财务管理,强化会计核算。严格执行《中国人民银行财务制度》及本行制定的财务管理有关规定,按章办事不越雷池。加强固定资产管理,重新修订了《吉林市中心支行固定资产管理系统操作规程》;做好固定资产的采购、分配、使用、转移、处置等日常管理工作,维护资产安全与完整。加强项目资金和集中采购管理,提高预算编制的科学性。

强化内审和事后监督职能,提高业务操作规范性。以防范风险为主线,强化对重点风险部门的审计监督力度,推进领导干部履行职责审计和专项审计。全年共开展各项审计20项,其中履行职责审计3项,专项审计11项,自选项目审计6项。参加行内组织的残损人民币销毁、发行基金查库、大宗物品采购、基建招投标、固定资产盘点等各类检查32项。

有效开展应急管理工作。及时补充、完善了地震、水灾、雷电应急预案,全行共建立应急预案22项,汇编了《应急预案简本》已下发全辖。做好应急预案的修订评估,6月3日,召开市行第一次应急预案综合评估工作会,进一步提高了我行应急管理工作的主动性和针对性。《分行工作动态》第15期对此做法予以刊载。

回顾一年来的工作,吉林市中支在有效履行基层央行职责、强化金融服务、支持地方经济发展等方面取得了一定成果,得到地方政府和社会各界的广泛好评。在看到成绩的同时,我们也深切感到吉林中支的工作与上级要求相比,与日益提高的工作要求相比,还存在一定的差距。对这些问题,中支党委将认真研究,争取尽快拿出有效、可行的方案,抓紧予以解决。

2012年是实施"十二五"规划承上启下的重要一年,也是吉林中支继往开来,乘势发展的一年。我们有决心,在总结2011年工作成绩、不足的基础上,在总、分行党委的领导下,进一步深入贯彻落实科学发展观,求实创新,开拓进取,规范管理,协调发展,为不断推动吉林中支各项工作取得新成绩而不懈努力!

(岳大魏)

【中国银行股份有限公司吉林市分行】 **——基本情况。**

2011年,分行各项存款108.33亿元,较年初上升8.43亿元,升幅8.44%;

各类放款(含贴现与融资)50.16亿元,较年初上升1.02亿元,升幅2.08%。

全年实现账面利润10487万元,同比增长8097万元,增幅338.79%;实现拨备前利润12,554万元,同比增加7030万元,增幅127.23%;

资产净利润率(ROA)1.06%,同比上升0.78个百分点;成本收入比为48.07%,同比节约15.27个百分点。

——业务拓展情况。

2011年,"发展、创新、改革、建设"八字方针在分行得到了积极贯彻。

大力拓展资产业务。2011年面对客户基础薄弱,贷款规模受到控制等实际困难,分行进一步加大了对存量优质大客户的维护力度,加快优化授信结构,积极寻找新的业务增长点。根据省行"提升网点营销能力"的工作要求,分行全面推进中小企业授信工作,以此来完善和构建我行客户基础。2011年,我行中小企业授信中间业务收入既已达到204万元,完成计划指标163.10%,也切实改善了我行过去授信风险集中度过高的状况,为我行公司业务健康发展做出了贡献。

努力发展负债业务。2011年全行上下群策群力,加大营销力度。一方面公司条线走出去。利用网点破冰契机,将触角向下延伸,对医保、住房公积金、烟草等行业和单位进行重点攻坚,发扬"行"文化特点,全力抢占市场。另一方面个金条线动起来。通过提升网点服务、销售能力,加快自助渠道建设、狠抓批量业务等方法,千方百计稳定存款业务。并通过代发工资、代发拆迁补偿金、代发学生补助金、代收电费等一系列代收付业务,带动了个人网银、手机银行等客户类业务呈爆发式增长,指标完成进度始终领先于时间进度。

全力巩固中间业务市场。国际结算基础客户群是我行稳定中间业务收入的蓄力池,唯有壮大和坚实客户群,才有中间业务持续发展的后劲。2011年我行继续稳定并加强与老客户的合作,保持其结算量占到我行全部结算量的50%左右,同时还利用产品创新,实现国际结算业务快速发展。在创新思路的带动下,分行以他行国内信用证为融资标的物的业务创全国首例,这标志着我行投行理财业务创新思路仍在不断拓宽、创新能力得到了有效提升。

——内控建设情况。

2011年,按照省行党风廉政建设及内控体系建设的总体要求和工作部署,分行以"努力弘扬合规文化,确保业务平安运行"为主题,坚持业务发展与内控管理并举的经营策略,积极构建内控三级管理体系，通过有力的措施和扎实的工作，确保了各项业务的健康发展。

2011年10月总行监察部对分行现行内控管理模式进行调研，通过听取汇报与座谈，高度评价了分行“三级内控防线”管理，有意向在全系统内推广。

2011年分行认真落实上级行风险管理政策，不断提升风险管控能力，为全行授信业务的创新发展打下了坚实基础。全年新增授信主要投向风险分类为正常、信用等级在BB(含BB-)以上的客户。截止2011年末，我行关注类贷款余额为比年初减少29,893万元，风险管理专业化水平不断提高。

——机制与企业文化建设情况。

2011年分行领导班子审时度势，一切从实际出发制定了《中国银行吉林市分行2011—2013年发展规划纲要》。在此基础上，从加强队伍建设、作风建设、机构网点建设、企业文化建设入手，扎实推进，使全行风气焕然一新。2011年分行根据省行战略绩效考核机制要求，在充分征求各层面意见的基础上，制定并出台了吉林市分行千分制绩效考核办法。其中心思想就是要掌握多劳多得，倾斜一线的原则，实行全产品定价，使一线员工真正得到实惠。办法实施以来，取得了实效，达到了管理自觉，真正调动并提高了员工的积极性及网点竞争力。

2011年，我行还通过实施“百人下网点”计划、“网点破冰行动”等管理方式的改变、营销理念的落实，基本实现了各网点由操作型向营销型的转变，全面提升了网点竞争力，为分行整体发展做出了贡献。

【中国农业银行吉林市分行】 刚刚过去的2011年是极不平凡的一年，面对国内物价上涨，经济环境复杂多变，宏观调控力度加大，资本市场持续动荡，同业竞争异常激烈的严峻形势，农行吉林市分行在省行党委的正确领导下，坚持以科学发展观为指导，紧紧围绕省行“21125”发展规划，以打造区域内主流银行为目标，负重拼搏，迎难而上，经过全行干部员工的共同努力，实现了较为理想的经营目标，各项工作取得了明显成效。

一、业务经营成果实现大幅增盈，体现了价值创造的核心理念。一年来，农行吉林市分行始终坚持以价值创造为核心，走可持续发展道路，注重维护大型股份上市公司的良好形象，既对股东负责，又对客户负责。2011年拨备前利润达到28905万元，实现较大幅度增长。磐石支行无论是利润总额还是增长幅度，均列全地区前列，成为全国农行系统的“百强行”和省行的“十优行”，为全行做出了重要贡献。舒兰、大东支行也被评为“十优行”；同时，省行“1133”工程建设取得明显成效，磐石支行营业室、明城支行；桦甸中心支行、大兴支行、城东支行；永吉大街支行;市分行营业室等7个行达标，走在全省前列。

二、存款工作战胜了前所未有的困难和压力，最终取得一定成效。2011年以来，受国际金融环境和国家宏观调控政策的影响，各商业银行存款增量趋缓，竞争进一步加剧。特别是进入三季度以来，吉林市分行各项存款急剧下滑，增量市场排名不断下降，甚至下滑到“地平线以下”。对此，市分行党委把存款做为各项工作的重中之重，在邻近年末打响了“增存款、抢份额”的攻坚战役。到2011年末，全行各项存款余额2101410万元，实现了比较理想的增存计划。

三、各项贷款突破百亿元大关，继续保持同业领先优势。多年来，农行吉林市分行始终注意加强对优质法人客户的营销工作，对公贷款在各项贷款余额中所占比重不断提升，2011年在国家宏观调控银根紧缩的情况下，对公贷款凸显主流银行的战略地位。全年新增法人客户贷款172120万元，主要投向吉林市各大上市公司以及在吉投资上市公司等优质法人客户。同时，加强联动营销，积极做好战略性大项目的营销工作，新营销优质法人客户12户。

四、中间业务发展较快，规模与收入水平明显提高。全年实现中间业务收入9563万元，规模与水平明显提高。一是代理保险手续费收入、投资银行收入等传统业务继续保持大幅增长态势，牢牢占据吉林市分行中间业务的主导地位，创历史最好水平。二是重点产品和重点业务持续推进。其中：贷记卡新增发卡量、新增有效转账电话、新增企业消息服务注册客户、第三方存管新增开户数、企业年金托管规模增量等指标居全省第一；现金管理客户新增、企业网上银行注册客户、信用卡业务收入、电子银行业务收入、白金贷记卡累计发卡、新增手机电话银行、注册电子账单客户、营销军人退役金专用卡、分期商户等指标均超额完成省行计划；其中特约商户数量居四大行首位。三是新业务品种为本行带来可观收益。在全省开办了第一笔出口项下信保押汇融资业务；进口信用证海外代付形成规模；跨境人民币海外代付业务填补了本行此项业务的空白；国际贸易融资品种在全省农行处于绝对领先地位，外汇业务中间收入在全省占比大幅提高，排名第一。同时，成功代理华微电子发行了短期融资债券业务。四是重点合作业务推进较快，效果良好。

五、服务“三农”工作向深度和精度发展，受到社会各界的一致好评。2011年，农行吉林市分行深入推进三农事业部改革，顺利通过人民银行检查验收；全力推进财政直补资金担保贷款业务，市分行党委班子和县域支行领导班子多次深入各县域支行与地方党政部门、财政部门沟通协调。经过不懈努力，四个县域支行取得财政直补资金担保贷款的代理权，到年末全辖财政直补资金担保贷款大幅增加；积极拓展“新农保”代理业务，五个县域支行全部实现了业务代理权，积极为全地区60岁以上人员发放养老金，使存款工作进一步提升打下了坚实的基础。同时，积极探索“农行+公司+农户”、“畜牧业担保公司+农行+农户”的贷款投放模式，成功发放首笔畜牧业贷款，促进了服务“三农”工作由传统模式向“新三农”、“大三农”的转变。

六、惩防体系建设得到加强，党风廉政建设深入开展。一是抓责任落实，及时调整党风廉政建设和惩防体系建设工作任务分工，重新签订党风廉政建设责任书和案件防控责任书。二是抓违规惩处，促进行风行纪进一步整肃。三是抓素质教育，促进廉洁从业和遵章守纪警钟长鸣。通过开展“学规定、强素质、做表率”学习教育活动及“重点行专项治理”活动，各级领导干部培养了良好的思想作风、领导作风、工作作风和生活作风，领导干部拒腐防变能力进一步提高。

七、风险管控能力不断提升，基础管理进一步加强。一是按照总省行的要求，精心部署、及时动员，深入开展合规文化大讨论活动。通过学习必学篇目、典型案例分析、巡回演讲，在全行上下掀起了人人合规、事事合规的热潮。二是把基础管理提升年、运营管理安全年、优质文明服务年等活动与企业文化建设有机结合起来，制定措施，明确要求，狠抓落实，促进了基础管理进一步加强。三是充分发挥党、团、工、青、妇的桥梁纽带作用，营造和谐农行的氛围。四是加强信息科技和安全保卫等工作，在全省率先完成了信息中心机房的改造，科技支撑作用明显增强；加大了安全保卫、社会化押运和信访维稳工作力度，为各项业务安全稳健发展奠定了坚实的基础。吉林市分行连续三年保持省级"文明单位"称号，被市委、市政府评为"综合治理先进单位标兵"；被市内审协会评为"审计工作先进单位"；被农总行评为"信访工作先进单位"；在全系统内控综合评价考核中晋升为"一类行"。

（杨洪鹏）

【交通银行股份有限公司吉林分行】 2011 年是分行三年发展规划的收官之年，也是"十二五规划"的开局之年。面对复杂的经济金融形势和日益激烈的同业竞争，全行干部员工戮力同心，砥砺前行，较圆满地完成了年度各项工作任务目标，分行的业务发展、管理、质量、效益均呈现持续向上的发展势头，实现了分行"倍增计划"和"十二五"规划良好开局。

截至 2011 年 12 月末，人民币各项存款余额 107.89 亿元，人民币各项贷款余额 75.09 亿元。全年累计投放对公贷款（不含票据）33 亿元。按五级分类口径，不良贷款余额为 1.42 亿元，较年初减少 0.8 亿元；占比 1.89%，较年初下降 1.49 个百分点。实现经营利润 18325 万，同比增加 3846 万，增幅 26.56%；实现拨备后利润 19691 万，同比增加 8670 万，增幅 78.67%。

——树立"存款立行"思想，认真落实"三抓"机制，负债业务稳步攀升。在负债业务面临政策和市场双重压力的情况下，分行牢固树立"存款立行"思想不动摇，全面落实存款"三抓"机制。以开展客户服务年为契机，从存量客户挖潜和积极拓展新客户入手，搭建平台，完善机制，强化考核管理，持续开展存款竞赛活动，使分行存款保持良好增势。存款日均余额较年初增长 12 亿多，其中对公存款日均额增长 11 亿，对日均存款增量的贡献率近 90%。和同期相比，分行人民币储蓄存款任务完成较突出，时点余额较分行年初设定的基数增长 7.5 亿元，完成分行下达任务的 136%；较年初存款余额增加 5.39 亿元，完成省行下达计划的 98%，同比增长 234%。

——树立资产在流动中体现效益的理念，奋力抢抓机遇，资产业务稳健发展。分行克服总行贷款规模限制、企业集中还款、同业竞争激烈等不利因素影响，对外发挥三级联动优势，构筑营销合力，奋力抢抓机遇。对内加强与总省行的沟通，积极争取规模支持，同时提高自身精细化管理水平，做到规模用足、投放均衡、结构优化、风险可控、效益提升。截至上年末，虽然人民币各项贷款较年初增加 9.47 亿元，但实际对公累计投放贷款 33 亿元。贷款日均余额较年初增加 10.22 亿元，为全年利润计划的完成奠定坚实基础。为加快零贷业务发展，分行注重源头营销，抓住重点支行、重点开发商、重点楼盘项目，加强分行政策指导与支持力度。2011 年成功营销 13 个楼盘项目，全年累计发放个人住房按揭贷款 735 笔 /1.96 亿元；个人住房公积金贷款 1052 笔 /2.97 亿元。

——以战略转型为主线，多措并举，中间业务创利能力不断增强。公司、个金、国际三个条线中间收入指标均超额完成任务，全行实现中间业务净收入（含总行集中入账）2475 万，同比增加 364 万元，增幅 17.25%，完成年度任务计划的 102.27%。公司、国际条线业务指标继续保持向上的良好态势，个金条线个金条线也是亮点不断。贵金属销售、5 万元有效客户等指标超额完成全年任务。2011 年累计销售理财产品 46 亿元，同比增长 920%。从去年下半年开始，公积金联名卡分两批共对接 321 户企业 3.8 万人，共新增发卡 1.7 万张。分行基础代收费业务扎实推进，2011 年又成功开通代缴国电江南电厂供热费、代收有线电视费、代收港华天然气费业务。

——以效益为中心，努力挖潜增收，经济效益大幅提升。由于分行把握机遇，大力发展资产业务，贷款日均余额同比增加 10.22 亿元，带动贷款利息收入同比增长 5960 万元；由于贷款收益率的增长因素带动利息收入同比增长 6611 万元；由于本外币日均存款同比增加 12.44 亿元，带动存款净收入同比增长了 3200 万元；由于处置清收大量不良资产，回拨拨备支出 4280 万元。正是各条线员工的共同努力，使分行经营利润和拨备后利润较同期有了长足的发展。

——树立合规创造价值理念，内控管理水平又上新台阶。分行积极推进贷后管理长效机制建设，先后下发了贷后管理考核实施细则和奖罚办法，重新修订了贷后管理工作计划，将贷后管理纳入经营单位绩效考核和对公客户经理综合素质考核之中。全年共发出风险提示单 12 次，涉贷金额 23.38 亿元；共发布 7 期临期贷款提示单，涉及贷款金额 27.35 亿元 /58 户，多次受到总行好评。加大不良贷款的清收和核销处置力度，提前超额完成总行下达的存量不良资产清收任务，其中对公完成 116.98%，对私完成 203.20%。在操作风险管理方面，实行检查辅导员分片管理制度，采取非现场与现场检查相结合的方式进行经常性地检查通报。全年下发 5 期风险提示、差错整改单 346 份、核查确认通知书 1949 份。2011 年分行资产信用管理评级已达 3 级，内控管理评级由由 08 年的 c- 到 2011 年的 B 级，实现了全面升级。在东北审计部对东北全境 11 家辖属行综合竞争力排名中名列前茅。

——强化考核管理，体制机制进一步健全完善。分行结合上级行经营导向和吉林分行实际，科学完善经营绩效考核办法，加强政策引导和资源倾斜力度；坚持"黄牌"制，补充完善和制定下发各族群的考核办法，实现考核全覆盖。进一步明确对公客户经理的零贷业务营销职能，弥补零贷营销队伍薄弱的局面；完善授信项目营销预沟通制度和大项目营销提前介入制度；完善本外币对公、对私业务联动机制，整合了资源，提高了效率，促进分行机关从管理向经营的加快转型；建立存款监控管理制度，实行大额存款变动实时监控制度，建立每周存款业务调度机制和季度考核通报制度；实行存量对公客户和对私大客户的名单式管理，通过一对一的管理，有效实现稳定和挖掘存量客户潜力的目标。

——认真开展"三讲"和"创先争优"活动，队伍建设得到进一步加强。分行强化干部管理考核，2011 年中层干部职位晋升 16 人、调整 6 人，因发展业绩和考核测评不佳的解聘 3 人、低聘 1 人，真正体现干部能上能下的用人原则。认真开展"三讲"活动，丰富培训形式和内容，全年共开展各类培训 263 次，参训 563 人，使不同层级员工队伍的综合素质能力得到提升。为鼓励员工学习工作热情，在季度考核培训奖励的基础上，还下发了业务量考核专项奖励办法，对各条线竞赛中获奖人员也进行及时的奖励。

分行深入开展基层网点5S管理，开展服务竞赛和考核达标。在费用和人员紧张的情况下，加大投入改善服务环境设施。2011年完成2家支行的原址装修改造、2家支行的新址装修改造，还有1家支行原址装修准备中；新增离行式自助服务点23个，新增特约商户229户，安装POS机251台，安装家易通5户。2011年分行营业部又被省银行业协会评为全省五十佳文明服务示范单位。

分行认真开展"创先争优，服务为民"活动。5月末开展了"创先争优、岗位奉献"业务知识、技能竞赛。七一举行了纪念建党90周年创先争优表彰大会暨大型文艺演出。出台机关服务考核办法，实行首问负责制，改进督办工作，坚持行级领导基层支行分管制，认真学习贯彻省行《加快转变机关工作作风的意见》，在机关组织开展全员大讨论，促进了机关服务作风的转变。

企业的快速发展也为员工薪酬待遇的提高创造了条件，分行2011年的绩效奖金较2010年增长了80%。分行党委本着让员工共享改革发展成果的原则，加大绩效奖金发放力度，并适当拉大绩效奖金发放档次，更好地体现了多劳多得的原则。分行2011年调薪工作圆满结束，车补标准也进一步提高，员工的收入又有了较大提升，受到员工们的拥护，也进一步增强了企业凝聚力。

（赵　芫）

【中国建设银行股份有限公司吉林市分行】　中国建设银行股份有限公司吉林市分行始终以真拼实干，奋勇争先，创区域最好银行为目标，长期坚持"以客户为中心"经营理念，秉承"诚实、公正、稳健、创造"的核心价值观，不断创新，追求卓越，努力为广大客户提供文明优质和高效服务。在全面参与地方建设，推进吉林市经济总量翻番进程中，较好履行了企业社会责任，实现了全行各项业务飞速发展。

坚持稳健经营，促进经济发展。建设银行吉林市分行认真执行国家宏观经济政策，在全力保障重点行业和重点项目的同时，加大对全市中小企业和"三农"领域信贷支持，始终伴随着企业茁壮成长。从2008年至今，建设银行吉林市分行全口径存款由95.8亿猛增到168.8亿元，各项贷款余额从30.86亿一路飙升到目前106.47亿元，实现帐面利润4.44亿元，贷款存量和增速均居同业之首，盈利能力和经营业绩得到大幅度提升。

保障重点，加大对重点企业和重点项目的支持力度。几年来，建设银行克服了国家宏观调控政策压力不断调整信贷结构，采取有保有压的方针，全力保障重点行业和重点项目，在服务"提前实现总量翻番"和"振兴东北老工业基地"过程中，投放各类贷款70亿元，重点支持了化纤集团、吉恩镍业、吉化集团、华微电子、通钢集团等近三十个重点企业、重点项目和农业产业化项目，并已发展成为集公司理财、贸易融资、国际结算等为一体的全方位金融服务。积极推进战略转型，在对企业的金融服务领域，率先开展了代理出口卖方信贷业务、国内保理业务、法人账户透支业务、电子银行业务、资金托管业务。建设银行吉林市分行为了全方位支持全市中小企业发展，雄厚资金重点支持了粮食收储、化学原料及化学制品制造、交通运输设备制造、电气机械及器材制造、专用设备制造等行业，共为全市中小企业贷款69户，余额达14.4亿元。

履行企业责任，努力回报社会。建设银行吉林市分行坚持以人为本，努力培养勤奋严谨，求真务实的高效能员工，并以敬业、诚信、廉洁的职业操守和健康快乐的阳光心态，塑造出了一支朝气蓬勃和奋发有为的过硬团队。吉林市分行始终坚持"善建者行"，用企业责任积极回报社会。在"建设未来成长计划"中，连续6年帮扶吉林市一高中贫困学生达180人次，累计资助27万元。在吉林地区特大洪灾面前，通过不同渠道和多种途径共捐款70余万元。

建设银行建设现代生活，与客户同发展，与社会共繁荣。通过帮扶并与全市大中小企业深度合作，不仅履行了建设银行吉林市分行崇高企业社会责任，实现了各项业务超常规发展，同时，也为吉林市企业做大做强锦上添花，插上腾飞的翅膀！

【中国工商银行吉林市分行】　做为大型国有股份制商业银行在吉林市的分支机构，中国工商银行吉林市分行多年来始终将自身的业务经营同地区经济建设紧密结合，努力发挥商业银行的筹资、融资、金融服务功能，不断深化改革，大胆实践，完善管理，努力谋求经营效益和社会效益，经营规模、社会形象、服务质量、管理水平不断提高。面对近年来日趋激烈的银行业竞争和信息技术时代的挑战，工商银行吉林市分行坚持与时俱进，适应吉林市经济快速发展态势，提出了以发展为主题，以管理为基础，以结构调整为主线，以改革创新为动力，以提高资产质量和效益为目标的经营发展战略，加快了集约化发展步伐。

2011年，工行吉林市分行积极贯彻市委、市政府制定的"三化、三动"发展战略，围绕我市重点行业和主要建设项目，持续加快信贷投放，创新服务方式，坚持改革创新，助推全市产业结构调整、重点产业发展、重大基础设施和民生工程建设，在吉林市经济社会发展过程中发挥着越来越重要的作用。

一是在加速转型过程中，业务发展取得了积极进展。

2011年，全行实现拨备前利润25580万元，较上年增加10281万元，增长67.2%。实现经济增加值(EVA)14711万元，同比增长6117万元，增长71%。各项存款余额219.2亿元，较年初增长28.5亿元，增长15%。各项贷款余额75.75亿元，较年初增长23.26亿元，增长44.3%。实现中间业务收入16303万元，较上年增长7770万元，增长91%。

二是在改革创新过程中，管理水平和风险防范能力得到显著提升。

2011年，吉林市分行通过推行全面的体制机制改革措施，实施人力资源结构专项调整，开展信贷经营体制改革、推广矩阵式营销，使全行经营质量和效率得到显著提升。2011年，该行用27.5%的信用资本增长带动利息收入增长80.8%，资产业务带动的中间业务收入增长91.3%；用22.2%的费用增长实现营业净收入增长39.5%。2011年我行资产质量创16年来历史最好水平，年末不良贷款余额为3057万元，较年初下降9951万元，不良贷款率为0.4%，较年初下降2.08个百分点。继续保持零案件和无重大责任事故的成绩，内控管理水平持续提升。

三是在不断的理念引领中，锻造了高效的执行文化。

在抓好经营工作的同时，该行在全行推行执行力文化建设工作。不但要求管理人员要当好带头人，更进一步要求全行每个经营单元都要充满活力，发挥出自身的能动性和创造力，形成全行奋发向上的合力，把工商银行吉林市分行打造成不可复制的“动车组”。通过持续不断的理念传导和执行力建设，增强了全员奋发图强的责任意识，激发了干部员工的士气和斗志。

四是在服务客户过程中，精心打造了新的社会形象。

服务能力建设进一步加强。实施了人力资源结构专项调整工程，压缩后台和二线人员，充实到营销岗位和一线，新增、迁建和改造网点6个，调整充实到前台营销岗位和一线岗位人员90人，一线人员占比从年初的22%提升到26%，增长了4个百分点。社会影响力不断增强，在全市金融机构综合评比中排名大幅提升，支持吉林市经济建设的积极努力得到了各级政府、监管部门的肯定，获得新闻媒体的支持和客户的好评，树立了良好的社会形象。

【吉林银行吉林分行】 2011年，在总行董事会和总行党委的正确领导下，按照总行第一届党委会提出的工作任务和年初经营工作会议精神，在分行领导班子的带领下，全行上下同心协力，克难求进，勇于创新，通过坚持调整、提升管理，强化市场营销、努力转变经营模式和增长方式，着力推进平衡计分卡的绩效考核试点，强化风险控制，全面提升服务水平，各项工作实现了快速发展，圆满出色地完成了总行下达的各项目标任务，取得了显著的成绩。

——经营规模迅速扩张。2011年末，各项存款余额329亿元，贷款余额203亿元，分别比年初增加21亿元和19亿元，增长6.81%和10.53%，存款、贷款市场占有率分别列全市首位。

——中间业务增收显著。2011年末，我行累计实现中间业务收入6931万元。完成全年计划的109%，位居吉林银行前列。

——资产质量明显提升。2011年末，不良贷款实现双降。余额0.76亿元，比年初减少0.02亿元，不良贷款率0.4%，比年初下降了0.02个百分点.

——盈利能力显著增强。2011年末，我行实现净利润7.96亿元。完成全年计划的125%。

2011年总行综合绩效考评中名列全系统第一；经营利润创全行同业第一；日均存款增幅、新增银行卡发卡量、人均创利额等经营指标遥遥领先当地商业银行。吉林分行在2011年度存贷款余额、市区占有率、经营利润等位居吉林银行的前列。

这些骄人业绩的取得，得益于总行的正确领导；得益于吉林分行坚强的领导班子；得益于吉林分行各支行的领导以及广大员工锐意进取、团结实干的拼搏精神；得益于我行的企业文化建设和积极向上的企业精神。向社会展现了吉林分行的精神风貌。从而，进一步激发了广大干部职工争先创优、建功立业的自觉性和热情。在过去的一年里，我们在经营管理中主要有以下工作：

一、强化机制和体制创新，不断增强市场竞争能力

一是积极开展组织机构调整，尝试机制体制创新。

年初分行成立创新业务部。在全行范围内招聘精兵良将组建创新业务部。在公司银行部内部搭建保理工作室、动产融资监管中心等部门。加强了业务部门间的分工和协调能力，强化了创新业务部和公司银行部的职能作用。

二是大胆尝试业务和产品创新，开创营销工作新局面。

贯彻总行继续深化“两个整合”，通过细分市场，合理定位。使有效客户数量达到120户，优质客户占比达到100%。通过积极推进产业链、行业链、交易链的作用，以产品推动营销工作。全年共发放粮食经营企业联保贷款2.7亿元。累计开立“汽车金融网”银行承兑汇票4.7亿元，与中航信托开展合作认购单一资金信托计划，为建龙集团融资，积极推动中钢机电、大通集团订单融资业务、展博物资保兑仓业务；并实行“一户一策”的服务方案，加大了产品营销的工作力度。促进传统业务营销模式向产品营销模式转变，推动了业务创新和产品创新带动营销工作顺利开展。

三是积极组织储蓄服务竞赛，有力促进零售业务开展。

社区银行部积极开展服务竞赛和储蓄竞赛活动，进一步提升了服务水平和充分调动员工增存揽储的积极性。评选出18家五星级网点和10名明星柜员。参加总行举办的“新风尚、心服务”礼仪服务大赛，获得优秀奖。通过做好低保、社保代发、理财产品发售，带动了储蓄存款增长。发行长白山卡136.6万张，比年初增加15.6万张，增幅12.88%，完成全年计划的108.27%；银行卡存款余额481619万元，比年初增加1575万元。全年发售理财产品九期，销售额53366万元。

四是按照总行小企业贷款经营模式，积极转变营销理念，加大对核心客户上下游、集聚型客户、专业市场及商圈、单一优质客户四类目标客户的营销力度，做足贸易链融资产品。上报总行8户贸易链融资方案，融资额度达7亿元。已审批通过融资额度8000万元。

五是贸易金融业务取得新突破。分行贸金部同各支行密切配合展开联动营销。全年开立外汇对公账户50户，比去年增加了21户，积极探索贸易融资、外汇资本金、跟单托收、信用证等业务渠道。全年实现国际结算额5,359万美元，完成全年计划任务的179%

二、转变经营增长方式，全方位发展中间业务

一是坚持以转变增长方式为目标，不断完善中间业务管理机制，大力推进表外业务，加强银信、银证同业合作，突出抓好中间业务增收工作。全年累计实现中间业务收入6931万元。其中建龙集团5亿元“单一资金信托计划”，实现中间业务收入达1400万元，受到了总行刘鸿魁行长在去年二季度经营工作会议上的充分肯定和表扬。

二是加强POS机具和ATM自助机具运行效率，为客户提供良好用卡环境。全年POS特约商户559户，机具900台。POS交易量45万笔，交易金额22亿元。ATM机具达127台，ATM交易量500万笔，金额40亿元。

三是联合苏宁电器、欧亚商都开展刷卡消费活动，推出“刷吉林银行卡看电影省钱又精明”活动，利用刷卡拉动银行卡存款和手续费收入增加。

四是电视银行业务和北华大学手机钱包业务正式上线，江南国电和亿斯特供热费项目正式代收，增加我行中间业务创收，提升我行品牌效益。

五是积极开办代理保险业务。我行与5家保险公司合作,并与新华保险公司联手,组织我行员工进行保险代理人从业资格考试,通过保险代理人考试人数为549人。目前销售保险702笔,金额1489万。

三、强化内部管理,防范经营业务风险

在内控管理方面,分行一直将控制风险放在首位,坚持合规发展。今年我行继续健全规章制度建设,完善执行、监督、检查机制。把安全防范溶入日常管理,防微杜渐。适时监测、调度、督办逾期贷款、落实专人负现逐项逐笔与相关支行研究落实逾期贷款的具体措施,充分利用预报、预警、风险提示等手段,控制存量逾期贷款及非应计贷款指标变化情况,确保我行完成总行下达的指标控制任务。同时把风险防控水平与绩效评价相挂钩。分行在全年核算检查及贷款风险检查中,无一原则性问题,使得吉林分行一直在安全,稳健当中发展。

“三防一保”工作得到加强。通过积极建立和落实安全防范责任制、开展安全检查、评估、演练,在安全设施和防护能力方面有较大提升,实现全年安全无事故,为我行创造平安金融单位提供了有力保障。

四、推进“平衡计分卡”建设,促进激励机制的完善

一是作为平衡计分卡的试点单位,自觉学习平衡计分卡理论知识,结合实际,先后制定了《吉林分行劳务派遣制柜员考核实施细则》、《吉林分行2011年内设机构绩效考核实施细则》等5个考核方案,编制了38项指标的《吉林分行2011年内设机构绩效指标详解》,为员工的薪酬激励、晋升、轮岗和培训发展等提供了依据和流程上的保障。

二是结合总行战略发展规划,结合“平衡计分卡”项目建设,制定出分行3至5年战略规划。让员工看到吉林银行的美好未来和愿景。使员工自觉的把自己的命运职业生涯与吉林银行发展联系起来。真正的理解和体会“一起成长,一起分享”的文化理念。

五、发挥党工团先进作用,彰显企业文化活力

1.各级党的组织、思想和作风建设进一步加强。在总行党委开展的“建功立业,创先争优”活动中,我行江北支行和北京路支行被总行党委评为先进党支部,有五名员工被评为优秀党员和先进党务工作者,有27名一线员工被评为党员先锋岗。

2.加强心理疏导和人文关怀,创造“快乐工作”氛围。

按照总行党委要求和部署,分行党委作了大量工作取得了显著效果。如:大年初三,分行行长深入偏远网点慰问探望员工。每个员工的生日都会收到由分行行长亲笔签名的贺卡、鲜花和生日蛋糕。分行领导利用周六、周日双休日先后7次举办优秀大学生代表、劳动派遣柜员、基层网点负责人、后备干部座谈会和恳谈会。了解他们的思想、倾听他们的呼声、征求他们的意见和建议。密切了党群干群关系,促进了各项业务的发展。这些做法受到了总行董事长的充分肯定和好评,并批示在全行借鉴推广。

3.开展企业文化活动,培养了积极向上的企业精神。

一是开展企业文化主题活动,特邀北京剧团专场演出答谢客户,密切了银企关系、表达了吉林分行对客户精神层面的关爱。

二是举办吉林分行首届乒乓球比赛和吉林分行演讲比赛。江南支行郭旭获得总行演讲大赛决赛第二名。

三是分行成立了羽毛球协会、乒乓球协会、书画摄影协会,组织4期后备干部、网店主任和新入行员工进行拓展培训,丰富了广大员工的文体生活,增强了单位的凝聚力和向心力。

四是通过举办“唱响主旋律　红歌比赛庆七一”;“走进社区广场开展红色电影周放映活动”;代表总行参加全省金融系统红歌比赛等系列活动,向社会展现了吉林分行的精神风貌。进一步激发了广大党员干部争先创优爱岗敬业、建功立业的自觉性和热情。

六、加强人才队伍建设,支撑保障能力得到加强

一是坚持“公开、公平、公正”的选拔使用人才,为优秀人才脱影而出创造条件。年初分行成立创新业务部,在分行范围内招聘了10名优秀人才,实行“三公”原则,在分行上下反响良好,形成了在吉林分行,只要你有水平,有能力就能有施展抱负的空间和实现价值的舞台。

二是建立一支动态的年轻化的后备干部队伍。分行人力资源部与各支行密切配合,通过科学的考核、测评、谈话,并上报总行备案,促进了干部管理的科学化和制度化。

【中国人民财产保险股份有限公司吉林市分公司】　中国人民财产保险股份有限公司吉林市分公司隶属中国人民财产保险股份有限公司吉林省分公司,下辖9个县(市)区支公司、一个直属营业部及一个直属营销服务部共11个分支机构。另外还有中介合作机构81个。

公司于1980年恢复国内业务,机构从无到有,队伍不断扩大,业务迅速发展。2003年7月19日,与新中国同龄的中国人民保险公司完成了股份制改革,中国人民保险公司更名为中国人保控股公司,设立中国人民财产保险股份有限公司,全国各地的分支机构都随之更名。并于2003年11月6日中国人保财险正式在香港挂牌交易,成为内地金融机构海外上市第一股。2007年6月26日中国人保控股公司恢复使用中国人民保险集团公司名称,并于2009年10月19日更名为中国人民保险集团股份有限公司。我公司隶属关系及名称均未改变。

现在,公司的保险机构、营销代理网点遍及城乡,服务范围覆盖了吉林市非寿险市场的所有领域,具有保险经营时间长、经营管理经验丰富、保险产品多样化、市场占有率高、专业人才和技术力量充足、资金实力雄厚、机构网络健全、管理体制先进、服务信誉好等优势,市场主体地位优势明显。

目前经营的保险业务主要有:机动车辆保险、交强险、企业财产保险、家庭财产保险、货物运输保险、农业保险、各类责任保险等百余个险种。

2011年,在吉林市委、市政府的正确领导下,两级班子和全辖员工认真贯彻落实省公司全年工作会议精神,坚持以科学发展观为统领,坚持以有效益发展为导向,坚持依法合规经营,坚持紧盯市场做业务,坚持改革创新、强化管控与服务,公司发展在2010年的基础上,又有了重大突破,取得了振奋人心的佳绩,为吉林市的经济发展和人民生活的安定,起到了保驾护航的作用。

一、主要经营情况

2011年,实现保费收入40196万元,支付赔款27405万元,充分发挥了人民保险的经济补偿和社会保障作用。

二、主要工作特点

（一）提高了加快发展是第一要务的认识。

年初以来，能够认真贯彻省保会议精神及省公司各阶段的工作部署，紧紧围绕省公司提出的“合规、效益、发展”六字主题，积极引导两级班子和广大员工，在合规与效益的基础上，切实把加快发展作为当前第一要务。省公司年中会议之后，我们将省公司会议精神与吉林市公司具体情况有机结合，积极开展“城市学大连，县域学泊头”活动，安排了“对标先进转观念，群策群力谋发展”主题大讨论活动，针对存在的“只盯计划”思想和“官商”作风等，对照先进查找差距，进行积极的宣导。市公司加强了业绩跟踪考核，强化了挂钩督导责任。通过努力，全员上下对加快发展有了更加明确的认识，增强了紧盯市场、挑战困难的信心，逐步扭转了在市场不断变化形势下的被动局面。

（二）加大了紧盯市场做业务的举措。

去年7月份新班子成立以来，在业务发展上采取了一系列积极措施。一是制定了“三季度决战金秋追平赶超业务竞赛方案”、“四季度家用车业务竞赛方案”，以努力促进车险业务发展带动整体业务发展。二是向展业一线倾斜财务资源。进一步压缩机关固定费用，努力增加向一线投入费用的比例；帮助基层算好费用账，适时根据市场需求加大销售费用投入力度，尤其是四季度，市公司根据每家公司实际情况，加大了费用倾斜政策的运用。三是对专管专营业务进行改革完善。将原4S店业务由船营公司独家经营，拆分为与直属营销部两家共同经营，同时严格进行送修资源配置的考核管理。在公司内部经营中引入竞争机制，健全责任机制，促进了4S店整体业务发展。四是大力推进电销网销业务发展。在总、省公司的支持帮助下，实现了电销、网销业务的全开通、全覆盖。全年电销网销保费收入5660万元，同比增幅97.35%；其中网销保费收入746万元，全省排名第一。五是抓好非车险定向目标拓展。货运险保费同比增长41.6%，市场份额为91.3%，同比提升3.3个百分点；成功主承保了全地区医责险，实现安责险全覆盖。六是扭转了交叉销售的不利局面，通过奋起直追，最终完成省公司产寿险交叉销售指标103.3%。七是稳步实施农险发展计划。农网建设正在积极推进，政策性农险公关协调工作有序进行。

（三）强化了依法合规经营的要求。

一是坚持把“合规、效益、发展”六字主题落到实处。新班子进一步强化对合规经营的宣导，无论大会小会，都反复强调依法合规的重要性和严肃性，提醒全员上下牢记历史教训，珍惜来之不易的合规局面。二是强化各项经营活动的集中管控。在承保、出单、理赔、财务、单证及印章管理、信息数据、营销渠道管理等方面，要求必须严格遵守集中管控的各项规定，确保合规操作。三是强化内部业务质量检查与监督。从去年9月份开始，市公司每月对各经营公司的业务质量进行检查，发现问题及时督促整改，下发通报公布检查结果，有效促进了业务质量的提升。四是加强内控制度建设。市公司统一规范了各项内控制度。

（四）优化了“服务年”的各项服务措施。

一是完善了出单中心管理制度。明确了出单中心隶属关系，规范了业务管理流程，统一并提高了人员待遇标准，建立了服务质量考核制度，强化了出单人员岗位技能和服务礼仪培训，推行“柜员制”“一站式”出单模式。二是强化服务窗口标准化建设。随着蛟河、丰满、永吉3家公司职场改造及磐石公司职场置换的完成，全地区营业职场环境均有较大改观。市公司对11个经营公司的营业职场统一进行了规范，统一VI手册标识，统一服务人员的职业着装，统一文明服务用语。三是重点强化理赔队伍服务意识。多次召开理赔员工会议，进行跟踪检查与考核，严格管理查勘定损人员的服务质量和工作效率。四是推进理赔“快+优”服务。通过严格考核，有效提升了理赔各项效率考核指标。五是配合“客户节”服务活动，积极做好电网销及家用车承保的广告宣传及宣传品配送工作。

（五）推进了理赔改革与管控。

在省公司的统一部署下，理赔事业部改革有序进行。年初以来，理赔各项管控指标基本良好，但也出现阶段性的波动。通过进一步强化管控，严抓严管，四季度各项管控指标得以提升。全年加强了对理赔报立案、现场查勘、核损报价、医疗跟踪等关键环节的管控，强化了对车险理赔周期、案件处理率等主要指标的考核。车险当期理赔周期及综合理赔周期等指标，始终保持了总公司考核前3位；全年件数、金额结案率始终位列全省首位。

（六）加强了班子和队伍建设。

一是强化对各经营公司班子特别是一把手的责任引导及业绩考核。对工作业绩好的，大力弘扬推广，对工作业绩不佳的，及时采取督导与诫勉谈话。二是强化市公司班子成员及机关各部门与所包经营公司业绩挂钩的责任。业务经营中出现偏差要共同问责。三是召开了专题民主生活会。11月份，两级班子自下而上召开了专题民主生活会，深入剖析在业务发展、执政为民等方面存在的问题，制定了相应的整改方案。四是加强了班子考核。12月份，市公司对11个经营公司班子进行了年度考核，全面了解各经营公司班子目前的现状。五是强化了全员业务培训。已先后进行了三代系统、理赔流程、单证管理、出单、网销、市场分析等项内容的业务培训。六是积极开展员工关爱活动。年末，各经营公司及市公司机关分别举办了不同形式的辞旧迎新联欢会，开展了对病困员工及老干部的慰问活动，安排好元旦、春节的员工福利。

人保财险吉林市分公司多年来为吉林市的经济建设和社会安定做出了一些贡献。不仅为1995年桦甸特大水灾赔付了1亿多元的损失，近年来还为吉林市发生的“1.28”特大交通事故、“11.1”鸿博嘉园煤气管道爆炸事故，“2.15”中百商厦火灾、“4.24”蛟河腾达矿难、“11·13”吉化双苯厂爆炸事故、等若干突发事件及时提供救助。2010年的“7.28”永吉特大洪水灾害，公司快速优质的理赔服务，充分履行了保险公司的社会责任。多年来，公司的整体工作业绩在系统内较为突出，多次荣获全省保险系统经营管理先进单位。

2012年，是“十二五”计划开局后的第二年；是总公司实施“使命2015计划”的关键之年；同时也是吉林市公司站在新的发展起点，加快有效益发展步伐，实现新的战略目标的攻坚之年。全员上下将深刻理解集团公司、总公司和省公司年度工作会议精神，深入把握当前形势，牢记肩负的使命责任，认真抓好全年各项工作，确保实现2012年各项经营目标。

公司过去曾经充分发挥了人民保险积聚保险资金、补偿灾害损失、安定社会生活、造福人民群众的重要作用。今后将继续秉承“人民保险为人民”的宗旨，坚持加快发展，坚持深化改革创新，坚持竞争能力建设，努力做到盈利性、成长性、规范性的高度统一。以更新的机制、更高的效率、更好的信誉、更强的实力，服务于江城广大客户，服务于江城经济建设这个大局，为促进江城的经济发展做出新的贡献。

（安金辉）

【中国人寿保险股份有限公司吉林市分公司】 2011年中国人寿吉林市分公司在市委、市政府及省公司党委、总经理室的正确领导下，上下一心、凝心聚力、真抓实干，在复杂多变的市场竞争中提升了发展力、凝聚力，全体员工以力争上游的精神和一往无前的干劲，全力以赴谋发展、抓发展、促发展，较好地完成了2011年各项任务。

2011年，全年实现股份总保费13.02亿元，贡献度在全省占比达24%，较好发挥了支撑全省发展的主力军作用；市场份额为40.8%，继续占据全地区的市场主导地位；全地区短期险赔付率和死亡重疾指数得到有效控制，精算得分过百，退保率及续收率得满分。三条销售渠道全部实现创费，全年实现费用结余，员工收入较上年增加；客户服务能力和水平得到进一步提高；创先争优活动成效显著；持续强化管控，风险防范取得进一步成效；作风建设不断深入，执行力得到进一步增强；党风廉政建设和反腐败工作积极推进，政治优势更加明显；社会治安综合治理和四防安全工作扎实有效。

2011年，我公司主要抓了四个方面工作：

一、抓发展，抢市场，加快发展速度

2011年，在全体员工的共同努力下，各渠道均衡发展，完成计划比及同比增长均高于全省平均值。总保费同比增长1.7%。

1.银保渠道砥砺前行，实现结构调整，市场份额快速增长。

2011年，银保渠道经历了前所未有的挑战与考验，面对困难和问题，我们不等不靠，积极应对，取得了一定成效。

一是统一思想，坚定信心，迎难而上。我公司多次强调银保渠道是支撑规模保费、市场份额的重要渠道，加快发展是生存的需要，是队伍稳定的需要，是履职尽责的需要。各级管理干部思想统一、步调一致，信心坚定，克难求进。

二是有效沟通，加强合作，协调发展。各代理渠道，特别是邮政、建行在五、六月份在全省停止销售国寿产品，面对突如其来的困难，我们没有迎难而退，而是积极主动想办法，经过与各代理渠道市行高层领导地有效沟通，各代理渠道继续销售我公司的产品。邮政在全省业务停办的恶劣条件下，经过不懈努力，我们不仅继续销售而且总量与竞争对手持平；农行对我公司全面开放网点且政策倾斜；工行我公司占用97%网点；其他渠道份额均高居第一。

三是突破瓶颈，举措得力，理财课堂常态化。面对业务发展的瓶颈期，积极采取行之有效的举措，充分利用理财课堂这一平台，频繁召开产品说明会，全年召开理财课堂及自营说明会110场，收取保费2700万。

全年银保期交保费完成9663万元，总量全省第一。

2.团险渠道直面竞争，寻找新突破，实现新跨越。

2011年，团险渠道以不断推进团体业务转型为根本，以新型销售渠道的全面开拓为重点，牢牢把握质量、效益这一核心，创新思维，多措并举，奋力拼搏，在积极维护原有业务的同时，积极开发潜在资源，不断拓宽团险新市场。同时，加大对市公交公司、吉林化纤、市水务集团等大型企业的走访力度，在做好企业年金业务的同时，带动团险业务同步发展。

二、抓队伍，夯根基，提高发展能力

人是决定企业兴衰成败的关键因素，市场竞争归根结底就是人才的竞争。为夯实企业根基，助推业务发展，上半年，我公司在抓业务发展的同时，一直重视队伍建设。

一是个险渠道以新版基本法上线为契机，抓好常态化增员工作。大力推行总、省公司常态化增员体系建设，专人专岗，定制定责，实现增员常态化，以人力促发展。同时，积极做好新人育成体系的培训工作，促新人举绩留存。通过推广常态化增员体系，改变了以往“运动式”增员的弊端，使增员工作模式化、持续化、常态化。我们以新基本推广为切入点，常态化增员，加快销售队伍建设步伐，同时配套出台了“激情盛夏”等人力发展企划方案，促进人力快速提升。全年共1057人签订入司合同（留存702人），有效弥补了个险渠道销售人力的不足。一季度个险举绩1974人，二季度实现举绩2070人，三季度实现举绩2112人，四季度实现举绩2408人。

二是在基本法里挖掘“黄金”，抓基本法推广，实现队伍有效增员。基本法是营销员管理的根本大法，也是营销员最大的利益所在，是最直接的激励点。因此，我们从管理干部到营销团队的主管及业务员人人都学法、懂法。个险管理人员更是学会用法，即用基本法指导团队，追踪团队有效人力与FYC，变“要我增员”为“我要增员”。

三是加强银保队伍建设，提升专业技能。各公司均将银保队伍建设放到了重要要位置，积极选贤纳士，引进人才。目前，我地区理财队伍人力已经达到了253人。其中，舒兰公司31人，蛟河公司16人，磐石和桦甸公司分别达到10人以上。为了提高销售人员的专业技能，全年我地区举办了四次大型培训，取得了显著效果。以加强理财队伍建设为契机，新增人力54人。人力的增长，素质的提升，为业务发展提供了保证

四是加大教育培训力度。教育培训强则企业竞争能力强。只有加强教育培训工作，开展针对性的知识传授和技能培训，帮助销售队伍提高素质，掌握技能，才能促进公司又好又快发展。全年开办各类培训班52期，培训人次达5000余人，其中两个育成体系培训35个班次，分别是职前教育9期，代理人资格考试辅导7期，签约培训6期，扬帆启航主管跟进辅导4期，扬帆启航训练营7期，初级主管育成训练营1期，农村简化版新人育成体系代理人资格考试辅导培训1期，为提升销售队伍业务素质、更好完成业务指标起到了推波助澜的作用。

三、抓班子、强执行，提高整体合力

我公司坚持以建设高效、廉政、民主、和谐、进取的领导班子为目标，带动管理队伍和销售队伍建设。一是强化干部队伍建设，科学进行班子配置。2010年末，为了激发基层公司干部队伍的活力，调整了六个公司一把手，提拔五位懂营销、善管理并来自一线从事销售的管理

干部到县区支公司任职，班子的科学配置、合理组合形成了整体合力，为2011年的业务快速发展奠定了良好的基础。二是强化执行，加大领导干部责任追究力度。为了营造领导干部能上能下的良好氛围，形成良性畅通的进出机制，年初我们按照省公司领导干部责任追究办法，结合吉林地区实际情况制定支公司高管人员责任追究办法，此办法出台后得到了有效实施，人力资源部定期通报，季度末严格按照文件执行，形成了能者上、平者让、庸者下良好的用人机制，真正做到有为才能有位。

四、抓管理，防风险，巩固发展基础

为打造公司永续经营的基石，我公司狠抓了经营管理。

一是不断提升客户服务水平，通过开展全体柜员岗位大练兵活动，有效提升柜员素质和服务水平，通过开展“服务伴你行、明白买保险”大型活动，有力的推进了地区非现金工作开展及客户信息收集，吉林地区综合非现金率已达到89%，排在全省首位。二是继续改进公司内控与风险管理制度流程，切实防范关键岗位风险；三是突出抓好销售渠道案件的处理和防范，加大监督检查力度，不断提高反腐倡廉和风险管控建设科学化水平。四是加强成本核算，开源节流，确保费用不超支，保证职工利益。五是积极开展创先争优活动，掀起比学赶帮超的氛围，通过请专家讲党课，举办入党积极分子培训班等活动推进创先争优活动。

经济管理与监督

【工商管理】 2011年吉林市工商局认真落实“五个更加”要求，开展“三帮双促”活动，各项工作取得了新成效

一、着力推进服务方式转变，服务举措越来越多

认真贯彻落实支持长吉图发展、长吉一体化战略和吉林中新食品区建设等政策措施，开展“服务经济促发展、体察民情促和谐”活动，为3000万元以上重点项目现场办公280户(次)，解决难题209个。“助商强企十亿送贷行动”、“红盾助企融资”工程成效明显，“三押”融资达98.8亿元。提前超额完成市委、市政府下达的招商引资任务。推进商标品牌战略，“恒高”被认定为驰名商标，全市驰名商标总数达到8件；推荐认定著名商标23件，认定知名商标75件。促进广告产业发展，全市广告经营额达3.9亿元，增速35%。培育发展人参连锁配送企业6户、食品连锁配送企业8户。

制定冠“吉林市”企业名称网上核准暂行办法，调整下放登记事权，开辟绿色通道，促进各类企业的快速生成和发展壮大。认真落实新《个体工商户条例》，开展“10·18”光彩服务日活动，个体工商户和农民专业合作社持续快速发展。增强红盾网站办事功能，网上受理信息公开申请、解答咨询2,258件次；2010年度内资、私营和外资企业网检率均达100%；召开2次以市场主体信息为主要内容的新闻发布会，工商新闻发布会实现常态化。截至2011年末，全市各类市场主体达到14.9万户。其中，个体工商户119747户，同比增长16.0%；私营企业21341户，同比增长17.2%；农民专业合作社2013户，同比增长90.8%；内资企业5584户，同比增长1.1%；外商投资企业375户，同比增长35.9%。

二、着力推进市场秩序规范，监管力度越来越大

去年，全系统共查处违法案件3205件，同比增加4.5%；上缴国库罚没款1818.4万元，同比增加13.6%。

深入实施“食品安全放心工程”，重点开展地沟油、毒馒头、瘦肉精、食品添加剂、美汁源问题饮料等专项整治行动27次，取缔无照经营89户，查封扣留不符合食品安全标准食品636.3公斤。圆满完成十二冬会等重大活动食品流通监管，食品安全监管工作得到全国人大、国务院食品安全检查组的充分肯定。“三结合”打传工作机制被省政府办公厅《专报信息》采用，市政府专门发信祝贺。精细化监管直销企业做法在全国系统首开先河。查处某民用爆破器材公司乱收费等类型案件填补全省系统公平交易执法工作空白，并率先在全省系统介入金融、盐业、殡葬等行业监管。全面推行商品交易市场规范化管理，中东新生活购物乐园被总局命名为全省唯一国家级诚信市场。深入开展“红盾护农”行动，农资经营户100%实行农资销售“一票通”制度；加大农资案件查处力度，为农民挽回损失284万元。依法监测各类广告53703条次，公开曝光违法广告76件次。深化格式合同条款监管，清理整顿批发零售、中介服务等领域消费合同“霸王条款”。积极参与社会治安综合治理，完善查处取缔无照经营管理机制，取缔无照户423户，规范办照2544户。开展涉安市场主体清查、火灾隐患排查、清理规范中介组织及人参市场、黑网吧、扫黄打非等专项整治行动，有力地维护了市场秩序。

三、着力推进消费环境建设，维权能力越来越强

投资兴建省内一流的12315指挥中心，建成全省首家12315专业官方网站和12315消费维权律师团，开通12315微博，受理各类咨询、申投诉举报10264件，同比增加2127件。组织126家单位加入12315“五进”直通车QQ群，开展“迎冬运、迎双节12315消费维权服务月”活动，设立消费维权服务站500家，首批悬挂12315公益提示牌400块，12315品牌形象及知名度得到迅速提升。深入推进“三个一”监管指导模式，依法规范众安居家居市场、国美电器商场、森鼎建材市场及太阳能热水器、防盗门、电瓶车等销售行业经营行为。组织实施流通领域重点商品质量监测13个品种、610个批次，合格率为67.4%。开展汽车摩托车、“家电下乡”商品维修服务行为和洗染业、美容美发业等服务领域消费维权执法检查活动，以及汽车轮胎、电动自行车、建材市场等8项专项整治，清查退市不合格商品14种。围绕“消费与民生”年主题，组织开展“3·15”消费维权系列宣传活动。重新规范设立“一会两站”1434个，覆盖率达88.3%，建立标准化“一会两站”130个；接待来访和咨询4140人次，受理、解决消费者投诉1526件，挽回经济损失392.5万元。创办大学生就业基地和实践基地32个，提供就业岗位213个，帮助469名大学生实现就业。

四、着力推进法治工商建设，执法水平越来越高

全力推进行政执法标准化、行政指导规范化、法制工作信息化建设。制定《行政处罚案件核审工作规则》、《“两法衔接”工作制度》等七项制度，建立执法文书使用标准，制作推广常见案件类型示范标准案卷10余种，执法标准化制度体系初步建立，有力推动执法办案规范化和标准化。将行政指导工作与“四段式”执法模式相结合，制定出台

《"四段式"行政执法工作规则》，全面细化"四段式"工作任务和操作规程，经验做法得到总局政务信息推广。深化行政指导工作，开展行政指导项目20个，为总局和省局制定行政指导工作制度提供大量的实践参考和立法建议。全面启动法制工作信息化建设，研发"法制工作平台"，收录工商机关现行有效执法依据和总局答复1200多件，实现立案登记管理、案件查询、备案查询、核审查询、远程在线立案、汇总统计等功能，使用远程在线立案、备案查询1538人次。我局被评为全省"五五"普法先进集体、"十一五"时期全市依法行政先进集体，并在全省法治工商建设经验交流会和全市依法行政工作会议上介绍经验。

五、着力推进干部队伍建设，工商形象越来越好

扎实开展窗口单位和服务行业"为民服务创先争优"活动，组织队列训练、红歌会、乒乓球赛、摄影书法绘画作品展等纪念建党90周年系列庆祝活动。组建省直非公党组织10户，发展党员29人，培养积极分子61人。投入18万元开展"三帮扶"工作，帮助解决医疗、住房、就业等难题183个。坚持党管干部原则，进一步加强领导班子和领导干部建设，强化新录用公务员和实践锻炼年轻干部培养。树立体现关爱、传递温暖的工作理念，深入细致、热情周到地做好老干部服务工作。深入实施"1100"工程，基层建设总投入1002.9万元。加强基层工商所建设，培育特色工商所16个。开展"数据质量建设年"活动，狠抓新工商综合业务系统数据质量管理。科学安排资金使用，严控"三公"经费，确保厉行节约指标不超标准。

认真贯彻省局巡察组反馈意见，严格落实党风廉政建设责任制，深入开展反腐倡廉宣传教育。我局规范制约权力、推进惩防体系建设工作在全市经验交流会上介绍经验，并先后两次接受吉林卫视采访、报道。组织开展软环境建设提升年、软环境活动月、局长接待日、工商开放日等系列活动，参加政行风热线、"市民－政府"一线牵和"软环境之声"活动，软环境和政行风建设得到进一步加强。

一年来，信访办、综治办、各协会、学会、中心及公安局驻我局市场治安大队等单位紧紧围绕中心任务，做了大量的工作，发挥了重要作用。

【统　　计】 2011年，市统计局的工作继续以科学发展观为统领，坚持围绕中心，服务大局，坚持在全省范围内开展的"能力建设年"主题活动的实施和落实，各项工作得到扎实有效的推进。

一、围绕中心，服务大局，统计的服务职能作用得到新突破

*一是加大经济运行监测分析力度。*从2011年1月开始，恢复经济运行《专报》制度。每月在5日左右向市委市政府主要领导提供一份《专报》，《专报》的内容为月度经济运行简述、全市主要指标表、GDP分产业表、工业主要指标表等。对月度经济运行数据实行"零报告"制度。就是将《专报》和经济月报中所列主要指标从上次上报到本次上报的时段内如果没有数据，也要将报表填上"0"上报的制度，并标明没有数据的原因。重点对100户重点工业企业实行跟踪监测，加强监测力度，提高监测频率，并按月份对100户企业的主要指标进行统计，对超亿元企业进行排序。加大对投资统计项目的调度监测督查力度，对上年结转投资项目进行全面清查，保证投资统计项目的连续性；其次对新开工项目做到及时调度，搞好衔接，保证投资统计不重不漏。围绕当前经济转型、调整结构、物价走势、改善民生等热点、难点问题，开展系列统计调研活动，努力打造统计调研分析精品，全年，完成统计报告50余篇，多篇得到市领导批示及被媒体采用，统计信息资源的使用价值和效益得到充分发挥。

*二是深入开展统计调研分析工作。*围绕市经济工作重点和领导关注的热点问题，结合工作实际，吉林市局制定了19个重点调研分析课题，并下发全局，对完成时限，质量目标，课题责任人等都提出了明确要求。当前重点课题正在有序地进行。其中，已完成的《"十一五"时期吉林市固定资产投资成果显著》一文得到主管市长签批。为摸清全年工业经济的走势，3月份，吉林市局组织部分人员深入重点工业企业开展调研。调研不仅关注企业生产运行组织情况，还在融资贷款、价格趋势、过剩产能、技术创新等四个方面有针对性地开展调研，获取了基层企业的第一手材料，为研究全年工业经济走势提供了依据。

*三是积极向市政府进言献策，多项建议被采纳。*今年是"十二五"开局之年，统计数据将倍受关注。年初，吉林市局就如何做好全市经济运行监测工作，提高数据质量，积极向政府进言献策。包括安排GDP计划的建议及抓好经济运行调度工作的建议。我局建议市政府要根据全市在"十二五"规划中提出的发展目标，按照统计的方法制度和统计数据的发展趋势，来安排年度或季度GDP计划，并进行实时监测调度。同时，根据近几年来吉林市政府召开的经济运行调度会中存在的问题，我局向市政府提出了"关于如何抓好全市经济运行调度工作的建议"的书面报告。报告中就如何进行调度，特别是调度的方式、时间、内容和方法以及应注意的问题，结合全市实际提出了建议。这两项建议都得到市政府采纳，并于3月6日，在吉林市经济运行调度工作部署会议上，市政府下发了《关于加强经济运行指标调度核算工作的通知》（吉市政办函[2011]19号），对经济运行调度指标统计的核算方法，经济运行调度指标统计口径、和经济运行调度内容及工作程序重新进行了规定，并对提高部门数据质量提出了具体要求。通过统计部门自身的努力，逐步改变政府经济运行调度工作的方法，逐步向统计方法制度的规定靠拢。加强对全市"五项攻坚"GDP快速发展的技术指导。通过专递报告形式，向政府说明"五项攻坚"中如何加快GDP的发展，产业结构应该如何摆布，使全市GDP计划更加科学合理。对下半年全市计划的行业调整基本是按照统计部门的思路进行的。在全市第三产业调度会上，讲解了第三产业增加值计算方法，并具体解释了第三产业快速发展的途径及措施。得到了市领导的充分肯定。

*四是统计专项调查范围扩大。*增加了民营经济调查的频次。开展了能源统计调查，进一步完善了能源统计调查制度。开展了非公有制企业人才资源状况调查工作。完成了交通运输能源调查和成本费用调查。完成了东部地区林业生产资源情况调查。积极参加了全国第一次水利普查的各项相关工作。

*五是网络信息工作成效明显。*加强了网络信息工作力度，由于领导重视，措施得力，巩固了在我省信息报送工作中的地位。全年，全局在国家网采用信息共60条，全省608条，居全省前列。

二、创新思维，认真研究，统计方法制度改革得到推进

根据吉林市的实际情况，严格按照国家和省的要求，不断创新方

式，积极推进统计方法制度改革，

一是全面展开了GDP下算一级试行工作。制定下发了《吉林市GDP下算一级方案》。从今年一季度开始，全市GDP实行下算一级。

二是积极推进工业联网直报工作。通过加强力量、分清责任，逐级落实、抓住大中型企业重新核定的契机调整直报单位和强化培训工作，实现数据自动运算四个方面提高工业联网直报工作。

三是制定实施了发展壮大企业的申报制度。把过去一直没人管理的发展壮大企业纳入了制度范畴进行统一管理、统一审批。

四是按照国家、省局要求，积极做好向《统计制度方法研究》的供稿工作。目前，已供稿多篇，其中《提高工业统计数据质量控制的途径》被国家网、省网采用。

三、精心组织，周密部署，做好基本单位名录库建设和“三上”企业核查工作

按照国家和省局有关文件精神，吉林市局结合本市实际，全力做好基本单位名录库建设与维护工作和“三上”企业基本情况与主要数据核查工作。一季度，吉林市局先后两次组织召开专题会议，对基本单位名录库和“三上”企业核查工作进行部署，制定下发了《吉林市基本单位名录库建设与维护工作准入和退出制度》、《吉林市基本单位名录库建设与维护工作人员审批制度》和《吉林市“三上”企业核查工作实施方案》。要求全市各级统计部门要加强基本单位名录库工作的基础建设，在工作人员和经费保障等方面予以倾斜。同时，为充分发挥各部门的职能优势，实现基本单位名录库的动态维护与更新，市县两级统计部门都选调专人负责与各相关行政部门的联络工作，目前，全市基本上实现了适时基本单位名录库数据与部门数据的同步更新。为推动两项工作的开展，吉林市局还专门成立了核查工作领导小组，由分管局长带队，组织相关人员深入县（市、区），对 “三上”企业基本情况和主要数据进行了实地核查，针对存在的问题，制定了整改方案进行整改，顺利通过国家、省的检查。

四、高度重视，加强配合，统计法制工作得到推进

一是制定下发了《2011年全市统计法制工作要点》。召开全市统计法制、统计从业资格及继续教育工作会议，会上传达了《2011年吉林省法制工作安排意见》，从提升统计法制工作能力、加强县级统计基础建设水平、统计普法宣传以及全市统计人员从业资格和继续教育培训等方面对各县（市）区的工作进行了安排和布置。

二是做好2011—2012年度县级统计基础建设考核评比准备工作。根据省局的工作要求，确定吉林市2011—2012年度县级统计基础建设考核评比的县（市）区，按照省局规定的赋分标准，要求各县（市）区做好相关方面的工作，加强县级统计基础建设。

三是考察确定统计从业资格和继续教育培训机构。通过走访调查，从师资力量、教学环境等多方面进行考察，最终确定了统计从业资格和继续教育委托办学机构，由其进行全市直和各城区的统计从业资格考试和继续教育培训工作。

五、积极筹划，稳步推进，统计信息化建设取得新进展

一是积极筹备抓好数据库建设相关工作。按照国家局提出的“四大工程”建设目标，积极筹备抓好数据库建设相关工作。

二是开展计算机操作能力培训工作。主要包括能熟练地利用计算机进行数据采集、加工、综合、分析，并且会使用、维护、编写应用程序等一些培训。

六、积极推进企业一套表工作

国家统计局于9月29日，在京召开全国企业一套表工作会议，部署企业一套表全面实施工作。会议要求从2011年年报和2012年定报全国所有“三上”企业和房地产开发经营企业都将全面正式实施企业一套表和联网直报制度，统计工作即将翻开新的一页。9月30日，吉林市召开全市统计工作会议，安排部署吉林市实施企业一套表各项工作。根据国家统计局、省政府及省统计局关于企业一套表改革有关精神，吉林市统计局及时主动把企业一套表改革工作向市政府领导进行了汇报，引起市领导的高度重视。市政府相继召开全市统计工作联席会议、部门协调会、工作调度会，转发了《吉林省人民政府办公厅关于开展企业一套表改革工作的通知》精神，成立了企业一套表工作领导小组和工作机构，对这项工作进行动员部署，要求统计及相关部门要按照职责分工，全力实施好一套表改革工作，并在政策和经费上政府予以保障。吉林市统计局组织实施好各个阶段的工作任务。在备战阶段主要是抓好摸底调查、培训工作及抓好宣传工作，编制了《企业一套表软件工作手册》对企业一套表工作进行广泛宣传。并按照省局模式和要求，先后制定了《企业一套表改革实施细则》、《企业一套表工作进度旬报制度》、《企业一套表改革通报制度》等制度。印发了《企业一套表工作简报》。各相关处室加班加点，在大家的共同努力下，年底第一次试报比较顺利和成功，达到预期目的。

七、加强领导，强化措施，“能力建设年”活动得到推进

按照省局党组要求，年初以来，吉林市局认真组织开展了“能力建设年”活动，紧紧围绕统计管理能力、统计服务能力、统计创新能力、统计保障能力四方面的能力建设，通过采取切实有效的措施，扎实推进活动的开展。

一是领会精神，统一思想。开展“能力建设年“活动即是做好当前统计工作的迫切需要，也是贯彻落实国家统计局“三个提高”的具体措施。全省统计工作会议结束后，我局党组及时召开了班子会议，学习传达了省局相关文件和领导讲话精神，局班子首先在内部统一了思想认识。3月份，我局组织召开了全市“能力建设年”活动动员大会，对“能力建设年”活动进行安排部署。会议提出要把“能力建设年”活动作为贯穿全年统计工作的一条主线来抓，要求全市各级统计部门都要把能力建设摆在重要议事日程，把此项活动放在心上，抓在手上，层层抓好落实。

二是健全机构，制定方案。为加强对“能力建设年”活动的组织领导，成立了以局长为组长，其他党组成员为副组长，各县（市、区）局局长，局内各处室及所属事业单位负责人为成员的活动领导小组，领导小组下设办公室，负责活动日常工作。印发了《吉林市统计局开展“能力建设年”活动实施方案》，明确了活动的重大意义、指导思想、目标任务、主要内容、方法步骤、保障措施。并将目标任务进行了分解，细化了工作细则，建立起层次清晰、目标明确的履责体系。同时“能力建设年”活动小组办公室适时对各县（市区）局，局内各处室“能力建设年”活动开展情况进行督查指导，确保“能力建设年”活动扎实有效开展。

三是加强宣传，营造氛围。为广泛开展“能力建设年“宣传活动，营造舆论氛围，吉林市局在局域网站上开设了“能力建设年”活动专栏，专栏分为四个子栏目，由专人负责，把开展活动的文字信息、图片信息集中放置在专栏上，供大家学习借鉴。

八、创新形式，多措并举，干部队伍建设得到加强

一是创新形式开展干部培训工作。围绕“能力建设年”活动方案要求，在总结以往干部培训经验的基础上，进一步健全和完善了对业校培训的管理，不断改进培训方法，在提高讲授式教学质量的基础上，加强了案例分析式、现场观摩式、经验交流式等培训方法的研究和运用，以此提高机关业校培训工作的整体水平。3月底，召开了工作经验交流会。会上，不同岗位、不同处室队的六名同志，结合自身工作实际，分别从六个方面做了经验交流发言。通过6名同志谈工作体会，谈工作技巧，谈工作经验，增进各部门处室、各项工作的相互了解，达到了增进了解、掌握技巧、提升能力、促进工作的目的。除此之外，截止目前，举办了贸易和服务业统计业务知识培训、能源统计业务知识培训、工业统计业务知识培训等，通过不同专业、不同岗位的培训，有效提高了全市不同业务、不同层次人员的专业知识水平，从而有力促进了全市统计业务工作的整体水平，达到了预期目的。

二是积极参加省局举办的学习竞赛活动。认真组织市本级和县(市)区局阶段性在线考试，从总体反馈结果来看，吉林地区全体参与在线考试人员人均成绩在90分以上，在全省排在前列。

三是加强对县(市)区局领导班子和领导干部的考核力度。按照吉林市统计局制定的《县(市)区统计局(分局)领导班子和领导干部考核办法》吉市统党字[2009]17号文件要求和市局党组的安排，吉林市局考核组于2011年3月1日始，集中一段时间对吉林市各县(市)区统计局(分局)领导班子和领导干部进行了2010年度考核，考核遵循客观公正、注重实绩、群众公认、权责明确的原则，并切实做到不走过场，通过整体考核情况来看，各单位领导班子较往年相比在思想政治建设、领导能力、工作实绩、党风廉政建设方面和“五种能力”得到进一步加强和提升。各级领导干部履职尽责、有为才有位、争先创优意识得到进一步增强。

四是加强党风廉政建设工作。为把党风廉政建设和反腐败工作落到实处，以局党组文件分别下发了《吉林市统计局领导班子2011年党风廉政建设责任制工作方案》和《吉林市统计局领导班子2011年惩防体系建设工作方案》，保证党风廉政建设工作不走过场，不图虚名，力求脚踏实地，务求实效。实行三级责任制，明确责任分工。召开专题会议认真贯彻落实全省统计系统党风廉政建设会议精神。召开了全市统计纪检监察工作交流培训会议，县市区局兼职纪检监察和特邀群众监督员学习领会省局党风廉政建设工作会议精神。在县(市)区实行党风廉政建设责任制检查和纪检监察工作量化考评办法，参照省局《吉林省统计系统党风廉政建设责任制检查和纪检监察工作量化考评赋分表》考核办法，制定了考核县(市)区的考评办法。在市局网站上建立了廉政建设专栏，包括文件制度、领导重要讲话、工作动态、警示教育四个子栏，通过丰富纪检监察网页内容，做到更新及时，内容丰富，使之成为全局党风廉政建设宣传的媒介，纪检监察文件、规章制度的资料库，纪检监察工作动态的展板，学习心得交流的平台。

【审　　计】　2011年，吉林市审计局在市委、市政府和省审计厅的领导下，以党的十七届六中全会精神为指引，在服务我市经济发展中充分发挥审计“免疫系统”功能和在国家治理中的作用，审计工作实现上台阶，新发展。

一、注重发挥职能作用，审计工作再创佳绩

2011年，吉林市审计局完成审计项目95个，查出违规金额18806万元，管理不规范金额304623万元，损失浪费135万元。其中，已上缴财政10234万元，为历年平均水平的5倍；归还原渠道资金4509万元，调账处理金额1322万元。移送处理案件8件，其中，2起涉嫌经济犯罪的事项移送市检察机关处理，一人已被判刑12年，一人正在立案侦查中。

2011年，吉林市审计局获得省政府、市政府“‘十一五’行政执法先进单位”和“‘五五’普法依法治理先进集体”荣誉称号。被审计署评为全国地方性债务审计公务员先进集体。在全省审计机关信息宣传评比中连续4年排名第一，被省审计厅评为“市级审计机关信息宣传先进单位”。全省优秀审计项目评分第一名。　被市政府评为“绩效考核先进单位”。被市直机关党委评为“市直机关先进党组织”(连续第14年)。王松局长荣获“吉林市劳动模范”荣誉称号，局机关和多个处室及干部被评为“五项攻坚”、“三帮双促”先进单位和个人。

二、积极履行监督职能，审计工作效能彰显

吉林市审计局2011年完成各类审计项目95(户)项。其中，出色完成了审计署统一组织的地方政府性债务审计，被审计署评为全国地方性债务审计公务员先进集体。配合省审计厅完成了市级部门2010政府决算草案审计试点工作并摸索出宝贵经验。

《吉林市人民政府国有资产监督管理委员会2010年预算执行及其他财政财务收支情况审计》的审计报告被多名市领导批示，市政府办公厅专门下发《吉林市人民政府办公厅关于加强吉林市国有资本(资产)管理的通知》等文件加强全市国有资产管理，省政府办公厅在第41期信息专报刊登了《吉林市落实〈关于实行国有资本经营预算的意见〉情况》。该项目被省审计厅评为2011年优秀审计项目，并获得奖励。

组织召开吉林市2011年经济责任审计工作联席会议，通过并实施了《吉林市经济责任审计工作联席会议制度》。对今后吉林市经济责任审计工作的开展具有重要指导意义。

针对部分乡镇级单位以“总部经济”的名义为企业返税问题向市政府作了专题汇报并得到市领导的高度重视，市政府专门下发了《吉林市人民政府关于停止自定政策返还税收切实加强财政税收管理的通知》，对该行为予以规范。

王松局长在市十四届人大常委会第28次会议上作了《关于吉林市2010年度市本级预算执行和其他财政收支审计工作报告》，揭示了市本级预算编制、财政资金管理、地税征管、市直部门预算执行、事业单位财务收支、基本建设资金管理使用、重点民生资金和民生工程审计等七个方面发现的主要问题，并提出了相应的审计整改和加强管理的建议。

三、全力完成政府任务，服务民生促进发展

超额16%完成了一般招商和定点招商引资5000万元的任务，确保“五项攻坚”活动出成果，完成了市领导交办的吉草高速征地拆迁、吉林铝业公司破产资金、世纪景苑等专项审计项目。主动参与加强城市建设管理，规范了30多亿城市建设资金和相关经营运作、工程管理，堵塞了近亿元的财政资金漏洞。

对吉林市养老保险基金、义务教育经费、中小学校舍安全资金、泥草房专项资金等专项审计中发现的问题，均提出相应的整改意见并督促落实。

深入开展了“我能为企业做些什么，我能给群众带来些什么”研讨活动，从指导提升各单位内部审计监督、强化惠民助民意识、加强软环境建设、提高行政效能等几方面制定措施，落实责任。

成立“双促”活动领导小组，组织全局审计干部，深入12户企业、116户工商业户和1170户群众家中，宣传政策，调查了解他们遇到的问题和困难，采取多项措施办理解决并协调报告有关部门。

成立“三帮扶”活动工作组，先后对43户包保的困难党员、困难群众进行走访，并带去慰问品；为患有喉癌的低保户张丰彬筹集捐款3万余元做了切除手术；捐资近万元，将间歇性精神病人段国新、韩景芬分别送到精神病医院治疗；为2户帮扶困难家庭各解决一个公益岗位，缓解生活困难；为北极长安困难社区初步落实500平方米办公场所；为岭前社区购建60平方米的舞台开展文化活动。

四、审计管理创新发展，凝心聚力廉洁高效

创新审计管理方式，继续全面推行送达审计和简易审计程序。全年69个项目实行了送达审计，78个项目履行了简易审计程序，最大程度地减轻被审计单位的负担；对外出就地审计项目实行费用预算管理制度，促进“廉洁高效、依法审计”。制定实施《吉林市审计局审计项目绩效考核规定》，在审计项目各阶段实施绩效考核，以提高审计质量和效率。

不断加大计算机审计培训和应用力度，自行组织40岁以下的审计干部脱产封闭培训。两年来，全局已有15人获得了审计署计算机中级证书，占全省审计系统通过人数的41.03%。要求凡是符合计算机审计条件的项目，一律采用AO进行审计，使计算机审计应用水平整体提高。2011年在审计署AO应用实例评比中4个获得“AO应用实例应用奖”、占全省获奖数的40%，7个获得“AO应用实例鼓励奖”。

注重加强机关建设，构建和谐集体，干部队伍凝心聚力、奋勇争先、综合素质稳步上升，在兢兢业业努力工作的同时，积极参加市里、审计系统组织的各项活动，努力丰富职工的业余文化生活。如积极参加市直机关运动会、市直机关羽毛球赛、省审计系统乒乓球赛、建党90周年红歌会、徒步、登山、摄影、滑雪等活动，不仅锻炼了干部职工的身体，陶冶了审计干部的情操，更增强了全体职工的向心力、凝聚力和战斗力。

（董景玉）

【技术监督】　一、继续强化“两个”安全监管工作

1.检查与专项整顿和监管工作相结合，保证食品质量安全。

2011年，吉林市质量技术监督局共开展了在食品生产加工环节打击侵犯知识产权和制售假冒伪劣商品专项行动、打击非法添加和滥用食品添加剂专项整治行动、“瘦肉精”专项整治行动、“百日食品安全”专项整治和“地沟油”专项整治等5个专项整治工作。葡萄酒生产企业和乳粉为原料的生产企业的2个专项排查。在全市727户食品生产企业中未发现有侵犯他人知识产权和生产假冒伪劣食品行为，对在产12户食品生产企业的原料及产品“瘦肉精”抽样检验中，其结果全部合格。检查食用油生产企业34户、食用油小作坊9户，使用食用油为原料的食品生产企业49户、化工企业52户，均未发现违法行为。针对去年发生的塑化剂事件，通过全局对果汁、茶饮料、果酱果浆、胶锭粉及食品添加剂企业的检查，到目前为止未发现有违法添加使用塑化剂的情况。吉林市质量技术监督局对全市葡萄酒生产企业和可能使用乳粉为原料的乳制品企业进行了排查，全市现有获证葡萄酒生产企业17户，生产及可能使用乳粉的企业9户。通过对在产的4户葡萄酒生产企业原材料进货验收等情况的检查，均未发现问题，对其产品抽样送检，全部合格。9户生产及可能使用乳粉的企业也未发现非法藏匿问题乳粉情况。

全年吉林市质量技术监督局4次代表我省接受国家食品安全检查，均已满分通过，得到全国人大副委员长桑国卫同志高度肯定。吉林市质量技术监督局被市政府授予食品安全先进集体称号。

2.坚持对特种设备的有效监管。

2011年，结合开展“安全生产责任落实年”活动，全局组织开展了特种设备安全大检查、特种设备隐患排查治理及打击非法违法生产和使用特种设备行为专项行动。其中，在气瓶专项治理工作中，吉林市质量技术监督局的做法得到了吉林省质监局的充分肯定，于2011年7月26日，在我市召开了全省液化石油气充装单位治理工作现场会。

去年，吉林市质量技术监督局还按照吉林省质监局的要求，划分了特种设备监管责任区，区内划分片区，做到定人、定岗、定责。桦甸局制作了乡镇、街道特种设备网络分布图和辖区监管分布图，乡镇街道派驻一名特种设备安全协管员。磐石局与全市13家气瓶充装单位签订了《气瓶安全管理责任书》等。监管责任区和特种设备制造、安装、使用、修理改造等互联网络的建立，增强了对特种设备安全监管的有效性。

2011年，吉林市质量技术监督局组织了人员密集场所使用的电梯和“第十二届冬运会”赛区使用的客运索道的应急演练。市政府领导、市应急办、各相关部门、单位和多家新闻媒体参加了演练。通过演练，增强了应急意识，检验了应急处置能力，锻炼了应急队伍。

2011年12月31日，国家质检总局“第十二届冬运会”特种设备安全督察组对我市冬运会赛区特种设备安全进行了督察，督察组听取了汇报，检查了资料档案，实地检查了索道站房设施、应急电源等，国家局督察组对吉林市质量技术监督局对冬运会赛区特种设备安全监察工作很满意。

2011年，吉林市质量技术监督局共检验各类特种设备11911台（套），总定检率达99%。监检各类特种设备2598台（套），监检率100%，从而保证了全市特种设备安全生产，受到了市政府的表彰，市局被市政府连续第二年评为安全生产先进单位，吉林市质量技术监督局特设处、特检中心被评为先进集体。

二、加强质量管理，提高质量效益

为全面反映我市区域工业产品质量状况，科学指导质量兴市工作，2011年，吉林市质量技术监督局以高新区工业企业产品质量状况为分析对象，向市政府报告了《关于2011年高新区工业和产品质量状况的报告》，并根据《吉林省人民政府关于深入开展质量兴省活动的意见》，结合全市实际，起草了《关于在全市深入实施质量兴市战略的意见》，征求了全市25个相关职能部门的意见，就各项质量工作要求和工作指标达成了初步共识，此《意见》在市政府第六十六次常务会议上原则上获得通过。会议还决定在今年上半年召开全市质量兴市大会。全市深入实施质量兴市战略意见的通过，是市政府对吉林市质量技术监督局履行工作职能给予的充分肯定，认同了吉林市质量技术监督局为市政府宏观指导全市经济发展提供的建设性意见，吉林市质量技术监督局也落实了省政府在质量兴省活动方案中对我市开展质量兴市的工作要求。

在2011年吉林省名牌产品评选工作中，经过吉林市质量技术监督局的精心培育和严格把关，最终有10户企业的14个产品获得吉林省名牌产品称号。全市在地理标志产品的培育、管理、发展和保护方面取得了一定的成效，到目前为止，已获得长白山人参等5种地理标志保护产品、5户使用地理标志产品保护专用标志企业。

三、加强产品质量监督检查，保障产品质量

2011年，吉林市质量技术监督局认真组织实施产品质量监督检查、打击侵犯知识产权和制售假冒伪劣产品专项行动及生产企业调查。查处取缔无证无照经营综合治理等19个专项整治和执法打假工作，配合完成了“地沟油、食品添加剂”整治工作，组织县（市）局、分局对全市化工企业进行了排查。完成了33类产品的检查工作，共计抽查产品578批次，合格563批次，平均抽样合格率为97.4%。2011年，全市质监系统共出动执法人员12846人次，出动执法车辆6100辆次，查办各类违法案件1213起，涉案货值达515.06万元。所查办案件涉及农资、建材等17大类、82个品种，其中立案处理492起，当场处罚721件。打掉3个制假窝点，销毁假冒伪类产品货值金额19余万元，为进一步规范企业生产秩序、净化市场环境和地方经济健康发展做出了贡献。

四、强化标准、计量工作，有效地服务地方经济发展

启动了省级第四批农业标准化示范区六个、国家级第七批农业标准化示范区两个，第一批吉林省标准化农业产业龙头企业培育试点一个，完成了国家级Ⅰ类服务标准化试点项目吉林世纪大饭店的创建及验收工作任务。同时完成了六项省级第一批服务标准化试点工作、六项省级第一批标准化良好行为试点的创建及验收，为提升我市服务标准化、工业标准化工作积累了经验，得到了国家标准委和省局的好评。启动了省级服务标准化第二批试点创建项目三个和省级第二批企业标准化良好行为试点项目六个，为吉林永大集团等七户企业的25个产品办理了采标证书。

开展了“诚信计量集贸市场”的创建工作，使全市集贸市场计量行为开始从“被动管理”向“诚信自律”转变，营造了全市集贸市场公平公正的计量环境，得到了全市集贸市场的欢迎和支持，四个“诚信计量”样板市场的建立及计量器具的免费检定，为百姓营造了公平公正的购物环境，得到了吉林省质监局及消费者、经营者的一致好评。我们将竭尽所能，使免费检定工作覆盖到全市的所有集贸市场。

积极深入社区乡镇开展服务计量进社区活动，向社区群众宣传计量法律法规和普及计量科学知识，使百姓掌握计量器具的基本常识。吉林市质量技术监督局联合我市水、电、气相关企业和组织市计量院、能源所对社区水、电、气三表开展免费检定。

五、加强廉政风险防范工作和惩防体系建设，保障质监队伍的纯洁性

为明确责任，把反腐倡廉工作落到实处，吉林市质量技术监督局党组将党风廉政建设和目标进行了分解，逐项落实到相关责任单位，做到目标明确，责任到人，局党组书记与各部门和单位的一把手签订责任状，作为年终考核的依据。市局组织领导干部深入学习《廉政准则》，对8个方面“禁止”和52个“不准”对照检查，建立规章制度，规范党员领导干部行为，将廉洁从政的要求落到实处。在全系统继续深入开展了“树新风正气，促和谐发展”主题教育活动，促进党员干部和公职人员转变工作作风，提高办事效率和服务意识，增强廉洁从政的自觉性和责任感。

为进一步完善具有质监特色的惩治和预防腐败体系，有效防范廉政风险和监管风险，吉林市质量技术监督局在全市质监系统内继续深入开展了廉政风险防范工作，在认真查找风险，制定有效措施的基础上，将廉政风险防范工作与惩防体系建设紧密结合起来，在系统内开展了“惩防体系制度建设深化年”活动。深入查找在依法行政、资金管理、执纪、执法等重要环节发生或可能产生的廉政风险；查找在履行岗位职责，执行制度、遵守程序、行使权利等方面存在的或潜在的廉政风险，根据实际情况，修定和完善了相关制度。

2011年，在全省质监系统软环境和政行风建设评议及地方政府评议中，吉林市质量技术监督局排名第二，3个县（市）局进入全省前17名，1个分局进入前2名，在全市政行风和软环境民主评议活动中，市局被评为免评单位。

六、积极开展创先争优和“三帮双促”活动

在开展创先争优活动中，市局先后有3名处长，2名副局长就群众关心的热点问题，在电视上公开解答群众提出的具体问题，并就转变工作作风，提升服务质量，提高办事效率和创造经济发展软环境等问题向全市人民公开8项承诺。

在“三帮双促”活动中，市局走访调查企业、工商业户和村民889户，承担帮扶4名党员、8名群众、1个薄弱基层党组织。通过走访调查，认真了解群众和企业在生产、生活、经营活动中存在的问题和对党和政府的意见、建议，帮助解决一些实际困难。此次活动后，市局接受了市委、市政府的考核验收，获得满分100分的好成绩。

（姜延年）

【食品药品监督】 2011年，我局在市委市政府和省局的正确领导下，坚持以“保安全、促发展”为中心，以“严、细、实、快”为根本要求，以服务民生和经济社会发展为出发点和落脚点，适应新体制，履行新职能，严格日常监管，突出打假治劣，强化服务民生，实施“五项攻坚”，为推动地方经济社会发展和保证辖区群众饮食用药品安全，做出了积极的努力。

2011年，我局按照市委市政府工作部署、省局工作会议精神，结合我局工作实际，精心谋划监管路数，细化分解工作责任，稳步推进工作落实，全市食品药品监管工作扎实有效，为保证群众饮食用药安全提供了可靠保障。

一、以工作落实为目标，构建落实食品药品安全责任体系

一是加强组织领导。年初以来，我局对食品药品安全监管责任制工作高度重视，科学谋划，精心部署。建立了食品药品安全监管责任制工作机构，成立了以局长为组长，各分管副局长为副组长，各基层局、直属事业单位、业务处室主要领导为组员的领导小组，同时组建了食品药品安全监管工作责任制办公室、督导组、考核组，在局领导小组的统一领导下，分别负责全系统食品药品安全监管责任制落实的协调、督导、考核工作。4月份，根据省局年度工作会议精神和省局年度工作要点，结合吉林市委市政府年度食品药品监管要求，全系统细化分解了年度重点工作任务目标，制定印发了《吉林市食品药品监督管理局重点工作任务目标分解表》和《吉林市食品药品安全监管责任制考核细则》，进一步明确了各单位年度食品药品安全监管的工作任务、工作目标和监管责任。加强了食品药品安全监管工作责任制过程控制，采取“月调度、季汇报、半年考评、随机督导”的办法，对全系统食品药品安全监管责任制落实情况进行督导和考评，年初以来，市局统一督导检查3次，随机督导检查11次，组织完成了半年考评工作，并及时对督导、考评情况进行了通报。建立了食品药品安全监管责任追究制，实行责任奖惩，将食品药品安全监管责任制落实情况与单位、个人年终评先、评功评奖、成长进步直接挂勾，采取一票否决。

二是落实安全责任。构建落实了“地方政府负总责、监管部门各负其责、企业是第一责任人”的食品药品安全责任体系。制定了《吉林市药品安全监管责任体系实施方案》，进一步明确了市、县两级监管部门的职责、工作任务及标准，建立了以市、县两级监管部门为主，药品生产企业质量受权人为辅的三级监管网络，进一步划分了监管责任片区，逐户落实了监管责任人，实现了“监管到户、责任到人”。层层签订责任书，逐级签订责任状，市局与各基层局、直属事业单位和机关处室签订了食品药品安全监管工作责任书，全系统人员逐一签订了食品药品安全监管责任状，全市食品药品生产经营使用单位向监管部门递交了食品药品安全承诺书，全面落实了食品药品安全责任。加强了企业诚信体系和信用机制建设，企业的诚信意识、质量意识、安全意识和第一责任人的责任意识全面增强。

三是完善工作机制。根据《吉林省食品药品安全监管工作责任书》内容和省局2011年工作会议精神，局深入研究探索，建立完善了食品药品安全应急处置机制、分级管理工作指导机制、执法办案督导机制、公开审批服务机制、社会宣传与监督机制，安全保障机制、考评考核机制和责任追究机制等监管工作机制。年初以来，建立完善餐饮服务食品制度规范58项，保健食品、化妆品制度规范6项，药品、医疗器械制度规范20项，机关工作机制32项，有效地保障了食品药品安全监管。

二、以“保安全”为中心，扎实做好食品药品安全监管工作

保证辖区群众饮食用药安全是我们的首要职责，围绕这个中心，主要抓了三方面工作：

1. 认真履行职责，食品安全监管工作扎实推进。

在机构改革和职能调整的关键时期，我们从保障辖区群众饮食安全这个大局出发，认真履行食品安全监管职责，努力干好本职工作，圆满完成了年初制定的工作任务，得到了省政府、市政府的好评。

一是以确保质量为标准，积极开展食品“月抽检”工作。坚持实施重点食品“月必检”制度。根据消费热点和时段特点，科学布点，有针对性地确定重点食品品种，制定并组织实施月抽检计划，将抽检地点主要确定为大型超市、大型农贸市场、重点生产企业，将重点品种确定为米、面、粮油、灌肠类、熟食制品等热销食品。共组织3次月抽检，布点18个，抽检食品品种120个批次，对不合格食品进行了集中整治。

二是以量化管理为基础，全力推进示范工程创建工作。立足监督升位、管理升级、长效监管，制定印发了《2011年吉林市餐饮服务食品安全监督量化分级管理工作实施方案》，对市本级监管的138家餐饮服务单位进行了量化分级管理。在量化分级管理的基础上，运筹启动吉林市餐饮服务食品安全“十百千”示范工程创建工作，制定了工作方案和实施方案，通过市政府专题会议对全市餐饮服务食品安全示范工程创建工作作出了全面安排部署。完成了市级示范街、示范店申报和创建指导工作，推报省级示范县1个、示范店12家。

三是以服务企业为宗旨，全面做好许可规范实施工作。在餐饮服务许可工作上，提出了“许可先行、严格准入、控制总量、优化存量”等监管理念，研究许可工作中出现的新情况、新问题，创新现场审核工作方法，由片区监管责任人承担现场审核员任务，对餐饮单位从许可开始全程监管、全程负责。完成了餐饮服务单位入户登记普查工作，为信息动态管理、分级分类管理、片区责任监管提供了准确依据。帮助多家学校和建筑工地食堂，编写了《餐饮服务管理制度汇编》，对新建和改建的餐饮服务单位食品加工流程设计与布局进行上门服务指导，受到了相关餐饮单位的好评。今年5月份以来，共审核发放《餐饮服务许可证》12个。

四是以能力提升为主题，切实加强监管人员培训。围绕“转变观念、统一认识、履行职责、确保安全”这一主题，策划、筹备、组织新划入人员培训，做到了职能划转与培训同步、与推进工作同步。举办培训班3次，培训人员270余人次。5月份完成了市本级食品药品监督（稽查）新划入人员培训，9月中旬完成了各基层局分管副局长、业务科长培训，9月27日至29日，利用3天时间对县（市）区餐饮服务监督（稽查）新划入人员进行了全员、全封闭培训，并进行了考试。通过培训，全系统餐饮服务食品监管人员统一了思想认识、统一了监管理念、统一了工作任务、统一了工作步调、统一了执法程序和标准，提高了工作决策执行、监督执法检查、依据标准规范等方面的工作能力，达到了高站位、高标准、高效率承接与推进工作的目的。

2. 强化日常监管，药械管理水平不断提升。

实际工作中，我们主动把监管思路由以监督为主转到监管并重上来，落实分级分类和属地管理责任，科学界定日常监管的内容、频次、范围，以有效的日常监管，不断提升药品质量安全管理水平。

一是抓源头，注重药品生产环节管理。我地区共有23户药品生产企业，5户医用氧气生产企业、1户药用辅料生产企业、3户医用酒精生产企业和4户医疗机构制剂室。制定并严格执行日常监管工作方案，按照制定的检查标准，对高风险品种企业、基本药物企业、特殊药品生产企业完成了3次日常检查，对医疗机构制剂和其它生产企业完成了2次日常检查，按要求建立完善了基本药物生产数据库，积极组织基本药物生产企业入网实行电子监管，并实施了电子监管码。认真落实GMP跟踪检查制度、驻厂监督制度、监督投料制度、质量授权人制度和特殊药品监管制度，完成了年初确定的监管频次，达到了监管全覆盖、无死角，有效排查了生产环节的安全隐患，从源头上杜绝了药害事件发生。

二是抓关键，突出药品流通环节管理。我地区共有药品批发企业44户，药品零售企业2094户，各类医疗机构4000多家，其中三甲医院6家。结合药品企业普查和各种专项检查，完成了所有药品经营企业的日常检查，对6户三甲医院完成了2次日常检查，对部分医疗机构和农村诊所开展了用药安全检查。认真做好认证换证工作，向省局上报认证材料176份，发放GSP证书641个，完成药品零售企业认证65户，跟踪18户，整改9户，经营范围核减13户，审批新开办药店35户，变更89户，换证33户。起草印发了《药品经营许可证审批操作规范》、《药师管理规定》、《违法药品广告监测制度》等方案。积极开展了药品安全示范县建设，圆满完成了全省药品安全突发事件应急演练观摩会任务。针对个别药店销售假劣药品数量少、货值低，执法成本高于处罚额度的实际，我们提出了具体的监管路子，指导基层局有效开展打假活动。组织制定了监督抽验方案和基本药物抽验方案，建立了基本药物配送情况数据库，并实施了电子监管，确保了我市基本药物经营、配送和使用环节未发生不良案件，有效保证了群众用药安全。

三是抓规范，强化医疗器械企业管理。我地区共有医疗器械生产企业34户，医疗器械经营企业1292户。完成了34户生产企业和1292户医疗器械经营企业日常检查，完成了体外诊断试剂、医疗机构人工牙种植体、医用贴敷类产品专项检查，制定了《2011年医疗器械不良事件监测工作方案》，及时开展了认证换证工作，配合省局对4家体外诊断试剂经营企业进行了材料审核和现场验收，完成了20户医疗器械经营企业现场验收，截止目前，共办理249户生产经营企业的行政许可申报，其中新开办184户，换证9户，变更37户，接收审批办移交现场验收报告9户。

四是抓重点，做好保化品监督管理。5月份，市局保健品化妆品职能划转到位后，我们深入进行调查摸底，全面了解保健食品、化妆品企业的基本情况，并建立了保健食品、化妆品监管数据库。推行了保健食品经营企业登记备案制度，保健食品经营秩序逐步规范。开展了非药品冒充药品、打击保健食品非法添加、保健食品“保安全、促发展”等专项整治活动，净化了市场环境。10月份组织了保健食品和化妆品监管人员培训，培训人员102人，协助省局完成了吉林地区相关保健食品生产企业换发《保健食品生产许可证》的现场审核工作。

五是抓提升，加强药械不良反应监测。加强了监测网络建设，完成了市县两级不良反应监测检验机构建设。目前，“全国药品不良反应监测网络”在线注册基层用户由原来的40家增加至344家，在线直报单位数70家，“医疗器械不良事件监测系统”在线注册基层用户由原来的2家增加至88家，药物滥用基层用户2家；开展多元化业务培训，全面提升监测能力和水平，截止目前，市药品不良反应检测中心共上报可疑药品不良反应监测报告2165份，提前超额完成全年2160份工作目标；上报医疗器械不良事件监测报告104份，提前超额完成全年70份工作目标；上报药物滥用监测报告216份，提前超额完成全年200份工作目标。

3. 突出打假治劣，深入开展食品药品专项整治。

今年以来，我们以食品药品安全专项整治为主线，突出打假治劣，加强监督检查力度，有效规范食品药品市场秩序，收到较好效果。

一是深入推进全市食品药品两年专项整治活动。在食品两年专项整治方面，组织完成了食品安全两年专项整顿评估考核，精心制定了《国务院食安办食品安全整治评估考核迎检工作方案》，组织筹备召开了吉林市食品安全整顿迎检工作会议，组织工商、质监、卫生、畜牧等部门对迎检企业进行了预检，4月11日，顺利通过了国务院食安办食品安全整顿的评估考核，并得到好评。在药品两年专项整治方面，我们始终把打假治劣、规范秩序作为专项整治的一个重要原则，把打击生产销售假药、非药品冒充药品、“挂靠走票”等作为整治的重点，把规范含麻黄碱复方制剂的生产经营秩序作为整治的难点，把药品医疗器械的生产、审评、审批和国家基本药物作为整治关键点。两年来，全地区立案查处各类药品、医疗器械违法案件1327起。9月份，顺利通过了省政府组织的药品安全两年专项整治评估考核验收，并得到了评估考核组的高度评价和充分肯定。

二是积极开展各种专项检查和假劣食品药品清查活动。在餐饮服务、保健食品、化妆品方面，按照国家和省的工作部署，相继部署开展严厉打击食品非法添加和滥用食品添加剂、生肉及肉制品、乳制品、食用油、餐厨废弃物、非药品冒充药品、“保安全、促发展”等14个专项整治行动。在药品、医疗器械方面，组织开展了医用氧气、含麻黄碱类复方制剂、医疗机构制剂室、打击侵犯知识产权和制售假冒伪劣商品、非药品冒充药品、药品违法广告、体外诊断试剂、医疗器械体验式经营企业、人工牙种植体等专项整治活动。通过一系列的专项活动，对食品药品市场重点品种、重点环节和重点领域进行了规范，及时消除了不安全隐患，杜绝了食品药品事故发生。

三是全面加强食品药品检验检测。以确保全市食品药品质量安全为目标，积极开展食品药品检验检测工作。精心制定药品抽验计划，充分发挥快检车快速筛查作用，组织实施了全地区药品安全评价性抽验活动，科学评价全地区药品质量安全状况。年初以来，全地区共进行安全性评价、基本药物和监督抽样达1788批，其中监督抽验1268批，基本药物抽验520批，涉及生产、经营、使用企业246家，抽验品种达200多个。顺利完成了291批餐饮服务食品、保健食品、化妆品检验任务和1011批国家食品安全评价性抽验任务。通过加强食品药品检验检测，为科学监管提供了强力保障，为打假治劣提供了可靠依据和技术支撑。

三、以开拓创新为动力，不断提升食品药品安全监管效能

在食品药品安全监管长效机制建设上，我局进行了不断探索和大胆创新，确立了“向社会监管要成效、向信息监管要高效、向科学监管要实效”的监管思路。

一是搭建食品药品服务平台。为充分发挥社会监督作用，畅通公众对食品药品安全咨询服务举报投诉渠道，逐步形成“政府主导、行业自律、社会监督”的科学监管格局，推进食品药品安全监管工作社会化，我局与联通公司吉林市分公司合作，依托114导航台，于今年5月1日正式开通了“114－41315”食品药品咨询服务举报投诉平台，先期开通了药品、医疗器械咨询服务热线，及时受办百姓关于食品药品安全的咨询、举报和投诉，架起了食品药品监管部门与百姓的贴心桥，搭建了全社会共同参与食品药品安全监管的工作平台。截止目前，共受理咨询服务举报投诉电话2848件，其中，咨询服务电话2716件，投诉举报电话132件。“114－41315”热线的开通，形成了全社会共同参与食品药品安全监管的良好局面，全面提升了系统监管能力和水平。

二是大力推进信息化建设。根据国家局推行电子监管的“四步电子监管发展计划”，为高标准地推进我地区药品监管信息化建设，充分运用信息化、数字化发展的先进成果，推动监管方式、监管手段由传统型向科学化、现代型转变，提升药品监管效率和水平。我局对吉林市食品药品监督管理局政务网站，不断进行功能扩项和业务拓展，及时做好信息上传、网页改版、软件升级和网上信息服务工作，建立起了面向社会、服务公众、资源共享的政务网站，及时公布相关信息，有力地促进了食品药品监管。今年6月，在蛟河市进行的全省药品突发事件应急演练观摩会中，我们就充分运用了信息化建设和农村“两网”建设成果，实现了各小组现场演练与大频幕观摩同频传输无隙对接，提高了应急演练层次和水平，取得了很好效果。

三是深入推进科学监管体系建设。为加大食品药品安全监管力度，建立了以“法律支撑体系、技术支撑体系、行业自律体系、社会监督体系、机关运行体系、监管效能体系”六个方面内容为框架的科学监管体系，为实现监管工作科学化、规范化、制度化和精细化奠定了坚实的基础。特别是加强了法律、技术两大支撑体系建设，在法律支撑体系建设方面，我局收集、整理、印制了《依法行政法律法规汇编》、《机关法制建设汇编》和七册《行政执法实用手册》，印发了局《法制工作要点》，组织了全系统行政执法人员法制培训，聘请了专职的法律专家顾问。在技术支撑体系建设方面，加强了实验室基础建设，安装调试了原子吸收、高效液相色谱仪、气相色谱仪等大型仪器设备。顺利通过实验室资质认定和国家实验室认可“二合一”监督评审，评审扩项药品6个，食品59个，化妆品17个，通过扩项，检验能力由原来的二类155个参数，增加到三类237个参数，其中药品129个参数，食品91个参数，化妆品17个参数。

四、以能力建设为核心，努力夯实食品药品安全监管基础

面对新的形势和任务，我们围绕“保安全、促发展”这个中心，狠抓班子队伍建设、党风廉政建设、应急能力建设，修炼内功，提升素质，系统发展基础得到了进一步夯实。

一是深入推进班子队伍建设。认真落实理论中心组学习制度，及时召开班子民主生活会，营造了民主、和谐、团结的班子氛围，各级班子的凝聚力、向心力和战斗力明显增加。坚持“学习型”机关建设标准，加强干部的理论学习和业务培训，干部的思想观念进一步转变，执法人员的依法行政意识和法律法规素养明显提升。根据工作需要，调整了全系统部分中层干部的工作岗位，有效地调动了大家工作积极性，促进了工作。制定了工作目标责任制，强化了干部考核工作。通过各处室工作调度会来统一思想，提高认识，形成新的监管理念和工作机制。

二是大力加强党风廉政建设。以提高监管公信力为目的，以惩防体系建设为中心，以加强队伍建设为重点，积极探索监管新模式。实行“全员、全过程、全覆盖”纪检监察工作，把食品药品监管的执法、认证、审批、办案和检验等环节全部置于纪检监督之下，实行纪检全内容、全过程、全时制跟踪监督，促进了系统干部公平、公正执法，防止和减少行政过错，提高了行政效能和工作效率，促进了有效监管。深入开展惩防体系建设，及时对认证、抽验、审批、办案和监管情况进行明察暗访，教育和约束干部公平公正执法，截止目前，到企业进行跟踪监督检查82户次。认真落实市委、市政府关于营造软环境各项政策规定，严格落实党风廉政建设责任制，实行“一岗双责”。及时召开基层单位民主生活会，狠抓党风廉政建设责任制落实，层层分解党风廉政建设工作任务，全系统形成了“一把手亲自抓、党组成员配合抓、分管领导具体抓、确定专人负责抓”的良好局面。精心制作了反腐倡廉宣传画，起到了很好的警示作用，全系统广大干部职工做到了自警、自律、自省、自戒，保持了操守。对新提拔的中层干部，实行了任前廉政保证书制度，对“十二条禁令”中不许领导干部有涉药经营行为得到了落实。4月22日，中纪委驻国家局纪检组到我局检查工作后，对我局的廉政建设工作给予了充分肯定。

三是不断强化食品药品应急建设。突出食品药品安全应急能力建设，市、县两级修订完善了食品药品应急预案，成立了应急领导机构和应急队伍，及时向地方政府应急办提交应急预案并得到具体的工作指导。制定并认真实行餐饮服务食品安全预警信息发布制度，针对不同季节和特殊时期餐饮服务食品安全情况，在《江城日报》、《江城晚报》发布了预警信息。承担省局起草了《禁止和限制餐饮服务环节加工提供易引发食物中毒食品的特别规定》，确定了“五类十五种”应予禁止和限制的高风险食品品种。规范重大活动食品安全保障管理，做到了每次保障工作有方案、有监督员名单、有现场检查记录、有监督意见书、有保障工作总结，5月份以来，高标准完成重大食品安全保障任务15次。

四是圆满完成职能划转任务。按照有关规定，在食品职能及编制人员划转工作中，我们坚持编制人员划转比例和条件，坚持审核程序和纪律，坚持统一领导、分工负责，坚持快速推进、依法合规，坚持积极沟通、有效协商，确保了食品药品监管体制改革顺利实施、高质量完成。先后多次召开职能划转工作会议，制定了具体实施方案，成立了工作领导小组，积极与各县（市）区政府及相关部门协调沟通，赢得理解和支持，争取利益最大化，建立了日调度制度。目前，市本级和各县（市）区局职能调整及编制人员划转已全部完成，达到了“三个100%”，即：划转人员100%为全额财政开支，100%为行政执法人员，100%无“历史遗留”问题，实现了“职能交接清楚、人员符合规定、物资数量确切、财务账目准确”的划转目标。8月29日，省局领导对我局职能划转工作进行了面对面的帮助和指导，并对我局职能划转工作给予了充分肯定。

五、以服务发展为宗旨，积极开展富民强市、民生民利工作

今年，省委省政府提出了“三化、三动”发展战略，市委市政府提出了“实施五项攻坚，实现科学发展、加快振兴、富民强市”发展目标，我局按照省委省政府、市委市政府有关精神，扎实工作，积极为江城经济社会发展做贡献。

一是积极开展“五项攻坚”立功竞赛活动。局党组及时对2011年市委中心组(扩大)第一次学习会和全市机关建设总结表彰暨“五项攻坚”立功竞赛活动动员大会的精神进行了传达和解读，全局广大干部职工对市委市政府提出的项目建设、招商引资、提速增效、城市建设与管理、民生改善与提高“五项攻坚”内容有了更深刻的认识和理解，进一步增强了“五项攻坚”的紧迫感、使命感和责任感。市局办公室根据局党组的指示，制定了局“五项攻坚”立功竞赛活动实施方案，确定了我局“六项”攻坚目标，“五项攻坚”立功竞赛活动全面深入展开，攻坚目标全部顺利实现。

二是积极实施改善民生百件实事工程。我局“把改善民生、提升城乡居民生活质量、维护社会和谐稳定”做为工作的出发点和落脚点。按照市政府《关于2011年吉林市改善民生百件实事的实施意见》的要求，结合局工作实际，确定并报批了食品、药品两个方面改善民生实事，及时上报了改善民生百件实事推进表、汇报材料及相关信息。积极开展了“我能为企业做些什么，我能为群众带来些什么”的研讨活动，在认真学习、深入查摆和整改提高的基础上，明确了服务“五项攻坚”、服务企业、服务广大群众的“十九项”具体举措。目前，改善民生实事按时间结点顺利完成。

三是积极推进“创城”工作。创建文明城市，是我市今年的一项重要工作，时间紧迫，任务艰巨，市委、市政府领导都高度重视。接到任务后，我局积极行动，立即从办公室、餐饮服务监管处、市场处等相关处室和基层局抽出专人负责此项工作。经过精心准备和相关人员的共同努力，高标准、高质量完成了市委文明办下达的“创城”任务，我局上报的评审材料一次性通过文明办的审核，得到好评。

四是积极做好“三帮双促”工作。按照吉林市委、市政府的部署和要求，以“解民忧、惠民生、维民权，化解基层矛盾”为宗旨，积极开展“双促”和“三帮扶”活动。在“双促”活动中，采取走访调研、听取民声、汇总整理等办法，由局领导带队，分成5个大组，16个小组，出动人员120人次，先后走访了岔路河镇、黄榆乡居民785户，市区个体工商户76户，企业8户，征集民生事项709条，梳理汇总为65条，为政府决策提供了可靠依据。在“三帮扶”活动中，对1个薄弱基层组织白家村党支部，3户困难党员，8户困难群众进行真心帮扶，为白家村村委会修建了办公场所，局机关为困难党员、群众捐款2万多元，解决了他们的实际困难。

【城市执法】 2011年，我局贯彻“规范、严格、精细、长效”的管理方针，以“城市管理创优年”为主线，以开展“五项攻坚”和“三帮双促”活动为重点，精心组织，团结协作，使我市的城市形象得到大幅提升。

一、创新执法手段，多项管理工作取得较大突破

通过总结以往工作经验，借鉴其他城市先进做法，推行新的管理举措，2011年我局解决了多个难点问题，并使之成为了工作中的亮点。

一是迎难而上，规划执法拆迁业绩突出。为配合全市棚户区改造、保障房建设等重大项目工程顺利进行，规划执法部门针对工作中存在的执法文书下达难、被拆迁群众思想动员难、依法执行组织难等问题，以极强的工作责任心，顶住重重压力，通过精细摸排、精心布置和精密组织，成功地开展了多次集中拆迁行动，解决了多个遗留“钉子户”，挽回了大量的经济损失，为我市的经济发展做出了较大的贡献。其中，完成了江北化工园区333处、吉珲城际铁路南侧249处、北侧70处以及龙潭站西棚户区、温德四合廉租房、林家沟棚户区、雾凇东路保障房等20余处政府重点建设项目的拆迁工作，累计拆除违法建筑1790处、强拆有证房屋16户。

二是多措并举，“野广告”治理成效显著。为了彻底根治“野广告”，年初我局在龙潭区组织召开了全市“野广告”治理工作现场会，下发了管理规定，明确了清理标准和各责任单位职责，并为市、区市容管理单位配备了追呼和专用清洗设备。工作中，我们实行了“野广告”电话追呼和停机相结合的手段，通过《江城日报》发布查处通告，并与相关通讯部门联合对逾期未接受处理的700余部电话进行了追呼和停机，迫使违章当事人主动接受处罚，有效遏制了“野广告”的滋生。同时，采取疏堵结合的方式，在全市部分路段和小区内设置了300余块公益广告张贴板，并采取有奖举报的方式，发动出租车司机和小区物业保安等社会力量参与到打击“野广告”工作中。目前，市直管街路两侧“野广告”基本绝迹，区管次要街路也做到了日见日清。

三是提高标准，露天占道市场卫生状况明显改观。我局在完成了全市36个露天占道市场审批工作基础上，通过新闻发布会的形式将批设情况和管理规定向社会公开，广泛接受群众监督。在日常监管工作中，注重日常巡查与集中检查相结合，严格控制市场出、撤市时间，强化清扫保洁、噪音污染、探头经营等环节的监控，并联合市食品监督管理局、市卫生局、市工商局等部门对市场内的食品加工经营业户进行了专项检查。为进一步改善市场经营环境，我们结合全市“三清一净”活动，对日市内的100余处残冰垃圾进行了清理，对300余个越冬棚亭进行了拆除，对全市露天占道市场路面实施水冲洗作业，取得了良好的效果。全年累计解决就业160多人，为困难、低保户等免费解决摊位1700余个。

四是勇于尝试，校园周边环境整治初见成效。年初开始，针对校园周边流动商贩占道经营问题，我们采取向师生、家长下发调查问卷、实地调研以及组织召开座谈会等形式，充分征求各方意见，下发了《校园周边环境市容整治方案》，并对学校周边的送餐商户进行了规范。同时，组织各分管执法单位实行了包保责任制，采取错时、延时执法等办法，形成违章行为及时发现、快速查处的工作机制。全年共组织集中行动24次，清理流动商贩2300余人次、堆放物33处、建筑垃圾74立方米，有效地维护了校园周边的环境和秩序。

五是提升品位，乌喇及亮化建设饱受赞誉。为将吉林乌喇打造成“江城第一文化旅游名片”，2011年我局投入大量人力、物力进行了灾后重建，对道路、树木、电路及各项设备进行了修缮和改造，在园区内增设多项餐饮、娱乐项目，实现了观赏、休闲和游玩一体化。在演出方面，我们重新优化了节目编排，突出满族文化特色，新建了祥云造型舞台和亭台、拱桥、圆月等标志性景观。全年共组织大型山水实景灯光演绎28场，成功举办了吉林市中秋晚会等十多场大型活动，荣获了《中国十大最具创意旅游演出项目》称号，赢得了省市领导和观众的一致好评。

在亮化建设方面，我们努力克服资金紧张、专业人才匮乏等不利因素，完成了临江桥上游“清水绿带”、松江东路、天主教堂、清真北寺、政府主楼等亮化建设和维护项目，安装灯具5100盏，铺设电缆线7.3万米。对音乐喷泉进行了恢复性重建，累计安全运行197小时。

二、全局上下一心，努力开展三项全局性活动

1. 立足全市大局，积极开展“城市管理创优年”活动。

一是组织实施了“三清一净”工作。年初以来，我局按照市政府要求，组织召开了“全市‘三清一净’工作动员大会”，积极协调和调度各责任单位开展整治工作。由分管局长带队组成三个检查组，对全市残冰积雪、私搭乱建、残土垃圾等清理情况进行了专项检查，有力地推进了整治任务的有效落实。

二是认真开展了市容“三检”工作。我局作为市城市管理年领导小组日常管理机构，认真履行市政府赋予的工作职责，统筹市容“三检”工作。全年共组织市容检查432次，累计下发《市容检查专报》218期，发现问题2781项，完成2774项，完成率99.74%，申请奖励资金39万元、处罚10万元。

三是深入推进创优年宣传教育工作。全年共播出《城管连线》节目232期；《江城新闻》、《直播江城》等栏目播出相关报道45期、404条；在《吉林日报》、《江城日报》等报纸媒体上刊登报道243篇。在3处露天大屏幕滚动播放6组城市管理公益广告，取得了较好的社会反响。

四是圆满完成了多项大型迎检工作。今年，我局出台了大型迎检工作制度，全年共迎接重要外宾、中央、省、市领导等大型活动40余次，特别是女子特勤大队组建以来，女队员们始终坚守在迎检工作第一线，着装齐整、仪态大方、动作规范、精神靓丽，展现了城管执法队伍良好的精神风貌。

2. 集中力量，扎实推进“五项攻坚”立功竞赛活动。

“五项攻坚”立功竞赛活动是今年全局重点工作。按照市委、市政府总体部署，我局组织全市城管执法人员开展了以牌匾广告、施工围挡、工地渣土、违章占道等七项内容为主的市容市貌管理攻坚战，对工作中发现的问题及时督导，跟踪问效，促进了各项任务的圆满完成。

3. 全局动员，深入开展“三帮双促”活动。

“三帮双促”活动开展以来，我局组成25个工商户调查组和11个农村调查组，分批深入包保商户和村镇，了解社情民意，征求意见建议，宣传大政方针，解决实际问题，较好地完成上级交办的115件承办事项。我们对舒兰市平安镇、金马镇2户困难党员、5户困难群众和一个薄弱村党支部进行了帮扶，落实帮扶资金2.74万元。对“三帮双促”活动组织开展了“回头看”，得到了社会各界的广泛赞誉。

三、强化法制建设，城管执法保障有力

一是成立了全国地级城市首家城管专业法庭。5月31日，在市法制办及市中级人民法院、船营区人民法院的支持和协作下，城管法庭正式挂牌成立。法庭成立以来，总计受理非诉行政执行案件72起，准予执行38起，依法收缴罚款5万余元，弥补了城管执法手段单一，执行力度不足，执法威信不高等问题，为今后执法工作创造了有利条件。

二是城管警察支队保障到位。今年，城管警察支队重心下移、靠前保障，全力配合集中拆违和市容整治，有力保证了执法工作的顺利开展。全年累计出警2500多人次，处理案件231起，处置暴力抗法、阻碍城管执法案件4起，拘留5人，查获制假窝点1处，破获故意损毁市政、亮化设施刑事案件2起，劳动教养1人。

三是依法行政工作进一步规范。今年，我局参与了《吉林市国有土地上房屋征收及补偿暂行办法》、《吉林市市政设施管理条例》等四部地方性法规的修订工作。下发了《行政处罚自由裁量权实施细则》，对6个方面的191项具体执罚依据和标准进行了整理，严格实行了罚没款罚缴分离制度，使行政执法工作更加规范有序。

（李　莹）

【安全生产】　——基本情况。2011年，吉林市安全生产监督管理局坚持以科学发展观为指导，牢固树立安全发展理念，紧紧围绕全市安全发展这一主线，突出大局意识和责任意识，以深入开展“安全生产责任落实年”活动为主线，从健全安全生产责任制入手，加大安全投入，强化奖励措施，严格监督管理，狠抓隐患排查治理、专项整治，进一步加强安全生产基层基础建设，保持了全市安全生产形势持续稳定的态势。

——安全生产。2011年，全市共发生各类事故1375起，死亡219人。与上年同期相比，事故起数减少219起，下降13.74%；死亡人数减少19人，下降7.98%。

——隐患排查治理。在隐患排查治理工作中，结合全市安全生产工作特点，严格执行隐患排查治理制度，深入开展隐患排查治理工作，取得了积极效果。全年，生产经营单位自查以及市、县两级政府和有关部门排查检查企业26791户（处），排查一般隐患23750项，当年完成整改22543项，整改率94.92%。未完成整改的均落实了整改责任及时限。

——专项整治。结合不同行业特点，针对事故多发易发的重点地区和重点领域，组织了全方位，多层次、多形式的专项整治活动。专项整治行动涉及煤矿、非煤矿山、危险化学品、烟花爆竹、建筑施工、人员密集场所、道路铁路交通、民爆器材、工商贸企业、冶金企业、水上交通等重点行业（领域），查处并消除了大量事故隐患，取得了切实的效果。在整治行动中，严格落实煤矿整顿关闭计划，在前三年整顿关闭的基础上，2011年又关闭了桦甸永吉煤矿等3处煤矿；对全市所有在用尾矿库进行重点排查，督促企业落实防洪排洪措施，确保尾矿库安全度汛；以化工产业集中区为重点，突出冬季防寒防冻、春季防雷、雨季防

水情况的检查，切实强化危险化学品专项整治；突出烟花爆竹批发仓储企业的日常监管，强化旺季销售期间的安全管理先后两次在全市范围内组织开展消防安全隐患排查整治“百日攻坚行动”，着力消除消防安全隐患；深入开展交通运输专项整治，确保全省水上运输周转量最大、船舶数量最多、危险化学品运输车辆最多、桥涵最多的吉林市，在水上和道路交通上保持了安全平稳态势，各类事故得到有效防范。

——宣传教育。认真组织开展宣传教育活动。组织安全生产“讲师团”，进企业，进基层，进社区，监督指导企业开展“三级”安全教育培训，切实提高各类从业人员的整体素质。积极推进企业安全文化建设，以大企业的安全文化辐射带动中小企业，树立企业安全文化建设典型，培育良好安全文化氛围。“安全生产月”期间，围绕“安全责任，重在落实”主题，进行安全警示教育、安全咨询、应急演练、法律法规普及，效果很好。

——应急管理。重新修订了总体预案和专项预案，严格执行备案制度，专项预案的针对性和可操作性得到进一步提高。结合产业结构特点，充分发挥技术专家的支撑保障作用。积极组织开展有针对性的实战演练，仅在应急演练周期间，就组织了121次针对重点行业的应急演练，全市应急管理和应急救援能力得到全面提升。

——双基建设。按照全省安全生产“双基”建设推进规划，局班子在积极总结提高2008、2009、2010年“双基”建设工作的基础上，突出队伍建设、基础业务建设、保障能力建设，继续深化、强化基层、基础工作，通过四年来扎实落实“双基”建设工作任务，全市已基本形成了健全的安全生产监管网络，建立和完善了相关管理机制，做到了安全监管科学化、规范化、专业化和制度化，在基层队伍基本素质和执法能力上有了进一步提高，机构、人员、资金、装备等进一步得到了落实，为安全生产监管打牢了基础。

——打非治违。及时制定了“打非”专项行动实施方案，并专题召开会议进行动员部署。专门成立了由主管市长任组长，安委会相关成员单位分管领导为成员的领导小组，坚持“四个一律”的要求，进一步建立和完善了部门联合执法等制度，“打非”工作规范化、制度化和常态化取得新的进展。全市出动1689个检查组，参加检查人员7707人，检查排查企业18552户次，对295户企业下达了限期整改指令，停产整顿企业146户，取缔关闭企业29户，严厉打击了各类非法违法生产经营建设行为，促进了全市安全生产形势持续稳定。

——标准化建设。以推动企业达标晋级为重点，切实做好企业安全标准化的推广工作，同时有针对性制订了监管监察计划和措施，指导和帮助企业不断提高本质安全水平。2011年，全市239户金属非金属矿山生产企业中，已申报229户，申报率95.8%，超省下达指标15.8个百分点，其中，有221户取得安全标准化证书，达标率92.5%，超省下达指标22.5个百分点；涉及15个危险工艺的28户危险化学品生产企业自动化技术改造率100%，9户烟花爆竹经营（批发）企业全部达到标准化二级标准；36户规模以上机械行业企业和4户冶金炼钢企业中，目前有25户企业完成自评，自评率69.4%，超省下达指标19.4个百分点，其中经专家评审通过二级以上标准化企业18户。

（刘　伟）

人力资源和社会保障

【人力资源和社会保障】　一、就业工作实现了新突破

一是培育有效载体，创业促就业工作实现整体推进。加强创业型城市创建工作，我市顺利通过国家级试点城市中期考核评估。以实施“就业质量年”活动为载体，组织30个部门开展了36项全民创业带动就业系列活动，有效推动了城乡劳动者创业就业。尤其是针对就业困难人员创业就业问题，近几年共开辟14个创业市场，通过提供政策扶持和管理服务，确保了2300多名就业困难人员基本实现“零成本”创业，并带动1.1万人实现了再就业。去年2月份和9月份，省人社厅、省政府分别在我市召开就业工作现场会和全民创业带动就业工作现场会，对我市创业促就业，特别是建设创业市场扶持就业困难人员创业的经验做法进行了交流推广。全市共开展创业培训9700人，完成省计划的114.2%；发放小额担保贷款1.92亿元，扶持创业者3538人，带动就业2.87万人，分别完成省计划的266.5%、176.9%和191.7%。

二是坚持多措并举，努力实现扩大就业。结合统筹城乡发展和人才战略的实施，在服务经济建设的同时，积极促进各类群体就业。积极引导高校毕业生到基层就业，继续开展“一村一名大学生”就业工程和“三支一扶”项目，近200名大学生已全部到岗。着力加强大学生创业园区建设，省级大学生创业园区达到8家，有3家获得创业发展基金320万元。全市就业见习基地累计达到125家，就业见习生3142人，我市生源2011年应届高校毕业生总体就业率达到90%以上。不断完善就业援助长效机制，对有就业需求和培训愿望的4987户受灾家庭开展就业援助，共安置5784人，超额完成每户家庭至少安置一人就业的目标。通过不断完善就业援助长效机制，建立“动态管理，即时援助”制度，深入开展创建充分就业社区活动，承诺“即时帮扶就业”，帮助一大批就业困难人员和“零就业”家庭实现了就业，城镇“零就业”家庭始终保持动态为零。紧密结合城镇化建设和县域经济发展，着力提升农村劳动力就业技能，尽量满足本地企业用工需求，全市农村劳动力转移就业69.6万人次，完成省计划的126.6%。全市共开发13.6万个就业岗位，实现城镇新增就业9.3万人，完成省计划的109.2%，城镇登记失业率控制在3.92%以内，低于省要求4.6%的目标，在满足求职者就业的同时，为企业发展提供了有效的人力资源支撑。

三是积极向上争取资金，就业政策落实力度持续加大。全年共争取上级转移支付就业专项资金4亿多元，比上年增加2100万元，争取资金数额在全省各地州当中是最多的。为符合条件的10.9万名（次）灵活就业人员发放社保补贴2.17亿元；为2万余名公益性岗位人员发放岗位补贴1.81亿元；为进入创业市场经营的就业困难人员发放创业补贴1682万元。通过以上措施，有效减轻了就业困难人员经济负担，切实保障了个人基本生活。

二、社会保障工作迈上了新台阶

一是扎实推进参保扩面，大幅提高各项社会保险待遇水平。参保覆盖面决定参保对象待遇水平。2011年，全市通过行政、经济和法律等多种组合手段，全力开展扩面征缴工作，城镇基本医疗保险参保达到 233.8 万人，工伤保险参保达到 61.6 万人，生育保险参保达到 50.8 万人，均超额完成省下达计划。

在推进参保扩面的同时，我市积极采取措施，不断提高医疗保险待遇水平。职工医保统筹基金最高支付限额由 4.8 万元提高到 5 万元；扩大职工医保门诊重大疾病病种范围，将骨髓和心脏移植后抗排异治疗纳入门诊重大疾病统筹基金支付范围；对具有特殊性丙型肝炎和血友病开展门诊特殊疾病治疗试点。城镇居民医疗保险的财政补助标准由每人每年 120 元提高到 200 元；城镇居民住院医疗费最高支付限额由 4.5 万元提高到 5 万元；居民医保在一级医院住院报销比例由 65%提高到 75%，在二级医院由 55%提高到 60%。为有效解决参保人员看病负担过重问题，积极探索单病种结算办法，首选 20 多种常见病和重大疾病，在科学测算、反复谈判、实地考核的基础上，本着自愿参加的原则，确定了 32 家定点医疗机构，推行单病种结算方式，大幅度降低了医疗费用，使患者负担比例平均减低 50%，最多降幅达到 80%。为调动居民参保积极性，让所有参保居民都能享受到医保的惠民政策，从统筹基金当中拿出 500 余万元，为符合条件的 4.3 万名参保居民，免费开展了一次 10 项健康体检活动。由于医疗保险待遇的大幅度提高，参保人员更好地实现了“病有所医”。

二是社会保障制度日趋完善。本着尊重历史、实事求是的原则，将我市 3 万多名 “五七家属工”纳入基本养老保险范围，彻底解决了这部分群体的老有所养问题。在磐石和永吉两地率先开展“新农保”试点的基础上，去年将我市其他县(市)区全部纳入了“新农保”和“城居保”试点范围，在全省率先实现了城乡养老保险制度的全覆盖，使我市广大城乡居民提早享受到国家和省的优惠政策。去年，我市“新农保”和“城居保”参保人数达到 56 万人，共争取上级补助资金 1.6 亿元。9 月 19 日，省政府在我市召开了全省“新农保”第三批试点暨城居保试点工作启动大会，我市在会上做了经验介绍。立足保障民生，把握政策机遇，积极争取资金，着力解决国有企业及国有改制企业历史遗留问题。截止 2011 年底，我市共向上争取补助资金 8.9 亿元，市、县两级政府自筹 5.7 亿元，医疗保险基金垫付 1 亿元，彻底解决了破产、改制、并轨企业退休人员以及距离法定退休年龄不足五年人员的医疗保险问题，共涉及 14.7 万人。此外，还积极争取到中央“老工伤”补助资金 8990 万元，占全省总数的 1/3，适时将“老工伤”人员纳入统筹管理。同时，将全市机关、事业单位工作人员纳入到了工伤保险统筹范围，并指导监督各城区按照市级统筹的标准，调整医疗、工伤、生育保险相关政策，基本上实现了“同城同待遇”。

三是社会保障基金监管进一步强化。充分发挥社会保障基金监督委员会办事机构的职能作用，通过完善工作制度，建立各专项基金的内控和内审机制，加强对基金管理部门的监督检查，定期开展自查自纠和整改，确保了基金的合理、安全使用，全年没有出现违规问题。

三、和谐劳动关系构建取得了新成效

一是立足宏观调控，企业职工工资正常增长机制进一步完善。根据省政府的部署，重新调整了我市最低工资标准，市区由 780 元 / 月提高到 950 元 / 月，外县(市)由 680 元 / 月提高到 830 元 / 月，增长幅度分别达到 21%和 22%。建立了最低工资支付备案和检查制度，完善了企业工资宏观调控机制和薪酬统计调查信息发布制度，工资集体协商制度稳步推行，促进了富民工程实施步伐。

二是立足构建和谐，以调解为主的劳动人事争议处理机制初步建立。坚持“预防为主、基层为主、调解为主”的方针，全力推进多层次劳动人事争议调解组织建设工作，全市共建立 286 个社区调解组织，3160 个各类企业调解组织和 960 个机关、事业单位调解组织，通过有针对性地开展劳资纠纷排查化解工作，指导依法用工，纠正违法行为，有效预防了劳动争议的发生，去省进京上访总量明显下降。去年 7 月份，全省劳动人事争议调解工作经验交流会在我市召开，对我市的做法给予充分肯定。

三是立足建立长效工作机制，农民工工资拖欠问题有效解决。2011 年，面对房地产市场变化的新形势，针对我市开工项目多，农民工数量大，投诉量明显增加的实际情况，市委、市政府主要领导高度重视，多次开会部署，要求采取有效措施，加大清欠力度，切实维护农民工权益。人社部门积极与建委、公安、信访、房产等部门密切配合，联合办案，多措并举，有效化解了一大批疑难案件和突发事件。全市共立案调查投诉案件 885 件，比上年同期增长 260%；为 3.5 万人清回拖欠工资 1.8 亿元，比上年同期增长 350%；处理突发事件 60 起，比上年同期增长 286%。立案数量、清欠额度均为前三年总和，处理突发事件数量为前六年总和。全年共收缴农民工工资保障金 1.47 亿元，比上年同期增长 550%。通过采取行之有效措施，使广大农民工辛勤劳动的报酬及时得到兑现，及时返乡过年，实现了农民工工资当期无拖欠。

四、人事管理工作取得了新进展

一是精心组织，圆满完成了公务员招录和事业单位工作人员招聘工作。2011 年全市各级机关计划招录公务员 568 人，报名并通过资格审查 11759 人，报名与招录比例为 1:20.7；计划招录事业单位 595 人，报名并通过资格审查 6771 人，报名与招录比例为 1:11.4。经过笔试、面试、体检、考核等程序，最终招录公务员 448 人，招聘事业单位工作人员 490 人。在全国多个地方考试工作出现问题的情况下，我们经过周密部署，严格程序，严肃纪律，精心组织，努力做到了公开、公平、公正，确保招考工作不出现纰漏，达到了招考单位和考生双方都满意的效果，社会反响良好。

二是发挥激励导向作用，科学组织开展了绩效评估工作。从成员单位抽调 10 名局级领导和 18 名处级干部组成 4 个评估组，2011 年年初，我们按照 2010 年绩效计划，对 61 个被评估单位进行全面评估，确定各被评估单位的最终得分结果。在此基础上，提出了全市政府绩效评估奖励意见并经市政府常务会、市委常委会讨论通过，组织完成了绩效评估奖金兑现工作。通过开展绩效评估，有力促进了市委、市政府重点工作任务的完成，极大调动了各部门和机关干部争创一流工作业绩的热情，鼓舞了干劲，达到了预期目的。去年，我们还本着突出工作重点、强化工作措施、注重工作效果、明确工作时限、落实工作责任的原则，建立和完善了 2011 年绩效评估指标体系，目前 2011 年政府绩效评估工作正在进行当中。

三是以能力建设为核心，创新开展公务员培训。为坚定公务员理想信念，围绕建党 90 周年，在吉林军分区训练基地共组织开展了两期公务员初任培训班，总受训人数为289人。通过采取军事化的培训，进一步坚定了新招录公务员的理想信念，熟悉了省情市情，掌握了机关工作的规律特点，收到了较好效果。组织45名市直相关部门重点审批岗位负责人参加了“政务公开及人力资源和社会保障业务”域外培训班，达到了学习先进理念和成功经验、拓展视野、提高服务意识和水平的目的，也为创新培训方式、拓宽培训渠道积累了宝贵经验。

四是不断探索创新，职位管理工作走在了全国前列。坚持把竞争上岗作为选拔任用机关中层干部的主渠道，不断探索创新，逐步形成了体系完整、科学规范、行之有效的工作模式，全市竞争上岗工作呈现出健康发展的良好态势。去年，我市的工作经验在全国人事系统工作会议上进行了交流，受到与会人员的一致好评。

五是认真贯彻落实国家和省各项工资福利政策，努力提高机关事业单位工作人员工资水平。圆满完成公安系统人民警察警员工资套改，为广大基层干警增加了工资。认真开展事业单位分级设岗工资核定工作，及时兑现了专业技术人员分级设岗新增工资，极大调动了广大专业技术人员工作积极性。为增强市直机关处级干部队伍活力，推进干部队伍年轻化，开展了处级干部提前退出现岗工作，为194人办理了提前离岗、提前退休手续。

六是全市事业单位岗位设置工作稳步推进，市属单位设岗工作基本完成。按照全省的统一部署，完成了市属323个事业单位的岗位设置工作，对1.6万名竞聘上岗人员进行审核确认，达到了年底前完成市本级事业单位岗位设置工作的目标要求。同时，还加强对县(市)区设岗工作的督促指导，12个县(市)区中已有7个按计划启动设岗工作，5个县(市)区已做好启动前的各项准备。

五、人才队伍建设水平实现了新提升

出色完成了省政府2011年人才资助项目的组织、申报和考核工作，成功为我市6个人才项目争取到了省政府人才资助资金175万元，创历史新高。首次为1名“海归”人才争取到了省留学人员科技创新创业项目择优资助资金20万元。全年完成引智项目18项，执行率达163%；引进外国专家27人，为吉林市千禾培训学校申请办理了外国专家派遣及中介资质，填补了我市空白。职称评审工作全面完成，共为5537人评定了专业技术职称或聘任了专业技术职务。全面推进技能人才职业能力建设，开展劳动者职业素质培训14.3万人，职业技能鉴定4万余人，其中高技能人才4027人。针对我市重点产业发展对高技能人才的需求，探索高技能人才校企合作培养制度，利用院校、企业培训资源，建立10个高技能人才培训(实训)基地。开展了吉林市首席技师评选活动，评选出100名首席技师。深入全市200家重点企业、重点项目单位开展人才需求调查，通过组团赴域外招聘、市内开展定向培训，以及在本市组织大型现场招聘、固定日招聘和网上招聘活动，积极搭建人才对接服务平台，有2900多人成功实现对接，占需求总量的84%，为我市经济发展提供了有效的人才资源、人力资源支撑。

由于工作成绩突出，市人社局被市委、市政府评为全市“五项攻坚”先进单位、“三帮双促”优秀单位和机关建设标兵单位。

(杨云琦)

教育科技

【教　　育】　2011年，全市广大教育工作者深入贯彻落实科学发展观，紧紧围绕实施科教兴市和人才兴业战略，大力解放思想，着力夯实基础，努力优化布局，全力提升内涵，全面完成了各项工作任务，为推进全市经济社会又好又快发展发挥了积极作用。

一、优化教育资源配置，义务教育均衡发展进一步推进。实施学校布局调整，全市撤并农村中小学校25所，完成了市江北教育处及所属学校的正式接收工作。实施薄弱学校改造工程，完成了75所学校89个新建改建项目和校舍安全工程加固项目。实施“多媒体进班级”四期工程和塑胶操场改造续建工程。重点高中“指标生”向初中分配比例提高到65%。完成83名“免费师范生”、134名教师公开招聘和453名特岗教师招聘工作。积极落实各项助学政策，全市接收进城务工农民随迁入学子女13465名，免费为全市中小学生提供安全桶装饮用水。接受省政府教育督导团对永吉县、桦甸市和龙潭区义务教育初步均衡发展的验收评估，受到好评。强化教育督政督学，促进了教育重点工作目标责任制的有效落实。

二、狠抓教育教学质量，基础教育水平进一步提高。深入开展“课堂教学效率深化年”活动，有效提升教育教学质量。高考文、理科600分以上进线率、重点率和本科率均居全省首位，保持了我市高考成绩连续8年在全省的领先地位。有3名学生在全国中学生奥林匹克竞赛中获得金牌。吉林特殊教育实验学校高考升学总人数连续12年居东三省同类学校之首。学前教育、特殊教育和民族教育健康发展。我市19所幼儿园被确定为“省级示范园”。积极开展“十二五”规划课题立项工作，实施了“校本科研”三期工程，群众性科研工作得到普及。深入开展教师专业发展促进工程，全年培训校长1200多人次，培训各类骨干教师4000多人次。推行全市义务教育阶段教师交流任职，选派111名城镇教师到农村学校支教、89名农村教师到城镇优质学校研修，教师队伍的业务素质和能力水平有了一定程度的提高。

三、突出德育为先，素质教育进一步深化。结合建党90周年开展了“历史的选择”爱国主义读书活动和“弘扬和培育民族精神月”系列教育活动。举办了“科技活动周”和第二届“青少年科技节”等学生科技教育实践活动。组织了21期共27所学校13600名中小学生参加的劳动实践教育活动。举办了中小学生跳绳、踢毽和篮排球比赛、首届“吉林市幼儿艺术节”、第二届“青少年科技节”和全市中学生田径运动会暨学生军训阅兵展示大会。丰满区第一实验小学校在第四届“全国少年儿童合唱节”上荣获一等奖。昌邑区莲花学校代表我省参加“全国第十一届中学生运动会”，荣获我省在此赛会历史上的首枚金牌、并获一枚铜牌。船营区第一小学校等三所学校入选首批中华优秀文化艺术传承学校。

四、加强职教内涵建设，服务经济发展能力进一步增强。实施《吉林市职业与成人教育创新发展推进计划》，制定实施《吉林市中等职业学校创新专业建设评估指标》。吉林女子学校和省城市建设学校成功申报第二批国家级示范校。建立“以赛促教、以赛促学”的人才培养模式，提高学生实践应用能力。在全国职业院校技能大赛上，我市获得奖牌占全省奖牌总数的70%。实施“上岗技能无偿援助计划”,免费培训退伍士兵、下岗职工、贫困群众和农村富余劳动力5100多人。

五、强化教育内部管理,教育发展环境进一步改善。依法治教和依法治校稳步推进,市教育局被省教育厅评为“全省教育系统‘五五’普法先进集体”,被市委、市政府评为“全市‘五五’普法先进单位”和“全市依法行政先进单位”。制定实施了《吉林市民办培训学校设置标准》,加强了民办教育工作管理机构建设,民办教育规范发展。学校安全隐患集中整治和“百日攻坚”活动成果明显,吉林市教育局被评为“全市安全生产标兵单位”。加大了整肃考风考纪力度,顺利完成各类考试组织工作。加强教育系统行风建设,深入开展集中整治“三乱”活动,广大群众对教育满意度进一步提高。

截止2012年3月,全市共有独立设置幼儿园658所,小学附设幼儿班300所(不计校数)、幼儿教师6800名、在园儿童90066名;小学730所、小学教师21026名、小学生223664名;初中151所、初中教师13762名、初中生122503名;高中39所、高中教师7086名、高中生77576名;中等职业学校36所(含成人中专、职高、进修学校)、职校教师4467名、职校生58110名;特教学校10所、特教教师394名、特教学生1300名;驻吉高校8所、高校教师8162名、大学生(研究生、普通本专科、成人本专科)133534名。

(许士龙)

【科　　技】　2011年,市科技局紧紧围绕全市重大战略部署,以强科技管理、抓科技计划、重科技创新、推产业发展、促科技进步为目标,不断解放思想,开拓创新,圆满地完成了全年各项工作任务,多项工作取得了新突破,实现了“十二五”良好开局。2011年,市科技局被评为“五项攻坚”立功竞赛活动优秀单位,“三帮双促”活动先进单位;在省科技厅开展的科技工作考核中,市科技局被评为全省科技管理系统标兵单位。更难能可贵的是我市荣获“全国科技进步考核先进市”称号。

一、战略性新兴产业发展迅速。2011年年初,制定出台了《科技创新促进战略性新兴产业发展的意见》,编制完成了《战略性新兴产业企业及产品名录》,下发了《关于加快培育和发展战略性新兴产业的实施意见》等政策性文件,为战略性新兴产业发展提供了有力的工作指导和政策保障。一年来,通过跟踪企业生产运行、抓好在建项目建设、推动战略性新兴产业科技创新等措施,战略性新兴产业实现快速发展。2011年,全市战略性新兴产业实现产值569亿元,实现新增产值168亿元,同比增速达到了42%,成为我市工业经济发展重要增长极。

二、碳纤维产业发展取得重大突破。2011年,制定出台了《碳纤维产业推进工作方案》和《吉林市碳纤维百名高端人才引进培养计划实施方案》,进一步推进企业产能提高、新项目与人才引进、新产品开发等工作。目前,重点支持的11个碳纤维项目取得明显进展,多个项目实现科技成果转化,吉林化纤5000吨原丝、吉研高科8万辆碳纤维自行车等重点项目进入产业化阶段。碳纤维产业作为全市战略性新兴产业发展的重点和亮点2011年取得了质的飞跃,碳纤维原丝、碳纤维和碳纤维制品年生产能力分别达到了5400吨、818吨和150吨,继续保持国内领先优势。

三、重点领域自主创新成果显著。2011年,全市共实施市级以上科技计划项目180项,投入资金9150万元。重大科技专项攻关、重点科技成果转化等五大创新工程取得重大进展;组织实施了高效特色农业科技创新计划和科技型农业产业化龙头企业培育计划,以专家大院、星火科技信息网等为骨干的新型农业科技服务体系得到不断完善和加强;围绕节能减排、环境保护等领域组织开展科研攻关,组织实施和推广了一批改善与提高民生的新技术、新成果,促进了民生事业的发展。

四、厅市会商工作扎实推进。吉林化工园区大学科技园被认定为省级大学科技园,填补了我市省级大学科技园建设空白;省科技厅支持我市新建了技术转移与产权交易公共服务系统等3个科技服务平台,极大地提升了我市科技公共服务体系的整体水平;在全省率先开通了科技项目和科技成果网上申报评审系统,提高了项目申报和评审工作的社会透明度和公信力。

五、科技创新环境日益优化。培育认定了22个企业技术中心和45个科技创新团队;全年共登记技术合同150份,合同成交额达到4623万元;　2011年全市专利申请量达到1018件,授权量达到702件;组织金融机构与企业开展科技型中小企业和知识产权质押融资合作,全年为企业融资3.8亿元,有效缓解了中小企业融资难、知识产权转化实施难的问题。

六、县(市)区科技工作整体水平不断提升。　2011年,全市共有8个县(市)区通过了国家科技进步考核,磐石市、龙潭区等5个县(市)区被评为全国科技进步先进县(市)区。舒兰市被评为“全国知识产权强县工程”试点县,2011年共列入国家和省科技计划10项,争取资金405万元,在全省名列前茅。

(王九刚)

卫生·体育

【卫生事业】　2011年,在市委、市政府的领导下,市卫生局结合卫生实际,以深化医药卫生体制改革为统领,以“解放思想、创新思维、内强素质、外树形象”为指导,以破解群众看病难看病贵为目标,做到一手抓服务、一手抓惠民,一手抓医疗、一手抓预防,强化管理上水平,科学发展惠民生,戮力攻坚,克难求进,埋头苦干,扎实工作,全市卫生工作取得显著成效,并连续三年获全省卫生工作目标考核第一名的好成绩。

一、全市医药卫生体制改革成效显著

一是新农合医疗保障制度更加完善。全市参加新农合人数达到196万人,在乡农业人口参合率达99.34%,实现历史最好水平。筹资标准提高到人均230元,封顶线提高到每人每年6万元,住院补偿比例较上年度提高了3.26个百分点,参合农民受益率较上年度提高了18.2个百分点。农村儿童“两病”救助和新农合支付方式改革工作取得了显著成效。

二是国家基本药物制度稳步推进。全市所有政府办基层医疗卫生机构3月1日起正式实施了基本药物零加价。按照市委、市政府2011

年惠民工作要求，市直三所三甲医院在全省率先开展基本药物零加价，北华大学附属医院、吉林医药学院附属医院、吉化集团公司总医院也相继开展基本药物零加价，受到省政府的高度评价。截止2011年12月底，全市基本药物零加价累计让利4413.8万元，并取得全省绩效考核第一名的好成绩。

*三是基层医疗卫生服务体系建设进展顺利。*全市县医院达标建设取得明显成效，五所县医院已通过二级甲等医院评审；乡村、社区卫生服务机构标准化建设有序推进；超额完成全科医生转岗培训、村卫生室人员培训、社区护士理论培训等任务。

*四是基本公共卫生服务逐步均等化工作成效显著。*九项基本、七项重大公共卫生服务项目有新进展，其中高血压、糖尿病规范化管理、重症精神病管理、老年人体检等项目在全省领先。截止2011年12月底，全市居民健康档案建档率为60%，高血压规范化管理24.6万人，糖尿病规范化管理6.8万人，为1350名贫困白内障患者免费开展复明手术，完成适龄妇女宫颈癌检查1.1万人，乳腺癌检查4032人，农村孕产妇住院分娩率达到100%，开展农村生育妇女免费补服叶酸1.9万人。

*五是公立医院改革试点稳步推进。*整合医疗卫生资源，组建了吉林市人民医院，得到了省卫生厅的充分肯定；公立医院改革在市中心医院和桦甸市、磐石市两个县医院进行了先行试点，积极开展了电子病例、优质护理、临床路径、预约诊疗、按人头付费、错峰、分时段诊疗等公立医院改革项目，并建立了三级医院对口支援县级医院长期帮扶机制；部分医院在推进人事制度、分配制度、绩效管理制度等方面进行了探索，取得了一定成效。

*六是基层医疗卫生机构综合改革工作全面完成。*全市124所基层医疗卫生机构四项改革任务全部完成。龙潭区两次赴安徽考察学习先进医改经验；丰满区、船营区医院差额事业编制人员全部纳入收支两条线管理；昌邑区改革后职工工资增加明显；磐石市将全部支出足额列入到财政支出预算；桦甸市面向社会公开招聘122个专业技术岗位；永吉县国家基本药物和省增补目录药品网上采购在全省通报中排位靠前；蛟河市新招聘37人，清退43人，分流84人，发放经济补偿金26万余元；舒兰市基层医疗卫生机构每月拨付周转资金44万元，保证了基层单位正常运转。

二、疾病防控、卫生应急处置能力明显提高

我市在全省率先实施了由疾控、监督、医政、妇社、农卫、爱卫等部门共同参与的传染病综合防控工作模式，有力提升了全市传染病防控工作水平。2011年我市手足口病发病率全省最低且无死亡病例，流行性出血热、布病发病率在全省处于较低水平，慢性非传染性疾病防控工作取得新突破。如期完成了54万剂次15岁以下人群乙肝疫苗补种和74.5万剂次特殊人群流行性出血热疫苗接种工作任务。

加大卫生执法监督和食品安全综合监管力度，全年无较大以上聚集性食（水）源性事件发生。健全与完善突发公共卫生事件应急预案，规范突发应急事件卫生应急信息管理，组织卫生应急演练，提高卫生应急处置能力。出色完成了十二届全国冬季运动会、吉林市广场文化活动等40余次卫生应急保障任务，得到市委、市政府的高度评价。

三、妇幼保健和基层卫生成绩明显

加强社区卫生人才培养，为社区卫生服务机构培训专业技术人员。完善健康小屋建设，采取多种形式服务于居民。由于措施得力，我市孕产妇死亡率、婴儿死亡率几年来连续下降，2011年全市孕产妇死亡率6.98/10万，婴儿死亡率4.32‰，远低于全省平均水平，受到省卫生厅的高度评价。桦甸市卫生局代表我省在全国做经验介绍，并迎接全省县（市）区级妇幼绩效考核，获得全省第一名的好成绩。我市代表吉林省迎接卫生部、财政部预评估组的基本公共卫生服务项目绩效考核，取得优异成绩，我们的管理模式得到国家的认可，使我省成为免检单位。

乡村卫生服务一体化管理工作位居全省前列，昌邑区乡村卫生服务一体化、规范化管理工作经验得到了省卫生厅的认可，并在省电视台等多家主流媒体宣传推广。

四、医院建设、医疗服务与管理不断加强

两年来，我们积极向上争取资金，大力发展全市医疗卫生事业。至2012年底，市直医疗卫生机构预计总投入达19.63亿元（其中：国家投入2.83亿元，市政府投入8.33亿元，各医疗卫生单位投入8.47亿元），主要用于基础设施改善和设备更新，共购置医疗设备1844台（件），其中400万元以上大型医疗设备29台（件）。

深入开展优质护理服务示范工程，全市6所三级医院、24所二级医院开展了优质护理服务，得到了省卫生厅的认可。市中心医院、四六五医院被省卫生厅评选为吉林省优质护理服务先进医院。加强质量管理，广泛开展“医疗质量万里行”活动，得到了省卫生厅的充分肯定。

通过投入与建设，极大地改善了群众就医环境，提升了技术装备水平，有效缓解了群众看病难看病贵问题，为全市卫生事业的快速发展提供了重要支撑。

五、卫生科技教育工作成果显著

全力推进卫生人才培养和梯队建设工作进程，开展不同层次卫生人才培训工作。全年共培训乡镇卫生院全科医生183人、社区全科医生186人、社区护士125人、社区康复人员37人、社区药剂人员30人。基本公共卫生服务能力和服务技能培训达到1739人次，农村卫生人员培训2197人次。开展学术交流和继续教育活动505场次。共申报市级项目52项，有38项科研课题被推荐为全市科研项目，30项科研成果申报全市科技进步奖，3项优秀成果被评为全市科技进步一等奖，实现了1994年以来我市卫生项目没有一等奖的历史性突破。市卫生局在全省基层卫生急救技能大赛中，获得团体第一名的好成绩。实施“跨区域”战略，吉林市远程医学中心启动运营，病人不出吉林市就能享受国家级专家的服务，切实从深层次上解决全市百姓的看病就医问题。据初步推测，一年可减少因转诊支付等费用1亿多元。

六、爱国卫生工作深入开展

全市卫生城市、卫生单位、卫生乡镇、卫生村屯等创建工作深入开展，“三清一净”专项整治活动效果明显。2011年通过省爱卫办复审验收并命名的省级卫生县（市）2个、省级卫生乡（镇）10个、省级卫生村9个。加强改厕、改水项目建设，全年用于改水投入资金6518万元，新增农村饮水安全工程240个，新增受益人口20.5万人，完成农村改厕

10500个。省爱卫办在我市召开全省城乡环境卫生整洁工作现场会，并顺利通过省爱卫办组织的省级卫生城市复审验收。

七、“三好一满意”、“三帮双促”活动效果明显

自“三好一满意”活动开展以来，全市卫生系统紧密结合医改和卫生重点工作，采取多种措施，实行预约诊疗，优化门诊诊疗流程，推行叫号服务，合并挂号、收费服务窗口，简化就医手续，缩短群众等侯时间，真正方便群众就医。积极推行临床路径试点工作，规范抗菌药物使用，促进全市医疗质量得到大幅度提高，服务能力得到全面提升，医德医风建设得到进一步加强。

积极开展“三帮双促”活动，并与卫生发展和改善民生有机结合起来，积极主动为百姓排忧解难，切实解决群众反映强烈的看病难看病贵问题，取得了明显成效。在市直卫生系统开展了献爱心活动，共捐款100余万元，作为“三帮双促”活动专项资金，从爱心捐款中拿出近40万元，帮助北大壶镇小山村新建村党支部办公室和村卫生室等，并为包保对象解决实际困难。市卫生局被市委、市政府评为“三帮双促”优秀单位。截止目前，全市医疗卫生机构惠民让利6618万元，受到社会各界的广泛好评。

【体　育】　第一，是群众体育活动亮点最多的一年

一是“国字号”大型活动有规模、有影响、有特色。相继举办和承办了“凇露杯”第十三届全国老将田径锦标赛、2011年中国吉林市“吉昊麟杯”公路碳纤维自行车大奖赛、第十二届全国冬季运动会圣火采集暨吉林雪上赛区火炬传递活动等“国字头”大型赛事活动8项次。特别是6月11日“凇露杯”第十三届全国老将田径锦标赛暨全民健身百日行与冬运同行活动启动仪式、9月26日在北山风景区举行的第十二届全国冬季运动会圣火采集暨吉林雪上赛区火炬传递活动，方式之独特，方法之新颖，场面之壮观，受到了国家体育总局和省领导的高度赞誉。

此外，我们还举办了吉林市“雪花杯”万人长跑比赛、2011　“中冶.江山如画杯”羽毛球大奖赛、2011全国航空模型公开赛暨吉林省第五届科技体育比赛、2011年吉林市“龙盛汽贸”杯武术搏击精英赛、2011年吉林市青少年乒乓球锦标赛等一系列活动。

二是广泛开展全民健身活动。积极组织开展风筝、象棋、围棋、网球、羽毛球、乒乓球、长跑、健身秧歌、冬泳、武术等赛事活动130余项(次)，直接参与活动人数约10万多人次；

三是加强对外交流，提高城市知名度。积极组织参加国内外群众性体育赛事，如李诚智杯”国际象棋赛、2011年澳门国际大学生龙舟邀请赛、2011年澳门国际龙舟邀请赛、第二十八届潍坊国际风筝会、全国冬泳锦标赛等省级以上比赛43项次获得金牌55枚、银牌　42枚、铜牌37枚。

第二，是竞技体育最辉煌的一年

一是竞赛成绩全面丰收，获历史性突破。

2011年10月份第七届全国城市运动会，我市田径选手王清林获3000米障碍赛冠军，实现了我市城运会金牌“零”的突破。

第二届全国智力运动会上，我市18岁棋手白宝祥8段为吉林省代表团争得唯一一块金牌，受到省政府的表彰。

此外，我市冰雪运动员在国际级赛事中获得6枚金牌，4枚银牌，2枚铜牌；在全国级别的各类比赛中共获得金牌26枚、银牌24枚、铜牌15枚。

二是后备人才培养成效显著。目前，吉林市籍运动员有　30人入选国家集训队，有19人在省队，有13人在解放军队。田径、女子曲棍球、射击、射箭、举重、武术等项目后备人才培养成效显著。在国家女子曲棍球队中，有我市培养输送的主力队员5名。

第三，是体育产业增幅最大的一年

一是体彩销量再创新高。全年共实现销售额2.63亿元，同比增长20%，超额完成了2.47亿元的销售目标。

二是体育竞赛市场化、产业化有新突破。相继组织开展了“凇露杯”全国老将田径锦标赛、“中冶.江山如画杯”羽毛球大奖赛、“吉昊麟杯”公路自行车大奖赛、吉林市“雪花杯”万人长跑比赛以及“万科杯”国际冬季龙舟邀请赛等，得到吉林联力、上海绿地、华润雪花、吉研高科技、万科地产等企业大力支持，为赛事提供资金、物资近150万元。

第四，是各方面保障最有力的一年

一是民生保障工程超额完成。投入资金175万元，为昌邑区兴华街道、丰满区泰山街道宝山社区、市第二实验小学、市江城中学等22个街道(乡镇)、社区(村)及13所体育传统校配建全民健身器材，超额完成年初制定的建设10个标准化全民健身场地和扶持10所体育传统校的工作目标。

二是“松花江健身长廊”项目不断推进。投入资金120万元，在江堤下新建6片羽毛球塑胶场地、改建了江湾大桥下6片篮球场地和8个门球场地；筹措资金80余万元，重新修建了沙滩运动场。

三是体育基础设施进一步改善。争取专项资金240万元，完成了射击、射箭场二期配套设施建设；投资18万元，改善了冰上中心运动员训练条件；投入38万元，对体育训练基地进行全面检修和改造；投资46万元，对松花湖雪场进行维修、改造，为训练提供了良好的场地保障。

第五，是体育市场最稳定的一年

一是围绕发现问题、解决问题，对体育经营场所及时进行安全排查。依法对全市152家体育场所进行安全隐患排查和整改工作，下达整改通知92份，停业整改17家。特别是对28家人员密集的体育场馆下达整改通知书22份，确保体育市场安全健康经营。

二是严格审批，维护良好的经营秩序，在服务、规范、调整、完善、提高方面取得很大进步。对全市25家漂流场所，14家游泳场所，11家滑雪场所进行全面检查，为符合条件的33家经营场所办理了高危体育经营许可。对存在问题，手续不全，违规经营场所暂停经营并提出整改意见。全年没发生一起人身伤害事故和投诉事件。

第六，是党建工作抓得最实的一年

一是扎实开展“三帮双促”活动。承办民生事项投入85.31万元，建设重点民生工程投入365万元，群众得到了实惠。市体育局荣获全市“三帮双促”先进单位。

二是党组织建设得到加强。坚持党内民主，落实党员领导干部“一岗双责制”，党组织的凝聚力和战斗力进一步巩固和加强，2个支部、一个处室、4名同志受到表彰。

第七，是体育宣传覆盖面最广的一年

一是亮点赛事重点宣传，影响力不断增强。如，第十三届老将田径锦标赛开幕式、十二冬会圣火采集仪式和火炬传递活动、“吉昊麟”公路自行车赛等大型活动，在中央电视台、新华社、中新社、省电视台等几十家国内主流媒体上播出多次，引起轰动。

二是合作层面不断扩大，宣传效果更加明显。通过与省电视台生活频道、市电视台制作部、市人民广播电台交通台等共同承办部分赛事，扩大赛事的宣传效果；对民生重点工程和“三帮双促”活动的宣传报导，树立了体育工作良好形象。

文化艺术　广播电视

【文化艺术】　2011年，市文化局在市委、市政府的领导下，紧紧围绕全市“五项攻坚”立功竞赛活动，坚持科学发展和以人为本，大力发展文化事业和文化产业，全面提高文化软实力和城市影响力，各项工作指标取得较大突破，位于全省同行业前列，为我市科学发展、富民强市做出了贡献。

一、艺术创作和演出成就显著

组织创排了大型原创舞剧《金孔雀》、大型舞台动漫剧《水姑娘》等精品剧目23个。二人转《西施与范蠡》获吉林省长白山文艺奖；在全省二人转戏剧小品艺术节汇演中，由市戏曲剧团和艺术研究所组成的吉林市代表队获奖数量位列全省第一，并连续第五次蝉联艺术节最高奖项。市歌舞团参加了以央视春晚和中宣部、文化部等联合主办的庆祝建党90周年文艺晚会《我们的旗帜》为代表的11台国家级大型演出，在全市开展了大型公益演出活动。组织市话剧团为全市孩子免费演出50场童话剧，赴上海等地演出136场。2011年，市直三团共完成各类演出542场。

二、文化服务体系建设快速推进

全面加快公共文化服务体系建设，广泛开展形式多样的文化服务，全年共举办6大类91场文化活动。紧紧围绕“三节”、端午节和建党90周年等重要节庆日，组织开展了新年音乐会、大型歌舞晚会、大型主题展览以及朝鲜族文化文艺展示等活动。在广场活动中，着力开展了松花江之夏和金秋广场文化活动周，组织了10场大型演出；举办了2场“舞动江城”大型广场舞蹈表演和秧歌展演。全年举办松花江文化讲坛51期、为全市儿童免费放映电影50场、完成送戏下乡129场。协调指导建设乡镇综合文化站29个、农村文化大院223个以及社区文化活动中心9个。对我市群众文化的开创性做法和取得的成就，中宣部作为宣传文化工作典型案例向全国予以推广；中央电视台《新闻联播》节目以“靓嫂”艺术团为切入点，对我市社区文化工作的蓬勃发展和红火场景进行了专题报道。

三、文化旅游融合发展取得突破

为打造松花江文化品牌，创新举办了中国·吉林市首届松花江彩灯文化节。筹备期间，抽调文化系统精干力量昼夜施工，克服工程时间紧、松花江水流急、彩灯灯组承载难等问题，在吉林大桥至临江门大桥3000米长的松花江江面上设置了66组巨型彩灯，总面积达3万平方米，并施放流动河灯15万盏。为扩大影响，吸引域外特别是长春市民来我市观看，利用吉林省电视台4个频道黄金时段持续播发广告，并在长春市通过邮政投递夹投16万份彩色宣传单、在9300辆出租车车顶LED发布广告、在吉长高速户外做高架广告等多种方式进行宣传推介。首届彩灯文化节在巨型灯组数量、施放流动河灯数量以及覆盖水域面积等诸多方面都创造了中国江上彩灯之最；同时，创造了吉尼斯世界纪录，英国总部派认证官专程来我市颁发证书，并向全世界公开发布。彩灯节在丰富群众文化生活的同时，极大地拉动了人流和服务业发展，活动期间全市一度出现了宾馆天天客满、酒店一席难求的现象。中央电视台、香港凤凰卫视以及《中国文化报》等国家级媒体对彩灯节活动进行了宣传报道。

四、文化遗产保护传承迈上新台阶

编制了阿什哈达摩崖石刻、帽儿山、龙潭山和西团山4处国保单位保护规划。龙潭山帽儿山国家考古遗址公园项目取得实质进展。协调完成了吉林机器局旧址修缮工程审批和施工监督，对吉林文庙、王百川居宅旧址以及张作相官邸等文物古建进行了维修。高标准完成了《刘□中艺术馆》装展和对外开放工作，对博物馆《吉林市历史陈列》等3个展览进行了提升改造。在全省率先建立了非物质文化遗产保护传承学校、展示基地和校园实践基地，16名传承人被确定为省级代表性传承人。全年争取国家和省专项文物补助资金800多万元。市博物馆、市文庙博物馆、市满族博物馆、市美术馆等单位举办各类活动35项；免费接待观众110万人次。

五、文化市场健康有序发展

组织开展了吉林地区文化市场执法人员培训、执法文书案卷评比活动，有效地规范了执法行为，提高了执法人员依法行政能力。加强对文化市场尤其是网络市场的监管，协同市文明办、工商局、公安局等部门开展了7次集中检查；强化对文化经营场所的消防监管，对城区505家文化经营场所进行了消防安全检查。全年共检查各类文化经营场所1422家次，依法对81家违规经营场所进行了处理。

六、文化产业规模效益显著增强

积极引导市直文化单位挖掘优势资源，大力发展文化产业。坚持做大做强演出业、展览业、电影放映业等传统文化产业，切实发挥吉林剧场、江城剧场龙头产业项目的示范和带动作用。两个剧场进驻全国知名IT品牌和代理厂商350家，安置就业人员3500人，年销售额近3亿元。市直三团实现商业演出290场；两个电影城放映电影9111场。成立了吉林市瀚华拍卖有限公司，举办了两场影响较大的书画拍卖会，来自全国25个省市的100多名收藏家参与竞拍，总成交额4500万元。自筹资金恢复建造了吉林市头道码头，铜铸了康熙东巡吉林群雕、“松花江放船歌”大型文化景观；建造了松花江上最大的游船“群星号”，推出了以赏彩灯、看演出、观夜景为主要内容的夜游松花江项目，开创了松花江通游船的先河。

（才　旺）

【广播电视】　2011年，吉林市广电局紧紧围绕全市中心工作，以纪念建党90周年为契机，以加快广电事业和产业发展为重点，不断加大工作创新力度，为我市经济与社会快速、和谐发展营造了良好的舆论氛围。

一、组织重大新闻宣传战役，不断提升舆论引导能力

年初以来，市广电局所属各新闻单位围绕纪念建党90周年、纪念辛亥革命100周年以及全市"十二五"时期发展战略、全市"两会"和全市2011年度经济工作、"五项攻坚"活动、"三帮双促"工作、宣传思想工作会议精神等主题宣传，分别开设了《纪念建党90周年》、《强化推进项目建设，带动经济快速发展》、《加快"三化"建设，促进"三农"发展》、《关注民生十件实事为百姓》等多个专题栏（节）目。大力宣传报道中国共产党成立以来中国社会发生的翻天覆地的变化和我市近年来改革、创新、发展所取得的丰硕成果。同时，为了更好地服务于全市经济建设主战场，提高新闻宣传的针对性、实效性和权威性，市电台、市电视台、市经广台分别对927新闻频率、新闻综合频道和都市110频率进行了全新的整体定位、结构调整和改版改造。市电台从1月1日起，将《927早新闻》更名为《吉广新闻》，并新增加了"时事链接"、"博说天下"等新闻类栏（节）目；市电视台围绕全市"两会"的宣传报道，在《江城新闻》和《直播江城》栏目中新开辟了"两会专题报道"和"直通两会"专栏；市经广台在市政府设立了"都市110政府民生直播间"，新增权威资讯栏目"整点快报"，全新升级扩版优秀栏目《声音》。

据统计，市广电系统各新闻媒体围绕"强力推进五项攻坚"等专栏，全年播发报道419篇，围绕"三帮双促"活动播发报道206篇，围绕建党90周年播发报道360篇，播出人物专访105期，220人次。

二、以喜迎建党90周年为契机，组织开展大型系列活动

为营造纪念建党90周年的喜庆氛围，充分展示中国共产党建党90年来所走过的光辉历程和建立的丰功伟绩，今年我局先后主办或承办了庆祝建党90周年主题系列活动。其中《颂歌献给党—吉林市庆祝中国共产党成立90周年千场百万人红歌演唱会·总汇演》、《全城同唱一首歌〈没有共产党就没有新中国〉大型红歌会》、《红船党旗耀江城》等三项活动创意独特、参与面广，在全市、全省乃至全国产生轰动效应，尤其是《全城同唱一首歌〈没有共产党就没有新中国〉大型红歌会》除被《人民日报》在头版头条报道外，《中国之声》、《吉林日报》、《新文化报》以及吉林卫视等多家媒体也以不同形式对此项活动进行了宣传报道。在全市纪念建党90周年系列文化活动表彰大会上，我局被评为"突出贡献集体"。"颂歌献给党"、"全城同唱一首歌"、"红船党旗耀江城"三项活动被授予"特别贡献奖"，全系统有7人被评为突出贡献个人，3个部门被评为先进集体，20人被评为先进个人。

特别值得一提的是，市经广台策划组织的《抗联记忆特别报道》大型新闻采访活动，历时七个昼夜，跨越八个城市，行程近2500公里，共在国家及省市媒体播发现场报道、新闻消息和新闻专题40多条，中央人民广播电台中国之声《新闻和报纸摘要》、《新闻纵横》，中央电视台《新闻联播》、《东方时空》等国家品牌栏目同步报道，产生了空前的社会影响力。

2011年，我局还策划组织了《春满江城—2011年春节联欢晚会》、《第十六届中国·吉林国际雾凇冰雪节暨首届全国冬季户外拓展大赛开幕式》、《第六届中国吉林开江鱼美食节》、《关爱生命，文明出行—城市交通零违章大行动》、《最美吉林—创建文明城市系列活动启动仪式》、《2011吉林市首届中秋晚会—江城共此时》、《江城的士"创文明、展魅力"金秋活动月闭幕颁奖晚会》、《向人民报告—大型专题文艺晚会》、《城市英雄会》等系列活动，此外，我局还圆满完成了全省大项目建设和全省新农村建设现场会解说工作，受到省、市有关领导及各界群众的普遍赞誉。

三、以"五项攻坚"立功竞赛活动和"三帮双促"为载体，全面推进民生实事工程

一是规划建设吉林市传媒中心（人民剧院）。召开了工程项目建设专项工作协调会，并完成了工程建设工作方案的制定。目前，吉林市传媒中心（人民剧院）建设已列为全市"十二五"时期重点工程项目，各项准备工作正在有序进行，其中人民剧院建设将于2012年上半年开工建设；二是着力推进我市广播电视"户户通"工程建设，超额完成了2011年"户户通"任务，共为517户农户安装了广播电视直播卫星设施，使他们能收看到43套标清电视节目；三是继续开展公益免费电影放映活动。全年完成进社区广场放映总计1,024场和送电影下乡镇放映总计为4,212场的公益电影放映任务，城乡观众累计达88万余人次；四是按照市委、市政府《2011年市直部门定点招商引资工作方案》有关要求，组织招商引资工作组赴深圳定点招商，积极联系相关企业，进行投资项目及动作方式等细节性商谈，促进相关投资项目尽快落地，为进一步拓宽招商引资渠道，我局还通过各种关系积极与北京市等国内其它城市取得联系，引进新的投资项目。2011年，我系统完成固定资产3,000万元以上的招商引资落地项目1个，此外，我局还完成以外埠广告收入为主的招商引资任务2093万元。

同时，我局按照市里关于深入开展"三帮双促"活动的有关指示和要求，由局主要领导亲自带队组成10个工作小组，分别深入到3户企业、35户个体工商户和330户城乡居民家中进行走访调研，详细了解他们在生产、生活中遇到的实际困难，听取他们对政府及相关部门的意见和建议，并按照市里的要求及时帮助困难群众和薄弱基层党组织解决实际问题。"三帮双促"活动中共投入款物总价值60000余元，市广电局被评为全市"三帮双促"活动先进单位。

四、努力寻求新的经济增长点，积极发展广电产业重点项目

一是精心组织电视剧、广播剧等艺术产品创作生产。目前，由吉林市广播电影电视总台等部门联合出品的30集电视连续剧《女人的天空》已摄制完成，该剧作为我市立项重点文艺产品，已被中央电视台定为跟踪剧目，将在完成后期制作及通过审查后，于近期在北京召开新闻发布会，并拟定于2012年上半年在中央电视台主频道黄金档播出。市电台制作完成儿童广播剧《挂在网上的爱》，该剧荣获2011年度吉林省广播电影电视局广播节目技术质量二等奖；二是不断探索符合我市实际的CMMB手持电视产业化运营模式，并在下功夫办好CMMB手持电视自办节目《睛彩江城》，着力打造具有自身特点的品牌频道的同时，加快CMMB手持电视网络基础建设。目前，我市CMMB手持电视网络已基本覆盖了吉林和5个外县（市）主要城区及部分村镇。其中，手机电视用户总计已达到28766户，单向终端（移动电视）用户近10000户；三是进一步做好吉林市电视台星河电视艺术培训中心、广电文化广场、交通旅行社、广电宾馆等重点产业项目的经营管理工作，本年度实现经营收入 800 余万元。

【新闻出版】 2011 年，在全局人员的共同努力下，各项工作圆满完成，取得了很大的成绩。。

一、“扫黄打非”工作完成情况

(一)出版物市场日常监管。

第三季度，市新闻出版局、市“扫黄打非”办共出动执法人员 60 余人(次)，车辆 20 余台(次)，清理出版物集中经营场所和摊点 24 个，收缴盗版书籍 800 余册，盗版光盘 3000 余张(套)。

(二)专项检查行动。

1.开展教材、教辅专项检查行动。根据市场特点，利用假期和开学前的一段时间，由教育局、新华书店协助，组织了一次专项行动，对全市的教材、教辅使用和销售情况进行了全面检查，纠正了违规情况。

2.“剑网行动”打击网络侵权盗版。通过前期实施的打击利用网络传播淫秽色情信息“剑网行动”，网络“扫黄打非”成为“扫黄打非”部门工作的重点和难点。此次专项行动，进一步加强了与工业信息部门的协调合作，强化了行政管理的打击和干预力度，力求最大限度地发挥电信运营企业在监管中的作用。

此次专项行动，全市共出动执法人员 130 余人(次)，出动执法车辆 40 余台(次)，检查出版物经营场所 60 余家，取缔非法经营摊点 17 个。

3.打击侵犯知识产权和制售假冒伪劣商品专项行动。我局执法人员对市直属的大世界图书批发城、吉林剧场和物华电脑城等电子出版物集中经营场所，火车站、客运站等人流密集场所的进行了多次清查，查处了一批违法违规的经营单位，收缴了一批侵权盗版制品。

(三)音像制品市场的管理。

市“扫黄打非”办组织全地区执法人员，对音像市场无证经营及销售违规音像制品等违规经营行为进行了重点清查，共清理检查音像制品经营业户 150 余家，发现违规销售情况 7 起。

二、出版发行工作

3 月份，完成了出版、印刷、发行等行业的年度核验工作；4 月份，组织印刷企业到长春参加印刷机械展，开展了 4.26 版权宣传活动；7 月份安排部署政府机关软件正版化工作。起草并下发了《关于在政府机关开展软件正版化工作的通知》，联系协调以市政府办名义下发《关于对各县(市)区政府机关软件正版化工作进行督察的通知》。积极开展政府机关配备正版软件的前期准备工作，包括制定方案、调查摸底、预算方案等，于 7 月份参与组织接待省督察组对我市政府机关及高新区政府机关软件正版化工作的检查并获得好评；

充分发挥印刷企业协会作用。积极开展协会工作，为企业服务，积极牵线搭桥，建立企业间合作伙伴关系，促进企业共同发展。聘请上海印刷行业知名专家讲课，对印刷企业法人及一线技术工人进行法律法规和印刷技术培训，组织开展内部资料出版物编辑人员培训；做好行业监管工作，对违规企业进行了处理。请中国包装协会主席等人，来我市为印刷业经营人员进行了为期 2 天的业务培训，收到了良好的效果。

积极开展招商引资工作。广泛与福建、深圳、温州、台州的客商联系，同时与昌邑、永吉、经开、高新、中新食品区等部门沟通，寻求合力招商，争取在我市建立龙头印刷企业以及建立印刷工业园区。关注在建的福建亿龙舒兰印刷企业项目，提供政策咨询服务，促其尽快投产。

下发了《关于政府机关使用正版软件工作的通知》和《关于进一步做好政府机关使用正版软件工作的通知》两份文件，并对落实情况进行了检查，推动了软件正版化工作的落实。

三、“农家书屋”工程完成情况

2011 年全市完成建设 361 个“农家书屋”的任务，目前，全市今年 361 个待建“农家书屋”的图书已全部落实，省新闻出版局 11 月末将全部配送到位。

年初以来，针对 2010 年我市水灾中部分城区“农家书屋”受损的情况，我们通过积极向省新闻出版局、市财政局协调，争取到了专项资金 14 万元，对城区 14 个受损的书屋进行补建，目前，图书采购合同已经签定，图书已下发到各受损书屋。

10 月，成功组织了“农家书屋”管理员培训。共举行 5 个培训班，培训人员 1500 余人。

四、新闻出版产业情况

(一)在建印刷园区完成情况。

吉林亿龙彩印包装有限公司是福建亿龙实业集团有限公司全资子公司，于 2009 年正式在舒兰经济开发区开工建设，企业注册资金 800 万元，占地面积 4 万平方米。初步确定一期工程完工后，可实现产值 3 至 5 亿元，企业未来致力于打造东北最大的彩印包装生产企业。

项目于 2009 年 3 月 3 日正式签订投资合同，5 月 18 日举行集中开工典礼，因施工设计变更等原因，9 月 5 日正式进场施工，整体工程计划今年 6 月末前完成，同时进行设备安装调试，今年 10 月份正式投产。目前工程进展情况如下：

办公楼、宿舍楼共 4000 平方米，已全部完工；纸板车间、彩印车间、仓库今年 5 月份投入使用；附属设施今年 6 月份前完成。

在施工设计和建设同时，完成部分设备订购，主要订购设备如下：

德国海德堡速霸型六色胶印机；日本小森全开四色胶印机二套；河北京山瓦楞纸生产线二条；罗兰水印生产线(带磨切设备)一条；其他磨切机等辅助设备若干。

(二)拟建印刷园区进展情况。

吉林—深圳印刷包装产业园区，原拟建于哈达工业开发区南区，占地 1125 亩(75 万平方米)，全部投资 35 亿元，建设期 4 年。产业园一期(2011–2012 年)，建设规模达到印刷包装产值 20 亿元，技工贸总收入 30 亿元；二期(2013–2014 年)建设规模达到印刷包装产值 50 亿元，技工贸总收入 80 亿元。项目区内主要包装装潢加工生产区(纸制品、包装、印刷、塑料包装、金属包装)；中高档文化、书刊、商务印刷加工区； 仓储物流(包括纸张加工)区；商务服务区；设计中心；原材料及零配件贸易区等印刷、印中、印后功能齐全的专业化园区。

产业园建成后，生产加工企业(含纸张加工企业 5 户)户数达到 40 户，大型物流仓储企业 3 户、商贸企业 20 户，生产流通企业 70 户，设计、研发、培训、公共服务企业20户。实现印刷包装业总产值50亿元，全部技工贸收入80亿元，预计实现利润10亿元，上缴税金8亿元。

由于原计划园址有变化，目前该项目已经在永吉经济开发区重新选址，园区地址及投资规模会发生相应的变化，许多工作正在商洽过程中。这个项目是市政府领导包保的重点项目，近期，由市政府领导带队，我局和永吉经济开发区人员将再次赴深圳就园区建设进行洽谈。

五、党支部工作情况

（一）认真开展了“三帮”和“双促”活动。根据我市活动要求，全局人员进行了工作分工，全部深入到基层，走访260户城乡居民、23户个体工商户、2户企业，了解到基层百姓需要帮助解决的困难和问题46件，把群众的困难了解清楚，向相关部门进行了汇报，使得有些问题得到了解决。

（二）开展了“三创活动”。结合市委宣传部“三创”活动，号召全局工作人员，在实际工作中积极学习、不断增强业务素质、提高为业户服务的水平等具体活动，确保活动开展得扎实有效。

【气　　象】 吉林市气象局成立于1958年7月，现机构规格为正局级，属中直单位。主要承担大气综合监测、天气预报、公共气象服务、气象灾害应急管理、应对气候变化、气候资源保护与开发利用、农业与生态、人工影响天气、雷电防护管理、气象科技服务等基本业务和政府部门行政职能工作。机关内设11个处室：办公室、政策法规处、监测网络处、科技减灾处、人事监察处、计划财务处、机关党总支、人工影响天气办公室、雷电防护管理办公室、施放气球管理办公室、行政审批办公室；下设7个直属事业单位：吉林市气象台、吉林市气象科技服务中心、吉林市雷电灾害监测与防护技术中心、吉林市防雷工程部、吉林市气象监察支队、吉林市人工影响天气中心和财务核算中心；全市有气象局（台、站）8个，其中国家基本气象站4个，国家一般气象站4个。全市建有自动监测站137个。

一、基础气象业务

深入开展地、县级预报业务布局调整试点工作；不断完善业务管理制度和业务工作流程，通过加强检查、培训，组织学习、竞赛，业务队伍整体素质稳步提高。各项业务质量均达省局优秀指标，晴雨降水72小时内、大雨（雪）以上预报质量均超省台指导预报质量，地面、农气、酸雨测报质量为0.0，所有站报表无错情。全市有16人次达到“百班无错情”、3人次达到“二百五十班无错情”、1人次获得“省级优秀预报员”。

二、现代气象业务体系建设

完成了新一代天气雷达80米塔楼地勘、5000平方米业务综合楼基础建设（总投资1.6283亿元）和城郊局新址建设（已投入业务运行）、舒兰局迁站。修复了6个水毁自动气象站，建设了1个自动土壤水分观测站，完成了全市农村预警发布系统通讯卡本地管理、应急车通讯系统改造、县（市）局气象卫星接收系统安装、全国冬运会雪上赛事服务系统开发安装等工作。政府出资增设了35万元应急卫星通讯系统，购置了计算机、网络传真机、高频电话、触摸屏和50余万元科普设备。

三、气象防灾减灾和气象服务工作

2011年年初，组织召开“十一五”气象防灾减灾表彰大会，政府特批专项经费，对在地方气象事业发展、人工影响天气工作、雷电防护工作中成绩突出的57个单位、54名个人及60名优秀信息员进行了表彰奖励。圆满完成了春播、秋收气象为农服务和雾凇冰雪节、松花江河灯文化节、十二届冬运会圣火采集等重大社会活动气象服务保障任务，荣获新农村建设帮扶先进单位、旅游工作先进集体等称号。科学有效应对了7月2日暴雨、8月8日—9日“梅花”台风北上影响等强对流天气，积极开展地质灾害、旅游、森林防火、供热等气象服务保障。共发布预警信息54次，重要气象信息89期，专题气象信息551期。以政府文件形式下发了《关于加强吉林市气象防灾减灾能力建设的实施意见》，修订了《市气象灾害应急预案》，开展了2次应急实战检验。将防汛责任人、地质灾害防御人员、安监部门及全市各煤矿企业的相关人员纳入气象信息员队伍，信息员队伍增至2375名，有效扩大了预警信息覆盖面。建立了移动市级预警信息发布平台，与市国土局签署了《地质灾害气象预报预警合作协议》，利用农村“平安之声”广播系统发布气象灾害预警信息，新增大喇叭3300多个。采取召开学习报告会、新闻发布会、主流媒体发专刊等形式，全面宣传贯彻国办发33号文件，目前正在起草落实33号文件具体实施意见。以3.23世界气象日、5.12防灾减灾日、安全生产月为契机，多种形式、广泛宣传《气象灾害防御条例》和气象防灾减灾知识，提高公众气象灾害防御能力。

不断推进农业“两个体系”建设工作。专门制定印发了《2011年农业“两个体系”建设工作重点任务》，多次召开进程推进会，在全市气象工作会上，市领导安排部署了两个体系建设工作，并将此项工作纳入市政府对各县（市）区农业农村工作目标考核和全市“气象防灾减灾能力建设”中。蛟河局、磐石局通过政府出台了《关于加强农村气象灾害防御体系建设的指导意见》等文件，开展了气象灾害应急准备认证工作；《桦甸市气象灾害防御规划》已编印下发。全市试点完成了7个农村气象信息服务站建设。

四、人工影响天气

加强人影管理，人工影响天气效益显著。将人工影响天气工作、探测环境保护工作和信息员队伍建设等工作考核列入政府对各县（市）区政府的年度目标考核当中，人影服务社会化管理职能不断深化。加强人工影响天气能力建设，进一步完善人工影响天气工作实施方案、重大社会活动人影预案及应对森林火灾、环境污染等突发事件作业预案，从4月下旬开始全区人影工作进入24小时值守作业状态。全年开展人工增雨和人工防雹作业381次，耗弹4929发，在冰雹多发之年实现百亿斤粮食大关做出了突出贡献，受到了市委市政府充分肯定。

五、气象依法行政

强化了气象法制机构和依法行政队伍建设。创新开展市、县联合交叉执法检查和防雷标准化管理考核工作，对全市建设工程、通信领域、煤矿、非煤矿山、危险化学品、易燃易爆场所和林业棚户区改造工程进行防雷安全管理工作大检查，下达了《限期整改通知书》，对违规项目进行立案查处；首次对环评领域使用气象资料进行了联合执法检查，全年共执法280余次，有效遏制了事故隐患和违法事件的发生。加强市政府政务服务中心气象窗口服务，切实履行行政审批管理职责，全年审批办理气象行政许可297件，被市政府政务服务中心评为优秀窗口，营造了良好的发展环境。

六、气象科技服务

围绕吉林市社会经济发展需求，创新服务思路，改进服务手段，有效提高气象科技服务水平。加强常规、跟踪检测和防雷装置竣工验收，积极开展防雷图纸审查工作，努力拓展雷电灾害风险评估新项目，认真落实国家防雷安全两个行政许可。全年防雷检测666家、设计审核竣工验收178家、技术评价89份，雷电灾害风险评估45项。努力开拓专业专项服务领域，积极推进气象灾害风险评估(气候可行性论证)，为地方政府经济社会发展布局和部署防灾减灾工作提供依据。

七、气象科技创新和人才体系建设

2篇论文在核心期刊发表。全省天气预报业务技能竞赛1人次获得单项二等奖。组建了预报业务技术骨干队伍，新进大学毕业生5人，民主推荐机关业务处副处长1名，防雷中心副主任2名，非领导职务3名，评高级工程师资格1人、工程师资格1人，为事业发展打下了良好的基础。

八、党风廉政建设和精神文明创建

全员创建、全时创建、全面创建，在全省气象部门唯一一个获得"全国文明单位"荣誉称号。积极开展"三帮双促"和"五项攻坚"立功竞赛活动，2个处室和3名同志获得市委市政府表彰奖励。深入开展"转变作风、提高效能、促进二次飞跃"主题活动和创先争优、庆祝建党90周年等活动。组织爱国主义教育和游湖、冰雪健身等活动，积极参加全省气象部门和市直机关运动会、乒乓球、歌咏等竞赛活动，取得了优异成绩(全省运动会集体第二名，市直机关乒乓球比赛女子团体冠军)。积极开展党风廉政宣传教育月活动，组织学习《廉政准则》，落实廉政风险防控机制，充分发挥党组织战斗堡垒作用和党员先锋模范作用。加强财务监管，积极推进落实"三人决策"、"三重一大"制度，加大大额支出市局审批力度，积极开展下基层对口服务；加强对外对内安全生产管理，做到"警钟长鸣、常抓不懈"，无任何安全问题发生，荣获"2011年度安全生产优胜单位"称号，1人被评为"2011年度安全生产标兵个人"；组织离退干部开展团拜会、生日宴会、建党90周年座谈会等活动，部门和谐稳定得到加强。

(宋　旸)

外事及民族事务

【外　　事】　2011年，是"十二五"开局之年，我办在市委、市政府的领导下，在省外办的指导下，紧紧围绕我市年初确定的工作目标特别是"五项攻坚"任务，在"以人为本、改革创新、创立品牌"工作理念的指引下，以"对外交往"和"服务中心"为工作重点，全力做好各项外侨工作。

一、服务出访，提高层次，发挥优势全力推进境外招商工作

一是以服务我市经济发展为宗旨，克难求进，积极推动高层出访。根据我市经济对外发展和我市对外友好交往的实际需要，圆满完成市级领导出访的手续办理工作，实现了历史的突破。同时，积极做好出国前教育、打前站、翻译、境外协调组织等各项服务工作。

二是圆满完成了省主要领导出访的服务工作，得到省领导的高度评价与充分认可，全面展示了我市外事工作的能力与优势。

二、服务项目，加强推介，依托"三个平台"加快重点项目进程

一是中新食品区项目。年初至今共接待与食品区相关的团组12批，140多人次。主要有，新加坡农粮局无疫区考察团、淡马锡合作考察团、日本农林水产省专家考察团、马来西亚阿隆集团考察团、香港经贸代表团等，有力保障和促进了无疫区的建设和食品区的项目合作。同时，认真做好与项目相关省市领导境外招商活动的组织协调工作。

二是化学示范区项目。年初至今共接待与化工园区相关的团组4批，主要有，德国赢创德固赛公司和伍德公司代表团、美国亨斯曼公司代表团等，有力促进了环氧丙烷项目的建设进程。

三是北大湖冰雪旅游项目。积极协助北大湖体育旅游产业开发区与俄罗斯远东太平洋公司签订的《战略合作框架协议》中具体合作项目的逐步推进。成功接待了驻新加坡使馆客人考察北大湖体育旅游产业开发区，就在新加坡宣传北大湖冰雪旅游进行了洽谈，加快了北大湖冰雪旅游向东南亚领域合作的进程。

三、借助活动，整合资源，成立"友协理事会"有效利用外侨人脉资源

一是在第七届东博会活动中，我办邀请了新加坡、菲律宾、印尼等地的海外华商共计70余人参会。会议期间，接待了"海外华侨华人相聚吉林暨海外东北同乡会吉林恳亲会"海外嘉宾代表团一行约140人，代表团来访旨在推动吉林市与海外华侨华人的交流与合作。

二是以"东博会"为契机，积极整合我市外联资源。于9月7日，在我市召开了"吉林市人民对外友好协会第一届理事会第一次会议"，这标志着吉林市友协理事会正式成立。会议邀请了140名海外侨领、华商参加。我市第一届友协理事会的产生，标志着我市民间外交工作已站在了一个新的高度，更好地为我市的对外开放和经济建设服务。

四、拓展渠道，实现突破，全力推进我市对外友好交往

一是经过积极的拓展和不懈的努力，我市友城建设实现突破。今年6月24日我市与乌克兰切尔卡瑟市签署两市缔结友好城市《协议书》，两市正式确立了友好城市关系，使两市步入了长期友好合作的轨道。使我市友城数量增加到8个，在今年我市又与韩国江陵市建立了经贸合作城市关系。进一步拓宽了我市对外交往的渠道。

二是在参加"2011东南欧地方政府城市大会"期间，与东南欧地方政府进行了进一步交流，从而开辟了我市与东南欧4国的联系渠道，与土耳其马尔马拉市城市联盟建立了交往关系，双方就进一步保持密切联系，择机开展人员往来和经贸合作达成了共识，从而弥补了吉林市与东南欧交往"盲点"。

五、服务交往，围绕项目，接待工作追求成果、注重实效。

一是圆满完成各项接待任务。共接待来访团组86批，946人次。重要团组有：我驻新加坡大使、新加坡农粮局无疫区考察团、新加坡淡马锡合作考察团、日本农林水产省专家考察团、马来西亚阿隆集团考察团、香港经贸代表团、德国赢创德固赛公司和伍德公司代表团、美国亨斯曼公司代表团等。在接待工作中坚持围绕项目安排考察行程，注重实效，大力宣传我市的资源、区位、工业基础和政策等方面的优势。切实做好翻译、日程安排等服务工作，为项目的推进和促成合作提供了有力保障。

二是做好了各类翻译服务工作。翻译意大利费拉拉市与吉林市结好协议书、英国兰开夏大学与北华大学合作备忘录及各种往来信函和宣传资料2万多字。

六、围绕大局，结合实际，立足开职工作开展“五项攻坚”活动

针对我市当前全力推进“五项攻坚”的中心工作，我办结合自身工作实际，努力在“项目建设攻坚”和“招商引资攻坚”方面下功夫，力求取得实效，积极跟踪服务我市重点项目建设与推进，搭建桥梁积极促进对外经贸合作对接，并积极完成定点招商工作。

七、强化管理，完成审批及涉外管理工作

一是积极做好了因公出国(境)审核审批工作。根据我市对外经济发展和友好交往的需要，精心制定了《吉林市2011年因公出国计划》。在严把审批关的同时，又为有实质意义的出访团组做出了积极的协调和服务工作，并积极做好了出访团组回国后总结及护照的催缴及整理工作，达到催缴率百分之百。

二是领事保护和突发涉外事件调查处理工作。按要求修订了各类应急预案；在日本3月份发生地震、海啸后，积极与我市在日本友好城市联系了解受灾情况；联系省外办和我驻日本大使馆，帮助我市居民寻找在日亲人，共接听电话、接待来访寻找在日亲属26起，查找30人，并按时向市应急办报告寻亲及接待情况；调查了解利比亚撤侨涉及我市人员情况。

八、爱侨护侨，以人为本完成各项侨政外联工作

一是侨法宣传工作。成立了全市侨法宣传工作领导小组，统一指导、调度全市“侨法宣传角”的设立工作。充分利用“侨法宣传角”的有效载体，通过板报、宣传栏、橱窗等宣传阵地，推动侨法宣传工作向纵深发展，使“侨法”家喻户晓、深入人心。

二是助侨扶贫工作。在重大节日前对困难归侨侨眷户进行了走访慰问，截止目前共走访了64户贫困归侨侨眷家庭，累计发放慰问金22.55万元。并积极做好了全市散居困难归侨侨眷的扶贫救助的调查摸底及信访和政策咨询答复工作。我办共受理了3件次的信访案件，并接待了15名归侨侨眷。全年共为11名“三侨考生”办理加分审批手续。

三是侨界助学工作。积极联系海外华侨捐赠助学。截止目前，我市累计接受海外华侨华人和港澳同胞捐助教育事业14项，捐赠数额折合人民币达103.56万元。

九、强化机关建设，提高队伍素质，打造了一支“既通外事又懂经济”的优秀外侨工作队伍

一是积极协调理顺友协机构。抓住全国对外友协会长陈昊苏来访的时机，积极争取国家层面的支持，在市委主要领导的支持下，参照省友协，积极对吉林市友协的机构设置进行理顺，由事业单位理顺为全市性人民团体，拟参照公务员进行管理，解决多年来的机构定级问题。

二是积极展开“三帮双促”走访调研活动。工作中，我办在经过对帮扶对象的实际需求和情况认真了解和掌握后，将“三帮扶”任务有的放矢地分配到相关处室，由各处室进行走访帮扶对象，根据帮扶对象的实际困难制定不同的帮扶措施。

三是强化学习教育，打好思想基础。积极组织全办党员进行理论学习，邀请党校老师对我办全体机关干部进行十七届五中全会及市委会议精神学习辅导。

四是加强自身的团队建设，积极地吸纳新生力量，不断充实外办的专业队伍。科学筹划，认真做好了招考一位英语翻译职位的公务员外语加试工作，并接收一名俄语专业的军转干部，进一步强化了我办的有生力量。

五是增强廉洁自律意识，推进机关作风和效能建设。开展党纪党规、职业道德教育和警示教育，筑牢全体党员反腐倡廉的思想防线，提升党员干部服务社会的责任感和使命感。

（许　枫）

【民族事务】　2011年，在市委、市政府的正确领导和省民委(宗教局)的指导下，市民委(宗教局)深入贯彻市委十一届十一次全会和省、市民族工作和宗教工作会议精神，紧紧围绕“五项攻坚”任务和“三帮双促”活动，着力发展少数民族经济文化教育社会事业，推动宗教事务依法管理，维护民族宗教领域和谐稳定，努力实现“十二五”民族宗教工作良好开局，圆满地完成并实现了年初制定的工作任务目标，为促进全市经济社会更好更快地发展做出了应有的贡献。

一、民族团结进步创建活动硕果累累

筹备召开了全市民族工作会议暨吉林市第八次民族团结进步表彰大会。表彰民族团结进步先进集体102个，先进个人100名，市委书记做重要讲话，明确了今后一个时期我市民族工作方向和任务，展示了我市各民族团结进步社会和谐繁荣发展的社会环境和蓬勃向上的风采。

二、少数民族经济得到快速发展

1.着重抓好少数民族特需用品生产企业的发展。一是通过我们与人民银行积极合作，加大力度，全市6户民品企业贷款额达到6.56亿元，享受国家财政贴息1554万元。二是以优惠政策为牵引，规范民品企业整体标准提升，为打造全市清真食品生产基地展现了良好的发展前景。

2.积极立项申报少数民族发展金项目。通过实地踏查，编制项目可行性报告，向省民申报了两家子满族乡、乌林朝鲜族乡发展金90万元；为乌拉街满族镇阿拉底村申请资金40万元。

3.成立了满族企业家协会，为民族经济发展搭建服务平台。目前，协会已吸纳110名满族企业家。

三、少数民族文化体育事业繁荣发展

1. 以纪念建党九十周年为主线开展了丰富多彩的少数民族文化活动。举办了以歌颂党的辉煌历史为主题的全市第四届少数民族文艺汇演，组织了第十届朝鲜族民俗文化节、开斋节文艺演出，指导市满族联谊会和市伊斯兰教协会举办了“七一”红歌会活动。

2.在去年试点工作的基础上，联合市教育局将民族团结教育全面纳入中小学课堂，得到了国家民委调研组的充分肯定。

3.为了切实帮助满族中学和朝鲜族艺术馆改善条件，通过实地调查并向省民委申请70万元少数民族文化教育项目资金。

4.少数民族传统体育项目结出硕果。在今年全国第九届少数民族传统体育运动会上，代表吉林省参赛的我市珍珠球代表队经过奋力拼搏，最终取得第三名，创造了我省历届参赛以来的最好成绩。得到了省里的高度赞扬和充分肯定，充分展示我市少数民族传统体育运动基地建设的成果。

四、不断完善城市少数民族服务体系

1. 在去年发放回族等10个少数民族群众及其配偶肉食补贴33719人次，2360330元之后，今年将这项工作纳入政务大厅，实行规范化制度化管理。

2.在已经成立市少数民族文化艺术指导中心、少数民族就医绿色通道、少数民族传统体育训练基地的基础上，成立了少数民族法律服务中心，为少数民族、企业和群众提供相应的法律服务。

3.根据省民委要求，结合节假日，对全市清真食品市场进行了重点检查，确保少数民族群众能够吃上放心食品。协调中东新生活商贸中心，为回族群众就餐解决了20张桌子80个位置。

4.以保民生、保稳定为核心，投入大量精力，经过调研、论证、踏察积极筹建吉林市回族敬老院，目前已确定地点，正在进行维修。

为改善我市回族殡葬条件，经市领导同意和相关部门协商，增加回族墓地1万平米。

五、依法管理宗教事务

1.深入开展“创建和谐寺观教堂”活动。制定了和谐宗教场所和合格教职人员标准，重点制度上墙，全面推行规范化管理。

2.认真开展宗教工作“百日会战”。按照省宗教局《关于开展宗教活动场所财务管理工作实施方案》和《关于开展宗教教职人员认定备案工作实施方案》要求，对教职人员和宗教活动场所进行登记，并按要求及时上报省宗教局。

3.支持宗教团体开展“讲经说法”活动。配合省道教协会在我市玄帝观举办了“七天体道班”。

4.做好日常的宗教事务管理工作。对今年拟翻建、迁建、扩建的6处宗教活动场所进行了实地踏查，并上报了相关手续。

六、全力做好民族宗教领域的安全和稳定工作

对城区直管的17个重点宗教活动场所消防安全隐患反复进行大检查、整改和演练，重点部位死看死守，确保了节假日以及平时的安全。做好了北山庙会、伊斯兰教圣纪节、开斋节、天主教圣母圣诞日以及国家和省、市“两会”期间的安全稳定工作。

七、扎实有效开展“三帮双促”活动

采取有效措施扎实推进“三帮双促”活动开展。成立“三帮双促”活动领导小组，走访了4户企业、40户工商业户、390户城乡居民。

1. 积极发挥职能作用为少数民族特需用品生产企业解决资金短缺问题，有效服务经济发展。

2.加强清真食品的管理，维护少数民族的合法权益，为11个业户办理了清真食品许可证。

3.积极服务少数民族，对符合条件要求更改民族成分的少数民族办理了变更手续，今年已批改600余人次。

4.帮扶困难群众4户，困难党员2户，发放帮扶资金近 1 万元。帮助困难群众付玉祥的儿子付志国解决就业问题。帮助困难党员王景利家的孩子长年解决每月150元伙食费问题。

5.帮助基层党组织建设。协调资金12万元帮助磐石市烟筒山镇砂泉村党支部建立村部。结合全市开展的非公有制经济组织和社会组织“组建党组织百日攻坚”帮助吉林市金谷鞋业有限公司建立起党组织，促进非公有制经济组织健康发展。

社会团体

【总工会】 一年来，全市各级工会在市委和省总的正确领导下，深入贯彻落实科学发展观，紧紧围绕中心、服务大局，认真履行工会职能，广泛开展“五项攻坚”立功竞赛活动，扎实推进“两个普遍”，积极构建和谐劳动关系，努力做好新形势下职工群众工作，不断推进工会工作科学化水平，为实现“十二五”规划良好开局发挥了重要作用。

一、“转方式促发展、振兴江城”立功竞赛活动成效显著

紧紧围绕“五项攻坚”目标任务，组织开展了“转方式促发展、振兴江城”、“我为节能减排做贡献”、创建“工人先锋号”、“建造魅力江城”、“女职工建功立业”、合理化建议、技术创新、发明创造等群众性的立功竞赛和经济技术创新活动。举办全市职工职业技能大赛，在非公企业开展“五比五赛”活动，推广吉化“五型班组”经验，市总及基层的工作经验，在全国职工技术创新工作会议和非公企业班组建设工作会议上做了交流。一年来，全市开展劳动竞赛的企事业单位覆盖面达78%，职工参与率达76%，评选表彰“工人先锋号”50个，“创新标兵”、“创新能手”100名，首席技师100名，职工职业技能大赛39个工种第一名获得者，授予市五一劳动奖章。职工合理化建议5.2万项，经济技术创新成果200项，节创价值4.2亿元。市总获中华全国总工会“当好主力军、建功‘十一五’、和谐奔小康”劳动竞赛先进组织单位荣誉称号。

*大力弘扬新时代劳模精神。*在全社会营造“学习劳模、崇尚劳模、关爱劳模、争当劳模”的浓厚氛围。隆重召开全市劳动模范表彰大会，评选表彰了29名市特等劳动模范、379名市劳动模范、149个市模范集体。24人获全国和省五一劳动奖章，4个单位获全国和省五一劳动奖状，10个班组获全国和省“工人先锋号”，1个班组获省经济技术“创新团队”。开展劳动模范生活状况大调研活动，提出困难劳模“三金”补助方案，为市委、市政府出台《关于对生活困难劳模给予“三金”补助的决定》提供了依据，制定《关于对生活困难劳模发放“三金”补助的暂行管理办法》。春节前夕，为2177人次发放困难劳模“三金”补助715万元。市委市政府这一创新举措，赢得全社会的广泛赞誉，激励广大职工爱岗敬业、拼搏争先，为振兴发展凝聚了强大力量。

*加快推进职工素质建设工程。*广泛开展“创建学习型组织、争做知识型职工”活动，评选表彰10个创建学习型组织示范单位、24个先进单位、27个先进班组、10名知识型职工标兵、16名知识型职工，同时对学习型组织示范单位授予市五一劳动奖状，对知识型职工标兵授予市五一劳动奖章。组织开展“当好主力军、建功‘十二五’”形势任务主

题教育宣讲活动。市总投入15万元,新建职工书屋30个,目前,全市有国家级职工书屋16个,市级职工书屋83个。开展纪念建党90周年系列文化体育活动,隆重举办了“咱们工人心向党”大型红歌演唱会。市总获“学党史、唱红歌”优秀组织奖和全市纪念建党90周年系列文化活动“突出贡献集体”荣誉称号。

二、和谐劳动关系创建扎实推进

工资集体协商推进年工作全面完成。制定《全市企业工资集体协商工作三年规划》、《全市企业开展工资集体协商专项活动工作方案》、《全市企业工资集体协商指导员培训三年计划》和《全市企业工资集体协商工作督导检查方案》。市总投入50万元作为开展工资集体协商工作基金,通过发挥三方机制作用、争取党政支持、建立目标责任和奖惩机制、推行工资集体协商代理制度、发挥指导员队伍作用、集中开展要约行动等措施,有力地推动了工资集体协商工作的全面开展。一年来,在全会的共同努力下,我市企业单独签订工资专项集体合同4361份,区域性行业性工资集体合同258份,覆盖企业8225个,工资集体协商建制率达91%,女职工专项集体合同签订率达92%,超额完成省总下达的目标任务。

厂务公开民主管理工作稳步推进。深入实施《吉林省企业事业单位民主管理条例》,组织企事业单位开展自检自查和监督检查活动,加强职代会标准化、厂务公开规范化建设,职代会建制率和厂务公开实行率分别达到90%。我市有7个典型经验在省总做了交流,6个基层单位被评为省厂务公开民主管理工作先进单位,4人被评为省最佳经营管理者,市总被评为全省推动厂务公开民主管理工作先进单位。进一步畅通职工诉求表达渠道,推动规模以上企业普遍建立了“员工诉求中心”,并把职工群众的民主政治权益、劳动经济权益、精神文化权益等诉求,纳入“员工诉求中心”受理范围,落实好职工的知情权、参与权和监督权,确保职工有诉求不出企业,有困难不出工会。

劳动保护和法律服务工作进一步加强。广泛开展“安康杯”竞赛活动,加大工会劳动保护监督检查力度,积极协助政府相关部门开展劳动安全事故调查处理工作,查出安全隐患819条,整改率达97%,促进企业改善劳动安全卫生条件。市总工会连续8年被全总评为“安康杯”竞赛优秀组织单位。认真抓好劳动争议预防、预警、调处和重大事件信息报告等机制建设,切实发挥职工法律援助中心作用,积极化解劳动争议。一年来,市总共受理职工来信来访190件,涉及职工395人次,法律咨询265人次。同时,积极做好调研工作,完成全总部署的企业职工劳动经济权益及思想动态的调研,针对新生代农民工、劳务派遣工和中小企业存在的实际问题,市总进行专题调研,为做好维稳工作奠定了基础。

三、工会帮扶救助力度进一步加大

扎实做好“送温暖”、“金秋助学”工作。2011年全市筹集两节送温暖资金2000万元,走访慰问困难职工5.8万户,发放劳模救济款物93.93万元。筹集“金秋助学”资金600万元,对6000多名困难职工、农民工子女进行资助。市总帮扶中心直接帮扶生活困难、患大病、意外灾害等职工3800多人次,基层工会以各种方式帮扶困难职工7500多人次。开展了困难女职工“关爱行动”,投入资金26万元,对338名患大病、单亲特困女职工进行医疗和生活救助,对265名女农民工、困难女职工进行“两癌”筛查体检。积极做好职工互助互济保障工作,2011年参加职工互助保障活动38.7万人,有12602人受益,发放互助保障金1050万元。我市被评为全国职工互助互济保障工作先进单位。

深入开展创业促就业活动。举办“吉林市就业援助行动暨民营企业招聘洽谈会”,开展“家政服务工程”、“万名农民工援助行动”、“1+1群”帮扶创业促就业活动和“阳光就业行动”。举办农民工培训、就业再就业培训和专业技能培训班60期,培训各类人员3800人次,为1.5万名农民工提供职业介绍,为2.6万名下岗失业人员提供就业服务,为300名贫困大学生提供家教服务岗位。

扎实开展“三帮双促”活动。按照市委部署,开展“下基层、进企业、走家庭、访群众”大走访活动,走访9户企业、93户工商户和910户家庭。机关干部与困难群众、困难党员、薄弱基层党组织结成帮扶对子,为14户包保对象送去慰问金、助学金及米面油等3万余元,为3个社区改善办公环境,购买办公设施,并积极协调相关部门解决基层和职工存在的实际问题。市总被评为全市“三帮双促”活动先进单位。

四、基层工会组织建设进一步夯实

基层工会组建工作有新突破。按照“两个普遍”工作要求,制定《建会和发展会员工作三年规划》、《建会和发展会员工作考核奖励办法》,落实目标责任,加快组建步伐,大力开展“广普查、深组建、全覆盖”集中建会行动。全市新建企业工会4186个,会员净增长5.5万人。省总在我市召开“两个普遍”现场推进会,推广我市建会工作经验。我市建会工作连续8年被省总评为一等奖。

深入开展党工共建创先争优活动。召开全市工会系统党工共建创先争优工作推进会,推广5个基层典型经验,激励全市各级工会干部履职尽责、创先争优,有19个基层工会获省创先争优先进工会,1个单位获全国模范职工之家荣誉称号,4人获全国模范工会干部荣誉称号,市总被评为全市机关建设标兵单位。

加强工会干部队伍建设。全市各级工会举办培训班22期,培训工会干部1290人次。参加全总、省总培训、调训78人次。市总被省总评为工会干部培训工作先进单位。加大工会干部的协管力度,结合县(市)区换届,配齐配强各级工会领导干部,目前,我市各县(市)区工会主席全部按照同级副职配备,为工会开展工作提供组织保障。

【团市委】 **(一)中心工作有新贡献**。一是大力开展“五项攻坚,青年先行”主题实践活动。积极介入招商引资和项目建设工作。全市各级团组织共引进项目12个,实际到位资金近3.13亿元。其中团市委引入千万元以上项目3个,到位资金共计5660万。围绕“安全、精品、节能、创新、竞争、成才”意识的树立,组建青年突击队176个,积极开展青年建功活动,促进项目建设。开展为“提速增效建言献策和尽职奉献”活动,征集合理化建议和意见874条,开展青工技能活动388场次。围绕“创城”,组织广大团员青年针对美化净化城市、急难险重任务、规范建设行为、提高文明素养等重点任务,切实参与城市建设与管理。积极开展“阳光助学”、“温暖学子”活动,帮助58名学生继续学习,有效做好服务民生工作。二是全力参与“三帮扶、两促进”工作。团市委机关干部走访城乡居民453户、工商业户和民营企业47户,收集整理意见和建议33条。全市共青团组织结成帮扶对子1.4万个，捐款(捐物)21.34万元，提供法律维权165次、政策解释111次、学业辅导400人、助老服务160人、心理咨询92次、医疗救助15人、帮助120名青年创业就业。建立新型经济组织10个，解决实际问题140个。三是努力营造良好的经济发展软环境。组织开展江城青年优质服务立功晋级竞赛，涌现出市级青年文明号信用建设示范单位98个(其中十佳单位10个)，青年文明服务能手85人(其中杰出能手10人)，青年岗位能手70人，青年安全生产示范岗64个。

(二)重点工作有新成效。一是强力推进青年就业创业工作。深化小额贷款工作。为3681名农村(城区)青年提供小额低息贷款近1.2亿元，带动6769人就业。深化就业创业平台建设。新增就业见习基地56个；参与见习人员5280人；帮助2015人就业。加强吉林青年创业园建设，4所高校、26个大学生创业团队入驻，其中19个团队的创业项目取得进展；举办青年就业专场招聘会，提供岗位1700多个，达成意向800余个。完善吉林市青年就业创业服务中心建设，积极服务青年创业就业；与吉林华启企业管理服务公司签订合作协议，倾力打造团企合作新平台，有效促进青年就业。深化就业技能培训。进城务工青年"订单式"培训1660人次，上岗就业1146人；青工技能大赛培训1万余人次；农村青年就业创业培训15,799人；"SIYB"培训600多人次。二是全面推进团的基层组织建设工作。推进乡镇、街道团组织格局创新，严格落实"1+4+N"工作要求，全市76个乡镇、61个街道配齐、配强团的组织和干部；新建农民工团委21家。"两新组织"团建完成827家，其中新经济组织651家、新社会组织176家。加强基层团干部培训工作。举办乡镇(街道)团干部及中学团干部培训班14期，全员培训2300余人。

(三)整体工作有新提高。一是加强青少年思想引领工作。深化"我与祖国共奋进，我与江城同发展"主题教育活动，举办"党史报告进校园"讲座46场。分层次、分类别开展各类文化活动，组织举办江城学生校园文化艺术节、"红领巾"文化艺术节、乡村文化体育艺术节，全市11万名大中学生、5000余名农村青年广泛参与。加强创业就业观念引导，举办青年企业家进校园报告会28场、优秀中职毕业生报告会27场。二是加强青少年维权工作。进一步健全各级未成年人保护委员会和预防青少年违法犯罪工作领导小组，在9个县(市)区全部组建未保委和预防工作领导小组，在直属团委中配备了专(兼)职权益委员。深入开展"法律伴我成长"教育活动，组织"讲法进校园"活动30余场，举办"法律伴我成长"讲座50余场次，评选"优秀青少年维权岗"26个。切实开展五类重点青少年群体排查摸底专项行动，开展帮扶活动60余次。三是加强青年人才培养工作。培训农村科技特派员142人，评定农村信用示范户2560户、青年致富星火带头人1190人。评选表彰了第八届吉林市"十大杰出青年"、"十大杰出青年企业家"和第六届吉林市"十佳百优"大中学生。四是加强青年志愿者工作。进一步规范志愿者工作机制，加强志愿者工作站建设，对全市4万余名青年志愿者进行有效管理，并切实开展志愿活动。认真做好"十二届冬运会"志愿者的选拔培训，为赛会提供100名高素质的青年志愿者。深化保护母亲河行动，协调资金24.4万元，植树176亩。扎实开展农民工子女关爱行动，结成帮扶对子900对，开展服务活动150余次、服务农民工子女3000余人，捐款捐物价值14.2万元。特别是开展"亲近城市、健康成长"活动，组织670多名农民工子女游览城市、参观馆所、重走红色旅程，被团中央采纳为优秀工作案例。五是加强青年组织交流工作。积极建立青联组织的域外分支机构，筹备成立了北京、广东和日本的吉林市青年同乡会。强化了域内外青年组织的交流，与香港青年组织、台湾新北市双和会、日本逗子市签署了友好协议，接待了日本家信产业株式会社、泰国青年考察团来我市考察交流。组织青年代表团赴日本、香港进行友好交流，有效宣传推介了吉林市，增进了彼此的了解与交流。六是加强团属事业单位工作。增强市团校的自转能力，不断提高师资队伍的教育教学水平。全面深化市青少年宫的改革，大幅度增加了培训人数和经济收入，确保教职工队伍整体稳定。

(四)舆论氛围有新影响。一是强化外宣工作。全年在《中国青年报》、《吉林日报》、《江城日报》等市级以上报刊刊发工作新闻93篇。在市级以上电台、电视台播出工作新闻和信息260 余条次，并完成专题10余个。二是强化内宣工作。收到基层团委工作信息447条、《吉林市信息》刊发8条，团省委网站和刊物发表225条，团中央网站刊发45条。三是强化新媒体的使用工作。充分利用农村电视网络"村村通"工程，开设《青年之友》栏目，广泛开展各项宣传工作。充分发挥青联网络短信平台作用，为全体青联委员发送服务、工作短信5000余条，举办"网络青春讲堂"35期。加大网络建设的投入和开发力度，升级、改版了团市委网站的各项功能。四是强化资料收集工作。对团内各项活动视频、影像资料进行了系统的整理、储存，系统组织了《江城青运史》的编撰工作。五是强化调研工作。编辑了团干部理论学习资料，开展了年度共青团工作调研，撰写论文50余篇。

(五)机关建设有新气象。一是学习氛围浓厚。认真制定学习计划，完善了《共青团吉林市委机关学习制度》和党员干部思想理论各项专题教育学习计划。不断创新学习形式，充分利用电化教育、网络教育等多媒体，开展理论中心组学习会、机关学习交流会、QQ群讨论，组织机关干部参加机关工委举办的专题报告和处长集中培训，切实提高了机关干部的工作能力和水平。二是纪律要求严格。认真落实《关于加强团市委机关纪律和作风建设的规定(试行)》等各项规章制度，深入开展廉政教育，不断提高团市委机关干部的实践能力，切实强化了服务基层工作的意识和水平。三是办公环境改善。开展"增强节约意识，倡导节约习惯"活动，集中财力保证机关高质量、高速度运行。加强机关管理，开展了"三型"部室评比活动，营造整洁规范有序的工作环境。四是作风建设扎实。按照"团结、和谐、健康、向上"的机关建设标准，严格制定并执行《团市委机关干部争先创优考评细则》，形成了机关干部争先创优的工作竞争机制，切实提高了机关效能。加强干部思想交流，营造健康向上的人文氛围，促进团结和谐机关建设。

【妇　联】　2011年，吉林市妇联紧紧围绕市委、市政府的中心工作，从妇联组织作为党和政府联系妇女群众的桥梁和纽带的组织职能出发，把握"关注民生改善、关注妇女发展"这个主题，引领全市广大妇女积极投身"科学发展、富民强市"的伟大实践，维护妇女儿童合法权益，推动解决妇女儿童最关心、最直接、最现实的利益问题，强化妇联自身建设、提高做好新形势下妇女群众工作的本领。同时,围绕省委“三帮扶”活动意见,市委、市政府“五项攻坚”竞赛活动和“双促”活动要求,不断充实妇联工作内容、创新工作思路、拓宽工作领域、取得工作实效。

——依托党建带妇建,让“妇女之家”成为妇女儿童的和谐家园。

按照“争当优秀女性、争创美好家园、争创先进组织”的要求,全市各级妇联组织深入开展党群共建创先争优活动,坚持党建带妇建,在社区、村屯全面建设“妇女之家”。通过“两癌”筛查、就业创业培训、信访法律援助、帮困救助、家庭教育等工作载体,使“妇女之家”成为密切联系妇女群众,全面提高妇女素质,热情为妇女儿童服务,带领妇女群众勤劳致富的活动阵地和妇女群众的“和谐家园”。

——坚守优势项目,让“巾帼建功”成为职业妇女的立功平台。

2011 年,吉林市妇联牢牢把握纪念“巾帼建功”活动开展 20 周年的有利契机,在全市 10 个行业、系统开展了“巾帼立新功,岗位创佳绩”百日竞赛活动,评选出“巾帼建功”20 年成就奖 20 个、风采奖 50 个,先锋奖 20 名、奉献奖 100 名。在全市广大在岗女职工中,再次掀起了岗位建功、创先争优的新高潮。

——服务农村经济,让“双学双比”成为农村妇女的致富摇篮。

积极发挥“双学双比”活动在妇联组织服务农村经济、服务妇女发展中的特殊作用,深入挖掘致富女状元,通过“春风行动”、科技培训、创业就业技能培训、新农村建设指导者培训、巾帼信息桥建设、妇女小额担保贷款项目等,把科技、信息、资金一并送到妇女手中。全年,共组织各类科技培训 565 场、培训妇女 67894 人,妇女小额贴息担保贷款累计发放 11972 万元,惠及妇女 1924 人,带动就业 5313 人;通过“小额贷款促增收”活动发放贷款 2.1 亿元,支持 8916 人上项目,全地区建立以妇女为主的女农民专业合作社 1102 个。

——关注特殊家庭,让“春蕾计划”成为贫困女孩的成长希望。

2011 年,第四届“春蕾职业教育中专班”得到省妇联的大力支持,年初以来,市妇联积极调整“春蕾班”的招收方向,把关注的重点放在贫困党员家庭、残疾人家庭、下岗职工家庭、受灾群众家庭、单亲母亲家庭等特殊家庭,力争使更多的“春蕾”女孩得到救助。2011 年,共招收了制药、幼师、电子、汽修 4 个专业、7 个班次、230 人,帮助她们重圆求学之梦。

——扶持创业就业,让“牵手家政”成为下岗妇女的就业通途。

年初以来,市妇联全面实施妇女创业就业促进行动,通过技能培训、资金扶持、信息服务、“公益岗位惠妇女”、“牵手家政”、万名妇联干部牵手万名妇女创业就业、女大学生创业就业导师团、“吉林大姐”劳务输出、“吉林巧姐”手工艺品编织等项目,开展创业培训 69 期、培训 3471 人,就业技能培训 165 期,培训 5762 人,其中家政类培训 53 期,培训 3224 人,发放小额借款 42.5 万元,扶持 17 名妇女创业,带动 201 名妇女就业,新建女大学生见习基地 13 家,安置女大学生 290 名,建立手工艺品培训基地 14 个,培训 110 期 2673 人,安置就业 764 人。

近年来,吉林市妇联始终把打造“牵手家政”服务品牌作为推动妇女创业就业的重要举措。2011 年 4 月晓霈书记上任后,对妇联通过牵手家政帮助下岗失业妇女解决就业问题的做法予以肯定,并亲自督办筹建起了吉林市妇联“牵手家政”服务集团。目前,集团已在 4 个城区建立了 30 个服务站,服务范围也扩大到为用工家庭或企事业单位提供月嫂、钟点工、育婴师、护工、家教、保洁员等专业家政服务;同时,还取得了中级月嫂培训资质,对有就业需求的城乡妇女进行育婴员(初、中级)、家政服务(初级、中级)、手工艺品制作等就业技能岗前、岗中培训。

——突出维稳维权,让妇女儿童权益有效维护。

充分发挥妇联组织优势,立足社区和家庭,面向社会,扎实开展创建“三零社区”和“平安家庭”活动,以“双联双创”活动为载体,充分利用维权周、国际反家庭暴力日、全国法制日开展普法宣传、法律知识培训班、普法大讲堂等活动,进一步提高广大妇女群众的法律意识和维权能力。积极创建了“吉林市妇女儿童权益维护中心”,率先启动了吉林省“优秀妇女儿童维权岗在行动”。

——关爱妇女儿童,让妇联组织成为妇女群众依赖和热爱的温暖之家。

高标准完成了 2001-2010 年妇女儿童发展规划的终期评估工作,全面谋划未来十年妇女儿童事业发展方向,实施 12 个贫困妇女儿童帮扶项目。全年共为 7379 名贫困妇女提供免费的妇女病普查,向省外输送“吉林大姐”2279 名,全市妇联干部牵手贫困妇女帮扶创业 5229 人,组织 516 名巾帼志愿者与社区(村屯)贫困妇女儿童结成帮扶对子,帮扶 100 名贫困女党员发展生产、实现就业,帮扶 230 名“春蕾”女孩重返校园,建立 4 所农村留守妇女儿童之家,实现家庭教育阵地全覆盖,通过牵手家政服务集团培训家政服务员 800 人次,安置就业 1584 人次,新增就业 1007 人。

2011 年,吉林市妇联牵手家政服务集团被国家人力资源和社会保障部评为全国千户百强家庭服务企业;市妇联被评为吉林省党群共建创先争优活动先进妇女组织,省“春蕾计划”实施及妇女儿童公益事业先进组织单位、爱心单位,吉林省优秀家长学校,“巾帼信息桥”项目先进单位,市妇联的帮扶贫困妇女儿童工作获省妇联工作优胜奖、创建牵手家政集团工作获省妇联工作创新奖;被市委、市政府评为“五项攻坚”立功竞赛活动先进集体,“三帮双促”活动先进集体,新农村建设帮扶先进单位,全市干部人事档案检查优秀奖,市艾滋病防治工作先进集体,全市保密工作优秀单位,全市 2011 年归档文件整理工作优秀单位。

(曲雪松)

【老龄工作】 2011 年,市老龄办在市委、市政府的领导下,在省老龄办和市民政局的指导下,以科学发展观为统领,按照国家和省老龄工作会议要求,结合自身工作实际,围绕全市中心任务,扎实工作,开拓进取,圆满完成各项工作任务。

(一)老龄基础工作更加扎实。一是突出抓基层、打基础工作,使基层老龄工作组织更加健全,县(市)区老龄工作部门实现了自动化、网络化办公。二是结合全国第六次人口调查统计,对全市老年人进行数据调查,统计结果为全市 60 周岁以上老年人口达 68.4 万人,占全市总人口的 15.9%。三是对百张床位以上民办养老机构数据进行了调查统计,统计结果为全市百张床位以上的民办养老机构已达 34 家,养老床位 6212 张。

（二）老龄宣传工作全力推进。针对我市老龄工作实际，注重加大宣传力度，努力营造敬老、爱老、助老的社会氛围。一是继续依托社会力量办好《江城老友》报（周刊），充分利用该报宣传民政民生、老龄工作等相关政策，传播养生保健等知识。二是与经广台合作，将 1251 频率打造成了老年专业频率"老友之声"广播，开通了老年政策问答热线，老龄办工作人员先后 5 人次做客直播间，为老年朋友解答了高龄津贴发放、老年证办理、老年人维权等问题。三是在 9 月 1 日我省第十三个老人节当天，以市委、市政府的名义在《江城日报》、《江城晚报》、市电视台、市广播电台同时发表了《致全市老年人的慰问信》，营造了党和政府关爱老年人的良好氛围。四是注重抓好宣传稿件的撰写和投稿工作。先后在省老年报、省老龄工作网、市电视台、市广播电台上稿 56 条，其中，在省老年报上稿 47 条，较好的宣传了我市的老龄工作。

（三）助老维权工作成效明显。一是为全市符合条件的 70 周岁以上老年人免费办理老年人优待证 8 千余个，让他们享受到免费乘座公交车的待遇。二是认真处理上访、信访问题，共接待、受理老年人上访、信访 70 余人次，答复老年人咨询 800 余人次，基本能让每个老年人都满意，杜绝了老年人越级上访问题。三是在元旦春节期间，开展了"送温暖、献爱心"走访慰问老年人活动，共走访慰问高龄、贫困老年人 100 余户、民办养老机构 40 余家，为他们送去慰问金以及大米、白面、豆油等必须品。四是在"七一"前夕，组织各县（市）区老龄工作部门，对在革命和建设中作出突出贡献的老党员、老干部、老模范进行了走访慰问，共走访慰问 102 户，分别赠送了慰问金。

（四）老年文体活动丰富多彩。一是在"七一"前夕，与《江城老友》报、经广台联合，在世纪广场举行了庆祝建党 90 周年"红歌颂党"主题晚会，参与演员及观众达 5000 余人。此次晚会在市电视台、广播电台进行了专题播出。二是在 9 至 10 月全省"敬老月"期间，分别与四个区联合举办了老年秧歌舞邀请赛、老年门球邀请赛、老年北山游园会、老年象棋邀请赛等大型活动；同时与社保局联合举办了老年书画展。三是在我国第二十三个老人节（九九重阳节）当天，与《江城老友》报社、经广台联合，在中东新生活文化广场组织了"我为爸妈办婚礼"活动，15 对老人在盛典礼堂饱偿了晚年的无限幸福。各县（市）区根据实际分别开展了丰富多彩的文体活动。四是在龙年春节前夕，举办了 2012 首届中老年春节联欢晚会，参与演出的中老年人达 400 人，录制的节目在市电视台进行了 2 次展播，社会反响较好。

（五）干部队伍建设得到加强。我们注重采取以会代训、参观见学等办法，组织老龄干部进行业务学习和能力培养，不断提高干部的综合素质。一是根据中宣部、中央文明办、全国老龄办召开的"讲文明树新风，关爱空巢志愿服务"活动视讯会议精神，于 4 月 24 日组织县（市）区、开发区老龄工作人员进行了志愿者注册管理系统业务培训。二是于 4 月 28 日召开了全市老龄工作座谈会，紧紧围绕"本级贯彻全省老龄工作会议做点什么？年度内各单位突出自身特点抓点什么？各级老龄工作部门共同携手干点什么？"进行了大讨论，进一步统一了思想，明确了任务，增强了干部抓工作的积极性。三是根据省老龄办关于赴外地考察学习的通知精神，为践行市政府提出的"走出去，请进来，学先进，找差距"的要求，我们分期分批组织老龄干部赴湖南、湖北等省进行了考察学习，拓宽了干部的视野，学到了外地的先进经验，为推动老龄事业发展打下了良好基础。

（六）三年推进计划下发并实施。按照全省 2011 年老龄工作会议精神，为进一步推进全市老年社会保障和服务体系建设，促进老龄事业发展，市老龄办与民政局、人社局、财政局等 13 个部门，在多次协调、磋商，广泛征求各方面意见的基础上，联合制定下发了《吉林市老年社会保障和服务体系建设三年推进计划（2011–2013 年）》。这个推进计划是今后三年老龄工作的指导性文件。目前，这个推进计划已进入组织实施阶段。

（七）居家养老大院建设全面启动。根据省老龄办六部门下发的《关于开展农村居家养服务老大院建设工作的意见》要求，为完成《吉林市老年社会保障和服务体系建设三年推进计划（2011 – 2013 年）》目标，主管领导亲自实地考察，在各县（市）区重点抓了 25 所农村居家养老服务大院做为试点单位，并对全市养老服务大院发展现状进行了调研，确定了 2011 年全市农村居家养老服务大院建设完成数量达到全市所辖村总数 10%的目标任务，省、市共投入资金 25 万元，对试点单位给予资金扶持。

（八）老龄事业经费纳入财政预算。为进一步推动全市老龄事业又好又快发展，让老年人共享经济社会发展成果。依据《吉林省人民政府关于加快推进全省老龄事业发展的意见》（吉政发[2011]3 号）第六条第三款要求："各级政府要根据经济社会发展水平和老年人口规模，加大老龄事业资金投入。省、市、县三级财政要按本级老年人口数分别按人均不低于 1、2、3 元的标准，将老龄事业专项工作经费列入财政预算。"5 月份，市老龄办积极与财政局协调，经市政府主管领导批准，已按要求将老龄事业专项工作经费列入本级财政预算。同时，指导 5 个县（市）老龄工作部门与当地政府财政部门协调，着力解决老龄事业专项经费列支问题。目前有 3 个市已将老龄事业专项工作经费列入财政预算（舒兰市、桦甸市、磐石市），有 2 个县（市）未列入财政预算（永吉县、蛟河市）。

（九）志愿服务工作逐步推进。为了有效开展志愿者服务工作，市老龄办制定下发了《开展"讲文明树新风"关爱空巢老人志愿服务活动实施方案》，并对全市开展志愿服务工作的老龄工作部门相关工作人员进行了培训。对老年人爱老志愿者和空巢老人数据进行了调查统计，建立了爱老志愿者队伍，并组织实施了爱老志愿服务行动，大中专院校学生、企事业单位员工、下岗职工等加入志愿者行列。目前，全市关爱空巢老人志愿者已达 34440 人，并与空巢老人结成帮扶对子，帮助困难、孤寡、残疾的空巢老人理发、打扫卫生、购买物品等，全市受益的空巢老人达万人次。

（十）高龄津贴制度全面落实。根据《吉林省人民政府办公厅关于发放高龄老年人生活津贴的通知》（吉政办明电[2010]148 号）精神，结合我市实际，我们拟订了《吉林市高龄老年人生活津贴发放实施方案》，并多次向市政府汇报情况、与市财政局磋商，确定了"属地管理、分级负担"的原则，即市财政与区财政各负担 50%。并于 2011 年 9 月 1 日由市政府办公厅出台了《关于印发吉林市高龄老年人生活津贴发放实施方案的通知》(吉市政办发〔2011〕23 号)。目前,全市 80–89 岁老人 5337 人,90–99 岁老人 2242 人,百岁老年人 70 人生活津贴已全部发放到位。经统计,各县(市)区总计发放高龄津贴 12,383,050 元。

(十一)“三帮双促”任务圆满完成。根据全市“三帮双促”活动总体安排,我办承担了 1 户企业、7 户商业、50 户居民的走访任务和帮扶一个基层党支部、一户困难群众的任务。走访中了解到的共性问题 16 个、个性问题 5 个,答复 3 个,解决 3 个,解决不了的均上报市“双促”办。帮扶过程中,我们多次到帮扶对象吉源社区党支部和居民吴淑玲家中了解他们存在的实际困难,并实施了有效帮扶。重点帮助吉源社区党支部建立健全了组织生活制度,投资 5000 元为社区更换了防盗门、做了防水、粉刷了墙壁等;为困难群众吴淑玲家送去了价值 1000 元的棉被、电炖锅、内衣等日用品和部分慰问金,并把她确定为志愿者重点服务对象。

(十二)老年教育开启新的征程。根据《吉林省人民政府关于加快推进全省老龄事业发展的意见》(吉政发[2011]3 号)第四条第一款要求:“尚未建立老年大学的市(州)和县(市、区)都要兴办 1 所老年大学。”鉴于我市经济发展现状,新建一所老年大学,需要相当大的财力支持,在短时间内还难以实现。我们本着“立足实际,整合资源”的原则,通过调研和论证,认为北华大学具备成立老年大学的条件,经与北华大学成人与继续教育学院磋商,经过精心筹备,于 9 月 1 日建立了我市第一所老年大学—北华老年大学,开启了老年教育新的征程。这所老年大学将充分利用北华大学现有资源,借助北华大学成人与继续教育学院师资力量,对老年人进行继续教育,以满足老年人“老有所学、老有所教、老有所乐”的要求,让老年人共享经济发展成果,进一步推动我市老龄事业又好又快发展。

【残　　联】　2011 年,吉林市残疾人联合会在市委、市政府的正确领导下,始终以科学发展观为统领,以“人道、廉洁、奉献”、“争权、谋利、升位”为宗旨,以加强“2+1”体系建设为重点,为实现和保障残疾人生存权、发展权和参与权而开展工作,坚持开拓创新,突出解决残疾人最关心最直接最现实的民生民利问题,积极推进我市残疾人事业的全面、协调发展,取得了较好的成绩。

一、教育培训工作成果喜人

吉林市残疾人联合会对 2011 年度考入全日制本科(研究生)、大专、中专学校的低保家庭残疾人学生、贫困残疾人家庭子女,分别给予 3000 元、2000 元、1000 元等一次性助残奖学金,共资助 291 名残疾学生及残疾人家庭子女就学,其中本科生 194 人、大专生 82 人、中专生 15 人,资助总金额 76.1 万元;通过“通向明天—交行助学行动”,为特教学校高中在校生争取助学款 30000 元;发放国家彩票公益金助学款 12675 元;实施“春蕾技能班”扶贫助学活动,为 40 名学生解决学费、生活费 20 万元;37239 名残疾人参加 “带传培训工程”,比去年增加了 6052 人;举办各类残疾人职业技能培训班 76 期,2634 名残疾人参加各类培训,2406 名残疾人通过培训实现就业。

二、就业工作积极推进

2011 年全市新增残疾人就业 2406 人,建设城镇“残疾人就业实训基地”和农村“残疾人就业扶贫基地”19 个,辐射带动 376 名残疾人就业,基地安置的残疾人月工资达到 1000 元以上;推动公益岗位向农村延伸,全市 20 个乡镇的“特设农村公益岗位”,每人每年能得到约 6000 余元的工作补贴;开办培训班 28 期,共培训城镇残疾人 3069 人次,开展“一传十带百”培训工程,共培训农村残疾人 37239 人次;开展残疾人职业指导,残疾人求职登记 1483 人次,职业介绍 572 人次,推荐就业 926 人次,其中稳定就业 493 人,利用保障金扶持残疾人就业 561 人;利用用工招聘会帮助残疾人就业,2011 年共举办 19 场大型残疾人用工招聘会,共有 65 家大中型企事业单位进场招聘,提供计算机、统计、会计等 720 个工作岗位,有 1000 余名残疾人参加招聘,最终有 753 人找到了适合自己的岗位。

三、社会保障工作再上台阶

实施“阳光家园”计划,对重度贫困肢体、精神、智力残疾人实行居家和机构托养,分别给予每人每年 500 元和 1000 元的补贴,共发放专项补贴资金 120 万元;为城区所辖乡镇 243 户农村贫困残疾人家庭实施了危房改造,按每户 6000 元资金匹配标准,发放匹配资金 145.8 万元;全市城乡残疾人社会养老保险工作全面展开。

四、康复工作成效显著

超额完成各项康复项目,实施“贫困白内障患者复明工程项目”,完成白内障复明手术 2428 例,其中为 30 名贫困白内障患者提供免费手术;完成对贫困重症精神病人的康复救助,为 1500 名患者免费送去价值 37 万治疗药品,为 100 名患者提供免费住院治疗,完成吉林省“贫困儿童抢救性项目”任务,为 20 名 0—6 周岁脑瘫儿童免费康复训练 3 个月,为 20 名 0—6 周岁自闭症儿童免费康复训练 3 个月,为 35 名低视力儿童补贴助视器费用 17500 元,完成“互助关爱”假肢筛查任务,其中大腿 60 例,小腿 66 例;完成“贫困儿童抢救性项目”任务,30 名智力残疾儿童接受康复训练,争取世界宣明会为 60 名自闭症儿童提供救助资金 15 万余元;加强培训,提高康复队伍素质,2011 年共举办各类培训班 21 个,培训康复管理人员 201 人、技术人员 117 人、康复协调员 581 人;加强残疾预防和残疾康复知识的宣传教育工作,与市卫生局共同制定下发了《吉林市新生儿听力筛查工作实施方案》,在吉林市电视台演播大厅举办了吉林市残疾预防知识电视大赛,引起了广泛的社会反响。

五、维权工作惠及群众

认真推进残疾人法律救助工作,全市残疾人维权示范岗为残疾人提供各类法律服务达 30 余人次;做好残疾人信访工作,共接待信访 36 件,做到 100%结案,接待政策咨询 450 人次;完成残疾人机动轮椅车燃油补贴及考取 C5 驾照工作,为 670 名残疾人发放国家残疾人机动轮椅车燃油补贴资金,为我市 300 余名残疾人申报了 2012 年参加驾照考试的资格;实施残疾人家庭无障碍建设,免费为 100 户肢体残疾人家庭卫生间进行无障碍改造,为 100 户贫困盲人及双盲人家庭配发无障碍热水器,为 100 户贫困聋人家庭安装无障碍门铃。

六、宣传体育工作成绩斐然

积极参加吉林省残联第一届残疾人运动会和全国第八届残疾人运动会,48 名肢体残疾、听力言语和视力残疾人运动员参加了吉林省残联第一届残疾人运动会,获得团体总分第三名的好成绩,4 名运动员参加了第八届全国残疾人运动会，聋人运动员王志超获得万米铜牌；成功地举办了吉林市第三届残疾人文化艺术作品展及“上海世博会生命阳光馆”吉林周巡展活动；开展文化进社区试点工作，5个原国家级文化进社区试点单位起到了榜样作用，全年新建5个文化进社区试点。

七、基金募集工作形式多样

积极向上争取各项慈善助残项目，向中国残疾人福利基金会争取80台大功率瑞声达助听器，价值15.2万元；向吉林省残疾人福利基金会争取价值2万余元的轮椅35台；接受世界宣明会为我市无偿捐助价值9万元的助听器15台；争取如新公司为残疾儿童捐助价值7万元的儿童营养品334箱；争取中国残疾人福利基金会价值25万元的儿童智能轮椅25台；广泛组织“走进基层，关爱残疾人家庭”等公益活动，收到爱心捐助总价值6万元。

八、组织建设工作有效加强

一是加强社区残疾人服务工作，按照“八个一”标准建设完成了社区残协建设；二是规范农村基层组织建设，批准了一批表现优秀的一级带头人成为乡镇残联助理，现在78个乡镇分别有1名一级带头人成为乡级残联助理；三是开展志愿者助残工作，3100多名助残志愿者、17个单位参与各类助残活动，市残联荣获“吉林省志愿服务工作先进集体”称号；四是残疾人“两个体系”建设与吉林模式探索课题经过专家测评，获得省级社科立项课题项目；五是成功举办残疾人鹊桥联谊会，有100多名残疾朋友及其亲友团参加，最终有6对男女牵手成功；六是强化二代残疾人证核发管理工作，入户评定2300余人，为3700多名特困家庭残疾人免费评定，共核发二代证80136本。

(张　琦)

其　它

【民　政】　过去的一年，是我市民政事业创新发展的一年。在市委、市政府和各级党委政府的领导下，全市各级民政部门的同志团结奋斗，锐意进取，为保障和改善民生、服务经济社会发展、促进社会和谐稳定做出了新贡献。

——**推动全市民生改善与提高攻坚任务全面落实。**去年以来，市委、市政府把民生改善与提高作为“五项攻坚”的重要组成部分，由民政部门牵头落实。我们按照市政府总体要求，从就业增收、社会救助、住房保障、医疗惠民、教育助学、文化体育、城乡环境等十个方面，协调市直38个部门谋划了全市改善民生百件实事，研究起草了实施意见，以市政府文件下发并通过媒体向社会公布。积极发挥牵头和协调作用，认真组织相关部门落实责任、逐月调度，抓好进度跟踪、情况汇总和考核验收。为了及早谋划2012年改善民生事项，通过各种渠道广泛征集建议和意见，在与相关部门研究论证基础上，进一步拟定了2012年十个方面132项改善民生事项。各县(市)区、开发区民政部门在当地党委、政府的领导下，及时主动搞好衔接，积极协同密切配合，为全市改善民生实事的顺利推进做了大量工作。截止去年底，100件民生实事均已完成或超额完成，是近年来我市投入最大、范围最广、群众得实惠最多的一年，特别是大力实施对困难群众社会救助和各项惠民利民政策措施，社会反响十分良好。按照市委、市政府部署，我们各级民政部门积极组织开展“三帮双促”活动，广大民政机关干部深入基层走访企业、工商业户、城乡居民，对困难群众和薄弱基层党组织结对帮扶，知民情、解民忧、暖民心，及时落实承办交办事项，办结率达到96%以上。通过“三帮双促”活动，使广大民政干部受到了教育，增强了加快民政事业发展的责任感和使命感，也带动了民生改善与提高攻坚任务的落实。

——**困难群众基本生活得到明显改善。**去年，全市累计发放城乡低保资金5.3亿元，城乡低保补助水平市区分别达到月人均253元和年人均1158元，县(市)分别达到月人均233元和年人均1144元以上，保障城乡低保对象近23万人，保障覆盖面达到100%。进一步完善医疗救助政策并提高救助水平，实现城乡医疗救助“一站式”服务全覆盖，全市累计支出资金6500万元，医疗救助困难群众5.3万人次，城乡困难群众医疗救助达标率达到100%。全市下拨救灾资金2072万元，解决救济口粮1300吨，发放救济衣被1.9万件，保障了12万人次受灾群众的基本生活。建立并及时启动物价补贴联动机制，为城乡低保对象、农村五保对象、城乡优抚对象发放价格补贴。广泛开展慈善救助、临时救助和节日走访慰问活动，妥善解决了困难群众实际困难。

——**民政社会保障水平进一步提高。**全市集中和分散供养五保对象供养标准分别达到3640元和1800元。4788户农村困难户泥草房改造任务全部完成。各类民政社会福利机构充分发挥服务保障作用，收养收治“三无”人员、孤残儿童、精神病患者1460人，救助流浪乞讨人员4300人次、流浪未成年人449人次。福利机构供养“三无”人员和孤儿生活补贴标准分别达到月人均450元和1000元，分散供养孤儿全部纳入救助范围，生活补贴标准达到月人均700元。六十年代精简退职职工生活待遇标准全部落实，“五七家属工”参保续保审核工作基本完成。社会福利企业安置残疾人职工2216人，全部为其缴纳了四项保险。养老援助计划稳步实施，完成市级社会福利中心建设前期工作，建立城市社区居家养老服务站104个，建设和完善县(市)区城市社会福利中心6所。进一步发挥各级老龄机构作用，认真落实高龄老人补贴和各项优惠减免政策，开展了丰富多彩的爱老敬老助老活动，依托北华大学建立我市第一个老年大学，搭建了老年人教育新平台。

——**优抚安置和双拥工作取得新成果。**全市各类优抚对象的抚恤补助和义务兵优待金全部及时、足额发放到位，在乡重点优抚对象优待金标准达到每人每年1980元。建立伤残军人护理费自然增长机制，以单独施保形式将农村老兵遗孀纳入农村低保范围，为享受抚恤定补无工作单位城市优抚对象减免了供热费。深入开展“抚慰革命功臣”活动，体现了党和政府对革命功臣人文关怀。积极开展退役士兵职业教育和技能培训，推进退役士兵自谋职业，一次性补助金基数由2.5万元提高到3.5万元，全市安置符合条件退役士兵1505人(市本级安置1033人)，安置率达到91%。军休干部“两个待遇”得到较好落实，军供保障任务全面完成。大力营造拥军优属社会氛围，组织开展“拥军优属宣传”、“微机进军营”和走访慰问等系列拥军活动，极大丰富了双拥工作的领域和内涵。吉林市再次荣获“全国双拥模范城”，实现了“七连冠”目标。

——**基层社会管理创新初见成效**。参与指导昌邑区开展社区管理创新试点，在社区组织、服务管理和队伍建设等方面取得一些经验。落实市委、市政府《关于加强和创新社区管理的意见》，推进社区网格化管理，完善社区工作任务准入制度。建成城市社区公共事务服务中心187个(城区164个)，为社区居民提供“一站式”服务。充实和优化社区工作力量，公开招聘社区大学生主任助理和工作人员1175人，已全部上岗。协助开展副县级以上领导联系社区活动，进一步密切了党群干群关系。圆满完成第八次社区居委会换届选举工作，社区党组织书记和主任全部实现“一肩挑”，进一步优化了社区居委会成员的年龄和知识结构。加快推进农村社区建设，建成农村社区服务中心394个(城区108个)，促进了公共服务向农村延伸。指导社会组织认真开展创先争优活动，社会组织党的建设得到加强。推进行业协会“五自四无”改革与发展，大力培育农村专业经济协会和社区社会组织，开展对社会组织清理整顿和服务民生行动，举办首届社会组织国庆文艺演出，极大激发其爱国爱党热情。开展全市第一批社会工作者培训和社会工作主题宣传日活动，建立社工人员实习基地，组织社工人员参加各类培训班，有效推动了我市社会工作人才工作的发展。

——**民政公共服务水平稳步提升**。落实城乡低保“两级管理、三级联审”制度，建立跨部门的居民家庭经济状况核对机制，规范开展了低收入家庭认定工作。全市建设社会救助服务大厅56个，社会救助工作实现“零违规、零违纪”。及时编制和修订自然灾害应急预案，实现了市、县、乡、村四级预案全覆盖。推进地名公共服务，完成县级平安边界协议签定和数字地名、地名编码等工作。城市地名十年规划已经市政府批准实施。适应和保证经济社会发展要求，积极稳妥地落实有关行政区划调整审核报批事项。加强婚姻登记和收养登记管理，婚姻登记和收养登记合格率均达到100%。建立困难群众殡葬救助制度，在落实省优惠政策基础上，全额减免城乡低保对象、“三无”对象和优抚对象基本殡葬服务及相关用品费用。进一步加强殡葬宣传和行业整治，殡葬服务实行24小时接待，得到了社会群众的认可。全市慈善救助“双日捐”活动募集善款2793.5万元(市本级1092万元)，创历史最好水平。福利彩票销售再创新高，全年销售3.81亿元，募集公益金1.25亿元，为社会福利事业发展增加资金保障。

——**民政系统建设不断夯实**。加强民政法制工作，民政干部依法行政意识和能力进一步增强。强化消防安全管理，多次组织对民政福利单位、民办养老机构进行安全隐患排查和督查，落实整改措施，消除安全隐患。广泛开展廉洁自律教育，落实党风廉政建设责任制，民政系统政行风和精神文明建设全面推进。积极开展民政系统“创先争优”和作风建设月活动，民政干部职工的大局意识、服务意识和创新意识明显增强。同时，政务公开、规划财务、议案办理、宣传信息和事业单位管理等工作也都扎实推进。一年来，全市各级民政部门在着力改善民生和推进社会管理创新的实践中圆满完成了年初确定的目标任务。吉林市、蛟河市、桦甸市被省政府评为民政工作先进单位；吉林市社会救助体系建设被省政府评为先进示范单位；丰满区民政局和磐石市民政局社会救助工作、昌邑区民政局社会福利工作、龙潭区民政局和舒兰市民政局社会事务管理工作、丰满区民政局法制工作、磐石市民政局信访工作分别被省民政厅评为单项工作先进单位；永吉县社会福利中心被省民政厅评为先进单位；船营区民生改善与提高工作被市委、市政府评为“五项攻坚”单项优秀单位；吉林市民政局优抚工作、福彩销售、社会工作人才队伍建设、信访工作先后在全省会议上介绍经验。

回顾和总结一年来的工作，全市民政事业发展在各级党委、政府的正确领导和广大民政干部职工的共同努力下，赢得了各有关部门和单位更大的支持，赢得了社会各界更多的关注，赢得了广大群众更高的赞誉。借此机会，我代表市民政局，向一直关心支持民政事业的各位领导和同志们，向辛勤工作的民政系统干部职工，表示衷心的感谢和崇高的敬意！工作成绩令人鼓舞，但我们必须清醒地认识到，面对创新发展的新形势，按照市委、市政府提出的奋斗目标和广大群众的殷切期待，我们的工作还有差距，需要在今后的工作中不断改进和完善。

【人民防空】 2011年，吉林市人防办在市委、市政府和吉林军分区的正确领导下，在省办关心指导下，认真贯彻国家、沈阳军区和全省人防工作会议精神，以军事斗争准备为牵引，积极推进人民防空融合式发展，圆满完成了年度各项工作任务，吉林市人防办在2011年度目标管理考核中获一等达标单位。

一、法制建设工作

一是认真落实人民防空各项法律法规，举办行政执法和法制培训2次。各县(市)区、开发区人防办主要负责人，办机关全体干部和事业单位班子成员参加了培训，并组织了考试。二是制定了《吉林市人防办规范行政处罚自由裁量权规则》和《吉林市人防办行政处罚自由裁量权细则标准》，进一步规范了执法程序。三是认真落实《关于进一步加强保守国家秘密的意见》，做到了安全、保密。

二、结建审批工作

一是严格执行审批修建结建地下室。按要求完成了对民用建筑和人防结建地下室的审批，结建率、建设率分别达到99.4%和77.3%。二是严格执行省办确定的易地建设费收取标准，足额收缴了易地建设费。

三、工程建设监督管理工作

一是修编全市人防工程建设专项规划，上报市城市建设规划委员会，并申请纳入城市建设总体规划中，人防办被列入城市重大建设项目监管部门，落实了全市重大项目兼顾人防要求。二是严格落实单建式人防工程管理责任。对火车站东广场地下兼顾人防工程项目和珲春街单建式人防工程建设项目，进行审批、设计审查和质量监管，工程预计2012年10月竣工。珲春街地下人防工程预计2012年8月竣工。

四、指挥宣传工作

一是开展了人口疏散社情民意调查，制定了疏散地域建设方案，在桦甸市二道甸子镇建人口疏散指挥中心和6个指挥指挥所，2012年6月召开全市人口疏散地域建设现场会。二是组建了全市跨行政区域防突袭支援小分队并制定了相互支援、救援协同预案，全面提升了战时防突救援能力。三是对人防专业队进行了整组和训练。各专业队普遍开展了岗位练兵，防化专业队集中训练，合格率100%。四是完善了重点经济目标单位资料调查和建档工作，组织丰满电厂和吉化公司制定了防护预案。五是开展 “9.18” 国防教育日宣传活动，增强广大市民国防意识。六是加强人防宣传，营造社会氛围。全年在国家级刊物上发表5篇文章，被省级刊物采用23篇文章，在市级刊物上刊登了20篇文章。

五、通信建设工作

一是按照省办统一要求，完成了人防视信传输系统升级改造工作，完成了综合信息管理系统年度数据采集分析、整理录入工作。并对指挥台、空情台和警报台值班人员进行了重新调整，积极开展岗位练兵、比武和竞赛活动，全面提升业务人员的技能，高标准、高质量、高效率地完成警勤任务。二是制定了警报“十二五”建设规划，调整了全市警报布局，强化了各县（市）警报统控建设，进一步扩大警报的辐射面，警报通信全部实现无线统控。三是按省办要求，全面落实战备执勤工作，无一差错，准确率达100%。现在全市报警器城区统控率达98%，鸣响率达100%，覆盖率达98%，完好率100%。

六、工程维护开发工作

一是完成了省办下达的各项指标，人防工程利用率达到64%，工程维管率达到96.5%，完好率达到76%。二是始终把消防安全工作放在首位，积极做好早期人防工程、平战结合工程和在建人防工程的安全工作。三是认真落实消防安全责任制，层层签定安全责任状，健全安全管理体系，落实安全管理制度。四是强化安全培训教育活动，不断提高全员消防安全意识。全年共进行各类消防安全检查11次，每次检查都有详实记录和整改意见，确保了全年安全无事故。

七、计划财务工作

一是按照《人防工程建设管理规定》和省办要求，准确、及时编报年度人防工程建设计划草案，落实新续建项目的前期准备工作，加改项目上报申请和预算，做到了完整规范，完成了年度工程建设任务。二是认真贯彻执行国家和人防财务管理规章制度。按照《人防国有资产管理规定》，今年我们对全市人防早期工程、固定资产进行了全面普查，并全部建立了电子档案，对事业单位财务半年和全年执行情况进行了审计。三是完成了本级结建费上缴任务。

八、招商引资工作

按照市委、市政府的要求，积极参加“五项攻坚”活动，认真开展了“三帮双促”活动，圆满完成了2000万元的招商引资任务和3000万元的定点招商任务。

九、准军事化建设工作

一是为了适应人防准军事化管理的需要，推动人民防空全面发展，加大行政执法力度，成立人防行政执法大队，有力地保证人防建设逐步走向正规化、法制化和制度化，有效地维护了人防工作在社会中重要地位。二是强化机关的正化化建设，规范办公秩序，针对每个干部职工职责、工作任务、工作要求，制定了《吉林市人防办绩效考核办法》，从工作、学习、考核、战备值班、请销假和奖惩激励等方面规范了干部职工的言行，使干部职工的思想素质有了提高，作风纪律有了进步，办公秩序有了突破。

（齐　锐）

【计划生育】　一、2011年人口计生工作基本情况

今年以来，我市人口和计划生育工作在市委、市政府的领导下，紧紧围绕省、市工作部署，服务大局、突出重点，圆满完成了年初确定的各项工作任务。全市总人口控制在428万人，出生人口2.45万人，人口自然增长率控制在1.55‰，政策生育率达96.22%以上，全面完成了省下达的人口控制指标。获得全国婚育新风示范市、全国计生协会宣传工作先进单位、全市“三帮双促”先进单位等荣誉。

二、2011年突出工作重点，推进工作取得明显成效

一是倡导婚育新风，全面加强新型生育文化建设。我们制订并下发了《关于“十二五”期间全面推进婚育新风进万家活动的意见》，由市委宣传部、市人口计生委等15个部门共同签发。积极开展婚育新风进万家活动第四阶段综合示范县（市） 区、乡（镇）街评选活动，选定3个县（市）区、39个乡（镇）街为吉林市婚育新风进万家活动第四阶段综合示范单位。

二是推进优生促进工程，努力提高出生人口素质。积极抓好国家免费孕前优生健康检查项目，全市累计完成生殖健康普查92.74万人，免费治疗7.4万人；实施优生药物干预2.3万人；为农村妇女孕前和孕早期免费发放叶酸1.9万人；开展优生B超筛查2.4万人；为孕早期妇女提供优生四项病原体监测12000人，筛查出畸型儿29例，已采取补救措施。早期宫颈癌筛查4100人。

三是加强流动人口服务管理，推进公共服务均等化进程。我们根据国家和省“一盘棋”工作要求，加大了与省内及重点区域城市间的协作，与92个地级城市签订了《流动人口计划生育服务管理双向协作协议书》。加强全员流动人口信息平台数据统计求实工作。

四是坚持以人为本，积极推进利益导向政策有效落实。全面落实好农村部分计生家庭奖励扶助和计划生育家庭特别扶助制度。2011年，符合农村部分计划生育家庭奖励扶助条件人数为11830人，资金达851.76万元，符合计划生育家庭特别扶助对象人数为4646人，资金达507.07万元，奖扶资金全部兑现到位。

五是综合治理，促进出生人口性别比平衡。我们广泛开展了“关爱女孩行动”，营造有利于女孩成长的社会舆论氛围。结合“冬春宣传月”活动，倡导少生优生、男女平等、女儿也是传后人、生男生女一样好的婚育新风，进一步转变了群众婚育观念。

六是夯实基层基础工作，进一步提升服务能力。积极抓好创新社区管理工作，在全市196个社区公共事务服务中心专设人口和计划生育服务站，每个服务站配1名大学毕业生开展日常工作，推进社区人口计生工作上水平。

七是加强协会工作，推进生育关怀活动深入开展。深入开展万名爱心儿女走进万户特殊家庭活动，目前，全市90%计生特殊家庭拥有了兵儿子和团儿女，为40%的计生特殊家庭确定了帮扶单位。积极探索少儿性教育新途径，推进生育关怀向纵深发展。

（韩广举）

区·县社会经济发展概况

【船营区】　——基本情况。

船营区位于吉林市中西部,总面积710.81平方公里。辖1乡3镇(欢喜乡和越北镇、大绥河镇、搜登站镇),71个行政村;11个街道(大东、青岛、南京、向阳、德胜、北极、致和、北山、临江、长春路、黄旗),49个社区;1个省级经济开发区(船营经济开发区)。有汉、满、朝、回等20多个民族。2011年末,全区总人口46.4万人(户籍人口),其中非农业人口35.2万人。

——经济总量。

2011年,船营区牢固树立科学发展观,以努力实施 "五项攻坚"任务为核心,以深入开展"三帮双促"为载体,全面建设"一城三区",经济社会继续保持了高质量、高增长的发展势头。实现地区生产总值212.28亿元,同比增长18%;招商引资到位资金46.92亿元;全口径财政收入184777万元,地方级财政收入81518万元,增长51%,增幅列全市首位,并获得市"五项攻坚"综合奖开发区和城区组优秀单位荣誉称号。

——项目建设和招商引资。

围绕"一城三区"空间布局和产业规划,实施投资拉动、项目带动战略,投资规模不断扩大。全年固定资产投资项目346个,投资额151亿元,同比增长26.9%,3000万元以上项目76个,投资额117.9亿元。主要有大德兴年加工烘干2万吨玉米扩建、吉东木制品扩建、源源热电四期扩建工程等16个工业项目;珲春街综合改造一期、乐天玛特超市、越山路建材大市场、兴业银行等15个商业项目;紫光北郡越秀棚户区改造、广泽紫晶城、吉东托斯卡纳小区、隆泰·碧水山城林家沟棚户区改造等39个房地产项目;高标准棚膜蔬菜园区、农业观光园区路网、亚桥中学等11个基础设施项目。积极开展"走出去、请进来"招商,全年共引进招商项目89个,其中3000万元以上项目51个,主要有成城汽贸电子城及大型城市综合体、百脑汇(吉林)数码广场建设、红星美凯龙家私城、日新恒通电气、童话酒店建设、珲春街改造等。利用外资总额4345万美元,同比增长44%。

——服务业发展。

"发展成熟产业、推进新兴产业、培育朝阳产业"为主线,全年实现第三产业增加值165亿元,同比增长19.4%,社会消费品零售总额实现136.7亿元,同比增长16.8%。现有商贸企业13500多户,限额以上商贸企业111户,主要有中东新生活购物乐园、众安居、大润发超市、东方商厦、苏宁电器、韩国乐天玛特超市等企业,有民生银行、浦发银行等多家金融保险机构。房地产、现代物流、温泉旅游、汽车销售与服务、信息咨询等行业得到不同程度发展。

——工业经济。

通过"龙头企业带动,产业集群推动",不断做大做强优势产业,提高工业经济竞争能力。规模工业总产值完成81.12亿元,同比增长39.7%,规模工业增加值达到23.31亿元,同比增长9.9%。共有工业企业550余户,销售收入在200万元以上260余户,规模工业企业40户,机械加工、木材加工、食品医药、电力电子等四个优势产业实现长足发展,四个产业产值占规模工业产值达到80%。

——农村经济。

立足优势,大力发展特色农村经济。第一产业增加值完成8.47亿元,同比增长15.5%。耕地面积29548公顷,其中水田6687公顷,旱田22861公顷。农作物品种优质率达95%,机耕面积达80%以上。完成了17个牧业小区的标准化建设,畜牧业规模养殖户达到40户,规模畜禽饲养量达190万头(只)。肉、蛋、奶总产量达到7.1万吨。新增农业专业合作社15户。龙头企业队伍不断壮大,市级以上龙头企业数量已达9户,其中,国家级1户,省级3户。形成了蔬菜、林果、奶牛等农业基地。完成了3个示范村、19个提升村的新农村建设任务。统筹推进"三化"试点镇建设,谋划开工14个项目,完成投资3亿元。加快推进观光农业旅游园区建设,道路、供水、供电等基础设施不断完善,已引进圣德泉、广泽、绿孚、东北亚等多家省内外知名企业。

——社会保障。

进一步加大考核民生事项力度,坚持每月调度,及时解决推进过程中遇到的困难和问题。把就业作为民生之本,通过多渠道开发就业岗位,鼓励和支持劳动者自主创业,全年提供就业岗位2万个;进一步完善社会保障体系,加大弱势群体救助力度,确保城乡困难家庭享有基本社会保障,重点实施养老援助计划,加强社区养老服务站建设;加大农村泥草房和城市棚户区、危旧楼改造力度,积极推进廉租房建设,着力解决低保户、无房户和困难群体的住房问题,完成农村泥草房改造567户,棚户区、危旧楼改造70处;深入推进"暖房子"工程建设,完成了3座"小锅炉"并网;修建6处饮水工程,解决了4000人饮水安全问题;多渠道筹措资金,着力加强教育基础设施建设,改善学校的办学条件,完成了区实验、一小、八中等9所学校的校舍加固工程和铜匠小学、搜登站中学、特殊教育学校、回族小学等校舍改造项目,为2所农村小学和2所城区小学安装标准化科学实验室。认真抓好城镇居民、城镇职工基本医疗保险和新农合管理工作,在社区卫生服务中心和乡镇卫生院全面实施基本药物零加价,药品实施网上集中招标采购,零差价销售,进一步解决群众就医难、看病贵问题。获得全市"民生改善与提高攻坚"单项奖第一名。

——安全稳定。

加大对重点安全隐患的整治力度,进一步树立了大安全观念,通过部门联动,按照"管行业、管安全"的要求,重点结合消防安全、交通安全、生产安全、食品安全、校园安全等方面"百日攻坚"行动的工作要求,以跟踪整改为核心,在全区范围内开展全方位的隐患排查整治工作,全力消除各类安全死角。加大信访案件协调化解力度,对重点信访案件实行区级领导包保,逐一制定解决方案,明确职责、明确目标、明确期限,集体访积案化解率达到80%以上。

——城乡建设。

坚持高标准定位、高标准规划、高标准实施城乡建设工程,完成了昆明小区和繁荣社区的综合整治;对51个整治后小区、26条巷路胡同进行维修。新建搜登站、大绥河2处垃圾中转站。圣德泉路一期扩建工程机动车道主体竣工通车,并完善了路灯、排水、绿化等配套设施建设;302国道、口桦线两侧建筑物10万平方米外立面粉饰全部完成。结合"城市管理创优年"重点任务,通过"三清一净"、"野广告清理整治攻坚战"、"夏季市容管理攻坚战"等集中整治行动,清理北极街、通化路、昆明街等街路及住宅区内的占道经营3620处,对80个未封闭小区内违章搭建的各类棚亭厦进行集中拆除；清除了各类野广告 13867 处；检查占道经营 200 余户。对北宁里、泰和、庆丰等三个露天市场进行了安全隐患排查整治；对吉信实业、吉林剧场、隆安胡同等 15 处违建进行查处，共拆除违章建筑 1000 余平方米。

——政府自身建设。

落实《关于加强依法行政的实施意见》，进一步规范政府决策、审批、执法、监督等系列行为。清理行政许可，削减行政审批，推行“一站式服务”。特别是对“三重一大”问题，始终坚持广泛征求各方面意见，召开会议集体研究决定。

认真开展“三帮双促”活动，组织 700 余名机关干部深入基层，查民情、解民忧，走访了 101 户企业、1100 户工商业户、3516 户居民，共收集意见和建议 1377 条。对群众提出的意见建议逐条进行梳理，汇总确定实事项目 380 项，逐一明确包保责任，确保实事项目落到实处。区财政累计投入帮扶资金 680 万元，新建 5 个基层党组织办公场所，解决 199 户困难群众和困难党员家族子女就学问题，帮助 2056 名困难群众、党员实现再就业，困难群众解困、服务企业和工商户的长效机制基本建立。在此项活动中被评为全市“三帮双促”优秀单位。

在全区各乡镇街、区直各部门全面推行廉政风险防控管理工作，建立了“分层施教认识风险；按岗清权查找风险；制约权力防范风险；多措并举防控风险；科技支撑化解风险”的防控体系。进一步建立了健全岗位责任制、首问责任制、限时办结制、效绩考评制等相关制度，建立了科学长效的风险化解机制，落实了广大群众对政府各项工作的知情权、参与权、监督权。

【龙潭区】 2011 年，区政府在市委、市政府和区委的坚强领导下，深入贯彻落实科学发展观，积极推进“三化”统筹，大力实施“三动”战略，强力推进“五项攻坚”立功竞赛活动，攻坚克难，奋力拼搏，全区经济社会保持了平稳较快发展势头。

区域经济平稳较快增长。地区生产总值实现 392.3 亿元，增长 27.4%。全口径财政收入实现 94.4 亿元，增长 17.2%；地方级财政收入（市区两级）实现 11.1 亿元，增长 18.2%。全社会固定资产投资完成 207.7 亿元，增长 22.8%。招商引资到位资金 59.1 亿元，增长 43.4%。以优化工业结构、提高运行质量为核心，全力推动产业跃升。300 万吨精品钢等大项目投产创效。规模工业企业达到 97 户，规模工业总产值完成 883.7 亿元，同比增长 41.5%。商贸服务稳步提升。重点抓好九天储运、统泰物流等运输企业，带动全区物流业的发展。加强限上企业培育，提升传统商贸流通、餐饮娱乐业。新增限上企业 15 户，营业额超亿元的企业 7 户，第三产业增加值实现 88 亿元，同比增长 20.6%；社会消费品零售总额实现 76.7 亿元，同比增长 20.5%。新增市级重点农业产业化龙头企业 3 户。新建标准化牧业小区 24 个，新建标准化养殖示范场 2 个，改扩建牧业小区 46 个。第一产业增加值完成 16.7 亿元，同比增长 18.2%。

园区建设强力推进。以提升承载能力为核心，全力抓好基础设施和配套工程建设。投入资金 1.37 亿元，完成龙开二路道路、棋盘供热中心等 8 项城市基础设施项目建设。对八家子村、棋盘村、金珠乡西部村屯等区域实施土地征收，保证丙烯产业链项目 60 公顷用地和晨鸣纸业 62 公顷用地按计划征收到位。重点围绕丙烯产业链，与林德、德固赛和亨斯迈 3 家跨国公司签订制氢、双氧水和基础聚醚等 6 个项目，总投资 53.2 亿元，迈出了国际化招商坚实的一步。全年新开工 3000 万元以上招商引资项目 35 个，其中亿元以上项目 17 个，签约项目 40 个。围绕产业升级、功能园区等重点领域，加大扶持服务力度，全力组织实施重点项目建设。全年新开工 3000 万元以上项目 48 个，其中，化工园区新开工卓尔科技公司泡沫金属、吉化北方公司发泡聚苯乙烯等项目 30 个，续建中油吉化公司 ABS 项目、苯乙烯等项目 29 个，吉林钢铁特种钢、中油吉化公司烃重组等 22 个项目竣工投产。

民生福祉不断改善。开发城镇就业岗位 25440 个，城镇新增就业 17400 人，其中，城镇失业人员再就业 4212 人，农村劳动力转移就业 54000 人。城乡居民最低生活保障制度更加健全，为城市低保对象 9066 户 15701 人，发放低保资金 4708.8 万元；为农村低保对象 9665 户 12717 人，发放低保资金 1106.8 万元。新农合参合人数达到 160434 人，参合率达到 99.65%。投入资金 1412 万元，新建株洲街、南宁西路道路 2 条，维修小街小巷道路 11 条。新增绿地 10 公顷，栽植乔灌木 10 万株、攀沿植物 2 万株、花卉 15 万株，栽植草坪 8 公顷。对江北公园进行整体改造，免费开放。规范露天市场 10 个，拆除违章建筑 796 个。全面开展“千村示范，万村提升”工程，哈什蚂等 13 个村成为省级示范村。加强农村基础设施建设，修建乡村道路 600 公里，被评为全市乡村道路建设先进单位。。

社会事业协调发展。充分发挥科技支撑作用，申报省级科技项目 6 项、市级科技项目 15 项。顺利通过全省科普示范区验收，化工园区大学科技园被省科技厅命名省级大学科技园。合理实施教育布局调整，乌拉街镇、江密峰镇及江北乡等乡镇村小的布局调整顺利实施。校安工程项目稳步推进，接送学生车辆规范化管理工作不断深入。教学常规管理水平和教学质量监测水平有效提升。组织各类文体活动 16 项，开展送戏下乡 14 场次、社区演出 16 场次。推动医疗卫生事业健康发展，积极稳妥推进医药卫生机制改革，铁东社区卫生服务中心、大口钦卫生院等建设项目稳步推进。食品药品安全监管不断强化，群众饮食用药安全得到切实保障。人口工作稳步推进，低生育人口管理水平不断提升。社会矛盾化解深入有效，普法宣传、依法治理、法律援助工作有序开展。

社会稳定与平安建设扎实深入。将原有 52 个社区调整为 36 个，实施网格化管理。努力构建源头治理、动态管理和应急处置相结合的社会管理机制。加大了积案的办结力度，消化了一批信访难案。接待群众集同比批次、人次分别下降 23%人和 25%。严厉打击了各种犯罪活动，集中开展“打四黑除四害”专项行动。公共安全体系建设深入推进，消防、交通等方面安全管理不断加强。安全生产责任制严格落实，扎实开展安全隐患排查治理工作，整改隐患 220 处，安全生产形势保持平稳。扎实推进政府法制建设，依法行政水平不断提高。自觉接受人大法律监督、政协民主监督和群众社会监督。建议提案办复率、满意率分别达到 100%、97.5%。软环境整治和建设力度加大，扎实开展“三帮双促”活动，着力排企忧、解民困，共梳理问题 4640 件，其中答复解决 4531 件，办复率达 97.7%，政行风建设进一步加强。强化政府信息化与数字化建设，不断推进政务公开、电子政务，政府运转更加规范、透明、高效。

2012年，龙潭区将紧盯国内外形势变化，紧紧抓住经济社会各项事业发展的关键时期，加快化工园区、金珠工业区建设步伐，突出“发展”和“民生”两个关键，开拓创新，埋头苦干，为全市经济社会发展做出新的更大的贡献。

（刘轶博）

【丰满区】 ——**基本情况**。丰满区位于吉林市区南部，幅员1062平方公里，下辖三乡、一镇、六个街道和一个省级经济开发区，全区有52个行政村，28个社区，总人口19.9万人，其中农业人口8.4万人。

——**经济总量**。2011年，全年地区生产总值实现142亿元，增长22.6%；全口径财政收入实现9.44亿元，增长39.6%；地方级财政收入实现4.72亿元，增长48.9%；规模工业增加值实现54.8亿元，增长22%；固定资产投资实现112亿元，增长25.8%；招商引资实现46.6亿元；农民人均纯收入达到7900元。

——**项目建设**。按照“突出三产，全面发展”的总体战略，采取有效措施狠抓工作落实，项目建设呈现结构更加合理，层次更趋多元的良好局面。全年实现开工项目77个，总投资229.3亿元。其中新建项目40个，总投资122.8亿元。新开工项目中，工业、商贸类开工项目达到23个，占开工项目的58%；当年实现竣工投产项目11个，占开工项目的32%。将项目建设延伸至全区经济社会发展的各个层面，涉及范围更广、项目层次更高、带动作用更强。全年开工建设产业升级类项目23个；总部经济、商务概念类项目16个；城市建设、民生类项目9个。

——**招商引资**。围绕“十二五”规划确定的产业发展方向和重点领域，通过“请进来、走出去”的方式，开展有针对性的务实招商活动，招商引资成果显著。以商贸、商务、旅游业等现代服务业和食品、汽车等工业类别为招商重点，全年共开展各类招商活动30余次。在第七届东博会上，重大项目签约实现历史性新突破，意向投资总额超过500亿元，计划投资400亿元的万科松花湖国际旅游度假区项目成功签约。中星总部街、喜来登酒店等8个招商引资项目进展良好，丰满旅游风情小镇、东方蒙特勒小镇等16个项目有效推进。

——**工业经济**。过打造“融资服务平台、体系创新平台、管理协调服务平台”三项举措，全区工业经济整体保持平稳增长的态势，经济效益水平有所提高，产销衔接状况更加趋好。昊宇石化、吉瑞石油、厦林化工等重点骨干企业继续保持良好的运行态势，产值同比增幅均在35%以上；恒达金型、钰玲珑管道等一批规模企业通过研发和技改升级，提高企业创新和生产能力，保持较快的发展势头；国电江南热电、航程粮食等23户新进规模工业企业，预计可新增产值10亿元，实现增加值3.2亿元。

——**城市建设**。结合“城市管理创优年活动”，加大城市美化绿化力度，全年新增绿地面积5.1万公顷，栽种各类树木花束11万余株，重点完成玫柳园扩建6000平方米的绿化任务。基础设施项目顺利实施，丰满大桥进入前期准备阶段、江城大桥水面承台基础已经完成，南部新城等新建道路拆迁面积完成8.8万平方米。南部新城已启动的十个项目总征地面积330万平方米。全年共完成土地征收面积260万平方米，完成79%。

——**社会事业**。以提高城乡居民幸福指数为重点，全面促进社会事业发展。医药卫生体制改革全面启动，所有乡镇卫生院和社区卫生服务中心实行基本药物零差率销售。合理配置教育资源，教学环境不断改善，师资结构不断优化。积极开展群众文化活动，成功举办了“和谐大舞台”、“七彩周末”等大型文化活动，文化品牌活动影响力和知名度不断提升。低生育水平持续巩固，优生优育服务体系建设日臻完善。档案数字化管理水平走在全省前列，档案服务经济社会发展职能不断提高。

——**民生发展**。大力实施民生改善与提高攻坚，切实解决群众普遍关注的热点难点问题，年初承诺的60项民生实事全部如期落实。突出解决校园安全问题，投入138.8万元对10所学校进行消防改造，实施接送学生车辆安全工程。完成全区环境卫生整治工作，对全区11条重点街路以及3个小区的道路进行水冲洗作业，总面积50余万平方米。城乡低保工作扎实有序，为7360户城乡低保户发放资金1822万元。切实解决困难群体居住条件，完成79套廉租房配售工作，泥草房改造236户。落实安全饮水工程，共解决农村5244人，学校师生3249人饮水安全问题。

（朱丽莉）

【昌邑区】 2011年是“十二五”规划的开局之年。一年来，我们紧紧围绕“五项攻坚”，扎实推进“三化”统筹和加强社区管理两项试点，自加压力，埋头苦干，保持了经济社会平稳较快发展。预计地区生产总值实现261.9亿元，增长18.8%；全口径财政收入实现15.3亿元，增长33%；地方级财政收入实现7.9亿元，增长43.6%；规模工业总产值实现185亿元，增长16.1%，工业增加值能耗降低率实现5%；固定资产投资完成172亿元，可比口径增长34.4%；社会消费品零售总额实现232.6亿元，增长18.4%；农民人均纯收入达到7800元，增长12%。

经济实现平稳较快增长。全年引进3000万元以上项目35个，累计到位资金47亿元，增长46%，实际利用外资3700万美元，增长23.3%。森鼎建材市场、高压开关柜运行状态显示仪、CNG加气站等77个重点项目开工建设，其中新开工项目47个。工业经济平稳发展。4户骨干企业预计实现产值79.4亿元，同比增长15.9%；为中小企业协调贷款3.8亿元，新增规模工业企业10户，新增产值3.9亿元。服务业活力增强。财富广场、世贸广场等重点商贸项目进展顺利，沃尔玛、欧亚商都等国内外知名企业落户我区投入运营，通潭富苑、沈铁幸福里等28个房地产项目开工建设。农业基础地位不断加强。投资4587万元，加强农业基础设施建设，农业生产条件不断改善，粮食喜获丰收；争取农机购置补贴1120万元，农业机械化程度进一步提高；东福公司被评为国家级龙头企业，农业产业化发展实现突破；建设日光温室400栋，“菜篮子”工程扎实推进；积极开展“三化”统筹试点镇和大荒地生态农业产业化示范区建设，投资3.7亿元，实施基础设施建设和农田改造等项目16个，流转土地1300公顷，新建农民新居7.35万平方米，社会主义新农村建设进程加快。全面加强税收征管，积极引进总部经济,深入开展综合治税,财政收入增幅创历史最高水平。

城乡环境持续改善。坚持建管并重,深入实施"城市管理创优年"活动。积极开展"三清一净"整治行动,清运残冰积雪5.4万立方米。修缮巷道胡同7条,完善垃圾中转站3座,新增垃圾收集车200辆,新建维修环卫工人休息室5处,清掏雨污排井600座。义务植树20万株,新增绿地10公顷。清理占道经营及露天烧烤1995处,更换不合格牌匾163个。投资1287万元,完成大荒地村环境连片整治示范工程。深入开展小锅炉整治、打击非法排污等专项行动,环境质量明显提升。

各项事业协调发展。争取市级以上科技项目13项、资金307万元。教育教学水平稳步提升,特色教育成果显著,全面启动学前教育和薄弱村小建设三年规划;投资1863万元,新建改造学校14所;实施校舍、校车安全工程,新增标准化校车20辆。积极推进医药卫生体制改革,全面实行基本药物制度,完成兴华社区卫生服务中心建设;完善联防联控机制,重大传染病得到有效防控。加强计生依法行政、优质服务和人口管理,完成3个乡(镇)计生服务站改(扩)建及设备更新,人口自然增长率控制在0.67‰以下。投入125.5万元,完成左家镇文化站建设,新建文化大院13个,为10个社区(村)增添了体育器材;成功举办庆祝建党90周年系列文化活动,群众文化体育生活日益丰富。

民生改善步伐加快。年初确定的80项民生任务按期推进完成。8件民生实事已全面落实:4所灾后重建学校全部投入使用;区特教康复中心完成主体工程;完成孤店子卫生院新建、左家卫生院改建工程;建设农村安全饮水工程7处,解决1.2万人饮水安全问题;改造农村泥草房305户;配建廉租住房300套;完成"暖房子"工程158栋;区医院改造和3个危旧楼改造工程已全部启动。

城镇新增就业1.6万人,转移农村劳动力4万人,"零就业"家庭动态为零,失业率控制在3.6%以下。实施低保动态管理,努力做到应保尽保,全年共发放保障金6950万元。将92404名农民、254716名城镇居民纳入医疗保险范畴,落实城乡学生教育补助资金1353万元,化解农村"普九"债务381万元。

民主法制不断加强。自觉接受区人大及其常委会的法律监督和区政协的民主监督,全年办理人大代表意见、建议50件、政协委员提案31件,办结率100%。全面启动"六五"普法,依法治区进程加快。加大政府信息公开力度,政务服务中心管理不断规范,全年办理行政审批2325件。切实加强机关效能建设,推进干部作风转变,行政效率明显提高。

社会保持和谐稳定。完善领导干部接访和包案下访工作机制,充分发挥社区自治组织作用,全力排查和化解社会矛盾,妥善解决了一批信访问题,有效化解了高铁动迁、天燃气爆炸善后处理等突出矛盾,信访案件大幅下降。深入开展重点领域安全百日攻坚等专项整治行动,整改各类隐患5,593处,为经济社会发展创造了良好的外部环境。武装、民族、宗教、外事、审计、档案、人防、老龄、残联等方面工作均取得较好成绩。

【高新区】 吉林高新技术产业开发区(吉林市汽车工业园区,以下简称吉林高新区)坐落在吉林省吉林市城区,于1992年11月由国务院批准成立(国函〔1992〕169号),几经调整,现总规划面积25.08平方公里,由22.08平方公里的江南新建区和吉林市汽车工业园区(2009年6月由省政府批准,吉政函〔2009〕96号)及3平方公里的江北精细化工试验区(国务院批准的政策区)组成。2011年总收入完成1250亿元,工业总产值完成1200亿元。地区生产总值完成157.3亿元,同比增长25.6%;规模工业增加值完成81.2亿元,同比增长35.8%;地方级财政收入完成65716万元,同比增长50%;固定资产投资完成138亿元,同比增长27.8%;招商引资到位资金完成72.3亿元,同比增长53.8%;社会消费品零售总额预计完成57.5亿元,同比增长45.6%;战略性新兴产业产值完成125.6亿元,同比增长41.7%。。

2011年,吉林市委、市政府为解决吉林高新区发展土地制约问题,经研究决定:在长吉高速与长吉北线间规划108平方公里,建设吉林高新区北部新区暨吉林市战略新兴产业聚集区新区(以下简称高新北区),起步区30平方公里;将龙潭区靠山街道、江北乡靠山村、北山村5社7.83平方公里划归吉林高新区,建设江北生物化工园区;将昌邑区三道岭子村6.08平方公里划归吉林高新区,建设秀水工业园。上述三个区域(统称吉林高新区北部三个区域)由吉林高新区负责开发建设和社会事务管理,力争实现"一年一个样、三年大变样、五年创辉煌"的目标,通过十年的创新、创业,努力使之建设成为创新之城、产业高地、黄金商圈、生态之都,富有生机活力、富有广阔发展前景的新型工业区和现代化科技新城。

——招商引资与重点项目。依托主导产业和高新北区这个崭新的发展平台,在以商引商、以企引企上下功夫,与泛华集团、中国城建集团、深圳海王集团、浙江东森控股集团、香港星河资本、皓阳集团、德勤(香港)有限公司等一批国内外知名企业集团签署合作协议。狠抓项目建设,全年开工3000万元以上重点项目73个,其中新建项目41个,续建项目32个。重点项目中,总投资5亿元以上项目8个;总投资1亿元以上项目19个。工业项目57个,占重点项目的78%,投资比重达到72.56%。有17个项目纳入全市20项重大产业工程和100项工业重点项目。73个重点项目全年计划投资100亿元,实际完成102.9亿元,完成目标任务的102.9%。吉林华微电子股份有限公司新型电力电子器件产业化基地、一汽吉林汽车有限公司G3、吉林省昊宇石化电力设备制造有限公司年产8.5万吨核电管道及大型锻件等重大项目进展顺利。

——高新北区建设。2011年初,为贯彻落实省委、省政府统筹推进"三化"、实施"三动"战略,加快长吉一体化步伐,结合吉林市北部工业区规划,解决吉林高新区发展土地制约问题,提前实现吉林市"十二五"发展战略目标。经吉林市委、市政府研究决定:在长吉高速与长吉北线间规划108平方公里,建设吉林高新区北部新区暨吉林市战略新兴产业聚集区(以下简称高新北区),起步区30平方公里,由吉林高新区负责开发建设和社会事务管理。在产业布局上,吉林高新北区以汽车及零部件产业为主导,以电力电子产业为特色,以高端装备制造、生物医药、新材料、现代服务业、休闲旅游等产业为支撑,国际化、集群式、园区型发展,力争到2015年实现工业总产值2000亿元,到2030年实现工业总产值6000亿元。

按照市委、市政府的要求,吉林高新区快速启动了各项推进北区建设相关工作,进展比较顺利。2010年4月份委托中国城市规划设计研究院等对新区进行战略性总体规划和产业规划设计。5月份,又委托中科院遥感应用研究所北京国遥万维公司对新区进行区域航拍,绘制地形图。9月22日市政府常务会讨论通过了新区总体规划后,高新区立即召开领导班子会议研究落实,随后召开了推进“两区”建设动员大会,对加快高新南北两区工作进度、强力推进高新北区各项启动工作进行了部署。通过成立10个工作组开展区划交接工作,10月份完成了主体交接工作,成立了新北街道,加强了人员配备,全面启动高新北区街道工作。10月中旬对起步区控制性规划进行了论证,方案基本确定。12月份开始着手开展征地拆迁各项前期准备工作,道路、供水、排水、供电、供热、通讯等基础设施建设方案基本确定,并开始施工图设计。

——科技创新。一是积极争取省级以上科技扶持资金。14户企业进行国家高新技术企业资格复审。39户企业获得国家、省科技资金支持2700万元。二是编制了《吉林高新区科技服务体系建设发展规划》,被列为全国25家科技服务体系建设试点单位。目前已组织编制8个科技服务体系平台子项目上报至科技部。三是启动新三板推进工作。成立新三板上市推进领导小组,已完成20户企业的调研工作,有2户企业已与券商合作进入改制阶段,有4户企业正在进行三板挂牌论证。

——管理与服务。加强社会治安的整治力度。开展了3次集中排查整治行动,制定了重点区域整治方案,有效地防止了恶性案件的发生。开展“海天”案件集中返款和维稳工作,对管内58名集资群众逐人落实了包保措施,圆满完成了260余万元返款任务;开展食品安全“百日专项整治”和校园周边安全整治工作。全年开展安全大检查6次,加强了学校周边和校车整治力度,校园周边安全得到了保证;开展了“平安吉林”和消防安全百日专项整治活动,全年没发生重、特大安全生产责任事故;创新社区管理机制。社区两委、两办、五站全部建立,实现了一站式大厅服务模式。制定了三年社区办公用房建设规划,已投入895万元,购买了4个社区的办公用房。

加快市汽车工业园区、七家子秀水工业园区、江北生化园区基础设施建设。组织全部机械设备,加班加点进行土地平整,汽车工业园区完成土方量180万立方米;为一汽吉林新厂安装二台6.3万KVA变压器;架设华润新厂3公里10KV电力线路;建设供热管网及换热站、东山街、城南街等配套工程,保障了项目建设顺利实施。进一步完善建成区城市公共服务功能设施,全面实施彩化、绿化、亮化、硬化、净化,提升整体形象和建设品位。

全年道路维修总面积1.2万平方米,比计划增加12%。新增绿地面积5.2万米(植树10000株),新铺街路两侧方砖2.2万平方米。新增住房保障群体38户,全区享受廉租住房补贴住户219户;新农合、居民医保参保率达100%;对松花江中学投资950余万元进行了改造;城镇居民五项保险和新型农村养老保险覆盖面达到100%;受理并申报社保补贴4359人,补贴金额1.1亿元。向困难群众、困难党员发放慰问资金和物品50多万元。提高了对老年失地农民的生活补助费标准,由过去的每人每月200元提高到280元,共发放生活补助费380万元。对日升南区、园艺小区等39栋住宅楼进行暖房施工,积极协调江南国电并网,供热投诉情况比往年有了大幅下降。

——三帮双促。高新区将“三帮双促”活动作为推进 “五项攻坚”,谋划新区建设的重要载体,认真组织,周密安排,集中力量,全力推进。一是深入基层解决问题。建立了“三个双百结对帮扶”,即百名机关干部、百名企业技术人员、百名党员志愿者分别与百名低保对象结对,重点对460户企业及个体工商户、500户居民进行了走访、调研,梳理问题、建议15大类、120条,全部妥善解决。二是积极组建非公党组织。调研1675户企业,对有党员没有党组织的40户企业,分别成立日升、医科2个社区非公联合支部,51名党员分别进入联合支部中。三是开展“回头看”。完成了对高新区承办的113个问题的回访和询问工作。同时,把“三帮双促”活动回头看内容与新区建设有机结合,开展解放思想、拓宽发展思路,为新区献计献策活动。围绕高新区体制机制创新的十二个思考专题,重点分析查摆目前工作中存在的主要问题和差距,通过“回头看”阶段,使干部再受教育,工作上新台阶。

【经济技术开发区】 2011年是“十二五”开局之年,也是吉林经开区以国家级开发区崭新风貌,开启千亿级开发区建设的起步之年。在市委、市政府的正确领导下,在市直各部门和社会各界的关心支持下,党工委、管委会团结和带领全区人民,弘扬“不辱使命、埋头苦干、握沙成团、率先发展”的经开精神,抢抓发展机遇,深化 “三动”战略,实施“五项攻坚”,争创“五个一流”,开展“三帮双促”,全区呈现出经济发展、社会进步、民生改善、安定和谐的良好局面。

(一)经济发展势头强劲,综合实力大幅攀升。地区生产总值实现94.1亿元,同比增长30.7%;全口径财政收入首次突破10亿元大关,完成100955万元,同比增长37.1%,其中,地方级财政收入完成42541万元,同比增长57.5%;规模工业总产值实现284.4亿元,同比增长34.6%;规模工业增加值完成67.4亿元,同比增长29.7%;全社会固定资产投资完成138亿元,同比增长28.9%;社会消费品零售总额实现3.76亿元,增长17.5%。GDP、全口径财政收入、地方级财政收入和规模工业增加值增速全部高于全市平均增速,区域经济骨干支撑和龙头带动作用进一步增强。

(二)招商引资成果丰硕,成功实现五路突破。全年签订各类投资协议(合同)63项,协议引资总额241.8亿元,新开工3000万元以上招商引资项目42项,完成招商引资实际到位资金70.7亿元、实际利用外资5670万美元,同比分别增长54.5%和20%,均超额完成全年计划目标。年度内资考核名列全市第二,外资考核名列全市第一,成为全市唯一“五项攻坚”招商引资优秀单位。一是招大商招群商实现重大突破。全年重点跟踪推进亿元以上项目87项,其中5~10亿元的32项、超10亿元的24项。全年共签约亿元项目协议44项。在吉林省—央企大型经贸交流活动中,中国恒天碳纤维制品产业基地等4个亿元以上项目成功签约,是此次活动中我市唯一取得实质性成果的单位。二是蹲点招商实现重大突破。三年潜心努力,持续增派力量,深圳蹲点招商完美破题,67家行业商协会、3500余名企业家与我区建立友好关系。在第七届东博会期间,成功签约深圳项目6项,项目总投46亿元,占全市的50%,成为全市蹲点招商的一面旗帜,多次受到市领导的点名表扬。三是战略性新兴产业招商实现重大突破。全年签订战略性新兴产业类项目协议15项。其中,碳纤维产业类签约6项。5000吨聚酰亚胺纤维、1万吨氯代苯酐、3万吨塑料合金等项目确定今年动工。四是总部经济招商实现重大突破。适时扩充招商重点,将总部经济引进提升到战略高度重点推进,不到半年时间成功引进总部经济企业20户,新增税收75万元,还有22户正在推进之中。五是捆绑招商实现重大突破。利益共同体有效建立,俱荣俱损的团队意识真正树立,全员招商氛围日益浓厚,强有力地促进了招商引资工作。

(三)项目建设快速推进,园区发展后劲十足。卓有成效地开展三轮项目建设大会战和"五项攻坚"百日会战,全员"早七晚七"延时工作,干部"一对一"包保促进,全程 "跑步式、保姆式、精准式"服务,项目建设快速推进,全市考评始终名列前茅。全省推进"三动"战略吉林市现场会期间,众鑫精细化学品园等5个项目代表我市通过省最高规格检查,受到与会领导一致好评。《吉林日报》头版头条专题报道了我区"三动"战略的创新实践。全年项目建设主要呈现四大亮点:一是开工数量多,投资体量大。全年开工超3000万元项目93项,其中工业类项目开工72项, 均为全市最高水平。93个项目中亿元以上项目44项、5~10亿元的11项,平均单体投资超过2亿元,平均投资强度超过3850元/平方米。二是高度聚集主导产业,发展支撑作用明显。精细化工类项目开工36项,占开工项目总数的50%;碳纤维、聚酰亚胺等战略新兴产业类项目开工28项,占开工项目总数的34.6%。三是服务推进到位,竣工数量众多。投资服务和项目促进能力显著提高,高效解决关键问题180余件,项目建设手续办结率位居全市前列,33个项目当年竣工,为全市最高水平。四是科技含量高,发展前景好。41项技术受到省、市科技部门高度关注和优先支持,其中吉林众鑫羟乙基磺酸钠精制提纯等7项技术居世界领先地位,粘胶级碳纤维制备方法等11项技术填补国内空白,磷酸三乙酯制备方法等23项技术填补省内空白。

(四)核心产业迅速壮大,竞争优势明显提升。全区精细化学品生产企业已达27户,品种已达36类,总产能超过100万吨。2011年,34个精细化工项目开工建设,全部建成后品种将超过60大类,总产能将超过150万吨。以碳纤维、聚酰亚胺为主导的新材料产业发展迅猛,碳纤维原丝生产技术已居全国领先水平,产能现为全国最大,产品已覆盖1K、3K、6K、12K等不同级别,从原丝到碳丝,再到民用终端产品的完整碳纤维产业链条基本形成。2011年战略性新兴产业实现产值83.2亿元,全市评比排名第一。

(五)提速增效措施强劲,工业经济充满活力。积极应对不利形势,强化政策扶持,搭建服务平台,工业经济发展再上新台阶。一是工业经济在高基数上快速增长。全年规模工业实现产值245亿元,同比增长37.6%,首次跨越200亿元大关。规模工业增加值完成57亿元,同比增长24%。全区工业19个行业中15个行业产值增速在40%以上。二是工业经济质量在高增长中大幅提升。新增规模工业企业8家,累计已达73家。继博大生化2010年8月恢复生产后,京泰化工成功实现重组,联想股份收购龙谷物流大局已定,即将进驻经开区,停产半停产企业重启难题得到有效破解。工业经济增速始终保持在40%以上,工业经济效益综合指数已达335.8,同比增加34.2个百分点。三是工业产业结构在高运行中合理优化。优势产业基础地位日益突出,重点企业规模不断壮大。化纤集团、康乃尔化学等重点企业继续保持高负荷生产,化工、食品医药、非金属制品和装备制造4大产业对全区规模工业增长的贡献率分别达到72.5%、13.5%、5.4%和3.1%。四是企业社会责任在高回报中充分体现。工业企业税收占到全区税收的96.6%,占到全口径财政收入的67.5%。规模工业企业从业人员已达2万人,较上年增长5.6%,人均月工资同比提高近300元。以化纤、博大、康乃尔等为代表的10余户企业捐资助学50余万元,尽展高度社会责任感。

(六)功能建设扎实推进,园区形象显著提升。碳纤维特色产业园区公共服务平台、中小企业孵化基地、专利信息公共服务平台、精细化工中试基地二期建设进展顺利,产学研结合和科技成果转化力度显著加大,成功嫁接合作项目12项。完成基础设施投入36670万元,松江北路、中粮米业铁路专用线等6项市属重点工程建设进展顺利。区属60项基础设施建设快速推进,55项工程年内竣工。高标准完成"三清一净"和7项市容环境专项整治。"暖房子"工程扎实开展,化纤社区58栋4300余户家庭当年受益。3处棚户区改造工程顺利推进。园区面貌和人居环境大幅改善,多次受到各级领导、驻区企事业单位及来宾客商好评,省市多家媒体专题报道。

(七)平安建设卓有成效,生产生活安定有序。强化社会治安综合治理,严厉打击各类犯罪活动,及时侦破路灯电缆系列团伙盗窃案、"12.24"10万元卖粮款盗窃案、"12.27"抢劫杀人焚尸案等一批有影响的重特大案件,刑事案件发案率同比下降9.8%,破案率同比上升10.3%,公安部"清网行动"撤网率100%,基层平安建设工作荣获市级先进单位。司法行政和反邪教工作进一步加强,在押人员身份确认率居全市第一,为全市唯一10年无法轮功人员进京滋事单位。强化安全生产监管,全面落实安全生产主体责任,扎实开展安全隐患排查整治,安全生产工作评为市级标兵单位。全力清剿火险隐患,火灾事故同比下降9.8%,直接财产损失同比下降10.1%。信访稳定工作富有成效,连续3年吉林地区唯一无进京非正常访,受到国家信访总局和上级政府多次好评。

(八)经济社会良性发展,社会事业全面进步。组织投入资金2000余万元,48项民生工程扎实推进。各项支农惠农政策和直补资金及时足额落实到位。122户农村泥草房、4户社区危房改造完毕。后通溪村、陈屯村安全饮水工程竣工,2100余名村民喝上"放心水",龙谷社区2000余户居民多年生活用水问题得到解决。积极安置就业再就业2440余人。成功召开第二届农民运动会。新农保、城居保试点工作顺利启动,3700余名60岁以上老人喜获养老金。"三帮双促"、"慈善救助"、"帮扶千户"、"圆梦大学"等活动提档扩面,取得了察民情、解民忧、暖民心的良好社会成效。城乡教育硬件环境进一步改善,校安工程项目全部启动,全区校舍实现零平房。校车运行得到切实规范,实现乘车师生全覆盖。经开区首家公立幼儿园成立。城乡公共卫生服务和医疗服务体系进一步健全,残疾人服务工作进入全市优秀行列。计生工作顺利通过省、市"计生线"考核和市"党政线"、"部门线"考核。全区经济社会呈现相互协调、相互促进的良好局面。

（九）**争先创优持续深入，各项工作齐头并进。**争先创优活动深入开展，各条战线创新工作，效果突出。除去上述提到的工作外，财税征收坚强有力，全方位税源争取工作取得重大突破；规划工作积极推进，新一轮发展规划进入实质性编制阶段；融资工作扎实开展，在较短时间内进入实质申报阶段；国资经营管理工作创新开展，战略伙伴日渐增多；国土资源管理规范严谨，被评为全市省级以上开发区国土系统唯一优胜单位；土地房屋征收工作积极稳妥，通溪村和棚户区等大量征地拆迁工作及其相关历史遗留问题得到圆满解决；"十年绿化美化吉林大地"工作荣获先进单位；街道、社区和村屯综合管理水平显著提高；党务、政务、人事、纪检监察工作执行有力，服务缜密，工作到位；宣传工作取得重大突破，主流媒体见稿多，头版头条多，深度报道多，受到省领导高度关注，两次做出重要批示；检察室、国税、地税、公安、消防、交管、工商、质监、药监等双管单位大局意识强，职能作用发挥突出，为开发区发展做出了重要贡献。

（十）**党的建设不断加强，队伍建设成效显著。**以争创"五个一流"活动为主线，深入推进基层组织建设和创先争优活动，先后召开争创"五个一流"专题民主生活会、纪念建党90周年暨争创"五个一流"表彰大会。调整充实机关党委、党支部和团委，成立工会、妇联、社联等群众性组织。党的基层组织建设体制机制进一步规范完善，社区、农村标准化党支部建设深入实施。完成非公经济组织党组织组建工作，组建非公企业党组织12家，选派非公企业党建工作指导员23名。创先争优工作成效显著，54人荣获省市优秀共产党员、党务工作者、"三八"红旗手标兵、劳动模范、精神文明先进工作者和创业先锋等荣誉称号，22家单位荣获先进集体称号。创新选人用人机制，两次组织机关干部竞争上岗，聘任和调整机关、基层干部67人次，激发了全区干部的工作热情。

（王英远）

【永吉县】 永吉县地处吉林省中东部，松嫩平原向长白山过渡地带，全境纳入长吉图开发开放先导区核心腹地和长吉一体化重点发展区域，全县幅员面积2625平方公里，辖9个乡镇和2个省级开发区，总人口42万。

2011年，永吉县县委、县政府以科学发展观为指导，努力转变经济发展方式，坚持以招商引资和大项目建设为核心，全力开展"十二项"攻坚活动，努力提高经济运行质量，保持了全县经济社会平稳较快发展的良好态势。全县地区生产总值实现105.4亿元，增长26.8%(同比，下同)。全口径财政收入完成7.83亿元，增长56.5%。地方级财政收入完成5.52亿元，增长63%。固定资产投资完成82.6亿元，增长25.2%。城镇居民人均可支配收入达到15410元，增长12%。农民人均纯收入达到7300元，增长18.6%。万元规模工业增加值能耗下降4.5%。

重点项目建设快速推进。全年建成3000万元以上项目41个，其中建成投产工业项目15个。钼矿第一个万吨技改项目运行良好，第二个万吨技改项目正在办理采矿许可证变更等前期手续。冀东水泥第一条生产线项目9月10日主体完工，第二条生产线项目正在申请国家发改委立项批复，水泥建材工业园区项目完成选址。吉林铁道职业技术学院新校区项目规划设计已完成并通过专家论证，正在进行图纸设计，招投标已在省政务大厅备案，其中道路招投标已结束，道路基础工程已办理开工手续。吉林沃达紫苏深加工项目完成办公楼主体工程。银诺克药业中成药项目厂房及办公楼建设完毕。

招商引资有效开展。围绕主导产业和资源优势，广泛开展招商引资活动。精心组织了东博会招商活动，成功举办了"吉林（中国—新加坡）食品区投资环境说明会"、"永吉经济开发区招商项目推介会"，签约黑蒜系列产品加工及日本食品园、蛹虫草、米糠油等21个项目，总投资73亿元。年内引进3000万元以上项目31个，其中亿元以上项目11个，招商引资到位资金实现46.6亿元，增长43%。

工业经济运行良好。工业五大主导产业带动作用进一步增强，冶金、建材、能源、汽车零部件、农产品加工等五大主导产业实现产值76.1亿元，增长90.7%。规模工业企业增加到59户，全年实现销售收入85.3亿元，增长48.2%，年产值亿元以上企业增加到35户。全县规模工业总产值实现91.2亿元，增长43.7%，规模工业增加值实现23.1亿元，增长39.3%，民营经济主营业务收入完成167.6亿元，增长89.8%。

农村经济稳步发展。全县粮食产量达到80万吨，再创历史新高。紫苏、柞蚕等特色产业规模保持稳定。大力实施畜牧业标准化养殖，新建标准化牧业小区50个，全年牧业产值达到13.43亿元，增长46.9%。着力推进农业产业化发展，开工建设44个农业产业化项目，累计完成投资16.8亿元，农产品加工业总产值实现37.4亿元，全年新增省级重点龙头企业3户、市级7户，有效带动了基地建设、产业发展、农民增收。全面推进农业基础设施建设，有序开展高标准优质水稻种植基地、标准良田等项目建设，全面完成水库除险加固、中小河流治理年度工作任务。

第三产业加快发展。全年三产增加值实现44.3亿元，增长24.4%。省养老服务中心项目已完成可研编制、用地规划、土地招拍挂等工作。玉汤泉度假旅游开发项目完成规划、设计、可研等前期手续，进入征地阶段。华康实业开发项目正在办理开工、环评等相关手续。全县房地产开发开工面积达147万平方米，建筑业增加值实现13.8亿元，增长14.7%。全县社会消费品零售总额实现32亿元，增长16.5%，服务业地方级财政收入实现1150万元。

开发区建设快速推进。中新食品区建设取得突破性进展，吉林岔路河中新食品城57平方公里城市建设总体规划于8月13日获得省政府批复，3平方公里食品加工区"三横五纵"路网的路基铺设工程全部完成，各类管线铺设完成，全部主体工程竣工，县无规定动物疫病区正在接受国家验收，5平方公里商住区建设扎实推进。中新食品区品牌效应日益显现，受到国内外知名企业广泛关注，已有3个亿元以上项目开工建设，成为我县乃至吉林地区对外开放的重要平台。永吉经济开发区经济发展主战场作用不断增强，公共服务区一期工程建成投入使用，二期工程建设正式启动，重庆街、建设路等街路建设全面竣工，联科石墨、瑞光科技等重点工业企业正常运行，五菱集团与吉林绰丰有限公司资产重组工作扎实推进，全年开工3000万元以上项目18个，其中竣工投产工业项目9个，地区生产总值实现18亿元，占全县总量的16.4%,财政收入完成3亿元,占全县总量的37.5%。

城市建设和管理水平不断提升。紧紧抓住与吉林市对进式发展机遇,有效拓展县城发展空间,全面提升城市管理及城市服务功能。采取市场化运作等方式,积极筹集建设资金,县城东扩基础设施建设开始启动,站前路、口前路续建工程全面竣工,完成污水管线铺设、城北公园续建工程年度建设任务。深入开展环境综合整治,集中开展建成区、集贸市场、主要干路沿线环境卫生专项治理行动,市容环境有效改观。同时,加快岔路河镇、北大湖镇等重点城镇发展,全力推进全县城镇化发展进程。

民生实事全面落实。投资1亿元的县城引水及供水管网改造工程完成管线铺设和泵房建设,实现试运行。农村饮水安全工程完成水源井建设35处,铺设管网79处,解决了4.5万人饮水安全问题。完成4500平方米、90套廉租房建设,1500户农村泥草房改造及20万平方米"暖房子"改造。永吉商城周边环境整治工程全面竣工。体育场改造工程实现竣工。县医院住院综合楼建设项目完成主体基础工程。全面完成永吉十三中教学楼、永吉七中教学楼和永吉实验高中塑胶跑道等13个教育基础设施项目。按月发放机关事业单位人员住房补贴,共发放3700万元。

社会事业协调发展。深入开展科普宣传活动,抓好科技项目的申报、立项、引进和推广。继续实施校舍安全工程,重建加固校舍面积3.85万平方米。全面推进素质教育,职业教育就业率达100%。不断加强卫生三级医疗网络建设,健全医疗卫生联防联控机制,强化公共卫生事件应急管理,处置和应对公共卫生突发事件的能力不断提高。切实加快计生干部队伍职业化进程,不断完善计生优质服务体系。强化提高人口素质工作,稳定低生育水平,保持了我县计生工作在省、市排名先进位次。加大环境保护力度,全面完成节能减排工作目标。

社会保障和安全稳定工作不断加强。积极落实就业再就业政策,全年开发城镇就业岗位7723个,城镇新增就业5463人,下岗失业人员再就业1059人,开发公益岗位2200个,发放小额担保贷款3255万元,农村劳动力转移就业8.6万人次。养老、医疗、工伤、生育保险覆盖面进一步扩大。新农合参合率达99.9%,新农保参保率达94%,完成"五七家属工"参保缴费工作。城镇低保月保障标准和农村低保年保障标准分别提高35元和340元。全面加强社会治安综合治理,严厉打击各类违法犯罪活动。严格落实安全生产责任制,深入开展安全隐患排查整治活动,有效防范和坚决遏制重特大安全事故发生,被市政府评为安全生产先进单位。健全信访维稳工作机制,严格落实信访工作领导责任制,抓好矛盾纠纷排查化解工作,妥善解决了一批涉及群众切身利益的矛盾和问题,实现了维护一方稳定的工作目标。

(陶元星)

【舒兰市】 舒兰市幅员面积4557平方公里,辖10个镇、5个乡、5个街道办事处,1个省级经济开发区。总人口66万人,其中农业人口46万人。现有耕地面积139414公顷,其中水田45679公顷,盛产水稻、玉米、大豆。森林覆盖率为41.9%,木材蓄积量117.5万立方米。有积水面积20平方公里以上河流57条、大中小型水库439座。主要矿藏有褐煤、粘土、硅石、泥炭、玄武岩及红、白花岗岩、钼矿石等。

2011年,实现地区生产总值161.6亿元,同比增长26.2%;全口径财政收入6.87亿元,同比增长34.1%,其中地方级财政收入4.82亿元,同比增长45.1%;固定资产投资累计完成113.4亿元,同比增长28.9%;城镇居民人均可支配收入和农民人均纯收入达到14348元和7500元,分别增加3748元和1068元。三次产业比重由32.7:26.9:40.4调整为30.1:28.8:41.1。

——招商引资和项目建设。招商引资到位资金47亿元,同比增长41.6%,其中工业项目到位资金39亿元,同比增长41.3%。开工建设3000万元以上重点项目97项,其中亿元以上项目42项。11个项目纳入吉林市百项重点项目。开发区承载能力进一步增强,全年入区亿元以上工业大项目4项,区内企业达到21户。

——工业经济。投资7.4亿元,实施20项技术改造和新产品开发,其中通博公司万吨乳化炸药生产、永丰公司15万吨水稻加工等6项技术改造项目竣工投产,农喜公司玉米收割机、通机公司L330汽车配件等6个新产品投放市场。万吨高粱酒、2万吨豆浆粉等15个项目达产达效。新增规模工业企业25户,全市规模工业达到98户。预计实现规模工业总产值106亿元,同比增长53.9%;增加值28亿元,同比增长58.2%。

——农业农村。粮食产量达到113万吨。发放各类惠农资金2.7亿元。落实"创建粮油高产万亩示范片"12个,新建农业科技示范园区18个。建设标准化牧业园区68个,培育专业养殖大户1500户,被确定为国家生猪调出大县。"全国小型农田水利重点县"项目全面实施。完成集体林权制度主体改革;连续30年无一般森林火灾。新农村建设扎实推进,改造农村泥草房898户,新建农村安全饮水工程61处、沼气池2200处、水泥路51公里,绿化乡村道路440公里、村屯67个。

——城乡建设。房地产开发开工41.5万平方米,竣工32.8万平方米。新建市府大街南段等12条道路;启动建设舒南路公铁立交桥,完成市府大街顺水河桥等3座桥梁建设工程。省道舒太公路朝白线开工建设。完成正阳、嘉盈和吉舒日升集中供热中心改造工程,新增集中供热面积100万平方米;完成外墙保温和热计量改造50万平方米。完成文化广场基础工程,黄泥河治理、顺水河带状游园建设和全民文化体育活动中心续建工程全面完工。开展以清脏治乱、市场规范为重点的专项整治工作,城市更加干净、整洁、有序。完成城区出口及6条街路的绿化和亮化工程,新增绿化面积5万平方米,安装路灯414基杆。

——社会事业。投资6500万元,完成第十六中学、金马中心校等19所学校校舍新建和改扩建工程;高考重点率、本科率居地区五县(市)前列。完成市医院、平安中心卫生院、吉舒第一社区卫生服务中心改扩建和北城社区卫生服务中心建设工程;医药卫生体制改革进展顺利,国家基本药物在乡镇卫生院和社区卫生服务中心实现零差率销售。申报省级以上科技项目13项,争取科技创新扶持资金300万元,被评为国家科技进步先进市。建设农家书屋70个、文化大院36个。保持适度低生育水平,人口出生率、自然增长率分别控制在7‰和3‰以下。广电、民族宗教、侨务外事、档案、老龄、残疾人等社会事业都取得了新成绩。

——社会保障。深入开展安全生产隐患排查治理,严厉打击违法犯罪行为，“平安舒兰” 建设成效显著。保障性住房开工 33.8 万平方米，竣工 24.4 万平方米。城镇新增就业 9700 人，城镇登记失业率控制在 3.2%以下，保持 " 零就业 " 家庭动态为零；转移农村剩余劳动力 17.9 万人次，实现劳务收入 25 亿元。启动城乡居民养老保险试点工作，失业、医疗、工伤、生育、新农合等保险覆盖面进一步扩大。累计发放社会化救助资金 1.5 亿元。

（郝大融　牛　帅）

【磐石市】　**一、基本情况**

磐石市位于吉林省中南部、吉林市南部，地处松辽平原向长白山的过渡地带，属丘陵半山区。幅员面积 3960 平方公里，辖 14 个乡镇、3 个街道办事处、2 个省级经济开发区和 1 个有色金属高新技术产业园区，户籍人口 54 万。

地理区位优越。雄踞长吉侧翼，位于长吉 1 小时经济圈，沈哈 3 小时经济圈中心地带。202 国道、沈吉铁路、沈吉和营松高速公路、铁路复线纵贯全境，客货物流发达。矿产资源丰富。矿产资源种类多、分布广、品位高、储量大。已发现各类矿产资源 61 种，其中金属矿种 15 种，非金属矿种 44 种，已查明资源储量 28 种，发现矿床 46 处。镍矿石和隐晶质石墨储量居全国第 2 位，是全国最大的镍盐生产基地、第二大镍金属生产基地和三大石墨产地之一，中国十大非金属矿业开发基地之一和吉林省非金属矿产品开发基地。硅灰石储量占全国储量的四分之一，质量为世界之首。水资源充沛。境内水系主要由辉发河、挡石河、饮马河、玻璃河等水系组成，共有大小河流 181 条，流域总面积 1557 平方公里，各类蓄水工程 794 座，总库容 2.3 亿立方米。人均占有水资源量为 1653 立方米，为全国人均占有水资源量 2304 立方米的 72%。森林资源富足。全市有林地面积 18 万公顷，占全市总幅员面积的 47.3%。森林覆盖率 44.5%，林木绿化率 44.62%。森林活立木蓄积量为 1170 万立方米。旅游资源独特。境内旅游资源得天独厚，已发现古文化遗址 10 余处，保留抗日战争革命遗址 20 余处，现已初步形成了以“一洞（官马溶洞）、两山（仙人洞山、莲花山）、四库（黄河水库、亚吉水库、柳杨水库、官马水库）”为主的独具地方特色的旅游格局。域内有国家级旅游景区莲花山原始森林公园和全省最大的地表熔岩洞官马溶洞。

二、经济社会发展情况

近年来，磐石市紧紧抓住省委、省政府实施“三动”促“三化”战略的契机，围绕建设中等城市、东北新型工业城市和“实力、和谐、生态”磐石目标，坚持以科学发展为主题，以转变发展方式为主线，大力招商引资，狠抓项目建设，全力打造“两区三园”（即磐石经济开发区、明城经济开发区、吉林有色金属高新技术产业园、现代医药产业园、新材料产业园），加快改善民生民利事业，推动了县域经济社会的平稳较快发展。目前，初步形成了以吉恩镍业、吉林恒联为代表的金属冶炼业，以亚泰水泥、冀东水泥为代表的非金属加工业，以娃哈哈饮品、宏润食品为代表的食品加工业，以西点药业、英联药业为代表的现代医药业，以中恒通车桥总成、一汽铸锻、三星刹车盘为代表的机械加工业和以华威特电子为代表的新能源业等六大产业，形成了县域经济发展多元化的产业格局，规模工业企业发展到 150 多户。磐石市连续多年被省委、省政府评为“县域突破工作争创强县奖”、“升级晋位奖”，连续五年财政收入超 10 亿元，位列全省“工业十强县（市）”首位，被中国产业发展研究院评为“中国产业发展能力百强县”，被中国中小城市科学发展评价中心评为“具有发展影响力的百强县（市）”；入选人民网主办的“辉煌十一五·中国品牌(特色)市”；是省级文明城市、全国“平安县（市）”、全国文化先进县（市）、国家科技示范市、全国科技管理先进县（市）、首批“全国法治县（市）创建活动”先进单位、吉林省森林城市和吉林省绿化标准县。

2011 年，全市地区生产总值实现 284.5 亿元，增长 17.1%，其中一、二、三产业增加值分别实现 42.5 亿元、152 亿元和 89.9 亿元；财政收入实现 14.51 亿元，增长 30.1%；地方级财政收入实现 10.08 亿元，增长 36.2%；固定资产投资实现 147 亿元；招商引资到位资金实现 80 亿元；规模工业总产值和增加值分别实现 358.3 亿元和 122.1 亿元，分别增长 21%和 17.6%。社会消费品零售总额实现 57.4 亿元，增长 16.7%。城镇居民人均可支配收入和农民人均纯收入实现 15506 元和 7500 元，分别增长 23.8%和 14%。在吉林市“五项攻坚”立功竞赛表彰大会上，磐石市被吉林市委、市政府评为县区综合奖和投资与项目建设单项奖。

（一）招商引资和项目建设成果显著。全年引进实质性项目 169 个，其中亿元以上项目 28 个。新建续建各类项目 354 个，其中 3000 万元以上项目 91 个。主攻央企取得重大突破，中航西安航空制动公司、国家开发投资公司先后进驻；修正药业产业园区、深圳宝航等一批重大项目签约落地；娃哈哈乳制品、汇源天之润饮品等 22 个重点工业项目建成投产；紫鑫药业、华威特电子等一批项目快速推进。

（二）工业经济发展势头强劲。重点企业运行平稳，吉恩镍业、吉林恒联产销两旺，冀东水泥、亚泰水泥效益明显提升。成长型企业快速发展，13 户企业进入规模企业行列。规模工业企业利润总额实现 27.7 亿元，增长 185%。万元增加值综合能耗同比下降 4.5%。化学需氧量和二氧化硫分别减排 1020 吨和 206 吨。

（三）园区建设高效推进。投资 1.6 亿元，完成磐石、明城两个开发区基础设施建设 28 项，收储土地 292 公顷。吉林有色金属高新技术产业园区完成初步规划和项目谋划等工作。新材料、现代医药园区建设进展顺利，入园项目分别达到 5 个和 9 个。全年，“两区三园”工业总产值和税收分别实现 212 亿元和 7.6 亿元，占全市的 52%和 53%。

（四）城市建管成效明显。总投资 7.5 亿元的城市建设 10 项重点工程稳步实施，东外环北段、前景路立交桥、永盛大路建成通车，石城大街南北延、腾飞大街、人民路改造、净水厂一期、丽泽文化主题公园等工程完成年度建设任务。房地产竣工面积 105.5 万平方米，新增高层建筑 13 栋 16.9 万平方米。城市管理精细化程度不断提高，各类违章建设行为得到有效遏制。主街路实现全程机械化除尘，完成彩砖铺设 4 万平方米，新建高杆灯 12 处，新增公共绿地 2 万平方米。

（五）新农村建设进展顺利。各项惠农政策全面落实，建成安全储粮仓4000 座，粮食产量实现 80 万吨。农业产业化进程加快，新建特色种植园区 12 个，标准化养殖园区 30 个，农民专业合作社 65 个，转移农村劳动力 9 万人次。" 千村示范、万村提升 " 工程成效明显，15 个示范村、73个提升村各项建设任务全面完成，建成绿色文明走廊21条、水泥路80公里、饮水安全工程42处、农村文化大院44个，改造有线电视村屯32个，改厕4200座。连续32年实现无重大森林火灾。

（六）服务业发展态势良好。投资近8亿元，加快服务业项目建设，天元五星级宾馆、商贸城三星级商务酒店、总部经济大厦完成主体工程建设，吉高陆港物流园、修正电子商务大厦全面启动。旅游总体规划通过专家论证并全面实施，围绕打造旅游强市的发展目标，大力打造地方特色旅游产业，实施地方旅游差异化、特色化战略，加大宣传促销力度，全面提升磐石旅游品牌知名度，旅游目的地形象进一步突出，游客人数大幅度提升。2011年共接待游客30万人次，实现旅游收入2000余万元。新增个体工商户2634户，新型服务业态20户。

（七）民生事业蓬勃发展。总投资21亿元实施的10件民生实事圆满完成。改造棚户区和危旧房87万平方米，其中新建廉租房1万平方米；完成暖房子工程建设48万平方米；改造农村泥草房3015户；教育园区高中部主体完工；第二幼儿园如期建成；阜康大路东西延及景观带工程全部完成；城乡低保补助标准进一步提高，城镇月人均达225元，农村年人均达1150元；城镇职工基本医疗保险报销比例提高5%，最高报销限额提高到20万元；参合农民在省内定点医疗机构住院实现即时报销。各项社会事业全面进步。中高考成绩继续保持外五县首位，11.6万平方米校安工程全面完成。基层医疗卫生体制改革扎实推进，全部实现基本药物零差率销售。继续保持全国科技进步示范市荣誉，"六五"普法和幸福家庭创建活动启动实施。广场、社区文化活动蓬勃开展，农家书屋实现行政村全覆盖。各类保险覆盖面进一步扩大，完成"五七家属工"参保3012人。第七届社区居委会换届工作圆满完成，建成社区居家养老服务站7个。就业再就业工程深入实施，零就业家庭保持动态为零。"法治磐石"、"平安磐石"创建成效明显，被评为首批"全国法治县（市）创建活动先进单位"，一批群众关注的热点难点问题得到及时有效解决。信访工作责任制和领导包案制度进一步落实，化解信访积案96件。深入开展各类安全隐患排查整治行动，安全形势总体稳定。

（八）软环境建设不断加强。"两访两促"、"三帮扶"等活动扎实开展，解决各类问题2473件。政务公开工作不断深化，开设了行政审批"绿色通道"，并在10个窗口率先开通了重点项目行政审批"直通车"，提高审批服务效能。"制度+科技"预防腐败模式试点深入推进，公共资源交易平台建成运行，科技防腐工作走在全省前列。"绿色通道"、项目领办代办制度深入实施，全民参与软环境建设的氛围进一步浓厚。

【蛟河市】 蛟河市位于吉林省东部、吉林市东南，地处长白山西麓、松花湖畔、长吉图开发开放先导区重要节点，幅员面积6429平方公里，辖8镇、7街、2乡（含1个朝鲜族乡）、2个省级开发区，总人口47万。2011年，蛟河市政府以加快发展为核心，以改善民生为根本，坚持工业强市、全面发展，深入实施"四轮驱动"战略，强力推进"五项攻坚"，保持了经济社会快速发展的良好势头。

综合经济实力大幅提升。全市地区生产总值实现170.7亿元，同比增长26.9%；全口径财政收入实现8.1亿元，同比增长32.5%，其中，地方级财政收入实现5.56亿元，同比增长34.1%；全社会固定资产投资实现121亿元，同比增长27.4%；招商引资到位资金实现46.9亿元，同比增长45.9%；规模工业总产值实现156亿元，同比增长45.9%，其中，规模工业增加值实现55.9亿元，同比增长46.3%；社会消费品零售总额实现50.4亿元，同比增长16.7%；城镇居民可支配收入、农民人均纯收入分别实现13979元、7400元，同比分别增长16.2%、12.1%。

投资与项目建设力度加大。强化市级领导、引资部门和属地单位联合包保，全力落实项目用地、立项、水电等建设条件，全年开工3000万元以上项目91个，完成投资82.9亿元，同比增长40%。长白山制药四期、天一昊宇肉牛屠宰加工等11个超亿元，鑫丰食品、宏日新能源等26个超3000万元项目建成投产。投入勘查资金1.48亿元，有效推进了41个地勘项目，白石山大冰湖沟钼矿进入探矿权转让阶段，五丰铁矿、南岗子新安屯钨钼矿进入详查。紧跟国家产业政策和资金投向，积极上争资金和项目，全年到位资金6.1亿元。

招商引资工作取得新成效。突出开发区经济主战场作用，着力引进建设大项目、好项目，促进项目集聚。严格落实包保责任，突出山东、北京、大连、深圳、内蒙等重点区域，大力度"走出去"开展招商活动，积极组织参加"东博会"等各类展会，成功举办了"红治会"、"菌治会"，包装推介重点项目190个。计划投资100亿元的武汉凯迪生物质汽柴油等82个项目实现签约，实现了我市招商引资项目质量和投资额度的历史性突破；上海承民石材综合开发、金达凯业四星级宾馆等36个投资超3000万元项目落地开工，完成投资13.5亿元。

各项产业基础进一步夯实。工业提速增效步伐加快。强化规模工业企业分类指导和扶持服务，大密度开展了入企调研解难题活动，创新实施了规模工业企业分片调度、现场办公制度，全力帮助企业解决发展难题，多渠道为企业协调资金7.7亿元，扶持11户企业完成技改扩能、16户企业实现达产达效、11户企业晋升规模，全年新增产值超亿元企业24户，工业增加值实现66亿元、税金2.3亿元，同比分别增长38.2%、25.3%。我市被评为吉林市节能减排优秀单位。农业经济稳步发展。制定出台了市级领导包保产业和特色产业发展相关政策，积极推进农业产业化经营，引进建设了7个农业产业化项目，天一昊宇、鑫丰食品等一批龙头企业建成投产，有力带动了生猪、肉牛、黑木耳、甜粘玉米、晒烟、中草药等特色种养业快速发展，农业产业化水平显著提高。商贸旅游业更加繁荣。紧紧依托资源优势发展商贸旅游业，完成了食用菌大市场2万平方米扩建，伟基国贸中心投入运营，长白山旅游商品一条街、新区宾馆综合楼等项目加快建设，吉林国贸购物中心项目启动拆迁。高标准举办了第十届红叶旅游节，接待总人数突破40万人次，旅游总收入达到1.7亿元，实现了社会效益与经济效益双赢。

城乡建设与管理扎实推进。坚持高起点谋划、高标准建设，多渠道筹措资金，统筹解决各类难题，完成了城市总体规划纲要评审，启动实施了39项城乡重点建设工程，完成投资34.9亿元。完成棚户区改造和房地产开发61.4万平方米；天津街、北京路东段、北京桥建成通车，市区街路铺设沥青路面9.9万平方米，维修人行道2万平方米，设置路标48处，新增城市绿地3.5万平方米；新增铁中、五中热源锅炉各1台，改造供热管网25公里；新区净水厂、城市生活垃圾无害化处理厂投入使用；全力支持吉图珲铁路客运专线建设，改建县道27.3公里，建设农村水泥路 59.7 公里。完成土地复垦整理、水库除险加固等 13 类 538 项重点农田水利工程，圆满完成了第一个十年绿化美化蛟河大地目标。投资 6300 万元，组织实施了 193 项新农村建设项目，新建省级示范村 12 个。全面开展"城乡管理达标年"活动，环境综合整治、城区全天候保洁和冬季除雪等工作扎实开展，城乡管理水平进一步提高。

民生改善与提高全面落实。年初承诺的 10 项重点民生工程全部兑现。3.1 万平方米校安工程全部开工，城市报警监控系统投入使用，为 2500 户低收入住房困难家庭实行实物配租或租赁补贴，拉法河、嘎呀河城市水源地保护项目启动实施，城防三期工程、滨河游园配套建设基本完成，劳动力转移综合服务中心开工建设，市医院门诊综合楼主体封闭，团山子水利枢纽工程可研获批复，城乡低保和大病救助完成提标，新型农村社会养老保险开始试行。在此基础上，完成了 20 万平方米"暖房子"工程，8731 名"五七"家属工纳入了养老保险，"五项攻坚"确定的 70 项民生实事实现预期。

社会各项事业协调发展。进一步加强科技工作，积极上争下促，全年争取国家科技富民强县项目 1 项、省级科技计划项目 4 项，申报专利 48 件，成功创建了全国科技进步先进县(市)。坚持优先发展教育，着力改善办学条件，实施精细化管理，高考重点率、本科率明显提升，校车规范化管理启动实施，成功承办了吉林市农村学前教育现场会。扎实推进医药卫生体制改革，平稳完成了基层医疗卫生机构综合改革；新型农村合作医疗参合率位列地区第一，全年为 23.4 万人次农民报销医药费 4620 万元，启动实施"一卡通"，极大缓解了农民就医难题。加大文化活动场所建设，建成了市体育场、5 个社区文化活动中心、2 个乡镇文化站、42 个农村文化大院和 122 个农家书屋，配备健身路径 150 件(套)，组织开展了百余场群众喜闻乐见的文化体育活动。加大社会保障力度，市社会福利中心、救灾物资储备中心投入使用，全省农村社区现场会顺利召开，我市被评为全国五保供养工作先进市、全国地名工作示范市、全国城乡社会救助工作先进市、"中国民政"和"中国社会报"宣传工作全国先进单位。高度重视安全和稳定工作，扎实开展消防、道路、食品等重点领域安全隐患排查整治，认真解决群众合理诉求，保持了社会和谐稳定。

【桦甸市】 ——**概述**。桦甸市位于吉林省东南部，长白山余脉，第二松花江上游，是满族文化的发祥地，清王朝的龙脉所在。幅员面积 6626 平方公里，是吉林省幅员面积较大的县(市)之一。桦甸地处东北亚中心区域，紧邻长吉图开发开放先导区，地理位置优越、交通便捷。市区分别距离省会长春市 200 公里、吉林市 100 公里、长春龙嘉国际机场 180 公里、沈阳市 320 公里、哈尔滨市 280 公里、珲春口岸 350 公里。与周边主要城市同处两小时经济圈范围，具备打造区域中心城市的良好基础。

——**自然与历史**。桦甸地处北温带，属大陆性季风气候，四季分明、雨热同季，年平均降水 748 毫米，无霜期 135 天左右。松花江、辉发河纵贯全境，地势明显分为山地、低山丘陵、沟谷平地三部分，地貌特征为"八山一水一分田"。耕地总面积 80747 万公顷，常年粮食产量 100 万吨以上。桦甸早在旧石器时期就有人类在此繁衍生息，国家级重点文物"苏密古城"(唐代渤海国遗址)坐落在市区东部。1908 年(清光绪三十三年)设县，1988 年撤县设市，2001 年 8 月被列为建设中等城市试点市，赋予部分地级管理权限。全市共辖 5 乡、5 镇、5 个街道和 1 个省级经济开发区。总人口 45.5 万人，有朝、满、回、蒙等 20 个少数民族。

——**经济发展状况**。2011 年度实现地区生产总值 231.53 亿元，同比增长 23.2%。其中第一产业增加值 36.52 亿元，同比增长 8.1%；第二产业增加值 133.11 亿元，同比增长 26.8%；第三产业增加值 61.90 亿元，同比增长 26.1%。规模以上工业总产值完成 240 亿元，同比增长 39.1%。社会固定资产投资完成 130.3 亿元同比增长 27.75%；全口径财政收入 16.06 亿元，同比增长 51.3%；社会消费品零售总额 57.01 亿元，同比增长 14.7%。

——**农业农村工作**。深入开展"粮油高产创建活动"，建立 8 个国家级粮油高产创建万亩示范田，全市粮食作物播种面积达到 13.05 万公顷，粮食总产量达到 105 万吨。新开工农业产业化项目 67 个，固定资产投资 23.1 亿元，农产品加工企业销售收入实现 46.3 亿元。新增农业产业化园区 94 个、"一村一品"专业村 13 个、专业屯 45 个、专业大户 485 个、规模大户 811 个，建立省级畜禽标准化示范小区 54 个。积极发展园艺特产业，中药材种植面积达到 13500 公顷，同比增长 3.8%；食用菌(代料木耳)栽培 3911.8 万袋，同比增长 24%；甜粘玉米种植面积达到 4040 公顷；全市封沟养蛙 968 条，林蛙回捕量达到 9057 万只；落实晒烟种植面积 240 余公顷。按照"村民富、村庄美、村风好"目标要求，围绕"千村示范、万村提升"工程，17 个示范村共启动 12 大类、92 个项目，共投入新农村建设资金 3343.2 万元。基础设施方面，共修建水泥路 26.7 公里、桥涵 14 个、边沟 21.1 公里，治理河道 5.9 公里，建围墙 12004 延长米，改造自来水 1097 户，安装路灯 16 盏，改造泥草房 101 户。环境整治方面，共改厨 266 户，改厕 360 个，改圈 590 个，绿化美化 23.51 万株。启动了第二个"十年绿化美化吉林大地规划"，农村人居环境进一步改善。

——**招商引资项目建设**。进一步完善了招商引资项目建设相关政策和考核奖惩办法，强化市级领导、重点经济部门和专业招商组招商主体作用。武汉凯迪生物质发电、海外制药等一批科技含量大、附加值高的重大项目顺利落户桦甸，招商引资攻坚实现重大突破。实行领导包保、按月通报、现场推进、绿色通道和并联审批"4+1"项目推进机制，加大重点项目推进力度，成大弘晟和丰泰油页岩干馏厂、36 万吨无机粉体环保纸等一批资源精深加工项目相继建成投产，圆方机械精密铸造、富邦中密度板、全兴方解石超细粉、15 万吨还原铁、中医院异地新建等 35 个项目顺利竣工，吉林国贸沃尔玛大型商超、职教园区、城西小学新建等项目快速推进。全年固定资产投资完成 132.33 亿元，开工 3000 万以上项目 83 个，其中新开工项目 45 个，续建项目 38 个。

——**工业**。落实了重点纳税企业市级领导和部门包保机制，积极组织开展银企对接、激活民间资本、骨干企业运行调度和重点项目跟踪服务，帮助企业扩大生产规模，推进项目建设，协调解决生产经营中遇到的困难和问题，工业经济运行质量明显提升，重点企业纳税能力进一步增强。规模工业增加值实现 99.5 亿元，同比增长 29.6%；工业企业实缴税金 6.95 亿元,同比增长 38.2%;规模工业增加值能耗同比下降 10.2%,较年初目标多下降 5.7 个百分点;全市规模工业达到 163 户,民营经济主营业务收入完成 310 亿元,同比增长 27.4%。工业增速在吉林地区排名第一。

——商贸旅游业。国美电器、华生电器投入运营,沃尔玛大型商超及莲花河商贸一条街、科技电子城、陶瓷批发市场、综合市场、果菜批发市场等专业市场建设加快推进。编制完成了《桦甸市旅游发展总体规划(2010-2020)》,肇大鸡山、红石国家森林公园景区建设进展顺利,全年接待游客 37.5 万人次,实现旅游综合收入 1.35 亿元,分别比上年增长 70%和 55%。扎实开展"万村千乡"、"家电下乡"、"汽车下乡"、"以旧换新"等市场工程,全市社会消费品零售总额比上年增长 12 亿元。

——开发区建设。2011 年新入区项目 19 个,总投资 16.78 亿元。同时,启动了 188 公顷开发区新区建设。实现地区生产总值 42.85 亿元,同比增长 48.89%,实现工业增加值 41.25 亿元,同比增长 59.27%,区内规模工业企业达到 18 户,占全市的 11.04%。实现工业增加值 17 亿元,占全市的 18.48%,全口径财政收入 3.1912 亿元,占全市的 20%,固定资产投资 21.59 亿元,占全市的 3.53%。

——基础设施建设及城市管理。围绕中等城市建设目标,努力破解土地征用、房屋征收及融资难题,全面加快城乡基础设施建设,全年完成城市建设总投资 12.05 亿元,同比增长 16%,保证了政府承诺的各项民生实事真正落到实处,城市综合承载能力进一步增强。吉桦公路付家至蚂蚁河岭段热封工程全线竣工。恢复重建水毁桥梁 54 座 2193 延长米、水毁公路 42.9 公里, 新修农村水泥路 50.2 公里。东环路中段、光明路南延、莲花桥建设及大兴街改造、长胜街西延大修竣工通车,滨水路、滨水东路、东环大桥建设加快推进,城市路网进一步完善。新增城市绿地 2.2 万平方米。完成人民路、站前街 472 盏 LED 节能灯改造及城市重点地段亮化美化,城市品位进一步提升。改造供水管网 74 公里,完成管道天然气场站建设及 10 公里管线铺设。垃圾处理厂主体工程竣工。建设回迁安置楼 4 万平方米,配建廉租房 1.2 万平方米,为 5131 户城市住房困难家庭发放租赁补贴 610 万元;开发房地产 52.3 万平方米;完成"暖房子"改造 26.6 万平方米、小区环境综合整治 12 个,市民生活居住环境进一步改善。以"我爱我家"文明城市建设活动为载体,对市容环境、交通秩序、市场秩序、建工秩序等重点内容进行了集中整治和长效管理,投入 414 万元购置了扫道车、垃圾压缩车等环卫机械设施,城市环境质量和品位形象进一步提升。

——劳动和社会保障。新增城镇就业 10453 人,保持了零就业家庭动态为零,城镇登记失业率控制在 3.36%。发放小额担保贷款 4205 万元,扶持创业 613 人,带动就业 5100 人。转移农村劳动力 91200 人。"新农保"和"城居保"试点工作全面启动,"五七家属工"参保达到 4670 人,养老保险和失业保险参保人数分别达到 41032 人和 24102 人,超额完成年度计划任务。医疗保险、工伤保险、生育保险参保率均达 100%。新型农村合作医疗信息网络系统竣工投入使用,参合率达到 99.45%。城市低保对象达到 5845 户、10383 人,农村低保对象达到 3956 户、6826 人,城乡低保补助标准分别达到 260 元 / 月和 1660 元 / 年,实现了动态管理下的应退必退、应保尽保。实施城乡医疗救助 7764 人次,发放救助金 809.3 万元。城乡孤儿保障工作全面启动。为全市 1296 名高龄老人发放生活津贴 101.5 万元,养老服务水平进一步提高。

——社会事业。市体育馆、社会福利服务中心、儿童福利院、常山镇和二道甸子镇农村社会福利服务中心、中医院异地新建、水毁校舍维修改造及常山中学综合楼、老金厂幼儿园综合楼新建项目竣工交付使用,游泳馆完成一期建设,职教园区、城西小学异地新建和电视发射塔异地重建项目加快推进。新建 4 个城市社区用房,社区干部工资提高到 1200 元 / 月。新建农家书屋 22 个,实现了村级全覆盖。博物馆、图书馆、文化馆免费向社会开放。被科技部命名为全国科技进步先进县(市)。手足口病防治工作在吉林市卫生工作会议上介绍经验。面向社会公开招录了 60 名特岗教师、125 名医护人员和 48 名国家公务人员,接收国家重点高校免费师范生 21 人。

综合

Zong he

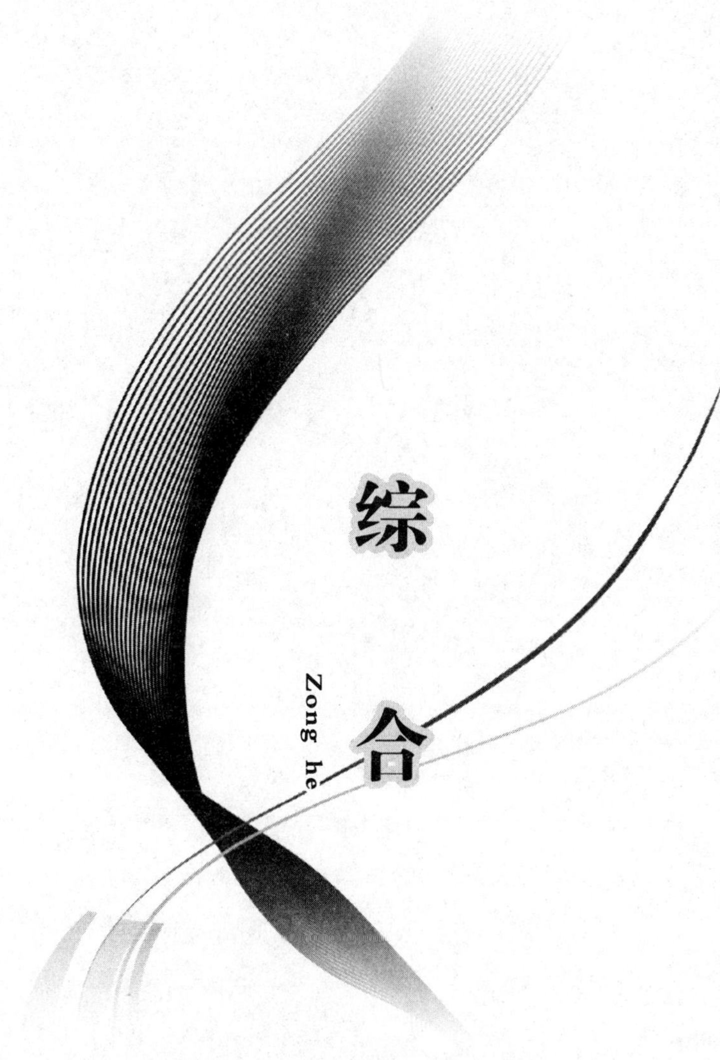

1-1 行 政 区 划(2011)

项 目	街道办事处	社 区	乡镇政府	#镇政府	村民委员会
全 市	64	310	76	55	1377
市 区	45	196	19	11	333
昌邑区(含经开)	14	68	5	3	102
船营区	11	49	4	3	70
龙潭区	13	37	6	4	108
丰满区(含高新)	7	42	4	1	53
各县(市)	19	114	57	44	1044
永吉县		14	9	7	140
舒兰市	4	29	15	10	210
磐石市	3	27	14	13	268
蛟河市	7	26	10	8	256
桦甸市	5	18	9	6	170

1-2 土地面积与人口密度(2011)

项 目	土地面积(平方公里)	年末人口(人)	人口密度(人/平方公里)
全 市	27120	4333204	159.78
市 区	3636	1830415	503.41
昌邑区	806	623830	773.98
船营区	688	463811	674.14
龙潭区	1110	479371	431.87
丰满区(含高新区)	1032	263403	255.24
永吉县	2624	395021	150.54
舒兰市	4600	662436	144.01
磐石市	3960	539445	136.22
蛟河市	6050	451733	74.67
桦甸市	6250	454154	72.66

1－3 社会经济主要指标（1986－2011）

年 份	年末总人口（人）	#市 区（人）	从业人员（人）	#单位从业人员（人）	#职工（人）	职工年平均工资（元）
1986	3964703	1169216	1735000	912912	912912	1232
1987	3986052	1199445	1799000	937287	937287	1367
1988	4004811	1227805	1874000	966207	966207	1696
1989	4052086	1253413	1997000	976119	976119	1866
1990	4125374	1274892	1999257	979120	979120	1999
1991	4151582	1298159	2019786	1007095	1007095	2223
1992	4167843	1337962	2125999	1018891	1018891	2498
1993	4192804	1352304	2140000	1011707	1011707	2928
1994	4211536	1367743	2119392	976109	976109	3837
1995	4254275	1384802	2052295	970450	970450	4812
1996	4259697	1393573	2075357	948742	948742	5639
1997	4276280	1408085	2018479	901688	893223	5767
1998	4275873	1409331	1784798	643373	636243	6713
1999	4300107	1423878	1754386	585158	582135	7274
2000	4316726	1793429	1742617	523735	521223	8193
2001	4313833	1792458	1749192	465523	461803	8485
2002	4310773	1788970	1721748	453375	448343	9295
2003	4316023	1795531	1744098	414490	410953	10610
2004	4290695	1789015	1550839	390967	386678	12694
2005	4294514	1798651	1560869	354963	351125	14902
2006	4304419	1804635	1567685	356470	354234	17209
2007	4326656	1823007	1575737	341018	337537	23037
2008	4335865	1830116	1633408	334932	328586	27116
2009	4341817	1835712	1648932	330973	323619	29299
2010	4340340	1834657	1717373	332488	328453	30992
2011	4333204	1830415	1804268	384120	377703	35088

注：1.年末总人口按户籍人口计算。 2.1998年以后为在岗职工人数和在岗职工年平均工资。

1-3 续1

单位：万元

年份	全市生产总值（现价）	第一产业	第二产业	#工业	#建筑业	第三产业	#交通运输、仓储及邮政业	#批发和零售业	人均生产总值（元）
1986	529040	87853	321481	288530	32951	119707			1319
1987	627413	89751	412569	371190	41379	125093			1561
1988	764238	107131	494401	446839	47562	162706			1898
1989	797605	86881	515282	470826	44456	195442			1968
1990	**845655**	**141423**	**506647**	**465989**	**40658**	**197585**			**2056**
1991	955345	139724	563297	513197	50100	252324			2292
1992	1082981	146248	613267	544312	68955	323466			2585
1993	1376034	183003	755978	677474	78504	437053			3268
1994	1788085	291495	920302	834302	86000	576288			4225
1995	2240745	332573	1171688	1046433	125255	736484			5256
1996	2580732	444941	1198815	1009928	188887	936976			6020
1997	2677196	501770	1066972	933369	133603	1108454			6229
1998	3025742	606886	1115713	953569	162144	1303143			7027
1999	3162958	597169	1187722	1022244	165478	1378067			7325
2000	**3527418**	**605165**	**1402416**	**1228295**	**174121**	**1519837**			**8131**
2001	3837126	657750	1500003	1302562	197441	1679373			8831
2002	4265706	714298	1706056	1397290	308766	1845352			9824
2003	4856038	775010	2049113	1695016	354097	2031915			11180
2004	5647318	886544	2506900	2168500	338400	2253874			13032
2005	6296913	1005594	2829601	2432758	396843	2461718			14498
2006	7288301	1097062	3328293	2898313	429980	2862946	509136	519918	16796
2007	10080128	1355819	4967088	4223197	743891	3757221	746344	640773	23277
2008	13003422	1564533	6356600	5405971	950629	5082289	953351	950082	30022
2009	15004776	1706002	7397882	6254250	1143632	5900892	1095475	1098922	34583
2010	**18006376**	**1944178**	**8960190**	**7666028**	**1294162**	**7102008**	**1384840**	**1242275**	**41479**
2011	22080487	2203184	11165225	9584546	1580679	8712078	1669358	1560877	50914

注：2008年数据依据第二次经济普查结果进行了调整。

1－3 续2

单位：万元

年 份	全 市 生产总值 （不变价）	第一产业	第二产业	#工 业	#建筑业	第三产业	#交通运输、仓储及邮政业	#批发和零售业
1986	413801	61507	262795	239475		89499		
1987	457572	65775	307194	279522		84550		
1988	502113	66418	338473	312690		97222		
1989	475525	52038	317722	296206		105765		
1990（1980年不变价）	**483637**	**70010**	**310827**	**290990**		**102800**		
1990（1990年不变价）	**866924**	**145486**	**520425**	**479943**		**200294**		
1991	929111	143226	545688	498240		239429		
1992	1001148	141177	552063	512103		307908		
1993	1156578	168760	614060	556389	57671	373758		
1994	1350454	182862	718568	654389	64179	449024		
1995	1470364	179701	808339	723975	84364	482324		
1996	1630752	238753	866183	769645	96538	525816		
1997	1629146	266544	754294	682337	71957	608308		
1998	1835643	322229	817462	738057	79405	695952		
1999	2015251	339223	946604	864769	81835	729424		
2000（1990年不变价）	**2227175**	**347936**	**1086880**	**1000240**	**86640**	**792359**		
2000（2000年不变价，下同）	**3527418**	**605165**	**1402416**	**1228295**	**174121**	**1519837**		
2001	3786605	657750	1504422	1314392	190030	1624433		
2002	4203014	714298	1712497	1425806	286691	1776219		
2003	4714442	763256	1962768	1651419	311349	1988418		
2004	5285047	858115	2314170	2032170	282000	2112762		
2005	5758546	941926	2536751	2214114	322637	2279869		
2006（2005年不变价）	7097604	1063477	3215350	2795980	419370	2818777	496234	513246
2007	8400595	1145019	3878550	3268353	610197	3377026	617988	589542
2008	10156727	1244863	4531901	3819125	712776	4379963	768460	826949
2009	11830823	1321169	5394025	4533051	860974	5115629	892191	983023
2010	**13306964**	**1389822**	**6066342**	**5144640**	**921702**	**5850800**	**1042586**	**1073198**
2011（2010年不变价）	20583660	2044115	10553034	9093497	1459537	7986511	1582330	1411281

1－3 续3

单位：万元

年 份	工业总产值（当年价）	工业增加值	工业利税	农林牧渔业总产值	农林牧渔业增加值
1986	619049	288530	168494	236802	87853
1987	785727	371190	208232	132705	89751
1988	937607	446839	188832	166205	107131
1989	1068822	470826	269759	148432	86881
1990	**1319558**	**477650**	**229425**	**214664**	**141423**
1991	1484962	513197	227791	216213	139724
1992	1681203	502910	195120	223898	146248
1993	2176400	620100	256500	273275	183003
1994	2741064	832996	344409	456231	291495
1995	2841660	858519	283935	525316	336431
1996	3171170	951859	243448	702453	455048
1997	3537134	743618	90032	793504	518352
1998	3232326	666635	55485	962593	631823
1999	3405520	722614	116918	959785	625474
2000	**4089784**	**895426**	**248605**	**999808**	**642619**
2001	3414062	940376	167057	1083124	704982
2002	3569462	1036283	257059	1175270	773013
2003	4543570	1320708	447230	1300442	853297
2004	6415358	1869223	816679	1391317	991910
2005	7547385	1717786	313229	1573247	1013366
2006	9023937	2057013	191365	1725102	1095551
2007	12228681	3286398	991799	2115975	1353803
2008	16112112	4377915	224054	2571606	1661895
2009	16975232	4896413	1547499	2640970	1706265
2010	**21041552**	**6259727**	**1716610**	**2998785**	**1944178**
2011	27658209	8020828	2454462	3852392	2203184

注：1997年以前工业总产值和工业增加值、工业利税为乡及乡以上独立核算工业企业数据，1998年以后为规模工业；2011年规模工业统计范围的起点标准从年主营业务收入500万元提高到2000万元。

1－3 续4

单位：万元

年 份	固定资产投资总额	房地产投资	新 增固定资产	竣工房屋面 积（万m^2）	#住宅（万m2）	建筑业总产值
1986	101892		86517	111.0	63.6	96675
1987	131870		117719	123.7	71.7	117215
1988	154431		108269	143.9	82.2	140435
1989	145492	6495	147020	100.7	39.5	129054
1990	**115062**	**9979**	**106603**	**75.0**	**41.9**	**129938**
1991	164975	19027	123176	102.5	65.9	165031
1992	266176	34799	214519	142.8	99.2	255056
1993	414078	93203	247203	179.8	136.0	358419
1994	629646	90539	291380	162.0	99.9	363486
1995	814914	58368	244917	162.8	101.4	368252
1996	1003160	61049	1392189	183.9	122.0	446834
1997	786416	66031	466875	150.5	85.2	355802
1998	858399	135627	1375031	251.6	174.0	404014
1999	951110	165091	705533	265.8	152.1	442804
2000	**1058205**	**180677**	**735947**	**316.8**	**170.4**	**607995**
2001	1300023	245713	884354	406.9	227.3	471160
2002	2510158	293069	1923906	604.3	198.1	442233
2003	3110848	305781	2156253	561.0	213.5	482748
2004	3500630	304979	1919098	358.2	144.1	490828
2005	4550403	335000	3030685	382.5	78.3	499463
2006	6917666	465747	5143368	783.0	173.9	599212
2007	9050217	702812	6495501	1161.4	284.1	796177
2008	12000456	870259	10583967	1233.5	330.4	1183866
2009	14900020	992619	12276623	1133.4	296.2	1236614
2010	**19500182**	**1394912**	**15437239**	**1295.55**	**309.94**	**1590290**
2011	14987040	2061979	12447965	835.72	262.2	2132652

注：2011年固定资产投资统计范围由计划总投资50万元及以上调整为500万元及以上建设项目。

1－3 续5

单位：万元

年 份	全 口 径 财政收入	体制收入	财政支出	财政收入占 GDP比重（%）	人均财政收 入（元）
1986	79281		51809	15.0	200.0
1987	94337		60633	15.0	236.7
1988	111523		70723	14.6	278.5
1989	130851		84106	16.4	322.9
1990	135301		74557	16.0	328.0
1991	151550	62246	73225	15.9	365.0
1992	143183	59632	79832	13.2	343.5
1993	188843	65879	112147	13.7	450.4
1994	237869	73088	126634	13.3	564.8
1995	259282	80284	147855	11.6	609.5
1996	314946	114474	183011	12.2	739.4
1997	337843	168006	196914	12.6	790.0
1998	343391	134770	215126	11.3	803.1
1999	344086	142270	237466	10.9	800.2
2000	336091	138478	240498	9.5	778.6
2001	363744	145833	304746	9.5	843.2
2002	412915	162591	361445	9.7	957.9
2003	484899	184800	416544	10.0	1123.5
2004	561752	197301	576894	9.9	1309.2
2005	670286	235100	674767	10.6	1560.8
2006	656511	276693	791514	9.0	1525.2
2007	1005707	408408	987682	10.0	2324.4
2008	1106248	533313	1358728	8.5	2551.4
2009	1574626	609955	1647383	10.5	3626.7
2010	1922528	731926	2137792	10.7	4429.4
2011	2451583	1019525	2515671	11.1	5657.7

1－3 续6

单位：万元

年 份	金融机构存款余额（本币）	#年末储蓄存款余额	金融机构贷款余额（本币）	社会消费品零售总额	居民消费价格总指数（%）	#零售价格指数（%）
1986	211085	110201	429533	281345	106	105.7
1987	272437	155223	496115	320434	107.5	107.9
1988	346625	218175	578719	419225	120.6	120.8
1989	364761	286735	671504	468364	117.1	116.9
1990	464861	377279	868725	460545	104.9	104.3
1991	577822	486262	1051223	534148	107	105.7
1992	692771	584595	1171331	592897	107.3	107.1
1993	859074	700972	1440188	607138	114.6	112.7
1994	1121309	982878	1680113	756313	129.9	118.7
1995	1400787	1333639	1965484	883071	115.1	114.2
1996	1814218	1761195	2427485	1008555	107.3	105.3
1997	2139617	1880889	2888266	1119574	102.9	101.7
1998	2642245	2278804	3418811	1239058	99.1	97.9
1999	2938957	2478330	3841952	1356893	98	97
2000	3060751	2875611	3276223	1477657	99	98.2
2001	4077305	3182217	3880348	1679800	102.3	101.7
2002	4453253	3449011	4038974	1898007	99.7	99.2
2003	5173669	3924420	4264813	2154238	101.3	100.8
2004	5878717	4460401	4072319	2458201	103.8	102.9
2005	6803918	5180840	3344319	2829852	101.7	101.4
2006	7839084	5719736	4004190	3274591	101.3	101.2
2007	8357583	5963848	4477797	3851079	105.3	103.2
2008	9906065	7238876	4811521	4746702	105.9	105.7
2009	11812021	8143372	6209744	5787669	99.6	97.3
2010	13349505	8866054	7154018	6840243	103.5	104
2011	14879612	9769124	8328074	8038668	104.8	105.3

注：1990—2000年为银行存贷款余额，2001年以后为金融机构信贷收支。社会消费品零售总额2005—2008年数据依据第二次经济普查情况进行了修订。

1－3 续7

注：1.2009年，因我市公路采取GPS定位重新测量，所以公路线路里程数比上年有所减少。
2.根据交通部统一要求，自2009年开始采取新口径计算客、货运量及周转量，2008年数据同口径调整。

年份	交通部门旅客运输量（万人）	#铁路（万人）	#公路（万人）	交通部门货物运输量（万吨）	#铁路（万吨）	#公路（万吨）
1986	3917	1714	2198	3057	1643	1411
1987	4028	1801	2221	3299	1739	1559
1988	4251	1899	2345	3741	1799	1940
1989	3697	1754	1929	3187	1809	1377
1990	**3226**	**1404**	**1783**	**3836**	**1779**	**2055**
1991	3252	1367	1860	3739	1718	2019
1992	3473	1398	2023	3921	1778	2142
1993	3210	1445	1538	3768	1746	2021
1994	3150	1474	1633	3794	1756	2006
1995	3071	1351	1686	3944	1693	2221
1996	3552	1684	1835	4010	1684	2289
1997	3300	1252	2019	4609	1983	2374
1998	3053	964	2069	4115	1516	2359
1999	3498	1265	2218	4174	1688	2468
2000	**3541**	**1219**	**2307**	**4152**	**1573**	**2565**
2001	4094	1646	2429	4704	2086	2600
2002	3917	1492	2411	4786	2097	2671
2003	4194	1331	2845	5298	2250	3032
2004	4843	1346	3476	6013	2505	3490
2005	4406	784	3560	5448	1855	3593
2006	4753	797	3888	5706	1769	3928
2007	4828	811	3954	6035	1737	4298
2008	10919.8	866	9976	5514.7	1826	3680
2009	11059.2	868.5	10100	6489.4	2087	4392
2010	**11118.7**	**789.9**	**10251**	**7913.0**	**2259**	**5654**
2011	11732.4	1031.2	10605	9181.0	2389	6792

1-3 续8

单位：万美元

年 份	合同利用外资额	#外商直接投资	实际利用外资额	#外商直接投资	进出口总额	#进口	#出口	旅游总收入（万元）	国内旅游人数（万人次）
1986									
1987	278	93	383						
1988	1613	1613	124	114					
1989	131	131	127	127					
1990	1005	1005	691	691					
1991	2380	1768	1057	445					
1992	4330	4330	1691	1691					
1993	7229	5047	4363	3030					
1994	6111	3909	3576	1707					
1995	6836	3320	4000	1889					
1996	5650	3968	4668	2006					
1997	10914	5941	5568	3442	42804	23751	19053		
1998	12621	10152	6050	3581	32754	14887	17867		
1999	10347	8047	7258	5958	30215	11877	18338	120123	581
2000	11932	8932	8030	5030	33790	17254	16536	159600	450
2001	11253	10053	6721	5521	31889	16147	15742	210000	497
2002	31352	26411	11681	6539	24892	11293	13599	285000	550
2003	66218	10026	30299	6020	25675	8522	17153	370000	728
2004	45929	13106	18815	6641	46705	17968	28737	410000	757
2005	61688	16090	22282	7071	68678	28744	39934	460000	780
2006	72578	11163	25183	8452	74695	29241	45454	560000	894
2007	74372	14517	28859	9103	95858	39626	56232	708000	1029
2008	74704	20872	32118	10929	140567	58768	81798	937500	1216
2009	75816	14047	37200	12009	76565	35310	41255	1255200	1475
2010	79229	13364	45221	14012	84566	29353	55213	1642900	1762
2011	84958	14190	61309	16048	127031	69624	57407	2165800	2042.5

注：进出口总额数据由吉林海关提供。

1-3 续9

年份	城镇人均住房使用面积(m^2)	农村人均居住面积(m^2)	城镇居民人均年可支配收入(元)	城镇居民人均年消费性支出(元)	城镇居民恩格尔系数(%)	农村居民人均年纯收入(元)	农村居民恩格尔系数(%)
1986	4.9		842	753	55.54	444	
1987	5.0		933	816	56.35	494	
1988	5.2	13.4	1162	1126	49.24	556	
1989	5.4	13.1	1365	1249	52.44	502	
1990	**5.6**	**14.2**	**1457**	**1293**	**53.55**	**641**	
1991	5.7	14.0	1612	1423	55.26	666	
1992	6.0	13.8	1952	1715	50.74	743	
1993	6.2	14.2	2337	1997	49.31	882	63.67
1994	6.4	13.4	2871	2515	48.83	1247	66.24
1995	6.6	14.0	3393	2949	48.31	1461	60.35
1996	6.9	16.9	4262	3423	47.63	1875	54.79
1997	7.3	17.6	4678	3711	45.50	1964	53.56
1998	7.7	18.2	4732	3846	43.31	1996	52.16
1999	8.1	19.4	5016	4012	40.81	2035	49.59
2000	**8.6**	**18.0**	**5365**	**4458**	**38.46**	**2066**	**45.37**
2001	9.1	18.3	5883	4801	37.98	2113	44.69
2002	13.1	18.4	6710	5280	36.72	2394	46.24
2003	13.3	20.2	7700	5875	34.30	2700	41.25
2004	14.1	20.5	8550	6540	35.22	3201	43.21
2005	14.8	20.6	9230	7744	34.77	3449	42.20
2006	14.6	20.9	10155	8346	33.80	3905	38.63
2007	14.9	21.6	12501	10048	31.65	4496	38.10
2008	16.4	22.0	14000	10449	34.80	5281	38.13
2009	16.8	23.4	15541	12266	30.74	5647	35.60
2010	**17.6**	**22.8**	**16936**	**13223**	**29.42**	**6594**	**34.45**
2011	18.7	22.9	19560	13506	31.32	7952	37.86

注：2001年及以前为城镇人均居住面积，与2002年以后不可比，2003年农村居民人均年纯收入为全面抽样调查口径。

1－3 续10

单位：人

年 份	在校学生数				
	高等院校	中等职业教育学校	技工学校	普通中学	小 学
1986	8558	30365	6147	217839	522514
1987	9664	33711	8203	210493	511031
1988	10523	36429	9279	201095	494136
1989	10739	35691	11275	182166	476074
1990	11005	33864	11880	182313	458885
1991	11345	35190	13300	195568	440000
1992	12022	35778	14586	211945	426735
1993	13371	36990	15947	220561	414072
1994	14729	39897	17489	215969	414650
1995	15568	44944	17364	259492	414550
1996	15924	49766	16190	227319	418053
1997	16518	51499	12964	226660	425784
1998	17023	60834	7946	220405	419517
1999	16581	60834	4620	220405	419517
2000	22000	45319	3157	248693	376587
2001	22000	38582	2743	260029	347416
2002	25947	35196	2919	265949	322188
2003	38494	44230	5049	269593	292824
2004	48486	40823	5049	267913	274517
2005	65908	51874	7399	258788	252967
2006	62845	55464	13843	246562	238800
2007	69431	56547	6982	232502	237566
2008	76733	57986	7919	222197	233139
2009	114656	61394	3218	211145	226047
2010	118570	60391	5651	205337	221112
2011	121592	58110	5353	200079	223664

注：2005年职业学校在校学生数为职业高中在校学生数。

1-3 续11

年份	卫生事业机构数（个）	#医院（个）	床位数（张）	#医院（张）	卫生技术人员（人）	#医生（人）
1986	817	207	17353	15088	20892	7778
1987	831	211	18932	16426	21294	7980
1988	802	212	19042	16477	21634	8657
1989	775	213	18976	16782	22121	8991
1990	**760**	**214**	**18705**	**16601**	**22715**	**9326**
1991	734	208	19123	16710	23419	9572
1992	711	210	19123	16982	23697	9402
1993	688	211	19698	17266	23648	9716
1994	667	213	19203	16893	23954	9647
1995	660	213	18947	16766	23722	9935
1996	1066	213	18973	14656	24106	10249
1997	1060	214	18587	17043	23795	10117
1998	1127	213	18025	14366	23585	10202
1999	1321	213	17579	13867	23754	10594
2000	**1280**	**214**	**16657**	**13219**	**22974**	**10232**
2001	1480	214	17233	13489	22987	10563
2002	2357	255	16591	13427	24037	10014
2003	3384	255	16270	13133	24876	9972
2004	3511	258	16851	13538	19664	8839
2005	3885	253	17406	14007	19339	8645
2006	3928	253	17866	14418	20200	8969
2007	3991	260	18116	14552	22973	10371
2008	4001	256	18850	14895	24440	10598
2009	3832	248	19529	14806	24908	10706
2010	**3830**	**245**	**21232**	**16548**	**26290**	**11593**
2011	3823	234	21313	16736	24775	10194

1－4 国民经济主要比例关系（2005-2011）

单位：%

指　　标	2005	2006	2007	2008	2009	2010	2011
一、全市生产总值中一、二、三产业比例							
第一产业	16.0	15.1	13.5	12.0	11.4	10.8	10.0
第二产业	44.9	45.7	49.3	48.9	49.3	49.8	50.5
第三产业	39.1	39.2	37.2	39.1	39.3	39.4	39.5
二、工业总产值中轻重工业比例							
轻工业	11.9	13.5	18.2	20.1	22.8	23.9	24.8
重工业	88.1	86.5	81.8	79.9	77.2	76.1	75.2
三、农林牧渔业总产值中农林牧渔业比例							
农　业	48.1	49.7	47.5	45.5	45.4	45.9	47.1
林　业	2.8	3.2	2.9	3.0	3.0	3.1	2.3
牧　业	45.3	43.0	45.4	47.7	44.3	43.8	43.9
渔　业	3.0	3.3	3.4	3.0	2.8	3.1	2.9
农林牧渔服务业	0.8	0.8	0.9	0.8	4.5	4.1	3.8
四、农业人口与非农业人口比例							
农业人口	50.8	51.1	51.1	51.1	51.2	51.3	51.4
非农业人口	49.2	48.9	48.9	48.9	48.8	48.7	48.6
五、粮食与经济作物播种面积比例							
粮食作物	92.2	91.5	91.7	91.9	92.6	93.1	93.3
经济作物	1.3	1.3	1.2	1.2	1.0	0.9	0.9
其他作物	6.5	7.2	7.1	6.9	6.4	6.0	5.8
六、一、二、三产业人员比例							
第一产业	47.2	47.5	46.5	44.9	44.9	44.2	41.5
第二产业	19.0	19.7	19.8	21.0	21.0	20.5	22.1
第三产业	33.8	32.8	33.7	34.1	34.1	35.3	36.4

1-5 平均每天主要社会经济活动（2005-2011）

指　　标	单 位	2005	2006	2007	2008	2009	2010	2011
全市生产总值（现价）	**万　元**	**17252**	**19968**	**27617**	**35619**	**41109**	**49333**	**60494.0**
工业总产值（现价）	万　元	20678	24723	33503	44142.8	46507.4	57648.1	75775.0
农业总产值（现价）	万　元	4310	4726	5797	7045.5	7235.5	8215.8	10554.0
主要工业产品产量								
原煤	万　吨	0.62	0.55	0.92	1.2	1.2	1.55	1.9
发电量	万千瓦时	3707	3482	3548	3372.6	3449.3	4120.5	3890.4
钢	吨	3500	5018	4400	4831.8	4934.4	4741.2	7223.3
铁合金	吨	874	1135	1377	1229.6	1092.4	1127.3	1343.2
化学纤维	吨	595	620	925	641.6	742.3	675.1	714.2
纱	吨	20	25	24	65.1	72.7	82.6	100.9
啤酒	吨	689	808	932	856.2	746.1	680.8	605.8
汽油	吨	2869	2871	2958	2899.6	3061.9	3522.8	4356.9
柴油	吨	8232	7779	7315	7019.6	7829.9	7898.4	10414.8
乙烯	吨	1401	2060	2391	2176.2	2297.4	2283.1	2205.1
汽车	辆	172	191	137	104.1	224.6	412.1	328.3
固定资产投资完成额	万　元	12467	18953	24795	32878.0	40822.0	53425.2	41060.0
房屋竣工面积	万平方米	1.05	2.14	3.18	3.38	3.10	3.55	2.3
社会消费品零售额	万　元	7779	9032	10657	13179.7	15856.6	18740.4	22023.8

1-6 主要指标占全国全省比重（2011）

指　　标	单 位	全 国	全 省	吉林市	吉林市占全国比重（%）	吉林市占全省比重（%）
一、生产总值	**亿元**	**471564**	**10530.7**	**2208.0**	**0.47**	**21.00**
第一产业	亿元	47712	1277.4	220.3	0.46	17.20
第二产业	亿元	220592	5601.2	1116.5	0.51	19.90
第三产业	亿元	203260	3652.1	871.2	0.43	23.90
二、主要工业产品产量						
原煤	万吨	352000	5373.9	677.1	0.19	12.60
发电量	亿千瓦时	47000.7	701.9	142.1	0.30	20.25
钢材	万吨	88258.2	1069.0	263.0	0.30	24.60
化学纤维	万吨	3390	29.6	26.1	0.77	88.18
乙烯	万吨	1527.5	80.5	80.5	5.27	100.00
汽车	万辆	1841.6	163.2	12.0	0.65	7.35
三、主要农产品产量						
粮食	万吨	57121	3171	365.4	0.64	11.52
油料	万吨	3279	69.56	0.6	0.02	0.86
蔬菜	万吨	67700	971.3	229.0	0.34	23.58
肉类产量	万吨	7957	236.2	43.4	0.55	18.37
四、全社会固定资产投资额	**亿元**	**311022**	**7441.7**	**1498.7**	**0.48**	**20.14**
五、社会消费品零售总额	**亿元**	**183919**	**4116.1**	**803.9**	**0.44**	**19.53**
六、高等学校在校学生	**万人**	**2308.5**	**56.3**	**12.16**	**0.53**	**21.60**

国民经济核算
Guo min jing ji he suan

2－1 主要年份全市生产总值

（按当年价格计算） 单位：万元

年份	全市生产总值	第一产业	第二产业	#工业	第三产业	#交通运输、仓储及邮政业	#批发和零售业	人均生产总值（元）
1949	23754	14874	4212	3945	4668			142
1952	39395	19551	11494	10487	8350			225
1957	64658	19285	29855	25913	15518			311
1962	86553	22668	43813	40642	20072			341
1965	119891	32447	67454	63648	19990			425
1970	175031	53134	96869	93408	25028			542
1975	197980	53355	117224	110652	27401			548
1978	225899	51362	141804	132445	32733			598
1980	242677	39459	161652	146612	41566			624
1985	449654	79159	278911	245105	91584			1124
1988	764238	107131	494401	446839	162706			1898
1989	797605	86881	515282	470826	195442			1968
1990	845655	141423	506647	465989	197585			2056
1991	955345	139724	563297	513197	252324			2292
1992	1082981	146248	613267	544312	323466			2585
1993	1376034	183003	755978	677474	437053			3268
1994	1788085	291495	920302	834302	576288			4225
1995	2240745	332573	1171688	1046433	736484			5256
1996	2580732	444941	1198815	1009928	936976			6020
1997	2677196	501770	1066972	933369	1108454			6229
1998	3025742	606886	1115713	953569	1303143			7027
1999	3162958	597169	1187722	1022244	1378067			7325
2000	3527418	605165	1402416	1228295	1519837			8131
2001	3837126	657750	1500003	1302562	1679373			8831
2002	4265706	714298	1706056	1397290	1845352			9824
2003	4856038	775010	2049113	1695016	2031915			11180
2004	5647318	886544	2506900	2168500	2253874			13032
2005	6296913	1005594	2829601	2432758	2461718			14498
2006	7288301	1097062	3328293	2898313	2862946	509136	519918	16796
2007	10080128	1355819	4967088	4223197	3757221	746344	640773	23277
2008	13003422	1564533	6356600	5405971	5082289	953351	950082	30022
2009	15004776	1706002	7397882	6254250	5900892	1095475	1098922	34583
2010	18006376	1944178	8960190	7666028	7102008	1384840	1242275	41479
2011	22080487	2203184	11165225	9584546	8712078	1669358	1560877	50914

注：2-1至2-13表中2008年数据已按第二次经济普查结果进行了调整。

2-2 主要年份全市生产总值构成

（以全市生产总值为100）　　单位：%

年 份	全 市 生产总值	第一产业	第二产业	#工 业	第三产业
1949	100.0	62.6	17.7	16.6	19.7
1952	100.0	49.6	29.2	26.6	21.2
1957	100.0	29.8	46.2	40.1	24.0
1962	100.0	26.2	50.6	47.0	23.2
1965	100.0	27.1	56.3	53.1	16.6
1970	**100.0**	**30.4**	**55.3**	**53.4**	**14.3**
1975	100.0	26.9	59.2	55.9	13.7
1978	100.0	22.7	62.8	58.6	14.5
1980	**100.0**	**16.3**	**66.6**	**60.4**	**17.1**
1985	100.0	17.6	62.0	54.5	20.4
1988	100.0	14.0	64.7	58.5	21.3
1989	100.0	10.9	64.6	59.0	24.5
1990	**100.0**	**16.7**	**59.9**	**55.1**	**23.4**
1991	100.0	14.6	59.0	53.7	26.4
1992	100.0	13.5	56.6	50.3	29.9
1993	100.0	13.3	54.9	49.2	31.8
1994	100.0	16.3	51.5	46.7	32.2
1995	100.0	14.8	52.3	46.7	32.9
1996	100.0	17.2	46.5	39.1	36.3
1997	100.0	18.7	39.9	34.9	41.4
1998	100.0	20.1	36.9	31.5	43.0
1999	100.0	18.9	37.6	32.3	43.5
2000	**100.0**	**17.2**	**39.8**	**34.8**	**43.0**
2001	100.0	17.1	39.1	33.9	43.8
2002	100.0	16.7	40.0	32.8	43.3
2003	100.0	16.0	42.2	34.9	41.8
2004	100.0	15.7	44.4	38.4	39.9
2005	100.0	16.0	44.9	38.6	39.1
2006	100.0	15.1	45.7	39.8	39.2
2007	100.0	13.5	49.3	41.9	37.2
2008	100.0	12.0	48.9	41.6	39.1
2009	100.0	11.4	49.3	41.7	39.3
2010	**100.0**	**10.8**	**49.8**	**42.6**	**39.4**
2011	100.0	10.0	50.5	43.4	39.5

2-3 主要年份全市生产总值指数

上年=100

年 份	全 市 生产总值	第一产业	第二产业	#工 业	第三产业	人 均 生产总值
1949						
1952	116.1	118.9	118.6	120.0	109.6	111.7
1957	107.5	97.1	116.9	126.3	104.4	106.4
1962	92.8	104.2	88.3	90.5	92.4	89.7
1965	115.4	122.4	116.2	118.1	104.6	112.7
1970	151.5	234.3	145.3	147.0	102.9	147.0
1975	103.3	103.6	103.0	101.9	103.8	101.7
1978	120.5	112.2	126.1	125.5	109.6	118.5
1980	101.8	69.3	114.9	114.1	104.4	100.5
1985	101.1	78.4	107.5	106.7	106.2	101.1
1988	109.9	101.0	110.2	111.9	115.0	109.7
1989	94.8	78.3	93.9	94.7	108.8	94.1
1990	101.6	134.5	97.8	98.2	97.2	100.3
1991	107.2	98.4	104.9	103.8	119.5	105.9
1992	107.8	98.6	101.2	102.8	128.6	107.2
1993	115.5	119.5	111.2	108.6	121.4	114.9
1994	116.8	108.4	117.0	117.6	120.1	116.2
1995	108.9	98.3	112.5	110.6	107.4	108.1
1996	110.9	132.9	107.2	106.3	109.0	110.3
1997	99.9	111.6	87.1	88.7	115.7	99.6
1998	112.7	120.9	108.4	108.2	114.4	112.5
1999	109.8	105.3	115.8	117.2	104.8	109.5
2000	110.5	102.6	114.8	115.7	108.6	110.0
2001	107.3	108.7	107.3	107.0	106.9	107.2
2002	111.0	108.6	113.8	108.5	109.3	111.1
2003	112.2	106.9	114.6	115.8	111.9	112.1
2004	112.1	112.4	117.9	123.1	106.3	112.4
2005	109.0	109.8	109.6	109.0	107.9	108.7
2006	112.7	104.8	113.6	114.9	114.9	112.8
2007	118.4	107.7	120.6	116.9	119.8	118.6
2008	120.9	108.7	116.8	116.9	129.7	120.9
2009	116.5	106.1	119.0	118.7	116.8	116.3
2010	112.5	105.2	112.5	113.5	114.4	112.4
2011	114.3	105.1	117.8	118.6	112.5	114.4
1977~2011平均每年增长	9.9	6.6	9.7	9.6	12.3	8.9
1990~2011平均每年增长	11.9	8.4	11.3	11.3	14.1	10.7
1995~2011平均每年增长	11.8	10.0	11.6	11.7	12.5	10.6
2000~2011平均每年增长	13.3	7.7	14.8	14.7	13.5	12.0

2－4 第三产业增加值构成（2007-2011）

单位：%

行　　业	2007	2008	2009	2010	2011
总　　计	**100.0**	**100.0**	**100.0**	**100.0**	**100.0**
交通运输、仓储及邮政业	19.9	18.8	18.6	19.5	19.2
信息传输、计算机服务和软件业	8.1	7.6	7.3	7.2	6.8
批发和零售业	17.1	18.7	18.6	17.5	17.9
住宿和餐饮业	6.3	5.9	5.7	5.7	5.5
金融保险业	6.5	6.5	6.4	6.1	5.6
房地产业	9.1	9.9	9.5	9.4	9.9
租赁和商务服务业	4.5	4.3	4.6	4.8	5.1
科学研究、技术服务和地质勘查业	1.2	2.2	2.3	2.3	2.5
水利、环境和公共设施管理业	1.0	0.8	0.8	0.8	0.8
居民服务和其他服务业	4.3	4.2	4.3	4.4	4.5
教育	8.0	7.8	8.2	8.3	8.1
卫生、社会保障和社会福利业	4.3	5.0	5.2	5.3	5.3
文化、体育和娱乐业	0.8	1.2	1.2	1.3	1.2
公共管理和社会组织	9.0	7.3	7.4	7.4	7.5

2－5 第三产业增加值指数（2007-2011）

（按可比价格计算　上年=100）

行　　业	2007	2008	2009	2010	2011
总　　计	**119.8**	**129.7**	**116.8**	**114.4**	**112.5**
交通运输、仓储及邮政业	124.5	124.3	116.1	116.9	114.3
信息传输、计算机服务和软件业	110.0	126.7	110.3	119.0	110.4
批发和零售业	114.9	140.3	118.9	109.2	113.6
住宿和餐饮业	112.6	114.4	114.0	119.0	109.8
金融保险业	117.6	126.4	114.5	109.9	105.4
房地产业	112.5	138.5	111.7	111.5	118.6
租赁和商务服务业	111.6	126.3	124.8	115.5	115.7
科学研究、技术服务和地质勘查业	106.0	238.3	122.3	115.4	118.9
水利、环境和公共设施管理业	128.5	101.3	121.2	116.2	112.6
居民服务和其他服务业	120.6	129.4	118.9	117.0	111.0
教育	134.1	128.9	117.6	116.3	107.9
卫生、社会保障和社会福利业	127.6	150.2	120.0	114.6	111.4
文化、体育和娱乐业	118.8	202.2	120.9	116.3	101.7
公共管理和社会组织	136.0	103.2	118.5	115.7	111.4

2-6 三次产业增量贡献率

（按可比价格计算）

单位：%

年份	全市生产总值	第一产业	第二产业	#工业	第三产业
1990	100.0	231.8	-88.9	-68.4	-42.9
1991	100.0	-3.6	40.6	29.4	63.0
1992	100.0	-2.8	8.8	19.2	94.0
1993	100.0	17.7	39.9	28.5	42.4
1994	100.0	7.3	53.9	50.5	38.8
1995	100.0	-2.6	74.9	58.0	27.7
1996	100.0	36.8	36.1	28.5	27.1
1997					
1998	100.0	27.0	30.6	27.0	42.4
1999	100.0	9.5	71.9	70.5	18.6
2000	100.0	4.1	66.2	63.9	29.7
2001	100.0	20.3	39.4	33.2	40.3
2002	100.0	13.6	50.0	26.8	36.4
2003	100.0	9.6	48.9	44.1	41.5
2004	100.0	16.6	61.6	66.7	21.8
2005	100.0	17.7	47.0	38.4	35.3
2006	100.0	7.2	48.2	45.4	44.6
2007	100.0	6.3	50.9	36.3	42.8
2008	100.0	5.7	37.2	31.4	57.1
2009	100.0	4.6	51.5	42.6	43.9
2010	100.0	4.7	45.5	41.4	49.8
2011	100.0	3.9	61.8	55.4	34.3

注：产业贡献率指各产业增加值增量与GDP增量之比。

2-7 三次产业拉动率

（按可比价格计算）

单位：%

年份	全市生产总值	第一产业	第二产业	#工业	第三产业
1990	1.6	3.8	-1.4	-1.1	-0.8
1991	7.2	-0.3	2.9	2.1	4.6
1992	7.8	-0.2	0.7	1.5	7.3
1993	15.5	2.8	6.2	4.4	6.5
1994	16.8	1.2	9.0	8.5	6.6
1995	8.9	-0.2	6.6	5.2	2.5
1996	10.9	4.0	3.9	3.1	3.0
1997	-0.1	1.7	-6.9	-5.4	5.1
1998	12.7	3.4	3.9	3.4	5.4
1999	9.8	0.9	7.0	6.9	1.9
2000	10.5	0.4	7.0	6.7	3.1
2001	7.3	1.5	2.9	2.4	2.9
2002	11.0	1.5	5.5	2.9	4.0
2003	12.2	1.2	6.0	5.4	5.0
2004	12.1	2.0	7.5	8.1	2.6
2005	9.0	1.6	4.2	3.4	3.2
2006	12.7	0.9	6.1	5.8	5.7
2007	18.4	1.1	9.4	6.7	7.9
2008	20.9	1.2	7.8	6.6	11.9
2009	16.5	0.8	8.5	7.0	7.2
2010	12.5	0.6	5.7	5.2	6.2
2011	14.3	0.6	8.8	7.9	4.9

注：产业拉动率指GDP增长速度与各产业贡献率之乘积。

2-8 总产出

单位：万元

指标	按当年价格计算		按可比价格计算		
	绝对数		绝对数		以上年为100的速度（%）
	2011	2010	2011	2010	2011
总计	61670011	49272114	57568890	49272114	116.8
第一产业	3852392	2998785	3371423	2998785	112.4
农、林、牧、渔业	3852392	2998785	3371423	2998785	112.4
农业	1815216	1376032	1692301	1376032	123.0
林业	88448	92653	80876	92653	87.3
畜牧业	1691327	1314949	1357310	1314949	103.2
渔业	111852	91807	102713	91807	111.9
农、林、牧、渔服务业	145549	123344	138223	123344	112.1
第二产业	39240762	31149096	37124087	31149096	119.2
工业	35059072	27519670	33262877	27519670	120.9
采掘业	1748023	1318489	1658466	1318489	125.8
制造业	32545622	25486865	30878199	25486865	121.2
电力、燃气及水的生产和供应业	765427	714316	726212	714316	101.7
建筑业	4181690	3629426	3861210	3629426	106.4
第三产业	18576857	15124233	17073380	15124233	112.9
交通运输、仓储及邮政业	4499241	3762050	4264683	3762050	113.4
交通运输和仓储业	4445305	3720477	4213559	3720477	113.3
邮政业	53936	41573	51124	41573	123.0
信息传输、计算机服务和软件业	1216112	1032309	1158202	1032309	112.2
电信和其他信息传输服务业	1117108	956776	1063912	956776	111.2
批发和零售业	3628259	2849336	3280523	2849336	115.1
批发业	2418874	1824772	2187047	1824772	119.9
零售业	1209385	1024564	1093476	1024564	106.7
住宿和餐饮业	1370076	1131550	1250660	1131550	110.5
住宿业	312225	247426	297641	247426	120.3
餐饮业	1057851	884124	953019	884124	107.8
金融业	1226931	1103492	1132900	1103492	102.7
银行业	946093	850916	873585	850916	102.7
证券业	11829	10721	10922	10721	101.9
保险业	252537	228672	233183	228672	102.0
其他金融活动	16472	13183	15210	13183	115.4
房地产业	1521191	1154006	1388725	1154006	120.3
房地产管理业	291965	202927	265423	202927	130.8
房地产开发与经营业	795196	571085	722905	571085	126.6
城市居民自有住房	267193	232887	246488	232887	105.8
农村居民自有住房	166837	147107	153909	147107	104.6
租赁和商务服务业	770052	606857	688161	606857	113.4
科学研究、技术服务和地质勘查业	499945	374587	450807	374587	120.3
水利、环境和公共设施管理业	99680	80910	89883	80910	111.1
居民服务和其他服务业	747083	614247	667634	614247	108.7
教育	872469	718744	786717	718744	109.5
卫生、社会保障和社会福利业	922934	725632	832222	725632	114.7
文化、体育和娱乐业	195391	166543	174612	166543	104.8
公共管理和社会组织	1007493	803970	907651	803970	112.9

2-9 全市生产总值构成项目（2011）

单位：万元

指　　标	增加值	劳动者报酬	生产税净额	#补贴	固定资产折旧	营业盈余
生产总值	22080487	9337885	3111437	106188	3876508	5754657
第一产业	2203184	2007081	-57411	58005	115105	138409
农、林、牧、渔业	2203184	2007081	-57411	58005	115105	138409
农业	1100661	1024393	-58005	58005	60131	74142
林业	59137	51597	325		3231	3984
畜牧业	886499	793611			43172	49716
渔业	77663	67920	269		4243	5231
农、林、牧、渔服务业	79224	69560			4328	5336
第二产业	11165225	4319720	2270210	43469	1974505	2600790
工业	9584546	3465974	2047488	43469	1908117	2162967
采掘业	772138	204632	156098	3392	74924	336484
制造业	8516953	3159791	1848866	38547	1722999	1785297
电力、燃气及水的生产和供应业	295455	101551	42524	1530	110194	41186
建筑业	1580679	853746	222722		66388	437823
第三产业	8712078	3011084	898638	4714	1786898	3015458
交通运输、仓储及邮政业	1669358	408235	84858		186822	989443
交通运输和仓储业	1643763	398077	83618		177073	984995
邮政业	25595	10158	1240		9749	4448
信息传输、计算机服务和软件业	593341	188013	123272		138322	143734
电信和其他信息传输服务业	518785	156325	111793		133053	117614
批发和零售业	1560877	295926	309178	4714	197806	757967
批发业	1037697	157997	208127	4249	145191	526382
零售业	523180	137929	101051	465	52615	231585
住宿和餐饮业	482775	193012	65860		81064	142839
住宿业	111152	52779	16532		31010	10831
餐饮业	371623	140233	49328		50054	132008
金融业	490322	260086	96301		51180	82755
银行业	374653	219588	64632		34312	56121
证券业	4968	2184	1047		645	1092
保险业	103540	36585	29354		15257	22344
其他金融活动	7161	1729	1268		966	3198
房地产业	864672	77863	119565		420068	247176
房地产管理业	109661	30864	6440		6399	65958
房地产开发与经营业	349727	46999	113125		8385	181218
城市居民自有住房	256799				256799	
农村居民自有住房	148485				148485	
租赁和商务服务业	443549	67886	45138		129313	201212
科学研究、技术服务和地质勘查业	218977	89171	13784		22605	93417
水利、环境和公共设施管理业	73165	43045	706		18987	10427
居民服务和其他服务业	389306	213304	19573		43193	113236
教　育	705304	579799	4683		81074	39748
卫生、社会保障和社会福利业	463313	244566	3211		45070	170466
文化、体育和娱乐业	103557	58068	11028		14778	19083
公共管理和社会组织	653562	292110	1481		356616	3355

2－10 按支出法计算的全市生产总值

指　　标	按当年价格计算		按可比价格计算		
			绝对数		以上年为100
	2011	2010	2011	2010	2011
支出法全市生产总值	**22080487**	**18006376**	**20583660**	**18006376**	**114.3**
一、最终消费	**6149947**	**5720131**	**5864657**	**5720131**	**102.5**
居民消费	4832131	4603338	4611980	4603338	100.2
农村居民	1121306	1012890	1067821	1012890	105.4
城镇居民	3710825	3590448	3544159	3590448	98.7
政府消费	1317816	1116793	1252677	1116793	112.2
二、资本形成总额	**14308794**	**16060418**	**13258611**	**16060418**	**82.6**
固定资本形成总额	14541523	15449540	13473228	15449540	87.2
存货增加	-232729	610878	-214617	610878	—
三、货物和服务净出口	**1621746**	**-3774173**	**1460392**	**-3774173**	**—**
出　　口	2916999	1558512	2709285	1558512	173.8
进　　口	1295253	5332685	1248893	5332685	23.4
统计误差					

2－11 按行业划分的资本形成总额（2010-2011）

单位：万元

	2010	2011
资本形成总额	**16060418**	**14308794**
一、固定资本形成总额	**15449540**	**14541523**
1.住宅	1141085	1607271
2.非住宅建筑物	4734215	5032183
3.机器和设备	8265833	6125447
4.土地改良支出	11400	12768
5.矿藏勘探费	23047	21937
6.计算机软件	31000	34000
7.其他	1242960	1707917
二、存货增加	**610878**	**-232729**
1.农林牧渔业	141724	-268961
2.工业	355784	338357
3.建筑业	55715	-285971
4.交通运输、仓储和邮政业	3987	5123
5.批发和零售业	-138234	73875
6.住宿和餐饮业	8087	257
7.房地产业	183815	-95409
8.其他服务业		

2-12 最终消费

单位：万元

	2010	2011
最终消费支出	**5720131**	**6149947**
一、居民消费支出	**4603338**	**4832131**
（一）农村居民	1012890	1121306
1.食品类支出	303502	359502
2.衣着类支出	73673	73904
3.居住类支出	64491	61725
4.家庭设备、用品及服务类支出	45798	49347
5.医疗保健类支出	126577	164503
6.交通和通信类支出	103297	106324
7.文教娱乐用品及服务类支出	98734	87485
8.银行中介服务支出	17171	19511
9.保险服务消费支出	4934	5981
10.自有住房服务虚拟支出	147107	166837
11.其它商品和服务类支出	27606	26187
（二）城镇居民	3590448	3710825
1.食品类支出	951402	1033509
2.衣着类支出	389020	416217
3.居住类支出	377627	392167
4.家庭设备、用品及服务类支出	179813	205936
5.医疗保健类支出	347050	415111
6.交通和通信类支出	595611	418012
7.文教娱乐用品及服务类支出	358862	383067
8.银行中介服务支出	24648	28394
9.保险服务消费支出	10012	11112
10.自有住房服务虚拟支出	232887	269193
11.实物消费支出	24649	18571
12.其它商品和服务类支出	98867	119536
二、政府消费支出	**1116793**	**1317816**

2-13 居民消费水平

	单 位	2011	2010	以上年为100的速度
				2011
当年价格居民消费	**元/人**	**11142**	**10604**	**105.1**
农村居民	元/人	5921	5343	110.8
城镇居民	元/人	15190	14683	103.5
可比价格居民消费水平	**元/人**	**10635**	**10604**	**100.3**
农村居民	元/人	5638	5343	105.5
城镇居民	元/人	14508	14683	98.8
居民年平均人口	万人	433.68	434.1	99.9
农村居民	万人	189.39	189.57	99.9
城镇居民	万人	244.29	244.53	99.9

2-14 各县（市）生产总值主要指标（2011）

	永吉		舒兰		磐石	
	2011	以上年为100的速度	2011	以上年为100的速度	2011	以上年为100的速度
地区生产总值	**1053796**	**115.5**	**1616054**	**115.4**	**2844914**	**110.1**
第一产业	192928	105.0	486997	104.9	425353	105.1
农、林、牧、渔业	192928	105.0	486997	104.9	425353	105.1
农业	107004	102.7	242644	100.4	188195	110.6
林业	554	71.4	12950	133.7	3982	97.4
畜牧业	72775	107.5	206713	106.9	207284	99.4
渔业	3588	111.3	6841	138.9	10162	96.6
农、林、牧、渔服务业	9007	117.8	17849	121.3	15730	134.4
第二产业	418365	119.3	464538	127.4	1520186	110.2
工业	280422	126.5	348031	132.4	1320186	111.0
采掘业	90269	101.1	98235	131.6	148934	100.3
制造业	176449	146.7	232130	132.0	1138857	112.1
电力、燃气及水的生产和供应业	13704	113.6	17666	143.2	32395	127.2
建筑业	137943	106.6	116507	114.1	200000	105.2
第三产业	442503	116.2	664519	116.0	899375	112.5
交通运输、仓储及邮政业	117329	114.6	138542	118.7	299132	125.0
交通运输和仓储业	115916	114.7	132881	118.8	292732	124.8
邮政业	1413	104.8	5661	116.1	6400	134.5
信息传输、计算机服务和软件业	15834	110.9	27396	110.9	23774	110.9
电信和其他信息传输服务业	14250	108.7	23440	110.7	22583	110.9
批发和零售业	79615	124.2	161543	114.1	140092	114.5
批发业	57093	126.8	95920	116.4	42828	117.5
零售业	22522	118.1	65623	111.0	97264	113.2
住宿和餐饮业	19460	107.8	22323	119.9	51434	116.2
住宿业	2226	102.2	6686	129.9	8511	118.0
餐饮业	17234	108.6	15637	115.8	42923	115.8
金融业	16515	106.7	34481	100.9	52080	104.3
银行业	13212	106.2	26639	101.1	42876	104.8
证券业	184	106.3	591	104.6	543	104.6
保险业	3119	108.8	5556	99.4	7529	101.9
其他金融活动			1695	100.6	1132	104.7
房地产业	39064	114.3	59059	111.3	95351	108.5
房地产管理业	3183	113.0	5284	126.0	19282	112.6
房地产开发与经营业	16087	128.9	18640	122.9	26976	112.6
城市居民自有住房	8497	105.0	20334	105.0	26328	105.0
农村居民自有住房	11297	105.0	14801	105.0	22765	105.0
租赁和商务服务业	2288	113.8	13425	169.4	24117	97.6
科学研究、技术服务和地质勘查业	4964	136.0	5107	116.5	5697	100.8
水利、环境和公共设施管理业	11334	136.0	8152	117.5	3914	100.7
居民服务和其他服务业	40448	115.0	50375	117.6	28124	97.5
教　育	30948	108.3	49034	117.5	69759	100.9
卫生、社会保障和社会福利业	27021	139.0	35762	117.4	24775	100.9
文化、体育和娱乐业	5580	144.7	8946	122.9	7459	97.5
公共管理和社会组织	32103	100.1	50374	118.9	73667	103.7

2－14 续表1

单位：万元

	蛟河		桦甸	
	2011	以上年为100的速度	2011	以上年为100的速度
地区生产总值	**1707106**	**118.9**	**2315252**	**114.9**
第一产业	307574	105.6	365162	105.3
农、林、牧、渔业	307574	105.6	365162	105.9
农业	192664	110.0	171644	105.5
林业	16605	96.3	21775	107.8
畜牧业	67521	89.2	135393	102.2
渔业	21474	109.7	25216	125.7
农、林、牧、渔服务业	9310	124.8	11134	115.9
第二产业	838404	127.1	1331069	119.8
工业	648496	128.6	1163369	120.0
采掘业	92085	141.3	333480	113.2
制造业	544089	126.6	687040	122.0
电力、燃气及水的生产和供应业	12322	120.6	142849	128.1
建筑业	189908	122.1	167700	118.0
第三产业	561128	115.9	619021	111.1
交通运输、仓储及邮政业	132389	116.9	117529	121.2
交通运输和仓储业	130636	117.1	113515	121.7
邮政业	1753	106.5	4014	106.7
信息传输、计算机服务和软件业	23685	110.9	45365	110.9
电信和其他信息传输服务业	22390	110.7	35210	142.4
批发和零售业	99725	116.2	111838	112.8
批发业	47015	121.6	48815	112.1
零售业	52710	111.8	63023	113.3
住宿和餐饮业	46503	115.1	33174	106.1
住宿业	13200	118.6	15282	109.9
餐饮业	33303	113.7	17892	102.9
金融业	21982	108.9	16408	103.0
银行业	16840	108.9	9463	102.9
证券业	371	109.5		
保险业	4771	108.9	5353	103.0
其他金融活动			1592	104.1
房地产业	52664	105.5	48810	106.0
房地产管理业	2612	108.4	1921	110.5
房地产开发与经营业	16856	101.4	8949	118.9
城市居民自有住房	20460	105.5	19892	102.6
农村居民自有住房	12736	110.4	18048	103.8
租赁和商务服务业	5666	158.0	28064	111.5
科学研究、技术服务和地质勘查业	3589	108.9	5672	107.6
水利、环境和公共设施管理业	7633	102.9	4135	100.5
居民服务和其他服务业	38734	171.7	38751	125.4
教　育	42536	104.5	43261	104.1
卫生、社会保障和社会福利业	25644	103.7	33506	102.8
文化、体育和娱乐业	13356	185.5	28154	121.9
公共管理和社会组织	47022	108.0	64354	103.9

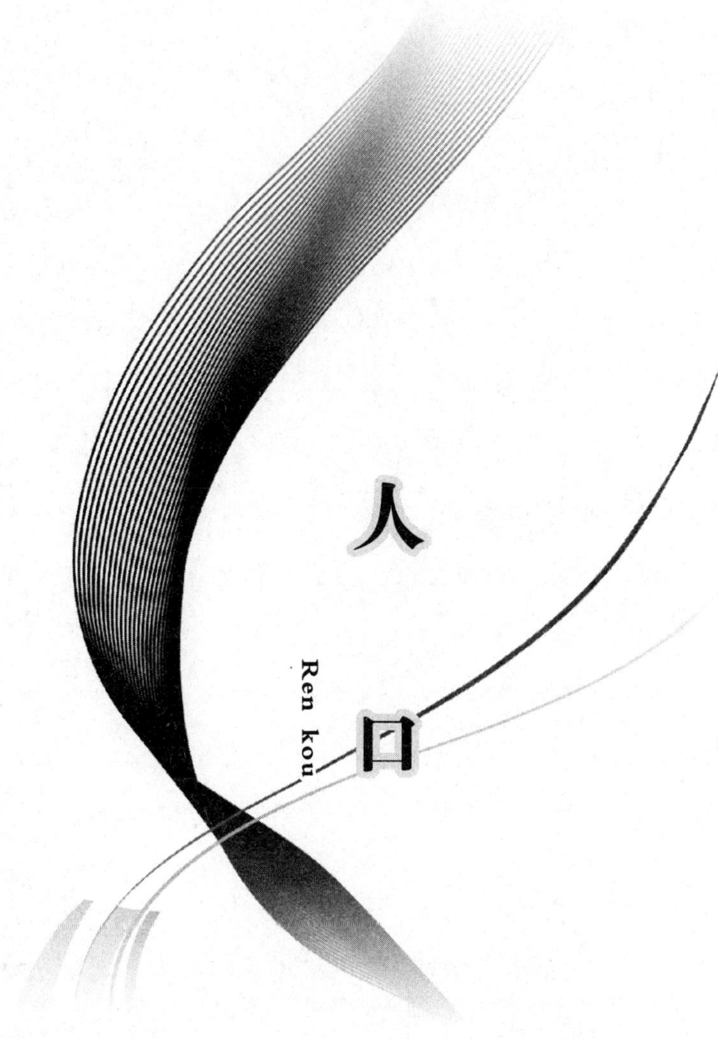

人口

Ren kou

3-1 主要年份全市总人口数

单位：人

年份	总人口	按性别分		按农业非农业分		平均人口
		男	女	农业人口	非农业人口	
1949	1637489	902339	735150	1277786	359703	1637489
1952	1724164	946777	777387	1235342	488822	1689601
1957	2055932	1110772	945160	1261089	794843	2032353
1962	2511869	1328797	1183072	1495391	1016478	2472566
1965	2793412	1468210	1325202	1698626	1094786	2756956
1970	3203096	1672083	1531013	2043566	1159530	3153315
1975	3583626	1859329	1724297	2283014	1300612	3556178
1978	3748869	1938635	1810234	2384219	1364650	3720403
1980	3861422	1990744	1870678	2368337	1493085	3836325
1985	3950686	2034117	1916569	2253325	1697361	3947199
1988	4004811	2060112	1944699	2202532	1802279	3995432
1989	4052086	2081795	1970291	2224198	1827888	4028449
1990	4125374	2114434	2010940	2273965	1851409	4088730
1991	4151582	2129056	2022526	2279638	1871944	4138478
1992	4167843	2137408	2030435	2271110	1896733	4159712
1993	4192804	2146316	2046488	2251321	1941483	4180323
1994	4211536	2157178	2054358	2233473	1978063	4202170
1995	4254275	2175531	2078744	2248255	2006020	4232906
1996	4259697	2174096	2085601	2238331	2021366	4256986
1997	4276280	2179978	2096302	2236304	2039976	4267988
1998	4275873	2179564	2096309	2227397	2048476	4276076
1999	4300107	2188849	2111258	2231929	2068178	4287990
2000	4316726	2198080	2118646	2232901	2083825	4308416
2001	4313833	2196237	2117596	2222196	2091637	4315279
2002	4310773	2193301	2117472	2216511	2094262	4312303
2003	4316023	2193250	2122773	2205850	2110173	4313398
2004	4290695	2178385	2112310	2194656	2096039	4303359
2005	4294514	2180698	2113816	2183753	2110761	4292605
2006	4304419	2185186	2119233	2201184	2103235	4299467
2007	4326656	2194995	2131661	2209798	2116858	4315538
2008	4335865	2198142	2137723	2216211	2119654	4331261
2009	4341817	2199545	2142272	2221368	2120449	4338841
2010	4340340	2196532	2143808	2226413	2113927	4341080
2011	4333204	2190849	2142355	2228989	2104215	4336772

3-2 主要年份全市户数、人口数、人口密度

年份	总户数（万户）		总人口（万人）		平均每户人口（人）		人口密度（人/平方公里）	
	全市	市区	全市	市区	全市	市区	全市	市区
1949	37	6	164	28	4.48	4.5		
1952	36	7	172	36	4.74	5.26		
1957	44	11	206	57	4.69	5.02		
1962	54	15	251	74	4.62	5		
1965	57	15	279	81	4.88	5.21		
1970	64	16	320	79	4.99	5.03		
1975	73	18	358	89	4.94	4.83		
1978	79	20	375	94	4.73	4.68		
1980	85	23	386	102	4.57	4.6		
1985	95	29	395	114	4.14	3.87	146	938
1988	101	33	400	123	3.96	3.68	147.7	1012.2
1989	106	35	405	125	3.84	3.63	149.4	1033.3
1990	109	36	413	127	3.8	3.55	152.1	1051
1991	111	37	415	130	3.75	3.52	153.1	1070.2
1992	112	38	417	134	3.74	3.53	153.7	765.4
1993	114	39	419	135	3.69	3.51	154.6	773.6
1994	112	39	421	137	3.66	3.51	155.3	782.5
1995	116	39	425	138	3.66	3.51	156.9	792.2
1996	118	40	426	139	3.61	3.5	157.1	794.1
1997	119	41	428	141	3.59	3.47	157.7	802.3
1998	121	41	428	141	3.53	3.42	157.7	803
1999	123	42	430	142	3.51	3.37	158.6	811.3
2000	145	53	432	179	3.46	3.38	159.2	493.2
2001	126	54	431	179	3.42	3.32	159.1	493
2002	128	55	431	179	3.36	3.26	158.95	492
2003	129	56	432	180	3.35	3.21	159.15	493.82
2004	135	57	429	179	3.18	3.13	158.21	492.03
2005	137	58	429	180	3.12	3.09	158.35	494.68
2006	141	59	430	180	3.05	3.03	158.72	496.32
2007	144	61	433	182	3.01	2.98	159.54	501.38
2008	146	62	434	183	2.97	2.94	159.88	503.33
2009	148	63	434	184	2.93	2.9	160.1	504.87
2010	151	64	434	183	2.87	2.86	160.04	504.58
2011	153	65	433	183	2.83	2.82	159.78	503.41

3-3 主要年份人口自然变动

单位：人、‰

年份	出生			死亡			自然增长		
	人数	出生率	#市区	人数	死亡率	#市区	人数	增长率	#市区
1949									
1952									
1957	69658	34.28	48.38	19624	9.66	12.1	50034	24.62	36.28
1962	99903	40.4	42.86	28145	11.38	10.98	71758	29.02	31.88
1965	107720	39.07	32.65	26287	9.53	6.51	81433	29.54	26.14
1970	104849	33.25	25.78	19673	6.24	6	85176	27.01	19.78
1975	64439	18.12	11.56	26196	7.37	6.12	38243	10.75	5.44
1978	75572	20.31	17.91	24496	6.58	5.57	51076	13.73	12.34
1980	66388	17.3	15.49	22982	5.99	4.97	43406	11.31	10.52
1985	49180	12.45	14.9	22216	5.62	5.07	26964	6.83	9.83
1988	57768	14.46	15	22065	5.52	5.19	35703	8.94	10.24
1989	63307	15.71	14	20771	5.16	5.15	42536	10.55	9.29
1990	73995	18.1	14.81	24117	5.9	5.91	49878	12.2	8.9
1991	51415	12.42	9.65	20372	4.92	4.66	31043	7.5	4.99
1992	55500	13.34	9.92	21914	5.27	5.2	33586	8.07	4.72
1993	58632	14.03	10.43	21496	5.14	5.07	37136	8.89	5.36
1994	50542	12.03	8.86	22085	5.26	5.43	28457	6.77	3.43
1995	49204	11.62	9	21706	5.13	5.52	27498	6.49	3.51
1996	41205	9.68	8	21736	5.11	5.56	19469	4.57	2.29
1997	36288	8.5	7.64	21330	5	4.95	14958	3.5	2.69
1998	32988	7.71	6.96	22967	5.37	5.71	10021	2.34	1.25
1999	29671	6.92	7	21431	5	5.52	8240	1.92	1.48
2000	39158	9.09	9.56	28829	6.69	8.7	10329	2.4	0.86
2001	30062	6.97	7.07	20319	4.71	4.62	9743	2.26	2.45
2002	30477	7.07	6.45	20789	4.82	4.77	9688	2.25	1.68
2003	27493	6.37	5.32	19413	4.5	4.86	8080	1.87	0.46
2004	34490	8.01	6.33	41632	9.67	9.47	-7142	-1.66	-3.14
2005	31105	7.25	6.23	19757	4.6	5.36	11348	2.65	0.87
2006	31187	7.25	5.97	19848	4.62	4.73	11339	2.63	1.24
2007	38216	8.86	7.48	19900	4.61	5.2	18316	4.25	2.28
2008	37916	8.75	7.4	21583	4.98	5.19	16333	3.77	2.21
2009	34567	7.97	6.9	21347	4.92	5.25	13220	3.05	1.65
2010	36297	8.36	6.76	27163	6.25	6.1	9161	2.11	0.66
2011	33116	7.64	6.72	24315	5.61	6.45	8801	2.03	0.27

3-4 分县（市）区户数与人口（2011）

单位：人

县（市）区	户数（户）	人口数	按性别分		按农业与非农业人口分		未落常住户口人数	平均人口
			男	女	农业人口	非农业人口		
合　计	**1525464**	**4333204**	**2190849**	**2142355**	**2228989**	**2104215**	**906**	**4336772**
吉林市区	**653728**	**1830415**	**912715**	**917700**	**547977**	**1282438**	**84**	**1832536**
昌邑区	226211	623830	309401	314429	150307	473523		624161
龙潭区	170603	479371	240675	238696	189915	289456		481141
船营区	163863	463811	232094	231717	112486	351325		464065
丰满区(含高新区)	93051	263403	130545	132858	95269	168134	84	263169
各县（市）	**871736**	**2502789**	**1278134**	**1224655**	**1681012**	**821777**	**822**	**2504236**
永吉县	134396	395021	201639	193382	304609	90412		394447
舒兰市	240970	662436	337827	324609	465949	196487	600	662919
磐石市	181161	539445	276559	262886	366178	173267	222	539625
蛟河市	147040	451733	230450	221283	281295	170438		452499
桦甸市	168169	454154	231659	222495	262981	191173		454746

3-5 分县（市）区人口出生率、死亡率、自然增长率（2011）

单位：人、‰

县（市）区	出生		死亡		自然增长	
	人数	出生率	人数	死亡率	人数	增长率
合　计	**33116**	**7.64**	**24315**	**5.61**	**8801**	**2.03**
吉林市区	**12319**	**6.72**	**11816**	**6.45**	**503**	**0.27**
昌邑区	3929	6.29	4986	7.99	-1057	-1.7
龙潭区	3212	6.68	2921	6.07	291	0.61
船营区	3211	6.92	2351	5.07	860	1.85
丰满区（含高新区）	1967	7.47	1558	5.91	409	1.56
各县（市）	**20797**	**8.31**	**12499**	**4.99**	**8298**	**3.32**
永吉县	3246	8.23	1626	4.12	1620	4.11
舒兰市	5849	8.82	3998	6.03	1851	2.79
磐石市	4770	8.84	2431	4.5	2339	4.34
蛟河市	3151	6.96	2266	5.01	885	1.95
桦甸市	3781	8.31	2178	4.8	1603	3.51

3-6 分县（市）区人口机械变动情况（2011）

单位：人

县（市）区	迁入人数		迁出人数		增（+）、减（-）
	省内迁入	省外迁入	迁往省内	迁往省外	
合　　计	**38224**	**10068**	**41029**	**21538**	**-14275**
吉林市区	**10495**	**6229**	**8975**	**12348**	**-4599**
昌邑区	3443	1874	2644	3218	-545
龙潭区	1976	1381	2493	2775	-1911
船营区	2948	1813	1678	3975	-892
丰满区	2128	1161	2160	2380	-1251
各县（市）	**27729**	**3839**	**32054**	**9190**	**-9676**
永吉县	2907	511	2981	861	-424
舒兰市	4017	1091	5212	2469	-2573
磐石市	3795	834	4568	2054	-1993
蛟河市	4082	704	5108	1745	-2067
桦甸市	12928	699	14185	2061	-2619

3-7 计划生育情况（2011）

单位：%

县（市）区	计划生育率	2011比2010±	一　胎　率	2011比2010±
合　　计	**96.22**	**0.23**	**83.06**	**1.37**
吉林市区	**97.78**	**0.21**	**88.48**	**0.28**
昌邑区	98.33	2.13	90.96	-0.55
龙潭区	96.01	-2.52	86.16	0.81
船营区	98.82	0.07	88.45	3.19
丰满区	97.54	0.31	85.03	-1.03
高新区	99.36	-0.32	91.08	-4.13
经济技术开发区	100		88.48	5.49
各县（市）				
永吉县	95.77	-0.51	83.77	3.85
舒兰市	93.81	0.36	75.05	-1.39
磐石市	97.04	-0.46	82.03	2.91
蛟河市	95.11	0.49	80.78	3.66
桦甸市	95.87	1.05	82.72	2.06

从业人员和职工工资

Cong ye ren yuan he zhi gong gong zi

4-1 主要年份从业人数及构成

年 份	从业人数	职工人数	国有单位	城镇集体单位	其他单位	城镇私营企业从业人员和个体劳动者	乡村劳动者	其他从业人员
绝对值（人）								
1978	1194110	648681	483724	164957		2000	543429	
1980	**1329509**	**766159**	**567490**	**198669**		**7522**	**555828**	
1985	1681598	922240	616810	305430		39923	719435	
1986	1735441	965912	640796	325116		41724	727805	
1987	1782953	978087	658504	319583		47452	757414	
1988	1857112	1021563	680214	341349		58381	777168	
1989	1926035	976119	651203	324432	484	67800	882116	
1990	**1999257**	**979120**	**660641**	**316488**	**1991**	**65820**	**954317**	
1991	2016172	1007095	677754	325807	3534	67849	941228	
1992	2118393	1018891	678468	332036	8387	71267	1028235	
1993	2096194	1011707	685530	304418	21759	75808	1008679	
1994	2097641	976109	667119	270025	38965	98119	1014479	8934
1995	2032140	970450	684507	254188	31755	118893	930867	11930
1996	2043985	948742	683644	234651	30447	154019	932586	8638
1997	1975797	893223	611515	214795	66913	164037	910072	8465
1998	1784798	636243	428118	131621	76504	239675	901750	7130
1999	1754386	582135	389408	110411	82316	269082	900146	3023
2000	**1742617**	**521223**	**351693**	**89135**	**80395**	**298853**	**920029**	**2512**
2001	1749192	461803	318387	73954	69462	346220	937449	3720
2002	1721748	448343	317085	59245	72013	324864	943509	5032
2003	1744098	410953	290353	52528	68072	324864	1004744	3537
2004	1550839	386678	263325	44172	79181	162417	997455	4289
2005	1560869	351125	227803	33148	90174	193329	1012577	3838
2006	1567685	354234	223668	34087	96479	180815	1030400	2236
2007	1575737	337537	218628	20848	98061	188061	1046658	3481
2008	1633408	328586	213922	18396	96268	232324	1066152	6346
2009	1648932	323619	204067	16433	103119	232296	1085663	7354
2010	**1717373**	**328453**	**209638**	**15274**	**103541**	**277646**	**1107239**	**4035**
2011	1804268	377703	224906	16551	136246	321000	1099148	6417

4-1 续表

年份	从业人数	职工人数				城镇私营企业从业人员和个体劳动者	乡村劳动者	其他从业人员
			国有单位	城镇集体单位	其他单位			
比重(%)								
1978	100	54.32	40.51	13.81		0.17	45.51	
1980	100	57.63	42.68	14.94		0.57	41.81	
1985	100	54.84	36.69	18.16		2.37	42.78	
1986	100	55.66	36.93	18.73		2.4	41.94	
1987	100	54.86	36.94	17.92		2.66	42.48	
1988	100	55.01	36.63	18.38		3.14	41.85	
1989	100	50.68	33.81	16.84	0.03	3.52	45.8	
1990	100	48.97	33.05	15.83	0.1	3.29	47.73	
1991	100	49.95	33.61	16.16	0.18	3.37	46.68	
1992	100	48.1	32.03	15.67	0.4	3.36	48.54	
1993	100	48.26	32.7	14.52	1.04	3.62	48.12	
1994	100	46.53	31.8	12.87	1.86	4.68	48.36	0.43
1995	100	47.76	33.68	12.51	1.56	5.85	45.81	0.59
1996	100	46.42	33.44	11.48	1.49	7.54	45.63	0.42
1997	100	45.21	30.95	10.87	3.39	8.3	46.06	0.43
1998	100	35.65	23.99	7.37	4.29	13.43	50.52	0.4
1999	100	33.18	22.2	6.29	4.69	15.34	51.31	0.17
2000	100	29.91	20.18	5.12	4.61	17.15	52.8	0.14
2001	100	26.4	18.21	4.23	3.97	19.79	53.59	0.21
2002	100	26.04	18.42	3.44	4.18	18.87	54.8	0.29
2003	100	23.56	16.65	3.01	3.9	18.63	57.61	0.2
2004	100	24.93	16.97	2.85	5.11	10.47	64.32	0.28
2005	100	22.49	14.59	2.12	5.78	12.39	64.87	0.25
2006	100	22.6	14.27	2.17	6.16	11.53	65.73	0.14
2007	100	21.42	13.88	1.32	6.22	11.94	66.42	0.22
2008	100	20.12	13.1	1.13	5.89	14.22	65.27	0.39
2009	100	19.63	12.38	1	6.25	14.09	65.84	0.44
2010	100	19.13	12.21	0.89	6.03	16.17	64.47	0.23
2011	100	20.93	12.47	0.92	7.54	17.79	60.92	0.36

4-2 主要年份分三次产业的从业人数及构成

单位：人、%

年 份	从业人数	第一产业		第二产业		第三产业	
		人数	比重	人数	比重	人数	比重
全 市							
1978	1194110	523843	43.87	482368	40.4	187899	15.73
1980	**1329509**	**517305**	**38.91**	**529782**	**39.85**	**282422**	**21.24**
1985	1681598	677721	40.3	621067	36.93	382810	22.77
1986	1735441	671631	38.7	656270	37.82	407540	23.48
1987	1782953	691982	38.81	672381	37.71	418590	23.48
1988	1857112	692141	37.27	706739	38.06	458232	24.67
1989	1926035	816368	42.39	685004	35.57	424663	22.04
1990	**1999257**	**888293**	**44.43**	**679582**	**33.99**	**431382**	**21.58**
1991	2016172	870177	43.16	700220	34.73	445775	22.11
1992	2118393	945748	44.64	707168	33.38	465477	21.98
1993	2096194	908542	43.34	683302	32.6	504350	24.06
1994	2097641	910056	43.38	683315	32.58	504270	24.04
1995	2032140	821962	40.45	706751	34.78	503427	24.77
1996	2043985	822061	40.22	687989	33.66	533935	26.12
1997	1975797	802822	40.63	646884	32.74	526091	26.63
1998	1784798	805487	45.13	462193	25.9	517118	28.97
1999	1754386	795327	45.33	429565	24.49	529494	30.18
2000	**1742617**	**801828**	**46.01**	**390411**	**22.4**	**550378**	**31.59**
2001	1749192	802511	45.88	363548	20.78	583133	33.34
2002	1721748	783655	45.52	359426	20.88	578667	33.6
2003	1744098	805124	46.16	328984	18.86	609990	34.98
2004	1550839	749406	48.32	298464	19.25	502969	32.43
2005	1560869	736283	47.2	296333	19	528253	33.8
2006	1567685	744522	47.49	308283	19.67	514880	32.84
2007	1575737	734186	46.59	312716	19.85	528835	33.56
2008	1633408	734126	44.95	342562	20.97	556720	34.08
2009	1648932	740082	44.88	346921	21.04	561929	34.08
2010	**1717373**	**759303**	**44.22**	**352300**	**20.51**	**605770**	**35.27**
2011	1804268	748017	41.46	398862	22.1	657389	36.44

4-2 续表

单位：人、%

年 份	从业人数	第一产业		第二产业		第三产业	
		人数	比重	人数	比重	人数	比重
市 区							
1978	430330	58731	13.65	264348	61.43	107251	24.92
1980	498331	68013	13.65	306121	61.43	124197	24.92
1985	611457	72034	11.78	366452	59.93	172971	28.29
1986	641143	67141	10.47	402053	62.71	171949	26.82
1987	675592	68304	10.11	409061	60.55	198227	29.34
1988	694885	68822	9.9	430960	62.02	195103	28.08
1989	707797	72438	10.23	424052	59.91	211307	29.86
1990	722417	72484	10.03	430195	59.55	219738	30.42
1991	740053	70468	9.52	448883	60.66	220702	29.82
1992	772385	71278	9.23	452087	58.53	249020	32.24
1993	770019	74367	9.66	457507	59.42	238145	30.92
1994	767464	69555	9.06	444627	57.93	253282	33.01
1995	791476	72763	9.2	440982	55.7	277731	35.1
1996	809932	75336	9.3	421509	52.04	313087	38.66
1997	793381	74058	9.34	405435	51.1	313888	39.56
1998	654649	63912	9.76	295600	45.15	295137	45.09
1999	635341	76471	12.04	274733	43.24	284137	44.72
2000	762416	190188	24.95	237018	31.09	335210	43.96
2001	789221	201636	25.55	235541	29.84	352044	44.61
2002	756192	188881	24.98	229114	30.3	338197	44.72
2003	746831	195152	26.13	216187	28.95	335492	44.92
2004	598324	178035	29.76	168991	28.24	251298	42
2005	607028	185108	30.5	163840	27	258080	42.5
2006	588453	184622	31.37	158563	26.95	245268	41.68
2007	587450	182044	30.99	155631	26.49	249775	42.52
2008	649803	183388	28.22	183078	28.18	283337	43.6
2009	641836	181751	28.32	172156	26.82	287929	44.86
2010	675044	187108	27.72	187848	27.83	300088	44.45
2011	724642	170409	23.52	220510	30.43	333723	46.05

4-3 主要年份市区从业人数及构成

年　份	从业人数	职工人数				城镇私营企业从业人员和个体劳动者	乡村劳动者	其　他从业人员
			国有单位	城镇集体单位	其他单位			
绝对值（人）								
1978	430330	361867	275901	85966			68463	
1980	**498331**	**421967**	**298473**	**123494**		**3778**	**72586**	
1985	611457	508837	330280	178557		15234	87386	
1986	641143	535733	345199	190534		18580	86830	
1987	675592	561662	366332	195330		23152	90778	
1988	694885	581755	378461	203294		23152	89978	
1989	707797	585015	386199	198508	308	32452	90330	
1990	**722417**	**588401**	**393484**	**193935**	**982**	**32874**	**101142**	
1991	740053	613778	405978	205402	2398	35987	90288	
1992	772385	627333	408134	211565	7634	41707	103345	
1993	770019	622696	405950	196212	20534	48844	98479	
1994	767464	600662	388855	176266	35541	70443	93888	2471
1995	791476	600060	406227	164822	29011	92855	94588	3973
1996	809932	583312	402764	155665	24883	130682	93406	2532
1997	793381	555419	351079	142769	61571	145380	90184	2398
1998	654649	401950	237491	91063	73396	154231	95173	3295
1999	635341	368796	220541	78415	69840	172145	93438	962
2000	**762416**	**330553**	**201618**	**60218**	**68717**	**213553**	**217007**	**1303**
2001	789221	285372	176652	49152	59568	258984	242442	2423
2002	756192	274942	174311	40554	60077	239851	237460	3939
2003	746831	257533	166292	37070	54171	239851	247422	2025
2004	598324	229354	144524	28429	56401	110399	256376	2195
2005	607028	213341	124688	22407	66246	125096	266675	1916
2006	588453	212441	120117	24029	68295	102138	272591	1283
2007	587450	200391	119138	14005	67248	104327	280517	2215
2008	649803	196528	116920	11859	67749	163078	285971	4226
2009	641836	193171	108731	9624	74816	148915	293994	5756
2010	**675044**	**201365**	**115749**	**10070**	**75546**	**170760**	**300821**	**2098**
2011	724642	245774	131554	11822	102398	192474	282735	3659

4-3 续表

年　份	从业人数	职工人数	国有单位	城镇集体单　位	其他单位	城镇私营企业从业人员和个体劳动者	乡村劳动者	其　他从业人员
比重（%）								
1978	100	84.09	64.11	19.98			15.91	
1980	100	84.68	59.89	24.78		0.76	14.57	
1985	100	83.22	54.02	29.2		2.49	14.29	
1986	100	83.56	53.84	29.72		2.9	13.54	
1987	100	83.14	54.22	28.91		3.43	13.44	
1988	100	83.72	54.46	29.26		3.33	12.95	
1989	100	82.66	54.57	28.05	0.04	4.58	12.76	
1990	100	81.45	54.46	26.85	0.14	4.55	14	
1991	100	82.94	54.86	27.76	0.32	4.86	12.2	
1992	100	81.22	52.84	27.39	0.99	5.4	13.38	
1993	100	80.87	52.72	25.48	2.67	6.34	12.79	
1994	100	78.27	50.67	22.97	4.63	9.18	12.23	0.32
1995	100	75.82	51.33	20.82	3.67	11.73	11.95	0.5
1996	100	72.02	49.74	19.22	3.07	16.13	11.53	0.31
1997	100	70.01	44.25	18	7.76	18.32	11.37	0.3
1998	100	61.4	36.28	13.91	11.21	23.56	14.54	0.5
1999	100	58.05	34.72	12.34	10.99	27.09	14.71	0.15
2000	100	43.36	26.45	7.9	9.01	28.01	28.46	0.17
2001	100	36.16	22.37	6.23	7.55	32.82	30.72	0.31
2002	100	36.36	23.06	5.36	7.94	31.72	31.4	0.52
2003	100	34.48	22.27	4.96	7.25	32.12	33.13	0.27
2004	100	38.33	24.15	4.75	9.43	18.45	42.85	0.37
2005	100	35.14	20.54	3.69	10.91	20.61	43.93	0.32
2006	100	36.1	20.41	4.08	11.61	17.36	46.32	0.22
2007	100	34.11	20.28	2.38	11.45	17.76	47.75	0.38
2008	100	30.24	17.98	1.83	10.43	25.1	44.01	0.65
2009	100	30.1	16.94	1.5	11.66	23.2	45.8	0.9
2010	100	29.83	17.15	1.49	11.19	25.3	44.56	0.31
2011	100	33.92	18.16	1.63	14.13	26.56	39.02	0.5

4－4 主要年份职工人数

单位：人

年份	全市	国有单位	城镇集体单位	其他单位	市区	国有单位	城镇集体单位	其他单位
1949		57154						
1952		110083						
1957	218408	173842	44566				29887	
1962	336456	255819	80637				70227	
1965	315010	257448	57562				46607	
1970	386333	334138	52195				40000	
1975	543123	425028	118095				77709	
1978	648681	483724	164957		375878	275901	99977	
1980	766159	567490	198669		421967	298473	123494	
1985	922240	616810	305430		508837	330280	178557	
1988	966207	639177	327030		581755	378461	203294	
1989	976119	651203	324432	484	585015	386199	198508	308
1990	979120	660641	316488	1991	588401	393484	193935	982
1991	1007095	677754	325807	3534	613778	405978	205402	2398
1992	1018891	678468	332036	8387	627333	408134	211565	7634
1993	1011707	685530	304418	21759	622696	405950	196212	20534
1994	976109	667119	270025	38965	600662	388855	176266	35541
1995	970450	684507	254188	31755	600060	406227	164822	29011
1996	948742	683644	234651	30447	583312	402764	155665	24883
1997	893223	611515	214795	66913	555419	351079	142769	61571
1998	636243	428118	131621	76504	401950	237491	91063	73396
1999	582135	389408	110411	82316	368796	220541	78415	69840
2000	521223	351693	89135	80395	330553	201618	60218	68717
2001	461803	318387	73954	69462	285372	176652	49152	59568
2002	448343	317085	59245	72013	274942	174311	40554	60077
2003	410953	290353	52528	68072	257533	166292	37070	54171
2004	386678	266214	44882	79871	229354	144524	28429	56401
2005	351125	227803	33148	90174	213341	124688	22407	66246
2006	354234	223668	34087	96479	212441	120117	24029	68295
2007	337537	218628	20848	98061	200391	119138	14005	67248
2008	328586	213922	18396	96268	196528	116920	11859	67749
2009	323619	204067	16433	103119	193171	108731	9624	74816
2010	328453	209638	15274	103541	201365	115749	10070	75546
2011	377703	224906	16551	136246	245774	131554	11822	102398

4-5 按经济类型分各行业从业人员数（2011）

单位：人

指标名称	合计	国有单位	城镇集体单位	其它单位	城镇个体私营	乡村劳动者
总计	**1804268**	**229791**	**16971**	**137358**	**321000**	**1099148**
按国民经济行业分组						
（一）农、林、牧、渔业	748017	14045	6	2824	8053	723089
（二）采矿业	13510	9516	5	2160	1829	
（三）制造业	248899	27892	3679	96202	48136	72990
（四）电力、燃气及水的生产和供应业	21618	11093	8	5129	5388	
（五）建筑业	114835	18357	2832	7041	11095	75510
（六）交通运输、仓储和邮政业	61904	8943	462	697	14786	37016
（七）信息传输、计算机服务和软件业	13597	2020	3	1887	5104	4583
（八）批发和零售业	202408	3205	496	6597	148456	43654
（九）住宿和餐饮业	62545	909	152	1314	26651	33519
（十）金融业	13244	733	2378	9329	804	
（十一）房地产业	12518	1589	51	3415	7463	
（十二）租赁和商务服务业	12706	1225	1406	176	9899	
（十三）科学研究、技术服务和地质勘查业	10106	4683	127	20	5276	
（十四）水利、环境和公共设施管理业	10682	6948	2467	459	808	
（十五）居民服务和其他服务业	23718	369	147		23202	
（十六）教育	51085	50635			450	
（十七）卫生、社会保障和社会福利业	25172	20688	2752	108	1624	
（十八）文化、体育和娱乐业	4884	3388			1496	
（十九）公共管理和社会组织	44033	43553			480	
（二十）国际组织						
其　它	108787					108787

4-6 各县（市）全部从业人员数（2011）

单位：人

指标名称	合计	国有单位	城镇集体单位	其它单位	城镇个体私营	乡村劳动者
吉林市	**1804268**	**229791**	**16971**	**137358**	**321000**	**1099148**
市　区	724642	134047	12066	103320	192474	282735
永吉县	178667	11473	708	1146	12338	153002
舒兰市	268782	25796	811	4137	31122	206916
磐石市	242613	17334	975	14289	32408	177607
蛟河市	206167	21042	1057	3313	22152	158603
桦甸市	183397	20099	1354	11153	30506	120285

4-7 按县（市）分国有经济全部在岗职工年末人数（2011）

单位：人

指标名称	全市	市区	永吉	舒兰	磐石	蛟河	桦甸
合计	224906	131554	11442	25712	17238	19857	19103
一、按隶属关系分组							
1.中央	37961	35197	252	200	638	449	1225
2.省、自治区、直辖市	44147	26558	644	5262	1092	4501	6090
3.地区	51944	47208	2021	2451		217	47
4.县及县以下	90269	22006	8525	17799	15508	14690	11741
5.其他	585	585					
二、按企业、事业、机关分组							
1.企业	89613	59760	3401	10855	1706	5711	8180
2.事业	99023	50432	5963	11118	12722	10657	8131
3.机关	36270	21362	2078	3739	2810	3489	2792
三、按国民经济行业分组							
（一）农、林、牧、渔业	13488	1624	836	4230	1232	2953	2613
（二）采矿业	9506		1129	4459	53		3865
（三）制造业	27052	22937		110	148	3857	
（四）电力、燃气及水的生产和供应业	11088	7349	757	697	400	615	1270
（五）建筑业	18325	18179	21	93	29		3
（六）交通运输、仓储和邮政业	8922	5723	635	660	993	579	332
（七）信息传输、计算机服务和软件业	2020	1706	2	75		135	102
（八）批发和零售业	3075	1411	168	996	110	183	207
（九）住宿和餐饮业	909	647		75	52	135	
（十）金融业	733	557	34	33	34	36	39
（十一）房地产业	1574	875	88	292	209	64	46
（十二）租赁和商务服务业	1197	883	20	66	25	49	154
（十三）科学研究、技术服务和地质勘查业	4452	3209	322	137	482	43	259
（十四）水利、环境和公共设施管理业	6816	3579	296	1515	805	404	217
（十五）居民服务和其他服务业	328	215		38	31	32	12
（十六）教育	50013	24797	3449	6282	5765	4847	4873
（十七）卫生、社会保障和社会福利业	19841	11254	942	1781	2344	2036	1484
（十八）文化、体育和娱乐业	3368	2482	150	96	372	77	191
（十九）公共管理和社会组织	42199	24127	2593	4077	4154	3812	3436
（二十）国际组织							

4-8 国民经济各行业女性从业人员（2011）

单位：人

指标名称	国有	集体	其它
总计	86285	7825	39551
（一）农、林、牧、渔业	3557	3	1026
（二）采矿业	1353	1	393
（三）制造业	7965	1517	23883
（四）电力、燃气及水的生产和供应业	2694	5	1312
（五）建筑业	2054	764	1357
（六）交通运输、仓储和邮政业	3312	161	192
（七）信息传输、计算机服务和软件业	968		848
（八）批发和零售业	878	181	3473
（九）住宿和餐饮业	470	64	745
（十）金融业	334	1305	4965
（十一）房地产业	567	20	951
（十二）租赁和商务服务业	427	418	64
（十三）科学研究、技术服务和地质勘查业	1435	64	2
（十四）水利、环境和公共设施管理业	2704	1283	266
（十五）居民服务和其他服务业	100	48	
（十六）教育	29861		
（十七）卫生、社会保障和社会福利业	13327	1991	74
（十八）文化、体育和娱乐业	1486		
（十九）公共管理和社会组织	12793		
（二十）国际组织			

4-9 城镇失业人数及失业率（2003-2011）

单位：人

年份	本期失业人员就业的人数	年末城镇登记失业人数	城镇登记失业率（%）
2003	8837	29597	3.52
2004	19896	30100	3.9
2005	19836	30189	3.92
2006	15629	19551	3.41
2007	37263	17786	3.2
2008	19120	19152	3.97
2009	13013	21733	3.95
2010	13893	22341	3.94
2011	9780	22958	3.92

4-10 城镇登记失业人数、失业率（2005-2011）

单位：人

指标名称	2005	2006	2007	2008	2009	2010	2011
城镇年末登记失业人数及失业率							
1.年末城镇登记失业人数	30189	19551	17786	19152	21733	22341	22958
#新成长劳动力登记失业人数			2885	4622	5070	3895	
就业转失业人员登记失业人数			14901	14530	16663	18446	
2.城镇失业率（%）	3.92	3.41	3.2	3.97	3.95	3.94	3.92

4-11 离休、退休及退职人数（2011）

单位：人

指标名称	合计	企业	#内资企业	事业	机关	其他人员
全市总计	441514	213957	213559	44086	10780	172691
离休人员	4407	2571	2571	1063	773	
退休人员	435018	209850	209452	42504	9973	172691
领取定期生活费的退职人员	2089	1536	1536	519	34	

4－12 主要年份职工工资总额

单位：万元

年 份	全 市				市 区			
	全部职工	国有单位	城镇集体单 位	其他单位	全部职工	国有单位	城镇集体单 位	其他单位
1949		1258						
1952		4826						
1957		13233						
1962		18760						
1965		19249						
1970		22555						
1975	34976	29259	5717					
1978	44289	35503	8786		14956	10202	4754	
1980	54897	44025	10872		20196	12948	7248	
1985	99789	72834	26955		58195	40274	17921	
1988	172086	12587	46215		107517	75408	32109	
1989	178582	130765	47726	913	119759	84403	34694	662
1990	191793	143278	48228	287	126899	92398	34345	156
1991	218921	162298	56068	555	145853	104665	40794	394
1992	251490	185192	64218	2080	170266	121187	47152	1927
1993	289321	216904	64424	7993	200607	144992	47807	7808
1994	371758	279293	74141	18324	257808	184021	56167	17620
1995	456148	352367	83809	19972	327118	243362	64544	19212
1996	531352	414110	95923	21319	383581	290795	73231	19555
1997	513925	359787	83777	70361	373875	241561	63665	68649
1998	435800	297668	64440	73692	312204	192574	47472	72158
1999	429070	294803	56292	77975	306397	193848	41843	70706
2000	432559	290908	51173	90478	313752	192807	36048	84897
2001	398596	282264	45194	71138	281467	184468	32201	64798
2002	420515	305223	36974	78318	294012	197502	26163	70347
2003	445670	316840	35004	93826	317831	210101	25420	82310
2004	494239	339892	36597	117750	354326	230044	24929	99353
2005	533030	340480	33943	158607	387728	230947	23938	132843
2006	612127	383829	38941	189357	447795	259915	28721	159159
2007	774150	510050	33197	230903	546910	332647	23670	190593
2008	887045	583755	37895	265395	628292	382822	27165	218305
2009	959257	606743	31353	321161	682078	394058	17117	270903
2010	1021493	644415	37653	339425	727272	421313	21986	283973
2011	1328923	771402	50094	507427	952758	502101	32170	418487

4-13 主要年份职工年平均工资

单位：元

年份	全市				市区			
	全部职工	国有单位	城镇集体单位	其他单位	全部职工	国有单位	城镇集体单位	其他单位
1949		248						
1952		464						
1957		716						
1962		683						
1965		760						
1970		**695**						
1975	646	695	484					
1978	666	728	498			708	567	
1980	**769**	**841**	**571**			**839**	**619**	
1985	1097	1189	914		1158	1234	1018	
1988	1696	1856	1380		1879	2018	1617	
1989	1866	2042	1508	1890	2054	2199	1772	2095
1990	**1999**	**2207**	**1562**	**1829**	**2190**	**2374**	**1812**	**2109**
1991	2223	2443	1766	1993	2425	2621	2035	2257
1992	2498	2738	1990	2730	2740	2961	2301	2753
1993	2872	3180	2115	3871	3195	3531	2418	3994
1994	3837	4220	2756	4818	4318	4768	3181	5113
1995	4812	5215	3480	6389	5474	5996	3954	6752
1996	5639	6082	4136	7212	6549	7168	4700	8090
1997	5767	5884	3945	10445	6702	6808	4524	11024
1998	6713	6762	4842	9703	7567	7775	5158	9900
1999	7274	7439	5055	9487	8125	8525	5256	10087
2000	**8193**	**8145**	**5650**	**11275**	**9334**	**9371**	**5871**	**12302**
2001	8485	8802	5802	9992	9632	10284	6095	10795
2002	9295	9616	5961	10730	10493	11210	6137	11463
2003	10610	10641	6537	13649	12137	12419	6716	15007
2004	12694	12868	8076	14738	15325	15902	8504	17359
2005	14902	14784	9650	17201	17917	18126	10303	20202
2006	17209	17234	10903	19468	20947	21590	11333	23390
2007	23037	23599	15734	23368	27194	27978	16739	27997
2008	27116	27596	20541	27318	32036	32886	23000	32149
2009	29299	29338	19182	30808	34644	35268	17758	35876
2010	**30992**	**30881**	**24361**	**32183**	**35608**	**30299**	**21559**	**36631**
2011	35088	34683	29442	36424	38967	38826	26033	40699

4-14 在岗职工工资总额（2011）

单位：千元

项目	全市				市区			
	工资总额	国有单位	城镇集体单位	其他单位	工资总额	国有单位	城镇集体单位	其他单位
总计	**13289233**	**7714021**	**500939**	**5074273**	**9527576**	**5021009**	**321695**	**4184872**
按企业、事业、机关分								
企业	8465239	2969762	426112	5069365	6575194	2123674	266648	4184872
事业	3500514	3420779	74827	4908	2059549	2004502	55047	
机关	1323480	1323480			892833	892833		
按国民经济行业分								
农、林、牧、渔业	303563	258467	38	45058	50387	50387		
采矿业	398478	334627	130	63721				
制造业	4773017	980310	95709	3696998	4152580	904177	83778	3164625
电力、燃气及水的生产和供应业	602538	464190	96	138252	333155	266086		67069
建筑业	896659	550853	91794	254012	783325	548038	86070	149217
交通运输、仓储和邮政业	232023	206916	10213	14894	143057	131031	8790	3236
信息传输、计算机服务和软件业	154521	84397	46	70078	142733	74917	46	67770
批发和零售业	278069	106548	11183	160338	208643	62014	8909	137720
住宿和餐饮业	61451	25931	3924	31596	57229	21709	3924	31596
金融业	634633	29786	134544	470303	486533	20998		465535
房地产业	166456	47200	1250	118006	127392	29463	1250	96679
租赁和商务服务业	81404	35406	42865	3133	69556	27322	41034	1200
科学研究、技术服务和地质勘查	247184	245367	1364	453	203584	203359		225
水利、环境和公共设施管理业	212848	164743	43025	5080	141792	107122	34670	
居民服务和其他服务业	12402	10727	1675		7767	7767		
教育	1889194	1889194			1073198	1073198		
卫生、社会保障和社会福利业	748223	682789	63083	2351	489344	436120	53224	
文化、体育和娱乐业	109871	109871			85367	85367		
公共管理和社会组织	1486699	1486699			971934	971934		
国际组织								
按隶属关系分（国有经济）	7714021							
中央	1363143							
省	1721789							
省辖市	1849408							
县及县以下	2760844							
其它	18837							

4-15 在岗职工年平均工资（2011）

单位：元

项目	全市				市区			
	平均工资	国有单位	城镇集体单位	其他单位	平均工资	国有单位	城镇集体单位	其他单位
总计	**35088**	**34683**	**29442**	**36424**	**38967**	**38826**	**26033**	**40699**
按企业、事业、机关分								
企业	35198	33789	30998	36506	38453	36530	26577	40699
事业	34298	34784	22896	10955	39470	40205	23686	
机关	36582	36582			41860	41860		
按国民经济行业分								
农、林、牧、渔业	18958	19805	7600	15237	30912	30912		
采矿业	31562	34345	2000	22620				
制造业	37970	37093	25529	38701	41296	40458	26672	42157
电力、燃气及水的生产和供应业	37035	41605	12000	27086	33771	35996		27120
建筑业	29594	31601	30275	25827	30503	31705	29947	27027
交通运输、仓储和邮政业	23054	23280	21277	21399	23341	22927	24830	53933
信息传输、计算机服务和软件业	40166	42410	15333	37798	41027	44699	15333	37650
批发和零售业	28282	34842	22775	25519	30168	45265	27927	26347
住宿和餐饮业	26556	28973	25316	24996	27875	34241	25316	24996
金融业	53089	40525	57595	52944	52158	37563		53088
房地产业	33729	30471	22727	35426	36335	33865	22727	37457
租赁和商务服务业	28866	29853	29399	17801	30600	31332	30418	23076
科学研究、技术服务和地质勘查业	54626	55089	26745	22650	63165	63292		22500
水利、环境和公共设施管理业	22236	24599	17793	11115	26098	30650	17889	
居民服务和其他服务业	26000	32704	11241		36125	36125		
教育	37794	37794			43458	43458		
卫生、社会保障和社会福利业	33347	34536	24651	21768	36600	38935	24538	
文化、体育和娱乐业	32612	32612			34242	34242		
公共管理和社会组织	35654	35654			41086	41086		
国际组织								
按隶属关系分（国有经济）								
中央	36795	36795			35087	35087		
省	39815	39815			46473	46473		
省辖市	35735	35735			37000	37000		
县及县以下	30744	30744			39738	39738		
其它	33163	33163			33163	33163		

4-16 分县（市）区职工工资总额（2011）

单位：千元

县（市）区	合 计	国有单位	集体单位	其他单位
总　　计	13289233	7714021	500939	5074273
市　区	9527576	5021009	321695	4184872
昌邑区	505637	258283	63734	183620
龙潭区	1134224	724849	137832	271543
船营区	539984	302397	17163	220424
丰满区	244721	166400	5743	72578
永吉县	404214	337120	20039	47055
舒兰市	826842	686150	38751	101941
磐石市	927504	475090	33923	418491
蛟河市	661565	534269	47242	80054
桦甸市	941532	660383	39289	241860

4-17 分县（市）区职工年平均工资（2011）

单位：元

县（市）区	合 计	国有单位	集体单位	其他单位
总　　计	35088	34683	29442	36424
市　区	38967	38826	26033	40699
昌邑区	28936	36976	19616	25361
龙潭区	34773	35013	31707	35876
船营区	34274	38854	36673	29374
丰满区	34786	39208	25638	27378
永吉县	30192	29317	29211	39115
舒兰市	25942	26465	49617	19737
磐石市	27993	27638	32308	28100
蛟河市	26760	27065	46728	20160
桦甸市	30225	35247	34800	21489

固定资产投资

Gu ding zi chan tou zi

5-1 主要年份固定资产投资

单位：万元

年份	全社会固定资产投资	基本建设	更新改造	其它投资	集体单位投资	城镇投资	房地产开发	农村投资
1949	550	550						
1952	5841	5841						
1957	18275	18275						
1962	8181	8181						
1965	14552	14552						
1970	11091	11091						
1975	24018	24018						
1978	62490	58200	4290					
1980	63922	56442	7299		181			
1985	100836	60464	34627	2945	2800			
1988	154431	62084	78367	2468	11512			
1989	145492	46268	79687	4302	8740		6495	
1990	115062	46643	50948	2739	4573		9979	
1991	164975	71552	63879	3206	7311		19027	
1992	266176	122290	92274	3735	13078		34799	
1993	414078	180547	118103	6514	15711		93203	
1994	629646	392987	123609	6998	15513		90539	
1995	814914	629471	110037	9650	7388		58368	
1996	1003160	792949	118086	4577	26499		61049	
1997	786416	576576	89446	17030	37333		66031	
1998	858399	375889	225895	79179	39139		135627	
1999	951110	387462	228170	114840	55547		165091	
2000	1058205	466703	240539	139648	30638		180677	
2001	1300023	599060	296533	124450	34267		245713	
2002	2510158	1073207	570772	310992	262118		293069	
2003	3110848	1219261	758491	460987	371328		305781	
2004	3500630	1228527	861959	1105165			304979	
2005	4550403					4365543	335000	184860
2006	6917666					5831271	465747	1086395
2007	9050217					7499619	702812	1550598
2008	12000456					9338787	870259	2661669
2009	14900020					12546187	992619	2353833
2010	19500182					15444607	1394912	4055575
2011	14987040					13425528	2061979	1561512

注：2011年固定资产投资数据统计范围，由原计划总投资50万元及50万元以上的建设项目调整为500万元及500万元以上的建设项目。

5-1 续表1

单位：万元

年份	按构成分			按资金来源分			
	建筑安装工程	设备工器具购置	其他费用	国家投资	国内贷款	利用外资	自筹及其他
1949	326	223	1				
1952	3599	1774	48				
1957	11421	6139	715				
1962	5251	2566	364				
1965	6181	7317	1054				
1970	5370	3591	2130				
1975	16817	5828	1373				
1978	33005	23080	6405				
1980	41986	17511	4425				
1985	70630	24160	6046	30664	20515		48345
1988	87951	43961	22519	15577	43424	264	90012
1989	70177	54568	20747	12807	26490	1711	103336
1990	66129	39365	9568	13955	35060	5470	50516
1991	84289	61507	19179	14653	55204	2930	73045
1992	158754	67453	39969	12430	81902	10561	126384
1993	257153	97270	59655	14310	74125	38796	226555
1994	305098	211888	112660	2710	169972	180479	253630
1995	398173	248038	168703	4968	170180	245103	331822
1996	499186	316289	187685	2556	322400	175775	302537
1997	349933	190886	245597	2545	235406	136655	321530
1998	530577	180854	146968	11092	124516	88083	471453
1999	694677	185436	70997	42650	126073	42999	580202
2000	746182	229881	82142	92634	196140	49476	651227
2001	794577	314221	191225	90662	214858	123557	821000
2002	1435973	585022	489163	53789	204540	104504	1806071
2003	1793415	751147	566286	33695	321831	48425	2284119
2004	2262352	863145	375133	35725	284044	43743	2622665
2005	2407715	1597929	544759	84589	433042	21340	3906605
2006	3807255	2171534	938877	67984	556902	31731	6194891
2007	4998287	2654898	1397032	17035	411894	80356	8512228
2008	5767173	4690634	1542649	15936	275560	99958	11337040
2009	7129664	5949015	1821341	61516	285766	14363	13862073
2010	8894299	8239483	2366400	66380	256154	8800	17630326
2011	6941680	6098293	1947067	64273	259567	22329	13514547

5-1 续表2

单位：万元

年 份	新增固定资 产	竣工房屋面 积（万m^2）	#住 宅（万m^2）	建筑业总产值
1949	464	2.49	0.67	482
1952	4939	11.00	4.65	4841
1957	31042	62.46	27.10	13718
1962	6119	14.00	6.02	7047
1965	18151	37.36	16.36	11303
1970	6013	22.78	4.91	7884
1975	10982	35.05	12.18	20897
1978	14892	43.49	15.85	40789
1980	36140	87.88	46.28	61321
1985	67292	118.51	79.41	94669
1988	108269	143.91	82.15	140435
1989	147060	100.70	39.50	129054
1990	106603	75.00	41.90	129938
1991	123176	102.50	65.90	165031
1992	214519	142.80	99.20	255056
1993	247203	179.80	136.00	358419
1994	291380	162.00	99.90	363486
1995	244917	162.80	101.40	368252
1996	1392189	183.90	122.00	446834
1997	466875	150.50	85.20	355802
1998	1375031	251.60	174.00	404014
1999	705533	265.80	152.10	442804
2000	735947	316.80	170.40	607995
2001	884354	406.90	227.30	471160
2002	1923906	604.30	198.10	442233
2003	2156253	561.00	213.50	482748
2004	1919098	358.23	144.08	490828
2005	3030685	382.52	78.32	499463
2006	5143368	782.99	173.87	599212
2007	6495501	1161.38	284.06	796177
2008	10583967	1233.46	330.44	1183866
2009	12276623	1133.44	296.15	1236614
2010	15437239	1295.55	309.94	1590290
2011	12447965	835.72	262.20	2132652

5-2 市区主要年份固定资产投资

单位：万元

年 份	全社会固定资产投资	基本建设	更新改造	其它投资	集体单位投资	城镇投资		农村投资
							房地产开发	
1949	423	423						
1952	4808	4808						
1957	17036	17036						
1962	4944	4944						
1965	12079	12079						
1970	5352	5352						
1975	10782	10782						
1978	46955	44269	2686					
1980	50841	44983	5758		100			
1985	70640	37880	29245	955	2560			
1988	128624	46266	69625	1842	10891			
1989	122759	37661	74009	2700	8389			
1990	93977	32202	47091	1154	4394		9136	
1991	134716	47299	60439	1570	6381		19027	
1992	189518	93205	82726	3100	10487			
1993	357438	152744	95854	6100	11952		90788	
1994	578139	369787	101940	6567	14542		85303	
1995	792318	618458	102717	8097	6928		56118	
1996	927174	750450	101567	3060	14435		57662	
1997	693724	533667	74507	16051	10320		59179	
1998	678702	295364	175624	69524	6643		131547	
1999	776259	273833	199833	101707	49552		151334	
2000	806067	338557	167847	124113	20889		154661	
2001	1017444	450742	234749	103262	25309		203382	
2002	1954121	861062	430040	280939	133044		249036	
2003	2226568	824985	561741	340270	228033		271539	
2004	1858347	742307	653246	739859	282082		205947	
2005	2770311					2635477	223522	67232
2006	4191268					3756774	340518	372228
2007	5662531					4940287	537212	675801
2008	7356287					6236992	650429	1119295
2009	8534942					7766761	710255	768181
2010	11584609					8781187	1062626	2803422
2011	9058806					7853069	1647552	1147777

5-3 全社会固定资产投资主要指标

指　　标	单　位	2011	2010	2011比2010±%
一、固定资产投资额	**万 元**	**14987040**	**19500182**	**26.9**
1.按报表种类分				
城镇固定资产投资	万 元	13425528	15444607	22.3
#房地产开发	万 元	2061979	1394912	47.8
农村固定资产投资	万 元	1561512	4055575	86.8
2.按构成分				
建筑工程	万 元	6200127	7914693	14.1
安装工程	万 元	741553	979606	31.9
设备工器具购置	万 元	6098293	8239483	41.2
其它费用	万 元	1947067	2366400	30.1
3.按经济类型分				
国有经济	万 元	2543217	4020329	-17.48
集体经济	万 元	126888	193822	96.77
股份有限公司	万 元	633741	778565	0.0
有限责任公司	万 元	6719251	8762199	16.7
外商投资	万 元	183709	137997	-9.5
其他经济	万 元	4780234	5607270	130.8
二、建筑面积				
1.施工面积	万平方米	2838.49	3024.62	18.8
#住 宅	万平方米	1477.17	1221.98	21.9
2.竣工面积	万平方米	835.72	1295.55	-0.1
#住 宅	万平方米	262.20	309.94	-15.4
三、建设项目				
1.施工项目	个	3119	4717	31.9
#新 开	个	2514	3985	24.70
2.投产项目	个	2592	4006	35.4
四、本年新增固定资产	**万 元**	**12447965**	**15437239**	**57.3**

5－4 全社会固定资产投资完成情况（2011）

单位：万元

指　　标	全社会固定资产投资	城镇固定资产投资	#房地产开发投资	农村固定资产投资
投资总额	14987040	13425528	2061979	1561512
按构成分				
建筑工程	6200127	5603179	1579986	596948
安装工程	741553	639312	20141	102241
设备、工具、器具购置	6098293	5398123	17992	700170
其他费用	1947067	1784914	443860	162153
按建设性质分				
新建	3100116	3056763	2061979	43353
扩建	1648005	1354636		293369
改建	8394189	7588495		805694
单纯建造生活设施	9440			9440
其他	1835290	1425634		409656
按国民经济行业分				
农林牧渔业	458610	238414		220196
采矿业	845768	735168		110600
制造业	8152183	7308170		844013
电力、煤气及水的生产和供应业	379816	364616		15200
建筑业	56469	56469		
交通运输、仓储和邮政业	724351	630171		94180
信息传输、计算机服务和软件业	40151	40151		
批发和零售业	432016	394880		37136
住宿和餐饮业	231715	205905		25810
金融业	14746	14746		
房地产业	2083807	21828	2061979	700
租赁和商务服务业	103536	89806		13730
科学研究、技术服务和地质勘探业	89014	79624		9390
水利、环境和公共设施管理业	755794	671047		84747
居民服务和其他服务业	41570	39930		1640
教育	182287	160987		21300
卫生、社会保障和社会福利业	135830	117730		18100
文化、体育和娱乐业	66783	66783		
公共管理和社会组织	192594	127824		64770
按经济类型分				
国有经济	2543217	2288697	79188	254520
集体经济	126888	104983	5100	21905
其他经济	7749408	7127623	1006050	621785

5-4 续表

单位：万元

指　　标	全社会固定资产投资	城镇固定资产投资	#房地产开发投资	农村固定资产投资
私营个体	4567527	3904225	972641	663302
按隶属关系分				
中央	774830	762215	46500	12615
省	315216	289676		25540
市	599348	527465	40717	71883
县（市）	1254006	1068616	46150	185390
其他	12043640	10777556	1928612	1266084
按投资规模分				
100万元以下				
100-500万元				
500-1000万元	21649	19834	1497	1815
1000-3000万元	3711650	2964449	10980	747201
3000-5000万元	2558898	2151086	21600	407812
5000-1亿元	4739749	4433374	187501	306375
1亿元以上	3955094	3856785	1840401	98309
新增固定资产	**12447965**	**10968424**	**937551**	**1479541**
建设项目　　（个）				
施工项目个数	3119	2660	186	459
#本年新开工	2514	2100		414
全部建成投产项目	2592	2162		430
房屋建筑面积　　（平方米）				
施工面积	28384868	26807699	17863053	1577169
#住宅	14771711	14733311	14733311	38400
竣工面积	8357224	7194998	2975863	1162226
#住宅	2621952	2583552	2583552	38400
资金来源合计	**13880452**	**12411877**	**1958324**	**1468575**
上年末结余资金	19346	17659	14959	1687
本年资金来源小计	13861106	12394218	1943365	1466888
#国家预算内资金	64273	57212		7061
国内贷款	259567	221767	4000	37800
债券				
利用外资	22329	19929		2400
自筹资金	12675147	11302155	1731372	1372992
企、事业单位自有资金	4183380	3459172	622268	724208
其他资金	839400	792765	207993	46635

5-5 重点项目一览表（2011）

单位：万元

单位项目名称	开工时间	实际需要的总投资	自开始建设至本年底累计完成投资	#本年完成	累计新增固定资产
吉林省湖滨果汁饮品公司长白山生态食品工业园建设项目	201110	10000	3700	3700	
上海斯安特切基机电制造有限公司轻纺织机和袜机生产	200910	10560	8600	4000	
吉林市中科隆瑞生物科技有限公司年产30000吨环保木塑项目	201104	10672	10672	10672	10672
吉林市鑫岩混凝土有限责任公司年产80万立方米混凝土项目	201110	10890	1300	1300	
吉林省磐石吉阳恒基新能源有限公司多晶硅太阳能电池	200909	109600	73600	7000	
吉林农大红酒业有限公司12800吨/年葡萄汁、葡萄酒及饮品项目	201105	11000	3116	3116	
吉林市涵泽化工科技有限公司年处理1万吨废有机溶剂项目	201106	11700	6220	6220	
吉林桌尔科技股份有限公司年产70万平方米多孔泡沫金属材料项目	201107	12000	12000	12000	12000
吉林省吉林农信机械制造有限公司厂房设备	200708	12000	11980	6100	
吉林市隆佰润木业有限公司仿古木门项目	201104	12000	12000	12000	12000
吉林省舒兰市鸿鑫纸业有限公司万吨生活用纸生产项目	201110	12000	2320	2320	
吉林尚禹工贸有限责任公司年产1万吨聚乙烯管材管件项目	201106	12000	6763	6763	
吉林省吉林市交通局吉林至沈阳高速	200910	120000	120000	120000	120000
吉林省绿能新建筑材料有限公司绿色节能新型建材及相关精细化学品项目	201006	12125	12125	1635	12125
吉林市昌邑区千家万户专业合作社348栋蔬菜日光温室建设项目	201105	12166	12166	12166	12166
东北虎药业股份有限公司年产五味子糖迪软胶囊20000万粒五味子恬美口服液9000万支	201105	12532	7500	7500	
吉林市源源热电有限责任公司源源热电四期后续改扩建工程	201106	13511	13511	13511	13511
吉林市松花江酒业有限公司年产900吨配制酒项目	201106	13715	7705	7705	
中国石油吉林石化分公司32万吨苯乙烯装置	201007	139314	50733	47983	
吉林省桦甸市龙升绿色食品开发有限公司核头深加工	201106	14200	14200	14200	14200
吉林得利斯粮油饲料有限公司建平仓粮库、检测中心、购生产设备	201003	14618	14618	12118	12118
吉林省桦甸市固体废物处理有限公司垃圾处理厂	201105	14618	10000	10000	
吉林省吉林市万森燃气有限公司汽车修配及工业物流项目	201104	15000	15000	15000	15000
吉林省长白山绿色食品有限公司年产5000吨山野菜加工	201105	15000	13000	13000	
吉林省公路机械有限公司建厂房及购置年产50套沥青旧料再生组合搅拌设备建设项目	201110	15000	15000	15000	15000
吉林韦伦斯化工有限公司2万吨/年羟乙基磺酸钠项目	201005	15000	15000	4490	4490
吉林市杭氧博大气体有限公司年产10万吨食品级二氧化碳项目	201110	15000	6400	6400	
吉林市友诚工贸有限公司年产1万吨稀释剂项目	201105	15000	15000	15000	15000
吉林省吉林市耦联化工技术有限公司聚丙烯酰胺项目	201006	15000	15000	500	15000
吉林博德医学免疫制品有限公司诊断治疗制品产业化基地	200908	150000	52000	2500	
吉林昊宇电气股份有限公司年产8.5万吨核电管道仪生产线、500吨AP1000核电主管道项目	200906	150000	150000	33500	150000
吉林市铁路投资开发有限公司吉林站改建及相关工程	200903	156000	156000	5400	156000
吉林市紫光苑餐饮有限公司紫光苑大饭店改造项目	201105	16000	16000	16000	16000
吉高通用电气有限公司年产5000台套智能化开关项目	201110	16000	3400	3400	
吉林省舒兰市新禾玉米饮品有限责任公司3.5万吨/年玉米深加工食品项目	200606	16200	8000		

5-5 续表1

单位：万元

单位项目名称	开工时间	实际需要的总投资	自开始建设至本年底累计完成投资	#本年完成	累计新增固定资产
一汽吉林汽车有限公司年产10万辆V80	201006	174760	172550	10300	
一汽吉林汽车有限公司T系列发动机工厂建设项目	201106	174760	60000	60000	
吉林市广泽食品有限公司广泽总部建设项目及乳品综合加工项目	201110	17687	17687	17687	17687
中国石油吉林石化分公司40万吨ABS装置一期工程	201006	176993	69576	54423	
吉林省吉林市城市建设控股集团有限公司金珠污水处理工程	201109	17783	17783	17783	17783
舒兰市托拉斯木业有限公司实木刨片及贴片家具生产项目	201110	18000	3800	3800	
吉林省吉林托拉斯木业公司木制品深加工	201009	18000	16000	7000	
吉林省吉林市政府投资建设项目管理中心长春路西出口打通工程	201005	19967	8046	4419	
吉林遨通化工有限公司年产6万吨聚醚项目	201105	20000	20000	20000	20000
吉林市铁路投资开发有限公司吉林市交通换乘中心东广场项目	201008	20000	23010	12610	
吉林省吉林吉辉矿业有限责任公司日处理4000吨钼矿石扩能改造	200606	20939	11500	10000	10000
吉林市欧亚购物中心有限公司欧亚购物中心建设项目	201105	20940	20940	20940	20940
吉林市鹏龙宇新型建材有限公司节能墙体项目	201105	21000	21000	21000	21000
吉林市第二中心医院医疗设备购置项目	201105	21000	21000	21000	21000
吉林省桦甸市吉林物华公司城市污水处理	200608	22000	14000		
吉林市吉东木业有限公司吉东木业改扩建项目	201106	22000	22000	22000	22000
吉林省蛟河黑尊生物科技有限公司建设综合生产车间、培养间、木屑室、辅助原料库	201003	22000	22000	10460	10460
吉林伊诺华化工有限公司年产3000吨氯磺化聚乙烯项目	201110	23000	3200	3200	
上海弘奇永和食品发展有限公司豆浆粉生产项目	200910	23000	9800	4000	
吉林省桦甸市汇源矿业公司直接还原铁	200708	23200	22610	17000	
吉林精工减震器制造有限公司汽车减震器项目	201105	23522	17200	17200	
吉林省吉林钰翎珑有限责任公司石板材、玉雕生产	200910	24000	21100	20100	
吉林凯迈斯化工有限公司2万吨1020脂项目	201104	25000	25000	25000	25000
吉林市经开杭氧气体有限公司年产12000立空分项目	201110	25000	6500	6500	
吉林欧马窗业有限公司年加工20万平实木窗及1万立集成材建设项目	201110	25000	25000	25000	25000
吉林省桦甸市老金厂金矿矿井建设	200606	25000	23550	20000	
吉林省舒兰市平安煤业有限公司30万吨矿井建设项目	201010	25000	8000	6850	
国电吉林江南热电有限公司江南热电火电一期工程建设	200903	252000	208949	60000	
吉林康乃尔化学工业有限公司年产15万吨硝酸项目	201105	26000	26000	26000	26000
中国石油吉林石化分公司汽柴油产品升级和炼油结构调整	200910	262768	251271	12348	
吉林省吉林市城乡建设委员会雾凇大桥	200908	26346	24036	13589	
长春海外制药桦甸有限公司中成药制造	201105	26800	18000	18000	
吉林市厦林化工设备有限公司化工设备制造项目	201105	27000	23340	23340	
吉林省长白山制药股份有限公司康艾注射液建设项目	200706	30000	19176	10776	
吉林省桦甸市全兴矿业有限公司方解石加工	200704	30000	21000	5400	

5-5 续表2

单位：万元

单位项目名称	开工时间	实际需要的总投资	自开始建设至本年底累计完成投资	#本年完成	累计新增固定资产
吉林省吉林大唐新型建材有限公司碳纤维织品及岩棉项目	201006	30000	28600	1800	
吉林市鑫岩化工有限公司年产15000吨萘系减水剂项目	201104	30213	9521	9521	
吉林省舒兰市福润禽业食品有限公司2000万只肉鸡屠宰加工项目	200606	32000	7000	1600	
吉林省舒兰市煤炭沉陷区综合治理办公室煤炭沉陷区综合治理	200404	32000	10000	1500	
吉林省舒兰市坑口煤矸石热电厂格来得坑口煤矸石热电厂	200504	32000	6000		
吉林市吉珲客运专线项目征地拆迁领导小组办公室吉珲客运专线（吉林市段）	201107	348410	73300	73300	
吉林高琦聚酰亚胺材料有限公司聚酰亚胺纤维项目	201008	35000	33600	29000	
吉林真明丽照明工程有限公司2000万件LED系列生产线项目	201104	35000	24200	24200	
中粮米业（吉林）有限公司年30万吨大米综合加工基地项目	201104	35000	32000	32000	
吉林市广泽食品有限公司乳品综合加工项目	201008	37687	37687	7687	7687
吉林康乃尔化学工业有限公司年产15万吨苯胺项目	201006	39780	39780	3379	39780
吉林省吉林科龙装饰工程有限公司厂房设备	200905	40000	11400	8180	
吉林北沙制药有限公司添加剂和抗生素系列产品一期项目	201010	40000	37000	28085	
吉林凯迈斯化工有限公司16万吨/年醇醚项目	201005	41000	41000	7285	41000
吉林省桦甸市小红石水力发电站小红石电站	200505	42000	29100	19900	
吉林省吉林市交通局农村公路项目	201106	47501	65340	65340	65340
吉林铁合金有限责任公司特种铁合金基地升级改造	200807	50000	45010		
吉林省冀东水泥有限公司厂房设备	200706	51929	51929	16473	51929
中恒通（吉林）机械制造有限公司汽车零部件加工	201009	52000	52000	43300	52000
吉林市源源热电有限责任公司四期扩建项目	201008	53711	53711	3511	53711
吉林成大弘晟能源有限公司油页岩综合开发	200903	570000	300000	31000	
吉林圆方机械集团有限公司精密铸造1万吨	201105	58000	20784	20784	
吉林省吉林市城乡建设委员会雾凇高架桥	200908	58827	61288	6095	
吉林省吉林市亿成石油焦有限公司高效煅烧石油焦项目	200910	60000	60000	9000	60000
吉林省吉林市卓尔新型金属材料有限公司泡沫金属项目	201106	60000	26000	26000	
吉林省吉林大黑山钼业有限公司采选改造	200505	62000	24000	5700	
吉林市世贸中心建设有限公司世贸中心（宾馆）	201007	65000	45930	390	
吉林省舒兰市榆舒铁路建设管理办公室榆树铁路建设	200805	76000	61000	2000	
一汽吉林汽车有限公司注塑中心建设项目	201007	79000	79000	10000	79000
中钢集团江城碳纤维有限公司碳纤维及制品加工项目	200908	84000	77600	6100	
吉林市博海生化有限公司6万吨/年环氧乙烷项目	200909	87000	80470	28500	
一汽吉林汽车有限公司V80L等新车型生产技术改造项目	201104	90000	80000	80000	
吉林吉福参生物开发股份有限公司厂房办公楼人参深加工生产线建设	201010	92000	42000	23000	
吉林省桦甸市信德纸业有限公司36万吨无机环保纸、100万吨改性原材料基地	200908	92000	77980		
吉林建龙钢铁有限责任公司厂房设备	200903	963000	963000	334760	334760
吉林市吉珲客运专线项目征地拆迁领导小组办公室吉珲客运专线（蛟河段）	201107	971590	58640	58640	
冀东水泥永吉有限责任公司厂房生产二期工程	201106	97385	16739	16739	

5-6 新增生产能力（2011）

能力名称	本年新增生产能力合计	城镇	农村
润滑油（万吨/年）	0.1	0.1	
铅锌采矿（万吨/年）	10	10	
氮肥（吨/年）	1000	1000	
塑料树脂及共聚物（吨/年）	8250	8250	
水泥（万吨/年）	62	62	
新建铁路投产里程（公里）	20		20
新建公路（公里）	163.5	163.5	
其中：高速公路（公里）	163.5	163.5	
水力发电（万千瓦）	5.18	5.18	
其他发电（万千瓦）	3	3	

5-7 房地产投资与销售情况（2006-2011）

指　　标		2006	2007	2008	2009	2010	2011
企业个数	**（个）**	**117**	**142**	**207**	**215**	**141**	**186**
内资		117	142				186
国有		11	11	8	7	5	3
集体			2	3	4	3	7
其他有限责任公司		60	71	195	203	133	176
外商投资			2	1	1		
其他经济							
投资完成额	**（万元）**	**465747**	**702812**	**870259**	**992619**	**1394912**	**2061979**
按工程用途分							
住宅		385813	599184	780399	851876	1141591	1644079
#经济适用房屋							
办公楼		13715	10950	4397	4450	3976	14897
商业营业用房		42724	70641	60967	99094	152950	220633
其他		23495	22037	24496	37199	96395	182370
土地开发及购置	**（平方米）**						
本年土地开发面积		1204177	1697101	1255089	1258385	1767217	
本年土地购置面积		1465702	1724041	1280489	1226903	1829744	3256534
商品房销售情况	**（平方米）**						
房屋实际销售面积		2278954	2353098	3701848	4316912	4955144	5177962
#住宅		2059594	2177548	3436142	3997480	4441338	4712228
#经济适用房							
商品房销售额	（万元）	377002	469687	828384	1186217	1646602	2061280
商品房空置面积	（平方米）	612705	679739	452518	260894	194610	241478
#空置一年到三年（含一年）		420321	213176	35985	83600	9195	
空置三年以上（含三年）		1200					

5-8 按市县分固定资产投资主要指标（2011）

单位：万元

指　　标	全　市	市　区	永　吉	舒　兰	磐　石	蛟　河	桦　甸
投资总额	**14987040**	**9058806**	**854084**	**1210000**	**1303058**	**1110497**	**1450595**
城镇	13455528	7853069	715946	1164928	1237372	1051325	1282888
#房地产开发投资	2060979	1647552	116000	38538	90300	44819	124770
农村	1561512	1147777	97350	40360	50800	57925	101960

能源购进、消费与库存

Neng yuan gou jin xiao fei yu ku cun

6-1 规模工业能源购进、消费与库存（2011）

能源名称	年初库存量	购进量		消费量			年末库存量
		实物量	金额（千元）	合计	工业生产消费	非工业生产消费	
原煤（吨）	1210176	15272518	6495570	14895997	14866238	29758	1671942
其中：1.无烟煤（吨）	4449	103960	138434	83959	83959		20001
2.炼焦烟煤（吨）		8786	5771	8272	6432	1840	2844
3.一般烟煤（吨）	731058	10312722	4867875	10211637	10187307	24329	896824
4.褐煤（吨）	474669	4847050	1483490	4592129	4588540	3589	752273
洗精煤（吨）	87428	1685949	2108275	1627629	1617591	10038	322393
其他洗煤（吨）	176645						
煤制品（吨）		2788	1485	2523	2263	260	
焦炭（吨）	79472	999521	1753695	1616371	1616343	28	156950
其他焦化产品（吨）							
焦炉煤气（万立方米）				31924	31924		
高炉煤气（万立方米）				246192	246192		
转炉煤气（万立方米）				9034	9034		
发生炉煤气（万立方米）							
天然气（气态）（万立方米）		6333	173554	6333	6311	22	
液化天然气（液态）（吨）							
煤层气（煤田）（万立方米）							
原油（吨）	263532	9143110	56970789	9172519	9172519		234157
汽油（吨）	136	121212	802156	121317	117253	4064	210
煤油（吨）	17	304	2613	322	292	29	0
柴油（吨）	1017	150862	982422	152510	140169	12340	783
燃料油（吨）	2429	1513	8784	367172	367167	5	2081
液化石油气（吨）		36	263	36	8	28	
炼厂干气（吨）		1418	5088	248577	248577		
石脑油（吨）	27245	576683	3882122	1469351	1469351		29110
润滑油（吨）							
石蜡（吨）							
溶剂油（吨）							
石油焦（吨）							
石油沥青（吨）							
其他石油制品（吨）		185	2812	1300272	1300272		21
热力（百万千焦）		11169372	509159	53513632.52	52390723.12	1122909.4	
电力（万千瓦时）		1120220	6517668	1266843.67	1258316.15	8527.42	
煤矸石用于燃料（吨）							
城市垃圾用于燃料（吨）							
生物质废料用于燃料（吨）							
余热余压（百万千焦）				430756.3	430756.3		
其它工业废料用于燃料（吨）							
其他燃料（吨标准煤）	1	82725	58949	91435.08	91435.08		
能源合计（吨标准煤）				33590784.55	33489181.1	101603.45	

6-1 规模工业能源购进、消费与库存附表（2011）

能源名称	工业生产消费量	加工转换投入合计	火力发电	供热	炼油	能源加工转换产出	回收利用
原煤（吨）	11776651	11447353	6681672	4765681			
其中：1.无烟煤（吨）	83848						
2.炼焦烟煤（吨）							
3.一般烟煤（吨）	7657699	7413412	4074781	3338632			
4.褐煤（吨）	4035103	4033941	2606892	1427049			
洗精煤（吨）	1555356	1555356	160924	379166			
其他洗煤（吨）							
煤制品（吨）							
焦炭（吨）	1315626					773463	
其他焦化产品（吨）						35461	
焦炉煤气（万立方米）	31924					31924	
高炉煤气（万立方米）	246192	6930	6930				246192
转炉煤气（万立方米）	9034						9034
发生炉煤气（万立方米）							
天然气（气态）（万立方米）	4730						
液化天然气（液态）（吨）							
煤层气（煤田）（万立方米）							
原油（吨）	9172519	9141038			9141038		
汽油（吨）	257					1590256	
煤油（吨）							
柴油（吨）	1716					3801404	
燃料油（吨）	366300	37730	9265	28465		399954	
液化石油气（吨）						324085	
炼厂干气（吨）	247535					253302	
石脑油（吨）	1469351					894661	
润滑油（吨）							
石蜡（吨）							
溶剂油（吨）							
石油焦（吨）						248681	
石油沥青（吨）							
其他石油制品（吨）	1300272	148569			148569	1448595	
热力（百万千焦）	46519785					77389689.2	
电力（万千瓦时）	545992					1021297.5	
煤矸石用于燃料（吨）							
城市垃圾用于燃料（吨）							
生物质废料用于燃料（吨）							
余热余压（百万千焦）	430756	263669.16	263669.16				430756.26
其它工业废料用于燃料（吨）							
其他燃料（吨标准煤）	74805	66095	30818	35277			
能源合计（吨标准煤）	29609849	20648691.3	3496215.69	2971040.34	13266883.5	17852119.9	303952.99

6-2 规模工业能源购进、消费及库存补充资料（2011）

能源名称	计量单位	数　值
本期综合能源消费量	吨标准煤	15333108
上年同期综合能源消费量	吨标准煤	13661360
上年同期非工业生产消费	吨标准煤	225729
上年同期电力消费合计	万千瓦时	1089554
上年同期工业生产的电力消费	万千瓦时	1078127
上年同期电力产出	万千瓦时	892367
上年同期火力发电投入	吨标准煤	3076358

6-3 属地规模工业能源综合消费情况（2009-2011）

地　　区	综合能源消费量（吨标准煤）		
	2009年	2010年	2011年
总　　计	13293669	13737590	15333108
永吉县	57231	52532	49145
蛟河市	284801	317617	340341
桦甸市	411327	399612	383378
舒兰市	65276	46875	53395
磐石市	2437019	2317950	2259572
昌邑区	768409	895647	949974
龙潭区	7406901	7854122	9142384
船营区	154940	138067	100944
丰满区	68300	69109	511008
高新区	231942	272245	238353
经开区	1407524	1373814	1304614

6-4 规模工业分行业综合能源消费（2011）

指　标	本年综合能源消费量（万吨标准煤）	上年综合能源消费量（万吨标准煤）	能耗增速（%）	产值增速（%）
全部工业企业	**1533.3**	**1366.1**	**12.2**	**37.9**
(三)采矿业	21.4	22.3	-3.8	41.6
06.煤炭开采和洗选业	2.2	2.2	1.5	42.6
07.石油和天然气开采业	0.6	0.8	-18.5	84.1
08.黑色金属矿采选业	4.4	4.7	-6.2	34.3
09.有色金属矿采选业	6.9	6.6	3.9	53.8
10.非金属矿采选业	7.3	8.0	-8.9	25.3
(四)制造业	1276.4	1131.7	12.8	38.1
13.农副食品加工业	29.0	27.1	7.0	52.9
14.食品制造业	5.2	5.0	2.8	39.3
15.饮料制造业	19.3	11.8	63.0	59.6
17.纺织业	1.2	0.9	33.6	46.1
18.纺织服装、鞋、帽制造业	0.3	0.6	-47.4	-6.9
19.皮革、毛皮、羽毛(绒)等	0.2	0.1	76.2	78.9
20.木材加工及木、竹、藤等	12.2	11.3	8.6	56.2
21.家具制造业	1.1	1.6	-27.7	38.4
22.造纸及纸制品业	12.1	13.1	-7.8	26.6
23.印刷业和记录媒介的复制	0.0	0.2	-75.5	42.5
24.文教体育用品制造业	0.2	0.3	-35.4	7.4
25.石油加工炼焦及核燃料	0.7	0.7	-0.1	19.9
26.化学原料及化学制品制造	709.4	670.1	5.9	40.3
27.医药制造业	5.1	5.3	-3.5	7.8
28.化学纤维制造业	61.5	63.0	-2.4	12.9
29.橡胶制品业	0.3	0.4	-8.4	10.1
30.塑料制品业	1.3	1.7	-21.6	31.6
31.非金属矿物制品业	143.3	140.1	2.3	38.5
32.黑色金属冶炼及压延	213.7	123.5	73.0	62.1
33.有色金属冶炼及压延	19.6	16.3	19.9	28.7
34.金属制品业	2.7	3.6	-24.3	0.4
35.通用设备制造业	7.1	5.8	22.7	40.0
36.专用设备制造业	7.1	6.6	7.4	28.7
37.交通运输设备制造业	11.6	11.3	2.5	8.9
39.电气机械及器材制造业	4.7	3.7	26.3	62.8
40.通信设备、计算机及其他	3.4	4.4	-22.4	20.0
41.仪器仪表及文化、办公用	1.6	1.1	44.7	42.2
42.工艺品及其他制造业	1.7	1.5	9.6	35.2
43.废弃资源和废旧材料回收	0.8	0.7	22.5	42.2
(五)电力、煤气及水的生产等	235.5	212.2	11.0	24.7
44.电力、热力的生产和供应	234.1	211.3	10.8	7.7
45.燃气生产和供应业	0.8	0.2	290.8	325.7
46.水的生产和供应业	0.7	0.7	-6.9	7.2

财政、金融、保险、证券

Cai zheng jin rong bao xian zheng quan

7-1 地区财政收支

单位：万元

指　　标	2011	2010	2011比 2010±%
财政收入	**2451583**	**1922528**	**27.5**
一、增值税	475509	441281	7.8
二、消费税	576965	470676	22.6
三、营业税	259503	189191	37.2
四、企业所得税	249013	169617	46.8
五、其他各税	567005	439390	39.0
六、专项收入	50247	8447	26.5
七、行政事业性收费收入	119400	76114	56.9
八、罚没收入	45395	34383	31.8
九、国有资本经营收入	11939	36961	-67.7
十、国有资源（资产）有偿使用收入	72576	23752	205.6
十一、其他收入	24031	32716	-26.5
财政支出	**2515671**	**2137792**	**17.7**
一、一般公共服务	238276	185179	28.7
二、国防	1748	1441	21.3
三、公共安全	140085	123915	13.0
四、教育	406064	330764	22.8
五、科学技术	24818	23965	3.6
六、文化体育与传媒	50309	36328	38.5
七、社会保障和就业	436843	421297	3.7
八、医疗卫生	226989	182276	24.5
九、环境保护	91191	90092	1.2
十、城乡社区事务	219127	182271	20.2
十一、农林水事务	208964	215244	-2.9
十二、交通运输	74414	54465	36.6
十三、资源勘探电力信息等事务	104840	62170	68.6
十四、商业服务业等事务	38076	37024	2.8
十五、国土资源气象等事务	28270	22308	26.7
十六、住房保障支出	176748	114014	55.0
十七、粮油物资储备管理事务	7911	13268	-40.4
十八、其他支出	40998	41771	-1.9

7-2 主要年份金融机构存贷款

单位：万元

年 份	存款合计	#企业存款	#储蓄存款	贷款合计	#短期贷款	#中长期贷款
1949						
1952						
1957	4478	2158	1059			
1962	12929	6822	1077	34605		
1965	10271	6951	2075	33298		
1970	23428	9821	2528	65892		
1975	24193	12354	6408	89160		
1978	23104	12404	9673	109632		
1980	40966	21511	17939	128646		
1985	161864	63539	68877	310312		
1988	346625	114623	218175	578719		
1989	364761	106754	277078	671504		
1990	575175	126608	377279	997620	789639	163705
1991	709963	149642	495485	1192786	943062	174373
1992	895227	193530	599364	1391973	1055063	200620
1993	1047025	214120	719495	1635869	1266433	236415
1994	1422264	318748	982878	1903216	1406060	329874
1995	1796320	382248	1333639	2232634	1691718	355237
1996	2353404	503782	1761195	2780463	2150629	436479
1997	2774770	614984	1981202	3504834	2706119	538105
1998	3034795	589973	2278804	3783835	2896457	600698
1999	3362772	676270	2478330	4194781	3230233	658715
2000	3761870	751591	2875611	3743186	2898975	562196
2001	4077305	755198	3182217	3880348	2957370	742776
2002	4453253	764745	3449011	4038974	2947585	850071
2003	5173669	970580	3924420	4264812	3036665	999375
2004	5878717	1059291	4460401	4072319	2781234	1066212
2005	6803918	1084314	5180840	3344319	2261900	985138
2006	7839084	1169872	5719736	4004190	2562955	1178047
2007	8357583	1444711	5963848	4477797	2686885	1526776
2008	9906065	1695403	7238876	4811521	3182344	1474783
2009	11812021	2481746	8143372	6209744	4038307	1919798
2010	13349505	2811482	8866054	7154018	4333874	2645059
2011	14879612	4643068	9769124	8328074	4766998	3307844

7-3 金融机构人民币信贷收入

单位：万元

项　　目	2011	2010	2011比2010±%
一、各项存款	14879612	13349505	11.5
1.企业存款	4643068	2811482	65.1
（1）活期存款	3039615	2181485	39.3
（2）定期存款	999104	629997	58.6
2.财政存款	103057	57880	78.1
3.机关团体存款		912267	
4.储蓄存款	9769124	8866054	10.2
（1）活期存款		3222533	
（2）定期存款		5643521	
5.农业存款		11865	
6.信托存款			
7.委托存款	24294	9709	150.2
8.其他存款	295601	680248	-56.5
二、金融债券			
三、应付及暂收款	259638	219893	18.1
#应付及预收利息	184457	156735	17.7
四、同业往来	8870	3686	140.6
五、流通中货币			
六、各项准备	201371	203292	-0.9
#贷款损失准备	182084	181858	0.1
七、所有者权益	235327	181206	29.9
#实收资本	110122	90704	21.4
当年结益			
八、其它	-585676	-453033	29.3
资金来源总计	15136170	13504550	12.1

7－4 金融机构人民币信贷支出

单位：万元

项　　目	2011	2010	2011比2010±%
一、各项贷款	8328074	7154018	16.4
1.短期贷款	4766998	4333874	10
（1）工业贷款			
（2）商业贷款			
（3）建筑业贷款			
（4）农业贷款			
（5）三资企业贷款			
（6）私营企业及个体贷款			
（7）其他短期贷款			
#个人短期消费贷款	61598	95132	-35.2
2.中长期贷款	3307844	2645059	25.1
（1）基本建设贷款			
（2）技术改造贷款			
（3）其他中长期贷款			
#个人中长期消费贷款	834833	588992	41.7
3.票据融资	252974	173752	45.6
#贴现	252974	173752	45.6
4.各项垫款	258	1333	-80.6
二、有价证券及投资	53293	89093	-40.2
三、应收及预付款	60459	46134	31.1
#应收利息	33557	22601	48.5
四、同业往来	726	825	-12
五、二级准备金			
六、系统内资金往来	6203179	5913242	4.9
七、金银占款			
八、外汇占款			
九、固定资产	218218	196831	10.9
十、库存现金	124102	100992	22.9
资金运用合计	15136170	13504550	12.1

7－5 财险业务情况（2011）

单位：万元

	承保数量		承保金额		保费收入		赔款支出	
	本期	累计	本期	累计	本期	累计	本期	累计
合计	**52462**	**544796**	**1907151**	**20828790**	**7446**	**86464**	**5740**	**38608**
企财险	244	2679	1143473	8961958	755	7796	507	3573
家财险	988	13018	14502	396000	15	657	6	139
机动车险	32260	381311	461468	5472305	5998	69899	4643	32416
货运险	171	8866	18471	922661	18	1479	37	332
短期保险	16248	87640	158694	1140323	173	1388	82	513
意外险	13085	68249	149768	884395	159	1051	62	351
健康险	3163	19391	8926	255928	14	337	20	163
其它险种	2551	51282	110541	3962543	487	5245	465	1635

7－6 寿险业务情况（2011）

单位：万元

	保费收入		退保情况		满期给付		医疗、伤残、死亡给付	
	本期	累计	本期	累计	本期	累计	本期	累计
合计	**21005**	**317546**	**2626**	**30243**	**2670**	**36342**	**1295**	**11257**
个人寿险	9212	162262	1029	9010	625	8117	811	8057
团体寿险	16	700					2	38
意外伤害保险	170	2832					122	461
健康险	526	6196	14	149			209	1948
代理业务	11081	145556	1583	21084	2045	28225	151	753

7-7 证券期货市场基本情况（2005-2011）

	2005	2006	2007	2008	2009	2010	2011
一、上市证券公司情况							
拥有上市股份公司（个）	11	11	11	11	11	11	11
占全国比重（‰）	0.8	0.73	0.65	0.93	0.58	0.47	0.47
上市股份公司总股本（亿股）	55.97	25.47	31.14	40.72	54.77	59.1	67.13
#流通股（亿股）	46.11	13.08	18.32	25.3	37.27	40.64	47.32
总市值（亿元）							
累计证券市场筹措资金（亿元）							
二、证券经营机构情况							
拥有证券公司（个）	8	8	8	8	8	11	11
#证券营业部（个）	8	8	8	8	8	11	11
占全省比重（%）							
投资者开户数（万户）							
证券交易总额（亿元）							
三、期货市场情况							
拥有期货经纪公司（个）							
期货营业部（个）							
期货代理交易额（亿元）							
每个经纪公司平均拥有注册资金（万元）							

7-8 企业股票股本构成情况（2011）

单位：万股

股票名称	总股本	国家股	法人股	自然人股	流通股
吉林制药	15824.36				11601.11
吉林化纤	37825.75				31830.5
领先科技	9250.5				7587.59
苏宁环球	204319.26				146602.45
吉林碳素	28289.9				28289.7
物华股份	33644.16				33644.16
华微电子	67808				67808
中油化建	99122.81				18073.4
吉恩镍业	81112.15				81112.15
东北虎药业	7467				20700
合计	584663.89				447249.06

	总股本	内资股	非H股外资股	H股
吉林奇峰化纤（H股）	86625	43702	16936	25987

7－9 股票发行情况一览表（2011）

股票名称	发行时间	发行价（元）	发行量（万股）	筹资额（万元）
吉林制药	1993.11.21	5	3000	15000
吉林化纤	1996.07.23	6.99	3097.6	21652
领先科技	1996.11.24	4.6	1367	6288
苏宁环球	1997.03.28	6.45	6000	39700
成城股份	2000.10.31	4.8	3500	16800
华微电子	2001.02.20	8.42	5000	40500
东北虎药业	2002.02.28	$0.26	18000	$4200
中钢吉炭	1998.11.27	6.28	9000	56520
山煤国际	2003.07.16	10.51	4000	42040
吉恩镍业	2003.08.21	4.66	6000	26771
吉林奇峰化纤（H股）	2006.06.21	$1.69	25987.5	$39926.25

注：$ 为港币

7－10 国税税收情况（2011）

单位：万元

	地区			市区		
	累计收入	同期收入	比去年同期±%	累计收入	同期收入	比去年同期±%
税收收入合计	1228945	1046870	1704	1080451	926814	1606
增值税	480082	442661	805	374609	348032	806
消费税	576966	470675	22.6	576459	470349	22.6
企所得税	125938	91840	37.1	94222	76749	22.8
个人存款利息所得税	497	1222	-59.3	327	797	-59
车购税	45462	40472	12.3	34834	30887	12.8

7-11 全市地税税收完成情况

单位：万元

	2011	2010	2011比 2010±%
合　　计	970843	685087	41.7
1.营业税	286307	209617	36.6
其中：金保营业税	26803	20426	31.2
一般营业税	259504	189191	37.2
2.土地使用税	64062	54234	18.1
3.个人所得税	103830	87258	19.0
4.城市维护建设税	91440	70447	29.8
5.车船使用税	10150	8292	22.4
6.房产税	26997	22807	18.4
7.资源税	9836	8435	16.6
8.印花税	19454	15534	25.2
9.土地增值税	45038	19207	134.5
10.企业所得税	123076	77778	58.2
11.烟叶税	757	347	118.2
12.耕地占用税	59441	15398	286.0
13.契　税	90044	64396	39.8
14.教育费附加	40398	31271	29.2
15.其它收入	13	66	-80.3

7－12 市区地税税收完成情况

单位：万元

	2011	2010	2011比 2010±%
合　　计	673725	489895	37.5
1.营业税	210959	156578	34.7
其中：金保营业税	22622	17398	30.0
一般营业税	188337	139180	35.3
2.土地使用税	54832	47171	16.2
3.个人所得税	78690	62362	26.2
4.城市维护建设税	80564	61792	29.9
5.车船使用税	6908	5753	20.1
6.房产税	21118	18356	15.0
7.资源税	165	201	-17.9
8.印花税	9677	7185	34.7
9.土地增值税	35309	15256	131.4
10.企业所得税	49613	37076	33.8
11.烟叶税			
12.耕地占用税	27222	4383	521.1
13.契　税	64410	47156	26.6
14.教育费附加	34552	26568	30.1
15.其它收入	6	58	-89.7

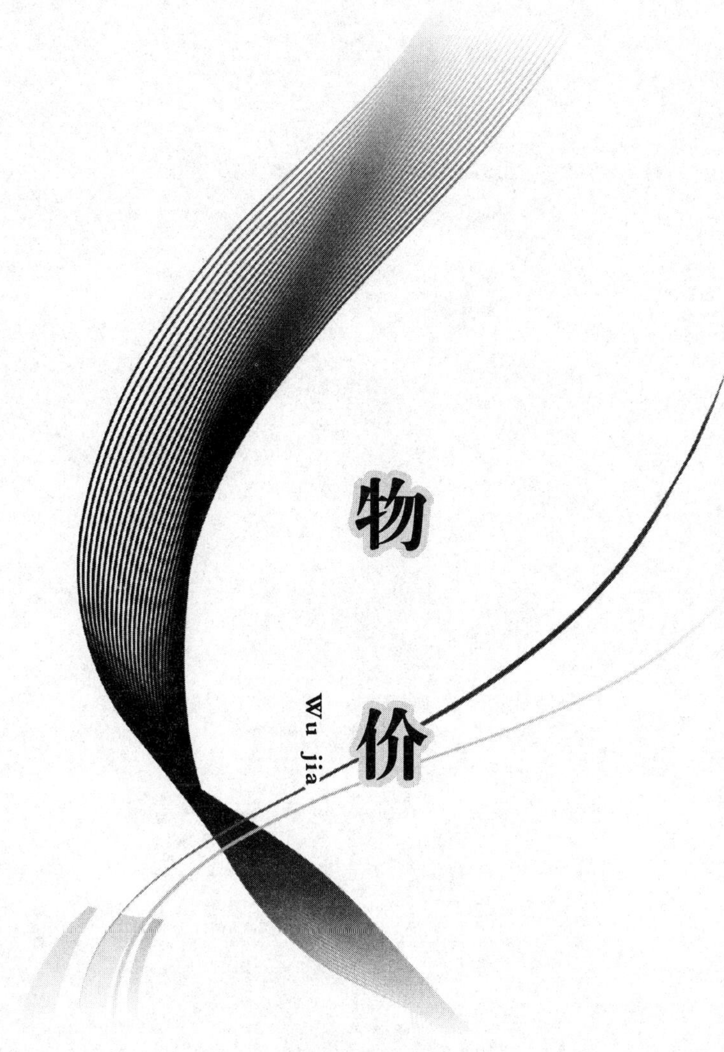

物价

Wu jia

8-1 主要年份物价指数

（以上年价格为100）

年 份	商品零售价格指数	居民消费价格指数	#食品类	#衣着类	#服务项目价格指数
1950					
1951	116.3		115.1	102.9	131.1
1952	114.3		122.3	108.2	174.2
1957	102.7		102.6	99.7	95.7
1962	104.5		103.6	101.3	100.0
1965	100.4		100.9	100.1	98.5
1970	99.4		100.0	99.7	
1975	101.2		100.0	100.0	100.6
1978	100.2		100.1	100.0	100.0
1979	101.5		102.0	100.2	100.0
1980	108.1	107.5	109.4	100.8	100.0
1981	101.7	101.6	102.9	100.0	100.0
1982	103.6	103.4	105.3	101.2	100.0
1983	105.7	107.5	104.6	103.3	109.4
1984	104.3	104.4	105.6	100.9	106.3
1985	112.2	111.6	116.9	101.9	103.8
1986	105.7	106.0	105.4	108.9	109.9
1987	107.9	107.5	109.1	105.5	103.5
1988	120.8	120.6	125.2	113.2	118.7
1989	116.9	117.1	115.6	119.9	118.9
1990	104.3	104.9	104.3	106.0	111.4
1991	105.7	107.0	103.6	106.5	118.6
1992	107.1	107.3	108.3	100.8	108.7
1993	112.8	114.6	117.3	101.4	128.2
1994	118.7	129.9	131.0	115.1	171.6
1995	114.2	115.1	116.1	133.1	110.0
1996	105.3	107.3	106.8	106.0	104.8
1997	101.7	102.9	98.9	109.6	107.1
1998	97.9	99.1	96.5	94.0	109.8
1999	97.0	98.0	95.8	94.9	104.9
2000	98.2	99.0	96.3	100.7	100.4
2001	101.7	102.3	101.0	99.6	108.7
2002	99.2	99.7	101.0	99.9	101.1
2003	100.8	101.3	103.0	99.7	101.1
2004	102.9	103.8	108.6	102.3	99.8
2005	101.4	101.7	104.7	99.6	100.6
2006	101.3	101.2	101.7	100.3	101.8
2007	103.2	105.3	112.1	101.5	103.1
2008	105.7	105.9	113.1	103.6	101.1
2009	97.3	99.6	101.3	98.4	100.2
2010	104.0	103.5	107.7	102.7	100.7
2011	105.3	104.8	108.2	105.8	103.2

8-2 主要年份物价指数

（以1950年价格为100）

年 份	商品零售价格指数	居民消费价格指数	#食品类	#衣着类	#服务项目价格指数
1952	132.9	135.9	140.8	111.3	228.4
1957	151.0	153.9	165.8	112.7	231.6
1962	184.1	191.5	210.8	134.4	264.3
1965	180.9	183.9	205.6	127.6	258.4
1970	175.4	189.5	207.6	123.8	250.9
1975	191.5	194.1	210.5	123.8	253.2
1978	193.1	195.6	210.7	123.8	253.5
1979	196.7	199.0	214.9	124.0	253.5
1980	212.7	213.8	235.2	125.0	253.5
1981	216.3	217.2	242.0	124.9	253.5
1982	224.1	224.6	254.7	126.4	253.5
1983	236.8	241.3	266.5	130.6	277.3
1984	247.0	252.0	281.4	131.7	294.8
1985	277.1	281.2	329.0	134.2	306.0
1986	292.9	298.1	346.7	146.2	336.3
1987	316.0	320.4	378.3	154.2	348.1
1988	381.8	386.4	473.6	174.6	413.2
1989	446.3	452.5	547.5	209.3	491.2
1990	465.5	474.7	571.0	221.9	547.2
1991	492.0	507.9	591.6	236.3	649.0
1992	526.9	545.0	640.7	238.2	705.5
1993	594.3	624.6	751.5	241.5	904.4
1994	705.4	811.4	984.5	278.0	1552.0
1995	805.6	933.9	1143.0	370.0	1707.2
1996	848.3	1002.1	1220.7	392.0	1789.2
1997	862.7	1031.2	1207.3	429.9	1916.2
1998	844.6	1021.9	1165.0	404.1	2104.0
1999	819.3	1001.5	1116.1	383.5	2207.1
2000	804.6	991.5	1074.8	386.1	2215.9
2001	818.3	1014.3	1086.6	384.6	2408.7
2002	811.8	1011.3	1098.6	384.2	2435.2
2003	818.3	1024.4	1131.5	383.1	2437.6
2004	842.0	1063.3	1228.8	391.9	2432.8
2005	853.8	1081.4	1286.6	390.3	2447.4
2006	864.9	1094.4	1308.5	391.5	2491.5
2007	892.6	1152.4	1466.8	397.4	2568.7
2008	943.5	1220.4	1659.0	411.7	2597.0
2009	918.0	1215.5	1680.6	405.1	2602.2
2010	954.7	1258.0	1810.0	416.0	2620.4
2011	1005.3	1318.4	1958.4	440.1	2704.3

8-3 消费价格类指数（2011）

类　　别	2011	类　　别	2011
居民消费价格总指数	**104.8**	1.服装	105.7
非食品价格指数	103.5	2.衣着材料	115.3
服务项目价格指数	103.2	3.鞋袜帽	105.5
扣除鲜菜鲜果总指数	105.2	4.衣着加工服务	122.2
消费品价格指数	105.4	**四、家庭设备用品及维修服务**	**105.1**
一、食品	**108.2**	1.耐用消费品	101.3
1.粮食	110.0	2.室内装饰品	101.7
2.淀粉及制品	90.5	3.床上用品	108.1
3.干豆类及豆制品	103.4	4.家庭日用杂品	107.0
4.油脂	114.3	5.家庭服务及加工维修服务	123.2
5.肉禽及其制品	122.1	**五、医疗保健和个人用品**	**103.8**
6.蛋	109.9	1.医疗保健	102.1
7.水产品	105.5	2.个人用品及服务	108.2
8.菜	94.2	**六、交通和通信**	**100.5**
9.调味品	105.5	1.交通	101.8
10.糖	106.4	2.通信	98.7
11.茶及饮料	101.5	**七、娱乐教育文化用品及服务**	**99.4**
12.干鲜瓜果	108.1	1.文娱用耐用消费品及服务	97.7
13.糕点饼干面包	105.4	2.教育	99.8
14.液体乳及乳制品	103.4	3.文化娱乐类	99.2
15.在外用膳食品	109.8	4.旅游	100.0
16.其它食品	102.1	**八、居住**	**105.7**
二、烟酒	**106.1**	1.建房及装修材料	103.5
1.烟草	106.5	2.住房租金	112.2
2.酒	105.7	3.自有住房	106.2
三、衣着	**105.8**	4.水、电、燃料	104.5

8-4 零售价格类指数（2011）

类　　别	2011	类　　别	2011
商品零售价格总指数	105.3	1.服装	105.6
一、食品	108.3	2.鞋袜帽	105.4
1.粮食	110.0	四、纺织品	111.2
2.淀粉及制品	90.5	1.衣着材料	115.3
3.干豆类及豆制品	103.4	2.床上用品	108.7
4.油脂	114.4	五、家用电器及音像器材	99.4
5.肉禽及其制品	119.4	1.家庭设备	100.2
6.蛋	109.9	2.文娱用耐用消费品	98.5
7.水产品	105.5	3.专业音像器材	100.0
8.菜	93.2	六、文化办公用品	106.9
9.调味品	105.5	七、日用品	103.8
10.糖	107.3	八、体育娱乐用品	102.2
11.干鲜瓜果	107.7	1.体育用品	105.8
12.糕点饼干面包	105.4	2.娱乐用品	100.0
13.液体乳及乳制品	103.4	九、交通、通信用品	95.6
14.在外用膳食品	109.8	十、家具	105.2
15.其它食品	102.1	十一、化妆品	102.5
二、饮料、烟酒	104.8	十二、金银珠宝	129.8
1.茶及饮料	101.5	十三、中西药品及医疗保健用品	104.1
2.烟草	106.5	十四、书报杂志及电子出版物	100.2
3.酒	105.7	十五、燃料	111.1
三、服装、鞋帽	105.5	十六、建筑材料及五金电料	102.7

8-5 工业品出厂价格指数（2005－2011）

（以上年价格为100）

指　　标	2005	2006	2007	2008	2009	2010	2011
全部工业品	**107.66**	**103.66**	**106.88**	**107.20**	**91.31**	**111.90**	**105.40**
#轻工业	98.30	100.15	105.90	103.61	94.72	104.75	104.20
重工业	111.46	104.46	107.10	108.24	90.41	115.61	105.70
#生产资料	108.80	103.87	107.20	107.37	90.64	113.55	105.80
采　掘	116.73	105.48	115.07	128.59	85.46	119.03	106.60
原　料	110.93	108.09	107.21	104.27	89.48	120.48	108.70
加　工	101.49	94.71	106.67	113.62	94.74	103.05	102.10
#生活资料	99.46	99.78	100.81	104.78	100.74	102.35	103.90
食　品	99.87	100.03	101.20	105.34	100.59	102.71	105.40
衣　着	100.23	100.27	103.64	102.35	100.32	101.55	104.80
一般日用品	100.15	100.66	100.43	101.27	100.24	101.87	101.10
耐用消费品	98.96	95.68	97.13	105.11	99.89	97.68	100.00

人民生活

Ren min sheng huo

9-1 人民物质文化生活提高情况（2005－2011）

指　　标	单　位	2005	2006	2007	2008	2009	2010	2011
一、城乡居民收入								
农民年人均纯收入	元	3449.21	3904.61	4495.89	5280.86	5646.91	6593.66	7952.03
城镇单位职工年平均工资	元	14902	17209	23037	27116	29299	30992	35088
城市居民年人均可支配收入	元	9230.31	10155.14	12500.79	14000.03	15540.6	16935.75	19559.62
二、城乡居民消费								
城市：粮食（大米、面粉）	千克	98.53	78.49	66.38	65.06	81.58	96.19	91.34
食用植物油	千克	13.52	11.76	11.92	12.02	12.24	12.57	12
鲜蛋	千克	14.14	14.21	12.36	12.43	14.99	9.79	10.65
鱼	千克	9.02	8.41	8.57	7.72	9	7.8	8.13
农村：粮食	千克	175.77	254.83	177.50	253.46	216.72	190.57	239.87
食用油	千克	8.46	7.08	8.49	8.96	8.8	7.98	9.14
肉类	千克	15.82	15.03	8.86	9.68	10.22	12.06	11.72
水产品	千克	4.58	4.60	4.66	4.55	4.34	4.28	5.49
三、城乡居民居住面积								
城市居民人均住宅建筑面积	平方米	27.25	27.77	28.70	29.01	29.31	29.76	30.29
农村居民人均居住面积	平方米	20.59	20.92	21.55	22.04	23.39	22.75	22.87
四、城乡居民储蓄余额	**亿元**	**518.1**	**571.97**	**596.40**	**723.90**	**814.3**	**886.6**	**976.9**
人均储蓄余额	元	12064	13288.00	13784.00	16695.00	18756	20427	22545
五、学龄儿童入学率	**%**	**99.75**	**99.63**	**99.82**	**99.98**	**99.98**	**99.94**	**99.97**
每万人口中大学在校学生	人	153	146.00	160.00	176.97	264.07	273.2	280.6
六、城市每百户拥有彩色电视机	**台**	**137**	**137.67**	**132.67**	**121.67**	**116.89**	**116**	**116.67**
城市每百户拥有电冰箱	台	91.67	90.00	100.67	91.00	90.73	91.67	96.33
七、每万人口拥有医疗床位	**张**	**40.53**	**41.51**	**38.67**	**43.47**	**44.98**	**48.92**	**49.18**
每万人口拥有医生	人	20.13	20.84	24.67	24.44	24.66	26.71	23.53

9-2 城市居民、农民家庭生活基本情况（2005－2011）

指　　标	单 位	2005	2006	2007	2008	2009	2010	2011
城市居民家庭								
调查户数	户	300	300	300	300	300	300	300
平均每户人口	人	2.95	2.87	2.79	2.86	2.86	2.89	2.70
平均每户就业人口	人	1.62	1.52	1.53	1.36	1.32	1.39	1.31
平均每一就业者负担人口	人	1.82	1.89	1.82	2.10	2.17	2.08	2.06
人均可支配收入	元	9230.31	10155.14	12500.79	14000.03	15540.60	16935.75	19559.62
人均年消费支出	元	7744.39	8345.67	10048.10	10449.34	12266.07	13223.21	13506.18
农民家庭								
调查户数	户	760	700	700	700	700	700	700
平均每户人口	人	3.55	3.55	3.50	3.43	3.32	3.33	3.34
平均每户劳动力	人	2.58	2.64	2.64	2.53	2.53	2.51	2.49
平均每一劳动力负担人口	人	1.37	1.34	1.30	1.36	1.31	1.33	1.34
平均每人年均纯收入	元	3449.21	3904.61	4495.89	5280.86	5646.91	6593.66	7952.03
平均每人年均生活费支出	元	2598.16	3027.45	3204.26	4130.62	4426.16	4446.94	5013.66
#食　品	元	1092.8	1169.38	1220.95	1574.94	1575.50	1730.96	1898.24
居　住	元	285.19	418.51	390.48	721.45	715.07	611.77	694.80
城市居民、农民人均年收入对比		2.68:1	2.6:1	2.78:1	2.65:1	2.73:1	2.57:1	2.46:1
城市居民、农民人均年生活费支出对比		2.98:1	2.76:1	3.14:1	2.53:1	2.77:1	2.85:1	2.69:1

注：农村部分2003年后为省统计局认定数。

9-3 城市居民每百户家庭主要耐用品拥有量（2005-2011）

指　　标	单 位	2005	2006	2007	2008	2009	2010	2011
成套家具	套	17.67	18.33					
自行车	辆	139.33	137.33					
摩托车	辆	9.67	9.33	7	5.67	2.98	4.33	5
助力车	辆	1	1.33	2.33	3.67	3.97	5	5
家用汽车	辆	1.33	1.67	3.33	7.33	10.93	15.67	16
录音机	台	46.33	45.67					
彩色电视机	台	137	137.67	132.67	121.67	116.89	116	116.67
录放像机	台	28.33	26.33					
影碟机	台	62.67	60.67					
组合音响	台	18	17	18	11	13.91	16	16.33
家用空调器	台	3.67	4	7	7.33	6.95	9.67	12.67
淋浴热水器	台	71	68.33	72	68.33	70.53	74.33	75.67
微波炉	台	56.67	58.33	61.33	60.33	61.59	62.33	64
家用电脑	台	34.33	38.67	46.33	46.67	47.68	53	63.67
电风扇	台	65	65					
电冰箱	台	91.67	90	100.67	91	90.73	91.67	96.33
洗衣机	台	96	95.33	98.67	90	90.07	91.67	94.67
照相机	架	57	53.67	53.67	38.33	36.75	40.33	42.67
摄像机	架	7	7	9.67	8.33	8.28	10	11
钢琴	架	1.67	1.67	2	1.67	2.32	3.33	3.33
移动电话	台	142	145.67	167	168.33	169.21	177.67	191

9-4 农村住户每百户家庭主要耐用品拥有量（2005－2011）

指　　标	单 位	2005	2006	2007	2008	2009	2010	2011
大型家具	件/百户	93.03	98.57					
洗衣机	台/百户	64.47	64	71.14	76.29	78	85.57	88.86
电风扇	台/百户	24.47	24.43					
电冰箱	台/百户	17.5	19.86	26.43	33.14	41.71	55	77.29
空调机	台/百户	0.13	0.29	0.14	1	0.71	0.57	
抽油烟机	台/百户	3.68	3.57	5.71	5.86	5.71	8.29	11.43
吸尘器	台/百户	0.39	0.14	0.14	0.86	0.43	0.57	0.57
微波炉	台/百户	1.05	2.43	3.14	4.86	4.86	5.71	8
热水器	台/百户	1.58	3	3.86	4.43	6.14	8.71	8.71
自行车	辆/百户	71.18	67.57	67.29	74	60.43	61.71	47.86
摩托车	台/百户	37.76	41.43	42.57	45.71	50.43	53.71	52.86
汽车(生活用)	台/百户	0.53	0.71	2.14	1.14	6.43	3.43	4.86
电话机	部/百户	76.97	77.29	72.14	67.43	55	51.43	42.14
移动电话	部/百户	64.87	79.57	104.71	130.57	155.14	182.57	213.71
寻呼机	台/百户	0.13						
彩色电视机	台/百户	105	105.29	110.43	111.29	108.29	111.86	114.14
黑白电视机	台/百户	8.42	5.86	2.71	2.86	1.14	2.14	1
录放像机	台/百户	1.84	1.71					
摄像机	台/百户		1.14	1	0.14	0.43	1	
影碟机	台/百户	45.53	44.14	47	43.57	37.43	34	28.71
组合音响	台/百户	13.03	6.29					
收录机	台/百户	10.92	6.57					
照相机	架/百户	3.03	3.43	3.14	5	4.29	5	4.57
家用计算机	台/百户	1.71	0.57	1	2.71	4	8	17.71
中高档乐器	件/百户	0.13	0.14	0.29	0.43	0.29	0.29	

注：2003年后为省统计局认定数。

9-5 城市居民家庭基本情况（2005－2011）

指　　标	单　位	2005	2006	2007	2008	2009	2010	2011
一、调查户数	户	300	300	300	300	300	300	300
二、平均每户家庭人口	人	2.95	2.87	2.79	2.86	2.86	2.89	2.7
三、平均每户就业人口	人	1.62	1.52	1.53	1.36	1.32	1.39	1.31
四、平均每户就业面	%	0.55	0.53	0.55	0.48	0.46	0.48	0.49
五、平均每一就业者负担人数	人	1.82	1.89	1.82	2.1	2.17	2.08	2.06
六、年人均总收入	元	9743.19	10629.93	13696.56	14830.45	17219.73	18988.74	21626.61
#可支配收入	元	9230.31	10155.14	12500.79	14000.03	15540.6	16935.75	19559.62
工资性收入	元	6245.61	6358.01	8083.37	9447.83	10475.94	11969.67	13072.03
经营净收入	元	383.62	513.33	537.02	933.72	1339.85	1299.99	1384.09
财产性收入	元	87.09	104.93	93.01	60.84	212.01	134.01	215.99
转移性收入	元	3026.87	3653.65	4098.38	4388.06	5191.92	5585.07	6954.5
七、年人均总支出	元	9846.17	10477.74	13297.68	13224.02	16430.44	18541.44	18134.8
1.消费性支出	元	7744.39	8345.67	10048.1	10449.34	12266.07	13223.21	13506.18
（1）食品	元	2692.78	2820.56	3180.53	3636.09	3770.77	3890.69	4230.66
（2）衣着	元	948.58	953.09	1354.41	1317.1	1459.75	1590.87	1703.78
（3）家庭设备用品及服务	元	277.93	386.61	518.92	433.59	577.28	733.59	821.05
（4）医疗保健	元	790.44	874.34	1104.9	971.78	1101.88	1144.18	1360.6
（5）交通和通讯	元	934.20	888.43	1066.82	1382.59	2011.45	2435.71	1711.13
（6）教育文化娱乐服务	元	829.55	941.26	970.91	1122.37	1227.3	1467.54	1568.08
（7）居住	元	953.46	1166.56	1498.66	1284.77	1683.83	1556.32	1621.57
（8）其它商品和服务	元	317.44	314.83	352.95	301.05	433.81	404.31	489.32
2.购房与建房支出	元	642.87	486.3	647.88	834.42	1431.76	1614.73	197
3.转移性支出	元	1011.49	1233.19	1449.83	1311.49	1236.44	1863.86	2574.96
4.财产性支出	元			6.1	3.1	37.36	39.88	37.79
5.社会保障支出	元	447.42	412.59	336.26	625.67	1458.81	1799.76	1818.87
八、人均期末手存现金	元	424.69	462.98	364.83	633.35	755.91	743.47	1078.8

9-6 城市居民不同收入层次家庭基本情况（2011）

单位：元

指　　标	全市平均	最　低 收入户	低收入户	较　低 收入户	中　间 收入户	较　高 收入户	高收入户	最　高 收入户
一、调查户数（户）	300	30	30	60	60	60	30	30
二、家庭总收入（元/人）	21626.61	7329.59	11088.15	14153.63	18553.86	24577.74	33876.2	57154.81
其中：可支配收入（新算法）（元）	19559.62	6534.45	10094.93	12880.44	16626.45	22165.47	30536.74	52173.39
三、家庭人口数（人/户）	2.7	2.8	2.83	2.78	2.82	2.55	2.77	2.27
（一）有收入者人数	2.11	1.55	2.08	2.11	2.2	2.18	2.33	2.13
1.就业人口数	1.31	0.94	1.41	1.37	1.48	1.04	1.4	1.6
（1）国有经济单位职工人数	0.71	0.33	0.52	0.5	0.68	0.78	1.07	1.27
（2）城镇集体经济单位职工人数	0.02	0.03		0.03	0.03			
（3）其他各种经济类型单位职工	0.06	0.07	0.1	0.03	0.13	0.02		0.03
（4）城镇个体经营者人员数	0.12	0.1		0.25	0.14	0.07	0.13	0.03
（5）城镇个体被雇人员数	0.34	0.37	0.43	0.5	0.45	0.16	0.2	0.17
（6）离退休再就业人员数	0.01			0.02		0.01		0.07
（7）其他就业人员数	0.06	0.03	0.36	0.03	0.03			0.03
2.离退休人数	0.75	0.32	0.6	0.73	0.7	1.12	0.93	0.52
3.其他有收入者人数	0.05	0.29	0.07	0.02	0.02	0.01		0.01
（二）无收入者人数	0.6	1.33	0.76	0.71	0.6	0.36	0.45	0.16
四、期末家庭人口数（人/户）								
五、非家庭人口在家用餐人次数（人次/户）	1.91	1.94	1.24	1.07	1.04	2.53	1.93	4.71
六、家庭人口在外用餐人次数（人次/户）	10.8	7.14	8.49	10.38	10.82	12.11	10.18	15.61
七、负担系数（人）								
八、家庭折算人口数（人/户）								

9-7 城市居民家庭年人均现金收支情况（2011）

单位：元

指　　标	全市平均	最　低 收入户	低收入户	较　低 收入户	中　间 收入户	较　高 收入户	高收入户	最　高 收入户
一、期初手存现金	296.08	129.43	234.16	217.94	258.38	433.96	313.13	546.14
二、家庭总收入	21626.61	7329.59	11088.15	14153.63	18553.86	24577.74	33876.2	57154.81
#可支配收入	19559.62	6534.45	10094.93	12880.44	16626.45	22165.47	30536.74	52173.39
（一）工薪收入	13072.03	4596.8	7720.34	7174.62	12323.43	13292.09	19868.04	37972.98
1.工资及补贴收入	12917.69	4313.01	7297.03	7174.62	12230	13182.82	19804.63	37574.92
2.其他劳动收入	154.34	283.78	423.31		93.44	109.27	63.41	398.06
（二）经营净收入	1384.09	428.57		1424.81	1177.87	716.84	1821.6	5650.8
（三）财产性收入	215.99	8.93	27.52	28.9	93.3	108.4	190.85	1740.38
1.利息收入	91.69	8.93	27.09	28.9	29.19	74.17	187.63	505.39
2.股息与红利收入	0.33						3.22	
3.保险收益								
4.其它投资收入								
5.出租房屋收入	123.93				64.12	34.23		1234.99
6.知识产权收入								
7.其他财产性收入	0.04		0.42					
（四）转移性收入	6954.5	2295.29	3340.29	5525.3	4959.25	10460.41	11995.72	11790.65
1.养老金或离退休金	6418.5	1646.3	3152.06	4963.43	4697.8	10070.92	11240.38	10301.13
2.社会救济收入	46.76	427.76		6.21				
3.辞退金	5.36					28.63		
4.赔偿收入								
5.保险收入	0.52					2.79		
#失业保险金								
6.赡养收入	69.38		9.41	14.19	39.36	78.33	108.71	372.69
7.捐赠收入	193.18	96.14	51.76	239.5	85.29	132.97	326.62	610.94
8.亲友搭伙费								
9.提取住房公积金								
10.记帐补贴	132.76	125.1	127.06	127.75	129.37	141.59	128.14	156.16
11.其他转移性收入	88.05			174.21	7.43	5.18	191.87	349.74
三、出售财物收入	0.31	1.16	0.33	0.2	0.13			1.02
1.出售住房收入								

9-7 续表1

单位：元

指标	全市平均	最低收入户	低收入户	较低收入户	中间收入户	较高收入户	高收入户	最高收入户
2.出售其他物品收入	0.31	1.16	0.33	0.2	0.13			1.02
四、借贷收入	**3738.98**	**1876.45**	**2971.76**	**2729.33**	**1765.1**	**4208.89**	**5798.03**	**10798.83**
1.提取储蓄存款	3727.9	1876.45	2971.76	2723.42	1765.1	4156.23	5798.03	10798.83
2.借入款								
3.收回借出款								
4.收回储蓄性保险本								
5.兑售有价证券								
6.收回投资本金								
7.住房贷款								
8.汽车贷款								
9.教育贷款								
10.其他贷款	11.08			5.91		52.66		
11.其他借贷收入								
五、家庭总支出	**18134.8**	**7981.48**	**11217.8**	**13551.17**	**14946.75**	**20798.52**	**26244.34**	**42799.32**
（一）消费支出	13506.18	6784.8	9211.81	11061.82	11544.58	15730.89	17461	28363.56
#服务性消费支出	3525.81	1619.74	2293.72	2995.23	3217.5	4050.61	4031.34	7735.48
通过互联网购买商品或服务	26.58		2.35	23.43	23.96	6.36	29.16	145.87
1.食品	4230.66	2698.7	3097.5	3629.29	4335.78	5087.1	5004.16	5949.35
2.衣着	1703.78	688.83	729.13	1065	1263.7	1876.04	2489.82	5500.52
3.家庭设备用品及服务	821.05	337.16	438.79	471.15	500.44	1034.47	1171.8	2650.18
4.医疗保健	1360.6	691.88	874.38	1137.04	1025.11	1948.94	1679.5	2484.42
5.交通和通信	1711.13	444.48	1892.56	1347.93	1126.59	1944.36	2995.93	3322.77
6.教育文化娱乐服务	1568.08	661.35	743.22	1596.52	1594.88	1761.24	1874.28	2795.11
7.居住	1621.57	1094.46	1254.15	1327.65	1360.33	1708.76	1430.8	4143.07
8.杂项商品和服务	489.32	167.93	182.08	487.23	337.75	369.98	814.71	1518.14
（二）购房与建房支出	197						1914.26	
1.购房	197						1914.26	
2.建房								
（三）转移性支出	2574.96	527.27	1141.47	1351.22	1626.67	2890.39	3878.31	9977.34
1.交纳的个人收入税	115.36	3.47	1.65	10.29	54.82	110.7	269.37	626.78

9–7 续表2

单位：元

指　　标	全市平均	最　低 收入户	低收入户	较　低 收入户	中　间 收入户	较　高 收入户	高收入户	最　高 收入户
2.捐赠支出	1927.75	482.71	900.22	1079.71	947.45	2241.53	2554.61	8048.53
3.购买彩票	8.37	1.33	0.52	14.12	2.92	12.68	14.25	9.35
4.赡养支出	396.34	16.45	193.47	197.78	538.63	404.17	637.18	956.79
#在外就学子女费用	230.73	11.58	191.12	153.65	321.35	292.92	386.8	196.26
5.各种非储蓄性保险支出	74.14	9.56	39.34	33.91	19.7	86.24	228.36	216.12
#车辆保险支出	34.35				14.85	9.22	110.37	215.53
6.其他转移性支出	53	13.75	6.27	15.41	63.16	35.08	174.53	119.77
（四）财产性支出	37.79	2.84		2.97	32.27	17.27	48.84	259.95
1.非生产性利息支出	14.68	2.84		2.97	21.53	13.98	48.84	19.84
2.其他	23.11				10.74	3.29		240.1
（五）社会保障支出	1818.87	666.58	864.51	1135.15	1743.22	2159.98	2941.94	4198.48
1.个人交纳的养老基金	785.85	368.23	544.77	717.42	836.55	822.44	980.45	1336.9
2.个人交纳的住房公积金	762.31	229.82	198.01	235.09	644.73	994.25	1571.67	2219.04
3.个人交纳的医疗基金	194.07	60.81	83.99	134.19	197.9	232.25	244.58	490.39
4.个人交纳的失业基金	49.02	7.56	18.47	16.88	54.43	69.18	105.63	91.48
5.其他社会保障支出	27.62	0.15	19.27	31.58	9.61	41.87	39.61	60.68
六、借贷支出	**6450.69**	**782.68**	**2186.55**	**2626.16**	**4575.38**	**7260.25**	**12123.14**	**24177.56**
1.存入储蓄款	6254.82	764.59	2184.67	2552.41	4346.64	6966.4	11626.77	23880.14
2.借出款	16.75				59.64	19.09	2.39	7.29
3.归还借款	10.1					52		4.37
4.储蓄性保险支出	44.37		1.88	36.49	30.44	81.99	95.71	60.44
5.购买有价证券	6.65					21.06	26.32	
6.其它投资支出	1.32	0.01			1.79	3.29	2.39	1.06
7.归还住房贷款	108.41	18.07		37.26	136.88	116.41	289.17	224.25
8.归还汽车贷款	8.27						80.38	
9.归还教育贷款								
10.归还其他贷款								
11.其他借贷支出								
七、期末手存现金	**1078.8**	**590.51**	**890.06**	**936.5**	**1046.71**	**1150.98**	**1606.68**	**1540.35**

9-8 城市居民家庭年人均消费支出（2011）

单位：元

指　　标	全市平均	最低收入户	低收入户	较低收入户	中间收入户	较高收入户	高收入户	最高收入户
一、食品	**4230.66**	**2698.7**	**3097.5**	**3629.29**	**4335.78**	**5087.1**	**5004.16**	**5949.35**
（一）粮油类	738.9	711.64	667.58	725.69	730.36	795.37	735.48	794.2
1.粮食	466.84	422.5	383.35	471.5	452.12	508.17	474.71	549.46
（1）大米	226.56	240.83	202.36	236.15	215.47	229.88	188.65	280.94
（2）面粉	61.27	59.08	54.72	65.29	62.7	69.3	51.59	52.78
（3）其他粮食及制品	179	122.59	126.27	170.06	173.95	208.99	234.46	215.73
2.淀粉及薯类	50.63	45.8	49.16	48.77	49.56	56.71	55.22	46.62
3.干豆类及豆制品	71.41	81.22	80.52	67.88	66.85	72.88	77.05	57.47
4.油脂类	150.03	162.12	154.56	137.53	161.82	157.61	128.5	140.66
（1）食用植物油	149.94	161.92	154.26	137.37	161.82	157.61	128.5	140.51
（2）食用动物油	0.1	0.2	0.3	0.16				0.15
（二）肉禽蛋水产品类	1001.96	622.82	807.02	930.68	1115.23	1203.56	1059.93	1102.51
1.肉类	628.65	384.91	497.33	591.68	705.57	756.13	645.26	698.67
（1）猪肉	328.81	211.6	280.95	333.84	365.96	369.81	329.79	340.42
（2）牛肉	169.76	114.02	140.27	142.01	192.25	219.73	141.16	214.12
（3）羊肉	29.92	20.9	26.99	26.39	37.86	33.2	29.1	27.87
（4）其他肉及制品	100.16	38.39	49.12	89.44	109.51	133.38	145.21	116.26
2.禽类	89.29	52.24	68.45	78.58	113.01	100.08	104.9	87.28
（1）鸡	50.26	29.68	52.35	45.19	59.48	56.43	46.41	54.54
（2）鸭	9.15	4.77	6.04	5.63	13.25	13.46	10.42	6.12
（3）其他禽类及制品	29.88	17.79	10.06	27.76	40.29	30.19	48.07	26.62
3.蛋类	102.38	80.95	87.89	95.1	100.09	120.87	130.46	95.66
（1）鲜蛋	90.62	74.71	80.58	83.97	87.94	103.94	112.89	89.38
（2）蛋制品	11.76	6.25	7.31	11.13	12.15	16.94	17.57	6.27
4.水产品类	181.65	104.73	153.36	165.32	196.55	226.48	179.31	220.91
（1）鱼	113.7	69.5	101.34	113.16	122.69	145.84	105.95	102.26
（2）虾	29.24	17.49	19.47	26.18	30.17	38.75	34.32	34.11
（3）其他水产品及制品	38.71	17.73	32.54	25.98	43.69	41.89	39.04	84.54

9-8 续表1

单位：元

指　　标	全市平均	最低收入户	低收入户	较低收入户	中间收入户	较高收入户	高收入户	最高收入户
（三）蔬菜类	528.25	427.3	465.29	477.92	513.71	669.97	526.04	581.8
1.鲜菜	494.59	407.07	425.9	455.53	477.12	632.86	477.42	543.49
2.干菜	18.75	11.42	28	11.19	21.21	22.31	21.85	17.48
3.菜制品	14.92	8.81	11.4	11.2	15.37	14.8	26.77	20.82
（四）调味品	73.09	54.72	63.43	65.81	65.59	85.65	94.06	91.1
（五）糖烟酒饮料类	326.34	164.56	189.11	279.84	361.34	422.85	418.83	402.6
1.糖类	26.39	18.38	14.05	23.02	24.69	32.84	39.15	34.35
2.烟草类	140.13	58.48	69.95	117.05	150.96	227.83	151.62	152.03
3.酒类	95.18	69.42	77.26	80.04	95.92	100.16	135.85	124.76
（1）白酒	51.82	50.87	30.58	46.9	47.29	62.99	41.63	90.14
（2）果酒	3.98	0.54	0.92	5.15	2.74	4.63	4.92	9.7
（3）啤酒	37.28	12.83	36.7	26.9	44.66	32.24	88.63	24.92
（4）其他酒	2.1	5.18	9.06	1.09	1.23	0.3	0.67	
4.饮料	64.64	18.27	27.85	59.73	89.77	62.02	92.2	91.46
（1）碳酸饮料	11.79	4.89	10.66	8.53	14.59	9.24	20.75	17.79
（2）瓶装饮用水	8.72	2.81	3.73	9.39	10.63	11.36	6.38	13.09
（3）茶叶	18.22	2.64	1.14	14.54	36.5	12.53	28.53	23.47
（4）其他饮料	25.9	7.94	12.32	27.28	28.06	28.89	36.55	37.11
（六）干鲜瓜果类	502.62	264.93	384.63	406.51	509.88	654.25	622.13	685.78
1.鲜果	352.06	192.69	273.2	289.06	364.32	477.29	397.03	443.59
2.鲜瓜	45.33	22.16	38.86	34.7	50.29	56.31	53.8	61.9
3.其它干鲜瓜果类及制品	105.23	50.08	72.56	82.75	95.27	120.65	171.29	180.29
（七）糕点、奶及奶制品	203.35	124.64	74.14	169.56	270.25	173.12	378.78	235.52
1.糕点	49.03	38.91	23.12	41.84	52.59	44.76	78.06	77.02
2.奶及奶制品	154.32	85.73	51.02	127.72	217.66	128.36	300.72	158.5
（1）鲜乳品	66.4	49.96	24.62	54.36	85.19	70.41	86.38	89.44
（2）奶粉	41.94	6.59	4.02	28.04	80.26	5.72	158.62	12.11
（3）酸奶	17.57	8.64	7.67	16.19	12.88	23.92	30.87	25.71

9-8 续表2

单位：元

指标	全市平均	最低收入户	低收入户	较低收入户	中间收入户	较高收入户	高收入户	最高收入户
（4）其他奶制品	28.4	20.55	14.7	29.13	39.34	28.31	24.85	31.24
（八）其他食品	112.25	65.8	84.9	93.24	123.47	129.67	148.3	141.55
（九）饮食服务	743.88	262.28	361.41	480.04	645.96	952.65	1020.61	1914.28
1.食品加工服务费	1.04	0.14	0.18	0.57	3.69	0.26	0.38	0.45
2.在外饮食	742.84	262.14	361.23	479.47	642.27	952.39	1020.23	1913.83
二、衣着	**1703.78**	**688.83**	**729.13**	**1065**	**1263.7**	**1876.04**	**2489.82**	**5500.52**
（一）服装	1245.46	470.17	490.43	748.21	864.55	1315	1924.4	4332.76
（二）衣着材料	5.45	9.66	0.47	4.47	7.06	4.77	9.4	1.47
（三）鞋类	383.13	175.97	197.14	262.02	329.47	467.26	456.92	1027.9
（四）其他衣着用品	60	27.38	38.42	44.67	53.01	78.41	82.68	114.26
（五）衣着加工服务费	9.74	5.65	2.67	5.63	9.61	10.6	16.41	24.12
三、家庭设备用品及服务	**821.05**	**337.16**	**438.79**	**471.15**	**500.44**	**1034.47**	**1171.8**	**2650.18**
（一）耐用消费品	323.72	101.99	139.04	126	108.5	437.59	392.09	1509.75
1.家具	121.72	12.63	1.92	14.93	1.13	117.75	251.53	816.16
2.家庭设备	202	89.36	137.12	111.08	107.37	319.84	140.56	693.59
（1）洗衣机	11.97	32.41	11.76	9.81	5.25	4.84	25.7	7.29
（2）电冰箱（柜）	77.96	43.44	58.99	29.27	43.43	114.8	35.88	319.03
（3）微波炉	4.28		13.22	2.71		11.16	2.38	
（4）空调器	30.68				16.94	105.98		87.19
（5）淋浴热水器	20.41	10.29	37.41	21	7.63	20.62		66.28
（6）消毒碗柜								
（7）洗碗机.								
（8）其它家庭设备	56.7	3.23	15.73	48.29	34.12	62.43	76.6	213.8
（二）室内装饰品	19.06	2.32	5.04	6.59	1.57	24.02	4.88	137.35
（三）床上用品	77.42	28.82	32.85	45.73	41.24	83.11	97.24	323.62
（四）家庭日用杂品	365.92	196.7	256.02	273.99	330.58	416.13	603.97	626.78
（五）家具材料	5.59		0.92	2.37	3.17	3.89	24.05	13.59
（六）家庭服务	29.35	7.34	4.94	16.47	15.38	69.74	49.57	39.08

9-8 续表3

单位：元

指　　标	全市平均	最　低 收入户	低收入户	较　低 收入户	中　间 收入户	较　高 收入户	高收入户	最　高 收入户
1.家政服务	14.79	0.81	0.14	3.52	3.14	46.72	33.92	12.74
2.加工维修服务费	14.56	6.53	4.8	12.95	12.24	23.01	15.65	26.34
四、医疗保健	**1360.6**	**691.88**	**874.38**	**1137.04**	**1025.11**	**1948.94**	**1679.5**	**2484.42**
（一）医疗器具	6.72	3.4		2.43	0.05	14.69	23.45	8.14
（二）保健器具	10.83	15.03	4.19	16.96	0.18	0.36	28.69	26.07
（三）药品费	478.78	206.58	191.17	441.69	405.04	614.44	609.07	990.29
（四）滋补保健品	238.29	57.78	70.92	171.03	129.03	388.93	540.63	403.67
（五）医疗费	621.01	406.26	607.7	502.52	484.29	925.08	465.47	1050.21
（六）其他	4.97	2.83	0.4	2.42	6.53	5.43	12.19	6.05
五、交通和通讯	**1711.13**	**444.48**	**1892.56**	**1347.93**	**1126.59**	**1944.36**	**2995.93**	**3322.77**
（一）交通	1151.93	166.59	1399.3	895.62	632.61	1251.48	2321.27	2341.6
1.家庭交通工具	505.88	3.01	1152.94	651.16		638.97	1238.4	28
（1）摩托车	1.92							22.75
（2）助力车								
（3）家用汽车	501.13		1152.94	650.57		631.93	1232.3	
（4）其他交通工具	2.83	3.01		0.59		7.04	6.1	5.25
2.车辆用燃料及零配件	229.21	26.64	31.59	22.74	207.48	222.91	414.48	1079.39
（1）燃料	202.1	23.17	31.53	20.52	186.86	203.27	369.6	916.96
（2）零配件	18.24		0.06	2.1	11.27	13.06	28.32	119.71
（3）其他	8.87	3.47		0.12	9.36	6.58	16.57	42.72
3.交通工具服务支出	122.02	17.14	93.31	14.4	107.75	94.65	273.89	465.37
（1）维修费	45.05	6.95	3.6	7.3	55.9	37.78	99.11	161.1
（2）车辆使用税费	73.7	8.11	88.65	5.91	48.4	56.61	165.94	292.16
（3）其它车辆使用费用	3.27	2.08	1.06	1.18	3.45	0.26	8.84	12.12
4.交通费	294.83	119.8	121.47	207.33	317.37	294.95	394.48	768.85
（1）飞机	31.65		13.18		26.84	38.18	39.96	159.63
（2）火车	92.2	27.72	39.14	78.37	74.14	65.25	193.62	253.49
（3）长途汽车	14.97	5.91	5.76	10.38	26.96	10.28	16.49	28.28

9-8 续表4

单位：元

指　　标	全市平均	最　低 收入户	低收入户	较　低 收入户	中　间 收入户	较　高 收入户	高收入户	最　高 收入户
（4）市内公共交通	49.87	58.52	20.08	49.51	60.1	48.53	29.37	79.74
（5）出租汽车费	104.22	27.46	42.69	67.19	126.4	131.41	112.33	244.05
（6）其他交通费	1.91	0.2	0.61	1.88	2.94	1.3	2.72	3.67
（二）通信	559.2	277.89	493.25	452.31	493.98	692.88	674.67	981.17
1.通信工具	100.17	12.49	34.81	66.76	55.8	151.15	198.57	249.61
（1）电话机	2.1		10.12	0.89		3.74	0.36	1.46
（2）移动电话	97.05	12.37	24.69	65.54	53.95	145.91	197.91	245.25
（3）其他通信工具	1.02	0.12		0.33	1.84	1.5	0.3	2.9
2.通信服务	459.02	265.4	458.44	385.55	438.18	541.73	476.1	731.56
（1）电信费	449	253.82	449.7	379.66	427.44	534.71	460.92	713.14
（2）邮费	3.19	0.3	0.62	1.9	2.78	1.63	9.99	9.38
（3）其他	6.83	11.28	8.12	4	7.97	5.38	5.19	9.04
六、教育文化娱乐服务	**1568.08**	**661.35**	**743.22**	**1596.52**	**1594.88**	**1761.24**	**1874.28**	**2795.11**
（一）文化娱乐用品	317.67	104.78	107.27	287.76	259.41	447.92	422.26	646.61
1.彩色电视机	70.51			55	78.71	150.61	45.34	118.09
2.家用电脑	49.72	39.45	53.39	42.88	48.76	27.07	150.93	4.19
（1）整机电脑	37.53	38.22	44.12	36.67	44.14	17.44	85.9	
（2）计算机外部设备	7.07	0.17	9.04	4.41	3.4	8.13	27.6	1.53
（3）各种零配件及耗材	5.12	1.05	0.24	1.8	1.22	1.49	37.42	2.66
3.组合音响	1.31				6.32			
4.摄像机	1.09						10.62	
5.照相机	24.08	10.19		88.71	10.91		22.13	
6.钢琴								
7.其他中高档乐器	3.2					17.11		
8.健身器材	18.44							218.42
9.电子辞典	2.28			5.32			11.35	
10.音像制品及软件	3.4	0.43	0.12	0.2	3.61	1.32	5.49	20.6
11.体育用品	2.96	0.75		0.53	2.67	4.98	0.73	14.29

9-8 续表5

单位：元

指　　标	全市平均	最低收入户	低收入户	较低收入户	中间收入户	较高收入户	高收入户	最高收入户
12.书报杂志	24.73	18.45	9.2	22.43	24.58	31.67	28.37	38.14
13.纸张文具	12.53	9.33	8.21	13.71	13.68	8.45	13.91	23.59
14.其他文娱用品	103.42	26.17	36.36	58.98	70.17	206.7	133.38	209.3
（二）文化娱乐服务	597.72	186.37	216.75	437.62	589.35	585.32	1004.49	1534.62
1.参观游览	26.52	2.03	9.95	20	26.39	21.64	56.57	68.51
2.健身活动	20.06			1.33	15.79	29.66	41.99	78.74
3.团体旅游	420.28	91.91	105.4	313.1	444.17	385.84	777.02	1071.22
4.其它文娱活动	127.49	92.08	100.22	99.02	100.46	145.18	124.76	306.31
5.文娱用品修理服务费	3.37	0.35	1.18	4.17	2.54	3	4.15	9.84
（三）教育	652.69	370.21	419.2	871.14	746.12	728	447.53	613.88
1.教材	70.49	89.1	52.75	77.76	79.5	60.66	78.81	40.76
（1）课本及参考书	60.11	81.29	51.14	66.79	64	48.49	66.25	36.88
（2）教育软件	0.02						0.22	
（3）其它教材	10.36	7.81	1.61	10.97	15.51	12.18	12.34	3.88
2.教育费用	582.19	281.11	366.44	793.37	666.61	667.34	368.72	573.12
（1）非义务教育学杂费	48.45	48.17	89.24	45.01	1.19	73.79	84.71	21.98
（2）义务教育学杂费	18.01	5.93	8.17	24.39	25.6	14.47	9.39	29.44
（3）托幼费	95.13	33.07	92.78	75.08	151.4	140.88	69.72	17.64
（4）成人教育费	14.61	1.85	41.29	13	19.12	2.63	16.69	14.58
（5）家教费	26.64	10.31	7.06	23.12	57.42	27.45	29.2	
（6）培训班	253.09	173.41	111.07	380.57	282.28	262.18	151.76	247.12
（7）学校住宿费	1.48		14.12					
（8）其他	124.78	8.36	2.72	232.21	129.6	145.94	7.24	242.36
七、居住	**1621.57**	**1094.46**	**1254.15**	**1327.65**	**1360.33**	**1708.76**	**1430.8**	**4143.07**
（一）住房	245.02	42.44	58.43	79.69	72.47	176.97	120.13	1863.58
1.租赁房房租	39.11	42.29	45.02	49.41	51.97	13.25		75.92
2.自有房租金折算								
3.住房装潢支出	188.18	0.15	11.76	14.02	15.15	144.47	113.31	1683.97

9-8 续表6

单位：元

指标	全市平均	最低收入户	低收入户	较低收入户	中间收入户	较高收入户	高收入户	最高收入户
4.维修用建筑材料	16.25		1.65	15.09	5.36	19.25	6.82	89.1
5.其他	1.48			1.18				14.58
（二）水电燃料及其他	1291.05	1016.51	1132.2	1186.75	1224.35	1444.75	1208.79	2013.46
1.水	79.73	68.09	61.76	64.93	82.57	88.29	67.61	141.99
2.电	293.41	228.92	263.04	277.46	276.95	354.19	264.74	392.1
3.燃料	150.9	121.26	158.18	158.53	136.67	175.24	134.58	161.1
（1）煤炭								
（2）液化石油气	77.99	77.13	113.38	91.83	71.61	70.42	31.82	89.67
（3）管道煤气								
（4）管道天然气	72.23	43.08	44.8	66.7	65.06	101.79	102.76	71.43
（5）其他燃料	0.68	1.04				3.03		
4.取暖费	765.98	598.25	649.23	685	728.16	822.42	741.86	1318.27
5..其它相关支出	1.03			0.83		4.61		
（三）居住服务费	85.51	35.5	63.52	61.21	63.51	87.04	101.88	266.04
1.物业管理费	66.73	24.87	56.82	50.62	46.2	71.37	78.71	196.71
2.维修服务费	16.13	7.91	1.18	7.88	13.68	14.03	23.09	67.48
3.其它	2.65	2.72	5.52	2.71	3.63	1.65	0.07	1.85
八、其它商品和服务	**489.32**	**167.93**	**182.08**	**487.23**	**337.75**	**369.98**	**814.71**	**1518.14**
（一）其它商品	251.74	46.33	54.13	211.43	195.16	143.31	490.2	942.49
1.金银珠宝饰品	46.38			35.21	58.82	1.62	188.87	84.82
2.手表	15.66	0.46	3.34	2.32	45.97	18.08	0.93	21.43
3.理发美容用具	4.85	0.75	1.24	1.54	5.8	5.28	8.7	14.65
4.化妆品	100.97	41.65	45.01	50.22	68.29	92.25	246.18	292.4
5.其他杂品	83.88	3.46	4.54	122.14	16.29	26.08	45.52	529.2
（二）服务	237.58	121.6	127.95	275.8	142.59	226.67	324.51	575.65
1.旅馆住宿费	24.41			1.09	2.67	19.39	48.23	178.12
2.理发洗澡费	118.84	103.09	106.37	103.67	104.6	137.4	137.62	162.3
3.美容费	32.87	7.41	10.47	28.46	16.64	58.16	56.1	58.92
4.其他服务	61.46	11.1	11.11	142.58	18.68	11.72	82.56	176.31

9-9 城市居民家庭年人均购买主要商品（2011）

指标	单位	全市平均	最低收入户	低收入户	较低收入户	中间收入户	较高收入户	高收入户	最高收入户
粮食		91.34	86.69	77.93	91.6	89.03	100.13	90.39	100.54
#大米	千克	46.6	51.27	42.78	47.65	44.82	47.32	39.26	54.55
面粉	千克	13.5	13.15	13.12	14.05	13.78	15.17	11.77	10.8
其他粮食		31.24	22.27	22.04	29.89	30.43	37.65	39.36	35.2
粮食制品		31.24	22.27	22.04	29.89	30.43	37.65	39.36	35.2
淀粉及薯类		15.3	14.69	14.25	16.23	15.37	16.01	16.43	11.9
食用植物油	千克	12	13.42	13.05	11.17	12.95	12.1	9.95	10.95
猪肉	千克	13.44	8.71	11.45	14.33	14.76	15.01	12.79	13.7
牛肉	千克	5.99	4.02	5	5.31	6.82	7.61	4.7	7.34
羊肉	千克	1.04	0.73	0.94	0.89	1.25	1.2	0.99	1.12
其他肉		4.47	1.95	2.38	3.88	4.76	6.23	6.26	4.96
肉制品		4.47	1.95	2.38	3.88	4.76	6.23	6.26	4.96
禽类		5.03	3.31	3.99	4.4	6.3	5.64	5.63	4.9
#鸡	千克	2.94	2.06	3.05	2.69	3.4	3.21	2.7	3.14
蛋类		11.84	9.47	10.48	11.22	11.62	13.89	14.3	11.09
#鲜蛋	千克	10.65	8.85	9.7	10.08	10.48	11.99	12.64	10.44
水产品类									
#鱼	千克	8.13	5.47	7.32	8.52	8.97	9.88	7.5	6.43
虾	千克	0.89	0.64	0.73	0.78	0.92	1.11	0.98	0.97
鲜菜	千克	131.94	123.81	115.79	129.51	133.05	151.4	128.15	126.95
干菜		18.75	11.42	28	11.19	21.21	22.31	21.85	17.48
白酒	千克	2.16	2.89	1.62	2.24	2.65	1.85	1.43	2.17
果酒	千克	0.15	0.1	0.08	0.16	0.11	0.17	0.28	0.14
啤酒	千克	6.3	2.27	6.73	4.55	7.34	5.01	15.64	4.14
其他酒									

9-9 续表

指 标	单 位	全市平均	最 低 收入户	低收入户	较 低 收入户	中 间 收入户	较 高 收入户	高收入户	最 高 收入户
碳酸饮料	千克/人	1.93	0.93	1.04	1.32	2.97	1.47	3.57	2.24
瓶装饮用水	千克/人	2.72	0.93	1.26	2.76	3.32	4.01	2.07	3.12
茶 叶	千克/人	0.17	0.03	0.04	0.09	0.32	0.15	0.37	0.11
鲜 果	千克/人	47.56	29.06	39.73	41.95	48.54	61.83	52.44	54.47
鲜 瓜	千克/人	13.75	7.52	12.85	11.97	14.74	16.16	15.48	17.22
干 果		105.23	50.08	72.56	82.75	95.27	120.65	171.29	180.29
瓜果制品		105.23	50.08	72.56	82.75	95.27	120.65	171.29	180.29
坚果及果仁		105.23	50.08	72.56	82.75	95.27	120.65	171.29	180.29
糕 点	千克/人	3.84	3.5	2.06	3.64	4.09	3.55	5.57	4.87
鲜乳品	千克/人	8.8	6.72	3.02	7.52	12.03	8.96	11.26	10.5
奶 粉	千克/人	0.67	0.1	0.09	0.93	0.93	0.26	1.86	0.3
酸 奶	千克/人	2	1.06	0.85	1.83	1.51	2.76	3.4	2.86
服 装	件/人	7.11	4.85	4.16	5.65	6.41	7.7	10.88	13.01
鞋 类	双/人	2.32	1.9	1.6	1.9	2.31	2.59	2.62	3.88
水	吨/人	41.93	35.70	32.5	34.15	43.4	46.44	35.57	74.66
电	度/人	558.77	435.83	501.05	528.58	527.61	673.94	504.26	747.0
煤 炭	千克/人								
液化石油气	千克/人	12.08	12	17.29	14.24	11.02	11	5.21	13.74
管道燃气	立方米/人	32.81	19.62	20.36	30.26	29.54	46.21	46.7	32.44

9-10 城市居民家庭消费构成（2009-2011）

项　　目	2009		2010		2011	
	年人均支出金额（元）	占消费支出的比重（%）	年人均支出金额（元）	占消费支出的比重（%）	年人均支出金额（元）	占消费支出的比重（%）
消费支出	**12266.07**		**13223.21**		**13506.18**	
一、食品	**3770.77**	**30.74**	**3890.69**	**29.42**	**4230.66**	**31.32**
#1.粮食	357.79	2.91	429.07	3.24	466.84	3.46
2.油脂	130.03	1.06	141.18	1.07	150.03	1.11
3.肉禽及其制品	617.02	5.03	602.98	4.56	717.94	5.32
4.蛋类	109.06	0.89	76	0.57	102.38	0.76
5.水产品	164.51	1.34	156.57	1.18	181.65	1.34
6.菜类	505.67	4.12	545.81	4.13	528.25	3.91
7.烟草	196.37	1.60	134.19	1.01	140.13	1.04
8.酒和饮料	224.68	1.83	150.69	1.14	159.82	1.18
9.干鲜果品	377.48	3.08	422.47	3.19	502.62	3.72
10.奶及奶制品	155.27	1.27	168.11	1.27	154.32	1.14
二、衣着	**1459.75**	**11.90**	**1590.87**	**12.03**	**1703.78**	**12.61**
（1）服装	979.27	7.98	1163.91	8.80	1245.46	9.22
（2）衣着材料	28.8	0.23	4.06	0.03	5.45	0.04
（3）鞋类	391.12	3.19	371.42	2.81	383.13	2.84
三、家庭设备用品及服务	**577.28**	**4.71**	**733.59**	**5.55**	**821.05**	**6.08**
#日用耐用消费品	246.15	2.01	307.2	2.32	323.72	2.40
四、医疗保健	**1101.88**	**8.98**	**1144.18**	**8.65**	**1360.6**	**10.07**
五、交通与通讯	**2011.45**	**16.40**	**2435.71**	**18.42**	**1711.13**	**12.67**
六、教育文化娱乐服务	**1227.3**	**10.01**	**1467.54**	**11.10**	**1568.08**	**11.61**
1.文娱耐用消费品	193.59	1.58	263.1	1.98	317.67	2.35
2.文化娱乐服务	245.56	2.00	469.57	3.55	597.72	4.43
3.教育	788.15	6.43	734.86	5.56	652.69	4.83
七、居住	**1683.83**	**13.73**	**1556.32**	**11.77**	**1621.57**	**12.01**
八、杂项商品与服务	**433.81**	**3.54**	**404.31**	**3.06**	**409.02**	**3.02**

注：教育文化娱乐服务的分组数据以本年为准。

9-11 城市居民居住情况（2011）

项目	计量单位	附加单位	合计	项目	计量单位	附加单位	合计
1.家庭居住人口	人	户	2.7	矿泉水		%	
2.现住房总建筑面积	平方米	人	30.29	纯净水		%	3
3.房屋产权(合计)				井、河水		%	
租赁公房		%	7.67	其它		%	
租赁私房		%	1	13.用水情况(合计)			
原有私房		%		独用自来水		%	100
房改私房		%	40.67	公用自来水		%	
商品房		%	50.67	井、河水		%	
其它		%		其它		%	
4.住宅建筑式样(合计)				14.卫生设备(合计)			
单栋住宅		%		无卫生设备		%	
四居室		%	2.67	有厕所浴室		%	75.67
三居室		%	16	有厕所无浴室		%	24.33
二居室		%	71.67	公用		%	
一居室		%	9.67	15.取暖设备(合计)			
普通楼房		%		无取暖设备		%	
平房及其它		%		空调设备		%	
5.建筑年份		户	14.2	暖气		%	100
6.装修状况(合计)				其它		%	
有装修		%	81	16.炊用燃料使用情况(合计)			
未装修		%	19	管道煤气		%	
如果装修过最近一次装修年份	年	户	7.04	液化石油气		%	49
如果装修过最近一次装修花费	元	户	22408.33	煤		%	
7.现有住房按市场价估计值	元	户	260690	其它		%	
8.租赁房房租	元	户	135.9	17.除了现住房，还有几处其它住房	套	户	0.08
9.自有房房租折算	元	户	9224	（1）出租房	套	户	0.06
10.购房时间	年	户	8.82	#建筑面积	平方米	户	4.22
11.购房总金额	元	户	97039.27	（2）偶尔居住房	套	户	0.01
购房实际支出金额	元	户	93729.27	#建筑面积	平方米	户	0.76
12.饮水情况(合计)				（3）其它用途房	套	户	0.01
自来水		%	97	#建筑面积	平方米	户	0.46

9-12 每百户城市居民家庭年末耐用品拥有量（2011）

指　　标	单　位	合 计	最 低 收入户	低收入户	较 低 收入户	中 间 收入户	较 高 收入户	高收入户	最 高 收入户
调查户数	户	300	30	30	60	60	60	30	30
1.摩托车	辆	5.00	6.67	3.33	5.00	5.00		6.67	13.33
2.助力车	辆	5.00		10.00	5.00	1.67	3.33	10.00	10.00
3.家用汽车	辆	16.00	3.33	3.33	1.67	16.67	16.67	30.00	53.33
4.洗衣机	台	94.67	86.67	93.33	90.00	95.00	101.67	96.67	96.67
5.电冰箱	台	96.33	86.67	90.00	93.33	98.33	100.00	93.33	110.00
6.彩色电视机	台	116.67	106.67	103.33	110.00	113.33	118.33	123.33	150.00
7.家用电脑	台	63.67	43.33	50.00	55.00	71.67	61.67	80.00	86.67
8.组合音响	套	16.33	6.67	10.00	10.00	10.00	18.33	23.33	46.67
9.摄像机	架	11.00		3.33	1.67	8.33	11.67	26.67	36.67
10.照相机	架	42.67	26.67	26.67	26.67	50.00	41.67	60.00	76.67
11.钢琴	架	3.33	3.33			3.33	5.00	6.67	6.67
12.其它中高档乐器	件	5.67	6.67	3.33		1.67	8.33	10.00	16.67
13.微波炉	台	64.00	43.33	56.67	53.33	65.00	70.00	70.00	93.33
14.空调器	台	12.67	6.67	3.33	10.00	10.00	16.67	10.00	33.33
15.淋浴热水器	台	75.67	50.00	53.33	70.00	78.33	81.67	100.00	93.33
16.消毒碗柜	台	13.33	10.00	6.67	15.00	16.67	11.67	10.00	20.00
17.洗碗机	台	2.33			1.67	6.67		3.33	3.33
18.健身器材	套	3.67		3.33	1.67	3.33	3.33	6.67	10.00
19.固定电话	部	65.67	46.67	66.67	63.33	66.67	66.67	73.33	76.67
20.移动电话	部	191.00	186.67	190.00	196.67	188.33	186.67	190.00	200.00
信息化调查（每百户）									
1.接入互联网的移动电话	部	21.00	13.33	16.67	15.00	13.33	15.00	33.33	60.00
2.接入有线电视网络的电视机	台	103.33	96.67	96.67	101.67	106.67	98.33	106.67	120.00
3.接入互联网的计算机	台	50.00	30.00	30.00	45.00	51.67	51.67	70.00	73.33

9-13 农村住户基本情况（2005－2011）

项　目	单 位	2005	2006	2007	2008	2009	2010	2011
一、调查户数	户	**760**	**700**	**700**	**700**	**700**	**700**	**700**
二、调查人口								
1.常住人口	人	2698	2485	2450	2401	2326	2332	2339
2.整半劳动力	人	1961	1846	1846	1774	1774	1755	1744
3.平均每个劳动力负担人口（含本人）	人	1.37	1.34	1.33	1.35	1.31	1.33	1.34
三、劳动力就业地点								
1.乡内	人	1862	1698	1537	1651	1624	1565	1459
2.县内乡外	人	12	36		9	19	56	64
3.省内县外	人	51	63	32	59	70	83	46
4.国内省外	人	27	32	1	34	40	38	44
5.国外	人	5	4	6	6	6	6	5
四、平均每百个劳动力中								
不识字或识字很少	人	2.8	2.98	2.28	2.2	1.92	2.45	2.29
小学程度人数	人	32.64	30.99	31.69	27.17	32.19	26.15	28.27
初中程度人数	人	53.19	53.14	54.49	56.82	52.87	58.69	49.2
高中程度人数	人	9.33	9.59	8.56	10.2	9.7	9.34	8.89
中专程度人数	人	1.48	1.95	1.68	1.86	1.47	1.77	2.69
大专及以上程度人数	人	0.56	0.65	0.59	0.9	1.01	1.6	1.78
五、耕地经营及流转情况(人均)								
1.期初经营耕地面积	亩	5.34	5.61	5.95	6.41	6.12	6.44	6.66
2.期内转入耕地面积	亩	0.2	0.35	0.31	0.47	0.55	0.31	0.56
3.期内转出耕地面积	亩	0.04	0.12	0.07	0.29	0.29	0.18	0.07
4.期末经营耕地面积	亩	5.5	5.84	6.19	6.59	6.38	6.57	6.99
六、平均每户年末生产性固定资产原值	元	**12605.5**	**10847.7**	**13070.7**	**14048.6**	**17503.7**	**19619.2**	**36305**
1.第一产业	元	10618.3	9146.79	10772.9	11506.8	14313.3	15203.6	31289.1
2.第二产业	元	77.26	33.15	13.86	23.43	52.43	11	1010.29
3.第三产业	元	1909.95	1667.79	2283.94	2518.33	3138.03	4404.61	4025.71
七、平均每百户年末主要生产性固定资产数量								
其中：汽车（生产用）	辆	2.63	3.57	2.28	3.14	3.86	3.86	6
大中型拖拉机	台	2.37	3.57	3.43	2.29	1.86	2.71	7.43
小型和手扶拖拉机	台	35.79	40.71	43.14	45.43	51.86	56.29	61.29
农用动力机械	台	11.45	8.86	6	4.71	9.29	12.57	16
八、平均每人全年收入								
1.总收入	元	5392.46	5877.13	6849.75	8524.71	9095.46	10188.3	13141.5
2.纯收入	元	3449.21	3904.61	4495.89	5280.86	5646.91	6593.66	7952.03
3.现金收入	元	4875.5	4888.77	5431.12	6865.45	8079.52	8104.06	11268.6
4.可支配收入	元	3115.45	3507.92	3921.31	4501.64	4680.95	5811.18	
九、按人均纯收入分组户数占总户数比重								
1000元以下	%	7.37	5.15	2.71	5.43	8.86	1.14	6.29
1000—2000元	%	16.32	11.71	10.02	6.71	6.57	4.43	3.86

注：2003年后为省统计局认定数

9-13 续表

项　目	单 位	2005	2006	2007	2008	2009	2010	2011
2000—3000元	%	22.37	16.86	16.71	10.71	8.43	8.00	2.86
3000—4000元	%	19.08	18.86	16.57	14.29	12	10.57	3.71
4000—5000元	%	13.42	16.71	15.14	12.29	10.14	11.43	8.00
5000元以上	%	21.44	30.71	38.85	50.57	54	64.43	75.29
十、生活消费支出总计	元	**2598.16**	**3027.45**	**3204.26**	**4130.62**	**4426.16**	**4646.94**	**5013.66**
1.食品消费支出	元	1092.8	1169.38	1220.95	1574.94	1575.5	1730.96	1898.24
2.衣着	元	203.07	234.4	262.6	312.57	345.33	388.62	390.23
3.居住	元	285.19	418.51	390.48	721.45	715.07	611.77	694.80
4.家庭设备用品及服务	元	92.41	102.36	128.78	148.8	185.87	205.47	234.26
5.医疗保健	元	242.58	279.48	322.09	374.45	578.21	498.79	634.51
6.交通通讯	元	274.99	335.11	340.04	446.21	413.56	544.89	561.41
7.文化娱乐用品及服务	元	310.05	371.95	419.82	411.83	467.41	520.82	461.94
8.其它商品及服务	元	97.08	116.27	119.5	140.36	145.21	145.62	138.27
十一、期末住房情况								
1.人均住房面积	平方米	20.59	20.92	21.55	22.04	23.39	22.75	24.04
2.每平方米住房价值	元	307.89	360.73	426.39	464.53	499.61	508.28	696.20
3.住房类型								
(1)人均楼房面积	平方米	0.13	0.21	0.7	0.29	0.96	0.69	0.62
(2)人均砖瓦平房面积	平方米	19.83	20.29	20.58	21.02	22.2	21.73	22.32
(3)人均其它住房面积	平方米	0.62	0.42	0.27	0.73	0.23	0.16	0.11
4.住房结构								
(1)人均钢筋混凝土结构面积	平方米	0.13	0.21	0.7	0.29	0.26	0.36	0.65
(2)人均砖木结构面积	平方米	19.83	20.29	20.58	21.02	22.9	22.06	22.00
(3)人均其它结构面积	平方米	0.62	0.42	0.27	0.73	0.23	0.16	0.12
十二、期内户均新建(购)住房情况								
1.新建(购)住房面积	平方米	1.78	1.73	0.73	0.74	0.5	0.39	1.57
2.每平方米新建(购)住房价值	元	421.79	492.17	477.14	523.63	722.26	899.89	1058.18
3.新建(购)住房类型								
(1)楼房面积	平方米				0.02			0.07
(2)砖瓦平房面积	平方米	1.78	1.73	0.73	0.71	0.49	0.39	0.40
(3)其它	平方米					0.01		
4.新建(购)住房结构								
(1)钢筋混凝土结构面积	平方米				0.02	0.08		0.07
(2)砖木结构面积	平方米	1.78	1.73	0.73	0.71	0.41	0.39	0.40
(3)其它	平方米					0.01		

9-14 农村住户人均总收入（2011）

单位：元

项　目	金 额	项　目	金 额
一、总收入	13141.54	3.第三产业收入	369.04
(一)工资收入	1841.66	（1）其他产品收入	3.48
1.在非企业组织中劳动得到收入	180.80	（2）第三产业服务性收入	365.56
2.在本乡地域内劳动得到收入	1257.29	①交通、运输和邮电业收入	202.18
（1）在企业中劳动得到收入	243.12	②批发零售贸易、餐饮业收入	75.10
（2）在国家投资基建项目得到收入	3.58	③社会服务业收入	33.21
（3）提供其他劳务收入	1010.59	④文教卫生业收入	51.80
3.外出从业得到收入	403.57	⑤其他行业收入	3.28
（1）在乡外县内从业得到收入	192.79	（三）财产性收入	309.54
（2）在县外省内从业得到收入	156.95	#1.利息	6.25
（3）在省外国内从业得到收入	37.93	2.租金（包括农业机械）	21.59
（4）在国外从业得到收入	15.91	3.土地征用补偿收入	
（二）家庭经营现金收入	10204.90	4.转让承包土地经营权收入	42.07
1.第一产业收入	9728.44	5.其他投资收益	315.96
（1）农业收入	8429.68	（四）转移性收入	704.44
（2）林业收入	39.75	#1.家庭非常住人口寄回	2.29
（3）牧业收入	1258.74	2.城市亲友赠送收入	30.58
（4）渔业收入	0.27	3.农村亲友赠送收入	103.05
2.第二产业现金收入	107.42	4.退耕还林还草补贴收入	6.09
（1）工业收入	42.13	5.粮食直接补贴收入	425.42
（2）建筑业收入	65.29		

9-15 农村住户人均纯收入（2011）

单位：元

项　目	金　额	项　目	金　额
一、全年纯收入	7952.03	（1）工业收入	7.66
(一)工资收入	1841.66	（2）建筑业收入	46.55
1.在非企业组织中劳动得到收入	180.80	3.第三产业纯收入	203.50
2.在本乡地域内劳动得到收入	1257.29	①交通、运输和邮电业收入	89.60
（1）在企业中劳动得到收入	243.12	②批发零售贸易、餐饮业收入	56.16
（2）在国家投资基建项目得到收入	3.58	③社会服务业收入	26.79
（3）提供其他劳务收入	1010.59	④文教卫生业收入	38.50
3.外出从业得到收入	403.57	⑤其他行业收入	-7.55
（1）在乡外县内从业得到收入	192.79	（三）财产性纯收入	390.54
（2）在县外省内从业得到收入	156.95	#1.利息	6.25
（3）在省外国内从业得到收入	37.93	2.租金（包括农业机械）	21.59
（4）在国外从业得到收入	15.91	3.土地征用补偿收入	
（二）家庭经营纯收入	5100.18	4.转让承包土地经营权收入	42.07
1.第一产业纯收入	4842.47	5.其他投资收益	315.96
（1）农业收入	4354.17	（四）转移性纯收入	619.66
（2）林业收入	24.51	#1.家庭非常住人口寄回	2.29
（3）牧业收入	463.72	2.城市亲友赠送收入	74.18
（4）渔业收入	0.07	3.退耕还林还草补贴收入	6.09
2.第二产业纯收入	54.21	4.粮食直接补贴收入	425.42

9–16 农村住户人均总支出（2011）

单位：元

项　目	金　额	项　目	金　额
总支出	11432.90	2.第二产业税	0.32
(一)家庭经营费用支出	4449.15	3.第三产业税	0.32
1.第一产业生产费用支出	4234.78	4.其他各种收费	3.09
（1）农业生产费用支出	3492.38	(五)生活消费支出	5013.66
（2）林业生产费用支出	15.19	1.食品消费支出	1898.24
（3）牧业生产费用支出	726.54	2.衣着消费支出	390.23
（4）渔业生产费用支出	0.67	3.居住消费支出	694.80
2.第二产业生产费用支出	43.43	4.家庭设备、用品消费支出	234.26
（1）工业生产费用支出	11.82	5.交通通讯消费支出	561.41
（2）建筑业生产费用支出	31.62	6.文化教育、娱乐消费支出	461.94
3. 第三产业生产费用支出	170.94	7.医疗保健消费支出	634.51
（1）交通、运输和邮电业生产费用支出	104.25	8.其他商品和服务消费支出	138.27
（2）批发零售贸易餐饮业生产费用支出	28.22	（六）财产性支出	21.37
（3）社会服务业生产费用支出	4.59	1.宅基地有偿使用费	14.76
（4）文教卫生业生产费用支出	33.30	2.承包其他农户转让费	
（5）其他行业生产费用支出	0.58	3.其他	6.60
(二)购置生产用固定资产支出	663.81	（七）转移性支出	1278.10
(三)建造生产性固定资产雇工支出	3.09	其中：1.寄给带给家庭非常住人口	237.32
(四)税费支出	3.72	2.赠送农村亲友	812.55
1.第一产业税		3.赠送城市亲友	62.27

9-17 农村住户人均现金收入（2011）

单位：元

项　目	金　额	项　目	金　额
一、期内现金收入	**11268.60**	④文教卫生业收入	51.80
（一）工资收入	1837.77	⑤其他行业收入	1.53
1.在非企业组织中劳动得到收入	179.35	（三）财产性收入	102.71
2.在本乡地域内劳动得到收入	1255.19	#1.利息	6.25
（1）在企业中劳动得到收入	242.13	2.租金（包括农业机械）	21.59
（2）在国家投资基建项目得到收入	3.58	3.土地征用补偿收入	
（3）提供其他劳务收入	1009.49	4.转让承包土地经营权收入	42.07
3.外出从业得到收入	403.23	5.其他投资收益	28.13
（1）在乡外县内从业得到收入	192.45	（四）转移性收入	703.81
（2）在县外省内从业得到收入	156.95	#1.退耕还林还草补贴	6.09
（3）在省外国内从业得到收入	37.93	2.粮食直接补贴	229.91
（4）在国外从业得到收入	15.91	3.良种补贴	37.78
（二）家庭经营现金收入	8624.31	4.农村亲友赠送	7.78
1.第一产业收入	8149.60	**二、非收入现金所得**	**2215.80**
（1）农业收入	6813.19	（一）非借贷性现金所得	729.06
（2）林业收入	35.81	#1.保险赔款	5.68
（3）牧业收入	1300.39	2.出售财物	74.59
（4）渔业收入	0.21	3.出售役畜、产品畜	74.70
2.第二产业现金收入	107.42	4.调查补贴	38.11
（1）工业收入	42.13	5.一次性工伤补贴	12.58
（2）建筑业收入	65.29	6.婚、丧、嫁、娶礼金	339.39
3.第三产业现金收入	367.29	（二）借贷性现金所得	1486.74
（1）出售其他产品收入	3.48	#1.从银行信用社得到的贷款	290.41
（2）第三产业服务性现金收入	363.81	2.借入款	859.17
①交通、运输和邮电业收入	202.18	3.收回借出款	114.09
②批发零售贸易、餐饮业收入	75.10	4.取回存款	218.38
③社会服务业收入	33.21		

9-18 农村住户人均现金支出（2011）

单位：元

项　　目	金　额	项　　目	金　额
一、期内现金支出	10893.81	（4）购买农林牧渔业机械	291.86
（一）生产费用支出	4945.79	（5）购买工业机械	0.37
1.家庭经营费用支出	4278.89	（6）购买运输机械	154.84
（1）第一产业生产费用支出	4064.52	（7）购买其他生产性固定资产	60.06
①农业生产费用支出	3435.42	（二）税费支出	3.72
②林业生产费用支出	15.19	1.第一产业税	
③牧业生产费用支出	613.23	2.第二产业税	0.32
④渔业生产费用支出	0.67	3.第三产业税	0.32
（2）第二产业生产费用支出	43.43	4.其他各项收费	3.09
①工业生产费用支出	11.82	（三）生活消费支出	4644.83
②建筑业生产费用支出	31.62	（四）财产性支出	21.37
（3）第三产业生产费用支出	170.94	1.宅基地有偿使用费	14.76
①交通运输邮电业费用支出	104.25	2.承包其他农户转让	
②批零贸易餐饮业生产费用支出	28.22	3.其他	6.61
③社会服务业生产费用支出	4.59	（五）转移性支出	1278.10
④文教卫生业生产费用支出	33.30	#1.寄给带给家庭非常住人口现金	237.32
⑤其他行业生产费用支出	0.58	2.赠送农村亲友	812.55
2.购置生产性固定资产支出	663.81	3.赠送城市亲友	62.27
（1）购置建筑生产用建筑物材料	58.57	二、非消费性现金支出	2143.00
（2）购买生产用房	1.65	（一）非借贷性支出	727.48
（3）购买役畜、产品畜	96.47	（二）储蓄、借贷性支出	1415.52

9-19 农村住户人均生活消费现金支出（2011）

单位：元

项　目	金　额	项　目	金　额
生活消费现金支出	**4644.83**	2.家庭设备服务消费支出	5.61
（一）食品	**1561.80**	**（五）交通和通讯**	**561.41**
1.购买食品支出	1270.10	1.购买交通和通讯用品支出	294.21
（1）谷物	190.05	（1）交通工具	149.74
（2）薯类	7.31	（2）交通工具用燃料	80.66
（3）豆类	14.23	（3）交通工具用零配件	18.93
（4）食用油	82.18	（4）通讯工具	44.13
（5）蔬菜及制品	117.03	（5）通讯工具用零配件	0.74
（6）肉、禽、蛋、奶及制品	303.82	2.交通和通讯服务消费支出	267.20
（7）水产品及制品	48.50	**（六）文化教育、娱乐用品及服务**	**461.94**
（8）烟、酒	190.69	1.购买文化教育、娱乐用品	112.36
（9）茶叶、饮料	25.02	（1）文教、娱乐用机电消费品	72.54
（10）其他类食品	291.26	（2）书报杂志	5.74
2.食品消费服务性支出	291.71	（3）纸张文具	10.21
（二）衣着	**390.23**	（4）音像制品	0.31
1.购买衣着支出	389.65	（5）电脑软件	
（1）服装	257.32	（6）体育用品	0.01
（2）服装材料	3.44	（7）计算机零配件及耗材	0.39
（3）鞋类	104.58	（8）鲜花	0.25
（4）其他	24.31	（9）娱乐用品	11.64
2.衣着消费服务性支出	0.59	（10）其他用品	11.28
（三）居住	**662.41**	2.教育服务消费	306.66
1.购买居住消费品支出	532.00	3.文化体育、娱乐服务消费	42.93
（1）购买建筑生活用房材料	267.27	（1）旅游	8.42
（2）购买维修生活用房材料	62.06	（2）休闲娱乐费	7.80
（3）装修生活用房材料	61.42	（3）文化、体育、娱乐用品修理费	0.66
（4）购买生活用房	72.48	（4）其他	10.57
（5）购买生活用燃料	68.77	**（七）医疗保健**	**634.51**
2.居住消费服务性支出	130.41	1.购买医疗保健用品	194.96
（四）家庭设备、用品及服务	**234.26**	（1）购买医疗卫生用品	191.59
1.购买家庭设备、用品支出	228.65	（2）保健用品	3.37
（1）日用品	96.55	2.医疗保健服务消费支出	439.55
（2）床上用品	14.92	**（八）其他商品和服务**	**138.27**
（3）室内装饰品	6.13	1.购买其他商品支出	95.88
（4）家具类	34.50	2.其他消费服务支出	42.39
（5）机电设备	76.56		

9-20 农村住户购买消费品情况（2009-2011）

商品名称	单位	2009		2010		2011	
		数量	金额	数量	金额	数量	金额
蔬菜	千克/人	27.18	70.55	34.93	99.18	41.31	131.42
豆制品	元/人		20.33		26.61		33.07
猪肉	千克/人	8.5	152.67	9.74	168.61	9.52	205.83
牛羊肉	千克/人	0.85	21.37	1.04	27.37	1.47	41.11
食糖	千克/人	1.11	5.54	1.01	6.34	1.03	8.39
糕点	元/人		10		10.64		15.40
糖果	元/人		2.51		2.79		3.17
卷烟	盒/人	24.97	93.71	26.73	108.80	27.15	135.86
酒	千克/人	17.97	60.12	18.30	66.43	18.88	80.03
#啤酒	千克/人	12.46	35.16	12.97	38.84	13.14	40.30
茶叶	千克/人	0.05	0.93	0.06	2.10	0.05	1.93
水果	千克/人	20.66	65.77	18.64	78.52	22.19	111.59
服装	件/人	2.73	216.4	2.96	238.02	3.86	302.73
洗衣机	台/百户	4.29	2917.71	4.14	2921.27	4.43	3073.66
电冰箱	台/百户	7.29	14226	8.71	16128.71	8.36	14158.45
摩托车	辆/百户	2.71	11132.86	3.29	11454.29	3.83	15053.88
电话	部/百户	2.14	184.86	4.57	390.00	3.14	362.92
手机	部/百户	26.29	13340.97	42.86	16732.00	37.84	16918.07
彩色电视机	台/百户	3.57	5812.71	4.00	8105.14	4.83	9258.08
影碟机	台/百户	1.43	436.43	1.43	315.71	0.55	126.71

9-21 农村住户平均每百户购买生产资料和生活资料（2009-2011）

商品名称	单位	2009		2010		2011	
		数量	金额	数量	金额	数量	金额
种籽	千克	9818.22	100090.21	12815.81	126050.70	13990.00	151118.43
化肥	千克	110221.69	287517.11	127788.09	308526.90	165203.10	443594.65
农药	元		41770.34		42210.80		51981.62
农用薄膜	千克	410.66	5668.20	542.44	6500.36	799.57	7748.80
生产用电	度	742.14	437.71	734.57	474.29	910.28	664.57
汽车	辆	0.71	34785.71	1.14	60857.14	0.57	38358.21
大中型拖拉机	台	0.14	4771.43	0.29	6285.71	0.86	19702.42
小型和手扶拖拉机	台	4.14	18224.29	6.43	30825.71	7.29	33258.29
机动脱粒机	台	1.14	1940.00	0.29	485.71	0.86	1164.86
动力机	台	1.43	1186.57	0.57	407.86	1.00	1708.86
水泵	台	2.43	507.86	3.43	1070.43	1.86	1006.14
役畜	头	2.57	17428.57	2.71	14442.86	2.86	15194.43
产品畜	头	3.57	6359.43	1.14	4222.86	3.71	17043.71
生活用水泥	千克	25141.43	9725.64	24281.57	7837.14	34539.81	15015.61
生产用水泥	千克	9920	3524.07	2669	852.43	3878.02	2200.17
生活用木材	立方米	6.63	4201.86	6.12	6063.45	13.62	4490.72
生产用木材	立方米	10.07	982.86	6.84	488.57	5.71	1212.45
生活用钢材	千克	4564.93	12650.14	802.71	3247.71	2636.51	10545.08
生产用钢材	千克	1586.57	6537.86	1173.71	4989.43	815.10	4712.65
生活用砖瓦	块	49670.71	17477.74	60459.14	20820.56	55528.57	26159.43
生产用砖瓦	块	22150.14	7176.21	8889	3900.57	7248.96	6097.91

9-22 农村住户人均主要食品消费量（2005－2011）

单位：千克

指　　标	2005	2006	2007	2008	2009	2010	2011
1.粮食（原粮）	190.95	254.83	177.5	253.46	216.72	189.23	239.87
2.蔬菜	140.04	161.68	147.92	143.93	109.19	101.05	109.54
3.食用油	8.46	7.38	8.49	8.96	8.8	8	9.14
（1）植物油	8.15	7.08	8.3	8.78	8.63	7.84	8.98
（2）动物油	0.32	0.3	0.19	0.18	0.16	0.16	0.16
4.肉类	15.82	10.53	8.86	9.68	10.22	12.1	11.71
（1）猪肉	13.42	9.69	7.78	8.84	9.33	11.06	10.04
（2）牛羊肉	2.4	0.84	1.08	0.84	0.89	1.04	1.67
5.牛羊奶	1.62	2.59	3.09	3.04	2.79	2.56	2.41
6.家禽	3.43	2.79	3.73	3.71	4.25	4.12	3.72
7.蛋类	10.47	7.25	6.54	7.9	8.11	6.55	7.01
8.水产品	4.58	4.6	4.66	4.55	4.34	4.36	5.49
9.食糖	1.03	1.12	0.96	1.1	1.11	1.01	1.03
10.卷烟（盒）	21.51	22.44	20.99	23.62	24.97	26.73	27.15
11.酒	15.26	16.51	15.54	15.72	17.97	18.33	19.74
12.茶叶	0.04	0.06	0.05	0.04	0.05	0.06	0.12
13.水果及水果制品	23.35	20.86	20.73	20.77	21.88	20.11	22.69

注：2003年后为省统计局认定数

9-23 分县（市）区农民人均纯收入情况（2005－2011）

指　　标	单 位	2005	2006	2007	2008	2009	2010	2011
船营区	元	3694	4201	4763	5500	5891	6966	7952
昌邑区	元	3704	4201	4765	5498	5895	6961	8327
龙潭区	元	3707	4203	4768	5496	5894	6960	8293
丰满区	元	3692	4200	4764	5502	5892	6957	8311
永吉县	元	3289	3676	4284	4999	5350	6154	7300
舒兰市	元	3356	3747	4356	5137	5432	6432	7676
磐石市	元	3406	3861	4488	5398	5676	6579	7868
蛟河市	元	3373	3829	4466	5234	5549	6602	7850
桦甸市	元	3386	3824	4451	5301	5687	6633	8009

注：2003年后为省统计局认定数。

城市公用事业

Cheng shi gong yong shi ye

10－1 主要年份城市建设和公用事业

年 份	建成区面积（平方公里）	房屋建筑面积（万平方米）	住宅建筑面积（万平方米）	道路长度（公里）	道路面积（万平方米）	汽车、电车线路（条）	汽车、电车线路长度（公里）
1949							
1952							
1957							
1962							
1965							
1970							
1975							
1978							
1980							
1985	99	1701	816	442.3	285.4	31	460.65
1988	99	2108	1073	449	317.42	31	404
1989	99	2208	1127	473	342.78	33	457.5
1990	**99**	**2372**	**1192**	**479.3**	**351.54**	**39**	**557.6**
1991	99	2443	1248	491.97	365.4	40	569
1992	100	2550	1340	499.03	376.34	44	577.3
1993	105	2678	1418	502.96	384.87	41	569.8
1994	106.5	2801	1418	514.86	392.54	41	609.8
1995				572	499		711
1996				609	533.8		
1997	105.4	3130	1776	709.04	607.95	42	781
1998	106.5	3267	1880	743.86	649.29	44	796
1999	107.74	3420	1974	731	679.49	51	799
2000	**109.16**	**3800**	**2188**	**771**	**753**	**51**	**792**
2001	128	4017.66	2347.94	776	1025.9	51	812
2002	136	4620	2687	794	1075.8	64	812
2003	163.6	4764.6	2824.7	842	1183.3	67	883
2004	165.63	5035.5	2976.27	842	1183.3	68	931
2005	165.63	5249	3155.92	851	1198.8	68	930
2006	165.63	5239	3137.67	1166	1200	68	750
2007	165.63	5276	3168.82	1043	1265	68	746
2008	165.63			1043	1275	68	746
2009	165.63			1043	1290	75	958.85
2010	**165.63**			**1030**	**1295**	**75**	**988.95**
2011	165.63			1010	1300	72	1023.15

10－1 续表1

年 份	自来水管道长度（公里）	全年供水总量（万吨）	全年售水总量（万吨）	#生活用水	生活用水普及率（%）	下水管道长度（公里）
1949						
1952						
1957						
1962						
1965						
1970						
1975						
1978						
1980						
1985						
1988						
1989						
1990						
1991						
1992						
1993						
1994						
1995	960	88921	85840	3301	77.70	564.00
1996	963	85895	82795	4878	77.21	574.90
1997	966	83482	81329	5236	77.34	587.58
1998	972	85894	82650	5449	80.61	612.80
1999	985	86822	83244	6052	80.62	653.81
2000	900	07206	83104	5578	64.58	672.00
2001	1004	87062	82089	5423	65.38	731.00
2002	1015	87891	84656	6523	67.19	766.00
2003	1032	89744	85511	6315	68.17	827.00
2004	1032	84892	80338	6344	68.98	827.00
2005	1040	86976	81990	5701	68.66	834.70
2006	1135	29114	28064	5591	98.19	862.00
2007	1142	28064	23615	5322	98.22	816.00
2008	1159	28891	24754	5314	98.40	816.00
2009	1162.3	24268	20424	5258	98.65	816.00
2010	1186.1	25458	21240	5491	98.90	816.00
2011	1223.35	23113	19803	5550	99.02	821.00

10－1 续表2

年 份	营运车辆（辆）			全年客运量（万人次）	出租汽车（辆）	*使用天然气、液化气、煤气人数（万人）				天然气售气量（吨）
		汽 车	电 车				天然气	液化气	煤 气	
1949	18			40						
1952	18			326						
1957	41			1836						
1962	61			1810						
1965	85			2522						
1970	114			3225						
1975	209			8517						
1978	235			10688						
1980	303			12550						
1985	331			15709						
1988	334			18453						
1989	350			18626						
1990	362			19622						
1991	423			20293						
1992	544			19752						
1993	559			17778						
1994	569			17450						
1995	653	593	60	11798	5936	103.2		80.1	23.1	
1996	708	648	60	18491	6191	108		84	24	
1997	762	702	60	17470	6502	106.6		82.1	24.5	
1998	807	749	58	16365	6578	110.1		85.3	24.8	
1999	914	888	26	13856	6586	94.67		81.91	12.76	
2000	942	919	23	12829	6301	109.5	20	76.5	13	
2001	1081	1081		15213	6742	110.2	34.9	69.7	5.6	
2002	1054	1054		14906	6429	114.7	36.6	71.2	6.9	
2003	1032	1032		15404	6100	115.7	41.6	67.2	6.9	
2004	1032	1032		16760	5459	116	44.6	64.5	6.9	
2005	1013	1013		19029	4920	117.6	45	64.7	7.9	
2006	871	871		19512	4429	120.97	45.1	69	6.87	2527
2007	866	866		19719	4452	120.96	47.5	67.11	6.35	3245
2008	913	913		20463	4652	121.6	48.62	67.07	5.91	3712
2009	941	941		21566	4902	122.65	58.2	64.45		4562
2010	950	950		21277	4998	122.9	64.22	58.68		6191
2011	915	915		22392	4998	123.26	75.26	48		10502

注：*1999年以前（含1999年）为不含天然气的用气人数。

10－1 续表3

年　份	液化气售气量（吨）	煤气售气量（万立方米）	*天然气、液化气、煤气普及率（%）	园林绿地面　积（公顷）	#公共绿地	人均公共绿地面积（平方米）	建成区绿化覆盖率（%）	公园、动物园（个）	公园、动物园面积（公顷）
1949								1	
1952								2	
1957								4	
1962								4	
1965								8	
1970								5	
1975	116							5	
1978	1605							5	
1980	2555							5	
1985	6412							5	
1988	18769							5	
1989	12398							6	
1990	12406							6	
1991	10541							6	
1992	38436							6	
1993	40003							6	
1994	39829							6	
1995	31578	2761	74.52	3188	652.00	4.71		6	413
1996	37500	3988	77.50	4669	658.20	4.72		6	413
1997	43876	4036	75.70	4699	665.95	4.73	32.23	6	414
1998	43996	3999	78.12	4729	669.76	4.75	32.50	6	404
1999	43689	2564	66.49	4759	678.40	4.76	32.39	6	403
2000	41632	1475	49.91	4790	675.00	3.76	35.67	7	409
2001	19000	1279	42.01	5133	729.07	4.07	34.72	8	429
2002	29589	855	92.33	5284	868.60	4.86	34.76	8	429
2003	21185	792	92.55	6671	1091.40	6.08	40.50	8	429
2004	24755	792	92.62	6741	1151.40	6.44	40.53	8	429
2005	29167	792	93.05	6811	1201.40	6.68	41.01	8	429
2006	28600	720	95.39	6050	1015.00	8.01	41.81	8	429
2007	39215	740	95.66	6100	1323.00	10.46	42.20	8	429
2008	45409	741	95.80	6115	1330.00	10.48	42.29	8	451
2009	48429	222.92	96.33	6501	1519.00	11.93	45.70	8	451
2010	48000		96.58	6506	1524.00	11.98	45.72	8	489
2011	44741		97.09	6511	1534.00	12.08	45.75	8	489

注：*2001年以前（含2001年）为不含天然气的普及率。

10－2 全年供电（2006-2011）

项　　目	单　位	2006	2007	2008	2009	2010	2011
发电设备总容量	万千瓦	456.91	423.75	461.21	473.51	494.91	495.6
全年发电量	万千瓦时	1273565	1294970	1267714	1275953	1504244	1420486
全年实际用电量	万千瓦时	1099389	1259444	1253507	1177156	1334661	1524481
工业	万千瓦时	902536	1048205	1024438	935087	1068105	1235554
农业	万千瓦时	13776	14523	15070	14620	14221	15227
生活	万千瓦时	109585	118821	131015	138417	151556	167896

注：2011年全年发电量为规模工业全年发电量。

10－3 城市住宅

项　　目	单　位	2011	2010	2011比2010±%
年末房屋建筑面积	万平方米	6247.24	6062.81	3.04
年末住宅建筑面积	万平方米	4083.38	3898.95	4.73
#私有住宅	万平方米	3595.68	3426.16	4.95
本年减少房屋面积	万平方米	14.57	16.1	-9.50
#住宅	万平方米	13.89	14.92	-6.90
城市居住人口	万　　人	153.28	152.78	0.33
平均每人住宅建筑面积	平 方 米	26.64	25.52	4.39

10－4 城市供水

项　　目	单　位	2011	2010	2011比2010±%
自来水管道长度	公里	1223.35	1186.1	3.14
供水能力	万吨/日	411	411	
全年供水量	万吨	23113	25458	-9.21
#生产用	万吨	14253	15749	-9.50
公共服务用	万吨	1040	1108	-6.14
生活用	万吨	4510	4383	2.90
消防及其他用	万吨	3310	4218	-21.53
平均每日供水量	万吨	63.33	69.75	-9.20
#生产用	万吨	39.05	43.15	-9.50
生活用	万吨	15.21	15.04	1.13
用水户数	户	536022	508109	5.49
用水人口	万人	125.7	125.85	-0.12
工业用水量重复利用率	%	76.9	76.35	0.55

10－5 城市公共交通

项　　目	单　位	2011	2010	2011比2010±%
线路长度	公里	1023.15	988.95	3.46
公共电、汽车营运车辆	辆	915	950	-3.68
电车	辆			
汽车	辆	915	950	-3.68
公共电、汽车客运量	万人次	22392	21277	5.24
电车	万人次			
汽车	万人次	22392	21277	5.24
公共电、汽车平均每日客运量	万人	61.35	58.29	5.25
出租汽车数	辆	4998	4998	

10－6 城市供气（2006–2011）

项　　目	单　位	2006	2007	2008	2009	2010	2011
一、天然气							
管道长度	公里	498	520.15	546.5	695.05	739.71	765.04
供气总量	万立方米	2813	3482	4105	5232	6608	10644.15
家庭用量	万立方米	1191	1345	1325.3	2448.53	2914	3062.51
用气户数	户	140192	153645	166345	199618	221932	253719
家庭户数	户	140029	153450	166103	199271	221271	253250
二、液化石油气							
供气总量	吨	28600	39215	45409	48429	48000	44741
家庭用量	吨	17200	25473	28689	29763	26250	18475
用气户数	户	222362	225933	224667	214833	207842	174000
家庭户数	户	222362	225933	224667	214833	207842	171517
三、煤气供应总量							
供气总量	万立方米	781	878	840	240		
家庭用量	万立方米	670	682	682.9	212.92		
用气户数	户	22260	20985	21219			
家庭户数	户	22227	20949	21179			
天然气、液化石油气、煤气普及率	%	95.39	95.66	95.8	96.33	96.58	97.09

10－7 城市环境卫生

项　　目	单　位	2011	2010	2011比2010±%
市容环卫专用车辆总数	辆	274	248	10.48
生活垃圾清运量	万吨	36.7	36.9	-0.54
生活垃圾无害化处理厂（场）数	座	1	1	
生活垃圾无害化处理能力	吨/日	1000	1000	
生活垃圾无害化处理量	万吨	29.63	29.53	0.34
道路清扫保洁面积	万平方米	1634	1595	2.45
#机械化	万平方米	622	229	171.62
粪便清运量	万吨	5.66	9.63	-41.23
粪便无害化处理量	万吨			
公共厕所	个	393	424	-7.31
城市清洁卫生工作人员数	人	6756	6839	-1.21

10－8 城市道路、下水道及绿化

项　　目	单　位	2011	2010	2011比2010±%
道　　路				
年末市政道路长度	公里	1010	1030	-1.94
年末铺装道路面积	万平方米	1300	1295	0.39
#人行道面积	万平方米	248	248	
下水道总长度	公里	821	816	0.61
园林绿化				
绿化覆盖面积	公顷	8002	8002	
园林绿地面积	公顷	6511	6506	0.08
公共绿地	公顷	1534	1524	0.66
公园数	个	8	8	
公园面积	公顷	489	489	
游人量	万人次	355	350	1.43
城市每人平均公共绿地面积	平方米	12.08	11.98	0.83
绿化覆盖率	%	45.75	45.72	0.03

10－9 环境质量状况

项　　目	单　位	2011	2010	2011比2010±%
市区空气质量优良率	%	95	92	3.26
空气质量按功能区达标率	%	100	100	
市区饮用水源地水质达标率	%	100	100	
市区区域环境噪声平均等效声级	分贝（A）	53.1	54.3	-2.21
市区道路交通噪声平均等效声级	分贝（A）	69.6	69.9	-0.43

10－10 工业“三废”排放情况

项　　目	单　位	2011	2010	2011比2010±%
工业废水排放总量	万吨	11291.00	15037.48	-24.91
废水治理设施数	套	126.00	112.00	12.50
废水治理设施处理能力	万吨/日	147.41	82.76	78.12
进入城市污水处理厂量	万吨	4599.81	2509.32	83.31
工业废水排放达标量	万吨		14771.32	
化学需氧量排放量	吨	15596.26	31192.11	-50.00
氨氮排放量	吨	866.54	529.62	63.62
工业废气排放总量	万标立方米	24152123.00	23377048.00	3.32
废气治理设施数	套	728.00	666.00	9.31
#脱硫设施数	套	22.00	49.00	-55.10
废气治理设施处理能力	万标立方米/时	6563.58	3219.93	103.84
#脱硫能力	吨/时	919.88		
二氧化硫去除量	吨	38309.00	51833.79	-26.09
二氧化硫排放量	吨	83933.00	51961.00	61.53
#达标排放量	吨		51861.44	
工业烟（粉）尘产生量	吨	4827902.53		
工业烟（粉）尘排放量	吨	120945.77		
工业固体废物产生量	吨	1641.17	1084.37	51.35
#危险废物	吨	857044.00	517864.58	65.50
工业固体废物综合利用量	万吨	663.99	550.31	20.66
工业固体废物排放量	吨	0	0	
#危险废物	万吨	0	0	
污染治理项目完成投资	万吨	23805	11858	100.76
污染治理项目数	吨	30	22	36.36
当年竣工治理项目数	万元	23.00	19.00	21.05

由于2011年为“十二五”第一年，环境统计制度及软件均作了大幅度修改，往年的一些指标统计口径发生变化或不再统计。

10－11 分县（市）区工业“三废”排放情况（2011）

县（市）区名称	废水排放总量（万吨）	废水排放达标量（万吨）	化学需氧排放总量（吨）	氨氮排放量（吨）	废水治理设施数（套）	二氧化硫排放量（吨）	烟尘排放量（吨）
总计	11290.80		15596.26	866.54	126	83933.38	120945.77
市区	10014.35		14107.13	806.64	65	61809.68	108111.69
昌邑区	4623.07		8820.42	506.43	30	16449.25	8133.52
龙潭区	5219.38		4291.03	282.69	24	36619.58	91501.18
船营区	69.23		897.73	3.07	7	2635.05	4308.65
丰满区	102.67		97.95	14.45	4	6105.80	4168.34
永吉县	168.32		176.72	7.34	11	965.41	1723.80
舒兰市	735.54		1022.30	38.08	7	308.18	1298.18
磐石市	124.01		73.75	10.26	13	9553.99	4726.28
蛟河市	23.72		152.94	3.51	6	1429.45	1155.73
桦甸市	224.85		63.43	0.72	24	9866.68	3930.09

10－11 续表

县（市）区名称	工业固体废物产生量（万吨）	#危险废物（吨）	工业固体废物综合利用量（万吨）	工业固体废物排放量（吨）	#危险废物排放量（吨）
总计	1641.17	857044.00	663.99	0	0
市区	651.41	853698.00	545.00	0	0
昌邑区	193.16	10809.00	140.24	0	0
龙潭区	417.39	842072.00	369.94	0	0
船营区	12.73	2.00	6.76	0	0
丰满区	28.13	815.00	28.06	0	0
永吉县	485.75	2.00	4.88	0	0
舒兰市	73.99	241.00	7.91	0	0
磐石市	66.12	3088.00	61.79	0	0
蛟河市	10.06	0.00	9.39	0	0
桦甸市	353.83	14.00	35.02	0	0

农业

Nong ye

11－1 农村基本情况（2005-2011）

项　　目	单　位	2005	2006	2007	2008	2009	2010	2011
一、农村基层组织								
乡政府	个	24	24	24	24	24	23	23
镇政府	个	54	54	54	54	54	54	54
村民委员会	个	1403	1398	1397	1398	1393	1390	1377
二、乡村户数人口、劳动力								
乡村户数	万户	55.1	55.3	55.8	56.1	57	58.5	58.5
乡村人口	万人	205.8	205.4	207.2	207.6	210.7	211.2	212.5
乡村劳动力	万人	101.2	103	104.7	106.6	108.5	110.7	109.9
男劳动力	万人	56.9	57.4	58.2	59.2	60.4	61.7	61
女劳动力	万人	44.3	45.6	46.5	47.4	48.1	49	48.9
三、年末实有耕地面积	万公顷	51.9	53.6	55.1	56.3	58.2	58.4	59
四、农用机械总动力	万千瓦	152.7	160.8	183.5	210.4	254	280.5	306.5
拖拉机	台	66115	73832	98047	111956	138866	160161	177904
农用汽车	辆	21737	21867	23271	24254	26258	27026	25537
五、农村用电量	万千瓦时	42942	43231	44391	48799	48484	48269	49693
六、农用化肥施用量（实物量）	万吨	41.5	45.1	48.2	48.3	51.7	53.0	54.3
七、有效灌溉面积	万公顷	17.0	17.0	18.0	18.0	18.0	17.8	17.9

注：从2002年起年末实有耕地面积数据为常用耕地面积数据。

11-2 农村劳动力（1988-2011）

单位：万人

年份	合计	农林牧渔业	工业	建筑业	交通运输仓储和邮电业	批发零售贸易、餐饮业	其他劳动力
1988	77.7	65.7	3.9	1.2	1.0	1	3.2
1989	88.2	78.0	3.2	1.1	0.9	0.9	2.6
1990	95.4	85.4	3.1	1.0	1.0	1	2.4
1991	94.1	83.7	3.0	1.0	0.9	1	2.9
1992	102.8	91.3	3.2	1.4	1.0	1.2	3.3
1993	100.9	88.8	1.9	1.3	1.3	1.4	4.5
1994	101.4	88.9	2.8	1.9	1.5	1.8	4.5
1995	93.0	79.5	2.9	2.1	1.6	1.9	5
1996	93.3	78.7	2.8	2.4	1.7	2.1	5.6
1997	91.0	76.7	2.6	2.3	1.7	2.1	5.6
1998	90.2	76.0	2.2	2.4	1.6	2.1	5.9
1999	90.0	74.9	2.5	2.5	1.8	2.4	5.9
2000	92.0	75.3	2.6	2.5	1.9	2.4	7.3
2001	93.8	75.0	2.7	2.9	2.2	2.9	8.1
2002	94.4	73.2	3.0	3.3	2.2	2.9	9.8
2003	100.5	74.8	3.4	3.8	2.4	2.8	13.3
2004	99.7	72.9	4.4	4.4	2.7	5.4	9.7
2005	101.2	71.7	4.7	5.5	2.8	5.7	10.8
2006	103.0	72.4	5.2	6.1	2.9	6.1	10.3
2007	104.7	71.5	5.8	6.7	3.2	6.6	10.9
2008	106.6	71.5	7.2	7.3	3.9	7.1	9.6
2009	108.5	72.1	7.3	7.6	4.0	7.6	9.9
2010	110.7	73.5	7.5	7.7	4.2	7.9	9.9
2011	109.9	72.3	7.3	7.6	3.7	7.7	11.3

11-3 主要年份耕地面积

单位：千公顷

年份	年末实有耕地面积	水田	旱地	年内减少	#国家基建占地	人均占有耕地（亩/人） 按农业人口计算	按乡村劳动力计算
1949	544.3	26.7	517.6			6.4	18.5
1952	549.3	30.0	519.3			6.7	19.4
1957	494.8	89.2	405.6			5.9	18.2
1962	452.4	48.1	404.3			4.5	15.6
1965	463.3	52.2	411.1			4.1	15.4
1970	447.5	86.3	361.2			3.3	11.5
1975	430.4	94.7	335.7			2.8	11.9
1978	421.5	104.8	316.7			2.7	11.6
1980	420.9	96.4	324.5			2.7	11.4
1985	401.7	105.5	296.2	9.5	0.3	2.7	8.4
1988	392.9	111.0	281.9	1.7	0.3	2.8	7.6
1989	387.6	110.7	276.9	5.7		2.7	6.6
1990	388.1	111.6	276.5	0.7	0.1	2.6	6.1
1991	387.6	112.0	275.6	1.0	0.1	2.7	6.2
1992	386.4	111.7	274.7	1.8	0.2	2.7	5.6
1993	385.5	110.6	274.9	2.1	1.4	2.8	5.6
1994	387.7	110.8	276.9	1.1	0.2	2.8	5.7
1995	387.6	110.8	276.8	1.9	0.6	2.6	6.2
1996	387.0	111.3	275.7	1.9	0.1	2.8	6.2
1997	386.3	110.8	275.5	1.3	0.5	2.8	6.4
1998	386.2	111.0	275.2	0.7	0.1	2.9	6.4
1999	392.7	112.3	280.4	1.3	0.2	2.9	6.5
2000	391.6	112.4	279.2	2.1	0.4	2.6	6.4
2001	391.7	110.9	280.8	1.8	0.5	2.9	6.3
2002	396.9	101.8	295.1	12.2	0.5	2.9	6.3
2003	403.9	91.3	312.6	11.8	0.3	2.9	6.0
2004	476.3	104.6	371.7	6.2	0.5	3.2	7.2
2005	519.8	138.6	381.2	3.0		3.8	7.7
2006	536.3	149.1	387.2	4.5	0.9	3.9	7.9
2007	551.0	147.0	404.0	5.2	1.7	4.0	7.9
2008	563.2	136.2	427.0	2.3	0.6	4.1	7.9
2009	581.8	145.7	436.1	1.3		4.1	8.0
2010	584.1	143.5	440.6	2.3	0.5	4.1	7.0
2011	590.0	142.4	447.6	1.6	0.3	4.2	8.1

11－4 农林牧渔业分项产值（2011）

单位：万元

指　　标	2011年		2010年按当年价格计　算	构 成（%）	2011年为2010年%（可比价）
	按当年价格计算	按可比价格计算			
农林牧渔业总产值	**3852392**	**3371423**	**2998785**	**100.00**	**12.43**
一、农业产值	**1815216**	**1692301**	**1404533**	**47.12**	**20.42**
1.谷物及其他作物	1145782	1056376	808605	29.74	30.64
(1)谷物	722291	722291	625769	18.75	15.42
其中：小 麦					
稻 谷	272800	248362	235331	7.08	5.54
玉 米	417356	354594	355584	10.83	-0.28
(2)薯 类	32547	39715	71464	0.84	-44.43
(3)油 料	4256	3821	4133	0.11	-7.55
(4)豆 类	68711	66982	80153	1.78	-16.43
其中：大 豆	66569	62419	77293	1.73	-19.24
(5)棉 花					
(6)麻 类	1	1	9	0.00	-88.89
(7)糖 料	1	1	1	0.00	
(8)烟 草	2853	2599	3539	0.07	-26.56
(9)其他农作物	315122	315122	23537	8.18	1238.84
2.蔬菜园艺作物	427805	420171	400393	11.10	4.94
(1)蔬菜(含菜用瓜)	427134	419500	398801	11.09	5.19
(2)花 卉	89	89	929	0.00	-90.42
(3)其他园艺作物	582	582	663	0.02	-12.22
3.水果	140254	134947	118774	3.64	13.62
4.中药材	101375	80809	48260	2.63	67.45
二、林业产值	**88448**	**80876**	**64152**	**2.30**	**27.71**
(一)林木的培育和种植	22894	22894	11147	0.59	105.38
(二)竹木采运	65551	57979	52176	1.70	11.12
其中：村及村以下	19071	16869	4049	0.50	316.62
(三)林产品	3	3	3	0.00	
三、牧业产值	**1691327**	**1357310**	**1314949**	**43.90**	**3.22**
(一)牲畜饲养	393156	369567	366566	10.21	0.82
1.牛的饲养	323390	305229	305250	8.39	-0.01
2.羊的饲养	14610	11844	5322	0.38	122.55
3.其他牲畜饲养	5240	5240	2709	0.14	93.43
4.奶产品	49426	46819	52838	1.28	-11.39
5.毛绒产品	490	435	447	0.01	-2.68
6.其他牲畜副产品					
(二)猪的饲养	850932	600431	495764	22.09	21.11
(三)家禽饲养	405729	345801	422800	10.53	-18.21
(四)狩猎和捕捉动物					
(五)其他畜牧业	41510	41510	29819	1.08	39.21
四、渔业产值	**111852**	**102714**	**91807**	**2.90**	**11.88**
#蛙类	47961	47961	52702	1.24	-9.00
五、农林牧渔服务业	**145549**	**138223**	**123344**	**3.78**	**12.06**
补充资料：家庭兼营商品性工业	990	990	990	0.03	
退耕还草					

11－5 农林牧渔业总产值、中间消耗及增加值（2005－2011）

（按当年价格计算） 单位：万元

指标	2005	2006	2007	2008	2009	2010	2011
农林牧渔业总产值	**1573247**	**1725102**	**2115975**	**2571606**	**2640970**	**2998785**	**3852392**
农业产值	755925	857149	1004272	1171097	1199194	1376032	1815216
林业产值	44665	55217	61056	76053	78636	92653	88448
牧业产值	712745	742015	960796	1226149	1170090	1314949	1691327
渔业产值	46889	56072	71823	77992	73548	91807	111852
农林牧渔服务业产值	13023	14649	18028	20315	119502	123344	145549
农林牧渔业中间消耗	**559881**	**629551**	**762172**	**909711**	**933999**	**1054607**	**1649208**
农业中间消耗	259129	254687	310727	325066	336461	398990	714555
林业中间消耗	20419	22322	18869	18743	27172	32150	29311
牧业中间消耗	256990	324971	399964	529482	487485	534023	804828
渔业中间消耗	18092	21966	26076	28875	23465	30513	34188
农林牧渔服务业中间消耗	5251	5605	6536	7545	57556	58931	66325
农林牧渔业增加值	**1013366**	**1095551**	**1353803**	**1661895**	**1706265**	**1944178**	**2203184**
农业增加值	496796	602462	693545	846031	862733	977042	1100661
林业增加值	24246	32895	42187	57310	51338	60503	59137
牧业增加值	455755	417044	560832	696667	683118	780926	886499
渔业增加值	28797	34106	45747	49117	47700	61294	77664
农林牧渔服务业增加值	7772	9044	11492	12770	61376	64413	79224

11－6 农林牧渔业总产值、中间消耗及增加值构成（2005－2011）

（按当年价格计算） 单位：%

指标	2005	2006	2007	2008	2009	2010	2011
农林牧渔业总产值	**100.0**	**100.0**	**100.0**	**100.0**	**100.0**	**100.0**	**100.0**
农业产值	48.1	49.7	47.5	45.5	45.4	45.9	47.1
林业产值	2.8	3.2	2.9	3.0	3.0	3.1	2.3
牧业产值	45.3	43.0	45.4	47.7	44.3	43.8	43.9
渔业产值	3.0	3.3	3.4	3.0	2.8	3.1	2.9
农林牧渔服务业产值	0.8	0.8	0.9	0.8	4.5	4.1	3.8
农林牧渔业中间消耗	**100.0**	**100.0**	**100.0**	**100.0**	**100.0**	**100.0**	**100.0**
农业中间消耗	46.3	40.5	40.8	35.7	36.0	37.8	43.3
林业中间消耗	3.7	3.5	2.5	2.1	2.9	3.0	1.8
牧业中间消耗	45.9	51.6	52.5	58.2	52.3	50.6	48.8
渔业中间消耗	3.2	3.5	3.4	3.2	2.6	2.9	2.1
农林牧渔服务业中间消耗	0.9	0.9	0.9	0.8	6.2	5.6	4.0
农林牧渔业增加值	**100.0**	**100.0**	**100.0**	**100.0**	**100.0**	**100.0**	**100.0**
农业增加值	49.0	55.0	51.2	50.9	50.6	50.3	50.0
林业增加值	2.4	3.0	3.1	3.4	3.0	3.1	2.7
牧业增加值	45.0	38.1	41.4	41.9	40.0	40.2	40.2
渔业增加值	2.8	3.1	3.4	3.0	2.8	3.2	3.5
农林牧渔服务业增加值	**0.8**	**0.8**	**0.8**	**0.8**	**3.6**	**3.3**	**3.6**

11－7 主要年份农作物播种面积

单位：千公顷

年 份	总播种面 积	一、粮食作物		在粮食作物播种面积中				
		播种面积	占总播种面积（%）	小 麦	稻 谷	薯 类	玉 米	大 豆
1949	541.7	509.2	94.0	2.7	26.8	4.6	131.4	106.3
1952	536.5	494.1	92.1	7.5	32.6	5.9	97.6	140.6
1957	474.9	430.1	90.6	1.4	83.4	8.7	67.4	127.7
1962	450.9	408.6	90.6	4.0	43.1	7.4	101.3	108.8
1965	469.5	428.1	91.2	3.2	53.6	8.8	108.6	101.8
1970	447.0	418.0	93.5	9.8	85.9	11.2	96.3	86.9
1975	430.8	398.1	92.4	3.2	94.7	7.3	141.8	74.6
1978	419.7	379.5	90.4	5.9	104.8	8.0	128.5	64.9
1980	423.1	377.3	89.2	1.6	95.0	4.7	143.5	67.7
1985	405.7	365.0	90.0		106.7	5.0	136.5	82.7
1988	399.2	363.3	91.0		112.3	6.1	150.5	78.1
1989	395.1	356.5	90.2		109.5	5.9	146.9	78.5
1990	391.5	356.2	91.0		111.4	5.7	149.3	75.7
1991	392.1	354.0	90.3		112.6	5.3	150.6	73.2
1992	390.4	352.4	90.3		113.2	5.5	148.7	73.3
1993	388.9	345.5	88.8		110.0	5.8	135.3	85.0
1994	391.3	350.8	89.6		110.7	5.7	142.4	82.3
1995	393.3	350.6	89.1		112.5	6.2	158.7	66.0
1996	388.8	343.7	88.4		108.1	6.1	168.7	55.3
1997	392.8	348.1	88.6		112.7	6.2	166.3	58.3
1998	392.6	350.5	89.3		109.7	6.1	172.3	57.8
1999	400.8	360.9	90.0		113.8	6.5	181.5	55.8
2000	404.0	346.0	85.6		113.2	7.0	149.5	70.8
2001	398.4	341.0	85.6		106.2	5.9	159.2	65.2
2002	395.5	350.4	88.6		98.1	6.1	168.4	74.9
2003	415.3	368.7	88.8		86.6	5.5	198.4	75.7
2004	440.5	402.7	91.4		94.0	5.2	210.7	90.6
2005	575.9	531.1	92.2		127.8	7.3	276.7	116.2
2006	579.5	530.2	91.5		137.0	7.2	278.6	105.0
2007	612.8	562.0	91.7		145.0	7.3	349.1	57.0
2008	630.0	579.3	92.0		139.0	7.5	346.0	84.8
2009	671.1	621.5	92.6		141.6	7.5	384.9	85.5
2010	683.8	636.5	93.1		143.2	7.5	401.0	83.2
2011	689.0	642.8	93.3		140.6	7.5	432.1	61.2

11－7 续表

单位：千公顷

年　份	二、经济作物		在经济作物播种面积中				三、其他作物	
	播种面积	占总播种面　积（%）	油料	麻类	烟叶	甜菜		#蔬菜
1949	11.0	2.0	4.7	2.8	2.9		21.5	17.7
1952	21.3	4.0	7.9	7.0	6.0	0.3	21.2	18.4
1957	18.0	3.8	5.0	8.3	2.3	1.6	26.8	22.9
1962	10.2	2.3	1.6	5.9	1.3	1.2	32.2	29.3
1965	12.1	2.6	1.5	6.4	1.1	2.9	29.2	27.0
1970	7.6	1.7	0.5	4.8	1.0	1.1	21.4	20.5
1975	8.1	1.9	1.2	4.4	0.8	1.0	24.7	22.5
1978	9.2	2.2	1.3	4.5	1.6	1.3	31.0	26.7
1980	13.0	3.1	7.1	4.0	0.7	0.3	32.8	27.6
1985	12.3	3.0	2.3	2.0	1.2	2.0	28.4	25.0
1988	6.4	1.6	1.1	0.7	0.6	1.9	29.5	26.5
1989	9.0	2.3	1.3	0.7	1.6	1.2	29.6	25.9
1990	7.9	2.0	1.3	0.3	2.0	1.9	27.4	24.2
1991	11.1	2.8	1.1	0.2	3.4	4.1	27.0	24.1
1992	10.3	2.6	1.4	0.2	3.4	1.7	27.7	23.9
1993	9.6	2.5	2.5	0.1	3.0	2.7	33.8	23.6
1994	9.7	2.5	2.6		2.5	3.7	30.8	22.3
1995	9.5	2.4	3.3	0.1	2.2	3.4	33.2	25.0
1996	11.7	3.0	3.6	0.1	5.0	2.4	33.4	25.8
1997	12.3	3.1	5.5	0.1	5.5	0.9	32.4	24.3
1998	5.6	1.4	2.3	0.1	2.1	0.7	36.5	25.4
1999	6.6	1.6	2.6	0.1	2.7	0.7	33.3	25.3
2000	11.0	2.7	6.6	0.1	2.6	1.0	47.0	29.9
2001	11.4	2.9	6.6	0.1	1.9	1.0	46.0	29.7
2002	7.5	1.9	4.2	0.1	1.5	0.2	38.0	25.5
2003	10.1	2.4	6.2	0.3	1.5		36.5	25.4
2004	6.8	1.5	3.6	0.3	0.7		31.0	24.7
2005	7.7	1.3	3.8	0.6	0.8		37.1	29.2
2006	7.3	1.3	3.4	0.3	0.9		42.0	34.5
2007	7.4	1.2	3.4	0.1	0.8		43.4	36.8
2008	7.5	1.2	3.5	0.1	0.8		43.2	36.7
2009	6.3	1.0	2.5	0.1	0.9		43.3	37.3
2010	6.0	0.9	2.2		1.0		41.3	35.7
2011	5.6	0.9	2.0		0.9		40.6	35.5

11－8 主要农作物播种面积和产量

指　标	2011			2010		
	播种面积（公顷）	总产量（吨）	每公顷产量（公斤）	播种面积（公顷）	总产量（吨）	每公顷产量（公斤）
农作物总播种面积	688989			683771		
一、粮食作物合计	642833	3653717	5684	636454	3703391	5819
(一)谷 物	573295	3407937	5944	544772	3419208	6276
1.稻 谷	140644	935759	6653	143197	930161	6496
其中：水 稻	140644	935759	6653	143197	930161	6496
2.小 麦						
3.玉 米	432097	2469553	5715	401037	2486609	6200
4.谷 子	165	707	4285	147	660	4490
5.高 粱	313	1717	5486	301	1508	5010
6.其它谷物	76	201	2645	90	270	3000
(二)豆类合计	62024	172696	2784	84151	211922	2518
其中:大 豆	61222	170252	2781	83240	210036	2523
(三)薯 类	7514	73084	9726	7531	72261	9595
二、油料合计	1977	6245	3159	2206	6235	2826
1.花 生	747	3634	4865	886	3429	3870
2.芝 麻	23	31	1348	43	52	1209
3.葵花子	476	1282	2693	542	1633	3013
三、棉花合计						
四、麻类合计	31	81	2613	52	115	2211
五、甜 菜	1	30	30000	1	30	30000
六、烟叶合计	936	2928	3128	995	2991	3006
七、药材类合计	2652	20054	7562	2787	20795	7461
八、蔬菜(含菜用瓜)	35516	2291674	64525	35689	2187072	61281
九、瓜果类	4482	236899	52856	4889	167759	34313
十、其它作物	561	4352	7758	698		

11－9 主要年份主要农产品产量

年份	粮食（万吨）	油料（万吨）	蔬菜（万吨）	水果（万吨）	大牲畜年末数（万头）	生猪存栏（万头）	猪牛羊肉（万吨）	水产品（万吨）
1949	69.51	0.35	14.80		28.26	31.08		
1952	87.64	0.71	18.01		31.37	37.98		
1957	60.93	0.32	26.33		21.28	26.28		
1962	57.89	0.07	28.96	0.15	21.87	23.33		0.12
1965	88.35	0.12	34.54		25.65	36.24		
1970	**100.40**	**0.06**	**50.58**	**0.20**	**30.74**	**39.74**		**0.03**
1975	132.59	0.20	55.32	0.53	30.55	72.19		
1978	128.43	0.13	58.18	0.55	30.53	74.13	1.95	0.04
1980	**104.40**	**0.87**	**47.95**	**0.47**	**31.09**	**66.31**	**2.82**	**0.18**
1985	154.86	0.21	51.49	0.86	39.74	64.74	2.68	0.57
1988	177.38	0.19	77.20	1.94	39.08	49.75	3.12	0.89
1989	132.26	0.18	74.31	2.48	40.85	54.66	3.43	1.05
1990	**197.86**	**0.19**	**65.69**	**2.57**	**44.61**	**58.02**	**3.94**	**1.13**
1991	188.51	0.13	61.62	2.61	46.27	59.63	4.43	1.23
1992	170.82	0.23	59.08	2.56	47.67	60.66	5.30	1.40
1993	205.77	0.37	65.99	3.80	49.55	63.22	6.35	1.52
1994	219.47	0.51	68.60	5.38	59.31	72.66	8.30	1.71
1995	173.67	0.34	84.99	6.19	78.50	90.13	11.37	1.79
1996	237.32	0.46	92.43	8.59	94.87	111.52	16.52	1.96
1997	214.87	0.52	118.23	12.30	106.63	122.66	20.50	2.14
1998	267.78	0.60	139.84	17.45	125.47	133.31	25.62	2.33
1999	261.27	0.61	156.62	18.99	141.00	149.05	29.38	2.57
2000	**245.72**	**1.58**	**163.63**	**18.82**	**135.82**	**151.40**	**32.28**	**2.96**
2001	227.79	1.65	148.14	14.86	152.04	148.76	35.51	2.63
2002	239.69	1.62	156.66	22.08	147.09	154.01	36.03	2.56
2003	230.78	1.73	150.69	29.95	153.98	185.94	40.43	2.75
2004	300.21	2.07	148.84	37.18	174.10	200.08	45.08	3.00
2005	296.95	2.15	174.42	36.67	165.46	204.12	55.53	2.94
2006	355.76	1.11	179.41	38.15	167.58	216.51	48.90	3.18
2007	390.68	1.28	196.37	35.02	149.95	208.57	49.59	3.55
2008	457.70	1.32	219.40	34.35	168.75	265.09	55.40	3.57
2009	365.10	0.74	239.20	32.20	185.48	316.78	68.78	3.60
2010	**370.30**	**0.62**	**218.70**	**31.70**	**151.73**	**306.89**	**73.68**	**3.70**
2011	365.37	0.62	220.17	31.90	78.54	178.11	31.18	3.82

注：2010年以前牧业数据为市畜牧局统计的数据。2011年牧业数据为省统计局审核认定后的反馈数据。

11－10 蚕桑、水果生产情况（2005-2011）

单位：吨、公顷

指　　标	2005	2006	2007	2008	2009	2010	2011
蚕茧产量	**656.8**	**624.9**	**1185.8**	**1262.2**	**432.2**	**426.7**	**363.8**
水果产量	**366695**	**381486**	**350156**	**343538**	**321996**	**317220**	**319132**
#苹果	205814	223031	82141	83379	94485	99375	95684
梨	44118	40920	40289	43991	43588	45017	46170
葡萄	27654	23656	40117	3442	39017	39856	38716
果园面积	**24202**	**21479**	**20871**	**21435**	**20688**	**20021**	**19308**
#苹果园	10308	9732	6544	6593	6430	6257	6412
梨园	3049	2851	3044	3003	2980	2869	2944
葡萄园	2853	2212	2618	2750	2758	2785	2589

11－11 林业生产情况（2005-2011）

单位：公顷

指　　标	2005	2006	2007	2008	2009	2010	2011
造林面积	7765	1267	497	545	550	9637	1114
#用材林	136	20	484				
经济林	2054						
防护林	5575	1247	13	545	550	9637	1114
有林地造林面积			5798	10199	25022	4763	10817
林冠下造林			5131	9532	25022	4763	7150
飞播造林							
有林地和灌木林地新封			667	667			3667
迹地更新面积	943	1234	1412	1115	1133		1303
四旁植树（万株）	145	103	165.8	203	216.9	278.6	151
林木种子采集量（吨）	10	19	45	161	838	963	75
本年育苗面积	185	310	84	103	162	117	166
幼林抚育实际面积	4439	8158	11504	18419	16154	19940	21908
成林抚育面积	23462	27649	34539	27393	37047	32289	32162
低产林改造面积	122	332	512	380	1622	987	467
木材采伐量（万立方米）	37.7	79.5	45.5	47.4	48.4	47.5	45.7

11－12 畜牧业生产情况（2005-2011）

单位：吨

指　标	2005	2006	2007	2008	2009	2010	2011
牲畜年末头数							
大牲畜（万头）	165.5	167.6	150	168.7	185.5	151.7	78.5
#役畜	46.8	49.4	45.1	52.9	62.4	43.4	40.7
牛	157.8	160	142.4	160.8	176.5	144	71.9
马	5.8	5.5	5.5	5.8	6.7	5.8	4.3
驴	0.7	0.7	0.7	0.8	0.8	0.7	0.8
骡	1.3	1.3	1.3	1.3	1.4	1.3	1.5
猪（万头）	204.1	216.5	208.6	265.1	316.8	306.9	178.1
羊（万只）	46.7	48	37.4	47.4	47.4	45.4	22.3
#山羊	31.7	31.8	25.9	33.6	35	31.6	15.7
兔（万只）	24	24	29.8	31.3	28.5	21.1	18.8
家禽（万只）	4471.8	4003.9	3883.7	4435.2	5617	5957.2	2142.1
畜产品产量							
肉猪出栏头数（万头）	399.8	391.5	402.4	463.8	594	599.8	277.9
肉类总产量	749553	709893	784610	873055	1038649	1086237	433594
#猪肉	329350	297400	330347	370282	487081	502372	223095
牛肉	217563	183020	159257	176585	193966	227409	86279
羊肉	8411	8594	6262	7162	6716	7063	2388
禽肉	191376	218118	285615	314213	345971	344971	116907
兔肉	567	403	478	598	587	613	400
其他畜产品产量							
牛奶产量	89145	88326	81044	103084	128098	135690	49319
羊奶产量	898	2552	873	673	789	1311	1342
绵羊毛产量	249.4	245.7	209.9	239.7	244	277	212
蜂蜜	4754	4137	2536	3481	4868	2891	4200
禽蛋	215056	201832	182273	264144	306559	308099	150774

11－13 农业现代化情况（2005-2011）

单位：千公顷

指　　标	2005	2006	2007	2008	2009	2010	2011
农业机械化情况							
机耕面积	277.5	378.7	576.2	480.2	583.1	530.3	573.5
机播面积	239.5	259.1	323.8	350.3	488.1	491	490.9
机械植保面积	150.6	152.2	152.6	183	180	160	64.3
机械收获面积	7.2	8.7	22.9	33.9	70.4	77.2	159.2
农村电气化情况							
农村用电量　（万千瓦小时）	42942	43231	44390.7	48798.9	48483.8	48268.6	49692.9
农业化学化情况							
农用化肥施用量（实物量）（吨）	415545	450515	481575	483241	516677	529986	543090
#氮肥	221722	223749	230209	224899	228522	231726	227166
磷肥	29640	31032	34236	36771	37241	37525	39634
钾肥	39318	41240	42373	44009	47599	48657	48229
复合肥	124865	154494	174757	177562	203315	212078	228061
每公顷耕地施用量（实物量）(公斤）	799.4	840	874	857.9	888.1	907.4	920.4
农用塑料薄膜使用量　（吨）	5545	6034	6319	5954	6943	6564	7471
农药使用量　（吨）	5786	6628	8093	7642	8926	8978	8820
农田水利情况							
有效灌溉面积	172.8	170.3	180.4	180.4	180.4	178.3	178.7
旱涝保收面积	86.2	85.6	85.6	85.6	85.6	85.6	85.6
机电排灌面积	73	71.8	71.8	71.8	71.8	71.1	71.1
机电井数　（眼）	5915	5881	6059	6347	6515	7710	7924
农村基础设施情况							
自来水受益村数　（个）	546	570	623	659	735	757	833
通汽车村数　（个）	1380	1393	1392	1395	1393	1390	1377
通电话村数　（个）	1376	1385	1386	1389	1393	1390	1377

11－14 主要农业机械拥有量（2005–2011）

指　　标		2005	2006	2007	2008	2009	2010	2011
农业机械总动力	（万千瓦）	152.7	160.8	183.5	210.4	254	280.5	306.5
#柴油机		115.5	124.9	148.6	170.3	218.4	242.5	266.3
电动机		29.1	26.8	25.9	26.9	28.6	37.1	39.1
主要农业机械								
大中型拖拉机	（台）	1849	1600	1986	5151	7100	9256	10630
	（万千瓦）	5.7	5.6	7.2	14.7	21.1	29.4	35.4
小型拖拉机	（台）	64266	72232	96061	106805	131766	150905	167274
	（万千瓦）	51.4	59	79.4	88.1	108.9	126.8	142.1
农用排灌动力机械	（台）	48443	47168	42555	45981	65436	60849	62653
	（万千瓦）	24.4	25.1	23.5	24.7	27	35.9	37
#柴油机		11.1	11.4	11	11.2	12.1	13.5	14.1
电动机		13.3	13.6	12.5	13.5	14.9	22.3	22.9
农用水泵	（台）	60633	57326	51454	51754	57884	53933	55733
喷灌机械	（套）	980	216	230	124	129	160	160
联合收割机	（台）	38	72	191	529	866	1713	2350
机动脱粒机		22946	22016	22160	16285	21105	22975	23958
农产品加工机械动力	（万千瓦）	15.6	14.8	15.1	15.3	16.8	18.2	20.2
农用载重汽车	（辆）	1670	1781	1817				
	（万千瓦）	15.7	16.5	16.8				

11－15 农林牧渔业主要经济效益指标（2005–2011）

指　　标		2005	2006	2007	2008	2009	2010	2011
农民人均创造的农林牧渔业总产值	（元）	7643	8396	10210	12386	12532	14197	18128
农民人均创造的农林牧渔业增加值	（元）	4923	5332	6533	8005	8097	9205	20044
每公顷耕地创造的种植业产值	（元）	14541	15982	18228	20791	20611	23558	30765
每公顷耕地创造的种植业增加值	（元）	9557	11233	12588	15020	14828	16727	18654
每个农业劳动力生产的粮食产量	（公斤）	2933	3453	3733	4293	3363	3345	3324
每个农业劳动力生产的肉类产量	（公斤）	740	689	750	819	957	981	394
每个农业劳动力生产的水产品产量	（公斤）	29	31	34	33	33	33	35
农民人均纯收入	（元）	3449	3905	4496	5281	5647	6594	

注：农民人均纯收入2003年起采用新口径。

11-16 分县（市）区农林牧渔业总产值（2011）

单位：万元

县（市）区名称	农林牧渔业总产值	农业产值	林业产值	牧业产值	渔业产值	农林牧渔服务业产值
吉林市	**3852392**	**1815216**	**88448**	**1691327**	**111852**	**145549**
昌邑区	186379	84109	1449	87536	6745	6540
龙潭区	266285	150738	2023	102072	1334	10118
船营区	147757	67437	1082	72001	1237	6000
丰满区	135659	43450	3386	78098	6238	4487
开发区	23448	14716		8574	103	55
永吉县	338098	182944	1177	134258	6605	13114
蛟河市	531455	301687	21754	163408	30066	14540
桦甸市	627899	295680	34898	236215	34226	26880
舒兰市	848556	341876	16711	447934	9650	32385
磐石市	746856	332579	5968	361231	15648	31430

11-17 分县（市）区农林牧渔业增加值（2011）

单位：万元

县（市）区名称	农林牧渔业增加值	农业增加值	林业增加值	牧业增加值	渔业增加值	农林牧渔服务业增加值
吉林市	**2203184**	**1100661**	**59137**	**886499**	**77664**	**79223**
昌邑区	105156	45370	804	50347	4445	4190
龙潭区	147217	80358	-576	61835	772	4828
船营区	84729	38450	659	41632	489	3499
丰满区	75016	26091	2385	38293	4612	3635
开发区	13054	8241		4706	66	41
永吉县	192928	107004	554	72775	3588	9007
蛟河市	307572	192664	16604	67521	21473	9310
桦甸市	365162	171644	21775	135393	25216	11134
舒兰市	486997	242644	12950	206713	6841	17849
磐石市	425353	188195	3982	207284	10162	15730

11－18 分县（市）区乡镇、村个数及乡村户数、人口情况（2011）

县（市）区名称	乡镇个数（个）	镇个数（个）	村民委员会个数（个）	自来水受益村数（个）	通汽车村数（个）	通电话村数（个）	乡村户数（户）	乡村人口数（人）
吉林市	77	54	1377	833	1377	1377	584893	2125100
昌邑区	5	3	85	44	85	85	36467	121802
龙潭区	6	4	122	61	122	122	50843	191494
船营区	4	3	70	48	70	70	33192	113929
丰满区	4	1	52	34	52	52	25351	86757
开发区			18	8	18	18	9653	31165
永吉县	9	7	140	87	140	140	87111	307000
蛟河市	10	8	256	148	256	256	81696	277964
桦甸市	10	5	156	107	156	156	59548	220290
舒兰市	15	10	210	100	210	210	115984	442627
磐石市	14	13	268	196	268	268	85048	332072

11－19 分县（市）区乡村从业人员（2011）

县（市）区名称	乡村劳动力资源数（人）	男（人）	女（人）	乡村从业人员数（人）	男（人）	女（人）	农业从业人员（人）
吉林市	**1262716**	**695538**	**567178**	**1099148**	**610350**	**488798**	**723089**
昌邑区	85489	46550	38939	81999	44786	37213	44623
龙潭区	113484	62142	51342	76267	44945	31322	47719
船营区	73142	39350	33792	70262	38014	32248	36885
丰满区	49549	27214	22335	39727	21131	18596	24790
开发区	18620	9899	8721	14480	7468	7012	8353
永吉县	179892	99545	80347	153002	83912	69090	120262
蛟河市	174079	93962	80117	158603	85634	72969	88608
桦甸市	132046	71900	60146	120285	66851	53434	86508
舒兰市	230754	127136	103618	206916	116305	90611	148286
磐石市	205661	117840	87821	177607	101304	76303	117055

11－19 续表

县（市）区名称	工业从业人员（人）	建筑业从业人员（人）	交通仓储和邮政业从业人员（人）	信息传输计算机服务和软件业（人）	批发与零售业从业人员（人）	住宿和餐饮业从业人员（人）	其他行业从业人员（人）
吉林市	**72990**	**75510**	**37016**	**4583**	**43654**	**33519**	**108787**
昌邑区	5716	5126	3585	182	5297	2363	15107
龙潭区	5805	6017	2953	412	2928	2739	7694
船营区	7936	5523	3186	562	3739	3013	9418
丰满区	3994	3413	1902	359	1872	1851	1546
开发区	1298	1697	440	140	668	630	1254
永吉县	5103	7467	3949	817	4934	3539	6931
蛟河市	10487	12935	6636	1213	8610	7473	22641
桦甸市	6459	4842	2210	106	3019	1652	15489
舒兰市	11141	13727	6205	319	6649	5396	15193
磐石市	15051	14763	5950	473	5938	4863	13514

11－20 分县（市）区用电量、化肥、薄膜、柴油、农药使用情况（2011）

县（市）区名称	农村用电量（千千瓦小时）	农用化肥施用量（实物量）	氮肥（吨）	磷肥（吨）	钾肥（吨）	复合肥（吨）
吉林市	**496929**	**543090**	**227166**	**39634**	**48229**	**228061**
昌邑区	58738	29448	11512	2351	2346	13239
龙潭区	35965	30913	15447	2828	1952	10686
船营区	33918	20942	8684	664	581	11013
丰满区	54765	8716	4146	642	637	3291
开发区	5519	2644	1295	239	167	943
永吉县	43287	74048	22323	4211	4707	42807
蛟河市	65194	84184	33061	11639	10323	29161
桦甸市	53239	94110	42579	3093	10133	38305
舒兰市	88358	95937	42366	8100	8119	37352
磐石市	57946	102148	45753	5867	9264	41264

11－20 续表

县（市）区名称	农用塑料薄膜使用（吨）	地膜使用量（吨）	农用柴油使用量（吨）	农药使用量（吨）
吉林市	**7471**	**2820**	**76420**	**8820**
昌邑区	660	424	6367	588
龙潭区	431	215	3640	285
船营区	363	88	3406	163
丰满区	1443	317	1114	301
开发区	172	39	866	39
永吉县	777	294	8960	1220
蛟河市	905	454	19367	1350
桦甸市	732	398	6800	1675
舒兰市	1410	360	12285	1186
磐石市	578	231	13615	2013

11-21 分县（市）区耕地面积（2011）

单位：公顷

县（市）区名称	年初耕地总资源	年内增加	新开荒地	园地改为耕地	年内减少	国家基建占地	其他基建占地
吉林市	**665119**	**3935**	**1321**	**1716**	**1584**	**250**	**905**
昌邑区	38073						
龙潭区	31323				60		
船营区	29641				93		93
丰满区	14767	71	71		117		117
开发区	3578						
永吉县	84574	184	170	14	580	221	
蛟河市	111905	2078	446	1632	8	8	
桦甸市	110131	523	38	70	22	10	2
舒兰市	139055	1046	596		687	11	676
磐石市	102072	33			17		17

11-21 续表

单位：公顷

县（市）区名称	退耕还林还草占地	耕地改为园地	年末耕地总资源	常用耕地面积	水田	水浇地	临时性耕地	#25度以上坡
吉林市	**357**	**12**	**667470**	**590033**	**142386**	**2593**	**77437**	**9492**
昌邑区			38073	32250	13109	98	5823	1040
龙潭区			31263	30813	8663	210	450	331
船营区			29548	28990	6687	110	558	80
丰满区			14721	12415	2409	1431	2306	
开发区			3578	3562	934		16	10
永吉县	357	2	84178	74070	21613	50	10108	1467
蛟河市			113975	102659	12446	159	11316	219
桦甸市		10	110632	86350	8086		24282	3152
舒兰市			139414	131895	45679	535	7519	790
磐石市			102088	87029	22760		15059	2403

11-22 分县（市）区主要农作物播种面积（2011）

单位：公顷

县（市）区名称	农作物总播种面积	#粮食	谷物	水稻	玉米	豆类	大豆	薯类
吉林市	**688989**	**642833**	**573295**	**140644**	**432097**	**62024**	**61222**	**7514**
昌邑区	32414	30362	30286	13224	17062	76	76	
龙潭区	34625	28787	27754	9185	18547	1033	1033	
船营区	29217	26166	26112	6634	19475	54	48	
丰满区	15069	11643	11179	1553	9625	415	405	49
开发区	3849	3009	2995	934	2061	14	14	
永吉县	84177	80649	78419	21848	56571	1538	1511	692
蛟河市	111795	106048	76849	12426	64280	27640	27249	1559
桦甸市	117556	111590	100000	9001	90922	10297	10117	1293
舒兰市	142488	137433	119387	44896	74247	16215	16168	1831
磐石市	117799	107146	100314	20943	79307	4742	4601	2090

11-22 续表

单位：公顷

县（市）区名称	#油料	#麻类	#甜菜	#烟叶	#药材	#蔬菜	#瓜果类	水果
吉林市	**1977**	**31**	**1**	**936**	**2652**	**35516**	**4482**	**19308**
昌邑区						1931	121	494
龙潭区					19	5387	432	1882
船营区	63					2530	298	2116
丰满区						3360	63	949
开发区						825	15	122
永吉县	588				5	2783	116	1056
蛟河市	571	30	1	616	246	3214	1069	2729
桦甸市	561	1		70	1056	3298	741	4205
舒兰市	23				157	4557	318	1801
磐石市	171			250	1169	7631	1309	3954

11-23 分县（市）区主要农产品产量（2011）

单位：吨

县（市）区名称	粮食	谷物	水稻	玉米	豆类	大豆	薯类
吉林市	**3653717**	**3407937**	**935759**	**2469553**	**172696**	**170252**	**73084**
昌邑区	215000	214801	94922	119879	199	199	
龙潭区	199000	196084	63954	132018	2916	2916	
船营区	155000	154747	39548	115181	253	217	
丰满区	64161	63207	11028	52177	764	746	190
开发区	20556	20514	7070	13444	42	42	
永吉县	485000	471153	138029	333124	5469	5414	8378
蛟河市	515000	427297	79149	347364	77347	75885	10356
桦甸市	535000	508913	56265	452232	20913	20481	5174
舒兰市	855000	761203	303792	456278	53750	53637	40047
磐石市	610000	590018	142002	447856	11043	10715	8939

11-23 续表

单位：吨

县（市）区名称	#油料	#麻类	#甜菜	#烟叶	#药材	#蔬菜	#瓜果类	水果
吉林市	**6245**	**81**	**30**	**2928**	**20054**	**2291674**	**236899**	**319132**
昌邑区						106633	5150	9688
龙潭区						541196	19342	38189
船营区	110					87956	6792	11864
丰满区						126919	1723	10785
开发区						35479	505	1719
永吉县	896				150	134997	75502	21752
蛟河市	1107	80	30	2316	594	270142	19858	46166
桦甸市	3510	1		181	15562	317048	25047	104792
舒兰市	136				1248	282738	21968	29162
磐石市	486			431	2500	388566	61012	45015

11-24 分县（市）区畜牧业生产情况（2011）

县（市）区名称	大牲畜存栏头数（头）	牛存栏（头）	良种及改良奶牛（头）	生猪存栏头数（头）	羊存栏只数（只）	家禽存栏只数（千只）	鹿存栏只数（只）	养蜂箱数（箱）	兔存栏只数（只）
吉林市	**785383**	**719232**	**72555**	**1781070**	**223049**	**21421**	**129987**	**63792**	**188180**
昌邑区	22830	20881	5784	59060	6751	1365	4800	4810	9459
龙潭区	40408	34320	33630	78656	14689	1991	8730	5328	16454
船营区	14958	11623	6357	46642	5470	246	2507	1160	14051
丰满区	16551	15637	7426	32901	2168	656	8536	2869	18626
开发区	3358	3099	1985	9705	2339	68	150		
永吉县	41278	40123	4935	122173	26102	500	8106	1868	6749
蛟河市	112053	97945	1643	340343	32201	755	38825	18864	40540
桦甸市	228389	222001	5557	157869	92437	1341	12567	7660	30128
舒兰市	209039	185970	3070	715200	27184	5253	4025	16988	39500
磐石市	96519	87633	2168	218521	13708	9246	41741	4245	12673

11-24 续表1

县（市）区名称	猪出栏头数（头）	牛出栏头数（头）	羊出栏只数（只）	家禽出栏只数（千只）	兔出栏只数（只）	肉类总产量（吨）	猪牛羊肉产量	奶类产量（吨）	牛奶产量
吉林市	**2779420**	**651294**	**193908**	**70541**	**231204**	**433594**	**311762**	**50661**	**49319**
昌邑区	107525	15384	11923	2220	5862	12889	10204	5073	4457
龙潭区	150561	30147	10086	3695	9277	24193	17071	6049	5993
船营区	99806	24232	4840	179	11892	12113	11611	8779	8773
丰满区	45007	7983	8042	333	12466	4393	3677	12199	12199
开发区	4594	2183	6147	77		1027	848	4200	3882
永吉县	168026	31364	15776	687	8044	19471	18545	4311	4311
蛟河市	584068	53679	31403	679	130739	48738	47108	1602	1602
桦甸市	187917	133694	72212	449	29128	34241	32459	4004	4004
舒兰市	1006100	280784	25558	32172	7996	163482	123289	2632	2286
磐石市	425816	71844	7921	30050	15800	113047	46950	1812	1812

11-24 续表2

县（市）区名称	禽蛋产量（吨）	蜂蜜产量（吨）	鹿茸产量（公斤）	山羊毛产量（公斤）	绵羊毛产量（公斤）	羊绒产量（公斤）	貂皮产量（张）	蚕茧产量（公斤）
吉林市	**150774**	**4200**	**52451**	**123580**	**212470**	**26246**	**365285**	**363840**
昌邑区	7606	488	1393	800	2100	6	349000	
龙潭区	7151	95	2008	4010	35460			
船营区	4727	108	1435		24000		100	336000
丰满区	8897	62	4822				362	
开发区	1173		25	1000	4000			
永吉县	1960	93	955	1770	11780	1	9994	
蛟河市	9885	1132	14280	84100	15160	22336		
桦甸市	11952	312	2441				4221	15000
舒兰市	29545	1699	3		65610		915	
磐石市	67878	211	25089	31900	54360	3903	693	12840

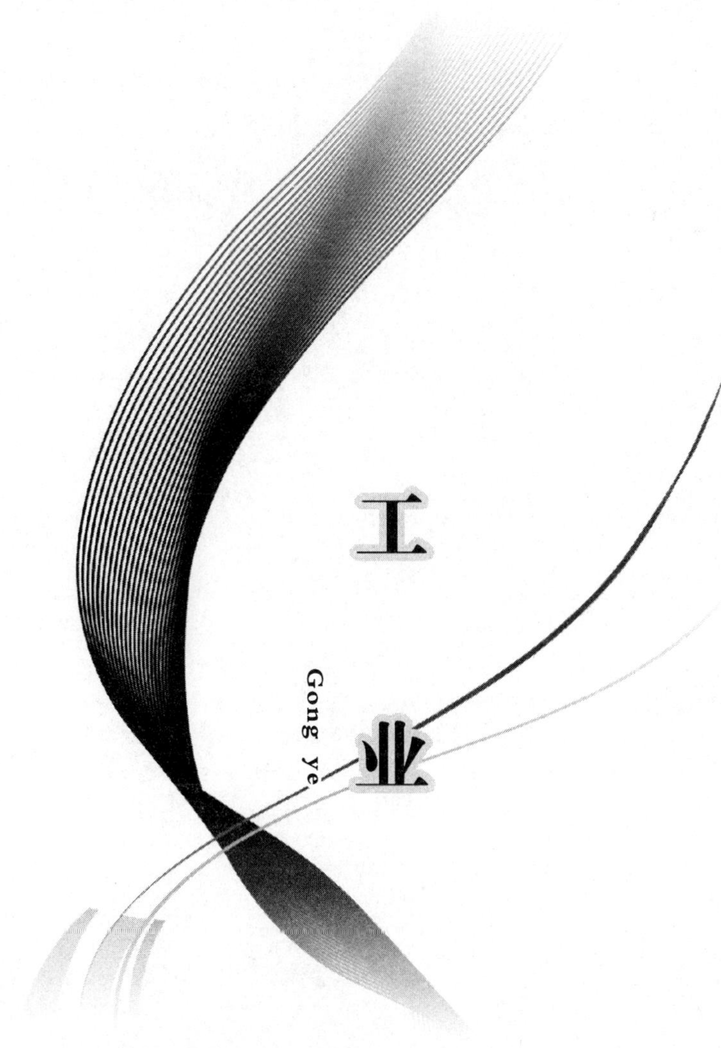

工业

Gong ye

12－1 工业企业单位数（2005-2011）

单位：个

指　　标	2005	2006	2007	2008	2009	2010	2011
总　　计	**449**	**516**	**739**	**1022**	**1180**	**1177**	**1103**
一、按隶属关系分							
中央工业	21	22	16	19	10	11	18
省属工业	23	24	21	22	22	21	20
地方工业	405	470	702	981	1148	1145	1065
二、按经济类型分							
国有企业	55	51	32	32	32	30	26
集体企业	34	30	27	13	15	13	14
其他经济类型企业	360	435	680	937	1133	1134	1063
#“三资”企业	31	32	38	40	38	36	34
三、按轻重工业分							
轻工业	141	166	242	330	399	401	387
以农产品为原料							
以非农产品为原料							
重工业	308	350	497	692	781	776	716
采掘工业							
原料工业							
加工工业							
四、按企业规模分							
特大型企业							
大型企业	10	11	11	12	14	13	14
中型企业	54	65	65	82	81	80	134
小型企业	385	440	663	928	1085	1084	928
微型企业							27
五、按工业行业分							
采矿业（小计）	53	59	69	95	102	100	98
煤炭开采和洗选业	17	16	17	14	16	15	19
石油和天然气开采业	3	3		4	5	6	5
黑色金属矿采选业	6	8	13	15	18	14	13
有色金属矿采选业	10	11	14	20	25	27	27
非金属矿采选业	17	21	25	42	38	38	34
制造业（小计）	365	423	636	884	1036	1039	973

注：1995年为乡及乡以上口径，2000年以后为规模工业口径。

12－1 续表

单位：个

指　　标	2005	2006	2007	2008	2009	2010	2011
农副食品加工业	38	46	89	130	174	179	181
食品制造业	16	20	27	37	47	49	47
饮料制造业	19	20	25	37	42	43	40
纺织业	6	10	10	12	12	12	10
纺织服装、鞋、帽制造业	1	2	4	6	6	5	5
皮革、毛皮、羽毛(绒)及其制品业	1	1	1	3	5	4	3
木材加工及木、竹、藤、棕、草制	19	22	38	59	67	73	74
家具制造业	5	5	6	12	13	11	9
造纸及纸制品业	7	7	9	8	11	16	15
印刷业和记录媒介的复制	1	2	2	6	7	5	4
文教体育用品制造业							2
石油加工、炼焦及核燃料加工业	6	6	10	2	11	10	10
化学原料及化学制品制造业	52	64	88	12	132	130	118
医药制造业	19	20	24	113	28	25	25
化学纤维制造业	1	1	2	27	3	3	2
橡胶制品业	1	3	5	3	5	5	6
塑料制品业	11	12	19	5	28	26	21
非金属矿物制品业	49	52	82	25	143	142	132
黑色金属冶炼及压延加工业	12	13	14	124	15	16	13
有色金属冶炼及压延加工业	5	4	8	14	10	8	8
金属制品业	8	12	21	10	33	30	29
通用设备制造业	15	14	25	29	54	54	50
专用设备制造业	16	23	38	44	50	48	41
交通运输设备制造业	41	39	47	45	71	76	72
电气机械及器材制造业	10	13	24	64	32	32	27
通信设备、计算机及其他电子设备	3	5	5	30	9	10	7
仪器仪表及文化、办公用机械制造	2	3	6	6	16	14	13
工艺品及其他制造业	1	3	5	12	6	7	5
废弃资源和废弃材料回收加工业							4
电力、燃气及水的生产和供应业（小计）	31	34	34	43	42	38	32
电力、热力的生产和供应业	22	25	27	35	34	32	26
燃气生产和供应业	2	2	1	2	2	3	3
水的生产和供应业	7	7	6	6	6	3	3

12－2 分县（市）区工业企业单位数（2011）

单位：个

县（市）区名称	规模以上	按轻重工业分		按企业规模分		
		轻工业	重工业	大型企业	中型企业	小型企业
总　　计	**1103**	**387**	**716**	**14**	**134**	**928**
昌邑区	77	38	39	2	11	64
龙潭区	98	20	78	3	14	70
船营区	31	13	18		13	18
丰满区	119	39	80		9	106
高新区	105	28	77	3	41	61
经济技术开发区	75	24	51	1	5	69
永吉县	61	29	32		5	54
舒兰市	98	51	47	1	7	90
磐石市	140	44	96	2	6	128
蛟河市	136	45	91		4	131
桦甸市	163	56	107	2	19	137

12－2 续表

单位：个

县（市）区名称	按经济类型分			
	国有企业	集体企业	乡镇企业	三资企业
总　　计	**26**	**14**		**34**
昌邑区	2	2		1
龙潭区	5	4		5
船营区	1			2
丰满区	3	1		2
高新区	4			9
经济技术开发区		2		6
永吉县				2
舒兰市	1			2
磐石市	3	5		3
蛟河市	3			1
桦甸市	4			1

注：按地域属划分。

12－3 主要年份工业总产值

单位：万元

年 份	工业总产值	轻工业产值	重工业产值
1985	614105	176798	437307
1986	737676	199091	538585
1987	931833	255820	676013
1988	1128544	322088	806455
1989	1303571	398483	905088
1990	**1341999**	**399889**	**942110**
1991	1512519	437951	1074568
1992	1700959	462578	1238381
1993	2317768	474642	1843126
1994	2765051	601427	2163624
1995	3330045	755429	2574616
1996	3199486	616575	2582911
1997	3564562	548642	3015921
1998	3232326	505804	2726522
1999	3405520	554588	2850932
2000	**4089784**	**602530**	**3487254**
2001	3414062	618596	2795466
2002	3509462	535823	2973639
2003	4543570	572427	3971143
2004	6415358	685552	5729807
2005	7547385	898647	6648738
2006	9023937	1215111	7808826
2007	12228681	2225280	10003400
2008	16112112	3233837	12878275
2009	16975232	3874432	13100800
2010	**21041552**	**5020535**	**16021017**
2011	27658209	6851881	20806328
“七五”时期合计	5443623	1575371	3868251
“八五”时期合计	11626342	2732027	8894315
“九五”时期合计	17491678	2828139	14663539
“十五”时期合计	25429837	3311045	22118793
“十一五”时期合计	75381514	15569195	59812318

12－4 分行业工业总产值（2006-2011）

单位：万元

指　　标	2006	2007	2008	2009	2010	2011
总　　计	9023937	12228681	16112112	16975232	21041552	27658209
煤炭开采和洗选业	45131	103354	94752	130729	170961	251363
石油和天然气开采业	6767		21505	30256	52529	76191
黑色金属矿采选业	73699	132022	280483	207951	223171	295246
有色金属矿采选业	46966	101578	211086	275921	387383	566656
非金属矿采选业	58855	163986	305255	250342	321319	394586
农副食品加工业	168721	437456	1011475	1318426	1897219	2839176
食品制造业	149344	279854	409698	537861	537678	790324
饮料制造业	146527	181929	357082	406544	554138	827301
纺织业	33061	60357	71063	79488	92634	132880
纺织服装、鞋、帽制造业	3675	5634	18091	31724	33670	32316
皮革、毛皮、羽毛（绒）及其制品业	5382	6695	11799	18730	20485	32312
木材加工及木、竹、藤、棕、草制品业	94751	157954	317741	448471	619950	946287
家具制造业	26729	41837	73130	101948	141926	170999
造纸及纸制品业	46652	135887	229840	175229	233748	297586
印刷业和记录媒介的复制	540	1530	11117	15715	15912	25555
文教体育用品制造业						23083
石油加工、炼焦及核燃料加工业	27335	86900	139993	175206	138276	170751
化学原料及化学制品制造业	4984690	5732725	6121248	5714752	6861669	9081095

12－4 续表1

单位：万元

指　　标	2006	2007	2008	2009	2010	2011
医药制造业	138241	279128	334898	381391	479698	483020
化学纤维制造业	376165	672291	468733	528020	640981	723691
橡胶制品业	6056	14313	34378	27739	30705	37157
塑料制品业	16368	55611	111392	130518	152452	184613
非金属矿物制品业	382268	598990	1034949	1187848	1469414	1931858
黑色金属冶炼及压延加工业	897837	1041802	1369486	919978	1085375	1742526
有色金属冶炼及压延加工业	194932	353259	525695	541380	504002	632037
金属制品业	68856	158811	370822	460739	546993	512206
通用设备制造业	39969	83872	209366	279980	396945	497688
专用设备制造业	149648	273852	379294	467006	576365	662341
交通运输设备制造业	322243	343321	541342	789966	1168724	1269426
电气机械及器材制造业	60603	143201	249044	404333	559464	838846
通信设备、计算机及其他电子设备制造业	92073	148974	158129	199195	243921	271728
仪器仪表及文化、办公用机械制造业	2233	7358	25108	58436	74583	101045
工艺品及其他制造业	2120	8904	39163	46400	50282	54685
废弃资源和废弃材料回收加工业						57554
电力、热力的生产和供应业	337238	383274	525936	548821	642070	518734
燃气生产和供应业	3862	4738	2771	20794	28112	157411
水的生产和供应业	13876	14357	21620	22424	26063	27936

12－5 分县（市）区全部工业总产值（2011）

单位：万元

县（市）区名称	工业总产值	规模以上工业			规模以下工业
			乡属企业	三资企业	
总　　计		27658209		1667666	
其中：昌邑区		4343324		426916	
龙潭区		8757214		154589	
船营区		646063		51890	
丰满区		4258164		388881	
永吉县		927037		25237	
舒兰市		1123680		71195	
磐石市		3582530		519876	
蛟河市		1614981		16339	
桦甸市		2405219		12745	

12－6 规模以上工业企业主要经济指标（2011）

单位：万元

指标	企业单位数（个）	#亏损企业	工业总产值（当年价）	工业销售产值（当年价）	#出口交货值	工业增加值（当年价）
总计	1103	76	27658209	27067560	269658	8020828
一、按登记注册类型分组:						
内资企业	1069	73	25990544	25482452	208799	
国有企业	26	7	1528181	1530668	8634	
中央企业	12	3	1323069	1329971	8634	
地方企业	14	4	205112	200697		
集体企业	14	3	226404	225824		
股份合作企业	4		33038	29469		
有限责任公司	192	15	6010262	5749320	56061	
国有独资公司	7	2	928752	911087	28596	
其他有限责任公司	185	13	5081510	4838233	27465	
股份有限公司	39	5	7528062	7480945	86576	
私营企业	792	43	10636857	10438484	57528	
私营独资企业	148	7	1764776	1722756	18367	
私营合伙企业	2	1	19415	19415		
私营有限责任公司	620	33	8523145	8371335	32674	
私营股份有限公司	22	2	329521	324979	6486	
其他企业	2		27741	27741		
港、澳、台商投资企业	9		479513	470082		
合资经营企业(港或澳、台资)	5		143069	140795		
港澳台商独资经营企业	3		298900	291742		
港澳台商投资股份有限公司	1		37545	37545		
外商投资企业	25	3	1188153	1115026	60858	
中外合资经营企业	15	1	893921	823480	25627	
中外合作经营企业	1		11025	11141		
外资企业	8	2	154463	152375	35231	
外商投资股份有限公司	1		128743	128030		
二、按经济组织类型分组						
独资企业	199	19	3972723	3923365	62232	
国有企业	26	7	1528181	1530668	8634	
集体企业	14	3	226404	225824		
私营独资企业	148	7	1764776	1722756	18367	
港澳台商独资经营企业	3		298900	291742		

12－6 续表1

单位：万元

指　　标	企业单位数（个）	#亏损企业	工业总产值（当年价）	工业销售产值（当年价）	#出口交货值	工业增加值(当年价)
外资企业	8	2	154463	152375	35231	
合作、合伙企业	9	1	91219	87766		
股份合作企业	4		33038	29469		
私营合伙企业	2	1	19415	19415		
中外合作经营企业	1		11025	11141		
其他企业（内资）	2		27741	27741		
股份有限公司	63	7	8023870	7971500	93062	
股份有限公司(内资)	39	5	7528062	7480945	86576	
私营股份有限公司	22	2	329521	324979	6486	
港澳台商投资股份有限公司	1		37545	37545		
外商投资股份有限公司	1		128743	128030		
有限责任公司	832	49	15570397	15084929	114363	
国有独资公司	7	2	928752	911087	28596	
私营有限责任公司	620	33	8523145	8371335	32674	
合资经营企业(港或澳、台资)	5		143069	140795		
中外合资经营企业	15	1	893921	823480	25627	
其他有限责任公司	185	13	5081510	4838233	27465	
三、在总计中:亏损企业	76	76	9190996	9037603	56724	
在总计中:国有控股企业	63	17	11096634	10898693	147071	
在总计中:农村工业	6		14585	14380		
在总计中:轻工业	387	22	6851881	6660541	60909	
重工业	716	54	20806328	20407019	208749	
在总计中:大型企业	14	4	10038397	9935750	157938	
中型企业	134	17	5740626	5513724	73822	
小型企业	928	53	11691050	11434536	37899	
微型企业	27	2	188136	183549		
采矿业（小计）	98	4	1584042	1560205	1233	461071
煤炭开采和洗选业	19		251363	252764		76255
石油和天然气开采业	5		76191	76191		59360
黑色金属矿采选业	13		295246	293994		114969
有色金属矿采选业	27		566656	554631		120446
非金属矿采选业	34	4	394586	382626	1233	90041
制造业（小计）	973	64	25370087	24805355	208425	7220898
农副食品加工业	181	8	2839176	2763263	17790	711465

12－6 续表2

单位：万元

指　　标	企业单位数（个）	#亏损企业	工业总产值（当年价）	工业销售产值（当年价）	#出口交货值	工业增加值（当年价）
食品制造业	47	3	790324	775518	151	152068
饮料制造业	40		827301	810099		291542
纺织业	10	1	132880	131198	1537	37801
纺织服装、鞋、帽制造业	5	1	32316	31940		5961
皮革、毛皮、羽毛(绒)及其制品业	3	1	32312	31218		4564
木材加工及木、竹、藤、棕、草制品业	74	1	946287	934254	42887	365357
家具制造业	9		170999	169496	20177	53025
造纸及纸制品业	15	1	297586	259569	6639	56360
印刷业和记录媒介的复制	4		25555	25823		7896
文教体育用品制造业	2		23083	23141		5133
石油加工、炼焦及核燃料加工业	10	1	170751	168604		1165374
化学原料及化学制品制造业	118	8	9081095	9036310	25502	1375245
医药制造业	25	1	483020	469740	8749	145602
化学纤维制造业	2	1	723691	702572	1130	164056
橡胶制品业	6		37157	36608		9608
塑料制品业	21	2	184613	181554		49408
非金属矿物制品业	132	6	1931858	1903472	46614	550090
黑色金属冶炼及压延加工业	13	3	1742526	1672029	18634	450194
有色金属冶炼及压延加工业	8		632037	498841	20977	389357
金属制品业	29	2	512206	505787		99074
通用设备制造业	50	3	497688	493808		147650
专用设备制造业	41	4	663341	641596	22539	193468
交通运输设备制造业	72	13	1269426	1236343	12114	403128
电气机械及器材制造业	27	3	838846	823716	553	233057
通信设备、计算机及其他电子设备制造	7		271728	271291	22433	90202
仪器仪表及文化、办公用机械制造业	13	1	101045	100748		45033
工艺品及其他制造业	5		54685	52835		11752
废弃资源和废旧材料回收加工业	4		57554	53984		7429
电力、燃气及水的生产和供应业（小计	32	8	704081	701999		338859
电力、热力的生产和供应业	26	7	518734	517294		282689
燃气生产和供应业	3		157411	156769		46987
水的生产和供应业	3	1	27936	27936		9183

12－6 续表3

单位：万元

指　　　标	年初存货	产成品	在产品	资产总计	流动资产合　计
总　　　计	**1854847**	**576730**	**253505**	**21437499**	**7687304**
一、按登记注册类型分组:					
内资企业	1591708	500755	251527	18534905	6403463
国有企业	228918	63381	22650	2178052	745082
中央企业	209158	52819	20036	2021456	677421
地方企业	19760	10562	2613	156596	67661
集体企业	12518	8093	578	124489	77283
股份合作企业	5132	970	279	22380	9945
有限责任公司	476904	193528	73849	6280173	2037851
国有独资公司	129599	64887	51871	1144402	505388
其他有限责任公司	347306	128641	21978	5135771	1532463
股份有限公司	542497	109356	138658	4222865	1621299
私营企业	325545	125260	15514	5695273	1906360
私营独资企业	40535	17715	1689	725361	236082
私营合伙企业	379	259	50	17427	2587
私营有限责任公司	272831	100037	13633	4662004	1562264
私营股份有限公司	11801	7248	142	290482	105427
其他企业	194	168		11673	5645
港、澳、台商投资企业	29080	9341	785	400139	125545
合资经营企业(港或澳、台资)	1090	455		98211	35001
港澳台商独资经营企业	27483	8379	785	289090	88889
港澳台商投资股份有限公司	507	507		12838	1655
外商投资企业	234059	66635	1194	2502456	1158296
中外合资经营企业	227441	64635	587	2309424	1069890
中外合作经营企业	56	22		3018	1101
外资企业	5694	1633	607	57045	17974
外商投资股份有限公司	869	345		132968	69332
二、按经济组织类型分组					
独资企业	315146	99201	26308	3374037	1165309
国有企业	228918	63381	22650	2178052	745082
集体企业	12518	8093	578	124489	77283
私营独资企业	40535	17715	1689	725361	236082
港澳台商独资经营企业	27483	8379	785	289090	88889

12－6 续表4

单位：万元

指　　　标	年初存货	产成品	在产品	资产总计	流动资产合　计
外资企业	5694	1633	607	57045	17974
合作、合伙企业	5761	1420	329	54499	19278
股份合作企业	5132	970	279	22380	9945
私营合伙企业	379	259	50	17427	2587
中外合作经营企业	56	22		3018	1101
其他企业（内资）	194	168		11673	5645
股份有限公司	555674	117456	138800	4659153	1797712
股份有限公司(内资)	542497	109356	138658	4222865	1621299
私营股份有限公司	11801	7248	142	290482	105427
港澳台商投资股份有限公司	507	507		12838	1655
外商投资股份有限公司	869	345		132968	69332
有限责任公司	978266	358654	88068	13349811	4705005
国有独资公司	129599	64887	51871	1144402	505388
私营有限责任公司	272831	100037	13633	4662004	1562264
合资经营企业(港或澳、台资)	1090	455		98211	35001
中外合资经营企业	227441	64635	587	2309424	1069890
其他有限责任公司	347306	128641	21978	5135771	1532463
三、在总计中:亏损企业	669510	190104	130102	5913431	2197976
在总计中:国有控股企业	1219399	340553	213645	10152856	4036590
在总计中:农村工业	310			11241	4824
在总计中:轻工业	336132	133304	76024	4301321	1468501
重工业	1518715	443427	177481	17136178	6218803
在总计中:大型企业	1136025	302782	200460	8242152	3618968
中型企业	426271	127513	34873	7789937	2487054
小型企业	287144	142643	16613	5364563	1568244
微型企业	5407	3793	1559	40847	13039
采矿业（小计）	43483	22182	1549	1069686	308436
煤炭开采和洗选业	18513	13810	426	141665	68608
石油和天然气开采业	306	183	20	73013	2915
黑色金属矿采选业	4101	2310		321020	124015
有色金属矿采选业	17218	3547	771	397562	87099
非金属矿采选业	3344	2334	332	136426	25799
制造业（小计）	1804432	554381	251954	18804388	7070336
农副食品加工业	75195	35932	11911	1149938	418196

12－6 续表5

单位：万元

指标	年初存货	产成品	在产品	资产总计	流动资产合计
食品制造业	47047	15333	715	389173	125704
饮料制造业	28404	6569	1007	406771	101175
纺织业	5603	3041	865	54058	16856
纺织服装、鞋、帽制造业	576	365		22388	8485
皮革、毛皮、羽毛(绒)及其制品业	4550	161		37345	13759
木材加工及木、竹、藤、棕、草制品业	24080	17861	110	334304	93154
家具制造业	2367	1762	61	79813	15135
造纸及纸制品业	35384	9907	5626	348706	96557
印刷业和记录媒介的复制	271	124		17088	6369
文教体育用品制造业	85	54	10	20729	1683
石油加工、炼焦及核燃料加工业	3843	999		103131	39335
化学原料及化学制品制造业	598525	137027	72829	4719801	1746778
医药制造业	29289	10018	7351	628441	268237
化学纤维制造业	90531	45292	45120	761134	274140
橡胶制品业	1262	944		34341	3275
塑料制品业	5772	4265	41	82144	19308
非金属矿物制品业	158935	46015	66267	1436797	532421
黑色金属冶炼及压延加工业	207681	71445	10581	2538881	708384
有色金属冶炼及压延加工业	198703	53070	189	2013984	953883
金属制品业	85948	6728		383068	193916
通用设备制造业	6820	4221	109	262811	95788
专用设备制造业	61398	29651	12651	615934	266328
交通运输设备制造业	86501	31829	13077	1104884	546834
电气机械及器材制造业	15818	9450	814	553071	229113
通信设备、计算机及其他电子设备制造业	26814	10782	2569	605814	262422
仪器仪表及文化、办公用机械制造业	1882	692	18	55410	19340
工艺品及其他制造业	837	642	35	26425	8402
废弃资源和废旧材料回收加工业	312	202		18004	5359
电力、燃气及水的生产和供应业（小计）	6933	168	2	1563425	308533
电力、热力的生产和供应业	6674			1353127	258485
燃气生产和供应业	258	168	2	129898	43316
水的生产和供应业	1			80401	6732

12-6 续表6

单位：万元

指　　标	应收帐款	存　货	产成品	在产品	固定资产合　计
总　　计	**1017501**	**2193197**	**785061**	**318249**	**10288277**
一、按登记注册类型分组:					
内资企业	951380	1908679	718223	316677	9015624
国有企业	87774	189165	52453	40250	1131987
中央企业	71603	168063	41923	36751	1060707
地方企业	16172	21102	10530	3499	71280
集体企业	8301	13906	8795	392	36667
股份合作企业	2106	4624	871	483	11741
有限责任公司	370291	625094	296367	90282	2153539
国有独资公司	74757	138481	71110	53503	510801
其他有限责任公司	295535	486613	225257	36779	1642738
股份有限公司	89092	629823	134078	155337	2434344
私营企业	392176	445546	225504	29932	3241317
私营独资企业	84235	48059	27326	4425	437815
私营合伙企业	1662	764	729	1	14679
私营有限责任公司	293295	385914	190952	25102	2610395
私营股份有限公司	12983	10809	6498	404	178429
其他企业	1639	523	155		6028
港、澳、台商投资企业	4300	17781	3455	861	240501
合资经营企业(港或澳、台资)	1466	3545	1533	123	60510
港澳台商独资经营企业	2439	13923	1642	706	168808
港澳台商投资股份有限公司	396	313	281	32	11183
外商投资企业	61822	266737	63384	711	1032152
中外合资经营企业	55710	260229	60202	711	929086
中外合作经营企业	208	124	41		1918
外资企业	4435	4460	2511		37511
外商投资股份有限公司	1468	1924	630		63637
二、按经济组织类型分组					
独资企业	187184	269512	92727	45773	1812788
国有企业	87774	189165	52453	40250	1131987
集体企业	8301	13906	8795	392	36667
私营独资企业	84235	48059	27326	4425	437815
港澳台商独资经营企业	2439	13923	1642	706	168808

12－6 续表7

单位：万元

指 标	应收帐款	存 货	产成品	在产品	固定资产合 计
外资企业	4435	4460	2511		37511
合作、合伙企业	5616	6036	1795	484	34366
股份合作企业	2106	4624	871	483	11741
私营合伙企业	1662	764	729	1	14679
中外合作经营企业	208	124	41		1918
其他企业（内资）	1639	523	155		6028
股份有限公司	103938	642868	141486	155773	2687593
股份有限公司(内资)	89092	629823	134078	155337	2434344
私营股份有限公司	12983	10809	6498	404	178429
港澳台商投资股份有限公司	396	313	281	32	11183
外商投资股份有限公司	1468	1924	630		63637
有限责任公司	720762	1274781	549053	116218	5753530
国有独资公司	74757	138481	71110	53503	510801
私营有限责任公司	293295	385914	190952	25102	2610395
合资经营企业(港或澳、台资)	1466	3545	1533	123	60510
中外合资经营企业	55710	260229	60202	711	929086
其他有限责任公司	295535	486613	225257	36779	1642738
三、在总计中:亏损企业	**136900**	**765032**	**242725**	**125658**	**3314621**
在总计中:国有控股企业	343427	1334488	380482	255107	5113844
在总计中:农村工业	932	1657	543	145	6415
在总计中:轻工业	230147	443471	224863	66835	2328993
重工业	787354	1749726	560198	251414	7959284
在总计中:大型企业	308985	1197534	321913	217581	3839883
中型企业	348148	545455	214428	66445	3298932
小型企业	356937	446312	245754	34223	3126192
微型企业	3431	3896	2966		23270
采矿业（小计）	101048	49603	35730	6471	546726
煤炭开采和洗选业	12762	23314	19981	2557	70809
石油和天然气开采业	820	1555	1451	1	11926
黑色金属矿采选业	60377	8013	5690	688	105207
有色金属矿采选业	19404	10545	3976	2653	281803
非金属矿采选业	7686	6177	4633	572	76981
制造业（小计）	864876	2119701	749044	311778	8609258
农副食品加工业	77442	138099	89656	14071	605041

12－6 续表8

单位：万元

指标	应收帐款	存货	产成品	在产品	固定资产合计
食品制造业	17637.5	48198.1	20331	1403.5	236610.1
饮料制造业	18094.5	42559.4	12225.9	1576.8	239550.4
纺织业	4360.7	7621	4427.9	711.5	34767.9
纺织服装、鞋、帽制造业	1955.9	1602.4	1189.7		13903.5
皮革、毛皮、羽毛(绒)及其制品业	1573.3	5032	1493.3		23586.4
木材加工及木、竹、藤、棕、草制品业	12999	29853.3	19989.2	696.5	221744.2
家具制造业	1695.3	3545.4	1046.1	23.5	55371.3
造纸及纸制品业	8860.8	49190.1	26961	5272.5	208029.5
印刷业和记录媒介的复制	1653.6	704.6	119		10538.2
文教体育用品制造业	167.4	372.4	319.6	1	19046.4
石油加工、炼焦及核燃料加工业	5916.4	9644.1	2213.8	891	50782.1
化学原料及化学制品制造业	102766.6	589458.4	158401.9	79550.7	2670699.1
医药制造业	28923	41890	14548	727.1	274267.7
化学纤维制造业	24045.1	85097.6	46778.5	38025.1	358781.9
橡胶制品业	1157	1388.5	899	0.2	29357.7
塑料制品业	5797.1	6956.3	3857.9	125.5	47224.9
非金属矿物制品业	108590	218767	56637.9	88406.3	707255.7
黑色金属冶炼及压延加工业	156992.4	288103.7	136892	23599	266232
有色金属冶炼及压延加工业	39156.9	230198.6	49244	1236.7	761144.5
金属制品业	31664.6	72919.8	7186.1	140	175357.5
通用设备制造业	19168	15120.8	7948.4	337.8	158394.4
专用设备制造业	61651.9	86631.7	26413.4	37894.5	334692.3
交通运输设备制造业	68845.1	99364.3	37706.5	12257.1	426750.8
电气机械及器材制造业	22070.5	16851.2	9959.3	1034	313055.9
通信设备、计算机及其他电子设备制造业	33463.8	24708.7	9525	2151.8	305454.5
仪器仪表及文化、办公用机械制造业	5079.2	1818.6	924	2	31968.5
工艺品及其他制造业	1444.4	1039.3	875.1		17005.9
废弃资源和废旧材料回收加工业	1703.6	2964.2	1275.3	1643.5	12644.2
电力、燃气及水的生产和供应业（小计）	51577.2	23892.5	287.1		1132293.1
电力、热力的生产和供应业	51221.3	23496			980303.3
燃气生产和供应业	277.9	395.8	287.1		81872.7
水的生产和供应业	78	0.7			70117.1

12－6 续表9

单位：万元

指　　标	资产总计 固定资产原价	累计折旧	本年折旧	在建工程
总　　计	**17082319**	**7559541**	**1161741**	**2269833**
一、按登记注册类型分组:				
内资企业	15343426	6945720	980198	1918332
国有企业	2542449	1343636	128945	91432
中央企业	2425047	1295964	120528	86507
地方企业	117403	47672	8417	4925
集体企业	60703	26562	3171	2559
股份合作企业	18621	6880	1433	42
有限责任公司	3126323	1133969	191847	1345640
国有独资公司	903936	407745	43505	69900
其他有限责任公司	2222387	726224	148342	1275740
股份有限公司	4648939	2468052	245448	334933
私营企业	4939409	1965667	408829	143727
私营独资企业	526013	141096	37907	29333
私营合伙企业	21947	7684	1787	14
私营有限责任公司	4157456	1756221	349222	113628
私营股份有限公司	233993	60666	19914	752
其他企业	6983	954	524	
港、澳、台商投资企业	345071	126430	33629	20897
合资经营企业(港或澳、台资)	116938	56428	11524	
港澳台商独资经营企业	215390	68442	20835	20897
港澳台商投资股份有限公司	12743	1560	1270	
外商投资企业	1393822	487391	147915	330605
中外合资经营企业	1065294	259671	112672	323719
中外合作经营企业	2876	959	96	
外资企业	74682	39429	5282	6885
外商投资股份有限公司	250970	187333	29865	
二、按经济组织类型分组				
独资企业	3419237	1619165	196140	151106
国有企业	2542449	1343636	128945	91432
集体企业	60703	26562	3171	2559
私营独资企业	526013	141096	37907	29333
港澳台商独资经营企业	215390	68442	20835	20897

12－6 续表10

单位：万元

指标	资产总计			
	固定资产原价	累计折旧	本年折旧	在建工程
外资企业	74682	39429	5282	6885
合作、合伙企业	50426	16476	3840	56
股份合作企业	18621	6880	1433	42
私营合伙企业	21947	7684	1787	14
中外合作经营企业	2876	959	96	
其他企业（内资）	6983	954	524	
股份有限公司	5146645	2717611	296497	335684
股份有限公司(内资)	4648939	2468052	245448	334933
私营股份有限公司	233993	60666	19914	752
港澳台商投资股份有限公司	12743	1560	1270	
外商投资股份有限公司	250970	187333	29865	
有限责任公司	8466011	3206289	665265	1782987
国有独资公司	903936	407745	43505	69900
私营有限责任公司	4157456	1756221	349222	113628
合资经营企业(港或澳、台资)	116938	56428	11524	
中外合资经营企业	1065294	259671	112672	323719
其他有限责任公司	2222387	726224	148342	1275740
三、在总计中:亏损企业	5980647	2935260	303779	422887
在总计中:国有控股企业	9230286	4438214	512713	787469
在总计中:农村工业	6813	790	155	
在总计中:轻工业	3670246	1510937	269223	193986
重工业	13412073	6048604	892519	2075846
在总计中:大型企业	6942173	3362704	423313	727241
中型企业	5899215	2831924	421237	1426667
小型企业	4217720	1362785	316444	115579
微型企业	23211	2128	747	346
采矿业（小计）	651396	174783	46000	36620
煤炭开采和洗选业	118588	50628	9649	2108
石油和天然气开采业	11669	2110	185	2327
黑色金属矿采选业	141990	37570	9273	14518
有色金属矿采选业	292104	68873	21616	16481
非金属矿采选业	87046	15602	5276	1186
制造业（小计）	14241316	6296452	1020167	2158106
农副食品加工业	988418	441255	86725	26348

12－6 续表11

单位：万元

指　　标	资产总计			
	固定资产原价	累计折旧	本年折旧	在建工程
食品制造业	439120	224737	42750	17297
饮料制造业	319403	124834	24276	30307
纺织业	54119	19390	4554	38
纺织服装、鞋、帽制造业	18383	5282	1032	
皮革、毛皮、羽毛(绒)及其制品业	31064	7478	1344	
木材加工及木、竹、藤、棕、草制品业	330037	128476	25606	15726
家具制造业	62748	23115	6095	
造纸及纸制品业	261264	58638	14835	22074
印刷业和记录媒介的复制	12792	2303	566	
文教体育用品制造业	41980	22934	3827	
石油加工、炼焦及核燃料加工业	87643	38832	6562	13196
化学原料及化学制品制造业	5117132	2650030	304228	307769
医药制造业	437440	178785	34314	35111
化学纤维制造业	675601	316819	32926	56079
橡胶制品业	32371	7013	1791	
塑料制品业	60715	18818	4672	5308
非金属矿物制品业	907038	288110	47059	25742
黑色金属冶炼及压延加工业	451985	182450	25734	1189781
有色金属冶炼及压延加工业	773931	107785	91748	310723
金属制品业	275500	127382	21321	6434
通用设备制造业	261170	105983	21549	730
专用设备制造业	455836	133961	31534	12129
交通运输设备制造业	664380	275380	50830	73971
电气机械及器材制造业	929999	622466	97597	1176
通信设备、计算机及其他电子设备制造业	438770	133315	27183	8142
仪器仪表及文化、办公用机械制造业	74211	42243	7284	
工艺品及其他制造业	23449	6443	1119	
废弃资源和废旧材料回收加工业	14816	2199	1109	27
电力、燃气及水的生产和供应业（小计）	2189607	1088306	95575	75107
电力、热力的生产和供应业	1812500	860614	63245	69744
燃气生产和供应业	275648	193875	29254	2787
水的生产和供应业	101460	33818	3076	2576

12－6 续表12

单位：万元

指标	负债合计	流动负债合计	应付帐款	非流动负债合计	所有者权益合计
总计	11346694	8215726	2129514	2549367	10010243
一、按登记注册类型分组:					
内资企业	9337851	6695221	1927663	2151774	9119970
国有企业	1506957	735514	337133	595537	666855
中央企业	1424653	667430	331472	587454	596802
地方企业	82304	68084	5660	8084	70053
集体企业	62670	60106	12210	212	61820
股份合作企业	12195	11405	1041	790	10186
有限责任公司	3916838	2992877	944870	880044	2351576
国有独资公司	798719	638173	131066	160545	345683
其他有限责任公司	3118119	2354704	813804	719498	2005893
股份有限公司	1459418	996759	209742	439118	2763289
私营企业	2376079	1896595	421525	234344	3258266
私营独资企业	281914	193730	40858	71154	440541
私营合伙企业	2639	1055	552	1000	14788
私营有限责任公司	1943334	1570228	364558	152684	2661148
私营股份有限公司	148193	131583	15557	9507	141789
其他企业	3694	1966	1142	1729	7979
港、澳、台商投资企业	223437	141233	21348	49203	176702
合资经营企业(港或澳、台资)	55868	41867	5451	1000	42342
港澳台商独资经营企业	166589	98886	15897	47703	122501
港澳台商投资股份有限公司	980	480		500	11858
外商投资企业	1785406	1379272	180503	348390	713571
中外合资经营企业	1698347	1343767	167908	347829	607598
中外合作经营企业	1299	1299	195		1719
外资企业	21733	13847	2796	561	35312
外商投资股份有限公司	64027	20360	9604		68941
二、按经济组织类型分组					
独资企业	2039862	1102082	408893	715166	1327029
国有企业	1506957	735514	337133	595537	666855
集体企业	62670	60106	12210	212	61820
私营独资企业	281914	193730	40858	71154	440541
港澳台商独资经营企业	166589	98886	15897	47703	122501

12－6 续表13

单位：万元

指　　标	负债合计	流动负债合计	应付帐款	非流动负债合计	所有者权益合计
外资企业	21733	13847	2796	561	35312
合作、合伙企业	19827	15724	2930	3519	34672
股份合作企业	12195	11405	1041	790	10186
私营合伙企业	2639	1055	552	1000	14788
中外合作经营企业	1299	1299	195		1719
其他企业（内资）	3694	1966	1142	1729	7979
股份有限公司	1672619	1149181	234903	449125	2985877
股份有限公司(内资)	1459418	996759	209742	439118	2763289
私营股份有限公司	148193	131583	15557	9507	141789
港澳台商投资股份有限公司	980	480		500	11858
外商投资股份有限公司	64027	20360	9604		68941
有限责任公司	7614386	5948738	1482787	1381557	5662665
国有独资公司	798719	638173	131066	160545	345683
私营有限责任公司	1943334	1570228	364558	152684	2661148
合资经营企业(港或澳、台资)	55868	41867	5451	1000	42342
中外合资经营企业	1698347	1343767	167908	347829	607598
其他有限责任公司	3118119	2354704	813804	719498	2005893
三、在总计中:亏损企业	2925451	1946712	604258	932690	2987682
在总计中:国有控股企业	5771895	3918854	1007508	1666484	4376257
在总计中:农村工业	4109	4109	1629		7132
在总计中:轻工业	2239309	1687701	285086	313043	2035215
重工业	9107384	6528024	1844428	2236323	7975028
在总计中:大型企业	4355216	3395234	850593	959982	3886936
中型企业	4815898	3194492	925450	1314284	2959177
小型企业	2162332	1617228	351289	274030	3136530
微型企业	13247	8772	2182	1070	27600
采矿业（小计）	516399	374304	96973	103853	529640
煤炭开采和洗选业	96739	92129	36119	2805	44585
石油和天然气开采业	22006	1978	585		50946
黑色金属矿采选业	177709	135531	39593	35371	138921
有色金属矿采选业	175384	123211	15524	49522	213606
非金属矿采选业	44562	21455	5153	16155	81582
制造业（小计）	9502647	7358095	1902215	1783762	9245828
农副食品加工业	493095	335900	67588	30361	653159

12－6 续表14

单位：万元

指　　标	负债合计	流动负债合　计	应付帐款	非流动负债合计	所有者权益合计
食品制造业	147093	134217	17585	3366	241016
饮料制造业	232430	179554	23161	27989	168503
纺织业	32880	17907	1597		21178
纺织服装、鞋、帽制造业	7977	7977	477		14411
皮革、毛皮、羽毛(绒)及其制品业	25013	8426	619		12332
木材加工及木、竹、藤、棕、草制品业	133668	104180	13121	25418	194524
家具制造业	22446	20160	7178	2286	57367
造纸及纸制品业	189212	107508	39402	72693	152720
印刷业和记录媒介的复制	5791	4326	1229	36	11298
文教体育用品制造业	3404	2052	208	20	11334
石油加工、炼焦及核燃料加工业	38715	30215	12313	8500	64416
化学原料及化学制品制造业	1482493	990933	283390	456720	3232922
医药制造业	322426	277415	39096	19228	305890
化学纤维制造业	563548	447791	69547	115757	197586
橡胶制品业	7528	3439	1300	4067	26813
塑料制品业	31645	20721	6507	2732	50496
非金属矿物制品业	659738	525259	119971	84103	770268
黑色金属冶炼及压延加工业	1790586	1398809	589547	391691	748295
有色金属冶炼及压延加工业	1533355	1178297	153995	349587	477570
金属制品业	141272	133992	84498	2534	241796
通用设备制造业	112411	99832	19835	10904	149199
专用设备制造业	303516	244851	50995	57084	311985
交通运输设备制造业	631987	537491	217882	90960	470692
电气机械及器材制造业	240750	232509	32911	4351	304090
通信设备、计算机及其他电子设备制造业	302768	282825	42315	19943	303046
仪器仪表及文化、办公用机械制造业	22980	20790	3268	732	32430
工艺品及其他制造业	9111	7711	1598	900	17299
废弃资源和废旧材料回收加工业	14810	3010	1081	1800	3193
电力、燃气及水的生产和供应业（小计）	1327648	483327	130326	661752	234776
电力、热力的生产和供应业	1201107	390681	120000	630113	152020
燃气生产和供应业	76928	76828	10171	100	52969
水的生产和供应业	49613	15818	156	31539	29786

12－6 续表15

单位：万元

指标	实收资本	国家资本	集体资本	法人资本	个人资本	港澳台资本	外商资本
总　　计	**5247006**	**1850953**	**51066**	**2120000**	**1164330**	**29943**	**30714**
一、按登记注册类型分组:							
内资企业	5043075	1836693	51066	2013500	1136544	3251	2020
国有企业	2204653	1713820	700	481232	8900		
中央企业	2176111	1698416	700	476995			
地方企业	28542	15404		4238	8900		
集体企业	25619		18860	2874	3885		
股份合作企业	2576			1500	1076		
有限责任公司	1295110	76700	25190	941186	250348	56	1630
国有独资公司	104830	12097		91511	1223		
其他有限责任公司	1190279	64603	25190	849676	249125	56	1630
股份有限公司	269545	45773	941	172447	50384		
私营企业	1237701	400	5375	414261	814079	3196	390
私营独资企业	210562		408	103297	106467		390
私营合伙企业	4078				4078		
私营有限责任公司	997838	400	4667	293997	695578	3196	
私营股份有限公司	25223		300	16967	7956		
其他企业	7871				7871		
港、澳、台商投资企业	69036			48284	360	20392	
合资经营企业(港或澳、台资)	5890			4707		1183	
港澳台商独资经营企业	62786			43577		19209	
港澳台商投资股份有限公司	360				360		
外商投资企业	134896	14260		58216	27426	6300	28694
中外合资经营企业	104808	14260		36028	23226	6300	24994
中外合作经营企业	1100			1100			
外资企业	26988			19088	4200		3700
外商投资股份有限公司	2000			2000			
二、按经济组织类型分组							
独资企业	2530607	1713820	19968	650068	123452	19209	4090
国有企业	2204653	1713820	700	481232	8900		
集体企业	25619		18860	2874	3885		
私营独资企业	210562		408	103297	106467		390
港澳台商独资经营企业	62786			43577		19209	

12－6 续表16

单位：万元

指　　标	实收资本	国家资本	集体资本	法人资本	个人资本	港澳台资　本	外商资本
外资企业	26988			19088	4200		3700
合作、合伙企业	15626			2600	13026		
股份合作企业	2576			1500	1076		
私营合伙企业	4078				4078		
中外合作经营企业	1100			1100			
其他企业（内资）	7871				7871		
股份有限公司	297128	45773	1241	191414	58700		
股份有限公司(内资)	269545	45773	941	172447	50384		
私营股份有限公司	25223		300	16967	7956		
港澳台商投资股份有限公司	360				360		
外商投资股份有限公司	2000			2000			
有限责任公司	2403646	91360	29857	1275918	969152	10734	26624
国有独资公司	104830	12097		91511	1223		
私营有限责任公司	997838	400	4667	293997	695578	3196	
合资经营企业(港或澳、台资)	5890			4707		1183	
中外合资经营企业	104808	14260		36028	23226	6300	24994
其他有限责任公司	1190279	64603	25190	849676	249125	56	1630
三、在总计中:亏损企业	**905194**	**18980**	**18620**	**844913**	**22292**		**390**
在总计中:国有控股企业	2900276	1812887	700	1033479	46811		6400
在总计中:农村工业	5834		824		5010		
在总计中:轻工业	909394	21008	2807	455164	397353	20468	12594
重工业	4337613	1829945	48259	1664836	766977	9475	18120
在总计中:大型企业	2264982	1495023		740851	22708		6400
中型企业	1606153	338527	31443	836253	364159	26692	9079
小型企业	1358576	17403	18523	537109	767055	3251	15235
微型企业	17296		1100	5787	10408		
采矿业（小计）	310006	30458	1100	92500	185948		
煤炭开采和洗选业	16538			9506	7032		
石油和天然气开采业	50392			11291	39101		
黑色金属矿采选业	73568	11819		26223	35527		
有色金属矿采选业	147252	18639	1100	33650	93863		
非金属矿采选业	22256			11831	10426		
制造业（小计）	4542925	1556745	49966	1925543	957809	22148	30714
农副食品加工业	231154	2627	2507	76383	149637		

12－6 续表17

单位：万元

指标	实收资本	国家资本	集体资本	法人资本	个人资本	港澳台资本	外商资本
食品制造业	106918			19687	82314	56	4862
饮料制造业	98107		300	38666	32199	19209	7732
纺织业	6690			4507	1000	1183	
纺织服装、鞋、帽制造业	7680			2180	5500		
皮革、毛皮、羽毛(绒)及其制品业	2200			1100	1100		
木材加工及木、竹、藤、棕、草制品业	123102	39875	56	56397	25094	1680	
家具制造业	16471			2600	13871		
造纸及纸制品业	164281			155311	8970		
印刷业和记录媒介的复制	1553			1100	453		
文教体育用品制造业	10542			600	9942		
石油加工、炼焦及核燃料加工业	38615		4265	22300	12050		
化学原料及化学制品制造业	1694338	1441246	29407	134897	77458		11330
医药制造业	117171	141		47964	69066		
化学纤维制造业	82007			82007			
橡胶制品业	10124			6201	3923		
塑料制品业	19007		941	4836	13230		
非金属矿物制品业	322890	15800	1327	189747	116016		
黑色金属冶炼及压延加工业	437591		2993	421242	13356		
有色金属冶炼及压延加工业	66625	21955		25794	12476		6400
金属制品业	138975	102		12405	126468		
通用设备制造业	52569	200	6935	15831	29603		
专用设备制造业	90597	28495	535	12605	48962		
交通运输设备制造业	556432	6304	700	483992	65046		390
电气机械及器材制造业	53755			17950	35784	21	
通信设备、计算机及其他电子设备制造业	76058			76008	50		
仪器仪表及文化、办公用机械制造业	11310			10300	1010		
工艺品及其他制造业	5480			2300	3180		
废弃资源和废旧材料回收加工业	685			635	50		
电力、燃气及水的生产和供应业（小计）	394076	263750		101957	20573	7795	
电力、热力的生产和供应业	356984	241810		98157	15522	1495	
燃气生产和供应业	13800	3700		3800		6300	
水的生产和供应业	23291	18240			5051		

12－6 续表18

单位：万元

指　　标	营业收入	主营业务收入	营业成本	主营业务成本	营业税金及附加	主营业务税金及附加
总　计	**28308534**	**27760094**	**24364762**	**23755320**	**853734**	**825558**
一、按登记注册类型分组:						
内资企业	26618464	26073201	23039883	22433198	833797	806953
国有企业	1811398	1659806	1737081	1539233	36973	35290
中央企业	1599708	1456561	1573488	1385147	36273	34596
地方企业	211690	203245	163593	154087	700	695
集体企业	253637	227308	230436	206042	828	828
股份合作企业	29527	29384	26254	26160	96	96
有限责任公司	6357745	6094419	5536582	5279111	43437	37445
国有独资公司	900982	866783	829081	802629	3860	3858
其他有限责任公司	5456763	5227636	4707502	4476482	39576	33587
股份有限公司	7589553	7516871	6914737	6817418	662112	660820
私营企业	10551679	10520487	8574170	8544609	89742	71863
私营独资企业	1777846	1767264	1487136	1476550	23558	13824
私营合伙企业	19687	19687	15043	15043	179	179
私营有限责任公司	8427379	8407933	6788292	6774899	64438	56306
私营股份有限公司	326768	325603	283699	278117	1566	1554
其他企业	24926	24926	20625	20625	610	610
港、澳、台商投资企业	475919	473833	373367	371701	10430	10117
合资经营企业(港或澳、台资)	140795	140795	118161	118161	1208	1208
港澳台商独资经营企业	297580	295493	220104	218438	8856	8856
港澳台商投资股份有限公司	37545	37545	35102	35102	365	52
外商投资企业	1214150	1213060	951512	950421	9506	8488
中外合资经营企业	921072	919982	701967	700876	6519	6519
中外合作经营企业	11141	11141	10585	10585	94	94
外资企业	153907	153907	128342	128342	1808	790
外商投资股份有限公司	128030	128030	110618	110618	1085	1085
二、按经济组织类型分组						
独资企业	4294367	4103779	3803099	3568605	72023	59589
国有企业	1811398	1659806	1737081	1539233	36973	35290
集体企业	253637	227308	230436	206042	828	828
私营独资企业	1777846	1767264	1487136	1476550	23558	13824
港澳台商独资经营企业	297580	295493	220104	218438	8856	8856

12－6 续表19

单位：万元

指　　标	营业收入	主营业务收入	营业成本	主营业务成本	营业税金及附加	主营业务税金及附加
外资企业	153907	153907	128342	128342	1808	790
合作、合伙企业	85280	85138	72507	72413	979	979
股份合作企业	29527	29384	26254	26160	96	96
私营合伙企业	19687	19687	15043	15043	179	179
中外合作经营企业	11141	11141	10585	10585	94	94
其他企业（内资）	24926	24926	20625	20625	610	610
股份有限公司	8081896	8008049	7344156	7241256	665129	663512
股份有限公司(内资)	7589553	7516871	6914737	6817418	662112	660820
私营股份有限公司	326768	325603	283699	278117	1566	1554
港澳台商投资股份有限公司	37545	37545	35102	35102	365	52
外商投资股份有限公司	128030	128030	110618	110618	1085	1085
有限责任公司	15846990	15563128	13145001	12873046	115602	101478
国有独资公司	900982	866783	829081	802629	3860	3858
私营有限责任公司	8427379	8407933	6788292	6774899	64438	56306
合资经营企业(港或澳、台资)	140795	140795	118161	118161	1208	1208
中外合资经营企业	921072	919982	701967	700876	6519	6519
其他有限责任公司	5456763	5227636	4707502	4476482	39576	33587
三、在总计中:亏损企业	**9222228**	**9009812**	**8638518**	**8374204**	**671447**	**668996**
在总计中:国有控股企业	11412223	11137122	10369442	10025084	706746	703135
在总计中:农村工业	16940	16940	13524	13524	99	99
在总计中:轻工业	6764521	6691897	5576878	5542831	72529	49286
重工业	21544012	21068196	18787885	18212489	781205	776272
在总计中:大型企业	10446253	10156651	9659416	9300456	699113	697087
中型企业	6059610	5829351	5020648	4788039	43063	40673
小型企业	11615969	11587390	9535714	9517839	110019	86266
微型企业	186703	186703	148985	148985	1539	1532
采矿业（小计）	1617898	1608852	1253543	1246550	17209	16615
煤炭开采和洗选业	273388	273388	234573	233459	2338	2328
石油和天然气开采业	75133	75133	57682	57682	1433	1433
黑色金属矿采选业	308349	300326	201739	196353	3479	2897
有色金属矿采选业	568013	567278	428026	427728	7500	7500
非金属矿采选业	393015	392728	331523	331329	2458	2457
制造业（小计）	25972105	25444411	22473809	21877569	832661	805957
农副食品加工业	2813938	2806485	2351736	2342128	30802	15038

12-6 续表20

单位：万元

指标	营业收入	主营业务收入	营业成本	主营业务成本	营业税金及附加	主营业务税金及附加
食品制造业	830274	829396	647091	645845	4842	4840
饮料制造业	828404	814726	635616	629080	18540	16639
纺织业	130850	130850	109677	109677	381	381
纺织服装、鞋、帽制造业	38378	38378	29628	29628	129	129
皮革、毛皮、羽毛(绒)及其制品业	31218	31218	25114	25114	80	80
木材加工及木、竹、藤、棕、草制品业	974895	965199	778795	773080	9545	9521
家具制造业	169342	169342	141368	141368	924	924
造纸及纸制品业	266542	260803	238531	232355	5917	974
印刷业和记录媒介的复制	23472	23472	18786	18786	239	239
文教体育用品制造业	23406	23406	18460	18460	228	228
石油加工、炼焦及核燃料加工业	172163	171258	138621	138621	572	572
化学原料及化学制品制造业	9332164	9185706	8430188	8268101	695605	693674
医药制造业	458297	453326	346579	340625	4748	4723
化学纤维制造业	680571	649216	619363	619363	2674	2674
橡胶制品业	38810	38010	33457	33457	330	330
塑料制品业	183049	182667	158831	158451	1116	1109
非金属矿物制品业	1907675	1899634	1535810	1528581	15934	14908
黑色金属冶炼及压延加工业	2184971	1972327	2085778	1866335	2348	2348
有色金属冶炼及压延加工业	629149	628059	489413	488190	4151	4151
金属制品业	478598	478350	337878	337721	3641	3641
通用设备制造业	506002	506002	428466	428466	5307	5301
专用设备制造业	654401	649603	544493	514450	3084	3069
交通运输设备制造业	1309486	1233050	1262310	1126228	12846	12398
电气机械及器材制造业	826060	824436	677308	673376	5185	4576
通信设备、计算机及其他电子设备制造业	268754	268754	213115	213115	2010	2010
仪器仪表及文化、办公用机械制造业	102468	102254	82432	82383	1018	1015
工艺品及其他制造业	51784	51499	43646	43265	164	164
废弃资源和废旧材料回收加工业	56985	56985	51321	51321	300	300
电力、燃气及水的生产和供应业（小计）	718531	706831	637411	631200	3865	2985
电力、热力的生产和供应业	523041	517853	480950	478072	2406	1532
燃气生产和供应业	159220	159220	128629	128629	1330	1330
水的生产和供应业	36270	29759	27831	24499	129	123

12－6 续表21

单位：万元

指　　标	其　他 业务收入	其　他 业务利润	营业费用	管理费用	税　金	差旅费	工会经费
总　计	548440	8097	707186	1329389	121272	83810	8487
一、按登记注册类型分组:							
内资企业	545263	7678	660838	1267097	109186	78176	8272
国有企业	151592	18657	62402	126197	12277	5104	528
中央企业	143147	18657	53310	114861	9958	4651	449
地方企业	8445		9092	11336	2319	453	79
集体企业	26329	1410	2052	8647	618	521	57
股份合作企业	142	59	345	1256	164	68	11
有限责任公司	263326	4857	163811	270601	32193	16510	1677
国有独资公司	34200	-309	23423	65121	3815	3019	276
其他有限责任公司	229127	5166	140388	205480	28378	13491	1401
股份有限公司	72682	-28138	48026	328172	23406	6663	1362
私营企业	31192	10833	383358	530562	40340	48915	4522
私营独资企业	10581	4168	57708	75343	10271	9510	1289
私营合伙企业			1394	2783	11	56	13
私营有限责任公司	19446	6334	313796	434285	27369	38039	3161
私营股份有限公司	1165	330	10460	18151	2689	1309	59
其他企业			844	1663	190	395	115
港、澳、台商投资企业	2087	420	16277	22796	6727	2251	146
合资经营企业(港或澳、台资)			4280	6166	9.7	817.5	8.2
港澳台商独资经营企业	2087	420	11874	12177	3717	1417	127
港澳台商投资股份有限公司			124	4452	3000	16	11
外商投资企业	1090	-1	30071	39496	5358	3384	69
中外合资经营企业	1090	-1	22218	29082	5222	1829	69
中外合作经营企业			155	238			
外资企业			3596	3742	137	275	
外商投资股份有限公司			4102	6436		1280	
二、按经济组织类型分组							
独资企业	190589	24656	137632	226106	27020	16827	2001
国有企业	151592	18657	62402	126197	12276.70	5103.90	527.90
集体企业	26329	1410	2052	8647	618	521	57
私营独资企业	10581	4168	57708	75343	10271	9510	1289
港澳台商独资经营企业	2087	420	11874	12177	3717	1417	127

12－6 续表22

单位：万元

指　　标	其他业务收入	其他业务利润	营业费用	管理费用	税金	差旅费	工会经费
外资企业			3596	3742	137	275	
合作、合伙企业	142	59	2737	5939	365	519	140
股份合作企业	142	59	345	1256	164	68	11
私营合伙企业			1394	2783	11	56	13
中外合作经营企业			155	238			
其他企业（内资）			844	1663	190	395	115
股份有限公司	73847	-27808	62712	357210	29094	9268	1432
股份有限公司(内资)	72682	-28138	48026	328172	23406	6663	1362
私营股份有限公司	1165	330	10460	18151	2689	1309	59
港澳台商投资股份有限公司			124	4452	3000	16	11
外商投资股份有限公司			4102	6436		1280	
有限责任公司	283862	11190	504104	740134	64793	57196	4914
国有独资公司	34200	-309	23423	65121	3815	3019	276
私营有限责任公司	19446	6334	313796	434285	27369	38039	3161
合资经营企业(港或澳、台资)			4280	6166	10	818	8
中外合资经营企业	1090	-1	22218	29082	5222	1829	69
其他有限责任公司	229127	5166	140388	205480	28378	13491	1401
三、在总计中:亏损企业	**212416**	**-22223**	**108605**	**391953**	**27496**	**9348**	**1577**
在总计中:国有控股企业	275102	-6189	158523	563550	41362	12842	2292
在总计中:农村工业			687	1003	22	107	3
在总计中:轻工业	72624	7742	250903	333712	35222	28051	2552
重工业	475816	356	456282	995677	86050	55759	5935
在总计中:大型企业	289602	-14252	116426	490797	34817	9769	2022
中型企业	230259	15843	161174	291792	18363	22248	1525
小型企业	28579	6506	424256	542011	68074	50844	4921
微型企业			5330	4789	18	949	20
采矿业（小计）	9046	7006	63309	106169	10089	7623	1031
煤炭开采和洗选业			6328	18696	254	597	404
石油和天然气开采业			2260	3642	24	1	1
黑色金属矿采选业	8023	6568	15659	27106	3859	1074	58
有色金属矿采选业	736	438	21018	30782	2394	3304	403
非金属矿采选业	287		18044	25944	3559	2648	165
制造业（小计）	527694	-5295	624845	1198049	109211	73701	7118
农副食品加工业	7453	-2400	101137	107866	8664	13502	1130

12－6 续表23

单位：万元

指标	其他业务收入	其他业务利润	营业费用	管理费用			
					税金	差旅费	工会经费
食品制造业	878	43	46696	59378	1940	2775	121
饮料制造业	13678	7057	27616	36335	10065	3785	570
纺织业			2446	4070	1598	140	14
纺织服装、鞋、帽制造业			1349	1657	603	46	
皮革、毛皮、羽毛(绒)及其制品业			633	1192		110	
木材加工及木、竹、藤、棕、草制品业	9696		35034	55309	4239	2175	317
家具制造业			4626	6051	109	530	74
造纸及纸制品业	5739	-468	11674	16431	1612	717	21
印刷业和记录媒介的复制			997	1275			
文教体育用品制造业			1548	2884		620	
石油加工、炼焦及核燃料加工业	905	905	5421	8069	172	169	82
化学原料及化学制品制造业	146458	-17910	90368	418334	40095	8255	1531
医药制造业	4971	330	22472	36022	510	2702	84
化学纤维制造业	31354		15399	31082	3548	1265	98
橡胶制品业	800		687	4224		591	
塑料制品业	381	-135	9963	5583	289	1103	32
非金属矿物制品业	8041	-62	63145	104643	11764	11677	806
黑色金属冶炼及压延加工业	212644	1082	24634	33024	3266	1172	369
有色金属冶炼及压延加工业	1090	-1	5826	19878	2724	509	104
金属制品业	248		18713	32923	379	3053	337
通用设备制造业			9814	18425	2783	1728	53
专用设备制造业	4798	1765	24272	53676	1299	4030	312
交通运输设备制造业	76436	4499	63166	59926	7541	4819	681
电气机械及器材制造业	1623		21247	39550	5507	5824	156
通信设备、计算机及其他电子设备制造业			7792	26674	31	1704	200
仪器仪表及文化、办公用机械制造业	214		3921	7518	79	363	16
工艺品及其他制造业	286		2373	3659	376	195	5
废弃资源和废旧材料回收加工业			1878	2393	20	144	8
电力、燃气及水的生产和供应业（小计）	11700	6386	19032	25171	1972	2485	338
电力、热力的生产和供应业	5189	3206	10806	15414	1234	1495	205
燃气生产和供应业			4043	4520	89	845	5
水的生产和供应业	6511	3180	4183	5236	648	146	128

12-6 续表24

单位：万元

指　　标	财务费用	利息收入	利息支出	营业利润	资　产减值损失	公允价值变动收益
总　　计	342731	24150	291580	770004	94718	-780
一、按登记注册类型分组:						
内资企业	263210	9644	219816	601058	95006	-180
国有企业	20018	2748	20316	-67226	23676	-7
中央企业	17260	2738	18767	-83822	23639	-7
地方企业	2758	10	1550	16597	37	
集体企业	1360	40	1468	5523	4964	
股份合作企业	197		197	1750		
有限责任公司	94360	3728	80368	275696	12609	-173
国有独资公司	33209	405	27930	-28371	9844	-173
其他有限责任公司	61152	3323	52438	304067	2766	
股份有限公司	34691	957	34404	-431276	53751	
私营企业	112097	2171	82576	815893	5	
私营独资企业	17319	361	10648	119079	5	
私营合伙企业	636		89.90	2034		
私营有限责任公司	91252	1762	69424	675166		
私营股份有限公司	2889	48	2414	19615		
其他企业	487		487	698		
港、澳、台商投资企业	5028	3919	9523	25061	296	
合资经营企业(港或澳、台资)	613		551	7072		
港澳台商独资经营企业	4415	3919	8971	17989	296	
港澳台商投资股份有限公司	1		1			
外商投资企业	74493	10588	62240	143885	-585	-600
中外合资经营企业	74229	10575	62018	128461	-585	-600
中外合作经营企业	1			70		
外资企业	254	14	223	9575		
外商投资股份有限公司	9.40			5779		
二、按经济组织类型分组						
独资企业	43365	7082	41627	84940	28942	-7
国有企业	20018	2748	20316	-67226	23676	-7
集体企业	1360	40	1468	5523	4964	
私营独资企业	17319	361	10648	119079	5	
港澳台商独资经营企业	4415	3919	8971	17989	296	

12－6 续表25

单位：万元

指 标	财务费用	利息收入	利息支出	营业利润	资 产 减值损失	公允价值 变动收益
外资企业	254	14	223	9575		
合作、合伙企业	1321		774	4551		
股份合作企业	197		197	1750		
私营合伙企业	636		90	2034		
中外合作经营企业	1			70		
其他企业（内资）	487		487	698		
股份有限公司	37590	1005	36819	-405882	53751	
股份有限公司(内资)	34691	957	34404	-431276	53751	
私营股份有限公司	2889	48	2414	19615		
港澳台商投资股份有限公司	1		1			
外商投资股份有限公司	9			5779		
有限责任公司	260454	16064	212361	1086396	12025	-773
国有独资公司	33209	405	27930	-28371	9844	-173
私营有限责任公司	91252	1762	69424	675166		
合资经营企业(港或澳、台资)	613		551	7072		
中外合资经营企业	74229	10575	62018	128461	-585	-600
其他有限责任公司	61152	3323	52438	304067	2766	
三、在总计中:亏损企业	**89271**	**1423**	**78369**	**-706545**	**69715**	**-173**
在总计中:国有控股企业	177999	14427	162418	-428909	87747	-180
在总计中:农村工业	127	65	44	1		
在总计中:轻工业	98337	1282	74256	434774	10098	-773
重工业	244394	22869	217324	335231	84619	-7
在总计中:大型企业	147213	14518	131561	-522240	85839	-173
中型企业	79979	5516	77552	489635	8680	-607
小型企业	114993	4115	82256	798600	199	
微型企业	546	2	210	4010		
采矿业（小计）	19217	363	14969	137968	547	
煤炭开采和洗选业	1810		1803	13294		
石油和天然气开采业	731	11	194	4053		
黑色金属矿采选业	6627	116	6200	49201		
有色金属矿采选业	5324	235	5352	65596	510	
非金属矿采选业	4725	1	1419	5824	38	
制造业（小计）	292681	23765	247888	620528	92876	-780
农副食品加工业	29699	348	20789	213724		

12－6 续表26

单位：万元

指标	财务费用	利息收入	利息支出	营业利润	资产减值损失	公允价值变动收益
食品制造业	11310	677	7847	78016	362	-600
饮料制造业	6836	270	5180	62553	296	
纺织业	222	1	213	7626		
纺织服装、鞋、帽制造业	2153	44	5	1189		
皮革、毛皮、羽毛(绒)及其制品业	208		199	3574		
木材加工及木、竹、藤、棕、草制品业	17097	545	15238	83882		
家具制造业	909	0	894	26002		
造纸及纸制品业	3171	19	3052	8086	226	
印刷业和记录媒介的复制	334		328	651		
文教体育用品制造业	521			2112		
石油加工、炼焦及核燃料加工业	1331	-22	1198	17968	451	
化学原料及化学制品制造业	22628	6929	27141	-395710	79614	
医药制造业	6371	5	5545	43833	95	
化学纤维制造业	31553	-426	25465	-27856	8795	-173
橡胶制品业	94		92	2650		
塑料制品业	479	58	404	14273		
非金属矿物制品业	30763	1076	23680	141806	676	
黑色金属冶炼及压延加工业	25271	1256	23266	49204	1396	
有色金属冶炼及压延加工业	69342	10140	59083	105013	-944	
金属制品业	4175	71	3517	62632		
通用设备制造业	2237	142	2136	30028		
专用设备制造业	4340	906	3924	49118	903	-7
交通运输设备制造业	5257	1232	4319	-58468	805	
电气机械及器材制造业	7625	58	7335	77553		
通信设备、计算机及其他电子设备制造业	6790		5952	12262	200	
仪器仪表及文化、办公用机械制造业	687	213	307	6076		
工艺品及其他制造业	373	205	536	2256		
废弃资源和废旧材料回收加工业	907	20	245	476		
电力、燃气及水的生产和供应业（小计）	30833	22	28723	11508	1295	
电力、热力的生产和供应业	27807	-5	26043	-6060	1298	
燃气生产和供应业	956	14	952	19335	-3	
水的生产和供应业	2071	13	1728	-1766	-0.3	

12－6 续表27

单位：万元

指标	投资收益	补贴收入	营业外收入	营业外支出	利润总额	应交所得税	亏损企业亏损总额
总计	42541.6	43268.4	213462.1	319396.7	688774.1	146654.7	758366.8
一、按登记注册类型分组:							
内资企业	37258.6	43268.4	208575.5	243216.7	575940.9	126348.6	757438.7
国有企业	71964.9	19458.1	126642	19254.2	36749.2	20079.8	99092.9
中央企业	71964.9	19423.1	125617.5	14709.6	23672.5	18673.3	98102.3
地方企业		35	1024.5	4544.6	13076.7	1406.5	990.6
集体企业	0.1		10.4	442.9	5090.8	984.6	1022.6
股份合作企业			6.3	178.1	1577.9	150	
有限责任公司	5594.4	19012.3	49200.7	50879.6	278745.1	41794.1	54698.3
国有独资公司	1518.6	2044.4	6526.5	1175.1	-24089.7	-4286.1	26876.2
其他有限责任公司	4075.8	16967.9	42674.2	49704.5	302834.8	46080.2	27822.1
股份有限公司	-6271.8	1706	26651	105233.6	-509952	6787.2	576259.1
私营企业	-34029	3092	6065.1	67228.3	763032.1	56322.9	26365.8
私营独资企业		1	224.5	11945.6	107157.4	13033.2	7099.2
私营合伙企业			0.3	199.3	1834.7		243.7
私营有限责任公司	-31029	3091	4791.3	53320.1	635139.5	39680.2	16390.1
私营股份有限公司	-3000		1049	1763.3	18900.5	3609.5	2632.8
其他企业					697.7	230	
港、澳、台商投资企业			38.5	2603.6	34596.3	8592.3	
合资经营企业(港或澳、台资)				350	6722.2	278.9	
港澳台商独资经营企业			38.5	2253.6	25774.1	8313.4	
港澳台商投资股份有限公司					2100		
外商投资企业	5283		4848.1	73576.4	78236.9	11713.8	928.1
中外合资经营企业	13383		4848.1	73555.2	62834.3	11072.1	758
中外合作经营企业					69.5		
外资企业	-8100			21.2	9553.7	641.7	170.1
外商投资股份有限公司					5779.4		
二、按经济组织类型分组							
独资企业	63865	19459.1	126915.4	33917.5	184325.2	43052.7	107384.8
国有企业	71964.9	19458.1	126642	19254.2	36749.2	20079.8	99092.9
集体企业	0.1		10.4	442.9	5090.8	984.6	1022.6
私营独资企业		1	224.5	11945.6	107157.4	13033.2	7099.2
港澳台商独资经营企业			38.5	2253.6	25774.1	8313.4	

12－6 续表28

单位：万元

指　　标	投资收益	补贴收入	营业外收　入	营业外支　出	利润总额	应　交所得税	亏损企业亏损总额
外资企业	-8100			21	9554	642	170
合作、合伙企业			7	377	4180	380	244
股份合作企业			6	178	1578	150	
私营合伙企业			0.3	199	1835		244
中外合作经营企业					70		
其他企业（内资）					698	230	
股份有限公司	-9272	1706	27700	106997	-483172	10397	578892
股份有限公司(内资)	-6272	1706	26651	105234	-509952	6787	576259
私营股份有限公司	-3000		1049	1763	18901	3610	2633
港澳台商投资股份有限公司					2100		
外商投资股份有限公司					5779		
有限责任公司	-12052	22103	58840	178105	983441	92825	71846
国有独资公司	1519	2044	6527	1175	-24090	-4286	26876
私营有限责任公司	-31029	3091	4791	53320	635140	39680	16390
合资经营企业(港或澳、台资)				350	6722	279	
中外合资经营企业	13383		4848	73555	62834	11072	758
其他有限责任公司	4076	16968	42674	49705	302835	46080	27822
三、在总计中:亏损企业	**-425**	**16653**	**46266**	**97445**	**-758367**	**-4294**	**758367**
在总计中:国有控股企业	88740	27533	180998	193612	-452373	44324	725926
在总计中:农村工业					1		
在总计中:轻工业	-20069	2031	14104	55286	421459	28044	46974
重工业	62610	41237	199358	264111	267315	118611	711393
在总计中:大型企业	88988	19888	158142	177577	-545552	27837	692077
中型企业	-21165	17712	48249	76795	453418	58525	37493
小型企业	-25282	5617	7003	65001	776855	60293	28542
微型企业		52	68	24	4054		255
采矿业（小计）	3098	3392	8277	5133	137755	21065	6007
煤炭开采和洗选业	1161			329	12965	1787	
石油和天然气开采业					4053	372	
黑色金属矿采选业			197	1062	48336	5619	
有色金属矿采选业	1937	3392	7580	1391	68428	13117	
非金属矿采选业			500	2351	3973	170	6007
制造业（小计）	39093	38347	197805	310534	535955	124413	730495
农副食品加工业	438	969	1430	31941	193495	12669	7734

12－6 续表29

单位：万元

指标	投资收益	补贴收入	营业外收入	营业外支出	利润总额	应交所得税	亏损企业亏损总额
食品制造业	-12439	15	1119	10456	68679	3679	748
饮料制造业		350	52	2747	77992	6177	
纺织业	-300			468	7158	1864	10
纺织服装、鞋、帽制造业	-2000			11	1178	122	59
皮革、毛皮、羽毛(绒)及其制品业			11		3585	756	134
木材加工及木、竹、藤、棕、草制品业	-13456		854	9081	75655	10552	151
家具制造业				704	25298	989	
造纸及纸制品业			2399	5047	5438	634	10398
印刷业和记录媒介的复制	319				651	26	
文教体育用品制造业				173	1939		
石油加工、炼焦及核燃料加工业	708		10	4498	13480	439	33
化学原料及化学制品制造业	69539	1522	116933	111394	-375113	28467	576505
医药制造业		147	2257	2380	43710	4904	89
化学纤维制造业	-87		3237	913	-25533	-5223	25635
橡胶制品业				800	1850		
塑料制品业	-11000		7	464	13816	1096	51
非金属矿物制品业	159	5637	20757	18035	140102	23052	7596
黑色金属冶炼及压延加工业	10000	300	4636	30454	22750	9307	13087
有色金属冶炼及压延加工业	15433	11021	15001	70885	38108	10080	
金属制品业		15	84	296	62421	3191	1477
通用设备制造业			20	1509	28538	1481	2396
专用设备制造业	-5394	680	1328	2665	47204	4114	401
交通运输设备制造业	-5662	17596	22063	4915	-39979	2733	81820
电气机械及器材制造业	-7665		113	304	77362	522	1530
通信设备、计算机及其他电子设备制造业	500		5400	300	17362	1789	
仪器仪表及文化、办公用机械制造业		95	95	93	6078	714	642
工艺品及其他制造业					2256	275	
废弃资源和废旧材料回收加工业					476	7	
电力、燃气及水的生产和供应业（小计）	350	1530	7380	3730	15065	1177	21865
电力、热力的生产和供应业	350	1530	4241	2874	-4787	1167	21514
燃气生产和供应业			880	520	19694		
水的生产和供应业			2259	336	158	10	351

12-6 续表30

单位：万元

指　　标	利税总额	本年应付职工薪酬	本年应交增值税	本年进项税额	本年销项税额	土地和固定资产支出
总　计	**2454462**	**1394150**	**911954**	**2471059**	**3076569**	**696465**
一、按登记注册类型分组:						
内资企业	2217761	1323211	808023	2413485	2919502	654642
国有企业	120528	206264	46806	117894	210223	336450
中央企业	100072	183338	40127	107761	195012	330087
地方企业	20456	22926	6679	10133	15211	6363
集体企业	10896	11658	4977	23650	27229	2213
股份合作企业	2408	1438	734	926	1496	42
有限责任公司	538447	294021	216265	636336	767423	129447
国有独资公司	-4100	77508	16129	103236	117535	31356
其他有限责任公司	542547	216512	200136	533100	649888	98092
股份有限公司	305379	371294	153219	1098003	1244254	85936
私营企业	1237525	437993	384751	535139	666890	100554
私营独资企业	198956	48601	68241	54411	95494	5238
私营合伙企业	2804	632	790	92	130	2361
私营有限责任公司	1001927	366987	302349	466739	549695	87159
私营股份有限公司	33838	21773	13371	13897	21571	5796
其他企业	2578	543	1271	1538	1988	
港、澳、台商投资企业	67344	19258	22317	36248	55691	2673
合资经营企业(港或澳、台资)	12408	8411	4478	7981	10621	2517
港澳台商独资经营企业	51300	10311	16670	27715	44347	156
港澳台商投资股份有限公司	3636	536	1170	552	723	
外商投资企业	169357	51681	81614	21326	101376	39150
中外合资经营企业	142276	33418	72923	16554	85628	35331
中外合作经营企业	945	1565	781	1787	1607	
外资企业	13226	9407	1865	2985	4342	
外商投资股份有限公司	12910	7290	6045		9800	3819
二、按经济组织类型分组						
独资企业	394906	286242	138557	226654	381635	344058
国有企业	120528	206264	46806	117894	210223	336450
集体企业	10896	11658	4977	23650	27229	2213
私营独资企业	198956	48601	68241	54411	95494	5238
港澳台商独资经营企业	51300	10311	16670	27715	44347	156

12－6 续表31

单位：万元

指　　标	利税总额	本年应付职工薪酬	本年应交增值税	本　年进项税额	本　年销项税额	土地和固定资产支出
外资企业	13226	9407	1865	2985	4342	
合作、合伙企业	8735	4178	3576	4343	5220	2403
股份合作企业	2408	1438	734	926	1496	42
私营合伙企业	2804	632	790	92	130	2361
中外合作经营企业	945	1565	781	1787	1607	
其他企业（内资）	2578	543	1271	1538	1988	
股份有限公司	355763	400893	173806	1112453	1276348	95550
股份有限公司(内资)	305379	371294	153219	1098003	1244254	85936
私营股份有限公司	33838	21773	13371	13897	21571	5796
港澳台商投资股份有限公司	3636	536	1170	552	723	
外商投资股份有限公司	12910	7290	6045		9800	3819
有限责任公司	1695058	702837	596015	1127610	1413366	254455
国有独资公司	-4100	77508	16129	103236	117535	31356
私营有限责任公司	1001927	366987	302349	466739	549695	87159
合资经营企业(港或澳、台资)	12408	8411	4478	7981	10621	2517
中外合资经营企业	142276	33418	72923	16554	85628	35331
其他有限责任公司	542547	216512	200136	533100	649888	98092
三、在总计中:亏损企业	66404	485700	153323	1274057	1491631	356839
在总计中:国有控股企业	555822	700464	301449	1422851	1764152	518918
在总计中:农村工业	199	1667	98	1194	917	
在总计中:轻工业	729480	290780	235492	340210	483963	165018
重工业	1724982	1103369	676462	2130849	2592606	531447
在总计中:大型企业	386205	606934	232645	1402274	1688954	126770
中型企业	774610	422340	278129	601201	704253	480344
小型企业	1287440	363671	400566	466730	682274	89351
微型企业	6207	1204	615	854	1087	
采矿业（小计）	245905	87682	90942	64773	125907	7808
煤炭开采和洗选业	27941	34588	12638	26223	32481	
石油和天然气开采业	7619	3056	2133	1805	2295	
黑色金属矿采选业	83137	11053	31323	13214	38936	3447
有色金属矿采选业	109960	30311	34031	10573	35633	4146
非金属矿采选业	17248	8675	10817	12959	16562	215
制造业（小计）	2161838	1246965	703223	2360193	2905097	310053
农副食品加工业	305997	92395	81701	94771	142897	13035

12－6 续表32

单位：万元

指　　标	利税总额	本年应付职工薪酬	本年应交增值税	本年进项税额	本年销项税额	土地和固定资产支出
食品制造业	102220	30445	28699	24309	41696	14264
饮料制造业	148468	24421	51935	20267	67189	3132
纺织业	10857	12736	3318	2993	6209	1068
纺织服装、鞋、帽制造业	2209	5200	902	1682	1807	
皮革、毛皮、羽毛(绒)及其制品业	4332	2926	667	4689	4892	20
木材加工及木、竹、藤、棕、草制品业	112801	45150	27601	34987	48804	
家具制造业	33989	9795	7767	4123	7263	3931
造纸及纸制品业	17195	10627	5840	32871	33368	5083
印刷业和记录媒介的复制	2072	3274	1183	425	547	
文教体育用品制造业	3475	2150	1308	975	877	
石油加工、炼焦及核燃料加工业	19774	10394	5721	25525	28716	365
化学原料及化学制品制造业	534664	458216	214172	1220751	1400111	35361
医药制造业	77293	39402	28835	41501	48016	17962
化学纤维制造业	-12532	25097	10326	90982	102276	28726
橡胶制品业	3213	1141	1032	708	1276	
塑料制品业	22932	6996	8001	7035	11970	3772
非金属矿物制品业	244605	74259	88569	111239	169942	66421
黑色金属冶炼及压延加工业	63618	76811	38521	365463	364606	4860
有色金属冶炼及压延加工业	97615	18108	55355	1866	57265	29242
金属制品业	83207	17740	17145	20392	24405	5057
通用设备制造业	53157	30286	19311	32765	35211	7465
专用设备制造业	68109	54552	17822	27757	35989	10067
交通运输设备制造业	1407	110151	28539	63189	134286	18937
电气机械及器材制造业	110285	39966	27738	89865	88860	10152
通信设备、计算机及其他电子设备制造业	32348	34268	12975	35294	31755	32057
仪器仪表及文化、办公用机械制造业	12832	7937	5736	10023	10009	5032
工艺品及其他制造业	3702	1699	1283	1848	1936	
废弃资源和废旧材料回收加工业	1996	823	1221	897	2918	45
电力、燃气及水的生产和供应业（小计）	46719	59502	27789	37093	45565	372605
电力、热力的生产和供应业	14602	46617	16984	35505	42900	297982
燃气生产和供应业	30455	4807	9430	1588	1773	2995
水的生产和供应业	1661	8077	1375		892	71628

12-6 续表33

单位：万元

指 标	土地购置	房屋和建筑物	机器设备	运输工具	其他费用	全部从业人员年平均人数（人）
总 计	**28438.4**	**203583.3**	**447639.2**	**9889.2**	**6914.9**	**282874**
一、按登记注册类型分组:						
内资企业	28258	202579.7	409273	8966.4	5565.2	263297
国有企业		95312.6	236029.3	1261.9	3846.6	27386
中央企业		93901.8	231465.3	1116.3	3604	20520
地方企业		1410.8	4564	145.6	242.6	6866
集体企业			2102.3	111		3399
股份合作企业			15	27		571
有限责任公司	6827.5	41021	76901	4016.1	681.7	71953
国有独资公司	3785.7	4744.5	22035.5	208.2	581.9	23611
其他有限责任公司	3041.8	36276.5	54865.5	3807.9	99.8	48342
股份有限公司	11760.2	46484.3	27020.8	584.4	85.8	43345
私营企业	9670.3	19761.8	67204.6	2966	951.1	116475
私营独资企业		881.1	3825.6	403	128.5	16140
私营合伙企业	160.6	776.3	1292.7	117.4	14.1	376
私营有限责任公司	9509.7	18104.4	56529.4	2207	808.5	94868
私营股份有限公司			5556.9	238.6		5091
其他企业						168
港、澳、台商投资企业		0.3	2593.8	78.9		4022
合资经营企业(港或澳、台资)			2517.4			1517
港澳台商独资经营企业		0.3	76.4	78.9		2324
港澳台商投资股份有限公司						181
外商投资企业	180.4	1003.3	35772.4	843.9	1349.7	15555
中外合资经营企业	180.4	1003.3	32409.9	387.7	1349.7	12171
中外合作经营企业						313
外资企业						1856
外商投资股份有限公司			3362.5	456.2		1215
二、按经济组织类型分组						
独资企业		96194	242033.6	1854.8	3975.1	51105
国有企业		95312.6	236029.3	1261.9	3846.6	27386
集体企业			2102.3	111		3399
私营独资企业		881.1	3825.6	403	128.5	16140
港澳台商独资经营企业		0.3	76.4	78.9		2324

12-6 续表34

单位：万元

指　　标	土地购置	房屋和建筑物	机器设备	运输工具	其他费用	全部从业人员年平均人数（人）
外资企业						1856
合作、合伙企业	160.6	776.3	1307.7	144.4	14.1	1428
股份合作企业			15	27		571
私营合伙企业	160.6	776.3	1292.7	117.4	14.1	376
中外合作经营企业						313
其他企业（内资）						168
股份有限公司	11760.2	46484.3	35940.2	1279.2	85.8	49832
股份有限公司(内资)	11760.2	46484.3	27020.8	584.4	85.8	43345
私营股份有限公司			5556.9	238.6		5091
港澳台商投资股份有限公司						181
外商投资股份有限公司			3362.5	456.2		1215
有限责任公司	16517.6	60128.7	168357.7	6610.8	2839.9	180509
国有独资公司	3785.7	4744.5	22035.5	208.2	581.9	23611
私营有限责任公司	9509.7	18104.4	56529.4	2207	808.5	94868
合资经营企业(港或澳、台资)			2517.4			1517
中外合资经营企业	180.4	1003.3	32409.9	387.7	1349.7	12171
其他有限责任公司	3041.8	36276.5	54865.5	3807.9	99.8	48342
三、在总计中:亏损企业	16825.6	108758.8	228724.3	1489.7	1040.1	64941
在总计中:国有控股企业	15551	172862.2	321807.3	4181.2	4515.8	107528
在总计中:农村工业						568
在总计中:轻工业	17494.6	68585.1	73769.7	4061.5	1107.3	78378
重工业	10943.8	134998.2	373869.5	5827.7	5807.6	204496
在总计中:大型企业	3786	23634	94962	136	4253	86353
中型企业	13110	151282	308209	6193	1551	87105
小型企业	11543	28667	44468	3561	1112	108906
微型企业						510
采矿业（小计）	300	3455.4	3485.8	360.8	205.6	24051
煤炭开采和洗选业						9058
石油和天然气开采业						886
黑色金属矿采选业		854.4	2139.1	334.4	119.5	2730
有色金属矿采选业	300	2469.2	1288.6	7.7	80	8045
非金属矿采选业		131.8	58.1	18.7	6.1	3332
制造业（小计）	7993.9	77255.4	217846.3	7597.4	5359.6	247566
农副食品加工业	823.9	1672.1	9059.6	985.8	493.9	24471

12－6 续表35

单位：万元

指标						全部从业人员年平均人数（人）
	土地购置	房屋和建筑物	机器设备	运输工具	其他费用	
食品制造业	70	4773.7	9126.9	292.9		7811
饮料制造业		1359.7	1262.1	510.5		6438
纺织业	1054.8	13.2				2818
纺织服装、鞋、帽制造业						1116
皮革、毛皮、羽毛(绒)及其制品业					19.5	651
木材加工及木、竹、藤、棕、草制品业						15447
家具制造业		1086.4	2312	414.6	118.1	2281
造纸及纸制品业		429	4418.9	234.8		2680
印刷业和记录媒介的复制						781
文教体育用品制造业						384
石油加工、炼焦及核燃料加工业	5.1	123.6	103.3	122.4	10.8	2263
化学原料及化学制品制造业		14303.4	17897.9	-115.3	3274.9	47637
医药制造业		6178.3	11687.9	95.3		8740
化学纤维制造业	3785.7	4104.2	20237.1	159.7	438.8	11013
橡胶制品业						434
塑料制品业		3210	476.9	70	15.2	2541
非金属矿物制品业	860.4	29402	33246.6	2734.1	178.3	24613
黑色金属冶炼及压延加工业		3686	1101.3	72.4		13072
有色金属冶炼及压延加工业	1169.1	117.5	27194.6	760.6		9731
金属制品业			5057			4246
通用设备制造业	64.3	223.9	6952.1	215.5	9	7246
专用设备制造业		2223.9	7365.9	67.6	409.8	11999
交通运输设备制造业	160.6	4182.2	13787.4	425.9	380.9	21715
电气机械及器材制造业		166.3	9629.7	347	9.3	8312
通信设备、计算机及其他电子设备制造业			31853.8	203.6		6655
仪器仪表及文化、办公用机械制造业			5031.5			1641
工艺品及其他制造业						538
废弃资源和废旧材料回收加工业			43.8		1.1	292
电力、燃气及水的生产和供应业（小计）	20144.5	122872.5	226307.1	1931	1349.7	11257
电力、热力的生产和供应业	8203.9	77946.9	211125.9	704.9		8291
燃气生产和供应业	180.4	885.8	578.9		1349.7	899
水的生产和供应业	11760.2	44039.8	14602.3	1226.1		2067

12－7 规模以上国有及国有控股工业企业主要经济指标（2011）

单位：万元

指标	企业单位数（个）	#亏损企业	工业总产值（当年价）	工业销售产值（当年价）	#出口交货值
总计	**63**	**17**	**11096634**	**10898693**	**147071**
在总计中:					
亏损企业	17	17	8544608	8412236	55187
在总计中:					
轻工业	10	5	959523	895631	12505
重工业	53	12	10137110	10003062	134566
在总计中:					
大型企业	11	4	9450625	9312869	135505
中型企业	25	7	1343623	1285272	11375
小型企业	27	6	302386	300553	191
采矿业（小计）	6		200930	204474	
煤炭开采和洗选业	1		67697	70450	
黑色金属矿采选业	1		64365	65470	
有色金属矿采选业	3		62609	62357	
非金属矿采选业	1		6260	6196	
制造业（小计）	43	10	10396430	10195407	147071
农副食品加工业	3	1	46465	46423	
木材加工及木、竹、藤、棕、草制品业	2		62133	58427	
造纸及纸制品业	1	1	130118	94317	6639
石油加工、炼焦及核燃料加工业	1		13526	13526	
化学原料及化学制品制造业	5	1	7126629	7136502	18539
医药制造业	2		18748	11777	
化学纤维制造业	1	1	714343	693274	1130
非金属矿物制品业	8		536811	533822	46614
黑色金属冶炼及压延加工业	3	2	580829	526688	18634
有色金属冶炼及压延加工业	1		446554	383103	20977
通用设备制造业	2		4514	4386	
专用设备制造业	4	1	171043	163389	22539
交通运输设备制造业	10	3	544718	529773	11999
电力、燃气及水的生产和供应业（小计）	14	7	499273	498813	
电力、热力的生产和供应业	11	6	342606	342436	
燃气生产和供应业	1		132390	132100	
水的生产和供应业	2	1	24277	24277	

12-7 续表1

单位：万元

指　　标	年初存货	产成品	在产品	资产总计	流动资产合计
总　　计	**1219399**	**340553**	**213645**	**10152856**	**4036590**
在总计中:					
亏损企业	636450	172601	125731	5350540	1964812
在总计中:					
轻工业	139609	56634	53873	1197349	401104
重工业	1079790	283919	159772	8955508	3635486
在总计中:					
大型企业	1058631	279346	192910	7521387	3207279
中型企业	152415	58356	20720	2235773	683625
小型企业	8353	2851	15	395696	145685
采矿业（小计）	20016	15171	1004	271111	86681
煤炭开采和洗选业	15604	12213	339	87570	53242
黑色金属矿采选业	1809	1052		110711	6719
有色金属矿采选业	1944	1279	665	63011	25541
非金属矿采选业	659	627		9820	1179
制造业（小计）	1195375	325365	212641	8694884	3740158
农副食品加工业	3372	281	10	25426	5824
木材加工及木、竹、藤、棕、草制品业	8808	6828		86063	40148
造纸及纸制品业	33242	8846	5623	280410	83553
石油加工、炼焦及核燃料加工业				31548	5915
化学原料及化学制品制造业	519074	88170	70799	3646777	1315153
医药制造业	5742	2294		24152	15408
化学纤维制造业	90334	45214	45120	751577	271666
非金属矿物制品业	134811	29627	64668	707896	365924
黑色金属冶炼及压延加工业	98762	49110	5252	365209	190150
有色金属冶炼及压延加工业	195769	51820		1948681	937693
通用设备制造业	49			6065	1993
专用设备制造业	48779	25514	12472	281464	181930
交通运输设备制造业	56633	17662	8696	539617	324802
电力、燃气及水的生产和供应业（小计）	4008	17		1186861	209751
电力、热力的生产和供应业	3963			1020906	164411
燃气生产和供应业	43	17		88900	38782
水的生产和供应业	1			77055	6558

12－7 续表2

单位：万元

指 标	应收帐款	存 货	产成品	在产品	固定资产合 计
总 计	343427	1334488	380482	255107	5113844
在总计中:					
亏损企业	101478	720589	220411	123847	3008406
在总计中:					
轻工业	42304	149317	76711	46831	613003
重工业	301123	1185171	303771	208276	4500841
在总计中:					
大型企业	183503	1107159	301973	214968	3590412
中型企业	140097	210146	73774	40128	1324320
小型企业	19826	17184	4736	11	199112
采矿业（小计）	23641	24207	19092	4220	90787
煤炭开采和洗选业	9476	20325	17771	2554	34327
黑色金属矿采选业	535	1246	430		29393
有色金属矿采选业	13250	2092	427	1665	26501
非金属矿采选业	380	544	465		565
制造业（小计）	279845	1291314	361379	250888	4105461
农副食品加工业	270	2608	1228	1	6899
木材加工及木、竹、藤、棕、草制品业	769	10571	8244		40559
造纸及纸制品业	7254	45414	25114	4582	158909
石油加工、炼焦及核燃料加工业	684				14877
化学原料及化学制品制造业	17526	498077	101110	75221	2178581
医药制造业	5622	6375	2431		7141
化学纤维制造业	23967	84661	46636	38025	351699
非金属矿物制品业	69815	175537	33030	82378	295803
黑色金属冶炼及压延加工业	50113	106210	57870	4385	127732
有色金属冶炼及压延加工业	34660	224919	46456		716938
通用设备制造业	1127	346	24		4063
专用设备制造业	49399	73322	21486	37069	93332
交通运输设备制造业	18638	63274	17751	9227	108929
电力、燃气及水的生产和供应业（小计）	39941	18967	11		917595
电力、热力的生产和供应业	39648	18929			799756
燃气生产和供应业	261	37	11		50119
水的生产和供应业	32	1			67721

12－7 续表3

单位：万元

指　　标	资产总计			
	固定资产原价	累计折旧	本年折旧	在建工程
总　　计	**9230286**	**4438214**	**512713**	**787469**
在总计中:				
亏损企业	5592443	2826246	283231	416348
在总计中:				
轻工业	1025741	415810	48356	79497
重工业	8204545	4022404	464357	707972
在总计中:				
大型企业	6532334	3202337	393209	711923
中型企业	2384850	1116744	102320	60867
小型企业	313102	119134	17185	14679
采矿业（小计）	129397	44880	7382	8701
煤炭开采和洗选业	58007	23680	4561	
黑色金属矿采选业	38080	8686	1229	2372
有色金属矿采选业	31843	11612	1524	6270
非金属矿采选业	1468	903	68	59
制造业（小计）	7200597	3381148	422962	745059
农副食品加工业	12968	6069	950	
木材加工及木、竹、藤、棕、草制品业	81875	41317	3046	4832
造纸及纸制品业	204626	45716	10246	17770
石油加工、炼焦及核燃料加工业	16619	1741	1582	9433
化学原料及化学制品制造业	4483579	2446455	245384	254630
医药制造业	9614	1374	563	503
化学纤维制造业	664977	313278	32572	56079
非金属矿物制品业	433325	178353	17160	16525
黑色金属冶炼及压延加工业	206152	78420	5451	793
有色金属冶炼及压延加工业	715766	88828	85740	304996
通用设备制造业	5235	1172	171	
专用设备制造业	137043	55282	6264	11515
交通运输设备制造业	228818	123143	13835	67985
电力、燃气及水的生产和供应业（小计）	1900292	1012186	82369	33709
电力、热力的生产和供应业	1568490	797092	51938	31475
燃气生产和供应业	231671	181553	27569	
水的生产和供应业	100130	33542	2862	2234

12－7 续表4

单位：万元

指　　标	负债合计	流动负债合　计	应付帐款	非流动负债合计	所有者权益合计
总　计	5771895	3918854	1007508	1666484	4376257
在总计中:					
亏损企业	2648377	1697864	554898	915060	2702163
在总计中:					
轻工业	842732	614954	112555	219930	353617
重工业	4929163	3303900	894953	1446555	4022640
在总计中:					
大型企业	3939693	3000316	720790	939377	3581694
中型企业	1632411	776785	249577	685857	601362
小型企业	199791	141753	37140	41251	193201
采矿业（小计）	154769	133929	69659	20840	115103
煤炭开采和洗选业	68835	68835	34251		18735
黑色金属矿采选业	66633	48874	33978	17759	44078
有色金属矿采选业	17588	14506	1269	3082	45424
非金属矿采选业	1714	1714	161		6867
制造业（小计）	4587471	3490184	830900	1091320	4104948
农副食品加工业	11878	6286	2190		13548
木材加工及木、竹、藤、棕、草制品业	42739	30744	254	11995	41324
造纸及纸制品业	157537	87931	35771	69606	122873
石油加工、炼焦及核燃料加工业	8545	45	42	8500	23003
化学原料及化学制品制造业	973719	630378	207167	342966	2673058
医药制造业	27233	27233	5075		-3082
化学纤维制造业	559435	443678	68930	115757	192142
非金属矿物制品业	392652	335432	70847	57220	314779
黑色金属冶炼及压延加工业	311428	307801	94039	3627	53781
有色金属冶炼及压延加工业	1508349	1160520	145652	347829	440332
通用设备制造业	2659	2659	752		3406
专用设备制造业	212971	159311	41797	53660	68493
交通运输设备制造业	378326	298167	158385	80159	161291
电力、燃气及水的生产和供应业（小计）	1029655	294741	106949	554325	156206
电力、热力的生产和供应业	940596	239075	100923	523187	80310
燃气生产和供应业	39973	39973	5996		48927
水的生产和供应业	49086	15693	30	31137	26969

12－7 续表5

单位：万元

指标	实收资本	国家资本	集体资本	法人资本	个人资本	港澳台资本	外商资本
总计	2900276	1812887	700	1033479	46811		6400
在总计中:							
亏损企业	827621	18980		802405	6236		
在总计中:							
轻工业	288059	18290		255756	14013		
重工业	2612217	1794596	700	777723	32798		6400
在总计中:							
大型企业	2114174	1495023		590043	22708		6400
中型企业	678075	307818		360036	10221		
小型企业	108028	10047	700	83400	13881		
采矿业（小计）	19894	16486		2185	1223		
煤炭开采和洗选业	1223				1223		
黑色金属矿采选业	11819	11819					
有色金属矿采选业	6127	4667		1461			
非金属矿采选业	725			725			
制造业（小计）	2540465	1540711	700	953687	38967		6400
农副食品加工业	12555	2627		1026	8902		
木材加工及木、竹、藤、棕、草制品业	39225	39225					
造纸及纸制品业	150000			150000			
石油加工、炼焦及核燃料加工业	21000			21000			
化学原料及化学制品制造业	1453821	1438859		14941	20		
医药制造业	16024	141		15824	60		
化学纤维制造业	80907			80907			
非金属矿物制品业	170857	14300		143712	12845		
黑色金属冶炼及压延加工业	70694			70694			
有色金属冶炼及压延加工业	32000	10560		6400	8640		6400
通用设备制造业	1000	200		800			
专用设备制造业	28995	28495		500			
交通运输设备制造业	463388	6304	700	447884	8500		
电力、燃气及水的生产和供应业（小计）	339918	255690		77606	6621		
电力、热力的生产和供应业	316344	240168		74606	1570		
燃气生产和供应业	3000			3000			
水的生产和供应业	20574	15523			5051		

12－7 续表6

单位：万元

指　　标	营业收入	主营业务收入	营业成本	主营业务成本	营业税金及附加	主营业务税金及附加
总　　计	11412223	11137122	10369442	10025084	706746	703135
在总计中:						
亏损企业	8577155	8394956	8071467	7835104	667515	666116
在总计中:						
轻工业	886858	841366	799315	788769	3253	3189
重工业	10525365	10295756	9570127	9236316	703493	699945
在总计中:						
大型企业	9761715	9522274	9038585	8730578	696712	694686
中型企业	1342485	1306929	1060461	1024557	8140	6560
小型企业	308023	307919	270396	269949	1894	1888
采矿业（小计）	213681	211888	142555	141257	1941	1941
煤炭开采和洗选业	77143	77143	71265	71265	805	805
黑色金属矿采选业	66531	65473	31108	30108	898	898
有色金属矿采选业	63811	63075	35218	34920	215	215
非金属矿采选业	6196	6196	4964	4964	23	23
制造业（小计）	10683335	10418878	9767136	9428719	701619	698887
农副食品加工业	46993	46993	42208	42208	391	391
木材加工及木、竹、藤、棕、草制品业	77240	69331	61939	56323	165	165
造纸及纸制品业	99926	94317	93788	87711	42	
石油加工、炼焦及核燃料加工业	13526	13526	11968	11968		
化学原料及化学制品制造业	7418871	7300319	6873404	6736421	680529	678635
医药制造业	12289	11811	6294	5922	101	89
化学纤维制造业	671273	639919	610739	610739	2597	2597
非金属矿物制品业	544837	537168	401827	395691	4398	3749
黑色金属冶炼及压延加工业	567491	555000	513754	495584	278	278
有色金属冶炼及压延加工业	457834	456744	331917	330826	3378	3378
通用设备制造业	4052	4052	3087	3087	15	15
专用设备制造业	169289	164956	155483	125833	493	493
交通运输设备制造业	599715	524743	660729	526406	9232	9098
电力、燃气及水的生产和供应业（小计）	515207	506356	459751	455108	3186	2307
电力、热力的生产和供应业	352319	349979	328149	326837	1984	1111
燃气生产和供应业	132100	132100	108322	108322	1087	1087
水的生产和供应业	30788	24277	23281	19949	115	110

12－7 续表7

单位：万元

指　　　标	其　他业务收入	其　他业务利润	销售费用	管理费用	税　金	差旅费	工会经费
总　　计	**275102**	**-6189**	**158523**	**563550**	**41362**	**12842**	**2292**
在总计中:							
亏损企业	182199	-20928	89590	352749	25790	4277	1472
在总计中:							
轻工业	45492	2712	30720	54794	5878	1869	281
重工业	229609	-8900	127803	508756	35484	10974	2012
在总计中:							
大型企业	239442	-13459	107476	463102	33008	7785	1781
中型企业	35556	7270	40828	89352	7539	4588	411
小型企业	104		10219	11096	814	469	101
采矿业（小计）	1793	438	2923	30209	309	961	75
煤炭开采和洗选业			2203	11593	86	400	35
黑色金属矿采选业	1057		494	10940	63	51	15
有色金属矿采选业	736	438	81	7326	141	503	22
非金属矿采选业			145	350	18	7	4
制造业（小计）	264457	-11519	145077	518772	39563	10010	1992
农副食品加工业			2260	2296	29	35	9
木材加工及木、竹、藤、棕、草制品业	7908		1424	11085	262	229	70
造纸及纸制品业	5609	-468	6982	11211	1539	44	21
石油加工、炼焦及核燃料加工业			110	353	30.8	24.6	6.2
化学原料及化学制品制造业	118553	-19425	29819	338770	24400	2729	940
医药制造业	478		2273	2242	102	90	5
化学纤维制造业	31354		15239	30771	3548	1265	98
非金属矿物制品业	7669	29	20827	38060	3234	1105	208
黑色金属冶炼及压延加工业	12491	2202	14755	16068	1350	641	319
有色金属冶炼及压延加工业	1090	-1	2918	10751	1009	465	45
通用设备制造业			95	829			
专用设备制造业	4333	1765	7975	28086	478	2570	116
交通运输设备制造业	74972	4379	40399	28251	3584	814	154
电力、燃气及水的生产和供应业（小计）	8851	4893	10523	14569	1489.50	1870.90	225.10
电力、热力的生产和供应业	2340	1713	4686	7071	843	1086	100
燃气生产和供应业			2104	2585		705	
水的生产和供应业	6511	3180	3732	4913	646	80	125

12－7 续表8

单位：万元

指　　标	财务费用	利息收入	利息支出	营业利润	资　产减值损失	公允价值变动收益
总　　计	177999	14427	162418	-428909	87747	-180
在总计中:						
亏损企业	81428	1341	76021	-675508	64158	-173
在总计中:						
轻工业	35421	-393	28545	-37744	9345	-173
重工业	142578	14820	133873	-391166	78402	-7
在总计中:						
大型企业	140067	13811	125311	-540055	85639	-173
中型企业	34059	639	33323	94508	2059	-7
小型企业	3873	-23	3784	16638	48	
采矿业（小计）	3662	240	3598	36642	509	
煤炭开采和洗选业	393		393	451		
黑色金属矿采选业	3195	13	3065	19913		
有色金属矿采选业	-36	225	30	16178	509	
非金属矿采选业	110	1.10	109.50	100		
制造业（小计）	153938	14140	138599	-476966	85793	-180
农副食品加工业	399	-2	6	5473		
木材加工及木、竹、藤、棕、草制品业	494	114	560	11549		
造纸及纸制品业	263	19	176	-12586	226	
石油加工、炼焦及核燃料加工业	79	-33	102			
化学原料及化学制品制造业	9596	1681	11387	-514157	74040	
医药制造业	374		372	1015		
化学纤维制造业	31529	-426	25465	-27959	8795	-173
非金属矿物制品业	17172	520	16332	61863	676	
黑色金属冶炼及压延加工业	22571	214	21793	-10785	1291	
有色金属冶炼及压延加工业	68793	10004	58434	92314	-944	
通用设备制造业	10.70			3		
专用设备制造业	2361.7	840	3064	5996	903	-7
交通运输设备制造业	297	1209	908	-89693	805	
电力、燃气及水的生产和供应业（小计）	20399	47	20222	11414	1445	
电力、热力的生产和供应业	18339	34	18493	-4755	1445	
燃气生产和供应业	10			17993		
水的生产和供应业	2051	13	1728	-1824		

12－7 续表9

单位：万元

指　　标	投资收益	补贴收入	营业外收　入	营业外支　出	利润总额	应　交所得税	亏损企业亏损总额
总　　计	**88740**	**27533**	**180998**	**193612**	**－452373**	**44324**	**725926**
在总计中:							
亏损企业	－425	16653	45019	94794	－725926	－4980	725926
在总计中:							
轻工业	－87	550	9210	5137	－34220	－5135	38011
重工业	88826	26983	171788	188475	－418153	49458	687916
在总计中:							
大型企业	88488	19888	151479	176970	－569424	22349	692077
中型企业	97	6543	27436	10791	104274	19783	31914
小型企业	155	1102	2083	5850	12778	2193	1936
采矿业（小计）	1937	3392	7438	308	40416	7352	
煤炭开采和洗选业					451		
黑色金属矿采选业			187	98	20002	553	
有色金属矿采选业	1937	3392	6751	210	19363	6800	
非金属矿采选业			500		600		
制造业（小计）	86648	24048	170204	190617	－504779	36192	704545
农副食品加工业			76	3590	1959		386
木材加工及木、竹、藤、棕、草制品业			819	2134	10235	248	
造纸及纸制品业			2399	211	－10398		10398
石油加工、炼焦及核燃料加工业			3	3			
化学原料及化学制品制造业	69539		116378	104341	－502120	11341	575314
医药制造业			12	32	996	88	
化学纤维制造业	－87		3237	913	－25635	－5223	25635
非金属矿物制品业	159	5637	20234	3098	73363	18294	
黑色金属冶炼及压延加工业		300	1706	2805	－12520	188	12550
有色金属冶炼及压延加工业	15433		3884	70644	25554	8426	
通用设备制造业					3		
专用设备制造业	1607	577	1225	2045	4599	1587	52
交通运输设备制造业	－3	17534	20230	800	－70813	1242	80210
电力、燃气及水的生产和供应业（小计）	155	93	3356	2687	11990	780	21381
电力、热力的生产和供应业	155	93	1097	2351	－6102	780	21030
燃气生产和供应业					17993		
水的生产和供应业			2259	336	99		351

12－7 续表10

单位：万元

指　　标	利税总额	本年应付职工薪酬	本年应交增值税	本年进项税额	本年销项税额	土地和固定资产支出
总　　计	**555822**	**700464**	**301449**	**1422851**	**1764152**	**518918**
在总计中:						
亏损企业	81285	440864	139696	1224141	1436426	345270
在总计中:						
轻工业	-18459	46588	12509	111037	123154	104183
重工业	574281	653876	288941	1311814	1640998	414735
在总计中:						
大型企业	339422	566396	212134	1298933	1576593	99069
中型企业	190673	117250	78259	104922	161127	416339
小型企业	25728	16819	11056	18996	26431	3509
采矿业（小计）	53651	29062	11294	16672	30651	3430
煤炭开采和洗选业	4298	18792	3042	11507	11977	
黑色金属矿采选业	28652	2031	7752	4260	11995	
有色金属矿采选业	19962	7825	384	878	6536	3216
非金属矿采选业	738	414	115	27	143	215
制造业（小计）	462027	620924	265186	1375949	1697408	164321
农副食品加工业	3566	420	1216	1397	1541	
木材加工及木、竹、藤、棕、草制品业	12074	10520	1674	4363	4452	
造纸及纸制品业	-10355	4106	1	17794	15902	4059
石油加工、炼焦及核燃料加工业		334		1792	2301	53
化学原料及化学制品制造业	322923	410024	144514	1082557	1213401	27774
医药制造业	1298	787	201	2172	3646	26
化学纤维制造业	-13356	24192	9683	89467	100914	28726
非金属矿物制品业	119255	29328	41495	66380	105136	63205
黑色金属冶炼及压延加工业	-3535	30214	8708	84481	99141	83
有色金属冶炼及压延加工业	78088	14595	49156		49156	26904
通用设备制造业	151	810	133	202	334	
专用设备制造业	8941	29940	3850	11964	17737	5976
交通运输设备制造业	-57025	65655	4556	13380	83746	7516
电力、燃气及水的生产和供应业（小计）	40145	50479	24969	30230	36092	351166
电力、热力的生产和供应业	10438	40282	14556	30230	35200	280257
燃气生产和供应业	28137	2502	9057			
水的生产和供应业	1571	7695	1356		892	70909

12－7 续表11

单位：万元

指标	土地购置	房屋和建筑物	机器设备	运输工具	其他费用	全部从业人员年平均人数（人）
总计	**15551**	**172862**	**321807**	**4181**	**4516**	**107528**
在总计中:						
亏损企业	15546	106956	220672	1080	1018	53197
在总计中:						
轻工业	15546	48267	38291	1640	439	16923
重工业	5	124595	283517	2542	4077	90605
在总计中:						
大型企业	3786	23634	67262	136	4253	78978
中型企业	11760	149040	251688	3842	10	24418
小型企业	5	189	2858	204	253	4132
采矿业（小计）		2351	1047	26	6	7832
煤炭开采和洗选业						4775
黑色金属矿采选业						360
有色金属矿采选业		2219	989	8		2606
非金属矿采选业		131.80	58.10	18.70	6.10	91
制造业（小计）	3791	48877	104749	2395	4510	92421
农副食品加工业						205
木材加工及木、竹、藤、棕、草制品业						6231
造纸及纸制品业		429	3395	235		928
石油加工、炼焦及核燃料加工业	5		8	29	11	70
化学原料及化学制品制造业		12296	12602	-376	3252	34048
医药制造业			26			433
化学纤维制造业	3786	4104	20237	160	439	10832
非金属矿物制品业		28091	33077	1961	77	8167
黑色金属冶炼及压延加工业			83			6420
有色金属冶炼及压延加工业		118	26512	274		8090
通用设备制造业						327
专用设备制造业		1826	3743	18	389	6075
交通运输设备制造业		2014	5066	94	342	10595
电力、燃气及水的生产和供应业（小计）	11760	121634	216012	1760		7275
电力、热力的生产和供应业		77937	201787	534		4919
燃气生产和供应业						417
水的生产和供应业	11760	43697	14225	1226		1939

12－8 规模以上集体工业企业主要经济指标（2011）

单位：万元

指标	企业单位数（个）	#亏损企业	工业总产值（当年价）	工业销售产值（当年价）
总计	14	3	226404	225824
在总计中：				
亏损企业	3	3	116483	115918
在总计中：				
重工业	14	3	226404	225824
在总计中：				
中型企业	3	3	116483	115918
小型企业	11		109921	109906
采矿业（小计）	2		22110	21068
非金属矿采选业	2		22110	21068
制造业(小计)	12	3	204294	204756
化学原料及化学制品制造业	6	2	137884	139637
非金属矿物制品业	3		35170	34462
黑色金属冶炼及压延加工业	1	1	2789	2001
金属制品业	1		15212	15739
通用设备制造业	1		13238	12917

12－8 续表1

单位：万元

指　　标	年初存货	产成品	在产品	资产总计	流动资产合　计
总　　计	**12518**	**8093**	**578**	**124489**	**77283**
在总计中：					
亏损企业	11006	7447	523	86595	59341
在总计中：					
重工业	12518	8093	578	124489	77283
在总计中：					
中型企业	11006	7447	523	86595	59341
小型企业	1512	646	55	37895	17942
采矿业（小计）	279	12	41	5004	2462
非金属矿采选业	279	12	41	5004	2462
制造业(小计)	12239	8081	536	119485	74821
化学原料及化学制品制造业	11951	7816	536	92027	65314
非金属矿物制品业	108	85		13756	6231
黑色金属冶炼及压延加工业	180	180		6054	2147
金属制品业				3730	260
通用设备制造业				3918	870

12-8 续表2

单位：万元

指 标	应收帐款	存 货	产成品	在产品	固定资产合 计
总 计	**8301**	**13906**	**8795**	**392**	**36667**
在总计中:					
亏损企业	4240	10602	7395	336	18740
在总计中:					
重工业	8301	13906	8795	392	36667
在总计中:					
中型企业	4240	10602	7395	336	18740
小型企业	4061	3304	1400	56	17927
采矿业（小计）	1158	563	214	36	2542
非金属矿采选业	1158	563	214	36	2542
制造业(小计)	7143	13343	8581	355	34125
化学原料及化学制品制造业	4195	12339	7768	355	18577
非金属矿物制品业	907	591	430		6641
黑色金属冶炼及压延加工业	1470	284	284		3079
金属制品业	100	50	50		3470
通用设备制造业	471	80	49		2358

12－8 续表3

单位：万元

指　　标	资产总计			
	固定资产原价	累计折旧	本年折旧	在建工程
总　计	**60703**	**26562**	**3171**	**2559**
在总计中：				
亏损企业	39614	21808	1962	2526
在总计中：				
重工业	60703	26562	3171	2559
在总计中：				
中型企业	39614	21808	1962	2526
小型企业	21089	4754	1209	32
采矿业（小计）	2951	409	231	
非金属矿采选业	2951	409	231	
制造业(小计)	57752	26153	2941	2559
化学原料及化学制品制造业	40813	22837	2314	2559
非金属矿物制品业	6355	913	101	
黑色金属冶炼及压延加工业	3868	1123	117	
金属制品业	3622	498	362	
通用设备制造业	3093	782	47	

12-8 续表4

单位：万元

指 标	负债合计	流动负债合计	应付帐款	非流动负债合计	所有者权益合计
总 计	**62670**	**60106**	**12210**	**212**	**61820**
在总计中：					
亏损企业	48219	48119	10576	14	38376
在总计中：					
重工业	62670	60106	12210	212	61820
在总计中：					
中型企业	48219	48119	10576	14	38376
小型企业	14451	11987	1634	198	23444
采矿业（小计）	1517	1389	195	128	3487
非金属矿采选业	1517	1389	195	128	3487
制造业(小计)	61153	58717	12015	84	58332
化学原料及化学制品制造业	48635	48156	11643	14	43392
非金属矿物制品业	5524	5524	157		8232
黑色金属冶炼及压延加工业	4819	4732			1236
金属制品业	1960	90		70	1770
通用设备制造业	215	215	215		3703

12-8 续表5

单位：万元

指　　标	实收资本	集体资本	法人资本	个人资本
总　　计	25619	18860	2874	3885
在总计中：				
亏损企业	16283	16283		
在总计中：				
重工业	25619	18860	2874	3885
在总计中：				
中型企业	16283	16283		
小型企业	9336	2577	2874	3885
采矿业（小计）	2085		1900	185
非金属矿采选业	2085		1900	185
制造业(小计)	23534	18860	974	3700
化学原料及化学制品制造业	14750	14590	160	
非金属矿物制品业	2091	1277	814	
黑色金属冶炼及压延加工业	2993	2993		
金属制品业	700			700
通用设备制造业	3000			3000

12－8 续表6

单位：万元

指　　标	营业收入	主营业务收入	营业成本	主营业务成本	营业税金及附加	主营业务税金及附加
总　　计	**253637**	**227308**	**230436**	**206042**	**828**	**828**
在总计中：						
亏损企业	143425	117685	133120	108727	361	361
在总计中：						
重工业	253637	227308	230436	206042	828	828
在总计中：						
中型企业	143425	117685	133120	108727	361	361
小型企业	110212	109623	97315	97315	467	467
采矿业（小计）	21763	21763	19987	19987	29	29
非金属矿采选业	21763	21763	19987	19987	29	29
制造业(小计)	231874	205545	210449	186055	798	798
化学原料及化学制品制造业	164989	138660	150799	126405	394	394
非金属矿物制品业	34462	34462	31030	31030	113	113
黑色金属冶炼及压延加工业	3767	3767	3558	3558	78	78
金属制品业	15739	15739	14347	14347	157	157
通用设备制造业	12917	12917	10715	10715	55	55

12－8 续表7

单位：万元

指　　标	其　他业务收入	其　他业务利润	销售费用	管理费用	税　金	差旅费	工会经费
总　　计	**26329**	**1410**	**2052**	**8647**	**618**	**521**	**57**
在总计中：							
亏损企业	25741	981	205	5117	505	122	48
在总计中：							
重工业	26329	1410	2052	8647	618	521	57
在总计中：							
中型企业	25741	981	205	5117	505	122	48
小型企业	589	429	1847	3530	113	399	10
采矿业（小计）			435	712	1	89	
非金属矿采选业			435	712	1	89	
制造业(小计)	26329	1410	1617	7935	617	432	57
化学原料及化学制品制造业	26329	1410	565	5728	613	161	47
非金属矿物制品业			704	984	5	105	1
黑色金属冶炼及压延加工业			36	683		8	9
金属制品业				182			
通用设备制造业			312	359		159	

12－8 续表8

单位：万元

指　　标	财务费用	利息收入	利息支出	营业利润	资　产减值损失
总　　计	1360	40	1468	5523	4964
在总计中：					
亏损企业	257	43	362	-582	4948
在总计中：					
重工业	1360	40	1468	5523	4964
在总计中：					
中型企业	257	43	362	-582	4948
小型企业	1104	-2	1107	6105	17
采矿业（小计）	464		464	96	
非金属矿采选业	464		464	96	
制造业(小计)	896	40	1004	5428	4964
化学原料及化学制品制造业	312	40	363	1314	4964
非金属矿物制品业	231		231	936	
黑色金属冶炼及压延加工业	-57			-530	
金属制品业				3708	
通用设备制造业	411		411		

12－8 续表9

单位：万元

指　　标	投资收益	营业外收入	营业外支出	利润总额	应交所得税	亏损企业亏损总额
总　　计	0.1	10.4	442.9	5090.8	984.6	1022.6
在总计中：						
亏损企业	0.1	0.4	441.4	-1022.6	407.4	1022.6
在总计中：						
重工业	0.1	10.4	442.9	5090.8	984.6	1022.6
在总计中：						
中型企业	0.1	0.4	441.4	-1022.6	407.4	1022.6
小型企业		10	1.5	6113.4	577.2	
采矿业（小计）				95.5	17.4	
非金属矿采选业				95.5	17.4	
制造业(小计)	0.1	10.4	442.9	4995.3	967.2	1022.6
化学原料及化学制品制造业	0.1	10.4	436.6	888.1	654.6	485.9
非金属矿物制品业				936	312.6	
黑色金属冶炼及压延加工业			6.3	-536.7		536.7
金属制品业				3707.9		
通用设备制造业						

12－8 续表10

单位：万元

指 标	利税总额	本年应付职工薪酬	本年应交增值税	本年进项税额	本年销项税额	土地和固定资产支出
总 计	**10896**	**11658**	**4977**	**23650**	**27229**	**2213**
在总计中：						
亏损企业	2112	7784	2774	19129	22094	811
在总计中：						
重工业	10896	11658	4977	23650	27229	2213
在总计中：						
中型企业	2112	7784	2774	19129	22094	811
小型企业	8784	3874	2204	4520	5135	1402
采矿业（小计）	395	560	271	846	882	
非金属矿采选业	395	560	271	846	882	
制造业(小计)	10500	11099	4707	22803	26347	2213
化学原料及化学制品制造业	4213	9646	2930	21888	25203	2213
非金属矿物制品业	1449	449	400	645	635	
黑色金属冶炼及压延加工业	-221	47	238	271	509	
金属制品业	4652	146	787			
通用设备制造业	407	810	352			

12－8 续表11

单位：万元

指 标	机器设备	运输工具	全部从业人员年平均人数（人）
总 计	2102	111	3399
在总计中：			
亏损企业	784	27	1985
在总计中：			
重工业	2102	111	3399
在总计中：			
中型企业	784	27	1985
小型企业	1318	84	1414
采矿业（小计）			285
非金属矿采选业			285
制造业(小计)	2102	111	3114
化学原料及化学制品制造业	2102	111	1901
非金属矿物制品业			292
黑色金属冶炼及压延加工业			576
金属制品业			75
通用设备制造业			270

12－9 规模以上“三资”工业企业主要经济指标（2011）

单位：万元

指标	企业单位数（个）	#亏损企业	工业总产值（当年价）	工业销售产值（当年价）	#出口交货值
总计	**34**	**3**	**1667666**	**1585108**	**60858**
港、澳、台商投资企业	9		479513	470082	
合资经营企业(港或澳、台资)	5		143069	140795	
港澳台商独资经营企业	3		298900	291742	
港澳台商投资股份有限公司	1		37545	37545	
外商投资企业	25	3	1188153	1115026	60858
中外合资经营企业	15	1	893921	823480	25627
中外合作经营企业	1		11025	11141	
外资企业	8	2	154463	152375	35231
外商投资股份有限公司	1		128743	128030	
在总计中:					
亏损企业	3	3	30210	32365	
在总计中:					
国有控股企业	2		455054	391563	20977
在总计中:					
轻工业	17	2	661175	656297	
重工业	17	1	1006491	928811	60858
在总计中:					
大型企业	1		446554	383103	20977
中型企业	13		702870	693557	35231
小型企业	20	3	518242	508448	4650
制造业（小计）	33	3	1651132	1568574	60858
农副食品加工业	4	1	229359	227524	
食品制造业	2		105954	106471	
饮料制造业	5		242657	238855	
纺织业	1		27211	26603	
纺织服装、鞋、帽制造业	1		15890	15702	
皮革、毛皮、羽毛(绒)及其制品业	1	1	4973	5047	
木材加工及木、竹、藤、棕、草制品业	2		49870	48789	35231
化学原料及化学制品制造业	5		306460	294949	4650
医药制造业	2		21261	22538	
非金属矿物制品业	1		16339	16028	
有色金属冶炼及压延加工业	2		460095	395792	20977
金属制品业	1		19929	19391	
专用设备制造业	1		35778	35034	
交通运输设备制造业	4	1	68284	70443	
通信设备、计算机及其他电子设备制造业	1		47073	45411	
电力、燃气及水的生产和供应业(小计)	1		16534	16534	
燃气生产和供应业	1		16534	16534	

12－9 续表1

单位：万元

指标	年初存货			资产总计	
		产成品	在产品		流动资产合计
总计	**263140**	**75976**	**1978**	**2902595**	**1283841**
港、澳、台商投资企业	29080	9341	785	400139	125545
合资经营企业(港或澳、台资)	1090	455		98211	35001
港澳台商独资经营企业	27483	8379	785	289090	88889
港澳台商投资股份有限公司	507	507		12838	1655
外商投资企业	234059	66635	1194	2502456	1158296
中外合资经营企业	227441	64635	587	2309424	1069890
中外合作经营企业	56	22		3018	1101
外资企业	5694	1633	607	57045	17974
外商投资股份有限公司	869	345		132968	69332
在总计中:					
亏损企业	3299	1498	607	49033	22263
在总计中:					
国有控股企业	195852	51853		1952817	938972
在总计中:					
轻工业	45343	10871	1566	453002	199705
重工业	217796	65105	413	2449593	1084135
在总计中:					
大型企业	195769	51820		1948681	937693
中型企业	52063	16568	959	696182	259296
小型企业	15308	7587	1019	257732	86852
制造业（小计）	263025	75924	1978	2862370	1279551
农副食品加工业	3387	991	607	197431	102022
食品制造业	20036	6937		79340	39351
饮料制造业	19368	1714	772	129711	41007
纺织业				17447	4209
纺织服装、鞋、帽制造业	365	215		7144	4015
皮革、毛皮、羽毛(绒)及其制品业	102	41		9583	2843
木材加工及木、竹、藤、棕、草制品业	1261	356		13243	3421
化学原料及化学制品制造业	18002	11185	400	259783	89297
医药制造业	1383	618	187	10325	5103
非金属矿物制品业	102	89	13	4652	380
有色金属冶炼及压延加工业	196128	51820		1956195	940000
金属制品业	140	132		21538	7438
专用设备制造业	36	36		15418	724
交通运输设备制造业	2604	1747		53760	19147
通信设备、计算机及其他电子设备制造业	111	44		86800	20595
电力、燃气及水的生产和供应业(小计)	115	52		40225	4290
燃气生产和供应业	115	52		40225	4290

12－9 续表2

单位：万元

指　　标	应收帐款	存　货			固定资产合　计
			产成品	在产品	
总　　计	**66122**	**284517**	**66839**	**1572**	**1272653**
港、澳、台商投资企业	4300	17781	3455	861	240501
合资经营企业(港或澳、台资)	1466	3545	1533	123	60510
港澳台商独资经营企业	2439	13923	1642	706	168808
港澳台商投资股份有限公司	396	313	281	32	11183
外商投资企业	61822	266737	63384	711	1032152
中外合资经营企业	55710	260229	60202	711	929086
中外合作经营企业	208	124	41		1918
外资企业	4435	4460	2511		37511
外商投资股份有限公司	1468	1924	630		63637
在总计中:					
亏损企业	3500	1308	528		26770
在总计中:					
国有控股企业	34899	225103	46516		719796
在总计中:					
轻工业	19763	49987	15358	1243	241590
重工业	46358	234530	51481	329	1031063
在总计中:					
大型企业	34660	224919	46456		716938
中型企业	12744	42282	13443	1243	400799
小型企业	18718	17316	6940	329	154916
制造业（小计）	66119	284333	66731	1572	1241412
农副食品加工业	3977	5097	1569		94182
食品制造业	3938	19014	7460		39989
饮料制造业	9434	20588	2671	706	78466
纺织业		1087	769		13238
纺织服装、鞋、帽制造业	999	613	613		3129
皮革、毛皮、羽毛(绒)及其制品业	35	227	74		6740
木材加工及木、竹、藤、棕、草制品业	628	1046	660		9581
化学原料及化学制品制造业	6173	5933	3721	174	138646
医药制造业	1195	2704	1800	537	5222
非金属矿物制品业	114	246	186		4272
有色金属冶炼及压延加工业	35196	225802	46456		721036
金属制品业	246	180	111		14100
专用设备制造业	600	123		123	11995
交通运输设备制造业	2829	1429	562	32	34612
通信设备、计算机及其他电子设备制造业	756	245	80		66205
电力、燃气及水的生产和供应业(小计)	2	184	107		31241
燃气生产和供应业	2	184	107		31241

12-9 续表3

单位：万元

指　　标	资　产　总　计			
	固定资产原　价	累计折旧	本年折旧	在建工程
总　　计	**1738893**	**613821**	**181544**	**351501**
港、澳、台商投资企业	345071	126430	33629	20897
合资经营企业(港或澳、台资)	116938	56428	11524	
港澳台商独资经营企业	215390	68442	20835	20897
港澳台商投资股份有限公司	12743	1560	1270	
外商投资企业	1393822	487391	147915	330605
中外合资经营企业	1065294	259671	112672	323719
中外合作经营企业	2876	959	96	
外资企业	74682	39429	5282	6885
外商投资股份有限公司	250970	187333	29865	
在总计中:				
亏损企业	14557	4529	406	
在总计中:				
国有控股企业	720456	90660	85996	304996
在总计中:				
轻工业	635990	419815	66051	43651
重工业	1102903	194006	115493	307850
在总计中:				
大型企业	715766	88828	85740	304996
中型企业	736930	360660	69971	39553
小型企业	286197	164333	25833	6953
制造业（小计）	1695452	601621	179911	348714
农副食品加工业	329193	235012	38973	
食品制造业	131151	93832	15621	15820
饮料制造业	132002	75396	8962	26907
纺织业	17459	4222	1048	
纺织服装、鞋、帽制造业	5945	2816	708	
皮革、毛皮、羽毛(绒)及其制品业	10111	3370	337	
木材加工及木、竹、藤、棕、草制品业	20498	10927	2035	
化学原料及化学制品制造业	186692	49487	20238	67
医药制造业	6650	2303	393	924
非金属矿物制品业	4658	386	81	
有色金属冶炼及压延加工业	721078	90043	86180	304996
金属制品业	7107	6992	369	
专用设备制造业	13673	1678	1359	
交通运输设备制造业	23168	5298	1622	
通信设备、计算机及其他电子设备制造业	86067	19862	1986	
电力、燃气及水的生产和供应业(小计)	43441	12200	1633	2787
燃气生产和供应业	43441	12200	1633	2787

12-9 续表4

单位：万元

指标	负债合计	流动负债合计	应付帐款	非流动负债合计	所有者权益合计
总计	**2008843**	**1520505**	**201851**	**397593**	**890273**
港、澳、台商投资企业	223437	141233	21348	49203	176702
合资经营企业(港或澳、台资)	55868	41867	5451	1000	42342
港澳台商独资经营企业	166589	98886	15897	47703	122501
港澳台商投资股份有限公司	980	480		500	11858
外商投资企业	1785406	1379272	180503	348390	713571
中外合资经营企业	1698347	1343767	167908	347829	607598
中外合作经营企业	1299	1299	195		1719
外资企业	21733	13847	2796	561	35312
外商投资股份有限公司	64027	20360	9604		68941
在总计中:					
亏损企业	21058	21058	5016		27975
在总计中:					
国有控股企业	1510129	1162300	146215	347829	442688
在总计中:					
轻工业	284325	200540	39874	13512	165197
重工业	1724518	1319965	161977	384081	725075
在总计中:					
大型企业	1508349	1160520	145652	347829	440332
中型企业	396320	269831	42298	47543	298383
小型企业	104174	90154	13901	2221	151558
制造业（小计）	1972008	1483670	197677	397593	886883
农副食品加工业	97119	52774	15853	500	100312
食品制造业	54464	54464	3888		24036
饮料制造业	106991	80552	17470	13012	20082
纺织业	13002				4445
纺织服装、鞋、帽制造业	4329	4329			2816
皮革、毛皮、羽毛(绒)及其制品业	4124	4124	619		5459
木材加工及木、竹、藤、棕、草制品业	5073	5073	12		8170
化学原料及化学制品制造业	102932	48340	1847	34592	156851
医药制造业	3546	3546	2033		6779
非金属矿物制品业	300	140	123	160	4352
有色金属冶炼及压延加工业	1513827	1165527	146124	347829	442368
金属制品业	205	205	200		21334
专用设备制造业	9334	8334	125	1000	6084
交通运输设备制造业	19408	18908	3780	500	34352
通信设备、计算机及其他电子设备制造业	37355	37355	5603		49445
电力、燃气及水的生产和供应业(小计)	36835	36835	4175		3390
燃气生产和供应业	36835	36835	4175		3390

12－9 续表5

单位：万元

指标	实收资本	国家资本	法人资本	个人资本	港澳台资本	外商资本
总计	**203932**	**14260**	**106500**	**27786**	**26692**	**28694**
港、澳、台商投资企业	69036		48284	360	20392	
合资经营企业(港或澳、台资)	5890		4707		1183	
港澳台商独资经营企业	62786		43577		19209	
港澳台商投资股份有限公司	360			360		
外商投资企业	134896	14260	58216	27426	6300	28694
中外合资经营企业	104808	14260	36028	23226	6300	24994
中外合作经营企业	1100		1100			
外资企业	26988		19088	4200		3700
外商投资股份有限公司	2000		2000			
在总计中:						
亏损企业	5900		4900	1000		
在总计中:						
国有控股企业	32800	10560	7200	8640		6400
在总计中:						
轻工业	76209		36023	7200	20392	12594
重工业	127723	14260	70477	20586	6300	16100
在总计中:						
大型企业	32000	10560	6400	8640		6400
中型企业	100807	3700	54336	7000	26692	9079
小型企业	71125		45764	12146		13215
制造业（小计）	193932	10560	106500	27786	20392	28694
农副食品加工业	4636		3636	1000		
食品制造业	6862		2000			4862
饮料制造业	52776		25835		19209	7732
纺织业	1690		507		1183	
纺织服装、鞋、帽制造业	1500			1500		
皮革、毛皮、羽毛(绒)及其制品业	1100		1100			
木材加工及木、竹、藤、棕、草制品业	3200			3200		
化学原料及化学制品制造业	62863		53077	86		9700
医药制造业	6445		2945	3500		
非金属矿物制品业	500		500			
有色金属冶炼及压延加工业	34000	10560	8400	8640		6400
金属制品业	9500			9500		
专用设备制造业	800		800			
交通运输设备制造业	6060		5700	360		
通信设备、计算机及其他电子设备制造业	2000		2000			
电力、燃气及水的生产和供应业(小计)	10000	3700			6300	
燃气生产和供应业	10000	3700			6300	

12－9 续表6

单位：万元

指标	营业收入	主营业务收入	营业成本	主营业务成本	营业税金及附加	主营业务税金及附加
总计	**1690069**	**1686893**	**1324879**	**1322122**	**19936**	**18605**
港、澳、台商投资企业	475919	473833	373367	371701	10430	10117
合资经营企业(港或澳、台资)	140795	140795	118161	118161	1208	1208
港澳台商独资经营企业	297580	295493	220104	218438	8856	8856
港澳台商投资股份有限公司	37545	37545	35102	35102	365	52
外商投资企业	1214150	1213060	951512	950421	9506	8488
中外合资经营企业	921072	919982	701967	700876	6519	6519
中外合作经营企业	11141	11141	10585	10585	94	94
外资企业	153907	153907	128342	128342	1808	790
外商投资股份有限公司	128030	128030	110618	110618	1085	1085
在总计中:						
亏损企业	30953	30953	29599	29599	1061	43
在总计中:						
国有控股企业	466294	465204	339651	338560	3447	3447
在总计中:						
轻工业	686818	684731	542670	541004	12992	11974
重工业	1003252	1002162	782209	781118	6944	6631
在总计中:						
大型企业	457834	456744	331917	330826	3378	3378
中型企业	724996	722910	577914	576248	12004	12004
小型企业	507239	507239	415048	415048	4554	3223
制造业（小计）	1671085	1667909	1311382	1308625	19705	18374
农副食品加工业	227748	227748	192820	192820	3157	2140
食品制造业	123146	123146	102864	102864	839	839
饮料制造业	244692	242605	178948	177282	8396	8396
纺织业	26603	26603	20664	20664	36	36
纺织服装、鞋、帽制造业	22141	22141	15366	15366	31	31
皮革、毛皮、羽毛(绒)及其制品业	5047	5047	4567	4567	43	43
木材加工及木、竹、藤、棕、草制品业	48789	48789	40854	40854	95	95
化学原料及化学制品制造业	293842	293842	229590	229590	2018	2018
医药制造业	23885	23885	18778	18778	422	422
非金属矿物制品业	16028	16028	13271	13271	12	12
有色金属冶炼及压延加工业	470523	469433	341693	340602	3492	3492
金属制品业	19391	19391	13186	13186	115	115
专用设备制造业	35034	35034	33072	33072	166	166
交通运输设备制造业	68808	68808	64579	64579	529	215
通信设备、计算机及其他电子设备制造业	45411	45411	41131	41131	354	354
电力、燃气及水的生产和供应业(小计)	18984	18984	13497	13497	232	232
燃气生产和供应业	18984	18984	13497	13497	232	232

12－9 续表7

单位：万元

指　　标	其　　他业务收入	其　　他业务利润	销售费用	管理费用	税　金	差旅费	工会经费
总　　计	**3177**	**419**	**46347**	**62292**	**12085**	**5634**	**215**
港、澳、台商投资企业	2087	420	16277	22796	6727	2251	146
合资经营企业(港或澳、台资)			4280	6166	10	818	8
港澳台商独资经营企业	2087	420	11874	12177	3717	1417	127
港澳台商投资股份有限公司			124	4452	3000	16	11
外商投资企业	1090	−1	30071	39496	5358	3384	69
中外合资经营企业	1090	−1	22218	29082	5222	1829	69
中外合作经营企业			155	238			
外资企业			3596	3742	137	275	
外商投资股份有限公司			4102	6436		1280	
在总计中:							
亏损企业			1512	1854			
在总计中:							
国有控股企业	1090	−1	3092	11172	1009	465	45
在总计中:							
轻工业	2087	420	29466	31978	4606	4030	118
重工业	1090	−1	16881	30314	7479	1605	96
在总计中:							
大型企业	1090	−1	2918	10751	1009	465	45
中型企业	2087	420	28536	32620	5258	3267	133
小型企业			14893	18920	5819	1902	37
制造业（小计）	3177	419	44815	60845	11996	5521	210
农副食品加工业			8122	12291	79	2029	
食品制造业			5782	4457	24	600	5
饮料制造业	2087	420	12296	12201	3850	1164	113
纺织业			602	701		50	
纺织服装、鞋、帽制造业			730	699	603	37	
皮革、毛皮、羽毛(绒)及其制品业			173	389			
木材加工及木、竹、藤、棕、草制品业			152	144	54	30	
化学原料及化学制品制造业			8380	7125	3024	279	19
医药制造业			1704	1206	51	125	
非金属矿物制品业			481	801	169	624	9
有色金属冶炼及压延加工业	1090	−1	3447	11540	1135	470	45
金属制品业			90	44		65	
专用设备制造业			1044	525	10	32	8
交通运输设备制造业			892	5843	3000	16	11
通信设备、计算机及其他电子设备制造业			920	2879			
电力、燃气及水的生产和供应业(小计)			1533	1447	89	113	5
燃气生产和供应业			1533	1447	89	113	5

12－9 续表8

单位：万元

指 标	财务费用	利息收入	利息支出	营业利润	资 产减值损失	公允价值变动收益
总 计	**79521**	**14507**	**71764**	**168946**	**-288**	**-600**
港、澳、台商投资企业	5028	3919	9523	25061	296	
合资经营企业(港或澳、台资)	613		551	7072		
港澳台商独资经营企业	4415	3919	8971	17989	296	
港澳台商投资股份有限公司	1		1			
外商投资企业	74493	10588	62240	143885	-585	-600
中外合资经营企业	74229	10575	62018	128461	-585	-600
中外合作经营企业	1			70		
外资企业	254	14	223	9575		
外商投资股份有限公司	9			5779		
在总计中:						
亏损企业	91		-70	-925		
在总计中:						
国有控股企业	68795	10004	58434	92374	-944	
在总计中:						
轻工业	4297	405	3076	44131	659	-600
重工业	75224	14102	68687	124815	-947	
在总计中:						
大型企业	68793	10004	58434	92314	-944	
中型企业	9457	4319	12215	39645	656	-600
小型企业	1271	184	1115	36987		
制造业（小计）	78576	14493	70813	167611	-285	-600
农副食品加工业	-59	14	-70	13528		
食品制造业	2022	383	2327	10298	362	-600
饮料制造业	52	6	654	17886	296	
纺织业	5		5			
纺织服装、鞋、帽制造业	2102.00			1117		
皮革、毛皮、羽毛(绒)及其制品业	8.3			-134		
木材加工及木、竹、藤、棕、草制品业	97		61	1232		
化学原料及化学制品制造业	4931	3955	8836	21824		
医药制造业	140	2	141	1425		
非金属矿物制品业	80		80	182		
有色金属冶炼及压延加工业	68912	10133	58682	93556	-944	
金属制品业	35		35	5755		
专用设备制造业	62		62	1466		
交通运输设备制造业	167		1	-626		
通信设备、计算机及其他电子设备制造业	23			104		
电力、燃气及水的生产和供应业(小计)	945	14	951	1335	-3	
燃气生产和供应业	945	14	951	1335	-3	

12－9 续表9

单位：万元

指　　标	投资收益	营业外收入	营业外支出	利润总额	应交所得税	亏损企业亏损总额
总　　计	5283	4887	76180	112833	20306	928
港、澳、台商投资企业		39	2604	34596	8592	
合资经营企业(港或澳、台资)			350	6722	279	
港澳台商独资经营企业		39	2254	25774	8313	
港澳台商投资股份有限公司				2100		
外商投资企业	5283	4848	73576	78237	11714	928
中外合资经营企业	13383	4848	73555	62834	11072	758
中外合作经营企业				70		
外资企业	-8100		21	9554	642	170
外商投资股份有限公司				5779		
在总计中:						
亏损企业			3	-928		928
在总计中:						
国有控股企业	15433	3884	70644	25614	8426	
在总计中:						
轻工业	-2050	123	2390	44924	1578	170
重工业	7333	4764	73790	67909	18729	758
在总计中:						
大型企业	15433	3884	70644	25554	8426	
中型企业	-10150	1003	5163	45484	9329	
小型企业			373	41795	2551	928
制造业（小计）	5283	4007	75660	111139	20306	928
农副食品加工业			9	13519	220	36
食品制造业	-50	85	2065	8318	6	
饮料制造业		39	295	20689	943	
纺织业						
纺织服装、鞋、帽制造业	-2000		11	1106	55.30	
皮革、毛皮、羽毛(绒)及其制品业				-134		134
木材加工及木、竹、藤、棕、草制品业	-8100		12	1220	60	
化学原料及化学制品制造业			2258	29586	9963	
医药制造业			10	1415	353	
非金属矿物制品业				182		
有色金属冶炼及压延加工业	15433	3884	70647	26793	8426	
金属制品业				5755		
专用设备制造业			350	1116	279	
交通运输设备制造业			3	1471		758
通信设备、计算机及其他电子设备制造业				104		
电力、燃气及水的生产和供应业(小计)		880	520	1694		
燃气生产和供应业		880	520	1694		

12－9 续表10

单位：万元

指　　标	利税总额	本年应付职工薪酬	本年应交增值税	本年进项税额	本年销项税额	土地和固定资产支出
总　　计	236701	70939	103931	57574	157067	41823
港、澳、台商投资企业	67344	19258	22317	36248	55691	2673
合资经营企业(港或澳、台资)	12408	8411	4478	7981	10621	2517
港澳台商独资经营企业	51300	10311	16670	27715	44347	156
港澳台商投资股份有限公司	3636	536	1170	552	723	
外商投资企业	169357	51681	81614	21326	101376	39150
中外合资经营企业	142276	33418	72923	16554	85628	35331
中外合作经营企业	945	1565	781	1787	1607	
外资企业	13226	9407	1865	2985	4342	
外商投资股份有限公司	12910	7290	6045		9800	3819
在总计中:						
亏损企业	494	2043	361	806	725	
在总计中:						
国有控股企业	78795	15580	49734	1378	50395	27406
在总计中:						
轻工业	89473	33376	31557	21937	56792	11422
重工业	147228	37562	72375	35637	100275	30401
在总计中:						
大型企业	78088	14595	49156		49156	26904
中型企业	92463	43476	34974	43745	78204	9384
小型企业	66151	12867	19802	13829	29707	5535
制造业（小计）	234549	68732	103706	56222	155677	38828
农副食品加工业	25808	11158	9132	4811	17607	5834
食品制造业	14651	3149	5494	8890	14604	5433
饮料制造业	44697	12038	15613	3850	19427	156
纺织业	78	2532	42			
纺织服装、鞋、帽制造业	1405	1950	269	101	370	
皮革、毛皮、羽毛(绒)及其制品业	270	1130	361	806	725	
木材加工及木、竹、藤、棕、草制品业	1621	5433	307		242	
化学原料及化学制品制造业	46371	5225	14767	29938	43729	
医药制造业	2418	1027	581	3479	4060	
非金属矿物制品业	259	196	65	212	277	
有色金属冶炼及压延加工业	79987	14863	49703	417	50119	26904
金属制品业	6803	621	933			
专用设备制造业	2240	803	959		950	
交通运输设备制造业	4530	3633	2530	3718	3568	503
通信设备、计算机及其他电子设备制造业	3409	4975	2951			
电力、燃气及水的生产和供应业(小计)	2152	2206	226	1353	1390	2995
燃气生产和供应业	2152	2206	226	1353	1390	2995

12－9 续表11

单位：万元

指　　标	土地购置	房屋和建筑物	机器设备	运输工具	其他费用	全部从业人员年平均人数（人）
总　　计	**180.4**	**1003.6**	**38366.2**	**922.8**	**1349.7**	**19577**
港、澳、台商投资企业		0.3	2593.8	78.9		4022
合资经营企业(港或澳、台资)			2517.4			1517
港澳台商独资经营企业		0.3	76.4	78.9		2324
港澳台商投资股份有限公司						181
外商投资企业	180.4	1003.3	35772.4	843.9	1349.7	15555
中外合资经营企业	180.4	1003.3	32409.9	387.7	1349.7	12171
中外合作经营企业						313
外资企业						1856
外商投资股份有限公司			3362.5	456.2		1215
在总计中:						
亏损企业						527
在总计中:						
国有控股企业		117.5	27015	273.7		8287
在总计中:						
轻工业		0.3	10772.3	649.1		6737
重工业	180.4	1003.3	27593.9	273.7	1349.7	12840
在总计中:						
大型企业		117.5	26512.4	273.7		8090
中型企业	180.4	886.1	6318.6	649.1	1349.7	8479
小型企业			5535.2			3008
制造业（小计）		117.8	37787.3	922.8		19150
农副食品加工业			5377.3	456.2		1998
食品制造业			5318.6	114		687
饮料制造业		0.3	76.4	78.9		2534
纺织业						422
纺织服装、鞋、帽制造业						325
皮革、毛皮、羽毛(绒)及其制品业						226
木材加工及木、竹、藤、棕、草制品业						971
化学原料及化学制品制造业						1015
医药制造业						414
非金属矿物制品业						124
有色金属冶炼及压延加工业		117.5	26512.4	273.7		8188
金属制品业						225
专用设备制造业						184
交通运输设备制造业			502.6			842
通信设备、计算机及其他电子设备制造业						995
电力、燃气及水的生产和供应业(小计)	180.4	885.8	578.9		1349.7	427
燃气生产和供应业	180.4	885.8	578.9		1349.7	427

12－10 规模工业企业主要经济效益指标（1998－2011）

年份	综合经济效益指数	总资产贡献率（%）	资本保值增值率（%）	资产负债率（%）	流动资产周转次数（次）	成本费用利润率（%）	全员劳动生产率（元/人）	产品销售率（%）
1998	43.29	3.54	90.20	74.15	1.02	-4.52	17927.38	96.40
1999	61.04	3.89	125.25	64.19	1.07	-2.78	21271.62	98.70
2000	72.97	4.68	71.20	76.42	1.02	1.54	30367.94	98.77
2001	75.69	3.62	137.91	66.45	1.04	-1.21	35568.30	97.42
2002	81.43	4.09	91.61	67.18	1.33	0.36	39544.98	98.00
2003	120.31	6.71	123.52	59.58	1.80	3.13	60096.45	98.26
2004	162.82	10.59	101.37	60.93	2.49	6.94	88607.08	98.45
2005	119.41	4.40	110.94	58.98	2.52	-0.60	79748.10	99.37
2006	159.35	6.39	126.2	51.01	2.58	1.35	123292.47	98.04
2007	214.31	11.41	103.02	52.66	2.86	4.4	180447.39	96.77
2008	190.39	7.69	127.64	48.51	3.2	1.14	161426.12	98.03
2009	231.52	12.44	89.09	55.39	3.34	2.69	211268.11	98.18
2010	265.11	12.53	120.98	53.63	3.68	2.85	252860.03	97.5
2011	293.23	14.17	141.06	53.66	3.75	2.41	291274.95	97.87

注：2006、2007、2008年含中油吉林石化分公司现金流部分。

12－11 主要年份主要工业产品产量

年份	钢（吨）	生铁（吨）	焦碳（吨）	铁合金（吨）	原煤（万吨）	发电量（亿千瓦小时）	碳素制品（吨）	水泥（吨）	硫酸（吨）
1949					51.3	7.2			
1952					81.2	13.2			
1957				57086	124.5	25.4	14049		126
1962	2854		189687	70851	253.8	35.3	35778	56134	28688
1965	3320		255665	130826	320	47.5	42930	201984	52238
1970	6924	5268	314664	150655	403.1	49.5	105934	294486	54859
1975	19875	23520	351572	143789	478.3	58	103147	702958	55341
1978	28028	46997	381903	141054	530.2	47.9	110120	720000	60648
1980	25779	11762	321668	127167	493.4	56.8	105786	836000	59262
1985	50416	44002	310978	178283	612.2	68.4	109414	1122000	72326
1988	42954	48134	308230	230670	483.5	89.2	119629	1569300	71443
1989	49262	40715	286000	234045	558.8	73.8	120230	1523000	77899
1990	66243	38081	284000	252694	363.9	83.8	112470	1460000	79534
1991	88403	37935	253541	207222	615.3	98.2	100499	1700000	76930
1992	142082	57941	231730	233473	628	79.1	110112	1870000	80720
1993	174460	72225	222040	270073	624	89.5	113589	2030000	70871
1994	114706	67570	232350	272382	631.8	106.5	95435	1750000	92866
1995	74766	75364	226986	316432	641.2	120.1	133892	1970000	91492
1996	75828	80223	219802	291226	727.3	86.5	137667	1608906	92007
1997	43710	71588	200070	275277	703.2	85.9	114181	1675821	97489
1998	1631	71621	206449	197185	478.6	80.4	94336	1687637	88173
1999	1568	49407	194812	194927	258.7	91.7	88141	1366631	84129
2000	1184	82647	186254	114481	195.5	91.1	85723	1217000	84149
2001	1260	90417	149915	138415	217.2	88.5	113446	1785800	22839
2002	270321	340643	148350	151797	194.7	80.5	101529	1851500	25196
2003	912995	890863	165120	253074	191.3	76.3	109929	2609500	25987
2004	1247802	1001050	176695	357077	237.2	116.18	129951	2734600	28090
2005	1277662	1084189	184746	318972	226.8	135.3	151861	2910347	139291
2006	1831735	1154601	177485	414334	200	127.1	152426	3084557	192278
2007	1605836	1148128	176246	502648	335.28	129.5	225068	3368301	150938
2008	1763606	1143842	171540	448814	419	123.1	494726	4323477	164434
2009	1801059	1068677	56980	398730	443.2	125.9	208109	5365900	136906
2010	1730535	1133379		411474	564	150.4	208833	4724037	111056
2011	2636508	2524076	773463	490255	677	142	217867	6630966	

12－11 续表1

年份	浓硝酸（吨）	烧碱（吨）	合成氨（吨）	电石（吨）	木材（万m^3）	染料（吨）	毛线（吨）	棉布（万米）	呢绒（万米）
1949				531	10			285	
1952				9519	1.5			324	
1957	657		12056	31890	10.5			428	
1962	16123	17	116307	51391	11.3	651		345	
1965	32406	2393	244212	88054	28.2	5187	65	578	
1970	51166	13257	241447	70597	30.1	6109	305	1041	
1975	64355	24533	350074	110197	53.2	7734	664	1972	
1978	61464	26049	327415	106416	63.6	7943	650	1745	91
1980	56935	24588	334467	109314	65.7	5795	957	2527	120
1985	60063	31541	338535	43930	84.1	7189	1100	2122	240
1988	60101	37068	347063	63254	89	8669	1348	2199	290
1989	55548	38319	319235	53449	89.6	8669	1343	2064	291
1990	56937	40038	312000	59130	94.1	8419	1084	1764	292
1991	53563	40656	303000	53605	96	7109	938	1656	267
1992	59403	42794	310000	53067	72.7	8100	699	1390	243
1993	68202	46185	310000	50589	74.9	6689	426	658	187
1994	71040	46404	302000	50506	76.7	7681	316	781	223
1995	70380	47022	304000	49775	71.6	7834	128	248	239
1996	90298	50632	321481	47828	94.2	7194	47.8	263	318
1997	84996	49313	272987	42227	68.5	6983		74	268
1998	92632	45778	229173	35855	68.9	6273		89	175
1999	84805	40857	268633	1577	50.5	5133			226
2000	85672	44796	157127	507	45.5	2984			231
2001	101174	40398	77118	294	53.5	20			210
2002	101253	32966	74809	54	62.5	5			122.6
2003	100312	37447	123352	140	10.1				57
2004	104727	42495	335080						
2005	84062	44531	298563						
2006	48384	34492	251844						
2007	50485	26328	262798						
2008	23726	21762	222299						
2009	14904	20241	246440					230	
2010	50338	18758	261588					283.8	
2011	24263	18644	277527						

12－11 续表2

年份	棉纱（吨）	化学纤维（吨）	糖（吨）	火柴（万件）	机制纸及纸板（吨）	饮料酒（千升）	农用化肥（吨）	轮胎外胎（条）	啤酒（千升）
1949				11	4889	3345			
1952				32	48789	5297			
1957			15306	23	86067	5514	43251		
1962			525	28	61256	11694	370368		
1965	261	3756	17869	28	91757	6372	820917		
1970	1897	4833	24128	22	102279	11086	768825	559	
1975	2350	7833	12458	25	150000	17990	1084632	45252	
1978	3373	8119	21576	30	167666	13826	940157	90000	
1980	3740	9824	34530	33	179351	10416	214674	100534	
1985	5851	11718	38410	47	193932	56621	183892	223878	
1988	8465	12753	34128	42	237061	85863	168895	443000	
1989	7854	15769	46089	55	236000	91379	183722	375000	
1990	1168	16700	20084	63.8	234000	89536	174000	471000	
1991	918	17524	35601	58	241000	112733	165000	537000	
1992	778	18901	43819	49.8	236000	138405	170000	652000	
1993	733	22300	37443	188.1	205000	149259	187000	471000	
1994	870	35400	13171	187.5	185000	155410	182000	470000	
1995	77	44250	25960	26.2	197000	161923	154000	527000	
1996	79	41013	30840	0.02	191975	167559	162984	565140	
1997	90	47984		0.02	113849	165034	151224	289692	
1998		64511			111140	121494	115296	173618	117598
1999		114058			140985	201617	157641	195696	197769
2000		127621			140911	246469	57420	85074	239362
2001		147964			108615	258580	1824	.	240700
2002		149128			28139	258175	1808	98993	244758
2003		150164			12276	266577	1187	90085	255191
2004		158252			10418	266958	11969		258832
2005		216996			23123	258476			251448
2006		226342			117779	320156			294787
2007		337547			225445	370439			340126
2008	4791	234196			359980	376750	61669		312498
2009	5411	270949			264924	351891	15642		272333
2010	3878	246410			313442	364742	21850		251777
2011	4698	260679			237410	427576			250312

12－11 续表3

年 份	纱（吨）	汽 油（吨）	柴 油（吨）	燃料油（吨）	乙 烯（吨）	纯 苯（吨）	冰醋酸（吨）	化学原料药（吨）	汽 车（辆）
1949									
1952									
1957									
1962									
1965									
1970									
1975									
1978									
1980									
1985									9022
1988		683109	432735		107585				14134
1989		680172	407100		113795				5700
1990		715183	420575		112745				3259
1991		785503	425148		116341				8729
1992		844604	476976		119190			4366	15282
1993								3787	15432
1994									
1995		904259	461417	711700	128618	32761	83260	3918	20900
1996		947118	493309		172281				60600
1997		779709	613810		309502				24212
1998		857852	682093	964215	392536	130647	118045	5361	19134
1999		803188	940383	930619	440052	152334	201330	5435	18714
2000		811803	1013963	912534	433147	150242	203330	5840	40005
2001		782978	1103511	704190	473726	166525	205076	6147	48213
2002		801441	1354512	686980	509755	172949	175754	6586	78677
2003		1050880	2127932	435795	574826	213842	187133	6991	93116
2004		1037517	2720065	243861	580456	228175	126721	5542	88616
2005		1047243	3004713	330157	511329	195266	140385	3402	62673
2006	9205	1047849	2839363	403768	751809	228339	140815	2904	69567
2007	8696	1079778	2669915	330823	872588	263042	138161	5056	49952
2008	23777	1058350	2562171	376394	794324	246820	94402	3396	37998
2009	26547	1117595	2857907	373210	838542	251716	88887	2498	81980
2010	30161	1285825	2882929	368284	833343	251088	6530	10181	150423
2011	36840	1590256	3801404	399954	804872	265000		13076	119836

12－12 主要工业产品产量（2011）

产 品 名 称	计量单位	全 市	产 品 名 称	计量单位	全 市
原煤	吨	6771200	纯苯	吨	265000
铁矿石原矿量	吨	3344089	冰醋酸	吨	
石墨及碳素制品	吨	208833	初级形态的塑料	吨	
配混合饲料	吨	1307003	合成橡胶	吨	180085
白酒	千升	58796	合成纤维单体	吨	414103
啤酒	千升	250312	化学原料药	吨	1916
软饮料	吨	1335110	塑料制品	吨	72183
化学纤维	吨	260679	水泥	万吨	663.1
合成纤维	吨	196800	生铁	吨	2524076
纱	吨	36840	粗钢	吨	2327915
服装	万件	545.8	钢材	吨	2636508
人造板	立方米	235737	中小型型钢	吨	
机制纸及纸板	吨	313442	线材	吨	
新闻纸	吨		钢带	吨	1854793
纸制品	吨	182351	无缝钢管	吨	282578
汽油	吨	1590256	焊接钢管	吨	438160
柴油	吨	3801404	铁合金	吨	490255
润滑油	吨		汽车	辆	119836
燃料油	吨	399954	载货汽车	辆	16757
焦炭	吨	773463	公路客车	辆	61478
硫酸（折１００％）	吨		家用电冰箱	台	
浓硝酸（折１００％）	吨	24263	彩色电视机	部	
氢氧化钠（烧碱）（折１００％）	吨	18758	发电量	亿千瓦小时	142.1
合成氨	吨	277527	火电	亿千瓦小时	101.9
化学农药	吨		水电	亿千瓦小时	40.2
乙烯	吨	804872			

12－13 大中型企业基本情况（2011）

单位：万元

企业名称	企业规模	经济类型	隶属关系	工业总产值（现价）	工业销售产值（现价）
吉林市水务集团有限公司	2	160	40	13343	13343
吉化集团公司	1	110	10	455159	481017
吉林北方铁合金联营公司	2	120	90	2789	2001
吉化集团吉林市龙山化工厂	2	120	90	37077	36877
吉林化纤东昊工贸股份有限公司	2	160	40	6344	6344
吉林航空维修有限责任公司	2	151	10	25572	25563
一汽吉林汽车有限公司	1	110	10	393649	387198
吉林领先科技发展股份有限公司	2	174	90	17791	17682
沈阳铁路局吉林水泥轨枕厂	2	110	10	12483	15662
沈阳铁路局吉林配件厂	2	110	10	10041	3331
吉林江北制造有限责任公司	1	151	10	96169	96495
吉化集团吉林市锦江油化厂	2	120	50	76617	77041
国电东北电力有限公司吉林热电厂	2	110	10	42641	42641
丰满发电厂	2	110	10	44474	44474
吉林小糸东光车灯有限公司	2	151	90	19736	19763
吉林龙潭水泥有限公司	2	159	10	64799	66365
吉林制药股份有限公司	2	160	40	14942	8721
中钢集团吉林炭素股份有限公司	1	160	10	160426	154868
吉林省舒兰合成药业股份有限公司	2	174	50	9455	9279
舒兰矿业(集团)有限责任公司	1	151	20	67697	70450
吉林市吉轻制动器制造有限责任公司	2	173	90	17504	17464
舒兰市通用机械有限责任公司	2	130	50	9605	9393
吉林省白石山林业局	2	110	20	26318	23638
白山发电厂	2	110	10	63113	63113
中国黄金集团夹皮沟矿业有限公司	1	110	10	42311	42059
桦甸市老金厂金矿	2	159	90	21702	21702
吉林成大弘晟能源有限公司	2	160	90	6494	5533
桦甸市三泰钼业有限责任公司	2	173	90	15709	15709
吉林化纤集团有限责任公司	1	151	40	714343	693274
吉林市伊斯特能源有限公司	2	173	40	30836	30836

12－13 续表1

单位：万元

企业名称	企业规模	经济类型	隶属关系	工业总产值（现价）	工业销售产值（现价）
吉林市航盛宏宇电子有限公司	2	174	90	19642	20682
通化钢铁集团桦甸矿业有限责任公司	2	159	20	64365	65470
吉林恒昌科技股份有限公司	2	174	90	12194	12608
吉林恒联精密铸造科技有限公司	1	159	50	408508	442620
吉林市长久专用车有限公司	2	159	40	4659	3857
吉林昊宇电气股份有限公司	2	173	90	130000	127399
思豪（吉林）制衣有限公司	2	310	90	15890	15702
吉林永大集团股份有限公司	1	173	90	72751	72725
吉林省红旗冷饮总厂	2	171	90	49485	47917
吉林市玲珑家具有限公司	2	171	90	41566	41459
吉林市统琪彬财玻璃加工有限公司	2	159	90	5306	5362
吉林市连吉官地建筑材料有限公司	2	159	50	29067	27504
吉林市吉汽一龙山汽车底盘有限公司	2	159	90	31315	31126
吉林市东方宇威工贸有限公司	2	173	90	69193	69637
吉林得利斯食品有限公司	2	160	90	99495	95154
吉林市胜亚钢结构有限公司	2	173	90	27884	28035
吉林明阳大通风电技术有限公司	2	173	90	331598	330021
国电吉林江南热电有限公司	2	110	10	61394	61394
吉林市飞龙股份有限公司	2	173	90	29941	29931
益海嘉里（吉林）粮油食品工业有限公司	2	310	90	39300	40500
吉林市显耀机械制造有限公司	2	173	90	5972	6075
桦甸地球卫士纸业有限公司	2	159	90	16800	16800
吉林市亚东新能源设备集团有限公司	2	173	90	7902	7855
吉林市天程粮食购销有限公司	2	173	50	53976	43958
吉林市光大电力设备股份有限公司	2	173	90	16348	16368
华润雪花啤酒吉林有限公司	2	230	40	51484	50638
吉林春光牧工商集团有限公司	2	159	90	27000	26362
吉林鹿王制药有限公司	2	310	40	8516	9793
吉林市富康木业有限公司	2	330	90	36000	35231
桦甸市黄金有限责任公司	2	159	90	78828	13949

12－13 续表2

单位：万元

企业名称	企业规模	经济类型	隶属关系	工业总产值（现价）	工业销售产值（现价）
吉林市热力有限公司(吉林市热力总公司)	2	159	40	40095	40095
吉林大通集团有限公司	2	174	90	22547	22006
吉林市亿兴木业有限公司	2	173	90	46288	45640
日新恒通电气有限公司	2	173	90	30600	29952
东北虎药业股份有限公司	2	173	90	8952	8868
吉林市卓怡康纳制药有限公司	2	173	90	8563	8460
富奥汽车零部件股份有限公司紧固件公司	2	110	40	60799	59441
吉林松花江实业有限公司	2	173	90	21196	20732
吉林港华燃气有限公司	2	310	90	16534	16534
通化钢铁集团磐石无缝钢管有限责任公司	2	159	20	145042	144368
吉林吉尔吉药业有限公司	2	173	90	20433	20137
桦甸市隆兴铁矿	2	171	90	10557	10812
桦甸市丰泰油页岩综合开发有限公司	2	171	90	13844	13844
吉林市福源食品集团有限责任公司	2	160	90	34400	33475
吉林市正泰电气设备制造有限公司	2	173	90	40385	38130
吉林省龙达铁合金有限责任公司	2	159	20	18538	18334
吉林圆方机械集团有限公司	2	159	90	21410	21984
吉林华微电子股份有限公司	1	160	90	106514	107537
吉林龙鼎电气股份有限公司	2	160	40	32005	26418
中国石油天然气股份有限公司吉林石化分公司	1	160	10	6621255	6605630
吉林市东北电院开元科技有限公司	2	173	90	13252	13257
冀东水泥吉林有限责任公司	2	159	40	80890	87132
长白山制药股份有限公司	2	160	90	50690	50672
吉林娃哈哈食品有限公司	2	310	90	29493	29293
吉林市源源热电有限责任公司	2	159	40	12021	12021
中钢集团吉林机电设备有限公司	2	110	10	58666	50466
大森林食品有限公司	2	173	90	84062	82334
吉林联力工贸有限责任公司	2	159	10	23059	23059
吉林市九鑫制药有限公司	2	173	90	66707	66995
吉林建龙钢铁有限责任公司	2	159	50	510486	455157

12－13 续表3

单位：万元

企业名称	企业规模	经济类型	隶属关系	工业总产值（现价）	工业销售产值（现价）
桦甸市日晖页岩油有限责任公司	2	173	90	21036	21036
吉林昊融有色金属集团有限公司	1	310	20	446554	383103
吉林市鹰皇果仁食品有限公司	2	210	90	60525	59604
吉林市吉化北方联腾化工有限公司	2	159	90	13943	13858
吉林市吉东木业有限公司	2	173	90	29650	28773
桦甸市建龙矿业有限责任公司	2	171	90	29448	28598
吉林市双林射孔器材有限责任公司	2	173	90	13801	13908
吉林铁合金有限责任公司	1	159	20	417248	363986
吉林康乃尔药业有限公司	2	173	90	62179	62507
吉林亚泰明城水泥有限公司	2	159	90	112848	107367
冀东水泥磐石有限责任公司	2	159	90	93796	90761
吉林省蛟河煤机制造有限责任公司	2	110	20	12233	12428
吉林市荣升木业有限责任公司	2	173	90	16057	15981
吉林水工机械有限公司	2	173	90	39078	39902
吉林市吉化北方云雀工贸有限责任公司	2	159	90	34173	35111
桦甸市永隆铁合金有限公司	2	173	90	23298	23298
吉林市吴太感康药业有限公司	2	159	90	46237	45182
吉林桦甸北台子油页岩开发有限公司	2	159	90	23415	23415
吉林市伊利食品有限公司	2	159	50	35869	35598
吉林市驰德利汽车电器有限公司	2	173	90	11494	11629
吉林市宏岩粮业有限公司	2	173	50	35311	29345
吉林市吉芙特制衣有限公司	2	173	90	5028	4976
吉林市众诚分离机械制造有限公司	2	173	90	36396	40227
吉林恩智浦半导体有限公司	2	310	90	47073	45411
吉林省绿能环保科技发展有限公司	2	159	90	4538	4582
桦甸市盛元矿业有限公司	2	159	90	21385	21385
吉林京华制管有限公司	2	159	90	134110	141239
吉林省公路机械有限公司	2	173	90	41250	40347
桦甸市洪义陶瓷有限公司	2	173	90	17698	17698
舒兰市广源煤业有限责任公司	2	173	90	21011	21000

12－13 续表4

单位：万元

企业名称	企业规模	经济类型	隶属关系	工业总产值（现价）	工业销售产值（现价）
吉林市吉化北方炬醌工贸有限责任公司	2	159	90	20005	20013
桦甸市环球木业有限责任公司	2	172	90	17292	17292
吉林麦吉柯半导体有限公司	2	173	90	63321	63003
吉林百鑫汽车部件有限公司	2	320	90	11025	11141
吉林龙山有机硅有限公司	2	173	90	72595	71640
吉林大黑山钼业有限公司	2	159	50	49037	46943
吉林市丰谊矿业有限责任公司	2	173	90	17743	17743
吉化集团油脂化工有限公司	2	160	90	14668	14132
吉林市庆满化纤纺织有限公司	2	159	90	34929	35067
吉林科伦康乃尔制药有限公司	2	173	90	55580	55466
吉林市泷鑫电气设备有限公司	2	173	90	24119	23868
吉林金立方化工有限公司	2	173	50	42867	44083
吉林晨鸣纸业有限责任公司	2	159	40	130118	94317
吉林省鑫源黄金矿业有限责任公司	2	159	90	26056	26056
吉林市恒盛毛纺有限公司	2	173	90	14157	13893
吉林市吉福新材料有限责任公司	2	159	90	5030	5004
吉林市澳嘉跃进食品有限公司	2	173	90	7558	7466
吉林市绿孚生态农业有限公司	2	173	90	17760	17254
吉林中石油昆仑燃气有限公司吉林分公司	2	110	10	132390	132100
吉林市东浩纺织工业有限公司	2	210	90	27211	26603
吉林市华康益民木糖有限公司	2	173	90	4000	4000
舒兰吉辉矿业有限公司	2	159	90	44538	41955
吉林市石丰石业有限公司	2	173	90	12209	12114
舒兰市吉盛煤业有限责任公司	2	173	50	14480	14190
吉林康乃尔化学工业有限公司	2	230	90	231077	225077
吉林市东奇科技有限公司	2	159	90	3222	3235
吉林市凯赛生物技术有限责任公司	2	340	90	128743	128030
吉林森林工业股份有限公司红石林业分公司	1	160	20	35815	34789

12-13 续表5

单位：万元

企业名称	主营业务收入	利润总额	流动资产合计	全部从业人员年平均人数（人）	工业产品销售率	资产负债率
吉林市水务集团有限公司	13343	-351	6466	1750	100.00	64.80
吉化集团公司	609697	69647	216455	7460	105.68	33.60
吉林北方铁合金联营公司	3767	-537	2147	576	71.75	79.59
吉化集团吉林市龙山化工厂	36877	-382	32448	468	99.46	63.67
吉林化纤东昊工贸股份有限公司	5963	-33	2480	320	100.00	27.50
吉林航空维修有限责任公司	24049	-1241	18095	2586	99.96	96.99
一汽吉林汽车有限公司	383948	-78874	204295	3993	98.36	86.79
吉林领先科技发展股份有限公司	17682	-165	26112	434	99.39	43.04
沈阳铁路局吉林水泥轨枕厂	15697	203	11233	652	125.47	78.64
沈阳铁路局吉林配件厂	3065	1	5144	460	33.17	60.56
吉林江北制造有限责任公司	100366	1347	81441	3688	100.34	68
吉化集团吉林市锦江油化厂	77041	-104	24746	941	100.55	42
国电东北电力有限公司吉林热电厂	44032	-995	12909	790	100.00	100.00
丰满发电厂	44474	2880	10724	954	100.00	100.00
吉林小糸东光车灯有限公司	19763	1	14966	1277	100.14	43.04
吉林龙潭水泥有限公司	66408	5693	25813	394	102.42	75.91
吉林制药股份有限公司	8721	373	14403	324	58.37	115.39
中钢集团吉林炭素股份有限公司	160545	169	169408	9436	96.51	62.13
吉林省舒兰合成药业股份有限公司	9279	464	8046	455	98.14	90.45
舒兰矿业(集团)有限责任公司	77143	451	53242	4775	104.07	78.61
吉林市吉轻制动器制造有限责任公司	17464	1522	4044	303	99.77	37
舒兰市通用机械有限责任公司	9393	350	5588	301	97.79	41.28
吉林省白石山林业局	23393	3532	19912	3274	89.82	64.68
白山发电厂	63113	9047	8400	1074	100.00	100.00
中国黄金集团夹皮沟矿业有限公司	42059	18782	23031	2375	99.40	26.18
桦甸市老金厂金矿	22354	2140	4410	539	100.00	12.40
吉林成大弘晟能源有限公司	5989	831	9907	300	85.20	57.45
桦甸市三泰钼业有限责任公司	16345	1871	3695	315	100.00	22.65
吉林化纤集团有限责任公司	639919	-25635	271666	10832	97.05	74.43
吉林市伊斯特能源有限公司	20964	-484	23765	526	100.00	83.83

12－13 续表6

单位：万元

企 业 名 称	主营业务收入	利润总额	流动资产合计	全部从业人员年平均人数（人）	工业产品销售率	资产负债率
吉林市航盛宏宇电子有限公司	20682	407	13047	867	105.29	55.58
通化钢铁集团桦甸矿业有限责任公司	65473	20002	6719	360	101.72	60.19
吉林恒昌科技股份有限公司	12608	56	4212	548	103.40	43.04
吉林恒联精密铸造科技有限公司	456653	10613	214633	2818	108.35	67.72
吉林市长久专用车有限公司	3857		2514	385	82.79	60.66
吉林昊宇电气股份有限公司	93988	15848	115268	498	98.00	38.34
思豪（吉林）制衣有限公司	22141	1106	4015	325	98.82	60.59
吉林永大集团股份有限公司	72725	2758	42035	2364	99.96	56.67
吉林省红旗冷饮总厂	47917	6013	11665	310	96.83	0.76
吉林市玲珑家具有限公司	41459	8156	6200	335	99.74	13.75
吉林市统琪彬财玻璃加工有限公司	5362	20	2797	350	101.06	43.04
吉林市连吉官地建筑材料有限公司	26160	800	2016	340	94.62	0.33
吉林市吉汽一龙山汽车底盘有限公司	31126	2091	24749	469	99.40	55.33
吉林市东方宇威工贸有限公司	69637	5633	21739	593	100.64	50.76
吉林得利斯食品有限公司	95154	23777	1646	830	95.64	25.62
吉林市胜亚钢结构有限公司	28035	3151	16836	446	100.54	53.57
吉林明阳大通风电技术有限公司	330021	39785	106499	1169	99.52	52.87
国电吉林江南热电有限公司	61394	-18233	68884	408	100.00	96.52
吉林市飞龙股份有限公司	30352	2058	7439	405	99.97	80.18
益海嘉里（吉林）粮油食品工业有限公司	57175	20	28972	489	103.05	80.92
吉林市显耀机械制造有限公司	6075	87	1355	380	101.72	43.03
桦甸地球卫士纸业有限公司	17715	1594	116	330	100.00	10.99
吉林市亚东新能源设备集团有限公司	7855	103	2869	648	99.41	43.04
吉林市天程粮食购销有限公司	44468	106	6378	1250	81.44	84.77
吉林市光大电力设备股份有限公司	16368	2103	5498	328	100.12	43.03
华润雪花啤酒吉林有限公司	54389	4592	19881	1542	98.36	115.68
吉林春光牧工商集团有限公司	26362	1565	4956	400	97.64	35.53
吉林鹿王制药有限公司	9831	10	4153	334	115.00	49.10
吉林市富康木业有限公司	35231	1208	2264	840	97.86	38.51
桦甸市黄金有限责任公司	65563	3210	8186	712	17.70	30.73

12－13 续表7

单位：万元

企业名称	主营业务收入	利润总额	流动资产合计	全部从业人员年平均人数（人）	工业产品销售率	资产负债率
吉林市热力有限公司(吉林市热力总公司)	41472	299	43620	1686	100.00	97.96
吉林大通集团有限公司	22006	735	32258	648	97.60	58.97
吉林市亿兴木业有限公司	45640	8316	1148	738	98.60	60.76
日新恒通电气有限公司	30530	1670	8156	336	97.88	44.57
东北虎药业股份有限公司	8868	-89	21300	648	99.06	43.04
吉林市卓怡康纳制药有限公司	8460	106	5092	307	98.80	43.04
富奥汽车零部件股份有限公司紧固件公司	59441	5356	13592	1061	97.77	30.95
吉林松花江实业有限公司	20732	1674	1488	329	97.81	55.89
吉林港华燃气有限公司	18984	1694	4290	427	100.00	91.57
通化钢铁集团磐石无缝钢管有限责任公司	170509	30	39711	1226	99.54	67.27
吉林吉尔吉药业有限公司	20137	124	16421	452	98.55	43.04
桦甸市隆兴铁矿	10073	1724	3460	375	102.42	58.47
桦甸市丰泰油页岩综合开发有限公司	16091	842	248	300	100.00	1.68
吉林市福源食品集团有限责任公司	33475	1281	3899	504	97.31	44.90
吉林市正泰电气设备制造有限公司	38130	5121	4108	320	94.42	0.98
吉林省龙达铁合金有限责任公司	18486	-297	8364	391	98.90	70.71
吉林圆方机械集团有限公司	23356	1260	23548	660	102.68	62.25
吉林华微电子股份有限公司	105000	10500	155020	2193	100.96	48.49
吉林龙鼎电气股份有限公司	26419	675	19500	419	82.54	52.31
中国石油天然气股份有限公司吉林石化分公司	6639909	-575314	1087737	25287	99.76	25.11
吉林市东北电院开元科技有限公司	13257	62	3396	462	100.04	43.04
冀东水泥吉林有限责任公司	87132	16991	18300	1170	107.72	40.85
长白山制药股份有限公司	39888	8998	53648	318	99.96	63.46
吉林娃哈哈食品有限公司	29293	4557	5693	398	99.32	30.32
吉林市源源热电有限责任公司	13460	-399	22395	378	100.00	90.90
中钢集团吉林机电设备有限公司	50466	3094	76428	1791	86.02	86.69
大森林食品有限公司	90334	16655	2952	395	97.94	19.46
吉林联力工贸有限责任公司	23916	1190	145	1211	100.00	25.70
吉林市九鑫制药有限公司	66995	12175	5210	305	100.43	10.83
吉林建龙钢铁有限责任公司	711635	7632	283751	1750	89.16	69.89

12－13 续表8

单位：万元

企业名称	主营业务收入	利润总额	流动资产合计	全部从业人员年平均人数（人）	工业产品销售率	资产负债率
桦甸市日晖页岩油有限责任公司	21316	6034	864	305	100.00	19.26
吉林昊融有色金属集团有限公司	456744	25554	937693	8090	85.79	77.40
吉林市鹰皇果仁食品有限公司	59604	5346	26164	521	98.48	53.36
吉林市吉化北方联腾化工有限公司	14158	-245	8319	322	99.39	56.19
吉林市吉东木业有限公司	28773	2830	2500	530	97.04	20.34
桦甸市建龙矿业有限责任公司	33549	11938	105238	363	97.11	59.31
吉林市双林射孔器材有限责任公司	13908	62	3560	608	100.78	43.04
吉林铁合金有限责任公司	366005	-12253	142075	4803	87.23	89.37
吉林康乃尔药业有限公司	62507	3025	64123	1962	100.53	57.65
吉林亚泰明城水泥有限公司	107365	24086	107148	566	95.14	51.41
冀东水泥磐石有限责任公司	86687	25507	27667	476	96.76	40.97
吉林省蛟河煤机制造有限责任公司	10124	209	23872	500	101.59	74.94
吉林市荣升木业有限责任公司	15981	1151	5179	658	99.53	56.03
吉林水工机械有限公司	39902	2113	33113	1081	102.11	57.13
吉林市吉化北方云雀工贸有限责任公司	34299	997	9299	342	102.74	40.08
桦甸市永隆铁合金有限公司	22133	2488	1561	305	100.00	35.73
吉林市吴太感康药业有限公司	45182	8346	14319	469	97.72	43.04
吉林桦甸北台子油页岩开发有限公司	17850	1600	2002	300	100.00	33.63
吉林市伊利食品有限公司	35268	5064	3261	399	99.24	62.48
吉林市驰德利汽车电器有限公司	11629	66	937	563	101.17	43.03
吉林市宏岩粮业有限公司	29345	-3396	9823	1165	83.10	75.00
吉林市吉芙特制衣有限公司	4976	11	408	350	98.97	43.03
吉林市众诚分离机械制造有限公司	40227	5340	5951	513	110.53	48.26
吉林恩智浦半导体有限公司	45411	104	20595	995	96.47	43.04
吉林省绿能环保科技发展有限公司	4582	13	7875	464	100.97	43.04
桦甸市盛元矿业有限公司	21923	1760	500	320	100.00	18.44
吉林京华制管有限公司	141243	1894	7408	480	105.32	53.62
吉林省公路机械有限公司	40900	2315	9247	441	97.81	9.94
桦甸市洪义陶瓷有限公司	14958	2847	1624	395	100.00	42.45
舒兰市广源煤业有限责任公司	21000	1858	4764	670	99.95	60.14

12－13 续表9

单位：万元

企业名称	主营业务收入	利润总额	流动资产合计	全部从业人员年平均人数（人）	工业产品销售率	资产负债率
吉林市吉化北方炬醌工贸有限责任公司	20076	808	7414	444	100.04	41.59
桦甸市环球木业有限责任公司	17422	2078	965	316	100.00	4.23
吉林麦吉柯半导体有限公司	63003	5117	32356	1407	99.50	55.84
吉林百鑫汽车部件有限公司	11141	70	1101	313	101.05	43.04
吉林龙山有机硅有限公司	71640	2152	48410	1512	98.68	52.33
吉林大黑山钼业有限公司	46876	11527	30145	1140	95.73	62.14
吉林市丰谊矿业有限责任公司	17743	4059	425	317	100.00	23.37
吉化集团油脂化工有限公司	14132	270	1200	300	96.35	27.91
吉林市庆满化纤纺织有限公司	35067	3903	2597	521	100.40	39.96
吉林科伦康乃尔制药有限公司	55466	1663	14493	1473	99.79	49.78
吉林市泷鑫电气设备有限公司	23868	3286	459	402	98.96	12.19
吉林金立方化工有限公司	41185	3982	26076	410	102.84	53.93
吉林晨鸣纸业有限责任公司	94317	-10398	83553	928	72.49	56.18
吉林省鑫源黄金矿业有限责任公司	26626	4917	952	567	100.00	2.74
吉林市恒盛毛纺有限公司	14207	849	370	660	98.14	53.73
吉林市吉福新材料有限责任公司	5004	96	7944	565	99.48	43.04
吉林市澳嘉跃进食品有限公司	7466	201	1069	365	98.78	43.04
吉林市绿孚生态农业有限公司	17254	4013	2356	300	97.15	13.10
吉林中石油昆仑燃气有限公司吉林分公司	132100	17993	38782	417	99.78	44.96
吉林市东浩纺织工业有限公司	26603		4209	422	97.77	74.52
吉林市华康益民木糖有限公司	4000	-146	492	350	100.00	56.34
舒兰吉辉矿业有限公司	41955	4525	9745	899	94.20	29.91
吉林市石丰石业有限公司	12114	520	1752	371	99.22	43.03
舒兰市吉盛煤业有限责任公司	14190	300	613	450	98.00	39.41
吉林康乃尔化学工业有限公司	225077	21000	68628	658	97.40	43.13
吉林市东奇科技有限公司	3235	132	5857	411	100.40	43.04
吉林市凯赛生物技术有限责任公司	128030	5779	69332	1215	99.45	48.15
吉林森林工业股份有限公司红石林业分公司	45938	6703	20236	2957	97.14	37.94

建筑业
Jian zhu ye

13-1 建筑业企业生产情况（1986－2011）

单位：万元

年　份	施工企业单位数（个）	建筑业总产值	#建筑工程	#安装工程	建筑业增加值
1986	161	96675			
1987	169	117215			
1988	168	140435			
1989	167	129054			
1990	158	129938			
1991	156	165031			
1992	156	255056			
1993	174	358420			
1994	179	363486			
1995	211	368252	275818	81503	137635
1996	237	446834	328289	107308	163573
1997	185	355802	254238	88876	132885
1998	190	404014	305547	87441	138319
1999	193	442804	353080	83440	163839
2000	197	607995	476738	125281	178555
2001	179	471160	362318	101493	138054
2002	142	442233	307616	130237	90893
2003	121	482478	343241	131581	95930
2004	178	490828	282427	195256	92975
2005	159	499463	307507	190295	95367
2006	150	599213	343856	236523	105531
2007	163	796177	506055	268798	127256
2008	166	1183866	741372	366313	349630
2009	159	1236614	841710	379162	257677
2010	161	1590290	1151398	413633	385098
2011	215	2132652	1616183	466944	

13-1 续表

单位：万平方米

年　份	施　工 房屋面积	#新开工	#投标承包	竣工房屋 面　积	#住宅
1986	260				
1987	262				
1988	333				
1989	300				
1990	247				
1991	313				
1992	398				
1993	442				
1994	381				
1995	322	167	36	166	
1996	374	187	86	217	
1997	331	199	101	207	
1998	352	202	155	206	
1999	411	279	241	244	
2000	541	325	312	331	
2001	463	348	323	311	106
2002	410	264	239	250	160
2003	380	221	218	248	138
2004	254	220	210	154	82
2005	227	164	198	109	64
2006	297	228	265	142	79
2007	397	336	356	237	150
2008	398	315	282	326	233
2009	382	261	264	302	192
2010	515	449	336	332	232
2011	866	690	505	586	456

13-2 建筑业企业生产情况（2011）

项　　目	单位	合计	国有企业	集体企业	其他所有制企业
一、施工企业单位数	个	215	20	23	172
二、建筑业总产值	万元	2132652	778521	251989	1132143
#建筑工程	万元	1616183	459935	180285	975963
安装工程	万元	466944	286639	65248	115057
三、全年竣工产值	万元	1385781	384860	238151	762770
四、施工房屋面积	万平方米	866	99	43	724
#新开工	万平方米	690	61	34	595
投标承包	万平方米	505	93	33	379
五、竣工房屋面积	万平方米	586	18	58	510
#住　宅	万平方米	456	11	35	410
六、年末自有机械设备台数	台	16691	5127	529	11035
七、年末自有机械设备净值	万元	43711	16983	1299	25423
八、年末自有机械设备总功率	万千瓦	22	6	2	14
九、计算建筑业劳动生产率平均人数	人	158140	24130	5439	128571

13-3 建筑业企业财务状况（2011）

项 目	单位	合 计	国有企业	集体企业	其他所有制企业
一、流动资产	万元	1002303	377826	60936	563541
#存 货	万元	97374	27442	7593	62339
二、年末固定资产原价	万元	309136	108931	25448	174757
三、本年固定资产折旧	万元	22307	8907	1095	12305
四、年末固定资产净值	万元	216725	57021	18219	141485
五、年末资产合计	万元	1362295	484905	83593	797797
六、年末负债合计	万元	885649	376518	55844	453287
七、所有者权益合计	万元	476646	103388	27748	340510
#实收资本	万元	290725	83107	20125	187493
八、工程结算收入	万元	2227810	840925	253542	1133343
工程结算成本	万元	1967461	771003	239442	957016
工程结算税金及附加	万元	72831	21848	8628	42355
九、管理费用	万元	73356	28489	4217	40650
十、利润总额	万元	90783	10870	1286	78627
十一、利税总额	万元	167284	3382	1008	123380
十二、年末被拖欠的工程款	万元	481065	21481	23451	243333

13-4 建筑业企业主要经济效益指标（2011）

项 目	单位	合 计	国有企业	集体企业	其他所有制企业
一、建筑业劳动生产率					
按总产值计算	元／人	136522	322636	84858	108493
二、竣工率					
按产值计算	%	64.1	49.4	94.5	67.4
三、产值工资率	%	10.1	9.4	6.7	11.5
四、资金利润率	%	4.1	1.4	1.6	11.1
五、产值利润率	%	4.2	1.4	0.5	6.9
六、技术装备率	元/人	7144	8224	2395	4560
七、流动比率	%	1.59	1.33	1.56	1.81
八、资产负债率	%	65	77.6	66.8	57.1

交通运输和邮电通讯业

Jiao tong yun shu he you dian tong xun ye

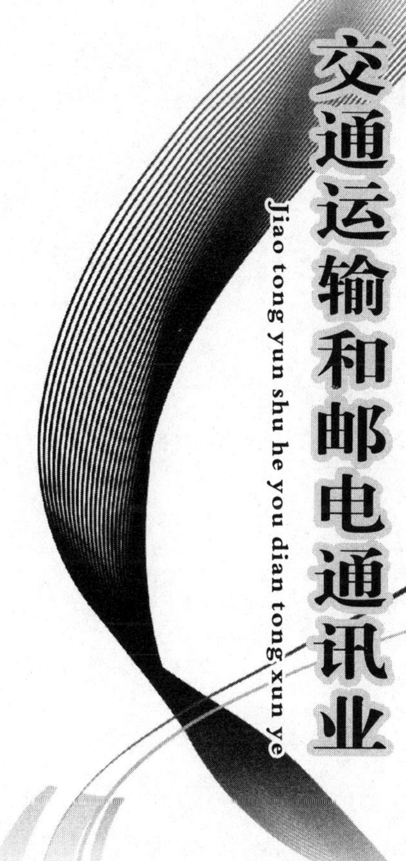

14－1 交通运输情况（2005－2011）

指　　标	单　位	2005	2006	2007	2008	2009	2010	2011
交通运输里程								
1.铁路								
正线延展里程	公里	737.9						
营业里程	公里	603	603	548	548	548		
2.公路线路里程	公里	8755.7	14587.4	14620.5	14746.2	14413.2	14416.3	14630.6
等级路	公里	8615	13555.9	13655.4	13832.9	14035.2	14055.6	14305.8
高速公路	公里	62.9	62.9	62.9	175.2	165.7	165.7	374.5
一级	公里	197.5	214.9	229.4	200.4	252.5	254.5	248.6
二级	公里	1276.2	1456.6	1539.8	1597.9	1564.1	1563.6	1530.4
三级	公里	1565.5	1013.7	1061.5	1103.2	1031.9	1050.3	1114.9
四级	公里	5512.9	10807.8	10761.8	10756.2	11021	11021.5	11037.4
等外路	公里	140.7	1031.5	965.1	913.3	378	360.7	324.8
3.民航	公里							
4.内河航道里程	公里	576	576	576	550	550	550	550
货物周转量合计	**万吨公里**	**731349**	**105173**	**142335**	**897635**	**1154520**	**1362573**	**1636726**
铁路	万吨公里	648323						
公路	万吨公里	83026	105126	142288	897625	1154509	1362573	1636726
水运	万吨公里		47	47	9.6	11.4		
民航	万吨公里							
货运量合计	**万吨**	**5448**	**5706**	**6034.7**	**5514.7**	**6489.4**	**7913**	**9181**
铁路	万吨	1855	1769	1737	1826	2087	2259	2389
公路	万吨	3593	3928	4289	3680	4392	5654	6792
水运	万吨		9	8.7	8.7	10.4		
民航	万吨							
旅客周转量合计	**万人公里**	**328178**	**155487**	**172497**	**338170**	**353715**	**441597**	**463113**
铁路	万人公里	190198						
公路	万人公里	137290	153782	170922	336225	351628	440050	461050
水运	万人公里	690	1705	1575	1945	2087	1547	2063
民航	万人公里							
客运量合计	**万人**	**4406**	**4753**	**4828**	**10919.8**	**11059.2**	**11118.7**	**11732.4**
铁路	万人	784	797	811	866	868.5	789.9	1031.2
公路	万人	3560	3888	3954	9976	10100	10251	10605

注：1.2009年，因我市公路采取GPS定位重新测量，所以公路线路里程数比上年有所减少。

2.根据交通部统一要求，自2009年开始采取新口径计算客、货运量及周转量，2008年数据做同口径调整。

14－1 续表

指　　标	单　位	2005	2006	2007	2008	2009	2010	2011
水运	万人	62	68	63	77.8	90.7	77.8	96.16
民航	万人							
新建公路	公里	98	260	177	273.3		34.9	
高速公路	公里				112.3			
民用车辆拥有量	辆	382460	399591	480424	536695	626204	703305	762133
一、汽　车	辆	134790	131795	170359	195005	232838	272846	313610
#私人汽车	辆	83407	84424	121548	144317	179961	216649	253905
1.载客汽车合计	辆	79240	87847	106996	127356	162124	198196	236421
大型	辆	4532	4670	4752	5003	5368	5410	5714
中型	辆	3313	3425	3696	4140	4649	4802	4986
小型	辆	52205	63166	81978	101756	136100	172018	209536
微型	辆	19190	16586	16570	16457	16007	15966	16197
2.载货汽车	辆	36548	31961	33675	35644	42307	48130	52701
重型	辆	9635	8333	8270	8426	12259	15028	17328
中型	辆	5415	5138	5420	5547	5846	5825	5619
轻型	辆	21162	18256	19776	21489	24088	27223	29714
微型	辆	336	234	209	182	114	54	40
3.其他汽车	辆	19002	11987	29688	32005	28407	26520	24488
二、电　车	辆	1						
三、摩托车	辆	160800	172702	188970	203469	225604	239030	240067
四、农用运输车	辆	20067	20086	21454	24254	26258	27026	25537
三轮	辆	13845	13757	14853	16478	17255	17748	16377
四轮	辆	6222	6329	6601	7776	9003	9278	9160
五、拖拉机	辆	66177	73894	98101	112009	138904	160199	177904
六、挂 车	辆	504	976	1391	1801	2407	3944	4637
七、特 种	辆	121	138	149	157	193	260	344

注：农用运输车2008年未统计，以此次调整为准。

14－2 邮电通讯情况（2005-2011）

指　　标	单 位	2005	2006	2007	2008	2009	2010	2011
年末邮电局（所）数	所	269	309	342	385	364	352	326
邮政业务总量	**万元**	**20354**	**24569**	**26216**	**28099**	**31736**	**34406**	**23499**
函件业务	万件	901	1221	1515	1310	1283	814	1101
包件业务	万件	26	33	26	17	17	11	11
国内汇票	万张	35	34	47	65	66	48	47
报纸累计份数	万份	3196.1	3511.0	3290.0	4131	4144	4342	4438
杂志累计份数	万份	329	257	146	144	149	143	188
邮政储蓄平均余额	万元	417718	539607	575167	601642	740865	613572	712887
集邮业务量	万枚	416	394	244	250	168	95	1807
邮路总条数	条	34	36	35	33	33	31	31
邮路总长数	公里	5708	5588	5505	5483	5651	5768	5770
邮政局所数	处	194	197	189	196	183	179	138
邮政储蓄网点	处	164	169	169	169	153	153	153
火车邮厢	辆	5	5	5				
邮政汽车	辆	137	144	178	175	104	109	99
电信业务总量	**万元**	**165112**	**289482**	**331011**	**385783**	**403433**	**458501**	**281908**
长途电话业务总量	万元	11567	9165	8477	9775	7530	5455	5369
本地电话业务总量	万元	49955	18876	15816	28521	19927	13857	14268
数据通讯业务总量	万元	9598	11760	17434	19743	26970	24395	25620
电报业务总量	万元							
年末本地电话用户数	**户**	**1373031**	**1134289**	**1154944**	**1018295**	**975689**	**966347**	**948008**
城市电话用户	户	1047784	806807	853634	772421	755309	742086	744886
#城市住宅电话	户	905282	613657	639263	591657	590771	553459	524370
乡村电话用户	户	325247	319099	301310	245874	220380	224261	203122
#乡村住宅电话	户	302294	308223	292225	231544	206188	210110	198067
局用交换机容量	门	1425898	1441688	1425532	1078186	910404	912000	795301
用户交换机容量	门	1433597	317708	314714	423450	427321	427653	382092
移动业务总量	万元	80419	194620	235826	285864	299368	363768	197822
年末移动电话用户数	户	1848826	1849432	2474483	3579694	4409748	5229910	5461727
#数字	户	1848826	1849432	2474483	3579694	4409748	5229910	5461727
模拟	户							
移动电话新增户数	户	439386	767905	1859291	1105211	1552685	1978177	1495924
交换机个数	个	7	7	9	10	11	11	11
交换机容量	万户	168	341	310	363	542	542	517
#数字	万户	168	341	310	363	542	542	517
模拟	万户							
无线寻呼用户数	**户**	**3164**						

批发零售贸易和餐饮业

Pi fa ling shou mao yi he can yin ye

15-1 主要年份社会消费品零售总额

单位：万元

年份	社会消费品零售总额	按地区分			按行业分			
		市的零售额	县的零售额	县以下的零售额	批发零售贸易业	餐饮业	制造业	其他行业
1949	7169				6237	215	631	
1952	16220				15725	487	1427	8
1957	26520				23678	998	1030	167
1962	40510				34331	1834	2322	552
1965	39137				34987	1669	1411	162
1970	49019				44690	1997	1666	666
1975	73755				67217	3549	2897	92
1978	84300				76538	3389	3544	73
1980	109622				90000	5398	10608	1084
1985	240457				184828	14318	18533	3323
1988	419225				304763	23032	41285	6103
1989	468364				344382	26529	39616	57837
1990	460545				336619	22775	34943	57208
1991	534148				383977	22645	39115	88411
1992	592897				430812	32314	41248	88523
1993	607138	496681	39386	71071	434024	38330	48761	86023
1994	756313	624286	39359	92669	532387	77296	48742	97889
1995	883071	755537	19981	107553	598548	104786	71958	107779
1996	1008555	845635	30174	132746	664295	116152	74533	153575
1997	1119574	924915	32131	162528	738939	137476	82469	160691
1998	1239058	1032302	37271	169485	824840	156996	65220	192001
1999	1356893	1133117	45818	177958	884788	186236	72666	213203
2000	1477657	1161140	32935	283582	1093321	209428	68701	106207
2001	1679800	1345251	34415	300134	1266533	256742	59844	96680
2002	1898007	1548332	36511	313164	1418735	329114	57372	92786
2003	2154238	1775217	38501	340520	1769931	374378		9929
2004	2458201	2000292	32178	425731	2105523	349021		3657
2005	2829852	2321169	34817	473866	2419606	406294		3952
2006	3274591	2714494	39199	520898	2797339	473238		4014
2007	3851079	3209545	44620	596914	3287335	559407		4337
2008	4746702	3956615	53702	736385	4064022	677143		5537
2009	5787669	4838893	62775	886001	5307850	472922		6897
年份	社会消费品零售总额	按地区分			按行业分			
		城镇的零售额	城区的零售额	乡村的零售额	批发业	零售业	住宿业	餐饮业
2010	6840243	6234323	5720835	605920	1294479	4964047	52442	529275
2011	8038668	7293652	6874700	745016	1530747	5771758	71354	664809

注：社会消费品零售总额2005—2008年数据依据第二次经济普查情况进行了修订。
2010年起根据专业指标变化，本表做相应调整。

15-2 限额以上批发零售法人企业商品购进、销售、库存总额（2011）

单位：千元

指标	法人企业数（个）	从业人员期末人数（人）	商品购进总额	商品销售总额	批发额	零售额
总计	295	16828	67326655	69683917	52897651	16786266
一、批发业	114	6154	54160842	55783290	52087361	3695929
1.按批发行业小类分						
农畜产品批发	46	1653	3428947	3431733	3419833	11900
谷物、豆及薯类批发	45	1646	3399858	3402733	3390833	11900
其他农畜产品批发	1	7	29089	29000	29000	
食品、饮料及烟草制品批发	14	1490	3612142	3645951	3612064	33887
米、面制品及食用油批发	4	122	127410	159374	159374	
果品、蔬菜批发	1	8	10050	28838	28838	
肉、禽、蛋及水产品批发	1	8	23320	22200	22200	
盐及调味品批发	2	133	40449	42912	33671	9241
饮料及茶叶批发	4	232	156216	177475	165329	12146
烟草制品批发	1	819	3226027	3190152	3190152	
其他食品批发	1	168	28670	25000	12500	12500
纺织、服装及日用品批发	2	25	105118	146017	81429	64588
纺织品、针织品及原料批发	2	25	105118	146017	81429	64588
医药及医疗器材批发	12	490	732655	720010	654696	65314
西药批发	10	403	667084	658903	593589	65314
中药材及中成药批发	1	55	25389	25404	25404	
医疗用品及器材批发	1	32	40182	35703	35703	
矿产品、建材及化工产品批发	24	2083	45626058	47079461	43646667	3432794
煤炭及制品批发	1	8		40394	21152	19242
石油及制品批发	3	1628	36788544	38073974	34660422	3413552
非金属矿及制品批发	1	28	28050	28928	28928	
金属及金属矿批发	6	117	2778812	2820988	2820988	
化肥批发	3	46	84840	89210	89210	
其他化工产品批发	10	256	5945812	6025967	6025967	
机械设备、五金交电及电子产品批发	11	322	523346	540425	452979	87446
农业机械批发	4	174	151136	144710	144710	
五金、交电批发	2	50	56093	83228	49832	33396
其他机械设备及电子产品批发	5	98	316117	312487	258437	54050
贸易经纪与代理	1	12	24000	23300	23300	
其他批发	4	79	108576	196393	196393	
再生物资回收与批发	3	47	108576	126860	126860	
其他未列明的批发	1	32		69533	69533	
2.按登记注册类型分						
内资企业	114	6154	54160842	55783290	52087361	3695929
国有企业	35	2349	10639609	10598858	10598858	
集体企业	1	15	105118	105896	60571	45325
股份合作企业	1	10	32000	31000	31000	
有限责任公司	12	439	1573042	1704533	1643612	60921
国有独资公司	1		1245208	1256421	1256421	
其他有限责任公司	11	439	327834	448112	387191	60921
股份有限公司	2	1488	36707855	38013211	34627050	3386161
私营企业	60	1809	4510803	4716005	4512483	203522
私营独资企业	6	136	208866	212983	212983	

15－2 续表1

单位：千元

指 标 名 称	法人企业数（个）	从业人员期末人数（人）	商品购进总额	商品销售总额	批发额	零售额
私营合伙企业	2	18	50597	69325	57179	12146
私营有限责任公司	51	1648	4190060	4370897	4179521	191376
私营股份有限公司	1	7	61280	62800	62800	
其他企业	3	44	592415	613787	613787	
3.按控股情况分						
国有控股	39	3873	48654372	49930165	46544004	3386161
集体控股	2	43	191516	191735	123941	67794
私人控股	67	2143	5114553	5464298	5222324	241974
其他	6	95	200401	197092	197092	
4.按经营形式分						
独立门店	107	5821	53873859	55444044	51760015	3684029
其他	7	333	286983	339246	327346	11900
二、零售业	**181**	**10674**	**13165813**	**13900627**	**810290**	**13090337**
1.按零售行业小类分						
综合零售	37	4859	3782143	4217448	177473	4039975
百货零售	22	2652	2755479	2945426		2945426
超级市场零售	12	2050	980324	1227017	173270	1053747
其他综合零售	3	157	46340	45005	4203	40802
食品、饮料及烟草制品专门零售	16	377	1191229	1125391	171155	954236
粮油零售	4	98	82724	83202		83202
糕点、面包零售	1		34620	34620		34620
肉、禽、蛋及水产品零售	2	31	17700	17250		17250
饮料及茶叶零售	3	35	42087	34844	22176	12668
烟草制品零售	2	54	100737	75239		75239
其他食品零售	4	159	913361	880236	148979	731257
纺织、服装及日用品专门零售	11	277	227253	226563	54451	172112
服装零售	8	213	109593	118296		118296
钟表、眼镜零售	1	34	26127	21741		21741
其他日用品零售	2	30	91533	86526	54451	32075
文化、体育用品及器材专门零售	11	453	286143	255950		255950
图书零售	7	386	171688	167172		167172
珠宝首饰零售	3	59	109855	83778		83778
其他文化用品零售	1	8	4600	5000		5000
医药及医疗器材专门零售	8	444	315229	386325	205190	181135
药品零售	8	444	315229	386325	205190	181135
汽车、摩托车、燃料及零配件专门零售	58	2461	5473984	5828128	111000	5717128
汽车零售	45	1970	4469511	4642595		4642595
汽车零配件零售	4	72	147376	140037		140037
摩托车及零配件零售	2	19	13749	14815		14815
机动车燃料零售	7	400	843348	1030681	111000	919681
家用电器及电子产品专门零售	15	1328	1153631	1150323		1150323
家用电器零售	7	1168	1012276	987450		987450
计算机、软件及辅助设备零售	6	72	138041	141147		141147
通信设备零售	2	88	3314	21726		21726
五金、家具及室内装修材料专门零售	12	155	127518	116854	396	116458
五金零售	6	52	26369	30431	396	30035

15－2 续表2

单位：千元

指 标 名 称	法人企业数（个）	从业人员期末人数（人）	商品购进总 额	商品销售总 额	批发额	零售额
其他室内装修材料零售	6	103	101149	86423		86423
无店铺及其他零售	13	320	608683	593645	90625	503020
生活用燃料零售	10	281	583472	559439	90625	468814
其他未列明的零售	3	39	25211	34206		34206
2.按登记注册类型分						
内资企业	179	9502	12568062	13156084	810290	12345794
国有企业	3	341	701773	792353	111000	681353
集体企业	4	136	59066	55729	4203	51526
股份合作企业	1	10	10495	10123		10123
有限责任公司	40	3696	3367593	3661390	250882	3410508
国有独资公司	4	346	281967	284795	90625	194170
其他有限责任公司	36	3350	3085626	3376595	160257	3216338
股份有限公司	6	693	1377966	1461449	123969	1337480
私营企业	114	4151	6306081	6390576	165051	6225525
私营独资企业	23	561	664854	633269	59492	573777
私营合伙企业	1	15	18216	23582		23582
私营有限责任公司	83	3203	5258247	5361318	105559	5255759
私营股份有限公司	7	372	364764	372407		372407
其他企业	11	475	745088	784464	155185	629279
港澳台商投资企业	1	574	287698	365845		365845
港澳台商独资企业	1	574	287698	365845		365845
外商投资企业	1	598	310053	378698		378698
外资企业	1	574	287698	365845		365845
3.按控股情况分						
国有控股	14	1132	1543647	1602632	201625	1401007
集体控股	7	302	202605	187480	4203	183277
私人控股	139	5309	8432692	8787442	506233	8281209
港澳台商控股	1	574	287698	365845		365845
外商控股	2	653	482635	557517		557517
其他	18	2704	2216536	2399711	98229	2301482
4.按经营形式分						
独立门店	176	9526	12415619	13158711	810290	12348421
连锁总店(总部)	2	1012	728445	701769		701769
连锁门店	1	80		15935		15935
其他	2	56	21749	24212		24212
5.按零售业态分						
有店铺零售	181	10674	13165813	13900627	810290	13090337
超市	8	321	125213	241833	74203	167630
大型超市	10	2077	1090928	1318342	103270	1215072
百货店	24	2595	2732919	2927519		2927519
专业店	90	3710	5030423	5004799	282213	4722586
专卖店	46	1858	3841737	4070607	350604	3720003
家居建材商店	1	3	5815	5740		5740
厂家直销中心	2	110	338778	331787		331787

15－3 星级住宿业和限额以上餐饮业法人企业经营情况（2011）

单位：千元

指标名称	法人企业数（个）	从业人员期末人数（人）	营业额	客房收入	餐费收入	商品销售收入
总计	71	5646	718969	200204	457753	30658
一、住宿业	35	3849	420492	169545	215108	10143
1.按住宿行业小类分						
旅游饭店	30	3625	378623	150424	192427	10078
一般旅馆	4	176	39316	17672	21577	65
其他住宿服务	1	48	2553	1449	1104	
2.按登记注册类型分						
内资企业	34	3779	420492	169545	215108	10143
国有企业	8	844	99864	40769	53149	1869
有限责任公司	7	367	46399	20008	25215	38
其他有限责任公司	7	367	46399	20008	25215	38
股份有限公司	1	30	9491	3756	5735	
私营企业	18	2538	264738	105012	131009	8236
私营独资企业	5	278	44053	17599	22686	3169
私营有限责任公司	13	2260	220685	87413	108323	5067
港澳台商投资企业	1	70				
与港澳台商合资经营企业	1	70				
3.按控股情况分						
国有控股	10	1049	122532	47008	68665	1869
集体控股	2	95	1143	851	75	
私人控股	21	2564	281189	111738	140688	8274
其他	2	141	15628	9948	5680	
4.按经营形式分						
独立门店	33	3763	395430	158209	201382	10143
其他	2	86	25062	11336	13726	
5.按星级分						
五星	2	847	33668	8138	21238	3680

15－3 续表

单位：千元

指　标　名　称	法人企业数（个）	从业人员期末人数（人）	营业额	客房收入	餐费收入	商品销售收　入
四星	5	769	76279	25950	36115	1399
三星	7	567	61915	22305	35313	1410
二星	2	70	2681	1333	1131	
一星	1	474	76066	25961	49859	
其他	18	1122	169883	85858	71452	3654
二、餐饮业	**36**	**1797**	**298477**	**30659**	**242645**	**20515**
1.按餐饮行业小类分						
正餐服务	36	1797	298477	30659	242645	20515
2.按登记注册类型分						
内资企业	36	1797	298477	30659	242645	20515
国有企业	3	158	25824		25824	
集体企业	3	162	16125		16125	
有限责任公司	6	285	38922	3593	29450	1673
其他有限责任公司	6	285	38922	3593	29450	1673
私营企业	24	1192	217606	27066	171246	18842
私营独资企业	6	349	44546		44546	
私营合伙企业	1	15	5529	963	3787	646
私营有限责任公司	14	766	152886	26103	108294	18196
私营股份有限公司	3	62	14645		14619	
3.按控股情况分						
国有控股	3	158	25824		25824	
集体控股	3	162	16125		16125	
私人控股	27	1247	228326	27066	181966	18842
其他	3	230	28202	3593	18730	1673
4.按经营形式分						
独立门店	36	1797	298477	30659	242645	20515

15－4 限额以上批发零售法人企业财务状况（2011）

单位：千元

指标名称	法人企业数（个）	执行《2006年企业会计准则》企业数（个）	年初存货	流动资产合计		
					应收账款	存货
总计	278	159	2149643	7042387	771178	2888391
一、批发业	107	76	1448191	3839227	446254	1777532
1.按批发行业小类分						
农畜产品批发	47	34	984379	1751500	75482	1270436
谷物、豆及薯类批发	46	33	984379	1748870	74362	1270347
其他农畜产品批发	1	1		2630	1120	89
食品、饮料及烟草制品批发	13	9	141304	742837	43681	184833
米、面制品及食用油批发	4	4	7687	24673	154	11613
果品、蔬菜批发	1	1	5000	2785	530	
肉、禽、蛋及水产品批发	1	1		2550	643	1120
盐及调味品批发	1	1		5648		3200
饮料及茶叶批发	4	1	17641	44651	18094	18379
烟草制品批发	1		110976	655494	21129	146851
其他食品批发	1	1		7036	3131	3670
纺织、服装及日用品批发	2	2	2256	38790	3966	5668
纺织品、针织品及原料批发	2	2	2256	38790	3966	5668
医药及医疗器材批发	8	6	45192	233669	125940	21468
西药批发	7	6	45054	218745	112945	21345
中药材及中成药批发	1		138	14924	12995	123
矿产品、建材及化工产品批发	22	13	237932	985950	174812	243388
煤炭及制品批发	1	1	2526	4001	262	
石油及制品批发	3	1	183208	232403		212961
非金属矿及制品批发	1	1		26	26	
金属及金属矿批发	4	1	11373	493205	147700	1674
化肥批发	3	3	2280	12571		1610
其他化工产品批发	10	6	38545	243744	26824	27143
机械设备、五金交电及电子产品批发	10	8	969	42475	18638	14113
农业机械批发	4	4		11807	520	10685
五金、交电批发	1	1	516	5709	155	421
其他机械设备及电子产品批发	5	3	453	24959	17963	3007
贸易经纪与代理	1	1	1500	1286		1286
其他批发	4	3	34659	42720	3735	36340
再生物资回收与批发	3	2	2697	19057	1040	15372
其他未列明的批发	1	1	31962	23663	2695	20968
2.按登记注册类型分						
内资企业	107	76	1448191	3839227	446254	1777532
国有企业	36	26	978766	2131646	69202	1256600
集体企业	1	1	2031	35738	2724	5292
股份合作企业	1	1	1200	5713		390
有限责任公司	11	11	47785	151561	73988	41529
其他有限责任公司	11	11	47785	151561	73988	41529
股份有限公司	2		182308	205172		193035
私营企业	53	37	221567	1265365	295589	260236
私营独资企业	6	4	7385	32095	14809	3522

15－4 续表1

单位：千元

指 标 名 称	法 人企业数（个）	执行《2006年企业会计准则》企业数（个）	年初存货	流动资产合 计	应收账款	存货
私营合伙企业	2	1	5094	3155	530	194
私营有限责任公司	44	31	209088	1224473	279794	253974
私营股份有限公司	1	1		5642	456	2546
其他企业	3		14534	44032	4751	20450
3.按控股情况分						
国有控股	39	27	1161074	2407954	113898	1454133
集体控股	2	2	9663	42543	2955	11866
私人控股	60	42	275897	1363056	327543	309432
其他	6	5	1557	25674	1858	2101
4.按经营形式分						
独立门店	100	74	1323679	3496888	405864	1624899
其他	7	2	124512	342339	40390	152633
二、零售业	**171**	**83**	**701452**	**3203160**	**324924**	**1110859**
1.按零售行业小类分						
综合零售	35	19	277128	1149973	34768	389985
百货零售	20	9	154711	888450	12851	229111
超级市场零售	12	8	120076	256648	20967	158755
其他综合零售	3	2	2341	4875	950	2119
食品、饮料及烟草制品专门零售	12	10	42565	276912	995	80693
粮油零售	4	3	383	44744	475	4640
肉、禽、蛋及水产品零售	2	2	330	1178		1018
饮料及茶叶零售	1	1		7210		7210
烟草制品零售	2	1	500	28489		26698
其他食品零售	3	3	41352	195291	520	41127
纺织、服装及日用品专门零售	8	4	14738	22014	2849	14717
服装零售	5	1	6300	14219	631	9140
钟表、眼镜零售	1	1	1740			
其他日用品零售	2	2	6698	7795	2218	5577
文化、体育用品及器材专门零售	11	7	54398	80965	432	48582
图书零售	7	3	32495	57804	432	26838
珠宝首饰零售	3	3	17460	18530		17460
其他文化用品零售	1	1	4443	4631		4284
医药及医疗器材专门零售	8	4	19343	63663	30846	14397
药品零售	8	4	19343	63663	30846	14397
汽车、摩托车、燃料及零配件专门零售	58	15	226006	1022344	52210	406563
汽车零售	45	9	218007	953393	47219	388591
汽车零配件零售	4	1	4885	55299	2862	13457
摩托车及零配件零售	2	1		3160		1440
机动车燃料零售	7	4	3114	10492	2129	3075
家用电器及电子产品专门零售	14	6	50862	333921	84108	65769
家用电器零售	7	4	41053	301163	71834	53899
计算机、软件及辅助设备零售	5	1	7821	24027	11198	8993
通信设备零售	2	1	1988	8731	1076	2877
五金、家具及室内装修材料专门零售	12	7	4483	13104	1880	10966

15－4 续2

单位：千元

指 标 名 称	法 人企业数（个）	执行《2006年企业会计准则》企业数（个）	年初存货	流动资产合 计	应收账款	存货
五金零售	6	2	1411	3607	615	2971
其他室内装修材料零售	6	5	3072	9497	1265	7995
无店铺及其他零售	13	11	11929	240264	116836	79187
生活用燃料零售	10	8	8137	234532	116469	77256
其他未列明的零售	3	3	3792	5732	367	1931
2.按登记注册类型分						
内资企业	169	82	627848	3054164	324301	1021368
国有企业	3	2	450	2703	853	584
集体企业	4	4	18829	24281	334	18829
股份合作企业	1	1	808	1245		1180
有限责任公司	39	14	152430	920021	154929	262507
国有独资公司	4	3	23573	129542	22160	60895
其他有限责任公司	35	11	128857	790479	132769	201612
股份有限公司	6	1	8308	84538	4456	20032
私营企业	105	58	429329	1876137	160592	664634
私营独资企业	20	14	48182	210072	70777	73551
私营合伙企业	1		1610	5950		1680
私营有限责任公司	77	41	364878	1593150	64254	574892
私营股份有限公司	7	3	14659	66965	25561	14511
其他企业	11	2	17694	145239	3137	53602
港澳台商投资企业	1	1	36474	54558	390	
港澳台商独资企业	1	1	36474	54558	390	
外商投资企业	1		37130	94438	233	89491
外资企业	1	1	36474	54558	390	
3.按控股情况分						
国有控股	14	8	34709	270040	24485	120340
集体控股	7	6	22215	41135	465	30806
私人控股	130	63	478064	2284259	206558	752718
港澳台商控股	1	1	36474	54558	390	
外商控股	2		56052	161768	10758	111353
其他	17	5	73938	391400	82268	95642
4.按经营形式分						
独立门店	166	81	672312	2977801	255992	1084388
连锁总店(总部)	2	1	23983	215923	68041	19907
连锁门店	1	1	4017	5288	359	3112
其他	2		1140	4148	532	3452
5.按零售业态分						
有店铺零售	171	83	701452	3203160	324924	1110859
超市	8	5	11169	26599	9633	8914
大型超市	10	6	119635	263426	14466	165115
百货店	22	8	151478	881467	11210	223163
专业店	84	45	267164	1138537	173149	404458
专卖店	44	18	130654	817723	105414	280887
家居建材商店	1	1	260	271	32	239
厂家直销中心	2		21092	75137	11020	28083

15－4 续表3

单位：千元

指 标 名 称	固定资产合计	固定资产原价	累计折旧	本年折旧	在建工程	资产总计
总 计	**2599710**	**3476382**	**1037003**	**157127**	**69381**	**11011743**
一、批发业	**1277217**	**1890845**	**620486**	**83780**	**29308**	**5767371**
1.按批发行业小类分						
农畜产品批发	611245	902101	292645	32385	21713	2599587
谷物、豆及薯类批发	608945	899801	292645	32385	21713	2594657
其他农畜产品批发	2300	2300				4930
食品、饮料及烟草制品批发	206592	325136	119651	14227	7595	984165
米、面制品及食用油批发	16813	19994	3328	521		42436
果品、蔬菜批发	2441	2613	245	47	1785	5940
肉、禽、蛋及水产品批发	2360	2360				4910
盐及调味品批发	6087	7645	1558	291		11735
饮料及茶叶批发	5827	11279	5452	406		50632
烟草制品批发	160570	269638	109068	12962	4924	848982
其他食品批发	12494	11607			886	19530
纺织、服装及日用品批发	7220	7904	784	214		72996
纺织品、针织品及原料批发	7220	7904	784	214		72996
医药及医疗器材批发	31045	43624	12579	595		278217
西药批发	29921	42115	12194	515		260311
中药材及中成药批发	1124	1509	385	80		17906
矿产品、建材及化工产品批发	368538	555423	189667	35049		1688857
煤炭及制品批发	7110	7230	2512	802		11111
石油及制品批发	305017	479529	174512	31602		847840
非金属矿及制品批发	795	795				1321
金属及金属矿批发	35512	41911	6399	971		549071
化肥批发	1140	950	200	50		13761
其他化工产品批发	18964	25008	6044	1624		265753
机械设备、五金交电及电子产品批发	19211	20082	1934	440		62831
农业机械批发	13408	13157	729	153		26233
五金、交电批发	2797	3723	926	186		8506
其他机械设备及电子产品批发	3006	3202	279	101		28092
贸易经纪与代理	362	437	75	18		1648
其他批发	33004	36138	3151	852		79070
再生物资回收与批发	22423	25557	3151	852		44826
其他未列明的批发	10581	10581				34244
2.按登记注册类型分						
内资企业	1277217	1890845	620486	83780	29308	5767371
国有企业	610752	1003392	393749	43269	26582	2980523
集体企业	5215	5662	447	102		67939
股份合作企业	390					6103
有限责任公司	58402	60389	5266	1512	886	212193
其他有限责任公司	58402	60389	5266	1512	886	212193
股份有限公司	282248	432951	150703	23539		797840
私营企业	308282	374104	67885	14709	1840	1644948
私营独资企业	10865	11196	1461	647		70060

15－4 续表4

单位：千元

指标名称	固定资产合计	固定资产原价	累计折旧	本年折旧	在建工程	资产总计
私营合伙企业	2441	2613	245	47	1785	6464
私营有限责任公司	290778	355752	65834	13670	55	1558584
私营股份有限公司	4198	4543	345	345		9840
其他企业	11928	14347	2436	649		57825
3.按控股情况分						
国有控股	893236	1436612	544485	66841	26582	3849735
集体控股	5940	6474	534	114		75469
私人控股	347396	413207	71170	15869	2726	1782869
其他	30645	34552	4297	956		59298
4.按经营形式分						
独立门店	1217401	1825731	614642	83076	29253	5358705
其他	59816	65114	5844	704	55	408666
二、零售业	**1322493**	**1585537**	**416517**	**73347**	**40073**	**5244372**
1.按零售行业小类分						
综合零售	727859	884108	245280	35201	9555	2033805
百货零售	605459	682775	166347	24100	9555	1608086
超级市场零售	117302	195114	77812	11059		414721
其他综合零售	5098	6219	1121	42		10998
食品、饮料及烟草制品专门零售	50650	58661	8069	2312	11268	545377
粮油零售	19623	20750	1127	836	11268	71767
肉、禽、蛋及水产品零售	11103	11500	397	397		12628
饮料及茶叶零售	1000	1000				8210
烟草制品零售	637	637	58	23		29126
其他食品零售	18287	24774	6487	1056		423646
纺织、服装及日用品专门零售	19671	24200	4529	953		75868
服装零售	15625	18840	3215	878		47193
钟表、眼镜零售	3566	4830	1264	25		17420
其他日用品零售	480	530	50	50		11255
文化、体育用品及器材专门零售	35571	54742	19171	2071		177928
图书零售	29994	49059	19065	1997		103059
珠宝首饰零售	5577	5683	106	74		70238
其他文化用品零售						4631
医药及医疗器材专门零售	25647	31840	6498	1260		108824
药品零售	25647	31840	6498	1260		108824
汽车、摩托车、燃料及零配件专门零售	354436	395113	102388	25581	19250	1506990
汽车零售	276597	301485	81528	21359	16673	1354942
汽车零配件零售	3695	932	360	64	2577	61573
摩托车及零配件零售	1060	630	90	32		4640
机动车燃料零售	73084	92066	20410	4126		85835
家用电器及电子产品专门零售	45350	51419	7509	2162		447767
家用电器零售	42921	48738	7257	2009		412080
计算机、软件及辅助设备零售	189	285	96	73		24716
通信设备零售	2240	2396	156	80		10971
五金、家具及室内装修材料专门零售	12537	13367	1758	505		31211

15－4 续表5

单位：千元

指 标 名 称	固定资产合计	固定资产原价	累计折旧		在建工程	资产总计
				本年折旧		
五金零售	1605	2502	975	142		10689
其他室内装修材料零售	10932	10865	783	363		20522
无店铺及其他零售	50772	72087	21315	3302		316602
生活用燃料零售	31544	47021	15477	2446		280486
其他未列明的零售	19228	25066	5838	856		36116
2.按登记注册类型分						
内资企业	1269570	1482589	366492	64490	40073	5042029
国有企业	74655	96984	22329	4287		77452
集体企业	5998	6631	633	52		30283
股份合作企业						1245
有限责任公司	324823	349696	112602	13450	5371	1484737
国有独资公司	23105	36580	13475	1380		166633
其他有限责任公司	301718	313116	99127	12070	5371	1318104
股份有限公司	314986	381875	70106	9742	1981	408745
私营企业	509426	594442	143661	32362	30071	2821840
私营独资企业	84219	93411	10570	2946		330069
私营合伙企业	3645	4455	810	90		9595
私营有限责任公司	393513	461137	124018	27438	30071	2378736
私营股份有限公司	28049	35439	8263	1888		103440
其他企业	39682	52961	17161	4597	2650	217727
港澳台商投资企业	27511	36845	9334			82493
港澳台商独资企业	27511	36845	9334			82493
外商投资企业	25412	66103	40691	8857		119850
外资企业	27511	36845	9334			82493
3.按控股情况分						
国有控股	254734	295401	40725	7285	160	549164
集体控股	42255	47915	6533	1635	5000	89387
私人控股	624367	740777	182455	40664	32932	3460600
港澳台商控股	27511	36845	9334			82493
外商控股	40155	82329	42174	8963		217998
其他	333471	382270	135296	14800	1981	844730
4.按经营形式分						
独立门店	1304604	1561974	410843	72129	40073	4989068
连锁总店(总部)	4876	7722	2846	205		230881
连锁门店	1237	1441	204	204		7956
其他	11776	14400	2624	809		16467
5.按零售业态分						
有店铺零售	1322493	1585537	416517	73347	40073	5244372
超市	14359	17347	2988	594		42664
大型超市	203043	207653	88350	12613		576993
百货店	529632	682602	159496	23096	9628	1455959
专业店	355100	414143	97671	23961	1366	1885285
专卖店	204836	247226	66969	12587	29079	1192540
家居建材商店	65	88	23	23		336
厂家直销中心	15458	16478	1020	473		90595

15－4 续表6

单位：千元

指 标 名 称	流动负债合计	应付帐款	非流动负债合计	负债合计	所有者权益合计	实收资本
总 计	**6170770**	**1101772**	**415237**	**6586007**	**4425736**	**2279113**
一、批发业	**3219829**	**546065**	**158040**	**3377869**	**2389502**	**1299321**
1.按批发行业小类分						
农畜产品批发	1721558	34914	132902	1854460	745127	465190
谷物、豆及薯类批发	1720089	33445	132402	1852491	742166	462290
其他农畜产品批发	1469	1469	500	1969	2961	2900
食品、饮料及烟草制品批发	172263	40093	8481	180744	803421	68055
米、面制品及食用油批发	17332	1778	4596	21928	20508	14561
果品、蔬菜批发	2010	587	1785	3795	2145	1956
肉、禽、蛋及水产品批发	1710	940		1710	3200	3200
盐及调味品批发	3659	2371		3659	8076	3800
饮料及茶叶批发	52112	368	2100	54212	-3580	23800
烟草制品批发	84855	34049		84855	764127	20238
其他食品批发	10585			10585	8945	500
纺织、服装及日用品批发	34259	5081		34259	38737	34525
纺织品、针织品及原料批发	34259	5081		34259	38737	34525
医药及医疗器材批发	192676	128032	334	193010	85207	109900
西药批发	177752	115824		177752	82559	109300
中药材及中成药批发	14924	12208	334	15258	2648	600
矿产品、建材及化工产品批发	1041726	312844	3068	1044794	644063	571255
煤炭及制品批发	4500			4500	6611	500
石油及制品批发	334533	118294	2677	337210	510630	508330
非金属矿及制品批发	430	430	391	821	500	500
金属及金属矿批发	486125	176849		486125	62946	20750
化肥批发	961	553		961	12800	11000
其他化工产品批发	215177	16718		215177	50576	30175
机械设备、五金交电及电子产品批发	17787	13469	2285	20072	42759	28886
农业机械批发	5875	4775	1100	6975	19258	6960
五金、交电批发	1812			1812	6694	6500
其他机械设备及电子产品批发	10100	8694	1185	11285	16807	15426
贸易经纪与代理	166	104	182	348	1300	1300
其他批发	39394	11528	10788	50182	28888	20210
再生物资回收与批发	13743	11528	10788	24531	20295	19710
其他未列明的批发	25651			25651	8593	500
2.按登记注册类型分						
内资企业	3219829	546065	158040	3377869	2389502	1299321
国有企业	1587164	69919	114738	1701902	1278621	295358
集体企业	32096	5081		32096	35843	34025
股份合作企业	553	553		553	5550	5500
有限责任公司	133846	49647	500	134346	77847	48500
其他有限责任公司	133846	49647	500	134346	77847	48500
股份有限公司	291833	113710	2677	294510	503330	503330
私营企业	1132614	295817	37294	1169908	475040	402751
私营独资企业	32417	15041	1434	33851	36209	17760

15-4 续表7

单位：千元

指标名称	流动负债合计	应付帐款	非流动负债合计	负债合计	所有者权益合计	实收资本
私营合伙企业	2434	587	1785	4219	2245	2056
私营有限责任公司	1097307	279733	24891	1122198	436386	382735
私营股份有限公司	456	456	9184	9640	200	200
其他企业	41723	11338	2831	44554	13271	9857
3.按控股情况分						
国有控股	1945429	208606	117415	2062844	1786891	802688
集体控股	32855	5210		32855	42614	36175
私人控股	1223449	329021	38898	1262347	520522	423511
其他	18096	3228	1727	19823	39475	36947
4.按经营形式分						
独立门店	2884518	533109	157556	3042074	2316631	1230141
其他	335311	12956	484	335795	72871	69180
二、零售业	**2950941**	**555707**	**257197**	**3208138**	**2036234**	**979792**
1.按零售行业小类分						
综合零售	1165306	297262	194892	1360198	673607	269623
百货零售	803153	262483	177966	981119	626967	217208
超级市场零售	357462	33248	16926	374388	40333	48950
其他综合零售	4691	1531		4691	6307	3465
食品、饮料及烟草制品专门零售	159093	29483	7190	166283	379094	139800
粮油零售	61629		5484	67113	4654	1900
肉、禽、蛋及水产品零售	10275		1706	11981	647	400
饮料及茶叶零售					8210	3000
烟草制品零售	24545	24004		24545	4581	2500
其他食品零售	62644	5479		62644	361002	132000
纺织、服装及日用品专门零售	35943	10538	5200	41143	34725	17038
服装零售	24980	4880	5200	30180	17013	12838
钟表、眼镜零售	476			476	16944	3500
其他日用品零售	10487	5658		10487	768	700
文化、体育用品及器材专门零售	62671	13362		62671	115257	46796
图书零售	55769	6543		55769	47290	18145
珠宝首饰零售	3499	3499		3499	66739	28351
其他文化用品零售	3403	3320		3403	1228	300
医药及医疗器材专门零售	70423	51077	33	70456	38368	24544
药品零售	70423	51077	33	70456	38368	24544
汽车、摩托车、燃料及零配件专门零售	993381	49285	6272	999653	507337	374940
汽车零售	927689	47990	6272	933961	420981	289937
汽车零配件零售	53167	1095		53167	8406	7576
摩托车及零配件零售	3230	200		3230	1410	330
机动车燃料零售	9295			9295	76540	77097
家用电器及电子产品专门零售	302510	84776	36995	339505	108262	41335
家用电器零售	281849	84482	36695	318544	93536	27520
计算机、软件及辅助设备零售	14361	9	300	14661	10055	9200
通信设备零售	6300	285		6300	4671	4615
五金、家具及室内装修材料专门零售	11957	506	5798	17755	13456	6936

15－4 续表8

单位：千元

指 标 名 称	流动负债合计	应付帐款	非流动负债合计	负债合计	所有者权益合计	实收资本
五金零售	2742	431	464	3206	7483	1731
其他室内装修材料零售	9215	75	5334	14549	5973	5205
无店铺及其他零售	149657	19418	817	150474	166128	58780
生活用燃料零售	140969	19418	817	141786	138700	53480
其他未列明的零售	8688			8688	27428	5300
2.按登记注册类型分						
内资企业	2797785	555113	244197	3041982	2000047	957284
国有企业	692			692	76760	76482
集体企业	6732	654	28	6760	23523	22160
股份合作企业	457	383	33	490	755	700
有限责任公司	1046318	254363	4822	1051140	433597	249357
国有独资公司	123445	4122		123445	43188	23242
其他有限责任公司	922873	250241	4822	927695	390409	226115
股份有限公司	313738	80639	16573	330311	78434	55675
私营企业	1298531	214469	219589	1518120	1303720	476517
私营独资企业	137385	20521	12031	149416	180653	52740
私营合伙企业	3570			3570	6025	2938
私营有限责任公司	1119430	177524	206066	1325496	1053240	402339
私营股份有限公司	38146	16424	1492	39638	63802	18500
其他企业	131317	4605	3152	134469	83258	76393
港澳台商投资企业	71732	541		71732	10761	6627
港澳台商独资企业	71732	541		71732	10761	6627
外商投资企业	81424	53	13000	94424	25426	15881
外资企业	71732	541		71732	10761	6627
3.按控股情况分						
国有控股	393743	53380	164	393907	155257	124414
集体控股	54555	8915	1520	56075	33312	29113
私人控股	1618959	251209	224208	1843167	1617433	669200
港澳台商控股	71732	541		71732	10761	6627
外商控股	151417	5828	13000	164417	53581	40881
其他	660535	235834	18305	678840	165890	109557
4.按经营形式分						
独立门店	2764436	487712	257170	3021606	1967462	955301
连锁总店(总部)	175325	67160		175325	55556	12000
连锁门店	3665	835		3665	4291	4291
其他	7515		27	7542	8925	8200
5.按零售业态分						
有店铺零售	2950941	555707	257197	3208138	2036234	979792
超市	17938	7245		17938	24726	15126
大型超市	357751	33378	16926	374677	202316	53884
百货店	811359	262393	177966	989325	466634	214246
专业店	1058003	206118	42396	1100399	784886	362640
专卖店	623673	44591	19888	643561	548979	328106
家居建材商店	75	75	21	96	240	240
厂家直销中心	82142	1907		82142	8453	5550

15－4 续表9

单位：千元

指标名称	国家资本	集体资本	法人资本	个人资本	港澳台资本	外商资本
总计	871938	118106	639483	606878	6627	36081
一、批发业	772161	55175	219673	252312		
1.按批发行业小类分						
农畜产品批发	256561		115359	93270		
谷物、豆及薯类批发	256561		115359	90370		
其他农畜产品批发				2900		
食品、饮料及烟草制品批发	9461		24738	33856		
米、面制品及食用油批发	5661			8900		
果品、蔬菜批发				1956		
肉、禽、蛋及水产品批发				3200		
盐及调味品批发	3800					
饮料及茶叶批发			4000	19800		
烟草制品批发			20238			
其他食品批发			500			
纺织、服装及日用品批发		34025		500		
纺织品、针织品及原料批发		34025		500		
医药及医疗器材批发	2800	2150	22400	82550		
西药批发	2800	2150	21800	82550		
中药材及中成药批发			600			
矿产品、建材及化工产品批发	503339		39916	28000		
煤炭及制品批发				500		
石油及制品批发	503330			5000		
非金属矿及制品批发			500			
金属及金属矿批发			20450	300		
化肥批发				11000		
其他化工产品批发	9		18966	11200		
机械设备、五金交电及电子产品批发			17260	11626		
农业机械批发			5960	1000		
五金、交电批发				6500		
其他机械设备及电子产品批发			11300	4126		
贸易经纪与代理				1300		
其他批发		19000		1210		
再生物资回收与批发		19000		710		
其他未列明的批发				500		
2.按登记注册类型分						
内资企业	772161	55175	219673	252312		
国有企业	206561		88797			
集体企业		34025				
股份合作企业				5500		
有限责任公司	2800	21150	10500	14050		
其他有限责任公司	2800	21150	10500	14050		
股份有限公司	503330					
私营企业	58123		112376	232252		
私营独资企业			1560	16200		

15-4 续表10

单位：千元

指 标 名 称	国家资本	集体资本	法人资本	个人资本	港澳台资 本	外商资本
私营合伙企业			100	1956		
私营有限责任公司	58123		110716	213896		
私营股份有限公司				200		
其他企业	1347		8000	510		
3.按控股情况分						
国有控股	712691		88797	1200		
集体控股		36175				
私人控股	58123		130876	234512		
其他	1347	19000		16600		
4.按经营形式分						
独立门店	772161	55175	180073	222732		
其他			39600	29580		
二、零售业	**99777**	**62931**	**419810**	**354566**	**6627**	**36081**
1.按零售行业小类分						
综合零售	10064	10657	111173	115221	6627	15881
百货零售	10064	10657	97916	98571		
超级市场零售			10292	16150	6627	15881
其他综合零售			2965	500		
食品、饮料及烟草制品专门零售	2000		3900	133900		
粮油零售			500	1400		
肉、禽、蛋及水产品零售			400			
饮料及茶叶零售			3000			
烟草制品零售	2000			500		
其他食品零售				132000		
纺织、服装及日用品专门零售			6900	10138		
服装零售			6500	6338		
钟表、眼镜零售				3500		
其他日用品零售			400	300		
文化、体育用品及器材专门零售	11231	19238	6194	10133		
图书零售	11231		5894	1020		
珠宝首饰零售		19238		9113		
其他文化用品零售			300			
医药及医疗器材专门零售		3236	700	20608		
药品零售		3236	700	20608		
汽车、摩托车、燃料及零配件专门零售	70482	19800	231777	32681		20200
汽车零售		19800	223437	26500		20200
汽车零配件零售			5900	1676		
摩托车及零配件零售			300	30		
机动车燃料零售	70482		2140	4475		
家用电器及电子产品专门零售			26120	15215		
家用电器零售			24120	3400		
计算机、软件及辅助设备零售			2000	7200		
通信设备零售				4615		
五金、家具及室内装修材料专门零售			5596	1340		

15－4 续表11

单位：千元

指 标 名 称	国家资本	集体资本	法人资本	个人资本	港澳台资 本	外商资本
五金零售			691	1040		
其他室内装修材料零售			4905	300		
无店铺及其他零售	6000	10000	27450	15330		
生活用燃料零售	6000	10000	27450	10030		
其他未列明的零售				5300		
2.按登记注册类型分						
内资企业	99777	62931	419810	354566		20200
国有企业	76482					
集体企业	1064	20002	1021	73		
股份合作企业			700			
有限责任公司	22231	9146	88417	109363		20200
国有独资公司	11231		12011			
其他有限责任公司	11000	9146	76406	109363		20200
股份有限公司			17000	38675		
私营企业		31200	263130	182187		
私营独资企业		10000	18840	23900		
私营合伙企业				2938		
私营有限责任公司		19800	228790	153749		
私营股份有限公司		1400	15500	1600		
其他企业		2583	49542	24268		
港澳台商投资企业					6627	
港澳台商独资企业					6627	
外商投资企业						15881
外资企业					6627	
3.按控股情况分						
国有控股	89713		34701			
集体控股	1064	24955	3021	73		
私人控股		29800	339245	300155		
港澳台商控股					6627	
外商控股				4800		36081
其他	9000	8176	42843	49538		
4.按经营形式分						
独立门店	99777	62931	395319	354566	6627	36081
连锁总店(总部)			12000			
连锁门店			4291			
其他			8200			
5.按零售业态分						
有店铺零售	99777	62931	419810	354566	6627	36081
超市			5956	9170		
大型超市		2357	14001	15018	6627	15881
百货店	10064	8300	99216	96666		
专业店	19231	33036	166946	123227		20200
专卖店	70482	19238	128451	109935		
家居建材商店			240			
厂家直销中心			5000	550		

15－4 续表12

单位：千元

指 标 名 称	营业收入	主营业务收 入	营业成本	主营业务成 本	营业税金及附加	主营业务税金及附加
总 计	66857560	66146636	62975219	62344372	270481	261949
一、批发业	53510671	53462931	51227929	51186608	196272	194432
1.按批发行业小类分						
农畜产品批发	3499529	3494013	3167998	3165799	2043	2043
谷物、豆及薯类批发	3470529	3465013	3147180	3144981	1188	1188
其他农畜产品批发	29000	29000	20818	20818	855	855
食品、饮料及烟草制品批发	3623658	3623635	2738471	2738471	147443	147443
米、面制品及食用油批发	159374	159374	149107	149107	1376	1376
果品、蔬菜批发	28838	28838	28120	28120	105	105
肉、禽、蛋及水产品批发	22200	22200	16328	16328	640	640
盐及调味品批发	20596	20596	10913	10913	84	84
饮料及茶叶批发	177498	177475	147166	147166	1932	1932
烟草制品批发	3190152	3190152	2363411	2363411	143282	143282
其他食品批发	25000	25000	23426	23426	24	24
纺织、服装及日用品批发	146017	146017	137394	137394	129	129
纺织品、针织品及原料批发	146017	146017	137394	137394	129	129
医药及医疗器材批发	530772	530772	478142	478142	9738	9738
西药批发	505368	505368	453921	453921	9721	9721
中药材及中成药批发	25404	25404	24221	24221	17	17
矿产品、建材及化工产品批发	45000615	44958414	44106851	44067729	28528	28485
煤炭及制品批发	40394	40394	28687	28687	130	130
石油及制品批发	38074169	38031968	37341394	37302272	23414	23371
非金属矿及制品批发	28928	28928	28050	28050	197	197
金属及金属矿批发	1396603	1396603	1353891	1353891	3060	3060
化肥批发	89210	89210	70770	70770		
其他化工产品批发	5371311	5371311	5284059	5284059	1727	1727
机械设备、五金交电及电子产品批发	490387	490387	411162	411162	4090	2305
农业机械批发	144710	144710	125401	125401	1924	1924
五金、交电批发	33190	33190	27779	27779	10	10
其他机械设备及电子产品批发	312487	312487	257982	257982	2156	371
贸易经纪与代理	23300	23300	21366	21366	54	42
其他批发	196393	196393	166545	166545	4247	4247
再生物资回收与批发	126860	126860	117274	117274	4041	4041
其他未列明的批发	69533	69533	49271	49271	206	206
2.按登记注册类型分						
内资企业	53510671	53462931	51227929	51186608	196272	194432
国有企业	10009741	10004225	8879935	8877736	144178	144178
集体企业	105896	105896	108409	108409		
股份合作企业	31000	31000	24180	24180		
有限责任公司	448112	448112	369446	369446	6817	6817
其他有限责任公司	448112	448112	369446	369446	6817	6817
股份有限公司	38013406	37971205	37289746	37250624	21748	21705
私营企业	4286696	4286673	3952469	3952469	23112	21315
私营独资企业	212983	212983	184723	184723	385	385

15－4 续表13

单位：千元

指标名称	营业收入	主营业务收入	营业成本	主营业务成本	营业税金及附加	主营业务税金及附加
私营合伙企业	69325	69325	67375	67375	123	123
私营有限责任公司	3941588	3941565	3639091	3639091	22444	20647
私营股份有限公司	62800	62800	61280	61280	160	160
其他企业	615820	615820	603744	603744	417	417
3.按控股情况分						
国有控股	48084822	48037105	46226114	46184793	165965	165922
集体控股	191735	191735	187902	187902	983	983
私人控股	5034989	5034966	4650998	4650998	23961	22164
其他	199125	199125	162915	162915	5363	5363
4.按经营形式分						
独立门店	53172762	53125045	50932586	50891265	195932	194092
其他	337909	337886	295343	295343	340	340
二、零售业	**13346889**	**12683705**	**11747290**	**11157764**	**74209**	**67517**
1.按零售行业小类分						
综合零售	3919126	3277354	3148849	2568694	40455	39753
百货零售	2630031	2005323	2041432	1469749	28631	28631
超级市场零售	1244090	1227026	1071009	1062537	10295	9593
其他综合零售	45005	45005	36408	36408	1529	1529
食品、饮料及烟草制品专门零售	1068348	1068348	903412	895468	4059	2241
粮油零售	83202	83202	70830	70830	1206	
肉、禽、蛋及水产品零售	17250	17250	13849	13849	672	60
饮料及茶叶零售	22176	22176	20771	20771	1330	1330
烟草制品零售	75239	75239	70649	62705	163	163
其他食品零售	870481	870481	727313	727313	688	688
纺织、服装及日用品专门零售	177459	177459	150993	150993	1825	1825
服装零售	69192	69192	52328	52328	1733	1733
钟表、眼镜零售	21741	21741	16712	16712	49	49
其他日用品零售	86526	86526	81953	81953	43	43
文化、体育用品及器材专门零售	249515	240038	185107	184877	1528	1213
图书零售	160737	151260	112129	111899	509	509
珠宝首饰零售	83778	83778	68778	68778	1002	687
其他文化用品零售	5000	5000	4200	4200	17	17
医药及医疗器材专门零售	367186	367186	345729	344890	1254	1059
药品零售	367186	367186	345729	344890	1254	1059
汽车、摩托车、燃料及零配件专门零售	5777150	5768445	5442011	5441989	7499	6920
汽车零售	4601570	4592865	4323440	4323418	4451	4445
汽车零配件零售	140084	140084	135011	135011	39	39
摩托车及零配件零售	14815	14815	9981	9981	288	288
机动车燃料零售	1020681	1020681	973579	973579	2721	2148
家用电器及电子产品专门零售	1080306	1077076	955970	955634	2055	1773
家用电器零售	919205	915975	802936	802600	1862	1580
计算机、软件及辅助设备零售	139375	139375	135659	135659	44	44
通信设备零售	21726	21726	17375	17375	149	149
五金、家具及室内装修材料专门零售	116854	116854	100979	100979	1981	645

15－4 续表14

单位：千元

指 标 名 称	营业收入	主营业务收 入	营业成本	主营业务成 本	营业税金及 附 加	主 营 业 务税金及附加
五金零售	30431	30431	24393	24393	496	496
其他室内装修材料零售	86423	86423	76586	76586	1485	149
无店铺及其他零售	590945	590945	514240	514240	13553	12088
生活用燃料零售	556739	556739	487994	487994	13336	11871
其他未列明的零售	34206	34206	26246	26246	217	217
2.按登记注册类型分						
内资企业	12588103	11939162	11106642	10517116	70268	63576
国有企业	782353	782353	749850	749850	877	304
集体企业	55729	53200	50751	50751	396	81
股份合作企业	10123	10123	9852	9013	374	374
有限责任公司	3419242	3392942	2993273	2965578	15656	14672
国有独资公司	280639	271162	244520	244290	332	332
其他有限责任公司	3138603	3121780	2748753	2721288	15324	14340
股份有限公司	1461449	909791	1151159	599501	4282	4087
私营企业	6074743	6006289	5418139	5410314	47163	42538
私营独资企业	609427	609427	521676	521676	12162	11550
私营合伙企业	23582	23582	18216	18216	302	302
私营有限责任公司	5066097	5000873	4551859	4545508	33189	29176
私营股份有限公司	375637	372407	326388	324914	1510	1510
其他企业	784464	784464	733618	732109	1520	1520
港澳台商投资企业	365845	365845	309571	309571	2187	2187
港澳台商独资企业	365845	365845	309571	309571	2187	2187
外商投资企业	392941	378698	331077	331077	1754	1754
外资企业	365845	365845	309571	309571	2187	2187
3.按控股情况分						
国有控股	1587039	1577560	1253992	1238855	2516	1943
集体控股	173591	169358	158896	157758	1139	824
私人控股	8472341	8403704	7561770	7554222	54096	48574
港澳台商控股	365845	365845	309571	309571	2187	2187
外商控股	571760	557517	501135	501135	1754	1754
其他	2176313	1609721	1961926	1396223	12517	12235
4.按经营形式分						
独立门店	12673216	12013264	11139979	10557752	72154	65744
连锁总店(总部)	633524	630294	567166	566830	1412	1130
连锁门店	15937	15935	21255	14292	48	48
其他	24212	24212	18890	18890	595	595
5.按零售业态分						
有店铺零售	13346889	12683705	11747290	11157764	74209	67517
超市	241835	241833	210495	203532	5234	5234
大型超市	1335413	1318351	1131065	1129556	9998	9296
百货店	2612124	1987416	2039368	1467685	28552	28552
专业店	4814282	4801575	4378002	4368653	17097	14668
专卖店	4005708	3997003	3670705	3670683	13187	9628
家居建材商店	5740	5740	5028	5028	14	12
厂家直销中心	331787	331787	312627	312627	127	127

15－4 续表15

单位：千元

指 标 名 称	其他业务利润	销售费用	管理费用			
				税金	差旅费	工会经费
总 计	**140538**	**1305308**	**820860**	**44829**	**21302**	**3939**
一、批发业	**4207**	**798471**	**358824**	**10643**	**9128**	**2290**
1.按批发行业小类分						
农畜产品批发	2207	229486	71463	2366	2142	433
谷物、豆及薯类批发	2207	228019	69183	2366	1742	433
其他农畜产品批发		1467	2280		400	
食品、饮料及烟草制品批发	-9721	279402	154943	2827	1312	1446
米、面制品及食用油批发		3370	2497	46	12	21
果品、蔬菜批发		35	38			
肉、禽、蛋及水产品批发		890	1332		340	
盐及调味品批发		2757	6061	229	85	63
饮料及茶叶批发	129	22794	8463	50	323	
烟草制品批发	-9850	249009	136258	2366	552	1362
其他食品批发		547	294	136		
纺织、服装及日用品批发		853	1888		5	4
纺织品、针织品及原料批发		853	1888		5	4
医药及医疗器材批发	447	9002	16955	364	2405	124
西药批发	447	7721	16955	364	2405	124
中药材及中成药批发		1281				
矿产品、建材及化工产品批发	8000	267282	58376	5003	2393	277
煤炭及制品批发		225	1242	26	38	1
石油及制品批发	3015	234436	6456	3634		
非金属矿及制品批发			87			
金属及金属矿批发	4985	14018	6864	631	154	12
化肥批发		5343	4594	90	550	
其他化工产品批发		13260	39133	622	1651	264
机械设备、五金交电及电子产品批发	3274	9309	52727	42	780	4
农业机械批发		6372	2880	34		
五金、交电批发	3274		376		2	1
其他机械设备及电子产品批发		2937	49471	8	778	3
贸易经纪与代理		645	358	5	3	
其他批发		2492	2114	36	88	2
再生物资回收与批发		598	1338		85	
其他未列明的批发		1894	776	36	3	2
2.按登记注册类型分						
内资企业	4207	798471	358824	10643	9128	2290
国有企业	-7643	466153	222121	5155	2670	1988
集体企业		787	1402		5	2
股份合作企业		2504	2418		550	
有限责任公司		9299	12688	449	1169	40
其他有限责任公司		9299	12688	449	1169	40
股份有限公司	3015	227416	5661	3634		
私营企业	8835	85947	107778	1365	4683	245
私营独资企业		11908	5907	132	737	76

15-4 续表16

单位：千元

指标名称	其他业务利润	销售费用	管理费用	税金	差旅费	工会经费
私营合伙企业		35	1120			
私营有限责任公司	8835	73444	100411	1233	3946	169
私营股份有限公司		560	340			
其他企业		6365	6756	40	51	15
3.按控股情况分						
国有控股	-4628	694271	229497	8801	2718	2000
集体控股		1760	2253	217	222	25
私人控股	8835	91320	117455	1625	4780	251
其他		11120	9619		1408	14
4.按经营形式分						
独立门店	4184	773538	350281	10522	8839	2288
其他	23	24933	8543	121	289	2
二、零售业	**136331**	**506837**	**462036**	**34186**	**12174**	**1649**
1.按零售行业小类分						
综合零售	95260	213761	171026	6690	2849	672
百货零售	72356	79238	151341	6212	2107	627
超级市场零售	22904	131735	18383	470	683	45
其他综合零售		2788	1302	8	59	
食品、饮料及烟草制品专门零售		30389	82856	20464	255	9
粮油零售		2265	2590	215	240	9
肉、禽、蛋及水产品零售		997	910	2	15	
饮料及茶叶零售		25	20	3		
烟草制品零售		4436	3994			
其他食品零售		22666	75342	20244		
纺织、服装及日用品专门零售		7738	6746	502	1194	98
服装零售		4919	3398	374	145	
钟表、眼镜零售		1761	1876	47	749	98
其他日用品零售		1058	1472	81	300	
文化、体育用品及器材专门零售	1645	19114	26591	1266	2999	391
图书零售	1645	15515	21105	593	1007	189
珠宝首饰零售		3599	4986	643	1892	202
其他文化用品零售			500	30	100	
医药及医疗器材专门零售		6547	8240	250	451	41
药品零售		6547	8240	250	451	41
汽车、摩托车、燃料及零配件专门零售	4437	124087	117390	3399	2082	380
汽车零售	4437	85089	106927	3074	1994	336
汽车零配件零售		3304	2216	40	13	19
摩托车及零配件零售		1653	1650	190	30	4
机动车燃料零售		34041	6597	95	45	21
家用电器及电子产品专门零售	34941	77512	39895	1211	930	31
家用电器零售	34723	74215	37310	1109	906	21
计算机、软件及辅助设备零售	98	945	1431	12	14	10
通信设备零售	120	2352	1154	90	10	
五金、家具及室内装修材料专门零售		2701	2825	130	317	2

15－4 续表17

单位：千元

指标名称	其他业务利润	销售费用	管理费用	税金	差旅费	工会经费
五金零售		345	665	122		1
其他室内装修材料零售		2356	2160	8	317	1
无店铺及其他零售	48	24988	6467	274	1097	25
生活用燃料零售	48	23725	5368	233	476	4
其他未列明的零售		1263	1099	41	621	21
2.按登记注册类型分						
内资企业	122844	410192	462036	34186	12174	1649
国有企业		29719	4460			
集体企业		183	1006	95	54	
股份合作企业		76	389	31	42	27
有限责任公司	45536	167050	189022	23630	3484	460
国有独资公司	1591	6805	16387	476	829	158
其他有限责任公司	43945	160245	172635	23154	2655	302
股份有限公司	27683	21878	57964	3255	680	237
私营企业	48342	174792	193320	5965	7339	865
私营独资企业		31469	20442	633	1185	113
私营合伙企业		1043	1431			
私营有限责任公司	45448	112491	164949	5049	5554	709
私营股份有限公司	2894	29789	6498	283	600	43
其他企业	1283	16494	15875	1210	575	60
港澳台商投资企业		48252				
港澳台商独资企业		48252				
外商投资企业	13487	48393				
外资企业		48252				
3.按控股情况分						
国有控股	13405	63194	51968	1937	1207	211
集体控股	1572	2736	7050	371	168	36
私人控股	50324	247933	293688	27503	8465	959
港澳台商控股		48252				
外商控股	13911	51189	3177	332	109	
其他	57119	93533	106153	4043	2225	443
4.按经营形式分						
独立门店	101608	448964	436107	33535	11443	1619
连锁总店(总部)	34723	50249	24281	116	712	
连锁门店		6514	335	205	2	30
其他		1110	1313	330	17	
5.按零售业态分						
有店铺零售	136331	506837	462036	34186	12174	1649
超市	54	21060	5036	349	514	50
大型超市	22904	128568	34093	186	949	166
百货店	72588	79206	136293	6560	1456	478
专业店	38837	173605	152360	5101	7589	721
专卖店	1927	98719	126681	21798	1321	217
家居建材商店		205	163	3	10	1
厂家直销中心	21	5474	7410	189	335	16

15－4 续表18

单位：千元

指标名称	财务费用	利息收入	利息支出	资产减值损失	公允价值变动收益	投资收益
总计	**185100**	**5628**	**129746**	**16**	**-144**	**717**
一、批发业	**102113**	**1303**	**75815**	**458**		**233**
1.按批发行业小类分						
农畜产品批发	67516	3191	50887	7		
谷物、豆及薯类批发	66916	3191	50887	7		
其他农畜产品批发	600					
食品、饮料及烟草制品批发	536	-2798	-970			233
米、面制品及食用油批发	1704	16	1599			
果品、蔬菜批发	3		3			
肉、禽、蛋及水产品批发	120		120			
盐及调味品批发	12	12				
饮料及茶叶批发	161	6	140			
烟草制品批发	-2048	-2832	-2832			233
其他食品批发	584					
纺织、服装及日用品批发	740		8			
纺织品、针织品及原料批发	740		8			
医药及医疗器材批发	1287	32	1122	451		
西药批发	1280	32	1122	451		
中药材及中成药批发	7					
矿产品、建材及化工产品批发	30285	876	24323			
煤炭及制品批发	11		11			
石油及制品批发	9961	31	9683			
非金属矿及制品批发	15					
金属及金属矿批发	14991	829	12036			
化肥批发	2255					
其他化工产品批发	3052	16	2593			
机械设备、五金交电及电子产品批发	1726	2	422			
农业机械批发	1480		180			
五金、交电批发	1		1			
其他机械设备及电子产品批发	245	2	241			
贸易经纪与代理						
其他批发	23		23			
再生物资回收与批发	20		20			
其他未列明的批发	3		3			
2.按登记注册类型分						
内资企业	102113	1303	75815	458		233
国有企业	51547	129	41948	7		233
集体企业	708					
股份合作企业	1340					
有限责任公司	3341	8	1235	451		
其他有限责任公司	3341	8	1235	451		
股份有限公司	9717	24	9683			
私营企业	34164	1138	21649			
私营独资企业	1384	4	35			

15－4 续表19

单位：千元

指 标 名 称	财务费用	利息收入	利息支出	资产减值损失	公允价值变动收益	投资收益
私营合伙企业	3		3			
私营有限责任公司	32777	1134	21611			
私营股份有限公司						
其他企业	1296	4	1300			
3.按控股情况分						
国有控股	62335	161	52705	458		233
集体控股	735		17			
私人控股	36068	1142	22973			
其他	2975		120			
4.按经营形式分						
独立门店	92455	1265	72521	458		233
其他	9658	38	3294			
二、零售业	**82987**	**4325**	**53931**	**-442**	**-144**	**484**
1.按零售行业小类分						
综合零售	35951	1848	27763	-573		484
百货零售	34093	1834	27668	62		484
超级市场零售	778	14	95	-635		
其他综合零售	1080					
食品、饮料及烟草制品专门零售	1816	48	225			
粮油零售	1074		108			
肉、禽、蛋及水产品零售	119		117			
饮料及茶叶零售	10					
烟草制品零售	154	48				
其他食品零售	459					
纺织、服装及日用品专门零售	343		343			
服装零售	296		296			
钟表、眼镜零售	47		47			
其他日用品零售						
文化、体育用品及器材专门零售	386	66	321			
图书零售	168	66	103			
珠宝首饰零售	168		168			
其他文化用品零售	50		50			
医药及医疗器材专门零售	2727	2	732			
药品零售	2727	2	732			
汽车、摩托车、燃料及零配件专门零售	26611	2140	20061	131	-144	
汽车零售	24873	2138	20316	131	-144	
汽车零配件零售	-69		-255			
摩托车及零配件零售	240					
机动车燃料零售	1567	2				
家用电器及电子产品专门零售	10766	205	735			
家用电器零售	10725	205	725			
计算机、软件及辅助设备零售	31					
通信设备零售	10		10			
五金、家具及室内装修材料专门零售	327	2	163			

15－4 续表20

单位：千元

指 标 名 称	财务费用	利息收入	利息支出	资产减值损失	公允价值变动收益	投资收益
五金零售	13		12			
其他室内装修材料零售	314	2	151			
无店铺及其他零售	4060	14	3588			
生活用燃料零售	3971	14	3525			
其他未列明的零售	89		63			
2.按登记注册类型分						
内资企业	82986	4325	53962	-442	-144	484
国有企业	1101					
集体企业						
股份合作企业						
有限责任公司	18293	2291	10951	-644		484
国有独资公司	2720	51	2747			
其他有限责任公司	15573	2240	8204	-644		484
股份有限公司	5094	144	4164			
私营企业	51967	1823	34557	202		
私营独资企业	10009	424	680			
私营合伙企业	32		32			
私营有限责任公司	41186	1387	33779	202		
私营股份有限公司	740	12	66			
其他企业	6531	67	4290		-144	
港澳台商投资企业	-31		-31			
港澳台商独资企业	-31		-31			
外商投资企业	32					
外资企业	-31		-31			
3.按控股情况分						
国有控股	4093	173	2799			
集体控股	2259	1709	349			
私人控股	61487	1935	40174	202	-144	
港澳台商控股	-31		-31			
外商控股	2054	75	200			
其他	13125	433	10440	-644		484
4.按经营形式分						
独立门店	81653	4118	53021	-442	-144	484
连锁总店(总部)	1143	205	725			
连锁门店	63		55			
其他	128	2	130			
5.按零售业态分						
有店铺零售	82987	4325	53931	-442	-144	484
超市	806	6	55			
大型超市	1043	14	318	-635		
百货店	34771	1834	27486	62		484
专业店	28985	1030	14119	131	-144	
专卖店	15347	1437	9974			
家居建材商店						
厂家直销中心	2035	4	1979			

15-4 续表21

单位：千元

指标名称	营业利润	补贴收入	营业外收入	利润总额	应交所得税	应付职工薪酬（本年贷方累计发生额）
总计	1369547	47139	74259	1139800	115148	498003
一、批发业	826232	42486	33928	870945	79840	255273
1.按批发行业小类分						
农畜产品批发	-40094	41618	25173	17712	1455	48492
谷物、豆及薯类批发	-43074	41618	25173	14732	1455	48324
其他农畜产品批发	2980			2980		168
食品、饮料及烟草制品批发	293119	847	617	288855	75084	96656
米、面制品及食用油批发	1320	747		2067	21	2191
果品、蔬菜批发	537			537		115
肉、禽、蛋及水产品批发	2890			2890		96
盐及调味品批发	769		2	771	199	5961
饮料及茶叶批发	-2912		94	-2970	3	10308
烟草制品批发	290390	100	521	285435	74830	72348
其他食品批发	125			125	31	5637
纺织、服装及日用品批发	5013			5000		1072
纺织品、针织品及原料批发	5013			5000		1072
医药及医疗器材批发	15644			15644	349	6598
西药批发	15766			15766	349	5842
中药材及中成药批发	-122			-122		756
矿产品、建材及化工产品批发	514257		8134	512198	2618	91018
煤炭及制品批发	10099			10099	369	257
石油及制品批发	458487		8129	463941	123	73625
非金属矿及制品批发	579			579		1022
金属及金属矿批发	8764			5818	227	1911
化肥批发	6248			6248	527	1116
其他化工产品批发	30080		5	25513	1372	13087
机械设备、五金交电及电子产品批发	16432			10138	29	9170
农业机械批发	6653			1250		3563
五金、交电批发	8298			8298		1090
其他机械设备及电子产品批发	1481			590	29	4517
贸易经纪与代理	889			889		187
其他批发	20972	21	4	20509	305	2080
再生物资回收与批发	3589	21		3122		1054
其他未列明的批发	17383		4	17387	305	1026
2.按登记注册类型分						
内资企业	826232	42486	33928	870945	79840	255273
国有企业	234840	39585	24692	283838	75029	128588
集体企业	-5410			-5423		751
股份合作企业	558			558		150
有限责任公司	46070		4	45586	1028	10915
其他有限责任公司	46070		4	45586	1028	10915
股份有限公司	459097		8129	464551		70657
私营企业	93835	49	1103	81741	3783	42801
私营独资企业	8676			3110	567	2250

15－4 续表22

单位：千元

指 标 名 称	营业利润	补贴收入	营业外收 入	利润总额	应 交所得税	应付职工薪酬（本年贷方累计发生额）
私营合伙企业	669			537		549
私营有限责任公司	84030	49	1103	77634	3216	39892
私营股份有限公司	460			460		110
其他企业	-2758	2852		94		1411
3.按控股情况分						
国有控股	695201	39585	32821	749653	75352	200109
集体控股	-1898			-1911		1547
私人控股	125796	70	1107	113727	4488	51424
其他	7133	2831		9476		2193
4.按经营形式分						
独立门店	827140	42437	33834	871730	78457	243307
其他	-908	49	94	-785	1383	11966
二、零售业	**543315**	**4653**	**40331**	**268855**	**35308**	**242730**
1.按零售行业小类分						
综合零售	343993	4634	26849	102618	18597	105528
百货零售	314556	4634	26223	74069	11275	61231
超级市场零售	27539		626	27168	7322	41579
其他综合零售	1898			1381		2718
食品、饮料及烟草制品专门零售	55578		126	45562	1086	9999
粮油零售	6443		125	2442	48	1917
肉、禽、蛋及水产品零售	1315			91	13	563
饮料及茶叶零售	20			20		41
烟草制品零售	3787		1	2536	1025	3429
其他食品零售	44013			40473		4049
纺织、服装及日用品专门零售	9814			8547	115	5420
服装零售	6518			5251	79	3592
钟表、眼镜零售	1296			1296		983
其他日用品零售	2000			2000	36	845
文化、体育用品及器材专门零售	9502		152	7578	423	11863
图书零售	3709		152	3846	344	10191
珠宝首饰零售	5560			3499	44	1571
其他文化用品零售	233			233	35	101
医药及医疗器材专门零售	3723		6655	10368	1784	5827
药品零售	3723		6655	10368	1784	5827
汽车、摩托车、燃料及零配件专门零售	55741		3546	45347	12377	67127
汽车零售	52406		3546	42828	11935	52266
汽车零配件零售	-417			-417	90	2553
摩托车及零配件零售	1003			760	120	380
机动车燃料零售	2749			2176	232	11928
家用电器及电子产品专门零售	26437	19	728	25684	19	23949
家用电器零售	24268	19	728	24495	1	20157
计算机、软件及辅助设备零售	1363			383	18	2150
通信设备零售	806			806		1642
五金、家具及室内装修材料专门零售	9377		2266	4873	482	3416

15－4 续表23

单位：千元

指标名称	营业利润	补贴收入	营业外收入	利润总额	应交所得税	应付职工薪酬（本年贷方累计发生额）
五金零售	4519		2266	3794	43	1192
其他室内装修材料零售	4858			1079	439	2224
无店铺及其他零售	29150		9	18278	425	9601
生活用燃料零售	23858		9	14236	395	8471
其他未列明的零售	5292			4042	30	1130
2.按登记注册类型分						
内资企业	526520	4653	40330	252293	31168	217798
国有企业	-3081			-3654	2	10683
集体企业	1179			346	44	2001
股份合作企业	271			271		120
有限责任公司	84498	4653	12946	75981	2827	82249
国有独资公司	2219		150	2359	156	8734
其他有限责任公司	82279	4653	12796	73622	2671	73515
股份有限公司	248950		11135	15997	10	15348
私营企业	181629		15630	150161	24995	92600
私营独资企业	14281		196	7556	469	10534
私营合伙企业	2558			2558		222
私营有限责任公司	152940		8683	128336	22774	71437
私营股份有限公司	11850		6751	11711	1752	10407
其他企业	13074		619	13191	3290	14797
港澳台商投资企业	5866		1	5633	1408	10810
港澳台商独资企业	5866		1	5633	1408	10810
外商投资企业	10929			10929	2732	14122
外资企业	5866		1	5633	1408	10810
3.按控股情况分						
国有控股	230912		10691	-4027	1302	28828
集体控股	303		61	-1155	44	5729
私人控股	247909		16215	213054	28678	122237
港澳台商控股	5866		1	5633	1408	10810
外商控股	12119		3	12119	3205	15985
其他	46206	4653	13360	43231	671	59141
4.按经营形式分						
独立门店	525072	4634	39779	250685	35308	223366
连锁总店(总部)	21384	19	532	21415		16376
连锁门店	-5317		20	-5298		1508
其他	2176			2053		1480
5.按零售业态分						
有店铺零售	543315	4653	40331	268855	35308	242730
超市	6219		22	4995	658	5804
大型超市	39334		606	39667	6974	43260
百货店	313426	4634	26230	72946	13494	60113
专业店	101997	19	10387	86742	9842	81146
专卖店	77872		3069	60041	4234	49329
家居建材商店	332			329		40
厂家直销中心	4135		17	4135	106	3038

15－4 续表24

单位：千元

指标名称	应交增值税	土地和固定资产支出	土地购置	房屋和建筑物	机器设备	运输工具	其他费用
总计	**765403**	**421939**	**4097**	**278992**	**63489**	**29831**	**45530**
一、批发业	**549889**	**173282**	**481**	**101803**	**23515**	**8261**	**39222**
1.按批发行业小类分							
农畜产品批发	315647	60567		37563	19166	3494	344
谷物、豆及薯类批发	315646	60567		37563	19166	3494	344
其他农畜产品批发	1						
食品、饮料及烟草制品批发	109194	5558		478	919	1346	2815
米、面制品及食用油批发	4217	885			885		
果品、蔬菜批发	35						
肉、禽、蛋及水产品批发	1						
盐及调味品批发	1046						
饮料及茶叶批发	8196	329			34	295	
烟草制品批发	95523	4344		478		1051	2815
其他食品批发	176						
纺织、服装及日用品批发	231						
纺织品、针织品及原料批发	231						
医药及医疗器材批发	25574	637				516	121
西药批发	25363	269				148	121
中药材及中成药批发	211	368				368	
矿产品、建材及化工产品批发	79317	106420	481	63762	3398	2842	35937
煤炭及制品批发	302						
石油及制品批发	54913	103137	460	63186	3200	386	35905
非金属矿及制品批发	3038	795	21	576	198		
金属及金属矿批发	14157	32					32
化肥批发	908						
其他化工产品批发	5999	2456				2456	
机械设备、五金交电及电子产品批发	19585	100			32	63	5
农业机械批发	15001						
五金、交电批发	45						
其他机械设备及电子产品批发	4539	100			32	63	5
贸易经纪与代理	3						
其他批发	338						
再生物资回收与批发	236						
其他未列明的批发	102						
2.按登记注册类型分							
内资企业	549889	173282	481	101803	23515	8261	39222
国有企业	415627	64898		38041	19153	4545	3159
集体企业	1						
股份合作企业	1						
有限责任公司	1208	269				148	121
其他有限责任公司	1208	269				148	121
股份有限公司	54912	103137	460	63186	3200	386	35905
私营企业	77254	4978	21	576	1162	3182	37
私营独资企业	8839	2824				2824	

15－4 续表25

单位：千元

指 标 名 称	应交增值税	土地和固定资产支出	土地购置	房屋和建筑物	机器设备	运输工具	其他费用
私营合伙企业	231						
私营有限责任公司	68024	2154	21	576	1162	358	37
私营股份有限公司	160						
其他企业	886						
3.按控股情况分							
国有控股	470860	168304	460	101227	22353	5079	39185
集体控股	41						
私人控股	78919	4978	21	576	1162	3182	37
其他	69						
4.按经营形式分							
独立门店	546231	172572	481	101803	23468	7598	39222
其他	3658	710			47	663	
二、零售业	**215514**	**248657**	**3616**	**177189**	**39974**	**21570**	**6308**
1.按零售行业小类分							
综合零售	111882	187887	139	162176	18089	1250	6233
百货零售	75887	156686		143781	5876	985	6044
超级市场零售	35968	31201	139	18395	12213	265	189
其他综合零售	27						
食品、饮料及烟草制品专门零售	12715						
粮油零售	7284						
肉、禽、蛋及水产品零售	1409						
饮料及茶叶零售	2882						
烟草制品零售	973						
其他食品零售	167						
纺织、服装及日用品专门零售	1476						
服装零售	863						
钟表、眼镜零售	47						
其他日用品零售	566						
文化、体育用品及器材专门零售	2672						
图书零售	2297						
珠宝首饰零售	375						
其他文化用品零售							
医药及医疗器材专门零售	1271						
药品零售	1271						
汽车、摩托车、燃料及零配件专门零售	55049	39475	21	15013	4104	20262	75
汽车零售	52717	39475	21	15013	4104	20262	75
汽车零配件零售	141						
摩托车及零配件零售	75						
机动车燃料零售	2116						
家用电器及电子产品专门零售	12476	3514	3456			58	
家用电器零售	12191	3514	3456			58	
计算机、软件及辅助设备零售	85						
通信设备零售	200						
五金、家具及室内装修材料专门零售	7403						

15－4 续表26

单位：千元

指 标 名 称	应交增值税	土地和固定资产支出	土地购置	房屋和建筑物	机器设备	运输工具	其他费用
五金零售	564						
其他室内装修材料零售	6839						
无店铺及其他零售	10570	17781			17781		
生活用燃料零售	10450	17781			17781		
其他未列明的零售	120						
2.按登记注册类型分							
内资企业	188620	244079	3616	177189	35396	21570	6308
国有企业	875						
集体企业	2039						
股份合作企业	1						
有限责任公司	19421	20988			19340	1601	47
国有独资公司	-2976						
其他有限责任公司	22397	20988			19340	1601	47
股份有限公司	5972	151416		141662	5742		4012
私营企业	158009	71623	3595	35527	10314	19969	2218
私营独资企业	16869	3514	3456			58	
私营合伙企业	11						
私营有限责任公司	134910	66309	139	34607	9434	19911	2218
私营股份有限公司	6219	1800		920	880		
其他企业	2303	52	21				31
港澳台商投资企业	11412	4578			4578		
港澳台商独资企业	11412	4578			4578		
外商投资企业	15482						
外资企业	11412	4578			4578		
3.按控股情况分							
国有控股	203	152670		141662	6410	586	4012
集体控股	2520						
私人控股	168330	85456	3616	33408	28211	18984	1237
港澳台商控股	11412	4578			4578		
外商控股	16167	1656			641	1015	
其他	16882	4297		2119	134	985	1059
4.按经营形式分							
独立门店	205720	248657	3616	177189	39974	21570	6308
连锁总店(总部)	9342						
连锁门店	8						
其他	444						
5.按零售业态分							
有店铺零售	215514	248657	3616	177189	39974	21570	6308
超市	6687						
大型超市	30134	35317	139	20514	12213	1250	1201
百货店	75910	152570		141662	5876		5032
专业店	71952	28737	3456	920	20229	4104	28
专卖店	30478	11083	21		1520	9511	31
家居建材商店	1						
厂家直销中心	352	20950		14093	136	6705	16

15－5 限额以上住宿和餐饮业法人企业财务状况（2011）

单位：千元

指标名称	法人企业数（个）	执行《2006年企业会计准则》企业数（个）	年初存货	流动资产合计		
					应收账款	存货
总计	**66**	**45**	**23622**	**367815**	**48647**	**26193**
一、住宿业	**32**	**24**	**16354**	**310760**	**15973**	**21712**
1.按住宿行业小类分						
旅游饭店	28	23	15934	304725	13844	21315
一般旅馆	4	1	420	6035	2129	397
2.按登记注册类型分						
内资企业	31	23	16354	296954	15973	21501
国有企业	7	4	7697	27055	2907	7335
有限责任公司	7	5	382	4446	1504	1088
其他有限责任公司	7	5	382	4446	1504	1088
股份有限公司	1	1	360	222	24	198
私营企业	16	13	7915	265231	11538	12880
私营独资企业	3	1	896	3758	1416	293
私营有限责任公司	13	12	7019	261473	10122	12587
港澳台商投资企业	1	1		13806		211
与港澳台商合资经营企业	1	1		13806		211
3.按控股情况分						
国有控股	9	5	7861	28244	2907	7858
集体控股	2	2	8	14748	454	226
私人控股	19	16	7525	267570	12540	13502
其他	2	1	960	198	72	126
4.按经营形式分						
独立门店	30	24	16066	306449	14547	21394
其他	2		288	4311	1426	318
5.按星级分						
五星	2	2	1424	46938	1652	2151

15－5 续表1

单位：千元

指 标 名 称	法 人 企业数（个）	执行《2006年企业会计准则》企业数（个）	年初存货	流动资产合 计	应收账款	存货
四星	4	3	3021	82862	5739	4667
三星	7	6	5779	22873	3420	5361
二星	2	1	172	1270	454	161
一星	1	1	2335	142310	862	5171
其他	16	11	3623	14507	3846	4201
二、餐饮业	**34**	**21**	**7268**	**57055**	**32674**	**4481**
1.按餐饮行业小类分						
正餐服务	34	21	7268	57055	32674	4481
2.按登记注册类型分						
内资企业	34	21	7268	57055	32674	4481
国有企业	3	2	1103	2094	1239	284
集体企业	3	3	50	2749	2627	101
有限责任公司	5	3	423	30478	22812	485
其他有限责任公司	5	3	423	30478	22812	485
私营企业	23	13	5692	21734	5996	3611
私营独资企业	6	3	4285	7174	2603	813
私营合伙企业	1	1		65	27	
私营有限责任公司	13	9	1377	13109	2382	2619
私营股份有限公司	3		30	1386	984	179
3.按控股情况分						
国有控股	3	2	1103	2094	1239	284
集体控股	3	3	50	2749	2627	101
私人控股	25	13	5692	21734	5996	3611
其他	3	3	423	30478	22812	485
4.按经营形式分						
独立门店	34	21	7268	57055	32674	4481

15－5 续表2

单位：千元

指标名称	固定资产合计	固定资产原价	累计折旧	本年折旧	在建工程	资产总计
总计	**1061696**	**1335656**	**299883**	**33610**	**11955**	**1567424**
一、住宿业	**759465**	**995940**	**256174**	**20443**	**11603**	**1135037**
1.按住宿行业小类分						
旅游饭店	737986	977170	254393	20443	11603	1107213
一般旅馆	21479	18770	1781			27824
2.按登记注册类型分						
内资企业	759184	995509	256024	20883	11603	1114719
国有企业	133407	220850	90933	4635		161117
有限责任公司	97340	160427	65470	2324		117830
其他有限责任公司	97340	160427	65470	2324		117830
股份有限公司	586	669	220	40		808
私营企业	527851	613563	99401	13884	11603	834964
私营独资企业	27626	34766	8140	1180		31884
私营有限责任公司	500225	578797	91261	12704	11603	803080
港澳台商投资企业	281	431	150	-440		20318
与港澳台商合资经营企业	281	431	150	-440		20318
3.按控股情况分						
国有控股	198263	344212	149439	6698		232046
集体控股	3942	6104	2162	-351		25281
私人控股	554209	642289	103938	13926	11603	870143
其他	3051	3335	635	170		7567
4.按经营形式分						
独立门店	753419	989540	255820	20443	11603	1124470
其他	6046	6400	354			10567
5.按星级分						
五星	279872	285292	6161	2198	741	329270

15－5 续表3

单位：千元

指标名称	固定资产合计	固定资产原价	累计折旧	本年折旧	在建工程	资产总计
四星	162987	250122	89417	7513	2282	262914
三星	105622	173792	77399	2267	2212	133750
二星	4061	6938	2877	954		5691
一星	130541	192387	61846	1880		273805
其他	76382	87409	18474	5631	6368	129607
二、餐饮业	**302231**	**339716**	**43709**	**13167**	**352**	**432387**
1.按餐饮行业小类分						
正餐服务	302231	339716	43709	13167	352	432387
2.按登记注册类型分						
内资企业	302231	339716	43709	13167	352	432387
国有企业	53118	63347	10229	2657		75212
集体企业	73242	82800	9558	820		77491
有限责任公司	11088	13187	3237	1468		51780
其他有限责任公司	11088	13187	3237	1468		51780
私营企业	164783	180382	20685	8222	352	227904
私营独资企业	31569	36696	9923	1381	59	45460
私营合伙企业	4278	4278				5311
私营有限责任公司	128131	138328	10487	6806	293	169478
私营股份有限公司	805	1080	275	35		7655
3.按控股情况分						
国有控股	53118	63347	10229	2657		75212
集体控股	73242	82800	9558	820		77491
私人控股	166943	182522	20685	8222	352	230304
其他	8928	11047	3237	1468		49380
4.按经营形式分						
独立门店	302231	339716	43709	13167	352	432387

15-5 续表4

单位：千元

指标名称	流动负债合计	应付帐款	非流动负债合计	负债合计	所有者权益合计	实收资本
总计	937238	82305	232590	1169828	397596	364749
一、住宿业	723539	30224	198862	922401	212636	220726
1.按住宿行业小类分						
旅游饭店	715192	26257	196311	911503	195710	206026
一般旅馆	8347	3967	2551	10898	16926	14700
2.按登记注册类型分						
内资企业	689094	29156	198862	887956	226763	217726
国有企业	123537	7270	1548	125085	36032	32268
有限责任公司	110449	3599	5195	115644	2186	53715
其他有限责任公司	110449	3599	5195	115644	2186	53715
股份有限公司	85	85		85	723	723
私营企业	455023	18202	192119	647142	187822	131020
私营独资企业	6548	3967	1003	7551	24333	23900
私营有限责任公司	448475	14235	191116	639591	163489	107120
港澳台商投资企业	34445	1068		34445	-14127	3000
与港澳台商合资经营企业	34445	1068		34445	-14127	3000
3.按控股情况分						
国有控股	231633	10818	1548	233181	-1135	65608
集体控股	35077	1119		35077	-9796	4150
私人控股	452782	17727	197314	650096	220047	148288
其他	4047	560		4047	3520	2680
4.按经营形式分						
独立门店	721299	30224	197661	918960	205510	215826
其他	2240		1201	3441	7126	4900
5.按星级分						
五星	285677	2243	20000	305677	23593	26000

15－5 续表5

单位：千元

指标名称	流动负债合计	应付帐款	非流动负债合计	负债合计	所有者权益合计	实收资本
四星	165625	6452	5000	170625	92289	11850
三星	128134	6403		128134	5616	60588
二星	670	89		670	5021	1800
一星	105531	1117	171116	276647	-2842	33000
其他	37902	13920	2746	40648	88959	87488
二、餐饮业	**213699**	**52081**	**33728**	**247427**	**184960**	**144023**
1.按餐饮行业小类分						
正餐服务	213699	52081	33728	247427	184960	144023
2.按登记注册类型分						
内资企业	213699	52081	33728	247427	184960	144023
国有企业	62394	878	5	62399	12813	8750
集体企业	4409	880	29200	33609	43882	43300
有限责任公司	38451	18586	1050	39501	12279	11098
其他有限责任公司	38451	18586	1050	39501	12279	11098
私营企业	108445	31737	3473	111918	115986	80875
私营独资企业	24636	21058	170	24806	20654	9221
私营合伙企业	2604	2604	243	2847	2464	2464
私营有限责任公司	78272	7869		78272	91206	67540
私营股份有限公司	2933	206	3060	5993	1662	1650
3.按控股情况分						
国有控股	62394	878	5	62399	12813	8750
集体控股	4409	880	29200	33609	43882	43300
私人控股	108445	31737	3473	111918	118386	83275
其他	38451	18586	1050	39501	9879	8698
4.按经营形式分						
独立门店	213699	52081	33728	247427	184960	144023

15－5 续表6

单位：千元

指 标 名 称	国家资本	集体资本	法人资本	个人资本	港澳台资 本	营业收入
总 计	**36038**	**64468**	**159608**	**103735**	**900**	**707164**
一、住宿业	**27288**	**12670**	**107058**	**72810**	**900**	**410198**
1.按住宿行业小类分						
旅游饭店	25488	12670	107058	59910	900	368946
一般旅馆	1800			12900		41252
2.按登记注册类型分						
内资企业	27288	10570	107058	72810		410198
国有企业	27288		4980			97568
有限责任公司		10570	39245	3900		46502
其他有限责任公司		10570	39245	3900		46502
股份有限公司			723			9491
私营企业			62110	68910		256637
私营独资企业			11000	12900		37559
私营有限责任公司			51110	56010		219078
港澳台商投资企业		2100			900	
与港澳台商合资经营企业		2100			900	
3.按控股情况分						
国有控股	27288		38320			120236
集体控股		3250			900	1143
私人控股		9420	68158	70710		274798
其他			580	2100		14021
4.按经营形式分						
独立门店	25588	12670	107058	69610	900	383200
其他	1700			3200		26998
5.按星级分						
五星			25000	1000		33668

15－5 续表7

单位：千元

指 标 名 称						营业收入
	国家资本	集体资本	法人资本	个人资本	港澳台资本	
四星		2100	4950	3900	900	74244
三星	25488		33190	1910		61654
二星		1150	650			2681
一星				33000		76066
其他	1800	9420	43268	33000		161885
二、餐饮业	**8750**	**51798**	**52550**	**30925**		**296966**
1.按餐饮行业小类分						
正餐服务	8750	51798	52550	30925		296966
2.按登记注册类型分						
内资企业	8750	51798	52550	30925		296966
国有企业	8750					25824
集体企业		43300				16125
有限责任公司		8498	600	2000		37622
其他有限责任公司		8498	600	2000		37622
私营企业			51950	28925		217395
私营独资企业			550	8671		44546
私营合伙企业				2464		5529
私营有限责任公司			51300	16240		152675
私营股份有限公司			100	1550		14645
3.按控股情况分						
国有控股	8750					25824
集体控股		43300				16125
私人控股			52350	30925		226815
其他		8498	200			28202
4.按经营形式分						
独立门店	8750	51798	52550	30925		296966

15－5 续表8

单位：千元

指 标 名 称	主营业务收入	营业成本	主营业务成本	营业税金及附加	主营业务税金及附加	其他业务利润
总 计	**706560**	**403492**	**369416**	**33853**	**29238**	**3493**
一、住宿业	**409594**	**238172**	**205118**	**21504**	**16890**	**3493**
1.按住宿行业小类分						
旅游饭店	368342	213361	180307	20455	15841	3493
一般旅馆	41252	24811	24811	1049	1049	
2.按登记注册类型分						
内资企业	409594	238172	205118	21504	16890	3493
国有企业	97214	80224	48233	4274	4267	108
有限责任公司	46502	25057	25057	2194	2194	
其他有限责任公司	46502	25057	25057	2194	2194	
股份有限公司	9491	6698	6698	200	200	3385
私营企业	256387	126193	125130	14836	10229	
私营独资企业	37559	21805	21805	732	732	
私营有限责任公司	218828	104388	103325	14104	9497	
港澳台商投资企业						
与港澳台商合资经营企业						
3.按控股情况分						
国有控股	119882	89028	57037	5596	5589	108
集体控股	1143	237	237	64	64	
私人控股	274548	138705	137642	14517	10210	3385
其他	14021	10202	10202	1327	1027	
4.按经营形式分						
独立门店	382596	222532	189478	21115	16501	3493
其他	26998	15640	15640	389	389	
5.按星级分						
五星	33668	18330	18330	1858	1858	

15-5 续表9

单位：千元

指标名称	主营业务收入	营业成本	主营业务成本	营业税金及附加	主营业务税金及附加	其他业务利润
四星	73890	65548	33557	3234	3227	78
三星	61404	28546	27483	7368	3061	30
二星	2681	1414	1414	150	150	
一星	76066	21792	21792	4240	4240	
其他	161885	102542	102542	4654	4354	3385
二、餐饮业	**296966**	**165320**	**164298**	**12349**	**12348**	
1.按餐饮行业小类分						
正餐服务	296966	165320	164298	12349	12348	
2.按登记注册类型分						
内资企业	296966	165320	164298	12349	12348	
国有企业	25824	17045	17045	375	375	
集体企业	16125	7715	7715	773	772	
有限责任公司	37622	20399	19377	1464	1464	
其他有限责任公司	37622	20399	19377	1464	1464	
私营企业	217395	120161	120161	9737	9737	
私营独资企业	44546	24437	24437	840	840	
私营合伙企业	5529	5454	5454	276	276	
私营有限责任公司	152675	79818	79818	8148	8148	
私营股份有限公司	14645	10452	10452	473	473	
3.按控股情况分						
国有控股	25824	17045	17045	375	375	
集体控股	16125	7715	7715	773	772	
私人控股	226815	126062	125040	9737	9737	
其他	28202	14498	14498	1464	1464	
4.按经营形式分						
独立门店	296966	165320	164298	12349	12348	

15－5 续表10

单位：千元

指标名称	销售费用	管理费用	税金	差旅费	工会经费	财务费用
总计	91598	190803	10290	5305	1028	20934
一、住宿业	62143	130526	7026	4924	733	17188
1.按住宿行业小类分						
旅游饭店	59176	127628	6894	4610	713	15487
一般旅馆	2967	2898	132	314	20	1701
2.按登记注册类型分						
内资企业	62143	128523	6919	4571	733	17188
国有企业	15671	35054	2009	129	162	726
有限责任公司	10322	8095	257	439	83	499
其他有限责任公司	10322	8095	257	439	83	499
股份有限公司	360	560		62		102
私营企业	35790	84814	4653	3941	488	15861
私营独资企业	2176	4081	137	937		1250
私营有限责任公司	33614	80733	4516	3004	488	14611
港澳台商投资企业		2003	107	353		
与港澳台商合资经营企业		2003	107	353		
3.按控股情况分						
国有控股	23586	39612	2009	137	162	792
集体控股	316	2833	157	354		1
私人控股	38071	87167	4860	4433	571	16395
其他	170	914				
4.按经营形式分						
独立门店	60149	128993	6894	4610	713	15953
其他	1994	1533	132	314	20	1235
5.按星级分						
五星	37	12450		56	73	383

15－5 续表11

单位：千元

指标名称	销售费用	管理费用				财务费用
			税金	差旅费	工会经费	
四星	8047	39343	2218	928	209	840
三星	16396	12231		47	26	495
二星	355	1059	50	9		2
一星	12602	46411	4240	40	202	13429
其他	24706	19032	518	3844	223	2039
二、餐饮业	**29455**	**60277**	**3264**	**381**	**295**	**3746**
1.按餐饮行业小类分						
正餐服务	29455	60277	3264	381	295	3746
2.按登记注册类型分						
内资企业	29455	60277	3264	381	295	3746
国有企业	6172	533		85		165
集体企业	3802	1408	70	111	20	165
有限责任公司	4021	8070	600	21		1419
其他有限责任公司	4021	8070	600	21		1419
私营企业	15460	50266	2594	164	275	1997
私营独资企业	8082	3737	468	13	11	512
私营合伙企业						
私营有限责任公司	5829	44968	1451	151	264	1355
私营股份有限公司	1549	1561	675			130
3.按控股情况分						
国有控股	6172	533		85		165
集体控股	3802	1408	70	111	20	165
私人控股	15810	51297	3194	164	275	2437
其他	3671	7039		21		979
4.按经营形式分						
独立门店	29455	60277	3264	381	295	3746

15－5 续表12

单位：千元

指标名称	利息收入	利息支出	营业利润	营业外收入	利润总额	应交所得税
总计	**176**	**15785**	**8064**	**3361**	**4835**	**3310**
一、住宿业	**117**	**14584**	**-18778**	**2427**	**-18333**	**682**
1.按住宿行业小类分						
旅游饭店	44	14584	-26604	2427	-26159	682
一般旅馆	73		7826		7826	
2.按登记注册类型分						
内资企业	117	14584	-16775	2302	-16035	682
国有企业	41	247	-6629	265	-6387	46
有限责任公司	9		335	13	-597	127
其他有限责任公司	9		335	13	-597	127
股份有限公司			4956		4956	77
私营企业	67	14337	-15437	2024	-14007	432
私营独资企业	47		7515		7515	214
私营有限责任公司	20	14337	-22952	2024	-21522	218
港澳台商投资企业			-2003	125	-2298	
与港澳台商合资经营企业			-2003	125	-2298	
3.按控股情况分						
国有控股	41	247	-6626	278	-6374	49
集体控股			-2308	125	-2645	28
私人控股	76	14337	-11552	2024	-11022	537
其他			1708		1708	68
4.按经营形式分						
独立门店	68	14584	-24985	2427	-24540	682
其他	49		6207		6207	
5.按星级分						
五星	8	213	610		607	

15－5 续表13

单位：千元

指 标 名 称	利息收入	利息支出	营业利润	营业外收 入	利润总额	应 交所得税
四星	18	459	-11046	448	-11673	
三星	11	380	1768	1165	2339	132
二星			-299		-341	31
一星		13429	-22408	809	-21599	
其他	80	103	12597	5	12334	519
二、餐饮业	**59**	**1201**	**26842**	**934**	**23168**	**2628**
1.按餐饮行业小类分						
正餐服务	59	1201	26842	934	23168	2628
2.按登记注册类型分						
内资企业	59	1201	26842	934	23168	2628
国有企业			1534		1534	141
集体企业		75	2263	9	1223	250
有限责任公司			3271	819	1795	
其他有限责任公司			3271	819	1795	
私营企业	59	1126	19774	106	18616	2237
私营独资企业		17	6938		6285	
私营合伙企业			-201		-201	
私营有限责任公司	59	1109	12557	106	12052	2179
私营股份有限公司			480		480	58
3.按控股情况分						
国有控股			1534		1534	141
集体控股		75	2263	9	1223	250
私人控股	59	1126	22494	106	19746	2237
其他			551	819	665	
4.按经营形式分						
独立门店	59	1201	26842	934	23168	2628

15-5 续表14

单位：千元

指标名称	应付职工薪酬（本年贷方累计发生额）	应交增值税	土地和固定资产支出	房屋和建筑物	机器设备	运输工具	其他费用
总计	**116791**	**416**	**113795**	**71377**	**33179**	**8624**	**615**
一、住宿业	**74630**	**356**	**73537**	**70707**	**1921**	**294**	**615**
1.按住宿行业小类分							
旅游饭店	72022	356	73537	70707	1921	294	615
一般旅馆	2608						
2.按登记注册类型分							
内资企业	73816	356	73537	70707	1921	294	615
国有企业	24525	229	4000	4000			
有限责任公司	7821	23	268		268		
其他有限责任公司	7821	23	268		268		
股份有限公司	648	62					
私营企业	40822	42	69269	66707	1653	294	615
私营独资企业	2384						
私营有限责任公司	38438	42	69269	66707	1653	294	615
港澳台商投资企业	814						
与港澳台商合资经营企业	814						
3.按控股情况分							
国有控股	29694	229	4268	4000	268		
集体控股	955	23					
私人控股	41721	104	69269	66707	1653	294	615
其他	2260						
4.按经营形式分							
独立门店	73046	356	73537	70707	1921	294	615
其他	1584						
5.按星级分							
五星	11510		67696	66273	1149	79	195

15－5 续表15

单位：千元

指标名称	应付职工薪酬（本年贷方累计发生额）	应交增值税	土地和固定资产支出	房屋和建筑物	机器设备	运输工具	其他费用
四星	23711	229	4000	4000			
三星	10996	1	639	371	268		
二星	988	23					
一星	12360		44	44			
其他	15065	103	1158	19	504	215	420
二、餐饮业	**42161**	**60**	**40258**	**670**	**31258**	**8330**	
1.按餐饮行业小类分							
正餐服务	42161	60	40258	670	31258	8330	
2.按登记注册类型分							
内资企业	42161	60	40258	670	31258	8330	
国有企业	3182						
集体企业	3555						
有限责任公司	6738		670	670			
其他有限责任公司	6738		670	670			
私营企业	28686	60	39588		31258	8330	
私营独资企业	5602	47					
私营合伙企业	306						
私营有限责任公司	21472	10	39588		31258	8330	
私营股份有限公司	1306	3					
3.按控股情况分							
国有控股	3182						
集体控股	3555						
私人控股	29590	60	39588		31258	8330	
其他	5834		670	670			
4.按经营形式分							
独立门店	42161	60	40258	670	31258	8330	

对外贸易和旅游业

Dui wai mao yi he lu you ye

16－1 对外经济情况（2005–2011）

单位：万美元

指　　标		2005	2006	2007	2008	2009	2010	2011
进出口总额		68678	74695	95858	140567	76565	84566	127031
出口		39934	45454	56232	81798	41255	55213	57407
#三资企业		8246	12936	13710	19893	14983	16827	17663
进口		28744	29241	39626	58768	35310	29353	69624
#三资企业		5340	12562	9866	4487	9980	9094	32013
新签利用外资协议	（个）	34	30	21	14	13	18	10
协议（合同）外资金额		61688	72578	74372	74704	75816	79229	84958
实际利用外资额		22282	25183	28859	32118	37200	45221	61309
#直　接		7071	8452	9103	10929	12009	14012	16048
新签对外承包工程劳务合同额		9287	6681	5957	8002	9240	18504	6970
对外承包工程劳务营业额		6132	4783	5848	6567	7453	7619	8386
年末在外人数	（人）	2185	2963	2342	2443	2504	2776	2923
新批海外投资企业	（个）			2	2	2	4	2
年末实有三资企业	（个）	202	190	186	200	205	223	233
#投资开发企业								

16－2 对外贸易主要经济指标情况

	单　位	2011	2010	2011年比2010年±%
出口创汇	万美元	57407	55213	4.0
#三　资	万美元	17663	16827	5.0
合同利用外资	万美元	84958	79229	7.2
#外商直接投资审批合同额	万美元	14190	13364	6.2
其他合同额		70768	65865	7.4
实际利用外资	万美元	61309	45221	35.6
#直　接	万美元	16048	14012	14.5
间　接	万美元	45261	31209	45.0
劳务输出(全口径)	人	2738	2776	-1.4
新批外贸和三资出口企业	户	76	70	8.6
新批三资企业	户	10	18	-44.4
利用外资项目	项	81	81	

16－3 外贸出口商品构成

单位：万美元

指　　标	2011	2010	2011年比2010年±%
总　值	57407	55213	3.97
一、初级产品	11604	9197	26.16
食品及活动物	8274	6540	26.51
饮料及烟类	6	13	-56.02
非食用原料（燃料除外）	2806	2235	25.50
矿物燃料、润滑油及有关原料		1	
动植物油、脂及蜡	518	407	27.28
二、工业制品	45803	46015	-0.46
#机电产品	17854	18895	-5.51
化学成品及有关产品	9494	8620	10.13
按原料分类的制成品	15563	15130	2.87
机械及运输设备	17625	18673	-5.61
杂项制品	3096	3496	-11.44
未分类的商品	25	96	-73.96

16－4 主要出口商品总值

单位：万美元

商品名称	2011	2010	2011年比2010年±%
贱金属及其制品	3464	4269	-18.9
机电、音像设备	17181	17766	-3.3
化工产品	8853	8171	8.4
纺织纱线、织物及制品	6486	5279	22.9
木及制品	2974	4149	-28.3
鞋类	385	346	11.4
车辆、航空	411	754	-45.5
矿物材料制品	127	232	-45.2
光学、医疗	64	181	-64.8
革、毛皮及制品	6	13	-55.8

16－5 旅游总收入和星级饭店国际旅游接待人数（2005－2011）

单位：人次

指　　标	2005	2006	2007	2008	2009	2010	2011
旅游总收入(万元)	**460000**	**560000**	**708000**	**937500**	**1255200**	**1642900**	**2165800**
旅游人数	**35182**	**40213**	**45000**	**49300**	**53737**	**63594**	**76412**
#接待过夜游客	35182	40213	31286	41097	44795	56847	72315
一、外国人	**12503**	**16944**	**10794**	**13134**	**21756**	**21965**	**40312**
#日本	2112	3414	1283	2673	1700	1515	5126
美国	1510	1725	327	463	130	135	1025
德国	601	687	49	129	21	140	85
新加坡	1329	1519	178	481	35	62	461
英国	636	727	53	62	12	35	218
加拿大	694	793	67	87		21	298
法国	217	248	49	42	10	8	249
意大利	284	324	23	49	7	6	154
澳大利亚	406	464	293	103	260	290	1543
俄罗斯	281	821	1752	1540	1690	1735	7521
菲律宾	38	43	194	63		5	87
泰国	263	300	32	23		3	95
印尼	351	401	47	67	29	30	156
新西兰	47	54	89	98		2	173
韩国	1684	2925	6359	7254	17862	17978	23121
二、港澳和台湾同胞	**22679**	**23269**	**20492**	**27963**	**31981**	**41629**	**36100**

16－6 国内旅游情况（2007–2011）

指　　标	单　位	2007	2008	2009	2010	2011
旅游住宿设施总数	个			**24**	**27**	**28**
#星级宾馆	个	26	26	24	27	28
旅游景点总数	个	**59**	**59**	**19**	**20**	**20**
国内旅游人数	万人次	**1029**	**1215.87**	**1474.89**	**1762.44**	**2042.46**
1.过夜旅游者人数	万人次	392.47	423.64	543.64	683.29	710.23
（1）旅游住宿设施国内旅游人数	万人次	312	324	433	528.3	596.11
（2）住亲友家去景点的国内旅游人数	万人次	80.47	99.64	110.64	145.99	114.12
2.不过夜旅游者（一日游）人数	万人次	636.53	792.23	931.25	1079.15	1332.23
旅游景点接待一日游人数	万人次	532.02	603.47	831	930	1129.57
（1）本地一日游人数	人	2317400	2616400	2916400	3169510	3647612
（2）外地一日游人数	人	3006800	3418300	3918300	4278640	5102423
国内旅游人均花费	元	**908.60**	**969.77**	**1038.28**	**1111.57**	**1199.01**
#旅游住宿设施国内旅游者人均花费	元	1457.39	1486.32	1686.32	1739.65	1495.16
住亲友家去景点的国内旅游者人均花费	元	920.82	927.46	990.00	1096.00	1101.00
一日游旅游者人均花费	元	282.23	297.64	320.00	450.00	490.00
国内旅游收入	亿元	**70.80**	**93.75**	**125.52**	**163.02**	**215.00**
1.接待过夜旅游者收入	亿元	52.83	70.14	90.00	121.12	153.80
（1）旅游住宿设施接待国内旅游者收入	亿元	45.07	56.37	71.00	101.00	122.25
（2）住亲友家去景点的国内旅游者旅游收入	亿元	7.76	14.23	19.00	20.12	31.55
2.接待不过夜旅游者（一日游）收入	亿元	17.97	23.61	35.52	41.90	61.20

教育、科技和文化事业

Jiao yu ke ji he wen hua shi ye

17－1 科技、科研、广播、电视、电影事业基本情况

项 目	单 位	全 市		市 区	
		2011	2010	2011	2010
一、科研成果获奖情况					
获国家科技进步奖	项				
获省科技进步奖	项	34	38	31	38
获市科技进步奖	项	114	81	105	81
已登记的科研成果	项	84	82	83	82
#具有国际先进水平	项				
填补国内空白	项				
填补省内空白	项				
具有国内先进水平	项				
具有省内先进水平	项				
二、广播、电视					
广播、电视及电视发射转播台	座	16	16	3	3
其中：电视台数		6	6	1	1
广播节目套数	套	9	9	4	4
全年公共广播节目播出时间	小时	61948.3	57892	32852	31414
电视节目套数	套	9	9	4	4
全年公共电视节目播出时间	小时	67885.33	65652.33	33945	33580
三、电影					
电影发行放映机构	个	3	3	1	1
电影院、影剧院	个	4	4	4	4
四、有线广播					
县广播电视站	个	5	5	5	5

17－2 文化事业基本情况（2011）

项　　目	单　位	全　市	市　区	永吉县	舒兰市	磐石市	蛟河市	桦甸市
一、艺　术								
艺术创作机构	个	2	1	0	0	0	1	0
艺术表演团体	个	8	3	1	1	1	1	1
全年演出场次	场	1469	857	100	120	242	65	85
艺术表演场所	个	4	3	0	0	0	0	1
演（映）出场次	场	14023	13934	0	0	0	0	89
观众人次	千人次	453	412	0	0	0	0	41
二、图书群众文化								
公共图书馆	个	9	4	1	1	1	1	1
总藏量	册	2057961	1474034	57080	39146	153711	96370	237620
图书	册	1695009	1320106	51320	35305	126558	74520	87200
群众艺术馆	个	9	4	1	1	1	1	1
开展各类文化活动数		445	223	80	25	20	62	35
文化馆(站)	个	154	54	13	8	41	24	14
三、文物业								
博物馆	个	11	5	1	1	2	1	1
文物藏品	件、套	24884	22250	431	1077	392	400	334
四、文化市场稽查机构	个	**9**	**4**	**1**	**1**	**1**	**1**	**1**
互联网服务营业场所	个	547	279	38	75	44	54	57

17-3 新闻出版事业基本情况（2007-2011）

指标名称	单位	全市					市区				
		2007	2008	2009	2010	2011	2007	2008	2009	2010	2011
一、出版业情况											
报刊出版单位	家	25	25	25	25	23	23	23	23	23	23
内部资料出版单位户	家	52	54	61	63	59	51	53	60	61	59
二、印刷复制业情况											
印刷企业数	家	175	180	187	189	156	149	152	157	159	156
打字复印单位数	家	248	248	248	248	197	197	197	197	197	197
三、发行业情况											
图书批发企业数	家	25	26	26	28	26	25	26	26	27	26
图书零售企业数	家	247	247	252	261	182	178	178	183	185	182
音像制品零售企业数	家	80	85	145	153	58	80	85	59	49	58
电子出版物零售企业数	家	25	27	133	102	48	25	27	47	48	48
四、"农家书屋"工程建设情况											
已建数量	个		427	710	731	208		125	209	209	208
五、"扫黄打非"情况											
开展专项整治行动	次						8	10	10	11	10
收缴盗版书籍数	万册						3	2	1.8	1.9	1.9
收缴盗版光盘数	万张						5	8	6.5	7	6.7

17-4 教育事业基本情况（2011）

指　　标	全　市	市　区	永吉县	舒兰市	磐石市	蛟河市	桦甸市
一、学校数（所）							
高等学校	8	8	0	0	0	0	0
中等职业学校	36	23	3	2	2	3	3
技工学校	9	6	1	0	1	0	1
普通中学	190	69	17	29	24	27	24
#高中	39	19	3	5	5	4	3
#工读学校	1	1	0	0	0	0	0
小　学	730	168	44	161	134	123	100
特殊教育学校	10	5	1	1	1	1	1
幼儿园	958	380	70	102	98	159	149
二、招生人数（人）							
高等学校	41695	41695	0	0	0	0	0
中等职业学校	17086	14585	276	375	633	319	898
技工学校	1687	747	60	0	627	0	253
普通中学	65324	26432	4925	7676	8680	7791	9820
#高　中	27300	11355	2131	2656	3931	2713	4514
#工读学校	42	42	0	0	0	0	0
小　学	36706	13558	2944	5878	4908	3870	5548
特殊教育学校	163	87	10	15	17	20	14
幼儿园	61806	24310	3896	10423	6397	7247	9533
三、在校学生数（人）							
高等学校	121592	121592	0	0	0	0	0
中等职业学校	58110	48644	865	837	2228	589	4947
技工学校	5353	2042	113	0	1010	0	2188
普通中学	200079	80528	17227	24361	28577	22636	26750
#高　中	77576	33933	6847	7872	10951	6515	11458
#工读学校	104	104	0	0	0	0	0
小　学	223664	83163	19300	35515	28273	23175	34238
特殊教育学校	1300	606	120	107	92	123	252
幼儿园	90066	38721	8364	12578	9402	10029	10972

17－4 续表

指　　标	全　市	市　区	永吉县	舒兰市	磐石市	蛟河市	桦甸市
四、毕业生数(人)							
高等学校	38573	38573	0	0	0	0	0
中等职业学校	16723	14287	647	287	695	374	433
技工学校	1596	913	16	0	281	0	386
普通中学	69718	29367	6265	8803	9767	6426	9090
#高　中	24250	9838	2421	2649	3567	2103	3672
#工读学校	250	250	0	0	0	0	0
小　学	36013	14483	2612	5020	4750	5078	4070
特殊教育学校	61	32	0	6	5	0	18
幼儿园	44395	15642	3467	8041	4788	5171	7286
五、教职员工数(人)							
高等学校	8162	8162	0	0	0	0	0
中等职业学校	4467	3483	168	182	186	192	256
技工学校	1058	704	96	0	152	0	106
普通中学	20848	7705	1824	2280	2411	3140	3488
#工读学校	72	72	0	0	0	0	0
小　学	21026	6346	1351	3360	2984	2317	4668
特殊教育学校	394	191	35	37	40	38	53
幼儿园	6800	3239	538	696	884	680	763
六、专任教师(人)							
高等学校	4993	4993	0	0	0	0	0
中等职业学校	3037	2323	116	121	149	117	211
技工学校	608	428	69	0	24	0	87
普通中学	14144	5658	1248	1738	1959	1903	1638
#工读学校	64	64	0	0	0	0	0
小　学	18473	5921	1393	2903	2945	2895	2416
特殊教育学校	305	165	30	29	37	20	24
幼儿园	3961	1868	340	294	480	378	601

体育、卫生和其他事业

Ti yu wei sheng he qi ta shi ye

18－1 体育事业基本情况

项目	单位	全市		市区	
		2011	2010	2011	2010
综合性体育馆	个	4	13	4	9
游泳馆	个	10	15	7	14
滑雪场	个	6	11	4	8
群众性体育活动	次	313	386	171	176
参加群众性体育活动人数	万人	38	46	20	25
竞技体育赛事	次	4	5		5
其中：国家级	次	2	2		2
省级	次	2	3		3
市级	次	0	0		0
参加竞技体育赛事人数	万人	0.1	0.13		0.13
获金牌数	枚	67	159	15	159
其中：国际级	枚	9	5		5
国家级	枚	28	24		24
省级	枚	30	130	15	130
获银牌数	枚	60	106	14	106
其中：国际级	枚	2	3		3
国家级	枚	26	33		33
省级	枚	32	70	14	70
获铜牌数	枚	33	91	17	91
其中：国际级	枚	1	2		2
国家级	枚	11	22		22
省级	枚	21	67	17	67
少儿体校	个	13	11	11	9
等级裁判员	人	191	362		362
等级运动员	人	162	122		122
体育俱乐部	家	51	56	51	56
经常参加体育活动人数	万人	115	110	95	93
当年新增全民健身路径	条	48	32	34	32

18－2　卫生事业基本情况（不含诊所等）（2011）

指　　标	全　市	市　区	永吉县	舒兰市	磐石市	蛟河市	桦甸市
卫生机构数（个）	**3823**	**1546**	**347**	**642**	**595**	**384**	**309**
一、医院合计	135	97	8	9	7	6	8
二、卫生院	99	21	13	19	20	10	16
三、疗养院	2	2	0	0	0	0	0
四、门诊部	95	78	6	0	6	3	2
五、急救中心	1	1	0	0	0	0	0
六、采供血机构	2	1	0	0	0	0	1
七、妇幼保健院（所、站）	12	7	1	1	1	1	1
八、专科疾病防治院（所、站）	11	6	1	1	1	1	1
九、疾病预防控制中心（防疫站）	12	7	1	1	1	1	1
十、卫生监督所	2	2	0	0	0	0	0
十一、医学科学研究机构	3	2	0	1	0	0	0
十二、护理站	54	28	0	24	0	2	0
十三、诊所	1179	735	97	98	102	120	27
十四、卫生所、医务室	170	108	7	22	7	14	12
十五、社区卫生服务站（中心）	354	83	34	194	9	6	28
十六、村卫生室*	1691	368	179	272	441	219	212
十七、其他机构	1	0	0	0	0	1	0
床位数（张）	**21313**	**12482**	**1011**	**1963**	**1770**	**1349**	**2738**
一、医院合计	16736	10971	632	1183	1270	887	1793
二、卫生院	2450	411	295	399	451	325	569

*注：因永吉实行乡村一体化管理，大部分社区卫生服务站（中心）变为村卫生室。

18-2 续表1

指　　　标	全　市	市　区	永吉县	舒兰市	磐石市	蛟河市	桦甸市
三、疗养院	650	650	0	0	0	0	0
四、门诊部	33	33	0	0	0	0	0
五、专科疾病防治院（所、站）	345	257	20	0	4	2	62
六、妇幼保健院（所、站）	366	151	20	30	45	20	100
七、社区卫生服务站	724	0	44	351	0	115	214
八、诊所、卫生所、医务室	9	9	0	0	0	0	0
卫生技术人员（人）	**24775**	**13559**	**1197**	**2090**	**2005**	**2083**	**3841**
执业医师	8960	5810	426	627	541	735	821
执业助理医师	1234	396	105	202	109	187	235
注册护士	9114	5255	409	757	698	705	1290
药师(士)	1135	659	48	90	91	103	144
技师（士）	1497	788	91	126	109	126	257
其他人员	2835	651	118	288	457	227	1094
卫生业务工作量							
总诊疗人次	15974718	8535594	1281466	2138369	1651671	1104894	1262724
其中：门、急诊人次	14761540	8090693	1112425	1937995	1465888	1010229	1144310
入院人数	348064	242394	17810	22448	28195	17844	19373
出院人数	345829	241454	17448	21644	28377	17714	19192
病床使用率（%）	68.84	71.64	70.02	58.03	79.84	62.64	32.75
病床周转次数（次/年）	21.2	22.1	27.6	18.3	23.2	21	10.7

18-3 社会救济、优抚对象及殡葬情况（2006-2011）

指标	单位	2006	2007	2008	2009	2010	2011
一、社会救济情况							
社会救济人数	人	313656	318993	315505	348602	334124	308719
其中:城市低保人数	人			180090	180455	165821	164061
农村低保人数	人			116943	149638	150231	126667
农村五保救助人数	人			18472	18509	18072	17991
二、优抚对象情况							
优抚对象总人数	人	15850	17681	15992	15990	15823	21742
#革命伤残人数	人	4553	4558	4558	4558	4558	4558
烈士家属人数	人	847	847	847	847	849	849
牺牲病故军人家属	人	370	370	370	370	368	368
现役军人家属	人						
在乡退伍红军老战士	人	1	1	1	1	1	1
在乡复员军人	人	7367	7363	6431	6431	6264	6263
在乡退伍军人	人	2709	2709	2709	2709	2709	2709
优抚对象享受待遇	户						
革命伤残人员定期抚恤	人	4553	4558	4558	4558	4558	4558
烈士家属定期抚恤	人	847	847	847	847	849	849
牺牲病故军人家属定期抚恤	人	370	370	370	370	368	368
在乡复员军人定补	人	7363	7363	6431	6431	6264	6263
在乡退伍军人定补	人	2709	2709	2709	2709	2709	2709
优待烈军属户数	户	2365	2971	2963	2963	3175	2792
优待烈军属金额	万元	231	239	239	239	270.2	270.2
三、民政部门管理的离退休、退职人员	人	881	935	974	1038	1062	1127
四、殡葬情况							
火葬场	座	5	5	5	5	5	5
职工人数	人	125	134	205	205	202	205
火化炉	台	18	18	21	21	21	21
全年火化尸体	具	15180	15314	19041	17761	16696	16222

18－4 优抚事业单位及社会福利事业单位基本情况

指标名称	单位	2011			2010		
		社会福利院	精神病院	光荣院	社会福利院	精神病院	光荣院
院数	个	3	1	1	3	1	1
床位数	张	800	300	185	800	300	185
职工人数	人	103	111	10	103	111	10
#医护人员	人	9	86		9	86	
年末在院人数	人	491	280	98	491	280	98

县区基本情况

Xian qu ji ben qing kuang

19－1 主要年份生产总值

（按当年价格计算） 单位：万元

年 份	永吉县	舒兰市	磐石市	蛟河市	桦甸市
1978		19890	15458	14932	14598
1979		20041	15566	16276	16050
1980	26669	20551	16132	17676	17986
1981	25602	24353	16848	19143	18303
1982	29647	26990	20691	20674	23349
1983	33946	28985	25765	22834	25611
1984	43518	29346	33851	30918	35019
1985	42242	30873	36271	31919	35986
1986	46316	37700	40902	35083	47305
1987	50865	41342	46571	51688	60945
1988	65447	58706	60006	56003	64949
1989	69477	52896	66440	51976	59725
1990	77726	64887	71582	56798	76518
1991	79058	70382	67216	57792	93768
1992	88638	79515	80258	65942	104328
1993	115830	98818	103659	79312	127133
1994	83747	117978	150262	121724	160879
1995	86789	175840	181875	140824	154499
1996	111065	206324	239579	152889	208873
1997	119393	242508	258013	162118	250867
1998	171955	281793	306807	194634	294962
1999	177491	304856	346682	205622	318061
2000	172981	322718	396437	227571	327069
2001	171564	331383	473746	247973	351979
2002	198613	346609	562555	273823	389888
2003	207213	348622	676645	295794	407092
2004	238088	384031	815398	346576	462687
2005	287375	430883	1102204	394403	526706
2006	314434	480291	1391211	450712	595888
2007	437541	628320	1911161	619382	836371
2008	599454	880418	2330771	888578	1222418
2009	735388	1051831	2346972	1079519	1474651
2010	831271	1280140	2429000	1345130	1878683
2011	1053796	1616054	2844914	1707099	2315252

19－2 主要年份生产总值指数

（按可比价格计算 1978年=100）

年份	永吉县	舒兰市	磐石市	蛟河市	桦甸市
1978	100.0	100.0	100.0	100.0	100.0
1979	100.0	100.8	100.7	108.1	108.9
1980	100.0	103.3	104.4	118.0	120.2
1981	96.0	119.4	105.1	127.6	132.8
1982	111.2	124.1	135.3	138.6	149.9
1983	127.3	133.2	155.7	152.7	165.4
1984	163.2	134.9	181.7	185.9	200.8
1985	158.4	141.9	200.8	193.1	212.3
1986	173.7	173.3	203.9	189.8	232.3
1987	190.7	190.0	228.4	247.0	281.2
1988	245.4	208.4	257.4	255.4	320.6
1989	260.5	187.6	251.8	224.5	257.9
1990	291.4	198.4	272.0	241.1	301.0
1991	296.4	205.2	246.6	235.3	318.4
1992	332.4	217.9	276.0	252.2	338.5
1993	434.3	259.7	336.6	290.6	393.1
1994	314.0	308.3	392.5	370.2	440.2
1995	325.4	333.4	434.0	364.7	424.8
1996	416.5	365.9	527.3	403.8	576.0
1997	447.7	392.0	570.1	423.0	698.1
1998	644.8	448.4	677.3	474.7	821.7
1999	665.5	479.0	774.1	516.9	888.3
2000	648.6	508.4	878.6	553.0	918.5
2001	643.3	526.0	1001.7	590.0	1053.5
2002	744.7	545.6	1201.1	654.2	1100.9
2003	777.0	547.4	1420.9	702.1	1199.9
2004	892.8	595.2	1652.1	797.8	1372.7
2005	1000.2	662.2	2180.0	896.7	1551.2
2006	1178.0	738.1	2652.9	997.1	1704.5
2007	1383.0	891.6	3394.4	1246.4	2186.9
2008	1814.1	1250.0	3870.7	1616.6	2302.5
2009	2494.3	1488.8	4079.7	2009.1	2832.6
2010	3017.0	1713.6	3925.9	2505.9	3760.8
2011	3499.3	2008.3	4322.2	2717.7	4207.5

19-3 主要年份总人口

单位：万人

年 份	永吉县	舒兰市	磐石市	蛟河市	桦甸市
1978	74.3	62.3	53.1	50.3	40.6
1979	74.3	62.7	53.4	51.0	41.4
1980	74.0	63.1	53.8	51.2	42.2
1981	73.9	63.2	53.4	51.1	42.3
1982	74.3	63.6	53.6	51.2	42.7
1983	73.6	63.7	53.6	50.7	42.4
1984	73.6	63.6	53.0	50.4	42.4
1985	73.7	63.4	52.4	49.6	42.1
1986	73.4	63.3	52.2	48.7	42.0
1987	73.6	63.2	52.1	48.1	41.8
1988	74.1	62.6	52.2	47.0	41.8
1989	74.8	63.1	52.7	46.8	42.4
1990	75.8	64.5	53.6	47.2	44.0
1991	75.9	64.6	53.6	46.9	44.3
1992	74.1	64.8	53.4	46.5	44.2
1993	74.8	65.6	53.4	46.4	43.9
1994	75.2	65.7	53.3	46.3	43.9
1995	76.0	66.4	53.5	46.6	44.3
1996	76.2	66.8	53.1	46.4	44.1
1997	76.5	67.1	52.8	46.5	44.0
1998	76.7	66.8	52.5	46.6	44.1
1999	77.1	67.0	52.7	46.8	44.1
2000	40.8	67.1	52.7	47.0	44.4
2001	40.5	67.2	52.7	46.8	44.9
2002	40.4	67.3	52.8	46.7	45.0
2003	40.3	67.4	52.8	46.6	45.0
2004	39.4	65.9	53.9	46.0	45.1
2005	39.3	65.7	53.8	45.8	45.1
2006	39.2	65.7	53.9	45.7	45.5
2007	39.3	65.9	54.1	45.5	45.6
2008	39.2	66.1	54.2	45.4	45.6
2009	39.2	66.3	54.1	45.3	45.6
2010	39.4	66.3	54.0	45.3	45.5
2011	39.5	66.2	53.9	45.2	45.4

19-4 主要年份农业人口

单位：万人

年　份	永吉县	舒兰市	磐石市	蛟河市	桦甸市
1978	66.2	50.3	40.5	33.3	27.9
1979	65.7	49.6	39.5	33.4	27.8
1980	65.2	49.6	39.5	33.3	27.7
1981	64.4	49.7	38.4	32.9	27.6
1982	64.8	49.9	37.9	32.8	27.9
1983	63.9	49.9	37.8	32.5	27.2
1984	63.6	46.4	37.1	32.0	26.3
1985	62.4	45.7	36.1	31.6	25.6
1986	61.9	45.4	35.6	30.6	25.3
1987	62.1	43.9	35.2	30.2	25.4
1988	62.3	44.2	35.8	29.7	25.1
1989	62.9	44.8	36.4	29.7	25.3
1990	63.8	45.8	37.2	30.4	26.4
1991	64.1	45.8	37.2	30.2	26.5
1992	62.3	45.9	37.0	30.0	26.1
1993	62.1	45.7	36.7	29.7	25.6
1994	62.1	45.0	36.9	29.4	25.2
1995	62.6	45.9	36.8	29.6	25.0
1996	62.5	46.3	36.7	29.3	24.5
1997	62.6	46.4	36.3	29.4	25.3
1998	62.6	45.9	36.0	29.5	24.3
1999	62.8	46.0	36.1	29.7	24.5
2000	31.5	46.0	35.9	29.9	25.7
2001	31.3	46.1	35.3	29.7	25.0
2002	31.1	46.0	35.2	29.6	24.9
2003	30.9	46.1	35.3	29.0	24.8
2004	30.2	46.1	36.5	28.3	24.7
2005	30.1	45.7	36.3	28.1	24.7
2006	30.1	45.7	36.4	28.1	26.0
2007	30.2	46.1	36.5	28.1	26.1
2008	30.1	43.0	36.6	28.1	26.2
2009	30.2	46.5	36.6	28.2	26.3
2010	30.3	46.6	36.6	28.2	26.3
2011	30.5	46.6	36.6	28.1	26.3

19－5 主要年份人口出生率

单位：‰

年　份	永吉县	舒兰市	磐石市	蛟河市	桦甸市
1978	22.5	21.7	19.4	20.7	19.7
1979	22.9	21.5	17.7	21.3	20.7
1980	17.6	17.1	18.0	17.8	18.3
1981	14.0	13.4	15.7	16.9	16.3
1982	15.1	14.9	16.4	18.5	18.0
1983	11.8	11.2	12.2	12.8	11.9
1984	11.5	10.8	12.5	12.2	13.2
1985	12.1	10.6	11.6	12.2	10.7
1986	14.3	11.9	13.3	14.1	13.6
1987	17.0	13.4	16.0	16.0	15.6
1988	16.1	12.1	14.3	13.4	14.0
1989	18.1	11.3	16.9	16.0	16.1
1990	20.2	17.5	18.3	17.8	26.2
1991	13.8	13.6	11.0	13.4	13.1
1992	14.6	14.8	14.2	15.4	16.4
1993	15.0	16.0	15.4	15.1	17.5
1994	14.1	14.2	13.5	14.8	10.3
1995	12.1	12.6	13.4	14.1	11.0
1996	10.1	11.6	0.1	12.3	8.2
1997	9.0	8.1	8.6	12.7	6.5
1998	8.1	7.0	7.1	11.4	7.5
1999	6.6	6.5	5.6	10.3	5.9
2000	8.1	8.1	8.4	12.9	10.1
2001	6.1	6.6	5.2	9.6	7.2
2002	6.4	7.2	5.6	10.4	7.2
2003	5.6	6.5	5.7	8.8	9.4
2004	7.0	7.8	9.8	9.7	12.2
2005	7.2	8.4	6.5	8.3	9.4
2006	7.0	8.8	8.2	8.1	8.3
2007	8.7	10.3	2.2	9.6	9.9
2008	8.8	10.8	10.5	8.4	9.4
2009	8.3	9.2	9.0	8.3	8.7
2010	8.4	9.5	10.2	9.4	10.0
2011	8.2	8.8	8.8	7.0	8.3

19－6 主要年份人口自然增长率

单位：‰

年 份	永吉县	舒兰市	磐石市	蛟河市	桦甸市
1978	15.5	17.86	12.7	14.3	13.1
1979	16.5	15.36	11.9	15.7	13.47
1980	11.1	11.2	11.3	12.1	12.3
1981	7.3	6.47	9.27	10.58	10.67
1982	8.3	8.09	16.4	12.47	12.04
1983	5.8	5.5	6.1	7.4	6.71
1984	5.3	4.6	6.2	6.68	7.85
1985	6.3	4.5	5.3	6.71	5.3
1986	8.1	6.1	7.3	8.08	7.7
1987	10.6	7.83	9.8	9.3	9.3
1988	10	6.4	9.3	7.83	8.84
1989	12.7	6.69	12.1	10.28	11.62
1990	13.8	11.61	12.7	11.45	21.35
1991	8.2	8.67	6.1	8.2	9.36
1992	8.8	9.6	9.1	9.24	12.4
1993	9.2	11.2	10.97	8.86	13.12
1994	8.1	9.7	8.86	8.11	6.46
1995	7.6	7.7	8.94	7.21	7.31
1996	5	7.1	5.51	5.91	4.6
1997	3.83	4	3.45	5.46	2.88
1998	2.46	2.5	2.08	4.62	3.31
1999	1.72	2	1.03	4.03	2.43
2000	2.47	1	3.04	4.41	5.33
2001	1.01	1.93	1.33	2.68	3.78
2002	1.72	2.65	0.5	2.66	3.77
2003	1.3	2.6	1.96	3.11	5.44
2004	-4.52	2.1	0.31	-2.57	-0.07
2005	1.73	4.9	3.01	3.25	6.1
2006	1.86	5.1	2.06	3.85	4.73
2007	3.81	7	3.55	4.82	6.2
2008	1.4	6.24	6.47	3.56	5.45
2009	2.1	4.9	4.78	3.4	4.28
2010	3.3	3.9	1.69	4.27	2.72
2011	4.1	2.79	4.33	1.96	3.53

19－7 主要年份从业人员

单位：万人

年　份	永吉县	舒兰市	磐石市	蛟河市	桦甸市
1978	19.3	19.8	23.4	15.5	16.1
1979	19.0	20.5	21.8	15.2	16.9
1980	19.8	20.8	23.6	14.9	16.6
1981	20.7	21.8	23.1	15.5	17.0
1982	21.4	23.5	23.0	15.6	17.1
1983	24.6	25.3	22.9	14.0	17.7
1984	24.2	26.4	22.7	14.8	18.0
1985	25.0	28.3	22.4	15.9	18.1
1986	25.3	28.6	22.5	17.3	18.2
1987	26.7	29.0	22.6	17.4	19.0
1988	26.8	29.4	23.1	18.7	19.1
1989	27.2	30.0	23.5	17.7	19.0
1990	33.1	31.7	23.5	18.8	19.8
1991	33.4	32.1	23.8	20.3	20.0
1992	36.0	33.1	23.7	20.0	20.2
1993	35.1	30.8	23.5	21.9	19.3
1994	37.1	32.7	23.4	21.8	19.4
1995	34.2	30.7	23.4	21.6	18.6
1996	34.0	30.7	23.2	22.6	19.3
1997	30.6	30.1	22.9	22.5	19.0
1998	24.9	29.9	21.3	20.0	20.8
1999	24.6	31.3	21.0	20.5	21.4
2000	15.5	32.9	20.9	20.9	20.2
2001	15.5	31.1	20.0	21.1	20.0
2002	14.7	29.2	19.6	23.0	19.9
2003	16.2	28.1	20.6	17.2	19.1
2004	16.7	27.3	21.3	16.8	18.9
2005	15.2	25.6	21.2	16.4	19.0
2006	16.2	26.0	23.8	17.4	18.5
2007	16.0	24.8	22.1	18.0	18.6
2008	17.0	25.7	21.4	18.1	18.2
2009	16.7	26.0	24.3	18.7	18.5
2010	17.3	25.5	24.5	18.9	18.5
2011	17.8	26.9	24.4	20.1	18.6

19－8 主要年份职工人数

单位：万人

年　份	永吉县	舒兰市	磐石市	蛟河市	桦甸市
1978	3.7	7.2	4.2	6.9	5.3
1979	3.7	7.5	4.0	6.6	5.4
1980	3.8	7.5	5.8	7.1	5.5
1981	4.0	8.0	5.8	7.5	5.6
1982	4.0	8.9	5.9	7.6	5.9
1983	5.1	10.0	5.9	5.6	6.5
1984	5.2	10.1	6.0	5.7	6.3
1985	5.7	10.7	6.2	5.7	6.5
1986	6.1	10.8	6.5	6.5	6.6
1987	5.9	10.6	6.8	6.1	7.3
1988	6.0	11.0	7.0	6.4	7.3
1989	6.1	11.1	7.1	6.6	7.5
1990	6.1	11.6	6.8	6.5	8.0
1991	6.2	10.8	7.1	6.5	8.2
1992	6.2	10.6	7.0	6.3	8.7
1993	7.1	10.4	7.0	6.1	7.6
1994	7.1	10.1	6.8	6.1	7.4
1995	6.9	10.4	6.8	6.2	7.3
1996	6.9	10.0	6.7	6.2	7.1
1997	5.1	9.5	6.6	6.0	7.1
1998	3.6	6.8	4.6	3.6	5.2
1999	3.4	5.8	4.3	3.4	4.9
2000	2.1	5.6	4.2	3.2	4.2
2001	1.9	5.4	3.5	3.0	3.8
2002	1.8	5.7	3.5	2.9	3.5
2003	1.6	4.3	3.4	2.7	3.3
2004	1.7	4.6	3.6	2.6	3.3
2005	1.4	4.3	2.7	2.5	2.9
2006	1.4	4.5	2.9	2.4	2.9
2007	1.4	3.9	3.1	2.7	2.8
2008	1.4	4.3	3.2	2.5	2.6
2009	1.3	3.5	3.2	2.6	2.6
2010	1.4	2.8	3.4	2.7	2.6
2011	1.3	3.0	3.3	2.4	2.6

19-9 主要年份乡村劳动者

单位：万人

年　份	永吉县	舒兰市	磐石市	蛟河市	桦甸市
1978	15.6	9.8	18.2	7.8	5.6
1979	15.3	9.7	17.8	7.8	5.5
1980	**16.0**	**10.0**	**17.8**	**7.8**	**5.3**
1981	16.7	10.5	17.3	7.9	5.3
1982	18.1	11.3	17.1	8.1	5.9
1983	19.5	11.9	17.0	8.4	5.8
1984	19.0	11.9	16.7	8.4	5.9
1985	19.2	17.0	16.2	9.3	6.5
1986	19.3	16.5	16.0	9.7	6.4
1987	20.7	16.2	15.8	10.3	6.8
1988	20.8	16.4	16.1	11.0	6.8
1989	21.1	15.6	16.4	11.1	10.5
1990	**27.1**	**19.8**	**16.7**	**12.3**	**10.7**
1991	27.2	19.2	16.7	12.5	10.4
1992	29.8	21.3	16.7	13.7	10.3
1993	28.0	21.5	16.5	14.3	10.5
1994	29.8	21.5	16.6	13.7	10.4
1995	27.2	18.8	16.6	12.7	10.3
1996	27.0	18.8	16.5	12.7	10.6
1997	25.4	18.9	16.3	12.5	10.6
1998	24.8	18.1	16.2	12.0	10.8
1999	25.0	18.0	16.2	11.9	11.1
2000	**13.4**	**19.2**	**16.2**	**13.0**	**11.2**
2001	13.5	19.2	15.9	12.5	11.1
2002	12.9	15.8	15.8	13.4	11.4
2003	14.0	15.5	16.5	13.3	12.0
2004	13.2	19.8	16.3	12.8	12.0
2005	13.7	19.5	16.5	12.9	11.9
2006	14.0	19.7	16.7	13.7	11.7
2007	13.8	20.1	16.6	14.3	11.9
2008	14.7	20.1	16.9	14.3	11.9
2009	14.6	20.2	17.5	14.9	11.9
2010	**14.0**	**20.0**	**17.5**	**14.5**	**11.9**
2011	15.3	20.7	17.5	15.9	11.8

19－10　主要年份全社会固定资产投资

单位：万元

年　份	永吉县	舒兰市	磐石市	蛟河市	桦甸市
1978	3220	1653	3226	718	411
1979	2410	1794	1923	547	300
1980	1496	1899	1437	407	1123
1981	2524	1949	1585	741	1282
1982	1247	2800	1961	1845	2270
1983	1599	3925	454	394	13052
1984	1456	3827	1347	1682	18068
1985	1590	3925	4861	1219	14348
1986	2654	3904	2730	1563	10380
1987	2451	3618	3399	1363	9342
1988	2774	8507	3853	1146	7528
1989	2040	6597	3568	1969	7640
1990	2729	6405	1914	663	10541
1991	3374	6237	5202	2777	19620
1992	6372	9878	7896	4547	22851
1993	7624	9789	17477	6279	25525
1994	7123	8919	14293	7968	16257
1995	5606	12629	12468	2349	2634
1996	7227	20204	19068	7370	20193
1997	8061	19295	15346	11156	34243
1998	23142	28555	40807	35668	53624
1999	39304	35512	61884	27033	67654
2000	44831	57203	99753	45000	88097
2001	62571	88024	125000	56967	78274
2002	100493	119004	146098	108450	121906
2003	168498	176164	179859	177499	179618
2004	200209	250147	270100	269903	252368
2005	336960	347491	384718	353052	360760
2006	379283	552000	637412	568684	592733
2007	541765	682237	769130	722360	672194
2008	729765	948767	1052073	1007193	960000
2009	1050400	1276668	1328661	1310228	1330005
2010	1350000	1396753	1609483	1653000	1760519
2011	834034	1134550	1457000	1205288	1303000

19－11 主要年份财政收入

单位：万元

年　份	永吉县	舒兰市	磐石市	蛟河市	桦甸市
1978	1413	1270	1154	1512	1467
1979	1390	1147	808	1469	1536
1980	1289	1035	1092	936	1507
1981	1125	918	976	771	1483
1982	1206	1046	1170	849	1473
1983	1556	1207	1605	1207	1977
1984	1854	1599	1871	1360	3439
1985	2495	2183	2592	2045	2776
1986	3105	2691	3113	2619	3594
1987	3510	3129	3859	2996	4255
1988	3888	3444	4299	3112	5374
1989	4704	3757	4745	3839	6088
1990	4547	5010	5789	4829	4979
1991	5091	5392	7196	5107	6561
1992	4767	5720	6228	5322	8243
1993	6056	7207	7484	6150	9604
1994	8024	8309	8688	7390	12073
1995	8733	10078	11158	6345	6189
1996	11643	13016	12323	8178	8805
1997	12042	13755	12986	9246	10735
1998	13166	13790	13600	10278	12238
1999	10830	9271	14373	11049	13443
2000	6863	9507	14587	11069	14041
2001	7121	11119	14683	11733	14500
2002	9064	12175	17670	12520	17331
2003	10480	14802	38227	13742	21433
2004	12009	17456	44117	16010	23483
2005	15204	15858	56957	16482	37173
2006	17696	20006	73536	20330	43240
2007	25015	26345	106336	30007	58075
2008	41670	35053	112033	45000	83213
2009	47189	40177	113852	53248	85212
2010	49574	51248	127847	61111	100140
2011	78260	68700	160873	81007	160613

19－12 主要年份财政支出

单位：万元

年　份	永吉县	舒兰市	磐石市	蛟河市	桦甸市
1978	1677	1422	1229	1139	1007
1979	1788	1466	1398	1105	1024
1980	2120	1738	1653	1300	1165
1981	2251	1866	1649	1591	1237
1982	2237	1987	1868	1508	1329
1983	2513	2052	1966	1553	1580
1984	2545	1326	2414	1947	2036
1985	3519	3099	3187	2920	2579
1986	4308	4345	4389	3485	3256
1987	4638	4499	5157	4243	3741
1988	5234	5581	6167	4682	5008
1989	6642	6749	7038	6170	5845
1990	5731	6772	6633	5899	4801
1991	6208	6002	7616	6007	6058
1992	5884	6613	7065	5657	6561
1993	7656	8652	8307	6230	9241
1994	9122	9824	9420	8527	9549
1995	10389	11195	11141	8341	12473
1996	12778	13658	12224	9242	9963
1997	13365	14832	13215	10248	11794
1998	14327	14368	13564	11603	12719
1999	13813	12238	16528	13432	15407
2000	10086	12920	17890	14644	15281
2001	11584	20149	21164	22353	19548
2002	17192	27558	28180	25214	25323
2003	19517	35007	39777	33502	34142
2004	24810	66182	46756	49240	39813
2005	37372	70111	58820	66362	60058
2006	45924	80391	95103	67283	77300
2007	57690	94228	111624	82063	90455
2008	88836	116546	146074	129444	118299
2009	117271	172142	176729	157157	155980
2010	170194	234180	227928	169957	263570
2011	175875	246390	234298	195267	260467

19－13 主要年份耕地面积

单位：千公顷

年 份	永吉县	舒兰市	磐石市	蛟河市	桦甸市
1978	127.6	91.4	70.7	50.3	46.6
1979	127.1	91.3	70.7	49.8	46.7
1980	114.5	92.3	70.6	49.8	46.7
1981	111.9	91.5	70.3	56.4	46.8
1982	111.6	91.8	70.3	56.6	47.2
1983	125.3	91.8	70.2	57.1	46.9
1984	123.7	91.8	69.6	54.3	46.3
1985	122.5	86.6	67.0	51.2	45.7
1986	121.2	86.0	66.3	50.5	44.7
1987	120.9	82.2	65.7	50.2	44.2
1988	120.8	85.1	65.3	49.9	44.0
1989	120.7	84.5	65.1	47.0	43.8
1990	120.5	83.2	65.1	48.0	43.7
1991	120.2	83.1	64.5	48.4	43.7
1992	116.5	83.1	64.3	48.4	43.7
1993	116.5	82.8	64.4	48.3	44.6
1994	116.4	82.8	65.0	48.2	46.0
1995	116.0	82.7	64.6	49.2	45.7
1996	114.6	82.7	64.6	49.8	45.0
1997	115.7	82.7	64.6	49.7	45.2
1998	114.4	82.8	64.8	49.8	45.2
1999	114.3	83.0	64.9	50.4	49.5
2000	56.0	82.9	66.2	50.1	49.7
2001	55.9	82.9	65.6	50.2	49.4
2002	56.1	84.4	71.3	51.1	55.2
2003	56.6	87.1	75.3	51.3	53.6
2004	56.5	114.6	89.7	72.3	78.6
2005	77.9	137.0	90.6	74.3	79.7
2006	74.6	137.0	90.9	87.7	80.1
2007	68.5	136.0	102.6	87.6	80.1
2008	69.2	136.9	102.5	94.0	80.7
2009	74.9	137.1	102.4	101.3	83.3
2010	74.2	139.1	102.1	100.8	84.9
2011	74.1	139.4	102.1	102.7	86.4

19－14 主要年份农业机械总动力

单位：万千瓦

年　份	永吉县	舒兰市	磐石市	蛟河市	桦甸市
1978	14.1	7.5	7.1	1.3	6.4
1979	15.1	7.5	8.5	1.6	6.8
1980	**17.2**	**8.2**	**6.3**	**6.1**	**7.7**
1981	19.5	9.0	7.1	6.3	7.8
1982	19.2	9.1	7.3	6.7	7.8
1983	16.3	10.0	7.8	8.9	7.9
1984	16.5	11.9	9.5	8.3	8.0
1985	18.1	11.2	9.9	8.0	8.9
1986	18.9	12.2	11.1	8.3	8.2
1987	18.7	12.8	11.9	9.1	9.0
1988	18.8	13.6	12.5	9.0	9.1
1989	20.6	13.8	12.9	9.0	9.2
1990	**24.9**	**15.9**	**13.3**	**10.0**	**8.9**
1991	20.6	16.0	13.7	8.6	9.1
1992	20.2	16.3	13.6	9.2	8.9
1993	21.0	22.9	13.3	8.5	8.0
1994	16.7	23.0	12.9	9.5	8.3
1995	20.7	26.2	13.2	10.5	9.6
1996	19.4	27.6	13.4	10.9	9.5
1997	19.5	28.1	13.5	11.1	10.2
1998	19.6	28.2	14.1	12.3	10.5
1999	19.8	28.9	14.7	14.0	11.5
2000	**10.3**	**29.5**	**14.5**	**15.6**	**11.5**
2001	10.7	31.1	15.2	16.2	11.7
2002	12.2	33.3	15.9	16.3	12.5
2003	13.0	34.8	16.2	17.0	12.2
2004	13.6	37.6	17.8	18.1	13.6
2005	16.9	41.1	19.4	19.4	13.6
2006	17.8	44.9	21.7	20.9	13.6
2007	20.4	47.7	26.5	22.6	15.0
2008	23.5	51.2	30.2	25.7	21.6
2009	33.4	64.0	33.3	31.4	30.1
2010	**38.4**	**71.5**	**37.1**	**37.4**	**43.3**
2011	37.5	81.9	39.4	43.5	45.4

19－15 主要年份农林牧渔业总产值

单位：万元

年 份	永吉县	舒兰市	磐石市	蛟河市	桦甸市
1978	18964	8620	7058	7947	7899
1979	19929	8068	6612	6402	8094
1980	20850	7873	10196	6807	8391
1981	21082	11393	10351	9326	8947
1982	29383	15904	12959	11503	12537
1983	32733	19627	14657	13499	12719
1984	38347	23626	21031	18727	18276
1985	34384	22420	16905	15790	13721
1986	37393	26547	19600	14812	13300
1987	36477	24300	20202	17084	19159
1988	44213	30937	23302	22285	20775
1989	36221	21743	21480	19568	22714
1990	55012	38416	32770	29223	27531
1991	56639	40704	29705	28314	26186
1992	57300	41808	29898	31452	28681
1993	68232	50492	41080	36376	42149
1994	118271	90829	65368	63316	59548
1995	132423	111792	79614	73018	58287
1996	163931	148634	115851	94505	96701
1997	176953	181173	128437	105076	111288
1998	204776	212297	169936	126104	141238
1999	224372	236777	180221	121395	149945
2000	106346	255930	189461	125217	161255
2001	91665	232867	208883	138779	174842
2002	104816	235321	233315	160166	190535
2003	109671	266503	261239	182052	224280
2004	120650	324935	294824	202238	262260
2005	130785	322375	308284	228405	293558
2006	149119	363301	329054	254484	310556
2007	172713	441859	420786	303935	357527
2008	218600	520646	504791	366940	437889
2009	219590	534674	518100	379826	450588
2010	229573	640025	581768	421626	495123
2011	338098	848556	746856	531455	627899

19-16 主要年份农林牧渔业总产值指数

（按可比价格计算 1978年=100）

年 份	永吉县	舒兰市	磐石市	蛟河市	桦甸市
1978	100.0	100.0	100.0	100.0	100.0
1979	84.1	93.6	93.7	80.6	127.5
1980	85.2	91.3	142.4	95.2	123.6
1981	86.2	98.2	134.8	90.1	131.7
1982	115.5	125.9	166.6	118.7	273.2
1983	127.3	157.4	189.4	132.0	277.2
1984	131.6	151.2	233.4	156.2	352.6
1985	116.9	138.8	189.5	128.1	299.1
1986	118.0	148.4	191.4	114.1	298.1
1987	119.3	150.5	213.2	130.1	308.6
1988	124.7	151.2	214.6	144.9	343.8
1989	100.1	110.2	184.1	124.4	342.5
1990	250.8	151.6	233.4	152.3	360.6
1991	263.3	159.8	216.1	144.7	370.2
1992	250.3	157.8	204.9	148.2	377.0
1993	282.2	184.7	256.8	168.9	388.5
1994	311.3	210.3	275.8	196.5	408.3
1995	313.8	223.1	282.9	192.5	503.2
1996	412.6	292.9	407.8	252.9	534.1
1997	441.1	340.5	447.3	291.7	632.7
1998	518.3	402.1	589.7	350.6	790.3
1999	583.1	455.4	712.5	381.9	902.0
2000	172.4	492.9	754.7	401.2	979.0
2001	142.1	512.3	819.9	436.3	1060.0
2002	186.1	583.7	1004.6	522.8	1160.0
2003	195.8	665.3	1094.2	593.4	1360.0
2004	204.3	581.4	1156.2	588.2	1590.0
2005	489.6	579.9	1226.0	637.6	1649.5
2006	540.7	653.4	1308.6	688.6	1744.5
2007	610.0	724.9	1440.9	752.0	2067.2
2008	818.4	856.1	1617.9	855.0	2165.4
2009	847.6	879.2	1750.6	879.8	2284.8
2010	853.2	979.9	1822.1	976.6	5417.1
2011	1203.3	1184.7	2042.5	997.3	5504.0

19－17 主要年份粮食产量

单位：万吨

年 份	永吉县	舒兰市	磐石市	蛟河市	桦甸市
1978	39.9	25.5	21.2	17.4	13.0
1979	35.9	24.6	19.5	15.6	11.5
1980	36.7	22.4	17.8	11.2	10.1
1981	34.9	19.2	18.2	9.6	11.9
1982	47.9	27.6	25.1	18.4	19.1
1983	53.9	34.2	26.6	18.1	20.3
1984	61.6	41.5	35.3	21.4	24.0
1985	50.2	30.6	27.0	18.0	13.0
1986	52.3	35.4	26.0	16.2	18.9
1987	55.6	36.2	32.6	17.0	21.0
1988	55.9	37.6	33.9	18.1	22.6
1989	44.0	25.6	25.2	11.3	18.2
1990	61.6	42.7	36.6	21.8	25.1
1991	62.3	44.5	30.4	20.5	20.4
1992	56.7	42.1	26.1	17.6	17.9
1993	64.0	48.0	36.1	19.9	27.2
1994	64.2	54.6	36.3	22.5	29.1
1995	51.2	46.6	31.1	17.0	16.2
1996	62.4	52.8	47.2	27.1	33.6
1997	59.1	56.5	34.2	25.2	27.0
1998	75.0	62.6	50.3	29.2	35.3
1999	72.3	63.3	51.6	30.5	35.6
2000	29.5	62.4	43.1	29.4	33.2
2001	20.6	60.0	46.8	29.7	30.0
2002	32.2	55.2	49.2	28.4	25.9
2003	32.1	52.1	46.3	27.1	27.0
2004	39.8	73.7	55.3	36.8	36.9
2005	39.4	72.8	54.8	36.5	36.6
2006	55.8	78.2	64.0	42.4	46.8
2007	56.6	84.1	71.7	53.3	50.5
2008	70.2	96.8	79.1	42.2	69.3
2009	67.1	76.9	62.8	50.0	55.5
2010	50.0	90.0	63.0	51.0	53.1
2011	67.8	85.5	61.0	51.5	53.5

19－18 主要年份玉米产量

单位：万吨

年 份	永吉县	舒兰市	磐石市	蛟河市	桦甸市
1978	11.7	10.3	9.4	9.5	9.2
1979	12.7	9.4	10.3	9.4	10.0
1980	11.5	9.9	8.2	5.5	6.2
1981	10.2	7.6	8.1	4.2	7.3
1982	16.6	12.2	13.1	9.8	12.6
1983	21.6	17.3	14.2	9.8	13.0
1984	27.3	21.4	19.8	11.9	16.1
1985	18.8	11.6	13.8	8.8	12.4
1986	23.5	16.1	14.4	8.0	12.3
1987	26.0	16.6	18.4	8.5	13.9
1988	24.9	15.8	18.5	8.7	14.7
1989	23.5	10.9	14.9	6.0	12.7
1990	29.5	18.3	20.2	10.9	16.5
1991	28.8	15.9	16.5	10.4	13.2
1992	25.7	14.7	14.1	8.1	11.1
1993	30.4	17.4	18.9	9.5	13.5
1994	31.2	22.0	18.5	10.7	15.5
1995	25.8	20.1	16.1	7.9	8.7
1996	36.3	20.5	27.7	14.8	19.6
1997	28.2	25.7	15.7	12.3	13.9
1998	42.9	31.8	32.1	15.6	21.1
1999	40.6	29.7	30.3	16.4	22.1
2000	12.6	20.6	25.5	14.7	17.7
2001	10.7	22.2	29.0	14.5	18.0
2002	20.0	22.0	31.7	12.4	18.0
2003	20.6	20.1	35.0	14.1	20.2
2004	24.2	24.7	40.1	17.9	26.0
2005	22.3	25.8	37.0	17.6	24.4
2006	36.7	32.7	44.1	25.4	34.7
2007	36.6	41.2	52.5	37.4	40.8
2008	47.6	48.0	60.0	60.7	57.3
2009	46.2	38.2	47.8	34.8	45.8
2010	34.2	46.0	48.1	34.3	44.6
2011	45.6	45.6	44.8	34.7	45.2

19－19 主要年份水稻产量

单位：万吨

年　份	永吉县	舒兰市	磐石市	蛟河市	桦甸市
1978	17.7	10.4	7.6	4.8	2.6
1979	13.7	7.8	5.2	3.5	1.7
1980	17.0	7.8	6.6	3.7	1.9
1981	17.8	8.9	7.0	3.6	1.9
1982	22.9	12.1	8.2	4.8	2.5
1983	23.2	12.9	8.3	4.6	2.9
1984	26.9	14.5	11.0	5.6	3.6
1985	24.6	14.6	9.2	5.4	3.5
1986	23.1	15.2	8.7	5.1	3.5
1987	24.2	16.0	11.0	5.6	3.8
1988	26.1	17.8	12.1	6.5	4.2
1989	16.8	11.8	7.8	3.2	3.0
1990	27.2	19.9	13.1	7.3	4.9
1991	29.2	24.9	11.7	6.9	4.2
1992	27.3	24.2	10.2	6.5	4.1
1993	29.0	26.1	13.8	6.5	7.2
1994	28.9	26.8	14.3	7.5	7.3
1995	23.1	22.8	12.8	6.0	4.2
1996	24.2	24.5	17.0	7.0	7.7
1997	29.3	27.2	16.9	8.5	7.7
1998	29.8	26.1	15.4	8.4	8.3
1999	29.9	28.2	18.3	8.7	8.4
2000	15.3	32.1	14.2	8.5	8.2
2001	8.8	29.6	14.2	8.5	6.8
2002	11.0	25.0	13.2	7.5	4.6
2003	9.6	23.2	8.0	4.7	3.7
2004	13.4	39.3	11.3	9.4	6.8
2005	14.6	36.3	13.7	8.5	7.1
2006	17.1	34.8	16.1	7.2	6.7
2007	18.3	35.8	16.7	8.5	7.0
2008	20.0	36.7	16.3	8.9	7.8
2009	19.0	27.8	12.9	7.2	6.1
2010	14.6	31.1	13.2	7.2	5.5
2011	17.2	30.9	14.2	7.9	5.6

19－20 主要年份大豆产量

单位：万吨

年　份	永吉县	舒兰市	磐石市	蛟河市	桦甸市
1978	2.9	1.2	1.4	1.6	1.7
1979	2.8	2.2	1.6	1.6	2.0
1980	2.8	2.2	1.5	1.5	1.6
1981	3.1	2.4	1.9	1.5	2.5
1982	3.0	2.8	2.4	1.4	3.3
1983	3.7	3.4	2.3	3.1	3.6
1984	3.6	2.6	2.4	3.1	3.5
1985	4.0	2.9	2.8	3.1	3.9
1986	3.4	2.5	2.2	2.6	2.5
1987	3.3	2.1	2.2	2.5	2.9
1988	3.2	2.6	2.3	2.4	3.0
1989	2.1	1.6	1.7	1.7	2.2
1990	3.4	2.8	2.4	3.2	3.1
1991	2.7	2.4	1.6	2.9	2.7
1992	2.3	2.1	1.3	2.7	2.5
1993	3.3	3.0	2.4	3.6	5.9
1994	2.9	4.3	2.5	3.9	5.8
1995	1.5	2.1	1.4	2.7	2.8
1996	1.1	1.9	1.5	4.8	5.7
1997	0.9	2.5	1.1	4.0	5.0
1998	1.3	3.5	1.8	4.5	5.5
1999	1.0	3.6	1.8	4.8	4.7
2000	0.9	6.5	2.4	4.6	6.8
2001	0.7	5.6	2.7	5.8	4.8
2002	0.8	5.2	3.3	7.5	2.7
2003	1.4	6.6	2.4	7.0	2.6
2004	1.6	7.4	3.0	8.1	3.8
2005	2.0	8.4	3.3	9.0	4.6
2006	1.5	8.6	2.9	8.3	4.7
2007	1.0	3.5	1.6	6.0	2.2
2008	1.5	8.1	2.0	7.7	3.6
2009	0.9	7.0	1.1	6.9	3.0
2010	0.6	8.6	0.9	8.2	2.3
2011	0.5	4.8	1.1	7.6	2.0

19－21 主要年份肉类总产量

单位：万吨

年　份	永吉县	舒兰市	磐石市	蛟河市	桦甸市
1978		0.6	0.4		0.4
1979		0.6	0.4		0.5
1980		0.3	0.5		0.5
1981		0.3	0.5		0.4
1982		0.5	0.5		0.5
1983	0.6	0.4	0.3		0.5
1984	0.6	0.4	0.3		0.5
1985	0.7	0.7	0.3	0.4	0.7
1986	0.9	0.7	0.8	0.4	0.6
1987	0.8	0.7	0.6	0.5	0.6
1988	1.2	0.5	0.4	0.5	0.7
1989	0.9	0.7	0.5	0.5	0.6
1990	0.9	0.8	0.7	0.6	0.7
1991	1.1	0.9	0.7	0.8	0.7
1992	1.5	1.1	0.9	0.9	0.7
1993	1.7	1.3	1.2	1.0	0.9
1994	2.1	1.6	1.6	1.5	1.3
1995	3.3	2.8	2.2	2.1	1.7
1996	5.2	4.7	3.5	3.0	2.4
1997	6.1	5.7	4.7	3.2	3.3
1998	8.0	6.4	6.3	3.6	4.6
1999	7.8	7.7	7.7	3.6	6.3
2000	4.2	9.7	8.3	3.4	6.6
2001	3.5	10.6	9.8	3.9	7.9
2002	3.3	8.3	11.1	4.4	7.9
2003	3.4	12.3	9.9	5.2	9.7
2004	4.5	13.9	13.5	5.6	10.2
2005	5.5	15.6	18.2	5.8	13.3
2006	5.6	15.7	17.3	5.2	12.0
2007	4.1	26.9	18.9	5.4	10.2
2008	4.0	21.6	22.4	8.0	11.9
2009	6.2	24.8	25.6	14.3	14.3
2010	6.0	28.8	28.0	14.5	9.8
2011	4.8	37.5	29.2	15.4	12.4

19－22 主要年份工业产品销售收入

单位：万元

年　份	永吉县	舒兰市	磐石市	蛟河市	桦甸市
1978			11688	5236	5084
1979	2475		12277	5513	5617
1980	2521		13418	5979	12697
1981	4721		11713	13421	11417
1982	5719	1551	14155	15359	11711
1983	7402	4769	17384	16277	15091
1984	8714	16087	21006	17576	24454
1985	14382	20323	27002	20848	26451
1986	14942	23521	30739	29514	36023
1987	11490	27085	39299	31736	37894
1988	15325	33868	53243	32662	45476
1989	17192	41369	61154	33290	55725
1990	17743	46869	52902	32912	70175
1991	22282	55949	58455	33530	83485
1992	22984	56922	76544	34695	85587
1993	22931	73150	171844	48200	121495
1994	41279	76564	138975	47429	135937
1995	45500	82029	142680	44789	158106
1996	41984	115884	145919	61935	141989
1997	48652	105358	154820	51959	113864
1998	39602	67898	136036	32981	120687
1999	35931	57213	137343	34493	112898
2000	23610	59472	130496	42313	140269
2001	30273	64065	138821	50013	150323
2002	45995	55106	197319	72564	144456
2003	42694	65576	385283	72406	153123
2004	80559	85334	666255	96303	213669
2005	91897	93453	1095929	113535	249332
2006	96193	103872	1180556	140259	240352
2007	157326	151269	1834139	267092	473591
2008	249793	316974	2851752	535068	747554
2009	464528	469811	2455938	697235	1131539
2010	520214	662715	2854697	1001896	1813772
2011	883509	1148746	3502003	1605378	2458393

19－23 主要年份工业利税总额

单位：万元

年　份	永吉县	舒兰市	磐石市	蛟河市	桦甸市
1978	-243	-1011	-585	-190	313
1979	201	-1170	-70	373	288
1980	235	-1355	49	747	525
1981	329	-1569	614	-1059	209
1982	359	-1816	1384	-498	416
1983	220	-3283	2754	2379	472
1984	538	-3250	4430	2328	1244
1985	441	-3135	5191	1068	5421
1986	525	-4028	5335	1734	7651
1987	494	-3740	4922	1694	8012
1988	666	-4071	9804	2902	8485
1989	731	-5944	12533	3850	8519
1990	94	-9984	8566	2303	9437
1991	392	-10446	6108	1836	6560
1992	293	-10519	6361	2108	12604
1993	847	-1214	8887	1900	47800
1994	834	-9881	14892	4763	27333
1995	536	1744	17072	-260	2710
1996	269	1812	8274	3361	26830
1997	4327	-7243	7761	2426	9072
1998	1804	-10905	2892	788	26045
1999	2119	-810	4284	1276	21271
2000	-125	64	9531	3035	41920
2001	-514	-1883	5668	3899	57330
2002	3314	-5563	23015	5736	36671
2003	2149	4909	76581	6624	19173
2004	5742	3892	121690	8931	77947
2005	17983	5247	149933	10626	60529
2006	19398	6052	152225	14974	50322
2007	22086	10149	295898	28955	96215
2008	38877	18912	245860	95320	159765
2009	25161	13310	226985	61007	140663
2010	29568	47711.7	216207	108736	191039
2011	95524	91803	515928	198632	238535

19－24 主要年份邮电业务总量

单位：万元

年份	永吉县	舒兰市	磐石市	蛟河市	桦甸市
1978		59			67.2
1979		62			66.7
1980		79	71		65.8
1981		94	104		102.2
1982		97.9	105	124	106.0
1983		108	110	133	114.4
1984		118	117	141	119.0
1985		135	131	154	127.9
1986		144	128	167	131.8
1987		162	139	178	141.3
1988	158	188	177	199	172.6
1989	183	243	192	225	197.3
1990	378	496	339	469	206.3
1991	429	597	404	527	197.3
1992	530	713	577	665	600.5
1993	645	898	750	880	774.1
1994	865	826	1019	1218	1179.1
1995	1390	1868	1457	1657	1470.2
1996	2066	2897	2063	2447	2885.0
1997	3093	4150	3268	3459	3888.0
1998	4026	5820	4448	5014	5076.0
1999	4117	7187	5084	3737	6113.0
2000	5458	5428	5948	4663	6526.0
2001	5656	6202	6959	5580	6822.0
2002	4262	4466	8142	5572	7019.0
2003	4650	7087	9526	5837	7424.0
2004	5125	7584	11146	6582	7982.0
2005	3898	6189	13041	6678	9008.0
2006	5284	6535	16364	6743	13191.0
2007	5151	7446	17869	6546	16350.0
2008	4850	3280	23082	6303	17236.0
2009	6263	13952	26118	6541	20978.0
2010	2226	18823	27852	20247	20227.0
2011	1234	23559	30548	17783	22501.0

19-25 主要年份年末电话用户

单位：户

年　份	永吉县	舒兰市	磐石市	蛟河市	桦甸市
1978		1076			1007
1979		1178			1631
1980		1190	1326		1562
1981		1206	1337		1426
1982		1290	1406	1278	1399
1983		1372	1445	1343	1366
1984		1518	1500	1381	1339
1985		1627	1647	1566	1433
1986	1731	1776	1693	1641	1594
1987	1951	1951	1924	1864	2413
1988	2606	2204	2110	2175	1951
1989	2659	2673	2295	2639	2280
1990	3052	2908	2590	3145	2649
1991	3407	3461	3242	4048	2934
1992	4385	4620	4699	5528	3707
1993	5411	6179	6420	5352	5164
1994	5894	10151	12548	10224	8905
1995	12676	16598	17991	14354	12207
1996	16330	22511	23058	19895	16313
1997	19944	28019	25984	25290	21815
1998	26474	35861	31044	32856	28822
1999	52417	51477	44671	46113	39467
2000	72471	69028	59760	60454	49387
2001	83652	79744	68611	72731	63669
2002	60374	89579	79202	80154	73787
2003	75474	110284	87771	100589	86957
2004	78982	114797	88635	103048	98448
2005	83135	125980	114986	107851	99986
2006	81144	107813	114384	96642	90057
2007	64737	98175	112460	95983	98307
2008	54171	86679	117372	75857	97577
2009	49624	43741	80403	71399	112233
2010	47826	90115	75941	72873	114597
2011	44030	77220	86098	66806	187400

19－26 主要年份社会消费品零售总额

单位：万元

年 份	永吉县	舒兰市	磐石市	蛟河市	桦甸市
1978	10995	10390	8116	9638	7251
1979	10856	9045	9028	10824	8765
1980	12390	10460	8523	11955	9354
1981	14240	12320	9222	13117	10698
1982	17498	14005	9152	14396	11820
1983	19146	15930	11670	15697	14175
1984	25515	18149	13706	20906	16081
1985	32078	23169	17756	25862	16847
1986	34391	26254	20393	28971	20307
1987	36818	29846	22840	31746	24068
1988	39595	36695	29302	38209	29672
1989	52661	42947	33081	40084	32689
1990	48758	43551	31940	37043	33878
1991	53587	46076	34070	38790	36089
1992	55553	50233	36125	41284	38083
1993	53338	50575	42990	39444	39186
1994	61414	55851	45378	43162	46739
1995	76168	64680	52713	49679	43165
1996	86286	73403	63007	52652	57021
1997	96026	82325	80436	59863	70013
1998	109200	94005	89857	71021	79997
1999	112851	104498	104422	82314	91018
2000	66868	117028	115231	92006	108002
2001	71990	130085	133791	103598	120453
2002	80286	146998	150420	117678	138003
2003	88604	167500	165836	134749	160145
2004	98440	191045	188205	155951	185863
2005	116091	220072	197300	189328	217001
2006	132976	206000	231288	218433	256869
2007	156060	244150	277030	256918	305417
2008	198033	305397	355239	314221	355009
2009	237086	370319	419528	366698	426518
2010	274466	432957	492060	453000	496971
2011	319661	504564	574256	504269	570133

19－27 主要年份实际利用外资

单位：万美元

年 份	永吉县	舒兰市	磐石市	蛟河市	桦甸市
1978					
1979					
1980					
1981					
1982					
1983					
1984					
1985					
1986					
1987					
1988					
1989					
1990					
1991			10		
1992			10		
1993			10		
1994			11		3350
1995			13		3110
1996			14		2810
1997			15		2320
1998			15.5	12	2100
1999			15	180	2620
2000		128	28	160	3820
2001		133	156	22	1170
2002		382	600	605	1650
2003		580	926	1124	5760
2004		762	1034	1886	6850
2005		726	2100	788	7029
2006		726	3700	1279	8110
2007		1300	1850	1710	3350
2008		1500	2050	1680	2136
2009		2200	2260	2729	2215
2010		3100	3545	5790	3100
2011		2340	4355	6882	3600

19－28 主要年份金融机构存款余额

单位：万元

年份	永吉县	舒兰市	磐石市	蛟河市	桦甸市
1978		1332	1072	3805	3624
1979		3089	1372	4031	4243
1980		**2489**	**1979**	**6356**	**3737**
1981		4032	2654	13037	6372
1982		3606	3423	11130	9326
1983		6338	4498	10156	8874
1984		10113	5947	9782	11924
1985		13612	7608	11813	11365
1986	13246	17684	9201	16877	15211
1987	14669	20067	12623	21125	17188
1988	19171	27304	27867	22471	24066
1989	21689	36973	24540	26874	30580
1990	**26323**	**41929**	**39580**	**38614**	**40941**
1991	33340	52380	50519	48017	49251
1992	41292	54431	45116	52300	58691
1993	53312	65501	52285	63428	71220
1994	67116	94600	87227	84181	160023
1995	57794	112307	100554	109196	147108
1996	97007	147275	131873	139868	213088
1997	159490	152895	154132	166279	194102
1998	143123	182514	165475	165953	220794
1999	151985	202047	188183	188237	247963
2000	**152058**	**213950**	**206235**	**196279**	**265647**
2001	157684	218593	218601	212453	277359
2002	159452	242352	247485	250678	298643
2003	202123	324853	296605	284677	315933
2004	185771	394522	337647	328753	349845
2005	240340	445383	390977	405938	412463
2006	263611	467000	468705	438717	458973
2007	291994	496685	517346	454976	503421
2008	381553	646627	649506	539793	619776
2009	456287	783164	785348	649147	702453
2010	**559972**	**845925**	**812566**	**731387**	**800816**
2011	588172	905945	944632	959011	916572

19－29 主要年份金融机构贷款余额

单位：万元

年份	永吉县	舒兰市	磐石市	蛟河市	桦甸市
1978		13326	9633	9196	8269
1979		11781	8831	9508	8235
1980		8289	8756	10584	8332
1981		11117	14138	12813	10914
1982		12450	15325	15870	12837
1983		15867	18442	16434	42487
1984		25394	24990	20787	48356
1985		23686	25948	22428	48817
1986	38205	38410	27921	28915	52095
1987	40462	43893	32646	32844	52052
1988	39181	53918	39024	35617	59216
1989	51576	59829	43956	40809	62571
1990	75319	30665	66795	58948	73663
1991	86611	97956	87959	70827	79041
1992	99627	107313	87764	78607	84264
1993	108222	126750	102051	87903	95553
1994	61739	79536	129379	105483	159885
1995	138648	178299	146147	114350	147108
1996	171752	204964	170803	131319	218088
1997	244352	255376	220993	157342	196977
1998	242084	293585	249061	162156	236207
1999	274364	327171	263864	186063	238490
2000	182919	327804	278249	167457	226658
2001	192297	328311	293929	182214	249795
2002	221642	344718	333224	188312	253245
2003	232458	338668	306451	186918	226462
2004	142297	244558	328165	123078	162494
2005	182058	218701	308694	131896	161783
2006	186734	217000	340329	180373	193575
2007	197989	234607	344587	199415	199529
2008	352193	325823	423693	276158	262180
2009	423242	412352	598013	344307	349578
2010	362660	401101	040514	414270	396713
2011	517647	415436	698837	467900	419183

19－30 主要年份各类专业技术人员

单位：人

年 份	永吉县	舒兰市	磐石市	蛟河市	桦甸市
1978		8503	934	2011	2610
1979		8500	1062	2023	2940
1980		**8498**	**1193**	**2128**	**3150**
1981		8578	1341	2241	3230
1982		8608	1507	2287	3410
1983		8632	1693	2321	3460
1984		8689	1903	2345	1008
1985		8697	2138	2486	3998
1986		8709	2403	2577	4310
1987		8769	2700	2687	4730
1988		9023	3034	4898	6000
1989		9486	3409	4964	5750
1990		**9506**	**3831**	**5873**	**7460**
1991		9598	4305	7003	7530
1992		9834	4838	7301	7670
1993		9973	5437	7289	7680
1994		10163	6110	8020	7652
1995		10301	6866	8011	7719
1996		10443	7716	9032	7935
1997		10742	8671	9154	8006
1998		10790	9744	9583	8192
1999	11901	11103	10950	9674	8264
2000	**7670**	**11301**	**12309**	**9852**	**8391**
2001	7313	9978	11620	9987	8644
2002	6922	11734	11094	10104	9006
2003	5938	12006	10735	10213	9312
2004	6724	12304	11237	10832	10428
2005	7133	12607	12841	11003	10920
2006	7010	12669	13483	11231	11009
2007	6155	12001	14394	12116	13972
2008	6194	12150	14423	13732	13862
2009	12040	12000	14711	13899	13916
2010	**12680**	**12056**	**15005**	**13911**	**14097**
2011	12934	12016	15230	19395	20388

19－31　主要年份普通中学在校学生

单位：万人

年　份	永吉县	舒兰市	磐石市	蛟河市	桦甸市
1978	5.6	5.6	4.3		3.7
1979	5.0	5.2	4.2		3.5
1980	5.0	4.9	3.8	4.2	3.3
1981	5.6	4.8	3.3	4.0	3.4
1982	5.6	4.3	3.6	3.5	2.8
1983	5.3	3.9	3.5	3.1	2.8
1984	4.9	3.6	3.5	2.9	2.9
1985	4.6	3.1	3.3	2.7	2.7
1986	4.0	3.0	3.3	2.5	2.4
1987	4.0	2.9	3.3	2.4	2.4
1988	4.1	2.8	3.1	2.1	2.4
1989	3.4	2.7	2.8	2.0	2.1
1990	3.3	2.8	2.8	2.0	2.2
1991	3.7	3.1	2.8	2.1	2.0
1992	3.9	3.1	2.9	2.3	2.1
1993	4.3	3.3	2.8	2.7	2.0
1994	4.0	3.5	2.9	2.9	2.0
1995	4.0	3.1	3.2	3.2	2.1
1996	3.6	3.2	3.1	3.1	2.0
1997	3.5	3.3	3.1	2.9	2.1
1998	3.6	3.1	2.8	2.7	2.2
1999	3.8	3.2	3.1	2.7	2.5
2000	2.7	3.5	3.2	2.8	2.8
2001	2.1	3.9	3.2	2.8	2.6
2002	2.9	3.9	3.4	2.8	3.1
2003	2.9	3.8	3.5	2.8	3.3
2004	2.9	3.6	3.7	2.8	3.4
2005	2.8	3.4	3.6	2.7	3.2
2006	2.5	3.1	3.9	2.5	3.3
2007	2.2	2.9	3.8	2.3	2.8
2008	2.1	2.8	3.5	2.1	2.7
2009	1.9	2.7	3.0	2.1	1.5
2010	1.8	2.6	3.2	2.2	1.9
2011	1.7	2.4	3.1	2.3	2.7

19－32 主要年份小学在校学生

单位：万人

年 份	永吉县	舒兰市	磐石市	蛟河市	桦甸市
1978	11.4	11.1	8.9		7.0
1979	12.5	11.1	8.9		7.3
1980	12.1	11.0	8.9	8.5	7.3
1981	12.3	10.7	8.4	8.4	7.3
1982	11.8	10.0	8.4	7.7	6.5
1983	11.1	9.0	7.9	7.1	6.3
1984	10.7	8.9	7.8	7.0	6.2
1985	10.6	9.1	7.5	6.8	6.3
1986	10.9	9.5	7.8	7.1	6.7
1987	10.2	9.2	7.6	6.8	6.4
1988	9.7	8.6	7.3	6.4	6.2
1989	8.9	7.6	7.0	6.3	5.7
1990	8.4	7.3	6.6	6.0	5.3
1991	7.9	6.8	6.4	5.8	5.2
1992	7.2	6.3	6.3	5.6	5.2
1993	6.8	6.2	6.2	5.3	5.1
1994	6.9	6.3	5.8	5.2	5.1
1995	7.1	6.2	5.8	5.1	5.3
1996	7.4	6.3	5.8	4.9	5.3
1997	7.8	6.5	5.8	4.9	5.5
1998	7.7	6.5	5.7	4.8	5.4
1999	7.5	6.3	5.5	4.6	5.2
2000	3.8	5.8	5.1	4.2	4.1
2001	3.3	5.3	4.7	3.8	4.4
2002	3.0	4.8	4.9	3.4	4.0
2003	2.5	4.4	3.8	3.3	3.5
2004	2.3	4.0	3.2	3.2	3.1
2005	2.1	2.7	2.7	3.1	2.8
2006	1.9	3.5	2.6	3.0	2.8
2007	1.9	3.4	2.5	3.1	3.0
2008	2.0	3.4	2.7	3.0	3.1
2009	2.0	3.4	2.7	2.6	3.2
2010	1.9	3.5	2.8	2.4	3.3
2011	1.9	3.6	2.8	2.3	3.4

19－33 主要年份卫生机构数

单位：个

年　份	永吉县	舒兰市	磐石市	蛟河市	桦甸市
1978	31	49	61	6	70
1979	94	50	61	6	73
1980	**77**	**46**	**61**	**60**	**70**
1981	78	51	57	72	80
1982	86	54	53	72	105
1983	85	54	87	75	76
1984	81	54	88	76	77
1985	76	53	53	77	75
1986	73	52	55	78	75
1987	38	52	54	77	76
1988	61	49	51	73	68
1989	56	49	52	72	68
1990	**56**	**49**	**53**	**67**	**67**
1991	56	48	55	65	67
1992	66	48	56	62	69
1993	64	47	54	59	60
1994	34	45	52	56	59
1995	63	45	51	55	32
1996	40	43	50	29	32
1997	40	43	38	30	32
1998	39	120	38	30	33
1999	38	93	37	30	32
2000	**24**	**93**	**37**	**25**	**32**
2001	22	90	37	26	31
2002	22	90	36	25	31
2003	23	36	32	26	31
2004	23	35	33	26	31
2005	20	35	32	26	31
2006	24	35	31	24	33
2007	29	35	33	25	33
2008	29	37	33	25	31
2009	30	37	30	25	26
2010	**31**	**37**	**30**	**25**	**26**
2011	32	38	30	366	27

19－34 主要年份卫生技术人员

单位：人

年 份	永吉县	舒兰市	磐石市	蛟河市	桦甸市
1978	1760	1503	1723	1610	1302
1979	2260	1830	1565	1672	1395
1980	1144	1909	1620	1819	1433
1981	1285	2169	1799	1853	1655
1982	1308	2828	1782	1889	1705
1983	1321	2193	1754	2003	1716
1984	1513	2106	1768	1977	1809
1985	1435	1995	1710	2019	1742
1986	1458	1988	2174	2860	1765
1987	1420	1879	1778	2916	1832
1988	1857	1994	1819	2547	1845
1989	1389	2019	1907	2581	1865
1990	1503	2004	1902	2562	2005
1991	1532	1477	1872	2560	2169
1992	1440	2131	2094	2230	2156
1993	1535	1987	2483	2219	2147
1994	1203	1283	2424	2226	2213
1995	1565	1513	1923	2189	2246
1996	1518	2695	1898	1874	2028
1997	1532	2074	1785	1394	2146
1998	1512	1600	1774	1407	2147
1999	1522	1116	1915	1368	2358
2000	1006	1212	1751	1280	2009
2001	977	1619	1742	1599	1958
2002	903	1654	1896	1625	2210
2003	888	1253	1598	1607	2109
2004	889	1428	1678	1600	2189
2005	1139	1428	1680	1488	1565
2006	1117	1421	2068	1408	1682
2007	901	1412	2288	1395	1590
2008	1505	1547	2345	1618	1951
2009	1472	2347	2845	1621	1535
2010	1132	1501	2604	2751	1430
2011	1197	1578	2090	2083	1610

19－35 主要年份医院床位数

单位：张

年 份	永吉县	舒兰市	磐石市	蛟河市	桦甸市
1978	1271	1351	830	1922	1125
1979	1313	1663	1097	1867	1136
1980	1344	1652	1377	1832	1098
1981	1382	1569	1304	1897	1025
1982	1572	1737	1336	1947	1056
1983	1681	1823	1354	2003	1301
1984	1743	1789	1304	1983	1423
1985	1708	1509	1300	1966	1425
1986	1728	1527	1355	1968	1324
1987	1890	1443	1212	2043	1405
1988	1930	1557	1176	1868	1532
1989	1936	1557	1274	1826	1465
1990	1822	1510	1296	1829	1543
1991	1703	866	1149	1838	1532
1992	1649	1508	1149	1075	1521
1993	1600	1508	1113	1164	1607
1994	1020	1609	1130	1146	1569
1995	1609	1677	1119	1082	1549
1996	1616	1667	1121	1146	1298
1997	1616	1684	1124	1148	1478
1998	1598	1626	1123	1128	1436
1999	1289	2101	1193	1128	1489
2000	1109	2076	1181	1069	1432
2001	899	1584	1226	1311	1469
2002	808	1494	1226	1372	1358
2003	917	1732	1118	1130	1265
2004	938	1732	1266	1130	1347
2005	958	1938	1450	1234	1261
2006	973	1938	1702	1044	1334
2007	917	1938	1900	1165	1380
2008	1049	1972	1900	1181	1424
2009	1200	2120	1884	1191	1514
2010	984	2120	1774	1225	2634
2011	1011	2374	1770	1349	2689

19-36 主要年份职工平均工资

单位：元

年 份	永吉县	舒兰市	磐石市	蛟河市	桦甸市
1978	675	777	858	717	627
1979	687	817	731	741	710
1980	785	840	694	760	808
1981	800	857	734	763	867
1982	829	900	748	816	878
1983	869	963	782	827	896
1984	975	1018	842	878	1039
1985	1089	1148	985	953	1102
1986	1188	1331	1098	1010	1220
1987	1257	1321	1182	1172	1268
1988	1441	1287	1420	1425	1527
1989	1546	1554	1583	1576	1553
1990	1651	2119	1690	1648	1738
1991	1882	1997	1879	1792	1912
1992	2126	2449	2300	2001	2242
1993	2483	2201	2343	2215	2337
1994	3023	2948	3161	2855	3350
1995	3685	3566	4050	3294	3887
1996	4181	3757	4679	3768	4617
1997	3881	4052	4639	3894	4568
1998	5197	4913	5164	4999	5863
1999	5527	5220	6317	5476	6464
2000	7011	5187	6542	5806	6820
2001	7106	5701	7431	6554	6802
2002	7763	6385	8237	7357	7801
2003	8743	6735	9510	7895	8353
2004	9591	7165	10010	8741	9560
2005	11627	8039	12133	9573	11435
2006	12506	8717	13991	11743	12826
2007	18876	13971	18670	16159	18254
2008	20332	17030	20621	19314	20563
2009	24438	19807	21615	20992	21295
2010	26535	22895	24076	21718	23003
2011	30318	25942	28481	26760	25213

19－37 主要年份城乡居民储蓄存款余额

单位：万元

年份	永吉县	舒兰市	磐石市	蛟河市	桦甸市
1978	860	1426	1072	1002	841.3
1979	1286	1462	1372	1307	1207.1
1980	1234	1565	1979	2532	1923.8
1981	1946	1877	2654	3194	2755.4
1982	2761	2217	3423	4266	3759
1983	3956	2658	4498	4434	5188.2
1984	4981	3513	5947	4635	6466
1985	4462	7082	7608	5982	7817
1986	7554	9343	9201	12029	10056
1987	10396	12433	12623	15536	13073
1988	15357	17847	18016	15607	17846
1989	20042	24062	22476	19873	24528
1990	27080	30665	30441	30184	31571
1991	14751	39647	39030	38370	40518
1992	16601	44122	45931	43225	49119
1993	20405	54598	52486	54147	60667
1994	27263	74481	69080	73640	80458
1995	26897	98270	91667	96079	107324
1996	44470	124991	115924	122454	137481
1997	134288	128746	134543	146471	165297
1998	130038	161481	146693	145906	184772
1999	147801	174184	157928	163247	206787
2000	144600	188254	173950	174492	222335
2001	157585	207455	184493	187973	235976
2002	131895	223243	191915	224329	245108
2003	172718	273508	224798	245189	271013
2004	156094	315010	253728	265887	298196
2005	195176	350853	294277	315488	341468
2006	208008	375000	338111	337411	353155
2007	220141	385859	349177	342329	377491
2008	288131	486112	441791	422004	463598
2009	324437	540696	498940	472367	515436
2010	367844	581100	518544	513141	564036
2011	418480	651283	582488	578950	610709

19－38 主要年份农民人均纯收入

单位：元

年　份	永吉县	舒兰市	磐石市	蛟河市	桦甸市
1978	113	108	89	127	90
1979	101	93	77	108	102
1980	117	89	91	84	78
1981	114	110	111	85	108
1982	170	208	175	207	243
1983	354	347	324	356	384
1984	478	490	466	465	524
1985	344	396	412	408	481
1986	420	447	438	394	481
1987	462	478	481	445	511
1988	507	523	532	512	554
1989	462	436	487	360	570
1990	563	604	594	573	827
1991	634	645	565	586	781
1992	707	678	701	681	821
1993	864	830	838	848	934
1994	1196	1212	1229	1250	1347
1995	1459	1550	1506	1400	1294
1996	2053	2085	2183	2085	1204
1997	2176	2350	2042	2299	2192
1998	2509	2540	2522	2627	2447
1999	2167	2427	2541	2578	2685
2000	2218	2677	2652	2706	2384
2001	1844	2851	2851	2813	2656
2002	2520	2965	3104	3171	2584
2003	2503	2576	2648	2666	2596
2004	3030	3105	3144	3181	3138
2005	3289	3356	3406	3373	3386
2006	3676	3747	3861	3829	3824
2007	4145	4356	4488	4466	4451
2008	4999	5137	5398	5234	5301
2009	5350	5432	5676	5549	5687
2010	6155	6432	6579	6602	6633
2011	7300	7676	7868	7850	8009

19－39 主要年份农民人均生活消费支出

单位：元

年　份	永吉县	舒兰市	磐石市	蛟河市	桦甸市
1978				121	70
1979				103	90
1980				80	70
1981				81	90
1982			320	193	205
1983	273		253	328	310
1984	355		277	428	415
1985	365		377	375	401
1986	411		443	362	398
1987	372		429	409	424
1988	502		531	461	454
1989	577		623	331	507
1990	524		628	521	522
1991	599		824	533	576
1992	638		801	620	689
1993	769		594	763	701
1994	888		914	1125	892
1995	955	1621	1412	1260	1014
1996	1046	1746	1399	1825	1105
1997	1139	1825	1895	2012	1757
1998	1240	1905	1820	1799	1628
1999	1346	1928	1596	1644	1514
2000	1474	1942	1478	1697	1952
2001	1612	1998	1174	3653	1853
2002	1764	2064	1617	1685	1781
2003	1933	2263	1908	2341	1941
2004	2153	2579	2214	2421	2437
2005	3296	2787	2949	2209	2872
2006	3081	3184	3548	2606	3061
2007	3386	3818	3861	2869	3652
2008	3889	5085	4587	3345	4395
2009	4980	4287	4861	3712	4512
2010	5495	4136	5761	4576	4817
2011	6519	4060	5618	6687	7532

19－40　四城区和二开发区社会经济主要指标（2011）

指　标　名　称	单　位	昌邑区	龙潭区	船营区	丰满区	高新区	经济技术开发区
一、综　合							
生产总值(2005年不变价)	万元	1160515	1092222	903693	1138633		778218
第一产业	万元	95241	148360	75081	65949		12032
第二产业	万元	516855	478629	388818	733039		667351
工　业	万元	361468	329312	309324	608578		617359
建筑业	万元	155387	149317	79494	124461		49992
第三产业	万元	548419	465233	439794	339645		98835
生产总值(现价)	万元	1228648	1153590	956579	121649	1579613	822974
第一产业	万元	105156	147217	84729	75016		13054
第二产业	万元	549426	508418	412198	776578	1036602	705722
工　业	万元	380987	347753	326027	642658	994010	651931
建筑业	万元	168439	160665	86171	133920	42410	53791
第三产业	万元	574066	497955	459652	364755	543037	104198
年末总户数	户	204471	170603	163863	62316	25519	21126
年末总人口	人	567050	479371	463811	199301	69087	53813
#非农业人口	人	447240	289456	351325	108793	63246	23210
出生人口数	人	3502	3212	3211	975	157	154
死亡人口数	人	4619	2921	2351	758	33	121
人口出生率	‰	4。89	6.68	6.92	5.11	2.2	2.88
人口死亡率	‰	4。12	6.07	5.07	3.97	0.4	2.26
人口自然增长率	‰	0。78	0.61	1.85	1.14	1.8	0.62
二、农　业							
农业总产值（现价）	万元	186379	266285	147757	135659		20247
农业总产值（90年不变价）	万元	165144	241686	132756	119032		18352
农村劳动力	人	81999	113484	73142	49549	5841	18620

19－40 续表1

指 标 名 称	单 位	昌邑区	龙潭区	船营区	丰满区	高新区	经济技术开发区
#工 业	人		7437	12556	5462		2421
年末实有耕地面积	公顷	32250	31263	29548	12433		3578
农作物播种面积	公顷	32414	34625	29217	15069		3849
粮食产量	吨	215000	199000	155000	64161		20556
#水稻	吨	94922	63954	39548	11028		7070
蔬菜产量	吨	106633	541196	87956	126916		35749
水果产量	吨	9688	38189	11864	10785		505
猪、牛、羊肉产量	吨	10204	39871	29641			1834
禽蛋产量	吨	7606	12528	11207	15010		2169
牛奶产量	吨	4457	14916	40139	24709		8506
猪年末存栏数	头	59060	180532	97573	69207		10500
牛年末存栏数	头	20881	70302	9554	42518		3900
三、工业							
规模企业单位数	个	67	89	40	110	102	76
规模工业总产值（现价）	万元	1011519	793230	811169	1681000	2620000	2441264
规模工业增加值（现价）	万元	346983	196689	225877	550654	786000	557863
规模工业资产总计	万元	634183	591529	391558	830007	2840174	1704376
规模工业主营业务收入	万元	991987	802128	804539	1502166	2604376	2299404
规模工业利润总额	万元	101621	35353.6	44177	200725	68301	148061
四、固定资产投资							
固定资产投资总额	万元	1589042	2113508	1508285	1087391	1100720	1384087
城镇投资	万元	726262	1680602	786285	720794	1100720	1350576
农村投资	万元	355844	432906	134000	195945		33511
房地产开发投资	万元	506936	115280	588000	170652	280000	39562
新增固定资产	万元	1126678	1955224	1496218	84482	925364	1175328
本年施工房屋面积	平方米	882989	2074484	6294460	2113436	1845762	1033888

19－40 续表2

指 标 名 称	单 位	昌邑区	龙潭区	船营区	丰满区	高新区	经济技术开发区
#住 宅	平方米	650638	898099	4371921	1881963	1236912	38742
本年竣工房屋面积	平方米	348389	1101664		47450	1056718	356807
#住 宅	平方米	326583	146499			681162	
五、社会消费品零售总额	**万元**	**2293816**	**743146**	**1367071**	**601093**	**531503**	**37589**
批发零售业零售额	万元	2189475	614043	1235080	481269	497155	34725
住宿餐饮业零售额	万元	104342	129103	131991	119824	34347.7	2864
六、教育、卫生							
学 校 数：普通中学	所	12	10	66	8	1	2
小 学	所	43	36	55	17	2	4
学 生 数：普通中学	万人	0.78	0.64	2.68	0.48	0.51	0.37
小 学	万人	2.2	1.28	1.74	1.57	0.01	0.09
专任教师：普通中学	人	609	727	2029	473	251	69
小 学	人	1460	871	1391	674	38	109
卫生机构数	个	13	383	13	9	78	3
#医 院	个	10	14	3	2	7	1
卫生技术人员	人	361	2263	465	390	625	123
#医 生	人	172	1151	427	206	324	48
七、劳动工资							
全部在岗职工：年末人数	人	17320	24797	15672	6997	494	43642
工资总额	万元	505637	93299	58002	24382	2280	87364
平均工资	元	28937	38612	34358	34847	46154	30218
城镇个体劳动者年末人数	人				33162	8607	6748
八、财政							
全口径财政收入	万元	156128	944442	184777	94644	273919	100955
财政体制收入	万元	81304	65303	49249	46857	164880	26257
财政支出	万元		96884	92000	112727	152081	30706

企业调查
Qi ye diao cha

20－1 企业景气指数（2011）

指　标	一季度	二季度	三季度	四季度
企业景气指数	137.6	135.9	131.4	132.4
按行业门类分				
工　业	147.1	136.2	125.3	125.5
建筑业	93.3	120	106.7	133.3
交通运输、仓储及邮政业	120	120	160	120
批发和零售业	163.1	155.9	152.2	165.5
房地产业	146.2	161.5	131.7	146.2
社会服务业	112.5	125	137.5	137.5
信息传输、计算机服务和软件业	128.6	142.9	142.9	142.9
住宿和餐饮业	100	133.3	144.4	162.5
按企业登记注册类型分				
国有企业	119.1	133.8	128.8	132.6
集体企业	60	60	60	80
有限责任公司	138.9	148.3	139.3	150.5
股份有限公司	138	119.2	105.4	96.1
私营企业	116.7	100	85.7	114.3
外商投资企业	200	175	175	175
港、澳、台投资企业	180	160	180	160
按企业规模分				
大型企业	181.1	116.8	113.7	60.6
中型企业	143.3	152.5	141.4	145.8
小型企业	116.9	125.4	121.1	138.6
特殊分组				
国家重点企业	100	44.9	100	44.9
上市公司	97.9	77.8	77.8	100
国有控股企业	144.1	129.2	122.1	108.3
综合景气状况				
生产总量	114.8	113.6	129.4	126.1
盈利（亏损）变化	100.3	96.9	97	96.2
流动资金	91.5	85.8	83	91
货款拖欠	100.8	101.9	100.3	99.5
劳动力需求	113.5	117.6	121.4	108.1
固定资产投资	89.4	115.5	127.6	105.1
产品订货	101.7	111.1	104.9	114.5
企业融资	80.7	79.3	79.5	75.5

20－2 企业家信心指数（2011）

指　　标	一季度	二季度	三季度	四季度
企业家信心指数	**142**	**133.8**	**130.5**	**134.1**
按行业门类分				
工　业	147.5	133.3	130.4	130.6
建筑业	126.7	126.7	120	133.3
交通运输、仓储及邮政业	100	100	100	120
批发和零售业	163.1	148.8	145.5	145.5
房地产业	153.9	169.2	147.9	147.9
社会服务业	137.5	150	150	137.5
信息传输、计算机服务和软件业	157.1	157.1	157.1	157.1
住宿和餐饮业	133.3	133.3	144.4	162.5
按企业登记注册类型分				
国有企业	141.7	138.8	143.8	127.6
集体企业	100	80	80	100
有限责任公司	152	139.3	135.2	152.8
股份有限公司	126.1	126.7	123.1	104.2
私营企业	150	116.7	100	128.6
外商投资企业	200	175	175	175
港、澳、台投资企业	160	180	140	120
按企业规模分				
大型企业	123.3	111.5	104.4	57.7
中型企业	151.7	142.4	137.9	147.5
小型企业	143.7	136.6	136.6	144.3
特殊分组				
国家重点企业	100	44.9	44.9	19.6
上市公司	131.2	111.1	100	107.1
国有控股企业	139	129.4	126.9	108.3

城市社会经济主要指标

Cheng shi she hui jing ji zhu yao zhi biao

21－1 城市社会经济主要指标（2011）

项　　目	单 位	2011	
		全 市	市辖区
一、行政区划、人口、劳动力及土地资源			
(一)行政区划			
所辖行政区数	个	4	
所辖行政县(旗)数	个	1	
所辖行政县级市数	个	4	
(二)人口			
年末总人口	万人	433.31	183.04
年平均人口	万人	433.68	183.25
常住人口	万人	433.32	183.04
年出生人口	人	33116	12319
年死亡人口	人	24315	11816
年末总户数	万户	152.55	65.37
(三)从业人员			
年末单位从业人员数(城镇)	万人	38.4	24.96
第一产业(农、林、牧、渔业)	万人	1.69	0.17
第二产业	万人	18.39	13.68
(1)采矿业	万人	1.16	
(2)制造业	万人	12.78	10.25
(3)电力、燃气及水的生产和供应业	万人	1.62	0.99
(4)建筑业	万人	2.83	2.44
第三产业	万人	18.32	11.11
(1)交通运输、仓储及邮政业	万人	1.01	0.61
(2)信息传输、计算机服务和软件业	万人	0.39	0.35
(3)批发和零售业	万人	1.03	0.73
(4)住宿、餐饮业	万人	0.24	0.21
(5)金融业	万人	1.24	0.98
(6)房地产业	万人	0.51	0.37
(7)租赁和商业服务业	万人	0.28	0.22
(8)科学研究、技术服务和地质勘查业	万人	0.48	0.32
(9)水利、环境和公共设施管理业	万人	0.99	0.56
(10)居民服务和其他服务业	万人	0.05	0.03
(11)教育	万人	5.06	2.52
(12)卫生、社会保障和社会福利业	万人	2.35	1.42
(13)文化、体育和娱乐业	万人	0.34	0.25
(14)公共管理和社会组织	万人	4.35	2.54
(15)国际组织	万人		

21－1 续表1

项目	单位	2011	
		全市	市辖区
城镇私营和个体从业人员	人	381029	193834
年末城镇登记失业人员数	人	22958	14617
(四)土地面积及水资源			
行政区域土地面积	平方公里	27126	3636
其中：建成区面积	平方公里		166
城市建设用地面积	平方公里		158
其中：居住用地面积	平方公里		48
公共设施用地面积	平方公里		14
工业用地面积	平方公里		47
水资源总量	万立方米	650643	
二、综合经济			
(一)地区生产总值(当年价格)	万元	22080487	12543365
第一产业增加值	万元	2203184	425170
第二产业增加值	万元	11165225	6592663
采矿业	万元	772138	78704
制造业	万元	8516953	5627702
电力、燃气及水的生产和供应业	万元	295455	117636
建筑业	万元	1580679	768621
第三产业增加值	万元	8712078	5525532
其中：交通运输仓储及邮政业	万元	1669358	864437
信息传输、计算机服务和软件业	万元	593341	457287
金融业	万元	490322	348856
房地产业	万元	864672	569724
科学研究、综合技术服务和地质勘查业	万元	218977	193948
地区生产总值(2010年价格)	万元	20583660	11712551
人均地区生产总值	元	50914	68369
地区生产总值增长率	%	14.3	14
(二)财政			
地方财政一般预算内收入	万元	1019525	654048
其中：各项税收	万元	712253	445317
其中：企业所得税	万元	75371	33301
个人所得税	万元	29087	18964
地方财政一般预算内支出	万元	2515671	1403324
一般性公共服务支出	万元	238276	155564
科学技术支出	万元	24818	20091
教育支出	万元	406064	212996

21－1 续表2

项目	单位	2011	
		全市	市辖区
文化体育与传媒支出	万元	50309	39445
医疗卫生支出	万元	226989	126799
环境保护支出	万元	91191	48274
城乡社区事务支出	万元	219127	119625
交通运输支出	万元	74414	31624
社会保障和就业支出	万元	436843	267136
社会保险基金支出	万元	690015	497143
(三)金融			
年末金融机构存款余额	万元	14879612	10565774
其中：城乡居民储蓄年末余额	万元	9769124	6927706
年末金融机构各项贷款余额	万元	8328074	5809073
(四)保险			
保费收入	万元	407894	
其中：财产险	万元	98069	
人身险	万元	309825	
赔款、给付	万元	105133	
其中：财产险	万元	43620	
人身险	万元	61513	
三、工业			
规模以上工业法人企业：			
(一)工业企业数	个	1103	505
(1)内资企业	个	1069	481
其中：国有企业	个	26	14
私营企业	个	785	316
其中：私营独资企业	个	133	25
私营股份有限公司	个	27	15
(2)港、澳、台商投资企业	个	8	5
(3)外商投资企业	个	26	19
(二)工业总产值(当年价)	万元	26954100	17792473
(1)内资企业	万元	25396767	16876682
其中：国有企业	万元	1441230	1224496
私营企业	万元	10143149	4353438
其中：私营独资企业	万元	1530180	304163
私营股份有限公司	万元	389590	193451
(2)港、澳、台商投资企业	万元	422807	362641
(3)外商投资企业	万元	1134526	553150

21－1 续表3

项　　目	单 位	2011	
		全 市	市辖区
(三)企业财务			
从业人员年平均人数	万人	27.18	17.09
流动资产合计	万元	7648827	5100536
固定资产合计	万元	10280381	6831539
主营业务收入	万元	27563582	17965090
主营业务成本	万元	23620537	15654883
主营业务税金及附加	万元	969088	902526
本年应交增值税	万元	923311	518392
利润总额	万元	892083	113713
四、交通运输、邮电通信、能源电力			
(一)交通运输			
铁路旅客运量	万人	1031.16	
铁路货物运量	万吨	2389	
民用汽车拥有量	辆	312930	
其中：私人汽车拥有量	辆	253810	
公路客运量(全社会)	万人	10605	
公路货运量(全社会)	万吨	6792	
境内等级公路里程	公里	14631	
境内高速公路里程	公里	375	
沿海港口货物吞吐量(规模以上)	万吨		
内河港口货物吞吐量(规模以上)	万吨		
水运客运量(全社会)	万人	96.2	
水运货运量(全社会)	万吨		
民用航空货邮运量	吨		
民用航空客运量	人		
(二)邮电通信			
年末邮政局(所)数	处	138	53
邮政业务收入	万元	34406	
电信业务收入	万元	253693	
固定电话年末用户数	万户	92.24	57.44
移动电话年末用户数	万户	415	202.5
其中：3G移动电话用户	万户	36	
互联网宽带接入用户数	户	536712	385864
(三)能源电力			
综合能源消费量	万吨/标准煤	1533	1225
全社会用电量	万千瓦时	1522481	1160525

21－1 续表4

项　　目	单 位	2011	
		全 市	市辖区
其中：工业用电	万千瓦时	1233554	1013253
城乡居民生活用电	万千瓦时	167896	96619
五、贸易、外经、旅游			
(一)贸易			
限额以上批发零售贸易业商品销售总额	万元	6968392	6372348
社会消费品零售总额	万元	8038668	5574218
限额以上批发零售企业数(法人数)	个	296	176
其中：零售业	个	181	122
(二)限额以上批发零售贸易业企业财务			
从业人员年平均人数	万人	2	1.26
流动资产合计	万元	704239	410786
固定资产合计	万元	259971	172786
主营业务收入	万元	6614664	6013110
主营业务成本	万元	6234437	5705515
主营业务税金及附加	万元	27048	21935
本年应交增值税	万元	76540	36934
利润总额	万元	113980	99537
(三)外贸、外经			
货物进口额（海关数）	万美元	69624	
货物出口额(海关数)	万美元	55754	
外商直接投资：			
当年新签项目(合同)个数	个	107	68
当年实际使用外资金额	万美元	61309	39695
(四)旅游			
入境游客人数(含一日游游客)	人	76412	
其中：外国人	人	40312	
港、澳、台同胞	人	36100	
国际旅游(外汇)收入	万美元	2432	
六、固定资产投资			
(一)固定资产投资			
全社会固定资产投资总额（不含农户）	万元	14912712	9126958
其中：房地产开发投资额	万元	2061979	1641152
其中：住宅	万元	1644079	1286633
全年新增固定资产	万元	12441935	8143858
(二)房地产			
商品房销售面积	万平方米	524.26	373.11

21－1 续表5

项　　目	单 位	2011	
		全 市	市辖区
其中：住宅	万平方米	476.8	343.69
其中：别墅、高档公寓	万平方米		
商品房销售额	万元	2092993	1711334
其中：住宅	万元	1845622	1531470
其中：别墅、高档公寓	万元		
待售面积	万平方米	26.9	23.4
(三)保障性住房建设			
保障性住房本年完成投资	万元	377093	273324
其中：廉租房	万元	30203	22491
保障性住房施工面积	万平方米	355.5	254.3
其中：廉租房	万平方米	22.6	15.6
保障性住房竣工面积	万平方米	111.7	53.3
其中：廉租房	万平方米	4.7	3.1
七、教育、科技、文化、卫生			
(一)教育			
学校数			
普通高等学校数	所	8	8
中等职业教育学校数	所	36	23
普通中学学校数	所	190	69
小学学校数	所	730	168
专任教师数			
普通高等学校教师数	人	4993	4993
中等职业教育学校教师数	人	3037	2323
普通中学教师数	人	14144	5658
小学教师数	人	18473	5921
在校学生数			
普通高等学校学生数	人	93565	93565
高中阶段在校学生数	人	135686	82577
中等职业教育学校学生数	人	58110	48644
普通中学学生数	万人	20.01	8.05
小学学生数	万人	22.36	8.31
初中毕业生升学率	%	92	94
成人高等学校在校学生数	人	28027	28027
(二)科技			
从事科技活动人员数	人	40436	19081
R&D内部经费支出	万元	172286	

21－1 续表6

项目	单位	2011	
		全市	市辖区
专利申请受理量	项	1147	
专利申请授权量	项	610	
其中：发明	项	366	
(三)体育			
体育场馆数	个	22	16
(四)文化			
剧场、影剧院数	个	4	3
公共图书馆图书总藏量	千册、件	2127	1543
订销报刊杂志累计份数	千份	46252	24829
广播节目综合人口覆盖率	%	98.03	100
电视节目综合人口覆盖率	%	96.73	100
有线电视入户率	%	52.65	67.51
(五)卫生			
医院、卫生院数	个	234	118
医院、卫生院床位数	张	19186	11382
医生数（执业医师+执业助理医师）	人	10194	6206
注册护士	人	9114	5255
八、人民生活、社会保障			
在岗职工平均人数	万人	37.87	24.45
在岗职工工资总额	万元	1328923	952758
(一)居民收支			
家庭总收入	元		21627
工资性收入	元		13072
经营净收入	元		1384
财产性收入	元		216
转移性收入	元		6955
城镇居民人均可支配收入	元		19560
最低10%户人均可支配收入	元		6534
最高10%户人均可支配收入	元		52173
城镇居民人均消费支出	元		13506
其中：(1)食品	元		4231
(2)衣着	元		1704
(3)居住	元		1622
(4)家庭设备用品及服务	元		821
(5)医疗保健	元		1361
(6)交通和通信	元		1711

21－1 续表7

项　　目	单 位	2011	
		全 市	市辖区
(7)教育文化娱乐服务	元		1568
(二)居民生活			
每百户居民家庭拥有:			
(1)家用汽车	辆		16
(2)家用电脑	台		64
(3)固定电话	部		66
(4)移动电话	部		191
(5)电冰箱(柜)	台		96
(6)彩色电视机	台		117
(7)钢琴	架		3
(8)照相机	架		43
(9)摄像机	架		11
(10) 洗衣机	台		95
人均住房建筑面积	平方米		30.29
居民消费价格指数(上年为100)	%		104.8
(三)社会服务与保障			
城镇基本养老保险参保人数	人	996262	683605
基本医疗保险参保人数	人	929866	603067
失业保险参保人数	人	398192	279300
工伤保险参保人数	人	616533	429264
生育保险参保人数	人	508149	342336
社会福利院数	个	256	52
社会福利院床位数	张	12460	2126
社区服务设施数	个	2661	1375
城市居民最低生活保障人数	人	164061	76739
九、交通、社会治安			
(一)交通			
交通事故死亡人数	人	185	84
交通事故损失额	万元	152	76
火灾事故死亡人数	人		
火灾事故损失额	万元	316	95
(二)社会治安			
刑事案件立案数	起	2588	1003
犯罪人数	人	3658	1311
其中：青少年人数(年龄16-25周岁)	人	566	249
十、市政公用事业			

21－1 续表8

项　　目	单 位	2011	
		全 市	市辖区
(一)基础设施			
城市维护建设资金支出	万元		62930
年末实有城市道路面积	万平方米		1300
排水管道长度	公里		821
供水综合生产能力(包括自备水源)	万立方米/日		411
供水总量	万吨		23113
售水量	万吨		19803
其中：居民生活用水量	万吨		4510
用水人口	万人		125.7
(二)供气			
供气总量 (人工、天然气)	万立方米		10644
其中：家庭用量	万立方米		3063
用气人口	人		752600
液化石油气供气总量	吨		44741
其中：家庭用量	吨		18475
用液化气人口	人		480000
(三)公共交通			
年末实有公共汽(电)车营运车辆数	辆		1221
全年公共汽(电)车客运总量	万人次		22392
年末实有出租汽车数	辆		5158
轨道交通线路长度	公里		
轨道交通客运总量	万人次		
(四)绿地			
绿地面积	公顷		6511
其中：公园绿地面积	公顷		1534
建成区绿化覆盖面积	公顷		7577
十一、环境保护			
工业废水排放量	万吨	11291	
工业二氧化硫产生量	吨	122243	
工业二氧化硫排放量	吨	83933	
工业烟（粉）尘去除量	吨	4706957	
工业烟（粉）尘排放量	吨	120946	
工业固体废物综合利用率	%	38.99	
污水集中处理率	%	93.9	
生活垃圾无害化处理率	%	93.9	
空气质量达标(API<100)天数	天	347	

中国统计出版社最新图书简目

（仅供参考，以最后出书为准）

统计资料

中国统计年鉴-2012
中国统计摘要-2012
国际统计年鉴-2012
2012中国发展报告
中国第三产业统计年鉴-2012
中国区域经济统计年鉴-2012
中国劳动统计年鉴-2012
中国社会统计年鉴-2012
中国城市统计年鉴-2009
中国建筑业统计年鉴-2012
中国人口和就业统计年鉴-2012
中国工业经济统计年鉴-2012
中国商品交易市场统计年鉴-2012
中国房地产统计年鉴-2012
中国能源统计年鉴-2012
中国民政统计年鉴-2012
中国贸易外经统计年鉴-2012
2012中国地区经济监测报告
中国科技统计年鉴-2012
中国农村统计年鉴-2012
中国农产品价格调查年鉴-2012
中国高技术产业统计年鉴-2012
中国教育经费统计年鉴-2010
中国农村贫困监测报告-2012
全国农产品成本收益资料汇编-2012
中国科学技术协会统计年鉴-2012
工业企业科技活动资料-2012
大中型批发零售和住宿餐饮企业统计年鉴-2012
中国城市（镇）生活与价格年鉴-2012
中国县（市）社会经济统计年鉴-2012
中国农村住户调查年鉴-2012（中、英文）
中国农村全面建设小康监测报告-2012
第二次全国R&D资源清查资料汇编－综合卷
第二次全国R&D资源清查资料汇编－工业企业卷
中国零售和餐饮连锁企业统计年鉴-2012
中国民族统计年鉴2011、2012
2010年中国第六次人口普查公报

2012年省级综合统计年鉴系列

北京 天津 河北 山西 内蒙古
辽宁 吉林 黑龙江 上海 江苏
浙江 安徽 福建 江西 山东
河南 湖北 湖南 广东 广西
海南 重庆 四川 贵州 云南
西藏 陕西 甘肃 青海 宁夏
新疆 新疆生产建设兵团

2012年市（县）级综合统计年鉴系列

天津滨海新区
石家庄 唐山 邯郸 太原 大同
长治 阳泉 晋城 朔州 晋中
运城 忻州 临汾 呼和浩特
包头 沈阳 大连 长春 吉林市
四平 哈尔滨 黑龙江垦区
上海浦东新区
苏州 无锡 常州 徐州 南通
盐城 镇江 江阴 丹阳
杭州 宁波 绍兴 台州 温州
金华 嘉兴 衢州
福州 福州经济技术开发区
厦门经济特区 南昌 上饶
济南 青岛 潍坊 郑州
洛阳 三门峡 南阳 武汉 宜昌
十堰 荆州 咸宁 长沙 广州
东莞 惠州 深圳 桂林 南宁
柳州 来宾 河池 海口 成都 绵阳
贵阳 昆明 庆阳 西安
兰州 银川 乌鲁木齐

2010年人口普查资料系列

中国2010年人口普查资料
北京 天津 河北 山西 内蒙古
辽宁 吉林 黑龙江 上海 江苏
浙江 安徽 福建 江西 山东
河南 湖北 湖南 广东 广西
海南 重庆 四川 贵州 云南
西藏 陕西 甘肃 青海 宁夏
新疆 新疆生产建设兵团
河南省各市2010年人口普查资料丛书
中国分县2010年人口普查资料
中国分乡镇、街道2010年人口普查资料
中国分民族2010年人口普查资料

"十一五"规划教材

非参数统计　医学统计学
概率论与数理统计　统计学
现代金融投资统计分析
多元统计分析　经济计量学教程
应用时间序列分析
统计指数理论及应用
统计数据处理概论
质量管理统计方法　社会统计学
多元统计分析实验
企业经营管理统计
市场调查与预测
统计学原理（非统计专业使用）
统计学：从数据到结论
国民经济核算教程（国民经济统计学）
概率论与数理统计（经济、管理类专业使用）

重点图书

挑大学选专业2012—高考志愿填报指南
挑大学选专业2012—考研择校指南

欲购以上图书请与中国统计出版社发行部联系

电话：（010）63376907，63376908　同棋行书店电话：68783171，68783172

通讯地址：北京市西城区三里河月坛南街57号　邮政编码：100826

网址：http://csp.stats.gov.cn

跨越发展的江城

2009年4月24日，吉林省省长韩长赋在吉林江南项目机组开工仪式上同东北公司总经理王慕文亲切交谈

2011年1月6日江南公司1、2号机组投产仪式

国电吉林江南热电有限公司

国电吉林江南热电有限公司成立于2008年9月，位于吉林市丰满区松花江畔，规划建设4台30万千瓦等级热电联产机组，一期工程建设2台33万千瓦热电机组，由东北区域大型综合性电力集团—国电东北电力有限公司独资建设，可承担吉林市南部地区1060万平方米采暖热负荷及160t/h工业负荷，项目极大改善了吉林市南部地区的生态环境和供热质量，并为长吉图开发建设、招商引资提供必备的生产和生活条件。

2009年4月24日，吉林江南项目开工仪式现场

2005年11月17日吉林江南2×300MW机组热电厂建设项目拟建工程合同协议签字仪式现场

工程2009年4月开工后，经历了机组增容、煤质变更、机组改型、设计优化，致使项目工期骤然紧张，同时遭遇了罕见洪涝、低温极端天气等诸多不利因素影响。为早日造福江城百姓，履行对广大热用户和市政府项目投产的承诺，国电吉林江南热电有限公司全力推进项目建设，经过全体参建人员的艰苦努力和团结拼搏，2台机组先后实现锅炉水压、汽机扣缸、厂用受电、锅炉点火、汽机冲转、整套启动、机组并网、168小时试运八个一次成功，其中1号锅炉从受热面吊装到水压试验只用了2个半月时间；2号机组3月份开始锅炉钢架安装，实现了当年启动试运。2011年1月，2台机组投入商业运营，工期比常规工期缩短6个月，打破同地域、同类型机组最短记录。

机组投产后，国电吉林江南热电有限公司以创新促发展，以管理求卓越，深入推进企业转型，以安全生产为中心，以对标管理为手段，强化燃料管理，深入挖潜增效，不断增强对电力、热力、煤炭市场的分析判断和驾驭能力，圆满完成2011年各项目标任务，全年发电量17.5亿千瓦时，供热量213.5万吉焦，实现了公司“十二五”发展良好开局。

公司始终坚持履行国企的社会责任，将居民采暖供热当做一项民生工程，积极配合、鼎力支持市政府“暖房子工程”。2010年接收17座分散采暖锅炉房94万平方米供热面积，2011年接收7座区域锅炉房和3座分散小锅炉房总计435万平方米供热面积，当年实现挂网供热面积1040万平方米，迈进吉林市大型供热企业行列。小锅炉接收后，公司克服了时间紧、资金少，原供热设施老化严重，系统管网布置

2008年12月9日吉林江南2×300MW机组热电厂建设项目烟囱打桩

2009年11月21日吉林江南2×300MW机组热电厂建设项目A标第一榀屋架吊装

江南公司全景

2010年8月31日2号机低压缸扣盖

2010年6月8日吉林江南公司1号炉吊汽包

复杂，联网施工任务繁重、系统不熟悉、人员紧张等困难，按时开栓供热，平稳渡过严寒天气考验，确保优质服务，圆满完成年度供热任务，解决了涉及区域内多年来供热质量“老大难”问题，得到了热用户和市政府的高度评价。

展望未来，国电吉林江南热电有限公司将全力打造“亮化、绿化、净化、美化”的花园式企业，继续秉承“高效、和谐、绿色、卓越”企业文化理念，不断推动管理创新，深入挖潜增效，以科学严谨、求真务实的工作作风，弘扬与时俱进、锐意开拓的创新精神，加快转型步伐，以创建新型企业作为公司经营发展战略和途径，着力抓好电力市场开发，不断做大做强城市热电品牌，积极拓展主业纵深和边缘产业领域，努力建设综合经营型、节能环保型、安全和谐型电厂，全力打造城市一流的热电联产企业，实现经济效益、社会效益最大化，为地方经济建设作出应有的贡献。

发展中的国电吉林江南热电有限公司，宛如镶嵌在松花江畔的一座璀璨夺目的贝阙珠宫，熠熠生辉，她是中国国电集团公司和地方政府共同谱写的理解互助、互利共赢的华美篇章！

施工中的煤场

江南公司第二届“凝聚团队合力　共赢美好未来”五四青年登山赛开幕式打响“冲锋枪”

吉林松花江

——大潮扬帆走征程

召开2012年职代会

历史在时间中延伸书写，事物在空间里孕育成熟。吉林松花江热电有限公司（以下简称松花江热电）像一颗璀璨的明星，镶嵌在美丽的松花江畔，一群优秀的子孙聚集于此，揽日月之光辉，提炼风水火之魂魄，谱写着人类追求光明的宏伟篇章。

松花江热电位于吉林市吉林经济技术开发区新力路1号，隶属于中国电力投资集团公司控股的吉林电力股份有限公司，主要生产电能、热能产品，公司现有装机600MW（一期2×125MW、二期1×350MW）热电联产机组，目前承担吉林市城区950万平方米集中供热面积，具有为吉林经济技术开发区提供260吨/时的工业用气负荷能力。截至2011年末公司总资产344206万元，员工499人，平均年龄35.5岁，是一支观念新、作风硬、业务精、素质高的优秀员工队伍。松花江热电原名为吉林新力热电有限公司，成立于2001年10月，是外商投资企业，吉林电力股份有限公司2006年10月20日完成股权收购，经吉林省工商局批准注册由外商投资企业变更为内资企业，企业名称同时变更为吉林松花江热电有限公司。

自2006年10月归属中国电力投资集团公司以来，松花江热电认真贯彻上级公司的发展战略，秉承“奉献绿色能源，服务社会公众”的企业精神，领导班子与时俱进，励精图治，以机组安全稳定运行为前提，以职工队伍稳定为保障，在煤炭价格持续高位运行、机组利用小时大幅下降的严峻形势下，全体干部职工精细管理、协同奋战、务实创新，企业三个文明建设协调发展，走出了自己的发展之路。自2006年7月以来公司累计完成发电量81.6亿千瓦时，完成供热量2824万吉焦，实现利税总额4.18亿元，为吉林市的经济发展做出了重大贡献，先后获得“中电投集团公司先进集体”“吉电股份先进集体”、“中电投集团公司文明单位”、“吉林市文明单位”、“吉林市安全生产先进单位”等荣誉称号。

为满足吉林市城区续建和“十二五”期间投产的重点项目热、电负荷的需要，松花江电厂三期工程2×40MW和1×50MW背压机组项目已已获得省能源局路条和中电投集团公司立项批准，工程计划于2012年4月份开工建设，2013年8月竣工投产。工程预计总投资12亿人民币，此项工程投产将解决吉林市西北部城区220万平方米的集中供热面积，并可提供622.5吨/时的工业用气负荷。该项目的建设对吉林市续建城区实现集中供热，促进能源的合理利用，转变经济增长方式，减少环境污染，“营造碧水蓝天”城市具有十分重要的意义。

回首过去成就辉煌，展望未来任重道远。在今后的岁月里，松花江热电将全面贯彻落实科学发展观，强基固本，不断提高本质安全水平；坚持深化改革，实现体制创新、机制完善；坚持以人为本，建设高素质干部和员工队伍；坚持加强执行力建设，推进精细化管理。全体干部员工将以“职责所在，不可丝毫懈怠；重任在肩，更当百倍努力”的责任感和使命感，坚定信念，团结拼搏，共克时艰，全面提升企业的竞争能力、盈利能力和可持续发展能力，为振兴吉林经济做出新贡献。

一线职工反事故演习

热电有限公司

炫舞

职工书屋

300MW机组通过168小时试运行

300MW螺栓定位

松花江热电公司外景

吉林市吉化北方炬醌工贸有限责任公司

总经理　许安民

2000m³二氧化碳成品罐区

吉林市吉化北方炬醌工贸有限责任公司（以下简称炬醌公司）隶属于吉化北方化工总公司。该公司成立于2004年7月，其前身是具有四十余年发展史的吉化长松化工厂。该公司位于吉林市龙潭区西北部的合肥路23号。东邻吉舒铁路，西接松花江北岸，南靠龙潭区经济开发区，北部为吉林市化工产业园区。

依托吉林石化公司区域为企业提供了丰富的可利用资源，产品原料、公用工程、交通网络、市场营销、企业管理等具有得天独厚的优势。历经几年的发展，炬醌公司经受住了体制转轨变型的磨砺、市场竞争的冲击和发展建设的考验，主动求得生存与发展的空间。特别是自2008年以来，其主要经济指标始终保持着30%以上的增长速度，呈现出良好的发展势头，现已成为拥有员工521人，产值、销售收入逾2亿元的公司制企业。

生产车间主控人员在精心操作

4800m³浮选剂成品罐区

炬醌公司的主要生产装置有年生产能力达12500吨的弛放气装置、年生产能力达8000吨的浮选剂装置、年生产能力达10万吨（一期）的二氧化碳装置和年生产能力达5500吨的混醇生产装置。其产品除丙烯通过管输直接销售给吉林石化公司外，浮选剂、混醇、丙烷、二氧化碳等主要产品行销全国二十几个省市和地区。特别是GF浮选剂产品，是我国化工市场上的知名品牌，以产量最大、质量最好等优势处于国内浮选剂行业的龙头地位，炬醌公司可谓名符其实的国内浮选剂生产基地。

自炬醌公司成立以来，始终坚持“安全环保”的生产经营方针，强化安全环保等基础管理工作，连年被地方政府和上级机关评为“安全环保达标单位”，有效推进了企业的健康、协调与可持续发展。

在营销方面，炬醌公司坚持“用户至上，信誉第一”的经营理念，以优质的产品品质、良好的信誉和为用户着想的服务精神赢得了广阔市场和广泛好评。

年产10万吨二氧化碳装置

在保持企业快速发展的同时，炬醌公司坚持以人为本，积极为员工群众谋福祉，把企业发展的成果倾情回馈给员工群众。特别是近几年来，炬醌公司员工的人均收入始终保持着10%以上的增长速度。

强化企业管理、加快发展步伐、提升发展质量，全力推进企业再上新台阶，是炬醌人的努力方向和奋斗目标。“十二五”期间，炬醌公司将继续围绕企业发展规划和发展定位，将企业的发展建设更好地嵌入吉林石化公司的产业链条，全力打造吉林石化公司的产品延伸加工生产基地。到“十二五”末期，企业将初步实现主营业务突出、竞争优势明显、法人治理结构完善的发展目标，不断推进化工主业的规模化经营，实现企业的科学、跨越发展。

弛放气装置

中国石油天然气股份有限公司
吉林省吉林市销售分公司

规范化服务

标准化加油站一角

中国石油天然气股份有限公司吉林省吉林市销售分公司隶属于中国石油天然气股份有限公司吉林销售公司。公司坐落于龙潭区湘潭街71号，是吉林地区国家指定的成品油批发、零售经营企业，主要经营汽油、柴油、天然气、润滑油（脂）、煤油等石化产品。公司拥有遍布城乡的营销网络、日臻完善的服务体系、实力雄厚的技术力量、训练有素的员工队伍。公司内设8个部室、2个附属机构、2个直属单位和吉林市、永吉、磐石、桦甸、蛟河、舒兰6个经营处，阿什、桦甸、永宁、舒兰、柳树河5座油库，现有加油站130余座，在职员工1700余人。

公司始终秉承“奉献能源、创造和谐”的企业宗旨；奉行“诚信、创新、业绩、和谐、安全”的经营理念；弘扬“爱国、创业、求实、奉献”的企业精神；坚持“做最受信赖的油品供应服务商”发展理念。面对成品油销售市场竞争日益激烈的形势，分公司上下锐意创新、拼搏进取，科学组织营销、坚定不移地保证平稳供应，以石油能源推动经济社会发展，全力履行经济责任、社会责任、政治责任“三大责任”，以一流油品、一流管理、一流服务、一流效益全心全意奉献社会，努力构建和谐环境，承担起促进社会发展的义务和责任。

近年来，为确保吉林地区成品油市场供应，公司紧抓成品油购销存业务，积极开展IC卡业务、加油站便利店业务和加油站网络建设等各项工作，大力支持农业建设和城市建设，在春耕、秋收等农忙季节和建设施工季节，免费送油到乡镇村屯、建设工地，让社会、人民群众感受到了浓浓的“石油情”。公司不断完善亲情服务体系建设，努力提高服务水平，用亲情化、标准化服务展示员工素质和企业形象。2011年，汽柴油销售总量53.2万吨，同比增长11%，“三个一流”建设取得了显著成果，实现了“十二五”开门红，企业改革和发展取得了历史性突破。

公司在抓好经济建设的同时，精神文明建设同样取得了可喜成果。先后荣获“吉林省质量诚信企业”、“吉林明星企业”、“最具社会责任感企业”、“省级文明单位”、“吉林省精神文明建设先进单位”、“社会治安综合治理先进单位”、“纳税优秀企业”、“安全生产先进单位”、“吉林省百强诚信单位”等荣誉称号。同时，公司积极参加省、市政府组织的“双日捐”活动，自发组织开展助学济困活动，救助弱势群体，在促进本地区经济建设和社会公益事业发展中发挥了不可替代的重要作用。

目前，中国石油天然气股份有限公司吉林省吉林市销售分公司的广大干部员工在市委、市政府的大力支持和上级公司的正确领导下，团结带领广大干部员工积极挖掘企业潜力，以对企业、对社会高度负责的使命感和紧迫感，抓好成品油市场供应，服务于社会，努力推进企业全面协调可持续发展，为吉林市的经济建设和社会发展做出新的更大的贡献。

舒适的加油站客户休息区

全员培训

吉化集团吉林市锦江油化厂

在跨越发展的道路上迅跑

吉化锦江油化厂是1972年从吉化炼油厂组建的副业组转制而生。经过四十年的艰苦创业，发展成为今天占地18.5万平方米，拥有7套大型化工生产装置、1082名职工和2.65亿元固定资产，主业清晰、功能完备、独立核算的国家大二型化工生产企业，是吉林市的百强企业、纳税大户、市政府重点保护企业，吉林省精神文明建设先进单位。

多年来，特别是2008年以来，工厂领导班子统筹谋划，选准定位，紧扣发展主题，确定了："以人为本，绩效、管理、文化三位一体，以发展求生存"的治企方略，坚定地走"资源优化、配套发展"的新型企业发展之路，根据工厂实际淘汰落后产能，调整产品结构，抓住千万吨炼油新增混合碳四资源的有利时机，认真做好产品结构调整和资源优化两篇文章，使企业步入了又快又好的发展轨道。

在吉林石化公司、北方公司的正确领导和大力支持下，2011年，工厂上下同心奋力拼搏，仅用了一年时间，投资1.82亿元，建设投产了两套完全嵌入吉林石化公司支柱产业发展链条的30万吨/年碳四芳构化和8万吨/年MTBE装置及配套工程，实现了当年建成、当年投产、当年优化运行、当年创效的目标，创造了同类项目建设周期最短、一次开车调优稳定最快、产品性能指标最佳的国内纪录。两个项目预计年可实现销售收入101367万元，年创效能力可达8000万元，为实现"十二五"职工收入翻番目标奠定了坚实的基础。这两套装置的建成投产，是锦江油化厂建设发展史上的一座丰碑，使企业在结构调整、产业布局方面取得了重大突破，标志着锦江油化厂步入了科学发展的快车道。

2011年工厂实现产值13.5亿元，比上年增长17%，比2008年增长20%；销售收入13.6亿元，比上年增长18%，比2008年增长24%；实物加工总量20.9万吨，比上年增长

2008年6月19日，吉林石化公司经理王光军到工厂视察

2010年5月25日，国务院安委会第二督察组组长、国家监察部副部长郝明金，副省长王祖继、市委常委、纪委书记赵洪奇、副市长朱天舒到工厂进行安全生产情况督察，对工厂安全生产工作给与充分肯定。

2010年11月23日，吉林石化公司经理王光军到工厂新项目30万吨/年碳四芳构化和8万吨/年MTBE施工现场视察。

2011年12月9日，国资委副主任、党委委员姜志刚，中国石油天然气集团公司总经理助理李万余，吉林石化公司经理王光军、党委书记孙树祯来工厂调研。

2011年10月9日，中油公司丁总来工厂调研，石化公司副经理丘克及相关部门领导陪同。

2011年10月15日，中油公司温总来工厂调研，石化公司经理王光军及相关部门领导陪同。

20%，比2008年增长24 %；员工收入实现持续较快增长。

多年来，锦江油化厂不断探索创新管理方式和管理方法，企业管理水平得以稳步提升。从抓设备管理入手，循序渐进，一步一个脚印，稳步推进各项管理工作升级。在生产管理上，加强了生产的受控管理。在安全管理上，引入了本质安全理念。特别是2008年以来，工厂贴紧靠实吉林石化公司的管理标准，结合工厂实际，率先推行了绩效考核、本质安全、“厂长嘉奖令”、“班长确认制”等有效管理措施，全面提升了安全生产受控水平。树立以人为本的治企理念，注重企业管理理念与人文理念的融合。以各种文化和体育活动为载体，让员工在活动中展示才华，实现人生价值，团队精神和团队作风在不同时段，不同场合得到了最佳的展示。企业文化体系初步建立，百年企业靠文化的理念深入人心，在文化的整合、感召下，团队的整体素质得到了明显提升。

多年来，工厂始终把发展的成果最大限度地惠及员工作为各项工作的出发点和落脚点，始终坚持企业发展为了员工，发展企业依靠员工，发展的成果惠及员工的办厂方针，把建设好、管理好、发展好锦江，让员工活得更有尊严，让锦江人的日子过得一天比一天好，作为工厂领导班子始终不渝的追求。2008年以来，逐年改善员工的工作、生活环境，提高员工收入和待遇水平，新建了宽敞明亮的职工食堂和功能齐全的文体馆，新建和改造了6个生产车间综合楼，使员工的生产、生活环境发生了根本性的变化。调整一线倒班员工上岗津贴、夜班费，调整“五险一金”和住房公积金发放标准。两次上调工资标准，员工收入水平逐步与吉林石化公司标准靠近，员工切身感受到发展成果带来的实惠，增强了干部员工的归属感、幸福感、自豪感。2008年至今，锦江油化厂可以用“资源深度优化，管理深入拓展，文化深层挖掘，关爱深情给予”的企业核心理念加以高度概括。

如今，“十二五”发展的大幕已经拉开，展望“十二五”新的发展机遇，锦江人正以昂扬的姿态，充分利用现有优势，继续保持艰苦奋斗的优良传统与作风，顽强拼搏、勇于开拓、不断超越，在跨越发展的道路上迅跑。

（尚宝华）

宽敞明亮的操作室

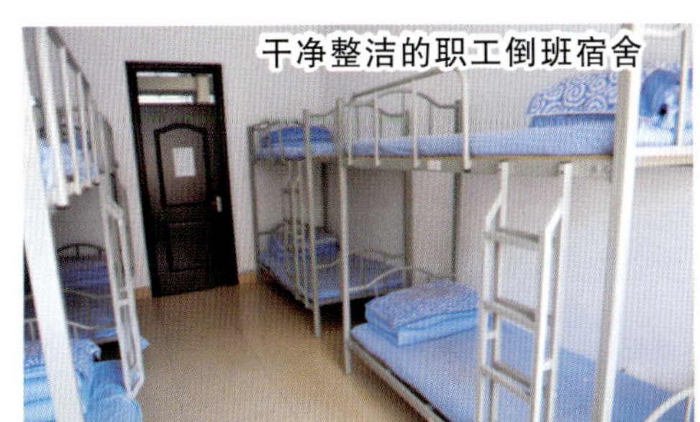

干净整洁的职工倒班宿舍

职工趣味运动会

新建30万吨/年碳四芳构化及8万吨/MTBE装置外景

扎根黑土地 携手农民兄弟致富
立足新农村 共促城乡和谐发展

吉林九江潮集团有限公司

新加坡客人参观车间

接受吉林日报记者采访

参加315活动

8年，一个名不见经传的小厂一跃成为省级农业产业化重点龙头企业；

8年，繁育屠宰肉鸡累计达1亿只；

8年，产值从几十万元攀升至亿元；

8年，安置下岗、失业、残疾人员5000人次；

……

从点滴做起

吉林九江潮集团有限公司作为黑土地上的一颗新星，它涉足肉鸡屠宰行业可以追溯至上世纪九十年代。

当时的加工厂房面积不过百平方米，员工不过十几个人，且主要以自家人或者亲友为主。虽然经营规模不大，日屠宰量不过千只，但当时的刘永贵一直把“带动家乡人致富、为家乡做贡献”作为自己的使命。经营过程中，他和家人约法三章：在“采购、销售”必须做到童叟无欺，“加工环节”必须做到无假保真。

公司化经营

“诚信经营、尊商重道”，使刘家的生意日渐红火，每日剧增的销售量，使原本的设备和人员都处于超负荷工作状态，急需扩大场地、增加设备和添置人手。而此时又一个社会问题凸现出来——国企改革分流下来的城市工人急需大量的就业岗位。两方面的作用力，刘永贵决定扩大加工规模，一方面可以带动更多农户致富，另一方面能提供更多就业岗位。

2004年，吉林市九江潮禽业有限公司成立，注册资金50万元。地点位于吉林市郑州路-84号，占地面积扩大至5000平方米。员工增加到100人。全年产值30万元。

2005年，公司注册资本由50万元增加为246万元。

2006年公司固定资产达1000万元。安置下岗职工和农民工150多人。带动农户300余户。

产业化发展

随着公司业绩的逐年提高和资本的快速积累，2007年公司投资3000万元建设了吉林市目前规模最大、技术最先进的肉鸡屠宰场，占地2.37万m^2，设计能力为年屠宰加工肉鸡5000万只，被吉林市政府定为禽类定点屠宰场和清真定点屠宰场。公司地址迁至松花江畔的珠江路777号。

屠宰场作为整个肉鸡产业链的终端，它的风险较小，但不是没有。几年的经营实践证明，肉鸡市场的价格变化、肉鸡的品质是

公 司 外 景

屠宰行业所无法控制的。想规避风险、持续盈利，就必须把整个链条继续向下延伸，从种鸡养殖、商品鸡孵化、商品鸡放养、商品鸡养殖、到饲料加工、兽药采购等环节都需有效掌控。另外通过链条的延伸，能够带动更多农村养殖户致富。此外，通过统一采购、统筹配置、统一鸡雏、统一防疫、统一技术、统一饲料、统一加工、统一销售的产业化经营模式，可以降低成本、增强产品的市场竞争力，同时可以有效解决肉鸡药物残留超标、污染环境等社会问题。

2008年，公司制定了走农业产业化发展之路，携手更多农户致富的发展新思路。

集团化布局

产业化发展需要关联企业的支撑，为了做强做大公司的整个产业，公司一边招兵买马，一边融资合作。先后成立蛟河市九江潮种禽有限公司、蛟河市九江潮饲料有限公司，又对吉林市宏发实业有限公司进行控股投资，最后组建吉林九江潮集团，注册资本增加到1119万元，员工达到300多人。开始以集团公司屠宰场为龙头，由各分公司承担肉种鸡的养殖、商品鸡的孵化、放养、饲料加工、兽药经销等全部和整个肉鸡相关的产业，形成了肉鸡养殖、繁育、孵化、技术服务、屠宰、加工、销售一条龙服务的产业化企业。

加工车间

通过产业化的发展，各子公司之间资源整合、优化配置、既分工又合作，形成了以吉林市为中心，蛟河市为支撑的放养户辐射整个吉林地区的集团化产业化发展格局。此举从源头上有效地控制了肉鸡药物残留和环境污染等诸多社会问题，同时带动的养殖户已经扩大到吉林市4个县市区的1000余户。

为了加强产品的质量，提升产品的品质，培育品牌效应，公司引进两项国际标准ISO9001和ISO22000体系认证，这为产品对外行销和组织声称符合国际标准提供有力的证据。通过几年的诚信经营和广大销售人员的努力，公司的产品畅销全国20几个大中城市，全年产值8000多万元。

2010年1月份，吉林九江潮集团有限公司成为吉林省第8批通过认定的省级农业产业化重点龙头企业。

多元化战略

为了缓解吉林地区广大养殖户贷款难和融资难的现状，支持国家关于扶持“三农”发展的政策以及响应吉林省畜牧局关于大力振兴、加快畜牧业发展的号召，2010年10月公司又出资成立吉林市九江潮畜牧业担保有限公司，为银行和广大养殖户搭建融资平台，对促进吉林地区畜牧业发展拓宽了融资渠道。

公司在抓好肉鸡养殖、屠宰、加工、销售一条龙服务的同时，正在着手在未来的2年内计划新建标准化牧业小区10个，使肉鸡放养量达到1亿只/年；新建一条肉鸡屠宰生产线，使肉鸡屠宰量达到日屠宰10万只、日产鸡肉200吨；新建一条肉鸡深加工生产线，计划日加工鸡肉100吨，预计全年产值达到6亿元，与此同时，公司还在黑龙江宁安市渤海镇设立水稻种植基地1000公顷，生产加工“九响”牌绿色有机大米。

全员化目标

经过全体员工8年的辛苦耕耘，吉林九江潮集团有限公司先后荣获吉林省农业产业化重点龙头企业、吉林省著名商标、吉林省守合同重信用AAA级单位等称号；产品先后荣获第十届中国长春国际农业食品博览（交易）会金奖产品、第十二届冬运会吉林赛区指定产品等殊荣。公司还曾为上海世博会、第十四届世界游泳锦标赛提供过产品。公司董事长也荣获了第九届全国创业之星经验交流表彰大会创业之星称号。各项成绩的取得既有领导人的英明决策，也有全体员工的共同努力和贡献。2010年吉林市口前发生了特大洪灾，公司领导迅速组织员工捐款，并捐款16万元支援灾区。

搜登河村赈灾捐款

今年是“十二五”的第二年，公司已会同全体员工达成共识，力争在“十二五”期间迈入国家级农业产业化重点龙头企业行列，让“九江潮”成为中国驰名商标。同时要新增就业岗位500个，上缴利税500万元。

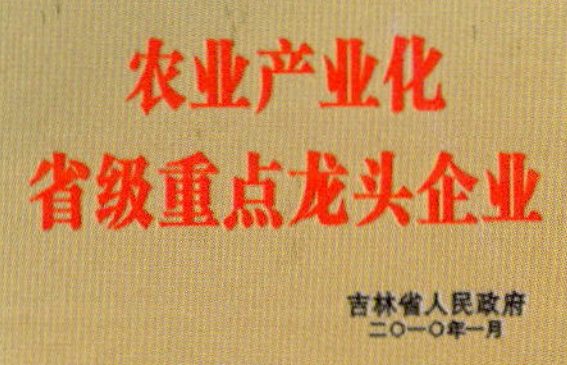

龙头企业

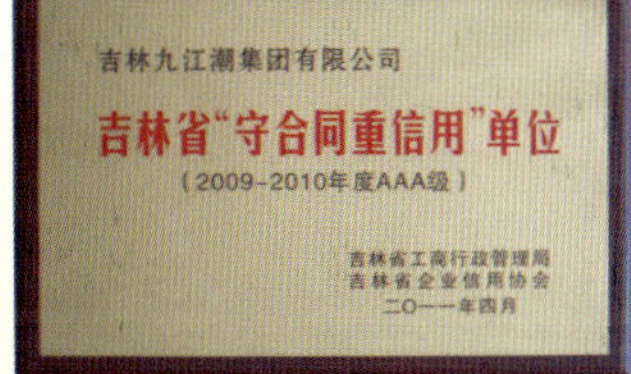

荣 誉

中华人民共和国第十二届冬季运动会（吉林赛区）
指定产品供应单位

荣 誉

吉林市建华供热有限公司

总经理 杜福合

吉林市建华供热有限公司，是根据市政府（2002）37号专题会议决定，由建华村自筹资金，采取一次性规划、分期实施的原则兴建的大型集中供热中心，公司建成后，将吉丰铁路兴隆段以东，吉天线永安段以西，恒山东路建华、永安段以北，松花江建华、永安段以南区域范围内的供热并入建华供热公司的网络之内；可大大缓解吉林市东南部地区集中供热热源不足的现状，改善吉林市东南部大气环境，对提高吉林地区整体的环境质量起到重要作用。

整个工程计划总投资1.2亿元人民币，建筑面积20000平方米，安装5台80吨热水锅炉，供热面积可达到400万平方米，年产值可达1亿1千万元，利税1200万元。

吉林市建华供热有限公司场区

公司现有场区占地建筑面积6.4公顷，公司目前固定资产5000万元，已安装40T/h热水锅炉一台、80T/h热水锅炉一台，饱和供热能力达到120万平方米。现供热面积81万平方米；供热一次网4公里、二次网10公里；换热站七座，承载七个住宅小区，4000户居民及北华大学东校区的供热任务，年产值2200万元，利税200万元。

公司现有职工61人，有维修班、机修班、电工班、司炉班、煤管科、收费服务科、上煤除渣班等七个班组、科室，拥有技术工人40人。已基本形成一支高素质、专业化的供热服务队伍。

建华供热有限公司在一期工程2002年10月完工后，即投入了生产运行，在经营形式上，供热公司一改过去政府投资的模式，而转由企业自筹资金，建华村集体资产控股的股份制，将供热公司纳入了自负盈亏、企业运作的经营轨道。而且在企业内部改变了传统的生产管理模式，建立健全各项制度及操作规程，实现生产运行正规化，加强企业管理力度，充分运用先进的科学技术，始终把安全生产放在第一

40T/燃煤锅炉

80T/h燃煤锅炉

位，公司自成立以来近10年没有发生过重大安全事故；进行强化职工队伍的培训，提高员工专业技术水平和职业道德素质，增强品牌意识，坚持“服务就是经营、服务就是效益、服务就是竞争、服务就是形象”原则，使建华供热公司这个建华村村办企业步入正规化、现代化集中供热企业的行列。公司近年来以投诉率低、服务质量好得到市供热主管领导和供热行业管理部门的好评。赢得了用户的信任和赞赏，树立了建华村品牌企业形象，实现了经济效益和社会效益双丰收。

我公司的经营理念是：

优质服务　安全生产　求实创新　实现双赢

先进的仪表系统

先进的操作系统

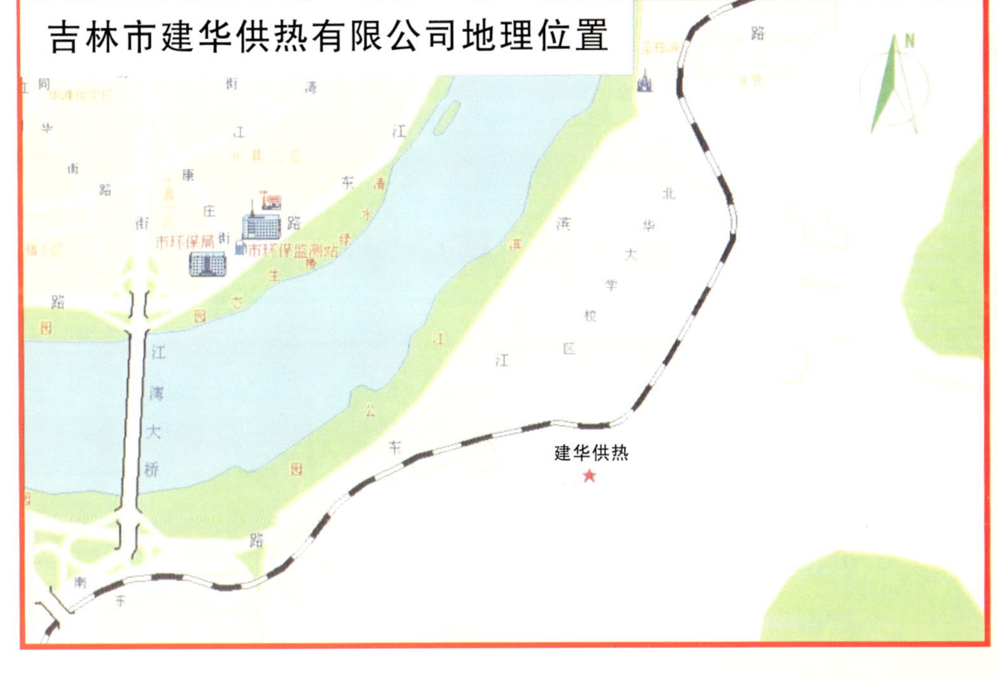

集团主要领导李强、李春生、孙大军

花园式水厂

宽敞明亮的净水车间

务实重行　稳中求进　科学发展　搞好民生

吉林市水务集团有限公司

吉林市水务集团有限公司是以具有80年辉煌历史的原吉林市自来水公司为母体，于2007年12月正式组建成立的。是集自来水生产与供应、污水处理、地下水经营管理、水表生产与销售一体化的国有控股企业。

集团拥有三个全资子公司、五个供水厂、四个经营维修分公司和三个直属机构，日供水能力50.5万吨，日污水处理能力30万吨，现有职工1789人，其中高级职称21人，中级职称127人，初级职称347人，固定资产8.5亿元（不含污水厂），供水管网总长1080公里，供水区域170平方公里，供水普及率96%，服务人口170万。

吉林市水务集团有限公司在李强董事长、李春生书记和孙大军总经理带领下，秉承"发展水务、造福江城"的企业宗旨，为保障城市供水和人民生活做出了突出贡献。2011年上缴税金1761万元，并获"中国成长型企业公民"、"人民网'十二五'首批最具责任感企业"、"人民网'十二五'节能减排模范先锋企业"等多项殊荣。

"十二五"期间，吉林市水务集团围绕我省统筹推进"工业化"、"城镇化"、"农业现代化"，实施"投资拉动"、"项目带动"、"创新驱动"的总体安排，以抓改革、重管理、稳队伍、惠民生、保和谐、促发展为核心，以全口径销售收入实现2亿元、每年递增500万元以上并努力争取其它收入为经营发展目标。同时把企业"十二五"期间的发展成果惠及民生和员工，为广大员工安居乐业创造新氛围。更重要的是抓住吉林市列为国家节能减排试点城市为契机，全力推动污水产业化进程，重点在供水和污水基础设施建设方面进行投入，预计筹措资金131839万元，对供水设施及污水处理设施进行新建及改造。一是投资13900万元对老水厂进行改造。通过改造实现提升企业总体供水能力、各水厂全部达到或优于国家最新饮用水标准、改善厂区面貌和生产环境的目的，以更好地保证全市生产生活用水和未来城市增容发展需要。二是投资9020万元对市政供水管线进行更新改造。要通过管线的改造和扩径，增强集团供水输配能力，扩大供水服务半径，减少漏水损失，保证居民充足用水，为城市未来发展和经济开发建设提供良好的基础设施保障。三是投资79170万元实施污水处理厂二期建设，增加30万立方米的日生活污水处理能力。确保进入污水管网的污水全部得到有效处理，达标排放，维护松花江流域的生态环境，创造健康的人居生活条件。四是投资29749万元实施污水厂一期提标改造，由目前实行的国家一级B排放标准上升到实现国家一级A标准。

现代化污水处理厂

严格的水质化验标准

吉林市水务集团通过"十二五"期间的不懈努力，必将为我市经济发展、人民生活、环境保护及生态建设的跨越式发展起到积极的保障和促进作用。

给水管道安装　整洁的二次加压泵站　文明的施工现场　良好的的办公秩序

中国电信集团公司
吉林省吉林市电信分公司

总经理　焦方平

中国电信集团公司吉林省吉林市电信分公司（简称中国电信吉林市分公司）是中国电信集团公司在吉林市设立的分支机构，成立于2003年5月16日，主要经营国内、国际固定电话、移动通信，数据传输、互联网、宽带接入等综合电信业务。

多年来，中国电信紧跟国际电信技术的发展潮流，实现连年跨越发展，构建了技术先进、业务齐全、安全可靠、功能强大、超强覆盖、通达世界的现代电信网络，技术层次达到世界先进水平。为不断适应社会信息化发展需求，中国电信吉林市分公司正加速实施聚焦客户的信息化创新战略，努力向综合信息服务提供商转型。公司以语音业务为基础，大力发展综合信息服务，以"商务领航"、"我的e家""天翼"客户品牌为统领，在江城信息化建设中加速发展并打造优秀品牌，向广大个人、家庭、政企客户提供互联星空、号码百事通、Chnianet等一系列电信新业务和"一站式"一揽子通信、信息服务解决方案。2009年3月中国电信率先在吉林市开通了3G网络和业务，为江城广大消费者提供了通信的新选择、新时尚。我们依托天翼视讯、天翼阅读、爱音乐、爱游戏、爱动漫、翼支付等八大应用基地，开发出一批具有本地特色、专有的应用服务，丰富智能3G应用，引领江城时尚新生活。

2012年3月天翼飞Young品牌正式上市，和中国电信稳健、厚重的一贯风格不同，天翼飞Young品牌个性鲜明、激情飞扬，彰显新一代年轻人活力四射、多元开放、真诚坦率、无拘无束的独特的个性主张。速度为王，应用至上，3G时代自由上网。分享无限自由，活出无限可能，年轻就要活出样。中国电信吉林市分公司先后被授予全国文明单位、全国五一劳动奖状、吉林省服务满意单位、价格质量信得过单位、诚信单位等荣誉称号。中国电信吉林市分公司将继续秉承"用户至上，用心服务"的服务理念，实施品牌领先战略，以个性化、差异化、综合化、专业化的服务，全面提升服务质量，树立崭新的企业形象；以诚信立足社会，以信誉赢得尊重，以品质求得发展；坚持"创业、创新、创造"的精神和"求真、务实、高效"的作风，竭诚为社会服务。面向未来，中国电信吉林市分公司将在市委、市政府的关怀下，在社会各界的支持下，在广大客户的信赖下，继续服从和服务于吉林市国民经济建设和社会信息化发展大局，持续助力吉林市经济腾飞。

轻松的体验环境，让用户尽情体验丰富的3G智能应用

丰富多彩的员工文化生活

吉林大街天翼手机卖场隆重开业，江城用户可尽情体验3G带来的时尚新生活

工程人员工作现场

桦甸常山镇抢修现场

吉林市金岸物业

吉林市金岸物业服务有限责任公司隶属于吉林省亿宏房地产开发有限责任公司，成立于2010年1月，注册资金50万元，是一家拥有物业管理三级资质的企业。现有职工32人。管理人员12人，其中物业管理师5人；中级以上技术职称3人，平均文化程度大专以上。现管理新地·新居、金岸名苑枫景轩、金岸名苑二期等三个小区，总管理面积11万平方米。不久的将来，由亿宏地产公司开发的金岸名苑三期约7万平米也是交给我们管理。

吉林市金岸物业服务有限责任公司始终坚持以服务为主题，以经营为主线，持续超越业主期望为奋斗目标，不断创新服务产品，立志打造江城物业服务知名品牌。在日常管理工作中，我们通过对各部门每个岗位的职能作用、工作范围的明确划分，从而将各项工作细化到个人，促进了各岗位员工的积极性、主动性和创造性，在业主的心目中取得了良好的口碑。

我们的管理理念：奖励10%的优秀者、鼓励70%的普通者、淘汰10%的落后者。

我们的服务理念：我们多努力、让您更满意。

我们的发展理念：服务塑品牌、实力赢信誉。

我们金岸物业人将以精心的管理和优良的服务，创造卓越的居住品质、和谐安宁的气氛、绿色的自然环境、便捷周到的服务——我们将以点点滴滴的付出，汇聚成您的完美生活！

服务有限责任公司

物业服务中应澄清的几个问题

1、业主与物业服务企业不是"主仆"关系

业主与物业服务企业不是"主仆"关系，而是平等关系、委托与被委托的关系，在法律上是平等的关系，这是我国法制社会的基本原则。物业服务企业和业主之间不存在高低贵贱之分，只存在社会分工的不同。有的业主把物业服务企业从事安防、保洁等简单劳动的员工，看成是低人一等的"雇佣"，这是认识上的误区。不同的工作对社会的贡献有大有小，但从事不同工作的人，只要他是进行合法的劳动，就应该受到人们的尊敬，而不应该受到歧视。

2、业主与物业服务企业不是"冤家对头"

业主与物业服务企业之间是依据合同办事，所以，物业服务企业不能凌驾于业主之上，而业主也不能处处给物业服务企业出难题。物业服务企业与业主之间都必须以诚相待，诚信相处，才能形成一种朋友式的伙伴关系，做到业主离不开物业服务企业；物业服务企业也离不开业主。作为物业服务企业来说，真诚对待业主，切实从业主的角度去考虑问题，才能赢得业主的信赖。

3、物业服务企业不是业主的"保镖"

物业服务企业只对公共区域进行服务，而不是对特定的人、财、物进行专项服务。由于物业服务企业没有执法的职能，所以物业服务企业所提供的安防服务只是一种秩序维护服务，一种安全防范服务，而不是对业主的人、财、物负有保管和保险的责任，只要安防人员按照物业管理委托服务合同约定的服务标准履行到应尽的工作职责，就不应该承担法律责任。

4、物业服务企业无权"包打天下"

物业服务企业对业主提供的产品就是服务，是依据物业管理委托服务合同的条款进行相关服务。物业管理服务活动，并不是单纯的管理，而绝大多数应该是服务，是根据物业管理委托服务合同来进行服务。有的业主错误地认为"只要缴纳了物业管理服务费，物业服务企业就应该什么事都管"，也就是说业主的吃喝拉撒，大到人、财、物，小到生活琐事都要由物业服务企业"包打天下"。其实物业服务企业既不是政府职能部门，也没有执法权利，更不能承担业主生活的全部服务。物业服务企业应该按照合同约定的范围进行服务，在合同中没有约定的服务内容不宜涉及，以避免引起不必要的麻烦。

5、没有"免费午餐"

物业服务企业收取的物业服务费主要是用于人工工资、办公费用、设施设备的日常小型维护费用、绿化养护费用等开支。而有的业主错误地认为"既然收取了物业服务费，物业服务企业就应该对业主的所有服务都不能再收取费用"。其实物业服务企业按合同约定的范围提供服务和支付相应的费用，这些费用都是在物业服务费中列支。至于不属于合同约定服务范围，而业主又需要物业服务企业为其服务时，则按有偿服务为业主提供，并由业主支付相应的费用。

6、物业服务费不是"越低越好"

物业服务费是整个物业管理服务的基础，而物业服务费高低与服务标准的高低及运行成本成正比关系。在进行物业服务运行过程中，对于物业服务费用应本着量入为出的原则，认真履行合同约定服务内容的同时，合理支出物业服务费，确保物业服务的实施。如果一味追求物业服务费用"越低越好"，就会导致物业服务企业为了维持其经营状况而降低服务标准使服务质量下降，最终受害的还是业主。

中国联通

金岸名苑小区物业服务项目、服务收费标准公示板

小区名称	枫景轩小区	服务单位	吉林市金岸物业服务公司	服务电话	白天：64889077 夜间：

服务项目	服务标准	收费标准		收费依据
基础管理	[illegible]	多层每平方米每月1元	商业网点和车库每平方米每月1.20元	物业服务合同约定标准
房屋及共用设施设备维修养护	[illegible]			
公共秩序维护	[illegible]			
卫生保洁	[illegible]			
绿化养护	[illegible]			
有偿服务	[illegible]			
无偿服务	[illegible]			
便民电话	供电：95598 供热：64882552 自来水：64843273 派出所：64882372 联通公司电话：64892996			

吉林市路弘房地产开发有限责任公司

吉林市路弘房地产开发有限公司2004年走入地产行业，是吉林市为数不多的具有房地产开发二级资质的企业。是一家以房地产开发为核心，集物业公司、宾馆、小额贷款公司等为一体的集团公司，公司秉承“诚实做人，踏实做事”的企业经营理念，进军吉林市房地产市场，致力于开发专业优质的地产项目。

路弘地产实行的总经理负责制，机构设置相对完善，下设综合管理部、工程部、技术部、安全保卫部、采购部、经营部、营销企划部、开发部、物业管理部、财务部等。

路弘地产也具备相对成熟的管理模式，工程管理上采用先进、完善的工程技术、施工组织、安全、质量、文明施工等控制体系；开发上秉承“用心筑建生活，以诚回馈社会”的开发理念，致力于房地产开发及相关领域的经营管理，提供高品质房地产物业产品及增值服务，为人们创造更好的工作与生活环境，一方面在产品上严保质量、不断创新，一方面在服务上，拓展渠道，增加附加价值。为消费者打造完美生活的同时，在产品增值、日常服务、社会资源共享、社区文化以及保障体系等方面将为业主带来更多的生活附加值，从而在房地产开发逐步迈向成熟期的时刻，率先使江城百姓真正感受到“居住改变生活”的内涵。系列管理模式的建立，为公司确保项目准确的定位，快捷运作，精炼人员，节约开支，奠定了良好的基础。

路弘地产经过八年多的运转，各项工作进展顺利，财务状况良好，依靠市、区政府的大力支持，以及全体员工的团结一致，兢兢业业，项目开发进展顺利，公司没有银行贷款，未对任何企、事业单位进行贷款担保，无不良资产和债务，社会信誉良好。2010、2011两年上缴税款陆千余万元。

2009年投资4亿元人民币在吉林市高新区的核心滨江地段开发“路弘·阳光水岸”，项目地位于吉林市城区的南部、松花江的上游，无工业污染，三分之二的土地被美丽的松花江围绕，周边景色秀丽怡人，被吉林市市民认为是最理想的居住区。

近年，中国出现了一个现象，不论是政府、企业还是社会都在谈诚信，诚信成为了一个时髦的话题，企业要想发展，就必须做出优质产品，做出信誉企业，做出诚信市场。吉林市路弘房地产开发有限责任公司在发展过程中会时刻敲响警钟，注重信誉，视信誉为企业的生命。“诚信为立业之本，创新乃兴业之源”，路弘地产将以诚信、创新为宗旨，以为江城广大消费者提供全方位优质服务为永恒的追求，重视企业文化的沉淀，善于学习和总结，广结各方有识之士，相信在各界的大力支持之下，必将做大、做强，回报社会，在地产品牌竞争的时代，向高品质的目标稳步迈进！

阳光水岸，新都市主义情调社区

“阳光水岸”位于吉林市高新区三亚路与滨江西路交汇处，项目总占地面积为6.3万公顷，总建筑面积16万平方米，容积率为2.4，绿化率为45%，20栋品质建筑，遵循欧式风格的建筑外观，将新奢华主义向内延伸至建筑的每个细节中。西侧俯瞰松花江，全部南北朝向的8栋瞰景高层、12栋院景多层住宅，错落的多层、高层将不同功能空间虚拟分割，并通过周边的车库与网点实现小区彻底封闭。小区共有住宅1200户，一楼住户配有私家花园，顶楼住户配送空中露台，高品质的材料、坡屋顶老虎窗设计、精巧的诸多细节……透射出精致、优雅与荣耀！

园区内尽享2万平方米的景观盛宴，汇集了休闲广场、活动广场、儿童乐园、亭台、建筑小品等景观元素为一体，形成移步异景的景观效果，一楼私家花园与宅间景观小品巧妙结合，形成了“人在园中，园在花中”的境界。

户型设计上，以大面积的生活尺度，保证新都市主义生活的从容态度，大面积观景区域，宽敞客厅，豪华主卧等大开间区域。考虑到不同消费群体的需求，户型产品以南北通透为主，面积区间集中在48–143平方米之间，共30余种户型，分为平层、跃层二种形式，设有一室一厅到三室二厅二卫等6种不同格局。同时，平均85%的得房率，在吉林高层住宅产品首创新高，给业主带来了更多的实惠，从而体现出更高的性价比。

新都市主义住区，新都市主义中心价值，“路弘·阳光水岸”，顺应城市向南拓展之势，以令人沉醉的欧洲风情，引领吉林消费者对于居住的概念，建立具有欧洲风情的生活样板。

吉林市骏弘房地产

效果图

吉林市骏弘房地产开发有限公司是上海骏弘房地产开发有限公司的全资子公司。公司主要从事商业地产及地下步行商业街的开发建设和经营管理。多年来公司在新疆、内蒙古、山东、甘肃、河南、河北等地投资建设的商业地产项目60余万平方米。

珲春街区域旧城改造是吉林市政府招商引资重点项目，吉林市政府与吉林市骏弘房地产开发有限公司签订了《吉林市珲春街区域旧城改造项目开发协议书》。一期改造工程分为地上、地下两部分，其中地上为珲春街西地块，占地面积0.838公顷，规划建筑面积8万平方米，已完成土地确权，进入拆迁阶段。地下为珲春街地下商业街（骏弘・ai尚街），位于珲春街市政道路下，占地面积1.773公顷，规划建筑面积1.87万平方米，属商业用地，工程于2011年7月开工建设，预计2012年末投入使用。

“骏弘・ai尚街”共有铺位500余个，是吉林市唯一集购物休闲娱乐餐饮为一体的、出售精装小铺位产权的地下步行商业街，堪称吉林市地段最好，业态最全的时尚商业街。通过现代时尚文化的嫁接，将时尚演绎得淋漓尽致，点燃吉林都市新生活，打造全城潮人集中营，成就新青年休闲娱乐之街。

开发有限公司

松江中路、珲春街路口鸟瞰图

入　口

入　口

活力红街

吉林省广润房地产

磐石广润新生活广场

吉林省广润房地产开发集团有限公司于2001年从事房地产开发与经营，随着公司业务发展的需要，于2010年组建了广润集团，走上了集团化、多元化发展的道路。现下设吉林市广润工贸有限责任公司、磐石市广润农业科技发展有限公司、磐石市广润物业管理有限公司等三个子公司及广润吉林市分公司。集团公司一直秉承“质量就是生命，诚信就是效益”的经营理念，以“实现个人价值与社会价值，创造经济效益与社会效益”为企业发展宗旨。现有员工100多人，资产超亿元。

2001年至2011年开发建设了明城镇中心小学教师楼、明城镇集贸市场综合楼、石嘴镇农贸市场综合楼、明城镇富祥花园小区、明城镇吉钢职工家园小区、磐石市冀东温馨家园小区、广润天成小区等优质工程，受到当地老百姓的好评，享有良好的声誉与口碑。

投资超亿元的6万吨焊管、2万吨CZ型钢、200万平方米彩钢板生产项目现已部分投产。为解决当地就业及促进地方经济发展起到了积极作用。是公司集团化发展的重要组成部分。

2011年立项的广润新生活广场项目是磐石市重点招商引资项目，也是集团公司发展的战略性项目。该项目位于永昌路（磐铝北路）南北两侧，福安路西侧，吉沈铁路东侧。占地面积约9万平方米，建筑面积约32万平方米。项目总投资约3亿元人民币。

广润新生活广场是集购物、娱乐、餐饮、健身、物流、商务、文化、教育、宾馆等多功能为一体的大型城市综合体（MALL），是吉林省县级市第一艘超级商业航母，是一站式购物休闲体验中心，是磐石城市规划的又一个现代商业核心。它的建设将大大提高石城人民的生活品味，改变传统消费观念，

开发集团有限公司

引领消费新时尚，对树立磐石城市新形象，促进磐石经济社会发展，特别是第三产业的

发展将起到积极的作用，必将成为磐石城市发展的新地标、新名片，书写广润发展新篇章。现施工、招商同时进行中。

公司科学制定了近期及中长期发展规划(五星战略）。第一个五年（即2011-2015年）规划，逐步形成五大产业格局：一、房地产开发与经营产业；二、钢铁加工产业；三、广润新生活产业；四、商贸和物流产业；五、力争五年内公司上市，进军金融业。实现公司集团化发展战略。

互惠多赢、和谐发展是广润集团永远的追求，广润集团真诚欢迎各界朋友来广润合作创业、投资兴业、安居乐业。

公司地址：磐石市广润天成商业A区3号

公司电话：0432—65691666

公司网址：www.grjt.net

吉林市移动通信公司大楼

中国移动通信集团吉林有限公司
吉林市分公司

中国移动通信集团吉林有限公司吉林市分公司（以下简称吉林市分公司）是中国移动通信集团在吉林市设立的分支机构，2004年7月1日成功在海外上市。公司以“正德厚生、臻于至善”作为企业核心价值观，以“创无线通信世界，做信息社会栋梁”作为公司使命，以“责任”与“卓越”作为企业文化理念体系的核心内涵，勇担企业公民职责，追求自身卓越发展。

吉林市分公司始终保持与国际先进技术同步发展，主要经营移动话音、数据、IP电话、多媒体业务及增值业务，并提供多种行业应用业务，已塑成“全球通”、“神州行”、“动感地带”三大客户品牌。服务网号包括“139、138、137、136、135、134、159、158、152、151、150、187”及G3专属号段“188”，并与全球206个国家和地区的271个运营公司开通了GSM国际及台港澳地区漫游业务。目前，吉林市地区移动客户已达270余万户，并已在吉林市地区建成覆盖范围最广、通信质量最高、业务最丰富、服务最完善的综合通信网络。

在发展中，吉林市分公司始终坚持“沟通从心开始”的服务理念，秉承追求客户满意服务的经营宗旨，细分服务层面，细化服务标准，明确服务规范，全面提升服务质量和服务水平，力求成为卓越品质的创造者。在推行首问负责制、一站式服务、话费误差双倍返还、积分兑换、N为我主题传播活动、沟通100手机4S店等服务举措的基础上，2011年，在全球通VIP俱乐部新设置了“IPHONE专家”服务专席，为用户提供IPHONE手机上网设置、WIFI设置、新机激活等软件使用、系统故障处理及固件升级的全方位服务，强化了客户品牌建设，突出了客户专项服务。在吉林市地区相继建成了55家综合性营业厅，并把营业厅服务与10086客服热

卓越的服务团队

优秀的服务文化

线、12580秘书服务、全球通VIP俱乐部等服务载体相结合，创造了更便捷的服务平台和更完善、更贴心的服务。

TD-SCDMA是第三代移动通信国际标准，是我国科技自主创新的重要标志。吉林市分公司在市委、市政府的关心、支持和帮助下，紧密围绕“国策、责任、任务、机遇”八字方针，团结一心，攻坚克难，于2009年8月9日打通第一个TD-SCDMA 可视电话，2010年1月29日实现3G网络正式商用。截至2011年末，已有3G用户15万户。

2011年，为加快吉林市信息化建设进程，促进地方经济发展，吉林市分公司与吉林市人民政府签署《无线城市战略合作协议》。在市委、市政府的关心支持下，在市工信局的具体协调指导下，吉林市分公司确定了10类50项重点应用，通过相关委办局的支持与配合，目前在无线城市门户网站上已经实现公积金查询、水电燃气查询、社保医保查询、公交客运查询、求职查询、房产信息查询等各类应用，这对拉动地方经济发展、刺激内需、加快战略转型和推动民生起到重要的推动作用。

几年来，吉林市分公司先后被授予全国精神文明先进单位、全国五一劳动奖状、全国通信行业用户满意企业、全国职工安全健康知识竞赛优秀组织单位、吉林省满意服务单位、吉林省电信行业行风评议先进单位、价格质量信得过单位、诚信单位等荣誉称号。面向未来，吉林市分公司将在市委、市政府的关怀下，在社会各界的支持下，在广大客户的信赖下，继续服从和服务于吉林市国民经济建设和社会信息化发展大局，积极贯彻“正德厚生、臻于至善”的企业核心价值观，以构建精品网络为目标，以提供完善服务为方向，勇担企业公民责任，追求自身卓越发展，以实际行动谱写从优秀到卓越的发展篇章！

高品质的网络覆盖

吉林市木森工贸有限公司

年产5万只出口木箱项目简介

一、项目名称

年产5万只出口木箱项目

二、项目单位及法人

吉林市木森工贸有限公司

项目负责人：路迪　联系电话：13079797679

三、建设地址

吉林哈达湾工业开发区北区

四、项目建设方案及内容

项目占地面积为11800平方米，建筑面积5994平方米，新建办公楼2178平方米，仓库1000平方米，厂房钢构2400平方米，砖混416平方米。

五、项目投资额及资金来源

项目总投资：3600万元，其中：固定资产3000万元；流动资金400万元。基本预备费200万元。全部自筹。

六、市场分析

木箱作为一种常用的运输包装容器，具有容易制作，重量轻，强度高，耐久性好，价格比较便宜等特点。应用领域广泛，主要应用于产品进出口运输、建材、五金业，是运输业不可缺少的工具。我国木箱包装材料市场巨大，不断增长，应用前景十分广阔，是一种很有前途的包装材料。

七、产品工艺

生产工艺流程：生产过程、工艺过程、压制成型过程、熏蒸工艺。

八、产品用途

产品主要用于产品进出口运输、建材、五金业等包装。

九、原材料来源

产品主要原料为木材、板材等等，当地可购买解决。

十、项目经济效益分析

项目完成后，实现销售收入5200万元，利润总额650万元，税金320万元。

十一、项目进度安排

2010年6至8月份完成项目审批、环评、规划等手续，2010年7月至12月进行整体施工；2011年1月至3月购置安装设备；目前，已竣工投产。

十二、目前项目进展情况

目前，厂房与办公楼已竣工，正在进行场内硬覆盖平整及施工。

十三、项目责任单位及联系人

项目责任单位：哈达湾工业开发区企业服务中心

联 系 人：黄德民

联系电话：62748659

中国平安保险（集团）股份有限公司

公司客服中心

公司管理职场

中国平安保险(集团)股份有限公司（以下简称“中国平安”，“公司”，“集团”）于1988年诞生于深圳蛇口，是中国第一家股份制保险企业，至今已发展成为融保险、银行、投资等金融业务为一体的整合、紧密、多元的综合金融服务集团。公司为香港联合交易所主板及上海证券交易所两地上市公司，股票代码分别为2318和601318。

中国平安的企业使命是：对股东负责，资产增值，稳定回报；对客户负责，服务至上，诚信保障；对员工负责，生涯规划，安居乐业；对社会负责，回馈社会，建设国家。中国平安倡导以价值最大化为导向，以追求卓越为过程，做品德高尚和有价值的人，形成了“诚实、信任、进取、成就”的个人价值观，和“团结、活力、学习、创新”的团队价值观。集团贯彻“竞争、激励、淘汰”三大机制，执行“差异、专业、领先、长远”的经营理念。

中国平安的愿景是以保险、银行、投资三大业务为支柱，谋求企业的长期、稳定、健康发展，为企业各相关利益主体创造持续增长的价值，成为国际领先的综合金融服务集团和百年老店。

中国平安通过旗下各专业子公司及事业部，即保险系列的中国平安人寿保险股份有限公司（平安人寿）、中国平安财产保险股份有限公司（平安产险）、平安养老保险股份有限公司（平安养老险）、平安健康保险股份有限公司（平安健康险）；银行系列的深圳发展银行股份有限公司（深发展）、平安银行股份有限公司（平安银行）、平安产险信用保证保险事业部（平安小额消费信贷）；投资系列的平安信托有限责任公司（平安信托）、平安证券有限责任公司（平安证券）及中国平安证券（香港）有限公司（平安证券（香港））、平安资产管理有限责任公司（平安资产管理）及中国平安资产管理（香港）有限公司（平安资产管理（香港））、平安期货有限公司（平安期货）、平安大华基金管理有限公司（平安大华）等，通过多渠道分销网络，以统一的品牌向超过6000万客户提供保险、银行、投资等全方位、个性化的金融产品和服务。

中国平安在2011年《福布斯》“全球上市公司2000强”排名中名列第147名，同时荣登《金融时报》“全球500强”第107位，名列《财富》杂志“全球领先企业500强”第328名，并成为入选该榜单的中国内地非国有企业第一。

中国平安拥有约48.9万名寿险销售人员及15万余名正式雇员，各级各类分支机构及营销服务部门超过4400个。截至2011年9月30日，集团总资产达21894.06亿元，归属母公司股东的权益为人民币1211.32亿元。从保费收入来衡量，平安寿险为中国第二大寿险公司，平安产险为中国第二大产险公司。

中国平安人寿保险股份有限公司成立于2002年，是中国平安保险（集团）股份有限公司旗下的重要成员。从规模保费来衡量，是目前国内第二大寿险公司。

中国平安人寿首开国内个人寿险营销之先河，凭借先进的体制、优秀的经营理念、富

公司营销业务员职场

公司培训中心

有魅力的企业文化培养和建设了专业化内外勤队伍。目前拥有个险、银保、电销等三大销售渠道，产品体系清晰完整，涵盖从传统的储蓄型、保障型产品，到非传统的分红型、投资型产品，为客户提供“一个帐户、多个产品、一站式服务”，与客户充分分享中国平安综合金融优势。

中国平安人寿还引进多名海内外资深保险专家进入管理高层，实现了将国际管理经验和本土实际情况的有机契合，保持和增强了在销售（包括E行销）、精算、产品、品牌、培训、后援及IT等诸多领域的优势地位。

目前，中国平安人寿在国内共设有35家分公司，超过2400个营业网点，服务网络遍布全国。开通了第一家全国集成的呼叫中心95511，首创一年一度的客户服务节活动，在业内率先推出国内外急难援助服务和便捷高效的E服务平台，并凭借规范、完善、人性化的客户服务体系获评多个重要奖项。

中国平安人寿保险股份有限公司吉林中心支公司成立于1996年，在吉林地区已累计12万客户，目前是吉林市区所占市场份额最大的人寿保险公司，公司秉承“专业让生活更美好”的经营理念，为江城人民提供最专业的人寿保险服务及产品，让江城每个家庭拥有“平安”！

吉林中心支公司职场外观

历史蕴含价值 光荣成就未来

字品牌

CHINESE CHARACTERS BRAND

人民保险 服务人民

中国人民人寿保险股份有限公司（简称中国人保寿险），是经国务院同意，中国保险监督管理委员会批准，有中国人民保险集团公司（简称中国人保）为主发起成立的全国性寿险公司。公司总部设在北京，注册资本金201.33亿，公司总资产规模近2500亿元。主要经营人寿险、健康险、意外险、人身再保险和投资业务。

PICC

中国保险业在国际上的杰出品牌形象代表

* 2008年北京奥运会唯一国内保险合作伙伴
* 2010年上海世博会全球唯一保险合作伙伴
* 2010年广州亚运会保险合作伙伴

新中国60年60个杰出品牌之一

2009年8月18日由中央电视台等组织的新中国成立60周年大型评选活动中，中国人保寿险成为唯一当选“新中国成立60周年60个杰出品牌”的保险企业。

法航空难960万巨额赔付

2009年6月5日法航一架A330客机在太平洋上空失事，公司迅速成立重大事故理赔工作组，在第一时间将中国历史上最大的一笔寿险理赔款960万元送达受益人手中。

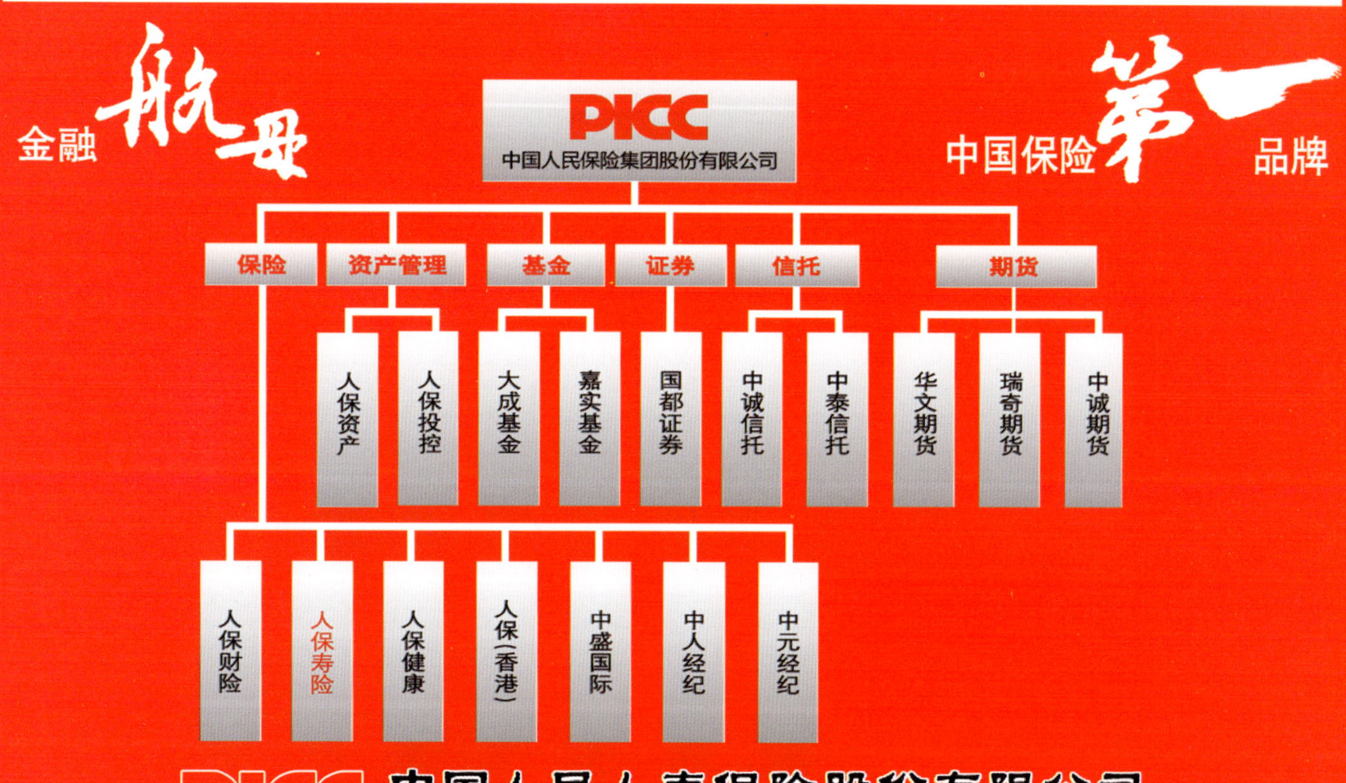

PICC 中国人民人寿保险股份有限公司

PICC LIFE INSURANCE COMPANY LIMITED

吉林市分公司

中国大地财产保险股份有限公司吉林市中心支公司

总经理 白宝平

副总经理 谷 岩

中国大地财产保险股份有限公司是经国务院同意，中国保监会批准成立的全国性财产保险公司。公司成立于2003年10月20日，总部设在上海，注册资本金57.2亿元人民币。

作为中再集团公司旗下唯一的直保财险公司，中国大地保险九年创业实现了跨越式发展，公司已设立分公司34家、营业部1家，5个层级的机构总数超过1700家，全国性服务网络已经形成。美国纽约代表处顺利设立。2007年保费规模即突破100亿元。2011年，公司继续保持了良好发展势头，全年实现保费超过160亿元。

中国大地财产保险股份有限公司吉林市中心支公司成立于2005年4月29日，下设8家县、区级公司，业务经营范围涵盖非寿险业务的各个领域，包括企业财产保险类、机动车辆保险类、工程险类、责任险类、信用保险类、保证保险类、家庭财产保险类、货物运输保险类、船舶险类、农业保险类以及短期健康保险和意外伤害保险类等。

公司多年来坚持以人为本，重视队伍的建设和人才的培养，现拥有一批专业的管理队伍和业务精英合计100多人，其中95%以上为本科学历，员工平均年龄35岁。

现任公司负责人白宝平总经理利用2年时间，将吉林市中心支公司带入了高速发展的阶段，在拓展公司传统业务渠道的同时，还积极建设信息化渠道，客户可以通过电话拨打统一号码“4009666666”或在“www.95590.cn”、“淘宝”等相关网站上足不出户就可以办理车辆保险的投保。2010年公司保费收入增长一倍多，2011年公司保费收入过亿元大关，上缴各种税收3000多万元，公司在依法合规快速发展业务同时也努力提高理赔服务质量，多年来累计支付各类赔款近2亿元，特别是在2010年永吉县特大洪水灾害中，公司一方面向受灾群众捐赠必备的生活用品，另一方面启动紧急预案，开通快速理赔通道，减免理赔手续，第一时间将赔款送到客户手中，帮助客户重建家园的信心。公司现有查勘救援车辆15辆，专业理赔人员20人，公司依托365天*24小时客服专线95590，并运用技术领先的RAS快速定速系统，对客户提供快捷、方便的理赔服务，客户还可以通过www.95590.cn的专业服务网站查询承保、理赔进度等信息；为更大程度上方便客户，客户在全国任何一家我公司网点均可就近办理理赔、领取赔款等服务。

吉林市中心支公司将始终坚持“诚信为先、稳健经营、价值为上、服务社会”的经营理念和“立足大地、携手创业、共享未来”的企业精神，努力把吉林市中心支公司建成一个高品质的优秀公司，更好的为江城经济发展贡献力量，更好地为江城人民保驾护航。

一 楼 大 厅

中国人民健康保险股份有限公司
吉林市分公司

吉林市分公司总经理　沈在军

中国人民健康保险股份有限公司，是国内唯一一家系国务院同意、中国保监会批准设立的专业健康保险公司，是中国人民保险集团股份有限公司（PICC）旗下重要的专业子公司。

2004年10月，温家宝总理为公司作了“坚持高标准，高起点，精心组建，规范运作，学习借鉴国外成功经验，务必办好”的亲笔批示。作为顺应国家医疗保障体制改革而建立的国内第一家专业健康保险公司，中国人保健康在新医改的进程中，发挥着越来越重要的作用。结合实际探索形成了以“湛江模式”为典型代表的“政府主导、联合办公、专业运作、便捷服务”的政府委托业务运营模式，受到了党和国家领导人的充分肯定和社会各界的广泛赞誉。

2011年7月中国人民健康保险股份有限公司吉林市分公司成立。肩负着国务院和中国保监会领导的重托，中国人保健康责任重大、使命光荣。公司始终秉承中国人保“人民保险，服务人民”的光荣传统，坚持弘扬“以人为本”的企业文化，坚持“健康保障＋健康管理”的经营理念，配合国家社会医疗保险体制改革，积极拓宽健康保险业务经营领域。

截至2012年3月，人保健康吉林市分公司已经与吉林地区的三区、三县签订了城镇职工、居民大额补充保险，2011年累计承保人数140.7万人，理赔金额985.42万。专业化能力和服务优势不断显现，社会影响越来越广泛。

在未来，公司将始终坚持广泛服务社会民众，致力于促进全民健康，提高保险覆盖面，在医疗保险、疾病保险、护理保险、失能收入损失保险等领域不断提升服务质量，让广大江城父老早日踏上“高保障、低消费”的就医高速路。

2011年11月，总公司党委委员、纪委书记郭东旭同志视察吉林市分公司并与公司领导座谈

2011年7月迎接省保监局检查验收并与保监局领导合影

公司举办“立足本岗 成就人生”演讲比赛

2011年12月人保健康吉林市分公司参加省公司第四届“保险之光”文艺汇演

吉林市人民广播电台

我台交通频率获全国民生广播30强

吉林市人民广播电台成立于1954年，是新中国建台较早的城市台之一。现有五套广播节目，即：新闻之声（AM927、FM102.6）、交通台（FM105.3）、老年之声（AM702）、汽车生活广播（FM88.3）和小说长书台（AM1143）。五套节目均实行24小时不间断播出，节目覆盖吉林市区及外五县市，拥有听众450万。5套节目各具特色、互为补充，每天播出120小时。

五十七年的风雨历程，几代广播人的不懈追求，创造了一个又一个奇迹，赢得了辉煌的成就。在地方电台中率先开办主持人直播节目，被专家誉为中国广播改革的地方模式；“金话筒”奖的层出不穷，被业内尊称“金话筒”摇篮台。

雄厚的实力，丰富的办公经验，为事业的发展插上了腾飞的翅膀。这几年，吉林市人民广播电台的各项事业取得了长足的发展，新闻之声成为传达党和政府的声音，引导舆论的先锋，交通台跻身中国广播电视民生影响力30强行列。与此同时，节目、活动、广告和技术装备齐头并进，一座节目具有较高收听率，活动具有较大影响力，经济具有较强实力的现代化广播电台正在不断赢得广大听众的青睐。

2011到2015年，是吉林市人民广播电台发展的新阶段。在这一阶段的主要目标是形成集广播、互联网为一体，兼具宣传、信息、教育、娱乐、产业等多项功能的新的服务平台。促进广播资源要素的流通和集中，将我市发展成中型的区域性传播中心。到2015年，力争实现创收5000万的目标，并将我台的节目推向全国，吉林市人民广播电台将在全国范围内“唱响江城的声音”。

市五大班子领导参加我台组织的“全城同唱一首歌”活动

参加“三清一净”活动的志愿者队伍

风生水起新跨越，激流勇进一路歌

——创新发展中的吉林市经济广播电台

颠覆广播传统模式，增强主动服务意识，2011年，创造全国媒体关注吉林经广现象的中国广播界黑马——吉林市经济广播电台在追求卓越中创新发展，又谱新篇。四频一网全面出击，经典活动频频亮相，产业发展风生水起，品牌价值跨越提升。

由中央人民广播电台经济之声、嘉兴广播电视集团交通经济频率、吉林市经济广播电台都市110联合举办的庆祝中国共产党成立90周年《红船党旗耀中国》系列之《红船党旗耀江城》活动历时三天，来自嘉兴的红船党旗途经北京天安门，在我市昌邑、龙潭、丰满、船营四区绕城传递后由市博物馆永久珍藏，图为活动现场。

根植沃土 守望民生 构筑经广“根”文化

作为草根传媒，吉林市经济广播电台以百姓视角民生情怀，围绕中心服务大局，“贴地皮”办广播。充分发挥“政府民生直播间”的“连心桥”作用，依托《声音》栏目为百姓排忧解难。经广人走基层，听民生，解民忧，一篇篇体现基层生活、百姓情怀的报道热气腾腾、新风扑面，受到社会各界的广泛赞誉。通过“三帮双促”和爱心捐款，帮扶特困群众，为蛟河市庆岭镇新华村建立村文化站，并建立了经广台“走、转、改”联络站。

经广台独家策划的“抗联记忆”——重走抗联路大型新闻采访报道活动受到中央人民广播电台、中央电视台等多家媒体关注。图为记者节上“抗联记忆”情景再现。

抢抓机遇 彰显特色 四频一网“竞”风流

都市110继续强化“应急、应需、有用”的广播功能，哈龙桥坠江事件中的紧急救援、送走失的通化女孩回家、为延吉断指男子架设生命通道、为生命垂危的的哥爱心募捐等，彰显应急广播的责任与担当。893旅游休闲广播积极助推我市旅游经济，为百姓休闲生活提供贴心服务。宗爱603和1251老友之声强化品牌特色，努力构建老年朋友的精神家园。吉林根网将传统媒体和新兴媒体有效整合，成为广播节目收听的新平台，城市外宣指定的独家音图文呈现媒体，一举跻身我市主流网络媒体的行列。

“江城共此时”——2011吉林市首届中秋晚会

大思路策划 大手笔运作 浓墨重彩铸经典

为庆祝中国共产党成立90周年，经广台联手中央人民广播电台经济之声、浙江嘉兴市广播电视集团交通经济频率推出庆祝建党90周年特别策划“红船党旗耀中国”之“红船党旗耀江城”大型现场直播活动，被市委市政府授予“特别优秀奖”。

瞄准“九一八”事变80周年、“抗战胜利66周年”的历史契机，经广独家策划推出“抗联记忆”——重走抗联路大型新闻采访报道活动。不仅填补了吉林省抗联历史的一段空白，还得到了央广《新闻和报纸摘要》、《新闻纵横》，央视《新闻联播》、《焦点访谈》的关注报道。

创新承办的“江城共此时”——2011吉林市首届中秋晚会”，不仅填补了吉林市没有中秋晚会的空白，更开了吉林市乃至全省重大节庆主题晚会，室外大型山水实景灯光演绎的先河，创下了吉林市历史上的标杆性建树，成为江城承办大型活动的不二选择。

都市110自创的年度品牌活动《城市英雄会》在2010年《草根英雄》的基础上延续和升华，为在“走、转、改”中发现和挖掘出的《平凡英雄》颁奖，凸显平民广播的草根情怀。“旅游893”、“吉林根网”独立承接开江鱼美食节、雾凇冰雪节等全市旅游节庆活动；“宗爱603”和“老友之声1251”成功举办我市“首届中老年春节联欢晚会”……运作大活动，办可视广播已成为经广台的品牌骄傲。

做大做强广播，依托广播优势，稳步推进产业发展和新媒体发展，实现了广播、新媒体、第三产业三足鼎立、共同发展的全新格局，经广台的产业发展已初具规模。

2011年，经广台荣获中国管理科学研究院授予的“建党90周年当代中国管理创新突出贡献奖”、吉林市妇女“巾帼建功”20年成就奖。台长沈佳荣获吉林省“巾帼建功”20年奉献奖先进个人，党委书记钱曙林荣获第五届吉林省创业先锋荣誉称号。

敢为人先，追求卓越。永不言败的经广人一路前行一路歌，满怀激情迈向新跨越。

吉林市广播电视发射台

吉林市广播电视发射台成立于2002年12月，隶属于吉林市广播电影电视局，是财政全额拨款事业单位，核定编制59人。有两个发射场区：电视调频微波发射场区（位于昌邑区运河路57号，运河里西山）和中波广播发射场区（丰满区西南环路4399号，白山乡蓝旗村四社）。

从事中央、吉林省、吉林市广播、电视的转播发射传输任务。发射的电视、广播信号覆盖吉林市城区及周边永吉、桦甸、磐石、蛟河、舒兰五县市，覆盖人口400余万。2007年纳入国家“十一五”农村中央广播电视无线覆盖工程实施单位，承担着国家地面数字高清电视、中广传播手机电视、中央电视台第一套和第七套电视节目、中央人民广播电台第一套、第二套广播节目以及省、市共计二十余套广播、电视节目的发射转播任务。属于地市级无线发射台站。

弘扬大医精神，造福健康民生

发展建设中的吉林市人民医院

院长　白辉英

吉林市人民医院位于吉林市昌邑区中兴街36号，是一所由政府投资建设，集医疗、教学、科研、预防保健为一体的三级甲等综合性医院，地区医疗技术服务中心；是吉林市城镇职工医保、铁路职工医保、各区医保定点医院、新农合医保定点医院、省明码标价示范单位。

2009年，吉林市政府决定投入巨资，在具有百年建院历史的原吉林市第二中心医院基础上进行改扩建，并进行相应医疗资源整合，以达到“环境舒适，设备一流，技术领先”的建设目标。2011年10月，医院基础建设的一期工程竣工启用；2011年12月，吉林市人民医院正式挂牌成立。2012年5月18日，人民医院改扩建工程二期工程进入实质性开工阶段，医院配套设施逐步到位、人员整合全面完成，医院已进入常态运行阶段，全部工程完工后，医院的检查、诊断、治疗能力将进一步得到有效加强，江城百姓“大病不出市”的愿望基本可以实现。

吉林市人民医院整体实力规模强大，技术力量雄厚，诊疗项目齐全。医院建筑面积为15万平方米，开设床位1500张，编制职工1665人，其中医疗专业技术人员1425人，副高级职称以上技术人员353人。医院开设59个临床、医技科室，其中消化内科是吉林省重点特色专科，核医学科、肾内科、血液科、神经内科、耳鼻喉科、妇产科、骨外科、心胸外科等科室被确定为市重点及建设专科；神经内科电生理、耳鼻喉科听力检测中心被确定为吉林市专业技术中心，内分泌科、肾透析室、康复室都具有相当规模和水平，在吉林地区居领先地位。

吉林市人民医院诊疗设施先进，就医环境优良。随着新建外科综合楼、内科综合楼等工程的竣工启用，病人诊疗环境得到了彻底改造，实现了整洁、优雅、温馨；同时，医院在原拥有飞利浦数字减影血管成像系统（DSA）、西门子16排螺旋CT、美国GE核磁共振、ECT、十八导脑电图机、彩色多普勒超声诊断仪、全自动生化分析仪、化学发光分析仪、特种蛋白分析仪、椎

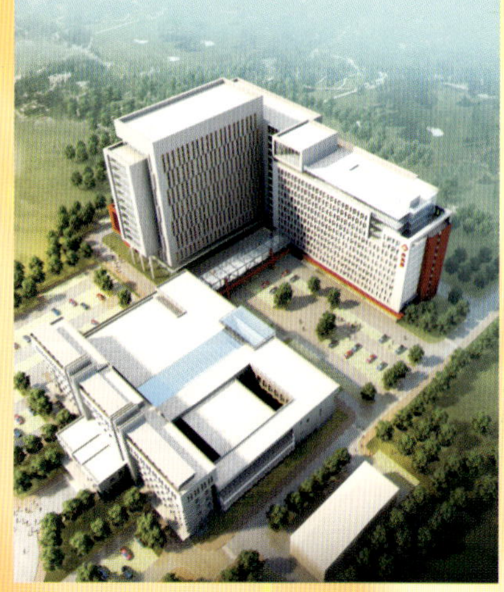

数字减影血管造影机

间盘镜、关节镜、人工肾透析机、超声胃镜及各种腔镜系统等先进的现代化设备的基础上，最新购置了高端PET__CT、3.0T的核磁、极速螺旋CT、心脏专用高端彩超、大平板DSA、全自动检验大生化流水线、G型臂骨科手术专用X光机、超软消化道内镜系列等一批应用技术在国内处于领先的大型医疗设备，极大地提高了临床诊断治疗水平，增强了医疗安全保障。

正电子发射计算机、体层扫描机

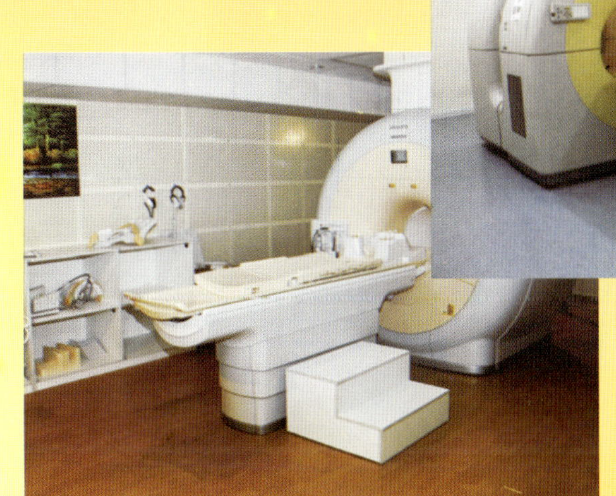

磁共振成像扫描机

吉林市人民医院坚持“以病人为中心”、“人民医院人民建，人民医院惠人民”的办院方针和服务宗旨，积极推进医药卫生体制改革，大力实施各项惠民利民措施。医院一方面不断提高医疗技术水平，先后开展了心脑血管造影、支架置入、介入溶栓等先进治疗技术，体外循环下心房黏液瘤切除并心脏瓣膜置换、超乳化治疗白内障，膝关节镜、腰椎间盘镜治疗骨关节疾病，应用无痛胃镜取总管结石，胰岛素泵精准调治糖尿病及国内罕见的微创手术等多项领先技术，在吉林地区享有盛誉；另一方面坚持探索和创新医院管理机制，始终把保证医疗安全、提高医疗质量、恪守诚信服务作为医院持续发展的根本任务。医院将“全面质量管理”运用于医院管理全过程，形成了综合目标管理、绩效考核机制、成本管理、日常管理于一体的较先进的管理机制；实现了医院信息化管理、病人诊疗费用清单制、全年无休制度、24小时全程优质服务制度等；开展了“诚信在卫生，满意在医院”主题实践等活动。特别是去年以来，医院结合建设发展，深入开展了“三好一满意”活动，狠抓医德医风，着力提高医疗服务水平和质量，积极倡导“严谨、诚信、和谐、奉献”的医院精神，大力弘扬“传承百年仁爱，精通济世医术”优良传统，文明行医、优质服务、恪尽职责、全力构建和谐医患关系的经营服务理念，已成为全院职工的共识和自觉行为，医院医疗服务功能不断提升，经济效益和社会信誉不断提高，在促进吉林市及吉林地区卫生事业发展中起到越来越重要的作用。

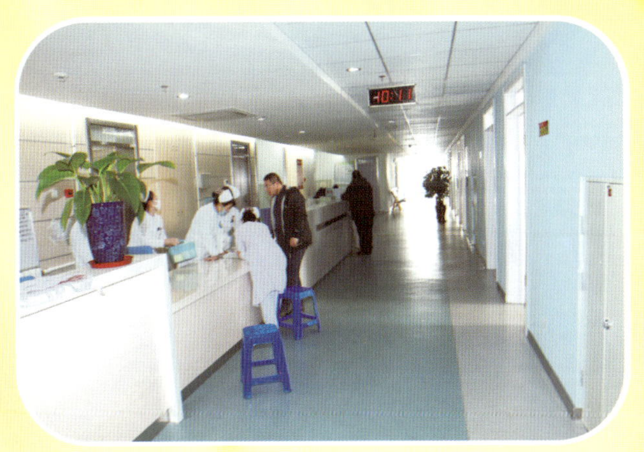

国网新源丰满培训中心

丰培中心荣获全国五一劳动奖状

高度重视科技和管理创新

丰培中心坐落于松花湖畔的丰培中心，前身是原全国人大常委会委员长李鹏同志于1959年亲手创建的我国第一所水电类技工学校，2001年改建成以岗位培训为主的电力培训中心。作为全国首家水力发电培训基地，国家电网公司唯一的水电专业高技能人才培训基地。占地面积达22万㎡、建筑面积10万㎡，拥有可承办大型赛事的体育场馆和设施齐全的户外拓展训练基地，加之功能先进的多媒体教室、会议室、报告厅……如此“现代化、高标准”的硬件建设，在业内绝对堪称出类拔萃。

多年来，丰培中心班子坚持以人为本，一方面积极为教职员工搭建成长成才通道，不断让发展成果惠及全体员工；一方面充分发挥工会职能和职代会作用，坚持职代会领导班子成员述职、述廉制度，坚持校务公开。

由于师资力量雄厚，且热心服务地方发展，丰培中心被确定为吉林省高技能人才师资培训基地、省职业技能公共实训基地。2011年，国家人社部培训主管领导来学院检查时，对该院创新教学培训模式等各项工作均给予了充分肯定。

近年来，丰培中心先后为吉林省、吉林市及地方企业举办长短期培训班50多期，并多次承担地方各类鉴定和会议工作任务。吉林地区进网电工许可考试站也设在该中心，每年开展培训考试500余人，为服务地方人才队伍建设做出了积极贡献。

军培学员预备役点验

承办公司大型赛事

丰培中心在职代会上部署全年工作

丰培中心高度重视企业文化建设

吉林市广播电视大学

吉林市广播电视大学是一所运用现代远程教育技术的成人高等学校，是教育部直属高等院校中央广播电视大学的地市级分校之一。学校目前开设文法、理工、经管三大类共计30个本、专科专业，还与东北师范大学、吉林大学、中国石油大学等名牌院校合作开展奥鹏网络学历教育。

课题组成员在研讨

学校始建于1979年，2006年搬迁至吉林大街349号，位于吉林大街与哈达大街交汇处，校园占地13300平方米，建筑面积6700平方米。学校现有教职工83人，其中教授1人，副教授21人，研究生学历8人。经过33年的办学实践，学校形成了本专并举，三网结合，覆盖城乡的立体办学格局。学校始终坚持质量立校、特色兴校、人才强校的发展战略，坚持为公民终身学习服务的办学宗旨，坚持为地方经济建设服务的办学理念，不断加强内涵建设，完善管理机制。学校连续三次获得中央电大教学创新奖，在教学实践中总结出的“三步四环教学法”、“案例式教学法”、“网上互动式教学法”、“模块式教学法”得到专家的认可，并在教学中不断推广应用，受到了学生的欢迎。学校也多次被省教育厅、省电大命名为先进集体，被市政府命名为普法先进单位，被教育局党委命名为先进基层党组织。2010年，在全校师生的共同努力下，顺利通过省教育厅专家组的验收评估，被中央电大授予“全国示范性基层电大”荣誉称号，获此殊荣的只有34家，在全国926所地市级电大中脱颖而出，成为我省开放教育的一面旗帜。33年来，学校共培养“下得去、留得住、用得上”的实用型毕业生7万多人，为吉林市的经济发展和社会进步做出了突出贡献。2012年，吉林市电大在校生超过了4500人，巩固了学历教育的阵地，实现了跨越式发展，学校的基础建设、师资队伍、技术设备、管理制度进一步完善，为下一步建设国家开放大学吉林市开放学院奠定了坚实基础。学校党委在2012年提出加快发展的新战略，大力发展继续教育和社区教育，打造吉林市数字化学习中心和远程教育服务中心，把优质的教育资源引进来，搭建江城百姓终身学习的服务平台，为学习型城市建设贡献力量。

校领导班子在谋划学校发展（左起副校长习宏丽，党委书记刘忠新、校长王维民，副校长贺矗）

市领导参加全国示范性基层电大揭牌仪式

中央电大与省电大领导一起参加开放教育座谈会

开学典礼上校领导与获得学位的学生代表合影

教师参加计算机培训

吉林市电大30周年校庆教工文艺演出

教学楼

吉林电子信息职业技术学院

与企业开展订单教育

新教师宣誓

吉林电子信息职业技术学院是国家教育部备案、吉林省教育厅直属的高职学院，是吉林省示范性高职学院。学院坐落在全国魅力城市—吉林省吉林市。

学院始建于1964年，时称“吉林有色金属工业学校”，后又名“中国黄金矿产公司吉林中等技术学校”（简称“黄金学校”），1970年更名为“吉林冶金工业学校”，2002年独立升格为高等职业技术学院。

学院在吉林市设有三个校区（主校区，东校区，北校区），占地面积510亩，总建筑面积近16万平方米；教职工409人，其中，教授22人，副教授等副高级职称的教师80人，“双师型”教师160人，省级教学名师2人，吉林省职业教育先进个人2人，吉林市拔尖人才1人，吉林市学术带头人3人，“省级教学团队”2个。

学院设有材料及资源系、电气工程系、机械系、工商管理系、计算机系、旅游系、外语系及基础部、体育部、社科部共7个系、3个教学部，在校生8000余人。

学院坚持“以服务为宗旨，以就业为导向”的办学方针，树立了“在服务中提高教师综合素质，在服务中提升办学实力，在服务中扩大社会影响”的全方位服务理念，与磐石市人民政府、吉林化学工业循环经济示范园、中油吉林化建工程股份有限公司、吉林省工业技师学院、中国吉林电信集团吉林分公司、大唐吉林风力发电股份有限公司等签订校政合作、校企合作、校际合作等协议。面向经济建设主战场，提供智力支持和科技服务，在振兴东北老工业基地和区域、行业经济与社会发展中不断提高贡献力量。

近年来，学院先后获得“全国高职高专人才培养工作水平评估优秀学校”、“吉林省示范性高职院校”、“吉林省职业教育先进单位”、“吉林省精神文明建设先进单位”、“吉林市先进党委”、“吉林市先进单位”、“全国高职院校心理健康教育工作先进集体”、“全国教育信息化建设示范基地”、“吉林省就业工作先进单位”、“吉林省高校档案工作评估优秀学校”、“全省高校安全保卫工作先进单位”、“吉林省教育系统五五普法先进单位”、“吉林省职业技能鉴定先进单位”、“吉林省高校妇委会工作先进单位”、“吉林省宣传思想工作创新奖”、“吉林省大学生素质教育示范基地”等荣誉。

“十二五”期间，全院师生将在院党委的带领下，萃取高等职业教育改革成果的精华，传承近半个世纪办学积淀的底蕴，遵循“尚德、励志、精技、强能”的校训，努力把吉林电子信息职业技术学院建成特色鲜明、国内一流的高职院校！

学院全景

北华大学

学校领导班子合影

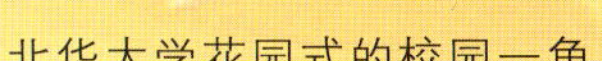

北华大学花园式的校园一角

北华大学是吉林省省属规模最大的重点综合性大学，1999年经教育部批准，由原吉林师范学院、吉林医学院、吉林林学院、吉林电气化高等专科学校合并组建而成。学校坐落在风景迷人的雾凇之都、中国魅力城市——吉林市。

学校现有东、南、北三个校区和一所附属医院，占地面积79.54万平方米，建筑面积54.34万平方米。教学科研仪器设备总值2.24亿元，馆藏图书291.97万册。有各类全日制在校生23189人，其中硕士研究生1104人，本科生20630人，专科生937人，留学生448人，预科生70人；有成人教育在籍学生25729人，其中本科生9022人，专科生16707人。

学校设有1个医学部、31个教学院（中心）；13个学术科研机构；5个教学辅助机构；4个附属机构。学校现有71个本科专业，涵盖11个学科门类；现有16个一级学科硕士学位授权点，109个二级学科硕士学位授权点，涵盖了10个学科门类，现已招生的二级学科硕士学位授权点达到56个；8个专业硕士学位授权点；1个国家林业局重点学科；5个省重点学科；6个国家特色专业，13个省级“十二五”本科特色专业。学校是全国大学生文化素质教育基地、国家大学生创新性实验项目学校、国家大学英语改革示范学校和省大学生心理健康教育培训基地。

学校现有专任教师1517人，其中教授、副教授717人，博士、硕士858人，共享4名两院院士和189名高级专家作为学校的兼职教授和客座教授。拥有新世纪百千万人才工程国家级人选1人，教育部新世纪优秀人才1人，教育部新世纪优秀人才支持计划入选学者1人，全国优秀教师1人，省高级专家5人，省有突出贡献中青年专业技术人才10人，省拔尖创新人才17人，省教学名师5人，省教书育人楷模1人，省教育系统师德先进个人2人，省级优秀教学团队6个。

北华大学学术科研成果硕果累累

近三年，学校共承担世界自然科学基金项目、联合国开发计划署(UNDP)研究项目、国家科技攻关项目、国家“863”计划项目、国家自然科学基金项目、国家科技部项目、国家哲学社会科学基金项目等重大项目51项，省、部级科研课题近327项，市（厅局）级科研项目192项，企事业委托项目25项。教师在学术期刊上发表科研论文4200余篇，766篇学术论文被收入SCI、EI、ISTP、CSSCI等检索；出版教材、著作近300部，专利授权30项，省部级以上教学研究立项78项；省优秀课程59门，省精品课程22门。

学校实施开放发展战略，拓展办学空间，先后与美国、日本、韩国、俄罗斯、马来西亚、巴基斯坦、加拿大等10个国家的38所院校或教育机构建立了合作与交流关系。学校与

北华学子“挑战杯”获奖归来

国外姊妹院校及教育机构积极开展合作办学，先后开展本科2+2中韩人才培养计划项目；2+2中日人才培养计划项目；本科1+2+1中美人才培养计划项目；中美MBA1+1硕士学位项目。

学校萃取高等教育改革成果的精华，传承原四校办学积淀的底蕴，办学条件和校园面貌发生显著变化，专业结构日趋合理，办学层次日益提高，教师队伍结构比较合理，设备、设施较为齐全，国际教育和学术交流深入开展。当前，全校师生正遵循“崇德尚学、自强力行”的校训，为把北华大学建设成为具有鲜明特色与优势、在国内外有一定影响的省属重点综合性大学而不懈努力。

北华大学师范分院

和谐进取的领导班子：党委书记傅余江（中）、院长高雨吉（左二）、副院长赵林（右二）、副院长刘磊（左一）、副院长郭庆峰（右一）

北华大学师范分院综合楼

2000年5月17日，经省政府批准将原吉林师范、永吉师范、吉林艺术幼儿师范三所学校合并组建成为我省规模最大的专科建制高师分院，2001年5月30日，北华大学师范分院光荣诞生！

12年来，师范分院秉承“以人为本”的办学理念，本着践行大学精神，立足服务小学、幼儿园的宗旨，以教学为中心，以学生为主体，以质量为生命，以就业为导向，培养了数以万计的合格小学、幼儿园教师和管理人才，为吉林地区基础教育事业的蓬勃发展做出了巨大贡献。

师范分院现有两个校区，总占地面积54万平方米，总建筑面积6万平方米。在校生近3000人。

师范分院大力营造以人为本、宽松和谐的氛围，强化责任意识、服务意识和指导意识，塑造了一支业务过硬、师德高尚的教师队伍。现有教职工359人，专任教师198人，其中教授5人，副教授73人，高级讲师51人。学院教师中有全国模范教师、全国优秀教师、曾宪梓教育基金奖获得者、省有突出贡献的中青年专家及省、市优秀教师和学科带头人50余人次。

师范分院实行院系两级管理，设有“六系两部”，即小学教育系、学前教育系、外语系、音乐系、美术系、现代教育技术系和基础部、中专部。有初等教育和学前教育两个专科专业，初等教育下设语文、数学、英语、计算机、音乐、美术6个专业方向。并设有学前教育、通信运营、电脑美术设计、舞蹈表演等中专专业。现全日制专科生有两个学制，分别是三年制、五年制。

师范分院教学设施先进，功能齐全。有多媒体教室、微机教室、语音室、钢琴室等功能教室和实验室112个，建有每秒千兆位的校园网，有结点200个，采用12兆宽带光纤连接国际互联网，可实现班级教学、多媒体机房、行政办公等教育教学管理的现代化教育技术应用。学院图书馆藏书17万册，并设有现代化的电子阅览室。室外塑胶跑道运动场2万平方米，体育设施和器材60余种1000余件。标准化的学生公寓、宽敞整洁的就餐环境，花园式的校园令人心旷神怡。

师范分院建院后，锐意改革、开拓进

风靡全院的学子风采文艺汇演

活力四射的体育节

庄严的军训汇操表演

充满激情的合唱节

取，增强适应能力，激活教学视点，努力培养理论超前化、能力多元化、知识多向化、教育全面化的创新型人才，为学生的成长奠基，为学院的发展张目。教学方式、教学媒体、课程设置、评价方式及选修课的改革使学院的教学质量一直位居全省高师分院之首。师范分院的学生参加省师范学校学生语言基本功大赛、教师能力基本功大赛连年夺得桂冠，并在教育质量年评比中一直名列前茅，在省内外享有很高声誉。

为了拓宽毕业生就业领域，师范分院提出了“打开出口，占领市场，拉动入口，人有我强”的就业战略。以高质量的毕业生占领市场，在激烈的竞争中显示出师范分院的实力与后劲。建院以来，师范分院毕业生就业率达93%以上。外语、小教、计算机专业的毕业生供不应求，学前专业的毕业生提前一年就已被预订一空。

师范分院以自己雄厚的办学实力，连续多年被市教育局评为“教书育人先进单位”，在“群众满意学校”评比活动中连续两年获得第一名，并在吉林省小学、幼儿园师资培养专项评估中荣获全省高师分院组第一名。如今，师范分院正在拓宽办学视野，巩固核心竞争力，增强多元竞争力，向着更高、更远的目标迈进……

舞蹈红旗颂荣获省首届艺术节一等奖

艺术系08级学生贾泽欢在第四届全国青少年艺术展评活动中荣获大学生组美声唱法一等奖

我院学生车欣桐摘取世界超模季军花冠

外语系06级学生张露露当选为奥运火炬手

学生健美操表演获中央电视台校园春节晚会特等奖

外事人才的基地　外企人才的摇篮

发展中的吉林市九华外事学校

教师风采

吉林市九华外事学校是经市教育局批准成立的一所全日制学历教育具有外事特色的中等专业学校。主要担负着为外资企业、合资企业、大型民营企业和国省营企业培养各类服务、技术、管理等专业人才。因学校治学严谨、教学质量高、学生就业好，所以这所学校从创办至今九年来深得广大学生和家长的认可。

学校主要开设国际商务、旅游服务与管理、会计电算化、机电技术应用、计算机平面设计、学前教育、商务韩语、航空服务、铁道运输管理等9个专业。现有22个教学班，在校生1000余人，教职员工70余人。学校现已有六届学生毕业走向工作岗位，他们分别就业于北京、天津、大连、长春、吉林等大型企事业单位。由于学生在工作岗位上表现优秀，深受用人单位的欢迎，毕业生供不应求，仅北京首都机场就聘用我校学生200余人。2011和2012年铁路动车又聘用我校学生80人。北京、天津、大连、长春、吉林等地的大型企事业单位争先聘用我校学生，并与我校签定长期合作协议。经学校推荐的用人单位工作环境好，工资待遇高、签合同交保险，学生稳定，家长满意。商务韩语专业开通了赴韩国留学直通车，圆了中专生想出国留学的梦。

毕业生在动车上工作

学校自创办以来一直秉承以人为本的办学理念，引导学生学会做人、学会做事、学会与人相处、学会关心社会、学好外语、学会管理、专业知识扎实、动手能力强、礼仪修养好、综合素质高。学生毕业后可在国内就业，也可到国外深造。

学校向社会和广大家长的承诺是：为每一个学生负责、让每一个学生成功。

欢迎社会各界人士及广大学生家长来校参观指导！

学校合唱团参加建党90周年红歌演唱会

机电专业学生在分组实验

学生特长展示

钟灵毓秀的吉林女子学校

女子军乐队

吉林女子学校始建于1907年，是一所具有丰厚历史和文化底蕴的百年历史名校，是东北三省唯一、全国为数不多的专门培养女性人才的学校，是教育部首批认定的国家级重点职业学校。2006年学校顺利实现了四校实质性合并，2007年成功举办了百年校庆，成立了天使职业教育集团，2010年吉林市人民政府投入1.6亿元为吉林女子学校选址重建。现学校占地15万平方米，建筑面积5万平方米，教职员工402人，学生3986人，已成为了吉林省内设施先进，办学条件一流的中等职业学校。学校先后荣获全国职业教育先进单位、全国德育工作先进集体、全国德育实验基地校、全国德育科研百强校、全国温暖工程先进集体、全国中等职业学校德育工作先进集体等荣誉称号。2011年被教育部授予“全国中等职业教育改革与发展示范建设”项目学校。

学校的培养方向为现代服务业培养实用技能型人才。学校开设了学前教育、导游、航空服务、服装设计、美容美发、播音与节目主持、客户服务、美术、音乐、舞蹈等19个专业。学校将锻造“智慧女性、职业女性、诚信女性、高雅女性、通才女性、幸福女性”，造就“秀外慧中，智德婵媛”之才作为培养目标，以全力培养现代服务业女性人才作为学校特色发展的核心要素。

茶艺表演

学校新建两栋20600平方米的艺术中心和实训中心全面革新了职业教育的教学模式，学生班级紧邻实训中心，做到学习实训无缝衔接，保证学以致用，真正的实现了职业教育“以服务为宗旨，以就业为导向”的办学要求。现代化的西餐调酒室、中餐厅、西餐厅、套房、标准客房、茶艺室、导游全景实地模拟练功室、模特训练室、机舱模拟室、服装厂、服装结构室、服装工艺室、美容实训室、SPA疗养室、化妆造型室、美发剪、烫、染实训室、微机室、多媒体教室、多功能演播厅一应俱全。在这里学生不用走出校门，便练就了过硬的技能和立足社会的生存本领。

吉林女子学校百年校庆

学校近年来先后与中共中央办公厅接待办、国务院机关事务管理局、全国人大会议中心、统战部、钓鱼台国宾馆、北京市政府会议中心、深圳国际机场、大连周水子国际机场、沈阳桃仙机场、长春龙嘉国际机场、深圳市政府接待办、大连樱花服饰有限公司及全国各大企事业单位幼儿园等建立了长期的用人合作关系。学校毕业生就业率达98%以上。

百年的历史，百年的锻造。如今的吉林女校在振兴东北老工业基地，建设现代化工业强市、旅游大市、文化名市、国际花园城市的进程中更加焕发了勃勃生机，女校人正以满腔的执着、坚定的步伐朝着建设全国中等职业教育改革发展示范校的宏伟目标昂首奋进，创造女校更加辉煌的明天。

在海南航空公司工作的空乘专业毕业生王宁

校礼仪队

吉林江城中学

北京化工大学、北京林业大学、重庆大学、中南大学、西北农林大学等国家重点名牌大学在我校建立优质生源基地

学校为西南五省、玉树、口前灾区捐款四十多万元

吉林江城中学是吉林省重点中学，校长薛宝库是吉林省数学特级教师，吉林省人大代表，全国“五一”劳动奖章获得者。吉林江城中学励精图治十八载，以“创世纪名校，育时代英才”为目标，以“自强不息，追求卓越”为校训，建校十八年来，教育教学成果显著，曾先后荣获“中国十大（民办）名牌学校”、“吉林省精神文明建设标兵单位”，2009年，又被评为优秀民办中小学，2010年获吉林省教育系统先进集体，家庭教育先进集体等荣誉称号。学校注重学生素质教育，吉林省第三届国防科技体育比赛组织一等奖，全国第十四届华罗庚金杯赛吉林赛区突出贡献奖，获全国航空模型公开赛团体第一名，并获全国航空模型公开赛优秀组织奖，吉林省第三届国防科技体育比赛团体冠军，第九届中国青少年机器人竞赛优秀组织单位，2011年，吉林市中学生田径运动会上获军事成果汇报一等奖。2012年又被国家体育总局、教育部、科技部授予“全国科技体育传统学校”。

定期发展新党员

学校位于风景秀丽的松花江畔，建筑面积近三万平方米，建有教学楼、科技实验楼、宿舍偻、综合楼、图书馆、阅览室、微机室、语音室、多媒体教室、理化生实验室、会议中心、文体活动中心、食堂等。学校各种设备完善，设施齐全，环境优雅，位置优越，是学生学习之佳境，成长之摇篮。

良好的教学环境，卓越的学校领导及优秀教师队伍，铸就了江城中学辉煌的十八年。中考总平均分、总及格率、总优秀率及升入重点高中的比率多次列吉林地区前茅，初中部多年卓越的教学成果一直受到学生、家长和社会各界广泛的好评；2011年中考，冯颖卉、朱萍双双进入吉林地区前十名；继2009年安彤被保送到北京大学，2010年刘阳被保送到北京大学，吕明月同学考入清华大学之后，2011年高考又取得了令人瞩目的成绩，张佳睿同学顺利通过了“托福”考试，被美国芝加哥等八所大学同时录取，最后选择就读于美国杨百翰大学（全额奖学金），另有多人被保送到中国人民大学、浙江大学，南开大学、吉林大学、天津财经大学等多所名牌大学。两个奥班的本科率100%，重点本科率达65.79%，两个奥班的总平均分517分，高出普本线74分。

2012年又传捷报，共有61名同学获得保送及自主招生资格，其中刘婉威同学获得清华大学自主招生资格，迟悦同学被保送到浙江大学。近年来，学校获保送、自主招生的人数达449人次，人数与比率均排在吉林地区前列，目前学校已成为北京化工大学，北京林业大学，中南大学，西北农林大学、重庆大学等重点大学的优质生源基地，为学生进入高等学府搭建了良好的平台。

学校在抓教学质量的同时，更注重学生的德育教育，实现课堂教学从以书本为主向以学生发展为主的转变；从单纯传授书本知识向培养综合创新能力的转变；从追求整齐划一向因材施教的转变；刘军、王诸桥在全国青少年文艺大赛中获金奖，刘军考入浙江大学（艺术特长加60分）。李桃在全国模特大赛中获银奖。赵彦获全国青少年科技创新奖，袭奇获全国物理竞赛一等奖，两人一起被保送到上海交通大学。学校初中男子篮球队连续八年获得吉林市初中男子篮球赛冠军，航模代表队连续多年获吉林省冠军，学校田径队在吉林市中学生运动会上取得了优异成绩。

刘阳同学被保送到北京大学

如今，一大批文艺、体育、科技、航模特长的学生在江城中学茁壮成长，强化“阳光一小时”课间操等日常管理，体现了江城中学“不让一个学生掉队，让各类学生都有所发展，有所提高”的办学理念，如今的江城中学已成为吉林省乃至全国民办教育的一面旗帜。

学校坚持面向世界，与国际教育接轨。2004年经省教育厅、省公安厅考核批准，学校允许接收外国留学生，先后有100多名外国学生到我校学习，金美玲考入中国人民大学，李敏兴等多名学生考入北京师范大学等国家名牌大学。

学校在实施优质教育的同时，时刻牢记自己的社会责任，近年来为国家节省财政开支近一亿元，为双特生减免学费3000余万元，安置亏损倒闭国有企业教师120余人，接收大学毕业生300余人。多次为希望工程、抗洪救灾、西部开发、下岗职工再就业捐款，为四川地震灾区捐款20多万元，为玉树灾区捐款近10万元，2010年为口前灾区捐款10余万元，江城中学始终把办学所得用于学校的发展建设，用于资助优秀学子，用于社会福利事业。造福家乡，造福百姓，造福社会。

江城中学经历十八年的风雨洗礼，现已成为全省规模最大，办学条件最好，教学质量最高的民办学校之一，我们还将一如既往，再接再厉，不断进取，科学发展，在教育改革与社会发展大潮中勇往直前，继续书写江城中学的辉煌，为吉林市教育事业做出更大贡献。

法制教育进课堂

学校初中男子篮球队连续七年获得吉林市男子篮球赛冠军

我校韩国留学生到长白岛为第二故乡献爱心

吉林市田家炳高级中学

校 长　李连忠

新一届领导班子

吉林市田家炳高级中学，原名吉林市铁路第一中学。始建于1949。1978年，经吉林省政府批准，确定吉铁一中为吉林省首批办好的重点中学。1989年，学校被省教委命名为“学府式”重点中学。2004年，吉铁一中由铁路移交吉林市教育局，更名为吉林市铁路中学。2006年，初中停止招生，吉林铁中由完全中学成为独立高中。2009年5月14日，由吉林市人民政府主办由吉林市铁路中学承办的吉林市田家炳高级中学揭牌庆典隆重举行，至此，吉林市铁路中学正式更名为吉林市田家炳高级中学，揭开了学校办学历史的新篇章。

学校秉承老铁中“治学严谨、半军事化”的优良传统，以“文化立校，和谐育人”为办学理念；以“教育管理人本化，教师队伍精良化，学生发展自主化，教学手段现代化，校园文化特色化，办学质量优质化”为奋斗目标；以干部队伍建设为龙头，以师资队伍建设为重点；以德育工作为先导，以教学工作为中心，形成了“厚德博学，高雅卓越”的校风、“重道精业，探索求新”的教风和“勤学善思，自主发展”的学风。

吉林市田家炳高级中学表彰优秀学生

田家炳中学扶贫救灾捐款仪式

学校现有43个教学班，在校生2486名。现有教职工195人，其中，高级教师65人，一级教师83人，市“全天候”教师8人，市级导师16人，省市学科带头人15人，市学科兼职教研员7人。先后承担多项国家、省部、市级科研课题，并获国家省市级优秀教研成果21项。有近百人荣获国家优秀教师、省优秀教师、市优秀教师、市优秀教育工作者、市劳动模范等荣誉称号。

学校的升学率位于同类学校的前列，高考成绩提高率名列全市第一。学校曾先后3次摘取吉林地区高考状元桂冠。近几年，均有百余名学生考入重点大学，在市教育局高考总结表彰中，连续三年荣获教学质量提高奖。

建校63年来，学校已为高等学府、铁路企业和社会各界培养输送了5万余名合格人才。很多毕业生已成为国内外知名的科学家，相当一部分毕业生走上了重要的党政领导岗位，还有很多毕业生已成为企业家或管理人才，为祖国的建设和发展做出了突出的贡献。

成就面前，田中人没有放慢前进的脚步，一个现代化、充满活力的学府式重点中学，在和谐班子的带领下，正继往开来、与时俱进、科学发展，用开拓进取的脚步朝着“优质、普惠、和谐、均衡”的方向阔步走向新的辉煌！

吉林市田家炳高级中学校园全貌

吉林市第十八中学校

校长 王勇

吉林市第十八中学始建于1958年，初名为“白山中心校帽中”，原校址位于温德桥附近(小白山)，是当时吉林市郊区第一所中学，填补了郊区高中教育的空白。至此，学校踏上了艰辛的创业之路，肩负起了造就一方人才的重任。1960年，学校正式命名为“吉林市第十八中学”。天道酬勤，德彰功显，1978年7月，被省教育厅确定为吉林省重点中学。1980年，搬迁至吉林市经济技术开发区。1992年7月，归属吉林市教育局。

学校现占地面积8.6万平方米，建筑面积3.4万平方米，绿化面积1.2万平方米。学校现有39个教学班，在校学生近2500人，其中住宿生有1300多人。学校建有教学楼、科技楼、学生公寓、餐饮中心、标准塑胶田径运动场，配备了标准的微机室、多功能网络教室及多媒体教室等现代化辅助教学设施。春天，芳草萋萋，百花吐蕊；夏天，绿树成荫，万紫千红；秋天，硕果满枝，馨香四溢；冬天，雾凇剔透，银装素裹。这里是勤奋学子享受知识的圣殿，这里是有志青年放飞理想的天空。

微机室

一块黑板，倾心血；三尺讲台，度春秋。学校拥有一支德才兼备、博学多能、吃苦耐劳的教师队伍，现有高级教师75人，中级教师107人，有18人分获国家、省、市优秀教师称号，有国家、省、市级骨干教师25人，市学科教育教学专家1人，教坛名师3人，具有研究生学历的教师26人。

岁月如歌，乐奉献而无悔；教海无涯，永追求而无休。学校坚持走科研兴校、科研兴教之路，几年来，先后承担了国家级、省级、市级课题39项，科研成果惠及师生，受到各级教育科研机构的一致好评。学校坚持名师垂范，严谨治教，倾力打造一支德才兼备、博学多能、业务精湛、乐于奉献的教师队伍。学校以名优教师为引领，以老中青教师为组合，以学科间优势为互补，促进青年教师业务素质的快速提高，形成了科学规范的教育教学良好态势。

三寸粉笔，一颗丹心，心栖当下，志存高远。学校本着“让每一位学生在快乐中学习，为每一位学生成人成才成功奠基”的办学理念，规范管理，强化特色。学校实行全封闭准军事化管理，营造出安全、舒适的学习环境。学校始终坚持全面育人，实效教学的原则，深入开展“适合教育”、“快乐教育”探究，实现了“低”进“高”出，“高”进“优”出的教学目标，高考连创佳绩，赢得社会的高度赞誉。建校以来，学校向上级高等院校输送了六千多名优秀学子，其中有多人以优异成绩考入清华大学、北京大学等全国著名高等学府。其中1996年黄祖刚同学以670分的优异成绩，获吉林地区理科状元，考入清华大学。2011年高考丁宇航同学考出了650分的好成绩，列地区169名。2011年高考理科重点进线人数达到入口的2倍，文科普本进线人数达到入口4倍，提高幅度列地区重点高中系列第一名。

十八中学有一流的教育管理，有一流的师资队伍，有一流的教育质量，我们有理由坚信，十八中学这颗镶嵌在吉林大地上的明珠必将更加璀璨夺目。

五十年校庆

吉林市第四中学校

科学发展创佳绩　追求卓越谱华章

校　长　张世平

领导班子谋划学校发展未来

吉林市教育局党委书记、局长陈雁到我校视察工作

开学典礼

吉林市第四中学校是一所具有五十多年悠久历史的省级重点高中。现有教职工191名，专任教师均本科以上学历，其中研究生学历43人，高级教师65人，中级教师68人。“全天候”教师8人，市级导师12人，省市骨干教师、学科带头人67人，省市优秀班主任17人。多年来，四中人秉承着“让教师和学生得到最大发展”的办学理念，为国家培养了数以万计的社会主义新型人才。吉林四中环境优美，设施先进，是一所花园式国家级绿色学校。

“双特班”是吉林四中在全国首创并具有巨大影响力的特色办学。自1997年创办以来，在市教育局的正确领导和社会各界的关怀、支持下，学校探索出较为成熟的“双特生”培养模式，铸就了一条成功的办学之路，已有700多名“双特生”分别考入清华、北大、人大、科大、浙大、南开等名校。

近几年，吉林四中飞速发展，学校新建2800平方米的体育馆和720平方米的学生食堂，新建图书馆、实验室、多功能教室为一体的综合楼，新装47套交互式电子白板，实现了班班数字化教学。2011年高考，学校创造了双特生考入重点大学率100%，与2010年高考相比，又有9项获得提高，其中刘赛同学以理科数学147分列全市第2名。真正实现了“低进高出，高进优出”的目标。我校被吉林市教育局评为教学质量提高先进单位、教学管理先进校、执行目标管理责任制优秀单位。

学校在各级各类评比中，获得了多项荣誉，先后被评为：中国教育学会十二五教育科研规划课题实验学校；吉林省精神文明创建单位；吉林省2011年度勤工俭学劳动实践场所建设先进单位；“亲子阅读，书香中国”激励计划活动之“书香校园”；吉林市教育局直属系统2009-2011年度先进基层党组织；执行教育目标管理责任制优秀单位；吉林市教育科研工作先进单位；吉林市优秀家长示范学校；2010-2011年度突出贡献领导班子；人口和计划生育工作先进集体；吉林市先进工会组织；全国青少年五好小公民主题教育“光辉的旗帜”读书征文活动示范学校。

回眸过去，我们硕果累累；展望未来，我们豪情满怀。新一年，勤劳、质朴的四中人正洋溢着青春的活力与大气，团结、和谐、开拓、创新，传承着明德、博学的校训，以教学成果年为契机，再接再厉，稳步提升教学质量，圆满完成今年学校所提出的各项工作任务，努力使我校成为合民心，顺民意，学生进步，家长认可，领导满意，社会称赞的品牌学校。

教育局领导与部分校领导合影

吉林市市委书记张晓霈到我校视察工作

校 长 谢宏辉

2008年，吉林市教育局直属学校饮食安全工作现场会在我校召开。副市长杨金顺参加会议并发表重要讲话。

吉林市第三中学校是市教育局直属的寄宿制完全中学。建校于1955年，原名永吉县第三中学，2000年区划更名为吉林市第四十九中学，2002年更名为吉林市第三中学校。

学校占地51211平方米，一栋教学楼，一栋宿舍食堂综合楼和四栋平房。目前正在建设一栋1500平米的图书馆、一个930平方米的体育馆和一个跑道长300米、面积11000平方米的塑胶体育场。

在校学生1000人，其中高中690人，初中300多人。现有教职工118人，其中高级教师36人，中级教师46人。班子成员3人，中层干部11人。

学校教学设备先进，每个班级都配备了多媒体教学系统。

每年的毕业典礼场面感人至深。

学生文艺活动丰富多彩。

学校以“孝文化”教育为核心、为特色，注重学生形象仪表、品德行为教育，已经形成了尊师敬长、和谐发展的校园文化氛围。连续六年开展三届“十大孝子”评选活动，在学生、家长、老师的心里和行为上引发了巨大影响，也产生了良好的社会影响，2011年5月市教育局在我校召开全地区的德育现场会，国家教育部对我校“十大孝子”评选活动给予表彰，并入选中央电视台“开学第一课”电视教材。

2009年，在充分调查研究我校生源特点和文化水平的基础上，提出《吉林三中教学指导意见》：

在教学内容上，采取分散教学难点、降低教学密度的教学原则，追求骨干知识的复现率。

在教学方法上，注重知识形成与知识迁移的教学工作，有可操作的教学方法。强调新授课必须使用交互式电子白板，交互式电子白板的使用和研究，是吉林市“十二五”核心课题，在唤起学生的学习兴趣，扩大学生的参与面和参与程度，补充鲜活的教育资源，提高教师的教学水平等方面起到巨大作用。我们特别强调必须完成教材规定的实验课和操作课。对骨干知识的教学，必须坚持学以致用的原则，要充分体现知识与生活、生产、科研的关系。

在教学评价上，把学生的参与面和参与程度作为评价教师工作的重要指标，明确强调教师教什么学生学什么并不是最重要的，最重要的是有多少学生参与学习、参与到什么程度。

在教学资料管理方面，要求基础年段的教学资料必须由备课组选编，教学指挥权决不能交给题贩子，坚持教辅资料“三不发”原则，即不是教师选编的不发，教师课前没有做过的不发，教师不能批改的不发，从而有效减轻学生的负担。

经过几年的严格管理，教学工作取得了显著的成绩：

近年的高考最高分、平均分、升学率均超过部分重点高中，其中英语平均分位列地区普通高中第五名，得到局基教处和兄弟学校的赞誉。

学校现在总体情况良好，教师队伍稳定，工作积极性较高；学生文明守纪，学习刻苦努力。人心稳定，教风严谨，学风端正。

体育训练严格规范，已成为体育特长生的重要升学手段。

校长兼党委书记　李福全

美丽的吉林市第十三中学

吉林市第十三中学

吉林市第十三中学始建于1948年，坐落在吉林市江湾路212号，是吉林市教育局直属完全中学。

学校紧傍巍巍龙潭山、悠悠松花江，山的沉稳、伟岸与水的灵动、柔美使学校充盈成长的底蕴和创新的活力。六十余年风雨岁月，几代园丁辛勤浇灌，十三中现已发展为一所占地面积4万余平方米，拥有东、西两个校区，38个教学班，在校生2000余人的优质学校。

学校认真贯彻党和国家的教育方针，全面实施素质教育，高度重视德育工作，大力推进课程改革，积极探索艺术教育。全校师生凝心聚力，始终坚持以“为学生的成长铺设阳光之路”为办学理念，以“生命教育”为主线，形成“艺体+文科”的办学特色。通过对“生命教育”的实施与探索，拓展“生命教育”活动载体，使“生命教育”落到实处，发挥更大的育人功效；通过培养艺体生，让学生全面发展。强化优良校风、教风、学风的建设，形成了“低进高出，创办优质教育，促进教育公平发展，构建和谐校园环境”的办学特色。让学生学有所长，艺有所精，弘扬个性，全面发展。特别是艺术教育，发展的是特长，提高的是素质，抬升的是品位。十三中学卓越的教育品质和优秀的办学成果得到了上级领导及社会各界的一致认可与好评。

教育部体卫艺司杨贵仁司长到我校参加全国艺术经验交流现场会

十三中学每天早晨向全体教师发一篇精美小文，每天的文化早餐已成为学校一道亮丽的风景线

十三中学新建艺体中心

学校的教育装备日臻完善。白板、微机、大屏幕等现代化教学设备走进教室，实验室、语音室、微机室、多媒体教室、舞蹈房、音乐室、美术室、课外活动室等专用教室为学生提供了实践操作、文化娱乐的广阔天地。

怀教育之理想，行化雨之春风，健自强之远志，一批批教师把韶华、才情、抱负抛洒在这片热土上；一批批莘莘学子在书山上攀登，在学海中遨游，点燃希望的火炬，插上理想的翅膀。青山巍巍，镌刻着十三中人求索创新的足印；江水汤汤，吟唱着十三中人人开拓进取的欢歌。

今日的十三中人正紧密团结在勤政、进取的校领导班子周围，以团结拼搏、争创一流的精神，锐意进取，奋力开拓，勇创佳绩，再铸辉煌。

回首往昔，群英荟萃，桃李芬芳；
喜看今朝，莺歌燕舞，硕果累累；
展望未来，阳光灿烂，前程似锦。

十三中学第七届校园文化艺术节

十三中学大力开展丰富多彩的生命教育活动

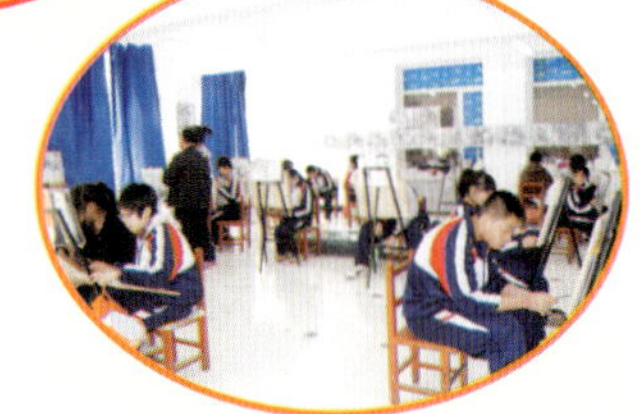

十三中学丰富多彩的校园社团文化活动

吉林市第五十五中学校

校长、书记　何福胜

吉林市第五十五中学校创建于1978年，是吉林市教育局直属的唯一一所普通独立高中。三十多年的办学历程，确立了五十五中学办平民化学校、助有志者成才的办学定位，形成了五十五中学低进高出的办学特色。

学校坐落于风景秀丽的松花江畔，小白山脚下，毗邻吉林一中和苏宁天润城。学校占地面积两万多平方米，建筑面积七千多平方米，各种教学设施完善，设备先进，尤其是经过2011年加固维修后，学校面貌焕然一新，办学条件创市内一流。

学校现有高级教师26人，中级教师46人，市全天候教师、市学科带头人、市优秀教师、市百优教师等省、市级先进人物26人，研究生学历10人，合理的人才梯队和教师结构为学校的发展和教学质量的提升，奠定了坚实的基础。

和谐实干的学校领导班子

2009年以来，学校在何福胜校长的带领下，学校秉承甘于奉献、勇于拼搏的优良传统，在“尊重的教育”的办学理念引领下，坚持文化立校、依法治校、质量强校、科研兴校的治校方针，精心培树“四型”教育团队，强化学校管理，提升教学质量。

几年来的工作，得到了省、市相关部门的高度评价。先后获得了吉林省绿色学校、市教书育人先进单位、市依法治校示范校、市优秀家长、书香校园等30多个荣誉称号。高考成绩多年来一直名列普通校前茅，多科的单科成绩列首位，本科率连年创新高。一个让学生快乐、让教师幸福、让家长放心、让社会满意的和谐校园、书香校园、精神家园已逐步形成，五十五中学正以勃勃的生机在充满希望的大路上阔步前行。

学生在实践基地进行课外实践

创建现代学校　奠基幸福人生

吉林市第二实验小学

班子共谋学校发展大计

吉林市第二实验小学校，建于1917年3月，前身是永吉县城区第十三小学，1980年定名为吉林市第二实验小学至今，是吉林省首批办好的重点小学。现有小学和幼儿两个部，51个教学班，有学生1546人，幼儿部15个班有527人，在编教职工158人。中学高级教师12人，小学高级教师70人，特级教师4名，国家级骨干和优秀教师3人，省市级骨干61人。教师有80%完成研究生课程学习。学校占地面积1.4万平方米，建筑面积1.7万平方米。九十余年悠久的办学历史，积淀了浓郁的文化传统，初步形成了现代化的办学特色，数字校园让学生感受现代学校的气息，生态校园让学生感受爱的阳光，科技校园让学生感受实现创新的梦想。学校是吉林市优质教育资源共享学校。

学校围绕“创建现代学校，奠基幸福人生”的理念，实施精细化管理。坚持“抓队伍，提质量”的方略，教师素质整体提高，办学质量整体越升，以培养“面向世界的现代中国人”为目标，经典诵读、书法、剪纸、围棋、竹笛等民族课程铸牢中国根，机器人、电子摆拼、益智玩具等科技课程系列对学生科学启蒙。篮球、乒乓球、舞蹈、器乐等40多个自修课程，为学生的个性成长和特长发展提供了平台。

坚持实践育人。学校开辟了校内体验的基地蔬菜园、百果园。同时开展走进社会进行绿色实践活动。建设绿色网站，以绿色健康校园网络文化建设为内容的“手指尖工程”获吉林省德育创新工作一等奖，市教育局在我校召开现场会推广了我校经验。中央电视台分八期对我校实践活动专题报导。以《幸福成长》校刊为载体，加强家校联系，学校被评为省优秀家长学校、全国优秀少先大队集体。

坚持幼小衔接，九年奠基幸福人生，实现从目标、人员、理念、环境、课程、习惯等衔接，孩子接受国学、IBM电脑项目、蒙特梭利、奥尔夫音乐、感统等品牌课程，专家管理，品牌的教师团队进行全视野的品牌服务，使办园质量和效益显著提高，2011年被评为省级示范性幼儿园、中国青少年科普及活动研究示范基地等称号。

亲子阅读竞赛

坚持特色育人，着力现代学校建设，全校电子白板进课堂，学校科技、机器人、艺术教育成果突出，创编的舞蹈《醉雪》获全国艺术节优秀节目奖，篮球队获全国比赛一等奖，我校的孙士雅同学被清华附中免费录取。乒乓球参加与新加坡小学的文化交流为国争光。小学优秀校长高级研究班现场会在我校成功召开，机器人连续三年参加全国比赛均获一二等奖，太阳能小车竞赛获全国金奖，“太阳能集水灌溉照明系统”获全国青少年创意大赛特等奖，徐军航同学代表学校参加在德国举办的世界青少年创新发明展获金奖。学校被评为全国信息技术教育示范校、全国创新型学校、全国绿色学校、国际生态学校、全国宋庆龄科技教育示范基地、全国学校体育场馆向公众开放先进单位、全国青少年体育俱乐部等称号。

学校篮球操

学校乒乓球代表队赴新加坡进行文化交流

校本器乐课程让每个孩子毕业后会两样乐器

学生社会实践活动

学生参加全国尚德电力杯科技创新大赛，获团队金奖

副市长杨金顺在我校落成庆典上讲话

原市委书记周化辰等领导
为我校综合楼落成剪彩

原市领导矫正中到我校走访

吉林市朝鲜族实验小学

实验室

阅览室

新校舍

吉林市朝鲜族实验小学校坐落于风光秀丽的松花江畔，是一所拥有近80年历史的民族小学。学校现有57名教师，本科以上学历占80%，省特级教师2名，省优秀教师1名，市教学名师3人，市全天候教师11人，省市骨干教师20余人。

在党和政府的关怀下，我校于2007年异地重建，2009年11月新校园投入使用。现如今，我校实现了花园化、现代化和数字化。学校占地面积10033平方米，建筑面积7290平方米。现有20个教学班，650余名学生。操场配有塑胶跑道、足球场地、篮球场地、排球场地，是孩子们游戏、竞技的乐园。学校20个教学班，班班配有多媒体展台、实物投影仪和电子白板，达到省一类配备标准。学校设有舞蹈室、乐器室、钢琴室、美术室、阅览室、多功能教室和近500平方米的演播大厅。

学校秉承“让孩子在体验中快乐成长”这一办学特色，坚持“三语兼顾、数艺见长、全面发展”的办学特色，培养了大批三语兼顾的民族人才。学校多次被省市教育部门评为教学管理先进校、科研示范校、民族教育先进校、师德教育基地校、民族教育先进单位等。在各级各类朝语、数学、汉语、英语、体育、美术、文艺等竞赛活动中成绩斐然。

丰富多彩的综合实践活动

英语课堂教学

幼儿园活动室

操场

中国农业科学院特产研究所

特产所正门

红果人参

中国农业科学院特产研究所创建于1956年10月，前身为吉林省特产科学试验站。1957年6月，改名为吉林省特产研究所。1959年8月，中国农业科学院以当时的特产研究所野生动物研究室为基础成立了中国农业科学院毛皮兽研究所。1981年10月，经农业部和吉林省人民政府批准，从1982年1月1日起，恢复中国农业科学院和吉林省农业委员会双重领导，以中国农业科学院为主的领导体制，同时定名为中国农业科学院特产研究所。

特产所是以特种经济动植物为主要研究对象的社会公益性国家级科学研究机构。其主要任务是立足产区、面向全国、服务“三农”，围绕发掘、利用、保护珍贵、稀有、经济价值高的野生动植物资源，以家养、家植应用技术研究为主，深入开展基础研究和应用基础研究，研究和解决特色产业发展中的重大基础理论和应用技术问题，促进农民增收和农业可持续发展，为特色经济发展提供科技支撑。

特产研究所现设有办公室、科研管理处、人事处、财务处、监察审计处、基建处、国有资产处七个职能部门，经济动物、经济动物预防兽医学、野生动物人兽共患病、药用植物、特作园艺、生物技术、观赏动物、特产经济、特产品加工、新药创制等十个研究室以及廊坊科研实验基地、国家果树种质山葡萄圃、后勤服务中心、特研饲料公司、中特生物制品公司五个科技支撑部门。是农业部特种经济动植物及产品质量监督检验中心、农业部特种经济动物分子生物学重点开放实验室、农业部“特种经济动物遗传育种与繁殖”重点实验室、吉林省中药现代化工程技术研究中心、吉林省中药材及饮片加工转化科技创新中心、吉林省特种动物生物制品科技创新中心、中国农业科学院经济动物疫病研究中心以及中国农业科学院特种经济动物种质资源遗传改良重点开放实验室的依托单位。

长春规划图

特产研究所现有在职职工507人，离退休职工335人。在职职工中，有高级技术职称人员65人，中级技术职称人员153人，具有博士学位人员35人、硕士学位人员133人。享受政府特殊津贴专家4人，省、部级有突出贡献的中青年专家6人，吉林省高级专家5人，中国农业科学院一级岗位杰出人才1人、二级岗位杰出人才4人，三级岗位杰出人才8人。建立了以学科带头人为首，高

茸 鹿

学位专家占主流，老、中、青相结合的一支精干、合理的科技人才队伍，人才的优势正在转化为科研能力优势。

特产所现拥有10万元以上仪器近100台件；图书馆藏书3.6万余册；主办编辑出版《特产研究》、《特种经济动植物》两个全国性专业技术期刊，是中国农学会特产分会、吉林省特产学会挂靠单位。承担“特种经济动物饲养学”、“药用植物资源学”、“预防兽医学”博士研究生，“野生动植物保护与利用”、“农产品贮藏与加工”、“特种经济动物饲养学”、“药用植物资源学”、“预防兽医学”等7个学科专业的硕士研究生培养工作，拥有特种经济动植物博士后科研工作站，博士导师6人、硕士导师28人，在册研究生75人。

丹麦红眼白貂

特产所建所50多年来，先后主持和承担国家高技术研究发展计划“863”项目、国家重点基础研究发展计划“973”项目、国家重点科技攻关项目、国家自然科学基金项目、科技部自然资源科技平台项目、农业部种质资源保护专项、吉林省重点攻关项目及国际合作项目等总计608项，取得科研成果475项，其中获奖成果204项，主要包括国家科技进步奖5项、全国科学大会奖4项和省部级奖141项，育成通过国家和省级审定品种17个，编写出版了《中国人参》等科学专著和科普书刊近百部。

特产所长期注重国际合作与交流，与新西兰、韩国、美国、加拿大、新加坡、澳大利亚、俄罗斯、朝鲜等国家科研单位、大专院校建立了广泛的科技交流与合作。

金洲黑色标准水貂

特产所目前主要从事茸鹿、毛皮动物、珍禽、野生果树，药用植物等珍贵稀有、经济价值高的特种经济动植物品质资源收集、保存、遗传育种、疫病防治、生物技术、生态环境等方面的研究。全所70%的科技成果已推广应用，几十年来，共培训农民近二十万人次。特产科技的进步，极大的推动了我国特种经济动物饲养业的发展，科技贡献累计新增效益达2450多亿元。特产科技的发展，对吉林省乃至于我国农业的发展越来越产生着广泛而深刻的影响，特别是在调整农业产业结构、增加农民收入、满足市场的多元需求等方面扮演着越来越重要的角色。

网址：http://www.caastcs.com/
地址：吉林省长春市净月经济开发区聚业大街4899号
邮编：130112
联系电话：0431-81919855

魁绿

所区全貌

吉林市环境卫生管理处

昌邑区环卫处

2006年以来，市委市政府为实现富民强市的目标，特别重视和支持城市环卫事业的发展，提升地位、加大投入、强化管理，使我市环卫管理水平一直居于东北各城市的前列。

管理有新举措。实行清扫保洁“一体化”改革，变城区、街道两级作业为城区一级作业，“一体化”改革从2007年开始试点，到2011年全面铺开，打破了30年不变的作业体制，使环卫队伍朝正规化、企业化方向迈进了一大步，管理水平和作业能力有了质的提升；出台和修定了相关法律、规章和规范性文件，2009年公用局制定了清扫保洁等6个管理规范，同年市政府出台了“吉林市垃圾处理收费管理办法”，2010年修改出台了“吉林市市容和环境卫生管理条例”，这些法律、规章、规范性文件的出台为提高环卫地位，加强环卫管理起到了根本性的保障；全面开展“优质竞赛评比活动”，以强化检查评比为载体，以抓基层、打基础，优秀管理，优质服务为内容的竞赛活动，为推动全市环卫工作的发展起到了积极的推动作用。

投入有大突破。开放公用市场，引入社会资金2亿多元于2009年建成垃圾焚烧电厂，使我市垃圾无害化处理率达到100%；从2009年至2011年3年间，市里投资5千多万元，区里投资2千多万元，购置各种清雪机械70多台件，新增扫道车14台、垃圾运输车8台、高压水车8台、洗扫车10台，使我市清扫保洁、水洗作业以及冬季清雪等作业的机械化程度大幅度提高，作业效率和质量水平明显提高；投入400多万元，新建水洗公厕22座，改造旱厕59座，购置移动公厕25座；市区投入3千多万元建设新的环卫车库和办公楼5座，新建环卫工人休息室13处，改造环卫工人休息室21个，2012年又投资3300多万元，购置移动箱和勾臂车96台件，彻底取缔了我市老旧中转站，实现了垃圾收集运输的现代化。7年来的专项建设总投入超过了前30年投入的总和。

环卫工人待遇有大的提高。7年来，市里4次提高环卫工人工资，人均月收入由2006年的460元提高到950元；2009年市政府每年拿出3千多万元解决环卫工人老有所养问题，到目前为止，已有3260名退下来的环卫工人享受了社保待遇，为环卫工人办社保走在了东北的前列；从2006年起市政府每年为环卫工人办理意外伤害保险，2012年起为在岗环卫工人办理劳动工伤保险；2008年以来，市政府每年都投入150万元为环卫工人办福利。7年间，市财政用于环卫事业经费由9千多万元增加至2.1亿元。

环卫管理水平有大提升。我市环卫作业面积由2857.3万平米增加至3006.3万平米，环卫工人由6452人增加至6756人，环卫设备由241台件增加至342台件，机械化清扫率由4%增加至38%，水洗作业街路从无增加至120条。7年间，我市荣获的全国十大魅力城市、中国十佳优质生活城市、最宜投资城市、全国绿化模范城市、省级卫生城市，都体现了环卫管理水平较大提升的成果，在省政府爱卫会组织的历次城市卫生检查中一直名列前茅。我市环境卫生管理正在朝着长效化、规范化、现代化的方向健康发展。

清雪设备：雪滚

洒水车进行作业

最新型街路洗扫车在进行作业

垃圾压缩车在作业

吉林松花江三湖国家级自然保护区管理局

局 长　董立荣

吉林松花江三湖国家级自然保护区是2009年9月18日由国务院批准建立的，其前身为吉林省人民政府1990年批准建立的吉林省松花江三湖保护区。保护区面积为115253.2公顷，属“自然生态系统类”类别，“内陆湿地和水域生态系统”类型的自然保护区。松花江三湖不仅是松花湖下游吉林、黑龙江两省5个大中城市，3000多万人口生产、生活、生态用水的水源地，而且是我国黄河以北地区淡水资源贮量最大、区位条件最好、可工程控制能力最强、可利用价值最高的水源基地。保护区在维持生物多样性、保持生态系统平衡和促进经济、社会可持续发展、保障吉林生态大省建设、生态用水和东北老工业基地振兴等具有不可替代的重要作用。三湖保护区同时存在着森林生态系统和湿地系统，森林和湿地可以吸收大气中的二氧化碳，发挥出较高的碳汇作用。

在董立荣局长、李储山书记、田雨旺、宋子龙副局长的新一届领导班子的带领下，通过三湖保护局全体职工的不懈努力，三湖保护区生态环境走上了良性发展的轨道，使地方经济可持续发展得到了自然环境与资源方面的保证，“同建和谐社区，共谋良性发展”真正使保护区与区域内地方政府收到了“双赢”的效果。

领导班子研究讨论会议

坚持“共管共建”管理理念，携手共建和谐型保护区。几年来，保护区在检查、监督、执法上变被动为主动。通过坚持每年定期召开辖区内地方政府分管领导座谈会的形式，了解、掌握保护区内社会经济发展的趋势、项目等情况，沟通、协调保护区的保护管理事宜，加强保护区管理部门与地方政府及各个职能部门的联系与互动关系，有效提升了保护区在社会上的地位。采取走出去，请进来的工作方法，互通情况，使得保护区管理部门的监督检查、协调指导等具体工作做的有声有色。促进了保护区的保护管理工作与当地社会经济的协调发展，携手构建和谐社会、和谐环境。

加大宣传教育力度，提高全民生态环境保护意识。通过与新闻单位的密切合作，利用广播、电视、报纸、互联网等社会公众媒体的宣传，以及在保护区内悬挂宣传条幅、发宣传单、粘贴公告等方式，全面提高了区内社会群体的环境保护意识，形成了区内公众自觉保护环境的局面。

加大执法力度，抑制破坏生态环境的违法行为。保护局把工作重点转移到近湖区500米以内，第一山脊以下的植被保护上来。转变思想观念，用科学发展观的理念，科学、灵活的运用《三湖条例》所赋予的权利、职责和义务，加大执法力度。几年来，曾多次配合吉林市委、市政府开展“松花湖区综合整治”工作。并对违反《三湖条例》的行为共下达《限期纠正通知书》52份，取缔湖面挖沙场9处，清理55台汞磨和10个氰化罐、采金船30艘，使保护区的生态环境得到了有效的保护。

服务人民群众，加强保护区文明建设。2005年10月，按照吉林市政务服务中心的要求，保护局根据《三湖条例》的授权，在政务大厅设立窗口，对近湖区设置旅游景点、修建宾馆、度假村、饭店、疗养院进行审查；对近湖区森林采伐、采石、采矿、挖沙进行审查；对保护区内对自然环境有影响的新建、扩建和技术改造工程项目进行审查。政务窗口的开办，对正确引导保护区内项目建设，实现经济效益与生态效益协调发展发挥了重要作用。窗口开办以来，得到了多方好评，其中，吉林镍业公司特向政务窗口送来了锦旗“自然保卫真卫士，资源开发好监理”，表达了对保护局窗口审批工作的认可和赞扬。

完善森林生态资源体系，加强生态文明建设。近年来，保护区开展保护巡护工作，对保护区的自然环境、生物资源进行全方位的保护，开展了多项生物工程治理项目，保持了生态环境平衡。同时，完成造林红松、水曲柳、云杉等珍贵树种700余公顷，保存率达86.5%。完成幼龄林抚育1520公顷，对生态建设做出了重要贡献。保护区在森林防火，有害生物防治方面也做了大量工作，并无一起森林火灾和严重病虫鼠害发生。

三湖保护局工作会议

加快保护区基础设施建设，提高保护区管理能力。2006年，三湖保护局打破了建局以来没有自己的办公楼的历史，新建了一座面积5000平方米的办公楼，增添了办公设备，改善了办公环境，实现了自动化办公。2011年开展了以三湖国家级自然保护区115253.2 hm^2范围内的10个乡镇、4个国有林业局辖区、4个县级林业相关区域为调查统计基本单元的国家级自然保护区本底调查工作。投入100万元，建立了保护区林地资源监控体系和资源监控信息管理系统，发挥了保护区在生态建设和经济建设中的特殊作用。

多年来，保护区的保护工作得到了政府的高度重视和支持。省人大、省政府多次组织检查组到保护区进行检查指导，经常展开松花湖综合治理研讨会。省委常委、吉林市委书记徐建一、吉林省副省长矫正中与吉林市有关部门领导亲自视察松花湖，对保护区的生态环境进行了实地调研。

通过大量卓有成效的工作，保护区的森林生态系统及湿地生态系统得到了更多休养生息的机会，从而发挥更大的生态效益、社会效益和经济效益。三湖保护区的健康发展，对促进吉林经济发展和社会进步，乃至全球应对气候变化都具有重要意义，功在当代，利在千秋。

吉林省水文水资源局吉林分局

研究部署中小河流建设项目（左一党委书记王宇丽、左二局长齐冰）。

吉林省水文水资源局吉林分局隶属于吉林省水文水资源局，现任局长齐冰，党委书记王宇丽，副局长曲鹏禄，下辖吉林、磐桦、舒兰、蛟河四个勘测队，机关设置办公室、人事科、计财科、水情科、站网科、水资源科及水环境监测中心，现有职工106人。

吉林省水文水资源局吉林分局监测区域内现有14处水文站、1处小河站、1处径流站、2处土壤商情监测站、67处雨量站、27个水质监测断面，144眼地下水监测井，形成了降水、水位、流量、蒸发、泥沙、水温、冰凌、水质、地下水和区域水资源监测、调查和评价等监测项目齐全、布局合理的水文水资源监测站网。迄今为止积累了近百年水文资料，并形成了自1950年以来的水文观测系列资料。

吉林省水文水资源局吉林分局是吉林市经济和社会发展的基础性公益事业。负责吉林市水文行业管理，组织编制全市水文事业发展规划、水文行业技术规范和标准并监督实施；负责实施最严格水资源管理制度相关工作的管理、考核与监督；负责全市水文水资源站网规划、建设和调整工作并监督实施，组织实施全省水文信息化建设与管理；负责全市水文水资源监测工作，组织实施全市地表水、地下水的水量、水质监测；组织实施市内重大突发水污染、水生态事件水文应急监测工作；负责全市水文水资源的情报预报、监测数据整编和资料管理工作，组织实施水文水资源调查评价、水文分析计算、水环境监测评价和预测预报、水文监测数据统一汇交、水文数据使用审查工作；负责全市防汛抗旱的水文及相关信息收集、处理、监视、预警以及江河、湖库的暴雨、洪水分析预报，组织实施全市墒情站网规划、建设与管理；承担水文水资源信息发布有关工作，组织编制吉林市水资源公报、吉林市地下水通报、吉林市水质通报；参与编制吉林市水资源保护规划和重大水污染事故调查与仲裁，组织实施入河排污口监测、水环境质量监测与评价；负责有关水事纠纷、涉水案件的裁决所需水文资料的审查；协助水行政主管部门管理和保护水资源；负责全市水文测报设施保护工作；承担用水单位的水平衡测试工作；承担建设项目水资源论证工作。

紧急会商水情

近年来，吉林省水文水资源局吉林分局牢固树立"大水文"的发展理念，根植水利，面向社会，充分发挥行业优势，在防汛抗旱、水资源管理和保护等领域做了大量的工作。2010年吉林市发生特大暴雨洪水，我局党政班子紧急部署，坚强指挥，广大干部职工不畏艰辛，舍生忘死，在峰口浪尖上测取了一组组宝贵的水文资料，在有线电话中断，手机信号时断时续的情况下，及时启动无线通信系统，关键时刻用无线电台共接转发水情电报1083份，滚动发布洪水预报35站次，参加市、县两级防汛会商会50余次，为各级政府防汛指挥部门提供了及时准确的水文情报预报，真正做到了侧得到，报的出、报的及时、报的准确，充分发挥了水文部门在防汛抗洪、防灾减灾工作中的参谋和耳目作用，为取得我市2010年防汛抗旱抢险救灾的胜利作出了突出的贡献。

"十一五"期间，吉林省水文水资源局吉林分局通过不断加强行业能力建设，不断提高水文监测范围和应急监测能力，及时为各级政府和水行政主管部门编发《水情简报》、《吉林市水资源公报》、《吉林市地下水动态简报》、《第二松花江吉林市城区水势水质通报》等。组织完成了《第二松花江吉林市江段水位与供水关系研究报告》、《松花湖流域水环境现状调查与污染控制分析》、《国能永吉生物发电厂工程水资源论证报告》、《磐石市沈吉线石家至烟筒山段玻璃河铁路桥防洪评价报告》等40余个项目，为吉林市防汛抗旱、水资源开发利用、水资源保护及经济社会发展提供了重要的技术支撑。多次荣获全省水利系统先进集体、精神文明建设先进单位，优秀基层党组织、省、市抗洪抢险先进集体等荣誉称号。

2012年是实施"十二五"规划承上启下之年，吉林省水文水资源局吉林分局将继续深入贯彻落实科学发展观，积极践行可持续发展治水思路，紧紧围绕经济社会发展的需求，全面贯彻中央和省委两个1号文件精神，牢固树立"大水文"发展理念，进一步加强水文水资源监测体系建设，着力优化完善水文监测站网，重点加强水资源管理、城市防洪、中小河流、跨国界河流、重要水源地、主要江河排污口、土壤墒情、重点生态用水、水功能区界水文站网和地下水监测井网建设，提高监测能力和预测预报预警服务水平；认真落实最严格的水资源管理制度，围绕水资源管理"三条红线"的要求，切实加强水量水质监测能力建设，努力为强化监督考核提供技术支撑；以深化改革和开拓创新为动力，以提供全面优质高效服务为目标，以强化法规和队伍建设为保障，统筹规划、突出重点、适度超前、全面发展，加快推进从行业水文向社会水文转变，努力提高水文现代化水平，为吉林市经济社会发展做出更大贡献。

吉林省水文水资源局吉林分局办公楼

吉林水文站

应用尖端仪器多普勒测洪

吉林市水资源管理办公室

吉林市水资源管理办公室隶属吉林市水利局，负责贯彻执行水资源管理的相关法律法规，取水许可的组织实施，水资源费的征收，水资源的开发、利用、保护及水资源的综合规划、组织指导计划用水节约用水等工作。近年来，市水资办领导班子坚持以科学发展观为统领，认真贯彻中央水利工作方针，落实市委、市政府水利工作部署，紧紧围绕全市水利中心工作，以强化水资源合理开发利用保护、行政执法、规费征收、取水许可审批和水资源信息化建设为重点，以实行最严格的水资源管理制度为契机，全面提升了水资源管理工作的水平。

1. 完成好各年度水资源费征收任务。克服困难，挖掘费源，采取必要的法律、行政手段，加大收费力度，应征不漏，确保水资源费足额上缴。

2. 严格行政执法，规范水资源开发利用秩序。按照“合理开发、有效利用、科学配置，全面保护”的原则，认真开展集中执法、取水许可清理、打击非法开采地下水等专项行动，严厉打击违法开发利用水资源行为。在落实最严格的水资源管理制度的同时，拟定“三条红线”，加强水功能区管理，健全水资源管理机制，进一步规范取用水秩序。

3. 主动预约服务，强化取水审批和监管工作。在取水许可审批工作中，将水资源论证工作做为前置，认真梳理审批流程，明确工作细节，做到依法审批、程序合法，有效提高服务效率和质量，进一步树立水行政主管部门的社会形象。在审批服务过程中，变被动等候为主动，上门服务，特别为招商引资企业开辟审批绿色通道，变预约服务为24小时全天候服务，为我市创造良好的经济发展软环境。

4. 扎实推进水资源管理基础性工作。完成各年度“吉林市水资源管理年报”、“吉林市水资源公报”、“吉林市城区二松江段水势水质通报”的编制，开展全市地下水水位、水质、水温监测，分析地下水动态变化，为吉林市合理开发利用水资源提供技术支撑。实行最严格的水资源管理制度，编制《吉林市农业节水规划》和《吉林市区用水水平分析评价报告》，开展水资源管理信息化建设工作，以信息化手段推进水资源管理工作再上一个新的台阶，为创建我市节水型社会做出更大贡献。

吉林市社会医疗保险管理局

局 长　邸杰宜

吉林市城镇职工基本医疗保险于2001年5月10日正式启动实施，至今已经走过了10个年头。10年来，吉林市医疗保险改革工作按照国家和省、市的统一部署，紧密结合我市实际，大胆创新管理模式，努力完善运行机制，不断加大扩面征缴力度，在吉林市医疗保险改革与发展中创造了令人振奋的骄人成绩。以创新精神全面加强业务建设，探索建立全市医保工作的组织体系、政策体系、网络体系、保障体系和管理体系：成功启动了城镇职工基本医疗保险、工伤保险和生育保险，城镇居民基本医疗保险。目前，在吉林市一个“个人帐户管门诊、统筹基金管住院、大额费用有商保、慢性疾病有补贴、城镇居民有保障、困难职工有措施、公务人员有补助、伤残军人有办法、特殊人群有照顾”的多层次医疗保险体系已经全面构建，基本达到参保全覆盖，并不断延伸改革领域，提高规范管理服务水平。据统计，截止2011年末，全地区城镇职工基本医疗保险参保人数达到92.9万人，工伤保险参保人员达到61.7万人，生育保险参保人员达到50.8万人，城镇居民基本医疗保险参保人数达到140万人。

由于全市上下的共同努力，吉林市医疗保险改革取得了明显的成效，各项工作均走在全国和全省的前列，其中城镇职工基本医疗保险和城镇居民基本医疗保险被确定为全国试点城市之一，并多次在全国医疗保险工作会议上介绍经验。吉林市医疗保险管理中心自2001年开展业务以来，多次受到国家、省及市委、市政府的表彰奖励。2007年，吉林市医疗保险管理中心被国家人力资源和社会保障部授予集体一等功的荣誉称号，2007年2008年被国家人力资源和社会保障部评为全国优质服务窗口先进单位，2009至2011年被省人力资源和社会保障厅评为优质服务窗口和经办工作先进单位。

这些成绩与荣誉是吉林市医疗保险改革历程的见证，我市医疗保险改革的路仍很远、很长。我们坚信，吉林市医疗保险事业在市委、市政府的亲切关怀下，在市人力资源和社会保障局的直接领导下，在社会各界的帮助支持下，只要继续发扬开拓精神、创业精神、团队精神，一定会继往开来，与时俱进，不辱使命，在改革、建设和东北老工业基地振兴的大潮中扬帆远航，奔向光辉的未来！

2011年11月，吉林市医疗保险管理中心正式易名为吉林市社会医疗保险管理局，图为挂牌揭匾仪式。

吉林市市委组织部副部长、市人力资源和社会保障局局长孙宝玉在城镇居民医疗保险宣传现场。

船营区国家税务局

吉林市船营区国家税务局位于吉林市德胜路福绥街50号，现有干部232名，内设12个科室和7个分局（所），承担着船营区7133户各类企业、个体工商户的税款征收任务。船营区国税局在上级机关、政府各级部门的正确领导下，在全体纳税人的大力支持下，深入贯彻省、市局会议精神，坚持“创新办法，优化服务，狠抓落实，科学发展”工作思路，以依法组织收入为中心，以抓好制度建设和落实为主线，以优化纳税服务和提高干部素质为目的，凡是有利于税收增长的，就坚决地去抓好，凡是有利于纳税服务的，就认真地去做好，在各项工作中实现了更大、更新地突破。组织收入工作得到强化，坚持“依法治税，应收尽收”组织收入原则，科学监控税源，强化征收措施，从根本上保证了税款的入库。税收征管工作创新落实，在牢牢把握新时期税收工作宗旨和主题的基础上，坚持依法治税、从严治队，以推行项目管理为中心，以落实税收政策法规为重点，征管质量得到明显的提高。队伍建设再上新台阶，始终以提高干部队伍素质为核心，以税收文化建设和创建学习型组织为重点，以改革创新为灵魂，坚持以人为本，惟实务实，与时俱进，教育工作有力有效，党团工作常抓常新，造就了一支政治过硬、业务熟练、作风优良、执法公正、管理高效、服务规范的干部队伍。区局从2007年开始，连续三年获得省局“精神文明先进单位”荣誉称号；办税服务大厅先后获得国家税务总局、中国妇联颁发的“国家青年文明号”和“全国巾帼文明示范岗”荣誉称号。“长风破浪应有时，直挂云帆济沧海”。从1994年国、地税分家以来，船营区国家税务局一共为国家征收各类税款40多亿元，为推动船营区的经济发展做出了应有的贡献。现如今，船营区国税局全体同仁正迎着建党90周年的春风，开拓创新，与时俱进，向着更高、更远的目标前进，谱写了一曲悠扬、和谐、平安的国税新篇章。

税收宣传活动

深入车间了解生产工艺和流程

船营区教育局

党委书记、局长 段继光

船营区教育局成立于1972年，现有区属中小学56所，其中：初中11所（城区6所，农村5所），共有初中学生数8737人；小学45所（城区15所，乡镇中心小学4所，村小26所），在校小学生16667人;特殊教育实验学校1所，教办幼儿园2所，教师进修学校1所。

随着课程改革的不断深入，船营教育工作在区委、区政府的领导下，在上级教育行政部门的关怀和支持下，以围绕“一个和谐”（和谐校园）、打造“两个队伍”（校长、教师队伍）、创建“三个平台”（学校、教师、学生发展平台）、实现“四个跨越”（教育均衡发展、学校标准化建设、教师专业能力、学生综合素质）为统领，大力推进义务教育均衡发展，突出加强教育质量管理，深入推进素质教育实施，有效促进教师专业发展，科学配置教育资源，不断优化教育发展环境，努力实现教育公平，全面提高教育教学质量。未来五年，区教育局将进一步提高义务教育水平，规范学校办学行为，加强教师队伍建设，改善办学条件，推进义务教育均衡发展，为教育事业加快发展提供人才支撑。

段继光局长为名优教师送上鲜花

船营区实验小学教师团队在教学管理示范校展示日活动中与现场来宾交流。

庆祝教师节暨颁奖大会

船营区冬季长跑活动起跑仪式

阳光体育运动在每个校园蓬勃开展

吉林市龙潭区

2011年8月，院领导班子合影

2011年7月19日陈长青及人大代表座谈

龙潭区检察院在市检察院和区委、区政府的领导下，充分发挥各项检察职能，及时转变执法理念，积极、主动服务大局，自觉融入经济社会发展，切实把“服务大局、保障民生”贯穿检察工作始终。努力为经济社会发展提供有力的司法保障。2008—2010年院领导班子连续三年被龙潭区委、区政府评为“政绩突出领导班子”；2009年，被评为“2007—2009年度省级精神文明建设先进单位”；2006年以来连续六年在市检察院考核评比中被评为优胜单位；2008年、2010年连续两届荣获全省十佳基层检察院荣誉称号。控告申诉科2007年以来连续两届被评为全国文明接待室，2010年被评为吉林地区唯一一个全国文明示范窗口单位。

2012年3月，召开检察服务站联络员聘任大会

在工作中坚持做到以教育为主，把严格公正执法与灵活执行政策结合起来；以企业经济利益为重，把办案的社会效果与法律效果结合起来；强化检企联合，把为重大项目建设服务同企业健康发展结合起来；把群众的呼声、百姓的诉求同严格公正执法结合起来。

几年来，我院持续服务重大项目27个，为龙潭区引进大项目9个，投资总额近15亿元。2009年，我院向重大项目建设单位作出了五点承诺，公布了为项目建设服务的“九条意见”和“六项制度”，得到了企业领导的高度赞许及企业员工的好评。几年来，龙潭区检察院在办理案件过程中，积极帮助涉案企业追缴被占资金100余万元；依法保护辖区重点民营企业知识产权和合法利益，为企业追回损失共计 120 余万元。2011年1月和9月，龙潭区组织开展金珠乡西部村屯和八家子村的征地拆迁工作，成立了拆迁工作组，区领导指派由检察服务站（前身是检察室）的工作人员担任拆迁工作组组长。我院高度重视，派出两名副检察长和四名干警充实服务站力量，检察长直接参与，帮助协调解决拆迁工作中的实际困难，保证了投资总额100亿元的项目顺利进行。在征地拆迁过程中，我院干警以精益求精、高度负责的工作态度共为金珠乡荒地村11户村民挽回利益30余万元，杜绝了国家工作人员和村干部互相勾结套取补偿款150万元，为国家节省补偿资金近1亿元。龙潭区委、区政府对检察服务站的工作给予高度认可，在龙潭区委2011年度表彰大会上检察服务站的干警被评为龙潭区杰出贡献人物；检察服务站的工作事迹被吉林市检察院评为保障民生精品事例。2012年3月，我院成立了派驻经济示范园区、工业园区、乡镇和社区检察服务站，配备了工作能力强的干警开展工作，聘请了园区工作人员、辖区社区主任、村书记共150人为联络员，筹集资金十万余元为联络员配备了通讯工具，实现龙潭区辖区全覆盖，通过联络员，使检察机关深入了解社情动态和经济社会中各项事业发展状况，有力地服务辖区经济建设。我院根据群众举报、上访，查办了区规划局、土地局等职能部门在政府征地拆迁中的徇私舞弊滥用职权犯罪案件。

2011年参加市检察院庆祝建党90周年红歌演唱比赛

人民检察院

龙潭区院为江密峰镇北沙村困难党员王淑芳家建新房，图片为王淑芳的儿子、儿媳为龙潭检察院送上锦旗

2011年10月，杨光检察长走访吉林建龙钢铁有限公司

2011年9月，纪检组长赵彦义、检察委员会专职委员卢平走访乌拉街镇中心小学困难学生

2011年9月，杨光检察长走访江密峰镇中心小学困难学生

2011年7月19日，贾圣光检察长走访江密峰镇困难村民

2011年9月，“双促”活动中，纪检组长赵彦义走访江密峰镇北沙村困难农户

吉林市龙潭区

乌拉街韩屯民俗村建设（三帮双促活动）

区林业畜牧局帮扶贫困

棚户区改造（民生工程）

近几年来，龙潭区林业畜牧局在区委、区政府的坚强领导下，深入贯彻落实科学发展观，紧紧围绕区委、区政府大力发展经济这一中心，积极谋划科学发展思路，在林业、畜牧方面实现了新的突破，为全区的经济发展、生态建设、农民增收做出了应有的贡献。

一、林业

一是植树造林、农村美化绿化实现了新的突破

2011年完成造林总面积1820公顷，使用苗木180万株。绿化乡村路160公里，绿化村屯19个，义务植树19万株。全面完成了省政府提出的十年美化绿化吉林大地工程。

二是森林防火实现了新的突破

2011年我区实现了连续20年无重大森林火灾的奋斗目标。

三是林业产业发展实现了新的突破

2011年林业社会总产值实现2.1亿元，林业增加值完成5800万元。完成招商引资1.3亿元，落实林区棚户区改造资金87万元，改造87户，发放退耕还林发展后续产业资金67万元，为林农提高收入起到了积极作用。

四是集体林权制度改革有了新进展

截止到2011年，全区共有8个乡（镇、街），74个有林村，9462户农户，33475人口参加了林改，确权的林地面积36.01万亩，确权率达到98%。已全面完成了主题改革任务。

五是森林资源保护开创了新局面

持续多年的打击破坏森林资源专项整治行动取得了可喜成果，收回林地11.67公顷。全区108户木材经营加工企业无违法情况发生。伐区验收抽检率达到21%。

二、畜牧业

一是畜牧业产业发展实现了历史性的突破

2011年，全区畜牧业总产值实现11.1亿元，牧业增加值完成5.98亿元，人均牧业收入达到2680元。肉、蛋、奶的产量分别达到7.1万吨，0.66万吨，1.74万吨。新建标准化牧业小区24个，新建标准化养殖示范场2个，改扩建牧业小区46个。

森林防火演练

绿化苗圃基地建设

林业畜牧局

木材生产（冬季采伐作业）

植树造林（农村美化绿化）

牧业畜产品深加工企业—吉林市九江潮的屠宰车间

无公害畜产品

二是重大动物疫病防控再上新水平

全区连续多年无重大动物疫情发生，重大动物疫病的免疫率常年保持在100%，有效抗体合格率常年保持在85%以上。我局多次被省市业务部门评为重大动物疫病防控先进单位。

三是畜产品质量安全的监管再出新举措

首先，加强了对奶站的监管。对集中榨乳站派专人进行了监管，对生产记录、销售记录、运输记录、检验记录都进行了严格要求，各项规章制度进行了严格规范，确保了乳品安全。其次，开展了打击生产销售使用“瘦肉精”的专项整治行动。已累计共出动执法人员280人次，检查养殖场（户）86个，监测养殖场户167个，检测尿样样本800个，监测了3个饲料加工企业和1个生鲜乳收购站，均未发现畜产品质量安全问题。第三，加大畜产品质量认证的申报。2011年，我区已有4家企业对其产品进行无公害产品认证的申报。

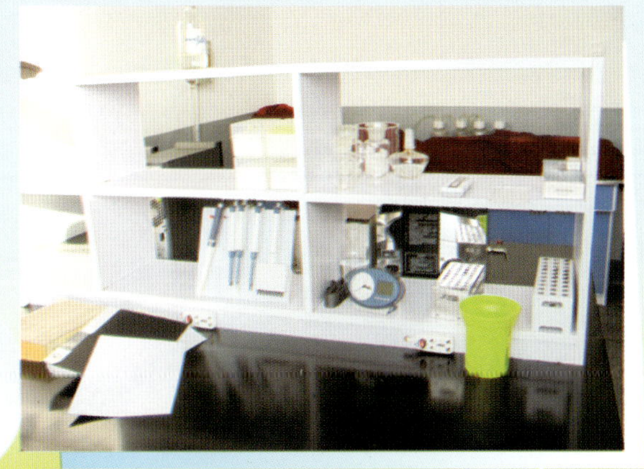

畜产品质量检验中心实验室

正在腾飞的钢铁之都

吉林金珠工业区

吉林金珠工业区成立于2011年，总规划面积44.07平方公里，区内水源充沛，土地平整，地势开阔。钢铁、物流、化工正快速形成产业集群，一座工业新城正腾飞而起。

区位优势：

金珠工业区地处东北亚核心腹地，紧邻吉林市中心城区，是国家长吉图战略的重要支撑区域。距长珲高速公路出口仅5公里，距长春龙嘉国际机场70公里，吉哈铁路和202国道在工业区内纵穿而过。区内设有铁路专用线。距已被我省租赁的朝鲜罗津港475公里，交通便利，海上运输可直达日本、韩国、俄罗斯等国家。

产业特色：

金珠工业区现已形成以钢铁为特色的产业集群，现有年产精品钢300万吨的吉林建龙钢铁有限责任公司，年总产能45万吨的晨鸣纸业有限责任公司及吉林杭氧博大气体有限公司、吉林东晟冶金渣综合利用有限公司及吉林鼎盛物流有限公司等多家大型企业。亚洲最大规模的中钢集团吉林炭素股份有限公司、中国最大规模的中钢集团吉林铁合金股份有限公司等大型企业都将在十二五期间进驻金珠工业区。金珠

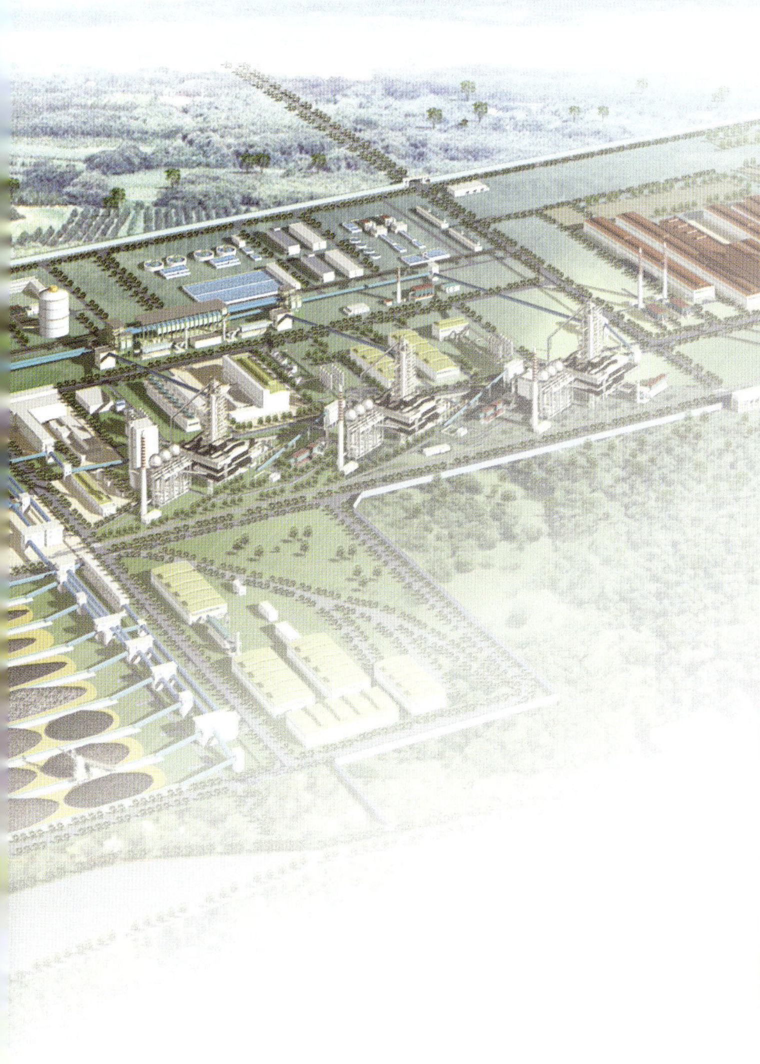

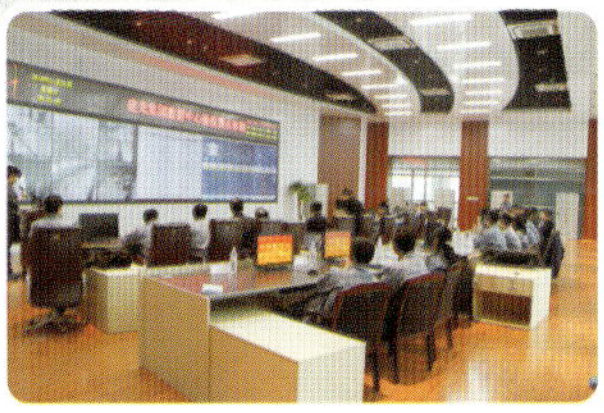

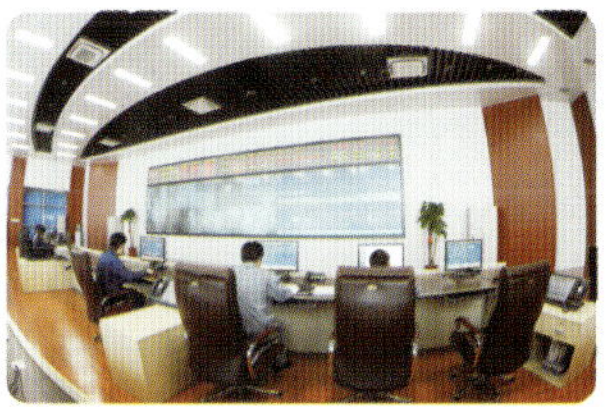

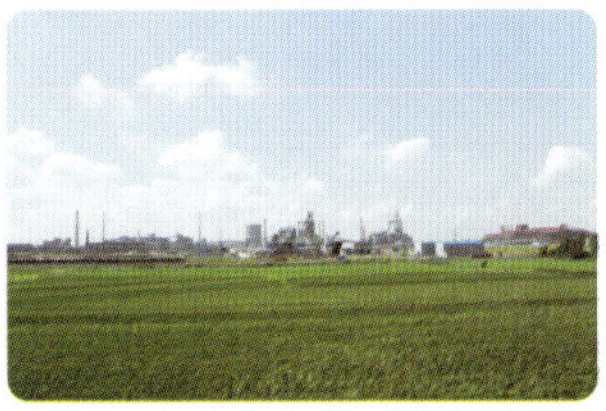

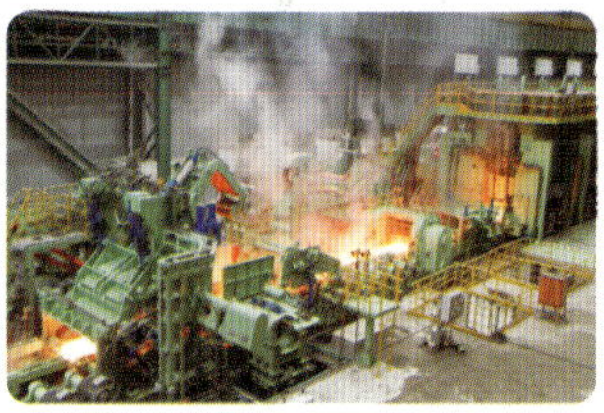

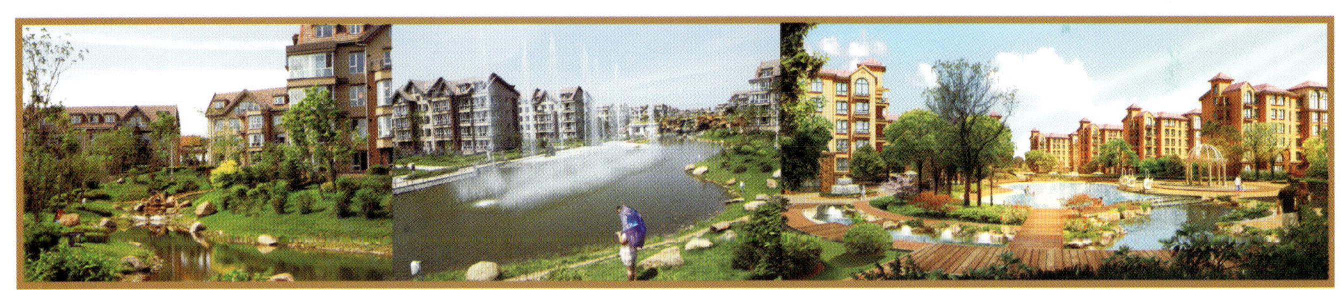

工业区依托大项目做支撑，以发展钢铁产业为主攻方向，不断加快项目集聚，着力延伸钢铁产业链，致力打造吉林市新型工业示范基地，重要经济增长极。

功能分区：

金珠工业区积极推进“集约化、集聚化、集群化”发展战略，立足工业区的区位优势、产业优势和政策优势，构筑“一城”、“四园”的基本格局。“一城”即金珠新城，“四园”即冶金园区、装备制造园区、现代物流园区和循环经济示范园区。

金珠工业区这座正在腾飞的东北亚工业新城，借助长吉图开发开放、长吉一体化战略的实施和吉林市建设北部工业新区的有利契机，依托产业基础优势，以发展冶金、建材、装备制造产业和现代物流产业为重心，实施产业发展和新城建设“双轮”驱动战略，力争用3-5年时间，进入省级开发区先进行列，吉林市新型工业示范基地、长吉图开发开放重要节点区域；用5-7年时间，打造成国家级开发区，建设成为吉林省新的经济增长极、吉林省支柱产业集聚区。

金珠，金以石砺、珠以精诚，勇于担当、勤劳务实的金珠人以“时不待我”的发展理念诚邀四海宾朋，携手拥抱世界，同心创造未来。东北亚工业新城—金珠工业区翘首企盼，期待海内外有识之士早日到来，共同描绘更加美好的明天。

吉林金珠工业区
JILIN JINZHU INDUSTRY PARK

联系电话：0432-66937768/66937688
网址：www.jljzgyq.gov.cn
邮箱：jljzgyq777@163.com

能动司法 求实创新

省委常委、政法委书记金振吉一行来院视察多元调解工作

近年来，昌邑区法院以社会管理创新为理念，以化解社会矛盾为目标，坚持调解优先原则，在全省率先成立了法院附设诉外多元调解中心，构建了诉外多元调解与诉讼有效衔接的社会矛盾纠纷多元化解机制，使大量的矛盾纠纷化解在诉讼以外，减少了纠纷当事人的对立情绪，有效地控制了涉诉涉法上访，促进了社会稳定与和谐。2008年以来，每年都有1200余件的各种矛盾纠纷，通过诉外多元调解平台（多元调解室）得以成功化解，调解成功率在81—85%之间。

通过多元调解机制的实行，大量的纠纷解决在诉讼以外，有效地化解了矛盾纠纷，减少了对抗，极大地维护了辖区稳定。边际效应也十分明显。

（一）诉讼案件明显减少，审判质量显著提高

2008年，昌邑法院受理民商事案件1198件，比2007年同期减少971件，下降44.77%；2009年受理民商事案件1129件，与2008年相比又下降5.8%；2009年上诉案件比2008年下降23.4%；发改案件比2008年下降 55.9 %，近两年与2009年基本持平。新信访率不到1‰。

（二）节约诉讼费，惠及当事人

以2008年为例，昌邑法院诉前指导息诉案件304件，委托多元调解室调解1081件，当事人节省诉讼费和送达费总和是：461,700.00元。四年来，当事人节省诉讼费用约达180余万元。

（三）提高解决纠纷效率，降低矛盾化解成本

2008年以来，通过诉外调解，平均结案时间为7天，有的在几个小时内就结案。近两年诉外调解成功率分别是83%和85%。矛盾纠纷的解决时间和工作流程的缩短，大大降低了矛盾纠纷解决的各项社会成本。

（四）节约法院司法成本，促进法院良性发展

2008年以来，在理论上计算，可节省司法成本500余万元。因诉外调解后进入诉讼程序的均为复杂疑难案件，“学者型法官”调整到审判一线成为趋势，推进了法官的精英化和职业化建设进程。连续四年，每年均有10余名（2011年有14名）全年无发改案件的法官产生。

昌邑法院的诉讼调解与诉内调解相结合的综合大调解格局的建立和实践，得到了国内外法学界和实务界的充分肯定和高度评价。2010年11月联合国开发计划署、最高人民法院主办的“司法成本与司法效率”国际研讨会在昌邑法院召开并圆满成功。来自德国、清华、中国政法大学和全国各地的80名专家学者和知名法官出席了会议。昌邑法院的专题发言得到了与会人员的一致肯定和好评。

“司法成本与司法效率暨案例指导制度国际研讨会”在昌邑区法院隆重召开并获圆满成功

宽敞明亮的诉外多元调解中心

全力构建诉外多元调解机制

中央政治局委员、中央政法委副书记王乐泉来院视察多元调解工作

多元调解工作总结表彰大会

2010年昌邑区法院被最高院确定为全国百家之一的“司法公开示范法院”，同时被最高院与欧盟联合国计划署共同指定为全国四家之一的“司法成本与效率”试点法院。近两年来中央政法委、省人大、省委政法委、国内高、中级法院及基层法院先后到昌邑法院调研参观学习。王乐泉、孙政才、金振吉等中央、省委领导来院视察并对多元调解工作给予高度评价，中央电视台播出了昌邑法院多元调解工作专题片，2011年昌邑法院被吉林日报社调查委员会评为“吉林省钻级百姓口碑金奖单位”。

2012年4月19日至21日，最高人民法院在山西省太原市举办“司法成本与司法效率”试点项目总结会，昌邑区法院作为该项目试点法院应邀参加会议并做发言，与会专家对昌邑区法院的发言进行了精彩点评，评价昌邑区法院探索“司法成本与司法效率”的实践过程是科学、发展的，应该继续深入挖掘、探讨。昌邑区法院受邀参与了《提高司法效率工作指南》一书第六章“诉调对接”内容的编写，结合已取得的经验提出了富有建设性的建议。今后昌邑法院将不辜负各级领导的鼓励和鞭策，继续改革创新，坚持能动司法，努力化解纠纷，为维护稳定、建设和谐社会做出更新更大的贡献。

昌邑区法院应邀出席在山西省太原市举办的“司法成本与司法效率”试点项目总结会

昌邑区法院在总结会上做专题发言并得到与会人员的一致肯定和好评

吉林高新技术产业开发区人民法院

院长　许伟

吉林高新技术产业开发区人民法院（以下简称“吉林高新法院”）位于吉林市高新区松花江段南岸，吉林高新技术产业开发区内。该院始终把依法保障和服务经济发展作为己任，为高新开发区的跨越式发展营造了良好的法治环境，被开发区党工委和辖区企业称为“有力建设者和捍卫者”。

吉林高新法院坚持“三个第一”的服务理念，将司法活动和高新区发展紧密联系。“把企业呼声作为司法服务第一信号”，吉林高新法院自1999年筹建时起，就确立了“高起点定位、高标准服务”的工作目标，为高新区内的企业和项目做好司法保障和服务工作；“把企业需要作为司法服务第一选择”，吉林高新法院主动与高新区特殊管理模式相适应，营造有利于企业发展的司法环境；“把企业满意作为司法服务第一标准”，吉林高新法院在案件处理和服务职能延伸上，坚持法律效果和社会效果相统一，在保增长中推进高新区经济先翻番。

高新法院以“两大机制”确保使高新区建设“一路绿灯”。吉林高新法院探索并建立了急办、特办工作机制——急案急办，快速排除开发建设障碍；特案特办，兼顾办案综合效果。

高新法院推行“三项服务”，保障高新企业发展步入“快车道”。吉林高新法院专门成立“大企业服务组”，开展了具有自身特色的“重点服务、专项服务和跟踪服务”。在工作中做到：亲商，特殊企业重点服务；安商，重点企业专项服务；扶商，具体事项跟踪服务。

永吉县人民检察院

领导班子

2011.9.6日付春魁检察长与钼矿白喜奎总经理亲切交谈

到困难群众家走访

过去的一年，我院在县委和上级院的正确领导下，在人大、政协的监督和政府的支持下，认真开展“三帮双促”、“坚定职业信念，促进执法为民”等主题实践活动，以基层检察院标准化建设为核心，争先创优，全面加强队伍建设，努力提升整体检察工作水平，取得了较为可喜的成绩。

一、努力化解社会矛盾，积极营造和谐稳定的社会环境

从保护群众的切身利益出发，不断加大打击刑事犯罪的力度。始终坚持“严打”的高压态势，加强与公安、法院的协作配合，主动提前介入侦查，快捕快诉，形成打击合力，努力维护社会稳定。2011年，我院共受理审查批捕案件137件169人，批捕98件123人，无一错捕、漏捕案件，批捕准确率达到了100%。受理公诉案件241件325人，起诉158件260人。

从维护群众的切身利益出发，深入落实宽严相济的刑事政策。在保持“严打”声威的同时，对未成年犯、初犯、偶犯以及社会危害性不大的犯罪，坚持从宽的刑事政策，以教育挽救为主，当宽则宽。共建议公安机关撤回起诉50件53人，不批捕39件43人，因刑事和解不批捕15件16人，不起诉13件13人。

从关心群众的切身利益出发，及时处理涉法上访案件。把化解社会矛盾，及时解决群众的上访问题做为工作重点，尤其是做好“两会”和“七一”期间的涉检信访和矛盾排查工作，对重点人员、重点案件、重点环节进行跟踪巡访，实行“首访”、“首办”负责制和检察长包案制，杜绝了集体上访、越级上访案件的发生。

二、努力查办窝案串案，积极营造清正廉洁的政务环境

加大对民生领域职务犯罪的打击力度和打击效果。针对永吉灾后重建这种特殊时期，年初以来，我院在如何查办职务犯罪案件上统一了思想，坚持保稳定是前提，把重点放在查办群众反映强烈的、社会影响恶劣的职务犯罪案件上。

加强对民生领域的职务犯罪预防。通过预防调查、预防分析、预防建议、预防咨询、警示教育等多种形式加强对民生领域的犯罪预防。先后到林业局、地税局进行了法制讲课，收到了较好效果。对县内重大项目建设招投标活动，主动派员进行全程监督，积极开展行贿犯罪档案查询工作，保障了民生民利工程的顺利推进，推动了预防工作的深入开展。

三、努力加强诉讼监督，积极营造公平正义的司法环境

进一步加强刑事立案监督和侦查监督。共向公安机关立案监督案件9件10人，追捕5人。对侦查机关在办案中的违法行为及时予以纠正，共发送检察建议3份，纠正违法通知书11份，追诉追漏11件17人。

进一步加强刑事审判监督。不断探索监督办法和监督措施，公诉部门积极和法院搞好量刑建议对接，对每起公诉案件在法定幅度内，依法提出量刑意见。同时加大审判监督力度，共抗诉4件。

进一步加强民事行政监督。对明显不公的民事、行政判决、裁定，以及错误裁判，依法提出抗诉。共受理民事行政申诉案件27件，抗诉7件，发再审检察建议5件，和解息诉15件。

进一步加强刑罚执行监督。重点开展了对减刑、假释、保外就医和超期羁押的专项监督，对看守所实行联网监控，不断加大对监管措施落实情况的监督力度，保障在押人员的合法权益。

四、努力为大局服务，积极营造良好经济发展软环境

全力为企业发展服务。积极为重大项目、重点企业提供良好的法律服务。2011年9月6日，我院领导班子成员走访了吉林大黑山钼业有限公司，听取了企业运营和发展情况的介绍，就检察机关如何全面履行检察职能为企业发展服务，与企业交换了意见和看法，达成了共识。在工作中，竭力履行服务职能，为企业的健康、有序、快速发展提供了坚强的法律保障。

倾力为招商引资服务。与县教育局、农业局共同招商引资，使长春建工新吉润建设有限公司吉林市分公司落户永吉经济开发区，实现税收200.97万元。

大力为新农村建设服务。以“三帮双促”活动为契机，尽全力扶助新农村建设，全力帮助他们解决实际困难。

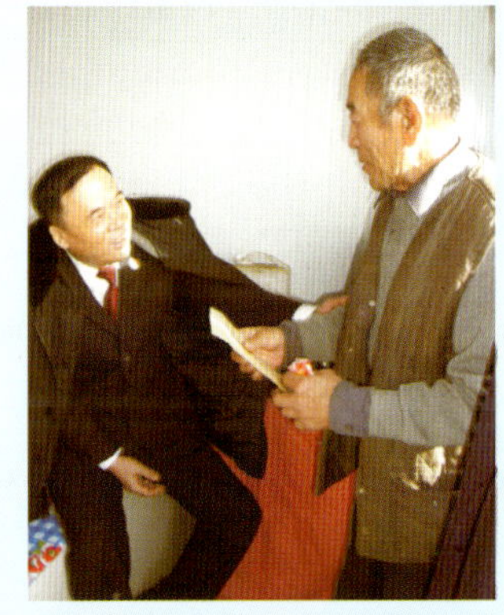
付春魁检察长到万昌开展双促活动

五、努力加强队伍建设，积极营造公正廉洁的执法环境

坚持政治建检，努力提升领导班子的执政能力。班子成员始终牢固树立政治意识、大局意识、责任意识、廉洁意识，把心思和精力全部放在工作上，时刻保持清醒的政治头脑，带头执行各项规定，稳步开展各项检察工作，班子和队伍一直保持着良好的精神状态。

坚持素质兴检，努力提升检察队伍的执法能力。以“双促、三帮扶、四走进、五职教育”等主题实践活动为契机，通过听党课、写征文、唱红歌、献爱心等形式，全面提高检察干警的思想政治素质和职业道德素质，促进队伍公正廉洁执法。

坚持科技强检，努力提升基础设施的保障能力。立足检察事业的长远发展，不断夯实检察基础保障工作。办公办案条件得到了极大改善，检察信息和技术水平有了极大提高，检察面貌焕然一新。

坚持从严治检，努力提升队伍的拒腐防变能力。

把长效管理、科学管理做为事关检察队伍长远发展的重要工作来抓，实行了人民监督员制度、廉政勤政保证金制度。

坚持创新强检，努力提升检察机关的形象力。

以基层检察院标准化建设为核心，创建各项工作制度，狠抓落实，全面打造检察新形象。我院独具特色的标准化创建工作得到了省、市院的高度赞扬和认可，被市检察院评为“标准化建设先进院”。

在社会管理创新方面，一是建立了检调对接机制。多次主动与司法局沟通，召开座谈会，对检调对接工作达成一致意见，成立了检调办公室。二是在永吉经济开发区设立了检察服务站，延伸了服务职能，构建了和谐的检民关系。

赤胆忠心傲风雨

县委常委、政法委书记、公安局长 刘晓利

永吉县公安局自以刘晓利局长为首的新一届党委班子组建以来，始终把队伍正规化建设摆在重要位置来抓，面对着队伍人员少、年龄老化、各项业务指标均居于地区末位的落后状况，局党委没有怨天尤人，而是在深刻剖析队伍管理存在的深层次问题的基础上，挖根源、找症结，抓人心工程，抓凝聚警心，综合运用队伍正规化建设的各种举措，有力推进了各项公安工作的开展，最终叫响了“地区站排头、工作争一流”口号。通过三年多的努力，队伍面貌发生了翻天覆地的变化，民警的心气高了、干劲足了，各项业务指标取得了历史性的飞跃，均位于全地区前列，彻底改变了被动的局面，甩掉了落后的帽子。永吉公安再一次重拾了久违的骄傲与辉煌。

为立功授奖同志颁奖

在严厉打击各类刑事违法犯罪活动中，他们相继攻克了“5.05”惠成奎杀人案、“11.29”曲丰杀人案、“12.22”抢劫出租车杀人案等一大批影响范围广、社会危害极大的命案要案。特别今年春节前夕，通过各所队协同作战、快速出击仅用5小时就破获了永吉县岔路河镇“2012.1.15”一杀三口灭门惨案，及时消除了社会影响，确保群众过上一个安定、祥和的春节。时任吉林省副省长、公安厅长马明，市委书记张晓霈，市委常委、政法委书记、公安局长黎海滨等各级领导分别做出批示，对案件侦破工作予以充分肯定和高度评价。

群众赠送锦旗

在2011年公安部组织开展的全国公安机关网上追逃专项督察“清网行动”工作中，全体民警不畏艰辛、全力以赴、攻坚克难，追逃足迹踏及全国11个省、市(自治区)，为永吉公安赢得了至高荣誉。县局被省厅荣记集体二等功；五名同志被省厅荣记个人二等功；十三名同志被市局荣记个人三等功；十一名同志被县政府荣记个人三等功。一名同志被省厅授予“追逃能手”荣誉称号。永吉公安再一次用事实证明了这是一支“拉得出、冲得上、打得赢”的硬队伍。同时，2011年度全县公安工作

执法资格培训　　在维稳现场　　视察灾情

厉兵秣马写辉煌

在市局精细化管理考评中位列地区前茅。在全省社会治安满意度综合调查工作中，连续两年取得了全地区第一名的优异成绩，群众安全感和满意度得到了大幅度提升。

为灾民捐款

特别是在维稳工作中，为了确保全县社会治安大局的持续稳定，他们针对当前维稳工作异常严峻，特别是“7.28”洪灾过后各类社会矛盾凸显的实际，不断加大维稳工作力度，有效处置各类群体性事件，化解社会矛盾。成功处置大黑山钼矿职工群访、全县艾滋病人闹访、水淹商户和出租车集体上访等多起大型上访、缠访、闹访事件，全力做好全县社会治安稳控工作，为全县招商引资，促进县域经济发展清路除障、保驾护航。2011年全国“两会”期间，实现了去省进京零上访的工作目标。2012年“两会”再一次实现了“零非正常访”、“零群体访”、“零极端事件”的“三个零”的目标，受到市、县各级领导的高度赞扬，也为“十八大”安保工作奠定了基础。

慰问困难民警

2012年，永吉县公安局将继续在县委、县政府和上级公安机关的领导下，按照省厅“五项建设”和“四项工程”的总体要求，不断推进“六项重点工作”：一是继续深入推进队伍正规化建设；二是继续深化后勤保障建设；三是继续深化科技与信息化建设；四是继续深入推进执法规范化建设；五是深入推进平安吉林建设；六是继续深入推进和谐警民关系建设。以高标准的队伍建设、深入扎实的基础工作、科学创新的业务工作，确保永吉社会治安的和谐与稳定，打造人民群众满意的公安队伍，以崭新的业绩迎接党的十八大胜利召开！

指挥救灾

开展轮训轮值、战训合一练兵活动

永吉县民政局

灾后恢复重建

永吉县民政局是永吉县人民政府主管有关社会行政事务的职能部门，负责全县的救灾救济、城乡低保、基层政权建设、优抚安置、婚姻登记、殡葬改革、地名管理、民间组织管理、社区建设、社会福利、老龄等项工作，局内现有工作人员35人。

多年来，永吉县民政局秉承着“以人为本、为民解困、为民服务”的理念，切实履行“解决民生、落实民权、维护民利”的职责，以“想民、为民、帮民、助民”为己任，紧紧围绕全县经济发展和社会稳定大局，认真履行职责，情系黎民百姓，心暖千家万户，把一缕缕阳光洒向社会，使困难家庭有房住，困难群众得温饱，优惠政策全落实，养老就医有保障，社会服务广覆盖，基层民主受赞扬，把一丝丝温暖送到贫困群众的心坎上，为服务大局、惠及民生做出了积极贡献。

救助站

社会救助写大爱。多年来，永吉县民政局以完善城乡低保救助体系为核心，以农村“五保”供养、自然灾害紧急救助、医疗救助、流浪乞讨人员救助为主要内容，以临时救助制度为补充，与社会慈善事业相衔接的城乡社会救助体系框架已基本建立。截至目前，全县享受农村低保的对象达到了1.5万余人，享受城镇低保对象达到9000余人，其中，城镇低保月人均补助水平达到260元，农村低保对象年人均补助水平达到1144元。2011年9月份，为全面提升流浪救助管理水平，改善救助对象居住条件，县民政局又多方筹资300多万元新建了一所布局合理，设施齐全，功能完备的流浪乞讨人员救助管理站，为全县流浪乞讨人员救助和未成年人保护工作奠定了良好的物质基础，进一步完善了我县社会救助体系。

五供工作展新貌。县民政局通过强化乡镇福利中心的科学管理，改善基础环境，提高服务质量，基本上实现了五保对象“老有所养、老有所医、老有所乐、老有所为”。十一五期间，全县分散五保供养标准翻了两翻，集中供养五保标准翻了一倍，达到了每人每年3600元。筹措资金400多万元，实现了灾后恢复重建两年建设一完成的目标。目前各乡镇福利中心全部配齐了各类消防器材，统一安装了火灾自动报警装置和监控设备，有效提高了五保老人生产生活安全。全县九所福利中心已有五所跨入省级先进行列，已成为为民服务的一道靓丽“窗口”。

救灾救济显真情。为做好防灾减灾工作，我县建立健全和完善了县、乡、村三级联动的灾害救助应急救援体系，不断加大灾害救助力度，妥善解决灾民生活困难等问题，确保了永吉县这个灾害频发的地区人心稳定、社会安定。特别是2010年，我县遭遇了历史罕见的特大洪涝灾害，为了确保灾民实现“有饭吃、有衣穿、有房住、有干净水喝、有病得到及时救治”的“五有”要求，县民政局在县委、县政府的坚强领导下，妥善安置受灾群众，倾力开展灾民水毁房屋恢复重建，积极开展灾民冬春生活救助，将因灾特困群众纳入城乡低保范围，有效保障了灾民基本生活，维护了社会稳定。

福利中心

民生工程暖民心。自2009开始，永吉县民政局兼负起了全县的农村泥草房改造工作的牵头工作。民政部门牵头负责泥草房改造工作在全省来说为数不多，为了使农村泥草房这项省政府的惠民政策真正惠及广大泥草房农户，县民政局通过强化领导、统筹规划，典型引路、强力推进，整合资金、严格管理，真诚帮扶、对口支援，奖励先进、引导推进等措施全面完成了五年改造工作任务。经过五年努力改造，全县累计改造10662户，改造面积693030平方米，完成投资6.24亿元，农村泥草房改造安居工程全面改善了农民的居住条件和生活环境，我县直接受益人口近4万人，农民人均住房面积达到21.5平方米。

福利中心

发展中的永吉经济开发区

永吉经济开发区是1998年8月经省政府批准，1999年6月正式组建的省级经济开发区。行政管辖面积50.7平方公里，规划面积5.5平方公里，下辖7个行政村。

十三年来，在永吉县委、县政府的正确领导下，以“对党的事业负责，工作到位，让组织满意；对入区企业负责，服务到位，让投资者满意；对干部队伍负责，管理到位，让职工满意”为宗旨，大力弘扬“创新务实，勇争一流”的开发区精神，取得了较好地工作成果。已连续八年，被省政府评为省级先进开发区，成为全县经济发展的主载体、工业经济的主战场、财政收入的主支撑、扩大就业的主渠道、县域突破的增长极。

1. 经济持续快速增长。GDP累计实现80.6亿元，比建区前增长83倍；工业总产值累计实现158.8亿元，比建区前增长153倍；工业增加值累计实现48.2亿元，比建区前增长183倍；固定资产投资累计实现189.4亿元，比建区前增长1261倍；招商引资额累计实现126.2亿元，比建区前增长288倍；财政收入累计实现19.5亿元，比建区前增长159倍。

2. 财政收入连创新佳绩。建区前，年仅实现财政收入46万元。经过十三年的艰苦奋斗，连闯“三个亿元关口”。2006年，实现财政收入1.12亿元，首次闯过1亿元关口；2010年实现财政收入2.2亿元，闯过2亿元关口；2011年，实现财政收入3.0128亿元，闯过3亿元关口。

3. 招商引资成效显著。累计引进工业项目132个，其中，投资超亿元的项目13个，投资超5000万元的项目18个，投资超3000万元的项目52个，形成了以汽车零部件、钼及钼制品深加工和碳纤维复合材料为主导的产业发展格局。

4. 基础设施建设日臻完善。基础设施建设累计投资4.2亿元，形成了供水通、排水通、供电通、供热通、道路通、排污通、通讯通和土地平整的“七通一平”，形成了供水网络、排水网络、供电网络、供热网络、污水处理网络、道路网络、信息网络“七大网络系统”，具备了吸纳、承载各类企业生成发展的条件。

5. 服务体系独具特色。对入区企业，进行“一站式、保姆式”服务。实行了“一个项目一名区领导包保，一名部门领导具体负责，一名工作人员做服务秘书”的服务方式；形成了“项目引进一条龙服务、项目建设全方位服务、项目投产经常性服务”三大服务体系，实现了对入区企业的“无缝隙”服务。建设了公共服务区，为企业提供生活服务、商品服务、邮政服务、金融服务、医疗服务和娱乐服务等公共服务。

6. “十二五”发展彰显魅力。制定了“以科学发展观为统领，坚持项目立区，工业强区原则，实现粗放型发展向集约型发展转变、总量扩张型向质量效益型转变、园区经济型向城市经济型转变，形成产业集群突起、大项目支撑作用彰显、经济结构优化、管理体制先进的发展格局，提升自主创新能力、区域竞争能力和可持续发展能力，打造经济发展带动力强、财政贡献率大、工业化与城市化相融合的现代化新区”的总体发展思路。“十二五”期末，实现国内生产总值52亿元，年均递增30%；实现工业总产值100亿元，年均递增26.7%；招商引资额累计实现100亿元，引进工业落地项目100个，培育上市公司3户、中国驰名商标3个、吉林省著名商标6个、吉林省名牌产品9个；实现财政收入10亿元，年均递增32.4%。

发展中的永吉经济开发区，愿与您携手共创美好未来！

吉林东兴模具有限公司

污水处理厂

绰丰柳机有限公司

中国农业发展银行永吉县支行

中国农业发展银行永吉县支行现有员工29人，担负着全县13户国有粮食企业和中央储备粮永吉直属库及县城周边15户民营粮食经销企业的粮食收购资金的供应管理工作。截至2011年12月末，该行各项贷款余额174551万元，比年初增加54085万元，增幅44.90%。全年累计发放粮油贷款178013万元，支持各开户企业购入粮食847920吨。其中，中央储备粮专储玉米302050吨，准政策性粮食545870吨，解决了农民“卖粮难”的问题。2012年年初到2月末，该行又累计发放各项粮食收购贷款58891万元，较上年同期增长219.24%，支持企业累计收购粮食227090吨，较上年同期增长148.72%，以实际行动支持县域经济稳步发展。2009—2011年，该行连续三年被评为全省“经营管理五强行”。夯实基础的同时，该行坚持加强行风建设，为客户提供文明优质承诺服务，全行上下形成了学先进、赶先进的良好氛围，培养造就了一支学习型、知识型、创新型的员工队伍。2011年该行被农发行总行授予“全国金融服务先进单位”、被推荐为申报“全国金融五一劳动奖状”单位，被农发行吉林省分行评为“学习型标兵单位”。为进一步深入开展“创先争优”活动，以庆祝建党90周年为契机，以“五个好”、“五带头”为争创目标，在全行开展了信贷专业“三个十佳”和财会专业“双九”争创活动。2011年该行党支部分别被总、省、市分行党委授予“先进基层党组织”荣誉称号，有3名同志分别被评为各级行优秀共产党员和优秀党务工作者，典型事迹分别被中央人民广播电台、《金融时报》、《吉林日报》、《农发行党建》等媒体刊发播放。

永吉县第二人民医院

永吉县第二人民医院位于岔路河镇内，建筑面积3680平方米，是一所集医疗、预防保健于一体的综合性医院，拥有7个行政科室（党支部、工会、办公室、医务科、护理部、财务科、总务科），11个临床科室（内儿科、外科、妇产科、五官科、中医科、软伤科、电诊科、检验科、放射科、CT科、防保科），拥有职工194人，其中在编120人，招聘74人，高级职称1人，副高级职称9人，中级职称41人，初级职称48人，是基本医疗保险、学生保险、人寿保险、新型农村合作医疗定点医院。

2002年7月，由于经营管理不善，长达9个月不开资，职工先后上访到市政府、县政府。8月下旬，县政府指派永吉县医院业务副院长杨平到我院担任院长职务，当时的二院管理混乱，人心涣散，欠债330多万元，还有两起土地官司，法院正在强制执行，挣钱的器械都属于个人（CT机、B超、胃镜、救护车）。面对一个乱摊子，杨院长带领新组建的领导班子，顶住压力，大刀阔斧的开展了工作，召开了职代会，废除了八项侵害集体利益的不合理条约，处理了一批顶风违规的干部职工，制定了一系列规章制度，杜绝了私收费、乱卖药现象，职工们信服了，短短几十天的时间，治理了多年来解决不了的问题。

10年来，我院改变了从住院无被褥，设备陈旧老化，技术水平低下的状态，到今天投资143万元改善环境，投资近500万元购买了CT机、a6实时四维彩超、卓越生化仪、DR机、电子胃镜、麻醉机等大型设备，先后与中国脑血管微创中心、中国医科大学老年病研究中心、吉林市中心医院、附属医院、解放军二二二医院协作，采用送出去请进来的办法，每年送技术骨干到上级医院进修学习，我们的技术水平得到迅速提高，内科开展微创治疗脑出血，静脉溶栓治疗脑血栓、心肌梗塞，利用远程心脏监护系统对病人进行24小时监护。外科开展胆囊切除、甲状腺切除、肝修补、脾切除等手术。妇科开展腹膜外剖腹产、子宫切除术、子宫锥切术。电诊科开展胃底静脉套扎术等。麻醉科采用各种麻醉术式，能够满足临床手术的需要。技术的提高，极大提高了我院的知名度，取得了可喜的社会效益及经济效益，经济收入由2001年160万元，提高到现在的1930万元，门诊就诊人数144369人次，住院4589人次，手术979例。2009年11月22日卫生部学习实践科学发展观巡回指导组到吉林省巡回指导座谈会在我院召开，国家卫生部医政司王羽司长，省卫生厅李殿富书记，吉林市杨金顺副市长，吉林市卫生局聂景山局长等领导参加座谈会。在会上王羽司长对我院多年来取得的辉煌成果给予极高的评价，王羽司长说："有个好院长及班子，七年打个翻身仗，一个乡镇卫生院发展到今天不容易，受命危难之时，突出重围走出困境，迎来下一步发展，你们工作让政府放心，让职工满意，让患者满意，金碑银碑不如百姓口碑"。在会上对我院今后工作提出要求做出指示，我院将充分利用学习实践科学发展观活动，努力工作，使我院得到可持续又好又快发展。我院连续几年被评为市级精神文明建设先进单位，杨平院长被评为全国优秀乡镇卫生院院长。

我院从2011年3月1日开始执行国家基本药物制度，所有药品一律零差率销售，切实解决老百姓看病难看病贵的实际困难。总之，做为基层医院，我们的各项工作还存在着很多不足，面临房屋紧缺，技术人员匮乏等困难，但我们二院全体员工一直在努力地改善着环境，也在真诚的为患者创造着温馨，我们有决心在今后的工作中紧密团结在杨院长及院委会的周围，锐意进取，开拓创新，精诚团结，发扬团队精神，以求真务实的工作作风践行科学发展观。腾飞中的永吉二院如一颗璀璨的明珠，绽放奇光异彩。

永吉实验高中

老师利用多媒体授课

学生参加全国机器人大赛赛前训练

数字化物理实验室

心理咨询室学生进行“沙盘读心”游戏

永吉实验高中1957年建校，1978年被确定为省重点高中，1997年移址新建并更名，2005年被确定为省示范高中。学校占地面积9.4万平方米，建筑面积4.6万平方米，现有57个教学班，251名教职工，3179名学生，是吉林地区规模较大的寄宿制公办独立高中。

在“建设涌动着生命活力、令人向往的精神家园，让教师感受工作的快乐，生活的温馨，让学生健康成长，学有所成”的办学理念指导下，学校坚定“地区一流、省内著名、国内知名农村基础教育学府”的办学目标，积极打造生命化教育的办学特色，实施标准化质量管理，走上了科学发展的轨道。

教学楼、科技馆、图书馆、综合服务中心、学生公寓，新建的塑胶田径场、球类运动场，高配置的新老“三室”，标准的功能教室，畅通的校园网络办公系统，一流的班级多媒体教学系统，功能齐全的综合服务中心，可完全满足教育、教学和师生生活需要。

学校拥有省级学科带头人、省级科研名师5人，省、市级骨干、名优、全天候教师102名，研究生31人，留学归校教师1人，教师专业化水平居吉林地区前茅。在“激励成才，张扬个性，顺势育人，全面发展”的教育理念指导下，教育教学质量稳步提高，2010年高考实现了重点上线222人，本科上线887人，创历史新高，获吉林市优秀教学成果奖和教学质量提高奖。2011年实现重点上线123人，本科上线715人，获吉林市优秀教学成果奖。

学校设立了最高2000元的学科竞赛奖，最高5000元的期末联考奖，最高5万元的高考名校奖。采取了学校专项扶助、企业团体定向资助、爱心助学基金会随时捐助、党员干部结对帮扶等措施，不让任何一个学生因家庭困难而中途辍学，累计资助额已达500余万元。

近年来，学校获得了国家级绿色学校、省级示范高中、省级绿色生态校园、省级科技示范校、省级电教示范校、省级国防教育示范校、省级课改样板校、省级文明单位等荣誉。办学事迹被中央电视台、中国教育电视台、《人民日报》、《中国教育报》等20余家新闻媒体报道50余次，产生了强烈的社会反响。站在新的起点，实验高中人豪情满怀，向着既定目标奋力前行，誓以满腔赤诚书写江城优质高中教育的壮丽华章！

人工湖景区

2011年建成的地区最大塑胶操场

新生军训81华里拉练

实力打造因势育人　特色办学强势发展

永吉县第四中学

团结奋进的校领导班子

永吉县第四中学坐落于永吉县口前镇。学校始建于1956年，2001年被纳入吉林省重点高中管理序列。学校占地面积3.4万平方米，校舍建筑面积2.6万平方米，田径运动场、球类运动场近1.2万平方米，各种设施齐备。现有教职工230人，54个教学班，在校生3130人。

感人励志的家长会现场

师生百人大合唱庆祝建党90周年汇演

多年来永吉四中以绝对的办学实力与优异的办学成绩，回报了江城父老的厚爱，兑现了为家乡子弟提供优质教育资源的承诺。学校曾连续六年获得吉林市教育局颁发的教学质量提高奖，高考成绩屡创新高，2011年高考有3人跻身全县前5名。学校先后荣获了全国德育管理先进学校、吉林省教育技术装备先进学校、吉林市教书育人先进单位等50多项荣誉称号。国家和省市县20多家媒体先后多次报道了学校的办学成果。

2011年，新任校长李中汨用全新的视角审视现代教育发展格局，在全地区第一个正式提出了“分层次培养，多元化发展”的办学理念，所谓“分层次培养”，即根据学生的特长、发展意愿等进行不同层次的班级配置；所谓多元化发展，就是要改变旧有的“千军万马过独木桥”的单一的升学模式。给学生提供多元的升学、就业途径，让学生可以依据自己的实际，多渠道实现自己的理想，实现自己的人生价值，成为学以致用的有用人才。在全新理念的引领下，学校不断拓宽办学途径，形成了以“奥赛班”为标志的优质教育品牌，以空军飞行学员早期培训基地为标志的国防教育特色，以特长生培养为标志的素质教育特色，以对口升学为标志的直通教育特色，以“国际班”、“预科班”语言教育为标志的留学特色教育等多个特色教育品牌。

场面恢弘的校运动会开幕式

前行中的永吉四中，秉承半个多世纪的历史积淀，历经50多个春秋的风雨砥砺，已发展成为吉林省规模较大，享誉松花江畔、闻名吉林地区的寄宿制重点高中之一。未来的永吉四中将继续以奥赛班为引领，以基本班级建制为支撑，与国内外高校建立合作办学关系；将继续拓展“国外高职高专”、“国内高职高专”、“国内航院航专”、“出国留学”、“特色就业”、“社会就业”等对口升学、合作办学、优先升学的发展途径；将学校办成多元化发展的特色鲜明的综合高中，走出一条“立体式、宽领域、多层次”的特色办学之路，“联手国内、接轨国际”，与国内外高等院校共植教育之树，共谋发展之路。

与日本广岛文化学园大学合作办学

与韩国国立釜庆大学合作办学

与吉大附中联合举办“手拉手”社会实践活动

永吉县农电有限公司

经 理　李糧杉

永吉县农电有限公司坐落于素有钼业基地、绿色产业科技示范区、冰雪运动天堂美誉的永吉县，属全民国有趸售电力企业，是吉林地区农村电网的重要枢纽之一，国家电网公司一流县供电企业。负责覆盖吉林地区共4616平方公里电网的输电、变电、配电设施的建设、维护和运行，承担永吉县9个乡镇，2个省级经济开发区，吉林市船营区、龙潭区、昌邑区10个乡镇，总计21.2万用户的电力供应和销售任务，年售电量5.1亿千瓦时。

永吉县农电有限公司现有员工670人，设8个部室，9个直属班组，19个供电所，5个巡检中心。66千伏输电线路8条，总长151公里；66千伏变电站19座，总容量18万千伏安；10千伏配电线路59条，总长2674公里，配电变压器2872台，总容量18万千伏安；0.4千伏配电线路4755公里。目前，该公司实现了18年安全生产无事故的辉煌成果，售电量增长率全省（农电企业）名列前茅，服务品质得到全社会认可。

省委书记孙政才接见省五一劳动奖状获得者

岁月不居，天道酬勤！多年来，永吉县农电有限公司在上级公司的正确领导下，认真学习实践科学发展观，全面践行“诚信、责任、创新、奉献”的核心价值观，大力弘扬“努力超越、追求卓越”的企业精神，抢抓发展机遇，落实发展责任。以安全生产为基础，以经济效益为中心，突出电网建设、市场开拓、优质服务、多经发展四大重点，强化企业管理、企业文化、员工队伍、发展环境等各项建设，求真务实，争先创优，各项事业全面发展，企业的三个文明建设取得了显著成绩。先后荣获“省五一劳动奖状”、“省级文明单位”、“省模范职工之家”、“省创先争优先进基层工会”、“吉林市模范集体”等多项荣誉称号。公司经理李糧杉荣获全国五一劳动奖章，5名员工被吉林市政府授予“劳动模范”荣誉称号，7名供电所长担任县、区人大代表，8名供电所长担任政协委员。同时，公司连续七年在永吉县政行风测评中名列第一，被永吉县委、县政府授予“重点建设项目优质服务突出贡献企业”。年上缴税金近900万元，为地方经济社会发展做出了突出贡献。

公司经理李糧杉荣誉全国五一劳动奖章

永吉县农电有限公司牢记“你用电·我用心”的责任和使命，急政府和客户所急，围绕重点工程、项目和企业，超前主动介入，

公司荣获省五一劳动奖状（左三为公司经理李糧杉）

领导班子共商发展大计

公司吕清森共产党员服务队支农保供电

公司领导走访大客户

公司抗洪抢险施工现场

公司领导深入施工现场监督指导工作

公司经理陪同吉林供电公司领导到中新（中国—新加坡）食品区调研工作

真诚为客户排忧解难。特别是在钼矿万吨技改项目、中新（中国—新加坡）食品区项目、新加坡百万头生猪产业化项目、冀东水泥永吉项目等一系列重大项目建设及抗洪抢险救灾工作中，永吉县农电有限公司主动服务政府工作大局和地方经济社会发展，起到了重要的促进和保障作用。公司把新农村电气化建设作为一项利县惠农的民心工程抓实抓好，先后投入资金1亿多元，在全县4个乡镇、42个行政村开展了新农村电气化建设，优先解决农民急需、群众关注的低电压、电网瓶颈等突出问题，收到了明显成效，被国家电网公司评为“新农村电气化建设先进单位”。公司的优质服务事迹和做法多次在省、市、县级媒体刊载和报道，做为全县优质服务标杆单位，永吉县政府将公司做为示范典型积极推广应用，以点带面进一步提高了全县服务“三农”、服务百姓、服务社会的能力。

天时行健，自强不息！永吉县农电有限公司全体干部员工正以“努力超越、追求卓越”的企业精神，抢抓机遇，努力拼搏，为实现“一强三优”的现代公司目标奋勇前进！

公司机关办公楼

中央储备粮永吉直属库

班子成员

中央储备粮永吉直属库坐落在山清水秀、物产丰富的永吉县双河镇境内。永吉直属库始建于1948年，前身为永吉县双河镇粮库。1998年、2000年经国家计委等部门批准实施两期中央储备粮库建设，建设平房仓12栋，仓容2.26亿斤，总投资7000多万元。2004年4月，经国家发改委、财政部等5部门批准，上收为中国储备粮管理总公司直属企业，命名为中央储备粮永吉直属库。2010年6月，永吉直属库粮食现代物流项目经国家发改委批准建设中转仓和铁路发放系统等设施，工程总投资2900万元，新增仓容3.3万吨，现总仓容14.6万吨。

领导视察

永吉直属库现占地面积16.6万平方米，存储中央储备粮14.6万吨。粮库所处地理位置优越，交通便利，铁路专用线直接同沈吉线相连，东面毗临202国道，还有多条省县乡级公路与周边乡镇相通，交通十分便利。直属库辐射的周边地区拥有丰富的优质粮源，是东北晚粳稻主产区之一。

2011年，永吉直属库全面贯彻落实中储粮吉林分公司年度工作会议精神，紧紧围绕“两个确保、三个严格”，夯实管理基础，主动适应宏观经济调控的新要求。采取有效的粮食购销策略，控制轮换节奏和购销价格。在粮食轮换收购过程中，不抬价收购，不跟风抢购，服从国家调控。在中央储备粮保管工作中，永吉直属库牢固树立质量第一的思想观念，积极探索现代化、科学化的保粮新方法，利用膜下环流系统，实行“低温储粮、绿色储粮”。为适应中储粮系统发展需要，深入拓展为农服务领域，直属库不断推进“三农”服务体系建设，逐渐成为农民的“知心人、合伙人、贴心人”和增产增收的“见证人”。

永吉直属库在企业发展壮大的同时，继续深入开展“争先创优”活动，不断加强领导班子队伍建设，提高企业管理水平，执行全面预算管理，狠抓内控制度建设和企业文化建设，规范各项工作程序。强化职工教育培训，坚持以人为本，针对不同岗位需求，利用一切有利时机，为员工创造培训学习条件。

2011年，永吉直属库被评为中国储备粮管理总公司企务公开“先进单位”；连续多年被中储粮吉林分公司评为“先进集体”；被吉林市委、市政府授予“市级精神文明建设先进单位”；永吉直属库购销科检斤组被评为“省级青年文明号集体”。

服务三农

库区一景

粮库正门

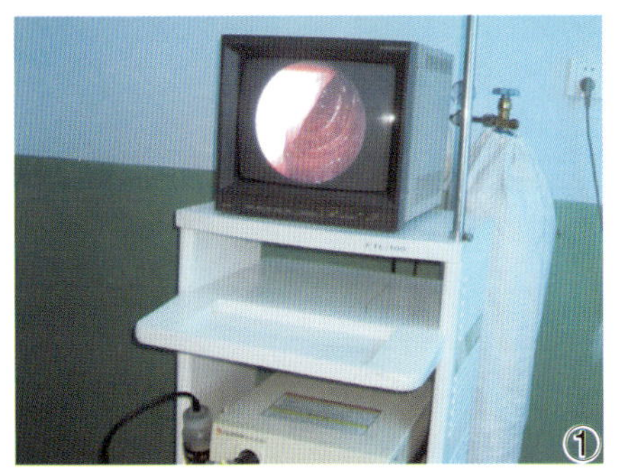

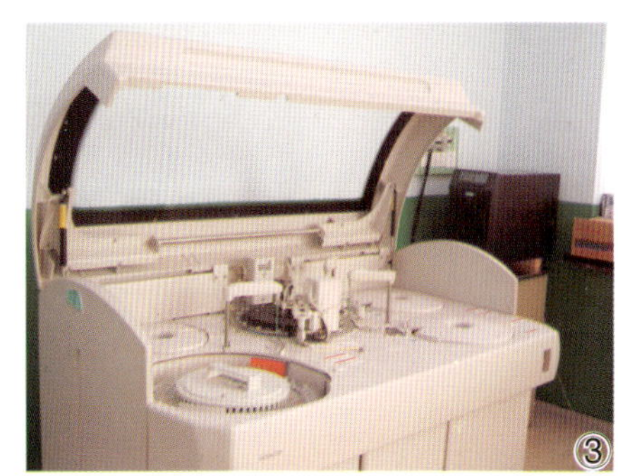

舒兰市人民医院

舒兰市人民医院位于舒兰市区中心，创建于1947年10月，经过几代人60余年的励精图治，艰苦奋斗，不懈努力，现已发展成为集医疗、科研教学、预防保健为一体的国家二级医院。服务范围辐射全市乡镇近67万人民群众。

经过多年建设，医院现有一栋六层住院部楼、一栋四层门诊楼、一栋制剂楼和核磁CT机房，占地面积19188平方米，建筑面积20549平米，绿化面积3000平方米。拥有美国生产的核磁机、CT机、CR影像系统、全自动生化仪、全自动血液分析仪、彩色超声诊断仪、电子胃镜、腹腔镜等地区领先的高精尖医疗诊治设备30余台套。

医院现设有专业科室22个，设置床位344张，全院职工525人，其中医务人员435人，高级职称74人，中级职称152人。行管人员56人。

医院现为北华大学附属医院协作医院、教学医院，市公安局创伤指定医院，新型农村合作医疗定点医疗机构、城镇医疗保险、各保险公司定点医疗机构，卫生部、联合国儿童基金会、世卫组织指定的爱婴医院之一。

面对充满挑战与魅力无限的未来，舒兰市人民医院领导班子正以海纳百川之胸襟，壁立千仞之志向，带领全院职工干部，抓住机遇，开拓创新，奋勇前进!

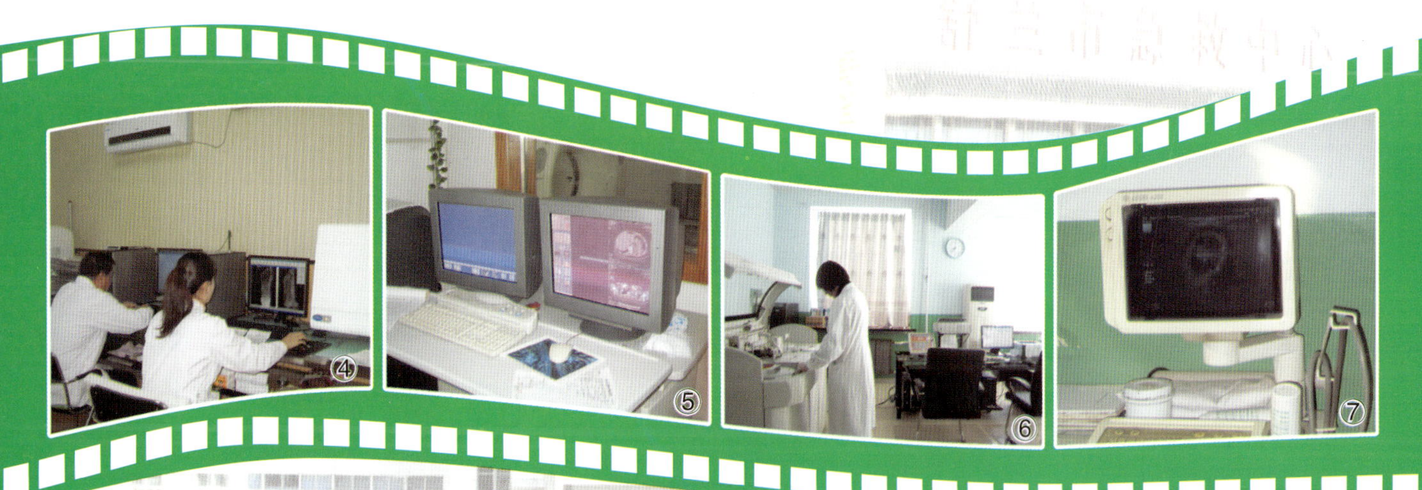

①富士电子胃镜
②法国ABX全自动血液分析仪
③日立全自动生化分析仪
④CR放射线成像系统
⑤核磁CT机
⑥日立生化分析仪
⑦B型超声波诊断仪

院长 钮德江

二级甲等医院

中华人民共和国卫生部

舒兰矿业（集团）有限责任公司总医院

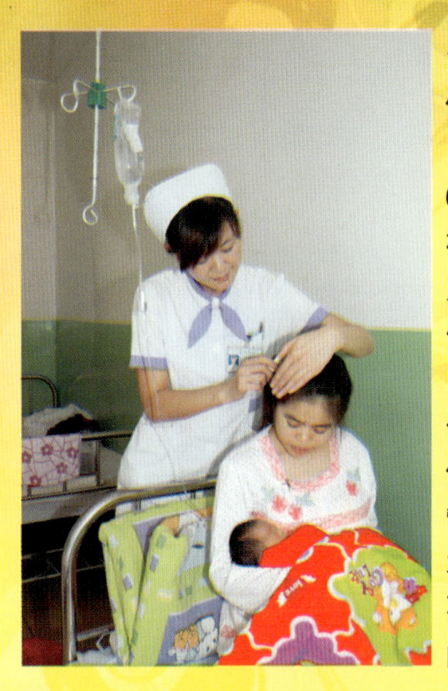

以病人为中心

舒兰矿业(集团)有限责任公司总医院原名是舒兰矿务局总医院，创建于1958年。医院地处舒兰市吉舒镇内，是一所集医疗、科研、教学预防保健为一体的现代化综合性非营利医疗机构，1995年定为“国家二级甲等医院”。

近年来，为满足矿区及周边区域患者的需要，医院相继引进了德国西门子6排高速螺旋CT机、日本东芝数字化彩超、日本东芝全自动生化分析仪、血气分析仪、北京万东新型X线拍片机、电子胃镜、脑地形图仪、C型臂、多人高压医用氧仓、阴道镜、利普刀、D-R等中高端医疗仪器和设备。

洁净层流手术室

医院设有ICU、CCU重症监护病房；按现代管理规范和要求改建了供应室；完成了集中供氧、负压吸引工程建设；实现了微机网络化管理。最大的亮点是从发展外科手术、改善手术环境、降低手术感染、提高手术质量这一需要出发，筹建了高质量、高标准、高技术兼备的现代化层流洁净手术室。这标志着舒矿公司总医院外科系统手术的规范化和标准化进入了一个新的领域，也为临床教学提供了广阔的空间。目前，总医院能够开展所有二级甲等医院或部分三级医院的各级各类手术。

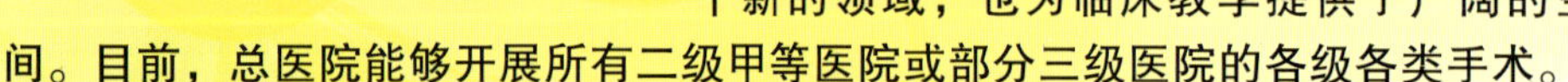

医院现开设有神经消化内科、呼吸循环内科、神经胸外科、骨外科、普外科、肛肠泌尿外科、妇产科、儿科、五官科、口腔科、皮肤科、中医科、职业病科、麻醉科、理疗科、病理科、医学检验科、医学影像科、血液透析科、化疗科、预防保健科等。医院编制床位320张。

2004年舒兰市劳动局和社会保障局把总医院定为舒兰市基本医疗保险定点医院；2007年被舒兰市政府定为新型农村合作医疗定点医院；2008年被省劳动厅定为工伤保险定点医院。

建院50多年来，舒矿公司总医院始终以“高标准规划医院，高质量建设医院，高效能管理医院，高水平经营医院”为办院宗旨，树立良好医德医风，不断提高医疗质量，热心公益事业，真情回馈社会，努力打造“社会放心、企业认可、群众满意”的和谐医院。

舒兰矿业(集团)公司总医院

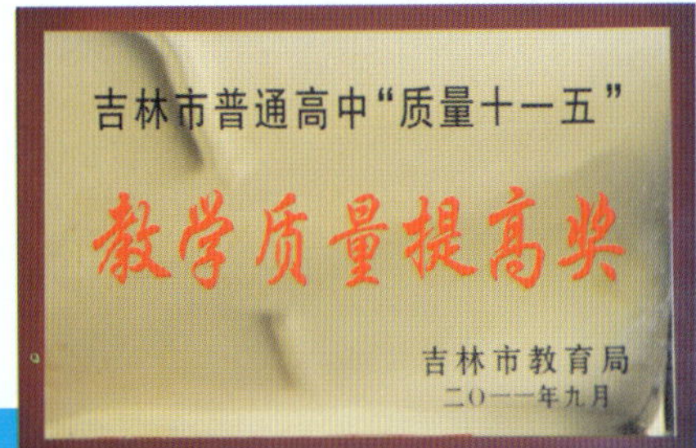

2011年教学质量提高奖

自2007年以来，舒兰市五所高中连续在吉林市高三成果表彰大会获奖。

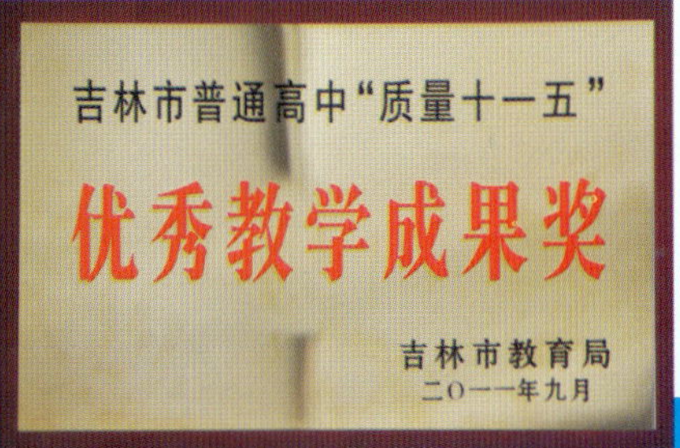

2011年优秀教学成果奖

舒兰市教育局

吉林省人民满意公务员
吉林市劳动模范
舒兰市教育局党委书记
舒兰市教育局局长　范景学

近些年来，在舒兰市委、市政府和上级教育行政部门的正确领导下，在全市广大教育工作者的共同努力下，舒兰市教育局领导坚持以"抓管理、提质量、强素质、树形象"为工作宗旨，开拓性地践行"一手抓教育教学质量管理，一手抓教育行业作风建设，以安全稳定为保障"的"两抓一确保"工作主线，以"争创星级学校"活动为载体，走内涵和特色发展之路，实现了"地区站排头，省内争一流"的第八个阶段发展战略奋斗目标，在"建设教育强市，办人民满意教育"第九个阶段发展战略进程中更是成绩斐然。

学校标准化建设实现了历史性突破。据统计，2009年至2011年，全市新建、改建校舍59所，建筑面积91930㎡，投资1.142亿元；维修面积77940㎡，投资905万元。完成了58所学校食堂的更新改造任务，学校食堂全部达到C级以上标准，保障了学生的饮食安全。全市学校校舍基本实现了楼房化，办学条件得到了根本性改善，实现了办学条件的标准化。

教育教学质量全面提升。2009年至2011年，全市先后有12人考入清华大学、北京大学，香港大学；有2人夺得了吉林地区理科高考状元。考入重点大学1303人，一般本科大学4325人，考入各类院校总计8450人。高考重点率、本科率、升学率分别由2009年的10.8%、33.5%、81.4%提高到16.8%、55.4%、92.7%。舒兰市教育局连续五年荣获吉林市"教学质量提高奖"和"优秀教学成果奖"。

同时，实施了"师德模范带动工程"，建立了有效的推进机制，实现了教育行风的根本好转；在师培干训方面，深入开展了教师"两修三课"活动和干部"职级管理"活动，有力地促进了干部教师专业发展；在安全管理上，以"六抓一创"活动为载体，构建了"三防"体系，形成了全程、全员、全方位抓安全的大格局。教育装备、财务管理、人事管理、职业教育、民办教育、校车安全管理等多项工作步入了国家和省、市先进行列……全市教育实现了全面、健康、可持续发展，为资源枯竭型城市转型提供了有力的智力支撑和人才保障。

回首昨天，有奋进中的辛勤耕耘；更有发展中的展翅腾飞！过去的风雨兼程，过去的春华秋实，铸就了舒兰教育伟岸的身躯。进入2012年，舒兰市教育局以科学发展观和舒兰市第十三次党代会精神为指导，以努力办人民满意的教育为宗旨，以务实、创新、求真、科学的工作方式和扎实的工作作风，不断深化对全市各级各类学校指导监督职能，力争续写舒兰教育更加辉煌、灿烂的明天，为建设幸福舒兰提供强有力的人才支持。

2011年吉林地区高考理科状元、吉林省第二名程子涵同学在吉林文庙助学仪式上作经验介绍。

每月例行的党委扩大会议即科长例会总结上月工作，安排部署下月工作，为出色完成各项工作任务奠下坚实基础。

舒兰市教育局新建办公楼（2009年竣工投入使用）

舒兰市广播电影电视局

局长魏连波在庆祝第十一个记者节大会上讲话

舒兰市广播电影电视局，是舒兰市政府广播电影电视的行业管理和行政执法部门，担负着全面贯彻党中央、国务院、省委、省政府和市委、市政府在新闻宣传和电影电视方面的方针政策，把握好舆论导向；指导、协调、监督全市广播电视宣传的重要职责，承担着广播、电影、电视节目和网络的安全转播、放映和传输的重要职能。

舒兰广播电影电视局是局台合一体制的事业单位，共有职工95人。内设办公室、总编办、技术事业部、新闻部、播音制作部、专题部、广告文艺部、广播电台、电影管理科等九个科室。局机关与广播电视台、局网络公司合署办公。

舒兰电视台目前开设3个频道：新闻综合频道、影视剧频道和生活频道。新闻综合频道，主要是围绕市委、市政府中心工作，进行新闻宣传报道的频道。每天早6点开播，晚11：30分结束，全天播出17小时30分钟。频道共设17个栏目。其中，《舒兰新闻》、《周末话题》、《黑土季风》、《经济五分钟》等栏目是围绕中心、服务经济建设和社会各项事业发展的宣传窗口。影视剧频道和生活频道主要播出节目为电影、电视剧、小品等娱乐性以及生活常识类节目，目的是充实和活跃广大群众的业余文化生活。

广播电台开设了《929新闻》、《读报驿站》、《魅力舒兰》、《百姓咖啡屋》四档节目，以宣传市委政府中心工作、服务经济社会发展、传播科学文化知识 关注民生话题、服务百姓为宗旨。

多年来，舒兰市广播电影电视局的工作获得了多项荣誉。1998年被评为全国广播电视先进县，被全国新文化研究会评为“优秀”新文化工作单位，已连续8年被吉林省广播电影电视局评为全省统一供片先进单位，被吉林市审计局评为内部审计先进单位，被吉林市公安局评为内保先进单位。舒兰电视台连续5年被吉林省广播电影电视局评为技术维护和科技创新奖一、二、三等奖。被吉林省广播电影电视局评为全省广电系统2008-2009年度优秀信息工作单位。节目创优工作取得优异成绩，多次获得中国广播新闻奖一、二、三等奖，中国广播电视学会全国对农广播研究委员会优秀节目三等奖，全国对农节目三等奖。有多篇作品获得省广播电视新闻奖一、二、三等奖成为吉林地区创优大户。

虚拟演播室

舒兰广播电影电视局办公楼

舒兰市第一中学校

校长、党支部书记　李连仲

舒兰市第一中学做为具有七十多年办学历史的首批“重点中学”和“示范性普通高中”，依据国家教育发展的基本要求，紧密结合本校实际，坚持了“培养可持续发展的人，走内涵发展之路”的办学理念，确定了“德育为首，教学为本，素质为先，特色为主，质量为根”的办学宗旨，定位为“建设精致化、精良化、精品化、特色化、现代化的省内著名、国内知名的优质教育学校”的远景目标，教育教学工作迈上了新的台阶，硕果累累，成就喜人。

学校的办学条件得到了巨大的改善，目前，学校占地面积62000平方米，校舍面积33000平方米。三年来，用于改善办学条件的投资近3400万元，两栋教学楼，两栋宿舍楼，实验楼，科技楼及师生餐饮中心错落有致，塑胶跑道及运动场、篮球场典雅大气，整个校园实现了净化、绿化、美化、硬化和亮化的目标。先进的教学设施满足了现代化的教学需求；厚重丰富的校园文化彰显了学府的魅力；多彩多姿的文化活动促进了学生的健康发展。青年教师的逐渐充实满足了日益发展的教育教学需要；骨干教师队伍的成熟与壮大推进了学科建设和教师的专业化发展。高考成绩稳步提高，连年报捷，三年来，名校录取率，重点和本科进线率一直居于地区前列，仅进入香港大学、清华大学、北京大学和中国科技大学的优秀学子就达到14名。2009年王铎同学勇夺地区高考理科状元，全省第五名；2011年，程子涵同学再夺地区高考理科状元，全省第二名，创造了新的历史辉煌。明星闪烁，群星灿烂，舒兰一中用足以骄人的成绩书写了人才辈出的时代佳话。

校　门

桃李芬芳

舒兰市第二高级中学校

责任校长（省优秀教师、师德标兵）张晓东

舒兰二中始建于1956年，是一所有着五十余年文化底蕴与光荣传统的普通高中学校。自2002年重组以来，学校紧紧围绕着“创造适合学生发展的教育”的办学理念，凝神聚力抓管理，一心一意提质量，几年间从小变大，由弱到强，一路昂首奋进。

为加快舒兰教育发展，舒兰市市委、市政府加大对教育投入，极力改善办学条件。自2010起，历时两年时间，先后为二中新建一幢8600m²教学设施完备的现代化教学楼，两幢总计6300m²的宿舍楼、一幢1360m²的食堂，其他配套设施及实验室、微机室、报告厅也已完善并投入使用。2012年又为学校新建运动场一座，同时校园整体绿化、美化、亮化工程即将竣工。借着舒兰教育快速发展的东风，二中的办学条件得到了极大改善，为师生享受优质教育打下了坚实的基础，更为二中教育教学迈向现代化提供了有力保障。

几年来，二中始终把培养名优、骨干教师放在工作的首位。采取多种措施促进教师专业化发展。学校先后启动了名师工程、青师工程、师带徒工程，大力开展教师练“三功”及“三课一录”活动。经过不断发展，学校目前共有102名任课教师，平均年龄为34岁，全部为本科以上学历，其中16人具有研究生学历。已经形成了一支年龄结构合理、有丰富高中教学经验、师德高尚、业务精湛的研究型教师队伍，成为二中教育教学质量的持续跨越式发展的不竭动力源泉。

二中积极探索打造学生的精神家园，坚持“以人为本 和谐发展”，以“德育工作12345规划”为载体，实施自主教育：强化班级自主管理，做到班级人人有事干，事事有人管；实行民主管理：学校重大活动的组织和评比，全部交给学生，使学生成为校园真正的主人。

享受着教育的幸福，二中人把校园变成追求卓越的教育沃土，08、09、10三年，二中高考成绩逐年跨越，2011年高考更创建校以来最好成绩。

2011年高考，学校有四名考生超600分，文科三名考生分别以优异成绩包揽了吉林地区普通高中前三名。

理科重点大学上线42人，文科重点大学上线32人，理科本科大学上线260人，文科本科大学上线131人。文理科重点大学、本科大学上线人数、上线率均列吉林地区普通高中第一名。

天道酬勤，春华秋实。二中人团结奋斗，奏响了一曲曲催人奋进的凯歌。学校先后被评为舒兰市“德育工作示范校”“行风建设先进学校”。2009—2011年学校连续三年被舒兰市教育局评为“五星级学校”。2007—2011年学校连续五年荣获了吉林市教育局颁发的优秀教学成果奖和教学质量提高奖。学校的办学成果得到了上级主管部门和社会各界的广泛赞誉，舒兰二中已成为舒兰教育的一面旗帜，并快速发展成为吉林地区普通高中学校的排头兵。

展望未来，舒兰二中有梦要追，有愿要遂。面对机遇与挑战，二中将继续以科学发展观为指导，抓住机遇，在这梦想与卓越相伴的历程中，继续以攻坚克难的勇气，以顽强拼搏的创业精神，勇往直前，不断超越，我们相信在全校师生的共同努力下，舒兰二中一定会迎来更加美好的明天!

吉林市2011年高考表彰会上我校领导教师接受表彰奖励。

“学会感恩，励志成才”德育教育大会。

环境温馨的学生公寓

“塑造品质，锻炼意志”新生30里远足。

“强身健体，陶冶情操”市运会上二中学子千人太极表演。

现代化的教学楼

校园文化艺术节上的舞蹈演出

在吉林市中学生运动会上教练和学生合影

校园文化节美术作品展

舒兰市第十八中学

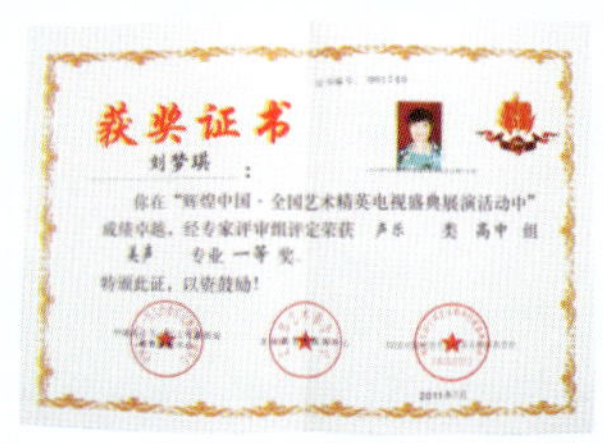

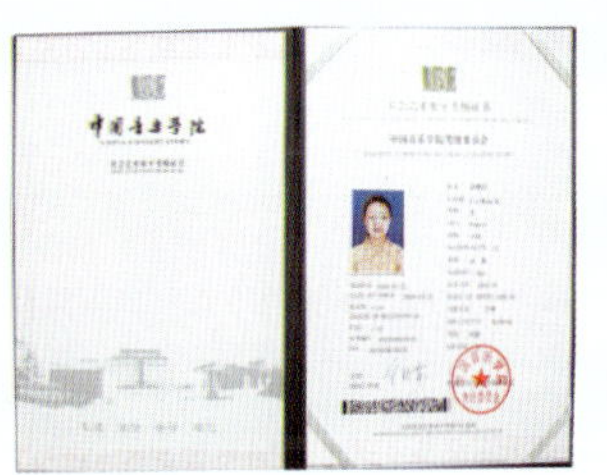

舒兰市十八中位于舒兰市吉舒街，是吉林省重点普通高中。现有在校学生1013人，教职员工110人，21个教学班。近年来，我校确立了“为学生的健康成长铺路、为学生的和谐发展奠基”的办学理念，以“立德树人、‘明师’优质、彰显特色、和谐发展”为校训，以“内涵发展争五星 多元发展创办特色”为办学定位，以“文化立校、特色兴校、和谐发展”为发展目标，不断加强教育教学及管理，内强素质，外树形象，一年来在上级的正确领导下，在广大师生的共同努力下，在社会及家长的支持下，我校各项工作取得了长足的发展和进步。

办学条件优越。我校的理化生实验室等各种设施、设备在舒兰市高中堪称一流。一年来我校以创建音体美特色基地校为契机，继续投入大量资金改善音体美办学条件，为学生的学习训练创造了优越条件。

师资队伍优良。学校不断创新校本培训和校本教研，教师的教育教学基本功不断提升和发展，优秀的教育科研成果不断涌出，有多篇论文在国家省市级刊物上发表。我校现有专任教师72人，具有研究生学历的有7人，吉林市骨干教师11人。学校采取外派学习、师徒结对、招聘优秀大学生等有效方法，积极为教师成长搭建平台。

办学成果可喜。我校严抓教育教学管理。以严明的纪律、严格的管理规范学生的行为，教学质量和管理水平全面提升。2011年高考重点率列外五县（市）同类校第二名，赢得了社会的普遍赞誉。我校荣获舒兰市五星级学校、舒兰市平安和谐校园。学校连续三年荣获吉林市、舒兰市颁发的教学质量提高奖和优秀教学成果奖。

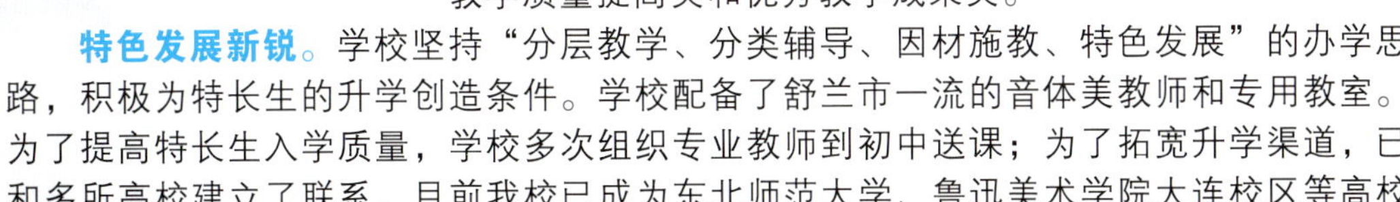

特色发展新锐。学校坚持“分层教学、分类辅导、因材施教、特色发展”的办学思路，积极为特长生的升学创造条件。学校配备了舒兰市一流的音体美教师和专用教室。为了提高特长生入学质量，学校多次组织专业教师到初中送课；为了拓宽升学渠道，已和多所高校建立了联系，目前我校已成为东北师范大学、鲁迅美术学院大连校区等高校的生源基地；为开阔学生视野，学校定期请高校教师到校辅导，调动了学生的学习积极性，为特长生顺利考入高校奠定了坚实的专业基础。2011年在吉林市高中运动会上，我校取得了综合成绩第三名的好成绩，《江城日报》做了报道。音乐考生也在各种比赛中频频获奖，为学校争得了荣誉。

满地杨柳绿，还望春风来。我们有理由相信：舒兰十八中的明天一定会更加美好！

主体楼

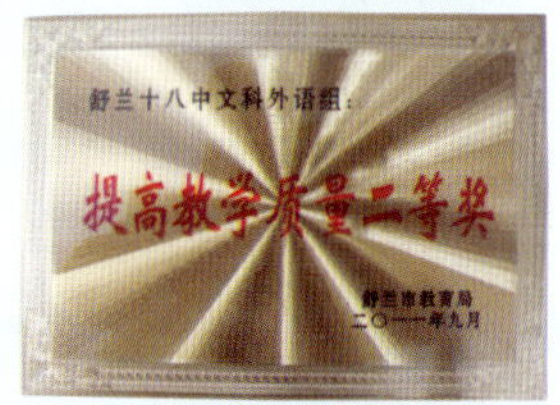

舒兰市农电有限公司

经 理 黄国梁

舒兰市农电有限公司是吉林地区农村电网中的重要枢纽之一，承担着舒兰市19个乡镇、1个省级经济开发区的供电任务，供电用户14万户，年售电量3.06亿千瓦时。

公司现有职工588人，内设机构有生产技术部、安监保卫部、综合部、经营部、财务审计部、党群工作部、人力资源部7个职能部室。下设基层供电所19个，66千伏变电所16座，供电总容量11.5万kVA；配电变压器2096台，容量10.2万 kVA；66千伏送电线路121.593Km；10千伏配电线路2473.66 Km，目前，该公司实现了21年安全生产无事故的辉煌成果。舒兰市农电有限公司立足于建设一个服务优质、业绩优秀、队伍优良、管理规范的现代化农电企业，严抓内部整顿，不断夯实安全生产工作基础，努力打造经济效益新的平台，坚持行风建设和优质服务的长效机制，努力提高员工思想道德水准和技术业务素质，充分调动全体员工的智慧与力量，大胆创新，锐意改革，企业“三个文明”建设迈上了一个新台阶。公司售电利润、售电量等经营指标保持了逐年增长态势，企业经济效益稳步攀升。

舒兰市农电有限公司以服务地方经济发展为己任，不断改进服务标准，先后投资200多万元支援舒兰市春耕生产，投资1000多万元改造了东部山区供电线路，本着招商企业落户到哪里，我们的电源就送到哪里的原则，提前对66千伏舒七线路、七新线路进行了全面改造。2009年该公司还在原有供电瓶颈的基础上，新建了金马、水曲变电站，使农民朋友进入了农网城网一体化的时代，真正享受到了家电下乡好政策带来的实惠。2011年，该公司预计投资6000多万元，完成小城输变电工程，白溪、白法线的改造工程，平安、新榆变电站的扩建工程，为舒兰经济发展提供安全可靠的电力供应，为农业发展提供坚强的电力保障。

同时该公司积极扶持农村养殖业发展，本着农业发展，电力先行的原则，让其在综合台区下供电，实行无利润安装，对用户申请实行特事特办，上门服务。舒兰市农电有限公司积极把“始于客户需求，终于客户满意”、“服务永无止境”的服务理念落实到具体行动上，得到了当地政府和广大农民朋友的高度赞扬。

在认真贯彻“三个代表”重要思想的同时，舒兰市农电有限公司积极推进企业改革，紧紧围绕国网公司建设“一强三优”现代公司发展战略，奉承“人民电力为人民”的服务宗旨，按照“集中精力抓发展 严格细致抓管理 以人为本抓队伍 追求卓越创一流”的总体工作思路，努力营造“努力超越、追求卓越”的企业文化，各方面工作都取得了突出的成绩。

五年来，公司安全生产基础得到加强，售电量保持持续增长，电网结构显著改善，双文明建设成绩斐然。曾先后荣获国家模范职工小家，国家档案二级企业，吉林省“文明单位”、吉林市“文明单位”、吉林市安全生产标兵单位、吉林供电公司“优秀四好班子”、舒兰市政府帮扶新农村建设、助力招商引资企业先进单位等诸多荣誉称号。

办公楼

拨动春天的弦

舒兰市农电有限公司在深入实践科学发展观活动中，把一线员工的业务技能培训作为公司发展和支援农业生产、开展优质服务的重要内容来抓。加大对员工的培训力度，着力打造“学习型、知识型、技术型”人才队伍。

冬季施工现场

舒兰市商贸中心有限责任公司

总经理 张亚臣

舒兰市商贸中心有限责任公司商场成立于2001年，是股份制民营企业。该企业坐落在舒兰市舒兰大街4744号。企业占地面积3233平方米，商场建筑面积8332平方米。目前商场有临街门市商铺6个，商场内设商铺386个，从业人员1000多人，经营范围有：服装加工、服装经销、鞋帽、日用百货、音像及各种饰品、洗涤、化妆品等，经营品种达300余种。商场年销售收入1320万元，年创利税100万元。

该企业在发展中实现了三个跨越：

一、平安商场建设实现新跨越

（一）消防设施建设，齐全配套。

（二）消防文化建设，形成氛围。

二、商场经营规模实现新跨越

（一）经营规模不断扩大。

该企业经历了一个从无到有，从小到大，从不完善到逐步完善的过程。自成立以来，始终坚持“以质量求生存，以诚信求发展”的理念，文明经商，诚信服务，经营规模越办越大，营业室建筑面积由过去的4200平方米，增加到现在的8332平方米，增加4132平方米，增长98.4%。商户由过去的195户，增加到现在的386户。经营商品的品种由过去的160个品种，增加到现在的500多个品种。

（二）经营环境不断改善。

该企业是由老楼房改造而成。老楼改造难度大，该企业克服了各种困难，改善设施条件，已投资44万元，新购置安装电梯2台，计划还将要投资271万元，购置安装扶梯4台、坡梯2台、货梯一台、中央空调一组。由于设施的完善，极大地方便了顾客选购。同时安排专职保安、保洁人员，负责商场治安和清洁卫生，保证了商场内治安秩序和卫生清洁，使顾客来商场如到家，感觉舒心、安心、放心。

（三）经济效益不断提高。

商场消防设施的完善，服务设施的改善，进一步促进了商场经营的发展和经济效益的提高，年销售收入由过去的680万元，增加到现在的1320万元，年创利税由过去的52万元，增加到现在的100万元，增加48万元，增长92.3%。

三、经营方式正在实现新跨越

本公司商场为了进一步适应社会主义市场经济发展，满足人民群众日益增长的物质文化生活需要，正在策划将商场经营方式作适当调整，由现在单纯经营服装、鞋帽等日用品的商场，发展成为既经营用品又经营食品的大型综合性超市，把商场办成高效益、高水平、高品位的舒兰大众购物中心。

几年来，该企业以品牌立市、诚信立市、服务立市、文化兴市的经营宗旨，赢得了广大商户和消费者的信赖和社会各界的认同，以“安全第一、顾客至上”的理念，加强消防安全工作，受到了政府和相关部门的肯定。被吉林省工商行政管理局评为“二星级文明市场”称号。被舒兰市工商行政管理局、舒兰市个体劳动者私营企业协会评为“文明诚信商场”荣誉称号；2004年度被全国商品交易市场评为“先进单位”荣誉称号；2005年度被全国商品交易市场评为“最佳诚信奖”荣誉称号；2006年被中国市场指导委员会评为“最佳诚信市场”荣誉称号；2010年被评为“全省平安商场创建活动先进单位”。

舒兰市商贸中心像一颗璀璨的明珠镶嵌在舒兰大地上，闪烁着美丽的光彩。正以优质的服务，一流的商品，低廉的价格，安全、舒适、优美的购物环境，吸引八方来客。

磐石市财政局

2011年，磐石市财政局机关科室16个，直属事业单位4个，在职职工91人，机关支部党员22人。局长闫连生，副局长潘国庆、张伟。

在磐石市委、市政府的正确领导下，局领导班子带领全局干部职工拼搏进取，攻坚克难，全面完成了各项财政工作任务，获得了多项荣誉称号。被省财政厅评为全省财政系统“五五”法制宣传教育先进单位；被吉林市政府评为吉林市农村妇女“双学双比”竞赛活动先进协调单位；被磐石市委、市政府评为优秀领导班子和“五项攻坚”优秀单位；被吉林市财政局评为吉林市财政系统软环境和政行风建设先进单位；被评为磐石市二星级文明单位。大力开展财政增收节支攻坚活动，全力抓好组织财政收入工作取得明显成效。2011年，全市全口径一般预算收入完成145111万元，首次跨越14亿元大关，同比增长30.1%；地方级收入完成100880万元，首次超过10亿元，同比增长36.2%。财政支出完成23498万元，同比增长14.9%。实现了财政收支平衡，略有结余。

坚持认真做好财政保障和改善民生工作，保证了各项重点民生资金到位，认真落实了各项惠农补贴政策。积极支持磐石、明城两个经济开发区基础设施建设，大力扶持企业发展生产。加大对“三农”的投入，推动新农村建设，促进农村增产、农村增效、农民增收。投入资金加强城乡基础设施建设，改善人民群众生产生活条件。增加对教育、卫生、文化、科技、计生、环保等社会事业的投入，促进各项事业发展进步。充分发挥财政职能作用，为建设“实力磐石、和谐磐石、生态磐石”做出了积极的贡献。

磐石市博仁医院

院长 艾立田

磐石市博仁医院坐落于磐石市经济开发区，占地面积20000平方米，建筑面积13000平方米，总投资人民币7000万元。是一所集医疗、教学、科研、健康体检为一体的二级非营利性综合医院。是磐石市政府指定的新型农村合作医疗、城镇职工基本医疗保险、铁路职工医疗保险及各大保险公司定点医疗机构。

医院坚持“以病人为中心，一切为了病人”为宗旨，坚持“以德办院、人才立院、科技兴院、依法治院”为办院方针，注重加强人才梯队建设，使医院形成了“院有品牌优势学科群，科室有重点技术特色，人有专业技术特长”的发展模式。医院现有职工193人，其中高中级以上职称56人，大专以上学历专业人员130人，兼职教授16人，并有20余名省内外有影响的知名专家教授为各学科带头人，并长期从事临床教学、科研工作。

八年来，我院始终坚持“以医疗为重点、以病人为中心、以服务为前提、以人才为关键、视质量如生命”的发展理念，不断增强核心竞争力，千方百计提高医疗质量和服务水平，取得了令人瞩目的成就，医院综合实力大大增强，为提高全市人民健康水平做出积极的贡献。

团结奋进的领导班子

八年来，我院基础设施建设突飞猛进，硬件建设实现了历史性的飞跃，固定资产从3100万元增到7000万元。投资3000多万元购置了螺旋CT、核磁共振、电子胃镜、彩超、CR成像系统、全自动生化分析仪、血液透析机等高精尖医疗设备，现有门诊、医技科室20余个，住院疗区4个，开放病床180张，满足了广大人民群众的就医需求，极大地改善了患者的就医条件，提升了医院参与市场竞争的实力，扩大了在社会上的知名度。

八年来，我们始终把人才建设作为医院最基础、最关键的工作来抓，各类技术人员引进和培养取得明显成效，一批中青年医师队伍已成为各个学科的领军人物。金字塔式的、实用的技术梯队成为医院的宝贵财富。本着“人无我有、人有我优、人优我精”的原则，加强学科建设，新的技术项目不断引进、不断发展、不断提高，有多项技术项目填补了我市医疗空白。

八年来，我院积极构建和谐医患关系，努力塑造医务人员良好形象，精神文明建设硕果累累。医院积极实施“惠民工程”，对贫困户、下岗职工等实行优惠服务及医疗救助，八年来共减免费用50余万元。我院积极组织开展医疗下乡活动，为偏远农村群众提供上门服务及医疗随访工作；为广大患者开通急救绿色通道，对危重病人先抢救后收费，和谐的医患关系为医院各项事业的发展创造了良好条件。

为取柴河福利院老人免费检查身体

市委书记宫成全到我院检查指导工作

医院在“科技兴院，协调发展”思想指导下，形成了“以人为本，精益求精，服务无限，追求卓越”的文化理念，全面贯彻落实科学发展观，推动医院全面发展。本着“高疗效、低费用、短疗程，一切为了患者”的原则，为石城人民群众的健康，提供更加温馨、优质、高效、安全、便捷、满意的医疗服务。

八年多来，医院共收到感谢信100余封，锦旗几十面，2007年6月，被中国民营医疗机构协会评为“百姓明明白白就医，全国诚信示范医院”，被中国民营经济研究会、中国民营企业论坛授予“中国最具竞争力民营医院”、2009年被共青团中央授予“青年就业创业见习基地”、11月被吉林市医学会授予“团体会员单位”；2011年被吉林市发改局评为“价格诚信医院”、10月被中国民营医院协会评为“全国诚信民营医院”等荣誉，10月经吉林市卫生局专家组考评晋升为二级乙等医院。

环境优美的生态园大厅

职工文化活动

吉林省磐石市第三中学

校长、党支部书记　马　英

校领导班子为教师拜年

校军乐团参加全国演出

磐石市第三中学

磐石三中是一所初级中学，创办于1962年，地处磐石市中心，学校占地面积21000平方米，建筑面积17000平方米，由办公楼、教学楼、科技楼、综合楼组成，现有教学班42个，学生2650人，教职工157人.磐石三中作为展示基础教育的窗口校、教育管理的示范校、教育改革的龙头校一直引领着磐石基础教育的潮流。

学校以“为幸福的人生奠基，为成功的人生铺路”为办学理念，以“办规范加特色学校，育合格加特长学生”为办学目标，全面实施素质教育，结出了丰硕的教育教学成果。学校连续十多年中考成绩名列吉林地区榜首。2009年中考590分以上全市共6人，全都是我校学生，李演达同学以595分（满分600分）的成绩成为吉林地区中考状元，全市前十名我校占9人； 2010年中考张凤宇同学以597分成为全市中考状元，全市中考590分共12人，我校占11人,前十名我校占9人；2011年中考张萌同学以593.3分成为磐石中考状元，吉林地区外五县第一名，前16名全是我校学生，学校连续多年被教育局授予中考立功单位。

学校艺术教育闻名省内外，学校军乐队2010年10月参加全国艺术教育现场会汇报演出，获得好评；2011年6月承办吉林地区艺术科研现场会，学校被评为吉林省“艺术教育特色校”，吉林市“艺术教育科研先进单位”。

学校的体育教育成果更是喜人，2011年参加吉林省体育项目传统校田径锦标赛获“女子团体总分第一名”、“男子团体总分第一名”、“初中组团体总分第一名”；2011年8月参加 “阳光体育”全国体育传统项目学校比赛，获体育道德风尚奖。

学校领导班子和全体教师秉承“勤奋团结 务实争先”的校训，奉行“讲和谐、讲奉献、讲争先”的三中精神，创造了一个又一个辉煌。学校被确定为“全国青少年文明礼仪基地”、“吉林市教师专业发展基地校”，学校先后被授予“全国青少年普法教育先进单位”、吉林省“精神文明建设先进单位”、“教育系统先进集体”、“学校卫生安全工作先进集体”；吉林市“普通中学教学管理先进校”、“最美校园、最佳管理学校”、“教育系统先进集体”、“德育工作先进校”、“示范家长学校”；磐石市“教学管理标兵校”、“教育科研示范单位”、“创教育品牌，建和谐校园立功单位”。

面向未来，三中人会把握机遇，与时俱进，励志扬鞭，迎接挑战，用浓墨重彩谱写新的篇章，实现新的超越。

磐石市第四中学

校 长　杨毓敏

磐石市第四中学是磐石市内一所普通中学，位于福安路1574号，占地面积近四万平方米，建筑面积多达两万多平方米。拥有现代化的教学大楼、学生宿舍和教师住宅楼，可容纳1500名学生同时就餐的标准化学生餐厅，物理实验室、微机室、卫生室各两个，电教室语音室、化学实验室各一个，另外还有藏书五万余册的图书室，各班全部安装了闭路电视，班班配备大屏幕。

目前学校有教师195人，学生2000人，任课教师全部获得本科学历，现有4名研究生，特级教师1人，高级教师28人，一级教师116人，国家级优秀教师1人，省级特级教师1人，吉林市“全天候”教师1人，省级优秀教师5人，省级学科带头人3人，省级优秀任课教师6人，吉林市“十杰”教师2人。几年来，100多名教师在市以上各种教学竞赛中获过奖，目前学校承担各种课题十几项，有五项国家级课题顺利通过验收，另两项国家级课题正在实验中。一项省级课题、两项吉林市级课题已解题，还有三项市级课题正在实验中。教师近几年在国家报刊上发表过上百篇的论文。学校的教学质量一年一个台阶的向前发展，2004年中考成绩有了历史性的新突破，高明同学以四科满分、总分592.5分的成绩荣获吉林地区第一名，打破了外五县的历史记录。2005年我校中考再创辉煌，全市前十名四中占5人，前二十名四中占10人，前五十名四中占28人，前一百名四中占43人。2006年中考，四中金占彬同学以592分的成绩名列外五县中考第一名、吉林地区第二名；全市中考前十名，四中占9人；前二十名，四中占14人；前五十名，四中占28人；前一百名，四中占45人。2007年中考有二名同学以594分的成绩双双并列全市第一名，2010、2011年连续两年中考再创佳绩，为四中腾飞奠定了坚实基础。

几年来学校多次受到上级各有关部门的表彰和奖励，被评为“教书育人先进集体”，“一级一类校”，“吉林省爱国主义教育基地校”，“全国科学实验校”，“教育科研标兵校”，“最美校园、最佳管理校”，“精神文明先进单位”、“德育工作先进单位”、“教学管理先进单位”、“目标管理一类校”、“办学水平成绩优秀校”，“吉林市精神文明先进单位”、“吉林市教育系统先进集体”。

现在的四中领导有着先进的管理理念、教育理念，教师锐意进取，勇于奉献，学生勤勉努力。展望未来，任重道远，相信在新一届领导班子的带领下，四中的明天一定会更加美好。

学校军乐队

唱响主旋律颂歌献祖国校园红歌会

吉林磐石供电分公司

2008-2011年度被吉林市委市政府授予文明单位

2010年被吉林市人民政府授予安全生产先进集体

志愿者服务队

磐石供电分公司是吉林供电公司所属国家大型一类供电企业，拥有220千伏变电站2座，主变压器3台，总容量420兆伏安；66千伏变电站2座，主变压器3台，总容量60兆伏安，220千伏高压输电线路7条，总亘长270.630千米；66千伏输电线路18条，总亘长248.348千米；10KV配电线路10条，总亘长90.278千米，变压器468台，总容量142780千伏安。是全省售电量最大的县（市）综合性供电分公司，分公司现有员工133人（中共党员42人），担负着辽源、梅河、桦甸输电以及磐石市内6.573万客户的电力供应和服务任务，年售电量超过15亿千瓦时。

220kV明城一次变电站

磐石市江南林场

江南林场位于吉林省磐石市南部，与桦甸市、辉南县接壤，地处长白山区向松嫩平原过渡地带。林场总经营面积26411公顷，有林地面积17897公顷，活立木总蓄积148.7万立方米，年采伐量近8000立方米，现有职工157人，离退休职工90人。

江南林场于2005年被吉林省林业厅授予全省"十佳林场"荣誉称号。连续五年被市政府评为年度全市森林防火工作先进集体，林业单项工作多次受到省、市林业主管部门的表彰奖励。

近年来，江南林场在市委、市政府及上级林业主管部门的领导和支持下，坚持可持续经营，充分利用林区森林资源优势，大力发展林业产业和多种经营，质量效益好，经济实力不断增强。2009年8月16日，吉林地区林业产业发展现场会在我市江南林场召开，与会人员实地参观了江南林场的肉鸽养殖基地和林下野猪养殖基地等产业项目，江南林场在会上介绍了发展产业的经验和做法，受到与会人员的高度称赞。

场长、书记 贾中鹏

一、扩大特色养殖基地的发展规模

1、创建肉鸽养殖基地。2005年，江南林场确定了面向市场谋求发展的思路，经过市场调研，在学习考察的基础上，决定开发肉鸽养殖业，全场职工积极响应，先后集资1000多万元，建设规模化科学养殖场。目前，养殖场占地总面积60000平方米。已经建设28栋标准化鸽舍及办公室、仓库、配料室、屠宰室等配套设施，建筑面积12500平方米。他们选定"美国白羽王鸽、美国落地王、美国卡奴"为主要饲养品种，引进种鸽6700对。经多方学习，结合自己的实践经验，研究出一整套新的饲养技术，为培育优质种鸽提供了技术保障。在发展肉鸽养殖项目中，江南林场注册了"天庆元肉鸽养殖场"和"信天翼肉食鸽"的商标，实行股份经营，共有43名职工入股。现有种鸽已发展到6万只，实现年收入900万元，利润400万元，成为我国东北地区最大的肉鸽养殖基地。

2、创建磐石市林下野猪养殖基地。养殖基地占用林地面积1000公顷，2009年第一期工程投资800多万元，其中由42名职工集资210万元，林场投入基础建设475万元。建现代化猪舍2栋，占地面积2.5公顷；建林内猪舍40栋，建筑面积3000平方米，山林围栏40万延长米。目前已引进"林下野猪"种猪280头，计划2011年发展到10000万头，其中年存栏3000头，出栏7000头。预计年产值可达2100万元，利润600万元以上。

此外，江南林场还将依托"林下野猪"繁殖项目，通过招商引资的形式，建设以屠宰加工厂为主，集游猎场、娱乐中心、垂钓池、红叶谷、野生动物养殖场、林冠下种植为一体的生态经济开发园区。

二、抓生态产业建设，大力发展红松经济林

从2003年起，在省、市林业专家的指导下，江南林场对原有红松林进行了改造，按采种林的标准，优化林分结构，注册了"雾凇牌松籽"，实施科学经营。目前已建成了2000公顷优质、高产、高效的红松果林基地，结实面积近1000公顷，年产果实30万斤，收入近400万元，被国家林业局授予"中国红松籽之乡"的荣誉称号。同时，他们紧紧抓住全市实施三个百万亩工程的有利时机，建立了9公顷日本落叶松采种林、40公顷大叶山杨采种林和10公顷繁育圃基地。2008年出售红松苗300万株，收入300万元。2010年苗圃扩建到15公顷，新育红松、云杉大苗45万株，四旁绿化大苗40万株，红松换床苗1000万株。

三、抓职工自主创业，大力发展家庭经济

为提高林场职工创业本领，江南林场连续多年组织职工到外地学习考察，并分别参加了长春农博会、2007年全国森林食品药材交易交流大会和全省畜牧产销大会，宣传推介产品，掌握市场信息。对职工在创业中所遇到的技术、资金、原材料等方面问题给予大力扶持。比如职工搞养殖业需要木料，林场以优惠价予以解决。搞种植业需要架条，林场给予优先解决。创业资金不足，林场出面协调贷款。开厂办店，林场帮助办理执照、许可等。在发展家庭经济的过程中，林场班子成员带头发展多种经营。2006年利用退耕还林地种植川地龙10公顷，有25名职工入股。有8名职工从事林冠下开发种植人参、贝母、细辛等中草药材，面积达125公顷。2009年建寒富土果园20公顷，投入资金180万元，入股职工12人。目前，我场职工从事林蛙养殖12户、养鱼5户、养猪3户、蔬菜生产8户、木耳养殖户8户、运输12户、餐饮服务6户、办幼儿园3户、医疗保健5户。依靠发展多种经营，职工年人均增收达1万元以上。2011年预计年均实现林业总产值超过5000万元，其中非林产业收入占总产值的43.3%，职工家庭年均收入超过6万元。

总经理 王向东

磐石公司销售大厅

冀东水泥磐石有限责任公司

冀东水泥磐石有限责任公司（以下简称磐石公司）是上市公司唐山冀东水泥股份有限公司的全资子公司，于二○○二年一月注册成立的大型现代化水泥企业。

公司位于吉林省磐石市的东南部，厂区仅靠矿产资源丰富的双顶山石灰石矿，面积18公顷（不含石灰石矿山），铁路专用线直通厂内，距离磐石市9.5公里，地理位置优越，公铁交通便利，产品覆盖吉林省、辐射辽宁、黑龙江两省。公司有员工512人，拥有大批高、中、初级技术人员，其中本科人员26人，大专人员95人，中专（高中）人员266人，初中及以下人员128人，高级职称人员2人，中级职称人员10人，助理级职称人员14人。

磐石公司总经理王向东（右三）、常务副总赵东升（右一）在现场指导工作

磐石公司于2003年4月一期工程日产3200吨水泥熟料新型干法生产线建设完毕并正式投产，年产优质商品熟料115万吨，并配套建设一条年产80万吨水泥生产线。根据吉林省建材市场对水泥的需求增长情况，公司于2006年4月又投资建设冀东水泥磐石有限责任公司二期日产4000吨熟料生产线。同时考虑资源综合利用，利用两条熟料生产线产生的余热废气，建设一座15MW纯低温余热发电站。年可利用两条熟料生产线产生的余热废气发电9648万千瓦时，即实现了节能减排目标，又实现了降本低耗运行。2009年12月，公司继续扩大生产规模，投资新建二期年产100万吨水泥粉磨生产线，2010年12月正式投入运营。

目前，磐石公司熟料、水泥生产线年可生产优质高标号熟料240万吨以上；年可生产优质高标号水泥180万吨。熟料产品除了满足吉林省内冀东水泥吉林公司和冀东水泥扶余公司的需求外，全部熟料投放省内市场；盾石牌水泥产品广泛应用于国家重点工程和城市建设、桥梁、铁路、公路及房地产项目，为发展地方经济作出重要贡献，是磐石地区的利税的大户。

厂前区

磐石公司重视产品质量，于2003年通过ISO9001质量管理体系认证，于2008年4月通过ISO18000环境管理体系认证。“盾石”牌水泥为“中国驰名商标”。

磐石公司多次荣获“劳动保障守法诚信单位”、“重合同守信用企业”、“质量管理优秀企业”等称号。吉林省各级政府对公司高度重视，省市领导多次莅临公司进行调研，为公司排忧解难、解决问题，提供良好的发展环境。

冀东水泥磐石公司以人为本，秉承“共创、共赢”的核心价值观，以“团结、创新、诚信、敬业”的企业精神，建设“员工与企业利益共同体”，不断增强企业凝聚力和市场竞争力，为冀东发展集团的“三北”战略打下坚实基础。

厂区全景

首钢通钢磐石无缝钢管有限责任公司

热轧锥式穿孔机

部分厂房

热轧无缝钢管100机组生产线作业场景

首钢通钢磐石无缝钢管有限责任公司（以下简称磐管公司），是吉林省唯一一家无缝钢管生产企业。始建于1969年，位于吉林省磐石市烟筒山镇红星街。202国道、沈吉高速公路纵贯南北，省道长青公路、磐朝公路和磐桦公路横跨东西。沈吉铁路、烟白铁路在境内交汇，铁路专用线直通厂区，交通运输便利。现有土地面积392866平方米，建筑面积44682平方米，铁路专用线全长5.76km。注册资本18800万元，2011年末公司资产总额59341万元。

磐管公司拥有四条热轧无缝钢管生产线，一条冷拔无缝钢管生产线，一条管线管精加工和油井管成品加工线。拥有国内先进的无缝管机组 Accu-Rollϕ 140、ϕ100、ϕ90、自动轧管机ϕ76、ϕ60穿孔机组各一套。完全具备为石油行业生产、供应油井管用管的质量保证能力，并满足客户的个性化需求。拥有物理检验、金相检验、光谱分析、超声、涡流、漏磁探伤等一系列完善的检测手段。可按国家标准、API石油管标准及用户特殊要求生产ϕ(25–180)×(2–30)mm的结构用、输送流体用无缝钢管、低中压锅炉管、金刚石岩芯钻探用管、汽车半轴套管、液压支柱管、石油用套管、油管、管线管等上百组距的无缝钢管。产品广泛用于石油、化工、煤炭、冶金机械、锅炉、汽车、船舶、电力等领域。已具备生产各种规格、材质的无缝钢管60万吨能力。产品销售网络遍及全国各地，并出口哈萨克斯坦、加拿大、巴勒斯坦、墨西哥、俄罗斯等国家。

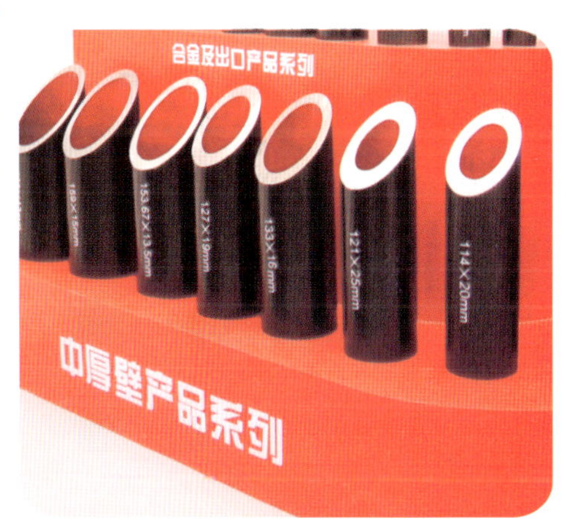

无缝钢管产品照片

企业发展规模日益壮大，列全省工业企业产品销售收入100强第八十九名。公司曾多次获得吉林市“守合同重信用”企业、吉林明星企业、吉林省质量管理先进企业、吉林省质量管理奖等荣誉称号。产品曾获冶金行业品质卓越产品和中国钢铁工业协会“金杯奖”、冶金部及吉林省优质产品等荣誉称号。企业通过了卓越绩效产品现场评审、ISO9000复评、安全环保和职业健康管理体系评审。所有这些已经成为磐管公司健康、快速发展的重要标志。

多年来，公司以通化钢铁集团股份公司的经济、技术实力为依托，拥有稳定的资源优势。确定了“建设吉林省无缝钢管精品基地”的核心价值观。公司决策层围绕“以市场为导向，以客户为中心”的经营理念，不断进行技术创新、管理创新，使企业连续保持稳定、快速的发展态势，为地方经济的繁荣作出了积极贡献。磐管公司在依靠广大员工兴企、强企，全力打造“精品磐管、活力磐管、和谐磐管”的新型磐管的同时，坚持以人为本，以和谐稳定促进企业发展。争取到国家棚户区改造政策，为员工及家属建家属楼324户（30280平方米）。在市场形势异常严峻、企业经营困难的情况下，实现了员工收入的增长。积极履行社会责任，仅2011年就向社会捐款近12万元；大力支持政府“军民共建”双拥，主动、及时向帮扶对象磐石市七个顶子村资助资金、物资价值10余万元，为社会的和谐稳定积极履行磐管公司应尽的责任和义务。

公司厂区

蛟河市工商银行

行 长　孙建强

自1984年蛟河市工商银行成立以来，始终以支持地方经济发展为己任。随着蛟河经济实力显著提升，发展的内在动力和活力不断增强。2011年蛟河市工商银行针对蛟河经济发展新特点，把支持小企业融资和房地产业的发展放在突出位置，坚持重点行业、重点扶持。从增加资金需求入手，对蛟河市重点中小企业融资和房地产开发企业在信贷方面进行了大力支持和信贷投放。充分发挥了商业银行在支持地方经济建设主渠道作用，有力支持了蛟河经济社会的发展。

截止到2011年末，蛟河市工商银行内设3个部门、外设4个营业网点，拥有从业人员133人，各项存款12.98亿元，各项贷款5.52亿元。

蛟河工行作为蛟河地区的“老牌金融企业”，通过贯彻落实国家“扩内需、保增长、调结构”各项政策措施，进一步树立战胜困难的信心和决心，全行上下统一思想认识，积极引导和调动各方面的积极性、主动性和创造性，为蛟河市进一步拉动经济增长产生巨大的推动力。

2011年以来，蛟河工行把工总行开展的“服务价值年主题活动与实际工作相结合，以转变服务观念、改进服务作风、强化服务效能为重点，坚持内强素质、外树形象，从强化提高五种意识即：“服务、人本、创新、培训、责任”，增强五种能力即：“亲和、战斗、竞争、综合、助推”入手，全面扎实推进政行风建设。营造了风气正、服务优、政令通、求发展的良好氛围，广大员工综合素质有新的转变与提高。

蛟河市白石山镇人民政府

白石山镇党委书记、镇长　王绘阁

白石山镇，位于吉林省东部，长白山西麓，蛟河市境内，被国务院六部委评为“全国重点镇”，被省政府评为经济“十强镇”、“改革发展试点镇”，是蛟河市支持加快发展四大强镇之一。全镇幅员面积573平方公里，辖16个行政村，73个自然屯，2个社区，15个居民委，总人口4.7万。

区域优势得天独厚。白石山镇地理位置优越，交通便捷，位于长吉图中轴线的节点上，长（春）图（们）铁路、302国道、长（春）珲（春）高速公路贯穿全境。

特色资源丰富多彩。矿产资源主要有钼、硅藻土、橄榄绿宝石、玄武岩、花岗岩等；木材总蓄积量达1600万立方米，是国家重要商品材生产基地；林下资源有多种山野菜、野生食用菌、林蛙、中草药等；设有琵河抽水蓄能电站、风力发电新能源开发项目。国家大型二档森工企业白石山林业局、吉林白石山国家森林公园坐落其中，森林公园景观环境优美，气候宜人，具有较高的开发价值。

经济实力日益雄厚。2011年白石山镇共实现地区生产总值128774万元，年均增长27.3%，其中一产实现27965万元，二产实现46192万元，三产实现54617万元，年均分别增长10.8%、50.4%、22.9%。全口径镇级财政收入实现2175万元，镇本级财政收入1461万元，年均分别增长39.4%和61.3%。镇区居民人均可支配收入实现14000元，年均增长5.3%。农民人均纯收入达到7528元，同比增长6.8%。小城镇建设为民营企业发展创造有利条件的同时，也带动了第三产业的快速发展，今年三产增加值同比增长26%，全年实现社会商品零售总额58990万元，极大地拉动了城镇流通领域经济的增长。全镇社会固定资产投资94890万元，同比增长10.7%，其中工业生产性投入达到69187万元，同比增长15.2%。全年完成招商引资额24000万元，同比增长19.0%。同时，储备了一批新的千万元以上的生产加工型攻关项目和总部经济项目，为提升城镇经济总量和增强财政实力奠定了坚实的基础。

黑木耳产业形成规模

景色宜人的人民广场

规模日益扩大的晒烟产业

城镇建设日臻完善。2011年，白石山镇通过采取政府拿一块、群众集一块、社会捐一块、市场化运作一块、争取上级支持一块的“五个一”筹资办法，全年筹集城镇建设资金9000多万元，加大了城镇基础设施建设的投入力度，极大地改善了镇容镇貌和生产、生活环境。一是投资3000万元，完成了镇内2.7万平方米的棚户区改造；二是投资130万元，对永青河进行了清理，对流经镇内河段实施部分护堤工程；三是投资40万元，安装新中华灯40盏，吉祥装饰灯80盏，使街道得到了美化、亮化；四是在白林路两侧新植绿化树1000株，铺设草坪500平方米，进一步美化了居住环境；五是投资66万元，对白林小区、毓文街、站前小区楼区巷路进行水泥铺设1200延长米，更换了路边石，镇主要道路硬化率达到了100%，改善了交通，方便了群众出行；五是投资1300多万元，新建了白林局宾馆，为集聚人流创造了便利条件；六是投资530万元，进行了镇区旧房改造近8万平方米；七是投资880万元完成了老镇区供热管线改造300延长米，新增40吨锅炉一台，完善了供热站设备；八是投资1286万元，完成了11公里镇区给水改、扩建工程，使3084户居民使用上了放心水；九是大力实施“暖房子”工程，投资280万元完成了全镇1700平方米的旧楼外墙体保温，使老楼居民温暖过寒冬。

十二五伊始，白石山镇以科学发展观为统领，以加快转变经济发展方式为主线，以实现全国重点镇建设为目标，重点发展工业和服务业，统筹推进“工业化、城镇化、农业现代化”进程，倾力发展晒烟、冶金建材、新能源开发和商贸旅游四大富民富镇产业；全力实施“南移西扩”和“一城三区”战略；坚持镇村、镇局（白林局）两个统筹；努力把白石山建设成为主导产业明晰、经济实力雄厚、城镇功能齐全、生活环境优美的长吉图轴线上的先导区明星镇、省“十强镇”。

翠色欲滴的香瓜

香甜诱人的洋菇娘

即将建成的白石山国家森林公园大门

国家森林公园接待中心

局领导班子

蛟河市邮政局共有从业人员183人。内设职能机构一室一部二中心，即：综合办公室、经营业务部、代理金融中心、营销中心。下辖19个城乡支局网点及报刊发行投递部、车队、经警队、邮件分拣转运等支撑部门。拥有邮运、护运、投递机动车6台，城乡投递摩托车、电动车30余辆，房屋总建筑面积13902平方米，固定资产2320万元。

近年来，蛟河市邮政局坚持以科学发展观为统领，紧紧围绕年度工作目标，突出“调结构、上规模、升能力、重效益”这一主线，积极整合资源，开拓市场，强化营销，推动各项业务齐头并进。2011年，全年累计实现业务收入1976万元，为计划的100.31%，收到了较好的经济效益和社会效益。

精神文明建设顺利通过了吉林市、蛟河市组织的“精神文明单位”的检查验收工作，连续5年巩固、保持了县市两级“精神文明先进单位”成果。工会、共青团、综合治理工作均被地方评为先进单位，市局营业班巩固了吉林市“青年文明号”荣誉，全年有6人被评为各类先进个人，同时被评为吉林地区邮政系统服务先进单位。重视企业行风建设，聘请了社会义务监督员，定期主动同行风主管部门取得沟通、联系和指导，年度行风测评位次稳中有升。投入资金建成“工会小家”3个，改善了阅览室、活动室、职工食堂、卫生间等条件，配齐了电磁炉、微波炉、饮水机、电饭锅等用品用具，提高了基层单位职工的生产生活标准。组织职工开展了春节联欢晚会、“三八节”厨艺比赛、“激情五月、放飞梦想”演讲比赛、庆“七一”党员总结表彰及职工集体郊游等娱乐活动，增强了职工的荣誉感和归属感，为企业的发展注入了活力和动力。

蛟河大街支局门脸

积极参与地方经济建设，响应市委、市政府各项号召，立足本职搞好服务，出色地完成党报党刊的发行投递任务，受到市委宣传部门的称赞，每年从其他业务收入中补贴报刊邮件投递费用达50余万元。积极上争资金投入服务网点建设，近三年争取上级投入近千万元。新农村建设工作中对天北、松江、天岗等乡镇的部分村屯进行了力所能

蛟河大街支局营业厅

及的帮扶，并在较大村屯设立便民服务站20个。承担普遍服务的同时，在当地纳税近百万元。

蛟河邮政决心在上级及市委市政府的正确领导下，以崭新的姿态，昂扬的斗志积极投身于企业经营、管理、服务和地方经济建设，为企业改革、发展和家乡建设做出不懈努力和更大的贡献！

爱心包裹

服务三农

吉林市邮政局王玉林副局长看望受灾职工

行长 丁德胜

卡拉OK大赛

中国邮政储蓄银行有限责任公司吉林省吉林市蛟河市支行

蛟河市支行自从成立以来，一直坚持服务“三农”、服务中小企业、服务城乡居民的大型零售商业银行定位，发挥邮政网络优势，强化内部控制，合规稳健经营，为广大城乡居民及企业提供优质金融服务，实现股东价值最大化，有力的支持了蛟河市的经济发展和社会进步。

经国务院同意，中国邮政储蓄银行有限责任公司于2012年1月21日依法整体变更为中国邮政储蓄银行股份有限公司。公司自成立之日起，依法承继中国邮政储蓄银行有限责任公司全部资产、负债、机构、业务和人员，依法承担和履行原中国邮政储蓄银行有限责任公司在有关具有法律效力的合同或协议中的权利、义务，以及相应的债权债务关系和法律责任。中国邮政储蓄银行有限责任公司已有的营业机构、商标、互联网域名和咨询服务电话等保持不变，由股份公司继续使用，各项业务照常进行。客户毋需因此办理任何变更手续。

蛟河市中医院

院长　郝远

领导班子

蛟河市中医院是一所集中医、西医、中西医结合的国家二级专科医院，是长春中医药大学及北华大学医学院教学医院，是基本医疗保险、新型农村合作医疗、生育、创伤、各种商业保险、医学鉴定的定点医院。

医院设有临床、医技科室20余个，共有内、外、妇、儿、针灸科5个疗区，床位200张，全院职工240人，其中专业技术人员180人，主任医师2人、副主任医师23人、主治医师21人、主任护师1人、副主任护师3人、主管护师23人。我院突出中医及专科特色，内二科开展了中药熏蒸及中药透入疗法，治疗妇科疾病、结肠炎等疗效确切。得到了广大患者的认可，针灸科开展小针刀、火针、埋线等中医特色疗法，配合中药治疗颈椎病、腰间盘突出、慢性关节炎、腱鞘炎、静脉曲张等疾病疗效肯定，费用低、不住院，得到了广大患者一致好评。全院开展了以病人为中心，优质护理服务工程，打造中医护理品牌。在儿科开展了中医护理技术，如：刮痧治疗小儿发热、感冒、咳嗽；推拿治疗小儿腹泻，走罐治疗小儿肺炎等中医特色护理，减少了小儿打针的痛苦，收到较好的疗效。坚持中西医结合治疗各种疾病，能够完成内、外、妇、儿科等急诊急救工作，外科、妇科可开展多种大型手术，在我地区率先开展可视无痛人流术。医院拥有全身西门子螺旋CT机、日产全自动生化仪、美国产GE彩超、脑彩超、数字化影像系统（DR）、电子胃镜、心电工作站、24小时动态心电、大型冲击波体外碎石机（治疗肾和输尿管结石）、电子结肠镜、前列腺气化电切镜（治疗老年前列腺肥大和增生）、膀胱镜、血液透析机等设备120余台。是以“院有专科、科有专病、病有专治、治有专家”的特点，在我地区率先开展了微创治疗脑出血、溶栓治疗脑梗塞、心肌梗塞、深静脉血栓。在我院率先开展了血液滤过，治疗尿毒症，填补了蛟河地区的空白，脊柱外科引进的臭氧治疗仪，治疗颈椎病、腰椎间盘突出症及急慢性疼痛疾病等疗效显著，填补了吉林地区的空白。

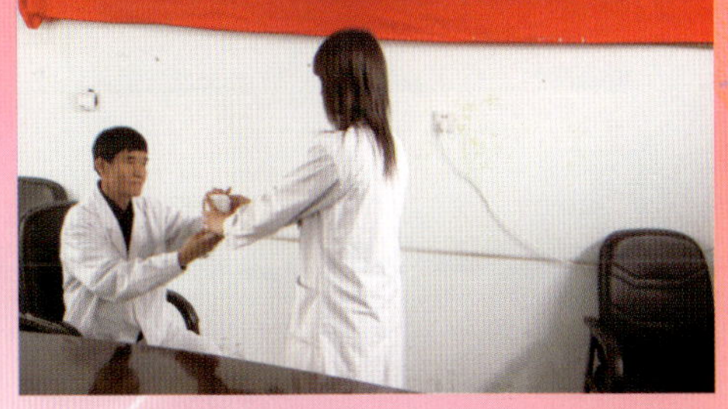

名老中医拜师仪式

多次获得吉林市卫生局和蛟河市卫生局赋予的荣誉

义　诊

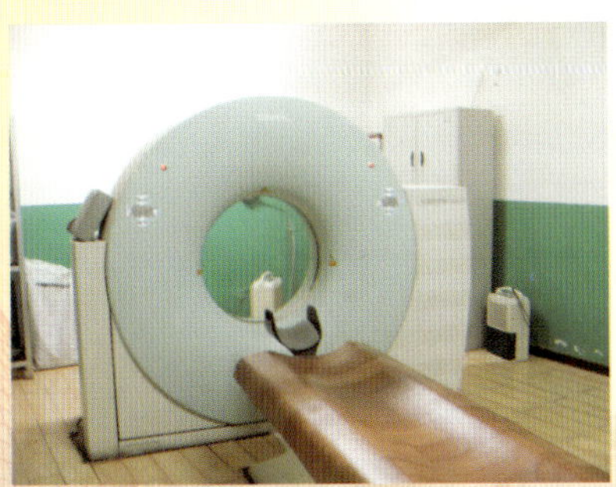

全身西门子螺旋CT机

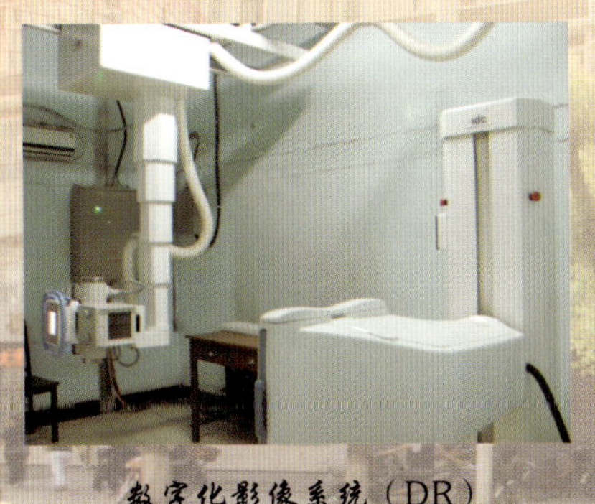

数字化影像系统（DR）

蛟河市卫生防疫站

蛟河市卫生防疫站坐落在蛟河市开发区红叶大街79号，蛟河市卫生防疫站现有职工59人，其中主任医师3人、副主任医师13人、中级职称15人、初级职称16人、行政管理人员7人、工人5人。下设传染病预防控制科、计划免疫科、艾滋病性病防治科、慢病防治科、地方病防治科、学校卫生科、虫媒科、消杀科、场所科、健康教育科、检验科、医疗市场科12个业务科室，办公室、财务科、总务科3个行政科室，蛟河市卫生防疫站总占地面积10000平方米，新建五层业务大楼，建筑面积5600平方米，业务用房4000平方米，其中实验室面积1200平方米，实验室拥用气相色谱、原子吸收仪等先进仪器。

站长王炜明先后获省、市、县三级劳动模范，吉林省“五一”劳动奖章获得者，全国妇幼保健先进个人，蛟河市、吉林市优秀共产党员称号。2011年5月荣获全国“五一”劳动奖章荣誉称号，在他的带领下，蛟河市卫生防疫站全体职工认真践行“三个代表”的重要思想，科学发展、锐意进取，打造出一支优秀的防病队伍。几年来蛟河市卫生防疫站在规范化管理上、实验室建设上都取得突出成绩。吉林市疾病预防控制中心在蛟河召开了现场会，先进经验在全地区推广。同时蛟河市卫生防疫站在健康教育工作代表吉林省接受国家健康教育促进5年纲要验收，取得优秀成绩，受到考核组的充分肯定。地方病防治工作代表吉林省接受国家“全国重点地方病防治规划2004—2010年终期”考核验收，受到专家组好评。计划免疫、艾滋病防治、爱国卫生运动等项工作中都取得很好的成绩，多次受到省、地、市的表扬和表彰，尤其在重点传染病防控工作中不断加大人力、物力的投入，2011年用于人员培训、应急物资的储备、车辆设备的更新等总投入50余万元，引进专业人员5名，通过科学有效的开展工作，取得显著成效，2011年传染病发病率下降16.19%，重点传染病手足口病发病率下降44.52%，为促进和保障蛟河市人民的身体健康，促进全市的经济发展做出了重要贡献。

蛟河市卫生防疫站先后获省、市、县三级文明单位称号，国家级卫生防病先进集体，国家二级档案室，国家和吉林省水质卫生监测先进集体，计划免疫、健康教育、爱国卫生获省卫生厅授予先进集体称号，省、市、县三级先进基层党支部称号，吉林地区五星级职代会称号，吉林省先进工会、模范职工之家，吉林地区行政执法先进单位称号以及其它各级各类荣誉50余项。

蛟河市卫生防疫站在优秀共产党员全国“五一”劳动奖章获得者王炜明同志和一班人的带领下，克难进取、努力拼搏，不断深入各项卫生事业改革，有效的促进了全市疾病预防控制工作，取得骄人业绩，在各级各类考核中获取优异成绩。

吉林市新站结核病医院

理论中心组学习（右二为肖力院长、右一为党委书记朱丽华）

康复患者送答谢锦旗

吉林市结核病医院是吉林地区唯一一家结核病重点专科医院。

医院占地面积22万平方米，绿化面积10万余平方米，真正做到春有花、夏有荫、秋有果、冬有青，一年四季浓荫掩映，鸟语花香，被吉林省人民政府授予"园林式医院"光荣称号。

医院现有职工240余人，专业技术人员160余人，中高级专业技术人员60余人。

医院现有结核内科、胸外、骨外、普外、泌尿外、综合内科等临床科室。

对结核性胸膜炎、重症肺结核、肺结核合并咯血、液气胸、脓胸、支气管内膜结核、肠结核、结核性腹膜炎、结核性脑膜炎、肺外结核有独特的治疗手段。

外科能熟练进行全肺、肺叶及肺大泡切除、纤维板剥脱、胸廓成型、支气管胸膜瘘修补、胸壁结核病灶清除、肺癌根除、纵膈肿瘤切除、脊柱结核病灶清除、骨结核病灶清除、骨折切开复位内固定、胃大部切除、阑尾切除、肠粘连松解等手术。

院班子在建新楼施工现场

2011年初吉林市人民政府投资2000万元新建1.1万平米的综合楼和病房楼将在今年10月底投入使用，国家专项投入1000万元的设备已全部到位。

医院地址：蛟河市新站镇康复路

联系电话：

白天：67531361　67536999

夜间：67534555　67534711

医院新楼

桦甸市夹皮沟镇人民政府

政府办公楼

党委书记、镇长　潘海彬

坚持科学发展　实现富民强镇

夹皮沟镇位于桦甸市东部，东北与敦化市为邻，东南与抚松县隔江相望，西北、西南与本市红石砬子镇相依。全镇幅员面积1179平方公里，辖2个社区，5个行政村，48个自然屯，总人口3.2万人。夹皮沟镇资源得天独厚，林下山野果、山野菜、中药材、林蛙等经济动植物150余种，已探明铁矿石储量1.24亿吨，黄金储量80余吨。

几年来，夹皮沟镇党委、政府以其资源优势为依托，走出了一条“工业强镇、产业富民”的可持续发展之路，实现了经济社会又好又快发展。2011年全镇GDP实现35.5亿元，全口径财政收入4.77亿元，城镇居民可支配收入19700元，农民人均收入9260元，综合实力在全省名列前茅。

一是选好思路，强基础。夹皮沟镇把招商引资作为推动经济社会发展的重要工作来抓，并采取“筑巢引凤”、强化服务、以商招商、资源招商、重奖招商等办法，累计引进资金18亿元。域内现有大型企业14家和中小型企业78家，其中黄金企业20家，通钢集团桦甸矿业有限公司、桦甸市建龙矿业有限责任公司等铁矿企业9家，被誉为“中国黄金第一矿”的中国黄金集团夹皮沟矿业有限公司也坐落于此。2009年率先在桦甸乡镇建设工业园区，目前园区占地面积208公顷，收储土地52公顷。

二是统筹兼顾，促发展。以增加农民收入为目标，积极发展特色经济。近年来不断强化“龙头”企业的带动作用，先后兴建了桦甸市吉元土特产有限公司、上一当森林绿色食品有限公司、畜禽屠宰场、木制品加工厂等农副产品加工企业，培育壮大五大产业基地，即林蛙基地、中药材基地、食用菌基地、黄牛养殖基地、灰苏子基地。转移剩余劳动力3920人，占全镇劳动力65%，农民收入不断提高。

夹皮沟标志 大金牛

夹皮沟生产的金锭

领导班子

新农村

夹皮沟镇特色产品

三是"以工哺农"，惠民生。在夹皮沟镇工业发展蒸蒸日上的同时，镇党委、政府将更多的利益投放到民生中来。几年来，累计投入资金1.5亿元，完成了小城镇规划建设和综合开发，中小学教学楼和学生公寓楼建设，水泥路等基础设施建设，还完成了1个省级新农村示范村和41个屯的自来水改造工程。率先在全省乡镇启动工矿棚户区改造工程，改善了215户居民的住房条件。目前，全镇镇区居民和农民居住砖瓦房率分别达到了99%和97%，自来水、程控电话、有线电视全部实现了"村村通"。

努力换来回报，汗水铸就辉煌。2008年跨进吉林省"十强镇"行列，2009年被列为全省"百强镇建设工程"，被吉林省政府评为"人民满意的公务员集体"，2010年被中组部评为"抗洪抢险救灾先进基层党组织"，2011年被中组部评为"全国先进基层党组织"，被中央文明办评为"全国文明镇"，被国家住建部和旅游局评为"国家特色景观旅游名镇"。

2012年是夹皮沟镇深入实施"十二五"规划，进一步加快推进建设"全省工业第一重镇"的关键一年。夹皮沟镇党委、政府将以服务企业、基层、群众为基础，创新开展"三服务，三创建"活动。未来的夹皮沟镇将是一个基础设施完善，公共服务配套，产业特色鲜明，人居环境整洁优美，经济实力较强，具有较高的生活幸福指数和较强吸纳辐射能力的区域性经济社会发展中心镇。

建龙矿业

金街

吉林绰丰柳机内燃机有限公司

吉林绰丰柳机内燃机有限公司是一家专业生产汽车用微型发动机的中外合资企业，坐落于吉林省吉林市永吉经济开发区。公司成立于2003年8月，现工厂占地面积68500平方米，公司建筑面积22162平方米，其中厂房面积16716平方米。公司员工157人。截止到2010年12月末，公司资产总额为3亿元，所有者权益1.1亿元。

公司拥有微车发动机清洗线、部装线、总装线、试机线4条生产线，主导产品是汽油发动机，共有462Q-1AE1、465QE1、465Q4E2、465Q-1AE1、474QE2等五个系列20余种型号的发动机。目前公司已拥有完善的检测体系，设有零部件入厂检验、过程检验、成品检验等诸多检验工序，同时有外检站、清洁度试验室、中心试验室、三座标试验室等专门的检测机构，拥有硬度计、气动量仪、扭矩扳手校正仪、水力测功机、气体排放仪、电涡流测功机、三座标检测仪等大量检测设备。公司产品引进了国外发动机的诸多先进技术，尤其是采用了当今世界先进的美国德尔福公司的发动机电喷管理系统，排放标准达到国家规定的国Ⅳ标准，满足了整车的要求。

现公司的年发动机装配调试能力单班已达15万台，近几年实际产量为每年5~6万台，自2003年进入生产经营期以来，公司已累计产销发动机30余万台。

吉林绰丰柳机内燃机有限公司以“预防为主，持续改进，满足顾客要求，打造名牌动力”为质量方针，2004年公司通过了国内外汽车行业通用的ISO/TS16949：2002质量管理体系认证。

目前，公司的产品主要供给一汽吉林汽车有限公司，配套份额为70%，除搭载“一汽佳宝”车销往全国各地外，还搭载“一汽佳宝”车出口美国、叙利亚、巴基斯坦等多个国家。在2004年~2007年连续四年被一汽吉林汽车有限公司评为优秀供应商；2005年被一汽集团公司评为优秀质量供应商；2009年获得中国一汽集团最佳成本改善奖，同年被吉林市总工会评为2009年度工会财务工作先进集体；2010年7·28永吉发生特大洪灾时公司积极组织捐款并安置多名受灾群众；2010年底获永吉县委企业新增税收贡献奖和先进基层党组织。

现在公司正积极开发新产品和开发国内微型汽车发动机市场，产品质量稳定，售后服务周到，深得用户好评。随着我国进入全面建设小康社会，汽车进入千家万户，吉林绰丰柳机内燃机有限公司将不断发展壮大。

中钢集团江城碳纤维有限公司

中钢集团江城碳纤维有限公司是由中钢集团组建的高新技术企业，位于吉林市经济技术开发区，总占地面积17.9万平方米，主营业务为聚丙烯腈基碳纤维及复合材料制品的研制、开发、生产和服务。

面对新的发展机遇，中钢集团江城碳纤维有限公司将以“2000吨碳纤维项目”为出发点，凭借中钢集团整体优势及技术、人才储备，全力打造具有自主知识产权、自主创新能力、高附加值、高科技含量的碳纤维及复合材料产品。

中钢集团江城碳纤维有限公司在原有核心技术基础上，大胆创新，将自身的核心工艺技术和装备设计经验同进口设备相融合，实现了500吨级碳纤维工业化生产线的质的飞跃。

目前，中钢集团江城碳纤维有限公司“2000吨碳纤维项目”一期500吨碳纤维工程已经建成投产。该生产线工艺设备先进、接口流畅，工艺性能处于国内领先水平。所生产出的1K、3K、12K碳纤维性能已超过T300品级，接近T400品级。

项目投产后可带动我国战略性新型材料碳纤维应用技术的发展，拉伸我国碳纤维上下游产业链的延长。填补我国在此应用上的技术空白，取代国外进口。

“十二·五”期间，中钢集团江城碳纤维有限公司将继续积极落实企业社会责任，向高科技、高附加值的新型产业扩展，丰富上下游产业链，降低因产品单一而带来的经营风险，提升企业竞争力，加强“产、学、研”合作，实现企业效益最大化，为此，筹建1000吨/年碳纤维复合材料制品生产线。在下游制品市场日益扩大的情况下，充分利用原料优势共同推进碳纤维复合材料制品项目的建设。以成为国内较具影响力的碳纤维复合材料制品生产基地，接近国际先进水平，保持国内领先地位。

与此同时，按照走新型工业化道路的要求，中钢集团江城碳纤维有限公司将进一步大力发展优势产业，实施二期1500吨碳纤维建设工程，全面提升企业核心竞争能力，为实现碳纤维产业化基地的战略目标奠定基础。

到2014年，碳纤维预计年产能达到2000吨，力争到2015年实现年产500吨T700型碳纤维，使公司成为在国内能够代表国际先进水平的国家级碳纤维及其制品的生产基地。彰显吉林市作为国家级碳纤维高新技术产业化基地的整体实力，增强企业在国际国内两个市场的影响力，有力的推动行业经济发展，带动碳纤维产业的腾飞，最大程度的发挥产业集群的对外影响效应，使之成为国内碳纤维材料研发和制造的产业高地。在提升自主创新能力和参与国内外市场竞争方面发挥更大作用。

吉林华丰有机硅有限公司

董事长　陈延录

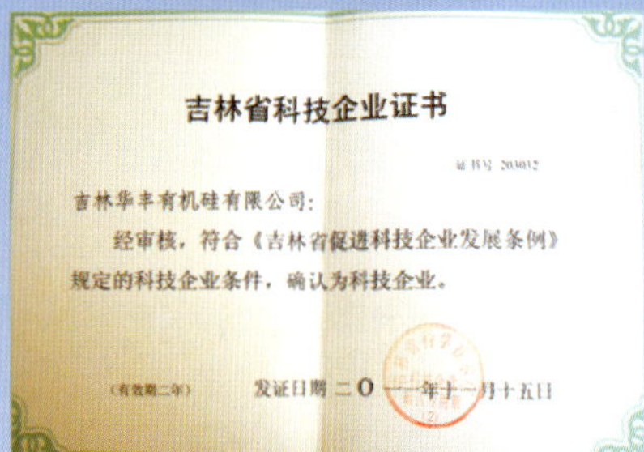
吉林省科技企业证书

吉林华丰有机硅有限公司：

经审核，符合《吉林省促进科技企业发展条例》规定的科技企业条件，确认为科技企业。

（有效期二年）　发证日期 二〇一一年十一月十五日

科技企业证书

锦旗

BCC

质量管理体系认证证书

吉林华丰有机硅有限公司

质量认证证书

吉林华丰有机硅有限公司位于吉林市龙潭区缸窑镇育新路42号，占地面积13300平方米，建筑面积2500平方米。公司前身为吉化公司研究院永吉有机硅联合化工厂，始建于九十年代初期，根据上级精神，2000年改制为民营企业，名称为吉林市华丰有机合成化工厂。2004年8月，根据企业发展和社会产业的需求，由陈延录同志任董事长将吉林市华丰有机合成化工厂更名为吉林华丰有机硅有限公司，注册资金118万元。

我公司现有5000t/a精馏、100t/a制胶、400t/a硅油等几条生产线，主要生产有机硅系列产品。公司现有职工110人，高级技术人员25人，大中专以上学历占25%。并以吉化研究院专业人才为后盾，采用新技术、新工艺研制开发出很多有机硅新产品，并且使产品质量符合各项技术标准，通过了ISO9001:2000质量管理体系的认证。2011年我公司被省科技厅确认为民营科技型企业。

我公司现主要产品有:甲基含氢硅油、甲基乙氧基硅油、有机硅压敏胶、一甲基三氯硅烷、二甲基二氯硅烷、三甲基氯硅烷、防水剂、二甲基硅油、叔丁基二甲基氯硅烷、叔丁基二苯基氯硅烷、六甲基二硅氮烷、七甲基二硅氮烷、甲基二乙氧基硅烷等一系列产品，并且有机硅压敏胶的开发投产，不仅填补了国内空白，还获得了国家新科技开发项目奖，申请发明专利一项，甲基乙氧基硅油被评为市优秀新产品。

以上产品广泛用于航空、电子、机械、石油、化工、轻工、纺织、建筑、医疗等各项生产领域，畅销全国20多个省90多个县市，为了便于市场开发及更好的服务于客户，我们在广州、山东建立了办事处，赢得了新老用户的高度赞誉。

我公司自成立以来，取得了良好的经济效益，但我们时刻不忘承担社会责任，多年来，我们积极参与地方的经济建设，为地方经济的发展献计献策。为地震灾区捐款、捐物，努力资助贫困户和困难学生完成创业和学业，积极扶持社会福利单位的建设，积极参与“双日捐”活动等，得到社会的一致好评，曾获得“龙潭区优秀民营企业”、“龙潭区重点保护企业”等称号，连续3年获得市安全生产先进集体。

我们的企业精神是“团结、务实、创新、发展”，以“信誉为本、客户之上、质量第一”为经营理念，希望致力于有机硅行业的有识之士能与我们共同携手，紧密合作，共同在有机硅产品的开发、利用上创造一个更广阔的空间。

数据中心外观

吉化集团信息网络技术有限公司（以下简称公司）是吉林省目前最大的信息技术服务提供商之一。现有员工523人，其中博士2人，硕士4人，大学学历214人，大专学历131人。公司主要从事数据中心运营、软件开发、信息技术服务、网络工程建设、有限电视传输服务、智能化工厂等信息服务业务。

公司秉承“做领先的信息技术服务提供商”发展理念，旨在为各行业客户提供通信和信息化服务。目前主要开发产品包括ERP（企业计划资源管理）系统、油库管理系统、工程管理系统、数字化医院系统、物联网系统、MES（制造执行）系统等多个项目的软件开发。建立了较为完善的技术开发、工程施工和服务体系，获得了建设部颁发的工程设计证书、吉林省建设厅颁发的建筑智能化工程专业承包贰级证书、消防设施工程专业承包贰级证书，吉林省广播电影电视局颁发的有线电视工程设计许可证、有线电视工程安装许可证，具有系统集成资质、建筑智能化系统集成、工程设计建筑智能化系统设计专项甲级资质及安全技术防范行业工程设计施工三级资质。取得了吉林雾凇宾馆酒店管理信息系统等6个软件认证及ISO9001：2000质量管理体系认证、ISO27001管理体系认证和高新技术企业认证。

吉化集团信息网络技术有限公司

做领先的信息技术服务提供商

数据中心大厅

公司近年快速发展，主营业务收入由2006年的8697万元增长到1.5亿元，利润由691万元增长到1084万元，分别增长了72.5%、56.9%。企业品牌影响力、市场竞争力日益增强。

未来几年，公司将坚持以人为本和可持续发展的理念，坚持服务吉化、面向中油、拓展社会的发展战略，以扩展IT产业为主导，大力开展云计算、物联网、数据中心、智能化工厂等新业务，力争在较短时间内把公司建设成为经济实力强劲、研发技术过硬、服务体系成熟、市场占有率高，抗风险能力强，在吉林地区、中油系统及国内外具有影响力的高端信息技术服务企业。

机 房

男子乒乓球

红 歌 会

吉林市松江建材有限责任公司

董事长　胡克云

吉林市松江建材有限责任公司是一个以年产100万吨水泥、60万立方米商品混凝土为主要产品的大型综合性企业，位于美丽的松花江畔——吉林经济技术开发区，始建于1993年，注册资金2200万元，固定资产6600余万元，占地8万平方米，建筑面积3.7万平方米。现有职工300人，高、中级技术、管理人员69人。

公司通过ISO9001:2008质量管理体系认证及水泥产品认证，获得了省级水泥化验室专业资质，预拌混凝土专业三级资质、建设工程质量检测机构混凝土制品内部化验室资质。

产品商标为“淞江”牌，2000年至今被吉林省工商局认定为“吉林省著名商标”。

十余年来，公司坚持“精细化”的管理方式，以优质、价廉、诚信服务的经营理念，通过占领市场、培育市场、发展市场，使产品在激烈的竞争中站稳了脚跟。尤其在吉林、黑龙江两省的公路、桥梁、隧道、城市建筑市场中占有一席之地。公司拥有目前水泥行业最先进的磨前挤压联合双闭路磨工艺技术生产线，生产配料、设备运转全程微机自动化控制，散装水泥装车机、十嘴水泥包装机、自动水泥装车机、30余台混凝土灌装运输车、4台混凝土高空输送泵车全天候运转，可同时发运散装、袋装水泥及输送C10-60各品种商品混凝土。

面对不断扩大的市场和用户，公司坚持“质量是企业的生命，客户在我心中”的营销方针，继续完善全方位的产品流通网络，打造新型的企业内、外部环境，按质量体系认证及水泥产品认证要求全面提高企业管理水平，在求精、求细、求实上下功夫，用“淞江”员工的人品打造精品，用精品奉献社会。

“淞江“人愿与各界朋友携手共进，再创辉煌！

沈阳铁路局
吉林工务段

段长杨全江检查道口安全工作

吉林工务段位于吉林市昌邑区九台街88号。主要负责吉林、蛟河、舒兰、桦甸、烟筒山、磐石地区和长吉城际铁路的线路、道口、桥梁、隧道的维修保养工作。几年来，全段干部职工团结一致，攻坚克难，开拓创新，锐意进取，经受了大风雪、大冻害、大洪水、大检查、大会战、大提速的全新考验和挑战，圆满完成了急难险重攻坚任务，兑现了各项经营指标，保持了职工队伍稳定，各项工作实现了崭新发展。2011年吉林工务段被铁道部授予“火车头奖杯”、被吉林市授予“模范集体”称号。

领导班子集体研究“三重一大”问题

开展爱国主义教育

开展提速技术业务学习

职工对提速线路进行机械化捣固

沈阳铁路局高文局长检查指导工作

全力做好线桥养护维修工作

坚持数据指导维修理念，坚定不移走检养修分开之路

吉林小糸东光车灯有限公司

吉林小糸东光车灯有限公司是中国兵器工业集团吉林东光集团与上海小糸车灯有限公司合资的一家子公司。公司现址吉林高新技术产业开发区香山路101号，占地面积5万平方米，建筑面积2.1万平方米，拥有各类设备517台，总资产1.7亿元，注册资本6700万元，年销售收入1.68亿元。

公司下设7个职能部门，3个生产制造车间，共有员工410人，其中高中级工程技术人员56人。

公司主要生产汽车车灯产品，现有生产能力50万辆以上，处于国内灯具中游水平。在产品开发上具有8家整车厂同步开发能力，公司引进先进的计算机工作站和三维设计软件，建立起完善的产品研发体系，能够为客户进行及时的同步及逆向产品开发。公司还引进了大型立式加工中心、三轴数控电火花成型机、大型线切割机、美国布朗——夏普公司的三坐标测量机以及日本川崎机械手等完成产品加工制造。公司在2005年通过了美国爱肯锡公司TS16949质量体系认证，在2006年通过了中汽认证中心3C认证。

公司一直以技术创新为目标，始终追求“客户至上、诚信守诺”的经营理念，与一汽等多家汽车制造企业保持着良好的合作关系，正在朝着北方汽车零部件配套知名企业、灯具行业有较强竞争力企业的目标迈进!

吉林市龙燕化工厂

厂长　尚国平

吉林市龙燕化工厂始建于1991年，经过20年的艰苦创业，由当年的家属三产发展成为今天的占地37408平方米，拥有两套大型化工生产装置，四百余名职工和1200万元的固定资产，在十二五规划中，预计投资百万元储存设备，为企业扩大再生产做准备。

工厂坐落在龙潭山东麓，美丽的松花江畔，位于中国石化吉林石化公司东部工业区边缘，与吉化炼油厂、乙烯厂、锦江油化厂毗邻，具有得天独厚的从事化工生产的区域优势。尤其是中油的千万吨炼油、百万吨乙烯建设投产又给工厂的发展提供了难得的历史机遇。

工厂主业清晰（1）年生产28000吨L1011助剂装置。（2）年生产3000吨的正己烷装置。正己烷主要用于植物油萃取，烯烃聚合、橡胶、塑料、油脂、食品香料、粘合剂、油墨工业和颜料溶剂。工厂产品质量体系健全，装置区内设有专用装卸车站台。大吨位地秤等配套设施，公铁运输便利。

龙燕化工厂有着自强不息的光荣传统，面对新的形势，在建党90周年的日子里，在十二五方针政策的指引下，工厂确定了“以人为本，绩效、管理、文化三为一体，以发展求生存”的治企方略，企业步入了新的轨道。企业为进一步完善十二五规划的实施，奠定了基础。

互惠互利，诚信为先是龙燕化工厂始终不渝的经营理念，我们真诚的希望能成为各界朋友的合作伙伴。

“雄关漫道真如铁，而今迈步从头越”。我们龙燕化工厂的全体员工正以饱满的热情投入到工厂的建设和生产当中，我们时刻在总结过去，把握现在，展望未来，迎接美好灿烂的明天。

东北证券股份有限公司吉林光华路证券营业部

东北证券大门

2010年8月发洪水东北证券总裁给吉林市募捐200万

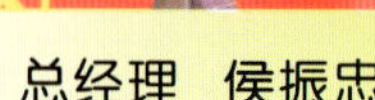

总经理 侯振忠

东北证券吉林光华路证券营业部始建于中国证券市场设立初期，原隶属于中国建设银行的证券部，后因金融系统银行和证券业不可混业经营的监管要求，被吸收至新成立的东北证券。

我营业部自设立以来一贯传承“关爱资本，富足社会”的公司使命，秉承“诚信合规，精益共赢”的经营理念，致力于打造一流的财富管理机构，以专业的操守与行业和谐相融、以感恩的心态与社会和谐相融、以开放的眼光与世界和谐相融，在见证中国证券市场蓬勃发展的同时，持续致力于为江城人民的投资理财提供更专业的、更贴心的服务。

吉林光华路营业部营业大厅

理财师给建行客户讲解理财产品

东北证券给股民讲解“七彩虹理财加油站”活动

经过长期的发展和积累，我营业部现在正以交通便利的营业处所、优雅的投资环境及专业贴心的投资理财服务于万余名客户，十几亿元资产的保值增值、竭诚奉献之心，尽专业服务之力！并顺应证券行业创新发展的趋势，不断推进投资顾问、融资融券、IB等创新业务的有序开展，为投资者加强风险管理提供更加专业的投资建议、为客户的资产配置提供更多层次的可用金融产品。

交通便利的投资处所、优雅的投资环境、便捷快速的交易系统、专业贴心的投资理财服务！

剧场

募捐活动

吉林剧场

招商引资（左一）侯作田总经理

吉林市吉林剧场坐落于吉林大街178号，地处市中心繁华地段，是隶属于吉林市文化局的国有制事业单位。多年来，吉林剧场一直谱写着吉林地区文化产业的精彩乐章。作为吉林地区文化产业的龙头单位，吉林剧场创造了融五星级国际影城、电脑城、西餐美食城、红酒坊等，集购物、休闲、娱乐于一体的综合性多功能的全新文化商业模式。其中五星级国际影城和电脑城的成绩尤为引人瞩目，赢得了广大消费者和商家们的美誉。

吉林剧场国际五星级影城建于2005年，2006年1月正式对外营业，是吉林市首家五星级电影城。影城位于吉林剧场文化产业大厦四层，建筑面积8500平方米。内设8个观众厅，包括一个452座的现代化多功能剧场和7个小电影厅。内厅全部由清华大学工艺美术学院精心设计、装修，整体空间宏大，品味时尚高雅。各厅内部高度超过9米，阶梯式排距达1.2米，观影效果100%无遮挡，在影城的每一个位置，观众都可以充分体验到震撼的视觉冲击力。影厅采用超宽银幕、世界顶级放映及音响设备，配以全沙发座椅，五星级航空头等舱式的贴心服务，为观众营造一个高档而富有人性化的电影文化氛围。影城设有电脑自动售票系统，观众可以自主选择影片、影厅及座位牌号。卖品部可为观众提供美国进口爆米花等特色小吃，令您在观影同时获得视觉与味觉的双重体验。另备有残疾人专用无障碍通道、智能电脑储物柜等诸多配套设施，为不同观众随时提供无微不至的周到服务。

吉林剧场电脑城是我市大型专业化的IT商场，地处吉林大街黄金地段，交通极为便利。吉林剧场电脑城建于2005年，商场营业面积26500平方米，日均人流量10000人次。电脑城通过完善的硬件设施、安全优质的经营环境、严格规范的管理体制和热情周到的诚信服务吸引了国内外众多知名品牌的入驻。同时还连续两年被授予“中国北方区优秀电子卖场”等诸多殊荣。商场负一层为数码广场，专营数码相机、摄像机、游戏机、MP3、MP4等数码产品；一层为笔记本电脑大世界，专营联想、苹果、索尼、三星、东芝、戴尔、宏基、惠普等世界知名品牌笔记本电脑；二层为品牌台式机、办公设备专区，专营各类品牌台式电脑、电子办公设备、摄像机等；三层为DIY组装机广场，专营各种电脑配件、办公耗材等。

作为吉林市IT行业中快速发展的领头羊，吉林剧场电脑城将继续秉承“价廉又物美，服务江城人”的经营理念，为IT各大厂商、经销商及消费者提供优质全面服务，通过提供各类高品质IT产品及服务以提升广大消费者的生活品质，共赢互惠，让更多人享受生活的舒适和乐趣。

吉林剧场始终坚持以解放和发展文化生产力为出发点和落脚点，坚持遵循市场经济规律和文化艺术自身规律，以自身带动吉林“文化经济”的开展；深入落实龙头企业的带头作用，以“弘扬文化，服务大众”为企业目标，为促进社会和谐、贡献社会尽自己的一份力量。

剧场外观

吉林娃哈哈饮用水有限公司

净化车间

成品库

原料库

吉林娃哈哈饮用水有限公司成立于1998年8月2日，位于宝山经济开发区，其主要产品是“娃哈哈”19升桶装矿泉水，是“娃哈哈”品牌与长白山优质矿泉水的结晶，水源富含偏硅酸、钙、镁、锶等多种矿物质元素。它的前身是磐石市宝山乡小规模的乡镇企业。现已建设成为了一个占地10余万平方米，拥有世界先进生产水平的自动灌装生产线，年生产能力可达6.9万吨的现代化企业，销售市场遍布吉林省域内，具有广阔市场发展前景。

目前，公司拥有两座现代化的厂房及一座办公楼，现有员工80人，巨大的基础设施投资，完善的生产质量管理体系，经验丰富的销售队伍，是良好信誉的有力保证，所以产品推出市场后无论从水质、口感、服务质量等方面都深受广大消费者的好评。吉林娃哈哈饮用水有限公司始终将产品质量放在第一位，凭借优良的品质和优秀的品牌，不断扩大市场，现已有经销点80余家，2011年年销售量达145万桶，年产值650万元，利税70万元。

水处理车间

吉林娃哈哈饮用水有限公司产品曾多次被省、市消协评为信誉产品、用户满意产品、质量放心产品，春城消费者放心产品、2002年央视3.15晚会现场发布桶装水合格品牌、2003年3.15吉林省消费者协会特别推荐产品。企业还曾荣获“百强企业”、“重合同守信用单位”、“吉林名星企业”、2009年被评为“诚信维权联盟单位“等多项殊荣。

吉林娃哈哈饮用水有限公司将发扬娃哈哈的“励精图志、艰苦奋斗、勇于开拓、自强不息”的企业宗旨，加强质量管理，提高企业全面素质。在今后的发展过程中创造更加辉煌业绩。

吉林娃哈哈莲花山食品有限公司是杭州娃哈哈集团有限公司投资兴建的控股子公司，公司原址坐落于磐石莲花山经济开发区，2003年2月25日注册成立，总投资1000万元。2011年9月下旬吉林娃哈哈莲花山食品有限公司搬迁至磐石经济开发区，投资由原1000万元增资到5500万元，其中固定资产投资5281万元。11月2日公司正式投入生产。现占地面积37846平方米，建筑面积18204平方米，距吉林142公里，距长春140公里。

吉林娃哈哈莲花山食品有限公司现有2条生产线，生产乳饮料和发酵型乳饮料两个品种四个规格。（100ml、220 ml AD钙奶、125g、200 g爽歪歪）年产量达1.5亿瓶，产值可达1.2亿元，主要负责吉林、黑龙江、辽宁等地的产品生产和销售。自建厂以来，共实现销售收入7.84亿元，利税1.88亿元，上缴税收8192万元，,其中，2003年度实现销售收入5637万元，上缴税金284万元；2004年度实现销售收入8894万元，上缴税金905万元；2005年度实现销售收入1.01亿元，上缴税金796万元。2006年度实现销售收入1.12亿元,上缴税金1070万元。2007年度实现销售收入1.22亿元，上缴税金1182万元。2008年度实现销售收入1.25亿元，上缴税金1667万元,2009年度实现销售收入0.94亿元，上缴税金1500万元，2010年度实现销售收入0.83亿元，上缴税金788万元。各项经济指标在磐石市均名列前茅，是磐石市的利税大户，并在2005年度被评为吉林市最具成长型企业50强。2006年被评为纳税A级企业。

莲花山公司搬迁至新厂后，生产线由原手动线改为自动化生产线，现有职工180余人，其中本科学历人员10%，高中以上学历60%，新引进专业技术人才30余人，通过人才的招聘和培养极大推进了企业员工素质的提升。加快了建设学习型企业和创新型企业的步伐，为地区人才储备培养打下良好基础。

娃哈哈长期以来一直以“家”文化理念作为企业员工的管理方式，励精图治、艰苦奋斗、勇于开拓、自强不息的企业精神加上军队里拉得出、打得响、过得硬的作风，造就了娃哈哈高效、认真、团结、和谐的企业运作形态，在竞争几乎是白热化的中国饮料产业，娃哈哈凭借优良的品质、稳健的营销网络、良好的品牌形象，一直保持了健康快速的发展，成为最受消费者依赖和喜爱的饮料品牌。

随着娃哈哈的不断进步发展，娃哈哈商标被认定为“中国驰名商标”，公司先后被国家有关部门授予“全国食品工业科技进步优秀企业”、“全国质量管理先进企业”、“全国质量效益型先进企业”、“中国企业管理杰出贡献奖”、“全国对口支援三峡工程移民工作先进单位”、“全国东西扶贫协作先进集体”、“全国重合同、守信用企业”、“中国最受尊敬企业”、“全国工商企业信用评级AAA级信用单位”、“中国企业信息化500强”等荣誉称号，并被列入国务院520家国家重点企业。

莲花山公司在今后发展过程中将继续一如既往的秉承着娃哈哈“家”文化理念，按照集团公司的管理发展模式，在地区的经济发展上积极发挥娃哈哈的建设性作用，推动地区经济效益和社会效益的长远发展，以回报地区各级领导对公司的关怀与厚爱，为吉林地区磐石市的经济建设做出更大的贡献。

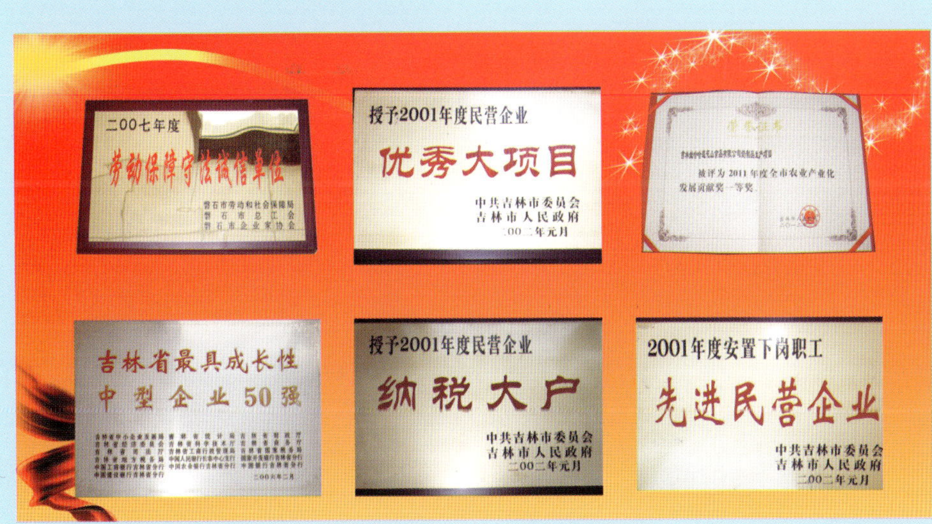

吉林市源源热电有限责任公司

公司董事长兼总经理　赵　斌

吉林市以其寒江雪柳，雾凇奇观和我国重要的化工基地而闻名遐迩。在这座城市的西南部有一座发展中的民生企业，它就是吉林市源源热电有限责任公司。

吉林市源源热电有限责任公司是一家以供热为主，发电为辅，热电联产的企业，隶属于内蒙古源源能源集团。

公司成立于2000年11月，位于吉林市船营区，占地面积80000平方米，注册资金3592万元。现有资产5亿元以上。公司汇集了一批高素质的经营管理者和工程技术人员，现有员工403人，其中高、中级职称以上有39人；中专以上学历的有79人；具有雄厚的技术基础，为企业不断向标准化方向迈进，安全生产和公司发展创造了良好的条件。

公司下属6个分场，机关9个部室。公司年生产能力为：发电量2.13亿千瓦时以上，水网供热面积350万平方米以上，年工业供汽量20多万吨以上，工业用户30多家。

公司成立近十年来已经成为区内发展最快的企业之一。先后多次荣获吉林市供热先进单位称号；连续五年荣获吉林省供热先进单位。

吉林市源源热电有限责任公司将在今后的发展道路上勇于创新，锐意进取，使源源热电的热和电源源不断、保质保量地输送到吉林市的千家万户，为吉林市的经济建设和事业腾飞做出新的更大的贡献。

汽机主厂房

白山泄洪

白山泄洪图

白山地下厂房

白山发电厂

桦甸17层调度中心

白山发电厂位于吉林省桦甸市境内的第二松花江上游，隶属于国网新源水电有限公司，是完全由我国自行设计、制造、安装和建设的特大型水力发电企业，总装机容量200万千瓦，目前是东北地区装机容量最大的水电厂，在东北电网中担负着调峰、调频和事故备用的重要任务。

白山发电厂由“一厂、两坝、四站”组成，“一厂”即白山发电厂；“两坝”即白山大坝和红石大坝；“四站”即：白山一期电站、白山二期电站、白山抽水蓄能电站和红石电站。其中：白山一期和二期电站共装有5台30万千瓦混流式水轮发电机组；白山抽水蓄能电站装有2台15万千瓦可逆式水泵水轮发电机组；红石电站地处白山电站下游38公里处，装有4台5万千瓦轴流定浆式水轮发电机组。

白山大坝为三心圆混凝土重力拱坝，最大坝高149.5米，坝顶弧长676.5米；红石大坝为混凝土重力坝，最大坝高46米，坝长438米。白山电站主体工程于1975年开工建设，1983年底第一台30万千瓦机组投产发电，1992年五台机组全部投产发电；红石水电工程于1982年动工兴建，1987年底四台机组全部投产发电；白山抽水蓄能电站两台机组于2006年全部投产发电，实现了东北电网抽水蓄能机组“零”的突破。

作为民族工业的代表，从1983年第一台机组发电至今，白山发电厂已经走过了近30年的风雨历程，一代又一代的白电人深山创业、默默耕耘、奉献光明，创造了一流业绩。2000年5月，国家电力公司正式命名白山发电厂为“一流水力发电厂”，成为国家电力公司直管大型水电厂中第一个获此称号的水电厂。2011年，白山发电厂先后荣获了“全国文明单位”、“全国五一劳动奖状”和“全国安康杯竞赛优胜单位”等多项国家级荣誉称号。截至2011年末，已实现连续第九个安全年，为东北电网的安全稳定和地区经济发展做出了重要贡献。

白山发电厂始终秉承“诚信、责任、创新、奉献”的核心价值观。在2010年“7.28”特大洪水中，我厂在遭受重大损失的同时，积极援助家乡重灾区，为桦甸市抗灾自救捐款100万元，在“爱满江城，重建家园，吉林市抗洪抢险振灾晚会”上捐款50万元，为红石镇和二道甸子镇灾民送去了价值13万元的抗洪救灾物资。与桦甸市常山镇清水村、二道甸子镇新风村开展“城乡结对，共建文明”活动，投入资金31万元，帮助农民兄弟解决了道路、桥涵等基础设施建设，为社会主义新农村建设做出了贡献，彰显了责任央企的良好形象。

松花江大厦

面对“十二五”发展机遇，白山发电厂提出了要立足于大东北区域，努力建成“管理水平最先进、设备运行最稳定、文化凝聚最有力、环境建设最和谐、职工生活最殷实”的智能化水电厂的奋斗目标。面对新的机遇和新的挑战，全厂干部职工正以饱满的热情和昂扬的斗志，为实现智能化水电厂这一宏伟目标而携手并进、阔步前行。我们坚信，在中共吉林市委和市政府的坚强领导下，白山发电厂一定能够创造更加灿烂辉煌的明天。

鹿鞭2瓶

商场全貌

商场侧面照片

鹿胎2瓶

鹿茸加工

吉林市龙潭山鹿业有限责任公司始建于1949年，是集养鹿、制药、制酒、商贸、旅游□茸加工为一体的综合型企业。厂区坐落于吉林市龙潭山脚下依山傍水，环境优美。有43线公交车通过。厂区占地面积380公顷，常年鹿只存栏1000头以上。是国家旅游局确定的AA级国线旅游景点。被称为“都市鹿苑”。吉林市龙潭山鹿场是中国圈养东北梅花鹿历史悠久，人工驯养放牧梅花鹿最早和吉林地区养殖梅花鹿规模最大的鹿场。自建厂以来，先后有叶剑英、陆定一、薄一波、洪学智、杨尚昆、徐向前等党和国家领导人前来视察及柬埔寨国家元首诺罗顿·西哈努克亲王、台湾知名人士李宗仁、国内知名人士毛岸青、韶华、马季、马玉涛等都曾来鹿场参观、指导。我公司不仅在同行业中享有信誉，在欧美及东南亚一些国家和地区具有很高知名度，年接待国内外旅游观光团体及各界知名人士30多万人次，期中“龙潭山牌”鹿茸片曾获2001-2002消费者信得过产品称号；2001年吉林省名牌产品，2001年长春国际农业博览会名牌产品；2002年中国·吉林长白山绿色产品交易会金奖产品；“龙潭山”牌鹿茸血酒荣获2002年中国·吉林长白山绿色产品交易会金奖产品。

公司商场有千余品种产品面向消费者，期中人参制品，可以补气强身、提气固肾、大补元气。主治食欲不振、神经衰弱、健忘失眠，具有抗衰老、抗疲劳、强化身体机能，美容养颜，增强耐力，调血压的作用。对抑制肿瘤，增强红、白血球有显著疗效，无任何副作用。鹿茸制品，能生津补髓、养血益阳、强筋健骨，缓解疲劳眩晕、延年益寿、促进发育、改善性机能、增强人体自身免疫能力、促进创伤及骨折愈合、调剂血压、特别对肿瘤的治疗有促进作用。另外公司还有林蛙油制品，可以补肾益精、润肺养阴、去肺热。还有各种酒类：鹿茸血酒、人参酒、鹿鞭酒、鹿三宝酒、鹿筋酒等。其他制品：如灵芝制品、全鹿滋补品、健身八宝、关东山宝等。仅以公司商场为例，就可以看到公司的发展速度与公司产业成果，更不用说药厂已进入国家准许生产企业，年创利税过千万，已得到GMP认证，已是吉林省著名企业。

旅游商场2010年总收入465.5万元，2011年总收入是2010年的128%，2012年第一季度和去年同期比超近30万元。公司发展了有了社会效益，员工收入增加了生活水平提高了。

公司将一如既往地以诚信、平等、互利的原则，欢迎有识之士来公司参观、旅游、共创商机。

总经理　高德明

参茸商场

特大鹿茸

吉林市龙电集团龙图彩印有限公司

经理　李胜利

龙图彩印有限公司（原吉热彩印厂）是龙电集团旗下的一家子公司，始建于1985年，历经三次扩建及改制，现已发展成为吉林地区专业从事彩色印刷的大型企业。公司集设计、分色、制版、印刷、装订为一体，厂区面积6600平方米，从事专业设计印刷的技术人才40余名，拥有电脑程控四开、对开彩色胶印机、切纸机、折页机、烫金机、激光照排机和晒版机等各种先进印刷设备，制版、印刷、装订实现了数字化。2012年，最新引进国际最先进的方正雕龙DL8500对开幅面直接制版机。目前，该公司业务范围北至延吉南到沈阳，遍布十余个省、市、地区。

公司成立27年来，始终坚持“诚信立企”的经营理念，视产品质量为企业生命，搏击市场，勇立潮头。特别是2010年以来，该公司面对残酷的市场竞争，深入贯彻龙电集团公司品牌发展战略部署，通过不断调整产品结构，引进先进设备，创新技术工艺，不断提升产品质量，打造了龙图印刷品牌，使该公司成为了吉林地区品牌知名度最高，行业内最具影响力的企业之一。 公司于1999年被吉林省新闻出版局指定为“专业书刊印刷定点单位”，2000年被市政府定为招标采购“定点印刷厂”，被市政府、市文化局确定为“重点保护企业”、“重点扶持企业”。先后荣获吉林市“模范集体”、“质量信得过单位”、“青年文明号”、“吉林市“十佳”印刷企业”。2005年获得全市唯一一家“全国诚信印刷企业”称号等荣誉，2010年荣获全国第八届印刷产品质量评比铜奖，2011年被省民政厅授予“吉林省集中安置残疾人就业优秀企业”，2012年荣获全国第九届印刷产品质量评比金奖。

企业荣誉

授予：吉林市吉热彩印厂
全国诚信印刷企业
全国印刷行业诚信建设组委会
二〇〇五年十二月
吉林市龙电集团龙图彩印有限公司
绿地——中央公馆（画册）
荣获
第九届中国包装印刷质量评比
金奖
GOLD MEDAL
中国包装联合会包装印刷委员会
二〇一二年三月

吉林市职工劳福事业
先进企业
吉林市总工会
二〇〇八年三月
2002-2004年度
模范集体
中共吉林市委
吉林市人民政府
二〇〇五年四月

吉林省集中安置残疾人就业
优秀企业
吉林省民政厅
二〇一一年二月

证书
吉林市龙电集团龙图彩印有限公司
绿地——中央公馆（画册）
荣获第九届中国包装印刷产品质量评比
金奖
2004-2005年度
吉林市"十佳"印刷企业
吉林市新闻出版局
吉林市新闻出版行业协会
青年文明号
共青团吉林市委员
二〇〇五年四月

荣获
铜奖
BRASS MEDAL

吉林市职工劳福事业
先进企业
吉林市总工会
二〇〇八年三月

国电吉林热电厂2010年度
学习型先进党支部标兵
中共国电吉林热电厂委员会
二〇一一年七月

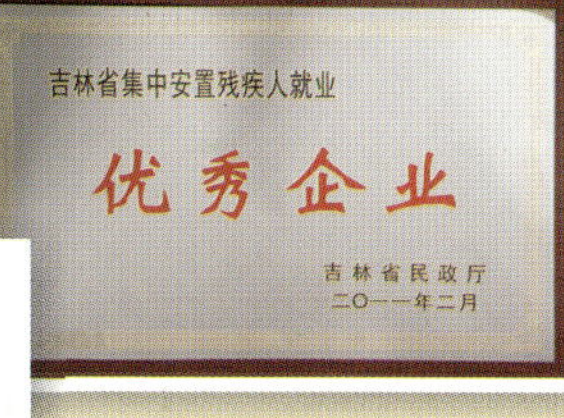

企业设备

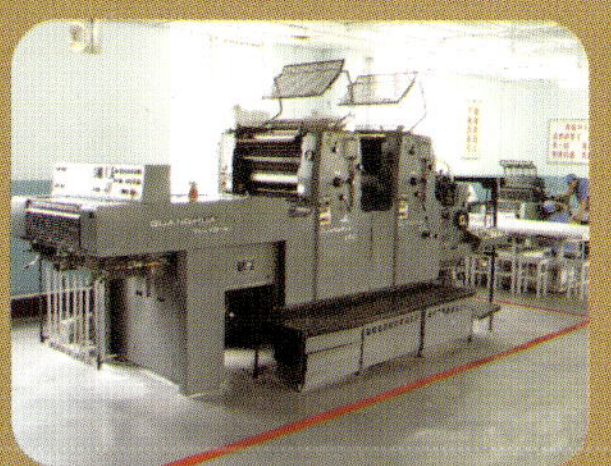

吉林市启信会计师事务所

所长 况蜀平

吉林市启信会计师事务所（以下简称启信所）是一家为各类企事业单位及个人提供审计、税务及财务等服务的专业机构，于2004年3月经吉林省财政厅批准成立。“开启诚信、以诚发展、以信发展”是启信所的经营理念；“勤奋、敬业、谨慎、诚信”是启信所的企业精神。

启信所自成立时起到2010年末，累计为近万户企业单位、行政单位、事业单位、其他组织以及自然人个人提供了专业服务。

启信所在2005年3月，被吉林市国资委选聘，从事市属国有企业改制财务审计业务，先后为吉林市20余家国有企业提供了国有企业改制财务审计服务。

启信所在2007年3月，被吉林市财政局选聘，从事行政事业单位资产清查专项审计业务，先后为20余户行政事业单位提供了专项审计服务。

2010年末，启信所拥有员工19人，其中注册会计师7人（其中1人目前正在办理注册会计师注册手续）；其中具有高级会计师职称人员4人，具有中级会计师职称人员13人，具有初级会计师职称人员2人；其中学历大专以上的人员占95%。

启信所设有审计部、验资部、会计咨询服务部和办公室四个部门。

启信所业务范围：审计业务、验资业务、涉税鉴证业务、税务顾问、会计顾问、会计咨询、会计服务等等。

办公区一角

电话：(0432)66556911、66556922、67996654、67996659
传真：(0432)66556911
地址：吉林市光华路1号(百货大楼对面：北奇城市广场A座6楼)
邮编：132011
网址：www.jlqxks.cn
电子邮箱：jlqxks@sina.com